JN435929

트라우마 치료 전문가가 알아야 할 10가지 근거중심 치료법

옮긴이 방수영 · 배승민

Evidence Based Treatments for **Trauma-Related Psychological Disorders**

Ulrich Schnyder · Marylène Cloitre

Springer

트라우마 치료 전문가가 알아야 할 10가지 근거중심 치료법

첫째판 1쇄 인쇄 | 2025년 11월 17일
첫째판 1쇄 발행 | 2025년 11월 26일

지 은 이 Ulrich Schnyder, Marylène Cloitre
옮 긴 이 방수영, 배승민
발 행 인 장주연
출 판 기 획 임경수
책 임 편 집 이연성
편집디자인 조원배
표지디자인 김재욱
발 행 처 군자출판사(주)
등록 제4-139호(1991. 6. 24)
본사 (10881) **파주출판단지** 경기도 파주시 회동길 338(서패동 474-1)
전화 (031) 943-1888 팩스 (031) 955-9545
홈페이지 | www.koonja.co.kr

First published in English under the title
Evidence Based Treatments for Trauma-Related Psychological Disorders;
A Practical Guide for Clinicians
edited by Ulrich Schnyder and Marylene Cloitre, edition: 2
Copyright ⓒ The Editor(s) (if applicable) and The Author(s), under exclusive license to Springer Nature Switzerland AG 2022.
This edition has been translated and published under licence from Springer Nature Switzerland AG.
Springer Nature Switzerland AG takes no responsibility and shall not be made liable for the accuracy of the translation.

ⓒ 2025년, 트라우마 치료 전문가가 알아야 할 10가지 근거중심 치료법 / 군자출판사(주)
본서는 저자와의 계약에 의해 군자출판사에서 발행합니다.
본서의 내용 일부 혹은 전부를 무단으로 복제하는 것은 법으로 금지되어 있습니다.

* 파본은 교환하여 드립니다.
* 검인은 저자와의 합의 하에 생략합니다.

ISBN 979-11-7068-372-8 (93510)
정가 55,000원

트라우마
치료 전문가가
알아야 할 10가지
근거중심 치료법

역자 소개

방수영

현: 을지의대 노원을지대학교병원 정신건강의학과 교수
보건복지부 위탁 노원구중독관리통합지원센터장
한국중독정신의학회 특임이사
한국학교정신건강의학회 감사

전: 울산의대 정신과학교실 조교수
서울대학교 어린이병원 소아정신과 임상강사
예일대학교 의과대학 정신건강의학과 방문연구원
대한청소년정신의학회 학술이사

배승민

현: 가천대 길병원 정신건강의학과 주임교수
법무부 위탁 인천스마일센터 센터장
여성가족부 위탁 인천해바라기센터 자문의
대한소아청소년정신의학회 재난과트라우마위원회 이사
대한청소년정신의학회 총무이사

전: 법무부 아동인권보호 전문위원
대한소아청소년정신의학회 총무이사
한국여성인권진흥원 이사

역자 서문

2025년 현재, 여전히 우리는 크고 작은 다양한 트라우마 사건들을 겪고 있습니다. 이러한 사건들은 개인과 사회에 깊은 상처를 남기며, 트라우마 치료 분야에는 여전히 미지의 영역이 많습니다. 이 책은 트라우마와 관련된 심리적 질환에 대한 최근의 근거 중심의 치료법을 총망라하고 있습니다.

소아청소년정신과 전문의이자 막역한 동료인 가천의대 정신건강의학과 배승민 교수님과 함께 소아청소년 트라우마와 관련된 심리적 질환의 근거 중심 치료법인 '트라우마 치료자가 알아야 할 18가지 치료법'을 번역하여 2022년 출간하였습니다. 2023년, 이 책의 총괄 에디터인 Schnyder 박사님께서 학회 참석차 한국을 방문하셨을 때, 원 저자와 귀한 만남을 갖게 되었습니다. 그리고 그 만남에서 성인 트라우마에 대한 근거 중심 치료법의 개정판을 막 출간하셨다는 소식을 들었습니다. 박사님은 최근 트라우마 치료의 패러다임에 많은 진전이 있어 과거의 치료법에만 머물러 있어서는 안 된다고 강조하셨고 이러한 말씀에 설득되어 일정을 쪼개어 배승민 교수님과 함께 다시 이 책의 번역 작업을 진행하게 되었습니다.

인공지능의 발달로 이전 번역보다 수월할 것이라 예상했으나, 전문 용어나 환자 사례 등 여러 부분에서 임상 경험이 풍부한 번역자들의 깊은 숙고가 필요하였습니다. 그 사이에도 국가적 사건, 의정 갈등, 전쟁 등 세계적으로 발생하는 트라우마, 개인적인 가족의 트라우마 등은 우리 주변에서 끊이지 않았습니다. 트라우마는 멀리 있는 것이 아니라 항상 우리와 함께하며, 이를 통해 성숙해져야 한다는 것을 여전히 느낍니다.

이 책을 번역하면서, 소개된 사례 이상의 트라우마를 겪는 내담자들을 외래와 입원 병동에서 운명처럼 만나게 되었습니다. 환자가 트라우마를 극복하고 일상으로 돌아가도록 돕는 과정에서 치료가 벽에 부딪히고 어려움을 느낄 때, 이 책이 지침이 되어 큰 도움을 받았습니다. 이 책이 세상에 나와, 많은 치료자들이 저와 같은 경험을 하기를 바랍니다.

끝으로, 저자들에게 항상 격려를 마지 않은 군자출판사의 임경수 과장님께 감사드리고, 지난한 과정을 묵묵히 지켜봐 준 남편 김상억과 어느덧 대학생이 되어 이 책의 번역에 기여해준 아들 김예준에게 항상 감사하고 사랑한다고 전하고 싶습니다.

2025년 봄

을지의대 노원을지대학교병원 정신건강의학과 교수

방 수 영

역자 서문

아이들은 자랍니다.

제가 만난 상처받은 아이의 부모나 가해자가, 오랜 트라우마를 치료 없이 견디다가 자신도 자제하지 못할 수준에 이르러 문제가 된 상태를 마주하기도 합니다. 진료 중 여러 이유로 치료를 중단했던 아이를, 훌쩍 큰 몸보다 더 커버린 트라우마의 잔해에 둘러 쌓인 청소년이나 성인의 모습으로 다시 만나게 되는 참담한 순간들도 겪습니다. 트라우마 치료자로서 지내온 세월이 아무리 지나도 이러한 고통스러운 순간들은 도저히 익숙해지지 않습니다.

이전에 같은 편집자의 원서인 '아동청소년 트라우마 치료 전문가가 알아야 할 18가지 치료법'을 번역하면서, 그 많은 불면의 밤에도 피곤함보다는 훌륭한 책의 내용에 놀라움과 감사함 같은 여러 감정에 쌓였던 기억이 생생합니다. 이번에 번역을 맡게 된 성인 트라우마 생존자들을 위한 근거기반 치료법들을 모아놓은 이번 책 역시, 그동안 만났던 많은 가해와 피해의 경계에서 고통스러워하는 생존자들을 떠올리게 했습니다.

아무리 좋은 책이라 하더라도, 그리고 훌륭한 글을 최대한 원본 그대로 담아 국내 치료자들에게 전달하고 싶은 저희 역자들의 욕심이 담겨 있다고 하더라도, 이러한 글이 과거와, 현재와, 미래의 고통을 견디고 있는 트라우마 생존자들의 고통을 바로 줄여줄 수는 없다는 아쉬운 현실은 잘 알고 있습니다. 하지만 이러한 노력들이 모여 현장에서 트라우마 생존자들을 위해 고군분투하는 많은 치료자들에게 힘을 더해주는 든든한 받침이 되어줄 것이라 믿습니다.

진료실에서 마주앉은 이의 고통을 접할 때뿐 아니라, 세계의 뉴스를 대할 때마다 고통과 좌절을 벗어나는 길이 영 요원해보이기도 합니다. 이럴 때일수록 희망을 잃지 말자고 서로를 다독이게 되는 시기입니다. 트라우마 생존자들과 치료자들의 고통 속에서도 무너지지 않는, 연약해보이지만 그 무엇보다 강력한 연대를 응원합니다.

2025년 봄

가천의대 길병원 정신건강의학과 교수

배 승 민

원저자 서문

한국어판 출간에 즈음하여

저희 책의 한국어 번역본이 출간되었다는 소식을 접하고, 이보다 기쁠 수 없었습니다. 이번 출간은 한국의 연구자와 치료자들 간의 협력은 물론, 전 세계의 정신적 트라우마 전문가들이 함께 만들어 가는 국제적 협력의 또 다른 결실이라고 생각합니다. 안타깝게도 최근 한국에서는 2014년 세월호 참사와 같은 대규모 재난들이 있었고, 또한 개인이 겪는 다양한 형태의 트라우마에 대한 인식과 관심도 점차 높아지고 있습니다. 이는 다른 나라들과 마찬가지로 대한민국의 외상성 스트레스 연구와 임상 진료에 대한 관심을 불러일으켰습니다.

2015년 창립 이래, 한국트라우마스트레스학회Korean Society for Traumatic Stress Studies, KSTSS는 매년 세계 각국의 전문가들이 교류하고 지식을 나눌 수 있는 장을 마련해 왔습니다. 저희는 한국의 연구자들과 임상가들이 보여주시는 과학적 지식과 임상 기술의 지속적인 성장에 진심으로 감명을 받고 있습니다.

이러한 국제적 협력의 정신 아래, 방수영 교수님과 배승민 교수님께서 "Evidence based treatments for trauma-related psychological disorders: A practical guide for clinicians" 제2판의 한국어 번역이라는 큰 작업을 맡아주셨습니다. 이 책은 트라우마 관련 질환을 진단하고 평가하며 이해하고 치료하는 데 있어 현재까지의 가장 신뢰할 만한 지식과 임상적 통찰을 담고 있습니다. 본 저서에서는 특히 과학적 근거와 더불어 실제 임상 현장에서 트라우마 환자에게 실질적으로 도움이 될 수 있는 임상적 통찰도 함께 담고자 했습니다.

한국어판 출간을 위해 애써 주신 방수영 교수님과 배승민 교수님께 진심으로 감사드립니다. 저희는 이에 대해 매우 기뻐하고 있으며, 이 책이 많은 독자들에게 읽힐 수 있기를 바랍니다. 앞으로도 우리의 협력이 계속되기를 진심으로 기원합니다!

울리히 슈나이더와 메릴린 클로이트르

Ulrich Schnyder • Marylène Cloitre

목차

서론 1

Ulrich Schnyder와 Marylene Cloitre

1.1 왜 이 책일까요?

지난 수십 년 동안 외상성 스트레스 연구와 임상에서의 진료는 크게 발전하였습니다. 제1, 2차 세계대전 등의 역사적인 사건들과 마찬가지로, 베트남 전쟁 이후 정신건강 전문가, 정책 입안자, 일반인들은 압도적인 외상 경험이 군인과 민간인에게 생물심리사회적인 영향을 미친다는 것을 인식하게 되었습니다(McFarlane과 Kilpatrick 2021). 그러나 이전과 달리 이번에는 전문가와 대중의 관심이 줄어들지 않았고 정부 정책, 정신건강 서비스 및 사회적 인식에 큰 변화가 생겼습니다. 치료자뿐만 아니라 연구자들 사이에서도 이렇게 오랜 기간 동안 트라우마에 대한 관심이 지속적으로 높았던 때는 없었습니다. 1980년 정신장애 진단 및 통계 편람(DSM-III)(APA 1980)에 PTSDposttraumatic stress disorder, 이하 PTSD라는 새로운 진단 범주가 도입되면서, 전례가 없고 적어도 어느 정도는 예상하지 못했던 큰 발전이 있었습니다. 최근 몇 년 동안의 예를 들면, ICD-11에 복합 PTSDcomplex PTSD, 이하 CPTSD라는 새로운 진단이 도입되었고, 비대면 정신건강 개입이라는 큰 혁신이 일어났으며, 전 세계적으로 계속 증가하는 강제 이주자에 대한 관심이 높아졌고, 이에 따라 여러 대상자군과 환경에서 트라우마의 영향을 다루는 다양한 치료법이 개발되고 있습니다. 지난 35년 동안, 정신건강 분야에서 이처럼 역동적이고 꾸준한 성장을 이룬 분야는 거의 없습니다. 기초 및 임상 연구 분야의 트라우마 관련 출판물, 즉 트라우마 분야의 지식은 기하급수적으로 증가해왔고 계속해서 늘어나고 있습니다.

기초 지식의 꾸준한 축적에 발맞추어, PTSD 및 기타 트라우마 관련 심리적 문제로 고통받는 사람들을 위한 치료법이 개발되었습니다. 이제 근거에 기반한 다양한 심리 및 약물치료법이 개발되어 적용 가능합니다(Bisson과 Olff 2021; Forbes 등. 2020; Lewis 등. 2020). 전반적으로 심리치료의 효과 크기는 약물치료보다 더 큽니다. 다양한 트라우마 생존자를 연구한 많은 무작위 통제 연구에서 트라우마에 초점을 맞춘 심리치료가 PTSD 치료에 효과가 있다는 것이 입증되었습니다. 그럼에도 불구하고 연구 기간 중 중도 탈락률이 상대적으로 높고, 환자의 대다수가 심리치료 및/또는 약물치료를 완료한 뒤에도 여전히 PTSD 진단에 해당하며, 치료 후 평가 결과를 보면 연구 종료 시점의 기능 상태가 양호하지 않았습니다. 따라서 발전된 새로운 치료법이 필요합니다(Lewis 등. 2020). 현재에서 더 나아가기 위한 한 가지 방법은, 잘 정립되고 경험적으로 뒷받침되는 심리치료법을 더욱 다듬는 것입니다. 치료 요소를 분리하는 구성 요소 통제 연구를 통해, 변화 기전을 확립하고 가장 효과적인 치료 구성 요소를 식별하며 덜 효과적인 요소를 제거할 수 있습니다. 또한, 전 세계적으로 정신건강 자원에 대한 접근성을 높이기 위한 전략(예: 첨단 기술과 비대면 정신건강 접근법의 사용, 26장)과 새로운 심리치료 및 정신약물학적 개입, 비약물 및 비심리적 접근법(Bisson 등. 2020)을 염두에 두고 체계적인 검증을 해야 합니다.

그렇다면 왜 이 책일까요? 외상성 스트레스의 다양한 측면에 관한 훌륭한 최신 서적들이 이미 시중에 많이 나와 있습니다. 그러나 대부분 연구자가 동료 연구자를 위해 쓰거나 치료자가 치료자용으로 쓴 책입니다. 이 새로운 책에 대한 동기는 임상 경험이 풍부한 연구자와 과학적 훈련을 받은 치료자가 쓴 책, 즉 검증된 과학에 뿌리를 두고 있으면서도 치료자의 관심을 끄는 언어로 쓰인 책을 출간하자는 우리의 열정으로 출판되었습니다. 학술적으로 교육받았으나 트라우마 환자들을 잘 치료하는 데에 우선적인 관심을 기울이고 있는 현장의 임상 치료자들을 위해 우리는 이 책을 집필하게 되었습니다.

2015년 이 책의 초판이 큰 호응을 받게 되어 대해 출판사인 Springer Nature와 집필진인 저희 모두 기쁨과 동시에 매우 놀라움을 느꼈습니다. 초판에 대한 이 긍정적인 반응은, 당시 우리의 주장대로 이러한 출판물의 필요성을 보여주는 것이라고 생각합니다. 하지만 지난 7년 동안 이 분야는 더욱 발전했습니다. 예를 들어, 복합 PTSD는 ICD-11에 새로운 진단으로 도입되었습니다. 또한, 전 세계적으로 강제 이주민이 계속 증가하는 상황에서 트라우마에 시달리는 난민들에 대한 심리 사회적 개입 필요성과 정신건강 전문가의 공급 사이의 격차를 해소하기 위해, 높은 전문성을 요구하지 않는 여러 심리 개입이 개발되고 검증되었습니다. 또한 코로나19 팬데믹으로 인해 치료자와 정신건강 기관은 물론, 환자들도 그 어느 때보다 더 자주 비대면 정신건강서비스를 활용하게 되어[1], 정신건강 서비

1) 역자 주: 코로나 19 팬데믹 이후, 특히 미국에서 심리상담분야의 비대면 서비스가 활발하게 이루어지고 있음

스 제공과 관련된 첨단 기술 사용의 장단점에 대해 풍부한 자료와 서사적 정보가 축적되었습니다. 요약하자면, 저희는 이 책의 개정판이 나올 때가 되었다고 생각했습니다.

제2판은 임상심리학자, 정신건강의학과 의사, 심리치료사, 사회복지사, 정신건강 간호사 및 다양한 환경에서 트라우마 생존자와 함께 일하는 여러 치료자들을 위해 개정 및 보완된 근거기반 지침을 모두 다룹니다. 이 책은 최신의 심리학 및 사회학 이론은 물론 역학, 정신병리학, 신경생물학적 연구 결과를 포함하여 외상성 스트레스 연구와 치료의 기본 원칙을 이해하기 쉽게 다룹니다. 그러나 이 책의 핵심 초점은 앞서 언급한 치료자의 주요 관심사를 반영한 트라우마 관련 정신질환에 대한 근거기반 심리치료입니다. 특히 ICD-11 진단 분류에서 예상되는 중요한 발전된 부분들을 반영하여 급성 스트레스 반응, PTSD, 지속애도장애를 포함한 모든 트라우마 및 스트레스 관련 질환을 다루었습니다. 동반 질환의 치료, 특수 집단 및 특수 치료 방식, 트라우마 관련 질환에 대한 약리학적 치료에 대한 장이 추가되어 있습니다. 이 책은 누구를 언제, 어떻게 치료해야 하는지에 대한 근본적인 질문을 다루면서 마무리됩니다.

1.2 책의 내용

이 책의 1부에서는 외상성 스트레스에 대해 오늘날 우리가 알고 있는 기본 원칙에 대한 짧고 간결한 소개를 시작으로 외상의 영향과 치료에 대한 시사점과 이해의 토대를 마련합니다. 이 책의 첫머리에서는 잠재적으로 트라우마가 될 수 있는 사건과 트라우마 관련 질환의 역학부터 시작하여 트라우마가 중요한 공중 보건 문제라는 것을 명확하게 보여줍니다. 공포 조건화, 이중 표상 이론dual representation theory, 인지 이론 및 '핫스팟', 정신역동 이론, 사회 및 사회적 관점에서의 PTSD와 같은 가장 중요한 심리 및 사회학 이론을 다룹니다. 이어서 PTSD의 심리생물학적 연구에서의 최신 지견과 트라우마 노출, PTSD, 신체 건강 사이의 관계에 대한 장이 이어집니다.

2부는 현재 진단되는 트라우마 관련 질환에 대한 것을 기술합니다. 여기에서는 PTSD, 급성 스트레스 장애 및 급성 스트레스 반응, 복합 PTSD, 지속성 애도 장애를 다룹니다. 두 가지 주요 진단 분류 체계인 DSM과 ICD의 유사점과 차이점에 대해 설명합니다. DSM-5는 2013년에 발표되었지만, ICD-11은 2022년에 발표되었습니다.[2] DSM-IV와 ICD-10의 간극보다 DSM-5와 ICD-11 사이의 차이가 더 큽니다. 이로 인해 트라우마 분야에 흥미로운 도전과제가 나타났을 뿐 아니라 더욱 성장하

2) 역자 주: 이 책의 원서가 나올 시점에는 ICD-11이 공표 전이었으나 현재에는 공표된 상태임을 고려하여 번역됨

고 다양화되며 분화될 수 있는 기회가 열렸습니다.

3부는 이 책의 핵심 부분이며, 가장 많은 분량을 차지합니다. 총 10개의 장에서 트라우마 분야에서 경험적으로 입증된 심리적 개입이 소개됩니다.[3)] 3부에서는 최근 트라우마 생존자 중 따로 선별평가를 거치지 않은 집단이나 만성 트라우마 관련 질환 발생의 고위험군으로 확인된 트라우마 생존자 집단 모두에 대한 조기 개입으로 시작됩니다. 다음으로 경험적으로 뒷받침되는 PTSD 심리치료인 지속노출prolonged exposure, PE치료, 인지치료cognitive therapy, 인지처리 치료cognitive processing therapy, CPT, 안구 운동 민감소실 및 재처리eye movement desensitization and reprocessing, EMDR 치료, 내러티브 노출치료narrative exposure therapy, NET, PTSD 단기 절충 심리치료brief eclectic psychotherapy for PTSD, BEPP가 각각 별도의 장에 자세히 설명되어 있습니다. 복합 PTSD와 같은 더 복잡한 상태를 위한 정서 및 대인 관계 조절 훈련skills training in affective and interpersonal regulation, STAIR 내러티브 치료, 지속성 애도 장애에 대한 복합성 애도 치료complicated grief treatment, CGT는 독립된 장으로 다룹니다. 이번 개정판의 3부에서는 전 세계의 정신건강 증진을 위한 혁신적인 개입으로, 강제 이주민을 위한 낮은 강도의 심리 개입과 훈련받은 일반인, 특히 난민 동료가 제공하는 개입 등에 대한 장이 새롭게 추가되었습니다(16장).

치료 접근법 전반에 걸쳐 일관성을 유지하기 위해, 저자들은 연구 논문을 꼭 읽지 않아도 치료자가 이해할 수 있는 언어를 사용하여 해당 기법의 이론적 토대에 대한 간략한 요약으로 시작하여 비슷한 방식으로 각 장을 구성했습니다. 각 장의 주요 부분에서는 치료가 임상에서 어떻게 적용되는지 보여줍니다. 항상 하나 또는 여러 사례를 들어 치료법을 설명했으므로, 이를 통해 독자들이 실제 임상에서 치료가 어떻게 적용되는지 명확하게 파악할 수 있기를 바랍니다. 이어서 치료자가 다양한 외상 생존자에게 이 치료법을 적용할 때 일반적으로 직면할 수 있는 어려움과 이에 대처하는 방법이 나옵니다. 각 장은 경험적으로 확립된 치료 결과 보고와 이 특정 치료 접근법과 관련된 연구 결과들을 요약하며 마칩니다.

4부는 트라우마 관련 질환을 가진 사람들에게서 가장 흔하게 발견되는 동반 질환인 물질사용장애, 경계성 성격장애, 신체형 통증 장애somatoform pain disorder와 같은 만성 통증 질환의 치료를 다룹니다.

5부는 아동과 청소년, 노년층, 난민, 재향군인 등 특수 집단치료와 관련된 임상적 고려사항을 다룹니다. 이 부분을 기획하면서 지난 몇 년간 아동청소년 정신외상학 분야가 극적으로 발전하고 확장되었다는 점과 어떤 측면에서는 이제 성인 트라우마 연구의 '주류'보다도 더 발전했다는 사실을 알게 되었습니다. 따라서 이 책의 편집자들은 해당 저자들에게 다른 장과는 조금 다르게 집필해 달라는 요청을 하였고, 특정 접근법을 심층적으로 설명하기 보다는 외상을 입은 아동청소년의 근거기반 치료

3) 역자 주: 본 번역서의 제목은 이 관점에서 결정됨

법에 대한 일반적인 개요를 전달하고자 하였습니다. 스위스 취리히 대학교의 Markus Landolt는 트라우마를 경험한 아동과 청소년을 위해 경험적으로 뒷받침되는 치료법에 관한 별도의 책[4])을 만드는 데 참여했습니다(Landolt 등. 2017).

6부는 PTSD에 대한 집단치료, 부부 치료와 같은 특수 치료 기법과 코로나19 팬데믹이 시작된 이후 주목받고 있는 트라우마 생존자의 평가와 치료를 위한 비대면 정신건강 및 첨단 기술 기반의 접근에 대해 다룹니다.

7부는 PTSD의 약물치료에 대한 내용입니다.

책의 마지막인 8부에서는 어떤 치료법이 어떤 환자에게 가장 효과적인지를 다룹니다. 여기에서는 트라우마 작업에 적용할 수 있는 환자-치료 매칭에 관한 다른 분야의 연구 및 임상적 발전을 다룹니다. 치료의 초점을 결정하는데 있어 환자와 치료자 간의 협력적 의사 결정, 능률적인 다중요소 개입 구축을 위한 전략, 개입 및 치료 기간 결정을 안내하는 '평가 기반 관리measurement-based care' 등이 담겨있습니다.

제목에 맞게 이 책의 주요 초점은 근거기반 치료법에 맞춰져 있습니다. Chambless와 Hollon(1998)은 치료적 접근이 '근거기반' 또는 '경험적으로 뒷받침'되려면 다음의 기준을 충족해야 한다고 하였습니다. 첫째, 적절한 대상과 대조군을 대상으로 일련의 무작위 통제 연구를 통해 치료 효과가 입증되어야 합니다. 이러한 연구에서는 표본이 적절하게 기술되어야 하며, 유효하고 신뢰할 수 있는 평가 방법을 사용해야 합니다. 마지막으로, 적어도 하나 이상의 독립적인 연구자 집단에 의해 결과가 재현되어야 합니다. Forbes와 동료들은 지난 수십 년 동안 트라우마 분야의 심리치료 연구에 점차 보다 엄격한 과학적 방법이 적용되고 있다고 언급했습니다(Forbes 등. 2020). 그러나 근거기반 의학은 그 정의상, 이미 효능이 입증되고 경험적으로 뒷받침되는 치료법에 대해 알려주는 것이므로 과거를 향하는 것입니다. 만약 우리가 현재 접근할 수 있는 과학적 근거에만 의존한다면, 새로운 발전이 매우 더딜 것입니다. 많은 환자들이 치료를 거부하거나 전문가의 도움을 전혀 구하지 않기 때문에 기존 치료법의 수용 면에서도 개선이 필요합니다. 또한 과학적 근거가 아직 알려지지 않은 새롭고 창의적인 접근 방식에 대한 여지도 있어야 합니다.

이 책에서는 다루는 분야에 따라 매우 다양한 정도의 과학적인 수준을 보여줍니다. 한편에는 PTSD에 대해 치료자와 환자가 선택할 수 있는, 경험적으로 뒷받침되는 다양한 치료법들이 있습니다. 반면 다른 한편의 한 가지 예로, 고문을 겪은 난민의 트라우마 관련 질환과 동반된 만성 통증의

4) 역자 주: 해당 책은 [아동청소년 트라우마 치료 전문가가 알아야 할 18가지 치료법, 군자출판사, 2022년(배승민 방수영 공역)]으로 국내에 번역됨. 저자들이 이 책의 1판을 준비하면서 소아청소년에 대한 자료가 방대함을 인지하고 별도의 책을 편찬하였다고 대표 편집자인 슈나이더 박사가 2023년 한국에서 역자들을 만난 자리에서 밝힌 바 있음

치료에 대한 과학적 근거 수준은 여전히 매우 낮습니다. 앞서 언급했듯이 개선의 여지가 있고 추가적인 발전이 필요합니다. 그 예로, 마음챙김 기반 접근법, 특정 문제에 대한 초진단적 '미니 개입', 스트레스에 대한 회복탄력성 발달을 강조하는 치료 프로토콜, 웹 기반 치료와 기타 비대면 정신건강 및 첨단 기술 기반 접근법 등의 발전이 기대됩니다.

1.3 심리치료의 공통점

여러 장, 특히 3부를 읽어보면, 트라우마 생존자를 위한 경험적인 심리치료법들 사이에 공통점이 많다는 점이 분명하게 드러납니다. 접근 방식에 따라 몇 가지 중요한 차이점이 있지만, 공통점이 훨씬 더 많습니다. 주로 공통되는 개입과 치료의 특성은 다음과 같습니다(Schnyder 등. 2015).

- 심리교육Psychoeducation은 외상 후 스트레스 반응의 본질, 경과에 대한 정보와 외상 후 스트레스 반응이 이해할 수 있고 예상 가능한 것이라는 것, 트라우마 연상물의 확인과 그에 대한 대처에 도움이 되는 방법, 그리고 고통을 다루는 방식에 대해 다룹니다(Schnyder 등. 2012). 요컨대, Wessely와 동료들이 정의한 대로 심리교육은 '스트레스, 외상 후 스트레스 및 기타 증상의 본질과 이에 대해 어떻게 대처해야 하는지에 대한 정보'를 제공합니다(Wessely 등. 2008). 심리교육은 심리적 응급처치psychological first aid, PFA의 맥락처럼, 개인이나 대규모 집단 수준의 트라우마에서 급성과 만성 트라우마 관련 정신질환을 예방하고 회복탄력성을 키우기 위하여 트라우마 발생 직후 바로 시행됩니다. 심리교육은 PTSD 및 기타 트라우마 관련 질환에 대한 트라우마 중심 심리치료의 중요한 구성 요소이며, 치료적 개입 촉진, 환자 협력의 최적화, 그리고 재발 방지를 목표로 합니다. 대부분의 정신건강 전문가들은 트라우마 교육 또는 심리교육을 중요한 도구로 간주하지만, 그 목표와 핵심 구성 요소에 대해 통상적으로 받아들여지는 정의는 없습니다. 따라서 표준화된 전달 절차가 없으며, 당연하게도 그 효과에 관한 연구도 거의 없습니다(Schnyder 등. 2012).
- 감정 조절과 대처 기술Emotion regulation and coping skills은 여러 치료 접근법에서 자주 교육하고 훈련하는 것입니다. 일부에서는 이를 함축적으로 전달하고 어떤 경우에는 매우 표면적으로 진행하는데, 예를 들어 Cloitre의 정서 및 대인 관계 조절 기술 훈련STAIR 내러티브 치료에서는 감정 조절 기술 훈련이 치료 프로토콜 첫 부분의 핵심 단계입니다. 대부분의 치료에서 감정 조절 기술은 치료의 시작 또는 첫 단계에서 다루어집니다. 다른 각도에서 보면, 감정 조절 기술 교육은 트라우마 생존자의 스트레스 회복력을 키우기 위한 치료적 요소로도 볼 수 있습니다.
- 상상노출Imaginal exposure은 트라우마 기억의 상상노출과 트라우마 연상물에 대한 실제 노출을 결

합하는 지속노출치료에서 가장 강조되는 부분입니다. 하지만, 트라우마 관련 질환에 대한 거의 모든 근거기반 심리치료에서도 어떤 형태로든 트라우마 경험 기억에 대한 노출을 볼 수 있습니다. EMDR 치료에서는 환자가 말없이 수평 안구 운동을 하는 동안 트라우마에 주의를 집중하고, 내러티브 노출치료NET에서는 치료자와 공동으로 글을 작성하며, PTSD 단기 절충 심리치료BEPP에서는 제반응abreaction을 촉진하기 위해 상상노출을 하는 등, 다양한 방법으로 노출이 적용됩니다.

- 인지처리 및 재구성Cognitive processing and restructuring도 거의 모든 경험적인 PTSD 및 기타 트라우마 관련 심리치료법에 존재하는 요소입니다. PTSD 인지치료와 인지처리 치료CPT에서는 소크라테스적 대화와 인지 재구성이 가장 중요한 치료 요소이지만, PE나 EMDR 치료 같은 다른 접근법에서는 인지 재구성이 노출이나 안구 운동 후 이어지는 통합 과정의 일부로 포함됩니다.
- 감정Emotions은 사실상 모든 심리치료에서 다루어집니다. 어떤 치료NET, PE에서는 주로 환자의 트라우마나 공포 네트워크를 다루고, 다른 치료법에서는 죄책감과 수치심CPT, 분노STAIR, 애도와 슬픔BEPP이 중심이 됩니다. 도덕적 손상은 특히 복합적인 트라우마 경험에서 일어나는데, 윤리적 딜레마에 노출됨으로써 발생하는, 부분적으로 상충되는 감정들을 동반합니다. 아직 대부분의 치료 매뉴얼에서 명시적으로 설명하지는 않지만, 도덕적 손상은 트라우마를 겪은 재향군인, 고문을 경험한 난민 및 기타 복합 트라우마 생존 집단의 심리치료에서 다뤄야 할 문제로 점점 더 인식되고 있습니다.
- 기억 처리Memory processes는 트라우마 관련 질환의 치료에 중요한 역할을 합니다. PTSD는 기억 장애로 이해될 수 있습니다. Brewin의 이중 표상 이론(3장)에 따르면, 감각-근접 표상은 맥락적 표상과 구별되는데, 이는 과거에 각각 상황적 접근기억situationally accessible memory, SAM과 언어적 접근 기억verbally accessible memory, VAM 시스템으로 불렸었습니다(Brewin 등. 2010). NET 치료자는 핫 메모리hot memory를 콜드 메모리cold memory로 전환하는 작업을 합니다. 기술적으로 어떤 용어를 사용하든, 기억 기능의 회복과 **타당한 트라우마 내러티브**의 생성은 모든 트라우마 중심 치료의 핵심 목표입니다.

1.4 문화적 측면

세계문화정신의학협회World Association of Cultural Psychiatry의 창립 회장인 Wen-Shing Tseng은 문화를 역동적인 개념으로 정의했는데, 이는 삶의 초기 단계부터 문화화를 통해 형성된 신념, 태도 및 가치

체계의 집합을 의미하며, 이후 행동, 행위 및 감정을 조절하는 내적 방식으로 작용하게 된다고 보았습니다(Tseng과 Streltzer 2001). 따라서 문화는 정적인 것이 아니라 끊임없이 변화하는 환경적 요구에 대응하면서 세대에 걸쳐 계속 변화합니다. 또한 Tseng이 말하는 문화란 각 개인마다 고유한 것이므로 민족이나 인종보다 훨씬 더 중요합니다. 숙련된 치료자는 보통 각 환자의 특정 상황, 정신병리의 특성, 치료 단계 등에 맞추어 치료를 조정합니다. 그러나 여기에 문화적 측면을 고려하면 치료가 훨씬 더 효과적일 수 있습니다. 문화적으로 관련성이 있는, 문화에 민감한, 혹은 문화적 역량을 갖춘 심리치료는 문화가 어떻게 환자의 개인사의 의미를 더해주는지, 그리고 질병 및 도움 요청 행동에 나타나는 문화적 요소들 및 치료에 대한 환자의 기대를 함께 이해하고자 노력하는 것입니다.

트라우마는 전 세계적인 문제입니다(Schnyder 2013). 외상을 입은 환자들은 지구 곳곳에서 발생합니다. 이들이 모두 우리의 언어를 사용하거나 우리의 문화적 가치를 공유할 것이라 기대하기는 어렵습니다. 따라서 우리는 문화적 역량을 강화해야 합니다. 문화에 민감하게 반응하는 것은 좋은 치료자의 필수 요건이 되었습니다. 심리치료에 정기적으로 전문통역사의 도움을 받을 수 있는 경우는 드뭅니다(22장). 한편으로, 문화적 차원을 고려하는 것은 이미 치료자에게 요구되는 많은 요건에 또 하나의 부담으로 다가올 수도 있습니다. 그러나 다른 한편으로는 이것이 우리가 하는 일을 더욱 풍요롭게 하여, 인간이 얼마나 다양한지, 환자와 치료자의 문화적 배경에 따라 재경험이나 외상경험의 특정 부분이 얼마나 다르게 이해되고 해석될 수 있는지를 배울 수 있는 기회를 줍니다(Schnyder 등. 2016).

감사의 글 이 책의 2판을 편집하는 과정에서 큰 보람을 느꼈습니다. 트라우마 분야의 세계적인 리더이자 학자인 뛰어난 집필진들과 함께 일할 수 있어서 영광이었습니다. 저자들은 시간 맞춰 원고를 제출했을 뿐만 아니라 편집 의견 및 제안에 매우 적극적으로 응해 주었습니다. 저희도 저자들로부터 많은 것을 배웠습니다. 이런 동료들과 함께 일한다는 것은 정말 멋진 일입니다. 모든 장의 저자분들께 감사드립니다!

Springer Nature의 Sylvana Freyberg에게 감사드립니다. 2판의 적절한 시기에 대한 첫 대화부터 전 과정 동안 성공적인 결과를 위해 필요한 전문적인 지원을 해주었습니다. 인내심과 지속적인 격려에 감사드립니다!

마지막으로, 이 책에는 수많은 임상 사례들이 있습니다. 더 나은 치료자를 위한 가르침이 되도록 각 장의 저자를 통해 자신의 이야기를 공유해 주신 모든 환자분들께 감사드립니다.

References

APA (1980) Diagnostic and statistical manual of mental disorders, 3rd edn. American Psychiatric Association, Washington, DC

Bisson JI, van Gelderen M, Roberts NP, Lewis C (2020) Non-pharmacological and non-psychological approaches to the treatment of PTSD: results of a systematic review and meta-analyses. Eur J Psychotraumatol 11(1):1795361. https://doi.org/10.1080/20008198.2020.1795361

Bisson JI, Olff M (2021) Prevention and treatment of PTSD: the current evidence base. Eur J Psychotraumatol 12(1):1824381. https://doi.org/10.1080/20008198.2020.1824381

Brewin CR, Gregory JD, Lipton M, Burgess N (2010) Intrusive images in psychological disorders: characteristics, neural mechanisms, and treatment implications. Psychol Rev 117:210–232

Chambless DL, Hollon SD (1998) Defining empirically supported therapies. J Consult Clin Psychol 66(1):7–18

Forbes D, Bisson J, Monson CM, Berliner J (eds) (2020) Effective treatments for PTSD. Practice guidelines from the International Society for Traumatic Stress Studies, 3rd edn. Guilford, New York

Landolt MA, Cloitre M, Schnyder U (eds) (2017) Evidence-based treatments for trauma related disorders in children and adolescents. Springer, Cham. https://doi.org/10.1007/978-3-319-46138-0_6

Lewis C, Roberts NP, Andrew M, Starling E, Bisson JI (2020) Psychological therapies for post-traumatic stress disorder in adults: systematic review and meta-analysis. Eur J Psychotraumatol 11(1):1729633. https://doi.org/10.1080/20008198.2020.1729633

McFarlane AC, Kilpatrick DG (2021) Historical roots of the PTSD construct. How PTSD became a diagnosis and launched the traumatic stress field. In: Friedman MJ, Schnurr PP, Keane TM (eds) Handbook of PTSD—science and practice, 3rd edn. Guilford, New York, pp 38–58

Schnyder U (2013) Trauma is a global issue. Eur J Psychotraumatol 4:20419. https://doi.org/10.3402/ejpt.v4i0.20419

Schnyder U, Pedretti S, Muller J (2012) Trauma education. In: Figley CR (ed) Encyclopedia of trauma: an interdisciplinary guide. SAGE, Thousand Oaks, pp 709–714

Schnyder U, Ehlers A, Elbert T, Foa EB, Gersons BPR, Resick PA, Shapiro F, Cloitre M (2015) Psychotherapies for PTSD: what do they have in common? Eur J Psychotraumatol 6:28186. https://doi.org/10.3402/ejpt.v6.28186

Schnyder U, Bryant RA, Ehlers A, Foa EB, Hasan A, Mwiti G, Kristensen CH, Neuner F, Oe M, Yule W (2016) Culture-sensitive psychotraumatology. Eur J Psychotraumatol 7:31179. https://doi.org/10.3402/ejpt.v7.31179

Tseng W-S, Streltzer J (eds) (2001) Culture and psychotherapy. A guide to clinical practice. American Psychiatric Press, Washington, DC

Wessely S, Bryant RA, Greenberg N, Earnshaw M, Sharpley J, Hughes JH (2008) Does psychoeducation help prevent post traumatic psychological distress? Psychiatry 71(4):287–302

1부

외상성 스트레스: 기본 원칙

공중 보건 문제로서의 트라우마: 트라우마 및 트라우마 관련 질환의 역학

2

Emma J. Mew, Karestan C. Koenen과 Sarah R. Lowe

많은 언론에서 보도하듯이 자연재해, 성폭력, 아동학대와 같은 잠재적인 트라우마 사건potentially traumatic events, PTEs은 전 세계적으로 빈번히 발생하여 개인과 지역사회에 큰 심리적 타격을 입히고 있습니다. 역학은 공중 보건의 기초로, 인간 집단 내 질병의 분포와 결정 요인을 연구하고 이를 보건 문제 해결에 적용하는 학문입니다. 역학 연구 덕분에 잠재적 트라우마 사건의 높은 발생률, 트라우마 관련 질환들의 파괴적인 영향에 대해 경험적인 증거들을 확인하고, 잠재적 트라우마 사건이 인구 집단에 동일하게 분포하지 않는다는 것을 알 수 있게 되었습니다. 이 장에서는 잠재적 트라우마 사건 및 트라우마 관련 질환의 빈도와 분포를 검토하고, 방법론적으로 고려할 사항들과 위험 및 보호 요인들을 확인한 뒤, 마지막으로 잠재적 트라우마 사건 및 트라우마 관련 질환들에 대한 공중 보건적인 접근 방식을 다룹니다.

2.1 트라우마 노출로 인한 전 세계적인 부담의 무게

트라우마 관련 질환은 진단 기준 면에서 잠재적 트라우마 사건의 노출 전제 조건으로 합니다. 진단 체계마다 정의가 조금씩 다르지만, **정신장애 진단 및 통계 편람**the Diagnostic and Statistical Manual of Mental Disorders, 이하 DSM에서는 잠재적 트라우마 사건을 '위협적인 죽음, 심각한 부상 또는 성폭력에 노출'되는 경험으로 정의합니다(American Psychiatric Association 2013; Maercker 등. 2013). 잠재적 트라우마 사건의 전 세계 유병률, 특히 저소득 및 중간 소득 국가에서의 유병률은 아직 알려져 있지 않습니다. 그러나 최근 몇 년간 이에 대한 국제적 연구가 다양한 상황에서 보다 엄격한 기준으로 진행되었습니다. 그중 가장 주목할 만한 것으로, 잠재적 트라우마 사건과 그 심리적 후유증의 유병률 추정을 위해 최초의 국제적 연합 연구로 세계정신건강연맹World Mental Health, 이하 WMH에서 표준화된 방법론으로 시행한 설문조사가 있습니다(Harvard Medical School 2005). 이 설문조사는 6개 대륙, 29개 고소득 국가와 저소득 및 중간 소득 국가의 성인 16만 명 이상을 표본으로 시행되었으며, 2001년부터 2012년 사이에 조사된 24개국의 성인 약 7만 명에 대한 트라우마 관련 결과 자료를 바탕으로 진행되었습니다(Harvard Medical School 2005). 이 조사에 따르면 약 70%의 개인이 평생 한 번 이상 잠재적 트라우마 사건을 겪고, 1인당 평균 3.2건의 잠재적 트라우마 사건을 경험한 것으로 추정되었습니다(Kessler 등. 2017). 가장 흔한 잠재적 트라우마 사건은 사고/부상(36%), 사망 또는 사상자 목격(23%), 강도(15%), 생명을 위협하는 수준의 교통 사고(14%)였습니다(Benjet 등. 2016).

표 2.1은 7개 대륙, 20개 국가의 다양한 잠재적 트라우마 사건의 유병률 추정치로, WMH 설문조사를 포함한 29개의 대표적인 역학 연구 결과를 요약한 것입니다. 미국의 전국 단위 대표적 연구들인 알코올 관련 질환 국민 역학 조사National Epidemiological Survey of Alcohol and Related Conditions-III, NESARC-III(Goldstein 등. 2016), 국민 공존 질환 조사National Comorbidity Survey, NCS(Kessler 등. 1995), 국민 공존 질환 조사-재조사National Comorbidity Survey-Replication, NCS-R(Kessler 등. 2005) 등의 연구에 따르면, 미국 성인의 대다수가 적어도 한 가지 이상의 잠재적 트라우마 사건을 경험했습니다. 이들 연구에서 가장 높은 빈도를 보이는 잠재적 트라우마 사건은 가까운 친구나 가족의 갑작스럽고 예상치 못한 사망, 누군가가 심하게 다치거나 다치는 것의 목격, 인재 또는 자연재해에 노출되는 것이었습니다(예: McLaughlin 등. 2013). 그 외의 고소득 국가인 호주(Mills 등. 2011), 캐나다(Van Ameringen 등. 2008), 북아일랜드(Bunting 등. 2013), 스웨덴(Frans 등. 2005), 일본(Kawakami 등. 2014), 네덜란드(Knipscheer 등. 2020)의 국가별 성인 대상 연구에서도, 성인 대다수가 적어도 한 번 이상의 잠재적 트라우마 사건을 경험했습니다. 독일(Hauffa 등. 2011)과 한국(Jeon 등. 2007)에서는 국가별 평생 유병률이 낮게 보고되었는데, 응답자의 1/3 이하가 노출 경험을 보고했습니다.

저소득 및 중간 소득 국가에서도 잠재적 트라우마 사건 노출이 흔하다는 연구들이 있지만 이 연구들 중 다수가 특정 지역(예: 대도시 지역)이나 특정 집단(예: 청소년)에 초점을 맞추고 있어, 결과를 일반화하기에는 한계가 있습니다(예: 알제리[de Jong 등. 2001], 캄보디아[de Jong 등. 2001], 동티모르[Soosay 등. 2012], 케냐[Jenkins 등. 2015], 모로코[Kadri 등.2007]; eTable 1의 Mew 등. 2021 참조). 한편, 전국 단위 대표성이 있는 소수의 연구가 최근 보고되었습니다. 이 중 아프리카 라이베리아에서 성인을 대상으로 한 전국 단위 대표 표본 조사에서, 응답자 4명 중 3명이 최소 하나 이상의 전쟁 관련 잠재적 트라우마 사건을 경험했다고 응답했습니다(Vinck와 Pham 2012). 남아프리카 공화국에서 전국 규모로 진행된 두 개의 연구에서는 평생 잠재적 트라우마 사건 유병률이 각각 20%와 74%로 나타났는데(표 2.1), 이렇게 결과가 상이하게 나타난 이유 중 하나는 연구마다 조사하는 사건의 종류가 다르기 때문일 것으로 추정됩니다(Atwoli 등. 2013; Peltzer와 Pengpid 2019). 아시아에서는 태국 성인의 약 절반(Supanya 등. 2017)에서, 그리고 말레이시아 청소년(Ghazali 등. 2016)과 대만의 초등학교 4학년(Hsieh 등. 2016)의 대다수가 평생 한번 이상의 잠재적 트라우마 사건을 경험한 것으로 추정됩니다. 남미에서는 과테말라 성인 응답자 약 5명 중의 한 명 꼴로 폭력에 노출되었으며(Puac-Polanco 등. 2015), 브라질 2개 도시의 성인 표본에서는 응답자의 86%가 평생 중 잠재적 트라우마 사건에 노출된 경험이 있다고 답했습니다(Ribeiro 등. 2013).

잠재적 트라우마 사건은 전 세계적으로 흔하게 발생하는 것임에도, 특정 사건의 발생 빈도는 국가별로 현저하게 다릅니다. 이러한 차이에는 몇 가지 요인의 영향이 있을 수 있습니다. 첫째, 이러한 차이는 실제 발생 빈도의 차이를 반영하는 것일 수 있습니다. 예를 들어, 성폭력은 분쟁 지역에서 더 흔하게 발생하기 때문에 그 지역에서 유병률이 더 높을 수 있습니다(예: 라이베리아 민간인보다 전직 전투원에서 유병률이 더 높게 나타남; Johnson 등, 2008). 둘째로, 수치심이나 보복에 대한 두려움 등으로 인해 (특히 성폭력) 사건을 드러내는 것을 수용하는 데 문화적 차이가 있습니다. 셋째, 응답자들에게 보통 일어날 수 있는 일이라고 간주되는 사안일 경우 보고를 덜 할 수 있습니다. 이러한 맥락에서, 트라우마 노출이 더 많을 것으로 예상되는 지역에서 잠재적 트라우마 사건 유병률이 반드시 더 높게 보고되는 것은 아닙니다. 예를 들어 분쟁 이후, 잠재적 트라우마 사건 유병률이 지역별로 큰 차이를 보입니다(de Jong 등. 2001). 넷째, 범주에 대한 다양한 정의intracategory variability 역시 결과에 영향을 미칠 수 있습니다. 예를 들어, '심각한 사고'라는 범주에는 매우 다양한 사건이 포함될 수 있으며, 응답자가 겪었던 특정 경험이 어떤 사건을 '심각한 사고' 경험이라고 받아들일지 여부에 영향을 줄 수 있습니다(Dohrenwend 2006).

추가로 고려해야 할 것은 잠재적 트라우마 사건 평가 방법의 다양성입니다. 트라우마 평가 도구들마다 포함되는 사건의 수와 유형이 다릅니다. 목록의 범위가 넓을수록 사건이 더 추가되므로 잠재적 트라우마 사건의 유병률이 높아지는 경향이 있습니다(Mills 등. 2011). 목록에 포함되는 사건들의 차이는 부분적으로는 DSM이나 **WHO 국제질병분류**International Classification of Disease, ICD와 같은 진단체계에서 외상의 정의가 변화하며 발전하고 있기 때문입니다(Wisco 등. 2016).

표 2.1 잠재적인 트라우마 사건Potentially traumatic events, PTEs과 외상 후 스트레스 장애Posttraumatic stress disorder, PTSD의 유병률에 대한 각 국가별 전국 표본 대표 역학 연구들[a]

저자(들), 출간 연도	국가	연구명 (대상 연령)	N	PTE 유병률	PTSD 평가 (도구; 진단기준; 기준 사건)	PTSD 유병률
아프리카						
Johnson 등. (2008)	라이베리아	– (18세 이상)	1,666	성폭력 (1): 42.3%(여성, 전직 전투원), 9.2%(여성, 민간인), 32.6%(남성, 전직 전투원), 7.4%(남성, 민간인); 전쟁 관련 (1) 33.0%	PSS, 수정형; DSM-IV; 불특정	지난 달: 44%
Vinck와 Pham (2012)	라이베리아	– (18세 이상)	4,496	전쟁관련 (1[b]): 76.6%; 성폭력 (1[b]): 4.1%	PLC-C; DSM-IV; 불특정	현재: 12.6%
Munyandamutsa 등. (2012)	르완다	– (16세 이상)	1,000	–	MINI; DSM-IV 또는 ICD-10; 불특정	지난 달: 26.1% (적어도 하나 이상의 PTE 경험자 중)
Jalloh 등. (2018)	시에라리온	– (15세 이상)	3,564	–	IES-6; DSM-IV; 불특정	현재: 16%
Atwoli 등. (2013)	남아프리카	South African Stress and Health Study (18세 이상)	4,315	모든 PTE (27): 73.8%; 아동기 (1): 12.9%; 성폭력 (3): 7.6%; 전쟁 관련 (6): 12.2%; 재난 (1[b]): 4.1%; 사별 (1): 39.2%	CIDI; DSM-IV; 무작위	작년: 0.7%; 평생: 2.3%
Pelzer와 Pengpid (2019)	남아프리카	SANHANES-1 (15세 이상)	16,780	모든 PTE (14): 20.1%; 사별 (1): 67.6%	DTS; DSM-IV; 불특정	현재: 2.1%
아시아						
Kawakami 등. (2014)	일본	WMH Japan Survey (20세 이상)	1,682	모든 PTE (29): 60.7%; 아동기 (1): 6.9%; 성폭력 (3): 4.3%; 전쟁 관련 (7): 8.7%; 사별 (1): 23.7%	CIDI; DSM-IV; 최악 및 무작위	평생: 1.3%; 작년: 0.7%; 지난달: 0.2%
Jeon 등. (2007)	한국	Korean Epidemiologic Catchment Area study (18–64세)	6,258	모든 PTE (1): 33.3%; 성폭력 (1): 2.3%; 전쟁 관련 (1): 1.6%; 재난 (1); 5.4%	CIDI; DSM-IV; 최악	평생: 1.7%
Supanya 등. (2017)	태국	Thai National Mental Health Survey (18세 이상)	4,727	모든 PTE (미분류): 51.1%	CIDI; 불특정; 불특정	–
유럽						
Darves-Bornoz 등. (2008)	벨기에	ESEMeD (18세 이상)	1,043	–	CIDI; DSM-IV; 최악	작년: 0.8%

(계속)

저자(들), 출간 연도	국가	연구명 (대상 연령)	N	PTE 유병률	PTSD 평가 (도구; 진단기준; 기준 사건)	PTSD 유병률
Karam 등. (2013)	벨기에	Bulgaria National Survey of Health and Stress (18세 이상)	2,233	–	CIDI; DSM-IV; 최악 및및 무작위	작년: 0.9%
Darves-Bornoz 등. (2008); Husky 등. (2015)	프랑스	ESEMeD (18세 이상)	1,436	도든 PTE (28): 72.7%; 아동기 (1): 2.8%; 성폭력 (1^b): 12.1%; 전쟁 관련 (1^b): 21.1%; 재난 (1^b): 7.8%; 사별 (1): 28.2%	CIDI; DSM-IV; 최악	작년: 2.3%
Darves-Bornoz 등. (2008)	독일	ESEMeD (18세 이상)	1,323	–	CIDI; DSM-IV; 최악	작년: 0.7%
Hauffa 등. (2011)	독일	– (14세 이상)	2,510	모든 PTE (12): 23.8%; 아동기 (1): 1.5%; 성폭력 (1): 1.2%; 전쟁 관련 (1^b): 5.5%; 재난 (1): 0.6%;	PSS; DSM-IV; 불특정	평생: 2.9%
Maercker 등. (2008)	독일	– (14–93세)	2,426	모든 PTE (12): 28.0% (여성), 20.9% (남성); 아동기 (1): 1.2%; 성폭력 (1): 0.8%; 전쟁 관련(1^b): 8.2%; 재난 (1): 0.8%	PSS 개정판; DSM-IV; 불특정	지난달: 2.3%
Darves-Bornoz 등. (2008); Carmassi 등. (2014)	이탈리아	ESEMeD (18세 이상)	1,799	모든 PTE (27): 56.1%; 성폭력 (3): 3.7%; 전쟁 관련 (7): 6.9%; 재난 (2^b): 7.8%; 사별 (1): 20.4%	CIDI; DSM-IV; 최악	작년: 0.7%
Bronner 등. (2009)	네덜란드	– (18세 이상)	2,238	모든 PTE (12): 52.2%; 성폭력 (1^b): 7.6%; 전쟁 관련 (1): 1.9%; 재난 (1): 11.1%; 사별 (1): 9.3%	–	–
Darves-Bornoz 등. (2008)	네덜란드	ESEMeD (18세 이상)	1,094	–	CIDI; DSM-IV; 최악	작년: 2.6%
De Vries와 Olff (2009)	네덜란드	– (18–80세)	1,087	모든 PTE (36): 80.7%; 아동기 (1): 3.9%; 성폭력 (1^b): 3.7%; 전쟁 관련 (1^b): 16.3%; 재난 (1^b): 7.5%; 사별(5): 51.4%	CIDI; DSM-IV; 최악	작년: 7.4%
Knipsheer 등. (2020)	네덜란드	NEMESIS-2 (18–64세)	6,457 (PTE 유병률); 4,639 (PTSD 유병률)	모든 PTE (10): 71.1% (비가중); 성폭력 (1): 3.4% (가중); 재난 (1): 0.9% (가중); 전쟁 관련 (1): 1.3% (가중); 사별 (1^b): 37.2% (가중)	TSQ; DSM-IV; 최악	현재: 2.0% (PTE 노출 보고자 중)

(계속)

저자(들), 출간 연도	국가	연구명 (대상 연령)	N	PTE 유병률	PTSD 평가 (도구; 진단기준; 기준 사건)	PTSD 유병률
Bunting 등. (2013)	북아일랜드	Northern Ireland Study of Health and Stress (18세 이상)	1,986	모든 PTE (28): 60.6%; 전쟁 관련 (12): 39.0%	CIDI; DSM-IV; 최악	작년: 5.1%; 평생: 8.8%
de Albuquerque 등. (2003)	포르투갈	– (18세 이상)	2,606	모든 PTE (10): "약 75%"; 성폭력 (1^b): 0.9%; 전쟁 관련 (1): 7.4%; 재난 (1): 16.7%; 사별 (1): 29.3%	단축형 스크리닝 척도; DSM-IV; 최악	현재: 7.9%
Florescu등. (2009)	루마니아	Mental Health Study in Romania (18세 이상)	2,357	–	CIDI; DSM-IV; 불특정	작년: 0.7%
Karam 등. (2013); Olaya 등. (2015)	스페인	ESEMeD (18세 이상)	2,121	모든 PTE (28): 54.0%; 아동기 (1): 2.5%; 전쟁 관련 (7): 7.4%; 성폭력 (3): 2.6%; 재난 (1^b): 4.3%; 사별 (1): 20.6%	CIDI; DSM-IV; 최악	작년: 0.6%
Frans 등. (2005)	스웨덴	– (18–70세)	1,824	모든 PTE (7): 80.8%	PCL; DSM-IV; 최악	평생: 5.6%
Karam 등. (2013)	우크라이나	Comorbid mental disorders during periods of social disruption (18세 이상)	1,719	–	CIDI; DSM-IV; 최악 및 무작위	작년: 2.0%
Weich 등. (2011); Bentall 등. (2012); Qassem 등. (2021)	영국	2007 Adult Psychiatric Morbidity Survey (16세 이상)	7,353	아동기 (1): 2.9%; 성폭력 (1^b): 8.7%	TSQ; DSM-IV; 불특정	지난주 (n = 7325): 2.9%, 2.4% (남성), 3.3% (여성)
중동						
Hajebi 등. (2018)	이란	Iran Mental Health Survey (15–64세)	7,886	–	CIDI; DSM-IV; 불특정	작년: 2.1%, 2.4% (여성), 1.7% (남성)
Alhasnawi 등. (2009)	이라크	Iraq Mental Health Survey (18세 이상)	4,332	–	CIDI; DSM-IV; 불특정	작년: 1.1%; 평생: 2.5%
Karam 등. (2013)	이스라엘	Israel National Health Survey (21세 이상)	4,849	–	CIDI; DSM-IV; 최악	작년: 0.4%
Karam 등. (2008, 2013)	레바논	Lebanese Evaluation of the Burden of Ailments and Needs of the National Study (18세 이상)	2,857	전쟁 관련 (10): 68.8%	CIDI; DSM-IV; 불특정	평생: 3.3% (n = 1981)

(계속)

저자(들), 출간 연도	국가	연구명 (대상 연령)	N	PTE 유병률	PTSD 평가 (도구; 진단기준; 기준 사건)	PTSD 유병률
Altwaijri등. (2020)	사우디 아라비아	Saudi National Mental Health Survey (15–65세)	4,004	–	CIDI; DSM–IV; 불특정	평생: 0.7%
북미						
Van Ameringen 등. (2008)	캐나다	– (18세 이상)	2,991	모든 PTE (18): 75.9%; 아동기 (1): 9.3%; 성폭력 (1[b]): 21.9%; 전쟁 관련 (1[b]): 4.3%; 재난 (1): 15.6%; 사별 (1): 41.1%	Canadian Community Health Survey (CIDI 기반); DSM–IV; 최악	현재: 2.4%; 평생: 9.2%
Medina–Mora 등. (2003, 2005); Karam 등. (2013)	멕시코	National Study of Psychiatric Epidemiology (18–65세)	5,286	모든 PTE (28): 68%; 아동기 (1): 18.3%; 성폭력 (1[b]): 5.4%; 전쟁 관련 (1): 1.0%; 재난 (1): 13.7%; 사별 (1): 26.9%	CIDI; DSM–IV, ICD–10; 최악	평생: 1.5% (DSM–IV), 2.6% (ICD–10); 작년: 0.3% (DSM–IV), 0.6% (ICD–10); 지난달: 0.2% (ICD–10)
Goldstein 등. (2016)	미국	NESARC–III (18세 이상)	36,309	모든 PTE (19): 68.6%; 평생 PTSD 응답자 중; 아동기 (1): 12.1% (남), 18.9% (여); 성폭력(1[b]): 16.1% (남); 42.7% (여); 재난 (1): 10.1% (남), 12.6% (여); 전쟁 관련: 16.4% (남), 1.4% (여)	AUDADUS–5; DSM–IV; 최악	작년: 4.7%; 평생: 6.1%
Kessler 등. (1995)	미국	National Comorbidity Survey, Phase II (15–54세)	5,877	모든 PTE (10): 51.2% (여), 60.7% (남); 아동기(1[b]): 4.8% (여), 3.2% (남); 성폭력(1[b]): 12.3% (여), 2.8% (남): 전쟁 (1): 0.0% (여), 6.4% (남); 재난 (1): 15.2% (여), 18.9% (남)	Revised DIS, CIDI; DSM–III–R; 최악	평생: 7.8%
Kessler 등. (2005); Nickerson 등. (2012)	미국	NCS–R (18세 이상)	5,692	모든 PTE (26): 86.9%; 아동기 (1[b]): 19.0%; 성폭력 (1[b]): 19.1%; 전쟁 관련 (5): 10.4%	CIDI; DSM–IV; 최악과 무작위	작년: 3.5%
Pietzak 등. (2011); Breslau 등. (2013)	미국	National Epidemiological Survey of Alcohol and Related Conditions (18세 이상)	34,653	성폭력 (1): 8.7%; 재난 (1): 15.7%; 사별 (1): 41.6%	Module from the Alcohol Use Disorders and Associated Disabilities Interview Schedules; DSM–IV; 최악	평생: 6.4%

(계속)

저자(들), 출간 연도	국가	연구명 (대상 연령)	N	PTE 유병률	PTSD 평가 (도구; 진단기준; 기준 사건)	PTSD 유병률
오세아니아						
Chapman 등. (2010); Mills 등. (2011)	호주	Australian National Survey of Mental Health and Well-being, 2007 (18–65세)	8,841	모든 PTE (29): 74.9%; 아동기 (1[b]): 10.1%; 성폭력 (1[b]): 9.6%; 전쟁 관련 (1[b]): 4.1%; 재난 (1[b]): 8.4%; 사별 (1): 34.4%	CIDI, 개정판; DSM–IV; 최악	작년: 4.4%; 평생: 7.2%
Rosenman (2002); Creamer 등. (2013)	호주	National Survey of Mental Health and Wellbeing, 1997 (18세 이상)	10,641	모든 PTE (10): 57.4%, 64.0% (남), 49.5% (여); 성폭력 (1[b]): 10.6%; 전쟁 관련 (1): 3.2%; 재난 (1): 16.8%	CIDI, 개정판; DSM–IV, ICD–10; 최악	작년: 1.5% (DSM–IV), 3.6% (ICD–10)
Karam 등. (2013)	뉴질랜드	New Zealand Mental Health Survey (18세 이상)	7,312	–	CIDI, DSM–IV; 최악 및 무작위	작년: 2.1%
남미						
Puac–Polanco 등. (2016)	과테말라	2009 Guatemalan National Mental Health Survey (18–65세)	1,452	성폭력 (1): 1.2%; 전쟁 관련 (1): 0.7%	CIDI; DSM–IV; 불특정	평생: 1.9%

* 선정 기준: 성인 대상의 전국적인 표본 연구. 트라우마 형태: 아동기-비성폭력(예: 학대, 방임); 성폭력-아동성폭력 포함; 전쟁 관련(예: 전투, 전쟁 지역의 민간인); 재난(예: 자연, 인재); 사별(예: 살인으로 가족 상실, 가까운 지인의 급작스러운 사망) 사건의 수는 괄호 표기

AUDADIS-5 NIAAA alcohol use disorders and associated disabilities interview schedule-5, *DIS* 진단면접절차diagnostic interview schedule, *DTS* Davidson trauma scale, *ESEMeD* European Study of the Epidemiology of Mental Disorders, *IES-6* 단축형 사건충격척도short version of the IES-R, *IES-R* 사건충격척도 개정판impact of events scale-revised, *MINI* mini international neuropsychiatric interview, *NCS-R* National Comorbidity Survey-Replication, *NEMESIS-2* Netherlands Mental Health Survey and Incidence Study-2, *NESARC-III* National Epidemiological Survey of Alcohol & Related Conditions-III, *PCL* PTSD 체크리스트, *PCL-C* PTSD checklist - civilian version, *PSS* PTSD 증상척도PTSD symptom scale, *SANHANES-1* South African National Health And Nutrition Examination Survey, *TSQ* 외상평가질문지trauma screening questionnaire

[a] eTable 1 요약 (전문: https://osf.io/wtzdy/). eTable에는 대표 집단 및 비대표 집단(아동, 특수 또는 지역 집단)이 포함되어 있습니다.

[b] 분류에 더 많은 사건들이 있으나 전체 유병률이 보고되지 않은 경우로, 표기값은 사건 중 가장 높은 유병률을 의미합니다.

2.2 외상 노출의 위험 및 보호 요인

역학연구에서 잠재적 트라우마 사건 노출은 사회인구학적, 개인의 내적, 그리고 사회의 맥락적 요인에 따라 다르게 나타납니다.

2.2.1 사회인구학적 요인

외상 노출의 사회인구학적 차이는 부분적으로 잠재적 트라우마 사건의 특성에 따라 다릅니다. 일부 잠재적 트라우마 사건은 정의상 특정 발달 단계에 국한됩니다. 예를 들어, 아동기 신체, 성, 정서 학대처럼 피해자가 미성년자임을 명시하는 잠재적 트라우마 사건은 필연적으로 아동기와 청소년기에만 발생합니다. 반대로 보호자에 의한 신체 학대, 방임과 착취 같은 노인 학대는 그 정의상 피해자를 65세 이상으로 규정합니다. 전 생애 중 언제든 발생할 수 있는 잠재적 트라우마 사건의 경우에는 일반적으로는 나이가 들면서 노출이 줄어드는 경향을 보이지만 사건의 유형마다 차이가 있습니다(예: Norris 1992; Hatch와 Dohrenwend 2007). 예를 들어, 세계정신건강연맹 조사에 따르면 젊은 연령대일수록 대인 및 성폭력, 사고 및 부상, 사랑하는 사람의 예기치 않은 사망, 강도, 신체 상해를 겪거나 목격할 확률이 높고 집단 폭력에 대한 노출 확률은 낮았습니다(Benjet 등. 2016).

잠재적 트라우마 사건의 성별 차이는 사건의 구체적인 특성에 따라 달라집니다. 예를 들어, 멕시코의 한 역학 연구에서 사건 **유형**(여성은 성폭력, 남성은 신체 폭력을 더 많이 보고함), 사건의 **시기**(여성은 아동기, 남성은 청소년기 및 성인기에 더 많은 외상 경험을 보고함), **관계 특성**(여성은 친밀한 관계 또는 가정 폭력, 남성은 친구, 지인과 낯선 사람에 의한 폭력을 더 보고함) 면에서 성별의 차이가 있었습니다(Baker 등. 2005). 세계정신건강연맹의 조사에서도 **유형**(여성은 사랑하는 사람의 예기치 않은 사망, 남성은 사고나 부상을 더 많이 보고함), **관계 특성**(여성은 배우자나 연인에 의한 폭력, 남성은 집단 폭력을 더 많이 보고함)에서 성별의 차이가 드러나 이러한 경향을 더욱 지지하였습니다(Benjet 등. 2016).

성 소수자들의 잠재적 트라우마 사건 위험성에 대한 연구는 최근에서야 시작되었습니다. 한 역학 연구에 따르면 레즈비언, 게이, 양성애자 및 동성애 이력이 있는 이성애자는 동성애 이력이 없는 이성애자에 비해 아동 학대, 대인 폭력, 사랑하는 사람에 의한 외상 또는 가까운 사람의 예기치 않은 사망 위험이 더 큰 것으로 나타났습니다(Roberts 등. 2010). 성 소수자들은 아동기 성 학대에 노출될 위험 역시 더 높다는 증거도 있습니다. 미국의 대표적인 연구인 알코올 및 관련 질환에 관한 국민 역학 조사the National Epidemiologic Survey on Alcohol and Related Conditions, NESARC에 따르면, 레즈비언 여성의 아동기 성 학대 경험률(35%)은 이성애 여성(10%)의 3배에 달했고, 게이 남성의 아동기 성 학대 경험률

(15%)은 이성애 남성(2%)에 비해 7배 높았습니다(Hughes 등. 2010).

NESARC에서는 인종 간 유병률 추정에서도 차이를 확인했습니다. 조사에서 아시아/하와이/태평양 섬 주민 응답자의 66%, 히스패닉 응답자의 68%, 흑인 응답자의 76%, 백인 응답자의 84%가 생애 중 잠재적 트라우마 사건의 노출 경험을 보고했습니다(Roberts 등. 2011). 그러나 인종/민족별 잠재적 트라우마 사건 노출은 사건 유형에 따라 부분적으로 달라질 수 있습니다. 예를 들어, 일부 연구에서는 아프리카계 미국인이 백인에 비해 신체적 폭력과 친구나 가족의 예기치 않은 사망을 겪을 가능성이 더 높다고 보았으나(Rheingold 등. 2004; Roberts 등. 2011), 다른 연구에서는 그와 반대로 생애 중 신체 폭력에 노출될 위험이 낮다고 보고한 바 있습니다(Norris 등. 1992).

마지막으로, 결혼 여부가 잠재적 트라우마 사건의 노출 위험을 낮추는 보호 요인일 수 있다는 연구들이 있습니다. 세계정신건강연맹 조사에서 평가 목록상 거의 모든 잠재적 트라우마 사건의 노출 확률이 미혼보다 기혼 응답자에게서 낮았는데, 나만 배우자나 연인으로부더 구타당하거나 자녀가 중증 질환을 갖고 있을 위험성은 더 높게 보고되었습니다(Benjet 등. 2016).

2.2.2 개인의 내적 요인

개인의 내적 위험 및 보호 요인은 기존의 정신건강 상태, 그리고 이전의 잠재적 트라우마 사건 노출경험과 관련이 있습니다. 연구 결과, 아동기에 신체와 성 학대를 경험한 청소년은 이후 추가적인 잠재적 트라우마 사건에 노출될 위험이 높았습니다(Amstadter 등. 2011, Elwood 등. 2011). 결과가 부분적으로 일관되지 않으나, 아동기와 성인기 잠재적 트라우마 사건 사이에 유의미한 연관성을 보고한 연구들도 있습니다(Bürgin 등. 2021; Cintora와 Laurent 2020). 세계정신건강연맹 조사에서도 모든 대상 국가 및 잠재적 트라우마 사건 유형에서 노출 과거력이 향후의 잠재적 트라우마 사건 노출과 연관성이 있었습니다(Benjet 등. 2016).

아동기부터 초기 성인기까지의 전향적인 연구에서 공격적/파괴적/반사회적 행동, 과잉행동, 까다로운 기질 및 낮은 지능 같은 생애 초기의 몇몇 심리적 위험 요인들이 미래의 잠재적 트라우마 사건, 특히 폭력 사건과 관련성을 보였습니다(Koenen 등. 2007; Storr 등. 2007). 뉴질랜드의 출생 코호트 종단 연구에서는 청소년기 정신질환의 존재가 초기 성인기 잠재적 트라우마 사건 노출의 중요한 예측 인자였습니다(Breslau 등. 2013).

또다른 전향적인 연구들에서 성인의 심리적 증상이 이후의 잠재적 트라우마 사건 노출의 발생을 예측하였는지 보았는데, 증상마다 각각 다른 방식으로 다양한 형태의 노출과 관련되었습니다. 예를 들어 전국 여성 연구the National Study of Women에서는 PTSD 증상이 이후의 성폭력을, 우울증과 약물 사용은 신체 폭력을 예측했습니다(Acierno 등. 1999). 이와 대조적으로 독일의 청소년 및 초기 성인 코호트 연구에서는 불안 장애와 약물 사용이 폭력과 성폭력 모두와 유의미한 관련성을 보인 반면, 우울증과 알코올 및 니코틴 사용은 관련성을 보이지 않았습니다(Stein 등. 2002).

2.2.3 사회적 맥락 요인

사회적 맥락의 환경 역시 잠재적 트라우마 사건 노출 위험에 영향을 미칠 수 있습니다. 여러 연구에서 소득과 교육 수준이 사건 노출과 음의 상관관계를 보였지만, 또다른 연구에서는 양의 상관성 또는 관련성이 없는 것으로 나타났습니다(Hatch와 Dohrenwend 2007; Benjet 등. 2016). 연구 결과의 차이는 맥락과 잠재적 트라우마 사건 유형 차이 때문일 수 있습니다. 예를 들어, 멕시코의 한 연구에서는 교육 수준과 소득이 낮을수록 일부 잠재적 트라우마 사건(예: 성폭력 및 신체 폭력, 전투)의 위험은 증가하지만 그 외의 위험(예: 사고, 무기를 동반한 위협)은 낮아졌습니다(Norris 등. 2003). 그런데 이 연구에서 대상자들을 모집했던 4개 도시 각각의 잠재적 트라우마 사건 발생 빈도에는 상당한 차이가 있었는데, 이는 지리적 위치나 지역사회의 특성이 노출에 영향을 미친다는 점을 의미합니다. 이러한 관점에서 미국에서 시행된 일련의 연구에서는 교외 지역보다 도시에서 폭력 사건 발생률이 더 높게 보고된 바 있습니다(예: Breslau 등. 1998).

지역사회 내에서 가족 환경의 특성은 잠재적 트라우마 사건의 노출 위험과 관련이 있습니다. 부모의 학력이 낮거나 생물학적 부모가 한 명인 청소년은, 그렇지 않은 청소년에 비해 노출률이 높았습니다(예: Landolt 등. 2013; McLaughlin 등. 2013). 2세에서 4세 사이의 어린이를 대상으로 한 대표적인 연구에서, 빈곤 가정(49%) 아동이 비-빈곤 가정(21%)에 비해 평생 잠재적 트라우마 사건 유병률이 더 높았는데, 특히 폭력과 가정폭력의 평생 노출률에서 가장 차이가 컸습니다(Briggs-Gowan 등. 2010). 외상 후 스트레스와 약물 남용과 같은 부모의 정신 증상 역시 노출 위험을 높였습니다(예: Amstadter 등. 2011; Roberts 등. 2012).

2.3 트라우마 노출의 결과

트라우마 노출은 정신건강에 심각한 영향을 미칠 수 있습니다. 이 장에서는 PTSD 및 복합 PTSDcomplex PTSD, CPTSD, 급성 스트레스 장애, 지속성 애도 장애 등 DSM-5 및 ICD-11의 주요 트라우마 관련 질환들을 중점적으로 살펴봅니다. 이 질환들은 전세계적으로 보다 효율적이고 효과적인 치료법을 개발하고 보급할 수 있도록 경험적으로 범주화되어 분류됩니다(Maercker 외. 2013).

2.3.1 외상 후 스트레스 장애Posttraumatic Stress Disorder, PTSD

PTSD 진단의 핵심 특징은 DSM-5와 ICD-11가 유사하여, 두 진단체계 모두 잠재적 트라우마 사건에 대한 정서적인 반응을 특징으로 하며 침습 증상, 회피 행동, 과잉 경계 상태, 그리고/또는 인지나 기분의 부정적인 변화를 포함합니다(American Psychiatric Association 2013; Maercker 등. 2013). PTSD로 인한 세계적인 부담이 북미, 유럽, 호주를 비롯한 많은 고소득 국가에서는 엄격히 추산되어 온 반면, 저소득 및 중간 소득 국가에서의 근거는 상당히 제한적입니다. 그러나 최근 인구 집단 규모의 조사와 종합적인 노력을 바탕으로 분쟁 및 자원이 부족한 환경에서의 PTSD 역학에 대한 이해도가 높아지고 있습니다(Charlson 등. 2016; Musanabaganwa 등. 2020; Naveed 등. 2020; Ng 등. 2020; Yatham 등. 2018). 세계정신건강연맹 조사에서 무작위로 선정된 잠재적 트라우마 사건의 PTSD 평생 유병률은 3.9%로, 저소득 및 중간 소득 국가의 경우(2.1%)보다 고소득 국가에서의 유병률(5.0%)이 더 높았습니다(Watson 2019). PTSD의 전 세계적 부담은 100명당 77.7년으로 추산되었습니다(Kessler 등. 2017).

표 2.1에는 세계정신건강연맹의 조사 결과를 포함하여 7개 대륙, 30개 국가에서 시행된 40개의 대표적인 역학 연구에서 추정된 PTSD의 유병률이 요약되어 있습니다. 이러한 연구 결과들의 수치를 비교할 때 고려할 점은, 어떤 연구는 지난 1개월, 6개월 또는 1년 유병률을 보았고 다른 연구들은 평생 유병률을 평가했다는 점입니다. 다양성의 또다른 원인 중 하나는 PTSD 증상과 연관된 잠재적 트라우마 사건들로, 일례로 응답자들이 보고하는 증상들이 최악의 사건, 또는 무작위로 선택된 잠재적 트라우마 사건일지 아니면 경험한 모든 사건들과 관련된 것일지에 따라 차이가 발생할 수 있습니다. 게다가 연구들마다 사용한 PTSD 척도와 그 기준이 다릅니다. '최악의 사건' 방법을 사용하는 국제표준정신질환진단면담도구Composite International Diagnostic Interview, CIDI[1] 및 DSM-IV 진단기준으로 고소득 국가에서 전국적인 대표 연구에 사용한 평생 유병률을 평가한 결과, 그 범위는 대한민국의 1.7%(Jeon 등. 2007)부터 북아일랜드의 8.8%(Bunting 등. 2013)까지, 그리고 작년 1년간 유병률은 이스라엘의 0.4%(Karam 등. 2013)부터 북아일랜드의 5.1%(Bunting 등. 2013)까지 다양합니다.

저소득 및 중간 소득 국가의 전국 단위 대표연구들도 유병률에 상당한 차이를 보였습니다(표

1) 역자 주: CIDI는 PTSD 진단 시 평가 대상 외상 사건을 연구 설계에 따라 '최악의 사건(worst event)'이나 '무작위로 선택된 사건(random event)'으로 지정할 수 있으며, 많은 역학 연구에서는 진단 민감도를 높이기 위해 'worst event method'를 사용함

2.1) 예를 들어 아프리카 국가 연구에서 현 시점의 PTSD 유병률은 남아프리카공화국 2.1%(Peltzer와 Pengpid 2019)부터 라이베리아 12.6%(Vinck와 Pham 2012)까지, 지난 한 달간 PTSD 유병률은 르완다 26.1%(Munyandamutsa 등. 2012)부터 라이베리아 44%(Johnson 등. 2008)까지 다양합니다. 최근의 한 메타분석에서는 사하라 사막 이남 아프리카의 국가와 지역별 대표 연구들 간에 이질성을 확인하고, 평생(22%) 및 현재(25%) PTSD 유병률의 추정치를 계산하였습니다(Ng 등. 2020). 중동 지역 연구에서는 PTSD 유병률이 상대적으로 낮게 측정되었는데, 지난 1년간 유병률이 이라크 1.1%(Alhasnawi 등. 2009), 이란 2.1%(Hajebi 등. 2018), 평생 유병률은 사우디아라비아 3.3%(Altwaijri 등. 2020), 레바논 3.4%(Karam 등. 2008)였습니다. 남미 과테말라는 평생 유병률이 1.9%로 보고되었습니다(Puac-Polanco 등. 2015). 아시아의 국가 대표성 PTSD 유병률 연구는 최소 2개 이상으로, 이 두 연구 모두 아동과 청소년을 대상으로 하였는데 말레이시아 청소년은 유병률이 12%(Ghazali 등. 2016), 스리랑카 초등학교 5학년에서는 25%(Elbert 등. 2009)로 보고되었습니다. 캄보디아, 중국, 인도, 네팔, 대만, 태국, 동티모르 등 다른 아시아의 저소득 및 중간 소득 지역에서는 몇몇 지역 연구가 진행되었습니다(Mew 등. 2021의 eTable 참조). 최근의 한 메타분석에 남아시아 국가들의 PTSD 유병률이 17.2%로 추정되었지만, 이는 지역 대표 표본과 비 대표 표본(예: 난민; Naveed 등. 2020)의 수치를 합친 추정치입니다. 저소득 및 중간 소득 국가의 다른 연구들은 특정 지역이나 집단을 대상으로 하여 일반화하기 어렵습니다(Mew 등. 2021의 eTable).

PTSD의 위험 가능성은 잠재적 트라우마 사건의 유형에 따라 달라지는데, 특히 강간과 성폭력 같은 폭행 사건이 PTSD를 유발 가능성이 가장 높았고, 타인이 겪은 잠재적 트라우마 사건을 알게 되거나 부상을 목격한 경우 가장 낮았습니다(예: Breslau 등. 1998; Bronner 등. 2009). 세계정신건강연맹 조사에서도 PTSD 발병의 43%가 배우자나 연인에 의한 폭력이나 성폭력이 원인이었습니다(Kessler 등. 2017). 또 같은 연구에서 부상, 사망 혹은 시신의 목격(17%), 사랑하는 사람의 예기치 않은 사망(17%), 신체적 폭력(14%) 같은 사건 역시 전 세계적인 PTSD 부담에 크게 기여하는 것으로 나타났습니다(Kessler 등. 2017). 연구에 따르면 노출 횟수가 PTSD의 위험에 영향을 미치며, 더 많은 사건에 노출될수록 PTSD 유병률이 높아졌습니다(예: Finkelhor 등. 2007).

이러한 연구들의 방법론적 한계는 지금까지 진행된 대부분의 연구가 단면연구, 즉 한 시점에서 측정된 것이라는 점입니다. 그러나 최근에는 단일 사건, 즉 재난(Norris 등. 2009), 외상성 부상(deRoon-Cassini 등. 2010), 성폭력(Steenkamp 등. 2012) 등 동일한 잠재적 트라우마 사건이나 유사 유형의 사건 생존자들을 대상으로 외상 후 스트레스의 종적 경로를 탐구하는 연구들이 늘어나고 있습니다. 한 메타분석에서는 잠재적 트라우마 사건 노출 후 종적 경로를 살펴본 54개의 연구를 분석하였습니다(Galatzer-Levy 등. 2018). 그 결과, 대상자 중 대부분(65.7%)은 지속적으로 낮은 외상 후 증상경로를 보인 반면(흔히 **회복탄력형**이라고 함), 일부는 초기에 증상이 높고 시간이 지나면서 완화되었고(**회복**; 20.8%), 다른 일부는 지속적으로 증상이 심하거나(**만성**; 10.6%) 초기에는 증상이 낮았다가 시간이 지나면서 증가(**지연**; 8.9%)하는 등 다른 경로를 보였습니다. 또한 이 분석의 결과, 연구들 간 관찰된 경로에 뚜렷한 차이가 있었는데, 이는 외상 후 스트레스를 평가하는 데 사용된 도구, 평가 시점, 잠재적 트라우마 사건의 특성, 그리고 추적 관찰 기간과 같은 다양한 요인에 의한 것으로 보입니다(Galatzer-Levy 등. 2018).

새로 DSM-5에 도입된 해리성 PTSD 아형의 유병률에 대한 충분한 통찰을 주는 역학 연구는 현재까지 거의 없습니다. 예외적으로 세계정신건강연맹 조사에서 16개국, 25,000명 이상의 대상자 중 14.4%가 해리성 경험을 보고하였습니다(Stein 등. 2013). 앞으로 DSM-5 진단 기준의 평가 도구를 사용하는 연구들을 통해 해리성 아형의 유병률을 알 수 있을 것입니다.

2.3.2 ICD-11 CPTSD와 PTSD

ICD-11은 전통적인 PTSD와 전형적으로 '장기간 지속되는 심각한 스트레스 성향'을 보이며 정서 조절의 어려움, 부정적인 자아 개념, 대인 관계 문제를 특징으로 하는 CPTSD를 구별하여 분류합니다(Maercker 등. 2013; 6장). 현재까지 최소 20개 국가의 30건 이상의 연구가 PTSD와 CPTSD의 요인 및 변별 타당도를 뒷받침합니다(Redican 등. 2021). 국가 표본 대상 연구들에서 PTSD와 CPTSD의 유병률은 대체로 유사하게 나타나며, 두 질환의 유병률을 합산하면 일반적으로 DSM 기준의 PTSD의 유병률과 같거나 다소 낮은 경향을 보입니다. 예를 들어, 미국의 후향적 연구에서 보고된 PTSD와 CPTSD의 유병률은 각각 3.4%와 3.8%로, 전체 인구의 7.2%가 두 질환 중 하나를 앓고 있었습니다(Cloitre 등. 2019). 이스라엘의 PTSD와 CPTSD의 비율은 각각 6.4%와 4.9%(Ben-Ezra 등. 2018), 아일랜드 5.0%와 7.7%(Hyland 등. 2021), 영국은 5.3%와 12.9%(Karatzias 등. 2019)로 보고되었습니다. 가나(각각 17.6% 및 13.0%), 케냐(20.3% 및 13.7%), 나이지리아(17.4% 및 19.6%) 등, 지속적인 폭력과 전쟁에 노출된 지역에서는 두 질환의 비율이 현저히 높았습니다(Ben-Ezra 등. 2020). 이러한 차이가 트라우마 노출 집단의 치료 효율성과 효과성 향상에 어떠한 영향을 미치는지 평가하려면 추가적인 연구가 필요합니다.

2.3.3 급성 스트레스 장애Acute Stress Disorder, ASD

일반 인구 집단 범위에서 ASD의 유병률을 본 연구는 거의 없습니다. 이스라엘의 한 연구에서는

2006년 2차 레바논 전쟁 당시 이스라엘 북부 지역 응답자의 6.8%와 중부 응답자의 3.9%가 DSM-5의 ASD 진단 기준을 충족했습니다(Cohen과 Yahav 2008). 최소 다섯 건의 연구에서 응급실 방문 환자들을 대상으로 ASD 유병률을 평가했지만, 이 표본은 일반화될 수 없는 것으로 부상 후 1-2주 후의 유병률 추정치가 12%에서 41%로 가변적이었습니다(Ophuis 등. 2018).

ASD에 대한 역학적 근거가 부족한 것은 이 질환의 특성 자체, 즉 잠재적 트라우마 사건 후 첫 달 내에만 진단될 수 있는 질환이기 때문일 가능성이 높습니다. 일반 인구 기반의 설문 연구에서 조사 시점에 잠재적 트라우마 사건을 경험한 응답자는 매우 적을 것이므로 ASD의 시점 유병률은 본질적으로 매우 낮을 수밖에 없습니다. 이에 대한 대안적 접근법은 ASD의 평생 유병률을 평가하는 것입니다. 즉 대상자들에게 증상을 경험한 적이 있는지 묻고, 그렇다고 답한 대상자들에게 그 증상이 사건 발생 후 첫 달에만 국한되었는지를 확인하는 방식입니다. 그러나 이 방법은 증상 발생 시점에 대해 응답자의 기억 정확도에 의존하므로 회상 편향recall bias의 영향을 받을 수 있습니다. 세 번째 접근 방식은 자연재해와 같은 대규모 잠재적 트라우마 사건 발생 뒤 ASD의 역학 조사를 수행하는 것입니다. 이 역시 연구자들이 조사를 진행하기 위한 자금과 자원을 확보하는 데 걸리는 시간을 고려할 때 실현 가능성이 낮을 수 있습니다. 게다가 해당 조사에서 확인된 유병률이 특정 사건에 국한되기 때문에, 그 결과를 다른 잠재적 트라우마 사건에 일반화하는 것이 어렵다는 한계가 존재합니다.

2.3.4 지속성 애도 장애Prolonged Grief Disorder, PGD

PGD는 사랑하는 사람의 죽음에 대한 정상적 애도가 병리화될 때 나타나는 정신건강 상태입니다. PGD의 진단 분류는 역사적으로 '용어 및 개념화'에 대한 표준화가 부족하여(Maciejewski 등. 2016, 266쪽) 사별 관련 장애bereavement related disorder, BRD, 복합 애도complicated grief, 이하 CG 장애 등 여러 용어들이 혼재했습니다(Steil 등. 2019). PGD는 ICD-11과 DSM-5('지속성 복합 사별 장애Persistent Complex Bereavement Disorder')에 새로 도입되었습니다. 두 진단체계 모두에서 진단 기준의 핵심증상은 유사하여, 이별에 인한 정서적 고통을 정의적 특징으로 간주하고, 6개월의 기간을 기준으로 하며, 문제를 유발하는 애도를 정상 애도의 연장선상으로 개념화합니다(Boelen 등. 2019a, b). 그러나 두 진단체계 사이에는 증상의 특성과 수 면에서 뚜렷한 차이가 있습니다(Boelen 등. 2019a, b). PGD의 심리적 후유증을 이해하고 표준화하려면 더 많은 연구가 필요합니다(Steil 등. 2019).

최근 들어 PGD의 전 세계적 유병률에 대한 자료들이 나오고 있습니다. 최근 두 건의 메타분석에서 비폭력 사망 후 유족 10명 중 1명이 PGD 기준을 충족하였고(Lundorff 등. 2017), 비자연사(사고, 재난, 자살, 살인 등) 유족은 거의 절반이 PGD에 해당했습니다(Djelantik 등. 2020). 저희들이 아는 바로는, 인구 집단 범위로 PGD의 유병률을 조사한 역학 연구는 거의 없습니다. 이스라엘에서 국가적으로 시행된 인구 기반 조사에서는 ICD-11 기준으로 PGD 유병률이 2%로 보고되었습니다(Killikelly 등. 2019). 역학 표본에서 복합 애도CG 장애를 조사한 연구는 최소 4건이 존재합니다. 첫 번째 연구는 독일의 일반 인구를 표본으로 한 것으로, Inventory of Complicated Grief-Revised(ICG-R; Kersting 등. 2011; Prigerson 등. 1995)로 평가한 CG의 유병률이 3.7%였습니다. 두 번째는 네덜란드 노인 집단 연구로, ICG-R로 평가한 CG 유병률이 4.8%였습니다(Newson 등. 2011). 세 번째 스위스 노인 대상의 연구에서는 Complicated Grief Module(Horowitz 등. 1997)로 평가 시 유병률이 4.2%, Inventory of Traumatic Grief-Revised(Forstmeier와 Maercker 2006)로 평가한 유병률은 0.9%로 보고되었습니다. 마지막으로, 일본 성인 유가족 대상 연구에서는 간단한 애도 설문지를 사용하여 2.4%를 CG 상태로 보았습니다(Fujisawa 등. 2010; Shear 등. 2006). 이들 결과를 함께 종합하여 볼 때 PGD는 상당히 흔하며, PTSD와 마찬가지로 인구통계학적, 외상 관련, 심리적 특성과 연관성이 있을 수 있습니다.

2.3.5 기타 정신질환

반드시 잠재적 트라우마 사건에 기인하는 것은 아니지만, 역학 연구에 따르면 외상의 노출은 기분 장애(주요 우울증, 기분부전장애), 기타 불안 장애(공황장애, 광장공포증, 사회불안장애, 특정 공포증, 간헐적 폭발성 장애), 물질사용장애(알코올 및 약물 오용, 니코틴 의존), 섭식 장애, 반사회적 성격장애와 관련이 있습니다(예: Bunting 등. 2013; Zlotnick 등. 2008; Scott 등. 2013). 이 장에서 다루지 않은 기타 트라우마 및 스트레스 관련 질환에는 반응성 애착장애, 탈억제성 사회적 유대감 장애, 적응 장애 등이 있습니다(미국 정신의학회 2013; Maercker 등. 2013). 또한 당뇨, 위장 궤양, 허리 및 목의 통증, 빈번하거나 심각한 두통 등 여러 신체 질환의 발생 확률이 증가하는 등, 잠재적 트라우마 사건 노출과 이후의 신체 건강 문제 사이에 연관성을 시사한 연구도 있습니다(Pacella 등. 2013; Scott 등. 2013)(5장).

2.3.6 트라우마의 세대 간 전파

세대 간 트라우마intergenerational trauma는 해결되지 않은 트라우마를 가진 부모가 자신의 트라우마를 자녀에게 전달하는 것입니다. 그 결과, 다음 세대는 잠재적 트라우마 사건에 노출되지 않고도 그 트라우마의 심리적 영향을 경험하게 됩니다. 이 개념에 대한 역학적 탐구는 최근에야 이루어졌습니다. 그 예로 한 대규모 종단 연구 결과, 어머니의 외상 후 스트레스 증상이 자녀의 외상 후 스트레스 증상 위험 증가와 점진적으로 연관되어 있었습니다(Roberts 등. 2012). 세대 간 전파가 어떻게 매개되는지는 아직 불분명하지만, 몇몇 주요 연구에서 잠재적인 후생유전학적, 생리학적, 심리사회적 기전에 대한 통찰을 제공합니다(Flanagan 등. 2020; Yehuda와 Lehrner 2018).

2.4 공중보건 관점에서의 예방

잠재적 트라우마 사건 노출의 유병률, 분포, 그리고 그에 따른 결과에 대한 정보 제공 외에도, 공중보건적 관점은 트라우마 관련 질환의 예방과 완화에 대해 귀중한 통찰을 제공할 수 있습니다. 공중보건적인 접근법은 잠재적 트라우마 사건의 발생시점과 질병의 병태생리 단계(일차, 이차, 삼차), 그리고 목표로 하는 사회생태적 수준(개인, 관계, 지역사회, 사회)에 따라 정의됩니다(Magruder 등. 2017).

2.4.1 일차 예방

일차 예방 전략은 질병이 생물학적으로 발병하기 전에 시행하여 초기 발병을 예방하는 데 그 목적이 있습니다. 트라우마의 맥락에서는 (1) 잠재적 트라우마 사건 이전에 회복탄력성을 향상시키기 위한 전략, (2) 잠재적 트라우마 사건 노출을 예방하는 전략의 두 가지 일반적인 접근법이 있습니다. 회복탄력성 구축이 목표인 개입에서는 심리교육이나 기술 향상 프로그램 등, 미래의 스트레스 요인에 대처할 수 있는 능력을 개선하는 데 중점을 둡니다(Howlett와 Stein 2016). 이러한 프로그램은 보통 잠재적 트라우마 사건 노출 고위험 집단을 대상으로 하지만, 그 효과성을 평가한 연구가 제한적입니다(Howlett과 Stein 2016). 또 다른 일차 예방 노력은 일반 인구를 대상으로 보편적으로 시행되며, 잠재적 트라우마 사건 노출 후 트라우마 관련 질환의 발병과 관련된 일반적이고 변화 가능한 위험 요인들을 목표로 합니다(Tebes 등. 2019). 이 방법은 일반 인구에서 흔히 존재하는 변화 가능한 위험 요인 중 하나의 작은 변화를 목표로 하는 것이, 적은 수의 고위험군에서 큰 변화를 목표로 하는 것보다 공중보건에 더 큰 영향을 미칠 수 있다는 점을 근거로 합니다(Tebes 등. 2019). 또다른 일차 예방 노력은 잠재적 트라우마 사건이 처음부터 발생하지 않도록 예방하는 것을 목표로 하며, 흔히 교육적 성격으로 개인 수준에서 실행됩니다.

일차 예방 개입은 개인 차원을 넘어서 적용할 수도 있습니다. 고속도로에서 차량 간 충돌을 방지하기 위해 분리벽을 세우듯이, 대인 관계나 공동체 차원에서 개입할 수 있습니다(Howlett과 Stein 2016). 사회적 수준에서는 보편적으로 정책과 법률을 적용하거나 특정 하위 집단을 대상으로 할 수 있습니다. 예를 들어 자연재해가 발생할 경우, 저지대 주민들의 대피 계획을 잘 수립함으로써 대규모 홍수와 관련된 잠재적 트라우마 사건 노출을 예방할 수 있습니다.

2.4.2 이차 예방

질병이 발병하기 전에 개입하는 것을 목표로 하는 일차 예방과 달리, 이차 예방은 질병의 발병 이후 진단 임계치를 넘을 만큼의 증상이 나타나기 전에 적용됩니다(Howlett과 Stein 2016). 트라우마 맥락에서 이러한 노력은 잠재적 트라우마 사건 노출 후 개인의 증상이 없거나 아직 나타나기 전, 조기에 개입하여 향후 트라우마 관련 질환들을 예방하거나 그 중증도를 줄이고자 하는 것입니다. 개인 차원의 접근 방식은 주로 심리 및 약물치료에 초점을 둡니다. 인지행동치료(CBT; Howlett와 Stein 2016; Shalev 등. 2012) 등의 여러 회기로 구성된 심리 개입의 효과성을 지지하는 몇몇 근거들이 있습니다. 잠재적 트라우마 사건 후 조기에 글루코코르티코이드 투여와 같은 약리학적 개입을 하는 것도 가능성이 있습니다만 이의 효과를 입증한 연구는 적습니다(Burbiel 2015; Howlett와 Stein 2016). 이차 예방은 대인 관계, 공동체 및 사회적 차원에서도 할 수 있으며, 주로 심리사회적 접근 방식으로 이루어집니다(7장).

더 간소화된 접근 방식을 개발할 경우 이차 예방 노력과 정책의 효율성과 비용 효과성을 개선할 수 있습니다. 최근 국제 PTSD 예측 컨소시엄International Consortium to Predict PTSD, ICCP 자료에 따르면 잠재적 트라우마 사건에 노출된 개인의 약 12%에서 PTSD가 발병할 것으로 추정되며(Shalev 등. 2019), 따라서 이차 예방 노력은 바로 이 소수의 집단을 목표로 해야 합니다. 머신러닝을 활용하는 것은 유전과 임상, 그리고 생물학적 위험 요인을 통합하여 이 고위험군을 탐지하는 데 유용할 수 있는 접근법입니다(Kessler 등. 2014; Shalev 등. 2019). 현재 이러한 요인을 찾기 위한 노력으로, 외상 관련 응급실 입원의 기능과 신경생물학을 추적하는 획기적인 대규모 종단 연구인 AURORAAdvancing Understanding of Recovery after Trauma 연구가 주목받고 있습니다(McLean 등. 2020).

2.4.3 삼차 예방

마지막으로, 삼차 예방은 트라우마 관련 질환이 이미 발병한 후 추가적인 악화나 장애를 예방하는 것입니다. 삼차 예방은 임상 치료와 상당 부분 겹치기 때문에, 이 예방의 주요 측면은 사례를 정확하게 파악하는 데 달려 있습니다. 현재 나타난 문제가 트라우마 관련 질환에 의한 것인지를 치료자가 평가하는 것이 사례 확인에 가장 필수적인 부분입니다. 물론 PTSD 및 다른 트라우마 관련 질환을 앓고 있는 모든 사람이 정신건강 치료를 위해 내원하지는 않습니다. 따라서 일차 진료 의사나 사회복지기관 직원 등, 다른 영역의 전문가들도 트라우마 관련 정신병리를 선별하는 방법에 대해 교육을 받아야 합니다. 또 만성화된 사례들과 트라우마 관련 증상이 기존의 정신건강 문제(예: 약물 남용), 신체 건강 문제(예: 비만, 편두통), 그리고 심리사회적 기능 이상(예: 실직, 대인 관계 문제)에 영향을 미쳤을 수 있는 사례들을 찾는 것 역시 매우 중요합니다.

일단 사례가 확인되면 대부분의 삼차 예방은 개인 차원에서 근거기반 임상 치료를 하는 것으로 이뤄집니다. 현재까지 PTSD 증상 완화에 약물치료(27장), 인지행동치료(예: 인지 재구성, 지속 노출), 안구 운동 민감 소실 및 재처리 치료(3부) 등의 치료법들이 경험적으로 인정받고 있습니다. PGD 치료 연구는 더욱 제한적이어서, 인지행동 및 대인 관계 심리치료에서 효과를 보고한 몇몇 근거 자료가 있습니다(15장). 어떤 경우에는 트라우마 중심 치료를 할 수 있을 정도로 대상자의 기능이 회복되도록, 동반 질환을 트라우마 관련 병리보다 우선적으로 치료합니다**(4부)**. 마찬가지로 양육기술, 부부치료, 직업 훈련 등, 기능 장해를 목표로 하는 개입은 환자가 트라우마 경험을 직면하는 것을 방해하는 긴급한 문제들을 다루는 데 도움이 될 수 있습니다(25장).

2.5 결론

이 장에서는 잠재적 트라우마 사건과 그로 인한 트라우마 관련 질환들의 역학, 위험 및 보호 요인, 그리고 공중 보건적 예방 전략에 대한 최신 개요를 소개했습니다. 근거기반 관점에서 볼 때 트라우마 역학 분야에 추가적인 연구가 매우 필요합니다. 최근 몇 년 동안 상당한 지식이 축적되었지만, 많은 트라우마 관련 질환의 전 세계적 부담을 정량화하는 데에는 여전히 격차가 존재하며, 일차 및 이차 예방 전략에 대해 보다 엄격한 평가가 필요합니다.

References

Acierno R, Resnick H, Kilpatrick DG, Saunder B, Best CL (1999) Risk factors for rape, physical assault, and posttraumatic stress disorder in women: examination of differential multivariate relationships. J Anxiety Disord 13(6):541–563. https://doi.org/10.1016/S0887-6185(99)00030-4

Alhasnawi S, Sadik S, Rasheed M, Baban A, Al-Alak MM, Othman AY et al (2009) The prevalence and correlates of DSM-IV disorders in the Iraq Mental Health Survey (IMHS). World Psychiatry 8(2):97–109

Altwaijri YA, Al-Subaie AS, Al-Habeeb A, Bilal L, Al-Desouki M, Aradati M et al (2020) Lifetime prevalence and age-of-onset distributions of mental disorders in the Saudi National Mental Health Survey. Int J Methods Psychiatr Res 29(3):e1836. https://doi.org/10.1002/mpr.1836

American Psychiatric Association (2013) Diagnostic and statistical manual of mental disorders (DSM-5). American Psychiatric Association, Washington, DC

Amstadter AB, Elwood LS, Begle AM, Gudmundsdottir B, Smith DW, Resnick H et al (2011) Predictors of physical assault victimization: findings from the National Survey of Adolescents. Addict Behav 36(8):814–820. https://doi.org/10.1016/j.addbeh.2011.03.008

Atwoli L, Stein DJ, Williams DR, Mclaughlin KA, Petukhova M, Kessler RC, Koenen KC (2013) Trauma and posttraumatic stress disorder in South Africa: analysis from the South African stress and health study. BMC Psychiatry 13:182. https://doi.org/10.1186/1471-244X-13-182

Baker CK, Norris FH, Diaz DMV, Perilla JL, Murphy AD, Hill EG (2005) Violence and PTSD in Mexico: gender and regional differences. Soc Psychiatry Psychiatr Epidemiol 40(7):519–528. https://doi.org/10.1007/s00127-005-0921-2

Ben-Ezra M, Hyland P, Karatzias T, Maercker A, Hamama-Raz Y, Lavenda O et al (2020) A cross-country psychiatric screening of ICD-11 disorders specifically associated with stress in Kenya, Nigeria and Ghana. Eur J Psychotraumatol 11(1):1720972

Ben-Ezra M, Karatzias T, Hyland P, Brewin CR, Cloitre M, Bisson JI et al (2018) Posttraumatic stress disorder (PTSD) and complex PTSD (CPTSD) as per ICD-11 proposals: a population study in Israel. Depress Anxiety 35(3):264–274

Benjet C, Bromet E, Karam EG, Kessler RC, McLaughlin KA, Ruscio AM et al (2016) The epidemiology of traumatic event exposure worldwide: results from the World Mental Health Survey Consortium. Psychol Med 46(2):327–343. https://doi.org/10.1017/S0033291715001981

Bentall RP, Wickham S, Shevlin M, Varese F (2012) Do specific early-life adversities lead to specific symptoms of psychosis? A study from the 2007 The Adult Psychiatric Morbidity Survey. Schizophr Bull 38(4):734–740. https://doi.org/10.1093/schbul/sbs049

Boelen PA, Lenferink LIM, Smid GE (2019a) Further evaluation of the factor structure, prevalence, and concurrent validity of DSM-5 criteria for persistent complex bereavement disorder and icd-11 criteria for prolonged grief disorder. Psychiatry Res 273:206–210. https://doi.org/10.1016/j.psychres.2019.01.006

Boelen PA, Spuij M, Lenferink LIM (2019b) Comparison of DSM-5 criteria for persistent complex bereavement disorder and ICD-11 criteria for prolonged grief disorder in help-seeking bereaved children. J Affect Disord 250:71–78. https://doi.org/10.1016/j.jad.2019.02.046

Breslau N, Kessler RC, Chilcoat HD, Schultz LR, Davis GC, Andreski P (1998) Trauma and posttraumatic stress disorder in the community. Arch Gen Psychiatry 55(7):626–632. https://doi.org/10.1001/archpsyc.55.7.626

Breslau N, Troost JP, Bohnert K, Luo Z (2013) Influence of predispositions on post-traumatic stress disorder: does it vary by trauma severity? Psychol Med 43(2):381–390. https://doi.org/10.1017/S0033291712001195

Briggs-Gowan MJ, Ford JD, Fraleigh L, McCarthy K, Carter AS (2010) Prevalence of exposure to potentially traumatic events in a healthy birth cohort of very young children in the northeastern United States. J Trauma Stress 23(6):725–733

Bronner MB, Peek N, de Vries M, Bronner AE, Last BF, Grootenhuis MA (2009) A community-based survey of posttraumatic stress disorder in the community. J Trauma Stress 22(1):74–78. https://doi.org/10.1002/jts.20379

Bunting BP, Ferry FR, Murphy SD, O'Neill SM, Bolton D (2013) Trauma associated with civil conflict and posttraumatic stress disorder: evidence from the northern ireland study of health and stress. J Trauma Stress 26(1):134–141. https://doi.org/10.1002/jts.21766

Burbiel JC (2015) Primary prevention of posttraumatic stress disorder: drugs and implications. Mil Med Res 2(1):24. https://doi.org/10.1186/s40779-015-0053-2

Burgin D, Boonmann C, Schmeck K, Schmid M, Tripp P, Nishimi K, O'Donovan A (2021) Compounding stress: childhood adversity as a risk factor for adulthood trauma exposure in the health and retirement study. J Traumatic Stress 34(1):124–136. https://doi.org/10.1002/jts.22617

Carmassi C, Dell'Osso L, Manni C, Candini V, Dagani J, Iozzino L et al (2014) Frequency of trauma exposure and post-traumatic stress disorder in Italy: analysis from the world mental health survey initiative. J Psychiatr Res 59:77–84. https://doi.org/10.1016/j.jpsychires.2014.09.006

Chapman C, Mills K, Slade T, McFarlane AC, Bryant RA, Creamer M, Silove T, Teesson M (2010) Remission from post-traumatic stress disorder in the general population. Psychol Med 42(8):1695–1703. https://doi.org/10.1017/S0033291711002856

Charlson FJ, Flaxman A, Ferrari AJ, Vos T, Steel Z, Whiteford HA (2016) Post-traumatic stress disorder and major depression in conflict-affected populations: an epidemiological model and predictor analysis. Global Mental Health 3:e4. https://doi.org/10.1017/gmh.2015.26

Cintora P, Laurent HK (2020) Childhood trauma exposure exacerbates the impact of concurrent exposure to intimate partner violence on women's posttraumatic symptoms. J Trauma Stress 33(6):1102–1110. https://doi.org/10.1002/jts.22545

Cloitre M, Hyland P, Bisson JI, Brewin CR, Roberts NP, Karatzias T, Shevlin M (2019) ICD-11 posttraumatic stress disorder and complex posttraumatic stress disorder in the United States: a population-based study. J Trauma Stress 32(6):833–842

Cohen M, Yahav R (2008) Acute stress symptoms during the second Lebanon war in a random sample of Israeli citizens. J Trauma Stress 21(1):118–121. https://doi.org/10.1002/jts.20312

Creamer M, Burgess P, McFarlane AC (2001) Post-traumatic stress disorder: findings from the Australian National Survey of

Mental Health and Well-being. Psychol Med 31(7):1237–1247. https://doi.org/10.1017/s0033291701004287

Darves-Bornoz JM, Alonso J, de Girolamo G, de Graar R, Haro JM, Kovess-Masfety V et al (2008) Main traumatic events in Europe: PTSD in the European study of the epidemiology of mental disorders survey. J Trauma Stress 21(5):455–462. https://doi.org/10.1002/jts.20357

de Albuquerque A, Soares C, de Jesus PM, Alves C (2003) Turbacao pos-traumaticado stress (PTSD): avaliacao da taxa de ocorrencia na populacao adulta portuguesa. Acta Medica Port 16:309–320

de Jong JT, Komproe IH, Ommeren MV, Masri ME, Araya M, Khaled N et al (2001) Lifetime events and posttraumatic stress disorder in 4 postconflict settings. J Am Med Assoc 286:555–562. https://doi.org/10.1001/jama.286.5.555

de Vries G, Olff M (2009) The prevalence of traumatic events and posttraumatic stress disorder in the Netherlands. J Trauma Stress 22(4):259–267. https://doi.org/10.1002/jts.20429

de Roon-Cassini TA, Mancini AD, Rusch MD, Bonanno GA (2010) Psychopathology and resilience following traumatic injury: a latent growth mixture model analysis. Rehabil Psychol 55(1):1–11. https://doi.org/10.1037/a0018601

Djelantik AMJ, Smid GE, Mroz A, Kleber RJ, Boelen PA (2020) The prevalence of prolonged grief disorder in bereaved individuals following unnatural losses: systematic review and meta regression analysis. J Affect Disord 265:146–156

Dohrenwend BP (2006) Inventorying stressful life events as risk factors for psychopathology: toward resolution of the problem of intracategory variability. Psychol Bull 132(3):477–495. https://doi.org/10.1037/0033-2909.132.3.477

Elbert T, Schauer M, Schauer E, Huschka B, Hirth M, Neuner F (2009) Trauma-related impairment in children—a survey in Sri Lankan provinces affected by armed conflict. Child Abuse Negl 33(4):238–246. https://doi.org/10.1016/j.chiabu.2008.02.008

Elwood LS, Smith DW, Resnick HS, Gudmundsdottir B, Amstadter AB, Hanson RF et al (2011) Predictors of rape: findings from the National Survey of Adolescents. J Trauma Stress 24(2):166–173. https://doi.org/10.1002/jts.20624

Finkelhor D, Ormrod RK, Turner HA (2007) Poly-victimization: a neglected component in childhood victimization. Child Abuse Negl 31(1):7–26. https://doi.org/10.1016/j.chiabu.2006.06.008

Flanagan N, Travers A, Vallieres F, Hansen M, Halpin R, Sheaf G et al (2020) Crossing borders: a systematic review identifying potential mechanisms of intergenerational trauma transmission in asylum-seeking and refugee families. Eur J Psychotraumatol 11(1):1790283. https://doi.org/10.1080/20008198.2020.1790283

Florescu S, Moldovan M, Mihaescu-Pintia C, Ciutan M, Sorel GE (2009) The Mental Health Study Romania 2007: prevalence, severity, and treatment of 12-month DSM-IV disorders. Manag Health 13(4):23–31. https://doi.org/10.5233/mih.2009.0028

Forstmeier S, Maercker A (2006) Comparison of two diagnostic systems for complicated grief. J Affect Disord 99(1–3):203–211. https://doi.org/10.1016/j.jad.2006.09.013

Frans O, Rimmo P-A, Aberg L, Fredrikson M (2005) Trauma exposure and post-traumatic stress disorder in the general population. Acta Psychiatr Scand 111(4):291–290. https://doi.org/10.1111/j.1600-0447.2004.00463.x

Fujisawa D, Miyashita M, Nakajima S, Ito M, Kato M, Kim Y (2010) Prevalence and determinants of complicated grief in a general population. J Affect Disord 127(1–3):352–358. https://doi.org/10.1016/j.jad.2010.06.008

Galatzer-Levy IR, Huang SH, Bonanno GA (2018) Trajectories of resilience and dysfunction following potential trauma: a review and statistical evaluation. Clin Psychol Rev 63:41–55. https://doi.org/10.1016/j.cpr.2018.05.008

Ghazali S, Elklit A, Sultan M, Balang R, Chen YY (2016) Lifetime trauma exposure, gender and DSM-V PTSD symptoms among adolescents in Malaysia. Traumatology 23(3):235–239. https://doi.org/10.1037/trm0000088

Goldstein RB, Smith SM, Chou SP, Saha TD, Jung J, Zhang H et al (2016) The epidemiology of DSM-5 posttraumatic stress disorder in the United States: results from the National Epidemiologic Survey on alcohol and related conditions-III. Soc Psychiatry Psychiatr Epidemiol 51(8):1137–1148. https://doi.org/10.1007/s00127-016-1208-5

Hajebi A, Motevalian SA, Rahimi-Movaghar A, Sharifi V, Amin-Esmaeili M, Radgoodarzi R, Hefazi M (2018) Major anxiety disorders in Iran: prevalence, sociodemographic correlates and service utilization. BMC Psychiatry 18(1):261. https://doi.org/10.1186/s12888-018-1828-2

Harvard Medical School (2005) The World Mental Health survey initiative. https://www.hcp.med.harvard.edu/wmh/Hatch SL, Dohrenwend BP (2007) Distribution of traumatic events and other stressful life events by race/ethnicity, gender, SES and age: a review of the research. Am J Community Psychol 40(3–4):313–332. https://doi.org/10.1007/s10464-007-9134-z

Hauffa R, Rief W, Brahler E, Martin A, Mewes R, Glaesmer H (2011) Lifetime traumatic experiences and posttraumatic disorder in the German population. J Nerv Ment Dis 199(12):934–939. https://doi.org/10.1097/NMD.0b013e3182392c0d

Horowitz MJ, Siegel B, Holen A, Bonanno GA, Milbrath C, Stinson CH (1997) Diagnostic criteria for complicated grief disorder. Am J Psychiatr 154(7):904–910

Howlett JR, Stein MB (2016) Prevention of trauma and stressor-related disorders: a review. Neuropsychopharmacology 41(1):357–369. https://doi.org/10.1038/npp.2015.261

Hsieh Y-P, Shen AC-T, Wei H-S, Feng J-Y, Huang SC-Y, Hwa H-L (2016) Associations between child maltreatment, PTSD, and internet addiction among Taiwanese students. Comput Hum Behav 56:209–214. https://doi.org/10.1016/j.chb.2015.11.048

Hughes T, McCabe SE, Wilsnack SC, West BT, Boyd CJ (2010) Victimization and substance use disorders in a national sample of heterosexual and sexual minority women and men. Addiction 105(12):2130–2140. https://doi.org/10.1111/j.1360-0443.2010.03088.x

Husky MM, Lepine JP, Gasquet I, Kovess-Masfety V (2015) Exposure to traumatic events and posttraumatic stress disorder in France: results from the WMH survey. J Trauma Stress 28(4):275–282. https://doi.org/10.1002/jts.22020

Hyland P, Vallieres F, Cloitre M, Ben-Ezra M, Karatzias T, Olff M et al (2021) Trauma, PTSD, and complex PTSD in the Republic of Ireland: prevalence, service use, comorbidity, and risk factors. Soc Psychiatry Psychiatr Epidemiol 56(4):649–658. https://doi.org/10.1007/s00127-020-01912-x

Jalloh MF, Li W, Bunnell RE, Ethier KA, O'Leary A, Hageman KM et al (2018) Impact of Ebola experiences and risk perceptions on mental health in Sierra Leone, July 2015. BMJ Glob Health 3(2):e000471. https://doi.org/10.1136/bmjgh-2017-000471

Jenkins R, Othieno C, Omollo R, Ongeri L, Sifuna P, Mboroki JK et al (2015) Probable post traumatic stress disorder in Kenya and its associated risk factors: a cross-sectional household survey. Int J Environ Res Public Health 12(10):13494–13509. https://doi.org/10.3390/ijerph121013494

Jeon HJ, Suh T, Lee HJ, Hahm BJ, Lee JY, Cho SJ et al (2007) Partial versus full PTSD in the Korean community: prevalence, duration, correlates, comorbidity, and dysfunctions. Depress Anxiety 24(8):577–585. https://doi.org/10.1002/da.20270

Johnson K, Asher J, Rosborough S, Raja A, Panjami R, Beadling C, Lawry L (2008) Association of combatant status and sexual violence with health and mental health outcomes in postconflict Liberia. J Am Med Assoc 300(6):676–690. https://doi.org/10.1001/jama.300.6.676

Kadri N, Agoub M, El Gnaoui S, Berrada S, Moussaoui D (2007) Prevalence of anxiety disorders: a population-based epidemiological study in metropolitan area of Casablanca. Morocco Ann Gen Psychiatry 6:6. https://doi.org/10.1186/1744-859X-6-6

Karam EG, Friedman MJ, Hill ED, Kessler RC, McLaughlin KA, Petukhova M et al (2013) Cumulative traumas and risk thresholds: 12-month PTSD in the World Mental Health (WMH) surveys. Depress Anxiety 31(2):130–142. https://doi.org/10.1002/da.22169

Karam EG, Mneimneh ZN, Dimassi H, Fayyad JA, Karam AN, Nasser SC et al (2008) Lifetime prevalence of mental disorders in Lebanon: first onset, treatment, exposure to war. PLoS Med 5:e61. https://doi.org/10.1371/journal.pmed.0050061

Karatzias T, Hyland P, Bradley A, Cloitre M, Roberts NP, Bisson JI, Shevlin M (2019) Risk factors and comorbidity of ICD-11 PTSD and complex PTSD: findings from a trauma-exposed population based sample of adults in the United Kingdom. Depress Anxiety 36(9):887–894. https://doi.org/10.1002/da.22934

Kawakami N, Tsuchiya M, Umeda M, Koenen KC, Kessler RC (2014) Trauma and posttraumatic stress disorder in Japan: results from the World Mental Health Japan survey. J Psychiatr Res 53:157–165. https://doi.org/10.1016/j.jpsychires.2014.01.015

Kersting A, Brahler E, Glaesmer H, Wagner B (2011) Prevalence of complicated grief in a representative population-based sample. J Affect Disord 131(1–3):339–343. https://doi.org/10.1016/j.jad.2010.11.032

Kessler RC, Aguilar-Gaxiola S, Alonso J, Benjet C, Bromet EJ, Cardoso G et al (2017) Trauma and PTSD in the WHO World Mental Health surveys. Eur J Psychotraumatol 8(suppl 5):1353383. https://doi.org/10.1080/20008198.2017.1353383

Kessler RC, Chiu WT, Demler O, Walters EE (2005) Prevalence, severity, and comorbidity of 12-month DSM-IV disorders in the National Comorbidity Survey Replication. Arch Gen Psychiatry 62(6):617–627. https://doi.org/10.1001/archpsyc.62.6.617

Kessler RC, Rose S, Koenen KC, Karam EG, Stang PE, Stein DJ et al (2014) How well can post-traumatic stress disorder be predicted from pre-trauma risk factors? An exploratory study in the WHO World Mental Health surveys. World Psychiatry 13(3):265–274. https://doi.org/10.1002/wps.20150

Kessler RC, Sonnega A, Bromet E, Hughes M, Nelson CB (1995) Posttraumatic stress disorder in the National Comorbidity Survey. Arch Gen Psychiatry 52(12):1048–1060. https://doi.org/10.1001/archpsyc.1995.03950240066012

Killikelly C, Lorenz L, Bauer S, Mahat-Shamir M, Ben-Ezra M, Maercker A (2019) Prolonged grief disorder: its co-occurrence with adjustment disorder and post-traumatic stress disorder in a bereaved Israeli general-population sample. J Affect Disord 249:307–314. https://doi.org/10.1016/j.jad.2019.02.014

Knipscheer J, Sleijpen M, Frank L, de Graaf R, Kleber R, Ten Have M, Duckers M (2020) Prevalence of potentially traumatic events, other life events and subsequent reactions indicative for posttraumatic stress disorder in the Netherlands: a general population study based on the Trauma Screening Questionnaire. Int J Environ Res Public Health 17(5):1725. https://doi.org/10.3390/ijerph17051725

Koenen KC, Moffitt TE, Poulton R, Martin J, Caspi A (2007) Early childhood factors associated with the development of posttraumatic stress disorder: results from a longitudinal birth cohort. Psychol Med 37(2):181–192. https://doi.org/10.1017/S0033291706009019

Landolt MA, Schnyder U, Maier T, Schoenbucher V, Mohler-Kohn M (2013) Traumatic exposure and posttraumatic stress disorder in adolescents: a national study in Switzerland. J Trauma Stress 26(2):209–216. https://doi.org/10.1002/jts.21794

Lundorff M, Holmgren H, Zachariae R, Farver-Vestergaard I, O'Connor M (2017) Prevalence of prolonged grief disorder in adult bereavement: a systematic review and meta-analysis. J Affect Disord 212:138–149. https://doi.org/10.1016/j.jad.2017.01.030

Maercker A, Brewin CR, Bryant RA, Cloitre M, van Ommeren M, Jones LM et al (2013) Diagnosis and classification of disorders specifically associated with stress: proposals for ICD-11. World Psychiatry 12(3):198–206. https://doi.org/10.1002/wps.20057

Maercker A, Forstmeier S, Wagner B, Glaesmer H, Brahler E (2008) Posttraumatische Belastungsstorungen in Deutschland: ergebnisse einer gesamtdeutschen epidemiologischen Untersuchung. Nervenarzt 79(5):577–586. https://doi.org/10.1007/s00115-008-2467-5

Maciejewski PK, Maercker A, Boelen PA, Prigerson HG (2016) "Prolonged grief disorder" and "persistent complex bereavement disorder", but not "complicated grief", are one and the same diagnostic entity: an analysis of data from the Yale Be-

reavement Study. World Psychiatry 15(3):266–275. https://doi.org/10.1002/wps.20348
Magruder KM, McLaughlin KA, Elmore Borbon DL (2017) Trauma is a public health issue. Eur J Psychotraumatol 8(1):1375338. https://doi.org/10.1080/20008198.2017.1375338
McLaughlin KA, Koenen KC, Hill ED, Petukhova M, Sampson NA, Zaslavsky AM, Kessler RC (2013) Trauma exposure and posttraumatic stress disorder in a nationally representative sample of adolescents. J Am Acad Child Adolesc Psychiatry 52:815–830. https://doi.org/10.1016/j.jpsychires.2011.08.005
McLean SA, Ressler K, Koenen KC, Neylan T, Germine L, Jovanovic T et al (2020) The AURORA study: a longitudinal, multimodal library of brain biology and function after traumatic stress exposure. Mol Psychiatry 25(2):283–296
Medina-Mora ME, Borges G, Munoz CL, Benjet C, Jaimes JB, Bautista CF et al (2003) Prevalencia de trastornos mentales y uso de servicios: resultados de la Encuesta Nacional de Epidemiologia Psiquiatrica en Mexico. Salud Mental 26(4):1–16
Medina-Mora ME, Borges-Guimaraes G, Lara C, Ramos-Lira L, Zambrano J, Fleiz-Bautista C (2005) Prevalencia de sucesos violentors y de trastorno por estres postraumatico en la poblaci ó n mexicana. Salud Publica Mexico 47:8–22
Mew EJ, Lowe S, Koenen K (2021) eTable 1. Epidemiological studies on the prevalence of potentially traumatic events (PTEs) and posttraumatic stress disorder (PTSD). https://osf.io/wtzdy/Mills KL, McFarlane AC, Slade T, Creamer M, Silove D, Teeson M, Bryant R (2011) Assessing the prevalence of trauma exposure in epidemiological surveys. Aust N Z J Psychiatry 45(5):407–415. https://doi.org/10.3109/00048674.2010.543654
Munyandamutsa N, Mahoro Nkubamugisha P, Gex-Fabry M, Eytan A (2012) Mental and physical health in Rwanda 14 years after the genocide. Soc Psychiatry Psychiatry Epidemiol 47(11):1753–1761. https://doi.org/10.1007/s00127-012-0494-9
Musanabaganwa C, Jansen S, Fatumo S, Rutembesa E, Mutabaruka J, Gishoma D et al (2020) Burden of post-traumatic stress disorder in postgenocide Rwandan population following exposure to 1994 genocide against the Tutsi: a meta-analysis. J Affect Disord 275:7–13. https://doi.org/10.1016/j.jad.2020.06.017
Naveed S, Waqas A, Chaudhary AMD, Kumar S, Abbas N, Amin R et al (2020) Prevalence of common mental disorders in South Asia: a systematic review and meta-regression analysis. Front Psych 11(899):573150. https://doi.org/10.3389/fpsyt.2020.573150
Newson RS, Boelen PA, Hek K, Hofman A, Tiemeier H (2011) The prevalence and characteristics of complicated grief in older adults. J Affect Disord 132:231–238. https://doi.org/10.1016/j.jad.2011.02.021
Ng LC, Stevenson A, Kalapurakkel SS, Hanlon C, Seedat S, Harerimana B et al (2020) National and regional prevalence of posttraumatic stress disorder in sub-Saharan Africa: a systematic review and meta-analysis. PLoS Med 17(5):e1003090. https://doi.org/10.1371/journal.pmed.1003090
Nickerson A, Aderka IM, Bryant RA, Hoffman SG (2012) The relationship between childhood exposure to trauma and intermittent explosive disorder. Psychiatry Res 197(1–2):128–134. https://doi.org/10.1016/j.psychres.2012.01.012
Norris FH (1992) Epidemiology of trauma: frequency and impact of different potentially traumatic events on different demographic groups. J Consult Clin Psychol 60(3):409–418. https://doi.org/10.1037/0022-006X.60.3.409
Norris FH, Murphy AD, Baker CK, Perilla JL, Rodriguez FG, Rodriguez JJG (2003) Epidemiology of trauma and posttraumatic stress disorder in Mexico. J Abnorm Psychol 112(4):646–656. https://doi.org/10.1037/0021-843X.112.4.646
Norris FH, Tracy M, Galea S (2009) Looking for resilience: understanding the longitudinal trajectories of responses to stress. Soc Sci Med 68(12):2190–2198. https://doi.org/10.1016/j.socscimed.2009.03.043
Olaya B, Alonso J, Atwoli L, Kessler RC, Vilagut G, Haro JM (2015) Association between traumatic events and post-traumatic stress disorder: results from the ESEMeD-Spain study. Epidemiol Psychiatry Sci 24(2):172–183. https://doi.org/10.1017/s2045796014000092
Ophuis RH, Olij BF, Polinder S, Haagsma JA (2018) Prevalence of post-traumatic stress disorder, acute stress disorder and depression following violence related injury treated at the emergency department: a systematic review. BMC Psychiatry 18(1):311. https://doi.org/10.1186/s12888-018-1890-9
Pacella ML, Hruska B, Delahanty DL (2013) The physical health consequences of PTSD and PTSD symptoms: a meta-analytic review. J Anxiety Disord 27(1):33–46. https://doi.org/10.1016/j.janxdis.2012.08.004
Peltzer K, Pengpid S (2019) High physical activity is associated with post-traumatic stress disorder among individuals aged 15 years and older in South Africa. South Afr J Psychiatry 25:1329. https://doi.org/10.4102/sajpsychiatry.v25i0.1329
Pietrzak RH, Goldstein RB, Southwick SM, Grant BF (2011) Prevalence and axis I comorbidity of full and partial posttraumatic stress disorder in the United States: results from wave 2 of the National Epidemiological survey on alcohol and related conditions. J Anxiety Disord 25(3):456. https://doi.org/10.1016/j.janxdis.2010.11.010
Prigerson HG, Maciejewski PK, Reynolds CF, Bierhals AJ, Newsom JT, Fasiczka A, Frank E, Doman J, Miller M (1995) Inventory of complicated grief: a scale to measure maladaptive symptoms of loss. Psychiatry Res 59(1–2):65–79
Puac-Polanco VD, Lopez-Soto VA, Kohn R, Xie D, Richmond TS, Branas CC (2015) Previous violent events and mental health outcomes in Guatemala. Am J Public Health 105(4):764–771. https://doi.org/10.2105/AJPH.2014.302328
Qassem T, Aly-ElGabry D, Alzarouni A, Abdel-Aziz K, Arnone D (2021) Psychiatric co-morbidities in post-traumatic stress disorder: detailed findings from the adult psychiatric morbidity survey in the English population. Psychiatry Q 92(1):321–330. https://doi.org/10.1007/s11126-020-09797-4
Redican E, Nolan E, Hyland P, Cloitre M, McBride O, Karatzias T et al (2021) A systematic literature review of factor analytic and mixture models of ICD-11 PTSD and CPTSD using the International Trauma Questionnaire. J Anxiety Disord

79:102381. https://doi.org/10.1016/j.janxdis.2021.102381

Rheingold AA, Smith DW, Ruggiero KJ, Saunders BJ, Kilpatrick DG, Resnick HS (2004) Loss, trauma exposure, and mental health in a representative sample of 12-17-year-old youth: sata from the National Survey of Adolescents. J Loss Trauma 9(1):1-19. https://doi.org/10.1080/15325020490255250

Ribeiro WS, Mari J d J, Quintana MI, Dewey ME, Evans-Lacko S, Vilete LMP et al (2013) The impact of epidemic violence on the prevalence of psychiatric disorders in Sao Paulo and Rio de Janeiro, Brazil. PLoS One 8(5):e63545. https://doi.org/10.1371/journal.pone.0063545

Roberts AL, Austin SB, Corliss HL, Vandermorris AK, Koenen KC (2010) Pervasive trauma exposure among sexual orientation minority adults and risk of posttraumatic stress disorder. Am J Public Health 100(12):2433-2441. https://doi.org/10.2105/AJPH.2009.168971

Roberts AL, Galea S, Austin SB, Cerda M, Wright RJ, Rich-Edwards JW, Koenen KC (2012) Posttraumatic stress disorder across generations: concordance and mechanisms in a population-based sample. Biol Psychiatry 72(6):505-511. https://doi.org/10.1016/j.biopsych.2012.03.020

Roberts AL, Gilman SE, Breslau J, Breslau N, Koenen KC (2011) Race/ethnic differences in exposure to traumatic events, development of post-traumatic stress disorder, and treatment-seeking for post-traumatic stress disorder in the United States. Psychol Med 41(1):71-83. https://doi.org/10.1017/S0033291710000401

Rosenman S (2002) Trauma and posttraumatic stress disorder in Australia: findings in the population sample of the Australian National Survey on Health and Wellbeing. Aust N Z J Psychiatry 36(4):515-520. https://doi.org/10.1046/j.1440-1614.2002.01039

Scott KM, Koenen KC, Aguilar-Gaxiola S, Alonso J, Angermeyer MC, Benjet C et al (2013) Associations between lifetime traumatic events and subsequent chronic physical conditions: a cross-national, cross-sectional study. PLoS One 8(11):e80573. https://doi.org/10.1371/journal.pone.0080573

Shalev AY, Ankri Y, Israeli-Shalev Y, Peleg T, Adessky R, Freedman S (2012) Prevention of posttraumatic stress disorder by early treatment: results from the Jerusalem Trauma Outreach And Prevention study. Arch Gen Psychiatry 69(2):166-176. https://doi.org/10.1001/archgenpsychiatry.2011.127

Shalev AY, Gevonden M, Ratanatharathorn A, Laska E, van der Mei WF, Qi W et al (2019) Estimating the risk of PTSD in recent trauma survivors: results of the International Consortium to Predict PTSD (ICPP). World Psychiatry 18(1):77-87. https://doi.org/10.1002/wps.20608

Shear KM, Jackson CT, Essock SM, Donahue SA, Felton CJ (2006) Screening for complicated grief among Project Liberty Service recipients 18 months after September 11, 2001. Psychiatr Serv 57(9):1291-1297. https://doi.org/10.1176/appi.ps.57.9.1291

Soosay I, Silove D, Bateman-Steel C, Steel Z, Bebbington P, Jones PB, Chey T, Ivancic L, Marnane C (2012) Trauma exposure, PTSD and psychotic-like symptoms in post-conflict Timor Leste: an epidemiological survey. BMC Psychiatry 12:229. https://doi.org/10.1186/1471-244X-12-229

Steenkamp MM, Dickstein BD, Salters-Pedneault K, Hofmann SG, Litz BT (2012) Trajectories of PTSD symptoms following sexual assault: is resilience the modal outcome? J Trauma Stress 25(4):469-474. https://doi.org/10.1002/jts.21718

Steil R, Gutermann J, Harrison O, Starck A, Schwartzkopff L, Schouler-Ocak M, Stangier U (2019) Prevalence of prolonged grief disorder in a sample of female refugees. BMC Psychiatry 19(1):148. https://doi.org/10.1186/s12888-019-2136-1

Stein MB, Hofler M, Perkonigg A, Lieb R, Pfister H, Maerker A, Wittchen H-U (2002) Patterns of incidence and psychiatric risk factors for traumatic events. Int J Method Psychiatric Res 11(4):143-153. https://doi.org/10.1002/mpr.132

Stein DJ, Koenen KC, Friedman MJ, Hill E, McLaughlin KA, Petukhova M et al (2013) Dissociation in posttraumatic stress disorder: evidence from the world mental health surveys. Biol Psychiatry 73(4):302-312. https://doi.org/10.1016/j.biopsych.2012.08.02

Storr CL, Ialongo NS, Anthony JC, Breslau N (2007) Childhood antecedents of exposure to traumatic events and posttraumatic stress disorder. Am J Psychiatr 164(1):119-125. https://doi.org/10.1176/appi.ajp.164.1.119

Supanya S, Group TMHSW, Morgan C, Reininghaus U (2017) SU59. Prevalence of psychotic experiences and traumatic events in the 2013 Thai National Mental Health survey. Schizophr Bull 43(suppl_1):S182. https://doi.org/10.1093/schbul/sbx024.057

Tebes JK, Champine RB, Matlin SL, Strambler MJ (2019) Population health and trauma-informed practice: implications for programs, systems, and policies. Am J Community Psychol 64(3-4):494-508. https://doi.org/10.1002/ajcp.12382

Van Ameringen M, Mancini C, Patterson B, Boyle MH (2008) Post-traumatic stress disorder in Canada. CNS Neurosci Ther 14(3):171-181. https://doi.org/10.1111/j.1755-5949.2008.00049.x

Vinck P, Pham P (2012) Association of exposure to intimate-partner physical violence and potentially traumatic war-related events with mental health in Liberia. Soc Sci Med 77:41-49. https://doi.org/10.1016/j.socscimed.2012.10.026

Watson P (2019) PTSD as a public mental health priority. Curr Psychiatry Rep 21(7):61. https://doi.org/10.1007/s11920-019-1032-1

Weich S, McBride O, Hussey D, Exeter D, Brugha T, McManus S (2011) Latent class analysis of co-morbidity in the adult psychiatric morbidity survey in England 2007: implications for DSM-V and ICD-11. Psychol Med 41(10):2201-2212. https://doi.org/10.1017/S0033291711000249

Wisco BE, Miller MW, Wolf EJ, Kilpatrick D, Resnick HS, Badour CL et al (2016) The impact of proposed changes to ICD-11 on estimates of PTSD prevalence and comorbidity. Psychiatry Res 240:226-233. https://doi.org/10.1016/

j.psychres.2016.04.043
Yatham S, Sivathasan S, Yoon R, da Silva TL, Ravindran AV (2018) Depression, anxiety, and post-traumatic stress disorder among youth in low and middle income countries: a review of prevalence and treatment interventions. Asian J Psychiatr 38:78–91. https://doi.org/10.1016/j.ajp.2017.10.029
Yehuda R, Lehrner A (2018) Intergenerational transmission of trauma effects: putative role of epigenetic mechanisms. World Psychiatry 17(3):243–257. https://doi.org/10.1002/wps.20568
Zlotnick C, Johnson J, Kohn R, Vicente B, Rioseco P, Saldivia S (2008) Childhood trauma, trauma in adulthood, and psychiatric diagnoses: results from a community sample. Compr Psychiatry 49(2):163–169. https://doi.org/10.1016/j.comppsych.2007.08.007

PTSD의 심리학적 및 사회학적 이론 3

Mirjam J. Nijdam과 Lutz Wittmann

3.1 서론

외상을 겪은 사람 중 어떤 사람이 PTSD를 앓게 되고, 어떤 사람은 그렇지 않은지에 대한 이유를 찾기 위해 다양한 심리학 이론이 발전해 왔습니다. 이러한 이론은 외상 생존자가 겪는 개인적 경험 즉, 사고, 기억, 감정, 행동은 물론 본인도 자각하지 못하는 기저의 과정 등에서 무엇이 일어나는지 설명하려는 시도를 합니다. DSM-5에 정의된 PTSD의 증상은 외상에 대한 반복되는 비자발적 침습 기억, 외상을 다시 경험하는 것처럼 느끼게 하는 플래시백flashback, 외상의 주요 장면에 대한 기억 장애, 집중력 장애 등입니다(APA, 2013). 이러한 증상은 기억 기능 및 트라우마의 처리 방식과 관련이 있어 여러 이론가들은 PTSD를 일종의 기억 장애라고 보기도 합니다(Brewin 2003; McNally 2003; van der Kolk 2007). 트라우마 중심 심리치료는 환자와 치료자가 트라우마에 대한 기억을 다루므로 PTSD에 대한 기억 중심 심리치료라고도 할 수 있습니다(Grey와 Holmes 2008).

심리학 이론은 심리치료가 PTSD에 어떻게 효과를 미치는지를 이해하는 데 필수적입니다. 외상 기억에 대한 상상노출 작업이 효과가 있다는 것이 직관적으로 이해하기 어려울 수 있습니다. 왜냐하면 일부 기억 이론에서는 반복적인 노출로 기억을 더 강화된다고 보기 때문입니다(Crowder 1976). 이 장의 첫 번째 부분에서는 학습 이론, 이중 표상 이론, 인지 이론 및 '핫스팟', 재통합, 정신역동 이론에 대해 차례대로 살펴보겠습니다. 먼저 이러한 이론들에서 사용되는 가장 중요한 개념들을 살펴보고, 이를 바탕으로 PTSD로부터의 자연적인 회복에 대한 기술 및 심리치료의 제시된 작용 기전을 중점적으로 논의하겠습니다. 이 장의 두 번째 부분에서는 사회적 관점에서 PTSD를 개괄하고, 그와 관련된 가장 중요한 개념들을 논의하겠습니다. 사례를 통해 이러한 이론들의 주요 개념을 볼 수 있을 것입니다.

3.2 학습 이론

이 이론에서 가장 중요한 개념은 외상 사건이 외상 및 PTSD로부터 회복하는 데 방해가 되는 방식으로 저장된다는 것입니다. 예를 들어, 외상 기억들이 많이 떠올라 일상생활 유지가 어렵거나 생생한 악몽으로 인해 자주 깨고 그로 인해 개인에게 필요한 충분한 수면을 취하지 못할 수 있습니다. 초기 이론에서는 외상성 사건 이후 PTSD 증상이 나타나는 경로에 대한 두 가지 가설을 세웠습니다. Mowrer의 2 요인 이론two-factor theory(1960)은 이러한 과정이 PTSD와 몇 가지 특징을 공유하는 다양한 불안 장애에서 작용한다고 봅니다. 이 이론을 Keane과 동료들(1985)이 PTSD에 연결 지어 더 발전시켰습니다. 고전적 조건화 과정이 PTSD의 발병에 결정적인 역할을 한다고 가정되었는데, 이 고전적 조건화 과정에서는 외상 사건 당시에는 중립적이었던 자극(조건 자극conditioned stimuli, 예: 사고가 발생한 터널)이 외상, 즉 사고 그 자체(무조건 자극unconditioned stimulus)와 연관되어 공포가 더해집니다. 예를 들어, 터널이라는 조건 자극을 다시 접하면, 산산조각난 자동차와 사고로 중상을 입은 사람들에 대한 기억이 떠오르게 됩니다. 장기적으로 PTSD 증상 유지에는 조작적 조건화가 관련된다고 봅니다. 이 조작적 조건화에 따라 외상 사건에 대한 기억이 고통스럽고 불안과 긴장을 불러일으키게 되어 외상 사건에 대하여 생각하거나 떠올리게 되는 것을 피하게 합니다. 공포가 유발되는 조건화 자극을 피하거나 사건 자체를 떠올리지 않는 것은 단기적으로 공포를 줄여주거나 심지어 공포와 긴장이 사라지게도 하므로, 이로 인하여 회피가 강화됩니다. 사고 생존자가 사고가 났던 터널을 아예 피하거나 다른 선택의 여지가 없어 터널을 지날 때에는 외상 사건에 대한 생각을 차단하려고 하는 모습을 떠올릴 수 있습니다. 그러나 이러한 회피는 외상 사건이 생각날 때 더욱 불안하고 긴장되게 하여 장기적으로 공포 반응을 강화할 수 있습니다.

Lang의 이론(1979, 1985)에서는 공포를 유발하는 사건은 더 광범위한 인지적 틀 안에서 저장되고, 기억 내에서 연상 네트워크associative network의 중심점node 간 상호 연결로 표현됩니다. 이러한 네트워크는 상황의 의미를 인식하고 대처하기 위한 일종의 원형prototype으로 작용합니다. 정보 유형은 총 세 가지, 즉 시각 및 소리 같은 외상에 대한 자극 정보, 사건에 대한 정서적, 생리적 반응 정보, 의미 정보(특히 위협의 정도에 대한 정보)로 제안되었습니다. 이러한 중심점은 서로 연결되어 있으므로 어떤 사람이 외상 사건에 속하는 한 종류의 정보를 접하면 다른 정보 모드가 자동으로 활성화됩니다. 네트워크 내 요소가 필요한 만큼 활성화되면 전체 공포 네트워크가 함께 활성화되고 주관적인 경험 및 그에 따른 행동이 따라옵니다. Lang에 따르면 공포 기억은 어떤 면에서 원래 불안을 유발했던 기억의 내용과 유사한, 모호한 자극에 의해 쉽게 활성화됩니다. 따라서 이러한 종류의 공포 네트워크가 매우 긴밀하게 연결되어 있고 정서적, 생리적 반응이 매우 강하기에 PTSD는 공포 네트워크의 영구적 활성화로 설명할 수 있습니다. 외상 경험에 대한 지식은 특정 감정 네트워크와 상충되는 다른 네트워크 간의 연관성이 강화되면 변화될 수 있습니다. 위에서 언급한 사고 생존자가 여러 터널을 가서 공황과 같은 생리적 반응을 경험하지 않는다면, 이 반응은 불안 및 회피에 양립할 수 없는 것입니다.

Foa의 정서처리 이론(Foa 등. 1989; Foa와 Rothbaum 1998)은 앞서 언급된 이론적 원칙들에 기반을 두고 있지만, 기억 속 외상 사건의 표상이 '일반적인' 사건과 다르다는 점을 강조합니다. 이 이론의 핵심 가정은 외상 사건에 의해 개인이 지닌 안전에 대한 기본 개념이 손상된다는 것입니다. 이 이론의 핵심 개념은 **공포 네트워크**fear network로, 환경에서의 위협에 대한 감정적 반응과 지속적인 믿음을 모두 포함하는 두려움에 대한 인지적 표상을 의미합니다. Foa와 동료들은 한 중심점(사고 장소)이 활성화되면 자동적이고 선택적으로 공포 중심점을 촉발시키고 충격적 사건과 일치하는 행동 및 생리적 반응(예: 발한, 심계 항진)이 유발될 것이라고 가정했습니다. 공포 네트워크의 활성화는 수많은 환경적 단서에 의해 일어날 수 있으며 활성화에 요구되는 역치가 낮고 이 활성은 꽤 오래 유지될 수 있습니다. PTSD 환자는 이 활성화를 트라우마 단서의 과잉 경계, 외상 경험에 대한 정보를 의식하고 그 일부를 재경험하는 것, 외상을 떠올릴 때 매우 강한 생리적 반응, 침습intrusion을 피하고 억제하려는 시도 등으로 인식할 수 있습니다. 이 이론은 이후 개정되면서 PTSD에 대한 트라우마 이전의 관점 및 취약성의 역할과 무능력하다는 인식을 악화시킬 수 있는 자신의 반응 및 행동에 대한 부정적인 해석에 초점을 맞추었습니다(Foa와 Rothbaum 1998; Brewin과 Holmes 2003; Foa 등. 2007). 트라우마 이전의 관점이 (긍정적이든 부정적이든 그 관점이) 경직되어 있을수록 PTSD에 대한 취약성을 높일 수 있습니다. 자신을 극도로 유능한 존재로, 세상을 극도로 안전하다고 보는 경직된 긍정적 관점은 트라우마로 인해 모순에 빠질 수 있습니다. 반대로 자신을 극도로 무능하고 세상을 극도로 위험한 곳으로 생각하는 경직된 부정적 관점은 트라우마에 의해 강화될 수 있습니다. 이러한 경직된 부정적 신념(또는 긍정적 신념의 붕괴)은 여러 상황과 타인을 해로운 것으로 해석하고 위험을 과도하게 일반화하기 쉽습니다. 또한 외상 이전, 사건 도중 그리고 이후에 존재하는 신념에 집중하게 되어 트라우마에 대한 자신의 반응을 부정적으로 평가하고 무능감이나 매우 위험하다는 느낌을 악화시킬 수 있습니다.

더 나아가, Foa와 Rothbaum(1998)은 외상 기억이 새로운 정보를 통합함으로써 재활성화되고 변화할 수 있다고 제안합니다. 자연적 회복은 이 공포 기억이 개인의 다른 기억과 통합되며, 이를 위해서는 지나치게 강한 반응이 약화될 필요가 있습니다. 이러한 통합은 다음과 같은 방식으로 이루어질 수 있습니다. 공포를 유발하는 장소와 기억에 반복적으로 노출되고, 획득된 외상 기억the acquired traumatic memory의 공포적 성격과 모순되는 정보(예: 같은 터널을 통과하고 사고가 나지 않음)를 통합함으로써 달성될 수 있습니다. Foa 등(1989)은 외상 기억의 공포를 유발하는 모든 요소들에 대하여 불안이 사라질 만큼 양껏 또는 충분한 시간만큼 노출을 시행하지 않으면 PTSD가 지속된다고 보았습니다. 이 경우, 일부 연관성만 약화되고 다른 것은 그대로 지속됩니다. 이 과정이 최적의 방식으로 이루어지지 않은 경우에 과도한 각성이나 사고 오류, 단순히 재노출을 강하게 회피하는 경향 등이 발생합니다. 그 결과 외상 생존자는 세상이 여전히 위협적이라고 계속 믿을 수 있습니다.

이 이론에 기반한 치료법인 지속노출치료(Foa와 Rothbaum 1998; Foa 등. 2007)는 매우 효과적인 치료법으로 입증되었으며, 여러 치료 지침에 PTSD의 우선 권장 치료법treatment of choice으로 추천되고 있습니다(NICE 2018; ISTSS 2019; American Psychological Association 2017). 이 치료에서는 공포의 소거를 목표로 외상 기억을 반복적으로 노출합니다. Foa와 동료들은 감정 처리가 일어나기 위해서 생존자가 외상 기억에 감정적으로 연결되어 있어야 하고, 그 혼란스러운 경험을 말로 표현하고 조직화해야 하며, 궁극적으로는 세상에 대한 균형 잡힌 시각을 회복해야 하고, 이를 통해 외상에도 불구하고 세상이 전적으로 끔찍한 곳만은 아니라는 믿음을 갖는 것이 중요하다고 보았습니다(Foa와 Riggs 1995; Foa와 Street 2001). 효과적인 처리는 비현실적인 연합을 변화시키고 왜곡된 인지를 교정해 줍니다(Foa 등. 2007).

사례

착륙 도중 화재로 인한 비행기 추락 사고에서 살아남은 한 여성은, 이후 비행에 대한 극심한 두려움을 갖게 되었습니다. 업무상 매주 비행기를 탔던 그녀는 평상시처럼 행동하려고 했지만 이륙하기 위해 비행기의 문이 닫히자 극심한 공황 상태가 되어 급히 내려달라고 했습니다. 그녀는 매우 배려심이 있는 조종사들과 이야기를 나눴고, 그들은 그녀가 겪은 일을 경험했다면 본인들도 다시 비행하지 못할 것 같다고 말했습니다. 그녀의 비행에 대한 두려움이 이로 인해 강화되었습니다. 치료 과정에서 사고 당시의 기억에 반복적으로 노출되고, 자신이 죽을 것이라 생각했던 최악의 순간에 대한 세부 사항에 반복적으로 집중하는 작업을 반복함으로써 그 결과 그 기억으로 인해 느꼈던 불안은 점차 줄어들었습니다. 이는 결국 그녀가 비행기에 탑승하는 것에 대한 공포를 극복하는 데 도움이 되었고, 이륙과 착륙 후에 나타나던 공황 반응도 점차 사라지고 있었습니다.

앞서 설명한 공포 조건화 이론은 개인의 PTSD 발병 과정에서 작용하는 연합 학습 과정associative learning processes에 주목합니다. 비연합 학습 과정non-associative learning processes도 PTSD와 밀접하게 관련되어 있으며, 습관화 실패와 스트레스 민감화가 이에 해당합니다(Lissek과 van Meurs 2015). 습관화 실패란 강렬하고 새로운 자극 또는 공포와 관련된 환경 자극에 적응하는 능력이 손상된 상태입니다. 스트레스 민감화는 그러한 자극에 대해 자율신경계가 과도하게 흥분되며, 그 반응이 시간이 지남에 따라 점점 더 심화되는 현상을 말합니다. 이 두 가지 과정은 모두 PTSD의 특징적 증상인 예상치 못한 소리나 접촉을 겪을 때 깜짝 놀라는 과각성 증상의 기저 기전으로 추정됩니다. 지난 20년 동안 이러한 반응들이 트라우마 이전부터 존재하던 위험 요인인지, 트라우마 이후에 획득된 것인지를 밝히기 위한 많은 실험 연구가 수행되었습니다(Lissek과 van Meurs 2015). Lissek과 van Meurs는 연구 결과들을 요약하여, 초기 소거 학습extinction learning의 결함(즉, 외상과 연합된 자극에 반복적으로 노출되어도 공포 반응이 줄어들지 않은 경우)과 습관화 실패를 PTSD의 선행 위험요인으로 설명했습니다. 반면에 현재까지의 근거 상, 소거에 대한 회상 기억 저하 현상과 스트레스 민감화는 PTSD의 획득된 표지자로 간주됩니다. 임상적 맥락에서 획득된 표지자는 PTSD 증상과 직접적으로 연관되어 있기 때문에 기존의 선행 위험 요인들보다 치료적 개입에 더 잘 반응할 가능성이 높습니다. 반면, 일부 학습 과정은 적절한 개입에도 불구하고 지속되기 쉬운데, 이는 왜 일부 환자들에서 질환이 잘 재발하는지 이해하는 데 도움이 됩니다.

3.3 이중 표상 이론

PTSD의 이중 표상 이론Dual Representation Theory(Brewin 등. 1996, 2010; Brewin 2008; Brewin과 Burgess 2014)에 따르면, PTSD에서는 두 유형의 기억 표상이 역할을 한다고 가정합니다. 이 모형에서는 PTSD 환자가 경험하는 플래시백은 외상 사건의 특정 측면이 감각-기반 표상sensory-bound representation, S-rep으로 저장된 결과라고 봅니다. 이 이론의 초기에는 이러한 표상을 상황 접근 기억situationally accessible memory, SAM이라고 불렀습니다. 이는 이러한 기억이 개인이 마주치는 연상물에 의해 자동으로 활성화될 수 있다는 점을 강조하기 위함이었습니다. 칼에 찔린 외상 기억에 대한 플래시백을 겪는 PTSD 환자가, 그 외상이 지금 이 순간 다시 일어나는 것처럼 느껴지는 이유는, 이론적으로 그 기억이 주로 감각적 형태로 저장되어 있으며 공간적·시간적 맥락이 결여되어 있기 때문으로 이해됩니다. 이러한 기억 표상은, 감각 처리의 하위 수준에서 유래한 정보와 외상 당시의 정서적 감정적 상태를 내포하고 있습니다. 칼에 찔린 사건을 겪은 생존자의 경우, 이 기억은 예컨대 칼이 신체에 들어갔던 부위의 통증과 강하게 연결되어 있을 수 있습니다. 이러한 기억 표상은 환경에서의 행동을 담당하는 뇌의 특정 부위들, 예컨대 배측 시각 경로dorsal visual stream, 섬엽insula, 편도체amygdala에서 처리되는 것으로 보입니다. 또한 이 모형은 외상을 경험한 개인의 공간적, 개인적 맥락과 연결되는, 보다 추상적이고 구조적인 표상, 즉, 맥락적 표상contextual representation, C-rep에서 정보가 제대로 부호화되지 않는다고 설명합니다. 이론의 초기 버전에는 이러한 정보를 개인이 의식적으로 처리하고 타인과 이에 대해 소통할 수 있는 형태로 기억하고 있다는 의미에서 이를 언어적 접근 가능 기억 체계verbally accessible memory system, VAM라고 불렀습니다. 이 표상은 복측 시각 경로ventral visual stream와 내측 측두엽medial temporal lobe에서 처리된다고 봅니다. 맥락적 표상은 재경험 증상을 억제할 수 있지만 PTSD에서는 그 기능이 제대로 작동하지 않습니다. 맥락적 표상으로부터 정보를 떠올리는 것은 의식적으로 기억('칼부림 사건 당시 내가 어디에 있었고 누구와 함께 있었나?')한 결과일 수도 있지만, 사건을 상기시키는 단서에 의해 자동으로 활성화될 수도 있습니다. 외상 사건의 경우 주의가 위험과 생존에 매우 집중되어 있고, 이것이 높은 각성과 동시에 일어나기 때문에 맥락적 표상의 내용에 한계가 있을 수 있습니다.

Brewin과 Burgess(2014)에 따르면, PTSD의 특정 표상으로의 이러한 선호적 부호화preferential encoding는 외상 당시의 해리 반응과 개인의 대처 능력을 초과하는 스트레스에 대한 반응으로 해마의 기억 체계의 기능 저하downregulation에 의한 결과입니다. 플래시백은 처음에는 자연스러운 회복으로 나아가는 적응적 경로가 될 수 있습니다(Brewin 2008). 이는 부족한 정보를 맥락에 맞게 부호화할 수 있는 기회를 제공하며 맥락적 표상과 감각-기반 표상 간의 연결을 강화하여 그 결과 일반적으로 연관된 맥락적 표상을 통해 감각-기반 표상을 회상할 수 있게 됩니다. 이러한 방식으로 외상 사건에 대한 감각적, 감정적/정서적 표현을 적절한 맥락에서 볼 수 있습니다. 사건이 과거에 일어났던 일이라는 인식은 감각 기억이 트라우마 단서에 반사적으로 반응하는 것을 줄여줍니다. 이중 표상 이론에서는, PTSD에서는 감각-기반 표상과 맥락적 표상의 재연결re-association과정이 일어나지 않거나 충분하지 않아 지속적이고 강렬한 플래시백과 악몽이 나타나고 제대로 작동하지 않는 언어 기억으로 이어지게 됩니다.

이중 표상 이론은 외상초점 인지행동치료의 기전을 설명하는 데에도 적용할 수 있습니다(Brewin 2005). Brewin에 따르면 트라우마 치료는 심상에 기반한 감각-기반 표상과 좀더 언어 기반인 맥락적 표상 두 가지를 모두 포함합니다. 이 이론에서, 상상노출은 재경험을 줄이고, 인지적 재구성 기법은 개인이 자신과 세상에 대해 가지고 있는 믿음을 다룹니다. 외상 생존자가 의도적으로 플래시백의 내용에 주의를 집중하고 더 이상 그것을 회피하려고 하지 않게 되면, 감각-기반 표상과 맥락적 표상 사이의 연결이 강화됩니다. 그 결과, 외상 생존자는 자신의 기억이 과거에 속한 것이고, 위협이 더 이상 현재에 존재하지 않는다는 사실을 깨닫게 됩니다. 이러한 통제력의 향상은 외상 기억을 의도적으로 회상하고, 그 세부 사항에 대해 소통할 수 있게 도와줍니다. 이로 인해 플래시백과 악몽은 줄어들고, 결과적으로 PTSD 증상이 전반적으로 감소합니다. 아래의 사례에서 기억 표상의 서로 다른 내용과 치료 과정에서 이루어지는 재부호화re-encoding 현상을 살펴볼 수 있습니다.

사례

한 환자가 정신과 병동에서 간호사를 공격했습니다. 다른 근무자가 병실 화장실 문을 열어둔 것을 그 간호사는 모르고 있었습니다. 정신병 증상이 있는 환자가 열린 문 사이로 화장실에 들어가 로션 병을 깼습니다. 간호사가 그의 상태를 확인하러 병실에 들어오자 그는 깨진 병으로 그녀의 얼굴을 찔렀습니다. 그가 몸싸움을 시작했습니다. 그는 덩치가 컸고 그녀는 그에 비해 힘이 세지 않았습니다. 그녀는 자신이 운명에 맡겨진 채, 그가 자신을 죽일 것이라고 느꼈습니다. 이 사건으로 뺨과 코에 생긴 흉터를 볼 때마다 그녀는 당시의 위험한 상황이 떠올랐습니다. 노출치료를 받으면서 그녀는 잊고 있던 트라우마의 두 부분을 다시 기억해냈습니다. 하나는 비상 단추를 눌렀던 것이었습니다. 그녀는 자신이 상황에 적극적으로 대처했고, 그 덕분에 동료들이 병실로 달려와 더 나쁜 일을 막을 수 있었다는 사실을 깨달았습니다. 노출 회기에서 그녀가 기억하게 된 또 다른 부분은 동료들이 그녀 주변에 모였을 때 일어난 첫 순간이었습니다. 그녀는 여자 동료가 자신을 안아준 사실을 떠올렸고 이로 인하여 회기 중에 울음을 터뜨렸는데, 이는 사건 이후 처음 있는 일이었습니다. 나중에 그녀는 환자가 심각한 정신질환을 앓고 있었으며 자신을 노린 것이 아니었고 희생자는 누구라도 될 수 있었다는 사실을 이해하게 되었습니다. 이 인식 이후 흉터로 인한 고통이 줄어들었습니다. 그리고 법정에서 환자를 대면했을 때, 사건 당시 그녀가 생각했던 것과 달리 그가 보통 체격의 남성이라는 것을 자각했습니다.

3.4 인지 이론과 트라우마 내러티브의 '핫스팟'

3.4.1 PTSD의 인지 이론

외상 생존자의 감정 반응은 인지적 해석cognitive appraisal에 따라 달라집니다. Ehler와 Clark(2000)의 PTSD 모형에서 기대 및 상황에 대한 개인의 통제력 같은 인지적 요인을 자세히 다룹니다. 이들에 따르면, 극심한 스트레스를 경험하는 것이 급성 스트레스 반응의 발생에 핵심 요인인데, 스트레스 경험은 개인이 위협을 어떻게 평가하느냐에 달려있고, 급성 스트레스 반응은 감정적, 행동적, 생리적 영향으로 나타납니다. 이 급성 반응을 효과적으로 조절하지 못하면 지속적인 조절 장애를 초래하여 결국 외상 후 스트레스 증상으로 이어질 수 있습니다. Ehler와 Clark에 의하면 외상 사건에 대한 병리적인 반응은 외상 생존자가 그 사건을 현재 위협적인 것으로 인식하게 되는 방식으로 처리할 때 발생합니다. 이러한 현재의 위협감은 외적으로 외부의 위협 요인에 대해 초점을 둘 수도 있고(예: 외상 생존자가 타인의 행동을 믿을 수 없다고 느끼는 경우), 내적 방향으로 자신과 미래에 대한 내부적 위협으로 초점을 맞출 수도 있습니다(예: 외상 생존자가 성폭행으로 인해 자신의 몸이 영원히 망가졌다고 느끼는 경우). PTSD 생존자가 경험하는 다양한 감정은 위험, 경계 침범, 상실에 대한 부정적인 해석 때문으로 보입니다.

따라서 PTSD를 가진 생존자는 외상이 다시 발생할 것이라는 두려움 때문에, 혹은 자신이 감정을 감당하지 못할 것이라는 믿음 때문에 지속적인 위협감을 느낄 수 있습니다. 그리고 외상 기억의 특성 또한 일반적인 기억과는 다릅니다. 이에 따라 지속적인 위협감을 느끼는 또 다른 이유는, 외상 기억이 그 사람의 보다 넓은 자서전적 기억 및 신념 체계와 충분히 통합되지 않기 때문일 수 있습니다. 즉, 외상 사건이 더 자주 발생할 거라는 느낌, 예를 들어 또 다른 강도 사건이나 또 다른 비행기 추락 사고가 발생할 것이라고 믿는다는 사실을 의미합니다. 어떤 면에서 외상 사건과 유사한 상황은 강한 위협감을 불러일으킬 수 있습니다. 이러한 반응은 일반적으로 의도와 무관하게, 특정 단서에 의해 유도되는cue-driven의 방식으로 발생합니다. Brewin의 이중 표상 이론과 유사하게, Ehler와 Clark는 외상 기억이 잘 정리되지 않고 시간적 공간적 맥락이 부족하다고 설명합니다. Ehler와 Clark 이론에서는 자료 기반data-driven처리와 개념적 처리conceptual 차이를 중요하게 구분합니다. 자료 기반 처리는 감각 정보에 초점을 맞추는 반면, 개념적 처리는 정보를 정리하고 적절한 맥락에 배치하는 등 상황의 의미에 초점을 맞춥니다. Ehler와 Clark에 따르면 개념적 처리는 외상 기억을 개인의 과거 경험과 관련한 정보에 통합하는 데 도움을 주지만, 자료 기반 처리는 지각적 프라이밍[1)]과 외상 기억의 의도적 회상의 어려움으로 이어집니다. 이 모형에서 플래시백은 지각적 프라이밍이 과도하고 활성화된 결과(즉, 트라우마 관련 자극에 대한 지각 역치가 낮아지는 현상)로 봅니다.

Ehler와 Clark은 PTSD의 발병과 유지에 기여하는 다양한 부적응적 대처 전략을 지적하였습니다. 행동적 대처 전략으로는 원치 않는 생각을 억제하려는 적극적인 시도, 감정을 조절하기 위한 알코올 및 약물의 사용, 주의 분산, 트라우마 연상물의 회피, 안전 행동을 취하는 것 등이 있습니다. 인지적 대처 전략에는 지속적인 반추, 해리, 위협적인 단서에 대한 선택적 주의가 있습니다.

1) 역자 주: 프라이밍priming 효과란 먼저 처리한 정보에 의해 떠오른 특정 개념이 뒤에 이어지는 정보의 해석에 영향을 미치는 현상임

사례

Ehlers와 동료들(2000)이 정의한 바에 따르면, 부정적인 해석의 한 가지 뚜렷한 형태는 정신적 패배mental defeat라는 개념으로, 이는 '모든 자율성의 상실, 즉 의지를 가진 인간으로서의 정체성을 유지하려는 모든 노력을 정신적으로 포기한 상태'입니다. 자신의 운명을 스스로 통제할 수 없다고 느끼는 것은 매우 부정적인 자기 해석self-appraisals을 형성할 수 있는 위험 요소입니다. 한 외상 생존자는 생명을 위협하는 여러 차례의 교통사고로 허리와 무릎에 영구 손상을 입고, 딸의 영아 돌연사까지 겪은 뒤 이제는 '마치 시스템이 고장난 것처럼' 느껴진다고 표현했습니다. 그는 사고로 인한 큰 스트레스가 감당하기에는 너무 벅차서 결국 자신이 완전히 무너질 것을 두려워했습니다. 직장과 사적인 삶에서의 고된 시간들 또한 이러한 인식에 영향을 주었습니다. 업무상 제방 붕괴 위험과 같은 긴급 상황으로 호출받을 때면, 그는 이전 사고에 대한 기억이 자동적으로 떠올랐습니다. 어느 날 책에서 '사는 것이 안전하지 않다'라는 문장을 접했을 때 그는 자신이 이 문장에 전적으로 동의한다는 것을 깨닫고는 매우 두려웠습니다.

3.4.2 트라우마 내러티브의 '핫스팟'

Ehlers와 Clark가 개발한 PTSD에 대한 인지치료는 매우 효과적인 치료법입니다(Bradley 등. 2005). 이 치료에서는 부정적인 해석과 인식을 찾아서 보다 적응적인 해석과 인식으로 수정합니다. 또한 Ehlers와 동료들의 침습 기억에 대한 연구에서, 이 기억들은 주로 정서적 충격이 가장 컸던 외상의 순간 직전에 존재했던 자극과 관련되어 있었습니다(Ehlers 등. 2002). 연구진은 이러한 자극을 '경고 신호warning signals'라고 불렀는데, 이는 이 자극을 다시 마주할 경우 위험을 경고하는 역할을 하기 때문입니다. 이러한 자극은 현재의 위협으로 느끼는 감각과 논리적으로 연결되어 있으며 종종 재경험됩니다. Ehlers와 동료들(2004)이 개발한 치료 전략에서는 치료자들에게 침습 기억을 따라가서 '핫스팟'이라고 불리는, 감정적으로 가장 강하게 반응하는 지점에 접근하게 합니다. 외상 초점 인지행동치료에서는 PTSD 증상을 감소시키기 위해 핫스팟에 초점을 맞추고 그 의미를 바꾸는 것이 필수적이라고 봅니다.

흥미롭게도, PTSD의 인지행동치료에서는 이 상태를 주로 불안 장애로 간주하고, 불안 반응을 최적으로 치료하는 데 많은 관심을 기울였습니다. 핫스팟에 대한 중요한 초기 연구들은 트라우마 내러티브에서 극적인 감정이 최고조가 되는 순간들이 여러 감정들과 연관되어 있음을 이들이 PTSD 진단 기준에 포함되기 전부터 보여주었습니다. 불안, 무력감, 공포와 같은 전형적인 감정 반응 다음으로 분노, 애도, 수치심, 죄책감이 종종 핫스팟에 동반됩니다(Grey 등. 2001, 2002). Ehlers와 동료들(Ehlers 등. 2004)에 따르면, 상상노출이 정서적 습관화에 도달하게 해주고 트라우마 내러티브의 핫스팟을 식별하고 이를 인지 재구성의 출발점으로 사용하게 합니다. 이러한 기법의 조합을 통해 외상 기억을 되살리면서 새로운 정보를 추가하여 현재 위협받는 느낌을 낮출 수 있습니다. 이 기법은 Grey와 동료들(2002)에 의해 구체화되었는데, 이들은 핫스팟에서 발견한 광범위한 감정을 다루기 위해 상상노출과 인지적 재구성을 잘 결합하였습니다. 트라우마 중심 심리치료에서 증상을 완화하는 데 상상노출을 통해 핫스팟을 어떻게 다루는지가 중요할 수 있습니다(Nijdam 등. 2013).

3.5 기억의 재통합

재통합reconsolidation은 공포 기억이나 트라우마 기억이 활성화되어 일정 기간 불안정해졌다가 다시 안정화되는 과정을 말합니다. 이 불안정한 기간 중 기억 흔적memory trace이 차단되거나 새로운 정보로 갱신될 수 있고, 이를 통해 기억이 영구적으로 변화되는 것으로 보입니다. 21년 전, Nader, Schafe와 LeDoux(2000)는 동물 실험으로 기억의 재통합을 입증한 획기적인 연구를 발표하였습니다. 최근 수년간 이 기전은 인간 대상 연구에서 더욱 정교화되었으며, PTSD의 치료적 변화에 대한 개념에도 영향을 미쳤습니다. 기억의 재통합이라는 개념이 도입되면서 공포 기억과 외상 기억이 저장과 동시에 고정된다는 기존 이론가들의 관점을 재고하게 되었습니다. 이는 워드 프로세서에서 '저장'과 '다른 이름으로 저장'의 차이에 비유할 수 있습니다. 즉, 새로운 정보가 이전 버전과 새 버전으로 따로 존재하는 것이 아니라 하나의 기억으로 통합되는 것입니다. 기억의 재통합을 연구한 것으로 가장 잘 알려진 실험 연구에서는, 활성화된 기억을 차단하는 데 프로프라놀롤이라는 약물을 사용하였습니다(예: Kindt 등. 2009). 또한 행동 전략을 통해 재통합 과정에 개입하는 것도 가능합니다. 이러한 전략이 원래의 기억 흔적의 내용과 상충될 경우, 그 기억 흔적은 제공된 정보에 의해 갱신되어 새로운 학습이 일어날 수 있습니다(예: Schiller 등. 2010; Monfils와 Holmes 2018; James 등. 2015). 재통합에 개입하는 약리학적 접근법과 행동적 접근법 모두 PTSD의 심리치료 개입에 통합되었으며, 예비 연구들에서 치료에 도움이되는 결과를 보였습니다(Brunet 등. 2011, 2018; Gray 등. 2019, 2020).

외상 기억의 생생함과 감정 강도에 영향을 미치는 이중 집중dual-attention의 효과는 안구 운동 민감 소실 및 재처리 치료EMDR에서 적용되는 것처럼 재통합 현상으로 설명할 수 있습니다. 이 분야의 연구를 바탕으로 Lane과 Ryan과 Nadel과 Greenberg(2015)는 다양한 정신질환에 대해 인지행동치료, 정서 초점 치료, 역동정신치료를 포함하여 여러 심리치료적 개입의 변화 과정을 설명하는 재통합 기반 모형을 제안했습니다. 그들은 기존의 이론들과 마찬가지로, 감정적 관여emotional engagement가 기억을 갱신하는 데 핵심적인 요소라고 주장합니다. 이 설명 모형은 비교적 최근에 등장한 것이므로, 여전히 많은 연구가 필요합니다. 그 예로 새로운 정보로의 갱신이 가능한 시간 범위 같은, 재통합이 일어나는 정확한 조건들에 대해서는 아직 충분히 규명되지 않았습니다(Monfils와 Holmes 2018). 재통합을 치료적 변화의 기전으로 보는 시각은, 증상의 재발을 설명하기 어렵고 재통합이 명확하게 발생했다는 것을 입증하기 어렵다는 비판을 받습니다(Brewin 2015). 예를 들어, 만약 어떤 기억이 재통합으로 인해 영구적으로 변화하였다면, PTSD를 가진 외상 생존자의 증상이 왜 재발하는지 설명하기 어렵습니다. 마찬가지로, 원래의 기억 흔적을 회상할 수 없는 때에는 변화의 원인이 재통합임을 증명하기 어렵습니다.

3.6 정신 분석 이론

트라우마 경험에 관한 정신분석 이론은 오랜 역사를 가지고 있습니다. 정신분석이 시작된 약 125년 전, Freud와 그의 스승인 Breuer(Freud와 Breuer 1895/1987)는 정신적 외상psychotrauma의 본질을 재구성하고자 했습니다. 그들은 관련된 감정의 발산으로 감정의 정화abreaction(카타르시스)에 저항하는 기억은 더 이상 심리적인 처리가 진행되지 않는다고 보고, 그러한 심리적 처리의 실패에는 두 가지 주요 원인이 있다고 보았습니다. 첫 번째는 외상 사건 자체의 성격, 사회적 조건 혹은 개인적인 동기가 해당 기억을 억압했을 수 있습니다. 두 번째는 사건이 일어난 시점에 개인이 최면 또는 해리 상태(예: 감정 마비, 선잠이 든 상태, 자가 최면)에 있었던 경우, 사건에 대해 적절한 심리적 반응을 할 수 없었을 수 있습니다. 이러한 관점은 Charcot와 Janet로 대표되는 프랑스 학파의 영향이 뚜렷이 드러나는 부분이기도 합니다(참조: Kudler 2012). 이러한 과정의 결과로 외상 사건은 통합된 기억으로 저장되지 못하고, 해리된 상태로 남게 됩니다. Freud의 후기 이론(Freud 1920/1955)은 당대의 정신생리학을 기반으로 하며 정신적 과정을 에너지적 흐름으로 이해하려 하는데, 이러한 관점은 Freud가 평생 매료되었던 것이기도 합니다. 그는 트라우마 상황에서 외부 자극으로부터 발생한 대량의 각성이 정신 체계psychic system를 압도하고, 정신 체계는 안정화되기 위해 트라우마를 극복할 때까지 잠재적으로 끝없이 반복되는 순환에 빠지게 된다고 보았습니다.

그 이후로 수많은 정신분석 학자와 임상가들이 오늘날 우리가 알고 있는 정신외상학psychotraumatology의 형성에 기여했습니다. 널리 알려진 트라우마 개념은 다음과 같습니다. 누적 외상 경험cumulative traumatic experiences(Khan 1963), 제1형 및 제2형 외상 사건(Terr 1991), 복합 외상 후 스트레스 장애complex traumatic stress disorder(Herman 1992), 지속성 PTSDcontinuous PTSD(Straker와 The Sanctuaries Counselling Team 1987) 등이 있습니다. 치료자의 2차 트라우마secondary traumatization 현상 이해에서

역전이 개념의 중요성(Figley 1995)이나, 애착 및 정신화mentalization 개념이 촉진한 방대한 경험적 연구에서도 그 가치가 명확히 드러납니다. 관련 자료가 방대하여 정신분석적 외상 이론의 모든 관련 측면을 포괄적으로 요약하는 것은 거의 불가능합니다. 따라서, 다음 단락에서는 심리적 트라우마psychotrauma에 대한 여러 정신역동학적 관점에서 제시된 몇 가지 주요 개념을 선별적으로 요약하고자 합니다:

- 트라우마는 단지 사건이 아니라 주관적인 경험입니다.
- 개인의 성격 중 이전의 대인 관계 경험에 의해 형성된 부분은, 잠재적 외상 사건을 처리할 개인의 내적 허용 범위를 제한할 수 있습니다.
- 트라우마는 사회적 측면이 동반되는 과정입니다.

3.6.1 주관적 경험으로서의 트라우마

트라우마는 다양하고 복합적인 과정을 포괄하는 개념입니다. 외상 사건의 종류가 무수히 많다는 것도 이러한 복잡성을 설명하는 하나의 이유이지만, 또 다른 요인은 트라우마 피해자의 특성과 현재 상태에 있습니다. 예를 들어, 동일한 사건(예: 교통 사고)으로 PTSD를 진단받은 두 사람이, 사고 당시의 행동, 생각, 감정 그리고 이후의 기억과 그것을 처리하는 방식, 경험하는 증상, 회복을 위한 필요 단계가 근본적으로 다를 수 있습니다.

이처럼 사건, 개인의 성격, 현재 삶의 맥락 간의 상호작용을 고려할 때, 정신분석가들은 외상을 단순한 사건이 아니라 주관적인 경험으로 이해해야 한다고 주장합니다. 이미 1954년에 Mitscherlich(1954)는 외상에 내재된 '허위 객관성false objectivity'(565쪽, 저자 번역)을 해체dismantling하고 그것을 피해자와의 역동적인 관계 속에서 재정립하는 것이 중요하다고 지적하였습니다. 이렇게 주관적으로 접근할 때에는 치료자가 사건의 충격적인 외형에 매몰되지 않고, 환자와 함께 그 사건이 지닌 개인적 의미를 정밀하게 분석하는 태도가 필요합니다. 다음의 몇 가지 사례들은 이러한 관점을 보다 구체적으로 보여줄 것입니다.

- 임상 경험에 따르면, 어떤 경험이 개인에게 가장 해로운 영향을 미친 시점이 반드시 객관적으로 가장 위험하거나 손상이 컸던 순간과 일치하지는 않습니다. 예를 들어, 계부에 의한 아동 성학대에서 아동에게 가장 고통스러운 기억은 강간 당시의 순간이 아니라, 어머니가 아무 일도 없는 것처럼 모른 척했던 사실을 알게 된 순간일 수 있습니다.
- 비행 청소년 무리에 의한 피해 경험이 미치는 병적인 영향도 신체적 손상이나 무력감으로만 설명되지 않습니다. 오히려 이 사건은 과거 학창시절, 또래에게 괴롭힘을 당했던 기억과 연결되어 피

해자가 사회 집단의 혐오로부터 결코 안전할 수 없음을 입증하는 일로 해석될 수 있습니다.

- 내전 중 자녀의 죽음을 막지 못한 경험은, 스스로를 믿을 수 있는 부모라고 믿었던 자기 인식을 완전히 무너뜨릴 수 있습니다. 이러한 심리적 과정은 Abraham(1921)과 Horowitz(1976/1986)가 규명했는데, 이들은 개인이 갖고 있는 '나는 상처를 입지 않는다'라는 허상의 믿음을 트라우마가 어떻게 파괴할 수 있는지를 보여줍니다(이 이론의 보다 확장된 최근 버전은 Janoff-Bulman 1992를 참조하십시오).
- 극단적인 상황에서 영향을 받는 정도(Bettelheim 1943)는 사건의 객관적 특성이 가장 큰 결정 요인처럼 보입니다. 그러나 고문과 같은 가장 극단적인 외상 상황에서도 개인의 심리적 특성이 중요한 영향을 미칩니다. 예를 들어, Basoglu 등(1997)은 정치적 활동가들이 비활동가들보다 훨씬 더 심한 고문을 당했음에도 불구하고 외상 후 스트레스나 기타 정신병리 증상 수준이 더 낮았다고 보고했습니다.

요약하면, 정신분석 이론에서는 객관적인 외상 사건과 주관적인 경험으로서의 트라우마 간 차이를 임상적으로 중요하게 다룹니다. 개인마다 PTSD가 발병하는 데 필요한 외상 사건의 수가 매우 다르다는 사실 또한 이러한 주장을 뒷받침합니다(예: Neuner 등. 2004).

3.6.2 트라우마 이후 과정에서 성격의 중요성

대인 관계 경험은 정신 구조와 성격의 형성에 결정적인 영향을 미치는 요인입니다. 언어 습득, 의미 구성, 문화적 관점의 내면화는 모두 대인 관계 상황 속에서 이루어집니다. 이러한 모든 상호작용은 심리적 흔적을 남깁니다. Kernberg에 따르면(예: Clarkin 등. 2006) 심리 구조의 구성 요소에는 자기 표상self-representation, 타인 표상('대상 표상object representation'이라고 함), 그리고 이 둘을 연결하는 정동이 있습니다. 예를 들어, 어떤 사람이 관심, 인정, 사랑을 받기 위한 조건으로 탁월한 성과(예: 학교, 스포츠 등에서 최고의 결과)가 강조되는 가정에서 성장했다고 가정해 봅시다. 그 결과 이 사람은 '야망ambition'을 자신의 핵심이자 개인적인 가치로 지니게 되었을 수 있습니다. 이 가치의 기저에 있는 자기-대상 표상self-object representation은 아동기에 학교 성적이 좋지 않아 아버지로부터 경멸을 경험하면서 느끼게 된 수치심으로, 그 결과 실패를 극도로 회피하고 성공을 향해 전력질주하는 동기가 되었을 수 있습니다. 성공 지향적인 성격으로 이끈 대인 관계 경험을 개인이 기억하지 못할 수도 있습니다. 이후 논의를 위해 중요한 점은 다음과 같습니다. 개인의 성격을 구성하는 정신 구조는 과거의 대인 관계 경험을 반영하며, 이는 훗날 대인 관계 상황에서의 지각, 해석, 행동에 영향을 줄 뿐만 아니라, 혼자 있을 때에도 활발하게 작동합니다.

PTSD의 주요 특징 중 하나는 외상 기억의 재경험과 회피 사이를 오가는 진동oscillation 양상입니다. Horowitz(1976/1986)의 이론에서는 이를 외상 생존자가 외상 경험에 동반된 새로운 정보를 통합하려는 필요성을 느끼면서도, 동시에 그 정보가 '지나치게 강한 정서적 반응'을 유발하기 때문에 이를 회피하려는 경향을 보이는 것으로 설명합니다(해당 책 100쪽). 이로 인해 (정보 처리를 촉진하는) 기억을 되살리는reliving 동시에 (위협적인 정보를 억눌러 자기를 보호하려는) 회피가 교대로 나타나는 양상을 보입니다. Horowitz에 따르면 이 과정이 정체되면 지속적인 외상 후 스트레스 증상으로 이어질 수 있습니다. 따라서 외상 기억 처리를 회피하는 이유에 대한 이해가 중요합니다. 왜 내가 치료하고 있는 이 사람이 외상 기억을 처리하지 않고 회피하려 하는가? 언뜻 보기에는 이것이 답이 자명한 사소한 질문으로 느껴질 수 있습니다. 예를 들어, 내담자는 압도적인 감정에 대한 두려움에 대하여 이렇게 대답할 수 있습니다. '그 기억은 너무 고통스러워서 견딜 수 없어요.' 그러나 이 답변은 1인 심리학적 관점one-person-psychology perspective에서 나온 것입니다(Gill 1982). 우리는 이 사람이 과거의 대인 관계 경험에 의해 형성되었음을 기억하고, 2인 심리학적 관점two-person-psychology perspective에서 다시 생각해 보아야 합니다(Gill 1982).

예를 들어, 어떤 내담자는 외상 사건의 어느 부분을 다시 말하면서도 전혀 감정을 드러내지 않습니다. 하지만 만약 이 사람이 더 몰입하게 된다면 슬픔이나 분노를 느낄 수 있다고 가정해 봅시다. 내담자가 울지 않는, 또는 분노의 감정을 담아 말하지 않는 데는 다른 사람과의 관계에서 오는 이유가 있을까요? 이 내담자는 과거 감정을 표현했을 때 거절당하거나 벌을 받거나 무시당한 경험이 있을 수 있습니다. 예를 들자면, 어떤 여성이 삼촌에 의한 성적 피해를 부모에게 알리려 했지만, 아버지에게 비웃음을 당하고 어머니에게 무시당하였습니다. 또 다른 남성 내담자는 자신이 약한 모습을 보일 때마다(예: 울음) 형들이 조롱했다고 했습니다. 이처럼 이전의 대인 관계 경험은 현재의 치료 상황에서 영향을 미칠 정도로 치료적 의미가 있습니다. 그러한 경험들은, 현 상황이 지닌 대인 관계적 특성을 부각하여 지금 여기의 관점에서 다루어질 수 있습니다. 치료자는 모순된 감정의 인식이나 표현을 방해하는 요소가 치료자 자신일 수도 있음을 고려해야 합니다. 환자가 치료자를 어떻게 인식하고 있는지 확인해 보아야 합니다. 예를 들어, 환자는 자신이 울면 '진정한 남자'로 보이지 않을 것으로, 혹은 분노를 표현하면 '너무 위협적인 사람'으로 여겨질 것이라고 생각할 수 있습니다. 회피에 대한 2인 심리학적 관점을 다시 세워서 관련된 대인 관계 양식을 파악할 수 있습니다. 이러한 양식을 해소하기 위해 필요한 단계는 개인마다 다릅니다. 일반적으로는 치료자와 환자가 해당 양식을 함께 인식하고 그것의 치료적 관계를 보호하려는 기능(예: 치료자를 놀라게 하여 그로 인해 버림받지 않기 위해 분노를 경험하거나 표현하지 않음)을 살펴보는 것이 초기 단계의 작업에 해당합니다.

애착 이론의 창시자인 Bowlby(1969)에 따르면 인간이 맺는 최초의 대인 관계는 아이와 양육자 사이의 2인dyad 관계이며, 이 관계는 불안정한 생애 첫 몇 년 동안 아동의 안전과 생존을 돕기 위해 작동합니다. 아동은 양육자와의 관계가 원활히 **유지되고, 그로 인하여 자신이 '안전하다'고 느끼게 했던 상호작용의 규칙**에 대한 **인지-정서 또는 심리적 구조**를 발달시키는데, Bowlby는 이를 '작동 모형working model'이라고 불렀습니다 Bowlby는 이 개념을, 부모, 또래, 배우자 등 모든 중요한 인간 관계에도 각각 작동 모형이 존재한다고 확장하였습니다. 각각의 작동 모형은 그 관계를 유지하는 데 필요한 상대방과의 감정, 행동 및 상호 작용에 대한 전제들이 있습니다. 이러한 작동 모형은 새로운 관계 상황에서 행동에 지침이 되며, 특히 스트레스나 트라우마 상황에서 더욱 중요하게 '활성화'됩니다.

애착 유형과 경험적 트라우마 연구: 세 가지 핵심 질문

- **외상 사건이 애착 체계의 발달에 영향을 미치는가?**
  어린 시절의, [특히 제2유형(Terr 1991)][2] 외상 사건이 안전한 애착 유형의 발달을 방해할 수 있다는 것은 분명합니다. 이는 경계선 성격과 복합 PTSD의 높은 발생률에서 알 수 있습니다(Allen과 Fonagy 2015).
- **애착 유형이 외상 사건의 영향을 매개하는가?**
  Woodhouse, Ayers 그리고 Field의 메타분석(2015)에 따르면, 안정 애착 유형에서 외상 후 스트레스 수준이 더 낮았습니다. 최근의 체계적 문헌 고찰(Barazzone 등, 2019)에서는 특히 대인 관계 트라우마의 영향이 애착 체계와 밀접하게 연관되고, 애착 불안이 외상 후 스트레스 수준을 높이는 위험 요소라고 언급합니다.
- **외상 사건이 완전히 형성된 애착 체계도 변화시킬 수 있는가?**
  이 주제에 대한 종단 연구가 매우 제한적이기에 트라우마 경험이 이미 확립된 애착 체계를 변화시킬 수 있는지에 대한 질문에 답을 하기는 어렵습니다. Mikulincer, Ein-Dor, Solomon과 Shaver(2011, 975-6쪽)는 전쟁 포로 경험자를 대상으로 한 통제된 종단 연구에서 '복합 트라우마가 애착 성향attachment orientation을 수정할 수 있다'고 결론지었습니다. 그러나 미사일 공격의 증가로 인해 대학 캠퍼스에서 대피한 학생들을 대상으로 한 다른 종단 연구에서는 다른 결과를 보였습니다(Besser와 Neria 2010).

애착 이론의 관점에서 볼 때, 앞서 제시된 사례의 내담자는 치료자의 관심과 관계의 유지를 위해 과거의 '작동 모형'에 따라 치료자와 상호작용하고 있습니다. 예컨대, 어떤 내담자는 치료자를 붙잡

2) 역자 주: Terr는 외상의 유형을 일회성(type I)과 반복적(type II)인 외상으로 분류함

아 두기 위해 분노를 표현하지 않아야 한다고 믿습니다. 또는, 치료자가 사건의 중요성을 무시할 것이라고 예상한 나머지, 내담자 스스로도 그 사건을 별로 중요하지 않은 것처럼 여기고 거의 언급하지 않거나 감정 없이 이야기할 수 있습니다. 이러한 대인 관계 양식을 보다 유연하게 하기 위해서는, 치료 과정과 일상 생활에서 여러 차례에 걸쳐 이를 다루는 작업이 필요할 수 있습니다. 따라서 치료 작업에는 내담자가 트라우마를 다루는 방식에 대해 치료자가 어떻게 반응할 것이라고 내담자가 예상하는지를 다루는 것도 포함됩니다. 이 문제를 다룰 수 있는 기회는 치료자의 실제 반응과 내담자가 예상했던 반응 간의 차이를 통해 내담자의 '작동 모형'이 명확히 드러날 때입니다. 예를 들어, 내담자가 어떤 감정을 표현할 때마다 치료자의 반응을 두려워만 하는 상황이라면, 외상 기억을 다루는 것이 얼마나 어려운 일일지 치료자가 인정해 줄 수 있습니다. 물론 치료자가 이 과정을 생략하고 기억에 직면하는 것이 필요하다고 내담자를 바로 설득할 수도 있습니다. 하지만 치료자가 전문가로서 그렇게 해야 한다고 지시했기 때문에 내담자가 그에 따라 행동한다면, 개인의 성장 혹은 트라우마와 관련된 대인 관계 양식을 인식하고 벗어날 기회를 놓칠 수 있습니다. 한 사례에서는 내담자가 자신의 느낌과 반대되는, '밤하늘이 너무 아름다우니 산책하라'는 부적절한 조언을 듣고 우범 지역에서 산책을 하다 트라우마 상황을 겪었습니다. 이후, 그 내담자가 치료 관계뿐 아니라 다른 상황에서도 항상 다른 사람이 무엇을 하라고 말해주기를 기대하는 경향이 있다는 사실이 드러났습니다. 모든 지시적인 치료적 접근은 외상 사건 전부터 존재했던 내담자의 작동 모형이 반복될 위험이 있습니다. 고착된 대인 관계 패턴을 느슨하게 풀어내어 내담자가 자신만의 방식으로 트라우마를 직면할 수 있게 접근하는 것이 치료적 선택의 폭을 넓히는 보완적 방법이 될 수 있습니다. 이렇게 성격 발달에 중점을 두면, 재외상화로 이어질 수 있는 행동을 예방하고 개인의 회복탄력성을 증진하여 향후 외상 경험을 예방하는 데에도 도움이 될 수 있습니다.

위에서 언급한 바와 같이, 개인 간 차이를 강조하게 되면 가능한 모든 외상 경험의 구성을 포괄할 수 있는 단일한 외상의 정의를 규정하는 것이 거의 불가능해집니다. 앞선 논의를 바탕으로 도출할 수 있는 **하나**의 가능한 정의는 다음과 같습니다. 한 사건이 트라우마가 되는 것은, 피해자가 자신의 주관적인 경험을 인식하거나 표현하는 데 자유롭지 않다고 느낄 때입니다. 왜냐하면 주관적인 경험을 인식하거나 표현하는 것이 기존의 상호작용 경험에 비추어 보아 그들이 회피해야 할 상황에 처하게 만들 것 같기 때문입니다. 따라서 그 기억 전체 또는 일부는 충분히 처리되지 못하고 일반적인 기억 구조에 통합되지 못합니다.

3.6.3 사회적 차원을 지닌 과정으로서의 트라우마

트라우마 생존자와의 임상 현장 작업에서 유의미한, 또 하나의 정신분석적인 관점을 덧붙이고자 합니다. 정신분석학자 Keilson은 홀로코스트에서 부모를 잃은 네덜란드계 유대인 고아들과 광범위한 임상 및 학문적 연구를 수행했습니다. 그는 순차적 트라우마sequential traumatization 이론(Keilson 2005)을 제안하며, 트라우마 과정을 다음의 세 단계, 독일의 네덜란드 점령 이후 시작된 박해와 공포 시기, 강제수용소로 추방 등 직접적 박해가 이루어진 급성기, 전쟁 이후의 시기로 구분합니다. Keilson은 나치 독일로부터 해방된 이후의 경험과 환경이, 그 전에 겪은 외상의 영향에 강력한 조절 효과를 보인다는 점을 관찰했습니다. '두 번째 시기는 유리한 조건에 있었지만, 세 번째 시기에 불리했던 아동은, 두 번째 시기에 불리하고 세 번째 시기가 유리했던 아동보다 약 25년 후 더 나쁜 발달적 결과를 보였다(Keilson 2005, 430쪽).' 이 개념은 Becker(2007)에 의해 사회적 트라우마와 이주migration의 상호작용까지 포함하며 더욱 정교해졌습니다. 순차적 트라우마 개념은 트라우마는 하나의 사건이 아니라, 끝이 정해지지 않은 열린 과정open-ended process으로 개념화될 때 가장 잘 이해될 수 있습니다. 사회적 트라우마의 맥락에서 이 개념은 현재의 진단 체계가 사회적 책임을 개인의 정신병리로 대체하고 있다고 비판을 제기하는 윤리적 함의도 포함합니다(Becker 1995). 하지만 이 개념이 사회적 트라우마라는 특정 맥락으로부터 발전되었다는 것과는 별개로, 급성기 트라우마 단계가 종료되었다고 해서 트라우마 과정이 끝나는 것은 아니라는 점을 잊지 말아야 합니다. 이후 (개인적이든 사회적 차원이든, 임상 장면에서든 법적 절차에서든) 모든 대인 관계 경험은 트라우마 과정과 분리될 수 없습니다. 언론이 전달하는 공적/사회정치적 입장 표명과 마찬가지로, 다른 사람들이 외상 사건, 외상 후 증상, 성격 변화에 대해 어떻게 반응하거나 반응하지 않는지는 중요한 의미를 지닙니다. 이처럼 타인의 반응이 외상 사건을 처리하는 데 중요한 역할을 한다는 점은 다수의 실증 연구에 의해 반복적으로 입증되었습니다(Mueller 등. 2008; Ullman 등. 2007).

3.7 사회적 관점에서 본 PTSD

앞서 언급한 바와 같이, 외상 사건과 PTSD 증상이 발생하는 대인 관계적, 사회적 관점을 고려하는 것이 중요합니다. 이러한 측면에서, 타인과의 사회적 비교는 중요한 조절 변수moderator가 될 수 있습니다. 그 예로, 어떤 사람들은 그들이 다른 사람보다 외상 사건을 더 많이 겪은 것이 '불공평하다'고 말합니다. 또한, 다양한 수준에서 사회적 지지의 부족을 주관적으로 인식하는 것이 외상 사건 이후

PTSD의 발생 위험을 높입니다(Ozer 등. 2003). 다음 사례들은 이러한 현상을 잘 보여줍니다.

- 한 경찰 훈련생은 근무 이틀 째에, 체포된 사람이 제대로 수색되지 않아 옷 속에 숨겨 놓은 총기로 자신의 머리를 쏘는 장면을 목격하게 되었습니다. 훈련생은 그 사람이 스스로를 향해 총을 겨눈 순간과 총을 쏜 순간 등, 사건의 많은 부분을 생생하게 기억하고 있었습니다. 그러나 그는 그 사람의 얼굴이 아닌 화난 표정만을 떠올릴 수 있었습니다. 이 사건 이후 그는 점차적으로 PTSD 증상을 보이기 시작했고, 훈련 중에도 여러 다른 자살 사건에 노출되었습니다. 그러나 그의 상관은 그의 증상이 직무와 관련이 없다고 주장하였습니다. 왜냐하면 그는 피해자의 얼굴을 기억하지 못하므로, 그가 사건을 목격한 것이 트라우마 경험일지 의심스럽다는 이유였습니다. 상관은 PTSD 증상이 그의 청소년기 경험에서 비롯된 것으로 보았습니다.
- 어린 시절 정서적 방임과 신체적 학대를 경험한 젊은 어머니가 트라우마 중심 치료를 받고 이러한 경험에서 회복했습니다. 치료를 통해 침습적 외상 기억도 현저히 감소하였습니다. 치료 이후 그녀는 자기주장을 더 잘하게 되었고, 딸이나 자신이 부당한 대우를 받을 때 방어할 용기를 낼 수 있었습니다. 그러나 고국에서 살고 있는, 환자가 어린시절 돌보았던 이복 여동생은 내담자가 어렸을 때 정서적, 신체적 학대를 받았다는 것을 믿지 않는다고 말했습니다. 이복 여동생의 인스타그램에는, 내담자가 청소년기에 경험하지 못한 많은 것들을 당연하게 누리는 사진들이 끊임없이 올라옵니다. 이는 환자가 PTSD 증상에서 더욱 회복하는 데 방해가 됩니다.

중요한 타인에 의한 외상 사건 인식은 생존자 개인에게만 중요할 뿐만 아니라, 사회가 트라우마 및 PTSD를 어떻게 보는지와도 연결되어 있습니다. 이와 관련하여 1980년 정신장애 진단 및 통계 편람(DSM-III, 미국 정신의학회 1980)에서 PTSD가 공식 진단명으로 채택된 배경에 어떤 요인들이 작용했는지 살펴보는 것은 흥미롭습니다. 역사적으로 전쟁에 파병된 군인들 중 '포탄 충격shell shock'(Myers 1940) 또는 '전쟁 신경증war neurosis'(Kardiner와 Spiegel 1947)이라 불리는 증상으로 파병에서 중도 탈락한 군인들에게 많은 관심이 집중되었습니다. 이 병사들이 보인 증상은 오늘날의 PTSD 증상과 매우 유사했습니다. 베트남 전쟁 이후에 PTSD가 인정받은 것은 주목할 만한 일인데, 과거의 전쟁들에 비해 전투 중 이탈이 덜 빈번했지만 지연된 스트레스 반응이 훨씬 더 흔하게 나타났기 때문입니다(Lifton 1973; Figley 1978). 또한 사회적 지지의 부족도 베트남 참전 용사들의 PTSD 유병률을 높인 요인 중 하나였을 수 있습니다(Oei 등. 1990). 왜냐하면 이들은 종종 사회로부터 멸시와 냉대를 받았기 때문입니다. 1970년대의 또 다른 사회적 변화는 아동기 성 학대 이후의 정신건강 문제에 대한 공개적인 논의였습니다. 페미니스트 운동가들은 강간과 친족 성폭력의 심리적 결과에 대해 경고하며 목소리를 높였습니다. 세 번째로 기여한 사회적 변화 요인은, 특히 유럽과 미국에서 제2차 세계대전의 후유증을 겪는 사람들이 증가한 것입니다(예: Withuis 2010). 이들의 전쟁 경험으로 인한 증상이 다른 유형의 트라우마에서 나타나는 증상과 중요한 유사점을 보였습니다.

원치 않는 성적 경험의 결과를 페미니스트들이 강조한 것이 PTSD에 대한 인식 확대에 기여했지만, 전문가 집단 내에서 이 주제에 대한 논의가 활발해지면서 점점 더 논란의 대상이 되었습니다. 1980년대에 치료자들은 친족 성폭력을 경험한 성인 생존자들이 자신이 겪은 학대를 다른 사람에게 밝히는 것을 꺼리는 경우가 많다고 보고하였으며(예: Miller 1997/1979), 그로부터 10년이 지나며 많은 생존자들이 자신의 성적 학대 경험 자체를 기억하지 못한다는 생각으로 바뀌었습니다(McNally 2003). 그들의 기억 회복을 돕기 위해 최면이나 유도된 심상 훈련guided imagery exercise과 같은 기법이 활용되었지만, 이러한 방법은 종종 '거짓 기억'을 만들어 냈고, 동시에 생존자가 그 기억이 진짜라고 확신하게 만드는 결과를 낳았습니다(Steblay와 Bothwell 1994). McNally(2003)는 유사한 일이 발생한 보육시설들에 대해 설명하였는데, 해당 기관들에서 아동들의 이상 행동을 성적 학대의 신호로 해석하고, 암시적인 질문을 반복하여 아이들이 학대를 고백하도록 유도되었다는 것입니다. 이로 인해 두 집단 모두에서 근거 없는 소송과 유죄 판결이 이어졌습니다. 이와 비슷한 암시적 치료 기법이 전쟁이나 저항 운동 관련 경험에도 적용되었습니다(예: Enning 2009). 전문가들이 이러한 사실을 인지하게 되면서 점차 관점을 바꾸었고 암시적 기법을 배제하였습니다. 오늘날 전문가들 사이의 합의된 견해는 다음과 같습니다. 외상 사건에 대한 회복된 기억은 진실일 수도, 거짓일 수도, 또는 이 두 가지가 섞인 것일 수도 있다는 것입니다(Lindsay와 Read 1995; Brewin 2021). 치료적 맥락에서 치료자는 법적 증거로 입증되는 절대적 진실을 밝히는 것이 아니라, 환자가 정신건강 문제에서 회복할 수 있도록 최선을 다해 도울 책임이 있습니다.

사회학자 Withuis(2010)는 건강 문제에 대한 사회적 인식의 변화를 기술하면서, 증상의 이차적 이득과 발병 전 상태라는 개념의 중요성에 주목합니다. 2차 세계대전 직후 사회의 전반적인 인식은 증상에 지나치게 주의를 기울이면 오히려 건강이 악화될 것이라는 것이었습니다. 1차 세계대전 이후, 포탄 충격 환자에게 드는 비용이 예상을 훨씬 초과했기 때문에 영국, 프랑스, 독일, 이탈리아, 오스트리아 등 유럽의 국가들은 심인성 질환을 가진 새로운 환자 집단이 출현하는 것에 조심스러운 태도를 보였습니다. 그러나 1975년 이후, 사회적 인식이 완전히 반전되었고 건강 문제는 관심의 부족에서 비롯된다고 여기게 되었습니다. 이러한 사회적 변화가 1980년대 초반에 PTSD가 인정받는 데 중요한 역할을 했습니다. Withuis는 이차적 이득 또는 혜택을 사람을 환자로 대하고 일상적인 의무로부터 벗어나게 하여 그 사람의 능력을 약화시키는 효과로 정의합니다. 또한, 발병 전 상태premorbidity라는 개념은 트라우마 경험 **이전** 생존자의 정신건강 상태가 이후 외상의 결과에 미치는 영향을 말합니다. 제2차 세계대전 당시 많은 군인과 저항운동가였던 사람들이 1970년대와 1980년대에 관련 연금을 신청했고, 그들의 증상과 외상 경험 간의 인과 관계 여부와 무관하게 연금이 지급되었습니다. Withuis는 트라우마라는 틀에서만 판단하는 것의 위험성은, 모든 문제의 원인을 외부 스트레스 요인에만 돌리게 하여 개인과 정신건강 문제 사이의 연관성이 무시된다고 주장합니다. 그 이후 수십 년간, 이는 사람들에게 온갖 문제의 원인으로 트라우마 경험을 지목하게 하는 일종의 면책 사유로 활용되었습니다. 한편, 외상 후 정신병리의 취약성을 높이는 발병 전 요인과 회복탄력성을 증진시키는 요인에 대해 다수의 연구가 수행되었으며, 이는 오늘날 PTSD의 임상 양상의 모양을 잡는 데 영향을 미치고 있습니다. 이차적 이득의 가능성과 외상 이전의 취약 요인들을 임상적 관점에서 고려하는 것은 여전히 중요합니다.

요약하면, PTSD를 가진 외상 생존자를 치료할 때에는 증상의 발생, 유지, 회복에 관한 심리학적 이론을 친밀한 관계와 사회적 가치라는 맥락에서 작용하는 주요 조절 요인들과 통합하여 이해하는 것이 필수적입니다. Maercker와 Horn(2013)의 PTSD의 사회-대인 관계 모형에서는 이와 관련된 과정을 개인 수준, 친밀한 관계 수준, 사회적 수준으로 구분하였습니다. 개인 수준은 개인이 다른 사람과 상호 작용할 때 발생하는 사회정서적 과정으로, 예를 들어 수치심, 죄책감, 분노와 같이 구체화됩니다. 두 번째 친밀한 관계 수준에서는 외상 생존자와 중요한 타인 간의 사회적 지지 또는 부정적인 교류가 발생합니다. 사회적 수준은 문화적, 사회적 맥락으로, 여기에는 트라우마에 대한 사회적 인정, 집단적 트라우마 경험, 문화적 가치가 포함됩니다. Maercker와 Horn은 이러한 과정을 인식하고 치료 과정에서 이를 고려하는 것이 PTSD 환자의 치료 결과를 향상시킬 수 있다고 주장했습니다. 수치심과 죄책감과 같은 감정에 대해 보다 심화된 논의는 도덕적 손상이라는 개념에도 포함되었습니다. 도덕적 손상은 원래 베트남 파병 당시의 도덕적 딜레마를 염두에 두고 정의된 것으로, 자신의 깊이 내재된 도덕적 신념과 기대를 위배하는 행위를 저지르거나, 그러한 행위를 막지 못하거나, 그러한 행위를 목격한 경우에 발생하여 지속되는 심리적, 사회적 영적 영향을 의미합니다(Litz 등. 2009; Griffin 등. 2019). 이 개념의 경계는 아직 더 명확히 정의될 필요가 있지만, 임상가와 군대 내 성직자들에 의해 널리 받아들여져 내담자가 겪은 경험을 설명하는 데 사용되고 있습니다. 도덕적 손상을 다양한 사회적 차원에서 완화하기 위한 여러 개입 방안이 제안되었는데, 그러한 예로 COVID-19 팬데믹 상황에 대한 대응 관련 연구(Borges 등. 2020)와 같은 추가 연구가 필요합니다.

3.8 결론

외상 생존자에게 PTSD가 발병하면 그 외상 기억은 개인의 일상생활을 방해하는 독특한 방식으로 저장됩니다. 심리학 이론들은 PTSD의 발병, 자연적 회복 과정, 그리고 심리치료에 의해 증상이 호전되는 기전을 설명하는 다양한 방법을 제시했습니다. 어떤 이론은 공포를 주요 감정 네트워크로 보는 반면, 다른 이론들에서는 분노, 슬픔, 수치심, 죄책감 등의 감정도 동등하게 중요한 것으로 보았습니다. 또 어떤 이론은 외상 사건이나 스트레스 반응에 대한 부정적인 해석의 역할을 강조하는 반면, 다른 이론들은 기억의 다양한 표상 또는 외상 기억의 가소성에 주목합니다. 사회적 관점 역시 중요한데, 외상 경험이 타인의 반응 및 트라우마에 대한 사회적 관점의 맥락에서 일어나며, 이러한 맥락이 외상 생존자의 증상을 형성하고 조절하는 데 영향을 미치기 때문입니다. PTSD에 대한 심리학 이론에서 공통적으로 등장하는 핵심 개념 중 하나는 기억입니다. 즉, PTSD 상태에서는 과거의 외상 사건이 지나치게 생생하게 기억되는 반면 위험하지 않은 일상적 과업에 대한 집중력과 수행 능력이 저하됩니다. 이러한 외상 기억은 관련된 단서에 의해 활성화되는데, 이는 생존과 밀접히 연결된 반응으로서, 대뇌의 편도체amygdala에서 시작되는 신속한 스트레스 반응과 스트레스 호르몬 분비와 관련됩니다. 이에 대해서는 다음 장에서 자세히 설명합니다.

References

Abraham K (1921) Symposium on psychoanalysis and the war neurosis held at the fifth international psycho-analytical congress Budapest, September 1918. Int Psycho-Anal Library 2:22–29

Allen JB, Fonagy P (2015) Trauma. In: Luyten P, Mayes LC, Target M, Fonagy P, Blatt S (eds) Handbook of psychodynamic approaches to psychopathology. Guilford Press, New York, pp 165–198

American Psychiatric Association (1980) Diagnostic and statistical manual of mental disorders, 3rd edn. APA, Washington, DC American Psychiatric Association (2013) Diagnostic and statistical manual of mental disorders, 5th edn. APA, Washington, DC

American Psychological Association (2017) Clinical practice guideline for the treatment of posttraumatic stress disorder (PTSD) in adults. APA, Washington, DC. https://www.apa.org/ptsd-guideline/ptsd.pdf

Barazzone N, Santos I, McGowan J, Donaghay-Spire E (2019) The links between adult attachment and post-traumatic stress: a systematic review. Psychol Psychother 92:131–147

Basoglu M, Mineka S, Paker M, Aker T, Livanou M, Gok S (1997) Psychological preparedness for trauma as a protective factor in survivors of torture. Psychol Med 27(6):1421–1433

Becker D (1995) The deficiency of the concept of posttraumatic stress disorder when dealing with victims of human rights violations. In: Kleber R, Figley C, Gersons B (eds) Beyond trauma. Plenum Press, New York, pp 99–110

Becker D (2007) *Die Erfindung des Traumas—Verflochtene Geschichten* [The invention of trauma—twisted stories]. Freitag Mediengesellschaft, Berlin

Besser A, Neria Y (2010) The effects of insecure attachment orientations and perceived social support on posttraumatic stress and depressive symptoms among civilians exposed to the 2009 Israel-Gaza war: a follow-up cross-lagged panel design study. J Res Pers 44:335–341

Bettelheim B (1943) Individual and mass behavior in extreme situations. J Abnorm Soc Psychol 38(4):417–452

Borges LM, Barnes SM, Farnsworth JK, Drescher KD, Walser RD (2020) A contextual behavioral approach for responding to moral dilemmas in the age of COVID-19. J Contextual Behav Sci 17:95–101

Bowlby J (1969/1982) Attachment and loss 2nd edn, vol 1. Basic Books, New York Bradley R, Greene J, Russ E, Dutra L, Westen

D (2005) A multidimensional meta-analysis of psychotherapy for PTSD. Am J Psychiatr 162:214–227
Brewin CR (2003) Posttraumatic stress disorder: malady or myth? Yale University Press, New Haven
Brewin CR (2005) Implications for psychological intervention. In: Vasterling JJ, Brewin CR (eds) Neuropsychology of PTSD: biological, cognitive and clinical perspectives. Guilford Press, New York, pp 271–291
Brewin CR (2008) What is it that a neurobiological model of PTSD must explain? Prog Brain Res 167:217–228
Brewin CR (2015) Reconsolidation versus retrieval competition: rival hypotheses to explain memory change in psychotherapy. Behav Brain Sci 38:e4. https://doi.org/10.1017/S0140525X14000144
Brewin CR (2021) Tilting at windmills: why attacks on repression are misguided. Perspect Psychol Sci 16:443–453
Brewin CR, Burgess N (2014) Contextualisation in the revised dual representation theory of PTSD: a response to Pearson and colleagues. J Behav Ther Exp Psychiatry 45:217–219
Brewin CR, Holmes EA (2003) Psychological theories of posttraumatic stress disorder. Clin Psychol Rev 23:339–376
Brewin CR, Dalgleish T, Joseph S (1996) A dual representation theory of posttraumatic stress disorder. Psychol Rev 103:670–686
Brewin CR, Gregory JD, Lipton M, Burgess N (2010) Intrusive images in psychological disorders: characteristics, neural mechanisms, and treatment implications. Psychol Rev 117:210–232
Brunet A, Poundja J, Tremblay J, Bui E, Thomas E, Orr SP et al (2011) Trauma reactivation under the influence of propranolol decreases posttraumatic stress symptoms and disorder: 3 open-label trials. J Clin Psychopharmacol 31(4):547–550
Brunet A, Saumier D, Liu A, Streiner DL, Tremblay J, Pitman RK (2018) Reduction of PTSD symptoms with pre-reactivation propranolol therapy: a randomized controlled trial. Am J Psychiatr 175:427–433
Clarkin JF, Yeomans FE, Kernberg OF (2006) Psychotherapy for borderline personality: focusing on object relations. American Psychiatric Publishing, Arlington Crowder RG (1976) Principles of learning and memory. Erlbaum, Hillsdale
Ehlers A, Clark DM (2000) A cognitive model of posttraumatic stress disorder. Behav Res Ther 38:319–345
Ehlers A, Maercker A, Boos A (2000) Posttraumatic stress disorder following political imprisonment: the role of mental defeat, alienation, and perceived permanent change. J Abnorm Psychol 109:45–55
Ehlers A, Hackmann A, Steil R, Clohessy S, Wenninger K, Winter H (2002) The nature of intrusive memories after trauma: the warning signal hypothesis. Behav Res Ther 40:995–1002
Ehlers A, Hackmann A, Michael T (2004) Intrusive re-experiencing in post-traumatic stress disorder: phenomenology, theory and therapy. Memory 12:403–415
Enning B (2009) *De oorlog van Bastiaans. De LSD-behandeling van het kampsyndroom* [Bastiaans' war. The LSD-treatment of the concentration camp syndrome]. Augustus, Amsterdam Figley CR (1978) Stress disorders among Vietnam veterans. Brunner/Mazel, New York Figley CR (ed) (1995) Compassion fatigue. Coping with secondary stress disorder in those who treat the traumatized. Brunner-Routledge, New York
Foa EB, Riggs DS (1995) Posttraumatic stress disorder following assault: theoretical considerations
and empirical findings. Curr Dir Psychol Sci 5:61–65
Foa EB, Rothbaum BO (1998) Treating the trauma of rape. Guilford Press, New York Foa EB, Street GP (2001) Women and traumatic events. J Clin Psychiatry 62:29–34
Foa EB, Steketee G, Rothbaum BO (1989) Behavioral/cognitive conceptualisation of post-traumatic stress disorder. Behav Ther 20:155–176
Foa EB, Hembree EA, Rothbaum BO (2007) Prolonged exposure therapy for PTSD. Emotional processing of traumatic experiences. Oxford University Press, New York
Freud S (1920/1955) Beyond the pleasure principle. The standard edition of the complete psychological works of Sigmund Freud (Beyond the pleasure principle, group psychology and other works, vol XVIII (1920–1922), pp. 1–64). Hogarth Press and the Institute of Psycho-Analysis, London
Freud S, Breuer J (1895/1987) Studien uber Hysterie [Studies on hysteria]. S. Fischer, Frankfurt a.M Gill MM (1982) Analysis of transference (Theory and technique, vol 1). International Universities Press, New York
Gray R, Budden-Potts D, Bourke F (2019) Reconsolidation of traumatic memories for PTSD: a randomized controlled trial of 74 male veterans. Psychother Res 29(5):621–639
Gray RM, Budden-Potts D, Schwall RJ, Bourke FF (2020) An open-label, randomized controlled trial of the reconsolidation of traumatic memories protocol (RTM) in military women. Psychol Trauma Theory Res Pract Policy. https://doi.org/10.1037/tra0000986
Grey N, Holmes E (2008) "Hotspots" in trauma memories in the treatment of post-traumatic stress disorder: a replication. Memory 16:788–796
Grey N, Holmes E, Brewin C (2001) Peritraumatic emotional 'hot spots' in memory. Behav Cogn Psychother 29:367–372
Grey N, Young K, Holmes E (2002) Cognitive restructuring within reliving: a treatment for emotional 'hotspots' in posttraumatic stress disorder. Behav Cogn Psychother 30:37–56
Griffin BJ, Purcell N, Burkman K, Litz BT, Bryan CJ, Schmitz M et al (2019) Moral injury: an integrative review. J Trauma Stress 32:350–362
Herman JL (1992) Trauma and recovery. Basic Books, New York Horowitz MJ (1976/1986) Stress response syndromes, 1st and 2nd edn. Jason Aronson, New York

Janoff-Bulman R (1992) Shattered assumptions. Towards a new psychology of trauma. Free Press, New York International Society for Traumatic Stress Studies (2019) PTSD prevention and treatment guidelines methodology and recommendations. https://www.istss.org

James EL, Bonsall MB, Hoppitt L, Tunbridge EM, Geddes JR, Milton AL, Holmes EA (2015) Computer game play reduces intrusive memories of experimental trauma via reconsolidation-update mechanisms. Psychol Sci 26(8):1201–1215. https://doi.org/10.1177/0956797615583071

Kardiner A, Spiegel J (1947) War, stress, and neurotic illness. Hoeber, New York Keane TM, Zimering RT, Caddell RT (1985) A behavioral formulation of PTSD in Vietnam veterans. Behav Ther 8:9–12

Keilson H (2005) Sequentielle Traumatisierung bei Kindern. Untersuchung zum Schicksal judischer Kriegswaisen, 2nd edn. Psychosozial-Verlag, Gießen Khan MMR (1963) The concept of cumulative trauma. Psychoanal Study Child 18:286–306

Kindt M, Soeter M, Vervliet B (2009) Beyond extinction: erasing human fear responses and preventing the return of fear. Nat Neurosci 12:256–258

Kudler H (2012) A psychodynamic conceptualization of retraumatization. In: Duckworth MP, Follette VM (eds) Retraumatization: assessment, treatment, and prevention. Routledge, New York, pp 33–59

Lane RD, Ryan L, Nadel L, Greenberg L (2015) Memory reconsolidation, emotional arousal, and the process of change in psychotherapy: new insights from brain science. Behav Brain Sci 38:e1. https://doi.org/10.1017/S0140525X14000041

Lang PJ (1979) A bio-informational theory of emotional imagery. J Psychophysiol 16:495–512

Lang PJ (1985) The cognitive psychophysiology of emotion: fear and anxiety. In: Tuma AH, Maser J (eds) Anxiety and the anxiety disorders. Lawrence Erlbaum Associates, Hillsdale

Lifton RJ (1973) Home from the war: Vietnam veterans: neither victims nor executioners. Touchstone, New York Lindsay DS, Read JD (1995) "Memory work" and recovered memories of childhood sexual abuse: scientific evidence and public, professional, and personal issues. Psychol Public Policy Law 1:846–908

Lissek S, van Meurs B (2015) Learning models of PTSD: theoretical accounts and psychobiological evidence. Int J Psychophysiol 98:594–605

Litz BT, Stein N, Delaney E, Lebowitz L, Nash WP, Silva C, Maguen S (2009) Moral injury and moral repair in war veterans: a preliminary model and intervention strategy. Clin Psychol Rev 29:695–706

Maercker A, Horn AB (2013) A socio-interpersonal perspective on PTSD: the case for environments and interpersonal processes. Clin Psychol Psychother 20:465–481

McNally RJ (2003) Remembering trauma. The Belknap Press of Harvard University Press, Cambridge, MA

Miller A (1997/1979) The drama of the gifted child: the search for the true self. Revised edition. Basic Books, New York

Mikulincer M, Ein-Dor T, Solomon Z, Shaver PR (2011) Trajectories of attachment insecurities over a 17-year period: a latent growth curve analysis of the impact of war captivity and posttraumatic stress disorder. J Soc Clin Psychol 30(9):960–984

Mitscherlich A (1954) Zur psychoanalytischen Auffassung psychosomatischer Krankheitsentstehung [On the psychoanalytic understanding of psychosomatic pathogenesis]. Psyche 7(10):561–578

Monfils MH, Holmes EA (2018) Memory boundaries: opening a window inspired by reconsolidation to treat anxiety, trauma-related, and addiction disorders. Lancet Psychiatry 5(12):1032–1042

Mowrer OH (1960) Learning theory and behavior. Wiley, New York

Mueller J, Moergeli H, Maercker A (2008) Disclosure and social acknowledgement as predictors of recovery from posttraumatic stress: a longitudinal study in crime victims. Can J Psychiatr 53(3):160–168

Myers CS (1940) Shell shock in France. Cambridge University Press, Cambridge

Nader K, Schafe GE, Le Doux JE (2000) Fear memories require protein synthesis in the amygdala for reconsolidation after retrieval. Nature 406(6797):722

National Institute for Health and Care Excellence (2018, December 5). Post-traumatic stress disorder (NICE Guideline NG 116). https://www.nice.org.uk/guidance/ng116

Neuner F, Schauer M, Karunakara U, Klaschik C, Robert C, Elbert T (2004) Psychological trauma and evidence for enhanced vulnerability for posttraumatic stress disorder through previous trauma among West Nile refugees. BMC Psychiatry 4:34

Nijdam MJ, Baas MAM, Olff M, Gersons BPR (2013) Hotspots in trauma memories and their relationship to successful trauma-focused psychotherapy: a pilot study. J Trauma Stress 26:38–44

Oei TPS, Lim B, Hennessy B (1990) Psychological dysfunction in battle: combat stress reactions and posttraumatic stress disorder. Clin Psychol Rev 10:355–388

Ozer EJ, Best SR, Lipsey TL, Weiss DS (2003) Predictors of posttraumatic stress disorder and symptoms in adults: a meta-analysis. Psychol Bull 129:52–73

Schiller D, Monfils MH, Raio CM, Johnson DC, Ledoux JE, Phelps EA (2010) Preventing the return of fear in humans using reconsolidation update mechanisms. Nature 463:49–53

Shay J (1995) Achilles in Vietnam: combat trauma and the undoing of character. Scribner, New York

Steblay NM, Bothwell RK (1994) Evidence for hypnotically refreshed testimony: the view from the laboratory. Law Hum Behav 18:635–651

Straker G, The_Sanctuaries_Counselling_Team (1987) The continuous traumatic stress syndrome: the single therapeutic interview. Psychol Soc 8:48–78

Terr LC (1991) Childhood traumas: an outline and overview. Am J Psychiatr 148(1):10–20
Ullman S, Townsend S, Filipas H, Starzynski L (2007) Structural models of the relations of assault severity, social support, avoidance coping, self-blame, and PTSD among sexual assault survivors. Psychol Women Q 31(1):23–37
van der Kolk BA (2007) The history of trauma in psychiatry. In: Friedman MJ, Keane TM, Resick PA (eds) Handbook of PTSD: science and practice. Guilford Press, New York, pp 19–36
Withuis J (2010) The management of victimhood: long term health damage from asthenia to PTSD. In: Withuis J, Mooij A (eds) The politics of war trauma: the aftermath of World War II in eleven European countries. The University of Chicago Press, Chicago
Woodhouse S, Ayers S, Field AP (2015) The relationship between adult attachment style and post-traumatic stress symptoms: a meta-analysis. J Anxiety Disord 35:103–117

스트레스와 외상 후 스트레스 장애의 생물심리학적 통합 관점

4

Suchithra Varadarajan, Alexander Behnke, Anja M. Gumpp, R. Nehir Mavioglu, Patrick Fissler와 Iris-Tatjana Kolassa

4.1 서론

PTSD와 같은 스트레스 및 트라우마 관련 질환과 여러 심리적, 생리적 질병 간의 상당한 연관성이 있습니다. 따라서 포괄적이고도 통합적인 관점이 필요합니다. 그러므로, 이 장에서는 임상심리학, 신경과학, 유전학 및 후생유전학, 정신신경면역학, 미토콘드리아와 장내 미생물 등 다학제 연구에서 도출된 생물심리적으로 통합적인 관점을 살펴봅니다. 첫 번째 부분에서는 외상성 스트레스, 외상 부하의 영향, PTSD와 관련된 공포/트라우마 네트워크의 역할을 요약합니다. 다음으로 PTSD에서 뇌와 인지적 변화에 대한 최신 연구 지견을 살펴보고, 다른 치료적 접근법에 대해 새로운 관점을 제공하는 모형을 제안합니다. 세 번째로는 PTSD에서의 유전학과 후생유전학적 변화의 잠재적 역할을 개괄합니다. 네 번째 부분에서는 심리적/외상성 스트레스와 PTSD 상태에서 달라진 미토콘드리아 기능, 산화스트레스oxidative stress, 면역 조절이 미치는 영향에 대해 생체분자학 연구들에서 찾아낸 중요한 통찰을 다룹니다. 장내 미생물 연구도 추진력을 얻고 있으므로, 마지막 부분에서는 스트레스와 PTSD 상태에서 장내 미생물의 영향을 살펴봅니다. 전반적으로 우리는 PTSD와 공존 질환들에 대해 생물심리학적으로 최신의 통합적 관점을 제시하려 합니다.

4.2 외상 노출의 누적, 외상성 스트레스, 트라우마의 부하가 PTSD 위험에 미치는 역할

4.2.1 PTSD에 대한 외상 부하의 용량-반응 효과

외상성 스트레스는 무력감, 두려움 또는 공포감을 유발하는 경험을 의미하며, 스트레스 호르몬을 급속하게 분비시키는 경고 반응alarm response을 동반합니다(Kolassa 등. 2010a). 다양한 유형의 외상 사건을 겪을수록 개인의 **외상 부하**traumatic load가 증가합니다(Schneider 등. 2020). 외상 부하가 높을수록 **용량-반응**dose-response 형태로 평생 PTSD 유병률의 위험이 높아지는데(Kolassa 등. 2010b), 이는 생물학적 성별 모두에서 비슷한 것으로 추정됩니다(Wilker 등. 2021). 이러한 용량-반응 관계를 **누적 효과**building-block effect라고도 부릅니다(Neuner 등. 2004). 일례로 이러한 효과는 아동학대를 경험한 사람에게서도 나타나는데, 아동기의 외상 노출이 생애 후기에서도 PTSD, 우울증 및 신체 증상들의 위험성을 높이는 등, 외상의 유해한 결과에 더 민감해지게 하기 때문입니다(Behnke 등. 2020).

게다가 극단적인 수준의 외상 부하(**그림 4.1 참조**)라면 PTSD 유병률이 100%에 달할 수 있습니다(Kolassa 등. 2010c). 즉 PTSD에 완벽한 회복탄력성이란 없으며, 극단적인 외상에 노출된다면 어떤 개인이든 PTSD 상태가 될 수 있습니다. Kolassa와 동료들(2010c)이 르완다 집단학살(1994)에서 살아남은 난민(n = 444)을 연구한 자료에서도, 외상 부하가 높아질수록 PTSD의 현재뿐 아니라 평생 유병률의 위험과 중증도가 올라가며, PTSD의 점진적인 자연적 회복도 저해되었습니다. 이 연구에서는 외상 부하가 PTSD의 만성화와 증상의 심각성 모두의 근본적인 원인이라고 보았습니다(Kol-

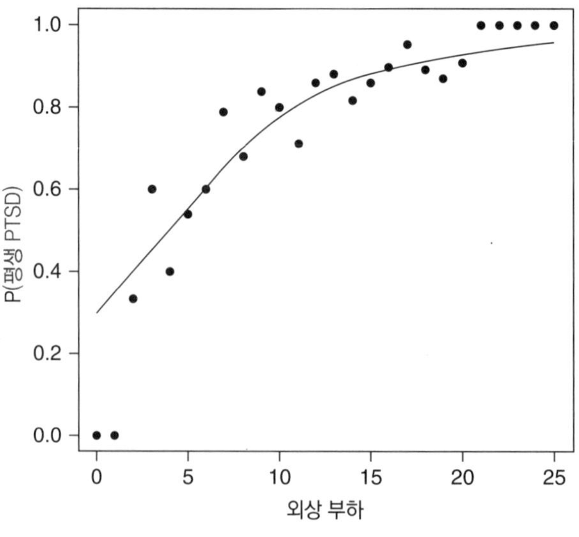

그림 4.1 경험한 외상 사건의 유형이 늘어날수록(즉 외상 부하), 생애 적어도 한 번 이상 PTSD의 기준을 만족시킬 가능성 P(PTSD 평생 유병률) 역시 증가합니다. 극단적인 외상 부하 사례에서는 PTSD 평생 유병률의 가능성이 100%에 근접합니다(Kolassa 등. 2010c의 그림 수정).

assa 등. 2010a).

여기서 우리가 주목해야 할 것은, 외상 부하가 높아질수록 **욕구성 공격성**appetitive aggression, 즉 폭력을 가하여 쾌감을 얻으려는 성향이 높아진다는 것입니다. 과거 우간다 북부에서 납치되었던 반란 전투의 생존자(n = 1,166)들에서도, 어린 나이에 납치되어 외상 부하와 전투 경험이 높을수록 욕구성 공격성과 폭력 행사 비율이 더 높았습니다(Zeller 등. 2020).

4.2.2 공포/트라우마 네트워크 모형: PTSD에서 '콜드' 메모리와 '핫' 메모리의 역할

Elbert와 동료들이 개념화한 PTSD의 **공포/트라우마 네트워크 모형**은, 외상성 스트레스가 유발한 강렬한 공포/트라우마 기억이 명제 네트워크propositional network에 저장되며, 이러한 네트워크는 연상 학습과 신경가소성의 원리로 새로운 경험에 의해 달라질 수 있다고 가정합니다(Wilker 등. 2014a; Elbert 등. 2015). PTSD의 핵심 특징 중 하나가 파편화된 기억이라는 점에서, 이 모형은 Metcalfe와 Jacobs가 제안한 용어를 기반으로 '핫' 메모리와 '콜드' 메모리를 구분합니다(Metcalfe and Jacobs 1996). 콜드 메모리는 특정 사건에 대한 자서전적 맥락 정보를 말하며, 여기에는 시간, 공간, 생애 주기 속 해당 시기에 대한 지식, 날짜, 외부 상황, 언어적으로 접근 가능한 기억 등이 해당됩니다. 반면에 '핫' 메모리는 감각 및 지각 정보(예: 비명 소리, 피 냄새, 불타는 집), 감정/정서 요소(예: 두려움, 공포, 혐오감, 슬픔), 인지적 요소(예: "나는 아무것도 할 수 없다", "나는 죽을 것이다"), 내적/생리적 반응(증가된 심박수, 가쁜 호흡과 땀 같은 생리적 반응의 느낌)이 포함됩니다(Elbert 등. 2015; Schauer 등. 2005). 이들이 연결되어 있으므로 외상과 관련된 어떠한 자극도 전체 공포 네트워크를 활성화할 수 있습니다(Wilker와 Kolassa 2013). 따라서 어떤 형태로든 외상성 스트레스에 더 노출되어 외상 부하가 증가하면 '콜드' 메모리와 '핫' 메모리 사이의 연결은 점차 약화되고, 반면 '핫' 메모리는 점점 더 강한 흥분성과 연결되어 PTSD의 공포/트라우마 네트워크를 강화시킵니다(Neuner 등. 2020).

4.3 PTSD에서 뇌와 인지의 변화

PTSD 환자는 외상 경험이 있거나 없는 건강한 대조군에 비해 전반적인 뇌 위축과 인지 기능의 장애를 보입니다(Bromis 등. 2018; Scott 등. 2015). 연구에 따르면 PTSD 환자는 건강한 대조군보다 치매 발병 위험이 약 1.5배 높습니다(Günak 등. 2020). 전반적인 변화 외에도 뚜렷한 이상이 발견되는 특정 뇌 영역으로 해마, 편도체, 뇌섬엽 등의 변연계와 변연계 주변 영역, 전대상피질 및 안와전두

피질과 같은 전전두피질 영역이 보고되었습니다(Bromis 등. 2018). 이러한 뇌의 변화가 PTSD의 특정 증상과 어떻게 연관되는지를 살펴보겠습니다.

4.3.1 뇌 변화와 PTSD 증상의 연관성

손상된 사건 기억('콜드' 메모리)과 과잉 활성화된 암시 기억('핫' 메모리)이 특징적인 PTSD에서의 **파편화된 기억** 현상은 해마와 편도체 변화로 설명할 수 있습니다. 여기서 손상된 사건 기억은 해마의 위축과 활동 저하를 반영하는 증상으로 보입니다(Logue 등. 2018). PTSD의 **침습 증상**(핫 메모리)은 내측 전전두엽 피질의 변연계 억제 기능의 저하로 설명할 수 있습니다(Fenster 등. 2018). PTSD 환자는 트라우마 관련 자극과 상상에 대한 반응으로 편도체(공포 조절) 및 뇌섬엽(신체적 각성)의 활동과다와 복내측 전전두엽 피질의 활동저하(변연계의 하향식top-down 억제)를 보였습니다(Hayes 등, 2012; Hopper 등. 2007; Rauch 등. 2006).

집중력 저하는 작업 기억 및 처리 속도의 손상과 관련된 증상으로 보입니다(Scott 등. 2015). 이러한 인지증상과 관련된 뇌의 기능 이상은 달라진 전전두엽 기능에 의한 것일 수 있습니다(Moores 등. 2008).

지속적으로 부정적 정서와 무쾌감증은 보상 체계의 기능저하로 설명될 수 있는데(Nawijn 등. 2015), 보상을 예상할 때(원하는 것)와 보상을 받은 후(좋아함) 모두에서 선조체의 활성화가 감소되었습니다.

각성과 활동반응성의 변화 증상은 자극에 의해 유발되는, 상향식 주의 과정에 관여하는 현출성 네트워크salience network의 기능 항진과 자기 지시적인 과정에 관여하는 디폴트 모드 네트워크default mode network의 기능 저하와 관련이 있을 수 있습니다[1](Koch 등. 2016). 이러한 변화는 외부 사건에 대해 과도하게 주의를 기울이고 내적 사고 및 기억 기능이 손상된 것과 연관된 신경계의 변화를 반영하는 것일 수 있습니다.

4.3.2 PTSD와 관련된 인지 및 뇌 변화의 원인

PTSD와 관련된 뇌와 인지의 변화는 (1) 질환 자체의 결과, (2) 외상 노출 이후 PTSD 증상을 촉진하는 위험 요인, (3) PTSD와 신경 인지적인 변화를 모두 유발할 수 있는 다른 여러 요인(예: 아동

1) 역자 주: 현출성 네트워크는 외부 자극이나 내부 감각 중에서 주의를 기울여야 할 의미 있는 정보(salient stimuli)를 탐지하고 처리하는 데 관여하는 신경망임. 디폴트 모드 네트워크는 휴식 상태에서 활성화되며, 자기 성찰, 자전적 기억, 미래 계획 등 자기지향적 처리(self-referential processing)에 관련된 뇌의 기능적 연결망임

학대, 유전 및 생활 습관 요인)들로 인한 결과, 또는 (4) 이러한 모든 인과적 관계들이 복합적으로 작용한 결과일 수 있습니다. 외상성 스트레스와 PTSD 자체가 뇌와 인지에 영향을 미친다는 동물과 인간 대상 연구 근거들이 있습니다(Fenster 등. 2018). 이 연구들은 만성 및 외상성 스트레스가 어느 정도는 가역적이지만 뇌와 인지에 부정적인 영향을 미친다는 것을 밝혔습니다(Lupien 등. 2009).

그러나 트라우마의 뇌와 인지에 대한 영향 외에도 뇌와 인지 자체의 이상이 트라우마에 의한 PTSD의 위험 요소로 작용할 수 있다는 근거가 증가하고 있습니다. 그 예로, PTSD의 발병 전에도 이미 상당한 인지적 이상이 존재함을 시사하는 여러 종단 연구들이 있습니다(Parslow와 Jorm 2007). 한 쌍둥이 대상 연구에서, 한 형제는 외상(베트남 전투)에 노출되고 다른 형제는 외상에 노출되지 않은 일란성 쌍둥이의 해마 크기를 비교했는데(Gilbertson 등. 2002), 전투 노출 후 PTSD 진단에 해당하는 대상자와 그들의 전투 비경험 쌍둥이 형제 모두 해마 크기가 대조군보다 현저히 작았습니다. PTSD 유무와 무관하게 유전적으로 동일한 일란성 쌍둥이들에서 해마의 이상이 관찰되었다는 점에서, 이는 PTSD의 결과라기보다 이의 위험 요인으로 보입니다. 또 PTSD 환자는 두개골 내 용적이 작은 것으로 나타났는데(Bromis 등. 2018), 이 특징은 보통 외상에 노출되기 훨씬 전인 아동기에 드러나는 현상입니다. 두개골 내 용적은 발병 전 뇌 용적을 나타내는 지표이므로, 뇌 용적의 감소는 PTSD의 위험 요소로 보입니다.

종합하면, PTSD는 뇌와 인지에 영향을 미칠 수 있고, 이와 반대로 병전 뇌와 인지의 변화 역시 PTSD 발병의 위험을 높일 수 있습니다. 이제 아동학대, 생활 습관, 유전적 요인과 같은 다른 요인들이 어떻게 뇌, 인지 및 정신병리에 영향을 미치고 이들이 어떻게 PTSD 위험을 증가시키는지를 살펴보겠습니다(**그림 4.2**). 이러한 관점과 일치하게, 생애 초기 스트레스가 인지, 정신병리 및 뇌에 미치는 영향을 연구한 연구들에서 PTSD 환자들에게 나타나는 결과와 매우 유사한 소견이 확인되었습니다(Nakayama 등. 2020; Teicher 등. 2016).

아동학대에 대한 연구에서는 (1) 전반적인 인지 손상, (2) 전반적인 정신병리의 증가, (3) 해마와 내측 전전두엽 피질의 부피 감소, (4) 위협에 대한 편도체 반응 증가 및 보상 회로의 반응 저하와 같은 뇌 기능 변화와의 연관성을 제시했습니다(Teicher 등. 2016). 또 신체 운동과 같은 생활 습관 요인은 해마의 부피를 증가시키고(Opel 등. 2020), 정신병리의 수치를 낮추고(Caspi 등. 2014), 인지를 개선시켰습니다(Karabatsiakis 등. 2014). 마지막으로, 해마 크기와 신경 인지 기능을 감소시킨다고 알려진 아포지질단백질 E 같은 유전적 다형성은 정신병리와 연관성이 있었습니다(Picard 등. 2018). 즉 아동학대, 생활 습관, 유전적 요인이 뇌, 인지 기능 및 정신건강에 영향을 미쳐 PTSD의 위험을 높일 수 있습니다.

뇌, 인지 및 일반적인 정신병리학적 변화가 PTSD의 위험 요소라는 개념과 일치하는 근거로, 메타분석 결과 PTSD 환자와 건강한 대조군 사이에서만 뇌의 영역별 변화의 차이가 발견되고 우울증과 비교하였을 때에는 차이가 없었습니다(Bromis 등. 2018). 이와 마찬가지로 한 대규모 연구에서 뇌 구조의 단일 교차 질환 요인 점수single cross-disorder factor score가 주요 우울 장애, 양극성 장애, 조현병, 강박 장애의 네 가지의 주요 정신질환에서 관찰되는 변이의 42-89%를 설명하였고(Opel 등. 2020), 뇌 구조의 이상은 이 네 가지 질환 범주 모두에서 상관관계가 높았습니다(r = 0.4-0.8). 해마, 편도체, 전대상피질처럼 PTSD에서 변화가 보이는 영역이 네 가지 주요 정신질환에서 보이는 뇌의 구조적 변화 중 가장 중요한 요인 점수 두 가지에 해당하였습니다(Opel 등. 2020). 이 발견의 의미는, 각각 다른 정신질환 범주들에서 보이는 뇌 변화의 상당 부분이 공통되며, 이것이 결국 인지적인 손상 면에서 범진단적 또는 여러 질환에 걸쳐 나타나는 뇌의 변화를 반영하는 것일 수 있다는 점입니다. 게다가 인지적 손상은 PTSD에서만이 아니라 많은 정신질환에서 나타나며 전반적인 정신병리와도 관련되어 있습니다(Caspi 등. 2014). 이 결과들을 종합하여 볼 때, PTSD와 건강한 대조군 간 뇌와 인지적 차이는 PTSD에만 국한된 것이 아니라 외상 노출 후 PTSD 발병 위험을 높이는 전반적인 정신병리와 연관되는 것일 수 있습니다.

Caspi와 동료들(2014)은 '전반적 정신병리'의 개념을 입증하고, 이를 **p 요인**이라고 명명하였으며 비교적 안정적인 차원으로 간주하였습니다. 이 개념은 한 가지 정신 증상(예: 불안)에서 높은 수치를 보이는 사람이 흔히 다른 질환(예: 우울증)의 증상도 더 많이 보인다는 관찰을 설명해주는 것으로, 여기에 일반적인 기저 요인이 존재한다는 것입니다. **p 요인**은 전반적인 지능 요인으로 잘 알려져 있는 개념인 **g 요인**에 상응하는 개념으로 볼 수 있습니다.

4.3.3 p 및 g 요인 모형 및 PTSD 치료와의 관련성

우리는 PTSD의 새로운 p 및 g 요인 모형을 제안하고, 이들이 치료에 미치는 영향을 설명하고자 합니다(그림 4.2). 이 모형에서는 유전과 환경적인 위험 요인(예: 열악한 식습관, 신체와 사회적 비활동, 아동기 학대)이 p 요인(전반적인 정신병리)을 높이고 g 요인(지능)을 낮춘다고 봅니다. 이러한 증상학은 전체 뇌 용적의 감소뿐 아니라 특정 부위의 변화(해마, 내측 전전두 피질, 뇌섬엽, 편도체 등)와 같은 뇌와의 연관성을 반영합니다. 상당히 많은 뇌의 변화를 의미하는, p 요인이 높고 g 요인이 낮은 사람은 외상에 노출된 후 PTSD가 발생할 가능성이 더 높을 것입니다. 이 모형은 PTSD가 다른 정신질환들과의 공존율이 높고 뇌와 인지적 이상과 연관되는 이유를 부분적으로 설명해 줍니다.

또한 이 모형은 다른 두 종류의 치료적 접근법을 제안해주기 때문에 임상적으로 중요한 시사점을 갖습니다(그림 4.2의 하단 회색 사각형 참조). 그중 하나인 **전반적 요인, 질환 간 또는 범진단적 치료**로 불리는 치료는 p와 g 요인 및 그 기저에 있는 생물학적 기전의 개선을 목표로 합니다. 전체 뇌 용적, 해마 및 내측 전전두엽 용적과 같은 거시적인 구조뿐 아니라 미시적 구조도 치료의 목표가 될 수 있습니다. 미시적 구조의 예로는 에너지 대사의 조절 장애, 미토콘드리아 호흡 변화, 산화 스트레스 및 염증이 있습니다(자세한 내용은 이 장의 다음 문단 참조). 또 다른 치료는 p 및 g 요인으로 예상되는 정도를 넘어서는 증상에 대한 것으로, 이 경우 **특정 증상별 치료**로 다루어야 합니다(그림 4.2의 회색 사각형 참조). 이는 p와 g의 전반적인 병리가 높은 상태의 PTSD는 전반적 병리가 낮은 PTSD와는 생물학적 기반이 다를 수 있다는 의미합니다(예: 전반적인 병리가 높으면 병리가 낮은 경우에 비해 해마의 용적이 더 많이 감소함). 따라서 이 경우에는 해마 용적과 p 및 g 측정에 영향을 미치는 잠재적인 일반 요인에 대한 치료로 신체운동을 추가하는 등, 다른 방식의 치료가 필요합니다(예: Opel 등. 2020; Caspi 등. 2014; Karabatsiakis 등. 2014). 여기에서 중요한 것은, 이러한 전반적 요인 치료법이 다양한 증상에 대해 보편적으로 진단을 초월하여 효과적일 수 있다는 것입니다. 증상이 일반적인 병리에서 예상

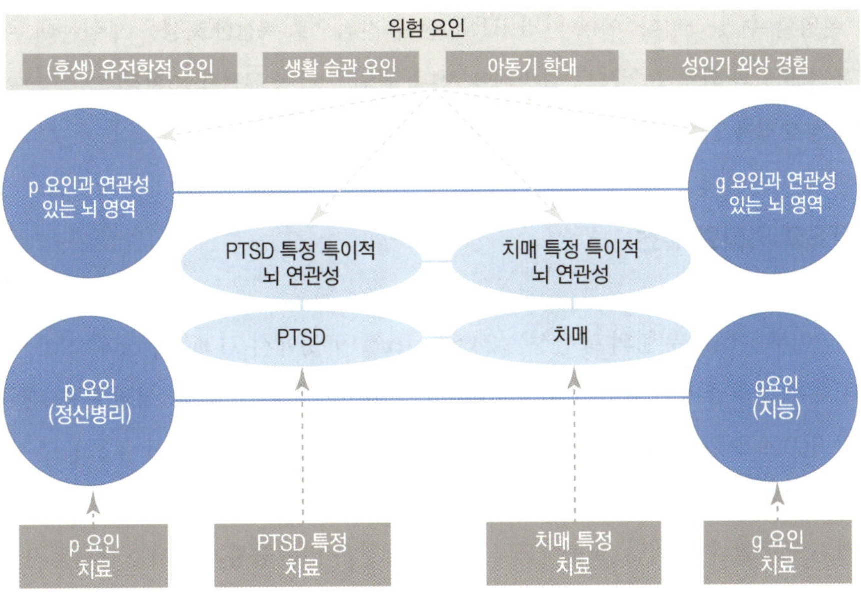

그림 4.2 P와 g 요인 모형 및 치료와의 관련성. p 요인은 전반적인 정신병리를 반영하고 다양한 정신 증상들 간의 높은 상관관계를 설명합니다. 반면 g 요인은 다양한 인지 기능들 간의 높은 상관성의 기저에 있는 전반적 지능을 대변합니다. 따라서 정신과 인지적 건강에 대한 이 두 개의 보편적인 요인들이 PTSD(예: 침습, 각성 및 반응성의 변화, 파편화된 기억, 집중력 감소)나 치매(예: 우울, 기억력의 손상) 같은 특정 정신/인지 장애 범주의 증상 기저에 있는 전반적 특성을 설명합니다. 정신 및 인지 건강상의 보편적인 요인을 고려한 후에도 장애 범주의 특정 증상 중 설명되지 않는 일부 증상들이 있을 수 있습니다(하늘색). 보편적이고 전반적인 요인들을 넘어서는, 독립적인 증상별 위험 요인과 뇌의 연관성을 살펴보려면 p와 g 요인들을 점검해보아야 합니다. 이 모형은 PTSD 치료에 중요한 시사점을 주는데, 치료를 범진단적이고 병리의 전반적인 요인들(p와 g 요인)을 목표로 하는 개입과 이 두 일반 요인으로 설명되지 않는 특정 증상을 목표로 하는 치료법으로 나누어 볼 수 있게 해줍니다.

되는 범위를 넘어서는 경우에는 전반적 요인 치료와 함께 특정 증상별 치료(예: 정상적인 p 요인 및 g 요인의 맥락에서 공포증에 대한 노출치료)가 동반되어야 합니다. 전반적 요인 접근법과 특정 증상별 치료법을 통합하는 새로운 관점은 PTSD의 부담을 줄일 뿐만 아니라 다른 정신병리, 인지 기능 저하, 노년기 치매의 발병률도 낮출 수 있는 잠재력이 있습니다.

4.4 PTSD와 유전

전 세계적으로 70.4%의 개인이 일생에 한 번 이상 외상성 사건을 경험하는 반면, PTSD의 평생 유병률은 약 4%입니다(Kessler 등. 2017). 이는 일부 개인이 이 질환에 대해 취약하게 하거나 회복탄력성이 있게 하는 특정 요인을 가지고 있을 수 있음을 의미합니다. 취약성과 회복탄력성에는 가족 환경, 성격, 생물학적 위험 요인 등의 개인차가 영향을 미칠 수 있습니다. 유전적 요인은 이러한 개인차 중 일부를 설명할 수 있습니다. 이에 따라 PTSD는 유전적으로 **복잡한 특성**을 보이는데, 이는 즉 그 다양성을 유전 요인과 환경 요인으로 설명해야 하며, 원인을 항상 **유전자 × 환경**gene × environment interaction, G × E**의 상호 작용**으로 보아야 한다는 의미입니다.

4.4.1 PTSD 위험의 유전

외상 노출 이후 PTSD 위험의 유전성은 23.5%(True 1993)에서 71%(Sartor 등. 2011)의 범위로 추정됩니다. 유전성의 추정치 범위가 넓은 것은 연구 집단의 특성, 즉 인종, 성별 분포, 연령 및 외상 유형에 의한 것으로 보입니다(Duncan 등. 2018a). 더구나 PTSD 위험에 대한 유전성 추정치는 아동학대(Dalvie 등. 2020; Pezzoli 등. 2019), 폭력 또는 전쟁 트라우마와 같은 특정 외상 사건 노출에 대한 취약성까지 포함할 수 있지만, 교통사고나 자연재해 같은 비폭행성 외상에는 해당되지 않을 수 있습니다(Ryan 등. 2016; Stein 등. 2002). 성격 특성 혹은 위험 감수 성향과 같은 특정 행동도 유전적 요인에 영향을 받을 수 있습니다(Ryan 등. 2016). 외상 노출에 대한 취약성을 간과해서는 안되기에, 이에 따라 PTSD 위험 유전성의 추정치는 신중하게 해석해야 합니다.

유전자 연관 연구는 특정 유전적 형질에 기여할 가능성이 있는 유전자를 발견하기 위해 **가설에 기반한** 후보 유전자를 검증하거나, **전장유전체연관분석**genome- wide association studies, 이하 GWAS을 통해 가설에 의존하지 않고 사례군과 대조군의 전장 유전체에서 **단일염기다형성**single nucleotide polymorphisms, 이하 SNPs을 기반으로 평가합니다. 외상 사건의 노출에 의해서만 PTSD가 발병되므로, 경험한 외상 사건의 유형과 빈도를 고려하면서 다양한 유전자의 영향을 평가하는 것이 합리적입니다(Conrad 등. 2017). 환경 요인인 '외상 부하'는 정량화하기 어렵기 때문에, 통계 모형에서 이 변수를 정량적 공변량으로 다룬 연구는 거의 없습니다.

4.4.2 후보 유전자 연구

PTSD의 가설 기반 연관 연구는 주로 세로토닌 및 도파민 시스템, 스트레스 반응 체계, 염증 반응의 유전자에 대해 진행했습니다. 대부분의 공포 반응과 기억 조절, 특히 편도체 활성화에 관여하는 유전자들이 선정되었습니다(Smoller 2016). 이 책에서는 이 중 가장 영향력 있는 몇몇 유전자를 살펴보겠습니다.

세로토닌 수송체 유전자의 조절 프로모터 영역에 있는 다형성5-HTTLPR은 불안과 관련되어 최초로 밝혀진 유전적 요인 중 하나로(Lesch 등. 1996), PTSD 연구에서도 중요한 관심 대상입니다. 5-HTTLPR의 긴 대립유전자L에 비해 짧은 대립유전자S는 세로토닌 수송체 유전자*SLC6A4*의 발현이 감소하고, 이로 인해 세로토닌 운반체 단백질 생성이 줄어 시냅스 간극에서 세로토닌 재흡수가 감소하게 됩니다. 5-HTTLPR S-대립유전자 동형접합체(SS 유전자형)는 PTSD 발병 위험이 높다고 보고됩니다(Kolassa 등. 2010b). 다른 연구에서도 S-대립유전자를 폭발 등의 외상성 사건과 상호 작용하여 PTSD 증상을 예측하게 하는 위험 요인으로 보았습니다(Taylor 등. 2019). 그러나 극도로 심각한 외상에 노출될 경우에는 모든 유전자형 그룹에서 PTSD 발병 가능성이 100%에 가까워지며 유전 요인의 영향성이 사라졌습니다. 따라서 PTSD의 유전성을 연구하는 통계 모형에서는 G × E의 맥락에서 외상 부하를 공변량으로 두는 것이 매우 중요합니다(Kolassa 등. 2010b; Wilker 등. 2018). L- 대립유전자의 수가 증가할수록 외상 부하가 높은 개인에서 PTSD의 유병률도 증가하기에 L- 대립유전자도 위험 요인이라고 확인한 연구도 있습니다(Grabe 등. 2009). 이와 관련하여, 한 연구에서는 어린 시절 정서 학대의 피해자들에게서 SS 동형접합성homozygosity이 특정 PTSD 증상에 대한 완충 역할을 한다고 보고했지만(Walsh 등. 2014), 다른 연구에서는 그러한 효과가 발견되지 않았습니다(Kovacic Petrovic 등. 2016). 또한 메타분석에서도 PTSD에서 5-HTTLPR의 역할에 대한 확정적인 결론을 내리지 못했습니다(Gressier 등. 2013; Navarro-Mateu 등. 2013). 최근의 다른 메타분석에서는 5-HTTLPR과 스트레스 사이의 상호작용을 조사하였는데, PTSD의 예측에 5-HTTLPR이 중요한 중재 요소이며, 적어도 하나의 S-대립유전자가 있을 경우 스트레스와 동반될 때 PTSD 발생의 위험 요인이었습니다(Zhao 등. 2017). 주목할 점은 이 메타분석연구들 모두에서 외상의 부하를 고려하지 않았다는 점입니다. 이 연구 결과들에 따르면 5-HTTLPR이 G × E 맥락에서 PTSD의 예측 인자로 추정되지만, PTSD 병인에서의 실제 역할은 아직 완전히 알려지지 않았습니다.

PTSD가 내분비 스트레스 반응 체계, 특히 시상하부-뇌하수체-부신hypothalamic-pituitary-adrenal, 이하 HPA 축의 조절 변화와 관련이 있기 때문에, HPA 축의 생리에 관여하는 단백질을 코딩하는 유전자들과의 관련성을 보는 연구들이 진행되어 왔습니다. 그중 FKBP5 단백질은 글루코코르티코이드 수용체glucocorticoid receptor, 이하 GR의 민감도를 조절하는데, 이 단백질이 많이 존재할수록 코르티솔에 대한 GR 민감도가 감소합니다. 따라서 HPA 축의 음성 되먹임 고리negative feedback loop의 효율이 낮아지고 정상 내분비계 스트레스 반응으로 돌아가는 과정이 덜 효과적일 수 있습니다(Mehta와 Binder 2012). 특정 다형성이 *FKBP5* 유전자의 발현 변화를 유발하는데, 이러한 다형성은 PTSD 증상 예측에 주요한 영향을 미치지 않으며(Watkins 등. 2016) 그보다 유전자와 환경의 상호작용G × E 관점에서 연구되었습니다. 초기 G × E 연구 중 하나에서는 서로 다른 4 개의 *FKBP5* SNP가 PTSD를 예측하는 데 있어 아동기 외상성 사건 노출과 교호상호작용을 보였지만 성인기 사건과는 교호상호작용은 보이지 않았습니다(Binder 2008). 보고에 따르면, rs1360780 SNP의 위험 대립유전자T를 최소 하나 이상 보유한 경우, 아동기 트라우마가 PTSD 위험성에 미치는 영향을 조절합니다. 즉 아동기 외상 경험이 있는 T-대립유전자의 보인자는 아동기 외상 경험이 없는 경우에 비해 PTSD 위험성이 높아지지만, 반대로 T-대립유전자가 없으면 아동기 외상 경험이 PTSD의 위험성을 예측하지 않았습니다(Klengel 등. 2013).

FKBP5 × 외상성 사건의 상호 작용에 대해 10년간의 연구 자료들을 분석한 두 메타분석 결과, PTSD 위험성 예측 면에서 *FKBP5* SNP와 생애 초기 스트레스(Wang 등. 2018) 및 외상성 사건에 대한 평생 노출의 경험(Hawn 등. 2019) 사이에 관련성이 유의하였습니다. 이 메타분석 연구들에서는 유전자형과 불리한 환경 노출의 어떤 조합이 PTSD의 특정 위험을 구성한다고 결론지었습니다. 게다가 rs1360780은 PTSD의 노출-기반 치료의 장기적인 효과에도 영향을 미쳤습니다(Wilker 등. 2014b). 결론적으로 *FKBP5*와 생애 초기 부정적 사건의 조합은 PTSD의 소인을 갖게 하는 비교적 일관된 유전적 요인입니다.

면역 체계의 변화는 PTSD와 관련되어 있는 것으로 알려져 왔고, 이에 따라 PTSD 연구에서 일부 면역 조절 유전자가 연구되었습니다. 면역 반응 요소의 유전적 역할에 대하여는, Michopoulos와 동료들(2015)의 연구 결과, CRP 유전자 내에서 C 반응성 단백질C-reactive protein, CRP 수치의 증가와 관련된 SNP를 확인하고 이것이 PTSD 진단 및 증상의 중증도에 직접적으로 연관된다는 점이 밝혀졌습니다. 또 다른 연구에서는 종양괴사인자 알파tumour necrosis factor alpha, 이하 TNF-α의 혈청 수치와 *TNF-α* 다형성 rs1800629가 PTSD 중증도의 상관관계를 보였습니다(Bruenig 등. 2017). 면역 체계 활동의 조절에 스트레스 반응 요소들이 중요하므로(Chrousos 1995), 스트레스 반응에 관련된 유전 요인(예:

FKBP5)이 PTSD에서의 면역 변화와 증상(예: 기억 형성) 발생에 영향을 미칠 수 있을 것으로 보고 있습니다(Wilker 등. 2014b; Zannas 등. 2016).

4.4.3 전장유전체연관분석Genome-Wide Association Studies, GWAS

정신질환과 관련된 후보 유전자들은 PTSD의 다양성 중 일부만을 설명합니다. 따라서 질병과 관련된 다른 유전 요인을 찾기 위해, 정신유전학협회Psychiatric Genetics Consortium의 PTSD 팀은 대규모 표본으로 가설에 기반하지 않는 다양한 GWAS를 진행했습니다. 이들은 20,070명의 참가자를 대상으로 한 첫 번째 대규모 시도에서는 PTSD와 관련된 SNP를 찾거나 이전 결과를 재현하는 데 실패하였습니다(Duncan 등. 2018b). GWAS에 대한 메타분석(Nievergelt 등. 2019)에서는 모든 성별과 아프리카와 유럽 혈통의 다양한 코호트를 추가적으로 분석하였습니다. 연구진은 약 20만 명의 자료를 분석하여 PTSD와 연관성이 있는 일부 SNP를 발견했고 그중 하나는 도파민계에서 중요한 역할을 하는 파킨슨병 유전자(*PARK2*)와 관련이 있었습니다. 또 GWAS가 발견한 모든 SNP의 영향을 종합하여 계산한 다유전성 위험 점수가 PTSD와 유의미한 연관성을 보였습니다. 이 점수는 또 다른 대상 집단에서도 PTSD 증상을 유의하게 예측하였는데, 관찰된 연관성의 크기는 작았습니다(~1%).

PTSD 위험을 예측하는 일관된 유전 요인을 찾는 것이 어려운 이유 중 일부는, 다양한 연구에서 수집된 대규모 표본에서 외상 부하나 이전 외상 사건 병력의 영향을 통제하기 어렵기 때문입니다. 이를 해결하기 위해 Wilker와 동료들은 북부 우간다 반군 전쟁 생존자(N = 924)를 대상으로 르완다 대량 학살 생존자(N = 370)를 검증 집단으로 하여 외상 부하를 공변량으로 하고 PTSD GWAS를 진행하였습니다(Wilker 등. 2018). 연구팀은 초기 분석에서 5개의 유의미한 SNP를 확인하였고, 검증 집단에서 그중 하나(rs3852144, A> G)를 재현하였습니다. 이는 rs3852144 소수 G-대립유전자 수가 증가할수록 외상 후 PTSD의 위험이 감소한다는 것을 의미합니다. 연구팀은 rs3852144가 치료와 관련된 PTSD 증상의 감소 차이와 관련이 있을 수 있다는 초기 근거를 제시했습니다. 이 비전사non-coding 영역 SNP의 생물학적 기전은 아직 밝혀지지 않았습니다.

결론적으로, PTSD와 연관된 유전 요인들은 질병과 중증도의 다양성을 거의 설명하지 못합니다. 따라서 지금까지의 PTSD 유전 연구는 이 질환의 원인을 이해하거나 새로운 치료 전략을 개발하는 데 별다른 기여를 하지 못했습니다. PTSD 유전자 연구의 성공이 제한적인 이유는 개인들 간의 질병의 이질성heterogeneity 때문일 수 있습니다. 사람마다 증상의 양상이 다르다는 점을 고려할 때, 다양한 PTSD 증상을 보이는 개인들은 서로 다른 유전적 위험 요인을 가질 수 있다는 점에서 특정 연구에서 모든 PTSD 사례에 일관된 유전적 또는 후생유전적 위험 요인을 찾는 것은 매우 어려운 일일 것입니다. 또다른 이유로는 기억 형성에 영향을 미치는 PTSD의 복잡한 생리 기전(예: 염증, 산화 스트레스), 수백 가지의 다양한 유전적 요인과 관련된 p 요인, 개인의 외상 이력과 외상 부하 등 평가하기 어려운 복잡한 환경적 예측 인자, 그리고 개인의 성격, 민족, 사회경제적 배경과 관련된 개인적 차이가 있습니다. 연구를 시행할 때 심리적 증상뿐 아니라 질병의 생리적 발현이 유사한 대상자들을 함께 분석해야 합니다.

4.4.4 PTSD의 후생유전학적 변화

후생유전학적 변화란 유전자 염기서열에 영향을 미치지 않는 DNA의 화학적 구조 변화를 의미합니다. 후생유전적 표지자는 유전자의 발현, 즉 유전자의 활성이나 휴지기, 그리고 발현의 정도에 영향을 미칩니다. 후생유전적 기전은 유전 물질의 진화적인 차단 도구로, 예를 들어 여성의 두 번째 X 염색체를 휴지시키고, 분화된 세포에서 불필요한 유전자를 비활성화시키며, 진화 중 불필요해진 '오래된' 유전자를 차단하는 역할을 합니다. 후생유전적 변화는 유전될 수 있을 뿐 아니라 다양한 환경 조건에 따라 바뀔 수 있습니다. 부모로부터 물려받은 모든 후생유전적 표지자가 후대에 전달되는 것은 아닙니다.

후생유전적 변화는 DNA 가닥, 또는 DNA를 염색체 형태로 구성하는 히스톤 단백질에 화학 물질이 추가되거나 제거되는 과정을 포함합니다. 스트레스 연구에서 가장 많이 연구된 후생유전적 표지자는 DNA의 메틸화, 즉 DNA의 사이토신 염기에 메틸-CH3기가 추가되는 것입니다. 사이토신이 구아닌 옆에 위치하면 일명 **CpG 부위**site가 형성되고, CpG 부위가 특정 유전자 영역에 밀집되어 있을 경우 이를 **CpG 섬**island이라고 합니다. 유전자 발현 조절 부위(프로모터)에 DNA 메틸화가 일어나면, 전사 인자가 결합하는 것을 방해하여 유전자 전사와 단백질 생산에 영향을 미칠 수 있습니다.

스트레스는 DNA 메틸화에 역동적인 변화를 일으키는 중요한 환경 요인입니다(Zhang과 Meaney 2010). 따라서 DNA 메틸화는 PTSD의 후생유전학적 연구의 주요 주제입니다. 유전자 연구와 마찬가지로, 후생유전학 연구도 가설 주도 연구와 자유 가설 연구로 나눌 수 있습니다. 가설 주도 접근 방식에서는 유해한 환경과 상호 작용하여 PTSD 증상을 예측한다고 밝혀진 동일한 유전자들을 DNA 메틸화의 측면에서 연구했습니다. 연구자들은 또한 자유 가설 연구로 **후생유전체 연관분석**epigenome-wide association studies, EWAS을 통해 환자군과 대조군 간 수천 개의 CpG 부위에서 메틸화 상태를 비교했습니다.

가설 주도 연구에서 Koenen과 동료들(2011)의 연구 결과 외상성 사건에 더 많이 노출된 개인에서 세로토닌 수송체 유전자*SLC6A4* 프로모터 메틸화가 낮으면 PTSD 위험이 더 높아졌습니다. 그러나

PTSD 대상자에게 마음챙김 개입의 효과를 평가한 연구에서 개입 전후 PTSD와 *SLC6A4* 프로모터 메틸화 사이의 연관성은 없었습니다(Bishop 등. 2018).

대립유전자 의존성 메틸화Allele-dependent methylation란 특정 대립유전자에 따라 메틸화 양상이 다르게 일어나는 현상으로, *FKBP5*에서 흔하게 관찰되었습니다(Meaburn 등. 2010). 아동기 트라우마의 생존자 중 *FKBP5* rs1360780 위험 대립유전자T를 보유한 사람은, 위험 대립유전자를 보유하지 않거나 아동기 트라우마 경험이 없는 사람에 비해 중요한 조절 영역에서 CpG 섬의 메틸화가 적었고, 이로 인해 *FKBP5* 유전자 발현이 증가하였습니다(Klengel 등. 2013). 참전군인 대상의 PTSD 연구에서는 치료 전 메틸화 수준과 비교하여, 심리치료 후 회복이 메틸화의 감소를 예측하였습니다(Yehuda 등. 2013). 또 스트레스, 노화와 관련된 후생유전적 변화에 인한 FKBP5 발현의 증가는 염증 반응의 증가와 관련이 있는데, 이는 PTSD에서 관찰되는 면역 체계의 변화를 부분적으로 설명합니다(Zannas 등. 2019).

자유 가설 연구에서는 여러 코호트에서의 PTSD EWAS의 결과, 다양한 메틸화 CpG 부위를 발견했지만 이를 재현하여 검증하지는 못하였습니다. 민간인과 참전군인 표본 자료에 대한 최근의 메타분석 연구에 따르면, PTSD 사례에서는 아릴-탄화수소 수용체 억제 유전자aryl-hydrocarbon receptor repressor gene, *AHRR* CpG 부위 메틸화가 더 적었습니다(Smith 등. 2020). 이 유전자는 PTSD의 면역 체계 변화에 영향을 미칠 수 있습니다. 미국 참전 군인을 대상으로 최근에 시행된 EWAS에서는 *AHRR* 결과를 재현하고 질병 유발 반응에 관여할 수 있는 또 다른 주요 부위도 발견하였습니다(Logue 등. 2020). PTSD의 발병과 치료에 대한 종단적 EWAS는 군인 코호트에서 진행되었습니다. Rutten와 동료 연구자들(2018)은 부대 배치 전후의 후생유전체 프로파일을 비교하여 세 유전자 *ZFP57, RNF39, HIST1H2APS2*에서 PTSD와 관련된 DNA 메틸화 감소를 발견하였습니다. 흥미롭게도, 다른 표본으로 진행된 이후의 연구에서 *ZFP57* 메틸화의 증가는 PTSD의 성공적인 치료와 관련이 있었습니다(Vinkers 등. 2021). *ZFP57* 단백질은 후생유전학적 조절(Li 등. 2008) 및 스트레스 취약성(Jakobsson 등. 2008)과도 연관성이 있습니다.

종합적으로, PTSD의 병인에 대한 후생유전학적 연구들의 결과는 스트레스 축, 염증 및 신경 조절 기전의 역할을 밝혔습니다. 그러나 보고된 메틸화 변화의 대다수는 아직 재현되지 못했고, PTSD의 중증도 및 유병률에서 보이는 개별 다양성을 설명하기에는 제한적입니다. 이는 질병의 이질성, 성격과 생리의 개인차, 외상성 사건에 대한 노출 정도와 일생 동안 외상 경험의 다양성 때문일 수 있습니다(Morrison 등. 2019). PTSD 증상의 다양성과 질병의 생리적 발현 차이에 (후생)유전학의 잠재적인 영향을 지지하는 자료로, 최근 한 연구에서는 남성 참전군인 코호트 표본의 EWAS 자료와 3년간의 추적조사로 두 가지의 PTSD 후생유전적 생물학적 아형을 식별했습니다(Yang 등. 2021). 이 두

생물학적 아형은 서로 다른 메틸화 양상과 특정 신호 경로에서 상반되는 방향의 조절이상을 보이고, 뚜렷하게 구분되는 PTSD 증상 징후를 보였습니다. 더구나 대부분의 후생유전적 분석은 그 조성이 질병과 관련 있을 수 있는 다양한 면역 세포들이 포함된 혈액샘플로 이루어지기 때문에 메틸화 프로파일 역시 다양하게 나타날 수 있습니다. 메틸화 프로파일은 조직(예: 혈액 vs. 타액)마다 다르고, 선행 연구들의 결과가 재현되지 않았던 것 역시 이 때문일 수 있습니다.

향후의 연구에서는 증상군을 구성하거나 심리적, 생리적 발현이 유사한 환자들을 모집하는 등, 증상의 이질성을 줄이고 외상 부하를 적절히 모델링하려는 노력이 필요합니다. 이러한 조치가 PTSD의 임상/생물학적 아형을 식별하고 새로운 PTSD 분류체계나 치료법을 개발하는 데 기여할 것입니다.

4.5 외상에 의한 미토콘드리아 기능의 변화: 에너지 부족과 염증 유발

면역 체계 조절의 지속적인 변화가 정신건강의 결정적인 요인으로 주목받고 있습니다. 면역 체계는 선천 면역 반응과 적응 면역 반응으로 구성됩니다. **선천 면역 반응**은 감염 위협과 손상에 대해 신체가 빠르게 반응하는, 병원체 비특이적인 방어체계입니다. 이는 주로 **백혈구**에 의해 매개되며, 여기에는 대식세포/아교세포, 단핵구, 호중구, 호염기구 및 호산구가 포함됩니다. **적응 면역 반응**은 반응 속도는 느리지만 장기적으로 지속되는, 특정 병원체에 특이적인 방어를 제공합니다. 이는 주로 **림프구**로 구성되며, 이 중 T 세포는 병원체에 감염된 세포를 파괴하는 역할을 하고, B 세포는 인식된 병원체를 파괴하기 위해 항체를 만들어 내보냅니다(Murphy와 Weaver 2018).

4.5.1 면역 세포의 구성과 PTSD

세포성 면역 반응과 관련하여, PTSD는 백혈구와 림프구 수의 변화와 연관성이 있지만(Lindqvist 등. 2017a), 이러한 변화의 구체적 특성에 대해서는 연구 결과가 상반됩니다. 이 불일치를 해결하기 위해 Sommershof와 동료들(2009)은 기능적으로 다른 T 세포 하위 집단을 구분하여 PTSD군과 외상 노출군 및 비노출 대조군을 비교하였습니다. 그 결과 PTSD 환자에서 미접촉 세포 독성 $CD3^+$ 와 $CD8^+$ T 림프구 수가 감소하고 기억 $CD3^+$ 및 $CD8^+$ T 림프구 수가 증가하며 $CD4^+$ 조절 T 세포의 수는 감소하였습니다. 미접촉 T 세포의 감소는 감염 질환에 취약성이 높아질 가능성을 의미합니다. 조절 T 세포의 부족은 면역 조절 불균형에 매우 중요한 역할을 합니다. 여기에서 주목할 것은, 트라우마 중심 심리치료가 CD4+ 조절 T 세포의 비율 변화를 부분적으로 되돌릴 수 있다는 예비 연구 결과가 있습니다(Morath 등. 2014a).

4.5.2 PTSD와 경도 염증 및 사이토카인 수치

면역 세포는 사이토카인과 같은 신호 단백질을 방출하여 서로 소통하는데, 이는 면역계와 신경계 사이의 주요 전달자 역할도 합니다. 사이토카인에는 여러 형태가 있어 염증 촉진 효과로 면역 활동을 증가시키거나 항염증 효과로 면역 활동을 감소시킬 수 있습니다(Murphy와 Weaver 2018). 이 중 주로 인터루킨interleukin, 이하 IL- 1β, IL-6, 종양괴사인자tumour necrosis factors, TNF- α 및 β, 인터페론interferon, 이하 IFN- α, β 및 γ와 같은 호염증성 사이토카인과 IL-4 및 IL-10과 같은 항염증성 사이토카인이 연구되었습니다. IL-6와 TNF-α의 수치 상승은 간에서 C-반응성 단백질C-reactive protein, CRP을 생성하도록 유도하는데, 이는 급성기 염증의 지표로 활용됩니다(Murphy와 Weaver 2018).

스트레스 관련 정신건강 문제가 있는 사람의 혈액에는 호염증성 사이토카인의 수치가 더 높게 나타났는데, 이는 이들의 면역체계가 만성적으로 저활성 상태임을 의미합니다. 메타분석과 체계적 문헌고찰 결과, PTSD 환자군은 건강한 대조군보다 **혈중 IL-1β, IL-6, TNF-α, CRP, IL-4, IL-10 수치가 높았습니다**(Hori와 Kim 2019; Speer 등. 2018; Yuan 등. 2019). 그러나 PTSD 환자의 혈청 내 IFN-γ 수치 상승에 대해서는 일관된 결론이 도출되지 않습니다(Lindqvist 등. 2017b).

현재까지 염증이 외상성 스트레스 이후 PTSD 발병의 (잠재적) 취약성에 대한 지표인지, 아니면 외상 노출 및/또는 PTSD 자체로 인한 것인지의 여부는 명확하지 않습니다. 특히 염증 지표의 상승은 PTSD의 특정 바이오마커가 아니고, 다양한 정신, 신체적 상태가 사이토카인 수치의 상승과 관련이 있습니다. 실제로 다양한 정신건강 문제(예: 우울증, 양극성 장애)나 스트레스 노출 후(예: 만성 돌봄의 스트레스, 생애 초기 스트레스, 배우자나 연인의 폭력) 염증 활동이 증가한다는 연구 결과가 있지만, 질환 특이성 염증 지표는 확인되지 않았습니다(Yuan 등. 2019; Tursich 등. 2014). 만성적으로 높아진 비특이적 염증 활동은 심혈관 질환, 당뇨뿐 아니라 심지어 암을 포함하여 거의 모든 노화 관련 비전염성 질환에서도 나타납니다(Duan 등. 2019; Franceschi와 Campisi 2014; Grivennikov 등. 2010). 마찬가지로, PTSD처럼 스트레스와 관련된 정신건강의 문제가 있는 사람은 이러한 비전염성 신체 질환이 조기 발병할 위험성이 높았습니다(Pacella 등. 2013). PTSD와의 면역학적 상관관계가 밝혀진다면, PTSD의 다양한 위해에 대해 심층적인 이해와 함께 효과적인 치료 접근법에 대해 새로운 시각을 가지게 될 수 있을 것입니다.

4.5.3 PTSD와 세포 에너지 대사 및 산화 스트레스

염증 유발성 사이토카인 수치가 높아지는 만성 염증 활동은 세포의 신진대사에 광범위한 변화를 일으키고 산화 균형을 깨뜨려 **미토콘드리아**의 세포 에너지 생산을 방해할 수 있습니다. 이러한 변화는 다양한 만성 질환 발병에 있어 근간이 되는 핵심 기전으로 주목받고 있는데, 이는 PTSD 와 우울증 같은 여러 정신건강 문제에도 동일하게 적용할 수 있습니다(Hitzler 등. 2019; Karabatsiakis와 Schönfeldt-Lecuona 2020). 세포의 발전소인 미토콘드리아는 자체 미토콘드리아 DNA이하 mtDNA가 있는 세포내 소기관으로, 인간에게는 생화학 에너지 생산의 중심 기관입니다. 이에 더해 면역 세포는 염증 반응을 조절하고 병원균과 싸우기 위해 다양한 물질을 내보내는데, 여기에는 반응성이 높은 산소와 질소 분자인 활성 산소/질소 종reactive oxygen/nitrogen species, 이하 ROS/RNS이 포함됩니다(Lugrin 등. 2014). 일반적으로 ROS와 RNS는 항산화물질이나 세포의 해독 기전에 의해 빠르게 제거되지만, ROS와 항산화물질이 불균형 상태(**산화 스트레스** 상태)가 되면, ROS/RNS는 미토콘드리아, DNA, 세포막, 필수 효소 등, 중요한 세포 구획에 상당한 손상을 일으킵니다(Turrens 2003). ROS는 미토콘드리아 내 아데노신 삼인산adenosine triphosphate, ATP 형태의 생화학 에너지 생성 과정인 산화 인산화oxidative phosphorylation, OXPHOS 과정의 생리적 부산물입니다.

지금까지 PTSD의 **산화 스트레스** 표지자를 연구한 자료는 거의 없지만, 지진 생존자 대상의 연구에서 이들 중 PTSD군이 PTSD가 없는 대조군에 비해 혈청 내 지질 과산화 수치가 높고 항산화 효소의 수치가 낮았다는 초기 연구가 있습니다(Atli 등. 2016). Karabatsiakis와 동료들(2015)은 대사체학metabolomics과 지질체학lipidomics적인 접근 방식을 통해 항산화 특성의 두 대사체, 즉 빌리루빈 이성질체와 판토텐산(비타민 B5)의 수치 감소 등, PTSD 환자와 건강한 대조군을 구별할 수 있는 여러 대사체를 혈청에서 발견하였습니다. 그 외에도 PTSD에서 산화 스트레스의 영향을 조사한 연구도 있습니다. Morath와 동료들(2014b)은 건강한 대조군에 비해 PTSD 환자와 외상을 경험한 성인의 백혈구에서 DNA 이중 가닥 끊김 현상이 증가한 것을 발견했습니다. 여기에서 더 중요한 점은, 트라우마 중심 심리치료 후 PTSD 환자의 DNA 가닥 끊김이 정상화되었다는 점입니다. PTSD와 산화 스트레스의 연관성을 명확히 규명하기 위해서는 추가적인 연구가 필요합니다.

미토콘드리아 자체는 면역 반응과 염증 과정의 시작, 조절 및 해결에 중추적인 역할을 합니다(Mills 등. 2017). 면역 조절 기능과 관련하여 미토콘드리아의 기능 변화가 (그리고 아마도 손상이) 우울증과 같은 다양한 정신병리를 설명하는 데 있어 주목받고 있습니다(Karabatsiakis와 Schönfeldt-Lecuona 2020). 미토콘드리아는 PTSD에서 문제를 보이는 몇몇 생리 과정에 중요한 역할을 합니다. 즉 미토콘드리아는 중추와 말초의 염증 조절뿐 아니라, 비정상적인 공포 학습, 뇌 회로 활동, 시냅스

가소성, 스테로이드 호르몬 생산에 관여합니다(Mills 등. 2017; Miller 2013). 만성 및 외상성 스트레스는 PTSD와 관련된 정신건강 문제의 중요한 유발요인일 뿐 아니라 미토콘드리아 기능 변화와도 관련이 있습니다(Boeck 등. 2016; Gumpp 등. 2020; Picard와 McEwen 2018).

현재까지 인간을 대상으로 PTSD에서 **미토콘드리아 기능**에 대한 직접적인 연구는 이루어지지 않았습니다. 그러나 대사체학 연구를 통해 미토콘드리아 활동 관련 경로에 관여하는 여러 대사 물질이 확인되었으며, 이를 통해 PTSD 환자와 대조군을 식별할 수 있었습니다. Karabatsiakis와 동료들(2015)은 당지질, 지방산 대사 물질, 뉴클레오사이드, 담즙산 및 유도체, 단당류, 항산화물질 등 13가지 대사 물질이 PTSD에서 유의한 변화를 보인다는 것을 발견했습니다. 다른 대사체학 연구로, Mellon과 동료들(2019)은 PTSD 환자와 대조군 사이에 당분해와 지방산 흡수 및 대사 관련 경로, 그리고 요소 회로와 아미노산 대사 관련 경로에서도 차이를 발견했습니다. 이러한 자료들은 PTSD 환자에서 신진 대사 프로파일의 변화가 있으며, 여기에 미토콘드리아의 변화가 관련되어 있음을 의미합니다.

이에 더해, 미토콘드리아의 변형이 PTSD 증상에 기여하고 PTSD에 대한 취약성도 증가시킬 가능성이 있다는 초기 근거가 있습니다(Preston 등. 2018). 한 예비 연구에서 각각 6명의 PTSD 환자와 대조군의 사후 뇌 전전두엽 피질에서 OXPHOS 경로의 6개 유전자를 포함하여 미토콘드리아 관련 유전자 발현의 변화가 관찰되었습니다(Su 등. 2008). 다른 연구에서는 외상성 사건에 노출된 대조군과 비교할 때, PTSD 환자군에서 미토콘드리아 기능과 관련된 유전자에서 메틸화 양상이 달랐습니다(Hammamieh 등. 2017). 여기에 더해, 남성 참전군인 PTSD 환자에서 세포 미토콘드리아 밀도의 지표로 활용되는 mtDNA 복제수가 낮았습니다(Bersani 등. 2016). mtDNA의 SNP 분석을 시행한 다른 연구에서는 PTSD 중증도와 호흡 사슬 단백질 코딩 유전자 영역 중 2개의 mtDNA SNP의 이형세포질heteroplasmy[2)] 사이에 상관 관계가 유의하였습니다(Flaquer 등. 2015).

이러한 연구 결과들은 미토콘드리아의 변화가 PTSD의 병인에 중요한 역할을 한다는 점을 시사합니다. 미토콘드리아의 조절 이상이 PTSD 발병 전에 선행하는지 아니면 발병 후의 현상일지, 그리고 PTSD와 미토콘드리아의 변화 사이의 인과관계를 파악하려면 종단 연구가 필요합니다(Bersani 등. 2020). 또 추가적인 연구를 통해 PTSD 군과 대조군의 세포에서 미토콘드리아 기능 및 ATP 생성과 관련된 미토콘드리아의 산소 소비량을 측정할 필요가 있습니다.

2) 역자 주: 세포 내에 두 개 이상의 mtDNA 유전체(보통 정상 mtDNA와 변이 mtDNA)가 같이 존재하는 것

4.6 스트레스, PTSD와 장내 미생물의 영향

장내 미생물-장-뇌 축microbiota-gut-brain axis, 이하 MGBA의 교란은 신체(예; 위장 질환)와 정신(예; 우울, 불안) 질환 모두와 관련이 있습니다(Smith 등. 2019). MGBA는 장과 뇌를 연결하는, 복잡하고 양방향성으로 상호작용하는 네트워크입니다. MGBA의 기전에는 **장내 미생물**, 중추 신경계, 위장관 신경계, 면역계, 시상하부-뇌하수체 축 등이 관여합니다(Dinan과 Cryan 2012). 장내 미생물은 고세균(원시세균), 곰팡이, 진핵생물, 원생동물, 박테리오파지, 바이러스 및 대부분의 세균(유익균 및 병균) 등, 인간의 위장관에 서식하는 약 100조 개의 다양한 미생물을 말합니다(Thursby와 Juge 2017). 장내 미생물과 그 유전자 및 대사산물을 **장내 미생물군집**gut microbiome이라고 합니다(Berg 등. 2020). 실제로 위장관에 광범위하게 존재하는 미생물 군집은 면역 체계, 대사체 반응, 스트레스 조절 및 건강의 항상성 조절에 중요합니다(Cryan 등. 2019; Danneskiold-Samsøe 등. 2019).

장내 미생물의 대사 능력 및 구성의 변형과 불균형을 **장내 미생물 불균형**gut dysbiosis이라고 하며(Zeng 등. 2017), 이는 MGBA 교란의 주요 요인입니다. 스트레스뿐 아니라 항생제, 식이 변화, 장내 pH 변화 등의 다른 요인도 장내 미생물 교란을 유발합니다(Zeng 등. 2017; Fröhlich 등. 2016; Ilhan 등. 2017; Madison과 Kiecolt-Glaser 2019). 동물 모형 연구에 따르면, 어미와의 분리, 만성적인 사회적 열위, 갇혀 지내는 환경 등, 다양한 유형의 심리적 스트레스에 노출되면 장내 미생물군의 조성이 달라집니다(Rea 등. 2020). 스트레스와 관련된 염증 증가가 병원균을 증식시켜 장내 미생물의 불균형을 촉진할 수 있는 반면(Madison과 Kiecolt- Glaser 2019), 장내 미생물 불균형은 시상하부-뇌하수체 축의 활동을 강화하고 신경전달물질과 염증의 변화를 일으켜 스트레스 반응 조절에 영향을 미칠 수 있습니다(Johnson 2020). 장내 미생물 불균형은 특히 비정상적인 면역 반응과 그로 인한 염증성 사이토카인의 비정상적인 생산과 연결되며(Lin 등. 2019), 이 두 현상 모두 PTSD에서 관찰됩니다(Toft 등. 2018).

균 구성의 다양성과 건강 사이에 연관성이 있지만, 장내 미생물 불균형은 일반적으로 미생물 군집 다양성의 상실loss of microbiota diversity, 이하 LOMD과 관련되며(Mosca 등. 2016), 불안과 우울의 악화도 이 LOMD와 연관되어 있습니다(Johnson 2020). 이러한 현상은 외상 노출군과 PTSD 군 간 전반적인 미생물 군집의 다양성에는 큰 차이가 없으나 PTSD 집단에서 특정 세균(Actinobacteria, Lentisphaerae, Verrucomicrobia)의 상대적 분포가 감소한 연구 결과에서도 확인이 가능합니다(Hemmings 등. 2017). PTSD는 재향군인의 간경변과도 연관성이 있는데, 한 연구에서는 재향군인 간경변 환자 중 PTSD가 없는 집단에 비해 PTSD 집단에서 장내 미생물 다양성이 감소한 불균형이 관찰되었습니다(Bajaj 등. 2019). 장 점막 장벽은 미생물, 독소, 음식 항원이 장 내강 밖으로 유출되는 것을 막는데(Ghosh 외. 2020), 스트레스는 장 점막 장벽에 영향을 미쳐 장벽의 심각한 기능 장애와 장 투과성 증가를 특징으로 하는 '**장 누수**leaky gut' 상태를 유발하여 잠재적으로 병원균과 세균 독소가 전신 순환으로 유입될 수 있습니다(Kelly 등. 2015). 예를 들어, 그람음성균 외막의 주요 구성 성분인 지질 다당류lipopolysaccharides, 이하 LPS는 체내에 유입되면 염증과 산화 스트레스가 증가하는데, 체내 LPS가 미량만 증가하여도 우울 증상을 유발할 수 있습니다(Selhub 등. 2014).

스트레스, 장내 미생물 구성의 변화(장내 미생물 불균형), 장 누수 상태(장 투과성) 및 관련 염증은 잠재적으로 PTSD 증상 및 동반 질환의 발생과 악화에 기여할 수 있습니다. 따라서 향후의 PTSD 연구는 각 연구 체계에서 MGBA의 병태생리학적 역할을 고려해야 합니다. 스트레스 관련 질환에서 장내 미생물군의 역할에 대한 추가되는 지식들이 치료와 질병 예방의 접근 방식의 혁신에 크게 기여할 수 있다는 것을 강조하고 싶습니다(Cryan 등. 2019).

4.7 결론 및 향후 방향

가장 잘 재현된 연구 결과는 외상성 스트레스 부하가 PTSD 위험에 미치는 용량-반응 효과로, 이는 생물학적 성별과 관계 없이 유사하게 나타났습니다. 외상성 스트레스 부하는 PTSD와 다른 정신 질환의 병인뿐 아니라, 종종 PTSD와 연관된 유해한 신체 건강의 위험에도 영향을 미칩니다. 유전자 연구에 따르면 단일 SNP가 전체 PTSD 위험에 기여하는 영향은 미미하며, 명확한 근거를 도출하지 못했습니다. 유전자-환경 상호작용 연구에서는 유전적 위험 요인들이 외상성 스트레스에 노출되면 중요성을 잃을 수 있으며 외상 부하량이 충족되면 누구나 PTSD가 발병할 수 있기 때문에, PTSD의 유전적 연구에서 일생의 외상 부하를 반드시 고려해야 한다는 점을 명확하게 보여줍니다.

PTSD는 지속적으로 만성적인 저강도의 염증 및 면역 조절의 변형과 연관되며, 이는 전반적인 건강상태를 더 저하시킬 수 있습니다. 따라서, 우리는 염증을 조절하는 생체분자 과정과 그 전신 반응을 PTSD 연구의 유망 분야로 간주하고 있습니다. 염증 조절과 관련된 중요한 연결 요소는, 세포내 미토콘드리아의 생체 에너지, 그리고 관련된 산화 스트레스의 변화일 수 있습니다. 실제로 염증, 산화 스트레스 및 미토콘드리아 기능은 전반적인 정신병리적 차원인 소위 p 요인, 즉 다양한 정신 증상 사이에 공통된 가변성과 생물학적 상관관계가 있을 수 있습니다. 따라서 미토콘드리아와 면역 체계 기능은 PTSD를 포함한 광범위한 정신질환들의 병인에서 공통된 기전을 반영하는 것일 수 있습니다. 이 잠재적 범진단적 기전은 PTSD에서 발견되는 뇌와 인지 변화(예: 해마와 전대상피질의 용적 감소, 실행 기능 및 삽화 기억의 손상)가 다른 여러 정신질환과 아동학대처럼 정신병리 위험 요인을 경험한 사람들에게서도 보이는 이유를 설명할 수 있습니다. 이러한 질환들의 공통 기전을 목표로 하는 새로운 치료적 개입은 PTSD뿐 아니라 다른 정신 및 신경인지질환 환자들에게도 긍정적인 가능성을 제공할 수 있습니다.

스트레스로 인한 염증 증가와 그에 의한 산화 스트레스의 증가는 장내 미생물을 변형시키고(장내 미생물 불균형)과 '장 누수' 상태를 유발할 수 있습니다. 이는 불안, 주요 우울증, PTSD, 위장 질환, 암 등 여러 질병의 발병이나 악화와 관련된 MGBA의 교란을 유발할 수 있습니다. 또한, 미생물 군집의 변화는 염증을 증가시키고 잠재적으로 면역 체계와 대사 과정의 조절 능력을 저하시킬 수 있습니다. PTSD와 공존 질환 같은 질병에서 만성, 외상성 스트레스 노출의 생물학적 영향을 보려면, 뇌 활동, 면역 조절, 세포 에너지 항상성, 미토콘드리아 대사, 장내 미생물군의 상호 작용에 대한 통합적인 지식을 쌓기 위해 노력해야 합니다. 장기적으로, 이러한 통합적 관점은 아동학대 등 심각한 스트레스와 트라우마에 노출된 개인의 지속 가능한 건강을 목표로, 기존의 근거기반 트라우마 중심 심리치료에 추가적인 효과를 더할 혁신적인 근거기반 **심리생물학적 개입**의 개발로 이어질 것입니다.

References

Atli A, Bulut M, Bez Y, Kaplan İ, Ozdemir PG, Uysal C et al (2016) Altered lipid peroxidation markers are related to post-traumatic stress disorder (PTSD) and not trauma itself in earthquake survivors. Eur Arch Psychiatry Clin Neurosci 266:329–336

Bajaj JS, Sikaroodi M, Fagan A, Heuman D, Gilles H, Gavis EA et al (2019) Posttraumatic stress disorder is associated with altered gut microbiota that modulates cognitive performance in veterans with cirrhosis. Am J Physiol Gastrointest Liver Physiol 317:G661–G669

Behnke A, Rojas R, Karabatsiakis A, Kolassa I-T (2020) Childhood maltreatment compromises resilience against occupational trauma exposure: a retrospective study among emergency medical service personnel. Child Abuse Negl 99:104248

Berg G, Rybakova D, Fischer D, Cernava T, Verges M-CC, Charles T et al (2020) Microbiome definition re-visited: old concepts and new challenges. Microbiome 8:103

Bersani FS, Morley C, Lindqvist D, Epel ES, Picard M, Yehuda R et al (2016) Mitochondrial DNA copy number is reduced in male combat veterans with PTSD. Prog Neuro-Psychopharmacol Biol Psychiatry 64:10–17

Bersani FS, Mellon SH, Lindqvist D, Kang JI, Rampersaud R, Somvanshi PR et al (2020) Novel pharmacological targets for combat PTSD—metabolism, inflammation, the gut microbiome, and mitochondrial dysfunction. Mil Med 185:311–318

Binder EB (2008) Association of FKBP5 polymorphisms and childhood abuse with risk of posttraumatic stress disorder symptoms in adults. JAMA 299:1291

Bishop JR, Lee AM, Mills LJ, Thuras PD, Eum S, Clancy D et al (2018) Methylation of FKBP5 and SLC6A4 in relation to treatment response to mindfulness based stress reduction for posttraumatic stress disorder. Front Psych 9:418

Boeck C, Koenig AM, Schury K, Geiger ML, Karabatsiakis A, Wilker S et al (2016) Inflammation in adult women with a history of child maltreatment: the involvement of mitochondrial alterations and oxidative stress. Mitochondrion 30:197–207

Bromis K, Calem M, Reinders AATS, Williams SCR, Kempton MJ (2018) Meta-analysis of 89 structural MRI studies in posttraumatic stress disorder and comparison with major depressive disorder. AJP 175:989–998

Bruenig D, Mehta D, Morris CP, Harvey W, Lawford B, Young RM et al (2017) Genetic and serum biomarker evidence for a relationship between TNFα and PTSD in Vietnam war combat veterans. Compr Psychiatry 74:125–133

Caspi A, Houts RM, Belsky DW, Goldman-Mellor SJ, Harrington H, Israel S et al (2014) The p factor: one general psychopathology factor in the structure of psychiatric disorders? Clin Psychol Sci 2:119–137

Chrousos GP (1995) The hypothalamic–pituitary–adrenal axis and immune-mediated inflammation. N Engl J Med 332:1351–1363

Conrad D, Wilker S, Pfeiffer A, Lingenfelder B, Ebalu T, Lanzinger H et al (2017) Does trauma event type matter in the assessment of traumatic load? Eur J Psychotraumatol 8:1344079

Cryan JF, O'Riordan KJ, Cowan CSM, Sandhu KV, Bastiaanssen TFS, Boehme M et al (2019) The microbiota-gut-brain axis. Physiol Rev 99:1877–2013

Dalvie S, Maihofer AX, Coleman JRI, Bradley B, Breen G, Brick LA et al (2020) Genomic influences on self-reported childhood maltreatment. Transl Psychiatry 10:38

Danneskiold-Samsøe NB, de Freitas D, Queiroz Barros H, Santos R, Bicas JL, Cazarin CBB, Madsen L et al (2019) Interplay between food and gut microbiota in health and disease. Food Res Int 115:23–31

Dinan TG, Cryan JF (2012) Regulation of the stress response by the gut microbiota: implications for psychoneuroendocrinology. Psychoneuroendocrinology 37:1369–1378

Duan L, Rao X, Sigdel KR (2019) Regulation of inflammation in autoimmune disease. J Immunol Res 2019:1–2

Duncan LE, Cooper BN, Shen H (2018a) Robust findings from 25 years of PTSD genetics research. Curr Psychiatry Rep 20:115

Duncan LE, Ratanatharathorn A, Aiello AE, Almli LM, Amstadter AB, Ashley-Koch AE et al (2018b) Largest GWAS of PTSD (N=20 070) yields genetic overlap with schizophrenia and sex differences in heritability. Mol Psychiatry 23:666–673

Elbert T, Schauer M, Neuner F (2015) Narrative exposure therapy (NET): reorganizing memories of traumatic stress, fear, and violence. In: Schnyder U, Cloitre M (eds) Evidence based treatments for trauma-related psychological disorders. Springer, Cham, pp 229–253

Fenster RJ, Lebois LAM, Ressler KJ, Suh J (2018) Brain circuit dysfunction in post-traumatic stress disorder: from mouse to man. Nat Rev Neurosci 19:535–551

Flaquer A, Baumbach C, Ladwig K-H, Kriebel J, Waldenberger M, Grallert H et al (2015) Mitochondrial genetic variants identified to be associated with posttraumatic stress disorder. Transl Psychiatry 5:e524

Franceschi C, Campisi J (2014) Chronic inflammation (inflammaging) and its potential contribution to age-associated diseases. J Gerontol A Biol Sci Med Sci 69:S4–S9

Frohlich EE, Farzi A, Mayerhofer R, Reichmann F, Jačan A, Wagner B et al (2016) Cognitive impairment by antibiotic-induced gut dysbiosis: analysis of gut microbiota-brain communication. Brain Behav Immun 56:140–155

Ghosh P, Swanson L, Sayed IM, Mittal Y, Lim BB, Ibeawuchi S-R et al (2020) The stress polarity signaling (SPS) pathway serves as a marker and a target in the leaky gut barrier: implications in aging and cancer. Life Sci Alliance 3:e201900481

Gilbertson MW, Shenton ME, Ciszewski A, Kasai K, Lasko NB, Orr SP et al (2002) Smaller hippocampal volume predicts pathologic vulnerability to psychological trauma. Nat Neurosci 5:1242–1247

Grabe HJ, Spitzer C, Schwahn C, Marcinek A, Frahnow A, Barnow S et al (2009) Serotonin transporter gene (SLC6A4) promoter polymorphisms and the susceptibility to posttraumatic stress disorder in the general population. AJP 166:926–933

Gressier F, Calati R, Balestri M, Marsano A, Alberti S, Antypa N et al (2013) The 5-HTTLPR polymorphism and posttraumatic stress disorder: a meta-analysis: 5-HTTLPR and PTSD: a meta-analysis. J Trauma Stress 26:645–653

Grivennikov SI, Greten FR, Karin M (2010) Immunity, inflammation, and cancer. Cell 140:883–899

Gumpp AM, Boeck C, Behnke A, Bach AM, Ramo-Fernandez L, Welz T et al (2020) Childhood maltreatment is associated with changes in mitochondrial bioenergetics in maternal, but not in neonatal immune cells. Proc Natl Acad Sci U S A 117:24778–24784

Gunak MM, Billings J, Carratu E, Marchant NL, Favarato G, Orgeta V (2020) Post-traumatic stress disorder as a risk factor for dementia: systematic review and meta-analysis. Br J Psychiatry 217:600–608

Hammamieh R, Chakraborty N, Gautam A, Muhie S, Yang R, Donohue D et al (2017) Whole-genome DNA methylation status associated with clinical PTSD measures of OIF/OEF veterans. Transl Psychiatry 7:e1169

Hawn SE, Sheerin CM, Lind MJ, Hicks TA, Marraccini ME, Bountress K et al (2019) GxE effects of FKBP5 and traumatic life events on PTSD: a meta-analysis. J Affect Disord 243:455–462

Hayes JP, Hayes SM, Mikedis AM (2012) Quantitative meta-analysis of neural activity in posttraumatic stress disorder. Biol Mood Anxiety Disord 2:9

Hemmings SMJ, Malan-Muller S, van den Heuvel LL, Demmitt BA, Stanislawski MA, Smith DG et al (2017) The microbiome in posttraumatic stress disorder and trauma-exposed controls: an exploratory study. Psychosom Med 79:936–946

Hitzler M, Karabatsiakis A, Kolassa I-T (2019) Biomolekulare Vulnerabilitatsfaktoren psychischer Erkrankungen: Einfluss von chronischem und traumatischem Stress auf Immunsystem, freie Radikale und Mitochondrien. Psychotherapeut 64:329–348

Hopper JW, Frewen PA, van der Kolk BA, Lanius RA (2007) Neural correlates of reexperiencing, avoidance, and dissociation in PTSD: symptom dimensions and emotion dysregulation in responses to script-driven trauma imagery. J Traum Stress 20:713–725

Hori H, Kim Y (2019) Inflammation and post-traumatic stress disorder. Psychiatry Clin Neurosci 73:143–153

Ilhan ZE, Marcus AK, Kang D-W, Rittmann BE, Krajmalnik-Brown R (2017) pH-mediated microbial and metabolic interactions in fecal enrichment cultures. mSphere 2:12

Jakobsson J, Cordero MI, Bisaz R, Groner AC, Busskamp V, Bensadoun J-C et al (2008) KAP1-mediated epigenetic repression in the forebrain modulates behavioral vulnerability to stress. Neuron 60:818–831

Johnson KV-A (2020) Gut microbiome composition and diversity are related to human personality traits. Human Microb J 15:100069

Karabatsiakis A, Schonfeldt-Lecuona C (2020) Depression, mitochondrial bioenergetics, and electroconvulsive therapy: a new approach towards personalized medicine in psychiatric treatment—a short review and current perspective. Transl Psychiatry

10:226

Karabatsiakis A, Bock C, Salinas-Manrique J, Kolassa S, Calzia E, Dietrich DE et al (2014) Mitochondrial respiration in peripheral blood mononuclear cells correlates with depressive subsymptoms and severity of major depression. Transl Psychiatry 4:e397

Karabatsiakis A, Hamuni G, Wilker S, Kolassa S, Renu D, Kadereit S et al (2015) Metabolite profiling in posttraumatic stress disorder. J Mol Psych 3:2

Kelly JR, Kennedy PJ, Cryan JF, Dinan TG, Clarke G, Hyland NP (2015) Breaking down the barriers: the gut microbiome, intestinal permeability and stress-related psychiatric disorders. Front Cell Neurosci 9:392

Kessler RC, Aguilar-Gaxiola S, Alonso J, Benjet C, Bromet EJ, Cardoso G et al (2017) Trauma and PTSD in the WHO world mental health surveys. Eur J Psychotraumatol 8:1353383

Klengel T, Mehta D, Anacker C, Rex-Haffner M, Pruessner JC, Pariante CM et al (2013) Allele-specific FKBP5 DNA demethylation mediates gene-childhood trauma interactions. Nat Neurosci 16:33–41

Koch SBJ, van Zuiden M, Nawijn L, Frijling JL, Veltman DJ, Olff M (2016) Aberrant resting-state brain activity in posttraumatic stress disorder: a meta-analysis and systematic review. Depress Anxiety 33:592–605

Koenen KC, Uddin M, Chang S-C, Aiello AE, Wildman DE, Goldmann E et al (2011) SLC6A4 methylation modifies the effect of the number of traumatic events on risk for posttraumatic stress disorder. Depress Anxiety 28:639–647

Kolassa I-T, Ertl V, Eckart C, Kolassa S, Onyut LP, Elbert T (2010a) Spontaneous remission from PTSD depends on the number of traumatic event types experienced. Psychol Trauma 2:169–174

Kolassa I-T, Ertl V, Eckart C, Glockner F, Kolassa S, Papassotiropoulos A et al (2010b) Association study of trauma load and *SLC6A4* promoter polymorphism in posttraumatic stress disorder: evidence from survivors of the Rwandan genocide. J Clin Psychiatry 71:543–547

Kolassa I-T, Kolassa S, Ertl V, Papassotiropoulos A, De Quervain DJ-F (2010c) The risk of posttraumatic stress disorder after trauma depends on traumatic load and the catechol-o-methyltransferase Val158Met polymorphism. Biol Psychiatry 67:304–308

Kovacic Petrovic Z, Nedic Erjavec G, Nikolac Perkovic M, Peraica T, Pivac N (2016) No association between the serotonin transporter linked polymorphic region polymorphism and severity of posttraumatic stress disorder symptoms in combat veterans with or without comorbid depression. Psychiatry Res 244:376–381

Lesch K-P, Bengel D, Heils A, Sabol SZ, Greenberg BD, Petri S et al (1996) Association of anxiety-related traits with a polymorphism in the serotonin transporter gene regulatory region. Science 274:1527–1531

Li X, Ito M, Zhou F, Youngson N, Zuo X, Leder P et al (2008) A maternal-zygotic effect gene, Zfp57, maintains both maternal and paternal imprints. Dev Cell 15:547–557

Lin C-H, Chen C-C, Chiang H-L, Liou J-M, Chang C-M, Lu T-P et al (2019) Altered gut microbiota and inflammatory cytokine responses in patients with Parkinson's disease. J Neuroinflammation 16:129

Lindqvist D, Mellon SH, Dhabhar FS, Yehuda R, Grenon SM, Flory JD et al (2017a) Increased circulating blood cell counts in combat-related PTSD: associations with inflammation and PTSD severity. Psychiatry Res 258:330–336

Lindqvist D, Dhabhar FS, Mellon SH, Yehuda R, Grenon SM, Flory JD et al (2017b) Increased pro-inflammatory milieu in combat related PTSD—a new cohort replication study. Brain Behav Immun 59:260–264

Logue MW, van Rooij SJH, Dennis EL, Davis SL, Hayes JP, Stevens JS et al (2018) Smaller hippocampal volume in posttraumatic stress disorder: a multisite enigma-pgc study: subcortical volumetry results from posttraumatic stress disorder consortia. Biol Psychiatry 83:244–253

Logue MW, Miller MW, Wolf EJ, Huber BR, Morrison FG, Zhou Z et al (2020) An epigenome-wide association study of posttraumatic stress disorder in US veterans implicates several new DNA methylation loci. Clin Epigenetics 12:46

Lugrin J, Rosenblatt-Velin N, Parapanov R, Liaudet L (2014) The role of oxidative stress during inflammatory processes. Biol Chem 395:203–230

Lupien SJ, McEwen BS, Gunnar MR, Heim C (2009) Effects of stress throughout the lifespan on the brain, behaviour and cognition. Nat Rev Neurosci 10:434–445

Madison A, Kiecolt-Glaser JK (2019) Stress, depression, diet, and the gut microbiota: human–bacteria interactions at the core of psychoneuroimmunology and nutrition. Curr Opin Behav Sci 28:105–110

Meaburn EL, Schalkwyk LC, Mill J (2010) Allele-specific methylation in the human genome: implications for genetic studies of complex disease. Epigenetics 5:578–582

Mehta D, Binder EB (2012) Gene × environment vulnerability factors for PTSD: the HPA-axis. Neuropharmacology 62:654–662

Mellon SH, Bersani FS, Lindqvist D, Hammamieh R, Donohue D, Dean K et al (2019) Metabolomic analysis of male combat veterans with post traumatic stress disorder. PLoS One 14:e0213839

Metcalfe J, Jacobs WJ (1996) A "Hot-system/cool-system" view of memory under stress. PTSD Res Quart 7:8

Michopoulos V, Rothbaum AO, Jovanovic T, Almli LM, Bradley B, Rothbaum BO et al (2015) Association of *CRP* genetic variation and CRP level with elevated PTSD symptoms and physiological responses in a civilian population with high levels of trauma. Am J Psychiatr 172:353–362

Miller WL (2013) Steroid hormone synthesis in mitochondria. Mol Cell Endocrinol 379:62–73

Mills EL, Kelly B, O'Neill LAJ (2017) Mitochondria are the powerhouses of immunity. Nat Immunol 18:488–498

Moores KA, Clark CR, McFarlane AC, Brown GC, Puce A, Taylor DJ (2008) Abnormal recruitment of working memory updating networks during maintenance of trauma-neutral information in post-traumatic stress disorder. Psychiatry Res 163:156–170

Morath J, Gola H, Sommershof A, Hamuni G, Kolassa S, Catani C et al (2014a) The effect of trauma-focused therapy on the altered T cell distribution in individuals with PTSD: evidence from a randomized controlled trial. J Psychiatr Res 54:1–10

Morath J, Moreno-Villanueva M, Hamuni G, Kolassa S, Ruf-Leuschner M, Schauer M et al (2014b) Effects of psychotherapy on DNA strand break accumulation originating from traumatic stress. Psychother Psychosom 83:289–297

Morrison FG, Miller MW, Logue MW, Assef M, Wolf EJ (2019) DNA methylation correlates of PTSD: recent findings and technical challenges. Prog Neuro-Psychopharmacol Biol Psychiatry 90:223–234

Mosca A, Leclerc M, Hugot JP (2016) Gut microbiota diversity and human diseases: should we reintroduce key predators in our ecosystem? Front Microbiol 7:455. https://www.ncbi.nlm.nih.gov/pmc/articles/PMC4815357/

Murphy KM, Weaver C (2018) Janeway immunologie. Akad. Verlag, Spektrum Nakayama M, Hori H, Itoh M, Lin M, Niwa M, Ino K et al (2020) Possible long-term effects of childhood maltreatment on cognitive function in adult women with posttraumatic stress disorder. Front Psych 11:344

Navarro-Mateu F, Escamez T, Koenen KC, Alonso J, Sanchez-Meca J (2013) Meta-analyses of the 5-HTTLPR polymorphisms and post-traumatic stress disorder. PLoS One 8:e66227

Nawijn L, van Zuiden M, Frijling JL, Koch SBJ, Veltman DJ, Olff M (2015) Reward functioning in PTSD: a systematic review exploring the mechanisms underlying anhedonia. Neurosci Biobehav Rev 51:189–204

Neuner F, Schauer M, Karunakara U, Klaschik C, Robert C, Elbert T (2004) Psychological trauma and evidence for enhanced vulnerability for posttraumatic stress disorder through previous trauma among West Nile refugees. BMC Psychiatry 4:34

Neuner F, Elbert T, Schauer M (2020) Narrative exposure therapy for PTSD. In: Bufka LF, Wright CV, Halfond RW (eds) Casebook to the APA clinical practice guideline for the treatment of PTSD. American Psychological Association, Washington pp 187–205

Nievergelt CM, Maihofer AX, Klengel T, Atkinson EG, Chen C-Y, Choi KW et al (2019) International meta-analysis of PTSD genome-wide association studies identifies sex- and ancestry-specific genetic risk loci. Nat Commun 10:4558

Opel N, Goltermann J, Hermesdorf M, Berger K, Baune BT, Dannlowski U (2020) Cross-disorder analysis of brain structural abnormalities in six major psychiatric disorders: a secondary analysis of mega- and meta-analytical findings from the enigma consortium. Biol Psychiatry 88:678–686

Pacella ML, Hruska B, Delahanty DL (2013) The physical health consequences of PTSD and PTSD symptoms: a meta-analytic review. J Anxiety Disord 27:33–46

Parslow RA, Jorm AF (2007) Pretrauma and posttrauma neurocognitive functioning and PTSD symptoms in a community sample of young adults. AJP 164:509–515

Pezzoli P, Antfolk J, Hatoum AS, Santtila P (2019) Genetic vulnerability to experiencing child maltreatment. Front Genet 10:852

Picard M, McEwen BS (2018) Psychological stress and mitochondria: a systematic review. Psychosom Med 80:141–153

Picard M, McEwen BS, Epel ES, Sandi C (2018) An energetic view of stress: focus on mitochondria. Front Neuroendocrinol 49:72–85

Preston G, Kirdar F, Kozicz T (2018) The role of suboptimal mitochondrial function in vulnerability to post-traumatic stress disorder. J Inherit Metab Dis 41:585–596

Rauch SL, Shin LM, Phelps EA (2006) Neurocircuitry models of posttraumatic stress disorder and extinction: human neuroimaging research—past, present, and future. Biol Psychiatry 60:376–382

Rea K, Dinan TG, Cryan JF (2020) Gut microbiota: a perspective for psychiatrists. Neuropsychobiology 79:50–62

Rutten BPF, Vermetten E, Vinkers CH, Ursini G, Daskalakis NP, Pishva E et al (2018) Longitudinal analyses of the DNA methylome in deployed military servicemen identify susceptibility loci for post-traumatic stress disorder. Mol Psychiatry 23:1145–1156

Ryan J, Chaudieu I, Ancelin M-L, Saffery R (2016) Biological underpinnings of trauma and post-traumatic stress disorder: focusing on genetics and epigenetics. Epigenomics 8:1553–1569

Sartor CE, McCutcheon VV, Pommer NE, Nelson EC, Grant JD, Duncan AE et al (2011) Common genetic and environmental contributions to post-traumatic stress disorder and alcohol dependence in young women. Psychol Med 41:1497–1505

Schauer M, Neuner F, Elbert T (2005) Narrative exposure therapy. A short-term intervention for traumatic stress disorders after war, terror, or torture. Crisis 26:194–195

Schneider A, Pfeiffer A, Conrad D, Elbert T, Kolassa I-T, Wilker S (2020) Does cumulative exposure to traumatic stressors predict treatment outcome of community-implemented exposure-based therapy for PTSD? Eur J Psychotraumatol 11:1789323

Scott JC, Matt GE, Wrocklage KM, Crnich C, Jordan J, Southwick SM et al (2015) A quantitative meta-analysis of neurocognitive functioning in posttraumatic stress disorder. Psychol Bull 141:105–140

Selhub EM, Logan AC, Bested AC (2014) Fermented foods, microbiota, and mental health: ancient practice meets nutritional psychiatry. J Physiol Anthropol 33:2

Smith RP, Easson C, Lyle SM, Kapoor R, Donnelly CP, Davidson EJ et al (2019) Gut microbiome diversity is associated with sleep physiology in humans. PLoS One 14:e0222394

Smith AK, Ratanatharathorn A, Maihofer AX, Naviaux RK, Aiello AE, Amstadter AB et al (2020) Epigenome-wide meta-analysis of PTSD across 10 military and civilian cohorts identifies methylation changes in AHRR. Nat Commun 11:5965
Smoller JW (2016) The genetics of stress-related disorders: PTSD, depression, and anxiety disorders. Neuropsychopharmacology 41:297–319
Sommershof A, Aichinger H, Engler H, Adenauer H, Catani C, Boneberg E-M et al (2009) Substantial reduction of naive and regulatory T cells following traumatic stress. Brain Behav Immun 23:1117–1124
Speer K, Upton D, Semple S, McKune A (2018) Systemic low-grade inflammation in post-traumatic stress disorder: a systematic review. J Inflamm Res 11:111–121
Stein MB, Jang KL, Taylor S, Vernon PA, Livesley WJ (2002) Genetic and environmental influences on trauma exposure and posttraumatic stress disorder symptoms: a twin study. Am J Psychiatry 159:1675–1681
Su YA, Wu J, Zhang L, Zhang Q, Su DM, He P et al (2008) Dysregulated mitochondrial genes and networks with drug targets in postmortem brain of patients with posttraumatic stress disorder (PTSD) revealed by human mitochondria-focused cDNA microarrays. Int J Biol Sci 4:223–235
Taylor MK, Hernandez LM, Stump J, Tschiffely AE, Goforth CW, Laver DC et al (2019) Blast exposure interacts with genetic variant 5HTTLPR to predict posttraumatic stress symptoms in military explosives personnel. Psychiatry Res 280:112519
Teicher MH, Samson JA, Anderson CM, Ohashi K (2016) The effects of childhood maltreatment on brain structure, function and connectivity. Nat Rev Neurosci 17:652–666
Thursby E, Juge N (2017) Introduction to the human gut microbiota. Biochem J 474:1823–1836
Toft H, Bramness JG, Lien L, Abebe DS, Wampold BE, Tilden T et al (2018) PTSD patients show increasing cytokine levels during treatment despite reduced psychological distress. Neuropsychiatr Dis Treat 14:2367–2378
True WR (1993) A twin study of genetic and environmental contributions to liability for posttraumatic stress symptoms. Arch Gen Psychiatry 50:257
Turrens JF (2003) Mitochondrial formation of reactive oxygen species. J Physiol 552:335–344
Tursich M, Neufeld RWJ, Frewen PA, Harricharan S, Kibler JL, Rhind SG et al (2014) Association of trauma exposure with proinflammatory activity: a transdiagnostic meta-analysis. Transl Psychiatry 4:e413
Vinkers CH, Geuze E, van Rooij SJH, Kennis M, Schur RR, Nispeling DM et al (2021) Successful treatment of post-traumatic stress disorder reverses DNA methylation marks. Mol Psychiatry 26(4):1264–1271
Walsh K, Uddin M, Soliven R, Wildman DE, Bradley B (2014) Associations between the SS variant of 5-HTTLPR and PTSD among adults with histories of childhood emotional abuse: results from two African American independent samples. J Affect Disord 161:91–96
Wang Q, Shelton RC, Dwivedi Y (2018) Interaction between early-life stress and FKBP5 gene variants in major depressive disorder and post-traumatic stress disorder: a systematic review and meta-analysis. J Affect Disord 225:422–428
Watkins LE, Han S, Harpaz-Rotem I, Mota NP, Southwick SM, Krystal JH et al (2016) FKBP5 polymorphisms, childhood abuse, and PTSD symptoms: results from the National Health and Resilience in Veterans Study. Psychoneuroendocrinology 69:98–105
Wilker S, Kolassa I-T (2013) The formation of a neural fear network in posttraumatic stress disorder: insights from molecular genetics. Clin Psychol Sci 1:452–469
Wilker S, Elbert T, Kolassa I-T (2014a) The downside of strong emotional memories: how human memory-related genes influence the risk for posttraumatic stress disorder—a selective review. Neurobiol Learn Mem 112:75–86
Wilker S, Pfeiffer A, Kolassa S, Elbert T, Lingenfelder B, Ovuga E et al (2014b) The role of FKBP5 genotype in moderating long-term effectiveness of exposure-based psychotherapy for posttraumatic stress disorder. Transl Psychiatry 4:e403
Wilker S, Schneider A, Conrad D, Pfeiffer A, Boeck C, Lingenfelder B et al (2018) Genetic variation is associated with PTSD risk and aversive memory: evidence from two trauma-exposed African samples and one healthy European sample. Transl Psychiatry 8:251
Wilker S, Catani C, Kolassa S, Ibrahim H, Rajan V, Pfeiffer A et al (n.d.) Sex differences in PTSD risk: evidence from post-conflict populations challenges the general assumption of increased vulnerability in females. Eur J Psychotraumatol. https://www.tandfonline.com/doi/epub/1 0.1080/20008198.2021.1930702
Yang R, Gautam A, Getnet D, Daigle BJ, Miller S, Misganaw B et al (2021) Epigenetic biotypes of post-traumatic stress disorder in war-zone exposed veteran and active duty males. Mol Psychiatry 26(8):4300–4314
Yehuda R, Daskalakis NP, Desarnaud F, Makotkine I, Lehrner AL, Koch E et al (2013) Epigenetic biomarkers as predictors and correlates of symptom improvement following psychotherapy in combat veterans with PTSD. Front Psych 4:118
Yuan N, Chen Y, Xia Y, Dai J, Liu C (2019) Inflammation-related biomarkers in major psychiatric disorders: a cross-disorder assessment of reproducibility and specificity in 43 meta-analyses. Transl Psychiatry 9:233
Zannas AS, Wiechmann T, Gassen NC, Binder EB (2016) Gene-stress-epigenetic regulation of FKBP5: clinical and translational implications. Neuropsychopharmacology 41:261–274
Zannas AS, Jia M, Hafner K, Baumert J, Wiechmann T, Pape JC et al (2019) Epigenetic upregulation of FKBP5 by aging and stress contributes to NF-κB–driven inflammation and cardiovascular risk. Proc Natl Acad Sci U S A 116:11370–11379
Zeller AC, Conrad D, Schneider A, Behnke A, Pfeiffer A, Blum GF et al (2020) A combination of combat experience, early abduction, and severe traumatization fuels appetitive aggression and violence among abductees of rebel war in Northern Ugan-

da. Aggress Behav 46:465–475
Zeng MY, Inohara N, Nunez G (2017) Mechanisms of inflammation-driven bacterial dysbiosis in the gut. Mucosal Immunol 10:18–26
Zhang T-Y, Meaney MJ (2010) Epigenetics and the environmental regulation of the genome and its function. Annu Rev Psychol 61:439–466, C1-3
Zhao M, Yang J, Wang W, Ma J, Zhang J, Zhao X et al (2017) Meta-analysis of the interaction between serotonin transporter promoter variant, stress, and posttraumatic stress disorder. Sci Rep 7:16532

외상성 노출이 신체 건강에 영향을 미치는 기전

5

Paula P. Schnurr

외상성 노출이 미치는 영향에 관한 대부분의 연구는 정신 증상과 기능에 초점을 맞추었으나, 여러 연구에서 외상 사건 노출이 신체 건강에도 부정적인 영향을 줄 수 있다고 보고하였습니다. 예를 들어, Felitti와 동료들(1998)은 미국의 대규모 건강 보험기관healthcare maintenance organization, HMO에서 아동기 트라우마가 성인에게 미치는 영향을 연구했습니다. 거의 모든 질병 범주에서, 아동기 외상 경험이 많은 사람은 성인기에 심혈관, 대사, 내분비, 호흡기 등 심각한 만성 질환에 걸릴 확률이 높았습니다. 이 결과에 대해 연구진은 기전을 분명히 제시하지는 않았지만, 어린 시절의 트라우마가 흡연이나 음주와 같은 건강에 해로운 행동을 할 가능성을 높인다는 기존의 근거를 그 이유 중 하나로 설명하려 하였습니다.

그러나 행동적 요인만으로는 외상성 노출과 건강 문제 사이의 관계를 충분히 설명할 수 없습니다. 오히려, 가장 일관된 요인은 PTSD의 발병입니다. 이 장에서는 PTSD가 신체 건강에 영향을 미치는 주요 매개 변인이 되는 모형을 통하여 외상성 노출이 신체 건강에 미치는 영향에 대한 근거를 살펴보겠습니다(Schnurr와 Jankowski 1999; Schnurr와 Green 2004; Schnurr 등. 2021).

5.1 신체 건강의 정의 및 측정

외상성 노출과 신체 건강 사이의 관계를 이해하려면 '건강'이라는 개념 자체에 대한 이해가 필요합니다. 세계보건기구WHO는 건강을 "단순히 질병이 없거나 허약함이 없는 상태가 아니라, 신체적, 정신적, 사회적으로 완전히 안녕한 상태"로 정의합니다(www.who. int/governance/eb/who_constitution_en.pdf. 확인일: 2021년 1월 28일). 현대의 생물심리사회적 관점을 반영하는 이 정의는 실제로 1946년에 작성된 WHO 헌장의 서문에도 나와 있습니다. 건강을 복합적인 상태로 인식하는 것은 오랜 역사를 가지고 있습니다.

Wilson과 Cleary(1995)는 건강을 점점 복잡성이 증가하는 연속체로 설명합니다. 이 연속체는 질병이나 신체 시스템의 변화를 나타내는 생물학적이고 생리학적인 변인들로 출발합니다. 그 다음 단계는 증상, 기능 상태, 건강에 대한 인식, 건강과 관련한 삶의 질의 순으로 이어집니다. 이러한 요소들은 서로 영향을 미치지만 완벽하게 일치하지는 않으며 개인 및 환경적 요인에 의해 영향을 받을 수 있습니다. 예를 들어, 통증 정도가 같은 두 사람이 기질, 사회적 지원, 신체 활동의 차이로 인해 기능적인 수준은 매우 다를 수 있습니다.

신체 건강의 연속성을 완전히 파악하기 위해서는 객관적인 측정과 주관적인 측정이 모두 필요합니다. 여기에는 실험실 검사, 임상 검진, 의무 기록뿐만 아니라 자가보고도 포함됩니다. 자가보고를 이용하여 신체 건강을 측정할 때는 부정적인 정서(Griffin 등. 1999)와 같은 심리적 요인이 건강을 보고하는 방식에 영향을 미칠 수 있다는 것을 염두에 두어야 합니다. 실제로 보관된 자료와 자가보고를 비교한 결과, 자가보고는 유효하지만 이용률 및 진단과 같은 객관적인 변인을 완벽하게 대체할 수 없었습니다(Edwards 등. 1994; Smith 등. 2008; Wallihan 등. 1999). 그러나 의무 기록 역시 불완전하거나 부정확할 수 있기 때문에 반드시 완벽한 지표라고 할 수는 없습니다. 또한 자가보고가 항상 객관적인 지표와 일치하는 것은 아니지만, 생물학적 및 신체적 변수를 제외한 건강의 연속선상의 모든 부분에 대한 정보를 얻으려면 개인적인 관점도 살펴보아야 합니다.

5.2 외상성 노출이 신체 건강에 미치는 영향을 이해하기 위한 개념적 틀

외상 노출은 건강 결과의 연속체 전반에 걸쳐 부정적인 결과와 관련이 있습니다. 여기에는 자가보고에 의한 건강 문제 및 기능(예: Glaesmer 등. 2011; Paras 등. 2009; Scott 등. 2011), 질병 이환의 객관적 지표(예: Gilsanz 등. 2017; Hendrickson 등. 2013; Sibai 등. 1989; Spitzer 등. 2011), 서비스 이용률(Dube 등. 2009; Walker 등. 1999), 사망률(예: Chen 등. 2016; Elliot 등. 2018; Sibai 등. 2001) 등이 해당됩니다.

외상성 사건이 신체 건강에 어떻게 부정적인 영향을 미치는지 이해하려면 사건 노출 이후 어떤 일이 발생하는지를 고려해야 합니다. 대부분의 경우 외상이 직접적인 영향을 미친다고 보기는 어렵습니다. 예를 들어, 다양한 문제로 치료를 받고 있는 참전 군인 표본에서 전투 중 신체적 부상을 입은 비율은 21%에 불과했습니다(Moeller-Bertram 등. 2014). 또한 전쟁에 노출된 민간인의 심혈관계 이환율 및 사망률과 같은 건강 문제도 대개는 경험한 외상 유형과 관련이 없습니다(Sibai 등. 1989, 2001).

외상성 사건이 보통 직접적으로 신체적 손상을 야기하지 않는다면 외상 노출이 신체 건강에 어떻게 영향을 미칠 수 있을까요? Schnurr와 Green(2004)은 외상성 노출로 인한 심각하고 지속적인 고통이 그 원인이며, 여기에는 주로 PTSD이지만 다른 정신 장애들도 포함될 수 있다고 주장했습니다(**그림 5.1**). 이 고통은 건강을 악화시키는 심리, 생물, 행동, 주의집중의 기전에 필수적으로 관여합니다. 외상 생존자의 신체 건강에 대한 연구가 PTSD 외에는 거의 없으므로 이 장에서는 PTSD에 대해 주로 다루겠습니다. 또한 외상성 사건의 직접적인 결과가 아닌 건강 문제에도 초점을 맞추겠습니다.

심리적 기전에는 건강 악화와 연관된 PTSD와 흔히 동반되는 문제가 포함됩니다. 예를 들어, 우울증에서 심혈관 질환의 위험이 증가하는데, 이러한 연관성은 혈소판 활성화 증가, 심박수 변동성 감소, 고혈압 발생 가능성의 증가와 같은 생리적인 요인으로 설명될 수 있습니다(Dhar와 Barton 2016). PTSD와 관련된 생물학적 변화에는 시상하부-뇌하수체-부신HPA 축 조절 이상과 청반/노르에피네프린-교감신경계의 활성 증가 등의 추가적인 기전이 관여합니다(Friedman와 McEwen 2004). 행동 기전은 흡연, 약물 남용, 자기 돌봄 부족poor self-care, 치료 순응도 저하와 같은, PTSD와 관련된 건강 위험 행동입니다(Taggart Wasson 등. 2018; van den Berk-Clark 등. 2018; Zen 등. 2012). 주의집중 기전은 건강 인식과 질병 행동 모두에 영향을 미칠 수 있습니다. 예를 들어, Pennebaker(2000)는 외상에 대해 생각하지 않으려는 회피가 그로 인한 신체적, 정서적 결과를 잘못 해석하게 만들며, 이러한 과정이 증상의 지각을 더 강화할 수 있다고 하였습니다. 이 모형의 독특한 측면은, 종종 통제해야 할 혼란 변수로 취급되는 흡연 및 우울증과 같은 요인이 실제로는 PTSD가 건강에 부정적인 영향을 미치는 기전으로 기능한다는 점입니다(Schnurr 와 Green 2004).

Schnurr와 Green(2004)의 모형은 이러한 기전이 어떻게 질병으로 이어질 수 있는지 설명하기 위해 항상성 부하allostatic load라는 개념을 사용합니다. 항상성 부하는 "생리적 반응이 반복적으로 상승과 하강을 겪으면서 발생하는 신체의 부담, 도전 상황에서 생리적 시스템이 과활성화되는 것, 그리고 대사 변화와 여러 기관 및 조직의 마모와 손상"으로 정의됩니다(McEwen와 Stellar 1993, 2094페이지). 항상성부하는 생물학적 시스템 전반에 걸쳐 누적된 변화에 의해 정의되므로, PTSD에서 나타나는 미묘한 변화가 그것만으로는 질병을 일으키기에 미약하더라도, 어떻게 결국 **질병으로 이어질 수 있는지를 설명**해줍니다(Friedman와 McEwen 2004; Schnurr와 Green 2004; Schnurr와 Jankowski 1999).

Schnurr와 Jankowski(1999)는 PTSD에서의 과각성hyperarousal과 과민반응성hyperreactivity이 약물 남용 및 흡연과 같은 **신체적 영향**과 결합된 사례를 제시하며, PTSD가 다른 정신질환보다 항상성 부하가 더 클 수 있다는 가설을 제시하였습니다. 이 가설은 아직 검증되지 않았지만, 한 연구에서는 PTSD를 가진 개인들이 외상을 경험했으나 PTSD가 없는 대조군보다 항상성 부하가 더 높다고 보고했습니다(Glover 등. 2006).

5.3 문헌 고찰

PTSD와 **부정적인 신체 건강**과의 연관성을 보여주는 근거는 다양한 건강 결과 면에서 매우 풍부합니다(Koenen과 Galea 2015; Pacella 등. 2013; Ryder 등. 2018; Schnurr 등. 2021). 자가보고 연구에서 PTSD는 전반적인 건강 악화, 신체 증상 및 만성 건강 상태 증가, 신체 기능 저하와 관련이 있었습니다(예: Lee 등. 2016; Löwe 등. 2010; O'Toole과 Catts 2008; Pacella 등. 2013; Roberts 등. 2017). 예를 들어, (대부분 자가보고에 기반한) 62개 연구에 대한 메타분석(Pacella 등. 2013)에 따르면 일반적인 신체 증상에 대한 PTSD의 효과 크기(r = 0.48)가 큰 것으로 나타났습니다. 대부분의 연구는 횡단적 연구이지만, 점점 더 많은 **종단 연구들**이 초기의 PTSD가 이후 시점에서의 건강 저하를 예측한다

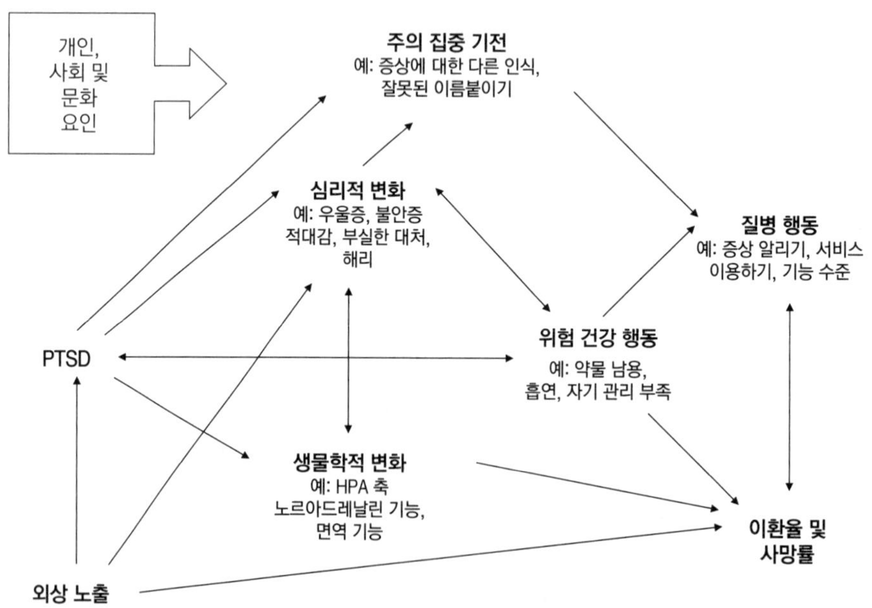

그림 5.1 외상성 노출과 PTSD를 신체 건강 결과와 연관시키는 모형. Schnurr와 Green(2004, 248쪽). 공개 도메인

는 증거를 보여주고 있습니다. 이 건강 결과에는 당뇨병(Boyko 등. 2010), 류마티스 관절염(Lee 등. 2016), 루푸스(Roberts 등. 2017) 등 다양한 질환이 포함됩니다.

PTSD는 또한 의사가 진단한 질병과 같은 객관적인 지표로 측정한 건강 저화와도 관련성을 보였습니다(예: Agyemang 등. 2012; Andersen 등. 2010; Nazarian 등. 2012; Seng 등. 2006). 결과의 범위는 놀랍습니다. 미국에서 공공의료서비스를 받고 있는 대규모 여성 표본을 대상으로 한 단면 연구에 따르면, PTSD를 가진 여성은 다른 정신질환을 가진 여성보다 만성 피로, 과민성 대장, 섬유근육통과 같은 증후군과 암, 순환기, 내분비, 호흡기 질환과 같은 증후군뿐 아니라 보다 명확한 병인이 있는 질환을 더 많이 앓고 있었습니다(Seng 등. 2006). 또 다른 종단 연구에서는 연령, 흡연, 체질량지수, 음주를 통계적으로 통제한 후에도, 노년기 남성 퇴역군인 표본에서 PTSD 증상이 의사가 진단한 동맥, 근골격계, 위장, 피부과 질환의 발생률 증가와 관련이 있었습니다(Schnurr 등. 2000). 일부 종단 연구는 암(Gradus 등. 2015a, b), 위장(Gradus 등. 2017), 자가면역(O'Donovan 등. 2015; Song 등. 2018) 및 뇌혈관(Chen 등. 2015) 질환 등 단일 질환군에 초점을 맞췄습니다.

심혈관계 결과는 이 분야 연구에서 특히 주목을 받아왔습니다. 전향적 연구는 PTSD가 관상동맥 심장질환 위험 증가와 관련을 보여주었으며, 이 결과는 남성 재향군인(Beristianos 등. 2016; Kubzansky 등. 2007; Vaccarino 등. 2013)과 민간인 여성(Gilsansz 등. 2017; Kubransky 등. 2009) 모두에서 나타났습니다. 한 메타분석(Edmondson 등. 2013)에 따르면, PTSD는 관상동맥 심장 질환의 위험을 55% 증가시키며, 우울증을 통제한 후 위험이 감소했지만 여전히 27% 높은 상태로 유지되었습니다. 통증은 PTSD 연구에서 중요한 영역 중 하나로, 자가보고와 의사의 진단지표 모두에서 다루어지고 있습니다. PTSD는 만성 통증과 자주 공존합니다(Siqveland 등. 2017). PTSD를 가진 사람들은 외상성 부상과 관련되지 않은 만성 통증을 더 높은 수준으로 호소하는 경향이 있고(예: Lee 등. 2016; Mikuls 등. 2013; Moeller-Bertram 등. 2014), 만성 골반통 및 섬유근육통과 같은 통증 증후군(예: Häuser 등. 2013; Seng 등. 2006)이 발생할 가능성도 높습니다(19장; Morina & Egloff 상호 참조).

PTSD가 다양한 신체 건강 악화와 관련되어 있다는 점을 감안하면, PTSD가 의료 서비스 이용 증가와 관련이 있다는 것은 놀라운 일이 아닙니다(예: Gill 등. 2009; Glaesmer 등. 2011; O'Toole and Catts 2008; Schlenger 등. 2016). 비용에 미치는 영향을 살펴본 연구가 거의 없지만, PTSD가 더 높은 의료 비용과 관련이 있다는 연구 결과가 있습니다(예: Walker 등. 2004).

PTSD와 사망률을 살펴본 대부분의 연구는 PTSD가 사망률 증가와 관련이 있음을 보여줍니다(예: Boscarino 2006; Bullman과 Kang 1994; Drescher 등. 2003; Schlenger 등. 2016; Forehand 등. 2019; Gradus 등. 2015a, b). 그러나 예외도 있습니다(Abrams 등. 2011; O'Toole 등. 2010). 예를 들어, 한 연구에서 PTSD는 모든 원인에 의한 사망률과 관련성을 보였지만 인구통계학적, 행동적, 임

상적 요인을 통제한 후에는 그렇지 않았습니다(Chwastiak 등. 2010). 일부 연구에서는 PTSD가 외인성 사망 또는 약물 남용과 관련된 질병으로 인한 사망과만 관련이 있거나(예: Bullman과 Kang 1994; Drescher 등. 2003; Forehand 등. 2019), 모든 원인에 의한 사망률과 외인성 사망률만 보고한 연구도 있습니다(Gradus 등. 2015a, b). 주목할 점은, 한 연구(Gradus 등. 2015a, b) 외에 모든 PTSD 및 사망률 연구는 대부분 재향군인을 대상으로 수행되었다는 점입니다.

5.3.1 외상 노출과 신체 건강 사이의 관계에서 PTSD의 매개 역할에 대한 명시적 연구

다양한 분석에서, 외상 노출이 신체 건강에 미치는 영향에 PTSD가 매개 역할을 한다는 근거를 보고합니다. (a) PTSD를 분석 모형에 추가하였을 때 외상 노출과 신체 건강 간의 통계적으로 유의한 연관성이 **감소하거나 사라지는** 다중 회귀 분석 결과, (b) 이를 보다 정형화한 구조 방정식 모형Structural Equation Modeling, (c) PTSD 환자, 외상 경험이 있는 비PTSD 대조군, 외상 경험이 없는 대조군 간의 비교 등이 그 예입니다. 이러한 연구의 대부분은 자가보고된 건강 결과를 조사했으며(예: Campbell 등. 2008; Löwe 등. 2010; Norman 등. 2006; Subica 등. 2012; Tansill 등. 2012; Wachen 등. 2013), 몇몇 예외(예: Glaesmer 등. 2011; Schnurr 등. 2000)가 있습니다.

그러나 그 효과는 대상 집단이나 측정한 결과 변인에 따라 다를 수 있습니다. 베트남 참전 용사를 대상으로 한 연구에서 남성은 전쟁 지역 노출이 자가보고 건강에 미치는 영향의 58%를 PTSD가 매개하는 것으로 나타났지만, 여성의 경우 35%만 매개하였습니다(Taft 등. 1999). 일차 진료 환자의 PTSD와 자가보고로 측정한 건강 연구에서도 남성에게서 매개의 효과가 더 컸습니다(Norman 등. 2006). 외상 노출은 여성의 소화기 질환 및 암과 관련이 있었지만 PTSD는 이러한 관계를 매개하지 않았습니다. 남성의 경우 외상 노출은 관절염 및 당뇨병과 관련이 있었지만 PTSD는 관절염과의 관계만 매개하였습니다. 또 다른 연구에서는 **결과 변인에 따라 매개 효과가 달라졌습니다.** 노년기 퇴역군인 표본에서 30년간의 추적조사 결과, 전투 노출이 정식 진단이 된 동맥, 폐, 상부 위장 장애 및 기타 심장 질환의 발생률의 증가를 예측했지만, PTSD는 노출이 동맥계 질환에 미치는 영향만을 매개했습니다(Schnurr 등. 2000).

5.3.2 PTSD가 신체 건강에 영향을 미치는 잠재적 기전에 대한 증거

현재까지 PTSD와 건강 간의 관계를 매개하는 심리적, 생물학적, 행동적, 주의적 요인을 **동시에** 검토한 연구는 존재하지 않습니다. Schnurr와 Green(2004)은 이들 요인들이 PTSD와 건강 간 관계를 매개할 것이라고 가설을 세운 바 있으나, 실제 연구들은 특정 영역 또는 개별 요인에 초점을 맞추어 진행되어 왔습니다.

잠재적인 심리적 매개 요인 중에서는 **우울증**이 가장 중요한 요인입니다. 이는 우울증이 다양한 신체 건강 문제와 밀접하게 연관된다는 잘 확립된 근거가 있기 때문입니다(Dhar와 Barton, 2016). PTSD와 건강 간 관계에서 우울증이 매개 역할을 한다는 가설과 관련하여, 현재까지의 자료는 대체로 일관된 결과를 보여주고 있습니다(Morasco 등. 2013; Poundja 등. 2006; Scherrer 등. 2019). 예를 들어, 최근 연구(Scherrer 등. 2019)에서는 우울증을 통제하였을 때, 심혈관 질환의 위험도가 1.41에서 1.20으로 유의하게 감소하였습니다. 이는 우울증이 PTSD와 건강 간 관계를 매개한다는 가설과 일치합니다. 또한, 우울증은 PTSD와 다른 매개 요인들 간의 관계를 매개할 수도 있습니다. Zen와 동료들의 연구결과(2012) PTSD와 신체 활동 부족 및 약물 복용 불이행 간의 관계를 우울증이 매개하였습니다.

건강 행동에 대한 자료는 결과가 혼재되어 있습니다. 일부 연구에서는 건강 행동이 PTSD와 건강 사이의 관계를 부분적으로 매개하였습니다(예: Crawford 등. 2009; Flood 등. 2009). 다른 연구에서는 건강 행동이 이 관계를 매개하지 않았습니다(예: Del Gaizo 등. 2011; Schnurr와 Spiro 1999). PTSD와 신체 건강 사이의 관계를 건강 행동이 적어도 부분적으로 매개할 가능성이 있다는 점은 타당해 보이지만, 이러한 행동들이 전체 효과의 상당 부분을 설명하지는 못하는 것으로 보입니다. 또한, 많은 연구에서 이러한 요인을 통제한 이후에도 PTSD가 여전히 건강 저하와 관련이 있었습니다(예: Beristianos 등. 2016; Gradus 등. 2017; Lee 등. 2016; Roberts 등. 2017; Schnurr 등. 2000).

생물학적 매개 요인과 관련하여, 최근 주목을 받은 기전 중 하나는 세포 노화의 가속화입니다(Wolf 등. 2018). 가장 강력한 근거는 심혈관 질환의 위험 요인에 대한 연구에서 나타납니다. PTSD를 가진 사람들은 우울증이 있는 사람이나 정신질환이 없는 사람에 비해 고혈압에 걸릴 가능성이 더 높았습니다(Kibler 등. 2008). 한 연구에서는 정상 체중의 간호사 집단을 16년 동안 추적한 결과, PTSD 증상이 비만 발생 위험 증가와 관련이 있었습니다(Kubzansky 등. 2014). 또 다른 연구에서는 PTSD를 가진 남성과 여성 재향군인들이 비만뿐만 아니라 흡연, 고혈압, 당뇨병, 이상지질혈증에 걸릴 위험이 높았습니다(Cohen 등. 2009). 메타 분석에 따르면, PTSD는 심혈관 질환의 또 다른 위험 요인인 저등급 염증과도 관련되어 있습니다(Passos 등. 2015).

Friedman과 McEwen(2004)은 PTSD가 대사 증후군의 위험과 관련이 있을 것이라는 가설을 제시하였습니다. 대사 증후군은 비만, 고지혈증, 고혈당, 고혈압과 같은 여러 위험 요인들이 복합적으로 나타나는 상태로, 심혈관계 질환의 이환율과 사망률을 증가시키는 것으로 알려져 있습니다(Mottillo 등. 2010). 한 메타 분석에서는 PTSD가 대사 증후군과 1.82의 상대 위험도와 관련이 있다는 결과가 보고되었고(Rosenbaum 등. 2015), 종단 연구에서도 PTSD가 시간 경과에 따라 대사 증후군의 중증도를 증가시켰습니다(Wolf 등. 2016). PTSD와 대사 증후군 간의 연관성은 인구통계학적 특성, 건강 위험 행동, 우울증 등 다른 위험 요인들과는 독립적으로 나타납니다(Heppner 등. 2009; Jin 등. 2009; Weiss 등. 2011).

대사 증후군은 항상성 부하의 핵심 특징인, 여러 위험 요인들이 복합적으로 작용하는 효과를 잘 보여주는 사례입니다. PTSD와 대사 증후군 사이의 연관성을 다룬 연구들은 PTSD가 신체 건강에 영향을 미치는 중요한 기전으로서 높은 항상성 부하가 작용할 수 있다는 가능성을 뒷받침합니다. 이 가설은 아직 검증되지 않았지만, PTSD를 가진 사람들에서 항상성 부하가 더 높았다는 결과를 보고한 연구가 두 편 존재합니다(Glover 등. 2006; Thayer 등. 2016).

5.3.3 PTSD 치료가 신체 건강을 향상시키는가에 대한 근거

PTSD가 건강 악화로 이어진다는 다양한 근거가 존재하지만, PTSD 치료가 실제로 건강을 향상시키는지에 대해서는 제한적인 정보만이 존재합니다. 가장 신뢰할 수 있는 근거는 자기 보고된 신체 증상과 신체 기능에 대한 연구에서 도출되었으나, 그 결과는 일관적이지 않습니다. 여러 연구에서 PTSD에 대한 인지행동치료 후 증상과 기능이 향상된 것으로 나타났습니다(Dunne 등. 2012; Galovski 등. 2009; Rauch 등. 2009; Shipherd 등. 2014; Sofko 등. 2016; Song 등. 2020). 예를 들어, Dunne과 동료들의 연구결과(2012) 만성 편타 손상[1] 환자들에게 시행된 PTSD 인지행동치료가 목의 장애를 감소시키고 신체 기능을 향상시켰습니다. Song과 동료들(2020)은 치료 전 신체 기능이 나쁠수록 PTSD 증상 개선 정도가 낮다는 점을 발견했습니다.

PTSD 치료가 정식진단을 받은 질환이나 기타 객관적인 이환 지표에 어떤 영향을 미치는지는 아직 연구된 바가 없습니다. PTSD 치료가 관상동맥질환이나 당뇨병과 같은 질환을 개선시킬 수 있는지에 대해서는 알려진 바가 없으며, 우울증 치료에 관한 임상시험 결과들에서도 혼재된 양상이 보고되어 더욱 불확실합니다(Bogner 등. 2007; ENRICHD 연구팀. 2003). PTSD가 해당 질환의 발병 가능성을 높였을 수 있지만, 그 과정에서 작동한 생물학적 기전은 PTSD와 무관하고 PTSD 증상의 감소만으로는 개선의 여지가 없게 되었을 수 있습니다. 예를 들어 대사 증후군의 경우, 성공적인 치료로 인해 과각성이 줄어들면 고혈압이 개선될 가능성이 있다는 생각을 할 수 있습니다. 하지만, 대부

1) 역자 주: chronic whiplash disorder. 일반적으로 자동차 사고나 외부 충격으로 인해 목이 갑작스럽게 뒤로 젖혀지거나 튕겨지면서 유발되는 손상을 말함

분의 고혈압 환자들은 PTSD나 다른 정신질환이 없고 단순히 과각성을 줄이는 것만으로는 고혈압을 충분히 치료하지 못할 수 있습니다(Hamer 등. 2010). 또한, 비만, 고지혈증, 고혈당은 더 나은 식습관, 규칙적인 운동, 그리고 복약 순응도 향상과 같은 행동 변화 없이 개선되기 어렵습니다.

5.4 임상 진료에의 시사점

PTSD가 신체 건강에 미치는 영향은 임상 진료에 여러 가지 시사점을 제공합니다. PTSD를 가진 환자들은 PTSD뿐만 아니라 의학적 질환, 신체 기능 저하, 혹은 단순히 몸이 좋지 않다는 등의 신체적인 건강 부담을 함께 겪고 있을 수 있습니다. 전인적이고 환자 중심적인 진료 접근 방식은 정신건강 전문가가 신체 건강 문제 또한 다루어야 할 수 있음을 의미합니다. 이는 특히 신체적 문제가 치료 순응도나 치료 반응에 방해가 될 경우 더욱 그러합니다. 20여 년 전 Kilpatrick 등(1997)은 외상 관련 증상이 신체적 문제와 어떻게 연관될 수 있는지, 그리고 정신적 문제와 신체적 문제를 동시에 다루는 것이 어떻게 회복을 증진시킬 수 있는지를 환자가 이해할 수 있도록 돕기 위한 심리교육의 중요성을 강조한 바 있습니다. 이와 같은 메시지는 현재에도 여전히 유효합니다.

많은 의료진은 외상 생존자 진료 시 물질사용장애를 다루는 데 익숙합니다. 그러나 의료진들은 추가적인 건강 위험 행동 또한 함께 다루어야 하며, 필요한 경우 의뢰를 해야 할 수도 있습니다. 일부 의료진은 흡연 문제를 다루는 데 주저할 수 있는데, 이는 일부 환자들이 PTSD 증상을 조절하기 위해 흡연을 사용하고 있을 경우, 이 전략을 중단시키면 외상 중심 치료에 지속적으로 참여하기 어려워할 수 있다는 우려 때문입니다. 그러나 McFall과 동료들의 연구결과(2010) 외래 PTSD 진료에 금연 치료를 통합하면 흡연을 줄이는 데 효과적일 뿐만 아니라, 금연이 PTSD 증상을 악화시키지 않았습니다. Foa와 동료들의 연구결과(2017) 지속노출요법과 금연 개입을 통합하는 것이 이들 개입의 효과를 향상시켰습니다. 또한 정신건강 진료 환경에 일반 의학 진료를 통합하는 것 역시 도움이 될 수 있으며, 이는 특히 정신과적 문제가 두드러진 환자들에게 더욱 유익할 수 있습니다(Druss 등. 2001).

PTSD는 의료 서비스 이용의 증가와 관련이 있기 때문에(Gill 등. 2009; Glaesmer 등. 2011; Schlenger 등. 2016), 의료진은 PTSD를 치료하기 위하여 더 노력할 필요가 있습니다. 많은 PTSD 환자들은 보통 일차 진료와 같은 일반 의료 환경에서만 진료를 받는 경향이 있습니다(Spottswood 등. 2019). 이러한 환경에서 진료하는 의료진은 PTSD에 대해 보다 정기적으로 선별을 실시하고, 환자들이 PTSD 증상에 대한 적절한 진료를 받을 수 있도록 지원하는 전략을 마련해야 할 수 있습니다. PTSD 이외의 정신질환에서는 의학적 진료와 정신건강 진료를 통합하는 다양한 전략들이 효과가 있습니다(Bower 등. 2006; Roy-Byrne 등. 2010). 그러나 PTSD에 있어 이러한 전략들의 효과는 혼재된 결과를 보이고 있습니다. 두 건의 무작위 통제 연구에서는 결과가 개선되었으나(Engel 등. 2016; Fortney 등. 2015), 반면 다른 두 연구에서는 기존의 일반 진료와 비교해 별다른 개선 효과가 나타나지 않았습니다(Meredith 등. 2016; Schnurr 등. 2013).

5.5 연구에의 시사점

Schnurr와 Green(2004)은 방법론적 쟁점과 내용적 쟁점을 모두 포함하는 연구 방향을 제안하였습니다. 방법론적 측면에서는 대표성 있는 대규모 표본과 미국 외 국가의 인구 집단을 기반으로 한 연구가 필요하다고 보았습니다. 이후 미국 외 지역에서 수행된 연구들이 증가하였으나(예: Chen 등. 2015; Gradus 등. 2017; Song 등. 2018), 여전히 대부분의 연구는 미국 표본에 기반하고 있습니다. 또한 이들은 외상 노출만이 아니라 PTSD와 다른 외상 후 반응들을 함께 측정하는 연구가 필요하다고 제안하였습니다. PTSD 자체에 대한 연구가 상당히 증가하였지만, 우울증과 같은 PTSD 외의 외상 후 반응들이 신체 건강에 미치는 영향을 더 깊이 이해할 필요는 여전히 남아 있습니다. Schnurr와 Green이 강조했던 생물학적 이환 지표를 기반으로 한 연구 영역에서는 다소 진전이 있었습니다. 생물학적 지표를 활용한 연구뿐만 아니라 PTSD가 어떻게 건강 악화로 이어지는지를 설명할 수 있는 기전을 다룬 연구들도 증가하고 있습니다(예: Passos 등. 2015; Rosenbaum 등. 2015; Wolf 등. 2018). 그러나 항상성 부하에 대한 연구는 여전히 제한적입니다(Glover 등. 2006; Thayer 등. 2016). PTSD의 생물학적 상관관계를 조사하는 연구에 신체 건강 지표를 포함하자는 Schnurr와 Green의 제안은 아직 광범위한 호응을 얻지 못했습니다.

내용적 측면에서 Schnurr와 Green(2004)은 PTSD 및 기타 외상 후 반응과 연관된 건강 문제와 그렇지 않은 건강 문제를 보다 명확히 구분할 수 있는 연구가 필요하다고 보았습니다. 또한 PTSD 치료가 신체 건강에 미치는 영향을 다루는 연구, 특히 정신건강과 신체 건강을 통합하는 시스템 수준의 개입 효과를 평가하는 연구를 요구했습니다. 일부 연구에서는 효과적인 치료가 증상 호소 감소 및 신체 기능 개선으로 이어졌다는 결과가 있지만, 치료가 객관적인 이환 지표에 미치는 영향을 다룬 연구는 부족합니다. 예를 들어 당뇨병과 같이 행동 및 심리적 변화에 반응할 수 있는 상태에 대한 연구는 유용할 수 있습니다. 정신건강과 신체 건강을 통합적으로 제공하는 시스템 수준 개입에 대한 연구도 일부 존재하지만, 이러한 연구들은 결과가 혼재되어 있습니다.

또한 PTSD 환자에서 흡연과 같은 건강 위험 행동을 줄이기 위한 통합적 노력의 효과를 평가하는 것도 유용할 수 있습니다. 예를 들어, Foa 등(2017)과 McFall 등(2010)의 금연 연구가 이에 해당합니다.

통계 분석과 관련하여 고려해야 할 중요한 쟁점들도 존재합니다. 사고, 전투, 고문 등 부상이나 질병을 직접 유발할 수 있는 사건을 연구할 때에는 외상의 직접적인 영향과 PTSD 또는 기타 반응에 의해 발생하는 간접적인 영향을 구분하여 분석해야 합니다. 또 다른 통계분석상의 쟁점은 PTSD의 심리적 및 행동적 관련 요인들, 예를 들어 우울증이나 흡연을 어떻게 처리할 것인가에 대한 문제입니다. PTSD가 신체 건강에 독립적인 영향을 미치는지를 알아보는 것이 목적이라면 이러한 요인들을 통계적으로 통제하는 것이 타당합니다. 반면, 이 요인들을 PTSD와 건강 사이를 매개하는 기전으로 이해하려는 경우에는 계층적 회귀분석, 경로 분석, 구조 방정식 모형 등의 방법을 사용하는 것이 보다 적절합니다.

5.6 사회에의 시사점

외상 사건 노출이 건강 악화의 위험을 증가시킨다는 사실은 사회 전반에 중요한 시사점을 갖습니다. 그중 하나는, 외상 노출의 위험을 줄이거나 PTSD 및 기타 중대한 외상 후 장애의 발생 위험을 줄임으로써 일부 질병을 예방할 수 있다는 점입니다. 사고나 신체적·성적 폭력과 같이 예방 가능한 외상 노출을 줄이는 것이 건강에 이로운 것은 분명합니다(이는 외상에 국한된 이유 외에도 그렇습니다). 하지만 외상 사건 이후 회복하지 못한 개인에게서 발생할 수 있는 생물학적, 심리적, 행동적, 주의적 변화의 연쇄 반응을 차단함으로써 외상 후 증상의 발생을 예방하는 것도 인구 집단의 건강 측면에서 중요한 이익을 가져올 수 있습니다. 또한 PTSD는 재정 비용 증가와 관련이 있으므로(Marshall 등. 2000; Marciniak 등. 2005; Walker 등. 2004), 예방을 통해 금전적인 측면에서도 중요한 이득을 얻을 수 있습니다.

공중보건의 관점에서 외상 노출과 그 결과에 대한 인식의 증진은 매우 중요합니다. 외상 노출, 특히 PTSD와 관련된 건강 위험 행동의 가능성이 높다는 점은, 외상 후 반응을 인식하고 관리하는 것이 흡연, 비만, 예방적 건강 관리와 같은 영역의 공중보건 캠페인을 강화하는 데 도움이 될 수 있음을 시사합니다. 외상 노출과 PTSD가 신체 건강에 미치는 영향에 대한 인식은 전 세계적으로도 필요합니다. 이는 특히 최근 또는 현재 분쟁이나 재난이 있는 국가들, 그리고 의료 및 정신건강 인프라가 제한적인 개발도상국에서 더욱 중요합니다.

외상 노출과 신체 건강 악화 간의 관계는 법적 및 보상 제도에도 영향을 미칩니다. PTSD를 가진 개인이 신체 건강 문제에 대해 보상을 받아야 할까요? 예를 들어, 생명을 위협하는 직장 내 사고로 인해 PTSD가 발생하고 무릎에 영구적인 손상을 입은 사람이 있다면, 두 상태 모두에 대해 보상을 받는 것이 타당해 보입니다. 하지만 이 사람이 이후 관상동맥질환이나 당뇨병이 발병했다면, 그에 대한 추가적인 보상도 받아야 할까요? 현재까지의 과학적 근거는 인과관계를 판별하기 위해 요구되는 입증 책임을 충족시킬 만큼 결정적인 수준에는 이르지 못하고 있습니다.

더불어, 특정 개인의 질병이 외상 후 증상 때문인지 혹은 다른 요인 때문인지를 판별할 수 있는 과학적으로 확립된 방법은 존재하지 않습니다. 이는 답변하기 어려운 매우 복잡한 문제입니다. 대부분의 신체 질환은 일반적으로 유전과 후생유전, 인구통계학적 특성, 외상 이전의 건강 상태, 외상과 관련 없는 외상 이후 요인 등 다양한 요소들의 영향을 받기 때문입니다.

5.7 결론

외상 사건에 노출된 개인은 건강이 악화될 위험이 증가한다는 근거가 충분히 존재합니다. 이 장은 PTSD와 그 외의 중대한 고통 반응들이 외상 노출이 건강에 영향을 미치는 기전으로 작용한다는 모형(Schnurr와 Green 2004)에 기반하고 있습니다. PTSD와 관련된 생물학적, 심리적, 행동적, 주의적 변화들은 PTSD가 신체 건강에 영향을 미칠 수 있는 기전으로 제시되며, 이러한 변화들이 미묘하더라도 결합되어 건강에 부정적인 영향을 미칠 수 있다는 설명에는 항상성 부하 개념(McEwen과 Stellar 1993)이 사용됩니다. PTSD가 건강 악화와 관련된다는 문헌들은 자기 보고 지표와 객관적 지표를 막론하고 매우 일관된 결과를 보여주고 있습니다. 다만, 심혈관 질환을 제외한 객관적인 이환 지표나 사망률과 관련된 근거는 상대적으로 적은 편입니다. 그럼에도 불구하고, 외상 노출이 신체 건강에 미치는 영향을 인식하는 것은 연구, 진료, 그리고 사회 전체에 매우 중요한 시사점이 있습니다.

References

Abrams TE, Vaughan-Sarrazin M, Vander Weg MW (2011) Acute exacerbations of chronic obstructive pulmonary disease and the effect of existing psychiatric comorbidity on subsequent mortality. Psychosomatics 52:441–449. https://doi.org/10.1016/j.psym.2011.03.005

Agyemang C, Goosen S, Anujuo K, Ogedegbe G (2012) Relationship between posttraumatic stress disorder and diabetes among 105,180 asylum seekers in the Netherlands. Eur J Pub Health 22:658–662. https://doi.org/10.1093/eurpub/ckr138

Andersen J, Wade M, Possemato K, Ouimette P (2010) Association between posttraumatic stress disorder and primary care provider-diagnosed disease among Iraq and Afghanistan veterans. Psychosom Med 72:498–504. https://doi.org/10.1097/PSY.0b013e3181d969a1

Beristianos MH, Yaffe K, Cohen B, Byers AL (2016) PTSD and risk of incident cardiovascular disease in aging veterans. Am J Geriatr Psychiatr 24:192–200. https://doi.org/10.1016/j.jagp.2014.12.003

Bogner HR, Morales KH, Post EP, Bruce ML (2007) Diabetes, depression, and death: a randomized controlled trial of a depression treatment program for older adults based in primary care (PROSPECT). Diabetes Care 30:3005–3010. https://doi.org/10.2337/dc07-0974

Boscarino J (2006) Posttraumatic stress disorder among U.S. Army veterans 30 years after military service. Ann Epidemiol 16:248–256. https://doi.org/10.1016/j.annepidem.2005.03.009

Bower P, Gilbody S, Richards D, Fletcher J, Sutton A (2006) Collaborative care for depression in primary care: making sense of a complex intervention: systematic review and meta-regression. Br J Psychiatry 189:484–493. https://doi.org/10.1192/bjp.bp.106.023655

Boyko EJ, Jacobson IG, Smith B, Ryan MAK, Hooper TI, Amoroso PJ, Smith TC (2010) Risk of diabetes in U.S. military service members in relation to combat deployment and mental health. Diabetes Care 33:1771–1777. https://doi.org/10.2337/dc10-0296

Bullman TA, Kang HK (1994) Posttraumatic stress disorder and the risk of traumatic deaths among Vietnam veterans. J Nerv Ment Dis 182:604–610

Campbell R, Greeson MR, Bybee D, Raja S (2008) The co-occurrence of childhood sexual abuse, adult sexual assault, intimate partner violence, and sexual harassment: a meditational model of posttraumatic stress disorder and physical health outcomes. J Consult Clin Psychol 76:194–207. https://doi.org/10.1037/0022-006X.76.2.194

Chen M-H, Pan T-L, Li C-T, Lin W-C, Chen Y-S, Lee Y-C, Bai Y-M (2015) Risk of stroke among patients with posttraumatic stress disorder: nationwide longitudinal study. Br J Psychiatry 206:302–307. https://doi.org/10.1192/bjp.bp.113.143610

Chen E, Turiano NA, Mroczek DM, Miller GE (2016) Association of reports of childhood abuse and all-cause mortality rates in women. JAMA Psychiat 73:920–927. https://doi.org/10.1001/jamapsychiatry.2016.1786

Chwastiak LA, Rosenheck RA, Desai R, Kasis LE (2010) Association of psychiatric illness and all-cause mortality in the national Department of Veterans Affairs health care system. Psychosom Med 72:817–822. https://doi.org/10.1097/PSY.0b013e3181eb33e9

Cohen BE, Marmar C, Ren L, Bertenthal D, Seal KH (2009) Association of cardiovascular risk factors with mental health diagnoses in Iraq and Afghanistan war veterans using VA health care. JAMA 302:489–491. https://doi.org/10.1001/jama.2009.1084

Crawford EF, Drescher KD, Rosen CS (2009) Predicting mortality in veterans with posttraumatic stress disorder thirty years after Vietnam. J Nerv Ment Dis 197:260–265. https://doi.org/10.1097/NMD.0b013e31819dbfce

Del Gaizo AL, Elhai JD, Weaver TL (2011) Posttraumatic stress disorder, poor physical health, and substance use behaviors in a national trauma-exposure sample. Psychiatry Res 188:390–395. https://doi.org/10.1016/j.psychres.2011.03.016

Dhar AK, Barton DA (2016) Depression and the link with cardiovascular disease. Front Psych 7:33. https://doi.org/10.3389/fpsyt.2016.00033

Drescher KD, Rosen CS, Burling TA, Foy DW (2003) Causes of death among male veterans who received residential treatment for PTSD. J Trauma Stress 16:535–543. https://doi.org/10.1023/B:JOTS.0000004076.62793.79

Druss BG, Rohrbaugh RM, Levinson CM, Rosenheck RA (2001) Integrated medical care for patients with serious psychiatric illness: a randomized trial. Arch Gen Psychiatry 58:861–868. https://doi.org/10.1001/archpsyc.58.9.861

Dube SR, Fairewather D, Pearson WS, Felitti VJ, Anda RF, Croft JB (2009) Cumulative childhood stress and autoimmune diseases in adults. Psychosom Med 71:243–250. https://doi.org/10.1097/PSY.0b013e3181907888

Dunne RL, Kenardy J, Sterling M (2012) A randomized controlled trial of cognitive-behavioral therapy for the treatment of PTSD in the context of chronic whiplash. Clin J Pain 28:755–765. https://doi.org/10.1097/AJP.0b013e318243e16b

Edmondson D, Kronish IM, Shaffer JA, Falzon L, Burg MW (2013) Posttraumatic stress disorder and risk for coronary heart disease: a meta-analytic review. Am Heart J 166:806–814. https://doi.org/10.1016/j.ahj.2013.07.031

Edwards WS, Winn DM, Kurlantzick V, Sheridan S, Berk ML, Retchin S et al (1994) Evaluation of national health interview survey diagnostic reporting. National Center for Health Statistics, Hyattsville

Elliot AJ, Turiano NA, Infurna FJ, Lachman ME, Chapman BP (2018) Lifetime trauma, perceived control, and all-cause mortality: results from the midlife in the United States study. Health Psychol 37:262–270. https://doi.org/10.1037/hea0000585

Engel CC, Jaycox LH, Freed MC, Bray RM, Brambilla D, Zatzick D, Katon WJ (2016) Centrally assisted collaborative telecare for posttraumatic stress disorder and depression among military personnel attending primary care: a randomized clinical trial. JAMA Intern Med 176:948–956

Felitti VJ, Anda RF, Norenberg D, Williamson DF, Spitz AM, Edwards V, Marks JS (1998) Relationship of childhood abuse and household dysfunction to many of the leading causes of death in adults. Am J Prev Med 14:245–258. https://doi.org/10.1016/S0749-3797(98)00017-8

Flood AM, McDevitt-Murphy ME, Weathers FW, Eakin DE, Benson TA (2009) Substance use behaviors as a mediator between posttraumatic stress disorder and physical health in trauma-exposed college students. J Behav Med 32:234–243. https://doi.org/10.1007/s10865-008-9195-y

Foa EB, Asnaani A, Rosenfield D, Zandberg LJ, Gariti P, Imms P (2017) Concurrent varenicline and prolonged exposure for patients with nicotine dependence and PTSD: a randomized controlled trial. J Consult Clin Psychol 85:862–872. https://doi.org/10.1037/ccp0000213

Forehand JA, Peltzman T, Westgate CL, Riblet NB, Watts BV, Shiner B (2019) Causes of excess mortality in veterans treated for

posttraumatic stress disorder. Am J Prev Med 57:145–152. https://doi.org/10.1016/j.amepre.2019.03.014
Fortney JC, Pyne JM, Kimbrell TA, Hudson TJ, Robinson DE, Schneider R, Schnurr PP (2015) Telemedicine-based collaborative care for posttraumatic stress disorder: a randomized clinical trial. JAMA Psychiat 72:58–67. https://doi.org/10.1001/jamapsychiatry
Friedman MJ, McEwen BS (2004) Posttraumatic stress disorder, allostatic load, and medical illness. In: Schnurr PP, Green BL (eds) Trauma and health: physical health consequences of exposure to extreme stress. American Psychological Association, Washington, pp 157–188
Galovski TE, Monson C, Bruce SE, Resick PA (2009) Does cognitive-behavioral therapy for PTSD improve perceived health and sleep impairment? J Trauma Stress 22:197–204. https://doi.org/10.1002/jts.20418
Gill JM, Szanton S, Taylor TJ, Page GG, Campbell JC (2009) Medical conditions and symptoms associated with posttraumatic stress disorder in low-income urban women. J Women's Health 18:261–267. https://doi.org/10.1089/jwh.2008.0914
Gilsanz P, Winning A, Koenen KC, Roberts AL, Sumner JA, Chen Q, Kubzansky LD (2017) Post-traumatic stress disorder symptom duration and remission in relation to cardiovascular disease risk among a large cohort of women. Psychol Med 47:1370–1378. https://doi.org/10.1017/S0033291716003378
Glaesmer H, Brahler E, Gundel H, Riedel-Heller SG (2011) The association of traumatic experiences and posttraumatic stress disorder with physical morbidity in old age: a German population-based study. Psychosom Med 73:401–406. https://doi.org/10.1097/PSY.0b013e31821b47e8
Glover DA, Stuber M, Poland RE (2006) Allostatic load in women with and without PTSD symptoms. Psychiatry 69:191–203. https://doi.org/10.1521/psyc.2006.69.3.191
Gradus JL, Antonsen S, Svensson E, Lash TL, Resick PA, Hansen JG (2015a) Trauma, comorbidity, and mortality following diagnoses of severe stress and adjustment disorders: a nationwide cohort study. Am J Epidemiol 182:451–458. https://doi.org/10.1093/aje/kwv066
Gradus JL, Farkas DK, Svensson E, Ehrenstein V, Lash TL, Milstein A, Sørensen HT (2015b) Posttraumatic stress disorder and cancer risk: a nationwide cohort study. Eur J Epidemiol 30:563–568. https://doi.org/10.1007/s10654-015-0032-7
Gradus JL, Farkas DK, Svensson E, Ehrenstein V, Lash TL, Sørensen HT (2017) Posttraumatic stress disorder and gastrointestinal disorders in the Danish population. Epidemiology 28:354–360. https://doi.org/10.1097/EDE.0000000000000622
Griffin KW, Friend R, Kaell AT, Bennett RS, Wadhwa NK (1999) Negative affect and physical symptom reporting: a test of explanatory models in two chronically ill populations. Psychol Health 14:295–307. https://doi.org/10.1080/08870449908407329
Hamer M, Batty GD, Stamatakis, & Kivimaki, M. (2010) The combined influence of hypertension and common mental disorder on all-cause and cardiovascular disease mortality. J Hypertens 28:2401–2406. https://doi.org/10.1097/HJH.0b013e32833e9d7c
Hauser W, Galek A, Erbsloh-Moller B, Kollner V, Kuhn-Becker H, Langhorst J, Glaesmer H (2013) Posttraumatic stress disorder in fibromyalgia syndrome: prevalence, temporal relationship between posttraumatic stress and fibromyalgia symptoms, and impact on clinical outcome. Pain 154:1216–1223. https://doi.org/10.1016/j.pain.2013.03.034
Hendrickson CM, Neylan TC, Na B, Regan M, Zhang Q, Cohen BE (2013) Lifetime trauma exposure and prospective cardiovascular events and all-cause mortality: findings from the Heart and Soul Study. Psychosom Med 75:849–855. https://doi.org/10.1097/PSY.0b013e3182a88846
Heppner PS, Crawford EF, Haji U, Afari N, Hauger RL, Dashevsky BA, Baker DG (2009) The association of posttraumatic stress disorder and metabolic syndrome: a study of increased health risk in veterans. BMC Med 7:1–8. https://doi.org/10.1186/1741-7015-7-1
Jin H, Lanouette NM, Mudaliar S, Henry R, Folsom DP, Khandrika S, Jeste D (2009) Association of posttraumatic stress disorder with increased prevalence of metabolic syndrome. J Clin Psychopharmacol 29:210–215. https://doi.org/10.1097/JCP.0b013e3181a45ed0
Kibler JL, Joshi K, Ma M (2008) Hypertension in relation to posttraumatic stress disorder and depression in the US National Comorbidity Survey. Behav Med 34:125–131. https://doi.org/10.3200/BMED.34.4.125-132
Kilpatrick DG, Resnick H, Acierno R (1997) Health impact of interpersonal violence 3: implications for clinical practice and public policy. Behav Med 23:79–85. https://doi.org/10.1080/08964289709596731
Koenen KC, Galea S (2015) Posttraumatic stress disorder and chronic disease: open questions and future directions. Soc Psychiatry Psychiatr Epidemiol 50:511–513. https://doi.org/10.1007/s00127-015-1035-0
Kubzansky LD, Koenen KC, Spiro A, Vokonas PS, Sparrow D (2007) Prospective study of posttraumatic stress disorder symptoms and coronary heart disease in the Normative Aging Study. Arch Gen Psychiatry 64:109–116. https://doi.org/10.1001/archpsyc.64.1.109
Kubzansky LD, Koenen KC, Jones C, Eaton WW (2009) A prospective study of posttraumatic stress disorder symptoms and coronary heart disease in women. Health Psychol 28:125–130. https://doi.org/10.1037/0278-6133.28.1.125
Kubzansky LD, Bordelois P, Hee JJ, Robert AL, Cerda M, Bluestone N, Koenen KC (2014) The weight of traumatic stress: a prospective study of posttraumatic stress disorder symptoms and weight status in women. JAMA Psychiat 71:44–51. https://doi.org/10.1001/jamapsychiatry.2013.2798
Lee YC, Agnew-Blais J, Malspeis S, Keyes K, Costenbader K, Kubzansky LD et al (2016) Posttraumatic stress disorder and risk for incident rheumatoid arthritis. Arthritis Care Res (Hoboken) 68:292–298. https://onlinelibrary.wiley.com/doi/

epdf/10.1002/acr.22683
Lowe B, Kroenke K, Spitzer RL, Williams JBW, Mussell M, Rose M, Spitzer C (2010) Trauma exposure and posttraumatic stress disorder in primary care patients: cross-sectional criterion standard study. J Clin Psychiatry 72:304–312. https://doi.org/10.4088/JCP.09m05290blu
Marciniak MD, Lage MJ, Dunayevich E, Russell JM, Bowman L, Landbloom RP, Levine LR (2005) The cost of treating anxiety: the medical and demographic correlates that impact total medical costs. Depress Anxiety 12:178–184. https://doi.org/10.1002/da.20074
Marshall RP, Jorm AF, Grayson DA, O'Toole BI (2000) Medical-care costs associated with posttraumatic stress disorder in Vietnam veterans. Aust N Z J Psychiatry 34:954–962. https://doi.org/10.1046/j.1440-1614.2000.00831.x
McEwen BS, Stellar E (1993) Stress and the individual: mechanisms leading to disease. Arch Intern Med 153:2093–2101. https://doi.org/10.1001/archinte.1993.00410180039004
McFall M, Saxon AJ, Malte CA, Chow B, Bailey S, Baker DG (2010) Integrating tobacco cessation into mental health care for posttraumatic stress disorder: a randomized controlled trial. JAMA 304:2485–2493. https://doi.org/10.1001/jama.2010.1769
Meredith LS, Eisenman DP, Han B, Green BL, Kaltman S, Wong EC, Tobin JN (2016) Impact of collaborative care for underserved patients with PTSD in primary care: a randomized controlled trial. J Gen Intern Med 31:509–517. https://doi.org/10.1007/s11606-016-3588-3
Mikuls TR, Padala PR, Sayles HR, Yu F, Michaud K, Caplan L, Boscarino J (2013) Prospective study of posttraumatic stress disorder and disease activity outcomes in US veterans with rheumatoid arthritis. Arthritis Care Res 65:227–234. https://doi.org/10.1002/acr.21778
Moeller-Bertram T, Afari N, Mostoufi S, Fink DS, Johnson Wright L, Baker DG (2014) Specific pain complaints in Iraq and Afghanistan veterans screening positive for post-traumatic stress disorder. Psychosomatics 55:172–178. https://doi.org/10.1016/j.psym.2013.01.011
Morasco BJ, Lovejoy TI, Lu M, Turk DC, Lewis L, Dobscha SK (2013) The relationship between PTSD and chronic pain: mediating role of coping strategies and depression. Pain 154:609–616. https://doi.org/10.1016/j.pain.2013.01.001
Mottillo S, Filion KB, Genest J, Joseph L, Pilote L, Poirier P, Eisenberg MJ (2010) The metabolic syndrome and cardiovascular risk a systematic review and meta-analysis. J Am Coll Cardiol 56:1113–1132. https://doi.org/10.1016/j.jacc.2010.05.034
Nazarian D, Kimerling R, Frayne SM (2012) Posttraumatic stress disorder, substance use disorders, and medical comorbidity among returning U.S. veterans. J Trauma Stress 25:220–225. https://doi.org/10.1001/archinte.1993.00410180039004
Norman SB, Means-Christensen AJ, Craske MG, Sherbourne CD, Roy-Byrne PP, Stein MB (2006) Associations between psychological trauma and physical illness in primary care. J Trauma Stress 19:461–470. https://doi.org/10.1002/jts.20129
O'Donovan A, Cohen BE, Seal KH, Bertenthal D, Margaretten M, Nishimi K et al (2015) Elevated risk for autoimmune disorder in Iraq and Afghanistan Veterans with posttraumatic stress disorder.
Biol Psychiatry 77:365–374. https://www.biologicalpsychiatryjournal.com/article/S0006-3223(14)00457-0/fulltext
O'Toole BI, Catts SV (2008) Trauma, PTSD, and physical health: an epidemiological study of Australian Vietnam veterans. J Psychosom Res 64:33–40. https://doi.org/10.1016/j.jpsychores.2007.07.006
O'Toole BI, Catts SV, Outram S, Pierse KR, Cockburn J (2010) Factors associated with civilian mortality in Australian Vietnam veterans three decades after the war. Mil Med 175:88–95. https://doi.org/10.1093/aje/kwp146
Pacella ML, Hruska B, Delahanty DL (2013) The physical health consequences of PTSD and PTSD symptoms: a meta-analytic review. J Anxiety Disord 27:33–46. https://doi.org/10.1016/j.janxdis.2012.08.004
Passos IC, Vasconcelos-Moreno MP, Costa LG, Kunz M, Brietzke E, Quevedo J et al (2015) Inflammatory markers in posttraumatic stress disorder: a systematic review, meta-analysis, and meta-regression. Lancet Psychiatry 2:1002–1012. https://www.thelancet.com/journals/lanpsy/article/PIIS2215-0366(15)00309-0/fulltext
Paras ML, Murad MH, Chen LP, Goranson EN, Sattler AL, Colbenson KM, Zirakzadeh A (2009) Sexual abuse and lifetime diagnosis of somatic disorders: a systematic review and meta-analysis. JAMA 302:550–561. https://doi.org/10.1001/jama.2009.1091
Pennebaker J (2000) Psychological factors influencing the reporting of physical symptoms. In: Stone AA, Turkkan JS, Bachrach CA, Jobe JB, Kurtzman HS, Cain VS (eds) The science of self-report: implications for research and practice. Erlbaum, Mahwah, NJ, pp 299–315
Poundja J, Fikretoglu D, Brunet A (2006) The co-occurrence of posttraumatic stress disorder symptoms and pain: is depression a mediator? J Trauma Stress 19:747–751. https://doi.org/10.1002/jts.20151
Rauch SAM, Grunfeld TEE, Yadin E, Cahill SP, Hembree E, Foa EB (2009) Changes in reported physical health symptoms and social function with prolonged exposure therapy for chronic posttraumatic stress disorder. Depress Anxiety 26:732–738. https://doi.org/10.1002/da.20518
Roberts AL, Malspeis S, Kubzansky LD, Feldman CH, Chang SH, Koenen KC et al (2017) Association of trauma and posttraumatic stress disorder with incident systematic lupus erythematosus in a longitudinal cohort of women. Arthritis & Rheumatol 69:2162–2169. https://onlinelibrary.wiley.com/doi/10.1002/art.40222
Rosenbaum S, Stubbs B, Ward PB, Steel Z, Lederman O, Vancampfort D (2015) The prevalence and risk of metabolic syndrome and it components among people with posttraumatic stress disorder. Metabolism 64:926–933. https://www.metabolismjournal.com/article/S0026-0495(15)00127-4/fulltext

Roy-Byrne P, Craske MG, Sullivan G, Rose RD, Edlund MJ, Lang AJ, Stein MB (2010) Delivery of evidence-based treatment for multiple anxiety disorders in primary care: a randomized controlled trial. JAMA 303:1921–1928. https://doi.org/10.1001/jama.2010.608

Ryder AL, Azcarate PM, Cohen BE (2018) PTSD and physical health. Curr Psychiatry Rep 20:116. https://doi.org/10.1007/s11920-018-0977-9

Scherrer JF, Salas J, Cohen BE, Schnurr PP, Schneider D, Chard KM, Luston PA (2019) Comorbid conditions explain the association between posttraumatic stress disorder and incident cardiovascular disease. J Am Heart Assoc 8:e011133. https://doi.org/10.1161/JAHA.118.011133

Schlenger WE, Mulvaney-Day N, Williams CS, Kulka RA, Corry NH, Mauch D, Marmar CR (2016) PTSD and use of outpatient general medical services among veterans of the Vietnam War. Psychiatr Serv 67:543–550. https://doi.org/10.1176/appi.ps.201400576

Schnurr PP, Green BL (2004) Understanding relationships among trauma, posttraumatic stress disorder, and health outcomes. In: Schnurr PP, Green BL (eds) Trauma and health: physical health consequences of exposure to extreme stress. American Psychological Association, Washington, DC, pp 247–275

Schnurr PP, Jankowski MK (1999) Physical health and post-traumatic stress disorder: review and synthesis. Semin Clin Neuropsychiatry 4:295–304

Schnurr PP, Spiro A (1999) Combat exposure, posttraumatic stress disorder symptoms, and health behaviors as predictors of self-reported physical health in older veterans. J Nerv Ment Dis 187:353–359. https://doi.org/10.1097/00005053-199906000-00004

Schnurr PP, Spiro A, Paris AH (2000) Physician-diagnosed medical disorders in relation to PTSD symptoms in older male military veterans. Health Psychol 19:91–97. https://doi.org/10.1037/0278-6133.19.1.91

Schnurr PP, Friedman MJ, Oxman TE, Dietrich AJ, Smith MW, Shiner B, Thurston V (2013) RESPECT-PTSD: re-engineering systems for the primary care treatment of PTSD, a randomized controlled trial. J Gen Intern Med 28:32–40. https://doi.org/10.1007/s11606-012-2166-6

Schnurr PP, Wachen JS, Green BL, Kaltman S (2021) Trauma exposure and physical health. In: Friedman MJ, Schnurr PP, Keane TM (eds) Handbook of PTSD: science and practice, 3rd edn. Guilford, New York, pp 462–479

Scott KM, Von Korff M, Angermeyer MC, Benjet C, Bruffaerts R, de Girolamo G, Kessler RC (2011) Association of childhood adversities and early-onset mental disorders with adult-onset chronic physical conditions. Arch Gen Psychiatry 68:838–844. https://doi.org/10.1001/archgenpsychiatry.2011.77

Seng JS, Clark MK, McCarthy A, Ronis DL (2006) PTSD and physical comorbidity among women receiving Medicaid: results from service use data. J Trauma Stress 19:45–56. https://doi.org/10.1002/jts.20097

Shipherd JC, Clum G, Suvak M, Resick PA (2014) Treatment-related reductions in PTSD and changes in physical health symptoms in women. J Behav Med 37:423–433. https://doi.org/10.1007/s10865-013-9500-2

Sibai AM, Armenian HK, Alam S (1989) Wartime determinants of arteriographically confirmed coronary artery disease in Beirut. Am J Epidemiol 130:623–631

Sibai AM, Fletcher A, Armenian HK (2001) Variations in the impact of long-term wartime stressors on mortality among the middle-aged and older population in Beirut, Lebanon, 1983-1993. Am J Epidemiol 154:128–137. https://doi.org/10.1093/aje/154.2.128

Siqveland J, Hussain A, Lindstrøm JC, Ruud T, Hauff E (2017) Prevalence of posttraumatic stress disorder in persons with chronic pain: a meta-analysis. Front Psych 8:164. https://doi.org/10.3389/fpsyt.2017.00164

Smith B, Chu LK, Smith TC, Amoroso PJ, Hooper TI, Gackstetter GD (2008) Challenges of self-reported medical conditions and electronic medical records among members of a large military cohort. BMC Med Res Methodol 8:37. https://doi.org/10.1186/1471-2288-8-37

Sofko CA, Currier JM, Drescher KD (2016) Prospective associations between changes in mental health symptoms and health-related quality of life in veterans seeking posttraumatic stress disorder residential treatment. Anxiety Stress Coping 29:630–643. https://doi.org/10.1080/10615806.2016.1157171

Song H, Fang F, Tomasson G, Arnberg FK, Mataix-Cois D, de la Cruz LF, Valdimarsd ó ttir UA(2018) Association of stress-related disorders with subsequent autoimmune disease. JAMA 319:2388–2400. https://doi.org/10.1001/jama.2018.7028

Song J, Johnson C, Suvak MK, Shields N, Lane J, Monson CM, Wiltsey-Stirman S (2020) Patterns of change in physical functioning and posttraumatic stress disorder with cognitive processing therapy in a randomized controlled implementation trial. Eur J Psychotraumatol 11(1):1801166. https://doi.org/10.1080/20008198.2020.1801166

Spitzer C, Koch B, Grabe HJ, Ewert R, Barnow S, Felix SB, Schaper C (2011) Association of airflow limitation with trauma exposure and posttraumatic stress disorder. Eur Respir J 37:1068–1075. https://doi.org/10.1097/PSY.0b013e3181bc76b5

Spottswood M, Fortney J, Chen JA, Davydow D, Huang H (2019) Posttraumatic stress disorder in the primary care setting: summary of recommended care. Harv Rev Psychiatry 27(2):87–93. https://doi.org/10.1097/HRP.0000000000000201

Subica AM, Claypoole KH, Wylie AM (2012) PTSD's mediation of the relationships between trauma, depression, substance abuse, mental health, and physical health in individuals with severe mental illness: evaluating a comprehensive model. Schizophr Res 136:104–109. https://doi.org/10.1016/j.schres.2011.10.018

Taft CT, Stern AS, King LA, King DW (1999) Modeling physical health and functional health status: the role of combat exposure, posttraumatic stress disorder, and personal resource attributes. J Trauma Stress 12:3–23. https://doi.org/10.1023/A:1024786030358

Taggart Wasson L, Shaffer JA, Edmonson D, Bring R, Brondolo E, Falzon L, Kronish IM (2018) Posttraumatic stress disorder and non-adherence to medications prescribed for chronic medical conditions: a meta-analysis. J Psychiatr Res 102:102–109. https://doi.org/10.1016/j.jpsychires.2018.02.013

Tansill EC, Edwards KM, Kearns MC, Gidycz CA, Calhoun KS (2012) The mediating role of trauma-related symptoms in the relationship between sexual victimization and physical health symptomatology in undergraduate women. J Trauma Stress 25:79–85. https://doi.org/10.1002/jts.21666

Thayer Z, Barbosa-Leiker C, McDonell M, Nelson LA, Buchwald DS, Manson S (2016) Early life trauma, post-traumatic stress disorder, and allostatic load in a sample of American Indian adults. Am J Hum Biol 29:e22943. https://doi.org/10.1002/ajhb.22943

Vaccarino V, Goldberg J, Rooks C, Shah AJ, Veledar E, Faber TL, Bremner JD (2013) Posttraumatic stress disorder and incidence of coronary heart disease: a twin study. J Am Coll Cardiol 62:970–978. https://doi.org/10.1016/j.jacc.2013.04.085

van den Berk-Clark C, Secrest S, Walls J, Hallberg E, Lustman PJ, Schneider FD, Scherrer JF (2018) Association between posttraumatic stress disorder and lack of exercise, poor diet, obesity, and co-occurring smoking: a systematic review and meta-analysis. Health Psychol 37:407–416. https://doi.org/10.1037/hea0000593

Wachen JS, Shipherd JC, Suvak M, Vogt D, King LA, King DW (2013) Posttraumatic stress symptomatology as a mediator of the relationship between warzone exposure and physical health symptoms in men and women. J Trauma Stress 26:319–328. https://doi.org/10.1002/jts.21818

Walker EA, Gelfand AN, Katon WJ, Koss MP, Von Korff M, Bernstein DE, Russo J (1999) Adult health status of women with histories of childhood abuse and neglect. Am J Med 107:332–339. https://doi.org/10.1016/S0002-9343(99)00235-1

Walker EA, Newman E, Koss MP (2004) Costs and health care utilization associated with traumatic experiences. In: Schnurr PP, Green BL (eds) Trauma and health: physical health consequences of exposure to extreme stress. American Psychological Association, Washington, DC, pp 43–69

Wallihan DB, Stump TE, Callahan CM (1999) Accuracy of self-reported health service use and patterns of self-care among urban older adults. Med Care 37:662–670

Weiss T, Skelton K, Phifer J, Jovanovic T, Gillespie CF, Smith A, Ressler KJ (2011) Posttraumatic stress disorder is a risk factor for metabolic syndrome in an impoverished urban population. Gen Hosp Psychiatry 33:135–142. https://doi.org/10.1016/j.genhosppsych.2011.01.002

Wilson IB, Cleary PD (1995) Linking clinical variables with health-related quality of life. JAMA 273:59–65. https://doi.org/10.1001/jama.1995.03520250075037

Wolf EJ, Bovin MJ, Green JD, Mitchell KS, Stoop TB, Barretto KM, Marx BP (2016) Longitudinal associations between posttraumatic stress disorder and metabolic syndrome severity. Psychol Med 46:2215–2216. https://doi.org/10.1017/S0033291716000817

Wolf EJ, Maniates H, Nugent N, Maihofer AX, Armstrong D, Ratanatharathorn A, Koenen KC (2018) Traumatic stress and accelerated DNA methylation age: a meta-analysis. Psychoneuroendocrinology 92:123–134. https://doi.org/10.1016/j.psyneuen.2017.12.007

Writing Committee for the ENRICHD Investigators (2003) Effect of treating depression and low perceived social support on clinical events after myocardial infarction: the enhancing recovery in coronary heart disease patients (ENRICHD) randomized trial. JAMA 289:3106–3116. https://doi.org/10.1001/jama.289.23.3106

Zen AL, Whooley MA, Zhao S, Cohen BE (2012) Posttraumatic stress disorder is associated with poor health behaviors: findings from the heart and soul study. Health Psychol 31:194–201. https://doi.org/10.1037/a0025989

2부

스트레스 및 트라우마 관련 질환

트라우마 관련 질환의 진단 스펙트럼 6

Richard A. Bryant

6.1 서론

외상성 스트레스 질환을 분류하는 데 따르는 흔한 어려움은 잠재적인 트라우마 상황 이후, 정상과 비정상적인 스트레스 상태를 구분해야 한다는 것입니다. 이 장에서는 외상 후 스트레스 상태의 범위를 설명하는 현재의 진단 시스템을 살펴봅니다. 지난 십여 년 간, 정신과학의 두 주요 진단체계는 외상성 스트레스 질환의 정의를 수정해왔고, 그로 인해 이 질환들에 대한 이해에 상당한 차이가 있습니다. 이러한 맥락에서 이 장에서는 외상 후 스트레스 장애posttraumatic stress disorder, 이하 PTSD, 복합 외상 후 스트레스 장애, 급성 스트레스 장애acute stress disorder, 이하 ASD, 급성 스트레스 반응acute stress reaction, 이하 ASR, 지속 애도 장애에 대한 현재의 정의를 살펴봅니다. 더불어 진단 체계의 범위를 넘는 외상성 스트레스의 표현형을 이해하기 위한 몇몇 최신 방법들을 간략히 살펴보겠습니다.

6.2 DSM의 역사

스트레스 관련 질환에 대한 미국 정신의학회의 진단적 인식은 **정신장애 진단 및 통계 편람**Diagnostic and Statistical Manual for Mental Disorders, 이하 DSM의 시작 시기로 거슬러 올라갑니다. 처음 발간된 DSM-I (American Psychiatric Association 1952)에서는 외상의 노출에 영향을 받은 사람들에 대해 '총 스트레스 반응gross stress reaction'이라는 느슨한 정의를 사용하여 설명하고자 하였습니다. 이는 스트레스 반응이 일시적이라는 전제를 기반으로 한 개념으로, 스트레스 반응이 일반적으로 단기간내에 일어난다는 군사적 개념에 영향을 받은 것으로 보입니다. 이 진단은 DSM-II (American Psychiatric Association 1968)에서 삭제되고, 가벼운 수준부터 심각한 경우까지 모든 범위의 부정적 경험에 대한 반응을 의미하는 '상황적 반응situational reaction'으로 대체되었습니다. 외상 후 스트레스 반응에 대한 최초의 주요한 인식은1980년 DSM-III (American Psychiatric Association 1980)의 발간과 함께 이루어졌습니다. 베트남 참전 용사들의 정신건강에 대한 요구를 공식적으로 인정해야 할 필요성에 대해 강한 영향을 받은 이 진단은 재경험, 회피, 과각성의 세 가지 군집에 속하는 17가지 증상으로 구성되었습니다. 이 구성은 수년간 유지되며, 1980년 이후 PTSD를 이해하는 틀이 되었습니다. DSM-IV (American Psychiatric Association 1994)에서는 일부가 수정되었지만 본질적으로 DSM-III의 구성과 동일하게 유지되었습니다. DSM-IV에서는 PTSD를 심각하게 위협적인 경험에 노출되거나 목격한 뒤의 두려움, 공포 또는 무력감 반응으로 정의했습니다. 따라서 이러한 경험의 존재는 진단의 관문 역할인 첫 번째 조건으로, 해당 경험이 있는 경우에만 재경험, 회피, 각성 증상을 고려할 수 있었습니다.

6.3 ICD의 역사

세계보건기구WHO는 국제질병분류International Classification of Diseases, 이하 ICD를 통해 전통적으로 스트레스 관련 질환을 인정해 왔습니다. ICD-8에서는 이를 적응 문제, 심한 스트레스 반응, 전투 신경증으로 구성된 광범위한 범주인 '일시적 상황 장애transient situational disturbance'로 분류했습니다(World Health Organization 1965). 다음 개정판ICD-9에서는 급성 스트레스 반응acute stress reaction, ASR과 적응 반응adjustment reaction, AR이 도입되었고, ICD-10 (World Health Organization 1994)에서는 외상 후 스트레스 장애posttraumatic stress disorder, PTSD와 파국적인 경험 후 지속적 성격 변화enduring personality change after catastrophic experiences, EPCACE라는 두 가지 진단이 추가되었습니다. 추가된 이 두 질환은, 외상 후 발생된 일시적인 반응이 일정 기간 이후 정상적으로 개선되는 것으로 보았던 이전의 진단 개념으로부터 중대한 변화를 의미합니다. ICD의 접근 방식은 군 정신의학의 영향을 종종 받았기 때문에, 스트레스 반응의 단기적 특성에 중점을 두었습니다. 또한 사명mission 측면에서도 ICD와 DSM가 가진 중요한 차이에 주목할 필요가 있습니다. DSM은 당연히 미국 보건의료 안건에 초점을 맞추는 데 반해, ICD는 세계를 목표로 전 세계인의 정신건강 과제의 해결을 목표로 합니다. 이러한 관점에 의해 ICD 진단은 자원이 부족한 상황과 분쟁, 재난, 전쟁의 영향을 받는 사람들이 필요로 하는 요구에 더 잘 맞춰져 있습니다. 따라서 ICD의 분명한 목표는 실용적인 적용에 중점을 두는 것으로, 여기에는 (a) 치료자들의 일반적인 분류와 부합하고, (b) 최소한의 증상으로 간단하게 진단 가능하며, (c) 질환에 따라 차별화된 치료적 결정을 내리는 데 유용한 진단적 특징이 포함됩니다(Reed 2010).

6.4 DSM-5의 분류

DSM-5에서는 여러 가지 핵심적인 변화가 있었습니다. 근본적인 변화 중 하나는 DSM에서 트라우마 관련 질환의 위치입니다. 전통적으로 PTSD와 ASD는 공통적인 증상 표현과 추정 기전으로 인해 불안 장애로 분류되어 왔습니다. DSM-5를 준비하는 과정에서 PTSD, ASD, 공황장애, 광장공포증, 사회불안장애 및 특정 공포증을 포괄하는 공포 회로 영역의 분류를 새로 만드는 것에 대해 상당한 논쟁이 있었습니다(Andrews 등. 2009). 여기에는 이 질환들의 근간이 되는 공통적인 기원과 신경회로가 있다는 개념에 기반을 두고 있습니다. 즉 공포 조건화 모델을 기반으로 이 질환들은 특정 자극이 본질적으로 혐오감을 일으키는 사건과 짝지어질 때 시작된다고 제안되었고, 이후 조건화된 자극에 다시 노출되면 그것이 위협으로 인식되어 불안이 유발된다고 하였습니다(Milad 등. 2006). 조건화된 혐오 경험 후에 시작되는 질환의 전형적인 예는 PTSD이지만, 공황 장애(Faravelli 1985; Manfro 등. 1996)와 사회불안장애(McCabe 등. 2003) 역시 혐오 경험이 발병 전에 선행할 수 있다는 근거도 있습니다. 신경 회로 면에서, 공포 회로 질환은 과도한 편도체의 반응성과 상대적으로 낮은 수준의 내측 전전두엽 피질에 의한 반응 조절 장애의 특징을 보이는 반면, 비-공포 회로성 불안 장애에는 다른 신경 네트워크가 관여하는 것으로 보입니다(Cannistraro 등. 2004; Rauch 등. 2007). 외상 후 공포 회로성 질환에서는 심박수가 상승하지만 비-공포 회로성 질환에서는 그렇지 않다는 근거가 이를 뒷받침합니다(Bryant 등. 2011a). PTSD와 다른 공포 회로성 질환 간에 이렇게 중복되는 특성에도 불구하고, 트라우마 관련 질환을 불안장애로 보아야 한다는 견해에 이의를 제기하는 여러 주장이 제기되었습니다. 첫 번째로, 혐오 경험이 대부분의 공포 회로 질환의 발병에 선행하여 존재한다는 근거가 연구마다 일관되지 않습니다(Rapee 등. 2009, 1990). 둘째, PTSD의 많은 증상은 다른 질환에서도 찾아볼 수 있습니다(예: 감각의 마비, 위축, 무관심의 증상은 우울증에서도 흔함)(Blanchard와 Penk 1998). 셋째, 흔히 PTSD의 특징으로 여겨지는 죄책감, 분노, 수치심의 증상이 공포 조건화 모델로 쉽게 설명되지 않기 때문에, PTSD가 전적으로 공포 회로성 질환이라는 주장에 부합하지 않는다는 의견이 있었습니다(Horowitz 2007). 이에 따라 **외상 및 스트레스 관련 질환**의 범주에 PTSD,

ASD, 적응 장애, 해리성 장애를 포함하기로 결정하였습니다. PTSD를 불안 장애로 개념화하지 않기로 한 결정은, 특히 PTSD의 치료법이 다른 공포 회로 질환들의 치료법들과 매우 겹친다는 점에서 상당히 큰 논란이 되었습니다.

6.5 외상 후 스트레스 장애Posttraumatic Stress Disorder, PTSD

6.5.1 DSM-5

DSM-5의 PTSD 정의에는 상당히 중요한 여러 변화가 도입되었습니다(**표 6.1 참조**). 진단 시작 지점에서의 주요 변화는 스트레스 요인에 주관적 측면(A2: '두려움, 공포 또는 무력감')이 삭제되었다는 점입니다. 이는 부분적으로, 사건에 대한 경미한 반응이 PTSD 진단 기준을 충족하지 않도록 하기 위해 처음 도입되었습니다(Friedman 등. 2011). 연구에 따르면 스트레스 요인에 대한 기존의 정의 조건은 PTSD를 잘 예측하지 못하고(Brewin 등. 2000), PTSD 기준을 충족하는 일부 사람들을 진단에서 배제시켰습니다(O'Donnell 등. 2010; Rizvi 등. 2008).

DSM-5에서 재경험 증상군cluster 기준은 거의 바뀌지 않았습니다. 그러나 회피의 개념이 현저하게 바뀌었습니다. DSM-IV에서는 PTSD가 세 가지 요인으로 구성된다고 보았지만, 여러 요인 분석 연구에 따르면 재경험, 능동적 회피, 수동적 회피(감정의 둔마 포함), 각성의 네 가지 요인 구성이 더 적절하였습니다(Asmundson 등. 2000; King 등. 1998; Marshall 2004). 이에 따라 DSM-5에는 (내적 또는 외적 연상물에 대한) 두 가지 능동적 회피 증상 중 하나 이상을 충족해야 하는 별도의 세부 진단기준군이 생겼습니다. 가장 큰 변화는 **인지 및 기분의 부정적 변화**라는 새로운 진단기준군이 추가되었다는 점입니다. 이 기준은 감정의 둔마가 능동적 회피와 구별된다는 점을 인식하면서도, 외상에 대한 과장된 부정적 평가와 PTSD에서 경험할 수 있는 다양한 범위의 감정 반응의 중요성에 주목하여 새로운 증상군으로 추가되었습니다. 많은 PTSD 환자들이 스스로를 비난하고 죄책감을 느낀다는 점에 근거하여(Feiring과 Cleland 2007), 새 진단기준에 왜곡된 자기 비난이 추가되었습니다. PTSD 환자가 자신과 세상을 부정적으로 평가하고(예: '나는 나쁜 사람이다') 미래의 긍정적인 경험을 즐기지 못한다('아무것도 나에게 도움이 되지 않을 것이다')는 많은 근거들을 바탕으로, DSM-IV의 단축된 미래감의 증상은 자신과 세상에 대한 과장된 부정적 평가 증상으로 대체되었습니다(Ehring 등. 2008). 분노, 수치심, 죄책감 등 다양한 부정적 기분 상태가 PTSD에 연관될 수 있다는 근거에 따라(Leskela 등. 2002; Orth와 Wieland 2006), 전반적인 부정적 감정 상태도 증상군에 포함되었습니다.

표 6.1 DSM-5 및 ICD-11의 PTSD 정의[1)]

DSM-5	ICD-11
A. 실제나 위협적인 죽음, 심각한 부상이나 성폭력에 노출	A. 위협에 대한 노출
해당사건을 경험하거나 목격	B. 재경험(다음 중 한 가지 이상)
가까운 사람에게 발생한 사건을 알게 되기	침습적인 기억
외상성 사건의 혐오스러운 세부 사항에 반복적, 극단적으로 노출	악몽
B. 재경험(다음 중 한 가지 이상)	C. 회피(다음 중 하나 이상)
침습적인 기억	생각
악몽	상황
플래시백	D. 인지된 위협(다음 중 하나 이상)
연상물에 대한 심리적 고통	과각성
생리적 반응	놀람 반응
C. 회피(다음 중 한 가지 이상)	E. 기간(최소 몇 주)
생각/감정 피하기	F. 장해
상황 피하기	
D. 인지/기분의 부정적인 변화(다음 중 두 가지 이상)	
해리성 기억상실	
자신/세상에 대한 부정적인 믿음이나 예상	
왜곡된 비난	
부정적인 감정 상태	
흥미 저하	
타인과 멀어진 느낌	
긍정적 감정의 둔마	
E. 각성(다음 중 두 가지 이상)	
민감한 행동과 분노폭발	
무모하거나 자기파괴적 행동	
과각성	
놀람 반응	
집중력의 문제	
수면 문제	
F. 최소 1개월 이상 지속되는 증상	
G. 장해 초래	
명시: 해리 증상이 있는 경우	
명시: 외상 노출 후 6개월 이상 발현이 지연된 경우	

1) 역자 주: 원서의 진단기준 항목이 DSM-5 공식 책자와 일부 다른 부분이 있어, 공식 진단기준에 맞게 수정, 편집하여 번역함

각성 증상군은 DSM-5에서도 DSM-IV와 거의 동일하게 유지되었으나 일부 예외가 있습니다. 다양한 PTSD 집단에서 무모하거나 자기파괴적인 행동이 관찰되었다는 근거에 기반하여(Fear 등. 2008), 이러한 행동이 각성 증상군에 추가되었습니다. 또한 '민감한 기분'은 '공격적 행동'으로 수정되었는데, 이것이 PTSD를 더 잘 반영하는 증상으로 판단되었기 때문입니다(Jakupcak 등. 2007).

DSM-5에서 변경된 PTSD 정의가 미친 영향은 무엇일까요? DSM-5가 발표된 이후, DSM-IV 대비 DSM-5 기준의 PTSD 유병률 차이를 조사하는 일련의 연구가 진행되었습니다. 외상성 부상의 생존자를 대상으로 한 연구에서는 PTSD 비율이 각각 DSM-5 진단기준 6.7%와 DSM-IV 진단기준 5.9%로 유사하였습니다(O'Donnell 등. 2014). 다른 연구에서도 DSM-IV와 DSM-5 진단기준상의 PTSD 비율이 대체로 유사하고 두 정의 간의 일치도 역시 상당히 높았습니다(Schaal 등. 2015). 주목할 만한 점으로, 일부 연구에서는 DSM-5가 DSM-IV보다 PTSD를 더 적게 진단하였는데, DSM-IV 기준상 PTSD로 분류된 사람 중 약 4분의 1이 DSM-5의 기준은 충족시키지 못했습니다(Schnyder 등. 2015). 23,936명을 대상으로 한 세계정신건강 연맹의 설문조사World Mental Health Survey 자료에서 DSM-IV의 유병률은 3.3%, DSM-5의 유병률은 3.0%로 나타났습니다(Stein 등. 2014). 그러나 이 두 진단체계 간의 상호 비교성에 대해서는 우려의 시선이 있습니다. 예를 들어 군인 대상의 연구에서 두 정의 기준상 PTSD의 유병률은 비슷했지만, DSM-IV 기준으로 PTSD로 진단된 군인의 30%가 DSM-5에서는 PTSD로 분류되지 않았습니다(Hoge와 Warner 2014). 아동 대상의 연구에서는 DSM-IV와 DSM-5 기준의 PTSD 유병률이 유사하였고, 두 진단기준 간의 일치도는 완벽하지는 않지만 양호하였습니다(Danzi와 La Greca 2016).

DSM-5가 도입 당시 공포 기반의 질환이라는 전통적인 관점에서 상당히 벗어나는 변화라는 점에서 일각에서 비판을 받았다는 점에 주목할 필요가 있습니다. 특히 일부 비평가들은 다양한 감정적 반응이 포함되도록 기준이 확대된 것에 반대하고, 기존의 PTSD 치료에 대한 근거들이 새롭게 정의된 PTSD에도 일반화될 수 있는 범위인지 의문을 제기했습니다(Hoge 등. 2016). 이러한 맥락에서 DSM-5로 개정으로 인한 흥미로운 결과는 PTSD로 진단 가능한 조합의 수가 크게 확대되었다는 것입니다. DSM-IV에서는 79,794개의 증상 조합이 가능했던 반면, DSM-5에서는 추가된 증상군과 새로운 증상 기준으로 인해 636,120가지의 임상 표현형을 진단할 수 있게 되었습니다(Galatzer-Levy와 Bryant 2013).

6.5.2 ICD-11

앞서 언급했던 ICD-11(World Health Organization 2018)의 PTSD 정의에서 알 수 있듯이, 이 진

단 체계는 DSM-5보다 상당히 단순화된 진단 기준을 제시합니다(표 6.1 참조). ICD-10은 DSM-IV보다 더 용이하게 PTSD를 진단할 수 있기 때문에, 진단 기준을 강화하기 위해 기능 장해 요건을 추가하는 방식으로 ICD-10의 진단 정확성이 개선될 수 있다는 의견이 제기되었습니다(Peters 등. 1999). 또한 ICD-11은 진단의 진입 기준을 보다 엄격히 설정하기 위하여 공식적인 스트레스 요인 기준을 도입했습니다(Maercker 등. 2013a). DSM-5와 ICD-11의 가장 큰 차이점은, 후자의 경우 재경험 증상에 중점을 둔다는 점입니다. 즉 공존 질환율을 줄이고 PTSD의 핵심 요소(외상 경험의 재경험을 특징으로 하는 기억 기반 질환)에 초점을 맞추고자, PTSD에서 뚜렷하게 나타나는 외상에 대한 특정 기억의 역할이 강조되었습니다(Maercker 등. 2013b). 특히, 침습 기억은 다른 질환들에서도 나타나는 반면, 외상을 다시 재경험하는 감각은 PTSD만의 고유한 특징으로 보입니다(Brewin 등. 2010; Bryant 등. 2011c). 이에 따라 ICD-11은 **외상성 사건을 현재에 재경험하는 것**에 대해 다음과 같이 정의합니다. 즉, 생생한 침습 기억, 플래시백, 또는 악몽으로 나타날 수 있으며, 이러한 경험은 두려움이나 공포의 감정을 동반합니다. 이 정의에서 플래시백은 일시적인 경험에서부터 현재 의식 상태와의 완전한 단절까지 다양한 범위로 나타날 수 있습니다(Maercker 등. 2013b). ICD-11은 또한 재경험 증상들에 대한 회피를 중요시하며, 내적(예: 생각, 감정), 외적(예: 상황) 연상물들에 대한 의식적인 회피가 이에 해당합니다. 세 번째 핵심 요소는 현재의 위협에 대한 과도한 감각으로, 과각성이나 과장된 놀람 반응으로 나타날 수 있습니다. 전반적으로 ICD-11의 PTSD 정의는 임상의의 진단을 단순화하고 PTSD의 세 가지 핵심 특징 증상군 각각의 두 가지 증상(중 하나 이상)을 충족하면 진단할 수 있게 설계되었습니다. 이 진단기준은 DSM-5 기준보다 훨씬 간단하며, 진단을 내릴 수 있는 잠재적인 조합의 개수도 훨씬 적습니다.

현재 ICD-11과 DSM-5의 PTSD 진단기준을 비교하는 많은 연구가 진행되고 있으며, 두 진단체계상 PTSD 정의의 상대적인 유용성에 대한 초기 근거들이 보고되었습니다. 외상성 부상을 입은 510명의 환자를 대상으로 한 연구에서, DSM-5 진단기준에 맞춘 PTSD의 현재 유병률은 ICD-11보다 현저히 높았고(6.7% vs. 3.3%), ICD-11기준을 적용하면 우울증과의 공존율이 낮아지는 경향을 보였습니다(O'Donnell 등. 2014). 지역사회(Oe 등. 2020), 실향민(Shevlin 등. 2018), 참전군인(Wisco 등. 2017), 대량 총격 사건 피해 아동의 부모(Hafstad 등. 2018), 아동(Eilers 등. 2020) 대상 연구에서는 DSM-5보다 ICD-11 진단기준을 적용할 때 PTSD 진단율이 낮게 나타났습니다. 그 외의 연구에서는 ICD-11과 DSM-5의 PTSD 진단율이 비슷했습니다(Danzi와 La Greca 2016; Stein 등. 2014).

또 하나의 핵심적인 질문은 DSM-5와 ICD-11에서 공존 우울증의 비율이 어느 정도 유사하게 나타나는가입니다. 이는 매우 중요한 문제로, PTSD와 우울증의 공존율이 높다는 점이 전통적으로

PTSD 진단에 있어 난제로 여겨져 왔으며, PTSD가 우울증과 구별되는 독립적인 진단 특성을 지니는지에 대한 우려가 존재하기 때문입니다(Flory와 Yehuda 2015). 이와 관련된 연구 자료들에 따르면, ICD-11 기준의 적용이 DSM-5보다 우울증의 공존을 줄이는 경향이 있음이 시사되나(La Greca 등. 2017; Oe 등. 2020; Shevlin 등. 2018), 다른 연구에서는 반대의 결과를 보고하기도 했습니다(Wisco 등. 2017).

6.6 급성 스트레스 장애Acute Stress Disorder, ASD

DSM-5와 ICD-11은 급성 스트레스 반응에 대해 서로 일치되지 않는, 매우 다른 개념적 접근을 취하고 있습니다. 두 진단은 서로 다른 전제에 기반을 두고 있으며, 시간적 기준도 매우 달라 결과적으로 뚜렷이 다른 방식으로 정의됩니다. 실제로 ASD는 DSM에만 존재하는 진단명으로, ICD에는 급성 스트레스 반응이라는 개념으로 기술되어 있습니다.

DSM-5

ASD는 다음의 두 가지 주요한 이유, (a) PTSD 진단을 내릴 수 있는 시점(외상 노출 후 1개월)이 되기 전에 나타나는 심각한 급성 스트레스 반응을 기술하기 위해, (b) 이후 PTSD로 발전할 고위험군을 식별하기 위한 수단으로서(Spiegel 등. 1996) DSM-IV에 처음 도입되었습니다. DSM-IV에서는 PTSD의 진단기준을 충족하려면 외상 사건을 경험하고 두려움, 공포 또는 무력감(기준 A)과 해리(기준 B), 재경험(기준 C), 회피(기준 D), 각성(기준 E) 증상군이 존재해야 합니다. 대부분의 증상군은 PTSD의 기준과 유사하지만 보다 느슨하게 정의되어 있는데(Bryant와 Harvey 1997), 예외적으로 해리 증상군의 요건은 5개의 증상(감정의 둔마, 비현실감, 이인증, 감소된 주변 상황의 인식 또는 해리성 기억상실) 중 최소한 3가지를 충족해야 했습니다. 이는 해리 반응이 경험의 감정적 처리를 방해하여 PTSD를 예측할 수 있게 하는, 가장 핵심적인 외상 후 반응이라는 주장에 의한 것입니다(Harvey와 Bryant 2002).

DSM-5에서 ASD 진단 기준을 준비하는 과정에서 핵심적인 질문은, ASD가 PTSD를 얼마나 잘 예측할 수 있는가? 였습니다. 종단적 연구들에서 ASD와 이후 PTSD 발병 사이의 관계를 추적한 결과 일관된 양상이 나타났습니다. ASD 진단을 받은 대다수가 이후 PTSD로 발전하지만, PTSD를 진단받은 사람 중 대다수는 초기에 ASD에 해당하지 않았습니다(Bryant 2011). 즉, ASD의 기준을 충족한 대부분의 사람들이 PTSD 고위험군에 속한다는 면에서는 적절한 역할을 한다고 볼 수 있으나,

표 6.2 DSM-5 급성 스트레스 장애 기준 및 ICD-11 급성 스트레스 반응 기준

DSM-5	ICD-11
A. 실제적이거나 위협적인 죽음, 심각한 부상이나 성폭력에 노출	A. 위협에 대한 노출
해당 사건을 경험하거나 목격	B. 일시적인 정서적, 신체적, 인지적 또는 행동적 증상
가까운 사람에게 발생한 사건을 알게 되기	
외상성 사건의 혐오스러운 세부 사항에 반복적, 극단적으로 노출	
B. 다음 중 9개 이상의 증상	C. 심한 스트레스 요인에 대한 정상적인 반응
침습적인 기억	D. 며칠 내에 증상이 나타남
악몽	E. 스트레스 요인이 제거된 후 1주일 이내에 증상이 사라짐
플래시백	
심리적 고통/생리적 반응	F. 증상이 정신질환의 기준을 충족하지 않음
긍정적 감정의 둔마	
비현실화/이인화	
해리성 기억상실	
생각/감정 회피	
상황 회피	
수면 문제	
민감한 행동과 분노 폭발	
과각성	
집중력의 문제	
놀람 반응	
C. 외상 후 최소 3일에서 1개월 동안 증상이 지속됨	
D. 장애	
E. 약물 또는 의학적 원인에 의한 것이 아님	

고위험군의 대부분을 식별하지는 못한다는 한계를 보였습니다. 이러한 이유로 DSM-5에서는 ASD 진단에 대해 PTSD를 예측하는 데 목적을 두는 것이 아니라, 초기 한 달간의 심각한 스트레스 반응을 단순히 기술하는 것에 초점을 두기로 결정했습니다(Bryant 등. 2011b). 이 진단을 유지하는 주된 이유는, 미국 의료 시스템 내에서 ASD 진단이 정신건강 서비스로의 접근성을 높이는 데 기여할 수 있기 때문입니다.

DSM-IV 정의에서 해리 증상의 기준이 지나치게 제한적이어서 고통을 겪는 많은 사람들을 식별하지 못했다는 점이 지적되면서(Bryant 등. 2008; Dalgleish 등. 2008) DSM-5에서는 특정 증상군

과 관계없이, 전체 14개 증상 중 최소 9개를 충족하는 조건으로 기준이 수정되었습니다(American Psychiatric Association 2013)(표 6.2 참조).[2] 한 연구에서는 DSM-5 기준을 적용할 때(14%), DSM-IV(8%)보다 고통을 겪는 사람들을 더 많이 식별했습니다(Bryant 등. 2015). 흥미롭게도 이 연구에서는 DSM-IV 기준보다 DSM-5 기준일 때 PTSD로 발전한 사람 역시 더 많이 식별했습니다.

ASD의 발병률은 연구들마다 상당히 다양한 범위로 보고되었는데, 한 체계적 문헌고찰에서는 사건별 ASD 진단율을 각각 대인 관계 외상(36.0%), 사고(15.9%), 재난(21.9%), 생명을 위협하는 질병(20.7%), 전쟁 관련 외상(14.1%)으로 보고하였습니다(Ophuis 등. 2018). 이러한 다양성은 평가도구, ASD의 정의(DSM-IV vs. DSM-5), 외상의 유형 차이에서 비롯되었을 수 있습니다. 그러나 폭행 사건 이후의 ASD로 유형을 제한하여도 발병률은 17%에서 41%까지 다양합니다(Boccellari 등. 2007; Brewin 등. 1999; Elklit와 Brink 2003; Fein 등. 2001; Kleim 등. 2007; Pailler 등. 2007). ASD의 진단은 ASD가 있는 사람과 없는 사람을 이분법적으로 구분해야 하므로 필연적으로 단순화된 방식이라는 점을 인식해야 합니다. 실제로 현재까지의 근거에 따르면, 급성 스트레스 반응은 외상 후 초기 몇 주 동안 현저하게 가변적으로 나타납니다(Bryant 등. 2013). 한 연구에서는 생태순간평가법 ecological momentary analysis으로 외상 후 급성기에 매일 증상을 확인하여, 각각 지속적으로 높음, 급격히 감소, 천천히 감소, 그리고 초기에 낮은 상태에서 감소하는 형태의, 네 가지로 뚜렷이 구분되는 경로를 관찰했습니다(Brier 등. 2020). 이는 급성 스트레스 반응이 다양하고도 변동적인 과정을 거칠 수 있음 강조하며, DSM의 이분법적 접근 방식에 오해의 소지가 있을 수 있다는 점을 시사합니다. 이 결론은 네트워크 분석 결과로도 뒷받침되었습니다. 연구에 따르면 급성기에는 외상 후 스트레스 증상들이 광범위하게 연결되어 있다가, 이후 몇 달이 지난 뒤에야 각 증상들이 점차 응집력 있게 상호 연결되어 하나의 증후군으로 뭉쳐지는 양상을 보입니다(Bryant 등. 2017).

최근 여러 연구에서 코로나19 팬데믹에 대한 ASD 반응이 보고되었다는 점에도 주목할 필요가 있습니다. 팬데믹 기간 동안 설문조사에 응한 일선 의료 종사자들에게서 매우 높은 비율의 ASD가 보고되었으며(Gonzalo 등. 2021; Shahrour와 Dardas 2020), 이는 팬데믹 기간 동안 의료 종사자의 심리적 여파를 다룬 117개 연구의 체계적 문헌 고찰에서 의료 종사자의 40%를 ASD 상태로 보고한 결과와도 일치합니다(Serrano-Ripoll 등. 2020). 코로나19 기간 동안의 ASD 발병률의 증가 현상

2) 역자 주: 원저에서는 이 부분에 "진단에서 특정 증상이나 증상군을 필수로 요구하지 않도록 구성되었지만, 기준을 충족하려면 여전히 재경험 및/또는 회피 증상은 있어야 합니다. 이 기준은 ASD의 본질적인 핵심과 PTSD의 유사성을 유지하게 합니다."라는 문장이 있으나, 최종 버전의 DSM-5에 재경험 및/또는 회피 증상이 반드시 존재해야 한다는 조건은 없음. 해당 논의는 DSM-5에서의 ASD 진단 기준 개정 과정에서 중요한 쟁점 중 하나였으며, 독자의 혼란을 줄이기 위하여 각주에 번역함

은 학생(Lin 등. 2020)과 노인(Garcia-Fernandez 등. 2020)에서도 관찰되었습니다. 이러한 근거들은 미래의 불확실성, 봉쇄, 격리, 감염에 대한 두려움 등, 지속적으로 유지되는 스트레스 요인들과 높은 수준의 급성 스트레스 반응과의 연관성을 보여줍니다(Gomez-Duran 등. 2020; Tsur와 Abu-Raiya 2020; Ye 등. 2020). 사람들이 겪는 스트레스 반응이 더 광범위하게 지속되는 스트레스 요인에 의해 크게 영향을 받는다는 것을 보여주는 이 일관된 근거들은, DSM-5에서 ASD를 단일 외상 사건 이후 발생하는 질환으로 개념화한 접근 방식의 한계를 보여줍니다.

6.6.1 ICD-11

ICD에서는 급성 스트레스 반응acute stress reaction, 이하 ASR을 항상 정신병리학적인 반응이 아닌, 일시적인 반응으로 개념화해 왔습니다(표 6.2). 즉 이는 외상 노출 후 흔하게 경험하게 되는 초기의 스트레스를 포착하기 위한 범주이며, 이러한 반응은 대개 일주일 이내 또는 위협이 완화된 직후 가라앉을 것으로 예상됩니다(Isserlin 등. 2008). 이런 점에서 ASR은 그 자체로 정신질환이나 후속 질환의 예측 인자가 아니기 때문에, DSM-5의 ASD와는 질적으로 다릅니다. ICD-11에서는 PTSD 진단에 필요한 최소한의 기간에 대한 기준이 없다는 점에도 주목할 필요가 있는데, 따라서 외상 후 스트레스 반응을 설명하는 데 (과거 DSM-IV 이전 DSM 체계에 존재하던) 진단적 '공백' 문제가 ICD에는 적용되지 않습니다.

ASR은 정의상 외상 직후 발생할 수 있는 보다 광범위한 반응을 포괄하기 위한 것이므로, 엄격한 PTSD 정의에 국한되지 않습니다. 외상 중에서도 특히 대규모 사건의 초기에 대응하는 응급 구조대원, 군인, 재난 대책 기관에서 적용할 필요성을 고려하여, 증상은 의도적으로 매우 광범위하고 유연하게 기술되었습니다. 이러한 증상에는 충격, 혼란감, 슬픔, 불안, 분노, 절망, 과다한 활동, 혼미함, 사회적 위축 등이 있습니다. ASR은 정신질환이 아니라는 점을 강조하기 위해, 정신질환과 구분되는 'Z' 코드로 분류됩니다. ICD-11에서는 ASR 증상이 일주일 이상 지속될 경우, 적응 장애나 PTSD의 진단을 고려해야 한다고 권고합니다.

6.7 복합 외상 후 스트레스 장애Complex PTSD

지난 20년간, 가장 분류하기 어려웠던 외상성 스트레스 상태는 아마도 복합 PTSD라는 개념일 것입니다. 1990년대 초로 거슬러 올라가서, 좀 더 복합적인 PTSD 반응이라는 개념은 일반적으로 장기간에 걸친 외상, 특히 어린 시절의 트라우마 생존자들이 겪는 보다 더 복잡한 반응을 설명하는 맥락에서 오랫동안 논의되어 왔습니다. 당시 아동학대, 고문, 가정폭력처럼 지속적이고 심각한 트라우마를 겪은 사람들은 정체성과 감정의 구조화에 현저한 어려움을 겪을 수 있다는 주장이 제기되었습니다(Herman 1992). 달리 명시되지 않은 극심한 고통 장애disorders of extreme distress not otherwise specified, 이하 DESNOS로 불린 이 질환은 명확히 정의되지 않았고 따라서 체계적으로 연구되지 못했습니다.

최근 몇 년 동안 이 분야는 복합 PTSD라는 개념으로 발전하고 있으며, 보다 엄격한 정의를 가지게 되었습니다. 이는 제안된 진단 범주로, 앞서 언급한 PTSD 증상들뿐 아니라 트라우마가 개인의 자기 조직화 체계, 특히 정서와 자아 개념 및 대인 관계 영역에 미치는 영향을 반영하고 있습니다. 불안이나 공포 반응이 외상과 관련된 자극에 연결되는 PTSD 증상과 달리, 이 세 가지 영역에서의 손상은 광범위하고 지속적이며, 트라우마 연상물과의 근접성 여부와 관계없이 다양한 상황과 관계에서 나타납니다. 구체적으로, 이 개념은 기존의 핵심적인 PTSD 반응에 추가적으로 정서 조절, 자기 개념self-construct과 대인 관계의 세 주요 영역 장애 범주를 포함하는 구성으로 발전되었습니다. 이러한 요소들은 환자(Roth 등. 1997) 및 전문 치료자(Cloitre 등. 2011) 대상의 연구 자료 모두에서 확인되었습니다. 비록 정의상 장기간의 트라우마 노출에 의한 것은 아니지만, 이러한 반응들의 조합은 일반적으로 매우 장기간에 걸친, 심각한 트라우마 경험과 관련된 경우가 많습니다(van der Kolk 등. 2005).

6.7.1 DSM-5

DSM-5에 복합 PTSD를 도입하는 가능성에 대해 논의가 있었으나, 최종적으로는 채택되지 않았습니다. DSM-IV의 현장 연구에서 DESNOS 해당자 중 단 8%만이 PTSD를 동반하지 않았고, 이에 따라 복합 PTSD를 별도의 진단이 아닌 하나의 아형으로만 간주할 수 있다는 의견이 제시되었습니다(Friedman 등. 2011). 하지만 이 아형의 도입 역시 그 정의가 불충분하고, 경계성 성격장애를 포함하여 다른 질환들과 확연히 구별할 수 있을 만큼 자료가 충분하지 않으며, 이러한 임상 양상을 보이는 사람들이 PTSD에 효과적인 치료법에 다르게 반응한다는 근거가 없으므로 시기상조라는 의견이 제기되었습니다(Resick 등. 2012). 그러나 DSM-5는 복합 PTSD의 대안으로 간주되었던 해리형을 아형dissociative subtype으로 도입하였습니다. 이 아형은 PTSD의 두 가지 표현형에 대한 근거에 기반합니다. 이 두 표현형 중 하나는 각성의 증가를, 다른 하나는 둔감/해리 반응을 특징으로 합니다. 이 구분은 해리 증상을 보이는 사람들이 그렇지 않은 경우에 비해 말초(Griffin 등. 1997)와 신경(Felmingham 등. 2008; Lanius 등. 2012) 수준에서 반응성이 낮다는 몇몇 연구 결과에 주로 기반을

표 6.3 ICD-11 복합 PTSD 진단 기준

1. 극단적인/장기간의 외상 노출
2. PTSD의 핵심 증상(재경험, 회피, 위협의 인식)
3. 아래 영역에서의 전반적인 문제
a. 감정 조절
b. 자신에 대해 위축되고, 패배하였거나 무가치하다고 느낌
c. 관계 유지의 어려움

두고 있습니다. 이와 달리 해리과 비해리성 PTSD 간에 반응성의 차이가 없다고 보고한 연구들도 있으나(Kaufman 등. 2002; Nixon 등. 2005), 그럼에도 불구하고 이 아형은 타당한 하위 단위로 인정되어 DSM-5에 도입되었습니다.

6.7.2 ICD-11

ICD-11는 다른 접근 방식을 택했습니다. ICD는 DSM과는 다른 조직 구조를 가지고 있어, 복합 PTSD를 아형이 아닌 PTSD의 '형제sibling' 질환으로 분류했습니다(World Health Organization 2018). ICD-11에서 이 질환은 PTSD의 핵심 증상을 기반으로 하여, 정서, 정체성 및 대인 관계 문제를 포함한 자기 조직화의 문제가 추가되었습니다(표 6.3). 정서 문제에는 감정적 반응성, 극단적인 폭발, 자기 파괴적 행동, 그리고 잠재적 해리 상태가 포함됩니다. 자아 정체성의 어려움에는 무가치감, 패배감 또는 위축감이 포함될 수 있습니다. 그리고 대인 관계에서의 어려움은 종종 타인과 친밀감을 유지하지 못하거나, 사회적 관계에 무관심하거나, 또는 친밀함과 소원함 사이에서 흔들리며 오가는 양상으로 나타납니다. 이를 뒷받침하는 초기의 근거들은 정서, 자아 및 대인 관계 상에서 문제를 보이는 환자군이 그러한 증상이 적은 PTSD 환자군과 별개의 유형으로 구분되며, 전자의 경우 단발성 외상보다 만성적인 외상을 겪었을 가능성이 높다는 잠재 프로파일 분석에서 나왔습니다(Cloitre et al. 2013). 이 결과는 다양한 집단을 대상으로 여러 차례 재현되었습니다(Elklit 등. 2014; Frost 등. 2020; Rink와 Lipinska 2020). 또한, 다양한 통계적 접근법을 사용한 연구들은 자기 조직화 문제를 포함하는 증상들이 전통적인 PTSD 증상들과는 구별된다는 점을 보여주었습니다(Frost 등. 2020; Hyland 등. 2017; Knefel과 Lueger-Schuster 2013; Tay 등. 2015). 여러 연구에서 복합 PTSD가 PTSD보다 아동학대와의 연관성이 높다고 보고하였지만(Hyland 등. 2020; Karatzias 등. 2017; Knefel과 Lueger-Schuster 2013), 성인기의 장기간 지속된 외상 노출 후에도 복합 PTSD가 발생할

수 있다는 근거가 점점 증가하고 있습니다(Barbieri 등. 2019; Choi 등. 2020; Facer-Irwin 등. 2021; Palic 등. 2016). 경계성 성격장애와 일부 유사성이 있다는 보고가 있으나(Saraiya 등. 2020), 복합 PTSD는 그와 명확히 구별되는, 독립된 증후군이라고 볼 수 있다는 다수의 연구가 있습니다(Cloitre 등. 2014; Frost 등. 2020). 추가적으로, 감정 조절 및 자기 개념 형성 과정의 이상과 관련된 신경망 활성화 양상이 다르다는 점에서 복합 PTSD가 PTSD와 다른 별개의 질환이라는 점을 시사한 뇌 영상 연구의 근거에도 주목할 필요가 있습니다(Bryant 등. 2020).

6.8 지속 애도 장애 Prolonged Grief Disorder

6.8.1 ICD-11

ICD-11에서 일어난 주요한 발전 중 하나는, 장기간 지속되는 병적 애도 반응을 설명하기 위해 새로운 진단이 도입된 것입니다. 지속 애도 장애라는 이름으로 명명된 이 진단은 심각하고 지속적인 애도 반응의 기능손상을 반영하기 위해 새롭게 도입이 제안되었습니다(표 6.4). 이 질환은 고인에 대한 심각하고 지속적인 그리움 또는 고인에 대한 지속적인 몰두로 정의되며, 이러한 반응은 죽음을 받아들이기 어려움, 자신의 일부를 잃은 느낌, 상실에 대한 분노, 죽음에 대한 죄책감이나 비난, 새로운 사회적 또는 기타 활동에 참여하는 데 어려움이 겹쳐지며 악화될 수 있습니다. 진단은 증상이 기능에 지장을 초래하고 고인의 사망 이후 6개월 이상 지속되는 경우에만 내릴 수 있습니다(Maercker 등. 2013b). 이 질환의 도입을 뒷받침하는 근거로는, 성인(Simon 등. 2011)과 아동(Melhem 등. 2011)에서 지속적인 그리움이 이 질환의 핵심임을 입증한 많은 연구 결과들이 있습니다. 이 질환은 불안이

표 6.4 ICD-11의 지속 애도 장애 기준

1. 친밀한 관계였던 타인의 사망
2. 사망 후 6개월 이상 지속되는 심각한 그리움/정서적 고통
3. 기능을 방해하는 수준의 슬픔
4. 보편적인 문화/종교적 맥락을 넘어서는 애도 반응
5. 관련된 특징: 사망 상황에 대한 몰두, 죽음에 대한 비탄, 죄책감, 비난, 상실을 받아들이기 어려움, 자아감의 약화, 집착과 회피 사이를 오감, 활동이나 친구관계를 이어가기 어려움, 위축, 삶이 무의미하다고 느낌, 감정의 둔마

나 우울증과 다른 별개의 질환으로(Boelen과 van den Bout 2005; Golden과 Dalgleish 2010), 다양한 심리적, 행동적, 의학적, 기능적인 문제를 일으킵니다(Boelen과 Prigerson 2007; Bonanno 등. 2007; Simon 등. 2007). ICD-11의 관점에서는 이러한 양상이 서구와 비서구 문화권 전반에 걸쳐 관찰되었다는 점이 중요합니다(Fujisawa 등. 2010; Morina 등. 2010). ICD-11의 진단을 지지하는 또 다른 근거로, 지속적인 애도에 대한 표적 치료가 우울증에 효과가 입증된 치료법들보다 더 효과적이었다는 연구결과를 들 수 있습니다(Shear 등. 2005;15장 참조).

지속 애도 장애의 진단에 있어 가장 어려운 부분은, 정상적인 애도 반응과 병리적인 애도 반응을 구분하기 어렵다는 것입니다. ICD-11에서 이 질환을 정의한 방식은, 사별 후 초기 몇 달 동안 발생하는 정상적인 애도 반응과 질적으로 다른 것이 아니라 그 반응이 줄어들지 않고 오랜 기간 지속되는 것을 의미합니다. 즉, 병리적 반응의 정의를 사별 이후의 시간을 기준으로 하는데, 이는 모든 사람들이 동일한 방식으로 애도를 다루는 게 아니라는 점에서 본질적인 문제가 될 수 있습니다. 일부 애도 반응은 해소되는 데 6개월 이상 걸릴 수 있기 때문에 과잉 진단의 위험이 있습니다(Wakefield 2013). 이러한 이유로 문화적 맥락에서 부적절하게 진단을 내릴 위험성을 고려하여, ICD-11에서는 문화적인 규범 수준을 넘어서는 반응일 경우에만 진단이 가능하다는 점을 강조하였습니다.

6.8.2 DSM-5

ICD-11과 달리, DSM-5는 초기에 지속적인 애도에 대한 진단을 도입하는 데 조심스러운 태도를 보였습니다. 즉 DSM은 전통적으로 애도를 정신질환으로 간주하지 않았는데, 이는 사별에 대한 정상 반응을 병리화하는 것을 우려했기 때문입니다. 이 사안에 대한 초기 논의 과정에서 이 질환의 본질에 대한 시각 차이를 반영하는, 새로운 진단을 기술하는 용어에 대한 의견 차이가 있었습니다. 일부는 증상이 정상적인 애도 반응과 질적으로 다르다는 부분을 반영하기 위해 '복합 애도complicated grief'라는 용어를 선호한 한편(Shear 등. 2011), 다른 사람들은 급성 사별 단계에서 관찰되는 것과 동일한 증상이 지속된다는 점에서 '지속 애도prolonged grief'라는 용어를 지지했습니다(Prigerson 등. 2009). 이러한 표현의 차이에도 불구하고, 이 질환이 사별 후 6개월 이상 지속되는 강렬한 그리움이나 정서적 고통을 포함하며, 잠재적으로 죽음을 받아들이기 어려워하고, 상실에 대해 분노하며 정체성의 약화와 삶이 공허하다는 느낌, 그리고 새로운 활동이나 관계에 참여하는 데 있어 어려움을 보일 수 있는 상태라는 점에 대해서는 합의가 이루어졌습니다(Bryant 2012). 그러나 최종적으로는 독립 진단으로 보기에 근거가 충분하지 않다는 이유로 도입하지 않는 것으로 결정되었고, 대신 향후 연구가 필요한 진단적 상태로 분류되어 부록에 포함되었습니다.

이후 병적인 애도 반응에 대한 연구가 이어지며, 미국정신의학회는 이 진단에 대한 근거들을 검토하여 지속 애도 장애를 DSM-5-TR에 새로운 진단명으로 등재할 근거가 충분하다고 결론지었습니다. 이 진단은 개념적으로나 정의상 ICD-11의 진단과 매우 유사합니다. 지속 애도 장애의 진단에는 사별 후 최소 12개월 동안 지속되는 고인에 대한 강렬한 그리움이나 고인에 대한 생각에 몰두하는 것이 주요 기준으로 요구되며, 정체성의 혼란, 죽음의 부인, 고인을 연상시키는 것에 대한 회피, 감정적 고통, 활동에 다시 참여하기 어려움, 감정적 둔마, 삶이 무의미하다는 감각, 극심한 외로움 중 최소한 3가지 이상의 증상이 있어야 합니다(Prigerson 등, 2021). 이 기준은 미국, 영국, 네덜란드의 유족을 대상으로 수행된 세 건의 대규모 연구 자료(Prigerson 등. 2009; Boelen 등. 2015; Smith와 Ehlers 2020)를 바탕으로 검증되었으며, 병리적인 애도 반응을 진단하는 데 높은 신뢰도와 타당도를 보여주었습니다.

6.9 PTSD의 구조

최근 몇 년간 외상 후 스트레스 증상들이 서로 어떻게 상호적으로 작용하는지에 대한 관심이 크게 증가했습니다. 이 네트워크식 접근법은, 증상들이 서로 인과 관계로 연결되어 있기 때문에 함께 변화한다는 전제를 기반으로 합니다(Borsboom과 Cramer 2013). PTSD 증상의 예를 들자면, 악몽이 불면증으로 이어지고 이것이 피로를 유발하며, 다시 이것이 집중력 저하와 과민함을 초래한다는 가정입니다(Cramer 등. 2010). 네트워크 분석에서 흔히 보고되는 지표 중 하나는 증상의 중심성centrality으로, 이는 다른 증상들과 연결되어 있으며 이 증상들에 원인이 되는 역할을 할 가능성이 있는 증상들을 뜻합니다. 이 통계적 접근법은 PTSD, 복합 PTSD, 지속 애도 장애에 대한 여러 연구에 사용되어 질환의 증상 구조에 대해 많은 통찰을 제공했습니다.

PTSD에 관련하여, 한 연구에서는 과각성과 단축된 미래의 인식이 다른 증상들의 중심에 해당하며, 과민함은 수면과 집중력의 문제 모두와 연결되고 재경험 증상이 집중력 문제와 상관성이 있음을 발견했습니다(McNally 등. 2015). 종단적 네트워크 분석 결과, 급성기 스트레스 증상이 외상 노출 후 초기 몇 주 동안은 느슨하게 연결되어 있지만, 몇 달 후에는 이러한 증상들이 PTSD의 증상 군집과 유사한 구조를 형성했습니다(Bryant 등. 2017). PTSD 증상에 대한 네트워크 분석 연구들을 검토한 고찰에서는 (a) 기능성 기억상실은 다른 PTSD 증상들과 느슨하게 연결되어 있고, (b) 외상에 대한 침습 기억(DSM-IV)과 지속적으로 부정적인 감정 상태(DSM-5)는 PTSD 네트워크에서 강한 중심성을 보이며, (c) 연구들마다 증상들이 얼마나 강하게 상호 연결되어 있는가에 대해서는 이질성이 크다고 결론 내렸습니다(Birkeland 등. 2020). 복합 PTSD의 경우, 네트워크 분석을 통해 자아붕괴 self-disorganization라는 핵심 증상의 중심성이 확인되었으며, 더욱 중요하게는 특히 이러한 양상이 다양한 표본과 문화권에 걸쳐 견고하게 나타난다는 것입니다(Knefel 등. 2019, 2020). 지속 애도 장애의 네트워크 분석에서는 질환의 중심성을 보이는 증상이 감정적 고통(Robinaugh 등. 2016)과 고인에 대한 그리움(Malgaroli 등. 2018)으로 나타났습니다. 이러한 통계적 접근법은 스트레스 관련 질환들 간의 공존 질환에 대해서도 흥미로운 관찰 결과를 도출했습니다. 예를 들어, 네트워크 분석 상 공존하는 해리와 우울증은 PTSD와 구별되는 질환이지만, 이들 질환 내에는 각 질환들을 연결하는 특정 증상들이 존재했습니다(Lazarov 등. 2020; Ross 등. 2020). 또 이 접근 방식은 남성과 여성의 중심성 증상이 서로 다를 수 있음을 시사했는데, 남성의 경우 플래시백과 흥미의 저하가, 여성은 집중력 저하, 회피 및 생리적인 반응성이 더 중심적인 증상으로 나타났습니다(Gay 등. 2020). 이 역동적인 인과 모델링dynamic causal modeling 접근법이 제공하는 통찰에도 불구하고, 이 방법론이 실제로 인과관계를 입증하는 것은 아니라는 점을 유의해야 합니다(Forbes 등. 2019).

6.10 요약

트라우마와 관련된 정신과적 진단은 수십 년 전 도입된 이래 상당한 발전을 이루어 왔습니다. 현재 쓰이는 두 주요 진단 체계 간에는 주목할 만한 차이점이 점차 드러나고 있습니다. DSM은 PTSD를 보다 복합적이고 포괄적으로 개념화하는 방향인 반면, ICD는 보다 간결하고 집중된 정의의 방향으로 나아가고 있습니다. ICD는 PTSD를 넘어 복합 PTSD와 지속 애도 장애를 고려하는, 보다 수평적인 접근 방식을 채택한 것으로 보입니다. 이는 각 진단 체계가 미국정신의학회와 세계보건기구의 요구에 따라 각기 다른 의제하에 운영된다는 점에서 그 차이를 이해할 수 있습니다. 전 세계적으로 각기 다른 명칭을 사용하고 있기 때문에, 외상성 스트레스를 다루는 데 있어 혼란과 불일치가 존재할 가능성이 있습니다. 시간이 지나면서 각 체계가 어떻게 해당 분야에 기여하고, 질환의 진단을 촉진하며, 영향을 받은 사람들이 적절한 치료를 받을 수 있게 이끌지 밝혀질 것입니다.

References

American Psychiatric Association (1952) Dianostic and statistical manual of mental disorders (DSM I). American Psychiatric Association, Washington, DC

American Psychiatric Association (1968) Diagnostic and statistical manual of mental disorders, 2nd edn. American Psychiatric Association, Washington DC

American Psychiatric Association (1980) Diagnostic and statistical manual of mental disorders, 3rd edn. American Psychiatric Association, Washington, DC
American Psychiatric Association (1994) Diagnostic and statistical manual of mental disorders, 4th edn. American Psychiatric Association, Washington DC
American Psychiatric Association (2013) Diagnostic and statistical manual for mental disorders, 5th edn. American Psychiatric Association, Washington, DC
Andrews G, Charney DS, Sirovatka PJ, Regier DA (eds) (2009) Stress-induced and fear circuitry disorders: refining the research agenda for DSM-V. American Psychiatric Association, Arlington
Asmundson GJ, Frombach I, McQuaid J, Pedrelli P, Lenox R, Stein MB (2000) Dimensionality of posttraumatic stress symptoms: a confirmatory factor analysis of DSM-IV symptom clusters and other symptom models. Behav Res Ther 38(2):203–214
Barbieri A, Visco-Comandini F, Alunni Fegatelli D, Schepisi C, Russo V, Calo F, Stellacci A (2019) Complex trauma, PTSD and complex PTSD in African refugees. Eur J Psychotraumatol 10:1700621
Birkeland MS, Greene T, Spiller TR (2020) The network approach to posttraumatic stress disorder: a systematic review. Eur J Psychotraumatol 11:1700614
Blanchard EB, Penk WE (1998) Posttraumatic stress disorder and comorbid major depression: is the correlation an illusion? J Anxiety Disord 12(1):21–37
Boccellari A, Alvidrez J, Shumway M, Kelly V, Merrill G, Gelb M, Okin RL (2007) Characteristics and psychosocial needs of victims of violent crime identified at a public-sector hospital: data from a large clinical trial. Gen Hosp Psychiatry 29:236–243
Boelen PA, Prigerson HG (2007) The influence of symptoms of prolonged grief disorder, depression, and anxiety on quality of life among bereaved adults: a prospective study. Eur Arch Psychiatry Clin Neurosci 257(8):444–452
Boelen PA, van den Bout J (2005) Complicated grief, depression, and anxiety as distinct postloss syndromes: a confirmatory factor analysis study. Am J Psychiatr 162(11):2175–2177
Boelen PA, de Keijser J, Smid G (2015) Cognitive-behavioral variables mediate the impact of violent loss on post-loss psychopathology. Psychol Trauma 7:382–390
Bonanno GA, Neria Y, Mancini A, Coifman KG, Litz B, Insel B (2007) Is there more to complicated grief than depression and posttraumatic stress disorder? A test of incremental validity. J Abnorm Psychol 116(2):342–351
Borsboom D, Cramer AO (2013) Network analysis: an integrative approach to the structure of psychopathology. Annu Rev Clin Psychol 9:91–121
Brewin CR, Andrews B, Rose S, Kirk M (1999) Acute stress disorder and posttraumatic stress disorder in victims of violent crime. Am J Psychiatr 156:360–366
Brewin CR, Andrews B, Rose S (2000) Fear, helplessness, and horror in posttraumatic stress disorder: investigating DSM-IV criterion A2 in victims of violent crime. J Trauma Stress 13(3):499–509
Brewin CR, Gregory JD, Lipton M, Burgess N (2010) Intrusive images in psychological disorders: characteristics, neural mechanisms, and treatment implications. Psychol Rev 117(1):210–232
Brier ZMF, Connor J, Legrand AC, Price M (2020) Different trajectories of PTSD symptoms during the acute post-trauma period. J Psychiatr Res 131:127–131
Bryant RA (2011) Acute stress disorder as a predictor of posttraumatic stress disorder: a systematic review. J Clin Psychiatry 72:233–239
Bryant RA (2012) Grief as a psychiatric disorder. Br J Psychiatry 201:9–10 Bryant RA, Harvey AG (1997) Acute stress disorder: a critical review of diagnostic issues. Clin Psychol Rev 17(7):757–773
Bryant RA, Creamer M, O'Donnell ML, Silove D, McFarlane AC (2008) A multisite study of the capacity of acute stress disorder diagnosis to predict posttraumatic stress disorder. J Clin Psychiatry 69(6):923–929
Bryant RA, Creamer M, O'Donnell M, Silove D, McFarlane AC (2011a) Heart rate after trauma and the specificity of fear circuitry disorders. Psychol Med 2011:1–8
Bryant RA, Friedman MJ, Spiegel D, Ursano R, Strain J (2011b) A review of acute stress disorder in DSM-5. Depress Anxiety 28(9):802–817
Bryant RA, O'Donnell ML, Creamer M, McFarlane AC, Silove D (2011c) Posttraumatic intrusive symptoms across psychiatric disorders. J Psychiatr Res 45(6):842–847
Bryant RA, O'Donnell M, Creamer M, McFarlane AC, Silove D (2013) A multi-site analysis of the fluctuating course of posttraumatic stress disorder. JAMA 70:839–846
Bryant RA, Creamer M, O'Donnell M, Silove D, McFarlane AC, Forbes D (2015) A comparison of the capacity of DSM-IV and DSM-5 acute stress disorder definitions to predict posttraumatic stress disorder and related disorders. J Clin Psychiatry 76:391–397
Bryant RA, Creamer M, O'Donnell M, Forbes D, McFarlane AC, Silove D, Hadzi-Pavlovic D (2017) Acute and chronic posttraumatic stress symptoms in the emergence of posttraumatic stress disorder: a network analysis. JAMA Psychiat 74(2):135–142
Bryant RA, Felmingham KL, Malhi G, Andrew E, Korgaonkar MS (2020) The distinctive neural circuitry of complex posttrau-

matic stress disorder during threat processing. Psychol Med 2020:1–8
Cannistraro PA, Wright CI, Wedig MM, Martis B, Shin LM, Wilhelm S, Rauch SL (2004) Amygdala responses to human faces in obsessive-compulsive disorder. Biol Psychiatry 56(12):916–920
Choi H, Kim N, Lee A (2020) ICD-11 posttraumatic stress disorder (PTSD) and complex PTSD among organized violence survivors in modern South Korean history of political oppression. Anxiety Stress Coping 2020:1–12
Cloitre M, Courtois CA, Charuvastra A, Carapezza R, Stolbach BC, Green BL (2011) Treatment of complex PTSD: results of the ISTSS expert clinician survey on best practices. J Trauma Stress 24(6):615–627
Cloitre M, Garvert D, Brewin CR, Bryatn RA, Maercker A (2013) Evidence for ICD-11 PTSD and complex PTSD: a latent profile analysis. Eur J Psychotraumatol 4:20706. https://doi.org/10.3402/ejpt.v4i0.20706
Cloitre M, Garvert DW, Weiss B, Carlson EB, Bryant RA (2014) Distinguishing PTSD, Complex PTSD, and borderline personality disorder: a latent class analysis. Eur J Psychotraumatol 5:25097. https://doi.org/10.3402/ejpt.v5.25097
Cramer AO, Waldorp LJ, van der Maas HL, Borsboom D (2010) Comorbidity: a network perspective. Behav Brain Sci 33:137–150
Dalgleish T, Meiser-Stedman R, Kassam-Adams N, Ehlers A, Winston F, Smith P, Yule W (2008) Predictive validity of acute stress disorder in children and adolescents. Br J Psychiatry 192(5):392–393
Danzi BA, La Greca AM (2016) DSM-IV, DSM-5, and ICD-11: Identifying children with posttraumatic stress disorder after disasters. J Child Psychol Psychiatry 57:1444–1452
Ehring T, Ehlers A, Glucksman E (2008) Do cognitive models help in predicting the severity of posttraumatic stress disorder, phobia, and depression after motor vehicle accidents? A prospective longitudinal study. J Consult Clin Psychol 76(2):219–230
Eilers R, Rimane E, Vogel A, Renneberg B, Steil R, Rosner R (2020) The impact of the new ICD-11 criteria on abused young people: 30% less PTSD and CPTSD diagnoses compared to DSM-IV. Psychother Psychosom 89:59–61
Elklit A, Brink O (2003) Acute stress disorder in physical assault victims visiting a Danish emergency ward. Violence Vict 18:461–472
Elklit A, Hyland P, Shevlin M (2014) Evidence of symptom profiles consistent with posttraumatic stress disorder and complex posttraumatic stress disorder in different trauma samples. Eur J Psychotraumatol 5:24221. https://doi.org/10.3402/ejpt.v5.24221
Facer-Irwin E, Karatzias T, Bird A, Blackwood N, MacManus D (2021) PTSD and complex PTSD in sentenced male prisoners in the UK: prevalence, trauma antecedents, and psychiatric comorbidities. Psychol Med 2021:1–11
Faravelli C (1985) Life events preceding the onset of panic disorder. J Affect Disord 9:103–105
Fear NT, Iversen AC, Chatterjee A, Jones M, Greenberg N, Hull L, Wessely S (2008) Risky driving among regular armed forces personnel from the United Kingdom. Am J Prev Med 35:230–236
Fein JA, Kassam-Adams N, Vu T, Datner EM (2001) Emergency department evaluation of acute stress disorder symptoms in violently injured youths. Ann Emerg Med 38:391–396
Feiring C, Cleland C (2007) Childhood sexual abuse and abuse-specific attributions of blame over 6 years following discovery. Child Abuse Negl 31:1169–1186
Felmingham K, Kemp AH, Williams L, Falconer E, Olivieri G, Peduto A, Bryant RA (2008) Dissociative responses to conscious and non-conscious fear impact underlying brain function in post-traumatic stress disorder. Psychol Med 38:1771–1780
Flory JD, Yehuda R (2015) Comorbidity between post-traumatic stress disorder and major depressive disorder: alternative explanations and treatment considerations. Dialogues Clin Neurosci 17:141–150
Forbes MK, Wright AGC, Markon KE, Krueger RF (2019) The network approach to psychopathology: promise versus reality. World Psychiatry 18:272–273
Friedman MJ, Resick PA, Bryant RA, Brewin CR (2011) Considering PTSD for DSM-5. Depress Anxiety 28:750–769
Frost R, Murphy J, Hyland P, Shevlin M, Ben-Ezra M, Hansen M, McDonagh T (2020) Revealing what is distinct by recognising what is common: distinguishing between complex PTSD and borderline personality disorder symptoms using bifactor modelling. Eur J Psychotraumatol 11:1836864
Fujisawa D, Miyashita M, Nakajima S, Ito M, Kato M, Kim Y (2010) Prevalence and determinants of complicated grief in general population. J Affect Disord 127(1-3):352–358
Galatzer-Levy I, Bryant RA (2013) 636,120 ways to have posttraumatic stress disorder: the relative merits of categorical and dimensional approaches to posttraumatic stress. Perspect Psychol Sci 8:651–662
Garcia-Fernandez L, Romero-Ferreiro V, Lopez-Roldan PD, Padilla S, Rodriguez-Jimenez R (2020) Mental health in elderly Spanish people in times of COVID-19 outbreak. Am J Geriatr Psychiatr 28:1040–1045
Gay NG, Wisco BE, Jones EC, Murphy AD (2020) Posttraumatic stress disorder symptom network structures: a comparison between men and women. J Trauma Stress 33:96–105
Golden A-M, Dalgleish T (2010) Is prolonged grief distinct from bereavement-related posttraumatic stress? Psychiatry Res 178:336–341
Gomez-Duran EL, Martin-Fumado C, Forero CG (2020) Psychological impact of quarantine on healthcare workers. Occup Environ Med 77:666–674

Gonzalo RM, Ana RG, Patricia CA, Laura AL, Nathalia GT, Luis C, Benedicto CF (2021) Short-term emotional impact of COVID-19 pandemic on Spaniard health workers. J Affect Disord 278:390–394
Griffin MG, Resick PA, Mechanic MB (1997) Objective assessment of peritraumatic dissociation: psychophysiological indicators. Am J Psychiatr 154(8):1081–1088
Hafstad GS, Thorensen S, Wentzel-Larsen T, Maercker A, Dyb G (2018) PTSD or not PTSD? Comparing the proposed ICD-11 and the DSM-5 PTSD criteria among young survivors of the 2011 Norway attacks and their parents. Psychol Med 48:351
Harvey AG, Bryant RA (2002) Acute stress disorder: a synthesis and critique. Psychol Bull 128(6):886–902
Herman JL (1992) Complex PTSD: a syndrome in survivors of prolonged and repeated trauma. J Trauma Stress 5(3):377–391
Hoge CW, Warner CH (2014) Estimating PTSD prevalence in US veterans: considering combat exposure, PTSD checklist cutpoints, and DSM-5. J Clin Psychiatry 75:e1439–e1441
Hoge CW, Yehuda R, Castro CA, McFarlane AC, Vermetten E, Rakesh J, Rothbaum BO (2016) Unintended consequences of changing the definition of posttraumatic stress disorder in DSM-5: critique and call for action. JAMA 73(7):750–752
Horowitz MJ (2007) Understanding and ameliorating revenge fantasies in psychotherapy. Am J Psychiatr 164(1):24–27
Hyland P, Shevlin M, Brewin CR, Cloitre M, Downes AJ, Jumbe S, Roberts NP (2017) Validation of post-traumatic stress disorder (PTSD) and complex PTSD using the International Trauma Questionnaire. Acta Psychiatr Scand 136:313–322
Hyland P, Vallieres F, Cloitre M, Ben-Ezra M, Karatzias T, Olff M, Shevlin M (2020) Trauma, PTSD, and complex PTSD in the Republic of Ireland: prevalence, service use, comorbidity, and risk factors. Soc Psychiatry Psychiatr Epidemiol. https://doi.org/10.1007/s00127-020-01912-X
Isserlin L, Zerach G, Solomon Z (2008) Acute stress responses: a review and synthesis of ASD, ASR, and CSR. Am J Orthopsychiatry 78(4):423–429
Jakupcak M, Conybeare D, Phelps L, Hunt S, Holmes HA, Felker B, McFall ME (2007) Anger, hostility, and aggression among Iraq and Afghanistan war veterans reporting PTSD and subthreshold PTSD. J Trauma Stress 20(6):945–954
Karatzias T, Shevlin M, Fyvie C, Hyland P, Efthymiadou E, Wilson D, Cloitre M (2017) Evidence of distinct profiles of posttraumatic stress disorder (PTSD) and complex posttraumatic stress disorder (CPTSD) based on the new ICD-11 trauma questionnaire (ICD-TQ). J Affect Disord 207:181–187
Kaufman ML, Kimble MO, Kaloupek DG, McTeague LM, Bachrach P, Forti AM, Keane TM (2002) Peritraumatic dissociation and physiological response to trauma-relevant stimuli in Vietnam combat veterans with posttraumatic stress disorder. J Nerv Ment Dis 190(3):167–174
King DW, Leskin GA, King LA, Weathers FW (1998) Confirmatory factor analysis of the clinician-administered PTSD Scale: evidence for the dimensionality of posttraumatic stress disorder. Psychol Assess 10(2):90–96
Kleim B, Ehlers A, Glucksman E (2007) Early predictors of chronic post-traumatic stress disorder in assault survivors. Psychol Med 37:1457–1467
Knefel M, Lueger-Schuster B (2013) An evaluation of ICD-11 PTSD and complex PTSD criteria in a sample of adult survivors of childhood institutional abuse. Eur J Psychotraumatol 4:22608. https://doi.org/10.3402/ejpt.v4i0.22608
Knefel M, Karatzias T, Ben-Ezra M, Cloitre M, Lueger-Schuster B, Maercker A (2019) The replicability of ICD-11 complex posttraumatic stress disorder symptom networks in adults. Br J Psychiatry 214(6):361–368
Knefel M, Lueger-Schuster B, Bisson J, Karatzias T, Kazlauskas E, Roberts NP (2020) A cross-cultural comparison of ICD-11 complex posttraumatic stress disorder symptom networks in Austria, the United Kingdom, and Lithuania. J Trauma Stress 33(1):41–51
La Greca AM, Danzi BA, Chan SF (2017) DSM-5 and ICD-11 as competing models of PTSD in preadolescent children exposed to a natural disaster: assessing validity and co-occurring symptomatology. Eur J Psychotraumatol 8:1310591
Lanius RA, Brand B, Vermetten E, Frewen PA, Spiegel D (2012) The dissociative subtype of posttraumatic stress disorder: rationale, clinical and neurobiological evidence, and implications. Depress Anxiety 29(8):701–708
Lazarov A, Suarez-Jimenez B, Levi O, Coppersmith DDL, Lubin G, Pine DS, Neria Y (2020) Symptom structure of PTSD and co-morbid depressive symptoms - a network analysis of combat veteran patients. Psychol Med 50:2171
Leskela J, Dieperink M, Thuras P (2002) Shame and posttraumatic stress disorder. J Trauma Stress 15(3):223–226
Lin D, Friedman DB, Qiao S, Tam CC, Li X, Li X (2020) Information uncertainty: a correlate for acute stress disorder during the COVID-19 outbreak in China. BMC Public Health 20:1867
Maercker A, Brewin CR, Bryant RA, Cloitre M, Reed GM, van Ommeren M, Reed GR (2013a) Proposals for mental disorders specifically associated with stress in the International Classification of Diseases-11. Lancet 381(9878):1683–1685
Maercker A, Brewin CR, Bryant RA, Cloitre M, van Ommeren M, Jones LM, Reed GM (2013b) Diagnosis and classification of disorders specifically associated with stress: proposals for ICD-11. World Psychiatry 12(3):198–206
Malgaroli M, Maccallum F, Bonanno GA (2018) Symptoms of persistent complex bereavement disorder, depression, and PTSD in a conjugally bereaved sample: a network analysis. Psychol Med 48(14):2439–2448
Manfro GG, Otto MW, McArdle ET, Worthington JJ, Rosenbaum JF, Pollack MH (1996) Relationship of antecedent stressful life events to childhood and family history of anxiety and the course of panic disorder. J Affect Disord 41(2):135–139
Marshall GN (2004) Posttraumatic stress disorder symptom checklist: factor structure and English-Spanish measurement invariance. J Trauma Stress 17(3):223–230
McCabe RE, Antony MM, Summerfeldt LJ, Liss A, Swinson RP (2003) Preliminary examination of the relationship between

anxiety disorders in adults and self-reported history of teasing or bullying experiences. Cogn Behav Ther 32(4):187–193
McNally RJ, Robinaugh DJ, Wu GWY, Wang L, Deserno MK, Borsboom D (2015) Mental disorders as causal systems: a network approach to posttraumatic stress disorder. Clin Psychol Sci 3:836–849
Melhem NM, Porta G, Shamseddeen W, Payne MW, Brent DA (2011) Grief in children and adolescents bereaved by sudden parental death. Arch Gen Psychiatry 68:911–919
Milad MR, Rauch SL, Pitman RK, Quirk GJ (2006) Fear extinction in rats: implications for human brain imaging and anxiety disorders. Biol Psychol 73(1):61–71
Morina N, Rudari V, Bleichhardt G, Prigerson HG (2010) Prolonged grief disorder, depression, and posttraumatic stress disorder among bereaved Kosovar civilian war survivors: a preliminary investigation. Int J Soc Psychiatry 56(3):288–297
Nixon RDV, Bryant RA, Moulds ML, Felmingham KL, Mastrodomenico JA (2005) Physiological arousal and dissociation in acute trauma victims during trauma narratives. J Trauma Stress 18(2):107–113
O'Donnell ML, Creamer M, McFarlane A, Silove D, Bryant RA (2010) Should A2 be a diagnostic requirement for posttraumatic stress disorder in DSM-V? Psychiatry Res 176:257–260
O'Donnell ML, Alkemade N, Nickerson A, Creamer M, McFarlane AC, Silove D, Forbes D (2014) Impact of the diagnostic changes to post-traumatic stress disorder for DSM-5 and the proposed changes to ICD-11. Br J Psychiatry 205:230–235
Oe M, Ito M, Takebayashi Y, Katayanagi A, Horikoshi M (2020) Prevalence and comorbidity of the ICD-11 and DSM-5 for PTSD caseness with previous diagnostic manuals among the Japanese population. Eur J Psychotraumatol 11:1753938
Ophuis RH, Olij BF, Polinder S, Haagsma JA (2018) Prevalence of post-traumatic stress disorder, acute stress disorder and depression following violence related injury treated at the emergency department: a systematic review. BMC Psychiatry 18:311
Orth U, Wieland E (2006) Anger, hostility, and posttraumatic stress disorder in trauma-exposed adults: a meta-analysis. J Consult Clin Psychol 74(4):698–706
Pailler ME, Kassam-Adams N, Datner EM, Fein JA (2007) Depression, acute stress and behavioral risk factors in violently injured adolescents. Gen Hosp Psychiatry 29:357–363
Palic S, Zerach G, Shevlin M, Zeligman Z, Elklit A, Solomon Z (2016) Evidence of complex posttraumatic stress disorder (CPTSD) across populations with prolonged trauma of varying interpersonal intensity and ages of exposure. Psychiatry Res 246:692–699
Peters L, Slade T, Andrews G (1999) A comparison of ICD-10 and DSM-IV criteria for posttraumatic stress disorder. J Trauma Stress 12(2):335–343
Prigerson HG, Horowitz MJ, Jacobs SC, Parkes CM, Aslan M, Goodkin K, Maciejewski PK (2009) Prolonged grief disorder: Psychometric validation of criteria proposed for DSM-V and ICD-11. PLoS Med 6(8):e1000121. https://doi.org/10.1371/journal.pmed.1000121
Prigerson HG, Boelen PA, Xu J, Smith KV, Maciejewski PK (2021) Validation of the new DSM-5-TR criteria for prolonged grief disorder and the PG-13-Revised (PG-13-R) scale. World Psychiatry 20:96–106
Rapee RM, Litwin EM, Barlow DH (1990) Impact of life events on subjects with panic disorder and on comparison subjects. Am J Psychiatr 147(5):640–644
Rapee RM, Bryant RA, Andrews G, Charney DS, Sirovatka PJ, Regier DA (2009) Stress and psychosocial factors in onset of fear circuitry disorders Stress-induced and fear circuitry disorders: advancing the research agenda for DSM-V. American Psychiatric Publishing, Inc, Arlington, pp 195–214
Rauch SL, Drevets WC (2009) Neuroimaging and neuroanatomy of stress-induced and fear circuitry disorders. In: Andrews G, Charney DS, Sirovatka PJ, Regier DA (eds) Stress-induced and fear circuitry disorders: refining the research agenda for DSM-V. American Psychiatric Association, Arlington, pp 215–254
Rauch SL, Wedig MM, Wright CI, Martis B, McMullin KG, Shin LM, Wilhelm S (2007) Functional magnetic resonance imaging study of regional brain activation during implicit sequence learning in obsessive-compulsive disorder. Biol Psychiatry 61(3):330–336
Reed GM (2010) Toward ICD-11: improving the clinical utility of WHO's International Classification of Mental Disorders. Prof Psychol Res Pract 41:457–464
Resick PA, Bovin MJ, Calloway AL, Dick AM, King MW, Mitchell KS, Wolf EJ (2012) A critical evaluation of the complex PTSD literature: implications for DSM-5. J Trauma Stress 25(3):241–251
Rink J, Lipinska G (2020) Evidence of distinct profiles of ICD-11 post-traumatic stress disorder (PTSD) and complex PTSD in a South African sample. Eur J Psychotraumatol 11:1818965
Rizvi SL, Kaysen D, Gutner CA, Griffin MG, Resick PA (2008) Beyond fear: the role of peritraumatic responses in posttraumatic stress and depressive symptoms among female crime victims. J Interpers Violence 23(6):853–868
Robinaugh DJ, Millner AJ, McNally RJ (2016) Identifying highly influential nodes in the complicated grief network. J Abnorm Psychol 125(6):747–757
Ross J, Armour C, Kerig PK, Kidwell MC, Kilshaw RE (2020) A network analysis of posttraumatic stress disorder and dissociation in trauma-exposed adolescents. J Anxiety Disord 72:102222
Roth S, Newman E, Pelcovitz D, van der Kolk B, Mandel FS (1997) Complex PTSD in victims exposed to sexual and physical abuse: results from the DSM-IV field trial for posttraumatic stress disorder. J Trauma Stress 10(4):539–555
Saraiya TC, Fitzpatrick S, Zumberg-Smith K, Lopez-Castro T, Back SE, Hein DA (2020) Social-emotional profiles of PTSD,

complex PTSD, and borderline personality disorder among racially and ethnically diverse young adults: a latent class analysis. J Trauma Stress. https://doi.org/10.1002/jts.22590
Schaal S, Koebach A, Hinkel H, Elbert T (2015) Posttraumatic stress disorder according to DSM-5 and DSM-IV diagnostic criteria: a comparison in a sample of Congolese ex-combatants. Eur J Psychotraumatol 6:24981
Schnyder U, Muller J, Morina N, Schick M, Bryant RA, Nickerson A (2015) A comparison of DSM-5 and DSM-IV diagnostic criteria for posttraumatic stress disorder in traumatized refugees. J Trauma Stress 28:267–274
Serrano-Ripoll MJ, Meneses-Echavez JF, Ricci-Cabello I, Fraile-Navarro D, Fiol-deRoque MA, Pastor-Moreno G, Goncalves-Bradley DC (2020) Impact of viral epidemic outbreaks on mental health of healthcare workers: a rapid systematic review and meta-analysis. J Affect Disord 277:347–357
Shahrour G, Dardas LA (2020) Acute stress disorder, coping self-efficacy and subsequent psychological distress among nurses amid COVID-19. J Nurs Manag 28:1686–1695
Shear K, Frank E, Houck PR, Reynolds CF (2005) Treatment of complicated grief: a randomized controlled trial. J Am Med Assoc 293(21):2601–2608
Shear MK, Simon N, Wall M, Zisook S, Neimeyer R, Duan N et al (2011) Complicated grief and related bereavement issues for DSM-5. Depress Anxiety 28(2):103–117
Shevlin M, Hyland P, Vallieres F, Bisson J, Makhashvili N, Javakhishvili J, Roberts B (2018) A comparison of DSM-5 and ICD-11 PTSD prevalence, comorbidity and disability: an analysis of the Ukrainian Internally Displaced Person's Mental Health Survey. Acta Psychiatr Scand 137:138–147
Shin LM, Liberzon I (2010) The neurocircuitry of fear, stress, and anxiety disorders. Neuropsychopharmacology 35(1):169–191
Simon NM, Shear KM, Thompson EH, Zalta AK, Perlman C, Reynolds CF, Silowash R (2007) The prevalence and correlates of psychiatric comorbidity in individuals with complicated grief. Compr Psychiatry 48(5):395–399
Simon NM, Wall MM, Keshaviah A, Dryman MT, Leblanc NJ, Shear MK (2011) Informing the symptom profile of complicated grief. Depress Anxiety 28(2):118–126
Smith KV, Ehlers A (2020) Cognitive predictors of grief trajectories in the first months of loss: a latent growth mixture model. J Consult Clin Psychol 88:93–105
Spiegel D, Koopmen C, Cardena C, Classen C (1996) Dissociative symptoms in the diagnosis of acute stress disorder. In: Michelson LK, Ray WJ (eds) Handbook of dissociation. Plenum Press, New York, pp 367–380
Stein DJ, McLaughlin KA, Koenen KC, Atwoli L, Friedman MJ, Hill ED, Kessler RC (2014) DSM-5 and ICD-11 definitions of posttraumatic stress disorder: investigating "narrow" and "broad" approaches. Depress Anxiety 31:494–505
Tay AK, Rees S, Chen J, Kareth M, Silove D (2015) The structure of post-traumatic stress disorder and complex post-traumatic stress disorder amongst West Papuan refugees. BMC Psychiatry 15:111
Tsur N, Abu-Raiya H (2020) COVID-19-related fear and stress among individuals who experienced child abuse: the mediating effect of complex posttraumatic stress disorder. Child Abuse Negl 110:104694
van der Kolk BA, Roth S, Pelcovitz D, Sunday S, Spinazzola J (2005) Disorders of extreme stress: the empirical foundation of a complex adaptation to trauma. J Trauma Stress 18(5):389–399
Wakefield JC (2013) The DSM-5 debate over the bereavement exclusion: psychiatric diagnosis and the future of empirically supported treatment. Clin Psychol Rev 33(7):825–845
Wisco BE, Marx BP, Miller MW, Wolf EJ, Krystal JH, Pietrzak RH (2017) A comparison of ICD-11 and DSM criteria for posttraumatic stress disorder in two national samples of U.S. military veterans. J Affect Disord 223:17–19
World Health Organization (1965) International statistical classification of diseases, injuries, and causes of death, 8th edn. World Health Organization, Geneva
World Health Organization (1994) International statistical classification of diseases, injuries, and causes of death, 8th edn. World Health Organization, Geneva
World Health Organization (2018) ICD-11: international classification of diseases 11th revision. WHO, Geneva
Ye Z, Yang X, Zeng C, Wang Y, Shen Z, Li X, Lin D (2020) Resilience, social support, and coping as mediators between COVID-19-related stressful experiences and acute stress disorder among college students in China. Appl Psychol Health Well Being 12:1074–1094

3부

심리치료

외상 후 조기 개입 7

Richard A. Bryant

7.1 소개

외상 후 스트레스 장애posttraumatic stress disorder, 이하 PTSD의 개인적, 사회적, 경제적 비용으로 인해, 지난 수십 년 동안 트라우마의 부정적인 심리적 영향을 줄일 수 있는 더 나은 전략을 개발하는 데 많은 노력을 기울여 왔습니다. 이러한 노력 중 상당 부분은 조기 개입 전략에 집중되어 왔습니다. 조기 개입은 외상 노출 직후 몇 시간, 며칠 또는 몇 주 내에 시행되는 개입입니다. 이러한 접근의 목표는 급성 스트레스를 줄이거나 이후에 PTSD로 발전하는 것을 방지하는, 이차 예방을 이루는 것입니다. 이 장에서는 현재의 조기 개입 전략, 조기 개입 전략을 뒷받침하는 이론적 모델과 추정 기전, 이러한 전략에 대한 근거, 이 분야가 직면한 과제를 검토합니다.

7.2 조기 개입을 모든 생존자에게 제공하는 것

외상 후 널리 사용된 초기의 예방 전략은 외상을 겪은 모든 생존자에게 즉각적인 심리적 지원을 제공하는 접근법에 기반을 두고 있었습니다. 이러한 개입은 모든 사람이 외상의 부정적인 영향에 취약하다는 전제와, 외상 노출 직후에 중재를 제공하지 않으면 심각한 결과가 초래된다는 믿음에 근거한 것이었습니다. 그러나 이러한 취약성에 대한 전제는 잘못된 것이었습니다. 아래에서 논의하겠지만, 연구에서 나온 근거들을 볼 때 대부분의 사람들은 매우 회복탄력성이 높으며 공식적인 정신건강 개입이 필요하지 않았습니다. 대부분의 사람들은 심리적 개입이 필요하지 않고, 즉각적인 위협이 지나간 이후에는 외상적 경험에 적응할 수 있으며, 개인적인 자원과 사회적 네트워크를 활용하여 성공적으로 적응할 수 있습니다.

전투 직후 병사들에게 제공된 개입을 시작으로 100년 동안 다양한 조기 개입의 변형이 있었고(Shephard 2000), 1980년대 이후 이러한 개입이 보편화되었습니다. 이러한 개입으로 가장 흔히 활용되어 온 것은 '심리적 디브리핑psychological debriefing'이라 불리며, 다양한 형태로 존재합니다. 가장 널리 알려진 중요 사건 스트레스 디브리핑Critical Incident Stress Debriefing, 이하 CISD의 역사와 효과를 통하여 심리적 디브리핑의 역할을 간략하게 살펴보겠습니다. 이 프로그램은 1980년대에 소방관 Jeffery Mitchell에 의해 시작되었는데, 그는 이 프로그램이 '현장과 그 직후에 나타나는 급성 스트레스 반응을 일반적으로 완화시키고, 지연된 스트레스 반응을 없애거나 최소한 억제할 수 있다'고 주장했습니다(Mitchell 1983, 36쪽). CISD는 보통 단일 디브리핑 회기로 구성되며 외상 노출 후 며칠 이내에 시행하는 것이 일반적입니다. 회기는 보통 3-4시간 동안 진행되며(Everly Jr.와 Mitchell 1999), 공식적으로는 다음의 7단계로 구성됩니다. 도입 단계introduction phase에서는 회기의 형식을 소개하고, 이것이 심리치료의 목적이 아님을 명확히 합니다. 사실 단계fact phase에서는 참가자가 외상 사건에 대한 자신의 경험을 이야기하도록 합니다. 인지 단계cognitive phase에서는 그 경험에 대한 인지적 반응, 즉 사건에 대한 초기의 생각을 자각하게 돕습니다. 다음으로, 반응 단계reaction phase에서는 참가자들이 경험에 대한 감정 반응을 표현하도록 격려합니다. 증상 단계symptom phase에서는 스트레스 반응을 파악하기 위해 참가자에게 증상이나 반응을 관찰하게 합니다. 교육 단계teaching phase에서는 스트레스 반응을 정상화하는 과정을 거칩니다. 마지막으로 재진입 단계re-entry phase에서는 전체 회기를 요약하고 필요한 경우 적절한 연계를 안내합니다. CISD는 처음에는 응급 구조대원을 대상으로 개발되었지만, 이후 훨씬 더 넓은 대상을 포괄하게 확장되었습니다. 1990년대 말까지 CISD의 성장을 요약하면서 해당 저자들은 'Mitchell의 심리 디브리핑 모델은 일반적으로 세계에서 가장 널리 사용되는 형태로 인정받고 있으며, 가장 다양한 환경과 운영 상황에서 사용되고 있다'고 평가하였습니다(Everly Jr.와 Mitchell 1999, 84쪽).

CISD가 사람들에게 도움이 될까요? 문헌에서는 CISD가 긍정적으로 받아들여졌으며, 참가자들이 유익하다고 느꼈다는 보고가 많이 있습니다(Adler 등. 2008; Carlier 등. 2000). 그러나 이것만으로는 근거가 되지 않습니다. 많은 연구에서 CISD(또는 그 변형)를 받은 사람과 받지 않은 사람을 평가하고, 이후 추적 평가 시 이들의 기능(일반적으로 PTSD 수준)을 비교하였습니다(자세한 내용은 McNally 등. 2003 참조). 전반적으로, 이러한 연구들의 결과 CISD 및 관련 디브리핑 개입이 아무런 개입을 받지 않은 사람들과 비교해 외상 후 스트레스 수준을 감소시키지 않았습니다(Bisson 등. 2007).

그렇다면 디브리핑이 해가 될 수 있을까요? 사람들의 자연스러운 적응 과정을 존중하는 것이 중요할 수 있으며, 이러한 기전을 방해하는 것은 바람직하지 않을 수 있기 때문에 매우 중요한 문제입니다. 특히 일부 연구에서 CISD가 해로울 수 있다는 근거가 제시되면서 이 질문은 더욱 중요해졌습니다. 이와 관련된 연구들의 결과, 초기 외상 후 명확한 PTSD 증상을 보이는 사람들 중 디브리핑을 받은 이들의 경우 오히려 받지 않은 이들보다 PTSD 증상이 더 심각하였습니다(Bisson 등. 1997; Mayou 등. 2000). 또 다른 통제 연구에서는 정서적 디브리핑이 교육적 개입에 비해 참가자의 회복을 지연시켰습니다(Sijbrandij 등. 2006). 이러한 연구들은 방법론적 한계가 있지만, 그럼에도 불구하고 보편적인 개입이 반드시 바람직하지는 않을 수 있다는 우려를 제기합니다. 외상 기억을 짧은 시간 활성화한 이후 후속 회기가 없는 경우, 오히려 외상 기억을 더 강화시킬 수 있다는 지적도 있습니다(Bisson과 Andrew 2007). 디브리핑이 해로울 수 있는 또 다른 이유는, 보통 사전 평가 없이 진행되기 때문에 개개인의 기존 취약성, 현재 고통의 심각도, 사회적 맥락 등의 개인차에 관계없이 획일적인 개입이 이루어진다는 점입니다. 이에 따라 대부분의 치료 지침서에서는 이 개입을 권장하지 않습니다(Foa 등. 2009).

CISD와 같은 심리적 디브리핑이 더 이상 선호되지 않은 지금, 대안은 무엇일까요? 단일 회기 개입이 이후의 적응을 예방하지 못한다는 근거에 비추어, 최근의 접근법은 급성 반응을 겪는 사람들이 이에 대처할 수 있도록 돕는 데에 단순히 목표를 두고 있습니다. 가장 일반적인 새로운 접근법은 심리적 응급처치Psychological First Aid, 이하 PFA입니다(Brymer 등. 2006). PFA는 감정 정화emotional catharsis를 유도하는 것처럼, 일련의 도움이 되지 않을 수 있는 단계는 배제하면서 디브리핑의 기본 전략을 유지하려고 노력했습니다. PFA의 전략에는 안전, 정보 제공, 정서적 지지, 서비스 접근, 회복 기대의 증진, 사회적 지지의 활용, 자기 관리 전략의 촉진 등의 제안들이 포함됩니다. 다른 형태의 보편적 개입과 마찬가지로, PFA는 공식 평가로 시작하지 않습니다. 이 접근 방식이 지금은 실무 지침서(Inter-Agency Standing Committee 2007)에서도 권장되고 있는데, 이는 아직 PFA를 뒷받침할 확고한 증거가 부족하다는 점에서 다소 이례적입니다.

7.3 누가 조기 개입을 받아야 할까요?

모든 외상 경험자에게 보편적인 개입을 제공하는 접근법과 달리, 일부 접근은 이후 PTSD 발병 위험이 높은 외상 경험자에게 초점을 맞춘 표적 전략targeted strategy을 채택하고 있습니다. 이는 급성기 단계에서 이후에 PTSD로 발전할 사람들을 식별할 수 있다는 전제를 기반으로 합니다. 지난 수십 년 동안 장기적으로 PTSD를 예측할 수 있는 급성기의 지표에 대한 연구가 활발히 진행되어 왔으며, 그 과정에서 만성 PTSD를 확신을 가지고 예측하는 것에 대한 기대는 상당히 누그러졌습니다.

이와 관련하여 이 분야의 주요 과제는, 급성 스트레스 반응이 후속 시점의 PTSD 반응과 선형적으로 연결되지 않다는 점을 인식하는 것이었습니다. 초기 연구에 따르면, 외상 노출 후 몇 주 동안 외상성 스트레스가 급격히 증가했다가 이후 몇 달 동안 현저하게 감소되는데, 이러한 현상은 성폭행(Rothdaum 등. 1992), 비-성적non-sexual 폭행(Riggs 등. 1995), 교통 사고(Blanchard 등. 1996), 재난(van Griensven 등. 2006), 테러(Galea 등. 2003) 경험자들을 대상으로 한 연구에서 확인되었습니다. 이는 PTSD로 발전할 위험이 있는 외상 경험자를 초기 단계에서 식별하는 데 있어 문제점을 제기하였습니다. 즉, 일시적인 스트레스 반응과 이후 PTSD로 이어질 수 있는 초기 반응을 어떻게 구분할 수 있을까요?

이와 관련된 초기의 시도는 급성 스트레스 장애acute stress disorder, 이하 ASD 진단이었습니다. 이 진단은 DSM-IV에 도입되었으며, 그 목적은 (1) 외상 노출 후 첫 한 달 동안의 심각한 외상 후 스트레스 반응을 기술하고, (2) 이후 PTSD로 발전할 위험이 높은 사람들을 식별하고 조기 개입 대상자를 선별하는 것이었습니다(Harvey와 Bryant 2002). 그러나 ASD진단이 PTSD 고위험군을 식별하는 예측 능력에 대한 근거는 기껏해야 미미한 수준에 그쳤습니다(Bryant 2011). ASD 진단을 받은 사람의 약 절반 정도가 이후 PTSD로 발전하지만, 궁극적으로 PTSD를 가지게 되는 사람들 대부분은 초기에 ASD 기준을 충족하지 않습니다. 이러한 이유로, DSM-5에서는 이 진단을 이후 PTSD를 예측하기 위한 목적이 아니라 심각한 급성 스트레스 반응을 기술하기 위한 진단으로 재개념화하였습니다(Bryant 등. 2011).

초기 식별의 문제는, 외상 후 스트레스 반응의 복잡한 궤적을 강조한 최근의 외상 후 스트레스 반응의 종단적 경과 연구에서 더욱 부각되었습니다. 이러한 부분이 가장 두드러진 사례는 지연성 PTSD로, 이는 전통적으로 외상 노출 후 최소 6개월 후에 발병하는 PTSD로 인식되어 왔습니다. 접근 가능한 근거를 토대로 한 체계적인 검토에 따르면, PTSD의 약 25%가 지연성 발병이며, 특히 파병 후 군인 집단에서 지연성 발병의 빈도가 높았습니다(Smid 등. 2009). 외상 후 스트레스 반응의 변화 과정은 지속적인 스트레스 요인, 사람들의 해석과 평가, 사회적 요인 또는 건강 문제에 의해 영향을 받을 수 있다는 보고가 점점 더 많아지고 있습니다(Bryant 등. 2013). 예를 들어 허리케인 카트리나 생존자 대상의 연구에서 허리케인 이후 처음 2년 동안 PTSD 발생률이 전반적으로 증가했는데, 이는 인프라 부족, 열악한 주택 및 기타 필요한 지역사회 자원의 부족으로 인해 해당 지역의 지속적인 스트레스 요인이 있었기 때문이었습니다(Kessler 등. 2008). 이 문제는 잠재 성장 혼합 모델링을 사용하여 트라우마 생존자들이 경험하는 다양한 경로를 추적한 여러 근거로 더욱 주목받았습니다. 이 통계적 전략은 시간 경과에 따른 변화를 파악하기 위해 모 집단 내에서 동질적인 집단을 분류하는 것으로, 모든 사람이 동질적 집단에 속한다고 가정하는 대신, 이질적인 반응 양상을 찾습니다. 여러 연구에서 네 가지 주요 경로가 발견되었습니다: (a) PTSD 증상이 지속적으로 거의 없는 회복탄력성 경로, (b) 초기에는 고통을 경험하나 점차 완화되는 회복 경로, (c) 초기에는 증상 정도가 낮지만 시간이 지남에 따라 증상이 증가하는 지연 반응 경로, (d) 지속적으로 높은 PTSD 수치를 보이는 만성 고통 경로입니다. 이러한 경로는 외상성 부상(deRoon-Cassini 등. 2010), 재난(Pietrzak 등. 2013), 중동 파병 군인(Bonanno 등. 2012)을 포함하여 다양한 외상 경험자에게서 관찰되었습니다. 이는 외상 후 PTSD가 발생할 사람을 찾는 일이 결코 단순하지 않으며, 조기 개입을 시도할 때 급성기에 모든 고위험 외상 경험자 식별하는 것이 불가능하다는 점을 인식해야 함을 강조합니다.

급성 PTSD 증상의 심각도를 기준으로 PTSD를 예측하려는 몇몇 시도들이 있었으며, 이들은 일반적으로 초기 PTSD의 심각도가 이후 PTSD 발병과 관련이 있다는 일관된 관찰 결과로 이어졌습니다(Brewin 등. 1999; Zatzick 등. 2006). 이 연구들에서 통계적 연관성은 보였지만, 급성기 PTSD 증상의 특정 절단점을 기준으로 이후 PTSD의 발병 여부를 실제로 예측할 수 있는 수준에는 이르지 못했습니다. 이를 달성하려면, 과도한 위양성이나 위음성 없이 이후 PTSD로 발전할 사람만을 충분한 정확도와 민감도로 식별할 수 있는 급성기 PTSD 중증도 점수에 대해 검증된 절단점 값이 필요합니다. 다른 접근 방식으로는, 최근 연합연구 기반 접근 방식을 적용해 알려진 다양한 위험 요인을 고려하여 10개의 종단 연구에서 2,473명의 트라우마 경험자 표본을 결합하여 분석한 자료가 있습니다. 이 연구에서는 PTSD 중증도를 높게 보고한 경우, 여성, 중등 교육 이하의 학력, 대인관계 외상 이력이 있는 경우에서 해당 위험 알고리즘과 이후 PTSD 사이의 연관성이 높았습니다(r = 0.94)(Shalev 등. 2019).

머신 러닝 접근법을 활용하여 급성기에 PTSD의 위험이 있는 사람들의 프로파일을 찾아내려는 정교한 시도가 이루어지고 있습니다. 머신 러닝은 변수 간의 관계를 찾는 알고리즘을 활용하여, PTSD 발병과 같은 결과를 예측하는 데 사용될 수 있습니다. 머신러닝의 장점은 수학적 규칙을 사용하여 다양한 변수를 계산할 수 있다는 것으로, 이를 통해 가장 적합한 모델을 도출할 수 있습니다(Galatzer-Levy 등. 2018a). 한 연구에서는 두 곳의 응급실에 입원한 환자군을 대상으로 이 접근법을 시험하였는데, 머신러닝을 통해 스트레스 증상과 입원 시 정기적으로 수집되는 생물학적 변수(예: 림프구, 혈당)로 구성된 모델을 도출하였습니다. 놀랍게도 알고리즘이 스트레스 증상이 지속될 것으로 예측한 환자 중 90%가 입원 12개월 후에도 여전히 증상이 지속되었습니다(Schultebraucks 등.

2020a). 또 다른 새로운 접근 방식은 얼굴 표정과 말소리를 녹음하는 것인데, 이 두 정서적 반응 통로가 PTSD와 연관될 수 있다는 근거가 있기 때문입니다(McTeague 등. 2010; Rodin 등. 2017). 이 접근 방식의 주요 장점은 전통적인 정적static 자기 보고 방식이 아니라, 개인의 실제 감정 상태를 더 잘 반영하는 연속적인continuous 디지털 표현형의 분석을 기반으로 한다는 점입니다. 초기 연구에서는 응급실 환자를 면담할 때 얼굴 표정과 말소리를 녹음한 후 부호화하는 방법을 사용했는데, 놀랍게도 이 접근법은 83%의 정확도로 이후 PTSD를 정확하게 예측하였습니다(Schultebraucks 등. 2020b).

7.4 급성 스트레스 반응을 경험하는 사람들을 위한 심리치료

심리적 조기 개입에 대해 논의하기 전에, 이러한 개입을 뒷받침하는 모형과 기전을 검토할 필요가 있습니다. 대부분의 심리치료는 PTSD 발생에서 공포 조건화가 핵심적인 역할을 한다는 점을 인정하고 있으며, 이러한 점에서 심리치료는 생물학적 모형 및 PTSD의 조기 개입과 겹치는 부분이 있습니다. 이 모형에서는 외상 사건(무조건 자극)이 발생하면 개인은 공포(무조건 반응)로 반응하며, 이때 발생하는 강한 공포는 공포 반응과 외상과 관련된 자극 사이에 강력한 연합 조건화associative conditioning를 일으킨다고 봅니다. 이후 외상을 상기시키는 것(조건 자극)은 재경험 증상이나 불안과 같은 공포 반응(조건 반응)을 유발할 수 있습니다(Rauch 등. 2006).

대부분의 일반적인 심리적 개입에서 또 다른 핵심 구성 요소는 기억과 해석appraisals의 특성에 관한 것입니다. 이러한 인지 중심의 모형은 정보가 어떻게 부호화되는지에 중점을 두며, 외상 사건 중에 경험하는 강한 각성이 기억을 지각(주로 시각) 감각에 의해 강하게 지배되는 파편화된 방식으로 저장되게 만든다고 봅니다(Brewin 등. 2010a). 이러한 유형의 부호화를 자료 기반 처리data-driven processing라고 하며, 이는 외상 기억이 자서전적 기억 체계에 제대로 통합되지 못하게 하여 외상 경험에 대한 침습 기억을 유발하는 요인이 됩니다(Brewin 등. 2010b; Ehlers와 Clark 2000). 해석의 역할과 관련하여, 인지 모형에서는 외상을 경험하며 (주로 안전과 자신의 자아상에 관한) 기존의 신념이 침해될 수 있으며, 이는 급성기 위협감sense of thereat을 강화하여 PTSD로 이어질 위험성을 높인다고 강조합니다(Ehlers 와 Clark 2000).

이 가설을 지지하는 많은 연구들에 따르면, 급성기의 부적응적 해석은 급성 스트레스 반응이 더 심한 사람들에게서 더욱 뚜렷하게 나타나고(Smith와 Bryant 2000; Warda와 Bryant 1998), 부적응적 해석이 이후 PTSD를 강력하게 예측하였습니다(Bryant 등. 2007; Dunmore 등. 2001). 또한 급성 스트레스 증상의 부정적인 의미를 과장하거나(Dunmore 등. 2001; Ehlers 등. 1998) 외상 사건에 대해 과도하게 반추하는 것(Ehlers 등. 2003a; Kleim 등. 2007)이 만성 PTSD로의 발전을 예측했습니다.

인지 모형을 뒷받침하는 상당한 근거들 중, 외상 후 PTSD가 발병한 사람은 외상 후 PTSD가 없는 사람보다 외상 기억이 더 무질서disorganized하다는 연구 결과가 있는데, 이 현상은 급성기 환자들에서도 관찰되었습니다(Harvey와 Bryant 1999). 중요한 점은, 급성기 기억의 파편화memory fragmentation가 이후의 PTSD 발병을 예측한다는 것입니다(Buck 2007). 또한 기억의 재경험이 시각 체계에 의해 뒷받침된다는 연구 결과(James 등. 2016)가 있으며, 많은 연구에서 시각 기반 컴퓨터 게임(테트리스)을 하는 것이 언어적 작업을 하는 것보다 침습 기억을 줄이는 데 더 효과적이라는 결과가 보고되었습니다(Davies 등. 2012). 추가적으로, 자료 기반 처리에 대한 자가보고 결과가 이후의 침습 기억과 PTSD 발병을 예측한다는 결과도 있습니다(Ehring 등. 2008a). 이러한 근거들은 심리적 조기 개입의 전략을 논의하는 데 중요한 의미를 지니고, 구체적인 처리 과정을 표적으로 하는 조기 개입 전략의 기초를 형성했습니다.

7.5 외상 초점 인지행동치료

보편적인 개입universal intervention과 달리, 최근의 연구는 심각한 스트레스 반응을 보이는 사람들의 치료에 초점을 맞춥니다. 조기 개입은 심리적 전략과 생물학적 전략으로 나눌 수 있습니다. 그 중에서도 심리적 개입에 대한 연구가 훨씬 더 많이 진행되었는데, 이는 아마도 만성 PTSD 치료에 외상 중심의 심리치료가 상당한 성공을 거두었기 때문일 것입니다.

개입은 단일 기전을 표적으로 한 개입과 다양한 전략들을 통합적으로 제공하는 개입으로 구분할 수 있습니다. 첫 번째 접근법의 경우, 최근에는 급성기의 자료 기반 처리를 다룸으로써 이후 침습 기억이 발생하는 것을 억제하려는 시도들이 있었습니다. 구체적으로 살펴보면, 외상 사건의 급성기에 시각 처리 체계를 방해하면 침습 기억을 줄일 수 있다는 근거를 바탕으로(James 등. 2015, 2016) 한 통제 연구에서 응급실 입원 환자에게 테트리스 게임을 하게 한 결과, 대조군에 비해 침습 기억이 더 적게 나타났습니다(Iyadurai 등. 2018). 이러한 개입을 뒷받침하는 다른 연구에서는, 응급 제왕절개 시술을 받은 여성들에게 테트리스 게임을 하게 함으로써 침습 기억을 예방할 수 있다는 결과를 보여 주었습니다(Horsch 등. 2017).

또 다른 새로운 접근 방식은 위협에 대한 주의 편향을 재훈련하여 이후 PTSD의 발생을 억제하려는 시도입니다. PTSD는 위협에 대해 주의를 기울이거나 반대로 위협으로부터 주의를 돌리는 것 과정 모두에서 주의 전환의 변동성이 큰 특징을 보인다는 근거가 다수 존재합니다(Alon 등. 2019;

Swick과 Ashley 2017). 이 근거를 바탕으로, 연구자들은 주의력을 보다 효과적으로 조절할 수 있게 하기 위해 주의력 조절 훈련을 활용했습니다. 이 훈련은 컴퓨터 화면에 중립적인 단서와 위협적인 단서를 동일한 확률로 제시하고, 개인에게 해당 단서에 주의를 기울이지 않도록 요청하여 위협 정보와 중립 정보에 대한 주의를 균등하게 이동시키는 과정이 포함됩니다. 일련의 연구에 따르면 이 개입을 통해 PTSD 증상을 줄일 수 있었습니다(Badura-Brack 등. 2015; Lazarov 등. 2019). 최근 연구에서는 ASD 환자에게 주의력 조절 훈련을 시행하여 PTSD의 발생을 줄이는 데 이 접근법이 어느 정도 효과적인지를 검증했는데, 그 결과 예상했던 대로 ASD의 중증도와 주의 편향 변동성 사이에는 연관성이 있었지만, 조절 훈련의 이점은 나타나지 않았습니다(Segal 등. 2020).

대부분의 외상 후 조기 개입은 외상 초점 인지행동치료trauma-focused cognitive behaviour therapy, 이하 TF-CBT를 바탕으로 하여 적용되었습니다. PTSD의 일선 치료법은 의심의 여지없이 TF-CBT이며, 이는 국제 치료 지침에도 반영되어 있습니다(Foa 등. 2009). 메타분석은 이러한 결론을 뒷받침합니다(Bradley 등. 2005; Roberts 등. 2009). 이러한 접근법의 주요 공통점은 일반적으로 트라우마에 초점을 맞춘 노출이 치료의 중심 요소라는 점입니다. 치료는 보통 트라우마 반응에 대한 심리교육으로 시작하여 불안 관리, 노출 및 인지적 재구성에 초점을 맞춥니다. 불안 관리 기법은 호흡 재훈련, 이완 기술, 자기 대화self-talk 등 다양한 기법을 통해 불안을 줄이는 것을 목표로 합니다. 치료에서는 일반적으로 상상노출imaginal exposure과 실제 상황 노출in vivo exposure을 모두 포함하는 지속노출prolonged exposure에 가장 중점을 둡니다. 상상노출을 할 때에는 환자에게 보통 최소한 30분 이상의 긴 시간 동안 자신의 외상 경험을 생생하게 떠올리게 합니다. 치료자는 환자가 감각적, 인지적, 정서적 세부 사항을 모두 강조하여 외상 경험을 서술하도록 유도합니다. 실제 상황 노출은 환자에게 외상을 떠올리게 하는 자극에 가까이 머물도록, 두려운 상황과 회피 상황에 단계적으로 노출하는 것입니다. 이는 가장 덜 두려운 상황부터 시작하여 점점 더 두려운 상황으로 진행합니다. 이 방식은 초기에 조건화된 공포 반응의 소거, 교정된 정보의 통합, 노출 자체의 조절을 통한 자기 숙달self-mastery 등 다양한 기전을 통해 효과를 발휘하는 것으로 여겨집니다(Rothbaum과 Schwartz 2002). 인지적 재구성cognitive restructuring은 일반적으로 노출 후 진행되며, 트라우마, 사람, 미래에 대한 부적응적인 자동 사고에 대한 근거를 탐색합니다. 이 접근법은 외상 후 급성기에 지나치게 부정적인 해석이 이후의 PTSD 발병을 강력하게 예측한다는 많은 연구 결과에 기반을 둡니다(Ehring 등. 2008b). 조기 개입의 맥락에서, 많은 연구들이 TF-CBT의 핵심 내용을 유지하면서 이를 5-6회기로 단축한 형태를 활용했습니다.

조기 개입에 대한 시도는 그 이전에도 있었지만(Frank 등. 1988; Kilpatrick과 Veronen 1984), 아마도 조기 개입의 틀 안에서 트라우마 중심 노출 접근법의 단축된 형태를 최초로 시도한 것은 Edna Foa와 동료들이 성폭력 및 비성폭력 피해자에게 폭행 직후 간단한 CBT를 제공한 연구일 것입니다

(Foa 등. 1995). 참가자들은 4회기의 CBT를 받았고 이들의 반응을 대조 조건으로 평가를 반복하여 받은 매칭 대조군의 반응과 비교하였습니다. 치료 후 CBT 참가자들은 대조군 참가자들보다 더 적게 PTSD가 발병했지만, 이 차이는 5개월 추적 조사 시점에 사라졌습니다. 다만, CBT 참가자들이 대조군에 비해 우울증과 재경험 증상이 더 적게 나타났다는 점은 주목할 필요가 있습니다.

이 연구의 잠재적 한계는 (1개월 지속 요건 없이) PTSD 기준을 충족할 만큼 증상이 심각한 모든 외상 경험자를 대상으로 하였다는 점입니다. 앞서 보았듯, 초기에는 고통을 겪더라도 별도의 개입 없이 점차 자연스럽게 적응하는 사람들이 많습니다. 이 문제를 보완하기 위해 이후 연구들은 ASD 기준을 충족하는 사람들을 대상으로 초점을 맞추었습니다. ASD를 보이는 대부분의 사람들이 이후 PTSD에 걸릴 위험이 더 높다는 일부 근거가 있었기 때문입니다(Bryant 2011). 이 접근법을 채택한 초기 연구에서 Bryant와 동료들은 ASD가 있는 교통사고 또는 비성폭력 경험자들을 무작위로 CBT 또는 비지시적 지지 상담supportive counselling, 이하 SC에 배정했습니다(Bryant 등. 1998). 두 개입 모두 매주 1시간 30분의 개별 회기 총 5회기로 구성되었습니다. 치료는 상상 및 실제 상황 노출과 인지적 재구성에 중점을 두었습니다. 치료 6개월 후, PTSD 기준을 충족한 비율은 CBT 집단(20%)이 SC 집단(67%)에 비해 더 적었습니다. 같은 연구진의의 후속 연구에서는 CBT를 구성 요소별로 분해하여, ASD 참가자를 각각 (a) CBT (지속노출, 인지치료, 불안 관리), (b) 지속노출과 인지치료, (c) 지지 상담 5회기에 배정하였습니다(Bryant 등. 1999). 이 연구의 6개월 추적 관찰 결과, 적극적인 치료 집단의 PTSD 발생률은 약 20%인 반면, 지지적 상담 집단은 67%가 PTSD에 해당하였습니다. 이 두 연구에 참여한 참가자를 추적 관찰한 결과, CBT 집단의 치료 효과가 4년이 지난 후에도 유지되는 것으로 나타났습니다(Bryant 등. 2003b).

이러한 초기 연구 이후, 이 연구 결과들을 재현한 다양한 연구가 이어졌습니다. 한 연구에서는 ASD가 있는 민간인 외상 생존자(N = 89)를 무작위로 CBT, 최면을 사용하는 CBT, SC 중 한 가지에 배정했습니다(Bryant 등. 2005). 최면은 일부 이론에서 최면이 해리 증상을 특징으로 하는 상태(즉, ASD)에서 감정 처리를 촉진할 수 있다고 제안되었기 때문에 도입되었습니다(Spiegel 등. 1996). ASD를 가진 사람들이 최면에 특히 잘 따라오는 것으로 나타났기 때문에(Bryant 등. 2001), 이 연구에서는 외상 기억의 처리를 촉진하기 위해 상상노출 직전에 최면을 사용했습니다. 모든 참가자가 받은 회기 수와 노출 시간이 동일했고, 일부 참가자만 노출 전에 최면 유도를 받았습니다. 치료를 완료한 참가자들의 6개월 추적 조사 시, PTSD를 가진 비율이 SC 집단(57%)에서 CBT(21%) 또는 CBT + 최면(22%) 집단보다 높았습니다. CBT + 최면 참가자는 CBT 단독 참가자보다 치료 후 재경험 증상이 적었는데, 이는 최면이 노출 요소를 촉진했을 수 있음을 시사합니다. 또 다른 연구에서는 경증 외상성 뇌 손상을 입고 의식을 잃었던 ASD 참가자(N = 24)를 대상으로 CBT와 SC의 효과를 비교했습니다(Bryant 등. 2003a). 6개월 추적 결과, SC를 받은 참가자(58%)보다 CBT를 받은 참가자(8%)에서 PTSD의 진단 기준을 충족하는 경우가 현저히 낮았습니다. 현재까지 ASD 연구 중 가장 큰 규모의 연구에서 Bruant와 동료들은 민간인 외상 경험자 90명을 무작위로 (a) 상상 및 실제 상황 노출, (b) 인지 재구성, (c) 단순 평가 집단 중 하나에 배정했습니다(Bryant 등. 2008b). 6개월 추적 관찰 결과, 노출 요법 집단이 다른 두 집단에 비해 PTSD, 우울증, 불안 수준이 더 낮았습니다.

다른 연구진들도 트라우마 중심 개입법을 활용한 조기 개입의 유용성을 입증했다는 점을 인식하는 것이 중요합니다. Jon Bisson 연구진은 152명의 부상 경험자를 무작위로 배정하여 외상 후 첫 3주 이내 4회의 CBT를 받거나 아무런 개입도 하지 않는 조건을 비교했습니다(Bisson 등. 2004). 13개월 추적 결과, 적극적인 개입을 받은 집단의 PTSD 증상이 더 낮았습니다. 이 연구에서는 ASD보다 심각한 급성 PTSD 증상에 초점을 맞추었으며, 이는 특정 ASD 증상군을 요구하지 않았다는 점에서 DSM-5의 ASD 정의와 더 일치합니다. 이와 유사하게, PTSD 중등도가 높은 외상 생존자를 대상으로 한 다른 연구에서도 CBT를 조기에 시행하는 것이 유익하였습니다(Lindauer 등. 2005).

다른 접근법으로는, ASD를 가진 환자에게 TF-CBT를 제공하고, 동일한 치료에 환자와 가까운 중요한 인물을 치료에 참여시킨 조건과 비교한 연구가 있습니다(Guay 등. 2018). 이 연구는 환자와 가까운 사람이 치료 방법을 인지하고 환자를 지원함으로써, 사회적 지지가 임상적으로 도움이 될 수 있다는 전제하에 수행되었습니다. 이 대규모 연구에서 ASD 환자 166명이 이 두 가지 TF-CBT 치료 조건 또는 통상적인 관리 중 하나에 배정되었습니다. TF-CBT를 받은 환자는 통상적인 관리를 받은 환자보다 12개월 추적 관찰 시 PTSD 발생이 더 낮았지만, 두 TF-CBT 치료 집단 사이에는 차이가 없었습니다. 이는 치료에서 지지적인 타인을 포함시키는 것이 유용하지 않다는 의미는 아니지만, 이 초기 연구결과는 이러한 형태의 사회적 지지의 제공이 임상적인 이점을 갖지 않음을 시사합니다.

지속노출 대신 인지 중심의 접근 방식에 초점을 맞춘 연구도 여러 건 있습니다. Echeburua 연구진은 급성 외상 후 스트레스를 경험한 20명의 참가자에게 인지 재구성과 대처 기술 훈련 또는 점진적 이완 훈련을 제공했습니다(Echeburua 등. 1996). 치료 후 두 집단 간에 차이는 없었지만, 12개월 후 인지 재구성 집단에서 PTSD 증상이 덜 심각했습니다. 이스라엘의 한 연구에서는 교통사고 생존자 17명에게 SC 혹은 기억 재구성을 촉진하여 회복을 돕는 CBT를 2회 제공했습니다(Gidron 등. 2001). 이 연구에서는 급성기 심박수 상승이 PTSD를 예측할 수 있다는 근거에 따라, 응급실 입원 시점의 안정 심박수가 분당 94회 이상인 경우를 대상자 선정 기준으로 사용했습니다(Bryant 등. 2008a; Shalev 등. 1998). 치료는 사고 후 1-3일 후에 전화로 제공되었습니다. 외상 3-4개월이 지난 후에 CBT 집단 환자들에게서 SC를 받은 환자들보다 PTSD가 덜 발생했습니다.

조기 개입과 후기 개입을 비교한 중요한 연구에서, Shalev는 응급실 입원 환자 중 ASD 기준을 완전히 혹은 전임상수준subthreshold으로 충족하는 242명을 무작위로 배정했습니다. 참가자들은 지속노출, 인지 재구성, 치료 대기(이들은 12주 후에 노출 또는 인지 재구성 집단에 무작위로 배정됨), 에스시탈로프람SSRI 또는 위약군에 배정되었습니다(Shalev 등. 2012). 9개월의 추적 관찰 결과, PTSD 진단 비율은 지속노출(21%) 및 인지 재구성(22%) 집단 간에 차이가 없었지만, SSRI(42%) 및 위약(47%) 집단에서 더 높았습니다. 조기 개입과 후기 개입을 받은 참가자 간에 장기적인 차이는 없었습니다. 이 연구의 중요한 시사점은, 최적의 결과를 얻는 데 있어 반드시 조기 개입이 필요한 것은 아니며, 일정 시간이 지난 후에 치료하더라도 장기적으로 동일한 결과를 얻을 수 있다는 것입니다. 그러나 외상 후 중간 단계에서 발생할 수 있는 스트레스(및 관련 문제)를 줄이는 면에서 분명한 장점이 있기 때문에, 이 결과가 조기 개입의 이점을 과소평가하는 것은 아닙니다.

또 다른 연구에서는 외상 환자를 대상으로 외상 직후 응급실에서 노출치료를 시작하고, 그 후 2주 동안 매주 반복했습니다(Rothbaum 등. 2012). 평가만 받은 대조군과 비교했을 때, 노출치료를 받은 환자는 3개월 추적 관찰 시점에 PTSD가 감소했습니다. 이 연구가 시사하는 흥미로운 점은, 외상 노출 직후에도 노출치료를 안전하게 시작할 수 있다는 것입니다. 이 연구를 재현한 다른 연구에서는 PTSD 위험이 높은 입원 환자에게 3회기의 노출치료를 시행했지만, 치료군과 대조군 사이에 차이가 나타나지 않았습니다(Larsen 등. 2020). 노출 기반 치료의 또 다른 변형인 인터넷 기반 노출치료는 4가지 모듈로 3주 동안 제공되는 형태로, 이에 대한 예비 연구에서 추적 관찰 시 침습 기억이 줄어들었지만 정식 임상 연구로 검증이 필요합니다(Bragesjo 등. 2021). 급성기 PTSD에 CBT를 적용한 다른 통제 연구들에서는 외상 후 3개월 이내에 환자를 모집했기 때문에, 외상 직후인 초급성기에는 치료가 제공되지 않았습니다. 그럼에도 이러한 연구들은 노출 기반 접근법을 활용한 조기 개입의 유용성을 시사합니다. 각 연구들은 PTSD 증상 감소 면에서 중간 정도에서 큰 규모의 효과 크기를 보여주었습니다(Ehlers 등. 2003a; Sijbrandij 등. 2007).

또 다른 대규모 다국적 연구에서는 신체 부상으로 입원한 어린 자녀의 부모에게 60분 동안 두 번의 회기로, 심리교육, 대처 전략, 발달에 적합한 도구(예: 동화책) 사용, 두 번의 추후 접촉 기회로 구성된 반응 대처 개입Coping with Reactions CARE intervention을 시행했습니다(Haag 등. 2020). 이 연구의 3개월 추적 결과, 개입을 받은 부모의 자녀는 대조군에 속한 부모의 자녀보다 PTSD 증상이 더 많이 감소하였습니다.

여기에서 주목할 것은, 모든 연구에서 트라우마 중심 조기 개입의 효과가 긍정적으로 보고된 것은 아니라는 것입니다. 한 대규모 연구에서는 급성 PTSD 증상이 있는 여성 폭행 경험자 90명을 외상 후 4주 이내에 지속노출, SC 또는 반복평가 집단으로 무작위 배정했습니다(Foa 등. 2006). 치료 후 9개월이 지난 후 모든 참가자는 PTSD가 유사하게 개선되었으며, 이러한 결과는 ASD 기준을 충족하는 사람들만을 선별해 분석했을 때에도 변하지 않았습니다. 유의미한 차이가 관찰되지 않은 또 다른 연구로, 쓰기 과제를 이용한 연구에서 67명의 외상 환자를 트라우마 글쓰기 개입 집단 또는 대조군으로 무작위 배정했으나(Bugg 등. 2009), 치료 후 및 추적 평가 결과 두 집단 간에는 차이가 없었습니다.

요약하면, 트라우마 중심 치료, 특히 감정 처리를 촉진하는 치료를 조기에 제공하는 것은 이후 PTSD를 예방하는 데 효과적인 것으로 보입니다. 이 결론은 여러 회기로 진행되는 조기 개입 전략이 이후 PTSD의 중증도를 낮추는 데 중간 정도의 효과가 있다는 다양한 메타분석 연구에 의해 뒷받침됩니다(Giummarra 등. 2018; Roberts 등. 2019). 아동과 청소년을 위한 조기 개입 전략에서도 같은 결과가 확인되었습니다(Gillies 등. 2016). 그러나 이 주장을 정당화하기 위해 중요한 것은, 상당수의 사람들이 조기 개입에 반응하지 않으므로 조기 개입이 외상 후 문제에 대한 만병통치약으로 간주되어서는 안 된다는 점입니다. 또한 TF-CBT를 통한 조기 개입의 효과는 모든 참여자에게 일률적으로 작용하는 것이 아니라 더 복잡한 양상을 보입니다. 예를 들어, 예루살렘 조기 개입 연구의 한 후속 연구에서 TF-CBT를 받은 사람들은 외상 후 스트레스 반응의 세 가지 뚜렷한 궤적, 즉 비관해 집단, 빠른 관해 집단, 느린 관해 집단으로 분류되었습니다(Galatzer-Levy 등. 2013). TF-CBT는 이 중 느린 관해 집단에 속하는 사람들의 회복을 가속화했지만, 다른 집단에 속하는 사람들의 증상 경과에는 영향을 미치지 않았습니다.

7.5.1 사례 연구: 외상 초점 인지행동치료

루이(Lou)는 심각한 트럭 사고를 겪은 후 치료를 위해 내원하였습니다. 그는 20년 넘게 장거리 트럭을 운전했지만 심각한 교통사고를 경험한 적이 없는 전문 운전사였습니다. 증상이 발생하기 2주 전, 그가 고속도로에서 트럭을 운전하던 중 반대 방향에서 달리던 오토바이 운전자가 오토바이를 제어하지 못하고 도로를 가로질러 미끄러지면서 그의 트럭 바퀴를 덮쳤습니다. 그는 즉시 소녀를 도와주려고 했지만 소녀는 바퀴에 몸의 일부가 깔린 상태였습니다. 루이는 구급대가 도착하기를 기다리는 동안 소녀의 머리를 손으로 받치고 있었으며, 짧은 시간 동안 상호작용을 나누었지만 결국 소녀는 그의 품에서 사망하였습니다.

이 충격적인 경험을 한 지 9개월 후, 루이는 치료를 받기 위해 병원에 방문했습니다. 치료는 면밀한 평가로 시작되었는데, 이를 통해 루이는 이전에 심리적 문제가 없었고, 지지해 주는 아내가 있으며, 독실한 가톨릭 신자로서 생명을 앗아가는 것은 극도의 죄악이라고 믿고 있음을 알 수 있었습니다. 그는 초기 회기에서 이러한 믿음을 매우 강하게 표현하면서 자신이 (1) 사고를 막지 못한 것과

(2) 소녀를 구하지 못한 것에 대해 심한 죄책감을 드러냈습니다. 그는 소녀의 피투성이 얼굴에 대한 악몽을 자주 꾸는 것을 포함하여 심각한 재경험 증상이 있었습니다. 또한 오토바이가 트럭 밑으로 미끄러지는 장면 등 그 경험에 대한 침습 기억을 자주 경험한다고 보고했습니다. 루이는 사고를 떠올리게 하는 모든 것을 광범위하게 회피하고 있었으며, 이에 아내와 사고에 대해 이야기하거나, 사고에 대해 생각하거나, 사고를 연상시키는 상황에 노출되는 것도 피하고 있었습니다. 트럭 운전이 유일한 수입원임에도 불구하고, 사고 이후 그는 운전을 거부했습니다. DSM-5 기준으로 루이는 ASD 진단에 해당되었습니다.

루이는 (이전에는 사고에 대해 생각하거나 이야기하는 것을 그가 회피했기 때문에) 자신에게 일어난 이해할 수 없던 일을 이해할 수 있게 돕는, 트라우마 기억을 처리하는 근거에 대해 교육받은 후, 사고에 대한 지속노출치료를 시작하였습니다. 대부분의 지속노출치료(Bryant와 Harvey 2000, Foa와 Rothbaum 1998)와 마찬가지로, 이 작업은 루이에게 주관적으로 몰입되도록 사건을 재현함으로써 기억에 밀접하게 접근할 수 있게 하였습니다. 그는 이 과정을 매우 고통스러워했고 트럭 밑에 있는 소녀를 보는 순간까지만 이야기할 수 있었습니다. 초기 회기에서 노출치료의 목표는 불안을 직면하고 다루는 것이지, 트라우마의 모든 세부 사항을 다루는 것이 아닙니다. 이는 이후의 회기에서 다루어질 수 있습니다. 첫 번째 회기에서 루이는 목표를 달성하기 위해 30분 동안 사고에 대한 노출을 세 번 반복했습니다. 그는 극심한 고통을 느꼈지만, 결국 이를 극복할 수 있었습니다.

지속노출은 네 번의 추가 회기 동안 계속되었습니다. 세 번째 회기에서 루이는 회피하고 있던 사고의 '핫스팟hotspot'—즉, 트럭 아래 누워 있는 소녀와의 상호작용—에 집중하도록 강하게 독려받았습니다. 이 시점에서 치료자는 루이에게 이야기의 속도를 늦추고 당시 일어나고 있는 상황에 머물도록 요청하였습니다. 이 재체험reliving 동안 루이는 소녀가 자신에게 임신 중이라고 털어놓던 순간을 회상하며 심한 고통을 느꼈습니다.

이 순간은 루이의 트라우마 기억에서 중요한 전환점이 되었고, 그는 태아의 죽음에 대해 자신이 책임이 있다고 느끼며 극심한 죄책감을 경험했습니다. 상당한 시간을 인지 재구성 기법의 활용에 할애하여 루이에게 (a) 사고를 막거나, (b) 소녀를 구하거나, (c) 태아를 구할 수 있었을 대안적 행동이 있었을지 생각해보도록 도왔습니다. 이 재체험은 루이가 느꼈던 죄책감을 수용하게 하는 데 중요한 역할을 했으며, 자신이 두 생명의 죽음 모두에 책임이 있다는 비현실적인 사고에 대해 현실적으로 도전할 수 있게 해주었습니다. 두 번째 치료 회기부터 루이는 아내와 함께 하루에 두 번, 한 시간씩 가족 차량을 운전하는 점진적인 실제 상황 노출을 시작하게 되었습니다. 처음에는 한적한 거리에서 시작하여 차츰 번잡한 도로로, 그 다음에는 고속도로로 확장해 나갔습니다. 4주 만에 루이는 다시 고속도로에서 트럭을 운전할 수 있게 되었습니다.

루이는 치료 회기를 총 6번 받았는데, 이는 ASD 환자에서 일반적인 치료 횟수입니다. 치료를 마칠 무렵에도 루이는 여전히 반복적인 꿈을 꾸고 있었지만, 횟수가 매일 밤마다 여러 차례에서 일주일에 한 번으로 줄어들었습니다. 그는 더 이상 회피하지 않고 아내 및 다른 운전자들과 사고에 대해 이야기했으며, 사고가 자신의 잘못이 아님을 받아들였습니다. 중요한 것은 루이가 앞으로 며칠마다 지속적으로 노출 연습을 해야 할 필요성과 외상과 관련된 비현실적인 생각이 떠오를 때 이에 도전할 수 있게 되었다는 점입니다.

7.6 트라우마 중심 조기 개입의 대안

조기 개입 심리치료로 다른 대안적인 접근법들도 사용되어 왔습니다. 한 연구에서는 응급 상황으로 병원에 입원한 자녀를 둔 부모에게 수용 및 전념 치료acceptance and commitment therapy를 기반으로 화상을 통해 6회기의 집단 개입을 진행했습니다(Muscara 등. 2020). 이 연구에서는 313명의 부모를 개입 또는 대기자 명단에 무작위 배정했지만, 개입 후 평가를 완료한 81명의 자료만 분석이 가능했습니다. 그 결과 연구 종료 직후 대기군 부모보다 개입군에 속한 부모의 PTSD 증상이 덜 심각하였습니다. 이 연구의 결론은 치료 의향 분석intent-to-treat analyses이 부족하고 후속 추적 자료가 없다는 점 때문에 제한적입니다. 또한, 회복 과정을 매일 일지에 기록하는 것이 PTSD 증상을 완화할 수 있다는 보고가 있는 반면(Jones 등. 2010), 초기 한 달 일기 쓰기에 대한 연구에서는 이후 PTSD에 유익한 효과가 없다고 보고한 연구도 있습니다(Sayde 등. 2020). 또 다른 연구에서는 PTSD 치료를 위해 널리 보급된 앱 프로그램인 PTSD 코치PTSD Coach를 사용했는데, 이 앱은 PTSD에 대한 교육, 자가 모니터링, 스트레스 관리를 위한 간단한 전략으로 구성되어 있습니다. 최근 교통사고 경험자를 대상으로 한 예비 시험에서 PTSD 코치 프로그램은 이점이 없었으며, 많은 앱 프로그램과 마찬가지로 프로그램 순응도도 저조했습니다(Pacella-LaBarbara 등. 2020).

7.7 약리학적 접근

초기 스트레스 반응을 관리하는 데 있어 스트레스 호르몬의 역할은, 이것이 감정적 기억의 형성에 핵심 역할을 한다는 근거를 통해 잘 알려져 있습니다. 동물 및 인간 연구 모두에서 트라우마 기억의 과도한 강화overconsolidation에 노르아드레날린계와 글루코코르티코이드계의 상호작용이 관여한다는 강력한 근거가 있습니다(McGaugh와 Roozendaal 2009). 노르아드레날린 반응에 기반한 조기 개입과 관련하여, 대부분의 연구는 시냅스 후 베타 아드레날린 수용체를 억제하여 트라우마 기억을 억제하는 데 사용되는 베타 아드레날린 길항제인 프로프라놀롤에 초점을 맞추었습니다.

초기 연구 중 하나는 Roger Pitman과 동료들이 수행한 것으로, 이들은 외상 직후의 노르아드레날린 반응 수준을 낮추어 PTSD를 예방하려 했습니다. 이 연구에서는 외상 노출 후 6시간 이내에 프로프라놀롤(β-아드레날린 차단제) 또는 위약을 투여했습니다(Pitman 등. 2002). 3개월 추적 관찰 결과 프로프라놀롤은 위약에 비해 PTSD를 감소시키지 못했지만, 프로프라놀롤을 투여받은 환자는 3개월 후 외상 단서에 대한 반응성이 낮았습니다. 후속 연구에서 프로프라놀롤은 외상 후 48시간 이내에 PTSD를 감소시키지 못하는 것으로 나타났는데, 이는 기존 연구들의 메타분석이 시사하듯이 원하는 효과를 얻기에는 너무 늦은 시점이기 때문이었을 수 있습니다(Argolo 등. 2015). 또한, 프로프라놀롤의 영향은 복잡할 수 있습니다. 성별이 심리치료 결과에 영향을 미치는 것으로 밝혀진 것처럼(Felmingham과 Bryant 2012), 다른 연구에서는 프로프라놀롤이 소아의 PTSD에 미치는 영향에 성별에 따른 차이가 있음을 보고했습니다(Nugent 등. 2010). 추가적으로, 트라우마 영상을 본 직후 프로프라놀롤을 투여하면 침습 기억이 줄어든다는 최근의 실험적 증거가 있으므로 프로프라놀롤의 역할에 대해 추후 더 깊이 탐구하는 것이 필요할 수 있습니다(Kamboj 등. 2020).

급성기에 노르에피네프린 수치를 낮춰 PTSD를 예방할 수 있는 또 다른 방법은 모르핀과 같은 아편계약물을 사용하는 것입니다. 노르에피네프린은 모르핀에 의해 억제되며, 이는 모르핀이 공포 조건화에 미치는 영향에서도 나타납니다. 예를 들어, 쥐의 편도체에 모르핀을 주사하면 공포 조건화의 수준이 저하되고(Clark 등. 1972), 공포 기억이 소거됩니다(McNally와 Westbrook 2003). 이 연구를 인간에게 확장한 연구에 따르면 외상 직후 몇 시간 내에 모르핀을 투여하면 이후 PTSD 정도가 낮아졌습니다(Bryant 등. 2009; Holbrook 등. 2010). 이러한 연구는 통제된 임상시험이 아닌 자연 관찰 연구이므로(부상당한 환자가 모르핀이나 다른 비교 약물을 투여받도록 무작위로 배정하는 것은 어렵습니다!) 현재로서는 이 근거에 큰 비중을 둘 수 없습니다.

다른 약물 제재의 경우, 심리치료에 비해 대조군 연구가 상당히 적게 수행되었습니다. 앞서 언급했듯이 Shalev와 동료들은 에스시탈로프람을 위약 및 심리치료와 비교했는데(Shalev 등. 2012) SSRI가 노르아드레날린성 신경세포의 발화firing를 감소시키는 것으로 나타났으며(Szabo 등. 1999), 따라서 에스시탈로프람이 급성기에 예방 효과가 있을 가능성이 있다고 보았기 때문입니다. 이 연구의 결과에 따르면 SSRI는 PTSD 예방에 위약보다 효과적이지 않았고, CBT보다 덜 효과적이었습니다(Shalev 등. 2012). 또 다른 무작위 연구에서는 25명의 소아 및 청소년 화상 환자에서 7일간 이미프라민 치료가 클로랄 하이드레이트보다 ASD 증상을 치료하는 데 더 효과적이었습니다(Robert 등. 1999).

다른 연구자들은 글루코코르티코이드 체계의 조절에 초점을 맞췄습니다. 이러한 접근 방식은 PTSD 환자들의 코르티솔 수치가 낮은 경향이 있다는 상당한 근거를 기반으로 합니다(Morris 등. 2012). 외상 노출 후 초기의 낮은 코르티솔 수치가 추후 PTSD를 예측한다는 연구 결과는 급성기의 글루코코르티코이드 조절이 PTSD 예방과 관련이 있을 수 있다는 가능성을 시사합니다 (Delahanty 등. 2000; Ehring 등. 2008b).

이러한 근거로 인해 외상 노출 후 초기에 글루코코르티코이드 활성화 수준을 높이면 이후의 PTSD 수준을 낮출 수 있을 것이라는 제안이 제기되었습니다. 외상 노출 후 조기 개입과 관련하여, 스트레스 요인을 준 뒤 하이드로코르티손을 투여하면 위약보다 공포 행동이 줄어든다는 동물 연구 근거가 있습니다(Cohen 등. 2008). 마찬가지로, 인간에게도 외상 노출 직후에 코티솔을 투여하면 트라우마 기억이 감소하는 것으로 나타났습니다(Schelling 등. 2004). 조기 개입 수단으로서 코티솔의 유용성을 지지하는 초기의 자료로, 한 연구에서는 외상 노출 후 몇 시간 이내에 고용량 하이드로코르티손을 투여하여 위약 대비 이후의 PTSD가 감소하였습니다(Zohar 등. 2011a, b). 비록 잠정적인 근거이기는 하지만, 이는 급성기의 코티솔 투여가 이후의 PTSD 예방에 어느 정도 유익한 역할을 할 가능성을 시사합니다. 이 가설은 트라우마성 영상을 본 직후 하이드로코르티손을 투여하면 이후의 침습 기억이 줄어든다는 실험적 근거에 의해서도 뒷받침됩니다(Kamboj 등. 2020).

7.7.1 선택적 세로토닌 재흡수 억제제

연구자들은 선택적 세로토닌 재흡수 억제제selective serotonin reuptake inhibitors, 이하 SSRI의 유용성을 연구해 왔는데, 이는 이 약물이 PTSD의 치료 선택지로 일반적으로 승인되어왔기 때문입니다. 현재까지 극소수의 소규모 예비 시험에서만 외상 노출 직후 투약했을 때 PTSD의 예방 수단으로서의 효능을 연구했습니다. 에스시탈로프람과 서트랄린에 대한 연구들에서는 이후 PTSD를 억제하는 효과를 보이지 않았습니다. 지금까지의 연구 결과를 반영한 한 메타분석에서는 외상 직후 SSRI 투여의 예방 효과가 없다는 결론을 내렸습니다.

PTSD 예방을 위한 약리학적인 조기 개입에 대한 근거를 요약하자면, 최근의 메타분석에서 19건의 연구(성인 대상 16건, 아동 대상 3건)가 확인되었으며 대부분 연구의 질이 좋지 않다고 평가되었습니다(Astill Wright 등. 2019). 이 검토에 따르면 하이드로코르티손이 그나마 근거가 있는 유일한 약리적 개입이었습니다(총 88명이 참여한 3개의 연구, 상대 위험도: 0.21). 다른 약제(프로프라놀롤, 옥시토신, 가바펜틴, 어유, 덱사메타손, 에스시탈로프람, 이미프라민, 클로랄 하이드레이트)는 효과가 없었으며, 하이드로코르티손은 새로운 조기 개입 방법으로 고려해 볼만한 근거가 있지만 현 단계에서 이를 일상적으로 사용하기에는 근거가 불충분하다고 평가되었습니다.

7.8 단계적 관리Stepped care

앞서 언급했듯이, 가장 어려운 과제는 누가 조기 개입을 받아야 하는지를 결정하는 것입니다. 급성 스트레스 반응과 만성 스트레스 반응 간의 관계는 복잡하며, 급성기에 지표화할 수 없는 다양한 요인에 의해 예측되기 때문에, 도움이 필요한 사람들을 완벽하게 식별하는 것은 불가능합니다. 이 문제를 더욱 복잡하게 만드는 것은 외상 노출 직후 많은 사람들이 개입을 원하지 않을 수 있다는 것입니다. 통증, 소득 손실, 직장 또는 가족과의 단절, 외상 사건에 종종 수반되는 사회적 혼란으로 인해 사람들이 개입을 받아들이지 않을 수 있습니다. 트라우마를 겪은 직후의 사람들 중 극히 일부만이 실제로 치료 제안을 수락합니다(Shalev 등. 2012). 이러한 상황으로 인해, 많은 전문가들이 조기 개입에 전적으로 집중하기보다는 외상 이후 일부 하위 집단에 대한 지속적인 관찰ongoing monitoring의 필요성을 강조합니다.

이를 위해, 단계적 관리 모형은 조기 개입과 모니터링 및 필요성이 명확해질 때 적절한 관리를 제공하는 것을 통합하기 위해 노력해 왔습니다. 이를 달성하기 위한 몇 가지 모델이 있습니다. O'Donnell 연구진은 심한 부상을 입은 환자를 대상으로 (a) 급성기에 이들의 PTSD 발병 고위험군 여부를 선별 평가하고, (b) 4주 후에 다시 선별 평가를 하여 고위험 상태가 지속되고 있는지 본 다음, (c) 고위험으로 식별된 사람들에게 트라우마 중심 심리치료를 제공하는 연구를 시행하였습니다(O'Donnell 등. 2012). 외상 후 스트레스가 지속적으로 높은 환자들을 무작위로 CBT 또는 일반 치료에 배정하여 12개월 동안 추적 관찰한 결과, CBT를 받은 환자들은 일반 치료를 받은 환자들보다 PTSD 수준이 낮았습니다. 비슷한 맥락에서 Zatzick 연구진은 외상성 부상 환자를 초기 선별을 통해 식별하고, 이들에게 사례 관리를 포함하여 전반적인 의료적 회복 과정에 통합되어 이루어지는 협력적 치료를 제공하는 일련의 연구를 수행했습니다. 사례 관리자는 환자의 경과를 관리하며, 약물치료, 심리 사회적 개입, CBT 등을 필요에 따라 제공합니다. 이의 주요 목표는 환자가 의료 체계 내에서 식별되지 못하고 치료를 받지 못하는 상황을 줄이는 데 있습니다. 여러 대조군 연구를 통해 이 접근법은 일반적인 치료와 비교하여 PTSD를 줄이고 기능을 향상시키는 데 효과적인 것으로 나타났습니다(Zatzick 등. 2004, 2013). 이 모형을 재난 후 상황에 적용하여 Brewin 연구진은 2005년 런던 폭탄 테러 발생 후 몇 주 이내에 선별과 치료 프로그램을 시행하였습니다(Brewin 등. 2008). 이 프로그램에서는 사건 후 2개월 시점에 선별 평가를 하고, 평가에서 양성으로 확인된 사람들에게 보다 구체적인 추가 평가를 시행하여, 이렇게 식별된 사례를 이후 CBT 또는 EMDR로 치료했습니다. 이 접근 방식을 통해 치료가 필요한 사람들을 더 많이 찾고 치료 반응률도 높일 수 있었습니다(Brewin 등. 2010a, b).

7.9 상황에 맞는 조기 개입의 적용

단계적 관리 접근법을 기반으로, 최근의 모형들은 재난 상황에 대응하기 위해 조기 개입을 급성기 이후에 이루어질 수 있는 다양한 개입과 연계하여 맥락화하고 있습니다. 그 예로, 2009년 호주에서 발생한 대형 산불 이후 트라우마 반응의 여러 단계를 다루기 위한 3단계 모형이 만들어졌습니다(Forbes 2009). 화재 발생 후 초기 기간(며칠)에는 재난의 영향을 받은 모든 생존자에게 심리적 응급처치, 즉 PFApsychological first aid를 실시했습니다. 이 개입은 PFA에 대해 속성 교육을 받은 많은 수의 제공자가 제공했으며, 가능한 한 많은 사람들에게 PFA를 보급하는 것이 목표였습니다. 재난 생존자들이 공식적인 정신건강 서비스에 접근하지 못하는 경우가 많다는 점을 고려하여, 이 프로그램에서는 공무원, 보건 의료진, 지역 1차 진료 의사, 자원봉사 단체 직원 등, 재난 초기 단계에서 직접 피해자들과 접촉할 가능성이 높은 인력들을 교육하였습니다.

두 번째 단계는 허리케인 카트리나 이후 개발된 범진단적 개입인 심리적 회복 기술psychological recovery, 이하 SPR 기반의 개입입니다(Brymer 등. 2006). 이 개입은 평가 및 문제 진단, 행동 활성화, 인지 재구성, 불안 관리, 사회적 지지 증진, 문제 해결 등, 재난 후 흔히 발생하는 문제들을 해결할 수 있는 핵심 전략의 근거를 기반으로 합니다. PFA에도 사회적 지지와 인지 재구성의 촉진 등, 이러한 전략의 일부 요소가 포함되어 있지만, SPR은 개인 평가로 시작하고 고도로 구조화되어 있으며 생존자가 인지하고 있는 문제들을 목표로 여러 회기를 할애하며 일반적인 예방 기능보다 현재 존재하는 문제를 해결하는 데 의도적으로 초점을 맞춘다는 점에서 PFA와 질적으로 구별됩니다. SPR은 정신질환을 치료하는 것이 아니라 외상 후 발생하는 많은 역치 이하sub-syndromal의 증후군 문제를 다루고자 합니다. 이 접근법은 외상 노출 후 몇 주 (또는 몇 달) 내에 제공될 수 있으며, 고도의 자격을 갖춘 정신건강 전문가일 필요 없이 보건 의료 종사자가 제공할 수 있게 되어 있습니다. 이러한 전략은 재난 후 다양한 환경에서 적용되어 왔으며, 일반적으로 비전문가인 제공자에게도 긍정적으로 인식되고 있습니다(Forbes 등. 2010). 세 번째 단계에서는 임상적 질환을 여전히 겪고 있는 사람들을 대상으로 정신건강 전문가가 근거기반 개입으로 치료합니다.

이 접근 방식의 장점은, 모든 문제가 급성기에 식별될 수 있는 것은 아니며, 시간이 흐르면서 새로운 문제가 나타날 수 있다는 점, 그리고 이러한 필요에 따라 적절하게 자원을 배분할 수 있어야 한다는 점을 고려한다는 것입니다. 많은 조기 개입 모델은 트라우마에 뚜렷한 시작과 종료 시점이 있고, 그 이후에 조기 개입이 이루어진다는 개념에 기초하고 있습니다. 이는 많은 경우(예: 교통사고, 폭행 등)에서 적절하지만, 트라우마 경험이 매우 장기화되어 조기 개입이 적절한 시점을 판단하기 어려운 다른 사례들도 많습니다. 예를 들어, 재난은 안전에 대한 두려움, 주거지 상실, 식량 및 식수 부족, 질병 등 매우 장기적인 스트레스 요인을 수반할 수 있습니다. 유사하게, 전쟁 지역에 사는 사람들은 일시적인 휴전 시기가 드문드문 있을 뿐 장기간 지속되는 트라우마에 노출될 수 있습니다. 이 경우 개입을 조기와 후기로 개념화하는 것은 적합하지 않을 수 있습니다. 대신 개인의 필요, 이용 가능한 자원, 개입을 제공할 수 있는 이들의 역량에 따라 개입하는 것이 더 적절합니다. 이 방식으로 개념화된 개입은 다양한 시점에 제공될 수 있고 적응 기간의 다양한 시기에 따른 개인의 고유한 요구를 수용할 수 있는, 보다 유연한 틀로 계획될 수 있습니다. 이러한 이유로 최근에는 재난 경험자를 위한 범진단적 개입이 시도되고 있으며, 이 접근 방식은 재난 후 발생할 수 있는 광범위한 정신건강 문제와 사람들이 필요로 할 때 적절한 전략을 제공해야 한다는 점을 고려합니다(Hamblen 등. 2017).

7.10 조기 개입을 위한 교훈

PTSD에 대한 조기 개입과 관련하여 검토된 근거에서 배워야 할 주요 교훈 중 하나는 외상 후 정신건강 문제를 해결하는 데 있어 단일한 해결책은 없다는 것입니다. 조기 개입이 PTSD 또는 관련 정신병리를 효과적으로 예방할 수 있다는 개념은 많은 근거에 의해 사실상 설득력을 잃었습니다. 따라서 외상 후 정신질환을 효과적으로 관리하려면, 조기 개입 전략을 넘어 이러한 접근 방식을 외상 후 회복 과정 전반에 걸쳐 적응을 촉진하기 위한 일련의 개입 방법 중 하나로 유지해야 한다는 결론에 도달하게 됩니다. 외상 후 스트레스는 시간이 지남에 따라 변동하며, 이는 유동적으로 발생하는 지속적인 스트레스 요인에 의해 영향을 많이 받으므로(Bryant 2011), 조기 개입 전략이 많은 사람들에게 효과적일 수 있지만, 이러한 이점이 이후 스트레스 요인에 매개될 수 있다는 것이 중요합니다. 따라서 외상 노출 후 몇 달 또는 몇 년 동안 변화되는 정신건강 문제를 다루기 위해서는 지속적인 모니터링, 도움이 필요한 사람들의 조기 발견, 그리고 근거기반 전략을 제공하는 것이 필요합니다.

정부와 기관은 일반적으로 충격적인 사건, 특히 대규모 재난이나 인도주의적 위기 이후에 정신건강에 할당할 수 있는 자원이 제한적이라는 점을 인식해야 합니다. 따라서 한정된 자원을 도움이 필요한 사람들에게 현명하게 집중시켜야 할 필요가 있습니다. 많은 연구에 따르면 외상 노출 인구의 약 4분의 3이 회복 탄력성 경로를 보이므로, 이들 집단에 해당할 가능성이 높은 사람들을 파악하는 연구가 향후 유용할 수 있습니다(Galatzer-Levy 등. 2018a). 이 집단은 시간이 지나도 트라우마 관련 질환이 발생하지 않기에, 이들을 제외할 수 있다면 회복력이 없고 정신건강 추적관찰 및 잠재적으로 개입이 필요한 사람들에게 제한된 자원을 집중할 수 있습니다.

또한 조기 개입에 있어 외상 후 정신건강 반응을 뒷받침하는 다른 기전을 고려하는 새로운 접근법이 필요합니다(Bryant 2021). 더 나은 적응을 촉진하는 방법으로 탐색할 만한 다양한 인지적, 정서적, 생물학적 경로가 있습니다. 급성기의 특정 자서전적 기억의 회상retrieval 손상(Harvey 등. 1998; Kleim과 Ehlers 2008), 반추rumination(Ehlers 등. 2003a, b; Kleim 등. 2007), 감정 조절 능력 저하(Bardeen 등. 2013)와 같은 요인은 모두 이후의 PTSD 악화와 관련이 있습니다. 이러한 기전의 교정을 목표로 하는 구체적 개입은 효과적인 예방 전략이 될 수 있으며, 경험적 연구를 통해 검토할 가치가 있습니다.

7.11 결론

조기 개입에 대한 우리의 이해는 지난 20년 동안 큰 진전을 이루었습니다. 오늘날의 합의는 우리가 외상 후 스트레스 반응의 복잡성을 보다 정교하게 이해하게 되었으며, 단일한 조기 개입 전략으로는 이후 외상 후 정신병리를 예방할 수 없다는 것을 인식하게 된 것으로 결론지을 수 있습니다. 정신건강은 일생에 걸쳐 호전과 악화를 반복하는 역동적인 과정이며, 일반적으로 초기 외상 및 후속 스트레스 사건에 의해 영향을 받습니다. 외상성 스트레스 분야가 외상 후 정신건강 반응의 복잡성을 다루기 위해 고군분투 중이라는 점에서, 조기 선별 도구의 정확성과 유용성, 조기 개입의 장기적 효과, 그리고 다수의 사람들이 조기 개입에 반응하지 않는 문제를 다루는 데 집중적인 연구가 필요합니다. 트라우마 생존자 중 치료 저항성을 보이는 일부는 항상 존재하겠지만, 우리는 치료 프로그램을 개선할 새로운 방법을 지속적으로 연구해야 합니다.

References

Adler AB, Litz BT, Castro CA, Suvak M, Thomas JL, Burrell L, Bliese PD (2008) A group randomized trial of critical incident stress debriefing provided to U.S. peacekeepers. J Trauma Stress 21:253–263

Alon Y, Naim R, Pine DS, Bliese PD, Bar-Haim Y (2019) Validity of attention bias variability indices for posttraumatic stress disorder research: evidence from patient data. J Trauma Stress 32:791–798

Argolo FC, Cavalcanti-Ribeiro P, Netto LR, Quarantini LC (2015) Prevention of posttraumatic stress disorder with propranolol: a meta-analytic review. J Psychosom Res 79:89–93

Astill Wright L, Sijbrandij M, Sinnerton R, Lewis C, Roberts NP, Bisson JI (2019) Pharmacological prevention and early treatment of post-traumatic stress disorder and acute stress disorder: a systematic review and meta-analysis. Transl Psychiatry 9:334

Badura-Brack AS, Naim R, Ryan TJ, Levy O, Abend R, Khanna MM, Bar-Haim Y (2015) Effect of attention training on attention bias variability and PTSD symptoms: randomized controlled trials in Israeli and U.S. combat veterans. Am J Psychiatr 172:1233–1241
Bardeen JR, Kumpula MJ, Orcutt HK (2013) Emotion regulation difficulties as a prospective predictor of posttraumatic stress symptoms following a mass shooting. J Anxiety Disord 27:188–196
Bisson J, Andrew M (2007) Psychological treatment of post-traumatic stress disorder (PTSD). Cochrane Database Syst Rev 3:CD003388
Bisson JI, Jenkins PL, Alexander J, Bannister C (1997) Randomised controlled trial of psychological debriefing for victims of acute burn trauma. Br J Psychiatry 171:78–81
Bisson JI, Shepherd JP, Joy D, Probert R, Newcombe RG (2004) Early cognitive-behavioural therapy for post-traumatic stress symptoms after physical injury. Randomised controlled trial. [see comment]. Br J Psychiatry 184:63–69
Bisson JI, Brayne M, Ochberg FM, Everly GS (2007) Early psychosocial intervention following traumatic events. Am J Psychiatr 164(7):1016–1019
Blanchard EB, Hickling EJ, Barton KA, Taylor AE (1996) One-year prospective follow-up of motor vehicle accident victims. Behav Res Ther 34(10):775–786
Bonanno GA, Mancini AD, Horton JL, Powell TM, Leardmann CA, Boyko EJ et al (2012) Trajectories of trauma symptoms and resilience in deployed U.S. military service members: prospective cohort study. Br J Psychiatry 200(4):317–323
Bradley R, Greene J, Russ E, Dutra L, Westen D (2005) A multidimensional meta-analysis of psychotherapy for PTSD. Am J Psychiatr 162(2):214–227
Bragesjo M, Arnberg FK, Sarnholm J, Olofsdotter Lauri K, Andersson E (2021) Condensed internet-delivered prolonged exposure provided soon after trauma: a randomised pilot trial. Internet Interv 23:100358
Brewin CR, Andrews B, Rose S, Kirk M (1999) Acute stress disorder and posttraumatic stress disorder in victims of violent crime. Am J Psychiatr 156:360–366
Brewin CR, Scragg P, Robertson M, Thompson M, d'Ardenne P, Ehlers A (2008) Promoting mental health following the London bombings: a screen and treat approach. J Trauma Stress 21(1):3–8
Brewin CR, Gregory JD, Lipton M, Burgess N (2010a) Intrusive images in psychological disorders: characteristics, neural mechanisms, and treatment implications. Psychol Rev 117:210–232
Brewin CR, Fuchkan N, Huntley Z, Robertson M, Thompson M, Scragg P, Ehlers A (2010b) Outreach and screening following the 2005 London bombings: usage and outcomes. Psychol Med 40(12):2049–2057
Bryant RA (2011) Acute stress disorder as a predictor of posttraumatic stress disorder: a systematic review. J Clin Psychiatry 72:233–239
Bryant RA (2021) Early interventions for posttraumatic stress disorder: a critical review of mechanisms and treatment opportunities. Clin Psychol Rev 85:101981
Bryant RA, Harvey AG (2000) Acute stress disorder: a handbook of theory, assessment, and treatment.
American Psychological Association, Washington DC Bryant RA, Harvey AG, Dang ST, Sackville T, Basten C (1998) Treatment of acute stress disorder: a comparison of cognitive-behavioral therapy and supportive counseling. J Consult Clin Psychol 66(5):862–866
Bryant RA, Sackville T, Dang ST, Moulds M, Guthrie R (1999) Treating acute stress disorder: an evaluation of cognitive behavior therapy and supportive counseling techniques. Am J Psychiatr 156(11):1780–1786
Bryant RA, Guthrie RM, Moulds ML (2001) Hypnotizability in acute stress disorder. Am J Psychiatr 158(4):600–604
Bryant RA, Moulds M, Guthrie R, Nixon RD (2003a) Treating acute stress disorder following mild traumatic brain injury. Am J Psychiatr 160(3):585–587
Bryant RA, Moulds ML, Nixon RV (2003b) Cognitive behaviour therapy of acute stress disorder: a four-year follow-up. Behav Res Ther 41(4):489–494
Bryant RA, Moulds ML, Guthrie RM, Nixon RD (2005) The additive benefit of hypnosis and cognitive-behavioral
therapy in treating acute stress disorder. J Consult Clin Psychol 73(2):334–340
Bryant RA, Salmon K, Sinclair E, Davidson P (2007) A prospective study of appraisals in childhood posttraumatic stress disorder. Behav Res Ther 45:2502–2507
Bryant RA, Creamer M, O'Donnell M, Silove D, McFarlane AC (2008a) A multisite study of initial respiration rate and heart rate as predictors of posttraumatic stress disorder. J Clin Psychiatry 69(11):1694–1701
Bryant RA, Mastrodomenico J, Felmingham KL, Hopwood S, Kenny L, Kandris E et al (2008b) Treatment of acute stress disorder: a randomized controlled trial. Arch Gen Psychiatry 65(6):659–667
Bryant RA, Creamer M, O'Donnell M, Silove D, McFarlane AC (2009) A study of the protective function of acute morphine administration on subsequent posttraumatic stress disorder. Biol Psychiatry 65(5):438–440
Bryant RA, Friedman MJ, Spiegel D, Ursano R, Strain J (2011) A review of acute stress disorder in DSM-5. Depress Anxiety 28:802–817
Bryant RA, O'Donnell M, Creamer M, McFarlane AC, Silove D (2013) A multi-site analysis of the fluctuating course of posttraumatic stress disorder. JAMA 70:839–846
Brymer M, Layne C, Pynoos R, Ruzek JI, Steinberg A, Vernberg E, Watson PJ (2006) Psychological first aid: field operations

guide. US Department of Health and Human Services, Washington, DC
Buck N (2007) Perceptual memory representations and memory fragmentation as predictors of post-trauma symptoms. Behav Cogn Psychother 35:259–272
Bugg A, Turpin G, Mason S, Scholes C (2009) A randomised controlled trial of the effectiveness of writing as a self-help intervention for traumatic injury patients at risk of developing post-traumatic stress disorder. Behav Res Ther 47(1):6–12
Carlier IV, Voerman AE, Gersons BP (2000) The influence of occupational debriefing on post-traumatic stress symptomatology in traumatized police officers. Br J Med Psychol 73(Pt 1):87–98
Clark AG, Jovic R, Ornellas MR, Weller M (1972) Brain microsomal protein kinase in the chronically morphinized rat. Biochem Pharmacol 21(14):1989–1990
Cohen H, Matar MA, Buskila D, Kaplan Z, Zohar J (2008) Early post-stressor intervention with high-dose corticosterone attenuates posttraumatic stress response in an animal model of posttraumatic stress disorder. Biol Psychiatry 64(8):708–717
Davies C, Malik A, Pictet A, Blackwell SE, Holmes EA (2012) Involuntary memories after a positive film are dampened by a visuospatial task: unhelpful in depression but helpful in mania? Clin Psychol Psychother 19:341–351
Delahanty DL, Raimonde AJ, Spoonster E (2000) Initial posttraumatic urinary cortisol levels predict subsequent PTSD symptoms in motor vehicle accident victims. Biol Psychiatry 48:940–947
deRoon-Cassini TA, Mancini AD, Rusch MD, Bonanno GA (2010) Psychopathology and resilience following traumatic injury: a latent growth mixture model analysis. Rehabil Psychol 55(1):1–11
Dunmore E, Clark DM, Ehlers A (2001) A prospective investigation of the role of cognitive factors in persistent posttraumatic stress disorder (PTSD) after physical or sexual assault. Behav Res Ther 39:1063–1084
Echeburua E, de Corral P, Sarasua B, Zubizarreta I (1996) Treatment of acute posttraumatic stress disorder in rape victims: an experimental study. J Anxiety Disord 10(3):185–199
Ehlers A, Clark DM (2000) A cognitive model of posttraumatic stress disorder. Behav Res Ther 38:319–345
Ehlers A, Mayou RA, Bryant B (1998) Psychological predictors of chronic posttraumatic stress disorder after motor vehicle accidents. J Abnorm Psychol 107:508–519
Ehlers A, Clark DM, Hackmann A, McManus F, Fennell M, Herbert C, Mayou R (2003a) A randomized controlled trial of cognitive therapy, a self-help booklet, and repeated assessments as early interventions for posttraumatic stress disorder. Arch Gen Psychiatry 60(10):1024–1032
Ehlers A, Mayou RA, Bryant B (2003b) Cognitive predictors of posttraumatic stress disorder in children: results of a prospective longitudinal study. Behav Res Ther 41:1–10
Ehring T, Ehlers A, Cleare AJ, Glucksman E (2008a) Do acute psychological and psychobiological responses to trauma predict subsequent symptom severities of PTSD and depression? Psychiatry Res 161:67–75
Ehring T, Ehlers A, Glucksman E (2008b) Do cognitive models help in predicting the severity of posttraumatic stress disorder, phobia, and depression after motor vehicle accidents? A prospective longitudinal study. J Consult Clin Psychol 76(2):219–230
Everly GS Jr, Mitchell JT (1999) Critical incident stress management (CISM): a new era and standard of care in crisis intervention, 2nd edn. Chevron, Ellicott City
Felmingham KL, Bryant RA (2012) Gender differences in the maintenance of response to cognitive behavior therapy for posttraumatic stress disorder. J Consult Clin Psychol 80(2):196–200
Foa EB, Rothbaum BO (1998) Treating the trauma of rape: cognitive-behavioral therapy for PTSD. Guilford Press, New York
Foa EB, Hearst Ikeda D, Perry KJ (1995) Evaluation of a brief cognitive-behavioral program for the prevention of chronic PTSD in recent assault victims. J Consult Clin Psychol 63(6):948–955
Foa EB, Zoellner LA, Feeny NC (2006) An evaluation of three brief programs for facilitating recovery after assault. J Trauma Stress 19(1):29–43
Foa EB, Keane TM, Friedman MJ, Cohen JA (eds) (2009) Effective treatments for PTSD: practice guidelines from the International Society of Traumatic Stress Studies, 2nd edn. Guilford, New York
Forbes D (2009) Psychological support and treatment for victims of Victoria's bushfires. InPsych 4:10–11
Forbes D, Fletcher S, Wolfgang B, Varker T, Creamer M, Brymer MJ et al (2010) Practitioner perceptions of skills for psychological recovery: a training programme for health practitioners in the aftermath of the Victorian bushfires. Aust N Z J Psychiatry 44(12):1105–1111
Frank E, Anderson B, Stewart BD, Dancu C, Hughes C, West D (1988) Efficacy of cognitive behavior therapy and systematic desensitization in the treatment of rape trauma. Behav Ther 19:403–420
Galatzer-Levy IR, Ankri Y, Freedman S, Israeli-Shalev Y, Roitman P, Gilad M, Shalev AY (2013) Early PTSD symptom trajectories: persistence, recovery, and response to treatment: results from the Jerusalem Trauma Outreach and Prevention Study (J-TOPS). PLoS One 8(8):e70084
Galatzer-Levy IR, Huang SH, Bonanno GA (2018a) Trajectories of resilience and dysfunction following potential trauma: a review and statistical evaluation. Clin Psychol Rev 63:41–55
Galea S, Vlahov D, Resnick H, Ahern J, Susser E, Gold J et al (2003) Trends of probable post-traumatic stress disorder in New York City after the September 11 terrorist attacks. Am J Epidemiol 158(6):514–524
Gidron Y, Gal R, Freedman S, Twiser I, Lauden A, Snir Y, Benjamin J (2001) Translating research findings to PTSD prevention:

results of a randomized-controlled pilot study. J Trauma Stress 14(4):773–780

Gillies D, Maiocchi L, Bhandari AP, Taylor F, Gray C, O'Brien L (2016) Psychological therapies for children and adolescents exposed to trauma. Cochrane Database Syst Rev 10:CD012371

Giummarra MJ, Lennox A, Dali G, Costa B, Gabbe BJ (2018) Early psychological interventions for posttraumatic stress, depression and anxiety after traumatic injury: a systematic review and meta-analysis. Clin Psychol Rev 62:11–36

Guay S, Sader J, Boyer R, Marchand A (2018) Treatment of acute stress disorder for victims of violent crime. J Affect Disord 241:15–21

Haag AC, Landolt MA, Kenardy JA, Schiestl CM, Kimble RM, De Young AC (2020) Preventive intervention for trauma reactions in young injured children: results of a multi-site randomized controlled trial. J Child Psychol Psychiatry 61:988–997

Hamblen JL, Norris FH, Symon KA, Bow TE (2017) Cognitive behavioral therapy for postdisaster distress: a promising transdiagnostic approach to treating disaster survivors. Psychol Trauma 9:130–136

Harvey AG, Bryant RA (1999) A qualitative investigation of the organization of traumatic memories. Br J Clin Psychol 38:401–405

Harvey AG, Bryant RA (2002) Acute stress disorder: a synthesis and critique. Psychol Bull 128:886–902

Harvey AG, Bryant RA, Dang ST (1998) Autobiographical memory in acute stress disorder. J Consult Clin Psychol 66:500–506

Holbrook TL, Galarneau MR, Dye JL, Quinn K, Dougherty AL (2010) Morphine use after combat injury in Iraq and post-traumatic stress disorder. N Engl J Med 362:110–117

Horsch A, Vial Y, Favrod C, Harari MM, Blackwell SE, Watson P, Iyadurai L, Bonsall MB, Holmes EA (2017) Reducing intrusive traumatic memories after emergency caesarean section: A proof-of-principle randomized controlled study. Behav Res Ther 94:36–47

Inter-Agency Standing Committee (2007) IASC guidelines on mental health and psychosocial support in emergency settings. IASC, Geneva

Iyadurai L, Blackwell SE, Meiser-Stedman R, Watson PC, Bonsall MB, Geddes JR, Holmes EA (2018) Preventing intrusive memories after trauma via a brief intervention involving Tetris computer game play in the emergency department: a proof-of-concept randomized controlled trial. Mol Psychiatry 23:674–682

James EL, Bonsall MB, Hoppitt L, Tunbridge EM, Geddes JR, Milton AL, Holmes EA (2015) Computer game play reduces intrusive memories of experimental trauma via reconsolidation-update mechanisms. Psychol Sci 26:1201–1215

James EL, Lau-Zhu A, Tickle H, Horsch A, Holmes EA (2016) Playing the computer game Tetris prior to viewing traumatic film material and subsequent intrusive memories: Examining proactive interference. J Behav Ther Exp Psychiatry 53:25–33

Jones C, Backman C, Capuzzo M, Egerod I, Flaatten H, Granja C (2010) Intensive care diaries reduce new onset post traumatic stress disorder following critical illness: a randomised, controlled trial. Crit Care 14:R168

Kamboj SK, Gong AT, Sim Z, Rashid AA, Baba A, Iskandar G, Curran HV (2020) Reduction in the occurrence of distressing involuntary memories following propranolol or hydrocortisone in healthy women. Psychol Med 50:1148–1155

Kessler RC, Galea S, Gruber MJ, Sampson NA, Ursano RJ, Wessely S (2008) Trends in mental illness and suicidality after Hurricane Katrina. Mol Psychiatry 13(4):374–384

Kilpatrick DG, Veronen LJ (1984) Treatment for rape-related problems: crisis intervention is not enough. In: Cohen WLCLH, Spector CA (eds) Crisis intervention, 2nd edn. Human Sciences Press, New York, pp 165–185

Kleim B, Ehlers A (2008) Reduced autobiographical memory specificity predicts depression and posttraumatic stress disorder after recent trauma. J Consult Clin Psychol 76:231–242

Kleim B, Ehlers A, Glucksman E (2007) Early predictors of chronic post-traumatic stress disorder in assault survivors. Psychol Med 37:1457–1467

Larsen SE, Hunt JC, Geier T, Heyrman K, Schumann N, Brandolino A, deRoon-Cassini TA (2020) A randomized trial of modified prolonged exposure to prevent the development of posttraumatic stress disorder in patients hospitalized with traumatic injuries. J Trauma Stress. https://doi.org/10.1002/jts.22580

Lazarov A, Suarez-Jimenez B, Abend R, Naim R, Shvil E, Helpman L, Neria Y (2019) Bias-contingent attention bias modification and attention control training in treatment of PTSD: a randomized control trial. Psychol Med 49:2432–2440

Lindauer RJL, Gersons BPR, van Meijel EPM, Blom K, Carlier IVE, Vrijlandt I, Olff M (2005) Effects of brief eclectic psychotherapy in patients with posttraumatic stress disorder: randomized clinical trial. J Trauma Stress 18(3):205–212

Mayou RA, Ehlers A, Hobbs M (2000) Psychological debriefing for road traffic accident victims: three-year follow-up of a randomised controlled trial. Br J Psychiatry 176:589–593

McGaugh JL, Roozendaal B (2009) Drug enhancement of memory consolidation: historical perspective and neurobiological implications. Psychopharmacology 202:3–14

McNally GP, Westbrook RF (2003) Anterograde amnesia for Pavlovian fear conditioning and the role of one-trial overshadowing: effects of preconditioning exposures to morphine in the rat. J Exp Psychol 29(3):222–232

McNally RJ, Bryant RA, Ehlers A (2003) Does early psychological intervention promote recovery from posttraumatic stress? Psychol Sci 2003:45–79

McTeague LM, Lang PJ, Laplante MC, Cuthbert BN, Shumen JR, Bradley MM (2010) Aversive imagery in posttraumatic stress disorder: trauma recurrence, comorbidity, and physiological reactivity. Biol Psychiatry 67:346–356

Mitchell JT (1983) When disaster strikes: the critical incident stress debriefing process. J Emerg Med Serv 8:36–39

Morris MC, Compas BE, Garber J (2012) Relations among posttraumatic stress disorder, comorbid major depression, and HPA function: a systematic review and meta-analysis. Clin Psychol Rev 32:301–315

Muscara F, McCarthy MC, Rayner M, Nicholson JM, Dimovski A, McMillan L, Anderson VA (2020) Effect of a video conference-based online group intervention for traumatic stress in parents of children with life-threatening illness: a randomized clinical trial. JAMA Netw Open 3:e208507

Nugent NR, Christopher NC, Crow JP, Browne L, Ostrowski S, Delahanty DL (2010) The efficacy of early propranolol administration at reducing PTSD symptoms in pediatric injury patients: A pilot study. J Trauma Stress 23(2):282–287

O'Donnell ML, Lau W, Tipping S, Holmes AC, Ellen S, Judson R et al (2012) Stepped early psychological intervention for posttraumatic stress disorder, other anxiety disorders, and depression following serious injury. J Trauma Stress 25(2):125–133

O'Kearney R, Perrott K (2006) Trauma narratives in posttraumatic stress disorder: A review. J Trauma Stress 19:81–93

Pacella-LaBarbara ML, Suffoletto BP, Kuhn E, Germain A, Jaramillo S, Repine M, Callaway CW (2020) A pilot randomized controlled trial of the PTSD coach app following motor vehicle crash-related injury. Acad Emerg Med 27:1126–1139

Pietrzak RH, Van Ness PH, Fried TR, Galea S, Norris FH (2013) Trajectories of posttraumatic stress symptomatology in older persons affected by a large-magnitude disaster. J Psychiatr Res 47(4):520–526

Pitman RK, Sanders KM, Zusman RM, Healy AR, Cheema F, Lasko NB et al (2002) Pilot study of secondary prevention of posttraumatic stress disorder with propranolol. Biol Psychiatry 51(2):189–192

Rauch SL, Shin LM, Phelps EA (2006) Neurocircuitry models of posttraumatic stress disorder and extinction: human neuroimaging research-past, present, and future. Biol Psychiatry 60(4):376–382

Riggs DS, Rothbaum BO, Foa EB (1995) A prospective examination of symptoms of posttraumatic stress disorder in victims of nonsexual assault. J Interpers Violence 10(2):201–214

Robert R, Blakeney PE, Villarreal C, Rosenberg L, Meyer WJ (1999) Imipramine treatment in pediatric burn patients with symptoms of acute stress disorder: a pilot study. J Am Acad Child Adolesc Psychiatry 38(7):873–882

Roberts NP, Kitchiner NJ, Kenardy J, Bisson JI (2009) Systematic review and meta-analysis of multiple-session early interventions following traumatic events. Am J Psychiatr 166(3):293–301

Roberts NP, Kitchiner NJ, Kenardy J, Robertson L, Lewis C, Bisson JI (2019) Multiple session early psychological interventions for the prevention of post-traumatic stress disorder. Cochrane Database Syst Rev 8:CD006869

Rodin R, Bonanno GA, Rahman N, Kouri NA, Bryant RA, Marmar CR, Brown AD (2017) Expressive flexibility in combat veterans with posttraumatic stress disorder and depression. J Affect Disord 207:236–241

Rothbaum BO, Schwartz AC (2002) Exposure therapy for posttraumatic stress disorder. Am J Psychother 56(1):59–75

Rothbaum BO, Foa EB, Riggs DS, Murdock T, Walsh W (1992) A prospective examination of post-traumatic stress disorder in rape victims. J Trauma Stress 5(3):455–475

Rothbaum BO, Kearns MC, Price M, Malcoun E, Davis M, Ressler KJ et al (2012) Early intervention may prevent the development of posttraumatic stress disorder: a randomized pilot civilian study with modified prolonged exposure. Biol Psychiatry 72(11):957–963

Sayde GE, Stefanescu A, Conrad E, Nielsen N, Hammer R (2020) Implementing an intensive care unit (ICU) diary program at a large academic medical center: Results from a randomized control trial evaluating psychological morbidity associated with critical illness. Gen Hosp Psychiatry 66:96–102

Schelling G, Kilger E, Roozendaal B, de Quervain DJF, Briegel J, Dagge A et al (2004) Stress doses of hydrocortisone, traumatic memories, and symptoms of posttraumatic stress disorder in patients after cardiac surgery: a randomized study. Biol Psychiatry 55(6):627–633

Schultebraucks K, Shalev AY, Michopoulos V, Grudzen CR, Shin SM, Stevens JS, Galatzer-Levy IR (2020a) A validated predictive algorithm of post-traumatic stress course following emergency department admission after a traumatic stressor. Nat Med 26:1084–1088

Schultebraucks K, Yadav V, Shalev AY, Bonanno GA, Galatzer-Levy IR (2020b) Deep learning-based classification of posttraumatic stress disorder and depression following trauma utilizing visual and auditory markers of arousal and mood. Psychol Med 2020:1–11

Segal A, Wald I, Pine DS, Halpern P, Bar-Haim Y (2020) Attention control therapy for acute stress disorder: a randomized controlled trial. Depress Anxiety. https://doi.org/10.1002/da.23040

Shalev AY, Sahar T, Freedman S, Peri T, Glick N, Brandes D et al (1998) A prospective study of heart rate response following trauma and the subsequent development of posttraumatic stress disorder. Arch Gen Psychiatry 55(6):553–559

Shalev AY, Ankri Y, Israeli-Shalev Y, Peleg T, Adessky R, Freedman S (2012) Prevention of posttraumatic stress disorder by early treatment: results from the Jerusalem trauma outreach and prevention study. Arch Gen Psychiatry 69(2):166–176

Shalev AY, Gevonden M, Ratanatharathorn A, Laska E, van der Mei WF, Qi W (2019) Estimating the risk of PTSD in recent trauma survivors: results of the International Consortium to Predict PTSD (ICPP). World Psychiatry 18:77–87

Shephard B (2000) A war of nerves: soldiers and psychiatrists in the twentieth century. Johnathan Cape, London

Sijbrandij M, Olff M, Reitsma JB, Carlier IVE, Gersons BPR (2006) Emotional or educational debriefing after psychological trauma: randomised controlled trial. Br J Psychiatry 189:150–155

Sijbrandij M, Olff M, Reitsma JB, Carlier IVE, de Vries MH, Gersons BPR (2007) Treatment of acute posttraumatic stress disorder with brief cognitive behavioral therapy: a randomized controlled trial. Am J Psychiatr 164(1):82–90

Smid GE, Mooren TT, van der Mast RC, Gersons BP, Kleber RJ (2009) Delayed posttraumatic stress disorder: systematic review, meta-analysis, and meta-regression analysis of prospective studies. J Clin Psychiatry 70(11):1572–1582
Smith K, Bryant RA (2000) The generality of cognitive bias in acute stress disorder. Behav Res Ther 38:709–715
Spiegel D, Koopmen C, Cardena C, Classen C (1996) Dissociative symptoms in the diagnosis of acute stress disorder. In: Michelson LK, Ray WJ (eds) Handbook of dissociation. Plenum Press, New York, pp 367–380
Swick D, Ashley V (2017) Enhanced attentional bias variability in post-traumatic Stress disorder and its relationship to more general impairments in cognitive control. Sci Rep 7:14559
Szabo ST, de Montigny C, Blier P (1999) Modulation of noradrenergic neuronal firing by selective srotonin reuptake blockers. Br J Pharmacol 126:568–571
van Griensven F, Chakkraband MLS, Thienkrua W, Pengjuntr W, Cardozo BL, Tantipiwatanaskul P et al (2006) Mental health problems among adults in tsunami-affected areas in southern Thailand. J Am Med Assoc 296(5):537–548
Warda G, Bryant RA (1998) Cognitive bias in acute stress disorder. Behav Res Ther 36:1177–1183
Zatzick DF, Roy-Byrne P, Russo J, Rivara F, Droesch R, Wagner A et al (2004) A randomized effectiveness trial of stepped collaborative care for acutely injured trauma survivors. Arch Gen Psychiatry 61(5):498–506
Zatzick DF, Grossman DC, Russo J, Pynoos R, Berliner L, Jurkovich G, Rivara FP (2006) Predicting posttraumatic stress symptoms longitudinally in a representative sample of hospitalized injured adolescents. J Am Acad Child Adolesc Psychiatry 45:1188–1195
Zatzick D, Jurkovich G, Rivara FP, Russo J, Wagner A, Wang J et al (2013) A randomized stepped care intervention trial targeting posttraumatic stress disorder for surgically hospitalized injury survivors. Ann Surg 257(3):390–399
Zohar J, Juven-Wetzler A, Sonnino R, Cwikel-Hamzany S, Balaban E, Cohen H (2011a) New insights into secondary prevention in post-traumatic stress disorder. Dialogues Clin Neurosci 13:301–309
Zohar J, Yahalom H, Kozlovsky N, Cwikel-Hamzany S, Matar MA, Kaplan Z et al (2011b) High dose hydrocortisone immediately after trauma may alter the trajectory of PTSD: interplay between clinical and animal studies. Eur Neuropsychopharmacol 21(11):796–809

지속노출치료

8

Carmen P. McLean과 Edna B. Foa

8.1 지속노출의 이론적 근거

지속노출prolonged exposure, 이하 PE 치료는 불안 관련 장애의 발생과정과 치료적 회복을 이해하기 위한 통합적인 모델인 정서 처리 이론emotional processing theory, 이하 EPT(Foa와 Kozak 1985, 1986)을 기반으로 합니다. Foa와 Cahill(2001)은 EPT를 확장하여, 외상 경험 이후의 자연적인 회복 과정 및 만성 PTSD에서 PE에 관여하는 기전을 포함하여 PTSD의 발달을 이론적으로 설명하고자 했습니다. Lang의 생물정보학적 공포 이론(Lang 1977, 1979)의 영향을 받은 EPT의 핵심 전제는, 감정이 고통스러운 자극, 정서 반응 및 그 의미를 포함한 기억의 인지적 네트워크로 표상된다는 것입니다. 감정 구조는 개인이 이 구조의 일부 표상과 일치하는 특정 정보를 접했을 때 활성화됩니다. 병적이지 않은 상태의 정서적 네트워크에서는 네트워크 내의 연상이 현실과 일치하며(예: 총소리는 위험을 의미한다), 정상적인 네트워크의 활성화는 위험을 피할 수 있는 적응적인 행동(예: 몸을 숨길 곳을 찾기)을 이끌어 냅니다. 반면, 병적인 정서적 네트워크에는 잘못된 연상이 나타납니다(예: 길가의 쓰레기는 위험한 것이다). EPT에 따르면, PTSD의 토대가 되는 병적인 정서적 네트워크는 수많은 자극 표상들을 포함하고 있는 것이 특징이므로 광범위한 정보들이 전체 네트워크를 활성화시킬 수 있습니다. 또 PTSD의 정서 네트워크는 외상 사건 도중과 사건 후 자신의 반응을 무능함의 의미로 해석하는 특징이 있습니다(예: "강간을 막기 위해 아무것도 하지 않았으니 나는 나약한 사람이다").

EPT의 강점은 자연적 회복과 치료적 회복 모두를 동일한 기전으로 설명한다는 것입니다(Cahill

과 Foa 2007). 외상 사건 이후, 생존자들은 종종 세상을 극도로 위험하게 여기고 자신을 스트레스 요인에 대처할 수 없는 존재로 여깁니다. 자연적인 회복은 두려워했던 결과가 없는 상황에서 정서적 네트워크가 반복적으로 활성화될 때 가능합니다. 트라우마에 대해 생각하고 이야기하거나, 일상생활에서 트라우마를 연상시키는 자극에 접근함으로써 트라우마와 관련된 잘못된 인식이 수정됩니다. 반대로, 트라우마와 관련된 상황, 사물, 기억, 생각, 감정을 지속적으로 회피하면, 정서적 네트워크의 활성화를 방해하고 병리적 요소의 불일치를 확인할 정보를 통합할 수 없어 PTSD의 발병 위험이 높아지게 됩니다(Foa 등. 2006). 따라서 PTSD의 효과적인 치료는 환자가 (환자의 생각과 달리) 안전한 트라우마 관련 생각, 이미지, 사물 및 상황에 접근할 수 있게 도와서 트라우마와 관련된 정서적 네트워크를 활성화하고 부정확하거나 도움이 되지 않는 인식의 불일치를 확인하는 과정을 촉진해 주어야 합니다.

PE에서 이 활성화와 불일치의 확인은 실제 노출in vivo exposure과 상상노출imaginal exposure을 통해 이루어집니다. 실제 노출은 환자에게 사건을 상기시키고 정서적 고통(불안, 수치심, 죄책감 등)을 유발하는, 혹은 객관적으로는 안전하지만 사건 후 안전하지 않다고 느끼는 상황에 접근하게 하는 것입니다. 실제 노출은 감정 구조를 활성화하고, 피해를 입을 가능성에 대한 비현실적이거나 과장된 예측을 수정함으로써 치료적 회복을 촉진합니다. 이 과정에서 회피에 의한 부정적 강화를 차단하고, 고통스러운 상황을 피하거나 벗어남으로써 부정적인 감정을 다루었던 환자의 습관을 깨도록 합니다. 실제 노출은 예상하던 부정적인 결과를 시험하여 불일치를 확인할 기회를 주고, 경험적인 학습을 통해 보다 현실적인 정보를 통합할 수 있게 합니다(예: 길 위의 쓰레기 근처에서 운전해도 사제 폭발물이 터지지 않는다는 것을 깨닫는 것). 마지막으로, 실제 노출은 환자가 시간이 지남에 따라 고통이 줄어든다는 것, 그리고 회피에 의존하지 않고도 고통을 견딜 수 있다는 것을 깨달을 수 있는 기회를 제공합니다.

상상노출에는 트라우마 기억을 다시 떠올리고 소리 내어 이야기한 다음 그 경험을 처리하는 과정이 포함됩니다. 부정적인 감정(예: 두려움)이 안전한 상황에서 한번 활성화되면, 예측하던 피해가 일어나지 않는다는 정보가 통합되면서 교정적 학습이 이루어집니다. 상상노출은 여러 방식으로 치료적인 회복을 촉진합니다. 첫째, 실제 노출과 마찬가지로 트라우마 기억을 반복적으로 다시 떠올리면 조건화된 고통 반응의 소거가 촉진되고(소거의 학습), 환자에게 기억 회상에 동반된 정서적 고통이 영원히 계속되는 것은 아니며 트라우마를 회상한다고 해서 자신이 무너지는 일이 일어나지 않는다는 것을 깨닫게 합니다. 둘째, 의도적으로 트라우마 기억에 접근하면, 그 기억을 밀어낼 때 발생하는 회피의 부정적인 강화를 막을 수 있습니다. 셋째, 트라우마 기억을 반복하여 되짚어보고 이야기하는 것은, 환자가 트라우마를 기억하는 것과 그것을 다시 경험하는 것을 구분할 수 있게 도와줍니다. 넷째, 환자가 트라우마 기억을 정리하고, 경험 중에 일어났던 일에 대해 새로운 관점을 갖게 도와줍니다(예: "내가 좀 더 능력이 있었다면 친구를 구할 수 있었을 텐데" 대신 "나는 할 수 있는 한 최선을 다했어.")

이러한 과정을 통해 EPT의 이론에서 PTSD의 핵심 병리적 특징인 자신과 세상에 대해 트라우마와 연관된 부정적인 인지(예: "나는 완전히 무능하다, 세상은 완전히 위험한 곳이다")를 바꿀 수 있습니다(Foa와 Rothbaum 1998).

8.2 지속노출치료의 시행

PE는 PTSD 환자가 트라우마 경험을 정서적으로 처리할 수 있게 돕기 위해 고안된, 구체적으로 매뉴얼화된 노출치료 프로그램입니다. PE의 세 가지 주요 구성 요소는 다음과 같습니다: (a) 트라우마의 특성과 트라우마 반응에 대한 심리교육(이는 환자에게 노출치료를 하는 명확한 근거를 제시합니다), (b) 일반적으로 과제로서 진행되는 실제 노출(예: 트라우마를 떠오르게 하기 때문에 피해왔지만 안전한 트라우마 관련 상황에 점진적으로 접근하는 것, (c) 사건 기억의 상상노출 (환자가 트라우마 기억을 소리 내어 이야기한 후, 회기에서 그 경험을 처리하고, 녹음한 자신의 이야기를 과제로 듣게 합니다).

PE는 일반적으로 8-15회기로 구성되며 회기당 90분간 진행됩니다. 첫 만남에서 치료자는 치료의 자세한 근거를 전달하고, PTSD는 두 가지 핵심 요소에 의해 유지된다고 설명합니다. 첫 번째 요소는 트라우마와 관련된 생각, 이미지, 감정을 회피하고, 일상 생활에서 트라우마를 연상시키는 것들을 피하는 것입니다. 치료자는 이 회피가 단기적으로는 불안을 줄이는 데 효과가 있지만, 트라우마 기억을 감정적으로 처리할 기회를 차단하기 때문에 결국 PTSD가 지속되게 한다고 알려줍니다. 두 번째 요소는 트라우마의 여파로 생긴, "세상은 매우 위험한 곳이다", "아무도 믿을 수 없다", "나는 완전히 무능하다"와 같이, 도움이 안 되는 일반적으로 잘못된 인식과 믿음입니다. PE의 목표는 상상과 실제 노출을 통해, 이러한 인식이나 믿음의 불일치를 반증하는 교정적 정보를 경험적으로 얻을 수 있는 기회를 제공하여 잘못된 인식을 바꾸는 것입니다.

사례

42세의 아프리카계 미국인 여성인 모니카(Monika)는 미혼 시스젠더[1] 이성애자로, 현재는 실업 상태이며 필라델피아 북부에 혼자 살고 있었습니다. 그녀는 PTSD와 주요우울장애 증상으로 펜실베이

1) 역자 주: 자신이 태어날 때 지정받은 성별과 자신의 성 정체성이 일치하는 사람

니아 대학교의 불안 치료 연구 센터에서 치료를 받았습니다. 모니카의 외상 후 스트레스 증상 목록 척도posttraumatic stress symptom inventory, PSS-I 기준 점수는 36점으로 심각한 PTSD 증상 수준이었으며, 벡 우울증 척도Beck Depression Inventory, BDI 기준 점수는 22점으로 중등도 우울증에 해당하였습니다. 그녀는 플래시백과 악몽, 불면증, 과각성 등의 트라우마 관련 증상을 매일 반복하여 경험하였습니다. 또한 상당한 사회적 고립감을 느끼고 있었습니다. 모니카는 자살에 대해 생각한다고 했지만 계획이나 의도는 부인했습니다.

현재 가장 고통을 유발하는 외상 사건(지표 사건)

모니카는 4년 전 따뜻한 여름, 초저녁에 집 근처 편의점으로 걸어가던 중이었습니다. 누군가 뒤에서 걸어오는 소리가 들려서 그녀는 불안을 느꼈습니다. 곧이어 그녀의 등 뒤로 칼이 닿는 느낌이 들었고, 칼을 든 남자는 그녀에게 근처 공터로 이동하라고 말했습니다. 도로를 벗어나자 모니카는 머리를 벽돌로 맞았는데, 그 순간 기억이 끊기고 의식을 잃은 것 같았습니다. 그녀가 깨어났을 때는 날이 밝기 시작할 무렵이었고, 상당히 심한 통증이 있었습니다. 그 순간 그녀는 자신의 옷이 벗겨져 있으며 성폭행과 신체 폭행을 당한 상태로 공터에 누워 있다는 것을 깨달았습니다. 그때 지나가던 행인이 다가와 그녀가 몸을 가릴 수 있게 도와주었습니다. 이후 그녀는 핸드폰을 찾아 친구에게 연락하였고, 친구가 그녀를 병원으로 데려다 주었습니다. 모니카는 그 사건에서 살아남았지만 갈비뼈 골절과 심한 멍이 들었고 이후 몇 주 동안 외상성 뇌손상 증상을 겪었습니다.

사례 개념화

모니카는 트라우마와 관련된 내적 단서(예: 기억, 감정)와 외적 단서(예: 남자, 밖에 혼자 있는 것)를 회피하고 있었고 이로 말미암아 PTSD 증상이 유지되고 있었습니다. 이러한 회피는 각 단서에 내재된 위험에 대한 잘못된 믿음과, 그 단서들에 노출됨으로써 발생할 수 있는 고통에 대처할 수 있는 자신의 능력을 확인할 기회를 차단했습니다. 그녀의 회피 증상은 또한 세상(예: "세상은 매우 위험한 곳이다"), 타인(예: "모든 남자는 위험하다"), 자신(예: "나는 항상 나쁜 결정을 내린다")에 대해 전반적으로 역기능적인 인식과 믿음을 유지시켰습니다. 모니카의 이러한 믿음으로 결국 집에서의 고립, 과각성, 타인과의 단절감 같은 몇몇 PTSD와 우울 증상이 지속되었습니다. 그녀는 대인 관계에서 어려움을 겪고 있다고 보고했는데, 가족과 친한 지인들 대부분에게도 사건을 알리지 않아서 그들이 모니카가 위축된 이유를 이해하지 못했기 때문이었습니다. 모니카는 자신이 사건을 예상하고 막아내야 했다고 확신했으며, 일어난 일에 대해 죄책감을 느끼고 있었습니다.

치료 과정

첫 회기에서 치료자와 환자는 일반적으로 상상노출 과정에서 어떤 트라우마에 초점을 맞출 것인지를 명확히 합니다. 여러 트라우마의 과거력이 있는 환자라면, 현재 그에게 가장 큰 고통과 기능 장애를 유발하는 사건을 확인하여 "지표 트라우마index trauma"로 선택합니다. 이는 종종 가장 빈번하고 괴로운 재경험 증상과 관련된 사건입니다. 지표 트라우마는 첫 회기 때 트라우마 과거력 면담에서 확인됩니다. 모니카는 과거에도 외상성 상실과 성폭력을 겪었었지만 위에서 언급한 가장 최근의 사건이 제일 고통스럽다고 말했고, 이 지표 트라우마가 상상노출의 초점이 되었습니다. 이 대화에서 트라우마 기억의 시작(도로에서 걸어가던 것)과 끝(병원에 데려다 주었던 친구의 도착)도 확인하였습니다.

치료는 프로그램의 개요와 노출치료의 근거를 설명으로 시작되었습니다. 치료자는 PTSD 증상이 두 요소, (1) 트라우마와 관련된 생각과 감정 및 트라우마 연상물을 피하는 것, 그리고 (2) "세상은 매우 위험한 곳이다", "나는 매우 무능하다"와 같은, 도움이 되지 않는 역기능적 믿음에 의해 유지된다고 설명했습니다. 그런 다음 치료자는 PE가 실제 및 상상노출로 이러한 인식을 재평가할 기회를 주고, 이어지는 (상상노출의 경험 및 그 경험과 관련된 자신과 세계에 대한 모니카의 생각을 다루는) 처리 과정을 통해 이 부정적이고 역기능적인 인식을 바꾸는 데 도움이 된다고 설명했습니다. 또한 이 첫 회기에서 치료자는 모니카에게 느린 호흡 이완법을 가르치고 일상에서의 스트레스를 줄이기 위해 이를 매일 연습하도록 독려했습니다. 치료자의 지도에 따라 모니카는 회기 중 호흡 이완법을 연습했고, 이를 과제로 하여 집에서도 계속 연습하기로 했습니다.

두 번째 회기에서 치료자는 트라우마에 대한 일반적 반응에 대해 모니카와 협력적인 토론을 시작했습니다. 이 대화를 통해 치료자는 모니카가 겪는 고유한 PTSD 증상과 회피 행동의 양식에 대해 더 많이 알 수 있었습니다. 또한 이 대화로 모니카는 자신의 경험을 인정하고 정상화하는 데 도움을 받았고, 자신이 겪고 있는 다양한 증상들이 어떻게 서로 연결되어 있는지 이해할 수 있게 되었습니다. 모니카는 사건 이후 경험한 어려움들을 솔직하게 설명하였습니다. 그녀는 그 어려움 중 일부인 집중력 저하와 정서적 무감각과 같은 것들이 PTSD의 증상으로 인식된다는 것을 몰랐었다고 언급하며, PE가 이러한 증상을 완화시키는 데 초점이 맞춰져 있다는 것에 기대감을 표현했습니다.

다음으로 치료자는 모니카에게 실제 노출을 소개하며 트라우마를 떠올리게 하지만 실제로는 안전한 장소, 사람, 사물에 점진적으로 접근하는 치료적 근거를 설명했습니다. 모니카와 치료자는 그녀가 회피해왔던 트라우마 관련 상황들의 실제 노출 위계 순위in vivo hierarchy를 함께 만들었습니다. 그리고 이러한 상황들을 실제로 마주했을 때 그녀가 예상하는 고통의 정도에 따라 순위를 매겼습니다. 고통의 정도는 주관적인 고통척도subjective units of distress scale, 이하 SUDS를 이용하여 0(고통 없음)에서 100(극심한 괴로움)의 범위로 수치화하였습니다. 모니카는 경미한 괴로움(예: 낮에 집 앞 현관 계단에 앉아있기), 중간 정도의 괴로움(예: 친구와 산책하기), 심한 괴로움(예: 저녁에 외출하기) 등 위계 순위에 맞게 다양한 상황을 구분할 수 있었습니다.

위계 순위를 만들 때 중요하게 고려해야 할 사항은 환자의 안전과 관련된 것입니다. 모니카는 자신이 사는 동네가 필라델피아의 다른 지역보다 치안이 안 좋은 편이라고 했는데, 실제 노출은 위험의 우려가 상대적으로 낮은 상황에서만 권고됩니다(객관적으로 안전하지 않은 상황에 접근하는 것은 적절하지도, 치료적이지도 않습니다). 모니카와 치료자는 특정 상황의 위험성에 대해 이웃이라면 어떻게 인식할지, 그리고 가능한 한 낮은 위험 수준에서 필요한 목적을 이루려면 어떻게 해야 할지에 대한 논의를 통해 위계 순위에 포함시키기에 적절한 상황과 그렇지 않은 상황을 결정하였습니다. 모니카는 이웃들이 대부분 낮에, 그리고 보통 동행자와 함께 식료품점으로 걸어간다고 말했고, 이러한 정보는 그녀가 시도하기에 비교적 안전한 상황을 판단하는 지침으로 활용되었습니다. 모니카는 좀 더 안전한 지역에 살고 있는 가족과 함께 살고 싶다고 말했지만, 그녀와 치료자는 현재의 거주 환경 내에서 합리적으로 안전한 상황에 접근하며 자신감을 되찾는 것이 중요하다는 데 동의했습니다.

실제 노출은 중간 정도의 불안을 유발하는 상황부터 시작하여 점차 더 어려운 상황으로 진행하는 단계적 방식으로 진행되었습니다. 위계 순위를 만든 뒤, 모니카와 치료자는 그 주에 할 구체적인 실제 상황 과제 두 가지를 정했습니다. 실제 노출은 모니카의 우울 증상을 고려하여 행동 활성화를 촉진하는 데에도 활용될 수 있었습니다. 실제 상황 과제는 신체 활동과 사회적 연결에 초점을 맞춘 여러 행동들의 활성화(예: 집에서 요가 영상을 보고 따라하기, 친구와 통화하기)를 포함하도록 확대되었습니다. 이 초점 영역은 이후 치료 후반기에 모니카의 검정고시 준비 및 가족과의 관계 회복 등, '삶의 재건' 과제에도 적용되었습니다.

세 번째 회기를 시작할 때, 모니카는 호흡 훈련을 자주 하였고 도움이 많이 되었다고 했습니다. 그녀는 실제 상황 과제를 한 가지만 했고, 계획만큼 자주 반복하지 않았습니다. 치료자는 모니카에게 연습의 이점을 얻으려면 실제 상황 연습을 반복하는 것이 중요하다는 점을 설명했습니다. 다음으로 치료자는 상상노출의 근거를 자세히 소개했습니다. 모니카는 폭행에 대한 기억이 없기 때문에 상상노출이 도움이 될지 걱정했습니다. 치료자는 모니카가 폭행 직전과 직후에 일어난 일을 기억하고 있고, 의식이 없는 상태에서 일어난 세부 사항 중 적어도 일부에 대한 정보를 갖고 있으므로 상상노출이 여전히 그녀에게 도움이 될 가능성이 있다고 설명했습니다. 치료자는 사전에 합의해 두었던 트라우마의 시작과 끝 지점을 모니카에게 상기시킨 뒤, 눈을 감고 사건 중에 일어났던 일들을 가능한 한 생생하게 시각화하면서 소리 내어 설명하게 했습니다. 그리고 현재 시제를 사용하여, 사건 당시 발생한 생각, 감정, 신체 감각을 포함하여 트라우마를 최대한 자세히 회상하도록 모니카를 격려했습니다. 상상노출은 장시간(보통 35-45분) 동안 지속되었으며 그동안 모니카는 기억을 세 번 반복했습니다. 상상노출이 진행되는 동안 모니카는 기억에 점점 더 감정적으로 몰입하였는데, 이는 그녀의 표정, 간헐적인 눈물, 그리고 SUDS 점수(시작 전 50점, 최고점 90점, 종료 후 70점)로 알 수 있었습니다. 상상노출 후, 그녀는 세부 사항이 매우 생생하게 느껴졌다고 말했습니다. 모니카는 가끔 실제 사건 당시에는 존재하지 않았던 관점이나 정보(예: 뒤에 있는 사람이 자신을 해칠 것이라는 것을 알고 있었다)를 추가하였는데, 치료자는 사건 발생 당시의 생각과 감정을 공유하도록 격려했습니다.

상상노출 후, 환자가 새로운 정보와 통찰을 기억에 통합하여 보다 현실적인 관점을 갖도록 돕는 처리 과정이 15-20분간 이어졌습니다. 치료자는 모니카가 매우 고통스러운 기억에 접근하고, 그것이 정서적인 고통을 유발했음에도 불구하고 훈련을 계속한 용기를 칭찬한 뒤, 그녀에게 사건을 재체험한 경험이 어떠했는지 물었습니다. 모니카는 어렵긴 했지만 끝까지 견딜 수 있었다고 했습니다. 모니카는 길에서 누군가 뒤에서 다가오고 있다는 사실을 깨달았을 때, 긴장감을 느꼈지만 아무런 조치를 취하지 않았었던 것에 대해 죄책감이 든다고 말했습니다. 하지만 동시에 그녀는 자신이 공격을 당할 것이라는 사실을 전혀 알 수 없었다는 점을 인정했습니다. 또한 등에 칼이 닿은 뒤부터는 다른 선택의 여지가 없었으며, 일단 가능한 상황이 된 다음에는 자신을 돌보기 위해 해야 할 조치를 취했다는 것 역시 인정했습니다. 회기를 마칠 때 다음 주에 할 실제 노출 과제를 정했습니다. 또한 모니카에게 전 회기의 녹음본을 한 번 듣고, 상상노출 내러티브 부분을 매일 듣게 했습니다.

모니카는 총 12회기의 PE에 참여했습니다. 4번째 회기부터는 전 주의 과제를 검토하는 것으로 시작하는 표준 일정에 따라 진행되었습니다. 모니카는 실제 노출 과제를 매번 완수하지는 못했지만 꾸준한 발전을 보였습니다. 마찬가지로, 상상노출 녹음을 매일 듣지는 못해도 일주일에 2-3회 규칙적으로 들었습니다. 회기 중 진행되는 상상노출에서 모니카의 SUDS 최고 수치는 꾸준히 감소했으나 치료 과정 동안 60점 이상의 상태로 남았습니다. 치료 전후의 SUDS 수치도 줄어들었습니다. 모니카는 반복할수록 기억을 다시 되살리는 것이 점점 더 쉬워진다고 보고하였으며, 이는 고통에 대한 행동 관찰 결과와 일치했습니다. 모니카는 잠시 의식을 찾았을 때, 성폭력에 대한 매우 희미하고 불분명한 기억이 있다고 보고했습니다. 자신이 강간당하고 있으며 아마도 죽을 수 있다고 깨달았던 것을 포함하여, 그녀는 가능한 세부 사항을 묘사했습니다. 7번째 회기에서 치료자는 모니카에게 트라우마 기억 중 가장 큰 고통을 지속적으로 유발하는 순간인 '핫스팟'을 소개해 주었습니다. 모니카는 두 개의 핫스팟을 찾았습니다. 첫 번째는 칼날이 자신의 등 뒤를 누르는 것을 느꼈을 때였고, 두 번째는 극심한 고통 속에서 깨어나 자신에게 무슨 일이 일어났는지 깨달았을 때였습니다. 이 핫스팟들은 7-11번째 회기 동안 상상노출의 초점이 되었습니다. 처리 과정을 진행하면서, 모니카와 치료자는 뒤에서 누군가 걸어오는 소리를 들었을 때 자신이 공격당할 것이라는 것을 알아차렸어야 한다는 모니카의 인식과 그로 인한 그녀의 죄책감에 대해 이야기를 나누었습니다. 치료가 진행되면서 모니카는 다른 관점, 즉 길 위의 행인 중 대다수는 타인을 공격하지 않으며, 따라서 그녀가 사건 발생을 합리적으로 예측할 수 없었다는 관점에 더 확신을 갖게 되었습니다. 기억을 반복해서 되짚어보는 것은, 모니카로 하여금 당시 자신이 달리 할 수 있는 게 없었다는 것과 그 사건은 누구에게나 일어날 수 있는 일이라는 것을 깨닫는 데 도움이 되었습니다. 그녀는 또한 두 번째로 의식을 잃은 것이 스스로에게 적응적인 반응이었다고 믿는다고 말했는데, 즉 강간이 일어나고 있을 때 이를 의식적으로 경험하지 않도록 자신의 신체가 의식을 차단했다고 보았습니다. 이러한 관점은 모니카가 자신이 주어진 상황에서 최선을 다해 스스로를 보호했다고 느끼게 도와주었습니다. 노출 연습에 동반되는 고통을 견디는 법을 배우고 반복을 통해 고통이 줄어드는 것을 경험하면서, 모니카는 PTSD 증상을 다루는 데 좀 더 유능감을 느끼게 되었고 자신이 삶과 그에 따른 어려운 상황들에 대처할 수 없다는 기존의 관점을 바꿀 수 있었습니다.

마지막 회기에서 치료자와 모니카는 진행 상황을 검토하며 배운 점들을 논의하고, 치료로 얻은 성과들을 어떻게 유지할지에 대해 계획을 세웠습니다. 치료가 끝날 무렵, 모니카의 PTSD 증상(PSS-I = 7, PTSD 증상 최소 상태)과 우울 증상(BDI = 5, 우울증이 없는 상태)이 크게 감소했습니다. 모니카는 믿을 수 있는 친구 및 최근 이사하여 같이 살게 된 가족에게 사건을 이야기하기로 결정했습니다. 그녀는 이 대화가 잘 진행되었고 마침내 그들과 트라우마를 공유할 수 있게 되어서 안도감을 느낀다고 했습니다. 모니카는 또한 대입 검정고시를 향한 첫 걸음을 내디뎠습니다. 치료 초기에 죄책감에 시달렸던 것과 달리, 치료가 끝날 무렵 모니카는 비록 나쁜 일이 일어날 수는 있지만 자신은 생존자이며 더 이상 두려움에 지배당하지 않는 온전한 삶을 사는 데 필요한 역량을 갖추고 있다고 인식하게 되었습니다.

8.3 특정 상황과 어려움들

PTSD의 높은 공존 질환 비율을 고려할 때, PTSD 환자에게 추가적인 정신 및/또는 신체 건강 문제가 있는 것이 일반적입니다. 다행히 아래에 검토하였듯이, PE는 수정을 거의 또는 전혀 하지 않아도 공존 질환이 있는 PTSD 환자에게도 효과적이라는 연구 근거들이 있습니다.

다른 모든 치료법과 마찬가지로, 모든 환자가 PE의 효과를 보는 것은 아닙니다. 모든 환자가 치료를 완결하는 것은 아니며, 치료가 끝난 뒤 임상적인 결과가 모두 좋은 것도 아닙니다. 다음으로 우리는 이러한 난제를 이해하기 위해, 즉 치료의 중도 탈락과 치료 반응 실패를 최소화하고자 수행된 연구들을 살펴보겠습니다. 마지막으로 PE의 금기일 수 있을 경우에 대한 지침을 살펴봅니다.

8.3.1 우울증의 공존

현재, PE는 우울증을 공존질환으로 갖고 있는 환자의 PTSD 증상을 효과적으로 감소시킬 수 있다는 상당한 근거가 있습니다. PE는 수많은 임상시험에서 우울증 증상을 줄이는 데 효과를 보였습니다(Asukai 등. 2010; Foa 등. 1991, 1999a, b, 2005, 2013; Marks 등. 1998; Nacashch 등. 2011; Paunovic과 Ost 2001; Resick 등. 2002; Rothbaum 등. 2005; Taylor 등. 2003). 게다가 PE는 주요 우울 장애가 공존하는 환자들의 PTSD 증상 완화에도 효과적입니다(Hagenaars 등. 2010). 현재 주요 우울장애를 앓고 있거나 과거에 앓았던 환자 및 주요 우울 장애 병력이 없는 환자 모두에서 PE의 효과는 동등하게 나타났습니다(Hagenaars 등. 2010). 흥미롭게도 한 연구에서는 치료 전 우울 수치가 높았던 환자가 수치가 낮았던 환자보다도 인지처리 치료[CPT]나 PE를 받은 후 PTSD 증상이 더 크게 개선되었습니다(Rizvi 등. 2009). 이렇게 PTSD 중증도의 감소가 우울 증상의 감소와 함께 나타나는 경향은 아마도 PTSD 증상과 우울증이 밀접하게 연관되어 있다는 점으로 설명될 수 있을 것입니다. 실제로 PE는 PTSD 증상뿐 아니라 우울 증상도 상당히 감소시키는 경향을 보입니다(예: Foa 등. 1999a, b; Paunovic과 Ost 2001; Acierno 등. 2017).

요약하자면, PTSD가 주진단이고 우울증이 공존하는 경우를 PE의 금기 조건으로 간주해서는 안 됩니다. 우울 증상의 중증도에 따라, 치료자는 PE 매뉴얼의 실제 노출 위계 순위를 계획할 때 행동 활성화 활동을 더 많이 포함시킬 수 있습니다(Foa 등. 2019a). 명백히 주요 우울 장애가 일차적인 상태거나 우울 증상이 회기 참석이나 과제 완수 등의 치료 참여도를 심각하게 방해하는 경우라면, 치료자는 적어도 환자가 PE에 참여할 수 있는 상태가 될 때까지 우울증에 대한 근거기반 치료를 제공하는 것을 고려해야 합니다.

8.3.2 물질 사용의 공존

PTSD 치료가 물질사용장애가 있는 환자에게는 효과가 없거나 오히려 물질 사용을 악화시킬 수 있다는 관점에서, 전통적으로 PTSD 치료 연구에서는 물질사용장애가 있는 환자를 배제해 왔습니다(예: Foa 등. 2005; Resick 등. 2008). 그러나 연구에 따르면, PTSD에 동반된 물질 사용은 PE가 포함된 동시 혹은 병합 치료를 통해 성공적으로 치료될 수 있습니다. 알코올 의존이 공존하는 민간인 PTSD 환자 대상의 연구에서, 날트렉손과 PE를 포함하거나 포함하지 않은 약물 상담 모두 PTSD 증상을 줄이는 데 동등한 효과를 보였습니다(Foa 등. 2013). 모든 집단에서 음주량이 유의미하게 감소했지만, PE를 받은 집단만 치료 종료 6개월 후에도 감소된 음주 수준을 유지했습니다(Foa 등. 2013). '지속노출을 이용한 PTSD 및 물질사용장애의 동시 치료Concurrent Treatment of PTSD and Substance Use Disorders Using Prolonged Exposure'라는 통합 치료에 대한 여러 연구에서, 이 치료법이 다른 통합 치료보다 PTSD 증상 호전에 더 우수하고 물질 사용을 줄이는 데에도 유사한 효과를 보였습니다(예: Back 등. 2019; Norman 등. 2019). 마찬가지로, PTSD과 흡연 의존이 공존하는 사례들에 대한 연구에서 PE와 바레니클린의 병용이 바레니클린 단독 요법보다 PTSD 감소에 더 우수한 효과를 보였는데, 금연율에서는 집단 간 차이를 보이지 않았습니다(Foa 등. 2017). 종합하여 볼 때, 이러한 공존 질환을 가진 집단에게 PE와 물질 사용 치료를 병행하거나 통합하여 시행한 대부분의 임상시험 결과, PE가 물질 사용 개선 자체에 기여하지는 않지만 안전하고 수용 가능하며(즉, 갈망을 증가시키지 않음) PTSD 증상을 줄이는 데 효과적입니다.

우울증의 공존과 마찬가지로, 물질 사용과 PTSD 증상은 서로 밀접하게 연관되어 있을 수 있습니다. 실제로 PTSD 환자가 부분적으로 자신의 PTSD 증상의 자가 치료를 위해 물질을 사용한다는 견해가 일반적으로 받아들여지고 있습니다(예: Leeies 등. 2010). 따라서 PE는 환자가 트라우마 관련 자극에 접근하고 그 기억을 처리하도록 격려하여 PTSD 증상을 줄임으로써 간접적으로 물질의 사용을 감소시킬 수 있습니다. 치료자는 PE를 시작하기 전에 물질 사용 여부를 신중하게 평가해야 합니다. 물질사용장애가 있는 환자는 물질 사용 치료를 같이 병행하도록 의뢰해야 합니다. 물질사용장애의 기준을 충족시키지 않는 환자도 물질을 미묘한 회피 전략으로 사용할 수 있으며, 이는 PE의 맥락에서 다루어져야 합니다(16장 참조).

8.3.3 외상성 뇌 손상의 공존

외상성 뇌 손상traumatic brain injury, 이하 TBI은 PTSD 환자, 특히 외상 사건으로 머리를 다치는 경우가 많은 군 복무자나 폭행 생존자에게서 흔합니다. 다행히도 경증에서 중등도의 TBI는 PE의 효과를 방해하지 않는다는 연구 결과들이 있습니다(Ragsdale과 Voss Horrell 2016; Sripada 등. 2013; Wolf 등. 2015). 사실, PE 과정은 비교적 간단하고 각 환자에 맞게 개별화하기 용이하기 때문에 TBI가 동반된 환자에게 조정하여 적용하기에 특히 적합할 수 있습니다. 치료자는 TBI 병력이 있는 환자의 경우 그의 인지적 어려움을 선별하고 평가해야 하며, 필요에 따라 PE 프로토콜을 조정(예: 과제 수행 알림, 가까운 사람의 도움 요청, 회기 단축)해야 합니다.

8.3.4 경계성 성격장애의 공존

경계성 성격 장애borderline personality disorder, 이하 BPD 역시 PTSD 치료의 일부 연구에서 제외 기준이었던 질환입니다(Clarke 등. 2008; Feeny 등. 2002; Mueser 등. 2008). BPD가 PTSD 치료를 방해하거나, PE가 자해 행동을 유발하거나 증가시킬 수 있다는 우려가 있었기 때문입니다(Merrill과 Strauman 2004). 그러나 BPD와 PTSD가 공존하는 환자도 안전하게 PE의 효과를 볼 수 있다는 근거 자료들이 있습니다. 소규모 공개 임상 연구(Harned 등. 2012)에서 얻은 긍정적인 결과를 바탕으로, Harned와 동료들(2014)은 BPD 관련 안정성 기준을 충족한 여성을 대상으로 변증법적 행동 치료dialectic behavior therapy, 이하 DBT(Linehan 등. 2006) 단독 치료와 병합 치료(DBT + PE)의 결과를 비교했습니다. 이 연구에서 DBT 단독 치료를 받은 사람들에 비해 병합 치료를 받은 사람들의 PTSD 중증도와 자해 행동이 유의미하게 감소했습니다. 그러므로 이러한 임상적 맥락에서 환자에게 PE를 적용하는 것은 안전할 뿐 아니라(자해 충동이나 행동, 치료의 중도 탈락, 위기 서비스 이용의 증가가 없음), DBT 단독 치료와 비교하여 PTSD 증상과 자해 행동을 줄이는 데 효과적인 방법입니다.

또한, 임상 전 단계의 수준부터 가벼운 정도의 BPD 환자의 경우 DBT를 추가로 시행하지 않아도 PE가 안전하고 효과적이라는 근거도 있습니다. Feeny와 동료들(2002)의 연구에 따르면 BPD 특성을 보이는 여성이 PE, 스트레스 면역 훈련stress inoculation training, SIT 또는 이 두 가지를 함께 받은 경우, 비 BPD 여성과 동등한 치료 효과(PTSD, 우울, 불안 증상의 감소 및 사회적 기능 개선)를 보였습니다.

요약하자면, 표준 PE는 전체 진단 기준을 충족하지는 않는, BPD 특성을 가진 환자에게 효과적일 수 있습니다. BPD가 공존하는 환자의 경우, PE는 DBT와 동시에 진행하거나 DBT 이후에 하는 것이 효과적입니다. 이 집단군을 치료할 때 치료자는 자해 행동과 자살 충동의 존재 여부 및 그 심각성을 지속적으로 주의 깊게 평가하고, 필요에 따라 DBT 치료자와 협력하여 치료를 조정해야 합니다(18장 참조).

8.3.5 PTSD 관련 증상

BPD의 공존에 대한 우려와 연결된 맥락으로, 심각한 해리 증상이 있는 환자들은 PE에 적합하지 않다는 걱정이 오랫동안 존재해 왔습니다. 해리 증상이 정서적 참여를 어렵게 만들어 치료 효과를 감소시킨다고 보았기 때문입니다. 그러나 연구에 따르면 치료 전의 해리 상태/특성, 이인증, 무감각의 정도는 PE의 PTSD 증상 개선이나 중도 탈락과 관련성이 없었습니다(Hagenaars 등. 2010; Harned 등. 2012; Jaycox와 Foa 1996; Shalev 등. 1996). 즉, 해리 증상이 심각한 환자도 증상이 가벼운 환자와 비슷한 수준으로 PTSD의 중증도가 현저하게 감소하였습니다. 다만 한 연구에서는 해리 수준이 높거나 낮은 집단 모두 PE 치료 시 동등한 증상 개선 효과와 중도탈락률을 보였지만, 추적 관찰 시점에서는 해리 수준이 높았던 환자가 낮은 환자보다 PTSD 기준을 충족할 가능성이 현저히 높았습니다(69% vs. 10%; Hagenaars 등. 2010). Cloitre와 동료들(2012)은 성적 학대와 관련된 PTSD로 해리 증상이 심한 여성들에게서, 수정된 PE를 시행하기 전에 정서 조절 기술 훈련을 한 경우가 지지적인 상담을 선행하여 한 경우보다 결과 면에서 더 낫다고 보고하였습니다.

심리적으로 괴로운 상황에서 해리 증상을 보이는 환자를 치료할 경우에 치료자는 환자와 이에 대해 논의하고, 노출 작업 전에 해리 증상을 관리하기 위한 계획을 세워야 합니다. 해리가 회복에 도움이 되지 않는 이유(감정 네트워크의 활성화를 방해함)에 대해 대화하고, 필요할 때 환자의 지지와 안정화에 도움이 될 몇 가지 전략을 확인하는 것도 도움이 될 수 있습니다. PE 매뉴얼에는 트라우마 내러티브 쓰기나 착지법grounding 등, 최적의 참여를 이끌어 내고 해리 가능성을 최소화하기 위한 방법들이 제안되어 있습니다.

8.3.6 중도 탈락

최근 임상 연구들에 대한 메타분석에 따르면, PE의 전반적인 중도 탈락률은 PTSD에 대한 다른 트라우마 중점 치료들과 유사한 수준인 22%이지만(13-30%; Lewis 등. 2020), 일상 치료 환경에서의 중도 탈락률은 이보다 높을 것으로 추정됩니다(참전 군인의 경우 30-45%, Kehle-Forbes 등. 2016; Eftekhari 등. 2020).

치료의 중도탈락을 예측할 수 있는 요인에 대해서는 아직 알려진 것이 거의 없습니다. 이를 예측하려면 환자들의 인구통계학적, 임상 특성을 파악하기 위한 개별적인 접근법이 필요합니다. 이 분야의 초기 연구로 PE 중도 탈락의 위험을 예측하는 환자 요인에 대한 단변량(예: Gros 등. 2018)과 다변량 모델(Keefe 등. 2018) 연구가 있지만, PTSD 표본 전반에서 이를 재현한 연구가 필요합니다. 실제 노출 과제를 할 때 환자를 지지할 수 있는 훈련된 동료peer와 환자를 연결해주는 것이 중도 탈락을 줄이는 데 유용한 전략일 수 있습니다(Hernandez-Tejada 등. 2017, 2020). 동료의 지원을 제공하는 것이 항상 가능하지는 않지만, 치료자는 환자에게 그의 지지 자원 내에서 치료 활동을 지지해주고 책임감을 줄 수 있는 사람을 찾도록 격려할 수 있습니다.

8.3.7 금기

다른 모든 치료법과 마찬가지로, PE의 적용에도 금기 조건이 있습니다. PE의 사용 여부를 결정할 때 치료자는 다음의 사항을 고려해야 합니다. 첫째, PTSD 증상이 주된 호소 문제여야 합니다. PE는 PTSD에 대한 치료법입니다. 따라서 임상적으로 유의미한 PTSD 증상이 없다면, 외상 이력만으로는 PE를 적용하기에 충분하지 않습니다. 둘째, 임박한 자살이나 살인의 위험, 최근 중등도 이상의 자해 행동, 또는 현재 심각한 배우자로부터의 학대 같은 안전 관련 문제가 없어야 합니다. 이러한 문제가 있다면 위기 관리나 치료를 통해 안전 문제가 해결될 때까지 PE를 보류해야 합니다. 셋째, 안정되지 않은 양극성 장애나 급성 정신증 등, PE의 진행을 상당히 방해할 가능성이 있는 공존 질환이 없어야 합니다. PE는 약물치료 중인 정신증 환자에게서 PTSD 증상을 줄이는 데에도 안전하고 효과적인 것으로 보고된 바 있으나(van den Berg 등. 2015), 이러한 환자군에 대한 연구가 더 필요합니다. 마지막으로, 일부 연구에서는 벤조다이아제핀이 PTSD의 노출치료에 방해가 된다고 보고하였지만(Davidson 2004, 소거 학습을 방해하는 것으로 추정, Otto 등. 2005 참조), 다른 연구 결과에서는 벤조다이아제핀의 사용이 PE의 효과에 유의미한 영향을 미치지 않았습니다(Rosen 등. 2013). 따라서 벤조디아제핀 사용을 이유로 PE를 보류해서는 안되지만, 치료자는 환자가 처방 의사와 협력하여 적절하다면 약물을 중단하거나 환자가 이를 원치 않을 경우 실제 상상노출 전이나 노출 중 약물 사용을 자제하도록 권장할 수 있습니다. 약물치료를 받고 있는 상태가 PE의 금기는 아니지만, 환자와 치료자가 치료 효과를 정확히 판단할 수 있도록 일반적으로 PE 치료 중에는 약물 용량을 안정적으로 유지하는 것이 가장 좋습니다(27장 참조).

8.4 지속노출치료의 근거

다수의 무작위 통제 연구 결과, PE가 PTSD 증상을 줄이는 데 효과적이고(Galowski 등. 2021), 빨리 변화가 일어나고 치료 효과도 잘 유지되어(Powers 등. 2010) 심지어 치료 후 5-10년이 지나도 그 효과가 유지되었습니다(Resick 등. 2010). PE는 다양한 외상 유형에 걸쳐 효과적인 것으로 밝혀졌으며, 전 세계의 독립적인 연구 그룹에 의해 검증되었습니다(예: 이스라엘: Nacasch 등. 2007, 일본: Asukai 등. 2008, 호주: Bryant 등. 2008, 네덜란드: Hagenaars 등. 2010). 앞서 언급하였듯이, PE는 흔한 공존 질환들이 동반된 PTSD 환자들에서도 효과를 입증한 바 있습니다(예: Foa 등. 2013; Harned 등. 2014; van den Berg 등. 2015). 또한 PE는 PTSD에 동반된 여러 증상, 즉 우울(예: Acierno 등. 2017), 범불안(예: Foa 등. 2005), 외상 관련 죄책감(예: McLean 등. 2019), 상태 분노(예: Cahill 등. 2003; Ford, Grasso, Greene, Slivinsky와 DeViva. 2018)뿐 아니라 안녕감 및 기능(예: Foa 등. 2005; Goodson, Lefkowitz, Helstrom, A와 Gawrysiak. 2013)에도 긍정적인 영향을 미치는 것으로 나타났습니다. 결론적으로, PE는 PTSD 환자의 삶에 종종 광범위한 영향을 미칩니다.

PE는 비특이적인 적극적 대조 조건(예: Marks 등. 1998; Resick 등. 2002; Rothbaum 등. 2005)과 통상적인 치료(Asukai 등. 2010)보다 효과가 우수한 것으로 밝혀졌습니다. 연구에 따르면, PE는 스트레스 면역 훈련(Foa 등. 1991, 1999a, b), 인지처리 치료cognitive processing therapy, CPT(Resick 등. 2002), 안구 운동 민감 소실 및 재처리eye movement desensitization and reprocessing, 이하 EMDR(Rothbaum 등. 2005) 등의 적극적 치료법보다 우수한 정도까지는 아니어도 효과적이며, 대인 관계 치료interpersonal therapy(Markowitz 등. 2015)와 초월 명상(Nidich 등. 2018)보다 열등하지 않은 효과를 보였습니다. 예외적으로 Taylor와 동료들(2003)의 연구에서는 (초기 회기는 상상노출에, 이후 회기에서는 실제 노출에 초점을 맞추는) 상상 노출과 실제 노출을 순차적으로 시행하는 노출치료가 이완 요법 및 EMDR보다 우수한 효과를 보였고, Schurr와 동료들(2007)의 연구에서는 여성 참전 군인의 PTSD 중증도 감소에 PE가 현재 중심 치료present centered therapy, CPT보다 우수하였습니다. PE와 약물치료의 효과를 비교한 무작위 임상 연구는 거의 없는데, Zoellner와 동료들(2019)은 PE와 서트랄린 모두 PTSD 중증도를 유의하게 낮추지만, PE가 서트랄린보다 몇 가지 이차적 결과(PTSD 진단의 소실, 치료 반응 상태, 자가보고 PTSD 증상) 면에서 우수하다고 보고했습니다. 이와 유사하게, Rauch와 동료들(2018)의 연구결과 역시 PE + 서트랄린, PE + 위약, 서트랄린 + 강화된 약물 관리군 모두 PTSD 증상 감소에 효과적이었고 집단 사이의 유의미한 차이는 없었습니다.

전반적으로, PE의 효과를 지지하는 근거는 매우 방대합니다. 실제로 미국 국방부 및 재향군인회(2017), 미국 심리학회(2017), 국제 트라우마 스트레스 학회(ISTSS)(2018), 영국 국립보건의료연구원(NICE)(2018)을 포함하는 모든 주요 임상 진료 지침에서 PE를 1차 치료로 권고합니다.

8.5 지속노출치료의 효과 증대

PE의 인상적인 성과에도 불구하고, 모든 환자들이 좋은 결과를 얻는 것은 아니며 개선이 필요한 여지가 남아 있습니다. 이에 따라 여러 연구에서 PE 효과가 증대될 수 있을지를 검토하였습니다. PE에 심리치료들을 추가하여 치료적 효과를 살펴본 연구의 대부분에서 긍정적인 결과가 도출되지 않았지만(예: Foa 등. 1999a, b, 2005; McDonagh 등. 2005), Bryant와 동료들(2008)은 노출치료에 인지 재구성을 추가적으로 시행하여 치료 결과가 개선되었다고 보고하였습니다. 그러나 이 연구에서는 노출치료에서 상상노출 후 처리 과정을 생략했기 때문에 PE의 치료결과와의 관련성이 불분명하다는 제한점이 있습니다. 그리고 한 연구에서는 PE에 항우울제paroxetine 병용이 위약 병용보다 효과적이라고 보고하였지만(Schneier 등. 2012), 다른 연구에서는 PE에 약물치료를 추가하는 것이 PE의 단독 시행보다 결과를 개선시킨다는 근거를 찾지 못했습니다(Popiel 등. 2015; Rauch 등. 2018).

소거 학습을 강화시키는 것으로 추정되는, 소위 '인지 강화제'인 d-사이클로세린에 대한 연구에서는 이 화합물이 불안 관련 장애 전반에 걸쳐 약간의 증대 효과를 보인다고 보고했지만(Mataix-Cols 등. 2017), 일반적으로는 PE의 효과를 증대시키는 현상은 확인되지 않았습니다(예: de Kleine 등. 2012). 대체 인지 강화제의 경우, 시범 연구에서 PE의 증대 전략으로의 가능성을 보였지만(예: oxytocin: Flanagan 등. 2018, yohimbine: Tuerk 등. 2018), 추가적인 재현 연구가 필요합니다.

PTSD 치료 결과를 개선하기 위한 한 가지 전략은, 환자가 치료 선택 과정에 참여하는 것입니다. PE는 환자가 선호한 치료법이었을 때 결과가 더 좋은 경향이 있습니다(Zoellner 등. 2019; Watts 등. 2015). 치료를 찾아 내원한 직후 PE를 시작하고, 회기 사이에 몇 주 이상 장기간의 공백 없이 정기적으로 회기를 진행하는 것이 일반 진료 환경에서 더 나은 치료 결과와 관련성이 있습니다(Maguen 등. 2019). 그러나 치료 기법 측면에서 PE의 효과 증대에 대한 연구들은 결과를 개선시키는 명확한 전략을 찾지 못했습니다. 치료 반응을 보일 가능성이 낮은 환자들을 선별하여 이들의 중도탈락을 최소화하고 치료 결과를 개선하는 것을 목표로 하는 연구들이, 전반적인 효능 개선을 목표로 하는 접근 방식보다 더 효과적일 수 있습니다.

8.6 지속노출치료의 새로운 모델

연구자들은 표준 치료(매주 8-15회, 90분 치료 회기)의 부담을 해결하고 접근성을 높이기 위해 새로운 형식과 일정의 PE를 시험하고 있습니다. 최근 현역 군인 대상의 연구에서 2-3주 동안 매일, 총 10번 PE 회기를 진행하는 것이 일주일 간격으로 10번 회기를 진행하는 것에 비해 효과가 열등하지 않았습니다(Foa 등. 2018). 이 '집중' PE는 PTSD 민간인 환자 대상의 공개 연구에서도 효과적인 것으로 보고되었습니다(Hendriks 등. 2018). 이러한 연구 결과는 매일 회기를 진행하는 것이 내담자에게 수용 가능하고(낮은 중도 탈락률), 견딜 수 있으며(부작용의 증가 없음), 비교적 단기간에 PTSD 증상을 상당히 줄이는 데 효과적이라는 것을 시사합니다. 다른 연구에서는 회기 시간을 90분에서 60분으로 단축해도 치료효과가 감소되지 않는다고 제안하였지만(Nacashch 등. 2015; van Minnen과

Foa 2006), 이 가설을 검증할 대규모 연구 결과는 아직 나오지 않은 상태입니다(Foa 등. 2019b).

일차 진료를 위한 PE[PE for primary care, 이하 PE-PC]는 일차 정신건강 진료 환경에서 시행할 수 있도록 개발된 4-6회 회기의 단축형 PE입니다(Rauch 등. 2017). 이에 대해 긍정적 결과를 보고한 시범 연구(Cigrang 등. 2011, 2015) 자료를 바탕으로 무작위 임상 연구를 진행한 결과, PE-PC가 미군 장병의 PTSD 증상 감소에 최소 통제군보다 우수하였습니다(Cigrang 등. 2017). 추가적인 임상 연구가 아직 진행 중이지만, PE-PC는 일차 진료 환경에 내원하는 많은 PTSD 환자에게 충분한 수준의 PE를 전달하기에 유망한 접근 방식으로 보입니다.

PE는 가정에서 비대면 치료로 진행하여도 효과적이고(Yuen 등. 2015), 대면 치료에 비해 열등하지 않았습니다(Acierno 등. 2017). 최근 비동기화[2] 상태의 치료자가 지원하는, 자가 진행형 웹 형태의 PE가 현역과 재향군인의 PTSD 중증도를 상당히 감소시키는 것으로 보고되었습니다(McLean 등. 2021). 원격 및 웹 형태의 치료 방식이 이용 가능한 서비스의 부족, 치료기관과의 거리, 근무 중 일정 조정의 어려움, 정신건강 영역에 관련된 낙인 등, 대면 치료의 여러 방해 조건들을 해결할 수 있을 것입니다(Morland 등. 2017).

References

Acierno R, Knapp R, Tuerk P, Gilmore AK, Lejuez C, Ruggiero K et al (2017) A non-inferiority trial of prolonged exposure for posttraumatic stress disorder: in person versus home-based telehealth. Behav Res Ther 89:57–65

American Psychological Association (2017) Clinical practice guideline for the treatment of PTSD. https://www.apa.org/ptsd-guideline/ptsd.pdf

Asukai N, Saito A, Tsuruta N, Ogami R, Kishimoto J (2008) Pilot study on prolonged exposure of Japanese patients with posttraumatic stress disorder due to mixed traumatic events. J Trauma Stress 21:340–343

Asukai N, Saito A, Tsuruta N, Kishimoto J, Nishikawa T (2010) Efficacy of exposure therapy for Japanese patients with posttraumatic stress disorder due to mixed traumatic events: a randomized controlled study. J Trauma Stress 23(6):744–750

Back SE, Killeen T, Badour CL, Flanagan JC, Allan NP, Santa Ana E et al (2019) Concurrent treatment of substance use disorders and PTSD using prolonged exposure: a randomized clinical trial in military veterans. Addict Behav 90:369–377

van den Berg DP, de Bont PA, van der Vleugel BM, de Roos C, de Jongh A, Van Minnen A, van der Gaag M (2015) Prolonged exposure vs eye movement desensitization and reprocessing vs waiting list for posttraumatic stress disorder in patients with a psychotic disorder: a randomized clinical trial. JAMA Psychiat 72(3):259–267

Bryant RA, Moulds ML, Guthrie RM, Dang ST, Mastrodomenico J, Nixon RDV, Felmingham KL, Hopwood S, Creamer M (2008) A randomized controlled trial of exposure therapy and cognitive restructuring for posttraumatic stress disorder. J Consult Clin Psychol 76:695–703

Cahill SP, Foa EB (2007) Psychological theories of PTSD. In: Friedman MJ, Keane TM, Resick PA (eds) Handbook of PTSD: science and practice. Guilford Press, New York

Cahill SP, Rauch SA, Hembree EA, Foa EB (2003) Effect of cognitive-behavioral treatments for PTSD on anger. J Cogn Psychother 17:113–131

Cigrang JA, Rauch SA, Avila LL, Bryan CJ, Goodie JL, Hryshko-Mullen A, Peterson AL (2011) Treatment of active-duty military with PTSD in primary care: early findings. Psychol Serv 8(2):104

Cigrang JA, Rauch SA, Mintz J, Brundige A, Avila LL, Bryan CJ, Goodie JL, Peterson AL, STRONG STAR Consortium (2015)

2) 역자 주: 실시간이 아닌 방식으로 치료자가 환자에게 지원을 제공하는 것

Treatment of active duty military with PTSD in primary care: a follow-up report. J Anxiety Disord 36:110–114

Cigrang JA, Rauch SA, Mintz J, Brundige AR, Mitchell JA, Najera E et al (2017) Moving effective treatment for posttraumatic stress disorder to primary care: a randomized controlled trial with active duty military. Fam Syst Health 35(4):450

Clarke SB, Rizvi SL, Resick PA (2008) Borderline personality characteristics and treatment outcome in cognitive-behavioral treatments for PTSD in female rape victims. Behav Ther 39:72–78

Cloitre M, Petkova E, Wang J, Lu Lassell F (2012) An examination of the influence of a sequential treatment on the course and impact of dissociation among women with PTSD related to childhood abuse. Depress Anxiety 29:709–717

Davidson JR (2004) Use of benzodiazepines in social anxiety disorder, generalized anxiety disorder, and posttraumatic stress disorder. J Clin Psychiatry 65(suppl 5):29–33

Eftekhari A, Crowley JJ, Mackintosh MA, Rosen CS (2020) Predicting treatment dropout among veterans receiving prolonged exposure therapy. Psychol Trauma Theory Res Pract Policy 12(4):405

Feeny NC, Zoellner LA, Foa EB (2002) Treatment outcome for chronic PTSD among female assault victims with borderline personality characteristics: a preliminary examination. J Personal Disord 16:30–40

Flanagan JC, Sippel LM, Wahlquist A, Moran-Santa Maria MM, Back SE (2018) Augmenting prolonged exposure therapy for PTSD with intranasal oxytocin: a randomized, placebo-controlled pilot trial. J Psychiatr Res 98:64–69

Foa EB, Cahill SP (2001) Psychological therapies: emotional processing. In: Smelser NJ, Bates PB (eds) International encyclopedia of social and behavioral sciences. Elsevier, Oxford

Foa EB, Kozak MJ (1985) Treatment of anxiety disorders: implications for psychopathology. In: Tuma AH, Maser JD (eds) Anxiety and the anxiety disorders. Erlbaum, Hillsdale

Foa EB, Kozak MJ (1986) Emotional processing of fear – exposure to corrective information. Psychol Bull 99:20–35

Foa EB, Rothbaum BO (1998) Treating the trauma of rape: a cognitive behavioral therapy for PTSD. Guilford, New York

Foa EB, Rothbaum BO, Riggs DS, Murdock TB (1991) Treatment of posttraumatic stress disorder in rape victims – a comparison between cognitive behavioral procedures and counseling. J Consult Clin Psychol 59:715–723

Foa EB, Dancu CV, Hembree EA, Jaycox LH, Meadows EA, Street GP (1999a) A comparison of exposure therapy, stress inoculation training, and their combination for reducing posttraumatic stress disorder in female assault victims. J Consult Clin Psychol 67: 194–200

Foa EB, Ehlers A, Clark DM, Tolin DF, Orsillo SM (1999b) The posttraumatic cognitions inventory (PTCI): development and validation. Psychol Assess 11:303–314

Foa EB, Hembree EA, Cahill SP, Rauch SAM, Riggs DS, Feeny NC, Yadin E (2005) Randomized trial of prolonged exposure for posttraumatic stress disorder with and without cognitive restructuring: outcome at academic and community clinics. J Consult Clin Psychol 73:953–964

Foa EB, Huppert JD, Cahill SP (2006) Emotional processing theory: an update. In: Pathological anxiety: emotional processing in etiology and treatment. Guilford Press, New York

Foa EB, Yusko DA, Mclean CP et al (2013) Concurrent naltrexone and prolonged exposure therapy for patients with comorbid alcohol dependence and PTSD: a randomized clinical trial. JAMA 310:488–495

Foa EB, Asnaani A, Rosenfield D, Zandberg LJ, Gariti P, Imms P (2017) Concurrent varenicline and prolonged exposure for patients with nicotine dependence and PTSD: a randomized controlled trial. J Consult Clin Psychol 85(9):862

Foa EB, McLean CP, Zang Y, Rosenfield D, Yadin E, Yarvis JS et al (2018) Effect of prolonged exposure therapy delivered over 2 weeks vs 8 weeks vs present-centered therapy on PTSD symptom severity in military personnel: a randomized clinical trial. JAMA 319(4):354–364

Foa EB, Hembree EA, Rothbaum BO, Rauch SAM (2019a) Prolonged exposure therapy for PTSD: emotional processing of traumatic experiences—therapist guide, 2nd edn. Oxford University Press. https://doi.org/10.1093/med-psych/9780190926939.001.0001

Foa EB, Zandberg LJ, McLean CP, Rosenfield D, Fitzgerald H, Tuerk PW et al (2019b) The efficacy of 90-minute versus 60-minute sessions of prolonged exposure for posttraumatic stress disorder: design of a randomized controlled trial in active duty military personnel. Psychol Trauma Theory Res Pract Policy 11(3):307

Ford JD, Grasso DJ, Greene CA, Slivinsky M, DeViva JC (2018) Randomized clinical trial pilot study of prolonged exposure versus present centred affect regulation therapy for PTSD and anger problems with male military combat veterans. Clin Psychol Psychother 25(5):641–649.

Galowski T, McLean CP, Wachen J, Davis AC (2021) Psychosocial treatments for PTSD. In: Friedman MJ, Keane TM, Schnurr P (eds) Handbook of PTSD: science and practice, 3rd edn. Guilford Press, New York

Goodson JT, Lefkowitz CM, Helstrom AW, Gawrysiak MJ (2013) Outcomes of prolonged exposure therapy for veterans with posttraumatic stress disorder. Journal of traumatic stress 26(4):419–425.

Gros DF, Allan NP, Lancaster CL, Szafranski DD, Acierno R (2018) Predictors of treatment discontinuation during prolonged exposure for PTSD. Behav Cogn Psychother 46(1):35–49

Hagenaars MA, van Minnen A, Hoogduin KAL (2010) The impact of dissociation and depression on the efficacy of prolonged exposure treatment for PTSD. Behav Res Ther 48:19–27

Harned MS, Korslund KE, Foa EB, Linehan MM (2012) Treating PTSD in suicidal and self-injuring women with borderline personality disorder: development and preliminary evaluation of a dialectical behavior therapy prolonged exposure protocol.

Behav Res Ther 50:381–386
Harned MS, Korslund KE, Linehan MM (2014) A pilot randomized controlled trial of dialectical behavior therapy with and without the dialectical behavior therapy prolonged exposure protocol for suicidal and self-injuring women with borderline personality disorder and PTSD. Behav Res Ther 55:7–17
Hendriks L, Kleine RAD, Broekman TG, Hendriks GJ, Minnen AV (2018) Intensive prolonged exposure therapy for chronic PTSD patients following multiple trauma and multiple treatment attempts. Eur J Psychotraumatol 9(1):1425574
Hernandez-Tejada MA, Hamski S, Sanchez-Carracedo D (2017) Incorporating peer support during in vivo exposure to reverse dropout from prolonged exposure therapy for posttraumatic stress disorder: clinical outcomes. Int J Psychiatr Med 52(4–6):366–380
Hernandez-Tejada MA, Acierno R, Sanchez-Carracedo D (2020) Re-engaging dropouts of prolonged exposure for PTSD delivered via home-based telemedicine or in person: satisfaction with veteran-to-veteran support. J Behav Health Serv Res 48:171–182
International Society for Traumatic Stress Studies (ISTSS) (2018) ISTSS PTSD prevention and treatment guidelines: methodology and recommendations. https://www.istss.org/getattachment/TreatingTrauma/New-ISTSS-Prevention-and-Treatment-Guidelines/ISTSS_PreventionTreatmentGuidelines_FNL-March-19–2019.pdf.aspx
Jaycox LH, Foa EB (1996) Obstacles in implementing exposure therapy for PTSD: case discussions and practical solutions. Clin Psychol Psychother 3:176–184
Keefe JR, Wiltsey Stirman S, Cohen ZD, DeRubeis RJ, Smith BN, Resick PA (2018) In rape trauma PTSD, patient characteristics indicate which trauma-focused treatment they are most likely to complete. Depress Anxiety 35(4):330–338
Kehle-Forbes SM, Meis LA, Spoont MR, Polusny MA (2016) Treatment initiation and dropout from prolonged exposure and cognitive processing therapy in a VA outpatient clinic. Psychol Trauma Theory Res Pract Policy 8(1):107
de Kleine RA, Hendriks GJ, Kusters WJ, Broekman TG, van Minnen A (2012) A randomized placebo-controlled trial of D-cycloserine to enhance exposure therapy for posttraumatic stress disorder. Biol Psychiatry 71(11):962–968
Lang PJ (1977) Imagery in therapy: an information processing analysis of fear. Behav Ther 8:862–886
Lang PJ (1979) A bio-informational theory of emotional imagery. Psychophysiology 16(6):495–512
Leeies M, Pagura J, Sareen J, Bolton JM (2010) The use of alcohol and drugs to self-medicate symptoms of posttraumatic stress disorder. Depress Anxiety 27:731–736
Lewis C, Roberts NP, Gibson S, Bisson JI. (2020) Dropout from psychological therapies for post-traumatic stress disorder (PTSD) in adults: Systematic review and meta-analysis. Eur J Psychotraumatol 11(1):1709709.
Linehan MM, Comtois KA, Murray AM, Brown MZ, Gallop RJ, Heard HL, Korslund KE, Tutek DA, Reynolds SK, Lindenboim N (2006) Two-year randomized controlled trial and follow-up of dialectical behavior therapy vs therapy by experts for suicidal behaviors and borderline personality disorder. Arch Gen Psychiatry 63:757–766
Maguen S, Li Y, Madden E, Seal KH, Neylan TC, Patterson OV et al (2019) Factors associated with completing evidence-based psychotherapy for PTSD among veterans in a national healthcare system. Psychiatry Res 274:112–128
Markowitz JC, Petkova E, Neria Y, Van Meter PE, Zhao Y, Hembree E et al (2015) Is exposure necessary? A randomized clinical trial of interpersonal psychotherapy for PTSD. Am J Psychiatr 172(5):430–440
Marks I, Lovell K, Noshirvani H, Livanou M (1998) Treatment of posttraumatic stress disorder by exposure and/or cognitive restructuring – a controlled study. Arch Gen Psychiatry 55: 317–325
Mataix-Cols D, De La Cruz LF, Monzani B, Rosenfield D, Andersson E, Perez-Vigil A et al (2017) D-cycloserine augmentation of exposure-based cognitive behavior therapy for anxiety, obsessive-compulsive, and posttraumatic stress disorders: a systematic review and meta-analysis of individual participant data. JAMA Psychiat 74(5):501–510
McDonagh A, Friedman M, McHugo G, Ford J, Sengupta A, Mueser K et al (2005) Randomized trial of cognitive-behavioral therapy for chronic posttraumatic stress disorder in adult female survivors of childhood sexual abuse. J Consult Clin Psychol 73(3):515
McLean CP, Zang Y, Gallagher T, Suzuki N, Yarvis JS, Litz BT, Mintz J, Young-McCaughan S, Peterson AL, Foa EB, STRONG STAR Consortium (2019) Trauma-related cognitions and cognitive emotion regulation as mediators of PTSD change among treatment-seeking active-duty military personnel with PTSD. Behav Ther 50(6):1053–1062
McLean CP, Foa EB, Dondanville KA, Haddock CK, Miller ML, Rauch SA et al (2021) The effects of web-prolonged exposure among military personnel and veterans with posttraumatic stress disorder. Psychological Trauma: Theory, Research, Practice, and Policy 13(6):621–631. https://doi.org/10.1037/tra0000978
Merrill KA, Strauman TJ (2004) The role of personality in cognitive-behavioral therapies. Behav Ther 35:131–146
Minnen AV, Foa EB (2006) The effect of imaginal exposure length on outcome of treatment for PTSD. J Trauma Stress 19(4):427–438
Morland LA, Greene CJ, Rosen CS, Kuhn E, Hoffman J, Sloan DM (2017) Telehealth and eHealth interventions for posttraumatic stress disorder. Curr Opin Psychol 14:102–108
Mueser KT, Rosenberg SD, Xie H, Jankowski MK, Bolton EE, Lu W, Hamblen JL, Rosenberg HJ, Mchugo GJ, Wolfe R (2008) A randomized controlled trial of cognitive-behavioral treatment for posttraumatic stress disorder in severe mental illness. J Consult Clin Psychol 76:259–271
Nacasch N, Foa EB, Fostick L, Polliack M, Dinstein Y, Tzur D, Levy P, Zohar J (2007) Prolonged exposure therapy for chronic

combat-related PTSD: a case report of five veterans. CNS Spectr 12:690–695

Nacasch N, Foa EB, Huppert JD, Tzur D, Fostick L, Dinstein Y, Polliack M, Zohar J (2011) Prolonged exposure therapy for combat- and terror-related posttraumatic stress disorder: a randomized control comparison with treatment as usual. J Clin Psychiatry 72:1174–1180

Nacasch N, Huppert JD, Su YJ, Kivity Y, Dinshtein Y, Yeh R, Foa EB (2015) Are 60-minute prolonged exposure sessions with 20-minute imaginal exposure to traumatic memories sufficient to successfully treat PTSD? A randomized noninferiority clinical trial. Behav Ther 46(3):328–341

National Institute for Health and Care Excellence (NICE) (2018) Guideline for posttraumatic stress disorder. National Institute for Health and Clinical Practice

Nidich S, Mills PJ, Rainforth M, Heppner P, Schneider RH, Rosenthal NE et al (2018) Non-trauma-focused meditation versus exposure therapy in veterans with post-traumatic stress disorder: a randomised controlled trial. Lancet Psychiatry 5(12):975–986

Norman SB, Trim R, Haller M, Davis BC, Myers US, Colvonen PJ et al (2019) Efficacy of integrated exposure therapy vs integrated coping skills therapy for comorbid posttraumatic stress disorder and alcohol use disorder: a randomized clinical trial. JAMA Psychiat 76(8):791–799

Otto MW, Bruce SE, Deckersbach T (2005) Benzodiazepine use, cognitive impairment, and cognitive-behavioral therapy for anxiety disorders: issues in the treatment of a patient in need. J Clin Psychiatry 66(suppl 2):34–38

Paunovic N, Ost LG (2001) Cognitive-behavior therapy vs exposure therapy in the treatment of PTSD in refugees. Behav Res Ther 39:1183–1197

Popiel A, Zawadzki B, Pragłowska E, Teichman Y (2015) Prolonged exposure, paroxetine and the combination in the treatment of PTSD following a motor vehicle accident. A randomized clinical trial – the "TRAKT" study. J Behav Ther Exp Psychiatry 48:17–26

Powers MB, Halpern JM, Ferenschak MP, Gillihan SJ, Foa EB (2010) A meta-analytic review of prolonged exposure for posttraumatic stress disorder. Clin Psychol Rev 30:635–641

Ragsdale KA, Voss Horrell SC (2016) Effectiveness of prolonged exposure and cognitive processing therapy for US Veterans with a history of traumatic brain injury. J Trauma Stress 29(5):474–477

Rauch SA, Cigrang J, Austern D, Evans A, STRONG STAR Consortium (2017) Expanding the reach of effective PTSD treatment into primary care: prolonged exposure for primary care. Focus 15(4):406–410

Rauch SA, Simon NM, Kim HM, Acierno R, King AP, Norman SB et al (2018) Integrating biological treatment mechanisms into randomized clinical trials: design of PROGrESS (PROlonGed ExpoSure and Sertraline Trial). Contemp Clin Trials 64:128–138

Resick PA, Nishith P, Weaver TL, Astin MC, Feuer CA (2002) A comparison of cognitive-processing therapy with prolonged exposure and a waiting condition for the treatment of chronic posttraumatic stress disorder in female rape victims. J Consult Clin Psychol 70:867–879

Resick PA, Galovski TE, Uhlmansiek MOB, Scher CD, Clum GA, Young-Xu Y (2008) A randomized clinical trial to dismantle components of cognitive processing therapy for posttraumatic stress disorder in female victims of interpersonal violence. J Consult Clin Psychol 76:243–258

Resick PA, Williams LF, Suvak MK, Monson CM, Gradus JL (2012) Long-term outcomes of cognitive–behavioral treatments for posttraumatic stress disorder among female rape survivors. J Consult Clin Psychol 80(2):201

Rizvi SL, Vogt DS, Resick PA (2009) Cognitive and affective predictors of treatment outcome in cognitive processing therapy and prolonged exposure for posttraumatic stress disorder. Behav Res Ther 47:737–743

Rosen CS, Greenbaum MA, Schnurr PP, Holmes TH, Brennan PL, Friedman MJ (2013) Do benzodiazepines reduce the effectiveness of exposure therapy for posttraumatic stress disorder? J Clin Psychiatry 74(12):1241–1248

Rothbaum BO, Astin MC, Marsteller F (2005) Prolonged exposure versus eye movement desensitization and reprocessing (EMDR) for PTSD rape victims. J Trauma Stress 18(6):607–616

Schneier FR, Neria Y, Pavlicova M, Hembree E, Suh EJ, Amsel L, Marshall MRD (2012) Combined prolonged exposure therapy and paroxetine for posttraumatic stress disorder related to the world trade center attacks: a randomized controlled trial. Am J Psychiatry 169(1):80

Schnurr PP, Friedman MJ, Engel CC, Foa EB, Shea MT, Chow BK, Resick PA, Thurston V, Orsillo SM, Haug R, Turner C, Bernardy N (2007) Cognitive behavioral therapy for posttraumatic stress disorder in women – a randomized controlled trial. J Am Med Assoc 297:820–830

Shalev AY, Bonne O, Eth S (1996) Treatment of posttraumatic stress disorder: a review. Psychosom Med 58(2):165–182

Sripada RK, Rauch SA, Tuerk PW, Smith E, Defever AM, Mayer RA, Messina M, Venners M (2013) Mild traumatic brain injury and treatment response in prolonged exposure for PTSD. J Trauma Stress 26:369–375

Taylor S, Thordarson DS, Maxfield L, Fedoroff IC, Lovell K, Ogrodniczuk J (2003) Comparative efficacy, speed, and adverse effects of three PTSD treatments: exposure therapy, EMDR, and relaxation training. J Consult Clin Psychol 71:330–338

Tuerk PW, Wangelin BC, Powers MB, Smits JA, Acierno R, Myers US et al (2018) Augmenting treatment efficiency in exposure therapy for PTSD: a randomized double-blind placebo-controlled trial of yohimbine HCl. Cogn Behav Ther 47(5):351–371

VA/DoD (2017) VA/DoD clinical practice guideline for the management of posttraumatic stress disorder and acute stress disorder. Washington, DC. https://www.healthquality.va.gov/guidelines/MH/ptsd/

Watts BV, Schnurr PP, Zayed M, Young-Xu Y, Stender P, Llewellyn-Thomas H (2015) A randomized controlled clinical trial of a patient decision aid for posttraumatic stress disorder. Psychiatr Serv 66(2):149–154

Wolf GK, Kretzmer T, Crawford E, Thors C, Wagner HR, Strom TQ et al (2015) Prolonged exposure therapy with veterans and active duty personnel diagnosed with PTSD and traumatic brain injury. J Trauma Stress 28(4):339–347

Yuen EK, Gros DF, Price M, Zeigler S, Tuerk PW, Foa EB, Acierno R (2015) Randomized controlled trial of home-based telehealth versus in-person prolonged exposure for combat-related PTSD in veterans: preliminary results. J Clin Psychol 71(6):500–512

Zoellner LA, Roy-Byrne PP, Mavissakalian M, Feeny NC (2019) Doubly randomized preference trial of prolonged exposure versus sertraline for treatment of PTSD. Am J Psychiatr 176(4):287–296

PTSD의 인지치료 : 트라우마의 기억과 의미의 갱신

9

Anke Ehlers와 Jennifer Wild

9.1 인지적 관점에서 PTSD 이해하기

외상 사건 발생 후 초기 며칠과 몇 주 동안 대부분의 사람들은 침습 기억, 수면 장애, 정서적으로 무감각한 느낌이나 쉽게 놀라는 등, PTSD 증상을 일부라도 경험하게 됩니다(Rothbaum 등. 1992). 대부분은 몇 달 안에 회복되지만 어떤 이들은 증상이 수년 동안 지속되기도 합니다. 이들이 회복하지 못하는 이유는 무엇일까요? 많은 트라우마 생존자를 치료하고 면담하면서 얻은 교훈은 외상 사건에서 **가장** 고통스러운 부분이 사람마다 크게 다르다는 것입니다. 외상의 **개인적** 의미와 **외상 기억의 특징**과의 관계를 이해하는 것이 PTSD를 겪는 사람들을 돕는 데 있어 핵심적인 것으로 보입니다.

9.1.1 PTSD의 인지 모형

Ehlers와 Clark(2000)는 지속성persistent PTSD가 발생하는 이유를 설명하는 인지 모형을 만들었습니다. 이 모형이 PTSD 인지치료cognitive therapy for PTSD, 이하 CT-PTSD에서 개별 사례를 개념화하는 데 지침이 됩니다. 이 모형에서는 개인이 **현재 심각한 위협**의 감각을 느끼게 만드는 방식으로 외상 경험을 처리할 경우 PTSD가 발생한다고 봅니다. 현재의 위협에 대한 지각은 일단 활성화되면 재경험, 과각성 증상과 함께 불안, 분노, 수치심, 슬픔과 같은 강한 감정을 동반합니다. 즉 외상의 개인적 의미와 그 경험이 기억에 저장되는 방식이라는 두 가지 핵심 경로가 현재의 위협을 느끼게 하는 것으로

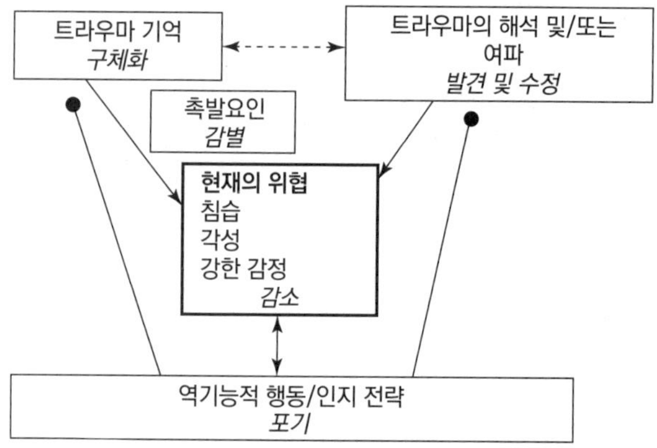

그림 9.1 PTSD 인지치료의 치료 목표(Ehlers와 Clark 2000). 뾰족한 화살표는 " 이어지는 방향"을 나타냅니다. 둥근 화살표는 "변화 방해"를 의미합니다. 점선 화살표는 "영향"을 나타냅니다. (Ehlers(2013)의 허가를 받아 재인쇄)

이어진다고 봅니다(그림 9.1 참조).

첫째, 트라우마 및/또는 그 결과(예: 다른 사람들의 반응, 초기 PTSD 증상, 외상의 신체적 결과)에 대한 개인적 의미(해석)의 개인차가 지속적인 PTSD 발병 여부를 결정한다는 것입니다. PTSD 환자에게 트라우마 및/또는 그 여파는 다른 사람들이 그 상황을 끔찍하게 여기는 것 이상으로 매우 위협적인 개인적 의미를 갖습니다. 지각된 위협은 외부 또는 내부적일 수 있으며, 해석 면에서 의미를 담아 연결된 다양한 부정적 감정을 유발합니다. 지각된 외부로부터의 위협은 임박한 위험에 대한 해석(예: "나는 또 폭행을 당할 것이다", "아무도 믿을 수 없다")에서 비롯되어 과도한 두려움을 유발하거나, 트라우마 또는 이후의 여파로 일어난 일들의 부당함에 대한 집착(예: "가해자가 가벼운 형을 받고 도망친 것을 절대 받아들일 수 없다")으로 인해 지속적인 분노로 이어질 수 있습니다. 지각된 내적 위협은 종종 트라우마 당시 자신의 행동, 감정 또는 반응에 대한 부정적인 해석과 관련이 있으며 죄책감(예: "내 잘못이야", "내가 막았어야 했는데") 또는 수치심(예: "나는 열등하다", "나는 나쁜 사람이야", "내 행동은 비열하다")을 유발할 수 있습니다. PTSD에서 트라우마의 여파에 대해 일반적으로 하는 부정적인 해석은 영구적인 변화(예: "나는 영원히 나쁘게 바뀌었다", "내 인생은 망가졌다")로 인식되며, 이는 슬픔과 절망으로 이어질 수 있습니다. 대인 관계 트라우마를 여러 번 경험한 사람들은 또한 일반화된 부정적인 자기 해석(예: "나는 무가치하다", "나는 중요하지 않다", "나는 나쁜 일이 일어날 만한 사람이다")을 하는 경향이 있으며, 이는 지속적인 자기비하, 패배감 또는 낮은 자존감으로 이어집니다(Ehlers 등. 2000).

둘째, 트라우마에서 최악의 순간은 기억에서 제대로 구체화되지 않는다, 즉 맥락(사건 안에서, 그리고 이전과 이후의 경험/정보의 맥락)에 적절하게 통합되지 못한다고 봅니다. 이로 인해 PTSD를 겪는 사람들은 트라우마를 단절된 방식으로 기억합니다. 최악의 순간을 기억할 때, 외상 당시의 판단이나 예측을 바로잡을 수 있는 다른 정보에 접근access하기 어려울 수 있습니다. 즉, 이 순간의 기억이 그 사람이 지금 알고 있는 정보로 갱신update되지 않습니다. 이 영향으로 그들은 그 순간에 경험한 위협을 과거의 기억이 아니라 마치 지금 당장 일어나고 있는 것처럼 재경험하게 됩니다. 예를 들어, John은 선박 사고 당시 익사할 뻔했을 때 자녀들을 다시는 볼 수 없을 것이라고 생각했습니다. 그는 이 고통스러운 순간을 떠올릴 때마다 자신이 여전히 자녀들과 함께 살고 있다는 사실에 접근하지 못하고, 당시에 겪었던 압도적인 슬픔을 다시 경험했습니다.

Ehlers와 Clark(2000)은 또한 PTSD에서 트라우마 기억은 외상 시 발생하는 감각 단서(예: 유사한 소리, 색, 냄새, 모양, 움직임 또는 신체 감각)와 지각적으로 겹치는 감각 단서에 의해 쉽게 촉발trigger된다고 하였습니다. 연구진은 경험의 지각적 특징에 초점을 맞춘 인지처리(자료 기반 처리)가 외상 사건 당시 발생한 자극(및 그 감각적 특징)에 대한 강력한 지각적 점화효과priming(지각 역치의 감소)으로 이어진다고 보았습니다. 학습된 연상을 통해 자극은 강한 정서적 반응과 연결됩니다. 이는 트라우마 이후 유사한 단서가 고통스러운 재경험 증상을 유발할 가능성을 높입니다.

연상 학습의 역할과 같은 맥락에서, 재경험에서는 트라우마 기억이 촉발되었다는 사실을 인지하지 못한 채로 외상과 뚜렷이 관련된 정서적 반응을 경험합니다(**회상을 수반하지 않는 감정**). 예를 들어, 소에게 쫓기는 트라우마를 겪었던 Anna는 시골에서 산책하던 중에 "여기서 빠져나가야 해"라는 압도적인 충동을 느껴 차가운 강물에 뛰어들었습니다. 그녀는 무엇이 이런 충동을 일으켰는지 자각하지 못했습니다. 그녀가 멀리서 목초를 뜯고 있던 소를 보고 반응한 것을 그녀의 남자친구가 눈치챘습니다. 이 이론에서 제안된 기억 과정(구체화 결여, 점화효과priming, 연상 학습)은 PTSD 환자에게 트라우마 기억이 여전히 위협적인 이유와 이러한 기억의 일부가 감각적 연상물에 의해 쉽게 촉발되는 이유를 설명합니다.

PTSD에서 부정적인 해석과 트라우마 기억의 문제적 특성이 지속되는 이유는 무엇일까요? Ehlers와 Clark에 따르면 부정적인 해석과 감정이 단기적으로는 고통을 줄이려는 목적으로 인지 및 행동적 반응을 유발하지만, 이것이 장기적으로는 인지적 변화를 방해하여 결과적으로 질환을 지속시키는 결과를 초래한다고 보았습니다. 이의 일반적인 예시로 외상에 대한 반추, 트라우마 연상물의 회피, 트라우마 기억의 억제, 과도한 예방 조치(안전 관련 행동), 약물 사용, 과잉 경계 등이 있습니다.

이러한 행동은 다음의 세 가지 방식으로 PTSD를 유지합니다. 첫째, 일부 행동은 증상을 직접적으로 증가시키는데, 예를 들어 트라우마 기억을 억압하면 역설적으로 침습 빈도가 증가합니다. 둘째, 특정 행동들은 문제가 되는 해석의 변화를 막는데, 예를 들어 자동차 사고 후 백미러를 지속적으로 확인하는 것(안전 관련 행동)은 백미러를 확인하지 않으면 또 다른 사고가 발생할 것이라는 해석이 바뀌지 않게 만듭니다. 셋째, 그러한 행동들은 트라우마 기억의 구체화 및 다른 경험과의 연결을 방해합니다. 예를 들어, 사건에 대한 생각을 회피하면, 최악의 순간에 대한 기억을 덜 위협적으로 만들 수 있는 정보(예: 죽거나 마비되지 않았다, 또는 자신의 잘못이 아니라는 사실)로 갱신하지 못하게 됩니다.

9.1.2 가설 요인에 대한 경험적 연구

(1) Ehlers와 Clark(2000)의 모형에 명시된 요인에 대해 PTSD가 있는 외상 생존자와 PTSD가 없는 생존자를 비교하고, (2) 외상 직후에 이러한 요인을 측정하여 이것이 나중에 PTSD를 예측하는지 여부를 보며, (3) 이들을 실험적으로 검증하는 연구들이 수행되었습니다.

9.1.2.1 부정적 해석

연구들은 PTSD와 부정적인 개인적 의미(해석) 사이의 관련성을 경험적으로 강력하게 지지하였습니다. PTSD가 있는 외상 생존자는 PTSD가 없는 생존자보다 외상과 그 여파에 대해 부정적인 해석이 더 강했고, 이 부정적인 해석은 PTSD 증상의 심각도와 높은 상관관계를 보였습니다. 주목할 것은, 자기 자신에 대한 부정적인 해석(예: "일어난 일을 보면 내가 나쁜 사람이라는 것을 알 수 있다", "사건 이후 내 반응을 보면 내가 미쳐가고 있다는 것을 알 수 있다")이 외부 위험에 대한 부정적 해석(예: "세상은 안전하지 않다")보다 PTSD의 중증도와 더 강한 상관관계를 보인다는 점입니다(예: Duffy 등. 2013). 부정적인 해석은 외상 후 만성 PTSD의 위험군을 확인하는 데에도 도움이 됩니다. 전향적 연구에 따르면, 외상 직후 생존자가 보이는 초기의 부정적인 해석이 6개월 또는 1년 후 PTSD를 강력하게 예측하였습니다(예: Beierl 등. 2019; Ehring 등. 2008). 여기에서도 자기 자신에 대한 부정적인 해석이 가장 예측력이 높았습니다.

9.1.2.2 기억 처리Memory process

트라우마 생존자를 대상으로 한 전향적 연구에서 외상을 겪는 동안 **자료 기반 처리**data-driven processing(즉, 개념적 처리와 달리 지각과 감각을 주로 처리하는 것)가 우세하면 이후 PTSD를 예측할 수 있다는 연구가 있습니다(예: Ehring 등. 2008; Halligan 등. 2003). 건강한 지원자를 대상으로 유사한 외상 사진으로 침습 기억을 실험적으로 유도한 연구에서도 결과는 비슷하였습니다(예: Sündermann 등. 2013).

외상 당시 단서가 강하게 점화되어 이후 더 쉽게 인식하게 된다는 가설도 실증적 지지를 얻고 있습니다. 일련의 실험에서, 지원자들은 불쾌한 그림 이야기들을 보았는데, 이 이야기 속에는 내용과 무관한 중립적인 물건들이 포함되어 있었고 이와 병행하여 중립적인 내용의 이야기들도 제시되었습니다. 나중에 흐릿한 그림들을 놓고 찾아보게 했을 때, 참가자들은 중립적인 이야기에서 본 물체보다 트라우마 이야기에서 본 중립적인 물체를 더 잘 찾았습니다(자세한 내용은 Ehlers 등. 2012 참조). 마찬가지로 Kleim 등(2012b)은 PTSD가 있는 사고 및 폭행 생존자가 일반적으로 위협적이라고 생각되는 사진의 경우는 아니었으나 흐릿한 트라우마 관련 사진을 중립 사진보다 더 잘 식별한다는 사실을 발견했습니다. 또한 트라우마 관련 사진을 식별하는 지각 역치가 낮을수록 6개월 후의 PTSD를 예측했습니다.

PTSD가 중립 자극과 공포 반응 간 **조건화된 연상**의 소거 학습이 느린 것, 과도한 일반화, 감별 학습의 부진과 관련이 있다는 일부 증거가 있습니다. 이렇게 학습된 연상이 관련 자극에 일반화되는 정도의 개인차 역시 PTSD 증상의 지속에 영향을 미치는 것으로 보입니다(검토는 Ehlers 등. 2012 참조).

트라우마 기억의 본질은 상당한 논쟁의 대상이 되어 왔습니다(Ehlers 2015, 종설 참조). 설문 연구와 트라우마 내러티브 분석에서 얻어진 일부 근거에 따르면, PTSD 환자들은 트라우마를 조직적이지 않고disorganized 일관성 없는 방식으로 회상하는 경향이 있으며, 그러한 예로 기억의 공백 및/또는 사건의 시간적 순서를 잘 기억하지 못하는 모습을 보이기도 합니다(예: Halligan 등. 2003). 다섯 건의 전향적 종단 연구에서는 외상 후 초기 몇 주 동안 트라우마 기억의 조직적이지 않은 상태에 대한 객관적인 측정치가 추적 관찰 시 PTSD 증상의 심각성을 예측하였습니다(검토는 Ehlers 2015 참조). 일부 연구에 따르면 PTSD 환자는 다른 사건도 조직적이지 않게 회상하였기 때문에, 조직적이지 않게 기억하는 현상이 트라우마 내러티브에만 국한된 것인지는 명확하지 않습니다.

문헌들 간에 일부분이 일치하지 않는 것은 트라우마 기억의 모든 부분이 동일한 정도로 조직적이지 않은 것은 아니기 때문일 수 있습니다. 트라우마 기억이 다른 자서전적 정보와 단절되어있다는 가설은 재경험되는 외상의 순간과 관련이 있습니다(Ehlers 등. 2004). 실제로 최악의 트라우마 순간에 대한 기억이 특히 조직적이지 않다는 보고가 있습니다(예: Evans 등. 2007). PTSD가 있는 사람들은 PTSD가 없는 사람들에 비해 침습 기억을 맥락과 더 단절된 방식으로 더 많이 경험하는 경향이 있었습니다(예: Michael 등. 2005). 한 실험적 연구에 따르면, PTSD가 있는 폭행 생존자들은 PTSD가 없는 생존자보다 트라우마의 최악의 순간을 떠올리면서 자서전적 정보를 회상하는 것이 더 오래 걸렸지만, 다른 부정적인 삶의 사건에 대해서는 그런 경향을 보이지 않았습니다(Kleim 등. 2008). 단절된 기억이 재경험에 영향을 미친다는 가설과 일치하게, 트라우마 영화를 본 지원자들은 중립적인 영화를 본 사람들보다 기억 단절이 더 심했지만 회상은 더 잘 하였습니다. 기억의 단절은 회상recall과 달리 이후의 침습 및 PTSD 증상과 관련이 있으며, 인지처리와 침습 사이의 관계를 매개합니다(Sachschal 등. 2019).

9.1.2.3 PTSD를 유지하는 행동 및 인지 반응

트라우마 생존자를 대상으로 한 여러 전향적 연구에서, 반추, 트라우마 기억의 억제, 안전 행동은 초기 증상 수준으로 예측할 수 있는 것 이상으로 만성 PTSD를 예측하였습니다(예: Ehring 등. 2008; Kleim 등. 2012a).

실험 연구에서는 트라우마 기억의 억제와 반추가 PTSD 증상을 유지하는 데 인과적인 역할을 하는지 연구했습니다. 대부분의 결과는 이 가설과 일치합니다(Ehlers 등. 2012 참조).

9.2 PTSD 인지치료는 어떻게 하는가

9.2.1 이론에 기반한 개별 사례 개념화

인지치료는 사례 개념화 중심formulation-driven의 치료법입니다. 치료는 개인에 맞게 조정되며 해당 개인의 문제와 직접적으로 관련된 인지 및 인지 과정을 변화시키는 데 중점을 둡니다. CT-PTSD에서 Ehlers와 Clark의 인지 모형(2000)은 환자의 문제와 치료를 개별적으로 구성하기 위한 기본틀 역할을 합니다. 이 모형은 다음의 세 가지 치료 목표를 제안합니다(그림 9.1):

- **트라우마와 그 결과에 대한 지나치게 부정적인 해석을 수정합니다.**
- **트라우마 기억을 구체화하고 촉발 요인을 감별해 내어 재경험을 줄입니다.**
- **현재의 위협감을 지속시키는 행동 및 인지 전략을 줄입니다.**

치료자와 환자는 협력하여 개별화된 모형을 만들고, 이는 치료 과정에서 검토되고 수정될 사례 개념화 역할을 합니다. 이 개념화의 핵심은 안전이나 자존감에 대한 위협처럼, 환자가 현재 느끼는 위협의 경험이며 치료자는 이것이 유지되는 과정을 환자가 찾을 수 있도록 돕습니다. 이 유지 과정은 아래에 설명된 절차들을 통해 다루어집니다. 다양한 치료 절차의 상대적 비중과 순서는 사례 개념화에 따라 조정됩니다.

CT-PTSD 치료 구성 요소(비대면 전달 포함)를 수행하는 방법을 보여주는 동영상, PTSD를 유지하는 인지 및 행동 과정을 평가하기 위한 설문지 및 기타 치료 관련 자료는 www.oxcadatresources.com에서 무료로 확인할 수 있습니다.

9.2.2 치료적 방식

발견을 인도하기 Guided Discovery는 인지치료의 치료적 방식에서 핵심 역할을 합니다. 환자와 치료자는 환자의 인식과 생각이 현실과 얼마나 잘 일치하는지 검증하기 위해 협력하는 탐정 팀에 비유할 수 있습니다. 두 사람은 함께 환자의 인지를 가설로 두고, 환자가 이에 대해 가진 찬성과 반대의 증거를 찾습니다. 일반적으로 사용되는 치료 기법은 소크라테스식 질문입니다. 치료자는 환자가 덜 위협적인 대안적 해석을 만들어 내게 하려는 목적하에, 다양한 관점에서 문제를 바라볼 수 있게 돕는 질문을 하여 환자가 더 넓은 범위의 증거나 대안적 해석을 고려하도록 부드럽게 격려합니다. 예를 들어, 폭행을 당한 후 데릭은 자신이 약해 보이고 다시 폭행을 당할 가능성이 높다고 믿었습니다. 치료 과정에서 그는 자신의 플래시백이 또 다른 폭행이 발생할 것이라는 인상을 주었을 수 있다는 대안 가설을 고려하게 되었습니다. 대안적인 해석(통찰)을 만드는 것만으로는 보통 큰 감정적 변화를 일으키기에 충분하지 않습니다. 따라서 치료에서 중요하지만 때때로 간과되는 단계는 **경험적** 학습을 촉진하는 것입니다. 그 예로는 사고 억제와 같은 특정 대처 전략이 도움이 되지 않는다는 것을 경험을 통해 입증하거나, 행동 실험으로 환자의 해석을 검증하여 위협적인 해석에 대한 새로운 **경험**적 증거를 생성하거나, 수치심이나 지각된 신체적 손상과 관련된 해석을 해결하기 위해 외상 당시 환자의 행동이나 현재 외모에 대해 다른 사람들이 어떻게 생각하는지 알아보기 위한 설문조사를 하는 것 등이 있습니다.

CT-PTSD는 인지치료의 이러한 일반 원칙을 따르지만 일부 수정된 요소를 포함하고 있습니다. 치료자는 (많은 PTSD 환자는 더 이상 사람을 신뢰할 수 없다고 느끼기 때문에) 환자와 좋은 치료 관계를 구축하기 위해 각별히 주의를 기울여야 하며, (많은 상황에서 미묘한 트라우마 연상물들이 환자가 안전하지 않다고 느끼게 만들 수 있기 때문에) 환자가 치료 환경에서 안전하다고 느낄 수 있도록 해야 합니다. CT-PTSD는 외상 후 **현재의 위협감**을 유발하는 (외적 또는 내적) 인지의 변화에 초점을 맞추는 집중적 개입입니다. 관련된 해석은 신중히 평가해야 합니다. 환자가 현재의 위협감과 관련이 없는, 도움이 되지 않는 부정적인 생각을 갖고 있을 수 있으나 환자의 치료 참여와 진행에 방해가 되지 않는 한 PTSD 치료에서 다룰 필요가 없습니다.

중요한 것은 현재의 위협감을 유발하는 주요 문제가 되는 해석이 보통 트라우마 중 특정 순간과 관련이 있다는 것입니다. 환자가 가진 문제가 되는 해석의 근거는 보통 트라우마에 대한 기억에서 비롯됩니다. 단편적인 기억 회상은 단순히 트라우마에 대해 이야기하는 것만으로는 그 문제적 의미를 평가하기 어렵게 만들며, 인지 재구성을 통해 얻어진 통찰만으로는 정서적 변화를 유도하기에 충분하지 않을 수 있습니다. 따라서 CT-PTSD에서는 트라우마에 대한 해석 작업이 트라우마 기억에 대한 작업과 긴밀하게 통합되어 이루어집니다.

9.2.3 개별적인 사례 개념화 및 치료의 근거

치료를 시작할 때 치료자와 환자는 환자의 증상과 치료의 목표에 대해 의논합니다. 치료자는 PTSD 증상을 극도로 스트레스를 주는 압도적인 사건에 대한 일반적인 반응으로 설명해주며 정상화하고, 많은 증상이 트라우마 기억이 아직 완전히 처리되지 않았다는 신호라고 알려줍니다.

치료자는 환자에게 트라우마에 대해서 간략히 설명해 달라고 요청하고 개인적인 의미를 탐색하기 시작합니다("사건에서 가장 최악이었던 점은 무엇인가요?", "최악의 순간은 무엇이었고 그것이 당신에게 어떤 의미였나요?"). **외상 후 인지 목록**Posttraumatic Cognitions Inventory, PTCI(Foa 등, 1999)은 치료에서 다루어야 할 과도하게 일반화된 위협감과 같은 인지적 주제를 찾는 데 도움이 될 수 있습니다. 또한 치료자는 환자에게 침습 기억의 내용과 그 의미에 대해 질문해야 합니다. 재경험하는 순간들이 트라우마 내러티브 과정에서 종종 생략되기 쉬운데, 이러한 침습은 현재의 위협감을 이해하는 데 중요한 순간들을 나타내기 때문입니다.

치료자는 환자에게 지금까지 고통스러운 기억에 대처하기 위해 어떤 전략을 사용했는지 묻습니다. 흔히 언급되는 것으로 기억 억제, 회피, 감정 둔마(물질의 사용 포함), 반추(기억 집착)가 있습니다. 그런 다음 치료자는 **생각 억제 실험**thought suppression experiment (환자에게 치료자의 어깨에 앉아있는 녹색 토끼나 흑백 고양이와 같은 이미지를 생각하지 않으려고 노력하도록 요청하는 것)을 통해 정신적 이미지를 억제하는 것이 역설적인 효과를 가져온다는 것을 보여줍니다. 이 경험에 대해 이야기를 나눈 후, 치료자는 환자에게 다음 주 동안 침습 기억이 떠올랐다가 사라지게 놔두는 실험을 해보도록 독려합니다(이 과제는 트라우마에 대해 반추하는 데 많은 시간을 보내는 환자의 경우 제외하는데, 이들은 침습 기억과 반추의 차이를 먼저 배워야 하기 때문입니다).

이후 치료자는 지금까지 수집한 정보를 사용하여 환자와 함께 개별적인 사례 개념화를 정리합니다. 이 개념화에는 다음과 같은 핵심 메시지가 포함됩니다(가능한 한 환자의 표현을 사용하여 개별화한 형태로):

1. 환자의 현재 증상 중 상당수는 트라우마 기억의 문제로 인해 발생합니다. 치료는 환자에게 원치 않는 기억이 더 이상 자주 떠오르지 않고, 현재 일어나고 있는 일이 아닌 과거의 기억으로 느껴지도록 기억을 정립하는 데 도움이 됩니다.
2. 트라우마와 그 이후의 경험에 대한 기억은 환자의 현재 자신과 세상을 바라보는 관점에 영향을

미칩니다. 환자는 외부 세계로부터의 위협, 자기 자신에 대한 인식의 위협, 혹은 이 둘 모두를 위협으로 인지합니다. 치료 과정에서 치료자와 환자는 이러한 결론이 현실을 공정하게 반영한 것인지를 의논하고, 트라우마 기억이 현실에 대한 환자의 인식을 왜곡하고 있을 가능성을 다룹니다.

3. 환자가 지금까지 증상과 위협을 통제하기 위해 사용한 전략 중 일부는 이해할 만하지만 역효과를 일으키고 문제가 지속되게 합니다. 치료 과정에서 환자는 이러한 전략들을 보다 더 도움이 될 수 있는 다른 행동들로 대체하는 시도를 하게 됩니다.

그림 9.1의 치료 모형 도표는 일반적으로 환자에게는 제시되지 않는데, 이는 환자들이 보통 트라우마 또는 그 후의 여파에 대한 각각의 해석과 그에 따른 행동 사이에 여러 유지 고리들을 갖고 있어 해당 모형이 매우 복잡하기 때문입니다. 대신, 환자가 변화시키고자 하는 특정 유지의 순환 고리를 설명하기 위해, 침습 기억과 기억 억제 사이의 악순환 또는 미래의 위험에 대한 신념, 안전 행동 및 과잉 경계 사이의 관계와 같이 개별적인 유지 고리들을 도식화하여 보여줄 수 있습니다.

9.2.4 트라우마와 그 후유증에 대한 지나치게 부정적인 해석의 수정

9.2.4.1 인생 되찾기 또는 재건 과제

PTSD를 겪는 사람들은 종종 트라우마 이후 자신이 영구적으로 나쁘게 달라졌고 다른 사람이 되었다고 느낍니다(예: Dunmore 등. 2001). 이러한 영구적 변화의 인식과 관련하여, PTSD 환자들은 종종 과거에 중요하게 여겼던 활동과 관계를 포기합니다. 이는 일반적으로 외상 사건을 떠올리게 하는 자극을 피하는 것을 넘어, 이전에 환자의 삶에서 중요한 부분을 차지했던 활동들까지 포함될 수 있습니다. 일부 활동은 사건 직후에는 하기 어려웠을 수 있으며 그 결과 환자의 활동 목록에서 사라지게 되었을 수 있습니다. 이러한 활동을 포기하는 것은 환자에게 자신이 트라우마 이후 다른 사람이 되었고 자신의 삶의 가치가 전보다 떨어졌다는 생각을 확신시켜 변화가 영구적이라는 인식이 지속되게 합니다.

각 치료 회기에는 환자가 자신의 삶을 되찾기 위해 무엇을 할 수 있을지에 대한 토론과 그에 따른 과제가 포함됩니다. 첫 번째 회기에서는 이러한 과제의 근거를 소개합니다. 치료자는 환자와 치료 목표를 의논하는데, 여기에는 일반적으로 업무 능력의 향상 및 만족스러운 대인 관계의 구축이 포함됩니다. 초기 논의의 목적은 환자가 자신의 삶을 되찾고자 하는 영역을 파악하고, 그중 한 가지 영역에서 실현 가능한 첫 번째 단계를 합의하는 것으로, 여기에서 첫 번째 과제를 합의합니다. 이러한 개입은 환자가 원래의 삶을 되찾는 데 치료가 도움이 될 것이라는 희망을 줍니다. 또한 치료자가 트라우마 이전의 환자의 삶과 성격을 이해함으로써 기존의 강점과 관심사를 바탕으로 치료를 진행하는 데 도움이 됩니다.

치료자는 토론과 필요한 경우 회기 내 역할극 또는 환자 생각의 정확성을 검증하기 위한 행동 실험을 계획하는 등의 방법을 통해 삶의 회복/재건 활동 수행을 막는 "방해 사고blocking thoughts"을 다룹니다. 예를 들어, "나는 가만히 앉아 있거나 휴식을 취할 자격이 없다" 또는 "바쁘게 지내지 않으면 모든 기억이 다시 밀려올 것이다"와 같은 생각에 대해 치료자가 환자에게 바쁘게 지내는 대신 5분 동안 차를 마시며 휴식을 취하는 행동 실험을 통해 무슨 일이 일어나는지 지켜보자고 제안할 수 있습니다. 치료자와 환자는 실험에 도움이 되는 유용한 정보가 담긴 플래시카드를 만들 수도 있습니다(예: "나는 짧은 휴식을 취할 자격이 있어, 단 5분만 있으면 도움이 되는 정보를 얻을 수 있어. 만약 기억이 다시 떠오르면 역을 지나가는 기차처럼 대할 거야. 기억을 밀어내거나 곱씹지 않고, 그냥 오고 가게 내버려 두자." 환자는 다음 회기 전까지 실험을 시도하고, 이후에 무슨 일이 일어났는지, 어떻게 느꼈는지, 무엇을 배웠는지 기록하도록 격려를 받습니다.

9.2.4.2 트라우마 기억을 갱신하여 트라우마의 의미 바꾸기

CT-PTSD는 트라우마와 그와 관련된 감정의 문제적 의미(해석)를 바꾸기 위해 특별한 절차를 사용하는데, 이를 **트라우마 기억의 갱신**updating trauma memories이라고 합니다. 이 절차는 세 단계로 진행되며, 핫스팟의 수와 정보를 갱신하는 데 필요한 인지적 재구성 정도에 따라 한 회기에서 여러 회기에 걸쳐 진행됩니다:

- **1단계: 개인에게 위협적인 의미 파악하기**Identifying threatening personal meanings 트라우마가 현재의 위협감을 유발하는 개인적 의미에 접근하기 위해, 회상할 때 가장 큰 고통과 '현재성nowness'을 유발하는 순간(핫스팟)을 **상상적 재체험**imaginal reliving(Foa와 Rothbaum 1998) 또는 **내러티브 쓰기**narrative writing(Resick과 Schnicke 1993), 그리고 침습 기억의 내용에 대한 논의를 통해 찾습니다. 이러한 순간의 개인적인 의미는 주의 깊은 질문들을 통해 발견합니다(예: "이 일에서 가장 최악이었던 점은 무엇인가요?", "무슨 일이 일어날 거라고 생각했나요?", "당시에는 이것이 당신에게 어떤 의미였나요?", "지금 당신에게 이것이 어떤 의미인가요?", "당신이 최악으로 두려워하던 일이 실제로 일어난다면 무엇을 의미할까요?"). 환자의 트라우마 기억을 갱신하는 데 필요한 정보를 찾기 위해, 죽음에 대한 두려움을 포함하여 환자가 예상하는 최악의 결과에 대해 직접 질문하여 근본적인 의미를 이끌어내는 것이 중요합니다.

  상상적 재체험과 내러티브 쓰기는 모두 트라우마 기억을 다루는 데 특별한 강점을 가지고 있으며, 함께 사용할 수 있습니다. CT-PTSD에서 각각에 대한 상대적 비중은 환자의 트라우마 기억에 대한 몰입 정도와 사건의 지속 기간에 따라 달라집니다. **상상적 재체험**은 기억에 대한 정서적 몰입을 촉진하고 세부 사항(감정 및 감각적 요소 포함)에 접근하는 데 특히 강력합니다. 경험상 외상 사건의 핫스팟에 충분히 접근하여 그 문제적 의미를 해석하는 데 보통 2-3회의 상상 재체험이 필요하지만, 환자가 반응을 억누르거나 일어난 일에 대한 수치감 등의 이유로 어렵고 고통스러운 순간을 건너뛰는 경향을 보인다면 더 오랜 시간이 걸릴 수 있습니다.

내러티브 쓰기는 외상 사건이 장기간 지속되어 전체 사건을 재체험하는 것이 불가능할 때 특히 유용합니다. 내러티브는 전체 기간을 다룬 다음 감정적으로 가장 큰 의미를 지닌 순간이나 사건을 식별하여 그 의미를 더 깊이 탐구하는 데 사용됩니다. 내러티브 쓰기는 트라우마를 기억할 때 해리되어 현재 상황과의 연결이 끊어지거나 매우 강한 신체 반응을 보이는 환자(예: 트라우마 당시 일부 시간 동안 의식을 잃었던 환자는 심한 현기증을 느낄 수 있음)에게 특히 유용합니다. 치료자의 도움을 받아 화이트 보드나 컴퓨터 화면에 내러티브를 쓰면, 트라우마를 되살려 겪는 것이 아니라 되돌아보고 있다는 것이라는 사실을 환자가 받아들이기에 필요한 거리를 두는 데 도움이 될 수 있습니다. 내러티브 쓰기는 일어난 일의 측면이나 사건의 순서가 불분명할 때 특히 유용한데, 가능한 시나리오에 대한 논의와 쉽게 연결 지을 수 있기 때문입니다. 이러한 경우에는 도표와 모형을 사용하여 사건을 재구성하고, 트라우마 현장을 방문하면 많은 회상 단서를 얻을 수 있으므로 더욱 도움이 될 수 있습니다. 내러티브는 사건을 전체적으로 바라보고, 트라우마의 문제적 의미와 관련된 정보를 다양한 순간들로부터 찾아내어 기억을 갱신하는 데 유용합니다(2단계 및 3단계 참조). 치료 후, 환자는 때때로 트라우마 기념일 시기처럼 기억이 촉발되는 상황에서 갱신된 내러티브를 다시 참조하는 것이 도움이 된다는 것을 알게 됩니다.

- **2단계. 갱신할 정보 찾기**Identifying updating information 다음 단계는 각 핫스팟의 문제적 의미에 반대되는 증거를 제공하는 정보(갱신 정보)를 찾는 것입니다. 갱신 정보 중 일부는 트라우마 중 일어난 일에 관한 것일 수 있다는 점을 기억하는 것이 중요합니다. 환자가 이미 알고 있는 것이지만 기억 속 특정 순간의 의미와 아직 연결되지 않은 것일 수도 있고, 상상적 재체험이나 트라우마 쓰기 중에 기억난 것일 수도 있습니다. 예를 들면 외상 사건의 결과가 예상보다 좋았다는 지식(예: 환자가 죽지 않았고 마비되지 않았다), 환자 또는 다른 사람의 행동을 설명하는 정보(예: 가해자가 죽이겠다고 협박했기 때문에 환자가 그의 지시에 따랐던 것, 다른 사람들은 충격에 빠져 있는 상태여서 도와주지 못했음), 트라우마 중에 받았던 인상이나 인식이 사실이 아님을 깨달음(예: 가해자가 소지한 총이 실제 총이 아닌 장난감 총이었음), 또는 일어난 일에 대한 전문가의 설명(예: 치료 과정에 대한 설명) 등이 포함됩니다.

"나는 나쁜 사람이다", "내 잘못이었다", "내 행동은 수치스러운 일이었다", "사람들이 무슨 일이 있었는지 알면 나를 무시할 것이다", "내가 그 사건에 대해 생각하는 것을 멈추면 정의는 절대 실현되지 않을 것이다", "나는 재앙을 불러온다"와 같은 해석의 경우 인지적 재구성이 필요합니다. 소크라테스식 질문, 해석의 찬반 증거에 대한 체계적인 토론, 행동 실험, 회고적 편향에 대한 토론, 원형 도표(파이 차트) 또는 설문조사와 같은 인지치료 기법이 도움이 됩니다. 현장을 다른 관점에서 바라보는 것 같은 이미지 기법(예: 조감도)도 사건에 기여한 다른 요인에 대한 환자의 인식을 넓혀 주거나 대안적 행동의 가치를 고려하는 데 도움이 될 수 있습니다. 예를 들어, 트라우마 당시 반격하지 않은 자신을 자책하는 폭행 생존자의 경우, 반격했다면 어떤 일이 일어났을지 시각화해볼 수 있습니다. 이를 통해 폭력이 더 확대되거나 가해자가 더 큰 상처를 입혔을 수도 있다는 점을 깨닫게 할 수 있습니다. 다양한 인지적 주제에 특히 유용한 인지 기법에 대한 안내는 www.oxcadat.resources을 참조하세요.

- **3단계. 갱신 정보를 핫스팟에 적극적으로 통합하기**active incorporation of the updating information into the hot spots
  환자에게 설득력이 있다고 생각되는 갱신 정보가 확인되면, 해당 정보를 관련된 핫스팟에 적극적으로 통합합니다. 환자는 치료자의 안내에 따라 핫스팟을 떠올리며 그 순간을 생생히 상상하여 재체험하거나 내러티브의 해당 부분을 소리 내어 읽음으로써 감정적으로 몰입한 뒤, 핫스팟을 마음 속에 떠올린 상태에서 (치료자의 지시에 따라) 다음의 방법 중 하나로 갱신된 정보를 상기합니다: (a) 언어(예: "나는 이제 알아요..."), (b) 이미지(예: 감옥에 있는 가해자의 시각화, 가족 또는 자신의 최근 사진 보기, 고인의 평화로운 모습 시각화), (c) 이 순간의 원래 의미와 양립할 수 없는 움직임이나 행동(예: 죽거나 마비될 것이라는 예측과 관련된 핫스팟에 대해 움직이거나 위아래로 점프하기)하기 또는 (d) 양립할 수 없는 감각(예: 치유된 팔 만지기) 활용. 이렇게 하면 갱신된 정보가 감정적으로 '스며드는' 데 도움이 되며, 종종 회기 중에 감정적 전환이 관찰됩니다. 갱신 과정을 요약하기 위해, 새로운 의미를 포함하여 강조한 서면 내러티브를 작성하거나 확장하고 이 의미를 다른 글꼴이나 색상으로 강조합니다(예: "이제야 내 잘못이 아니었다는 것을 알았어요"). 핫스팟은 그 의미와 갱신 정보가 확인되면 한 번에 하나씩 다루어집니다. 갱신 내용은 비슷한 의미를 가진 핫스팟에도 일반화될 수 있습니다. 더 긴 핫스팟의 경우, 갱신할 의미가 여러 가지일 수 있으며 이 의미들을 기억 속에 관련된 특정 순간과 연결하여 각각을 갱신해야 할 수 있습니다.

핫스팟 갱신 사례

자흐라(Zahra)는 언니 케이샤(Keisha)를 암으로 잃었습니다. 언니가 사망했다는 전화를 받았을 때 그녀는 병원 침대에서 숨을 쉬기 위해 고군분투하는 언니의 모습이 떠올랐습니다. 치료자와 환자는 이전 회기에서 이 핫스팟과 그 의미에 대한 상상적 재체험과 토론을 통해 이 순간이 자흐라에게 언니가 홀로 죽었고 큰 고통을 겪었다는 것을 의미한다는 것을 알게 되었습니다(1단계). 그러나 자흐라는 나중에 언니가 혼자 죽지 않았고 간호사가 곁에 있으면서 언니의 손을 잡아주고 있었다는 사실을 알게 되었습니다. 언니는 또한 고통을 줄여주는 모르핀을 투약 받은 상태였습니다(2단계). 치료자는 자흐라에게 갱신된 정보를 포함하는 새로운 이미지를 떠올려 보라고 했습니다. 자흐라는 평화롭게 잠든 듯 눈을 감고 있는 언니와 언니의 손을 잡고 있는 간호사의 모습을 떠올리기로 했습니다. 그런 다음 치료자는 핫스팟을 갱신된 정보 및 새 이미지와 연결하도록 했습니다(3단계). 자흐라는 먼저 전화 통화 장면과 혼자서 고통스러워하는 언니의 이미지를 떠올렸습니다. 이때 치료자는 새로운 정보를 가져와 그 이미지를 갱신된 이미지로 전환하도록 유도했습니다. 자흐라는 언니가 통증 완화를 위한 모르핀을 맞고 있었고 그녀가 세상을 떠날 때 간호사가 그녀의 손을 잡고 있었다는, 지금 알고 있는 사실들을 떠올렸습니다. 언니는 홀로 세상을 떠나지 않았습니다. 자흐라는 병상에 홀로 누워 있는 언니의 고통스러운 이미지를 간호사가 마지막 순간 언니의 손을 잡아주고 있으며 언니가 평화롭게 잠든 듯 눈을 감고 있는 갱신된 이미지로 바꾸었습니다.

9.2.4.3 트라우마 후유증에 대한 해석의 변화

일부 환자의 경우, 현재의 위협감의 주요 원인은 외상 사건의 여파에 대한 위협적인 해석에서 비롯됩니다. 예를 들어, 어떤 환자는 침습 기억이 자신이 미쳐가고 있다는 신호라고 믿습니다. 이러한 침습을 통제하려는 시도가 실패하면, 이에 대해 자신의 해석을 더욱 확증해 주는 것으로 간주합니다. 또 어떤 환자들은 사건 후 일부 사람들의 반응에 대해 자신을 신경 써 주거나 이해해 주는 사람이 아무도 없다거나, 그들이 자신을 열등하게 바라본다는 신호로 해석합니다(예: Dunmore 등. 2001). 이러한 해석은 정보의 제공, 소크라테스식 질문, 행동 실험을 통해 수정됩니다.

9.2.5 재경험을 줄이기 위한 기억 작업

9.2.5.1 상상적 재체험 및 내러티브 쓰기Imaginal Reliving and Narrative Writing

위에서 설명한 **트라우마 기억 갱신** 절차는 트라우마 기억을 구체화하는 데 도움이 됩니다. 기억을 불러내어 이야기하면 그 기억이 덜 생생하고 덜 침습적으로 느껴지게 도와줍니다. 환자는 트라우마로 인한 감각적 인상 중 일부가 희미해진다고 할 수 있습니다(예: 색이나 미각이 희미해짐). 핫스팟이 성공적으로 갱신되면 환자는 일반적으로 재경험 증상이 크게 감소하고 수면이 개선되는 것을 경험합니다.

9.2.5.2 재경험 증상의 촉발 요인 발견 및 감별Identification and Discrimination of Triggers of Reexperiencing Symptoms

PTSD 환자들은 종종 침습 기억과 기타 재경험 증상이 다양한 상황에서 '갑자기' 발생한다고 보고합니다. 신중한 '탐정' 작업은 보통 환자가 인식하지 못했던 감각적 촉발 요인(예: 특정 색상, 소리, 냄새, 맛, 촉감)을 찾아낼 수 있습니다. 이러한 미묘한 촉발 요인을 발견하기 위해, 환자와 치료자는 재경험 증상이 언제 어디서 발생하는지 주의 깊게 분석합니다. 모든 촉발 요인을 파악하려면 일반적으로 회기 내에서 환자와 치료자가 함께 체계적으로 관찰하고 이를 과제에서도 하는 것이 필요합니다. 촉발요인이 확인되면 다음 목표는 촉발요인과 트라우마 기억 사이의 연결 고리를 끊는 것입니다.

여기에는 여러 단계가 포함됩니다. 먼저, 환자는 '그때'와 '지금'을 구별하는 방법을 배웁니다. 치료자는 환자가 트라우마 당시의 자극과 현재 상황 사이의 유사점과 차이점을 살펴볼 수 있게 안내합니다. 이는 종종 '그때' 및 '지금'이라는 열 제목과 '유사점' 및 '차이점'이라는 행 제목으로 구성된 표 형식으로 요약됩니다. 이를 통해 환자는 유사점보다 차이점이 더 많으며, 현재의 현실이 아닌 기억에 반응하고 있다는 것을 깨닫게 됩니다. 환자는 촉발 요인과 그 맥락('지금')이 트라우마('그때')와 어떻게 다른지에 대해 주의를 기울이는 법을 배웁니다.

둘째, 치료 중 의도적으로 침습 기억을 유발하여 환자가 '그때'와 '지금'을 감별하는 방법을 적용하는 것을 배울 수 있게 합니다. 예를 들어, 교통사고 생존자는 브레이크를 밟는 소리, 충돌 소리, 유리 깨지는 소리, 사이렌 소리 등 사고 당시를 떠올리게 하는 소리를 듣습니다. 칼로 공격당한 사람은 다양한 금속 물체를 바라봅니다. 총에 맞은 사람은 컴퓨터 사운드로 만든 총소리를 듣습니다. 폭격이나 화재의 생존자는 연막 기계에서 발생하는 연기를 봅니다. 사건 당시 많은 양의 피를 본 사람은 붉은 액체를 보는 경험을 할 수 있습니다. 동시에 사건 당시에는 할 수 없었던 행동(예: 당시에는 할 수 없었던 움직임, 현재의 삶을 상기시켜주는 물건을 만지거나 사진을 보는 것)을 수행하면 감별하는 데 도움이 될 수 있습니다.

셋째, 환자는 이러한 전략을 일상에 적용합니다. 재경험 증상이 나타나면, 환자는 자신이 기억에 반응하고 있음을 떠올리고 촉발 요인을 찾습니다. 그런 다음 촉발 요인과 현재 상황이 트라우마와 어떻게 다른지 주의깊게 살펴보고, 외상 당시에는 할 수 없었던 행동을 하여 현 상황이 얼마나 다른지 상기할 수 있습니다.

9.2.5.3 현장 방문Site Visit

트라우마 현장을 방문하면 기억 작업을 완성할 수 있습니다. 현장은 많은 기억 회상 단서를 제공하고 해석을 갱신하는 데 필요한 정보들에 접근할 수 있게 해주므로, 남아있는 문제성 해석을 바로잡는 데 도움이 될 수 있습니다. 현장 방문은 자극 감별 작업stimulus discrimination work을 완료하는 데에도 도움이 됩니다. 치료자는 다양한 감각의 차이에 초점을 맞춰 환자가 트라우마 당시('그때')와 '지금'(예: 추운 날씨, 문 색깔이 달라짐, 소음 없음, 다치지 않음, 피 냄새 없음, 움직일 수 있음) 사이의 차이점을 찾도록 안내합니다. 환자들은 '지금'이 '그때'와 매우 다르다는 것을 깨닫게 되고, 이는 트라우마를 과거의 일로 인식하는 데 도움이 됩니다.

직접 현장을 방문하거나 방문하는데 필요한 준비를 하는 것이 불가능할 경우에는 구글 스트리트 뷰를 활용해 가상으로 방문할 수 있습니다. 가상 방문을 통해 치료자와 환자는 트라우마 당일 환자의 이동 경로를 가상으로 걸으며 최근의 현장 모습을 살펴보고 '그때'와 '지금'의 차이점을 확인할 수 있습니다. 구글 스트리트 뷰를 이용할 수 없는 지역이라면 구글 어스를 사용하여 치료자와 환자가 현장을 위에서 내려다보며 확대하여 볼 수 있습니다. 병원이나 기타 건물의 내부에서 발생한 트라우마의 경우에는 치료자가 해당 건물의 외부나 내부 사진, 또는 유사한 건물의 가상 투어를 활용해 볼 수 있습니다. 또한 구글 스트리트 뷰에서는 종종 서로 다른 날짜에 촬영된 이미지를 보여주는데, 이러한 시간의 변화는 트라우마가 과거에 발생한 일이라는 메시지를 강화하는 데 유용합니다.

사진을 찍는 것은 현장 방문에서 배운 내용을 통합하는 데 도움이 됩니다. 환자가 직접 현장을 방문했다면 '셀카'를 찍거나, 가상 방문을 한 경우 중요한 화면을 스크린샷으로 남길 수 있습니다.

9.2.5.4 심상 작업Imagery Work

9.2.4.2에서 정보의 갱신(예: 조감도에서 장면의 시각화, 하지 않았던 행동의 탐색) 및 핫스팟과 연결된 의미를 갱신하는 데 유용한 방법으로 심상을 언급했습니다(즉, 갱신된 의미를 나타내는 심상을 떠올리게 하기). 심상의 내용은 핫스팟에 대한 환자의 고유한 의미를 다루기 위해 환자와 협력하여 만듭니다. 예를 들어, 강간 후 '더러워졌다'고 느꼈던 한 환자는 가해자와 접촉했던 모든 세포가 몸에서 떨어져 나간 뒤 사우나에 있는 모습을 시각화하여 상쾌하고 깨끗해진 느낌을 만들었습니다. 심상 변환은 트라우마 중에 실제로 일어나지 않은 일에 대한 심상의 침습에도 특히 도움이 됩니다. 예를 들어, 사고 당시 자신의 몸이 산산조각 나는 심상을 재경험하는 환자는 자신의 몸을 다시 조립하고 집으로 걸어가는 모습을 시각화했습니다.

심상 작업은 앞서 살펴본 사례와 같이 사랑하는 사람의 충격적인 상실과 관련된 고통스러운 심상과 (감각적 느낌이 포함된) 의미를 변환시키는 데에도 도움이 됩니다. 사랑했던 사람이 여전히 고통받고 있다는 감각을 갱신하기 위해, 치료자는 환자에게 그가 고통스러워하는 심상 대신 평화로운 곳에 있는 모습으로 전환하도록 안내할 수 있습니다. 치료자는 먼저 사후 세계에 대한 환자의 믿음과 고인이 평온히 있을 곳으로 상상하고 싶은 장소에 대해 논의해야 합니다. 환자가 사랑하는 고인과 그가 자신의 삶에 가져다준 의미를 추상적으로 표현하는 심상(기쁨, 따뜻함, 사랑, 친절, 양육과 관련된 이미지)을 활용하는 것도 상실과 관련된 의미를 갱신하는 데 큰 도움이 됩니다(아래 사례 참조). 심상은 또한 환자가 세상을 떠난 사랑하는 이에게 전하지 못한 말들로 어려움을 겪고 있을 때에도 도움이 될 수 있습니다. 치료자는 환자에게 눈을 감고 고인과 함께 즐거운 시간을 보냈던 장소를 떠올리도록 권유합니다. 그런 다음 치료자는 환자에게 다음과 같은 질문을 합니다. "사랑하는 사람에게 하고 싶은 말이 있습니까? 그 사람이 당신에게 하고 싶은 말이 있을까요? 그 사람에게 필요한 것이 있을까요? 당신에게 필요한 것은 무엇인가요?" 이 과정은 환자가 충분하다고 느낄 때까지 심상 속에서 계속 진행됩니다.

심상의 변환은 또한 핫스팟을 성공적으로 갱신하고 촉발 요인을 감별한 뒤에도 여전히 환자에게 재경험 증상이 남아있을 때 도움이 됩니다. 환자는 남아 있는 트라우마 심상을 트라우마가 끝났음을 나타내는 새로운 심상으로 변환합니다. 변환된 심상은 침습이 현재 현실에 대한 인식이 아니라 환자 자신의 마음의 산물이라는 설득력 있는 증거가 될 수 있습니다.

9.2.6 도움이 되지 않는 행동 및 인지 전략 버리기

PTSD가 유지되게 하는, 도움이 안되는 행동과 인지적 전략을 중단하는 작업은 삶을 되찾고 재건하는 작업 및 이 행동들을 유발한 해석(예: 현재 위험의 과대해석)에 대한 작업과 통합되어 진행됩니다. 첫 번째 단계는 일반적으로 해당 행동/전략의 문제적 결과에 대해 논의하는 것입니다. 때로는 이를 행동 실험으로 직접 입증할 수도 있습니다(위의 생각 억제 실험 참조). 예를 들어, 위험 단서에 대한 선택적 주의 집중의 효과를 보여주기 위해 환자에게 외상과 관련 없는 위험 신호에 주의를 기울이라고 권유할 수 있습니다. 그러한 예시로, 폭행 생존자에게 번화한 도로 옆에 몇 분간 서서 잠재적으로 위험한 운전의 징후에 주의를 기울이도록 요청할 수 있습니다. 환자들은 이러한 연습을 통해 잠재적인 위험을 더 민감하게 인식하게 된다는 것을 경험하게 됩니다. 환자들은 이어서 이 경험을 바탕으로 위험 신호를 탐지하기 위해 기울여 온 자신의 노력이 어떤 의미를 가지는지 생각해보고, 세상이 자신의 생각만큼 위험하지 않을 가능성을 고려하게 됩니다. 다음 단계는 문제가 되는 전략을 폐기하거나 반대로 하는 것으로, 이는 일반적으로 행동 실험을 통해 이루어집니다.

반추 현상을 다룰 때 궁극적인 목표는 환자가 반추에서 벗어날 수 있도록 돕는 것입니다. 치료자는 먼저 반추와 침습 기억을 구분합니다. 침습 기억은 트라우마를 재경험하는 것과 관련이 있는 반면, 반추는 트라우마에 대한 비생산적인 생각입니다. 환자는 자신이 반추하고 있는 순간을 알아차리는 법을 배우고, 이에 대해 '햄스터 쳇바퀴 생각' 또는 '나의 실타래 생각my spaghetti thinking'과 같이 반추의 되돌이표 같은 특성을 나타내는 이름을 붙입니다. 이후 반추에서 벗어나기 위한 단계들을 밟는데, 이는 일반적으로 활동들을 통해 이루어지며 여기에는 일반적으로 삶의 회복/재건 활동들이 포함됩니다.

9.2.7 치료 종결: 청사진

치료가 끝날 무렵, 환자와 치료자는 치료 과정에서 배운 내용을 요약하고, 향후 겪을 수 있는 어려움에 이를 어떻게 적용할지를 담은 청사진을 함께 만듭니다. 질문은 다음과 같습니다: 문제가 어떻게 발생했는가? 무엇이 문제를 지속시켰는가? 치료에서 배운 것 중 도움이 되었던 것은 무엇인가? 가장 도움이 되지 않았던 생각은 무엇이었나? 유용한 대안적인/갱신된 생각은 무엇인가? 배운 것을 어떻게 계속 발전시켜 나갈 것인가? 앞으로 발생할 수 있는 장애물들에 어떻게 대처할 것인가? 각 질문과 관련된 기억의 회상을 도와줄 수 있는 예시나 힌트를 제공합니다.

9.2.8 유연한 개입 순서

CT-PTSD의 핵심 치료 절차가 제공되는 순서는 개별화된 사례 개념화에 따라 달라집니다. 기억을 갱신하는 절차는 대부분 재경험 및 과각성 증상에 빠르고 깊은 효과를 보이기 때문에, 가능하면 일반적으로 첫 몇 회기 내에 실시합니다. 해리 증상이 심한 환자에게는 촉발인자 감별 훈련을 먼저 실시하고, 상상적 재체험보다는 내러티브 쓰기가 선호됩니다. 또한 특정 인지 유형의 경우에는 트라우마 당시 내담자의 해석과 인지처리 과정을 논의함으로써 기억 작업을 준비합니다. 예를 들어, 환자가 트라우마에 대해 스스로를 비난하고 수치심이나 죄책감으로 인해 치료자에게 이를 충분히 설명하지 못하는 경우, 치료는 이러한 해석을 다루는 것에서부터 시작할 것입니다. 대인 관계 트라우마 중 환자가 정신적 패배감(모든 자율성을 상실했다는 인식)을 경험한 경우, 치료는 더 넓은 관점에서 트라우마 상황을 논의하는 것으로 시작하여, 이를 통해 가해자가 당시에는 환자의 감정과 생각을 통제하고 조작하려 했지만 지금은 더 이상 통제력을 행사하지 못한다는 사실을 환자가 자각할 수 있게 돕습니다.

9.2.9 CT-PTSD의 원격 제공 시 고려 사항

코로나19 팬데믹으로 인해 심리치료를 제공하는 많은 서비스들이 원격 전달 방식으로 전환되었으며, 화상이나 전화를 통해 치료가 제공되었습니다. 화상 또는 전화로 CT-PTSD를 제공하는 방법에 대한 지침은 Wild와 동료들의 자료(2020)에 설명되어 있습니다. 동영상 자료는 www.oxcadatresources.com을 참조하세요.

9.2.10 치료 기간

내담자가 소수의 트라우마를 재경험하고 있는 경우, PTSD 인지치료CT-PTSD는 일반적으로 주 1회씩 60분에서 90분 동안 대면 회기로 최대 12회에 걸쳐 진행되며, 필요시 최대 3회의 월별 보강 회기booster session를 선택적으로 가질 수 있습니다. 그러나 여러 개의 트라우마를 재경험하는 경우 종종 더 많은 회기가 필요합니다(일반적으로 대략 18-24회).

상상적 재체험, 기억의 갱신 또는 현장 방문처럼 트라우마 기억 작업이 포함된 회기에서는 치료자가 기억을 처리하는 데 충분한 시간을 마련해야 합니다. 환자가 집으로 돌아가기 전에 현재의 현실감과 당일의 남은 일정에 다시 집중할 수 있을 만큼 충분한 시간이 필요합니다. 이러한 회기는 보통 90분 정도 진행됩니다. 치료 방식을 변형하는 것도 효과적입니다. 7일 집중 치료 형태(7일 연속으로 하루 2-4시간의 치료와 몇 번의 추가적인 보강 회기, Ehlers 등. 2014), 자가 학습을 지원하는 단기 치료(Ehlers 등. 2022b)와 치료자가 지원하는 인터넷 기반 CT-PTSD(Ehlers 등. 2020)도 비슷한 효과를 보입니다.

사례

폴(Paul)은 혼혈 인종인 45세 남성으로 전직 구급대원이었습니다. 그의 심한 우울과 수면 문제로 주치의가 치료를 의뢰하였습니다. 그는 또한 사고나 폭력으로 가족이 다칠까 봐 걱정을 많이 했습니다. 그는 직장을 그만두고 하루 중 대부분을 집에 있었습니다.

평가 결과 폴은 PTSD와 주요 우울증을 앓고 있었습니다. 증상은 약 2년 전, 업무 중 갱단과 관련된 칼부림으로 10대 청소년이 사망한 충격적인 사건 이후 시작되었습니다. 그는 증상으로 떠올리고 싶지 않아도 죽어가는 청소년의 모습과 직장에서 겪은 다른 괴로운 사건의 심상이 자주 떠오르고, 아들이나 아내가 위험에 처하거나 다치거나 죽는 악몽을 꾸고, 직장 동료와 사회 활동을 피하고, 즐겨하던 일에 흥미를 잃고, 감정적으로 무감각해지고, 위험을 지나치게 경계하고, 집중력과 수면 장애를 겪었습니다. 그는 때때로 삶을 끝내는 것에 대해 생각했지만 가족 생각에 실행하지는 않았습니다. 그는 고통스러운 기억에 대처하기 위해 의존적이지 않은 수준으로 대마초를 사용했습니다. 그는 치료 기간 동안 대마초를 사용하지 않기로 동의했습니다.

폴의 치료 목표는 (a) 악몽 없이 하루 최소 6시간 이상 숙면을 취하고, (b) 가족과 함께 다시 즐거운 활동을 하고, (c) 다시 일할 수 있게 되는 것이었습니다.

사례 개념화

인지 평가 결과, 폴이 느끼는 현재의 위협감에 기여한 요인은 다음과 같습니다.

해석

그는 청소년의 생명을 구하지 못한 자신을 자책했습니다. 그는 자신이 실패자이고(믿음의 정도: 100%), 그 청소년의 가족은 영구적으로 고통받고 다시는 아들과 연결감을 느끼지 못할 것이라고 믿었습니다(100%). 또한 폴은 자신의 아들과 아내도 폭행이나 사고로 피해를 입을 위험에 처한 상태라고 믿었습니다(90%). 그는 자신이 다시는 일할 수 없을 것이라고 믿었습니다(70%).

트라우마 기억

폴의 주요 재경험 증상에는 그가 매일 경험하는 두 가지 심상이 포함되어 있었습니다. 첫 번째는 죽어가는 청소년이 자신에게 무언가를 말하려고 하는 심상이었습니다. 폴에게 이 심상은 자신이 실패자임을 의미했는데, 그 청소년의 말을 알아들었더라면 그를 구할 수 있었을 것이라고 믿었기 때문입니다. 이 이미지는 또한 그에게 청소년의 가족이 다시는 아들과 가까워질 수 없게 되어 영원히 고통받게 만든 책임이 있다는 의미로도 다가왔습니다. 두 번째 침습적인 심상은 시신 운구 가방이었습니다. 운구 가방을 본 순간 폴은 즉시 자신의 아들을 떠올렸고, 아들이 죽으면 자신은 살 수 없을 것이라고 생각했습니다.

그는 자살, 영아 돌연사 등 직장에서 겪었던 다른 고통스러운 사건에 대한 침습적 기억도 있었지만, 그러한 기억을 다루는 데에는 도움이 필요하다고 생각하지 않았습니다.

첫 번째 회기에서 그는 죽어가는 청소년을 어떻게 도우려고 했는지 이야기할 때 괴로워하며 눈물을 흘렸습니다. 그는 일어난 일의 대부분을 상당히 명확하게 기억했지만, 자신을 괴롭히는 몇 가지 측면에 대한 기억은 확실하지 않았습니다. 그는 그 청소년이 실제로 말을 했는지, 그렇다면 그가 왜 말을 알아듣지 못했는지 확신하지 못했습니다. 그는 또한 자신이 절차를 제대로 따랐는지도 확신할 수 없었습니다.

그는 다른 10대 청소년이나 자신의 아들을 볼 때 종종 침습적인 심상과 신체 증상이 촉발된다는 것을 알게 되었습니다. 그러나 그는 또한 '갑자기 난데없이' 이러한 증상을 경험하기도 했는데, 이는 그가 아직 발견하지 못한 다른 촉발 요인이 있다는 것을 암시합니다.

증상을 유지시키는 행동 및 인지 전략

폴의 PTSD가 유지되는 데 기여하는 몇 가지 행동과 인지 전략이 확인되었습니다:

- 반추와 걱정
- 안전 행동 및 과잉 경계
- 사회생활 및 기타 활동의 위축
- 대마초 사용

그는 청소년의 죽음을 막기 위해 자신이 어떻게 달리 행동해야 했는지에 대해 종종 몇 시간씩 반추했습니다. 또한 자신이 다시는 일을 할 수 없게 된다면 가족에게 무슨 일이 일어날지에 대해서도 되뇌었습니다. 그는 아들이나 아내가 다치는 생생한 심상을 포함하여, 가족에게 일어날 수 있는 나쁜 일에 대해 걱정하는 데 많은 시간을 보냈습니다.

그는 가족의 안전을 위해 불필요한 예방 조치(안전 행동)를 많이 취했습니다. 예를 들어, 그는 10대인 아들이 보호자 없이 학교나 다른 장소에 가는 것을 허락하지 않았습니다. 아들이 학교에 있을 때는 아들이 괜찮은지 확인하기 위해 자주 전화를 걸었습니다. 이로 인해 아들과 갈등이 생겼습니다. 밤에는 아들과 아내가 숨을 쉬고 있는지 자주 확인했습니다. 집에서도 침입자의 소리가 들리지 않는지 늘 경계했고, 집 밖에서 청소년들을 보면 그들이 흉기를 갖고 있을 가능성이 있는지 주의 깊게 살폈습니다.

그는 직장을 그만둔 후, 대부분 직장동료였던 그의 친구들과도 연락이 끊겼습니다. 그는 전 동료들이 자신이 실패자라는 것을 알기 때문에 자신을 무시한다고 믿었습니다. 또한 달리기 등 예전에 즐기던 다른 활동들도 포기한 상태였습니다.

폴은 정기적으로 대마초를 사용하여 스스로를 진정시키려고 했는데, 이것이 '걱정을 멈추고' 잠드는 데 도움이 되었다고 믿었습니다.

공존 질환

인지 평가 결과, 폴의 공존 우울증은 위의 여러 요인, 즉 자신이 실패자라는 해석, 반추, 사회적 위축, 운동 부족, 제한된 생활 방식(대부분의 시간을 집에서 보냄), 일할 수 없는 상태 등과 밀접한 관련이 있었습니다. 또한 대마초 사용이 증상의 유지 요인일 가능성도 있었습니다. 그는 자신의 증상에 대해 절망감을 느꼈고("나는 절대 나아지지 않을 것이다", "나는 다시는 일할 수 없을 것이다"), 이는 자살 생각에 영향을 주었습니다.

따라서 사례 개념화는 트라우마에 대한 그의 해석, 트라우마 기억 중 최악의 순간의 갱신, 재경험 증상의 촉발 요인 발견 및 감별, 문제를 유지시키는 행동들을 반전시키는 작업이 PTSD와 우울증 증상 모두를 감소시키는 데 도움이 될 것임을 시사하였습니다. 치료자는 치료 기간 중에 폴의 우울증과 자살 생각이 PTSD 증상과 함께 변화하는지 확인하여 필요한 경우 추가 개입을 고려할 수 있게 했습니다.

치료

폴은 회기당 60분에서 90분 동안 진행된 11번의 치료 회기에 참석했습니다.

해석 작업

폴의 해석 중 일부는 그의 **증상에 대한 해석**과 관련이 있었습니다(예: "나는 절대 나아지지 않을 것이다", "나는 다시는 일을 할 수 없을 것이다"). 이 문제는 회기 1에서 다음과 같은 개입으로 해결되었습니다: **증상의 정상화**(예: "악몽은 트라우마 기억이 촉발되고 있다는 신호입니다. 트라우마 기억에 대해 함께 작업하면, 기억을 다루고 과거에 존재하게 할 수 있어서 악몽을 줄이는 데 도움이 될 것입니다."), **트라우마 기억의 특성에 대한 정보**(예: "트라우마 기억은 종종 지금 일어나고 있는 일처럼 느껴지고 즉각적인 위험이 있다는 느낌을 줍니다. 예를 들어, 트라우마 기억 중 하나는 운구 가방을 보는 것입니다. 이 기억은 당신으로 하여금 아들을 떠올리게 하고, 아들이 위험에 처해 있다는 느낌을 불러일으킵니다. 이러한 느낌은 트라우마 기억에서 비롯됩니다."), 그리고 **인생 되찾기 과제**를 제시합니다. 폴이 치료 과정에서 완료한 과제의 예는 다음과 같습니다: (a) 운동량을 늘려 치료가 끝날 무렵 자선 경주에 참가하기, (b) 아들과 함께 축구 관람하기, (c) 오랜 친구를 집으로 초대하기, (d) 컴퓨터 강좌 듣기, (e) 직업적 선택지에 대해 상담사와 면담하기, (f) 자선 가게에서 자원봉사하기. 이러한 활동들은 자신이 회복할 수 없다는 폴의 해석에 대한 확신을 줄여주었고, 덜 제한된 삶을 살고 결국 다시 일할 수 있을 것이라는 희망을 키우는 데 도움이 되었습니다.

"나는 실패자다." 자신을 실패자라고 생각하는 그의 믿음은 사건 당시 10대의 말을 이해하지 못했던 순간에서 비롯되었기 때문에 **트라우마 기억 갱신** 절차가 사용되었습니다. 회기 2에서 그는 상상적 재체험으로 그 사건을 살펴보았고, 자신의 침습 기억과 일치하는 두 가지 중요한 지점, 즉 청소년이 사망한 순간과 운구 가방을 보고 아들을 떠올렸던 순간을 찾아냈습니다.

첫 번째 핫스팟에 대한 갱신된 정보를 파악하기 위해, 치료자와 폴은 내러티브를 작성하고 당시 일어난 일을 주의 깊게 검토했습니다(회기 3). 치료자는 발견 인도하기를 통하여 폴이 청소년의 말을 이해하지 못한 것은 그의 무능함보다는 아이의 부상과 의식 저하 때문일 수 있다는 것을 깨닫도록 도왔습니다. 폴은 청소년의 부상에 대해 알고 있는 것과 그를 돕기 위해 자신이 한 일을 적었습니다. 신중하게 쓴 내용을 검토한 후, 그는 자신이 절차대로 했다는 것을 깨달았습니다. 그러나 몇 가지 의문이 남았습니다. 치료자는 자신이 절차를 따르지 않았을지도 모른다는 폴의 우려를 어떻게 가장 잘 검증할 수 있을지에 대해 폴과 논의했습니다. 그들은 전문가의 의견을 구하기로 결정했습니다. 치료자는 회기 4에서 폴이 숙련된 구급대원과 이야기를 나눌 수 있는 자리를 마련했습니다. 전문가는 폴이 할 수 있는 모든 조치를 취했으며 피해자의 부상이 너무 심해 생명을 구할 수 없었다는 데 동의했습니다.

이후 폴은 치료자와의 토론 및 전문가 피드백을 통해 얻은 결론을 요약하여 이 핫스팟에 대한 기억을 갱신했습니다(회기 4). 치료자는 폴에게 피해자를 이해하지 못해 자신이 무능하다고 느꼈던 순간을 시각화하도록 안내했습니다. 이 순간을 떠올리면서 폴은 그 청소년이 의식을 잃었다 깨어나기를 반복하며 제대로 말을 하지 못했다는 것을 스스로에게 상기시켰습니다. 또한 전문가가 가능한 모든 조치를 폴이 했다는 점을 확인해 주었다는 사실도 떠올렸습니다. 또한 폴은 트라우마 내러티브에 갱신된 정보를 포함시켜서, 나중에 그 사건을 떠올릴 때 갱신된 정보를 다시 참조할 수 있게 했습니다.

"피해 청소년의 가족은 영구적으로 고통을 겪을 것이며 다시는 아들과 연결감을 느끼지 못할 것이다." 가족의 고통과 상실에 대한 폴의 해석과 관련된 고통을 줄이기 위해 치료자는 심상을 사용했습니다(회기 5). 먼저 치료자는 폴에게 짧지만 중요한 순간을 함께했던 경험을 바탕으로 피해 청소년에게 연상되는 특성을 이야기해보도록 했습니다. 그는 그 청소년이 칼에 찔린 후의 고통에도 불구하고 강인함과 긍정성을 보여주었다고 했습니다. 지금 강인함과 긍정을 상징할 수 있는 것이 무엇이라고 생각하느냐는 질문에 폴은 한 줄기 햇살과 태양이 사람들을 웃게 만드는 방식을 떠올렸습니다. 그런 다음 그는 피해 청소년의 가족이 한 줄기 햇살에 닿으며 그들이 사랑했던 아들의 특성과 연결되는 모습을 상상했습니다. 폴은 트라우마 기억과 가족의 상실에 대한 생각이 침습할 때마다 이 심상을 떠올렸습니다.

"아들이나 아내에게 끔찍한 일이 일어날 것이다." 가족이 위험에 처해 있다는 폴의 믿음은, 특히 운구 가방의 침습 심상과 같은 트라우마에 대한 강렬한 기억이 아들이 위험에 처해 있다는 인상을 준다는 대안적 가설과 대조되었습니다. 이 핫스팟을 갱신하는 데에는 트라우마 기억 갱신 절차가 사용되었습니다. 폴은 운구 가방을 봤을 때 마치 자신의 아들이 그 안에 있는 것처럼 느꼈다는 사실을 깨달았습니다. 회기 3에서 아들이 살아있다는 정보로 이 순간의 기억을 갱신하면서 그는 '놀라움과 안도감'을 느꼈습니다.

치료자는 또한 폴에게 그의 안전 행동이 위협감에 기여한다는 점을 고려해보도록 안내했습니다.

폴은 안전 행동과 과잉 경계심을 버리는 일련의 행동 실험을 했습니다. 예를 들어, 그는 일주일 중 하루 아들에게 전화를 걸지 않고 혼자서 등교하게 한 후 귀가시키는 실험을 했습니다. 그는 아들이 사고를 당하거나 공격을 받아 집에 돌아오지 못할 확률을 90%라고 예측했습니다. 그러나 그런 일은 일어나지 않았고, 다음으로 폴은 아들이 혼자 학교에 가는 날을 늘리는 실험을 했습니다. 치료자의 도움과 이러한 실험을 통해 폴은 아들이 실제로 사고를 당할 확률이 트라우마를 겪기 전보다 더 높아지지 않았으며 그 가능성이 극히 낮다는 것을 알게 되었습니다. 그는 집에서 위험에 집중하며 아내와 아들이 여전히 숨을 쉬고 있는지 여러 차례 확인하는 저녁 시간을 보내고 난 후, 이를 컴퓨터 수업 과제에 집중한 저녁 시간과 비교하는 실험을 했습니다. 그는 위험에 집중하고 안전을 확인할 때, 수업 과제에 집중했을 때보다 더 많은 두려움과 걱정을 느낀다는 것을 발견했습니다. 그는 위험에 집중하면 위험이 임박한 것처럼 느껴지고, 아내와 아들을 확인하면 사고, 질병, 죽음에 대한 생각에 계속 집중하게 된다는 결론을 내렸습니다.

재경험을 줄이기 위한 기억 작업

위에서 설명한 것처럼, 치료자 및 전문가와의 자세한 논의 시간과 더불어 상상적 재체험과 내러티브 쓰기는 폴이 핫스팟을 확인하고 그가 피해 청소년을 돕기 위해 가능한 모든 것을 했다는 것을 이해하는 데 도움이 되었습니다. 핫스팟을 갱신한 결과, 폴의 침습 기억과 악몽이 크게 감소했습니다.

회기 5와 6에서 폴은 치료자와 함께 침습 기억의 촉발 요인을 탐색했습니다. 가능한 촉발 요인과 트라우마 사이의 감각적 유사성에 대한 체계적인 관찰과 주의를 통해 그는 이전에는 알아차리지 못했던 다양한 촉발 요인을 발견했습니다. 예를 들면 시신 가방과 같은 색상의 물건, 구급차 사이렌 소리, 피, 잠든 아들을 보는 것 등이 있었습니다. 그는 회기 중(예: 녹음된 사이렌 소리 듣기, 같은 색의 물체 보기)과 집에서(예: 침대에 누워 있는 아들을 바라보기) 자극과 맥락의 차이에 집중하여 이러한 촉발 요인들을 트라우마에서 접했던 자극과 감별하는 연습을 했습니다.

자극 감별 훈련에서 좋은 진전을 보인 후, 폴은 치료자와 함께 칼부림 사건이 일어났던 장소를 찾아갔습니다(회기 8). 그들은 '그때'와 '지금'의 차이점에 집중했습니다. 구급차가 지나갈 때, 폴은 지금 아무도 다치지 않았고 구급차는 단순히 지나가고 있다는 사실에 집중했습니다. 그는 현장 방문에 대해 불안해 했었고 그곳에서 죽어가는 아이를 다시 발견할 것처럼 느꼈었기 때문에 매우 안도감을 느꼈습니다. 그는 사건의 중요한 세부적인 기억을 떠올렸습니다. 그는 자신이 피해 청소년의 손을 잡고 있었던 것과 청소년이 잠시 그의 손을 꽉 쥐었던 기억을 떠올렸습니다. 이를 통해 그는 피해 청소년이 자신을 도우려는 폴의 노력을 인정했으며 그 노력을 무능하다고 생각하지 않았을 것이라는 점을 깨달았습니다. 폴은 안도감을 느꼈습니다. 현장 방문 후, 그는 이제 그 사건을 재경험하지 않고 돌아볼 수 있게 되었다고 느꼈습니다.

증상을 유지시키는 행동 및 인지 전략에 대한 작업

폴의 반추를 다루기 위해 치료자는 그에게 사건에 대한 기억을 가지고 있는 것과 반추하는 것을 구분하게 했습니다. 그리고 반추의 장점과 단점에 대해 논의했습니다. 폴은 반추가 도움이 되지 않고 오히려 기분을 더 나쁘게 만든다는 결론을 내렸습니다. 그는 사건 당시 자신이 어떻게 했어야 했는지에 대해 생각하기에 가장 좋은 시간은 치료 회기 때라고 결정하고, 집에서는 반추를 덜 하기로 했습니다. 반추의 촉발 요인에 대해 논의한 결과, 낮에는 집에 혼자 있으면서 아무것도 하지 않고 있는 것이, 그리고 밤에는 잠에서 깨어 침대에 누워 있는 것이 일반적인 촉발 요인이라는 것을 찾아냈습니다. 그는 반추하는 것을 알아채면 이런 사고 방식이 도움이 되지 않는다는 것을 스스로에게 상기시키기로 했습니다. 대신 낮에는 인생 되찾기 과제 중 하나를 수행했습니다.

위에서 설명한 바와 같이, 폴의 과도한 경계심, 안전 행동 및 회피 문제는 그의 트라우마 기억이 가족이 위험에 처해있다는 느낌을 유발하였다는 가설을 바탕으로 접근하여, 회기 중 작업과 과제로서 일련의 행동 실험을 통해 다루어졌습니다. 과잉 경계는 현재 상황과 트라우마 사이의 차이점에 주의를 집중하는 자극감별 작업으로 대체되었습니다.

그는 대마초를 피우지 않는 것이 수면에 도움이 되는지 알아보기 위해 대마초 없는 날을 실험해 보았습니다. 단기적으로는 잠들기 어려웠지만, 2주 동안 대마초를 사용하지 않고 추가 치료 회기를 받은 후 수면이 개선되었습니다. 또한 대마초를 사용하지 않는 날 더 활력을 느끼고 침습 기억이 떠오르는 것도 줄어든다는 사실을 발견했습니다. 그는 대마초가 실제로는 걱정을 덜어주는 데 도움이 되지 않는다고 결론을 내렸습니다.

결과

치료가 끝났을 때 폴은 더 이상 PTSD나 우울증에 시달리지 않았습니다. 그는 더 이상 자살 생각을 하지 않았습니다. 가끔씩 그 비극적인 죽음이 생각날 때 슬픔을 느꼈습니다. 아들과의 관계도 개선되었습니다. 그는 밤에 7시간 잠을 잤습니다. 그는 몇몇 예전 직장 동료들과 다시 연락을 주고받았고 구직 활동을 시작했습니다. 1년 후 추적 관찰에서 그는 치료 효과를 유지하며 다시 구급대원으로 일하고 있었습니다.

9.3 특정 상황과 어려움들

9.3.1 공존 질환

많은 PTSD 환자들이 치료 시 고려하여 다뤄야 하는 공존 질환을 갖고 있습니다.

우울증이 PTSD에 이차적으로 동반된 경우라면 일반적으로 PTSD 치료를 통해 호전됩니다. 그러나 경우에 따라 우울증이 너무 심해서(예: 자살 위험) PTSD 치료를 시작하기 전에 즉각적인 관리가 필요할 수 있습니다. 일부 트라우마 (특히 여러 번의 트라우마를 겪은) 생존자의 경우, 우울증이 임상 양상을 지배하고 치료의 초점을 트라우마에 두기 불가능하게 만들 정도여서 우울증의 치료가 먼저 필요할 수 있습니다. PTSD 치료를 방해할 가능성이 가장 높은 우울 증상으로는 심한 자살 충동, 극심한 무기력, 사회적 위축, 활동 부족, 집중력 저하 등이 있습니다. 우울증의 인지치료와 마찬가지로, 치료의 첫 번째 목표는 행동 활성화나 항우울제 처방과 같은 방법을 통해 환자의 기분을 충분히 개선시켜 인지치료를 시작할 수 있도록 하는 것입니다.

광장공포증, 강박장애, 범불안장애, 사회불안장애와 같은 **불안 장애**는 기존에 있던 질환이거나 PTSD의 합병증으로 발생할 수 있습니다. 치료자는 동반된 불안 장애가 그 자체로 치료가 필요한 정도인지를 판단해야 합니다. 만약 필요하다면, 사례 개념화와 치료 계획에 PTSD와 해당 불안 장애의 치료를 통합해야 합니다. 초기 평가에서 환자의 회피 패턴이 PTSD의 일부인지 아니면 다른 불안 장애의 일부인지 판단하는 것은 쉽지 않을 수 있습니다. 여기에서 중요한 질문은 "만약 당신이 ... (두려워하는 상황에 직면했을 때 특별한 예방 조치를 취하지 않으면) 일어날 수 있는 최악의 상황은 무엇입니까?"입니다. PTSD에서 환자의 우려는 일반적으로 또 다른 트라우마("또 공격당할 것이다", "또 다른 사고로 죽을 것이다")입니다. 이와 다른 우려는 다른 불안 장애, 예를 들어 공황장애("심장마비가 올 것이다", "기절할 것이다") 또는 사회불안장애("내가 나를 바보로 만들 것이다", "사람들이 나를 이상하게 생각할 것이다")를 시사합니다. 또한 특정 상황에서 공황 발작이나 강한 불안 반응이 재경험 증상에 해당하는지 여부도 (일반적으로 환자는 재경험의 미묘한 감각적 촉발 요인을 인식하지 못하기 때문에) 초기에는 판단하기 어려운 경우가 많습니다. 이러한 경우 치료를 진행하면서 다른 불안 장애에 대해 별도의 치료가 필요할지 지속적으로 평가해야 합니다.

동반된 불안 장애가 있는 대부분의 경우, 치료는 CT-PTSD 프로그램으로 시작합니다. 중요한 예외 조건은 매우 불안하거나 스트레스를 받는 상황에서 심장마비가 오거나 기절하거나 미쳐버리는 등의 재앙이 일어날 것이라고 믿는 공황장애 환자들입니다. 이러한 오해는 트라우마 기억을 다루기 전에 해결해야 하는 경우가 많은데, 이러한 환자들은 우려가 해결되지 않으면 치료를 받지 않거나 중단할 가능성이 높기 때문입니다.

많은 PTSD 환자는 알코올, 대마초 또는 기타 물질을 사용하여 느낌을 둔감하게 하거나 트라우마 기억에서 주의를 돌리려 합니다. 여기에는 심한 흡연이나 다량의 카페인 음료 섭취도 포함될 수 있습니다. 물질 남용은 치료의 금기 사항이 아닙니다. PTSD 치료는 환자가 물질의 사용을 줄이는 데 도움이 됩니다. 치료자는 사례 개념화에 물질의 사용을 유지 행동으로 포함시키고, 전체적인 치료 계획에서 다른 유지 요인들과 함께 다루어야 합니다. 그러나 환자에게 신체적 의존 증상이 있다면(즉, 환자가 금단 증상, 내성을 보이고, 물질을 구하고 섭취하는 것이 환자 삶의 많은 부분을 차지하는 경우), 여기에 설명된 치료적 도움을 받기 전에 금단 과정이 일반적으로 필요합니다. 물질의 사용량이 매우 많은 환자에게 유용한 전략은, 치료가 효과적이려면 회기 중에 취해 있거나 숙취 상태가 아니어야 논의하는 내용을 충분히 처리하고 치료 혜택을 볼 수 있다고 설명해 주는 것입니다. 치료자는 환자에게 해당 물질이 증상에 미치는 부정적인 영향에 대해 교육해야 합니다(예: 알코올은 잠드는 데 도움이 될 수 있지만 밤에 더 자주 깨고 다음 날 짜증과 함께 감정 기복을 유발할 수 있음, 대마초는 더 비현실적이거나 편집증적으로 느끼게 할 수 있음, 흡연은 일시적으로 안도감을 주지만 결과적으로 불안감을 증가시킴, 카페인은 과민성, 불면 및 집중력 저하를 일으킬 수 있음). 그런 다음 치료자는 치료를 시작하기 전에 환자에게 물질 사용을 줄일 의향이 있는지 물어봐야 합니다. 많은 환자가 PTSD에 대한 도움을 받을 수 있다는 기대가 있다면 시도하는 데 동의할 것입니다. 이러한 환자들은 종종 물질의 사용량을 줄이는 것 자체가 PTSD 증상에 긍정적인 영향을 미친다는 것을 알게 됩니다. 환자가 물질 소비를 줄일 수 없다고 느낀다면, 치료는 먼저 물질 의존성을 목표로 해야 합니다.

9.3.2 해리

트라우마 기억이 촉발될 때 해리되는 정도는 PTSD 환자에 따라 다릅니다. 일부는 비현실적인 느낌을 받거나, 무감각해지거나, '유체이탈'의 경험을 하면서도 현재의 환경을 계속 인식합니다. 이러한 경미한 수준의 해리를 다루는 치료적 개입에는 트라우마에 대한 일반적인 반응으로 경험을 정상화하는 것(치료자는 해리를 포식자를 마주한 동물의 얼어붙는 반응과 연결시킬 수 있음)과 "나는 미쳐가고 있다", "나는 다른 사람들과 다른 현실에 살고 있다", "진짜 나는 죽었고 지금의 나는 외계인/유령이다"와 같은 경험을 해석하는 작업이 포함됩니다. 상상적 재체험 중 '유체이탈' 경험을 한 환자에게는 자신의 몸으로 돌아와 사건을 자신의 시각적 관점에서 인식하도록 안내하는 것도 도움이 될 수 있습니다.

다른 환자들은 현재 현실에 대한 인식을 완전히 상실하고 마치 트라우마가 다시 일어나는 것처럼 느끼고 행동할 수 있습니다. 이러한 심각한 형태의 해리는 자신과 타인에게 심각한 위험을 초래할 수 있으므로 신중하게 평가해야 합니다. 치료 절차를 조정하여 치료의 시작 단계에서부터 촉발요인의 감별을 매우 강조하고 **지금 여기**를 상기시키는 것, 즉 현재를 인식하는 데 도움이 되는 (착지grounding) 물건이나 전략(예: 작은 장난감이나 해변가의 조약돌 만지기, 실내 향수 사용하기, 새콤달콤한 사탕이나 강한 민트 먹기, 기억이 촉발될 때 음악 듣기)을 사용하는 것이 포함됩니다. 치료자는 트라우마와 관련된 강한 감정적 반응(예: 상황을 벗어나고 싶은 강한 충동, 강한 분노)이 사건 자체에 대한 이미지가 없어도 발생할 수 있다고 설명하고, 이러한 반응이 트라우마 기억이 촉발되고 있다는 신호임을 환자가 점점 더 자각할 수 있도록 안내합니다. 트라우마 기억의 구체화 작업은 환자가 현재의 안전한 환경을 인식하는 상태가 유지될 수 있게 단계별 방식으로 이루어집니다. 예를 들어, 치료자와 환자는 자극 조절 전략과 함께 작은 단계로 내러티브를 쓰면서, 환자에게 현재의 안전한 상황을 상기시키기 위해 자주 휴식을 취할 수 있습니다. 또 가족에게 해리를 발견하는 방법과 환자의 주의를 현재로 돌리는 방법에 대해 알려주는 등, 필요한 경우 환자 자신과 타인에 대한 위험을 최소화하기 위한 예방 조치에 합의합니다. 예를 들어, 장기간 지속된 아동 성학대의 생존자와 같은 일부 환자의 경우에는 트라우마 기억 작업을 시작하기 전에 감정 조절 전략에 대한 훈련을 하는 것이 도움이 될 수 있습니다(Cloitre 등. 2010).

9.3.3 다수의 트라우마

많은 PTSD 환자들이 한 가지 이상의 트라우마를 경험하지만, 모든 트라우마가 반드시 현재의 PTSD와 연관되어 있는 것은 아닙니다. 치료에서 다루어야 할 트라우마를 결정하기 위해, 치료자와 환자는 어떤 트라우마가 재경험 증상으로 나타나는지 또는 현재 환자를 괴롭히는 개인적인 의미와 관련이 있는지 논의합니다. 이 논의에는 여러 트라우마를 연결하는 문제성 의미에 대한 첫 번째 평가도 포함됩니다. 예를 들어, 여러 차례 강간과 신체적 폭행을 겪은 로라(Laura)는 "사람들은 내가 만만한 대상이라고 금방 알아챘다"고 결론을 내렸습니다. 환자와 치료자는 어떤 트라우마부터 시작할지 논의합니다. 일반적으로는 환자가 현재 가장 고통스럽게 여기는 트라우마거나, 중요한 문제성 의미가 발생하게 된 트라우마가 이에 해당됩니다. 다양한 사건들을 시간 순서대로 내러티브를 만들거나 충격적인 사건들과 긍정적인 삶의 사건들의 연대표를 그리는 것이 이 논의에 도움이 될 수 있습니다. 현재 어떤 트라우마를 재경험하고 있는지 탐색하는 것은 기억 갱신 절차에서 어떤 트라우마를 다룰지를 안내해 줍니다. 또한 치료자는 환자가 확인된 트라우마를 재체험할 때 다른 트라우마의 요소들이 떠오르는지 확인해야 하는데, 이는 이러한 요소들이 트라우마의 개인적인 의미에 영향을 미쳤을 수 있기 때문입니다. 확인된 트라우마의 핫스팟이 갱신되면, 치료자는 이를 통해 관련된 의미를 지닌 다른 트라우마의 재경험도 감소되는지 확인합니다. 그런 다음 여전히 고통을 유발하거나 문제가 되는 해석과 관련된 나머지 트라우마를 차례로 해결합니다. 해리 증상이 두드러질 수 있는데, 그럴 경우에는 앞에서 설명한 방법으로 다루어야 합니다.

삶을 되찾고 재건하는 작업은, 특히 다수의 트라우마를 겪은 환자의 경우 중요한 작업인데, 이러한 환자들이 매우 제한된 생활을 하면서 사회적 지지망 구축과 직장 생활로의 복귀 등의 문제 해결에 있어 치료자의 지원이 많이 필요할 수 있기 때문입니다. 환자들은 만성적인 과각성과 완전한 사회적 위축 등, 해결을 요하는 극단적 형태의 도움이 되지 않는 행동들을 갖고 있을 수 있습니다. 오랫동안 여러 트라우마를 겪은 환자의 경우 자존감을 높이기 위한 추가 작업이 도움이 될 수 있습니다(예: 긍정적인 성취나 타인의 긍정적인 피드백을 일지로 기록하는 것).

9.3.4 신체적인 어려움

외상 사건으로 인한 부상은 환자의 삶에 중대한 영향을 미치는 지속적인 건강 문제로 이어질 수 있습니다. 이 중 만성 통증이 흔합니다(19장 참조). 때때로 외상 사건은 보행 문제, 불임 또는 실명 등 영구적인 기능 상실을 초래하기도 합니다. 환자는 종종 이러한 신체적인 어려움과 그로 인한 삶의 영향에 적응하는 데 도움이 필요합니다. 이를 위해 통증 관리나 만성 질환 대처 전략과 유사한 대처 기제 등 추가적인 치료 전략이 필요할 수 있습니다.

어떤 환자들은 신체적 부상으로 외모가 손상되어 직업이나 사회생활에 부정적인 영향을 받을 수 있습니다. 이러한 변화에 적응하는 방법을 배우기 위해 지원이 필요할 수 있습니다. 환자가 객관적인 변화의 정도보다 더 과하게 매력을 잃었거나 외모가 손상되었다고 인지하는 경우도 드물지 않습니다. 이런 환자들에게는 비디오 피드백이 도움이 될 수 있는데, 이는 환자가 갖고 있는 (트라우마 기억의 영향으로 왜곡된) 타인의 눈에 비칠 것이라고 믿는 자신의 이미지를 더 정확한 이미지로 갱신하는데 도움이 되기 때문입니다. 환자는 자신의 모습을 찍은 짧은 녹화 영상을 보되, 모르는 타인을 바라보듯이 스스로를 객관적으로 관찰하라는 지시를 받습니다. 한 예로, 자신의 얼굴에 있는 흉터가 남에게 혐오감을 준다고 생각한 한 환자는 자신의 얼굴이 다른 사람에게 어떻게 보일지 시각화했을 때 밝은 빨간색 흉터를 보았습니다. 그의 얼굴은 배경에 다른 빨간색 물체들을 있는 상태에서 촬영되었습니다. 그는 자신의 얼굴과 물체를 비교해보면서 자신의 흉터가 더 이상 붉어 보이지 않고 상상했던 것보다 훨씬 덜 눈에 뜨인다는 것을 알게 되었습니다. 설문조사는 다른 사람들이 자신의 외모에 대해 어떻게 생각하는지에 대한 환자의 믿음을 검증하는 데 유용합니다. 예를 들어, 환자와 치료자가 합의

표 9.1 PTSD 인지치료의 효과성 연구

	대상표본	탈락률 %	치료의향Intent-to-treat 사전-사후 PTSD 증상의 효과 크기 (PDS) [a]	완전 관해군 중 치료의향 환자 % [b]	증상이 악화된 환자 (PDS) %
무작위 통제 연구					
Ehlers 등.(2003)	성인, 급성 PTSD 도로 교통 사고	0	2.46	78.6	0
Ehlers 등.(2005)	성인, 만성 PTSD, 다양한 트라우마	0	2.82	71.4	0
Ehlers 등.(2014)	성인, 만성 PTSD, 다양한 트라우마	3.2	2.53	77.4	0
Smith 등.(2007)	소아, 다양한 트라우마	0	3.43	92.0	0
Meiser-Stendman 등.(2016)	소아, 다양한 트라우마	7.1	2.65	71.0	0
개방 연구, 연속 표본					
Ehlers 등.(2005)	성인, 만성 PTSD, 광범위 트라우마	5.0	2.81	85.0	0
Gillespie 등.(2002)	성인, PTSD 오마Omagh 폭탄 테러		2.47		0
Brewin 등.(2010) (하위 표본이 CT-PTSD 치료군)	성인, PTSD 런던 폭탄 테러	0	2.29	82.1	0
효과성 연구					
Duffy 등.(2007)	성인, 만성 PTSD, 트라우마 기준이 광범위, 다수의 사건이 흔함	20.0	1.25	63.0	1.8
Ehlers 등.(2013)	성인, 만성 PTSD, 트라우마 기준이 광범위, 다수의 사건이 흔함	13.9	1.39	57.3	1.2

PDS Postramatic Diagnositc Scale
[a] Cohen's d, 합동 표준 편차
[b] 진단 평가에 따라 PTSD로부터 회복되었거나 PDS에서 임상적으로 유의미한 변화(비임상 집단의 2 표준편차 이내)를 보인 환자

하여, 다른 사람들이 해당 환자의 녹화 영상을 보고 외모에 대해 중립적인 질문으로 시작하여 환자가 우려하는 부분에 대한 직접적인 질문으로 끝나는 일련의 질문에 답하게 했습니다: "이 사람의 외모에서 무언가 눈에 띄는 것이 있습니까?" "이 사람의 얼굴에서 무언가 눈에 띄는 점이 있나요?" "흉터가 있는 것을 알아보셨나요?" "흉터에 대해 어떻게 생각했나요?" "그가 혐오스러워 보인다고 생각했

나요?" 치료자는 다음 주에 그 답변들을 피드백해 주었고, 환자는 아무도 자신을 혐오스럽게 보인다고 생각하지 않았고 대부분의 사람들이 흉터를 눈치채지도 못했다는 사실에 안도했습니다.

신체적 부상은 환자에게 취약성과 관련된 해석을 발달시켜 과잉 경계와 과도한 예방 조치를 하게 할 수 있습니다. 이러한 문제는 환자가 이들이 불안에 미치는 영향을 발견하기 위해 위험 탐색과 같은 안전 행동을 중단해보는 행동 실험으로 다룰 수 있습니다. 환자가 객관적으로도 취약성이 높아질 정도로 능력을 상실했을 수 있으므로, 치료자는 환자에게 자신이 안전하다고 믿으려면 얼마나 많은 확인이 필요할지 고려해보게 합니다. 즉, 어느 정도로 확인하는 것이 적절한 수준일까요? 이는 환자가 트라우마 이전에 했던 것보다는 많을 수 있지만, 그 뒤에 해오던 것보다는 훨씬 적을 것입니다. 치료자는 또한 촉발 요인의 감별을 통해 기억을 촉발하는 요인을 다루고, 내담자에게 지금은 안전하다는 심상을 사용하도록 격려할 수 있습니다.

사건 이전에 존재했던 다른 건강 문제도 치료 과정에 영향을 미칠 수 있습니다. 예를 들어, 잘 조절되지 않는 당뇨 같이 의학적 관리가 필요한 질환이 있는 환자는 장시간 집중하기 어려워 회기를 짧게 하거나 회기 중 자주 휴식을 취하는 것이 필요할 수 있습니다. 만성 심장 질환이 있는 환자는 트라우마를 회상하고 현장을 방문할 때 점진적인 접근이 필요할 수 있습니다.

9.4 PTSD 인지치료의 효과성 연구

CT-PTSD의 효능은 성인(Ehlers 등. 2003, 2005, 2014, 2022b)과 소아(Smith 등. 2007; Meiser-Stedman 등. 2016)를 대상으로 한 여러 무작위 연구에서 평가되었습니다. 표 9.1은 주요 결과에 대한 개요입니다. 일련의 무작위 통제 연구에서 CT-PTSD는 환자에게 높은 수용도를 보였는데, 이는 매우 낮은 중도 탈락률과 높은 환자 만족도 점수로 나타났습니다. 이 치료법은 PTSD 증상(치료의향분석intent-to-treat 효과 크기 약 2.5), 장애, 우울증, 불안, 삶의 질 면에서 매우 큰 개선을 가져왔습니다. 70% 이상의 환자가 PTSD에서 완전히 회복되었습니다. 북아일랜드 오마 지역Omagh 및 런던 폭탄 테러의 생존자의 연속 표본을 대상으로 한 외래 중재 연구에서도 이러한 결과가 재현되었습니다(Brewin 등. 2010; Gillespie 등. 2002). 주목할 만한 점은 치료로 증상이 악화된 환자의 비율이 0에 가까웠고, 치료 대기군보다도 적었다는 점입니다(Ehlers 등. 2014). 이는 CT-PTSD가 안전하고 효과적인 치료법임을 시사합니다.

Ehlers와 동료들(2013, 2022a)은 통상적인 치료를 받는 연속 표본 집단에서 CT-PTSD를 평가했습니다. 이 연구의 참여 대상에는 심각한 사회 문제, 현재의 위험에 노출된 생활, 매우 심각한 우울증, 경계성 성격 장애 또는 여러 외상 사건 및 상실과 같은 복합적인 요인이 있는 경우를 포함하여 매우 넓은 범위의 환자가 포함되었습니다. 치료자에는 수련생과 숙련된 치료자가 모두 포함되었습니다. 치료 결과는 매우 좋았으며, PTSD 증상에 대한 치료의향 효과 크기가 1.25와 그 이상으로 높게 나타났습니다. 치료를 시작한 환자의 약 60%가 PTSD에서 관해되었습니다. 중도 탈락률은 CT-PTSD 연구에서의 수치(14-15%)보다 다소 높았지만, 외상 초점 인지행동치료 연구의 평균인 23%보다 여전히 낮았습니다(Bisson 등. 2013). 증상 악화를 경험한 환자는 거의 없었습니다.

CT-PTSD가 트라우마의 문제성 의미를 변화시키는 방식으로 작용할까요? Kleim 등(2013)은 증상과 해석의 시간에 따른 변화 과정을 분석했습니다. 치료 모델에서 예측한 바와 같이, 해석의 변화는 후속 증상의 변화를 예측했지만 그 반대의 경우는 성립하지 않았습니다.

Ehlers와 동료들(2013)은 환자의 특성이 치료 반응에 영향을 미치는지 조사했습니다. 고무적이게도 그러한 경우는 거의 없었습니다. 사회적 문제와 여러 트라우마로 인한 재경험 증상만이 다소 덜 긍정적인 반응과 관련이 있었습니다. 이는 치료 시간에 트라우마에 덜 집중하게 되었기 때문인데, 즉 환자와 치료자가 주거 및 재정 문제와 같은 다른 문제를 논의하는 데 시간을 할애하게 되어 환자의 트라우마 기억과 그 의미에 대해 작업할 시간이 상대적으로 적어지기 때문입니다. 이러한 경우 치료 기간을 연장(평균 10회)했다면 더 나은 결과를 얻을 수 있을지에 대해서는 검증이 필요합니다. 중도 탈락률이 높을수록 환자의 사회적 문제와 치료자의 경험 부족과 관련이 있었습니다. 이는 치료자 교육에서 트라우마 중심 작업에 환자를 참여시키는 데 도움이 되는 기술에 대한 관심이 필요하다는 것을 시사합니다.

전반적인 평가 결과는 고무적이며 근거 기반 치료법으로서 CT-PTSD를 지지하였습니다.

감사의 글 이 장에 설명된 치료 프로그램의 개발 및 평가는 Wellcome Trust(grant 069777)의 자금 지원을 받았습니다. David M. Clark, Ann Hackmann, Melanine Fennel, Freda McManus, Nick Grey의 공헌에 감사드립니다.

References

Beierl ET, Böllinghaus I, Clark DM, Glucksman E, Ehlers A (2019) Cognitive paths from trauma to posttraumatic stress disorder: a prospective study of Ehlers and Clark's model in survivors of assaults or road traffic collisions. Psychol Med 46:327–343. https://doi.org/10.1017/S0033291719002253

Bisson JI, Roberts NP, Andrew M, Cooper R, Lewis C (2013) Psychological therapies for chronic post-traumatic stress disorder (PTSD) in adults. Cochrane Libr. https://doi.org/10.1002/14651858.CD003388.pub4

Brewin CR, Fuchkan N, Huntley Z, Robertson M, Scragg P, Ehlers A (2010) Outreach and screening following the 2005 London bombings: usage and outcomes. Psychol Med 40:2049–2057. https://doi.org/10.1017/S0033291710000206

Cloitre M, Stovall-McClough KC, Nooner K, Zorbas P, Cherry S, Petkova E (2010) Treatment for PTSD related to childhood

abuse: a randomized controlled trial. Am J Psychiatr 167:915–924
Duffy M, Gillespie K, Clark DM (2007) Post-traumatic stress disorder in the context of terrorism and other civil conflict in Northern Ireland: randomised controlled trial. Br Med J 334:1147–1150. https://doi.org/10.1136/bmj.39021.846852.BE
Duffy M, Bolton D, Gillespie K, Ehlers A, Clark DM (2013) A community study of the psychological effects of the Omagh car bomb on adults. PLoS One 8(9):e76618. https://doi.org/10.1371/journal.pone.0076618
Dunmore E, Clark DM, Ehlers A (2001) A prospective study of the role of cognitive factors in persistent posttraumatic stress disorder after physical or sexual assault. Behav Res Ther 39:1063–1084
Ehlers A (2013) Trauma-focused cognitive behavior therapy for posttraumatic stress disorder and acute stress disorder. In: Simos G, Hofmann SG (eds) Textbook of CBT for anxiety disorders. Wiley, New York
Ehlers A (2015) Intrusive reexperiencing in posttraumatic stress disorder: memory processes and their implications for therapy. In: Berntsen D, Watson LA (eds) Clinical perspectives on autobiographical memory. Cambridge University Press, Cambridge, pp 109–132
Ehlers A, Clark DM (2000) A cognitive model of posttraumatic stress disorder. Behav Res Ther 38:319–345
Ehlers A, Maercker A, Boos A (2000) PTSD following political imprisonment: the role of mental defeat, alienation, and permanent change. J Abnorm Psychol 109:45–55
Ehlers A, Clark DM, Hackmann A, McManus F, Fennell M, Mayou R (2003) A randomized controlled trial of cognitive therapy, a self-help booklet, and repeated assessments as early interventions for posttraumatic stress disorder. Arch Gen Psychiatry 60:1024–1032
Ehlers A, Hackmann A, Michael T (2004) Intrusive re-experiencing in post-traumatic stress disorder: phenomenology, theory, and therapy. Memory 12:403–415
Ehlers A, Clark DM, Hackmann A, McManus F, Fennell M (2005) Cognitive therapy for post-traumatic stress disorder: development and evaluation. Behav Res Ther 43:413–431
Ehlers A, Ehring T, Kleim B (2012) Information processing in posttraumatic stress disorder. In: Beck JG, Sloan DM (eds) The Oxford handbook of traumatic stress disorders. Oxford University Press, New York, pp 191–218
Ehlers A, Grey N, Wild J, Stott R, Liness S, Clark DM (2013) Implementation of cognitive therapy in routine clinical care: effectiveness and moderators of outcome in a consecutive sample. Behav Res Ther 51:742–752. https://doi.org/10.1016/j.brat.2013.08.006
Ehlers A, Hackmann A, Grey N, Wild J, Liness S, Clark DM (2014) A randomized controlled trial of 7-day intensive and standard weekly cognitive therapy for PTSD and emotion-focused supportive therapy. Am J Psychiatr 171:294–304. https://doi.org/10.1176/appi.ajp.2013.13040552
Ehlers A, Wild J, Warnock-Parkes E et al (2020) A randomised controlled trial of therapist-assisted online psychological therapies for posttraumatic stress disorder (STOP-PTSD): trial protocol. Trials 21:355. https://doi.org/10.1186/s13063-020-4176-8
Ehlers A, Grey N, Wild J, Warnock-Parkes E, Stott R, Kerr A, Albert I, Cullen D, Deale A, Handley R, Clark DM (2022a) Effectiveness of cognitive therapy in routine clinical care: Second phase implementation. Submitted for publication
Ehlers A, Wild J, Stott R, Warnock-Parkes E, Grey N, Janecka M, Clark DM (2022b) A randomized clinical trial of brief self-study assisted and standard weekly cognitive therapy for PTSD. Submitted for publication
Ehring T, Ehlers A, Glucksman E (2008) Do cognitive models help in predicting the severity of posttraumatic stress disorder, phobia and depression after motor vehicle accidents? A prospective longitudinal study. J Consult Clin Psychol 76:219–230
Evans C, Ehlers A, Mezey G, Clark DM (2007) Intrusive memories and ruminations related to violent crime among young offenders: phenomenological characteristics. J Trauma Stress 20:183–196
Foa EB, Rothbaum BO (1998) Treating the trauma of rape. Cognitive-behavior therapy for PTSD. Guilford, New York
Foa EB, Ehlers A, Clark DM, Tolin D, Orsillo S (1999) The Post-Traumatic Cognitions Inventory (PTCI): Development and validation. Psychological Assessment 11(3):303–314. https://doi.org/10.1037/1040-3590.11.3.303
Gillespie K, Duffy M, Hackmann A, Clark DM (2002) Community based cognitive therapy in the treatment of post-traumatic stress disorder following the Omagh bomb. Behav Res Ther 40:345–357
Halligan SL, Michael T, Clark DM, Ehlers A (2003) Posttraumatic stress disorder following assault: the role of cognitive processing, trauma memory, and appraisals. J Consult Clin Psychol 71:419–431
Kleim B, Wallott F, Ehlers A (2008) Are trauma memories disjointed from other autobiographical memories in PTSD? An experimental investigation. Behav Cogn Psychother 36:221–234
Kleim B, Ehlers A, Glucksman E (2012a) Investigating cognitive pathways to psychopathology: predicting depression and posttraumatic stress disorder from early responses after assault. Psychol Trauma Theory Res Pract Policy 4:527–537. https://doi.org/10.1037/a0027006
Kleim B, Ehring T, Ehlers A (2012b) Perceptual processing advantages for trauma-related visual cues in posttraumatic stress disorder. Psychol Med 42:173–181. https://doi.org/10.1017/S0033291711001048
Kleim B, Grey N, Hackmann A, Nussbeck F, Wild J, Ehlers A (2013) Cognitive change predicts symptom reduction with cognitive therapy for posttraumatic stress disorder. J Consult Clin Psychol 81:383–393. https://doi.org/10.1037/a0031290
Meiser-Stedman R, Smith P, McKinnon A, Dixon C, Trickey D, Ehlers A, Clark DM, Boyle A, Goodyer I, Dalgleish T (2016) Cognitive therapy versus wait list as an early intervention for PTSD in children and adolescents: a randomized controlled trial. J Child Psychol Psychiatry. https://doi.org/10.1111/jcpp.12673

Michael T, Ehlers A, Halligan S, Clark DM (2005) Unwanted memories of assault: what intrusion characteristics predict PTSD? Behav Res Ther 43:613–628

Resick PA, Schnicke MK (1993) Cognitive processing therapy for rape victims. Sage, Newbury Park Rothbaum BO, Foa EB, Riggs DS, Murdock T, Walsh W (1992) A prospective examination of post-traumatic stress disorder in rape victims. J Trauma Stress 5:455–475

Sachschal J, Woodward E, Wichelmann J, Haag K, Ehlers A (2019) Differential effects of poor recall and memory disjointedness on trauma symptoms. Clin Psychol Sci 7:1032–1041. https://doi.org/10.1177/2167702619847195

Smith P, Yule W, Perrin S, Tranah T, Dalgleish T, Clark DM (2007) Cognitive-behavioral therapy for PTSD in children and adolescents: a preliminary randomized controlled trial. J Am Acad Child Adolesc Psychiatry 46:1051–1061

Sündermann O, Hauschildt M, Ehlers A (2013) Perceptual processing during trauma, priming and the development of intrusive memories. J Behav Ther Exp Psychiatry 44:213–220. https://doi.org/10.1016/j.jbtep.2012.10.001

Wild J, Warnock-Parkes E, Murray H, Kerr A, Thew G, Grey N, Clark DM, Ehlers A (2020) Treating posttraumatic stress disorder remotely with cognitive therapy for PTSD. Eur J Psychotraumatol 11:1785818. https://doi.org/10.1080/20008198.2020.1785818

인지처리 치료 10

Tara E. Galovski, Jennifer Schuster Wachen, Kathleen M. Chard와 Candice M. Monson

인지처리 치료cognitive processing therapy, 이하 CPT는 PTSD 및 동반 증상을 치료하기 위해 특별히 고안된, 근거기반의 인지행동치료입니다. 이 장에서는 개입의 이론적 토대를 검토하고 실제 프로토콜의 세부적인 내용을 다루면서 실제 사례를 소개합니다. 그리고 트라우마 생존자를 대상으로 프로토콜을 적용할 때 일부 군에서 고려해야 할 몇 가지 어려움과 특별한 상황들을 점검한 뒤 마지막으로 치료 효과를 입증한 무작위 통제 임상 연구들을 살펴보겠습니다.

10.1 이론적 토대

CPT의 이론적 바탕은 PTSD의 발병과 유지를 설명하는 가장 중요한 이론 중 하나인 인지 이론입니다. PTSD에 대한 인지 이론의 기본 개념은, PTSD가 외상 사건으로부터의 회복실패non-recovery 상태인 질환이라는 것입니다(Resick 등. 2008b). 따라서 PTSD는 전조 시기가 있거나, 관찰 가능한 초기 징후 및 증상이 있는 질병이 아닙니다. 그보다 대부분의 경우 외상 사건 노출이 끝난 뒤 초기 며칠 또는 몇 주 사이에 다양하고 심각한 PTSD 증상을 경험합니다. 그리고 사건에 노출된 사람들의 대부분은 시간이 지남에 따라 증상이 완화되거나 자연적으로 회복하며, 상당한 소수의 경우에 PTSD의 진단 기준을 만족하는 증상이 지속됩니다. 즉 전체 트라우마 생존자 중 이 소수의 사람들이 트라우마의 자연 회복으로부터 방해를 받습니다.

PTSD의 인지적 트라우마 이론에 따르면, 이러한 회복실패는 외상 사건에 대한 생각의 회피와 기억에 직면했을 때 사건에 대한 잘못된 해석에 기인합니다. 더 구체적으로 말하자면, 회복하지 못하는 개인은 자신, 타인, 세상에 대한 긍정 또는 부정적 믿음으로 구성된 기존의 핵심 신념체계에 외상 사건을 동화assimilate시키려 합니다. 동화는 외상 사건을 이러한 기존의 신념에 부합하게 하거나 일관성 있게 해석하려는 시도입니다. PTSD 환자가 하는 동화의 일반적인 예는 세상이 공정하다는 믿음just-world thinking, 또는 좋은 일은 좋은 사람에게 일어나고 나쁜 일은 나쁜 사람에게 일어난다는 믿음입니다. 이러한 관점에서 외상 사건, 즉 나쁜 일이 일어나는 것은 그 당사자가 나쁜 일을 했기 때문이거나 과거에 한 일에 대한 벌을 받는 것이라고 가정하게 됩니다. 성폭력 생존자가 하는 이러한 생각 유형의 예시는 "내가 그날 밤 술에 취하지 않았더라면(즉 나쁜 행동), 나는 폭행을 당하지 않았을 거야(나쁜 결과)."와 같은 생각입니다. 또다른 동화에 근거한 유형은 사후 과잉 확신 편향hindsight bias으로, 이는 사건 이후 알게 된 정보에 근거하여 사건을 평가하는 것입니다(Fischhoff 1975). 본질적으로 동화는 외상 사건에 대한 예측과 통제력을 사후에라도 발휘하려는 노력이지만, 역설적으로 트라우마를 겪은 사람에게 처리되지 않은 트라우마성 경험을 끊임없이 재경험하게 합니다.

인지적 트라우마 이론의 또 다른 핵심은, 외상 사건에 대해 잘못된 기존의 해석(즉, 동화)이 트라우마 이후 자기, 타인, 세계에 대해 과도하게 일반화된 부적응 스키마와 핵심 믿음으로 이어지거나 이를 확신하게 만든다는 것입니다. 즉, 개인은 트라우마 경험을 기반으로 자신의 믿음을 과도하게 받아들이게 됩니다. 이러한 과도한 수용over-accommodation에는 트라우마에 대한 해석에 근거해 기존의 스키마를 수정하는 과정을 포함하는데, 스키마의 이러한 수정은 지나치게 심각하고 과도하게 일반화되어 있습니다. 과도한 수용의 흔한 예로, 과거에는 세상이 비교적 온화하거나 적어도 자신에게는 나쁜 일이 일어나지 않을 것이라 믿었던 사람이 트라우마를 겪은 후, 트라우마에 대한 자신의 해석을 기반으로 세상이 완전히 위험하고 예측할 수 없는 곳이라고 믿는 경우를 들 수 있습니다. 또는 트라우마를 겪은 사람이 종종 과거에 겪었던 트라우마나 다른 부정적인 사건으로 인해 타인은 믿을 수 없다거나 자신에게 일어나는 나쁜 일들을 통제할 수 없다는 부정적인 스키마를 이미 갖고 있을 수 있습니다. 이런 경우에 새로운 트라우마의 경험은 기존의 부정적인 스키마를 뒷받침하는 증거로 해석되게 됩니다. McCann과 Pearlman(1990)의 초기 연구를 차용한 인지적 트라우마 이론에서는 종종 과도하게 수용되어 회복을 실패하게 하는 자기 및 타인에 관련된 믿음을 찾아냅니다. 이러한 믿음은 안전, 신뢰, 권력/통제, 존중 및 친밀감과 관련이 있습니다. PTSD의 인지적 트라우마 이론의 강점은, 내담자의 과거 트라우마 경험에 따라 각 영역에서 기존에 가지고 있던 긍정적 혹은 부정적일 수 있는 다양한 믿음의 차이를 설명한다는 점입니다. CPT에서는 동화되고 과도하게 수용된 믿음을 '고착 지점Stuck Points'이라고 하고, 이 용어는 자연스러운 회복을 방해하여 사람들이 PTSD에 '고착'되게 만드는 사고방식을 설명하는 데 사용됩니다. 이 고착 지점이 치료의 표적이 됩니다.

인지적 트라우마 이론에서는 PTSD가 있는 내담자가 흔히 회피하게 되는, 사건과 관련된 자연스러운 감정을 스스로 경험하게 허용해야 한다고 봅니다. 여기서 말하는 자연스러운 감정이란 외상 사건에서 직접적으로 비롯된 감정(예: 사건으로 사랑하는 사람을 잃은 슬픔, 외상과 관련된 위험에 대한 두려움 등)을 말합니다. 이 자연스러운 감정을 억압하거나 회피하는 것은 PTSD 증상이 지속되게 합니다. 인지적 트라우마 이론에 따르면 자연스러운 감정은 그 자체로 영구적인 것이 아니며, 따라서 PTSD의 행동 이론(Foa와 Kozak 1986)과 달리 이의 습관화habituation를 위해 체계적인 노출이 필요하지 않습니다. 내담자는 자연스러운 감정에 접근하고 느끼도록 격려받고, 이러한 감정은 일단 경험하게 되면 스스로 사그라지는 경과를 보입니다.

반대로 부적응적인 잘못된 해석(예: 동화)과 현 시점의 왜곡된 인지(예: 과도한 수용)는 인위적인 감정을 초래하는 것으로 가정합니다. 이 인위적인 감정은 트라우마가 발생한 이유에 대한 의식적인 해석과 그 해석이 현재의 인지에 미치는 함의에 의해 생성된 결과물입니다. 자연 재해의 생존자가 이 재난으로 인한 결과가 자신이나 타인이 스스로와 가족을 보호하기에 충분한 조치를 취하지 않았기 때문이라고 믿는 경우(자책 또는 타인 탓), 그는 지속적으로 죄책감과/또는 분노를 느끼고 자신이나 타인을 불신하게 될 가능성이 높습니다. 이렇게 트라우마와 관련된 해석은 지속적으로 부정적인 감정들을 만들어 내기 때문에, 내담자가 이러한 방식으로 생각하는 한 이 부정적인 감정들은 유지될 것입니다. 이 만들어진 감정들과 관련된 회복의 핵심은, 외상 사건에 대한 정보들을 수용하도록 촉진하는 것입니다. 즉, 내담자가 현실적인 방식으로 사건을 설명할 수 있게 생각을 변화시키도록 독려하되, 너무 과도하게 바뀌서 지나치게 일반화되고 부적응적인 믿음이 생기지 않게 해야 합니다.

기존의 CPT 프로토콜을 구성 요소별로 분해하여 비교한 임상 연구(Resick 등. 2008a, b) 결과에 따라, 가장 최근의 치료 매뉴얼(Resick 등. 2017a)에서는 CPT의 인지적 구성 요소가 최우선 순위가 되었습니다. 이러한 개념적인 진전은 CPT 프로토콜의 변화를 가져왔습니다. 과거에는 전체 프로토콜에 트라우마 내러티브를 쓰는 '서면 노출written exposure' 과정이 포함되어 있었습니다. 이 연구 이전에는 체계적 문헌 고찰과 진료 지침에서 CPT가 종종 노출치료로 분류되었습니다. 치료가 발전함에 따라, 초기 프로토콜에서 표준이었던 '서면 노출'이 노출치료의 정의, 즉 일반적으로 습관화를 목표로 하여 트라우마 기억을 상당히 자세하게 지속적으로, 일관되게 반복하는 수준에 해당하지 못하는 것으로 드러났습니다. CPT에서 이 요소가 실질적으로 노출에 해당하는 강도에 미치지 못했기 때문에, 이 용어는 '서면 기록written account'으로 바뀌었습니다(Resick 등. 2017a). 구성 요소 분리 연구(Resick 등. 2008a, b)에서는 서면 기록이 포함된 기존의 전체 절차와 이론적인 각 활성 요소인 인지치료만 포함된 형태cognitive therapy-only, 이하 CPT-C 및 서면 기록만 포함된 치료 형태written account, 이하 WA를 비교하였습니다. 그 결과, 인지치료만 포함된 버전에서 가장 낮은 중도 탈락률과 가장 빠르고 간단한 회복 과정을 보였습니다. 또 인지치료 단독 조건에서 인지 작업에 집중할 수 있는 시간이 더 많았습니다. 이 연구 및 다른 연구들의 결과를 통해 서면 기록 없이 제공되는 CPT가 새로운 표준 절차가 되었고, 서면 기록을 추가한 형태CPT+A는 치료자의 선택에 따라 사용하게 되었습니다. 이러한 변화는 최근 출간된 치료 매뉴얼(Resick 등. 2017a)에 더 자세히 설명되어 있습니다.

기존 프로토콜의 표준 형식에서 변경되면서 서면 기록이 선택 사항이 되었지만, 트라우마에 대한 집중이 약화되는 것은 아닙니다. 특히, 이러한 변화는 치료자에게 트라우마 기억에 보다 신속하게 집중할 수 있는 기회를 주고, 트라우마 기록을 서면으로 작성하는 과정에서 내담자가 세부 정보를 회피할 때 다시 방향을 잡느라 소진되는 시간을 줄여줍니다. 내담자들은 이 특정 치료 요소에 관련하여 다양한 회피 전략들을 쓰는데, 여기에는 단순히 과제를 완료하지 않는 것부터 트라우마 자체에 대한 세부 사항은 거의 포함하지 않고 사건 발생 전후의 상황만 상황하게 쓰거나 전혀 다른 것에 대해 쓰기, 또는 경찰 보고서처럼 매우 감정이 배제된 방식으로 쓰기 등이 있습니다(Galovski 등. 2020a). 이러한 회피 전략들은 회기 중과 회기 사이의 시간을 낭비하게 만듭니다. 소크라테스식 질문과 같은 인지적 기법들을 더 많이 사용하면 트라우마 기억에 더 쉽게 접근할 수 있고, 궁극적으로는 PTSD의 회복을 촉진할 수 있습니다(Farmer 등. 2017). 그럼에도 불구하고, 일부 내담자는 트라우마 기록 작성을 통해 도움을 받을 수 있습니다. 이 치료 요소를 추가하는 것이 누구에게 가장 효과적일지 예측할 수 있는 자료는 거의 없지만, 구성 요소 분해 연구의 2차 분석(Resick 등. 2008a, b)에서 해리 증상이 심각한 여성의 경우 서면 기록을 포함한 CPT에 더 잘 반응하였습니다(Resick 등. 2012a, b). 현재의 진료 지침에서는 치료자가 내담자에게 서면 기록 작성을 선택지로 제안하도록 권고합니다. 이러한 공동의 의사 결정은 어떤 선택을 내리든 내담자의 치료 참여도를 높일 수 있습니다.

10.2 CPT의 임상적 진행

CPT는 전통적으로 12회기에 걸쳐, 개별, 집단 또는 혼합 형태로 시행되어 왔습니다. 그러나 연구(Galovski 등. 2012)에 따르면, 보다 유동적인 치료 회기 구성이 내담자에게 더 유익할 수 있습니다. 따라서 치료 기간은 내담자의 호전 경과에 따라 결정되며 내담자가 회복할 경우 12 회기 이전에도 종결할 수 있고, 반대로 의미 있는 변화에 다다르지 못했다면 회기를 몇 번 더 추가할 수도 있습니다. CPT의 적용은 치료 단계의 개념으로 간단히 설명할 수 있습니다. 치료 전 단계(1단계)에서 치료자는 PTSD의 존재 유무 외에도 일반적인 치료적 우선 순위(자살, 타해 가능성)와 현재의 조증, 정신증, 물질 의존 등 잠재적으로 치료를 방해할 수 있는 공존 질환의 존재를 고려합니다. 특정 어려운 상황들에 대해서는 이 장의 후반부에서 살펴볼 것입니다. 다음 단계(2단계, 1-3회기)는 앞서 설명한 인지 이론에 따라 PTSD와 생각 및 감정의 역할에 관한 교육으로 구성됩니다. 3단계(4-5회기)에서는 실제 외상 사건을 다루며 기억을 회피하지 않고 직면하여 다루며 내담자가 이에 관련된 자연스러운 감정을 느낄 기회를 줍니다. 이때의 목표는 내담자의 회복을 방해하는 고착 지점을 찾고, 트라우마 기억과 관련된 자연스러운 정서를 표현하게 하는 것입니다. 치료 4단계(6, 7회기)에서 치료자는 소크라테스식 대화법을 활용하여 내담자가 고착 지점에 도전하도록 돕습니다. 이 과정에서 내담자가 회기 사이에 집에서 고착 지점에 본격적으로 도전할 수 있게 돕는 임상 도구(워크시트 세트)를 보완 자료로 사용합니다. 5단계(8-12회기)에서는 종종 트라우마와 관련된 주제인 안전, 신뢰, 힘과 통제, 존중, 친밀감에 집중하는 개별 회기를 통해, 과도하게 수용된 고착 지점에 보다 구체적으로 초점을 맞추는 전환기를 갖습니다. 이 단계에서는 '미래 마주보기facing the future'를 포함하여 재발 예방에 집중하는데, 특히 치료 효과가 유지되는 것을 방해할 수 있는 고착 지점을 목표로 합니다. 다음은 최근 치료실에서 진행된 사례의 개요입니다. 최근에 CPT에서 서면 기록이 표준이 아니라 선택 사항으로 바뀌면서, 소크라테스식 대화가 내담자로 하여금 트라우마 기억에 완전히 몰입하고, 사건과 관련된 자연스러운 감정을 이끌어 내고, PTSD에 갇히게 동화된 고착 지점을 처리하는 데 어떻게 도움이 될 수 있는지를 보여주는 예시입니다.

하이디(Heidi)는 48세 백인 여성으로, 그녀의 성인 자녀 둘은 독립을 했습니다. 그녀는 20년 이상 전국 운송 회사의 장거리 트럭 운전사로 근무하였으며 현재는 장기 휴가 중입니다. 그녀는 26년간 결혼 생활을 했던 남편에게 당한 폭행으로 치료를 받게 되었습니다. 그녀는 부부 사이가 언제나 기복이 심했고, 서로를 거칠게 대했다고 말했습니다. 수년에 걸친 폭력은 점점 심해졌는데, 특히 자녀가 독립한 뒤 부부가 함께 술을 마실 때면 더욱 심해졌습니다. 작년에는 폭력이 최고조에 달해 약 8개월 전, 남편이 그녀의 목을 졸라 거의 죽일 뻔했습니다. 현재 그녀는 별거 중이며 다른 곳에 거주하고 있지만, 남편이 계속 돌아오라고 압박하고 있다고 했습니다.

하이디는 PTSD를 진단받고 CPT를 시작했습니다. 그녀는 원래 뭐든지 '쓰는 걸 싫어한다'며 트라우마 기록을 작성하지 않기로 했습니다. 하이디는 1회기에서 제공된 치료의 근거와 그 외 정보들을 이해했습니다. 2회기에서 그녀는 아주 짧은 영향 보고서impact statement를 작성하여 치료자에게 읽어주었습니다. 이 과제의 목표는 트라우마가 **왜** 발생했다고 내담자가 생각하는지 그 이유(와 동화된 고착 지점)를 이해하고, 특히 안전, 신뢰, 힘/통제, 존중, 친밀감(과도하게 수용된 고착 지점) 면에서 트라우마가 자신, 세계와 타인에 대한 믿음에 미친 영향을 확인하는 것입니다. 하이디의 보고서에는 과도하게 수용된 고착 지점이 쉽게 드러나 있었는데, 주로 PTSD 진단의 의미와 자신의 안전에 대한 두려움에 초점이 맞춰져 있었습니다. 특히 하이디는 "나는 분명히 나약한 사람이다", "세상은 안전하지 않은 곳이다", "당연히 아무도, 나 자신도 믿을 수 없다"라고 썼습니다. 동화된 고착 지점은 이 영향 보고서에 그만큼 명확하게 드러나지는 않아서, 2회기에서는 영향 보고서를 더 발전시켜 동화된 고착 지점을 이끌어 내는 데 시간을 할애했습니다. 이러한 발견 과정은 특히 중요한데, 과도하게 수용된 고착 지점에 대한 작업을 시작하기 전에 동화된 고착 지점에 대해 우선적으로 도전하는 것이 필수적이기 때문입니다(Farmer 등. 2017; Galovski 등. 2020a).

치료자: [하이디가 영향 보고서를 읽은 후] *정말 잘 하셨습니다. 이 사건이 당신의 믿음에 얼마나 뚜렷한 영향을 미쳤는지 알 수 있네요. 여기에 여러 고착 지점이 발견된 것 같습니다. 이 고착 지점들을 다시 살펴보고 고착 지점 일지*stuck point log*에 추가해 보죠.* [치료자와 하이디가 고착 지점 일지에 추가합니다.]

치료자: *이 고착 지점 목록을 보면, "나는 나 자신을 믿을 수 없다.", "나는 나약하다."와 같은 자신에 대한 몇 가지 믿음이 보입니다. 언제부터 스스로를 나약하다고 생각하기 시작했는지 말해줄 수 있을까요?*

하이디: *음, 사실 저는 항상 제 자신을 강한 사람이라고 생각했고, 항상 그런 남자들 무리에 속해 있었어요. 실제로 지역 로데오 경기에서 여러 기록을 세웠고, 가장 힘든 종목에서도 꾸준히 남자들을 이겼습니다. 남편인 조와 있을 때도 저는 항상 힘든 상황을 버텨냈고, 심지어 스스로를 꽤 잘 방어해 왔어요.*

치료자: *정말 놀랍네요. 로데오 경기에 대해 잘은 모르지만, 제가 봤던 것만 떠올려봐도 정말 쉽지 않은 대회던데요! 그런데 당신이 약하다는 생각은 어디에서 온 건가요?*

하이디: *대부분, 인생에서 그 어떤 힘든 상황이 닥쳐도 전 꽤 강하게 이겨냈어요. 보통 저는 현장에서 유일한 여성 운전자라 직업상 강해야만 했거든요. 남자 운전자들이 괜찮은 친구들이지만 거친 사람들이라 약한 모습을 보여서는 안 돼요. 몇 가지 일화를 말해 드릴 수 있겠네요.*

치료자: (하이디가 질문을 피하려 하고 있다는 것을 깨달음) *그 점은 확실히 알겠어요! 당신이 강인한 사람이라는 것을 알려주는 특별한 이야기들이 있는 것 같네요. 그런데 당신이 왜 자신을 약하다고 생각하는지에 대해서는 못 들었어요. 자신이 약하다는 생각은 어디에서 시작된 건가요?*

하이디: *솔직히 말해서, 지난 몇 달 동안 너무 긴장되고 무서웠어요. 잠도 못 자고, 일하러 나가지도 못하고, 악몽까지 꾸고-마치 내가 무너지고 있는 것 같았어요. 강한 사람은 무너지지 않잖아요.*

치료자: *최근의 몇 달이라면, 조가 마지막으로 당신을 공격한 이후지요? 당신이 말한 것들은 그 공격에서 비롯된 PTSD의 증상이니 이해가 됩니다. 하지만 자신을 약하다고 보는 생각이 어디에서 비롯된 건지 설명해줄 수 있나요? 그날 밤 조가 당신을 공격하기 전에는 자신을 강하다고 생각했는데*

지금은 약하다고 보는 건가요? 무엇이 당신 자신에 대한 관점을 바꾸었나요?

하이디: *부분적으로는 PTSD가 맞을 거 같네요. 근데 저는 제 자신을 정신병이 있거나 '두려움을 느끼는' 사람이라고 생각하는 게 어려워요.*

치료자: *예전에 두려움을 느낀 적이 있나요?* [하이디가 고개를 끄덕임] *그러면 그때 스스로를 약하다고 생각했나요?*

하이디: *아니요, 사실 그렇지 않았죠.* [잠시 말을 멈춤] *제가 약한 건 그 상황을 잘 다루지 못했기 때문이에요. 그날 밤에는 제가 그를 다루지 못했어요. 충분히 열심히 싸우지 않았어요. 저는 충분히 강하지 못했어요.*

치료사: *알겠어요. 이제 이해가 되기 시작하네요. 그날 밤에 그런 공격이 일어난 이유가 당신이 약했기 때문이라고 말씀하시는 것 같은데요?*

하이디: [처음으로 눈물을 흘리며] *맞아요, 내가 그 일이 일어나게 했어요. 내가 감당했어야 했는데. 내가 나약했어.*

치료자: *제가 보기에 여기에 몇 가지 고착 지점이 있는 것 같아요. 이 생각들을 고착 지점 일지에 추가해서 나중에 좀 더 생각해볼 수 있게 하지요.*

회기의 남은 시간 동안, 치료자와 하이디는 다음의 동화된 고착 지점들을 일지에 추가했습니다: "이 일은 일어난 것은 내가 약했기 때문이다. 내가 그를 잘 다뤘어야 했다. 더 열심히 싸웠어야 했다. 나는 그날 밤 그런 일이 일어날 줄 알고 있었어야 했다. 나는 충분히 강하지 않았다." 3번째 회기에서는 하이디가 이 고착 지점에 대해 조금씩 도전하는 과정들이 시작되었습니다.

치료자: *당신이 그 사건 전에는 여러 면에서 상당히 강했는데, 폭행 과정과 그 이후에 자신의 강인함에 대한 믿음이 깨졌다고 생각한다는 점이 정말 흥미로워요. "나는 약하다"라는 고착 지점에 대해 좀 더 이야기해볼 수 있을까요? 이 믿음이 생겨난 순간부터 시작하는 게 도움이 될 것 같은데요.*

하이디: *이런 생각을 하기 시작한 '순간'을 말하기는 어려워요. 그날 밤 전부가 흐릿해요. 그냥 모든 게 걷잡을 수 없이 흘러갔죠.*

치료사: *차근차근 살펴봅시다. 그날 저녁 시간은 어떻게 시작되었나요?*

하이디: [의자에서 약간 불편하게 몸을 움직이며 시선을 돌림] *글쎄요- 그냥 다른 날 밤하고 같았을 것 같은데요.*

치료자: [하이디가 시작할 수 있도록 돕는다] *그날이 금요일 밤이었고, 그 전 3일간 운전하며 길 위에 계셨다고 하셨던 기억이 나네요. 막 집에 도착했을 때였나요?*

하이디: *그죠, 힘든 한 주였지만 별 일 없었어요. 약간 지쳐있어서 그냥 뭐라도 대충 먹고 빨리 자고 싶었던 게 기억나요. 하지만 늘 그렇듯이, 내가 집을 비우면 아무 것도 정리되어 있지 않고 집에*

먹을 것도 없었어요. 조는 우리가 종종 가던 동네 술집에 가서 식사하고 싶어했어요. 거기에 간다는 건 보통 가게 문을 닫을 때까지 술을 마실 거라는 의미예요. 저는 별로 내키지 않았지만, 싸우기 싫어서 결국 갔죠. [조용히] *그냥 내 고집대로 했어야 했는데.*

치료자: *흠, 아마도요. 하지만 당시에는 문제를 피하기 위해 가기로 선택한 것 같은데요?* [하이디는 생각한 뒤 고개를 끄덕임] *그래서 당신은 술집으로 갔습니다. 그리고 무슨 일이 있었나요?*

하이디: *별 일 없었어요- 우리는 음식과 맥주를 시켰어요. 저는 몸이 점점 더 안 좋아져서 술과 음식 모두 거의 손도 대지 않았어요. 대신 조가 그걸 다 먹고 마시는데, 꼭 밤을 새려고 작정한 것 같았어요. 친구들이 우르르 오니까 그들과 바에 가서 마시더군요. 그때 저는 열이 나는 걸 느끼고 집에 가겠다고 말했어요. 그가 분명히 화가 나 있었고 싸움을 걸 기세였지만, 친구들이 우리를 보고 있었죠. 저는 기회를 잡아서 그 곳을 빠져나왔어요.*

치료자: *그 다음에는 무슨 일이 일어났나요?*

하이디: *집에 와서는 열 때문에 아스피린을 먹고 침대로 기어들어가 그대로 잠이 들었어요. 그리고 정신을 차렸을 때는 내가 침대에서 끌려나오고 있었고, 그 뒤는 이미 다 아는 일이죠. 심지어 문을 잠그지도 않았더라고요. 내가 얼마나 멍청했는지 알겠죠?*

치료사: *조가 열쇠를 가지고 있었나요?* [하이디는 고개를 숙인 채로 끄덕임] *그럼 문을 잠갔더라도 상황이 크게 달라지진 않았겠네요, 그렇죠?* [치료자는 하이디가 자신이 멍청해서 사건이 일어났다는 생각에 도전할 수 있도록 부드럽게 이러한 소크라테스식 질문을 하였지만, 그녀가 이야기를 계속 이어가기를 바랬습니다. 하이디는 기억 중 가장 어려운 부분에서 이야기를 멈춘 것이 분명했습니다. 치료자는 하이디가 회피를 극복하고, 자연스러운 감정을 경험하고 동화된 고착 지점을 추가로 발견하여 이러한 고착 지점에 도전하는 데 도움이 될 정보들을 모을 수 있기를 원했습니다.] *침대에서 끌려나오던 순간에 대해 기억나는 게 많이 있나요?*

하이디: [계속 시선을 피한 채로 천천히, 조용히 말함] *네. 저는 그때 죽은 듯이 잠들어 있었는데, 그의 한쪽 손에 머리카락이, 다른 손에 목을 잡혀 끌려가면서 잠이 깼어요. 제 등이 그의 몸에 닿은 채였고 제 팔은 눌려 있었어요. 발로 차고 몸을 비틀어 보았지만 그의 손아귀에서 벗어날 수 없었던 게 기억나요. 그는 저를 복도 끝까지 끌고 가면서 소리를 질렀어요. 계단 끝에 닿자 그는 저를 아래로 내던졌어요. 몸이 공중으로 떠올랐다가 바닥으로 추락하던 감각이 기억이 나요.*

치료자: *끔찍하군요. 그때 심하게 다쳤었나요?*

하이디: [울고 있는 것이 보였지만 시선을 전혀 마주치지 않으며] *그때는 몰랐어요. 사실 "지금이 기회야. 현관으로 도망칠 수 있겠어"라고 생각했던 게 기억나요. 하지만 일어서려고 할 때 다리가 부러졌다는 것을 알게 됐어요. 그리고 그가 다시 저를 덮쳤어요. 제가 기회를 날려버린 거예요.*

그 뒤 몇 분 동안, 하이디는 당시 약 30여 분간 이어졌던 남편의 두 번째 폭행에 대해 설명하면서 그가 그녀를 반복해서 때리고 목을 조르며 적어도 두 번 이상 의식을 잃게 했다고 말했습니다. 두 번째 의식을 잃었을 때, 그녀는 죽은 척을 했고 그제서야 그가 자리를 떴습니다. 그녀는 약 20분 정도 기다리다 이웃집으로 간신히 기어갔고, 그녀의 이웃이 경찰에 신고했습니다.

이 사례는 내담자가 트라우마 기억에 세심하게 몰입할 수 있게 치료자가 어떻게 도울 수 있는지 보여줍니다. 회피 현상이 뚜렷이 나타날 경우, 치료자는 내담자가 트라우마에 집중한 상태를 유지하도록 도울 수 있습니다. 치료자는 트라우마를 회상할 때 떠오르는 자연스러운 감정을 내담자가 느낄 수 있도록 충분히 기회를 줍니다. 동시에 치료자는 새로운 동화된 고착 지점을 찾고 이에 부드럽게 도전하는 과정을 시작할 수도 있습니다. 마지막으로 치료자는 세부 사항이 포함된, 트라우마의 전체적인 그림을 확인합니다. 이는 내담자의 고착 지점에 도전하는 소크라테스식 질문을 구성하는 데 큰 도움이 됩니다. 하이디의 경우에는 자신이 약해서, 또는 상황에 '제대로 대처하지 못해서' 폭행이 일어났다는 그녀의 생각에 반대되는 증거로 (그 모든 것이 그녀로 하여금 반격할 수 없었던 만들었던) 침대에서 자고 있던 중 공격을 당했고, 열이 나는 상태였고 폭행으로 다리가 부러졌으며 두 번이나 의식을 잃을 정도로 목이 졸렸다는 사실이 포함되었습니다. 이 모든 상황에도 불구하고 그녀는 죽은 척하는 연기로 남편을 속이고 탈출하는 기지를 발휘했습니다. 그리고 다리가 부러지고 후두가 으스러지는 심각한 부상을 입은 상태에서도 안전한 곳으로 몸을 피할 정도의 강인함을 보여주었습니다. 사실 그녀의 이야기에 그녀가 약하다는 것을 암시하는 내용은 전혀 없었습니다. 오히려 그 반대로, 그녀는 극도의 역경 속에서도 자신이 엄청난 강인함과 불굴의 용기를 발휘했다는 점을 인식하게 되었습니다.

10.3 특정 상황과 어려움들

CPT를 시작하기 전에 치료자가 내담자와 얼마나 오래 사전 작업을 해야 하는지에 대해 종종 질문을 받습니다. 이 대답은 여러 변수에 따라 달라집니다. 새로운 내담자라면, 초기 평가로 PTSD 진단을 확정하자마자 바로 CPT를 시작할 수 있습니다. 치료자가 장기간 내담자에게 보다 지지적이거나 비구조화된 치료 방식을 사용해온 경우라면, 회기의 구조와 과제의 기대 면에서 CPT가 기존의 치료 방식과 어떻게 다를지에 대해 논의해야 할 수 있습니다. 우리는 종종 트라우마 치료의 시작을 미루는 것이 내담자의 회피 행동을 증가시키며, 그 결과 내담자가 치료 절차에 충실히 따를 가능성이 낮아지는 것을 봅니다. 실제로 치료 지연의 이유가 내담자가 치료를 미루고 싶어하기 마음이라서라기보다, 내담자가 CPT를 '견딜 수 없을 것'이라는 치료자의 믿음이나 치료자의 회피에서 비롯되는 경우가 더 많습니다.

CPT의 효과는 복합적인 외상 경험뿐 아니라 다양한 공존 심리 질환이 있는 여성들을 대상으로도 검증되었기 때문에, 대부분의 내담자들은 설계된 대로 치료 프로토콜을 완료할 수 있습니다. 그 예로, 임상 및 연구 환경에서 우리는 최근 (며칠 이내) 트라우마를 겪은 사람과 트라우마 후 70년이 지난 사람들에게 해당 프로토콜을 적용한 바 있습니다. 또한 이 프로토콜은 PTSD 진단 기준에 미달하는 내담자와 전체 진단 기준을 충족하는 내담자 모두에게 활용되어 왔습니다. 마지막으로, 다축진단체계상 다양한 I축, II축 질환 및 공존 질환을 추가적으로 진단받은 내담자들도 전체 프로토콜을 성공적으로 마친 바 있습니다(Galovski 등. 2020a). 그중 몇 가지 예로 수면장애(예: Galovski 등. 2016a, b), 외상성 뇌 손상(Chard 등. 2011), 반복적인 두부 손상 및 우울증(Galovski 등. 2020b), 알코올 사용 장애(Kaysen 등. 2014; Pearson 등. 2019a, b), 성격장애(Walter 등. 2012; Galovski 등. 2016a, b) 등이 있습니다. 우리의 연구 대부분에는 양극성장애나 조현병 진단을 받은 내담자도 포함되지만, 트라우마에 집중하는 작업을 시작하기 전에 먼저 조증이나 정신병적 증상을 안정화시킵니다. 최근 심각한 정신질환이 동반된 환자들을 대상으로 CPT를 시행한 비무작위 임상 연구에서, 이러한 공존 질환이 있는 경우에도 PTSD 증상들을 감소시키는 것이 가능하다는 점을 보여주었습니다(Feingold 등. 2018). 우리가 아는 범위 안에서, 치매 진단을 받은 대상자에게 CPT가 시도된 사례는 보고된 바 없습니다.

CPT와 같은 트라우마 중심 치료의 시작을 늦추는 것이 타당할 수 있는 몇 가지 상황이 있습니다(예: 내담자의 신체 혹은 심리적 안정화가 필요한 경우). 어떠한 종류의 치료이든 시작하기 전에 치료 대상자가 자신이나 타인에게 위험하지 않은 상태인지, 그리고 현재의 학대 관계로 인해 신변에 위험이 있지 않은지 확인하는 것은 매우 중요한 고려 사항입니다. 위험의 우려가 있다면 CPT를 고려하기에 앞서 안전 계획을 우선적으로 수립해야 합니다. 반대로, 우리는 군인, 경찰, 소방관과 같이, 가까운 미래에 트라우마를 겪을 가능성이 이들에게 CPT를 성공적으로 적용한 바 있습니다. 미래의 트라우마를 경험할 가능성은 보편적인 위험 요인이므로, 미래의 폭력이나 트라우마 노출 가능성이 트라우마 치료를 지연시키는 이유가 되어서는 안되며, 오히려 이러한 가능성을 추가적인 고착 지점을 파악하고 개입할 영역으로 보아야 합니다. 그 외에 치료 시작을 늦출 수 있는 신체적 안전과 관련된 추가적인 요인은 심각한 건강상의 위험을 초래하는 섭식장애 환자나(PTSD와 섭식장애가 공존하는 경우의 CPT 치료는 Trim 등. 2017 참조) 잠재적으로 치명적인 자해 행동을 하는 경우입니다. 이 두 경우 모두, CPT를 시작하기 전에 내담자를 안정화하기 위한 노력이 필요합니다.

CPT 치료의 시작을 늦추게 되는 또 다른 요인은 내담자의 심리적 기능입니다. 예를 들어, 내담자의 우울증이 너무 심해서 회기에 거의 참석하지 않거나, 심각한 해리 증상 때문에 치료 시간의 대부분을 견디지 못하거나, 심한 공황 발작으로 인해 사건의 가장 사소한 세부 사항도 다룰 수 없는 경우에는 CPT에 앞서 다른 치료적 개입이 필요할 수 있습니다(예: 대처 기술 구축, 공황 조절 치료(18장 및 4부 '공존 질환의 치료' 참조). 물질 사용 정애가 공존하는 경우, 일반적으로 현재 물질을 사용하고 있는 대상자들에게도 CPT 프로토콜이 매우 성공적으로 적용되고 있기는 하나, 보통 물질 의존 상태로 해독이 필요한 정도일 경우에는 외래 환경에서 치료를 시행하지 않습니다(Kaysen 등. 2014). 그러나 해독 후 상태가 안정되면 일반적으로 CPT에 참여할 수 있습니다. 최근의 임상 시험에서는 PTSD와 물질사용장애가 공존하는 환자군에 CPT를 적용한 결과, PTSD 및 물질 사용 모두 개선되는 효과가 나타났습니다(Haller 등. 2016; Pearson 등. 2019a, b). 이러한 결과는, 물질사용장애의 맥락에서도 PTSD의 치료가 안전하고 효과적임을 시사합니다. 연구와 임상에서의 효과성 검증 모두에서, CPT 후 우울, 불안, 약물 사용, 분노와 죄책감 등의 증상이 전부 감소하고, 치료 이후의 추적 관찰에서도 이러한 효과가 유지되는 결과를 보였습니다(관련 연구들은Galovski 등. 2020a 참조). 약물치료를 받고 있지 않은 정신병적 장애나 양극성 장애를 가진 대상자라면 CPT를 시작하기 전에 약물치료로 대상자를 안정시는 과정이 필요할 수 있습니다. 마지막으로, 최근의 연구들은 CPT가 건강문제(Galovski 등. 2009), 외상성 뇌손상(Chard 등. 2011; Walter 등. 2012; Galovski 등. 2020b), 수면문제(Galovski 등. 2016a, b; Pruiksma 등. 2016)와 만성 통증(Galovski와 Resick 2008) 등, 복합적인 의료적 문제가 동반된 경우에도 PTSD를 성공적으로 치료할 수 있음을 보여주고 있습니다.

여러 연구에 따르면, 성격장애(경계성 성격장애borderline personality disorder, 이하 BPD 포함)가 공존하는 내담자들도 CPT로 매우 좋은 치료 효과를 보였습니다. 이들은 비록 성격장애를 동반하지 않는 내담자들에 비해 초기 PTSD 점수가 더 높은 상태에서 치료를 시작했지만, BPD 특성을 가진 대상자들(Clarke 등. 2008)과 BPD를 확진받은 대상자들(Walter 등. 2012; Galovski 등. 2016a, b; Holder 등. 2017) 모두 성격장애가 없는 집단과 동등한 수준의 치료 효과를 보였습니다. 성격장애와 PTSD가 공존하는 내담자와 함께 작업하는 많은 치료자들이 직면하는 도전 과제는, 치료를 프로토콜대로 진행하고 내담자에게는 중요하지만 PTSD 회복 과정에 방해가 될 수 있는 외상과 무관한 주제와 문제로 인해 치료 절차에서 이탈하지 않게 하는 것입니다. 우리는 이러한 내담자들이 트라우마 반응을 조절하기 위해 부적응적인 인지 및 대처 전략을 발달시켜 온 경우를 종종 발견했습니다. 이러한 믿음과 행동 양식은 과거 어느 시점에서는 개인의 삶에서 기능적인 역할을 했을 가능성이 높지만 시간이 지나며 결국 세상에 대한 독단적인 스키마가 됩니다. 이후 내담자는 이 스키마를 통해 모든 경험을 바라보고 이러한 믿음에 반대되는 정보를 무시하거나 왜곡하게 됩니다. 우리의 목표는 트라우마에 집중하는 상태를 유지하면서, 트라우마와 관련된 인지 문제를 다룰 수 있는 추가적인 기술을 제공하여 내담자가 외상 후 겪는 고통을 감소시키는 것입니다.

CPT 프로토콜의 수정은 대부분 권장되지 않습니다. 그럼에도 불구하고, 우리가 수행한 연구에 따르면 최적의 결과를 얻기 위해 경우에 따라 제한적인 수정이 필요할 수 있습니다(Galovski 등. 2012; Resick 등. 2008b; Galovski 등. 2016a, b; Angelakis 등. 2020; Jak 등. 2019; Kozel 등. 2018; Pearson 등. 2019a, b). 한 예로, 최소한의 정규 교육(초등 4학년)을 받은 대상자들과 IQ가 약 75 정도인 대상자들에게 이 프로토콜을 적용했을 때, 일부 대상자들에게는 절차를 단순화해야 했습니다. 또한 외상성 뇌손상traumatic brain injury, TBI이 있는 재향군인의 수가 늘어남에 따라, PTSD 내담자들 중 다수가 부상으로 인한 뇌진탕후 증상도 함께 겪고 있습니다. 임상 자료들은 이러한 내담자의 대다수에게 현재의 CPT 또는 CPT-C 형식을 적용하는 것을 지지하지만, 과제의 목적을 이해하기 어려워하는 내담자들에게는 이해 수준에 맞게 워크시트를 간소화했습니다(Resick 등. 2017a; Chard 등. 2011). 예를 들어, 우리는 상위 단계의 워크시트로 넘어가지 않고 치료 과정 전반에 걸쳐 사용할 수 있는 워크시트를 만들었습니다. Bass와 동료들(2013)은 콩고민주공화국에서 집단 CPT-C (기록 없이 인지만 다루는 형식)의 무작위 통제 연구를 수행하였습니다. 이 연구의 참여자들은 문맹이었고, 종이가 없는 환경이었으며, 연구에 참가한 치료자들도 초등 교육 이상의 교육은 몇 년만 받은 상태였습니다. 이 연구에서 워크시트와 개념은 내담자가 암기할 수 있도록 단순화되어야 했습니다.

요약하자면, 치료자는 광범위한 트라우마 이력이 있는 내담자에게 CPT를 적용할 수 없다고 가정하거나 PTSD에 동반된 공존 질환으로 인해 위축되어서는 안됩니다. 치료자는 내담자와 협력하여 공존 질환의 심각성이 PTSD 치료에 참여할 수 없을 정도인지 판단해야 합니다. 그러나 대부분의 경우 PTSD 치료는 동반 질환의 증상을 호전시키고, 심지어 해당 증상에 대한 추가적인 치료가 필요 없어질 수도 있습니다. 따라서 CPT를 언제 시작하고 누구에게 적용할지는 내담자와 함께 논의하여 개별적으로 결정해야 합니다.

10.4 경험적 근거

다양한 집단에서 CPT의 효능과 효과를 뒷받침하는 방대한 문헌들이 존재합니다. 첫 무작위 통제 연구에서는 171명의 강간 여성 생존자를 대상으로 CPT, 지속노출PE, 대기자 명단WL 대조군을 비교했습니다(Resick 등. 2002). 연구 결과, CPT와 PE 집단 모두 WL 대조군에 비해 치료 전보다 치료 후 PTSD와 우울 증상이 현저히 감소했습니다. CPT 집단에서 죄책감(Resick 등. 2002), 건강 관련 우려(Galovski 등. 2009), 절망감(Gallagher와 Resick 2012), 자살 생각(Gradus 등. 2013)이 유의하게 더 개선된 것 외에, 두 적극적 치료법 간 차이는 거의 없었습니다. 이러한 개선은 3개월 및 9개월 추적 관찰 시점에도 유지되었습니다. 이 참가자들에 대한 후속 장기 추적 평가(Resick 등. 2012a, b) 결과, 연구 참여 시점 후 5-10년 동안 PTSD 증상에 유의미한 변화가 없었으며 이는 치료 효과가 장기간 유지된다는 것을 시사합니다.

CPT의 전체 프로토콜 중 이론적인 활성화 요소의 개별적인 기여도를 더욱 완전하게 이해하기 위해, CPT 구성요소 분해 연구(Resick 등. 2008a)에서는 전체 프로토콜을 서면 기록이 포함되지 않은 단일 인지 형태CPT-C, 서면 기록 단일 형태WA와 비교했습니다. 그리고 신체 및/또는 성폭력을 겪은 성인 여성 150명을 세 조건 중 하나에 무작위로 배정했습니다. 세 조건 모두, 치료 기간과 6개월 추적 조사에서 참여자들의 PTSD와 우울 증상이 유의미하게 개선되었습니다. 대인 관계 폭력 여성 생존자를 대상으로 한 이 두 건의 초기 무작위 통제 연구에 이어, 이후 민간인을 대상으로 추가 연구가 진행되었으며, 그 결과 기억 특이성 훈련memory specificity training, MeST(Maxwell 등. 2016)과 서면 노출치료written exposure therapy, WET(Sloan 등. 2018)와 비교했을 때 CPT의 효능이 지속적으로 입증되었습니다.

CPT는 재향군인들에게도 효과가 있었습니다. Monson과 동료들(2006)은 재향군인 표본을 대상으로 최초의 무작위 통제 연구를 시행하여, 1개월 후 추적 관찰을 통해 CPT를 받은 재향군인들이 일반적인 치료를 받은 대조군보다 PTSD 증상이 유의미하게 개선되었음을 발견했습니다. 연구에서는 우울, 불안, 정서적 기능, 죄책감과 사회적 적응을 포함한 동반 증상도 개선되었습니다. Forbes와 동료들(2012)은 호주 전역에 있는 재향군인 치료소 세 곳에서 일반적인 치료와 CPT의 효과를 비교연구했습니다. 연구 결과, CPT 집단에서 PTSD와 불안 및 우울증을 포함한 이차 결과가 유의하게 더 크게 개선되었습니다. 군대 내 성적 트라우마를 겪은 재향군인 표본에 CPT를 적용한 첫 번째 무작위 통제 연구에서는 CPT의 적극적인 대조군으로 현재-중심 치료present-centered therapy, 이하PCT를 비교했습니다(Suris 등. 2013). 그 결과, 두 치료 집단 모두 6개월 간의 추적관찰 기간 동안 PTSD와 우울증이 유의미하게 개선되었지만, CPT를 받은 재향군인들은 치료 후 평가에서 PTSD 증상의 자가보고상 심각도가 PCT 집단에 비해 더욱 크게 감소하였습니다. 치료자 평가 PTSD 척도Clinician-Administered PTSD Scale, CAPS에서는 두 치료법 간의 차이가 없었습니다. Morland와 동료들(2014)은 하와이에서 베트남전 참전용사 남성 125명에게, 각각 원격의료와 대면으로 집단 CPT를 제공하여 비교하는 무작위 통제 연구를 실시했습니다. 그 결과, 두 집단 모두에서 치료 후 PTSD 증상이 유의미하게 감소했으며 6개월 추적 관찰 시점까지 효과가 유지되었습니다. 임상 및 과정 결과 변수에서 두 집단 간에 유의미한 차이는 없었습니다. 이후 동일한 연구진이 여성 재향군인, 예비군, 방위군 및 민간인에게 원격의료 방식으로 치료를 제공하여 평가하였고(Morland 등. 2015), Maieritsch와 동료들(2016)은 9/11 테러 이후 재향군인에게 원격의료 방식으로 CPT의 효과를 검증하였습니다. 이 두 후속 연구에서도 이러한 형태로 제공되는 치료의 효과성을 입증하였습니다. 이러한 결과는 원격의료 기술을 활용하여 CPT를 제공하는 것이 실현 가능하며 효과적임을 지지해주는 자료로, 이를 통해 CPT의 접근 범위를 크게 확장하고, 지리적 제약이 있는 사람들에게 치료 접근성을 향상시킬 수 있습니다. 2020년 전 세계적인 판데믹 기간 동안, 이 연구들에서 도출된 지식은 전국의 재향군인과 민간인 모두에게 정신건강 서비스를 지속적으로 제공하는 데 중요한 역할을 했습니다(Moring 등. 2020).

CPT는 현역 군인 대상의 연구에서도 효과성을 입증하였습니다. 미국 현역 군인 집단에서 CPT를 검증한 첫 무작위 통제 연구에서는 전투 트라우마 후 PTSD를 겪는 남성 군인 표본을 대상으로 현재-중심 치료PCT와 CPT를 비교했는데(Resick 등. 2015), 두 집단 모두에서 PTSD와 우울증이 유의미하게 감소했습니다. 현역 군인을 대상으로 한 두 번째 연구에서는 개별 CPT와 집단 CPT를 비교했습니다. 두 조건 모두에서 참여자들의 증상이 유의미하게 감소하였으나, 개별 CPT를 받은 참여자들이 집단 CPT 참여자들보다 PTSD가 현저하게 더 많이 개선되었습니다(Resick 등. 2017b).

기존 CPT 프로토콜의 수정과 각색은 개입의 전반적인 효과를 높였습니다. Chard(2005)는 성폭력 생존자를 위해 17주간의 집단 및 개별 치료로 구성된, CPT의 수정 형태인 CPTCPT-SA를 개발했는데, 이 프로그램은 애착, 의사소통, 성적 친밀감, 사회적 적응 등 학대 생존자에게 두드러지게 나타나는 문제를 다루도록 설계되었습니다. 이 치료에 대한 무작위 통제 연구에서는 71명의 여성을 CPT 또는 최소 개입minimal attention, MA 대기자 대조군으로 무작위 배정했습니다. 그 결과 대조군보다 CPT 군에서 치료 전후 PTSD, 우울증, 해리 증상이 치료 전후로 유의미한 개선을 보였습니다. PTSD 증상은 치료 후부터 3개월 추적 관찰 시기까지 지속적으로 호전되었으며, 1년 추적 관찰 시기에도 효과가 안정적으로 유지되었습니다. Galovski와 동료들은 사전에 설정한 바람직한 최종 기능 상태를 목표로 하여, 내담자의 경과에 따라 회기의 수를 조정하는 유연성 있는 가변형 프로토콜modified cognitive processing therapy, MCPT을 적용하였습니다(Galovski 등. 2012). 남녀 100명의 대인 관계 트라우마 생존자를 대상으로 이를 시행한 무작위 통제 연구 결과에 의하면, MCPT는 최소 접촉 대조군에 비해 PTSD와 우울증뿐 아니라 죄책감, 삶의 질, 사회적 기능과 같은 이차적 결과에서도 더 많은 개선을 보였습니다. 또한 목표 기준(바람직한 최종 상태 기능)면에서 MCPT 집단의 58%는 12회 미만의 회기에서 이에 도달했으며, 8%는 12회를, 34%는 12-18번의 회기를 필요로 하였습니다. 3개월 추적관찰에서도 개선 효과가 유지되었습니다. 이러한 결과는 조기 반응자의 경우 CPT 프로토콜의 회기 수를 단축할 수 있으며, 반대로 표준 12회기 프로토콜에도 반응을 보이지 않는 대상자의 경우 회기를 추가하면 결과가 개선될 수 있음을 시사합니다. 전반적인 결과를 저해할 수 있는 흔한 동반 질환인 수면장애(Galovski 등. 2016a, b), 우울증(Angelakis 등. 2020; Kozel 등. 2018), TBI 관련 인지 증상(Jak 등. 2019) 등을 목표로 한 증강 연구들도 많이 진행되었습니다.

CPT는 또한 미국 외 지역의 트라우마 피해자들의 요구와 국제 인구의 요구에 맞추어 조정되었습니다. Bass와 동료들(2013)은 콩고민주공화국에서 여성 성폭력 생존자 대상의 통제 연구로 16개 마을에서 CPT-C(157명) 또는 개별 지원(248명)을 무작위로 배정했습니다. CPT-C는 초기 개별 회기 후, 집단치료 형식으로 진행되었습니다. 연구 결과, CPT-C 집단치료 참여자는 개별 지원 참여자보다 PTSD, 우울증, 불안 증상이 유의하게 개선되었고 이 효과가 6개월 추적 조사에서도 유지되었습니다. 이라크 남부의 폭력 피해 민간인 생존자 표본을 대상으로 한 연구에서 Weiss와 동료들(2015)은 대기자 명단 대조군보다 CPT가 더 효과적임을 확인하였습니다. 마지막으로, Butollo와 동료들(2016)이 다양한 유형의 트라우마에 노출된 독일 여성 민간인 표본에서 CPT와 대화 노출치료를 비교한 결과, 두 치료법 모두 동등한 효과를 보였습니다. 이러한 연구 결과들은 CPT가 다양하고 어려운 환경에서도 효과적으로 적용될 수 있다는 것을 보여줍니다.

References

Angelakis S, Weber N, Nixon RD (2020) Comorbid posttraumatic stress disorder and major depressive disorder: the usefulness of a sequential treatment approach within a randomized design. J Anxiety Disord 76:102324

Bass JK, Annan J, McIvor-Murray S, Kaysen D, Griffiths S, Cetinoglu T, Wachter K, Murray L, Bolton PA (2013) Controlled trial of psychotherapy for Congolese survivors of sexual violence. N Engl J Med 368(23):2182–2191

Butollo W, Karl R, Konig J, Rosner R (2016) A randomized controlled clinical trial of dialogical exposure therapy versus cognitive processing therapy for adult outpatients suffering from PTSD after type I trauma in adulthood. Psychother Psychosom 85(1):16–26

Chard KM (2005) An evaluation of cognitive processing therapy for the treatment of posttraumatic stress disorder related to childhood sexual abuse. J Consult Clin Psychol 73(5):965–971

Chard KM, Schumm JA, McIlvain SM, Bailey GW, Parkinson R (2011) Exploring the efficacy of a residential treatment program incorporating cognitive processing therapy-cognitive for veterans with PTSD and traumatic brain injury. J Trauma Stress 24(3):347–351. https://doi.org/10.1002/jts.20644

Clarke SB, Rizvi SL, Resick PA (2008) Borderline personality characteristics and treatment outcome in cognitive-behavioral treatments for PTSD in female rape victims. Behav Ther 39(1):72–78. https://doi.org/10.1016/j.beth.2007.05.002

Farmer CC, Mitchell KS, Parker-Guilbert K, Galovski TE (2017) Fidelity to the cognitive processing therapy protocol: evaluation of critical elements. Behav Ther 48(2):195–206. https://doi.org/10.1016/j.beth.2016.02.009

Feingold ZR, Fox AB, Galovski TE (2018) Effectiveness of evidence-based psychotherapy for posttraumatic distress within a jail diversion program. Psychol Serv 15(4):409–418

Fischhoff B (1975) Hindsight is not equal to foresight: the effect of outcome knowledge on judgment under uncertainty. J Exp Psychol Hum Percept Perform 1(3):288–299. https://doi.org/10.1037/1076-898X.11.2.124

Foa EB, Kozak MJ (1986) Emotional processing of fear: exposure to corrective information. Psychol Bull 99(1):20–35. https://doi.org/10.1037/0033-2909.99.1.20

Forbes D, Lloyd D, Nixon RDV, Elliot P, Varker T, Perry D, Bryant RA, Creamer M (2012) A multisite randomized controlled effectiveness trial of cognitive processing therapy for military-related posttraumatic stress disorder. J Anxiety Disord 26(3):442–452

Gallagher MW, Resick PA (2012) Mechanisms of change in cognitive processing therapy and prolonged exposure therapy for PTSD: preliminary evidence for the differential effects of hopelessness and habituation. Cogn Ther Res 36(6):750–755. https://doi.org/10.1007/s10608-011-9423-6

Galovski TE, Monson C, Bruce SE, Resick PA (2009) Does cognitive-behavioral therapy for PTSD improve perceived health and sleep impairment? J Trauma Stress 22(3):197–204. https://doi.org/10.1002/jts.20418

Galovski TE, Blain LM, Mott JM, Elwood L, Houle T (2012) Manualized therapy for PTSD: flexing the structure of cognitive processing therapy. J Consult Clin Psychol 80(6):968–981

Galovski TE, Harik JM, Blain LM, Elwood L, Gloth C, Fletcher TD (2016a) Augmenting cognitive processing therapy to improve sleep impairment in PTSD: a randomized controlled trial. J Consult Clin Psychol 84:167–177. https://doi.org/10.1037/ccp0000059

Galovski TE, Harik JM, Blain LM, Farmer C, Turner D, Houle T (2016b) Identifying patterns and predictors of PTSD and depressive symptom change during cognitive processing therapy. Cogn Ther Res 40(5):617–626. https://doi.org/10.1007/s10608-016-9770-4

Galovski TE, Nixon R, Kaysen D (2020a) Flexible applications of cognitive processing therapy: evidence-based treatment methods. Elsevier, Cambridge

Galovski TE, Smith B, Micol R, Resick PA (2020b) Interpersonal violence and traumatic brain injury: the effects on treatment for PTSD. Psychol Trauma Theory Res Prac Policy. https://doi.org/10.1037/tra0000976

Galovski TE, Resick PA (2008) Cognitive processing therapy for posttraumatic stress disorder secondary to a motor vehicle accident: A single-subject report. Cognitive and Behavioral Practice 15(3):287–295. https://doi.org/10.1016/j.cbpra.2007.11.005

Gradus JL, Suvak MK, Wisco BE, Marx BP, Resick PA (2013) Treatment of posttraumatic stress disorder reduces suicidal ideation. Depress Anxiety 30(10):1046–1053. https://doi.org/10.1002/da.22117

Haller M, Norman SB, Cummins K, Trim RS, Xu X, Cui R, Allard CB, Brown SA, Tate SR (2016) Integrated cognitive behavioral therapy versus cognitive processing therapy for adults with depression, substance use disorder, and trauma. J Subst Abus Treat 62:38–48

Holder N, Holliday R, Pai A, Suris A (2017) Role of borderline personality disorder in the treatment of military sexual trauma-related posttraumatic stress disorder with cognitive processing therapy. Behav Med 43(3):184–190

Jak AJ, Jurick S, Crocker LD, Sanderson-Cimino M, Aupperle R, Rodgers CS et al (2019) SMART-CPT for veterans with comorbid post-traumatic stress disorder and history of traumatic brain injury: a randomised controlled trial. J Neurol Neurosurg Psychiatry 90(3):333–341

Kaysen D, Schumm J, Pedersen E, Seim RW, Bedard-Gilligan M, Chard K (2014) Cognitive processing therapy for veterans with comorbid PTSD and alcohol use disorders. Addict Behav 39:420–427. https://doi.org/10.1016/j.addbeh.2013.08.016

Kozel FA, Motes MA, Didehbani N, DeLaRosa B, Bass C, Schraufnagel CD et al (2018) Repetitive TMS to augment cognitive processing therapy in combat veterans of recent conflicts with PTSD: a randomized clinical trial. J Affect Disord 229:506–514

Maieritsch KP, Smith TL, Hessinger JD, Ahearn EP, Eickhoff JC, Zhao Q (2016) Randomized controlled equivalence trial comparing videoconference and in person delivery of cognitive processing therapy for PTSD. J Telemed Telecare 22:238–243

Maxwell K, Callahan JL, Holtz P, Janis BM, Gerber MM, Connor DR (2016) Comparative study of group treatment for posttraumatic stress disorder. Psychotherapy 53(4):433

McCann IL, Pearlman LA (1990) Psychological trauma and the adult survivor: theory, therapy, and transformation. Brunner/Mazel, Philadelphia

Monson CM, Schnurr PP, Resick PA, Friedman MJ, Young-Xu Y, Stevens SP (2006) Cognitive processing therapy for veterans with military-related posttraumatic stress disorder. J Consult Clin Psychol 74(5):898–907

Moring JC, Dondanville KA, Fina BA, Hassija C, Chard K, Monson C, LoSavo ST, Wells SY, Morland LA, Kaysen D, Galovski TE, Resick PA (2020) Cognitive processing therapy for posttraumatic stress disorder via telehealth: practical considerations during the COVID-19 pandemic. J Trauma Stress 33:371–379. https://doi.org/10.1002/jts.22544

Morland LA, Mackintosh MA, Greene C, Rosen CS, Chard KM, Resick PA, Frueh BC (2014) Cognitive processing therapy for posttraumatic stress disorder delivered to rural veterans via telemental health: a randomized noninferiority clinical trial. J Clin Psychiatry 75(5):470–476

Morland LA, Mackintosh M, Rosen CS, Willis E, Resick P, Chard K, Frueh BC (2015) Telemedicine vs. in-person delivery of cognitive processing therapy for women with posttraumatic stress disorder: a randomized non-inferiority trial. Depress Anxiety 32:811–820. https://doi.org/10.1002/da.22397

Pearson CR, Kaysen D, Huh D, Bedard-Gilligan M (2019a) Randomized controlled trial of culturally adapted cognitive processing therapy for PTSD, substance misuse, and HIV sexual risk behavior for native American women. AIDS Behav 23(3):695–706

Pearson CR, Smartlowit-Briggs L, Belcourt A, Bedard-Gilligan M, Kaysen D (2019b) Building a tribal–academic partnership to address PTSD, substance misuse, and HIV among American Indian women. Health Promot Pract 20(1):48–56

Pruiksma KE, Taylor DJ, Wachen JS, Mintz J, Young-McCaughan S, Peterson AL et al (2016) Residual sleep disturbances following PTSD treatment in active duty military personnel. Psychol Trauma Theory Res Pract Policy 8(6):697

Resick PA, Nishith P, Weaver TL, Astin MC, Feuer CA (2002) A comparison of cognitive-processing therapy with prolonged exposure and a waiting condition for the treatment of chronic posttraumatic stress disorder in female rape victims. J Consult Clin Psychol 70(4):867–879

Resick PA, Galovski TE, Uhlmansick MO, Scher CD, Clum GA, Young-Xu Y (2008a) A randomized clinical trial to dismantle components of cognitive processing therapy for posttraumatic stress disorder in female victims of interpersonal violence. J Consult Clin Psychol 76(2):243–258

Resick PA, Monson CM, Chard KM (2008b) Cognitive processing therapy: veteran/military manual. Veterans Administration, Washington, DC

Resick PA, Suvak MK, Johnides BD, Mitchell KS, Iverson KM (2012a) The impact of dissociation on PTSD treatment with cognitive processing therapy. Depress Anxiety 29(8):718–730

Resick PA, Williams LF, Suvak MK, Monson CM, Gradus JL (2012b) Long-term outcomes of cognitive-behavioral treatments for posttraumatic stress disorder among female rape survivors. J Consult Clin Psychol 80(2):201–210

Resick PA, Wachen JS, Mintz J, Young-McCaughan S, Roache JD, Borah AM, Borah EV, Dondanville KA, Hembree EA, Litz BT, Peterson AL, on behalf of the STRONG STAR Consortium (2015) A randomized clinical trial of group cognitive processing therapy compared with group present-centered therapy for PTSD among active duty military personnel. J Consult Clin Psychol 83:1058–1068. https://doi.org/10.1037/ccp0000016

Resick PA, Monson CM, Chard KM (2017a) Cognitive processing therapy for PTSD:a comprehensive manual. Guilford Press, New York

Resick PA, Wachen JS, Dondanville KA, Pruiksma KE, Yarvis JS, Mintz J, Peterson AL, The STRONG STAR Consortium (2017b) Effect of group vs. individual cognitive processing therapy in active-duty military seeking treatment for posttraumatic stress disorder: a randomized clinical trial. JAMA Psychiatry 74(1):28–36. https://doi.org/10.1001/jamapsychiatry.2016.2729.

*STRONG STAR consortium group authors include (alphabetically): E.V. Borah, A. Brundige, E.A. Hembree, B.T. Litz, J.D. Roache, & S. Young-McCaughan Sloan DM, Marx BP, Lee DJ, Resick PA (2018) A brief exposure-based treatment vs cognitive processing therapy for posttraumatic stress disorder: a randomized noninferiority clinical trial. JAMA Psychiat 75(3):233–239. https://doi.org/10.1001/jamapsychiatry.2017.4249

Suris A, Link-Malcolm J, Chard K, Ahn C, North C (2013) A randomized clinical trial of cognitive processing therapy for veterans with PTSD related to military sexual trauma. J Trauma Stress 26(1):28–37

Trim JG, Galovski TE, Wagner A, Brewerton T (2017) Treating ED-PTSD patients: a synthesis of the literature and new treatment directions. In: Anderson LK, Murray SB, Kaye WH (eds) Clinical handbook of complex and atypical eating disorders. Oxford University Press, New York, pp 40–59

Walter KH, Bolte TA, Owens GP, Chard KM (2012) The impact of personality disorders on treatment outcome for Veterans in a posttraumatic stress disorder residential treatment program. Cogn Ther Res 36(5):576–584

Weiss WM, MurrayLK, Zangana GAS, Mahmooth Z, Kaysen D, Dorsey S et al (2015) Communitybased mental healthtreatments for survivors of torture and militant attacks in Southern Iraq: A randomized, controlled clinical trial. BMC Psychiatry, 15:249

트라우마 관련 질환에 대한 EMDR 치료 11

Deany Laliotis와 Francine Shapiro

11.1 적응적 정보 처리Adaptive Information Processing, AIP 모형

일반적으로 AIP 모형은 성격 및 병리의 발달을 설명하고, 성공적인 임상 결과를 예측하며, EMDR 치료의 사례 개념화와 임상 절차를 안내하는 데 사용됩니다. 이 모형의 핵심에는 뇌의 정보 처리 체계가 현재 삶의 상황을 기존의 기억 네트워크와 하나 이상의 유사한 구성 요소를 연결함으로써 이해하도록 설계되었다는 널리 알려진 개념이 자리하고 있습니다. 예를 들어, 자전거에서 넘어진 경험은 다른 사고에 대한 기억과 신체적으로 다친 경험이라는 더 넓은 범주를 포함하는 기억 네트워크와 연결될 것입니다. 사랑하는 사람과의 갈등은 다른 중요한 대인 관계에 대한 기억, 특히 본인이 경험하거나 목격했던 다른 갈등에 대한 기억과 연결될 가능성이 높습니다. 또한 중요한 점은, 정보 처리 체계의 또 다른 근본적인 목적이 정서적 고통을 줄이고 그 결과 항상성의 상태homeostasis로 회복하는 데 있음을 인식하는 것입니다. 대부분의 경우, 불쾌한 경험은 "비슷한 경험을 예전에도 한 적이 있다" 또는 "나는 이런 어려움을 성공적으로 극복한 적이 있으며 결과적으로 괜찮았다"와 같이 충격을 줄이거나 보완해주는 정보를 포함하는 네트워크와 연결됨으로써 성공적으로 처리되고 해소됩니다. 정보 처리 체계는 시간이 흐르거나 그 일에 대한 생각, 대화, 꿈 등을 통하여 비유하자면 경험을 '대사'하거나 '소화'합니다. 유용한 정보는 적절한 기억 네트워크에 부호화encode되어 미래의 지각, 반응 및 행동에 대한 안내자 역할을 하며, 더 이상 유용하지 않은 정보는 폐기됩니다. 적응적으로 저장된 기억이 많을수록 현재에 집중하고 현재 생활 환경에 적응하고 유연하게 대응할 수 있는 능력이 커집니다. 요컨대, 처리가 된 기억은 건강한 정신건강의 기반이 됩니다.

AIP 모형에 따르면, 부정적인 삶의 경험은 정보 처리 체계를 압도할 정도로 고통스러울 수 있습니다. 기억은 시간이 지남에 따라 '고착'되고, 그렇게 되면 적응적으로 부호화되어 저장된 삶의 경험에 대한 다른 기억 네트워크와의 연결이 단절됩니다. 이러한 고통스러운 경험은 신경생리적으로 분리된 기억 네트워크에 남게 되고, 여기에는 종종 불쾌한 심상, 자신과 타인에 대해 왜곡된 생각, 다루기 어려운 정서 반응, 원래 사건의 일부였던 신체 감각 등이 포함됩니다. 기억을 연구하는 일부 연구자들에 따르면, 외상 사건의 처리가 실패하는 이유는 삽화 기억이 의미 기억 체계에 통합되지 못하는 것과 관련이 있습니다(Stickgold 2002 참조). 이렇게 부적절하게 처리된 불쾌한 사건의 기억은 내적 및 외적 자극에 의해 쉽게 촉발되어 부적절하거나 과도한 감정 반응, 왜곡된 믿음, 부적응 행동 등 다양한 임상 증상을 일으킵니다. 전형적으로 PTSD와 연관되는 플래시백, 악몽, 침습 사고, 회피 행동 등이 가장 두드러지는 예입니다. 그러나 AIP 모형에서 예측한 바와 같이, '진단 기준 A' 항목에 해당되지 않는 삶에서의 불쾌하고 부정적인 경험도 역기능적으로 기억이 저장되어 부정적인 정서, 인지 및 신체 반응을 포함하는 광범위한 병리적 반응을 유발하는 기억의 토대를 형성할 수 있습니다. 실제로, 주요 외상성 사건보다도 일반적인 부정적 삶의 경험이 PTSD 증상을 더 많이 유발한다는 연구결과도 있는데(Mol 등. 2005), 이는 이러한 경험들이 친밀한 애착 관계의 사람들이 포함되는 개인적인 특성을 갖고 있기 때문입니다.

이전의 모든 삶의 경험은 우리가 현재의 상황을 인식하는 방식에 영향을 미칩니다. 이러한 과거의 경험들이 해결되지 않은 채로 남아 있으면, 그 불쾌한 경험들은 현재 개인의 지각과 경험에 영향을 미쳐 정서적, 인지적 왜곡과 역기능적 행동의 악순환을 초래합니다. 앞서 언급했듯이, 부적절하게 처리된 기억의 중요한 측면에는 사건 당시 발생한 감정과 신체적 감각이 종종 포함됩니다. 예를 들어, 아동이 성적 학대와 같은 외상 경험을 하면, 그 경험에 수반된 수치심과 결함이 있는 것 같은 느낌이 성인기까지 지속될 수 있습니다. 현재 상황에 대해 그것과 유사한 측면이 있다고 인식하게 되면, 그 인식은 자동적으로 학대와 관련된 기억 네트워크와 연결되어 저장된 연상이 활성화됩니다. 이러한 처리되지 않은 인지적, 정서적, 신체적 반응이 표면화되어 현재 상황에 반응하는 방식에 영향을 미칩니다. 성학대의 경험은, 성인이 된 후에 연인과의 관계에서 같은 상황이 아니라는 것을 알면서도 어렸을 때 경험했던 것과 동일한 수치심과 결함의 느낌을 불러일으킬 수 있습니다. 최근의 자극 사건 역시 또 하나의 기억으로 저장되며 수치심과 결함의 느낌에 대한 부적응적 학습을 강화하고, 그 결과 고통스럽고 부적절하게 처리된 경험이 기억 네트워크에 추가됩니다. 이러한 악순환은 자신과 타인에 대한 부정적인 인식과 현재 삶의 상황에 대한 오해를 심화시켜, 일상 생활의 요구와 경험 속에서 자신과 타인의 관계를 조율하며 맞춰가는 것을 더 어렵게 만듭니다. 마찬가지로, EMDR 치료는 처리되지 않은 트라우마 기억의 증상으로 간주되는 우울증, 불안, 만성 통증과 같은 증상을 치료하는 데 사용될 수 있으며, 이에 대해서는 이 장의 뒷부분에서 더 자세히 다룰 것입니다.

AIP 모형에 따르면, '나는 부족한 사람이다'와 같은 자기 인식은 적절하게 처리되지 않은 기억과 사건 당시 부호화된 정서와 신체 감각, 그리고 정보 부족이나 잘못된 정보에 기반하여 형성된, 자기 자신에 대한 왜곡된 결론과 그 경험에서 자신의 역할에 대한 오해의 부산물로 봅니다. 이러한 왜곡된 결론을 정보의 정체구간information plateau이라 부르는데, 이는 유사한 결론이 유도된 후속 경험들에 의해 지속적으로 강화된 자신에 대한 신념입니다. 예를 들어, 내담자가 자신의 상사를 비판적이고 까다로운 사람이라고 인식하는 경우, 이러한 관점은 어린 시절 엄격한 태도를 보인 부모와의 경험에서 기인한 것일 수 있습니다. 과거와 현재 모두에서 이 내담자는 불안과 불안정함을 느끼며 뒷걸음질치고, 상대방의 엄격하고 비판적인 태도가 자신 때문이라는 잘못된 결론을 내립니다. 성인이 된 현재에도 내담자는 유사한 자기 경험을 하면서 자신에 대해 어렸을 때와 같은 결론을 내리게 됩니다. 이 개념은 EMDR 치료의 핵심이며, 부정적인 신념과 역기능적 행동을 병리의 결과가 아닌 원인으로 보거나 신념의 재구성이나 대안적인 행동 양식의 처방을 변화의 수단으로 여기는 기존 치료법과 대조적인 관점을 보입니다.

EMDR 치료는 연구를 통해 전 연령대에 걸쳐 효과적인 트라우마 치료법으로 검증되었으며, 세계보건기구(World Health Organization, WHO, 2013)의 아동, 청소년 및 성인 PTSD 치료 지침에서 외상 초점 인지행동치료와 함께 권고되는 유일한 두 가지 심리치료법 중 하나입니다. 이 두 치료법은 특정한 특성을 공유하지만 중요한 면에서 차이점이 있습니다. WHO(2013) 진료 지침에 명시된 바와 같이, *"[EMDR] 치료는 부정적인 생각, 감정 및 행동이 충분히 처리되지 않은 기억의 결과라는 관점에 기반을 둡니다. 이 치료는 (a) 외상에 대한 심상, 생각, 감정 및 신체 감각에 대한 자발적 연상과 (b) 주로 반복적인 안구 운동의 형태로 이루어지는 양측성 자극에 동시에 초점을 맞추는 표준화된 절차를 포함합니다. 외상 초점 CBT와 마찬가지로, EMDR 치료는 주관적 고통을 줄이고 외상 사건과 관련된 적응적 인지를 강화하는 것을 목표로 합니다. 그러나 외상 초점 CBT와 달리 EMDR은 (a) 사건에 대한 상세한 기술, (b) 믿음에 대한 직접적인 도전, (c) 장시간의 노출 또는 (d) 과제를 포함하지 않습니다."(1페이지).*

CBT가 행동, 이야기, 또는 인지적 과제를 변화의 매개체로 활용하는 반면, AIP 모형에서 제시되는 바와 같이 EMDR 치료를 통한 치료적 변화는 자발적인 연상에 접근하고 이를 재처리하여 해결함으로써 생성되는 부산물로 간주됩니다. 이 과정에서 이중 주의 양측 자극dual attention bilateral stimulation을 통해 뇌의 고유한 정보 처리 체계가 활성화되며, 이에 따라 목표 기억과 관련된 심상, 생각, 감정, 그리고 감각을 포함한, 처리되지 않은 정보와 이와 유사한 연상을 의식적으로 인식하게 된다고 가정합니다. 이 연상들은 때때로 강렬하고 불편하게 느껴질 수 있지만, 이는 현재가 아닌 과거에 일어난 일로 관찰됩니다. EMDR 치료는 과거와 현재 사이의 이중 자각dual awareness을 촉진하는 데 중점을 두고, 치료자는 처리가 진행되고 있는지 확인하면서 내담자가 순간순간 경험하는 감각이 지속적으로 진전되도록 돕습니다. 치료자는 내담자의 반응에 따라 표준화된 절차에 맞춰 내담자의 주의 집중 방향을 유도하여, 목표 기억 및 관련된 기억 네트워크가 처리되어 해소되도록 합니다.

11.1.1 AIP 관점에서 본 작용 기전

기억 처리 과정은 빠르게 진행되며, 각각의 양측성 자극 세트는 내담자의 인식을 높이고 그에 따라 목표 기억과 연관된 지각, 감정, 신체 감각 및 기타 경험의 변화를 유도합니다. AIP 모형은 EMDR 처리가 진행되는 동안, 적응적인 기억 네트워크와 목표 기억 사이에 형성된 연결에 의해 변화가 나타나며, 고통스러운 삽화 기억과 그 연관성이 의미 네트워크 내에 통합된다고 봅니다(Stickgold 2002, 2008). 따라서 성공적인 EMDR 치료의 결과로 해당 기억은 더 이상 고립되거나 감정적으로 단절되지 않고, 이전 경험으로 이루어진 적응 네트워크에 완전히 통합되고 동화됩니다. 기존의 부정적인 요소들이 포함된 고통스러운 사건 기억은, 실제로 일어났던 일에 근거하여 새롭고 보다 적응적인 관점에서 이전에 경험했던 정서적, 신체적 감각 없이 적절한 생각, 감정, 결론을 통해 해소됩니다.

Shapiro는 또한 EMDR 치료가 원래의 기억이 변형되고 수정된 형태로 저장되는 기억 재통합memory reconsolidation을 초래한다는 가설을 세웠습니다(Solomon과 Shapiro 2008, Shapiro 2014). 치료 과정에서 설명된 바와 같이, 이는 원래 기억은 그대로 둔 채 치료 과정에서 새로운 기억이 생성되는 것처럼 보이는 습관화 및 소거에 의존하는 외상 초점 인지행동치료TF-CBT와 EMDR 치료를 구분 짓는 특징입니다. Craske 등(2006)에 따르면, "... 소거extinction와 복원reinstatement에 관한 최근의 연구는... 소거가 이전의 연상을 제거하거나 대체하는 것이 아니라 오히려 이전 정보와 경쟁하는 새로운 학습을 초래한다는 것을 시사한다(6페이지)." 특히, TF-CBT에 사용되는 장시간의 노출은 소거를 유발하는 반면, EMDR 치료와 같은 단기 노출은 기억 재통합을 유발한다는 연구가 있습니다(Suzuki 등. 2004). 소거와 재통합의 구분은 임상적으로 중요한 의미를 갖습니다. 아래 연구 부분에서 논의된 바와 같이, 기억 재통합은 소거 기반 치료에서는 관찰되지 않는 다양한 EMDR 치료 효과(예: 환상지phantom limb[1] 통증의 제거)에 기여하는 요인일 수 있습니다.

1) 역자 주: 수술이나 사고로 사지 중 일부를 잃은 경우, 없어진 신체 부위가 마치 존재하는 것처럼 느끼는 현상

11.2 치료 개요

EMDR 치료는 일상 생활의 문제를 포함하여, 광범위한 병리의 근간인 부정적인 삶의 경험을 다루는 8단계 치료 접근법입니다(Shapiro 2001, 2018). 기억을 처리하는 동안, 내담자는 짧은 시간(예: 30초) 동안 계속해서 불쾌감을 유발하는 과거 기억의 특정 측면에 집중하는 동시에 이중 주의 양측 자극을 유지합니다. 처리가 제대로 진행되고 있는지 확인하기 위해 양측성 자극 세트 사이에 내담자가 자신이 경험한 것을 간략하게 이야기하도록 합니다. 이 일련의 절차는 목표 기억이 해소될 때까지, 즉 내담자가 기억을 떠올려도 더 이상 고통이 유발되지 않는다고 보고할 때까지 반복됩니다. 회기 수와 각 단계의 소요 시간은 치료 목표와 사례의 복잡성에 따라 달라집니다. 예를 들어, 단일 외상 PTSD는 3-5회기 내에 성공적으로 치료될 수 있습니다(예: Wilson, Becker, Tinker 1995; Wilson 등. 1997). 이러한 경우 첫 번째 회기에서 병력 청취와 준비 단계를 진행하고, 이후의 1-3회기 동안 평가, 재처리 및 종결 단계(민감소실, 주입, 신체검색 및 종결)를 적용할 수 있습니다. 마무리 단계에서는 내담자가 안정된 상태로 돌아갈 수 있게 돕고, 각 치료 회기를 마치며 치료 진행 상황과 처리가 회기와 회기 사이에도 계속될 가능성에 대해 간략히 논의하고, 필요에 따라 자기 안정화 기술을 적용할 수 있습니다. 재평가 단계는 기억 처리 이후 각 회기의 시작 부분에서 진행되며, 이전 회기 이후 내담자의 삶에서 발생한 크고 작은 변화와 목표 기억과 관련된 맥락에서 발생한 변화를 파악하는 데 사용됩니다. 추가적인 기억 처리를 시작하기 전에 항상 재평가 과정이 진행됩니다. 복합 PTSD 환자의 경우, 사례에 대한 통합적인 평가를 충분히 하고 내담자가 정서 안정성이나 가용 자원이 충분한지, 그리고 기억 처리를 시작할 준비가 되어 있는지 점검하기 위해 병력 청취 및 준비 단계에 더 오랜 시간이 필요할 수 있습니다. 이와 마찬가지로, 재처리 단계에서 다수의 외상 사건을 적절히 다루기 위해 추가 회기가 포함될 것입니다. 표 11.1은 각 단계에서 사용되는 목적, 작업 및 절차에 대한 개요입니다.

과거, 현재, 미래를 고려하는 세 갈래 접근 방식은 EMDR 치료의 초석입니다. AIP 이론에 따르면, 내담자의 현재 어려움은 적절하게 해소되지 않은 과거의 부정적 경험에서 비롯된 것입니다. 이러한 과거와 현재의 연결고리를 파악하고, 이를 치료의 초점으로 삼습니다. 과거의 기억을 재처리함으로써 내담자의 현재 경험이 변화하여 더 이상 촉발이 일어나지 않는 일반화 효과가 종종 나타납니다. 그러나 일부 현재 상황이 이차 조건화로 인해 여전히 어려울 수 있는데, 이는 별도의 목표로 다루어야 할 것입니다. 현재 상황이 성공적으로 해소되면 미래의 유사한 상황에 대한 적응적 반응이 생성되어 내담자가 앞으로 필요한 기술과 대응 방식을 갖추게 될 것입니다. 내담자의 현재 어려움에 영향을 미치는 이러한 과거의 기억을 해소하면 감정, 인지, 신체 감각 및 행동에 자발적인 변화가 일어

표 11.1 EMDR 치료의 8단계 모형 개요

단계	목적	작업 및 절차
1. 병력 청취	• 증상 파악; 현 주소; AIP 사례 공식화를 통해 주요 임상 문제를 식별하고 내담자와 협력하여 치료 목표 및 관련 작업에 대한 상호 이해를 구축함	• 내담자 선정 기준 검토
	• 배경 정보 수집. 접근 시기의 적절성 및 내담자의 준비 상태 판단	• 직접 질문, 역류기법floatback, 감정 스캔을 통해 과거와 현재의 연관성을 파악하기 위해 AIP를 기반으로 한 과거력 청취
	• 내담자의 현재 어려움과 연결된 관련 기억들을 처리하기 위해 식별	• 과거에 형성된 경험, 현재의 촉발 요인과 상황, 미래의 목표 파악
		• 삶에서 다른 필요 사항, 이용 가능하거나 필요한 자원의 탐색; 이전 치료 경험, 변화에 대한 동기, 회기 중과 회기 사이에 내담자의 참여를 포함하는 치료 계약 수립
		• 필요한 경우 추가적인 자원 파악
2. 준비	• 내담자의 기술 및 준비 상태를 평가하여 EMDR 기억 처리를 위한 내담자 준비시키기	• 이중 주의 양측성 자극bilateral stimulation, 이하 BLS의 작동 방식 구축
	• 절차에 대한 사전 동의/심리교육	• 회기 안팎에서 사용할 수 있는 자기 조절 및 자기 진정을 위한 자원(예: 안전한/조용한 장소)을 마련하고 이를 실제로 적용할 수 있는 내담자의 능력을 구축
	• 치료 과정에 대한 질문, 우려, 염려, 중요한 타인과의 관계에 미치는 영향에 대하여 다루고 그에 맞게 계획 수립	• 내담자가 처리를 이해하고 다룰 수 있게 돕는 은유 설정
		• 필요할 경우 중요한 타인으로부터의 지지체계 확보
3. 평가	• 내담자가 치료 시작 시점에서 경험하는 것에 따라 처리할 목표 기억의 현재 구성 요소들을 평가	• 목표 기억에서 다음의 현재 구성 요소를 포함하여 구체화하기기: 가장 불쾌한 부분의 심상, 현재 자신에 대해 가지고 있는 부정적인 믿음, 원하는 긍정적인 믿음, 감정 및 신체적 감각, 진행 상황을 평가하기 위한 기저 점수
4. 민감소실	• 내담자의 정보 처리 체계를 활성화하여 적응적으로 해결되도록 양측 자극 세트(BLS)(안구 운동, 촉각 또는 소리)를 시행	• 치료자는 양측 자극(BLS) 세트 사이에 과정을 점검하여 처리가 진행되고 있는지 확인함. 이 처리 과정에서 발생하는 부산물인 추가적인 연상, 자발적으로 떠오르는 통찰, 감정 및 신체 감각의 변화, 그리고 내담자가 그 경험에서 자신의 역할에 대해 보다 적응적인 관점의 변화 등을 확인
5. 주입	• 적응적 기억 네트워크 내에서 처리된 기억과 적응적 정보 및 경험과의 연결을 강화	• 기억을 떠올리면서 긍정적 인지를 유지하여 자신에 대한 새로운 적응적 믿음의 타당성을 강화하고, 다른 긍정적인 연상이 만들어지도록 함. 처리된 기억이 적응 기억 네트워크에 통합되어 긍정적인 학습에 접근하는 것이 보다 강화되도록 촉진
6. 신체 검색	• 신체에서 느껴지는 감각 경험이 처리된 기억 및 자기에 대한 적응적인 긍정적 믿음과 일치하는지 확인	• 내담자에게 처리된 기억과 자기에 대한 긍정적이고 적응적인 믿음을 염두에 두고 신체를 스캔하도록 하여, 신체에 남아있는 불편감이 없는지, 그리고 내담자가 느끼는 감각이 기억과 일치하는지를 확인함
7. 종결	• 경험을 정리할 수 있도록 주의의 초점을 기억 작업에서 현재로 전환; 회기를 마친 후에도 처리가 계속될 수 있다는 정보 제공	• 내담자에게 회기 이후에도 처리가 계속될 가능성에 대해 설명함. 필요한 경우 자기 안정화 전략을 사용하도록 권장
		• 다음 회기를 위해 회기 사이에 경험을 관찰, 기록 및 보고하도록 안내

(계속)

단계	목적	작업 및 절차
8. 재평가	• 지난 회기 이후의 치료 효과 및 변화에 대해서 전반적인 것뿐 아니라 목표 기억에 대해 구체적으로 내담자의 피드백을 요청. 치료 계획을 검토하여 다음 방향을 결정 • 치료를 진행하며 이전에 다뤘던 문제는 점차 중요성이 줄어들며 다른 문제들이 등장함에 따라 내담자의 목표를 다시 점검함. 전반적인 치료 목표를 검토하고 강화함	• 이전 치료 회기의 결과를 확인하여 치료 효과를 평가함. 치료자는 해결하고자 하는 전반적인 문제와 관련된 내담자의 일상 생활에서의 변화를 질문. 목표로 했던 특정 기억의 치료 결과를 확인하여 다음 치료 과정, 즉 현재 기억에 대한 처리를 계속할지 아니면 다른 과거 기억, 현재 촉발 요인을 목표로 할지, 혹은 일반화나 개별적인 처리로 인해 현재의 촉발 요인이 해결되었을 경우 미래 행동의 틀을 생성할지 결정

허가를 받아 사용됨. The center for Excellence in EMDR Therapy Basic Training Manual. Washington DC 2021

납니다. 그 결과, 내담자는 더 이상 기억이나 그와 유사한 경험에 활성화되지 않습니다. 대신, 내담자는 과거에 있었던 일과 그 상황에서 자신의 역할에 대해 새로운 관점을 갖고 그 경험에 새로운 의미를 부여하게 되며, 이는 미래에 유사한 상황에 어떻게 반응할지에 대해 영향을 미칩니다. 치료 과정에서 입증된 바와 같이, 표준화된 절차를 사용하여 기능적으로 잘못 저장된 기억에 접근하면서 동시에 뇌의 정보 처리 체계를 활성화하여, 연속적인 이중 주의 양측성 자극 세트를 시행하는 동안 목표 기억과 연관된 과거 경험의 연상을 의식에 불러옵니다. 이 자극은 내담자가 빛이나 치료자의 손가락이 수평으로 왕복하는 움직임을 눈으로 따라가는 동시에 자신의 내면의 반응을 주목하도록 하는 방식으로 적용됩니다. 기억 처리가 비대면으로 진행되는 경우, 내담자는 신체의 양쪽을 번갈아 두드리는 방식으로 촉각 자극을 스스로 시행하거나, 두 지점을 정하여 눈을 좌우로 추적하여 보거나, 비대면 EMDR 치료용 앱을 사용할 수 있습니다. 약 10-30초 간격으로 치료자는 양측성 자극을 잠시 멈추고 내담자가 어떤 경험을 하고 있는지 물어보면서 처리가 제대로 이루어지고 있는지 점검합니다.

노출 기반 치료에서처럼 원래 사건에 지속적으로 주의를 기울이거나 경험을 재해석하려고 시도하는 대신, 내담자는 "무슨 일이 일어나든 일어나는 그대로 두세요"라는 격려를 받으며, 대신 마음에 떠오르는 것을 '그냥 알아차리도록' 지시받습니다. 초기 연상은 종종 목표 기억의 고통스러운 요소와 유사하지만, 처리 회기가 진행되는 동안 이러한 부정적인 연상은 처리되고 보다 적응적인 연결이 점차 가능해집니다. 이러한 연상은 내담자가 이제는 새로 사용 가능한 정보가 보다 적응적이고 자신의 실제 경험과 일치하는 방향으로 발전하여 적응적 해결로 바뀌어가는 학습 과정이 가속화되고 있음을 보여주는 것입니다. 이러한 처리 효과는 기억에 대한 새롭고 더 정확한 이해를 통해 경험에 새로운 의미를 부여하며, 이는 다른 삶의 맥락에도 일반화할 수 있는 긍정적인 치료 결과를 가져옵니다.

아래의 두 사례로 임상에서의 절차와 결과를 자세히 설명하겠습니다.

11.3 단일 외상

15개월 된 아이가 있는 31세의 기혼 여성 제니퍼(Jennifer)는 6개월 전 둘째 아이 제이크(Jake)를 출산하면서 충격적인 경험을 했습니다. 그녀는 제왕절개 수술 준비 과정 중 감각이 느껴져서 마취가 더 필요한 것 같다고 의사에게 말했습니다. 그러나 마취과 의사는 투여한 용량으로 충분한 마취가 되었다며 제니퍼의 말을 부인했고, 그녀의 항의에도 불구하고 일방적으로 제왕절개 수술을 진행시켰습니다. 의사가 절개를 하는 순간 그녀는 극심한 통증으로 비명을 질렀습니다. 그제서야 의사들은 수술을 멈추고 약물을 더 투여한 후 제니퍼가 충분히 마취될 때까지 기다렸다가 수술을 진행했습니다. 그녀는 결국 추가된 마취약제의 영향 때문에 회복실에서 얼마나 혼란스러움을 느꼈는지 설명했습니다.

첫 방문 시 EMDR 치료의 병력 청취 단계에서 그녀가 과거 외상 경험이 없고 어린 시절은 안정적이었으며 행복한 결혼 생활을 하고 있었다는 것을 확인했습니다. 그러나 그녀의 증상은 임상적으로 사건에 대한 악몽, 재경험, 사건의 연상물에 대한 회피, 과다한 놀람 반응, 과잉 경계, 과민함, 집중력 저하 등 PTSD의 전형적인 증상이었습니다. 그녀는 자신이 의견을 전달하기 위해 최선을 다했음에도 수술실에서 어떻게 그렇게 일이 잘못될 수 있었는지에 대해 자주 곱씹어 생각했습니다. 그녀는 의사들이 자신의 말을 무시한 것과 그때 현장에 있던 남편이 그녀를 대신해 나서지 않은 것에 대해 화가 났습니다. 그녀는 제이크와 같이 있으면 불안하고 두려움이 느껴져서 아이와의 애착 형성에 어려움을 겪고 있었습니다. 또한 출산 이후 남편에게 사소한 일에도 짜증이 나고 화를 내는 일이 많아졌습니다.

준비 단계에서 제니퍼는 트라우마와 AIP 모형에 대해 간단히 개요를 안내 받았습니다. 그런 다음 자신의 감정 경험을 조절하고 회기 도중과 회기 사이에 상대적인 고통 상태에서 평온한 상태로 전환할 수 있도록 EMDR 치료의 자기 조절 기법 중 하나인 안전 지대(Shapiro 2001, 2012, 2018)를 배웠습니다. 이 기법을 사용하여 내담자는 안전하거나 평온한 실제 또는 상상의 장소를 찾고, 그 경험이 충분히 형성될 때까지 집중하도록 안내받습니다. 그런 다음 치료자는 내담자에게 조금 불쾌한 자극 요인을 떠올리고 잠시 이에 집중한 뒤, 다시 안전 지대로 돌아가게 합니다. 이 기법은 종종 짧고 느린 양측성 자극 회기와 함께 진행되는데, 이는 해당 경험의 심화를 촉진하고 동시에 내담자에게 양측성 자극 자체를 소개하는 기회가 됩니다. 이 기법의 목표는 필요에 따라 효과적으로 상태를 전환할 수 있는 내담자의 능력을 평가하고 긍정적인 정서 상태에 대한 접근성을 높이는 것입니다. 내담자가 과각성으로 인한 불편감을 관리하기 위한 자기 조절 도구로 이 기법을 스스로 적용하도록 독려합니다.

내담자의 준비 정도와 치료 동기, 이전 트라우마 병력, 정서 조절 기술의 숙달 여부 등 여러 요인을 고려하여, 다음 회기에서 기억 처리를 진행하기로 했습니다. 또 다른 중요한 요인은 그녀가 아들과 안정적인 유대감을 형성하기 위해 시간적인 면에서 치료가 시급히 필요하다는 것이었습니다. 회기가 시작될 때, 제니퍼는 임상 상황에 익숙해질 수 있도록 추가적인 준비 과정을 거쳤습니다. 그녀는 회기 중 모든 통제권이 그녀에게 있으며, 멈추고 싶으면 그 신호로 손을 들기만 하면 된다고 안내받았습니다. 이는 의사에 의하여 무시당했던 경험과 그 상황에서 무력감을 느꼈던 목표 기억의 성격을 고려할 때 특히 중요했습니다. 회기의 기억 처리 과정에서는 "무슨 일이 일어나든 일어나게 두라"고 격려받았습니다. 그녀가 이 과정을 이해할 수 있도록 표준적으로 사용되는 은유를 사용했습니다. 즉, 영화를 보고 있다고 상상하고, 의도적으로 무언가를 떠올리려 하기보다는 무엇이 자연스럽게 떠오를지 호기심을 갖고 지켜보는 것입니다.

평가 단계에서는 그녀의 출산에 대한 목표 기억의 **현재** 구성 요소를 확인했습니다. 또한 회기가 끝날 때 자신에 대해 갖고 싶은 긍정적인 믿음을 선택하도록 하였습니다:

심상(현재 시점에서 과거 경험 중 최악의 부분을 나타내는 심상): *병원 침대에 묶여 비명을 지르고 있는 내 모습을 보는 것.*

부정적 인지: *나는 무력하다.*

긍정적 인지: *나는 이제 내 인생을 통제할 힘이 있다.*

VOC[Validity of Cognition](긍정적 인지 타당도) 1-7점 척도(1은 완전한 거짓, 7은 완전한 사실): 2

감정: 분노, 두려움, 슬픔

SUD[Subjective Units of Disturbance Scale](주관적 불편감 척도) 불편감 없음의 0부터 최고 10: 10

신체 감각: 목, 턱, 복부의 긴장

민감소실 단계는 내담자에게 해당 심상과 부정적인 믿음을 떠올리도록 요청한 상태에서 감정과 신체 감각을 알아차리게 하는 것으로 시작됩니다. 그녀는 분만실의 심상, "나는 무력하다"라는 말, 그리고 목, 턱, 복부의 부정적인 감각을 가지고 시작하였습니다. 그녀는 양측성 자극 세트 동안 떠오르는 것을 알아차리면서 한 발은 현재에, 다른 한 발은 과거에 둔 상태로 이중 자각을 유지하도록 지시를 받았습니다. 그녀는 치료자의 손가락을 따라 약 20초 동안 양측성 안구 운동을 약 24-36회 반복했습니다. 각 세트의 길이는 내담자의 비언어적 반응을 관찰하여 기억 처리 상태에 따라 조정됩니다.

각 자극 세트가 끝날 때마다 치료자는 항상 "*지금은 무엇이 느껴지나요?(what are you noticing now?)*"라고 질문합니다. 치료자는 내담자의 경험에서 변화의 지표를 찾고 처리가 진행되고 있는지 확인합니다. 이러한 변화는 초기 기억의 변화(예: 정서적 고통의 감소, 심상의 흐려짐, 관점의 변화 또는 새로운 통찰)부터 유사한 다른 경험의 연상까지 다양합니다. 예를 들어, 제니퍼나 그녀와 가까운 사람이 이전에 출산 시 부정적인 경험을 했다면 그와 관련한 연상이 나타날 가능성이 높습니다. 출산 자체와는 무관한 무력감을 경험했던 것도 연상될 수 있습니다. 내담자의 반응에 따라 치료자는 내담자에게 지금은 그 일이 일어나고 있지 않다는 것을 상기시키며 정서적으로 지지해 주거나 단순히 "그것(연상 또는 경험)과 함께 그대로 갑시다"라고 지시하고 이어서 양측성 자극을 계속 진행합니다. 치료자는 회기 중 여러 차례에 걸쳐 내담자에게 경험의 다양한 구성 요소에 주의를 기울이도록 요청하고, 주기적으로 원래 목표 기억으로 주의를 돌려 전체 기억이 완전히 처리되었는지 확인합니다.

아래의 내용은 제니퍼의 EMDR 재처리 회기의 기록으로, 4-6단계(민감소실, 주입, 신체 검색)를 포함합니다. 모든 재처리 회기는 재처리 단계부터 종결까지 포함하도록 구성되어 있지만, 모든 재처리가 단일 회기 내에 완료되는 것은 아닙니다. 이 사례에서는 한 회기 내에 처리가 완료되었습니다. 양측성 자극 세트가 끝난 후 그녀는 자신의 경험에 대해 이렇게 말합니다. "*방 안에 얼어붙은 상태로 있는 제 자신이 보여요.*"

치료자: *좋아요, 그대로 갑시다...*

제니퍼: *지금 제가 비명을 지르는 게 들려요. 무슨 말을 하는 게 아니라 그냥 비명만 지르고 있어요. 목이 더 아파요.*

치료자: *좋습니다, 계속하면서 실제로는 당신이 그곳에 있지 않다는 것을 기억하세요.*

제니퍼: *커튼 뒤에서 무슨 일이 벌어지는지 알 수가 없어요... 아무도 제 말을 듣지 않는데 그들이 무슨 짓을 할지 몰라서 정말 무서워요!*

치료자: *당신은 잘하고 있어요, 잘하고 있습니다... 그냥 지금 무엇이 일어나고 있는지만 계속 알아차려보세요, 이것이 단지 하나의 기억일 뿐이라는 것을 생각하면서요.*

제니퍼: *지금 마취과 의사가 저한테 어떤 감각이든 느낄 수 없다고 말하는 소리가 들려요... 아, 세상에, 이제 그들이 제 몸을 자르고 있는 게 느껴져요!*

치료자: *좋아요, 버텨봅시다, 가장 힘든 부분은 이미 지나갔고 지금은 안전하다는 걸 기억하세요.*

제니퍼: *맙소사, 내가 이걸 또 견딜 수 있을지 모르겠어요... 너무 힘들어요! 죽을 것 같아요!*

치료자: (BLS을 하며) *이것이 힘들다는 걸 알아요. 하지만 지금 당신은 여기 있고 안전하며 실제로는 아무 일도 일어나고 있지 않습니다. 이 상황은 전적으로 당신의 통제 아래 있어요.*

제니퍼: (BLS을 하며) *알겠어요, 알겠다고요!!!* (과호흡) *이건 너무 끔찍해요! 이게 언제 끝날 건가요???"* (감정 반응의 강도가 가라앉을 때까지 긴 BLS 세트)

치료자: *이 일이 실제로* ***끝난*** *일이라는 것, 그리고 이번에도 다시 한 번 완전히 끝날 것이라는 점*

을 기억하세요. 아주 잘하고 있어요.

제니퍼: *네, 알았어요.* (몇 분 후) *배의 통증이 이제 좀 줄어들었어요.*

치료자: *좋습니다. 그 상태에 계속 머무르세요.*

제니퍼: *이제 남편의 얼굴이 보여요. 충격을 받은 거 같아요. 얼굴이 하얗게 질렸어요. 움직이지도 않아요.*

치료자: *알겠습니다, 그 모습을 그냥 알아차리세요, 그리고 여전히 느껴지는 감각이 있다면 그것도 함께 주목해 보세요.*

제니퍼: *세상에, 남편도 충격으로 얼어붙어 있던 거였어요. 그도 같은 일을 겪고 있었다는 걸 깨달았어요!* (침묵) *이제 조금 차분해졌어요.*

치료자: *좋아요. 그 상태에 계속 집중하세요. 잘하고 있어요.*

제니퍼: *그 사람도 트라우마를 겪고 있었다는 걸 이제야 알았어요. 그가 저를 돕기 위해 아무것도 할 수 없었던 게 당연했어요! 그가 약해서도 아니고 상황을 이해하지 못해서도 아니었어요.*

치료자: *맞아요. 그 생각에 머무르세요. 그리고 그것이 몸에서 어떻게 느껴지는지 알아차려 보세요...*

제니퍼: *그걸 알게 되니까 훨씬 기분이 나아졌어요! 이제 몸이 정말로 진정되네요.*

치료자: *좋아요. 당신의 몸이 남아있는 감각을 모두 처리할 수 있도록 충분한 시간을 줍시다...* (잔여 신체 감각이 모두 처리되었는지 확인하기 위해 더 길게 세트 설정)

치료자: *이제 기분이 어떠세요?*

제니퍼: *훨씬 나아졌어요. 다 끝난 것 같아요.*

치료자: *좋아요. 거기에 계속 머무르세요.*

제니퍼: *정말 끝난 것 같아요... 제 몸도 그렇게 느껴져요.*

치료자: *좋아요, 좋아요. 그럼, 실제로 일어난 일에 대한 기억으로 다시 돌아가 봅시다. 지금은 무엇이 느껴지나요?*

제니퍼: *아직도 그런 일이 일어났던 건 속상하지만, 처음 시작했을 때보다 희미하게 느껴져요.*

치료자: *좋아요, 그대로 갑시다.*

제니퍼: *지금은 정말 어지러워요.* (긴 침묵) *이제 회복실에 있는 것 같아요.*

치료자: *좋아요, 그대로 갑시다.*

제니퍼: *지금은 머리가 너무 아파요. 혼란스러워요. 아마도 마취 때문인 것 같아요.*

치료자: *그렇게 들리네요. 계속 가봅시다. 잘하고 있어요.*

제니퍼: *네, 이제 좀 나아지기 시작했어요.*

치료자: *좋아요. 그 상태에 머무르세요. 거의 다 끝났어요.*

제니퍼: *좋아요. 두통이 사라지고 머리가 맑아졌어요. 심지어 방금 전보다 눈이 더 잘 보여요.*

치료자: *아주 좋습니다. 모든 게 완전히 해결되었는지 확인하기 위해 조금만 더 그 상태에 머물러 보세요.*

제니퍼: *이제 꽤 괜찮은 것 같아요.*

치료자: *좋아요, 그럼 기억 전체로 돌아가 봅시다. 지금은 무엇이 느껴지나요?*

제니퍼: *의사가 제 말을 듣지 않았다는 게 믿기지 않아요! 정말 화가 나요! 어떻게 그럴 수 있죠?*

치료자: *좋은 질문입니다. 그대로 가봅시다.*

제니퍼: *도저히 믿을 수가 없어요. 이런 일이 실제로 저에게 일어났다는 게 믿기지 않아요. 그래도 제이크에게는 아무 일도 없었고 애가 괜찮아서 너무 다행이에요.*

치료자: *맞아요. 그걸 그냥 알아차려 봅시다.*

제니퍼: *이 악몽에도 결국 행복한 결말이 있는 것 같네요, 그렇죠?*

치료자: *네, 맞아요. 그것에 주목하세요.* **그것이** *당신의 몸에서 어떻게 느껴지는지 주목해 보세요.*

제니퍼: *편안해졌어요. 다 끝난 것 같아요.*

치료자: *네,* **완전히** *끝났어요. 이제 그 기억을 0-10점 척도로, 0은 전혀 방해가 되지 않고 10은 상상할 수 있는 가장 큰 불편감 정도로 생각했을 때 지금 어떻게 느껴지나요?*

제니퍼: *1에 가까워요.* (믿기지 않는다는 듯 잠시 침묵) *와!*

치료자: *좋아요, 지금 몸에 남아 있는 느낌이 있다면 무엇인지 느껴보세요...*

제니퍼: *복부에 약간의 통증이 있었는데 이제 완전히 사라졌어요.*

치료자: *아주 좋아요.*

이 재처리 과정은 기억의 힘과 PTSD에서 흔한 증상인 트라우마에 대한 감각적 경험의 '재체험 reliving'을 모두 보여줍니다. 이 과정은 재처리에 더하여 남편의 반응에 대한 통찰력, 사건이 과거의 일이라는 인식, 불쾌한 신체 감각의 제거 등 인지적, 정서적, 신체적 영역에서의 변화를 가져왔습니다. 주입 단계에서는 자신에 대해 원하는 적응적 믿음을 선택하여 새로 해결된 기억과 연결됩니다. 이를 통해 자신에 대하여 새롭게 배운 것이 기억의 맥락에서 연결되고 내담자의 적응적 기억 네트워크에 대한 정서적 연결을 강화시킵니다.

치료자: *제이크를 출산했던 기억을 떠올릴 때, '나는 이제 내 인생을 통제할 힘이 있다.'라는 말이 여전히 잘 맞는 것 같나요? 아니면 더 적합한 다른 말이 있을까요?*

제니퍼: *네, 여전히 맞아요.*

치료자: *그렇다면, 1이 완전히 거짓이고 7이 완전히 사실이라고 느끼는 1-7점 척도에서 '나는 이*

제 내 인생을 통제할 힘이 있다.'라는 말이 지금 당신에게 얼마나 진실로 느껴지나요?

제니퍼: *7점입니다.*

치료자: *좋아요! 그 기억과 '나는 이제 내 인생을 통제할 힘이 있다.'라는 문장을 함께 떠올려 보세요. 그것들을 함께 떠올리면서 제 손가락을 따라오세요.* (치료자는 내담자가 새롭게 해결된 기억과 자기에 대한 최초의 부정적인 신념을 수정하는 데 도움이 되는 적응적 신념을 떠올리는 동안 안구 운동 세트를 시행합니다.) *이제 무엇이 느껴지세요?*

제니퍼: *제이크를 낳기로 결정했을 때처럼 제 인생에서 힘과 통제권을 가졌던 다른 순간들이 떠올라요.*

치료자: *아주 좋아요! 계속 해봅시다! 분명히 당신의 뇌는 다른 긍정적인 연상을 하고 있습니다.* (치료자가 한 세트의 안구운동을 적용합니다.) *이제 무엇이 느껴지세요?*

제니퍼: *힘이 생긴 듯한 느낌이 들어요, 통제력을 되찾은 것 같아서 기분이 좋아요!*

치료자: *좋아요! 그 기억과 '나는 이제 내 인생을 통제할 힘이 있다.'라는 말을 떠올렸을 때, 1-7의 척도에서 1이 완전히 거짓으로 느껴지고 7이 완전히 사실로 느껴진다고 하면, 지금 이 문장이 얼마나 사실로 느껴지나요?*

제니퍼: *여전히 7점인 것 같아요.*

치료자: *좋습니다!*

신체 스캔 단계에서 제니퍼는 몸을 스캔하면서 긍정적인 믿음과 수술실에서의 남은 기억을 떠올리면서 부정적인 감각이 남아있는지 확인하였습니다. 그녀는 자신의 몸이 '가볍고 편안하게' 느껴진다고 했습니다.

회기가 끝날 때 마무리 단계에서 치료자는 제니퍼에게 회기 이후에도 처리가 계속되는 경우가 많기 때문에 앞으로 며칠 동안 추가적인 연상이 진행될 수 있으니 다음 회기에 검토할 수 있도록 노트에 연상을 기록하도록 안내하였습니다. 또한 혹여 불편감이 생긴다면 자기 조절 기술을 사용하도록 권하였습니다.

다음 회기의 재평가 단계에서는 해당 기억에 다시 접근하여 치료 효과와 추가 처리가 필요한지를 확인합니다. 내담자에게 지난 회기 이후 무엇이든 발생한 변화가 있는지 질문합니다. 이 후속 회기에서 제니퍼는 더 이상 분만 사건에 몰두하지 않고 잠재적 위험과 불확실성에 대해 과도하게 경계하거나 초조해하지 않는다고 했습니다. 그 사건을 떠올리게 하는 회상이나 악몽, 관련 자극의 회피 행동도 사라졌습니다. 제이크와 남편과의 관계에서 있었던 긴장에 대해서 묻자, 제니퍼는 더 이상 문제가 되지 않는다고 답했습니다. 그녀는 제이크와 함께 있을 때 더 이상 불안이나 두려움을 느끼지 않았을 뿐만 아니라 실제로 제이크와 함께 있는 시간이 즐겁고 기쁨을 느낄 수 있었습니다. 또한 여러 사소한 일들로 인해 남편에게 짜증을 느끼던 것도 완전히 사라졌습니다. 오히려 그녀는 이전에는 남편과 이야기하지 않았던 그동안 남편이 어떤 역할을 했다고 느꼈는지, 그리고 그 경험에 대한 그녀의 관점과 남편의 역활에 대한 인식이 어떻게 바뀌었는지에 대해 남편과 긴 대화를 나눴습니다. 그녀는 또 다른 아이를 갖는 것에 대해 "우리가 아이를 더 갖기로 결정한다면 그것은 우리가 원하는 것이기 때문일 거예요. 이번 경험은 우리와 우리 가족을 위해 내리는 결정과는 아무런 관련이 없어요."라고 말했습니다. 그녀는 전화 추적 면담에서 다시 "예전의 나로 돌아온 것 같아요."라고 말했습니다.

이 사례에서는 필요하지 않았지만, 세 갈래 프로토콜을 완성하기 위해 현재 촉발요인을 처리하고 미래의 긍정적인 행동 템플릿을 생성하는 추가적인 절차가 종종 사용됩니다. 이에 대해서는 다음 사례에서 설명하겠습니다.

11.4 발달 트라우마

발달 트라우마는 초기 생애 경험 중, 자기 형성과 심리에 광범위하고 부정적인 영향을 미치는 경험을 말합니다(van der Kolk 2005). 앞선 사례에서 볼 수 있듯이 EMDR 치료의 8단계와 표준화된 세 갈래 접근 방식에는 종합적인 임상적 평가, 내담자 준비, 그리고, (a) 병리의 기초가 되는 과거 사건, (b) 고통을 촉발하는 현재의 상황, (c) 미래의 예상되는 문제에 대응하기 위해 필요한 기술에 대한 처리가 포함됩니다.

30세의 카를라(Carla)는 두 번의 이혼 경력이 있고, 남자친구인 존(John)과 5년째 반복되는 만남과 이별로 인한 불안과 우울증으로 EMDR 치료를 받으러 내원하였습니다. 존은 자주 그녀의 욕구를 무시했으며, 그녀는 관계를 유지하기 위해 '무슨 일이든' 하려고 애써왔습니다. 두 번의 결혼 실패 후, 그녀는 이번이 자신만의 가족을 가질 수 있는 마지막 기회라고 믿고 있었습니다.

그녀는 네 남매 중 막내로 세 명의 오빠가 있습니다. 부모님은 모두 맞벌이를 하셨고, 돌봐 주시던 할아버지는 그녀가 6살 때 돌아가셨고 할아버지의 죽음은 그녀에게 큰 상처가 되었습니다. 그 후 그녀는 집에서 반려견들과 많은 시간을 홀로 보냈습니다. 가족이 집에 있을 때조차 그녀는 압도적인 외로움을 느꼈습니다. 그녀는 묻는 것도, 바라는 것도, 필요로 하는 것도 포기했습니다. 아침에 스스로 옷을 입고 등교했고, 매일 같은 옷을 입어야 하는 상황도 자주 있어서 학교에서 집에 복지혜택이 필요한지 확인하는 전화가 올 정도였습니다. 어머니는 양육에 거의 관심이 없었습니다. 어머니가 그녀에게 관심을 기울일 때는 주로 그녀를 꾸짖거나 자신의 불행을 탓하는 대상으로 삼을 때뿐이었습니다. 아버지는 소극적이고 무관심했습니다. 형제들은 그녀를 괴롭히거나 아예 무시했습니다.

AIP의 관점에서 볼 때, 카를라의 불안, 우울, 낮은 자존감, 대인 관계 기술의 부족 증상은 어린 시절 방임과 학대, 주 애착 대상의 상실에 대한 처리되지 않은 기억에서 비롯된 것입니다. 그녀는 원치 않은 임신으로 태어나 어머니에게 환영받지 못했고, 어머니는 그녀를 양육해야 하는 것에 대해 불만이 있었습니다. 남자친구가 그녀를 무시하거나 깔보았을 때, 그것은 자신이 관심과 사랑을 받을 만큼 충분히 괜찮은 사람이 아니라고 느꼈던 어린 시절의 감정을 불러왔고, 상황이나 상대방이 문제일 수 있다고 생각하기보다는 스스로를 탓하며 감정적으로 위축되게 만들었습니다. 현재에도 어렸을 때와 마찬가지로 자신이 원하고 필요로 하는 것을 포기하고 아무 것도 할 수 없다고 느끼면서, 그녀는 다시 한 번 똑같은 방식으로 반응했습니다.

병력 청취 단계에서 치료자는 내담자가 현재 겪고 있는 어려움의 본질과 그것을 형성한 초기 경험들, 내담자의 강점과 역량을 이해하기 위해 전반적인 임상 양상을 평가합니다. 치료자는 회귀기법을 사용하여 카를라가 존과 함께 집에 있을 때 무시당한 채 외롭고 자신이 중요하지 않다고 느꼈던 최근의 경험을 떠올리게 합니다. 그런 다음 그녀가 그 경험을 떠올리면서 떠오르는 심상, 생각, 감정, 신체 감각을 알아차리고 이전에 비슷하게 겪었을 수 있는 삶 속의 유사한 경험으로 마음을 '거슬러 흘러가게' 하도록 합니다. 카를라는 회귀기법을 통해 기억 네트워크에서 몇 가지 경험을 떠올렸는데, 그 중 일부는 뚜렷하고 극적인 기억이었고, 다른 경험은 좀 더 일반적이지만 그럼에도 불구하고 지속적으로 부정적인 영향을 미쳤던 것들이었습니다. 즉, 두 번의 결혼 생활에서 혼자 있는 장면, 할아버지의 죽음, 가족 저녁 식사 중 오빠에게 꼬집힐 때 그녀가 거부하는데도 아무도 도와주지 않은 장면, 어렸을 때 반려견들과 혼자 있는 자신의 모습, 8살 때 아무도 집에 없는 것이 무서워 이웃집에 갔다가 혼났던 기억 등이 드러났습니다.

이러한 연상들은 통상적 정의에 맞는 '트라우마'라고 할 수는 없지만, 카를라는 삶의 초기부터 광범위하게 반복된 경험들을 통해 자기 개념, 대인 관계 및 자신의 감정 반응을 효과적으로 조절하는 능력에 지속적으로 부정적인 영향을 받았습니다. 이러한 경험들은 EMDR 치료에서 유사한 경험(무시당함, 괴롭힘, 비난 등)을 대표하는 기억을 목표로 삼아 체계적으로 재처리됩니다. 목표 기억을 성공적으로 처리하면, 기억 네트워크 내 관련된 유사한 경험들의 기억에도 치료 효과가 일반화되는 경우가 많습니다.

EMDR 치료의 초기 단계에서는 내담자의 목표와 현재의 어려움과 연결된 경험을 다룰 준비가 되어 있는지 파악하는 것이 중요합니다. 많은 내담자들이 증상 완화를 위해 심리치료를 시작하지만 그 아래 숨겨진 더 큰 정서적 밑그림에 대한 이해가 부족합니다. 문제(들)에 대한 상호 이해를 이끌어내기 위해서는 안전감과 협력하는 분위기를 조성하는 것이 중요합니다. 카를라는 어린 시절의 경험이 자신의 낮은 자존감과 관계의 어려움에 기여했다는 것을 알고 있었습니다. 그러나 그녀는 자신이 견뎌온 방임의 정도와 그것이 자신에게 미친 깊은 영향에 대해서는 명확하게 알지 못했습니다. 이러한 경험의 영향 중 하나는 그녀가 상황이 괜찮지 않은데도 감정을 억누르고 마치 모든 것이 괜찮은 것처럼 행동하게 만들었습니다. 어린 시절부터 발달한 대처 전략으로, 그녀는 자신의 진정한 감정적 경험에 접근하기 어려울 정도로 감정과 욕구를 분리했습니다. 치료 초기 단계에서 이러한 발달상의 결핍을 이해하면, 치료적 틀을 확립하고 목표 기억을 찾는 데 도움이 됩니다. 예를 들어, 자신의 욕구를 포기하고 타인의 욕구와 필요를 위해 개인적인 희생을 감수하는 성향에 대한 치료는, 천둥 번개가 치는 날 집에 혼자 있다가 무서워서 이웃집에 갔다가 혼난 기억을 목표로 삼는 것이 가장 적절했습니다. 그 경험은 자신의 무가치함과 자신의 욕구를 표현하면 나쁜 일이 일어난다는 것을 상징적으로 보여주었습니다. 그 기억과 다른 유사한 연상들을 성공적으로 재처리한 이후, 그녀는 자신의 삶에서 목소리를 내는 법을 알게 되어 순간순간 자신의 경험을 명확히 인식하고, 이를 '상대방'에게 효과적으로 전달하고, 관계의 맥락에서 자신의 욕구를 충족시키는 방법을 협상할 수 있게 되었습니다.

준비 단계에서 치료자는 내담자의 준비 상태와 정서 조절 기술을 점검합니다. EMDR 치료는 고통스러운 경험을 다루는 기억 중심 접근법으로서, 내담자가 아래와 같은 능력을 갖추었는지 확인하는 것이 중요합니다:

(a) 기억의 감각적 경험에 접근하여 짧은 시간 견디는 능력, (b) 기억을 염두에 둔 상태로 과거와 현재 사이에 이중 주의를 유지하는 능력, (c) 한 감정 상태에서 다른 감정 상태로 전환하는 능력, (d) 적응적 경험의 기억 네트워크에 접근할 수 있는 능력. 내담자의 필요에 따라 다양한 자기 통제 및 자원 개발 기법(예: 안전 지대)을 사용할 수 있습니다. 또한 발달 트라우마를 가진 많은 내담자와 마찬가지로, 카를라 역시 감정을 억누르는 데 너무 익숙해져 있었기 때문에 자신의 감정을 온전히 표현할 수 있도록 돕는 것이 중요했습니다. 일반적으로 치료의 초기 단계에서는 초기 경험을 목표로 삼지만, 이번에는 표준 프로토콜을 수정한 생활 스트레스 프로토콜Life Stress Protocol(Laliotis 2020 참조)을 적용했습니다. 이 방법은 현재 상황을 목표로 삼는 것으로, 카를라가 무시당하는 감정적 경험에 더 잘 접근할 수 있게 해주었습니다. 아래의 민감소실 단계 발췌 기록에서 볼 수 있듯이, 첫 번째 처리 회기에서 최근 존과의 갈등을 목표 기억으로 하여 다양한 유년기 경험이 떠올랐습니다. 각 안구 운동 세트가 끝난 후 카를라는 치료자에게 떠오른 연상을 다음과 같이 이야기했습니다:

카를라: *저는 모두가 뛰어 놀 때 의자에 앉아있는 아이예요. 저는 그냥 그 자리에 앉아있어요.*

카를라: *학교에 다닐 때 학교에서 옷을 살 돈이 있는지 물어보는 전화가 왔던 기억이 나요. 그 당시 어른들은 옷을 사줄 여유가 있었지만 저는 매일 같은 옷을 입었고... 가끔은 제가 직접 옷을 챙겨 입었는데 좀 이상하게 입기도 했어요. 할아버지가 돌아가셨는데, 저를 정말 돌봐주셨던 분은 그분이셨거든요...*

카를라: *놀이터에서 놀다가 손가락에 벌이 쏘여서 정말 아팠지만 아무것도 하지 않았어요. 비명도 지르지 않고 그냥 아무것도 하지 않았어요. 그때 그걸 알고 저는 "왜 소리를 지르지 않는 거지?"라고 생각했어요. 그 생각을 그냥 억눌렀더니 더 이상 아프지 않았어요.*

카를라: *어머니가 항상 그랬던 것처럼 저를 비난하는 모습이 보여요. 제가 충분히 예쁘지 않고 똑똑하지도 않다고... 모든 것을 잘못하고 있다고요.*

여러 차례 부정적인 연상이 반복되거나 처리가 막힐 경우, 치료자는 내담자가 가지고 있지만 그 순간에는 사용할 수 없었던 적응적인 정보를 이끌어내기 위한 문장 또는 질문인 임상적 인터위브 clinical interweave(Laliotis와 Korn, Hensley 2021 참조)를 사용합니다. AIP의 원칙에 따라 치료자는 필요한 경우에만 개입하여 처리 과정을 다시 활성화하기에 필요한 수준의 정보만을 이끌어냅니다:

치료자: *그럼 만약 어떤 친구가 지금 당신에게 이런 이야기를 들려준다면, 당신이 그녀를 잘 아는 사람이라면 그녀에게 뭐라고 말하겠어요?*

카를라: *그녀가 충분히 좋은 사람이고 문제가 있는 것은 어머니라고 말할 거예요!*

치료자: *맞아요. 그대로 갑시다.*

카를라: *우리 엄마는 모두에게 그랬던 것 같아요. 그녀는 그냥 행복한 사람이 아니었어요.*

목표 기억의 재처리가 더 진행되면서 적응적인 정보가 계속해서 자동적으로 연결됩니다:

카를라: *방금 여러 사람에게 다가가 "누가 저에게 좋은 사람인가요?"라고 물으며 돌아다니고 있는 제 모습이 떠올랐어요. 제 인생 전반에 걸쳐 부모님에게 누가 나에게 좋은 사람인지를 묻고, 친구에게 묻고, 점쟁이, 심령술사에게 찾아가면서도 정작 제 자신에게는 귀 기울이지 않는 장면들이 빠르게 스쳐지나가는 것을 봤어요. 저는 항상 저 말고 다른 전문가를 찾아다녔기 때문에 제 직감을 믿지 않아요. 하지만 저는 사람을 잘못 고르는 재주도 있죠. 마치 벌에 쏘인 것 같아요: 느끼지만 아무것도 하지 않는 거죠!*

벌에 쏘인 경험과 그것이 그녀가 인간관계에서 반응하는 방식과의 상관관계에 대한 통찰을 얻게 된 순간은 매우 의미가 있었는데, 그녀는 자신의 반응이 "한 인간으로서 자신의 모습"이 아니라 방치된 어린 시절에 적응한 모습이라는 것을 깨달았습니다.

치료자: *맞아요. 그것에 집중하세요.*

카를라: *와, 정말 멋졌어요! 강하고 독립적이며 성공했지만 거만하지 않은 누군가[그녀 자신]를 상상하면서 제 마음 속에서 여행을 했어요. 잠시 동안 그 사람 같은 기분이 들었어요. 그리고 그런 느낌을 가지고 집에 돌아가서 조와 이야기하는 장면을 상상해봤어요. 그렇게 몇 번 해보니까, 그냥 제가 하고 싶은 말을 솔직하게 말하고 싶은 기분이 들었어요. 그건 조가 어떻게 느끼는지가 아니라, 제가 느끼는 것에 대한 이야기였고, 그게 정말 기분이 좋았어요!*

카를라가 자신을 강한 사람으로 떠올린 긍정적인 이미지는, 적응적으로 저장된 그녀의 기억 네트워크에서 자발적으로 연결된 연상이며, 이는 부정적인 각성이 감소함에 따라 처리과정에서 흔히 나타나는 일입니다.

치료자: *정말 잘됐네요. 그대로 그것에 주목하세요.*

카를라: *이제 어렸을 때 자존감이 높았던 때가 생각나요, 지금은 그 감정이 짓눌려 있는 것 같지만 조금은 되살아난 것 같아요.*

치료자: *네, 자신에 대해 정말로 좋게 느꼈던 어린 시절의 자신과 다시 연결되어 그 자아를 앞으로 나오게 불러온 것 같아요.*

카를라: *기적이 일어난 것 같아요!*

치료자: *그날 밤 조와 소파에서 실제로 무슨 일이 있었는지 다시 생각해 봅시다. 지금 무엇이 떠오르나요?*

카를라: *세상에, 잠깐만요! 머릿속에서 기어가 바뀌는 것 같아서 이상해요. 신체적인 반응이 느껴져요. 그에게 무엇을 말해야 할지 알고 있기 때문에 긴장됩니다. 그래서 지금은 실제로 느껴져요. 정말 놀랍네요!*

치료자: *좋아요. 그래서 괜찮은가요?*

카를라: *네! 직장에서 발표를 할 때마다 느끼는 불안감이 바로 이런 거예요, 아마 억눌려 있던 것들이겠죠!*

치료자: *네. 억눌려져 있던 감정들이에요. 그것에 집중하세요.*

카를라: *기분이 날아갈 것 같아요! 그게 맞는 말인 것 같아요. 전에는 이런 기분을 느껴본 적이 없어요.*

치료자: *그날 밤, 조와 함께 집에 있던 기억으로 돌아가봅시다, 0-10점 척도로 봤을 때 얼마나 불편하게 느껴지나요?*

카를라: *1점이나 2점요, 사실 0점인 것 같아요. 왜냐하면 그럴만한 가치가 있다고 느껴지거든요!*

다음 회기에서 카를라는 기분이 나아졌고 마치 어렸을 때 할아버지에게 사랑을 받았을 때처럼 자신에 대해 더 나은 사람으로 느끼기 시작했다고 했습니다. 그녀는 존과의 관계에 대해 낙담했지만, 이는 '생태학적으로' 적절한 것 같았습니다. 그녀를 대하는 존의 행동에 겉으로 드러나는 변화의 조짐이 없었고, 그녀는 자신의 의견을 말하는 데 여전히 어려움을 겪었습니다. 하지만 그녀는 무감각하거나 감정을 차단하는 대신 불안과 초조함을 느낀다며, 그것은 그녀가 해야 할 말들이 그들 사이에 갈등을 일으킬 가능성이 높다는 것을 알고 있기 때문이라고 했습니다. 이는 그녀에게 버림받을지도 모른다는 불안을 불러일으켰습니다. 자신의 목소리를 내는 것을 꺼리는 이유에 대해 이야기하는 동안, 어린 시절의 다른 기억들이 드러났고 이는 처리 대상으로 추가되었습니다.

발달 트라우마로 고통받는 내담자를 치료할 때 종종 그렇듯이, 한 가지 유형의 경험을 해결하면 이전에는 알지 못했거나 알 수 없었던 다른 문제와 경험들이 떠오릅니다. 이 사례의 경우, 그녀의 감정이 마비되는 반응을 처리하면서, 할아버지의 죽음과 어렸을 때 너무 자주 혼자 남겨진 경험으로 연결된 기억 네트워크와 관련되어 혼자 있는 것에 대한 근본적인 불안과 두려움이 드러났습니다. 생애 초기의 압도적인 감정과 해리가 지속되었지만 극단적이지는 않았고, 특히 재처리 회기에 의해 정서를 견디는 그녀의 능력이 크게 향상되었기 때문에 접근이 가능했습니다. 1년 이상 치료를 지속한 결과, 그녀는 현재 삶의 상황과 그에 수반되는 정서적, 관계적 요구에 순간순간 대응할 수 있게 되었습니다. 카를라의 사례에서 볼 수 있듯이 과거, 현재, 미래 간의 상호작용은 EMDR 치료의 세 갈래 프로토콜의 핵심이며, 이 프로토콜은 과거와 현재의 연결고리가 해소된 후 미래의 삶의 요구에 적응적으로 대응할 수 있는 내담자의 역량을 최적화할 수 있는 포괄적이고 강력한 치료 체계입니다.

또한, 고통 및 자신과 타인에 대한 왜곡된 신념이 사라졌다고 해도, 특히 내담자가 학대와 방임으로 인한 심각한 발달상의 결핍을 겪은 경우, 미래의 필요한 적응적인 반응양식이 자동적으로 생기는 것은 아닙니다. 복잡한 발달 트라우마를 가진 내담자의 경우, 치료자는 내담자가 자신과 타인의 관계 영역을 탐색할 수 있도록 적절한 관계 및 기타 생활 기술을 습득하게 도와야 할 가능성이 높습니다. EMDR 치료의 세 갈래 접근법 중 세 번째 축을 적용함으로써, 카를라는 체념하고 받아들이기보다 자신이 원하고 필요로 하는 것을 요구하는 적응적인 반응 양식을 개발할 수 있었습니다. 안타깝게도 몇 달 동안 상호적이고 상생적인 관계를 위해 노력했지만 존은 그녀의 기대에 미치지 못하였습니다. 결국 그녀는 그와의 관계를 끝내고 새로 형성된 자존감에 적합한 남성과 만나기 시작했습니다.

11.5 특정 상황과 어려움들

모든 심리치료 접근법과 마찬가지로, 치료자는 효과적인 치료 계획을 세울 때 다양한 임상적인 어려움을 고려해야 합니다. 특정 집단별로 포괄적인 치료 지침에 명시된 모든 주의 사항과 전략을 검토하는 것은 이 장에서 다룰 수 있는 범위를 벗어나지만, EMDR 치료와 치료적 함의에 대해 몇 가지 구체적인 관찰을 제시하겠습니다.

11.5.1 아동 및 청소년

표준 세 갈래 EMDR 치료 프로토콜은 단순한 언어와 미술 및 놀이 요소를 잠재적으로 사용할 수 있게 통합하여, 아동의 발달 수준에 맞게 조정되었습니다. 아동은 대체로 매우 회복탄력성이 크고 EMDR 치료에 잘 반응하는 경향이 있습니다. 그러나 이 집단을 치료하는 데에는 고유한 어려움이 있는데, 이는 아동의 문제가 종종 제3자에 의해 정의되고, 치료자의 주요 정보 출처가 아동의 증상에 영향을 미칠 수 있는 가족 구성원이기 때문입니다. 예를 들어, 부모가 이혼한 상태인 자녀는 귀가했을 때 남은 부모마저 집에 없을 수 있다는 두려움으로 인해 집 밖으로 나가는 것에 대해 심한 불안을 경험할 수 있으며, 학교에 가거나 친구들과 노는 것도 피할 수 있습니다. 이런 경우 가족 해체와 관련된 경험을 재처리하기 위하여 아동과 부모 모두 치료가 필요할 수 있습니다(Shapiro 등. 2007). 가족을 포함하는 이러한 보조적 치료가 없으면 부모의 지속적인 정서적 고통이 의도하지 않게 아동의 불안을 강화할 수 있습니다. 광범위한 발달적 트라우마가 있는 아동의 경우, 자원 개발 기법이 필수적이며, 이와 더불어 지지적인 보호자가 함께 있는 상태에서의 기억 처리가 포함되는, 심각한 트라우마를 입은 아동을 위한 별도의 프로토콜이 필요합니다(Wesselmann 등. 2012).

언어와 의사소통에 제한이 있는 아동에게는 내러티브나 구두로 이야기를 생성할 필요가 없는 EMDR 치료가 큰 도움이 될 수 있습니다. 치료자는 놀이, 그림, 미술, 그리고 모래 상자 치료에서 쓰이는 상징물과 인형을 사용하여 아동이 EMDR 치료를 통해 트라우마와 역경 경험을 처리하는 데 도움이 되는 다양한 전략을 활용할 수 있습니다(Gómez 2012). 모든 전략은 아동의 인지 및 정서 발달 수준과 의사소통 능력에 맞춰 조정합니다. 아동은 말 외에도 미술이나 음악을 사용하여 처리 과정에서 자신이 경험하고 있는 것을 표현할 수 있습니다.

11.5.2 복합 PTSD

다양한 형태의 증상 호소는 발달 시기의 트라우마에 뿌리를 두고 있습니다. 내담자의 과거력을 살펴보면, 문제의 근원이 어린 시절에 겪은 일회성 사건부터 보다 심각하고 복합적인 학대 및 방임의 지속적인 경험에 이르기까지 다양할 수 있습니다. 각 내담자가 자신의 각성 상태를 효과적으로 조절하는 능력이 어린 시절의 트라우마 경험으로 인해 손상되었을 수 있으므로, 이를 평가하는 것은 분명 중요합니다. 복잡한 발달 트라우마를 치료하는 모든 치료자에게 이 부분은 당연한 관심사이지만, 동시에 내담자의 능력을 과소평가하지 않는 것 역시 중요합니다. 여기에서의 어려움은, 임상 관찰과 내담자의 자기보고를 통해 내담자의 실제 역량을 평가해야 한다는 것입니다. 지지적인 치료적 관계를 구축하고, 내담자가 기억 처리를 수행할 수 있을 만큼 충분히 안정화가 되도록 세심한 주의를 기울여야 하며, 이는 결과적으로 정서적 혼란을 줄이는 데도 도움이 됩니다. 정서 조절과 대인 관계/사회적 지원 개입을 통합하면 기억 처리 전후에 전반적인 심리사회적 기능을 개선할 수 있으며, 집중적인 외래 또는 입원 프로그램과 병행할 수 있습니다(Cloitre 등. 2020).

EMDR 치료는 자기 조절 및 자원 개발 기법을 통하여 긍정적인 경험에 대한 기억(예: 자신감, 숙달, 희망) 또는 내담자가 삶의 다른 영역에서 가지고 있는 기술에 대한 접근성을 향상시킵니다(Shapiro 2001, 2012, 2018 참조). 이러한 전략은 내담자가 회기 도중과 회기 사이에 스스로 자기 상태를 관찰하고 조절할 수 있는 능력을 키우는 데 목적을 두고 설계되었습니다. 이 전략은 필요에 따라 치료의 어느 시점에서든 도입할 수 있지만, 내담자에게 반응을 유발하는 기억이 처리될 때까지 내담자를 안정시키고 스트레스 상황을 관리하는 능력을 최적화하기 위해 대개 준비 단계에서 적용됩니다. 예를 들어, 장기간의 의료 트라우마 병력이 있는 내담자는 예정된 의료 시술에 대한 스트레스 반응을 관리하는 데 도움이 되는 안전 지대의 시각화와 같은 구체적인 자기 진정 전략이 필요할 수 있습니다. 내담자의 사회적 지지를 활용하고 상태를 전환할 수 있는 능력의 확인 등, 일반적인 주의 사항이 우선시되기는 하나, EMDR 치료는 사건에 대한 자세한 설명이나 과제를 요구하지 않기 때문에 준비 기간을 유연하게 조정할 수 있습니다. 모든 치료는 치료자의 통제 하에 회기 중에 이루어지기 때문에, 내담자가 치료를 진행할 준비가 되었는지 여부는 일반적으로 그들의 각성 수준과, 특히 고통스러운 경험을 떠올릴 때 필요에 따라 감정 상태를 관리하고 전환할 수 있는 능력을 관찰함으로써 판단할 수 있습니다. 이는 특히 복합 PTSD의 진단에 해리 과정의 존재뿐 아니라 자신에게 결함이 있거나 세상이 안전하지 않다는 광범위한 믿음이 있다는 것을 강하게 시사하기 때문에 특히 중요합니다. EMDR 치료에서 트라우마 기억을 처리할 때 임상적으로 어려운 점은, 특히 강렬한 감정 반응이 일어나는 동안 과거와 현재 상태에 대한 이중 자각을 지속적으로 유지할 수 있는 내담자의 능력을 관찰하면서 각성 상태와 잠재적인 외상 후 해리를 관리하는 것입니다. 연구에 따르면, 단일 기억은 일반적으로 세 번의 처리 회기 내에서 완전히 처리될 수 있으므로 매우 고통스러운 기억의 경우 내담자와 치료자가 모두 시간적으로 가능할 때 연장 회기 또는 다음 날의 연속 회기로 신속하게 해소할 수 있으며, 회기 안팎에서 내담자의 경험을 지지해 줄 수 있는 적절한 안전장치를 마련할 경우 안정성을 더욱 강화할 수 있습니다.

11.5.3 중독

중독 분야에서 일반적인 개념은 트라우마 치료를 진행하기 전에 내담자가 모든 물질을 중단한 상태여야 한다는 것입니다. 그러나 앞부분에서 제시한 평가 기준을 고려할 때, 완전한 중단이 이루어지기 전인 초기에 표적 트라우마 재처리를 하면 내담자의 정서적 고통을 줄이는 동시에 동기 부여와 치료적 요구에 반응할 역량을 높일 수 있습니다(Brown 등. 2011). 중독으로 어려움을 겪는 내담자들은 도움을 요청할 시점에 이미 파괴적인 행동으로 인해 바로 부정적인 결과를 겪고 있음에도 불구하고 질환의 심각성에 대해 상당한 양가감정과 부정을 경험하는 경우가 많습니다. 이러한 부정적인 결과가 아무리 심각하다 하더라도, 중독은 다른 방법으로는 관리할 수 없는 감정 상태에 대한 그들의 '해결책'이기도 했습니다. 이러한 내담자는 약물 남용이나 기타 중독성/강박적 행동으로부터 긍정적인 영향과 부정적인 영향을 모두 경험합니다. 예를 들어, 섭식 장애를 앓고 있는 여성은 단 음식을 폭식하는 것이 자신에게 '선물'을 주는 것으로 느껴지고, 결과적으로 황홀감을 경험하기 때문에 매우 즐겁다고 보고할 수 있습니다. 이러한 행동은 또한 어린 시절의 경험에서 비롯된 정서적 고통과 결핍으로부터 도피하는 수단이 됩니다. 특히 내담자가 폭식을 할 때마다 기분이 좋아질 것이라고 확신하는 경우, 기저에 있는 고통에 대한 회피와 더불어 황홀감을 느끼게 되는 경험은 단 음식의 섭취를 매우 강력하고 저항하기 어려운 행위로 만듭니다. 아동기의 부정적 경험 연구(Felitti 등, 1998)에 따르면, 초기의 부정적인 삶의 경험과 중독을 포함하여 이후에 발생하는 건강 문제 사이에는 강한 상관관계가 있으며, 이는 처리되지 않은 트라우마 경험의 부정적인 영향에 대처하기 위한 부적응적인 전략의 결과입니다. 따라서 중독을 유발하는 기억을 처리하는 것이 최우선 과제이며, 사랑받고 있다는 느낌, 통제력, 자신감과 같은 긍정적인 정서 상태를 충족시키려는 적절한 필요와 이러한 긍정적인 정서 상태와 연결된 파괴적인 중독 행동 간의 연관성을 분리하는 것도 중요한 과제입니다. 치료자는 표준 PTSD 치료 프로토콜을 사용하는 것 외에도 충동과 긍정적 상태를 구체적으로 목표로 삼고 재발을 방지하기 위해 대안적이고 보다 적응적인 정서 관리 전략을 개발해야 합니다(17장 참조).

11.5.4 군인

전투 참전군인들이 트라우마에 노출되는 것은 단일 사건으로 마무리되는 경우가 드물기 때문에, 효과적인 치료를 위해서는 자기 조절 기술이 핵심입니다. 또한 이들은 전사한 전우를 기리는 중요한 방식과 전쟁 경험으로 인한 정서적 고통을 지나치게 동일시할 수도 있습니다. 이러한 문제는 정서적 고통과 기억의 필요성을 분리하여, 참전군인에게 그들이 결코 잊지 않을 것이라는 확신을 줌으로써 해결할 수 있습니다. 더구나 이러한 불쾌한 기억을 성공적으로 재처리하면, 고인에 대한 긍정적인 기억을 더 많이 떠올릴 수 있습니다(Sprang 2001). 또한, 참전군인들은 통제력을 상실하면 심각하고 돌이킬 수 없는 결과를 초래하는 상황을 여러 번 겪어왔기 때문에, 상황에 대한 통제력을 유지하려는 욕구가 무엇보다도 중요합니다. 치료자와 내담자가 어렵고도 때로는 말로 표현할 수 없는 공포의 경험에 접근할 수 있도록 '교전 규칙'을 설정하기 위해, 준비단계에 별도의 시간이 필요할 수 있습니다. 참전군인을 괴롭게 하는 경험에는 한 명 이상의 사망자가 발생한 사건이 포함될 수 있습니다. 개인적 가치에 위배되는 행위를 목격하거나 이에 가담한 군인은 '도덕적 손상moral injury'을 경험합니다(Nash 등. 2013). 모든 도덕적 손상 행위는 사람의 죽음과 관련된 경우 극심한 고통을 야기하지만, 특히 군사 작전의 의도치 않은 결과로 여성이나 어린이와 같은 비무장 민간인이 희생되었을 때에는 더욱 고통스러울 수 있습니다. EMDR 치료는 전투 트라우마의 다른 측면과 함께 수치심, 죄책감, 기타 도덕적 손상의 상흔을 효과적으로 치료할 수 있습니다. 그러나 이러한 사건에 자신이 관여했다는 수치심은 특히 치료자가 자신을 어떻게 볼 것인지에 대한 우려를 항상 동반하게 되므로 치료를 어렵게 만듭니다. 개방적이고 비판적이지 않은 치료적 태도를 보여주는 것 외에도, 내담자는 본인이 원하면 이러한 사건의 세부 사항을 치료자에게 이야기하지 않고도 경험을 처리할 수 있습니다.

참전군인들은 전투 상황에서 그들의 생존을 유지시켜 주었던 과각성 및 과잉 경계 상태가 지속되면서 자신이나 타인의 안전에 대한 실제 위협과 지각된 위협을 구분하는 데 어려움을 겪기도 합니다. 이러한 경우에는 종종 일상 생활을 어렵게 만드는 수면을 방해하는 악몽과 같은 침습 증상을 먼저 해결해야 합니다. 악몽의 이미지와 그에 수반되는 정서를 직접적인 목표로 삼아 처리하면, 일반적으로 꿈이 적응적으로 해결되고 악몽이 중단됩니다. 더불어, 환상지 통증이나 의학적으로 설명할 수 없는 신체적 불편을 겪고 있는 참전 군인들의 경우에는, 일반적으로 외상성 사건과 신체적 불편과 관련된 신체 감각을 직접적으로 다룸으로써 증상이 완화될 수 있습니다(Russell과 Figley 2012).

참전군인을 치료할 때 발생할 수 있는 또 다른 어려움은, 의미 있는 사건의 기념일을 앞두고 급성 증상이 나타나는 '기념일 반응'을 치료하는 것입니다. 이 반응이 참전군인에게만 나타나는 것은 아니지만, 가까운 사람이 사망한 사건을 '기억'하는 것은 이 집단에서 거의 보편적인 현상입니다. 이는 군인들이 하는 '전우를 절대 버리지 않는다'는 반복된 다짐으로 인해 더욱 악화됩니다. 군인으로서의 복무를 수행하는 동안, 참전군인들은 전투 작전 중 또는 그 후 자살로 전우를 잃는 경험에 자주 직면하게 됩니다. 전투 중 사망한 전우의 기일은 생존자의 죄책감, 즉 친구가 죽고 자신은 살아남았다는 개인적인 책임감으로 인해 더욱 복잡해집니다. 이러한 상실의 영향은 함께 복무했던 다른 동료 참전군인이 사망할 경우 더욱 커집니다. 이 강렬한 감정적 반응은, 기념일 이전에 상실과 관련된 사건을 EMDR 치료로 재처리할 수 있다면 예방할 수 있습니다. 또한 기념일과 관련된 정서적 반응은 시각적 단서 없이 나타날 수 있기 때문에, 원인을 알 수 없이 정서적 불안정성이 급증하는 경우 회귀기법이나 감정 스캔과 같은 EMDR 기억 회상 기법으로 파악할 수 있으며, 이를 통해 처리해야 할 기억을 찾을 수 있습니다. 마지막으로, 과거의 이러한 핵심 사건을 처리하는 것 외에도 참전군인이 적극적으로 고인들을 기릴 수 있도록 기념일을 의식화ritualize할 방법을 찾을 수 있게 돕는 것이 중요합니다(23장 참조).

11.6 연구

44건 이상의 무작위 통제 연구에서 다양한 트라우마 집단을 대상으로 PTSD에 대한 EMDR 치료의 효과를 입증하였습니다: 성인 대상 30건, 트라우마 아동 대상 7건, 초기 외상 스트레스 관련 7건(Maxfield 2019). 많은 메타분석에서 경험적으로 뒷받침되는 성인 PTSD 치료법으로서 강력한 근거가 확인되었습니다(예: Lewis 등. 2020; Mavranezouli 등. 2020a). 우울증(Sepehry 등. 2021)에 효과적이고 조기 개입(Roberts 등. 2019; Matthijssen 등. 2020)으로서 유효하다는 강력한 근거가 있고, 통증을 감소시킬 수 있다는 예비 근거(Tesarz 등. 2019)도 보고되었습니다. EMDR 치료는 외상이나 불쾌한 사건 이후 발생한 다양한 질환과 증상에도 도움이 될 수 있습니다(Valiente-Gomez 등. 2017).

11.6.1 성인 PTSD에 대한 EMDR의 효과성 연구

EMDR 요법은 국제트라우마스트레스학회(the International Society of Traumatic Stress Studies, ISTSS 2019)와 영국 국립보건임상연구원(the National Institute for Health and Care Excellence, NICE 2018)을 비롯한 많은 국제 기관에서 PTSD의 1차 치료법으로 권장하고 있습니다. 여러 메타분석 결과에 따르면 EMDR 치료는 외상 초점 인지행동치료TF-CBT만큼 PTSD 치료에 효과적이며, 일부 예비 연구에서는 EMDR 치료에서 더 적은 회기로 유의한 결과를 얻었습니다(Matthijssen 등. 2020). NICE PTSD 가이드라인(2018)의 기초가 된 네트워크 메타분석에서 EMDR 치료를 다른 11가지 유형의 개입과 비교한 결과, 성인 PTSD 치료에 가장 비용 효율적인 방법이었습니다(Mavranezouli 등. 2020b).

연구에 따르면 적절한 치료용량dosage은 외상 사건의 수와 발병 연령에 따라 다릅니다. 예를 들어, Kaiser Permanente가 자금을 지원한 한 연구(Marcus 등. 2004)에 따르면 평균 6회의 50분 회기를 통해 단일 외상 생존자의 100%가 PTSD 진단을 벗어났지만, 다발성 외상 생존자의 경우 그 비율이 77%에 그쳤습니다. 플루옥세틴과 대기자 명단을 대조군으로 하여 8회의 EMDR 치료 회기를 비교한 무작위 통제 연구(van der Kolk 등. 2007)에서는 어린 시절 트라우마를 경험한 성인에게 더 긴 EMDR 치료 과정을 권장했습니다. 6개월 추적 관찰 결과, 성인기 트라우마를 가진 참가자의 91.7%가 PTSD 진단에서 벗어났고 75%가 무증상의 종결-상태 기능에 도달한 반면, 아동기 트라우마를 가진 참가자의 경우에는 88.9%가 진단에서 벗어났고 33.3%가 최종 무증상 기능 상태에 도달했습니다. 이러한 연구 결과는 초기 경험의 광범위한 영향과 건강한 자기 개념을 형성하는 데 필요한 시간을 감안할 때, 포괄적인 임상양상을 충분히 다루려면 아동기에 발병한 복합 PTSD를 가진 성인에게는 보다 광범위한 목표와 재처리가 필요함을 시사합니다(Shapiro 2001, 2018; Wesselmann 등. 2012 참조).

11.6.2 아동 및 청소년의 PTSD에 대한 EMDR의 효과성 연구

국제트라우마스트레스학회(ISTSS 2019)를 비롯한 일부 국제 기관에서는 PTSD 아동을 위한 1차 치료법으로 EMDR 치료를 권장합니다. 현재까지 트라우마 아동 및 청소년 치료에 관한 25건의 연구 중 1건을 제외한 모든 연구에서 EMDR 치료가 PTSD 증상 완화에 효과적이었습니다. Moreno-Alcázar 등(2017)은 PTSD 아동 및 청소년을 대상으로 한 8건의 무작위 통제 연구에 대한 메타분석에서 EMDR 치료가 대기 및 위약보다 유의하게 우수하며, PTSD 및 불안 증상 감소에 있어 CBT와 유사한 결과를 보인다고 보고했습니다. 불안, 우울, 행동 문제와 같은 동반 증상이 개선되었다는 연구 결과도 있습니다(예: Meentken 등. 2020). De Roos 등(2017)은 아동과 청소년을 대상으로 EMDR 치료와 TF-CBT를 비교하는 무작위 통제 연구를 실시한 결과, 두 치료법 모두 동등하게 효과적이지만 EMDR 치료가 시간 면에서 훨씬 더 효율적이라고 보고했습니다.

11.6.3 최근의 트라우마recent trauma에 대한 EMDR의 효과성 연구

외상 사건 발생 후 조기 개입은 현재의 증상을 없애고, 병전 기능을 회복하며, PTSD 및 기타 질환의 발병을 예방하기 위해 권장되며, 일반적으로 외상 사건 발생 후 3개월 이내에 적용합니다(ISTSS 2019). 국제트라우마스트레스학회(ISTSS 2019)에서는 PTSD 증상을 치료하기 위한 1차 조기 개입으로 EMDR 치료를 권장합니다. Shapiro가 첫 번째 저서(1995년)에서 최근 사건 프로토콜이라는 최초의 조기 개입 프로토콜을 발표한 이후, 개인과 집단을 위해 다양한 조기 개입 프로토콜이 개발되고 발표되었습니다. 개인과 집단을 대상으로 하는 이러한 조기 개입 프로토콜의 효과를 확인하기 위해 23건의 연구가 수행되었습니다(전체 목록은 Matthijssen 등. 2020 참조). 전반적으로 연구 결과는 유의미한 효과를 보여주며, PTSD 증상과 불안 및 우울증의 동반 증상을 감소시키는 데 EMDR 조기 개입 프로토콜의 적용을 지지합니다.

11.6.4 우울증에 대한 EMDR의 효과성 연구

EMDR은 우울증 치료에 있어 인지나 행동의 변화보다는 질환의 발병과 관련된 고통스럽거나 충격적인 기억을 처리하는 데 중점을 두는 독특한 접근 방식을 취합니다. EMDR의 우울증 치료에 대한 연구는 EMDR이 이 질환에 대해 유망한 치료법임을 보여주었습니다. Sepehry 등(2021)의 메타분석에서는 일차 및 이차 우울증에 대한 EMDR의 치료 효과를 살펴본 39건 연구의 결과를 분석했습니다. 이 연구의 연구진은 다른 치료법과 비교했을 때 EMDR의 치료효과와 보조 치료법으로서의 치료효과 크기가 유의미하게 크다고 보고했습니다. Carletto 등(2021)의 또 다른 메타분석에서는 9건의 대조군 연구를 검토하여 EMDR 치료에서 중간 정도의 효과 크기를 보고했습니다.

11.6.5 통증 치료에 대한 EMDR의 효과성 연구

EMDR 치료는 불쾌한 경험에 대한 기억과 예상되는 미래 상황을 목표로 삼아 통증 치료에 사용되고 있습니다. EMDR은 환상지 감각을 다루는 데 매우 효과적인 것으로 보이며(예: De Roos 등. 2010), 환상지 통증을 실질적으로 줄이거나 완전히 제거합니다. AIP 모형의 관점에서 환상지 통증은 처리되지 않은 외상 기억의 일부로 간주되므로, 기억이 해결되면 통증도 함께 해소됩니다. 또한 최근 일부 무작위 통제 연구에서 EMDR이 만성 통증의 심각성을 감소시킬 수 있다는 예비적 근거가 제시되었습니다(예: Arias-Suárez 등. 2020; Brennstuhl 등. 2016; Gerhardt 등. 2016). 이 치료적 적용에서 통증은 외상 사건에서 비롯되었거나, 또는 통증 자체를 '트라우마'로 간주하여 치료할 수 있습니다.

11.7 안구 운동의 효과에 대한 연구

EMDR의 작용 기전에 대한 연구는 주로 안구 운동 요소에 초점을 맞춰 진행되었습니다. 26건의 임상시험에 대한 메타분석에 따르면, EMDR 치료의 안구 운동 구성 요소는 그 자체로 임상 연구에서 상당한 치료 효과가 있습니다(Lee와 Cuijpers 2013). 그러나 최근 Sack 등(2016)의 대규모 연구에서는 안구 운동이 아니라 이중 주의가 치료 효과에 기여한다는 결론을 내렸습니다. 연구진은 이중 주의(안구 움직임 또는 움직이지 않는 손에 집중)가 동반된 EMDR이 안구 움직임이 없는 EMDR보다 훨씬 더 효과적이라고 밝혔습니다. 이러한 결과를 명확히 밝히기 위해서는 더 많은 연구가 필요합니다.

실험실 연구에 따르면 안구 운동에는 특정한 효과가 있으며, 이러한 효과는 모두 임상 치료에 도움이 될 수 있습니다. 여기에는 기억의 선명도와 감정 반응의 감소, 생리적 각성 완화, 인지적 유연성 증가 등이 포함됩니다. 이러한 효과를 설명하는 데 세 가지 이론이 제시되었습니다. 작업 기억 이론에 따르면, 눈을 움직이면서 기억을 떠올리는 EMDR의 이중 주의 과제는 작업 기억 용량이 과부하taxed되게 합니다. 이러한 과부하는 목표 기억의 시각적 질과 감정적 강도를 감소시킵니다(van den Hout와 Engelhard 2012). 두 번째 이론은 정향 반응orienting response과 관련이 있습니다. 정향 반응이란 뇌가 새로운 감각 경험에 주의를 기울일 때 부교감 신경계가 활성화되는 것입니다. 이 이론은 Schubert 등(2016)이 보고한 것으로, 안구 운동을 시작할 때 발생하는 심박수의 현저한 감소와 피부 전도도의 증가와 같은 생리적 각성 반응 감소 현상을 설명합니다. 세 번째 이론은 안구 운동이 급속 안구 운동rapid eye movement, REM 수면 중에 일어나는 것과 동일한 신경학적 과정을 자극할 수 있다는 것입니다(Stickgold 2002). EMDR 치료에서 나타나는 인지적 유연성 증가(예: Kuiken 등. 2001)는 꿈에서 나타나는 느슨한 연상 작용과 유사할 수 있다고 여겨집니다.

연구에서 보고된 다양한 기억 효과(예: 민감소실, 정서적 각성 감소, 실제 정보에 대한 인식 증가, 일회적 기억 회상episodic retrieval)는 치료 과정에서 세 가지 기전이 서로 다른 시기에 활성화될 수 있음을 시사합니다. 이에 따라 치료자는 정서적 불편감의 급격한 감소, 트라우마 심상의 선명도 감소, 연관 기억의 출현, 긍정적 감정 및 신념의 자발적인 출현과 함께 통찰력의 증가를 관찰할 것입니다.

References

Arias-Suarez N, Moreno-Perez J, Redolar-Ripoll D, Hogg BM, Gardoki-Souto I, Garcia-Guerrero F, Jaime-Cabrera S, Samper-Bernal D, Amann BL, Moreno-Alcazar A (2020) EMDR versus treatment-as-usual in patients with chronic non-malignant pain: a randomized controlled pilot study. J EMDR Pract Res 14:4

Brennstuhl MJ, Tarquinio C, Bassan F (2016) Using EMDR – eye movement desensitization and reprocessing – in the context of chronic pain: a pilot study. Prat Psychol 22(1):17–29. https://doi.org/10.1016/j.prps.2015.11.002

Brown SH, Stowasser JE, Shapiro F (2011) Eye movement desensitization and reprocessing (EMDR): mental health-substance use. In: Cooper DB (ed) Intervention in mental health-substance use. Radcliffe, Oxford, pp 165–193

Carletto S, Malandrone F, Berchialla P, Oliva P, Colombi N, Hase M, Hofmann A, Ostacoli L (2021) Eye movement desensitization and reprocessing for depression: a systematic review and meta-analysis. Eur J Psychotraumatol 12(1):1894736. https://doi.org/10.1080/20008198.2021.1894736

Cloitre M, Cohen LR, Ortigo KM, Jackson C, Koenen KC (2020) Treating survivors of childhood abuse and interpersonal trauma: STAIR narrative therapy. Guilford, New York Craske M, Herman D, Vansteenwegen D (eds) (2006) Fear and learning: from basic processes to clinical implications. APA Press, Washington, DC

De Roos C, Veenstra AC, de Jongh A, den Hollander-Gijsman M, Van der Wee NJ, Zitman FG, Van Rood YR (2010) Treatment of chronic phantom limb pain using a trauma-focused psychological approach. Pain Res Manag 15(2):65–71. https://doi.org/10.1155/2010/981634

De Roos C, Van der Oord S, Zijlstra B, Lucassen S, Perrin S, Emmelkamp P, De Jongh AD (2017) Comparison of eye movement desensitization and reprocessing therapy, cognitive behavioral writing therapy, and wait-list in pediatric posttraumatic stress disorder following single-incident trauma: a multicenter randomized clinical trial. J Child Psychol Psychiatry 58(11):1219–1228. https://doi.org/10.1111/jcpp.12768

Felitti VJ, Anda RF, Nordenberg D, Williamson DF, Spitz AM, Edwards V, Koss MP, Marks JS (1998) Relationship of childhood abuse and household dysfunction to many of the leading causes of death in adults: the adverse childhood experiences (ACE) study. Am J Prev Med 14:245–258

Gerhardt A, Leisner S, Hartmann M, Janke S, Seidler GH, Eich W, Tesarz J (2016) Eye movement desensitization and reprocessing vs. treatment-as-usual for non-specific chronic back pain patients with psychological trauma: a randomized controlled pilot study. Front Psychiatry 7:201. https://doi.org/10.3389/fpsyt.2016.00201

Gomez AM (2012) EMDR therapy and adjunct approaches with children: complex trauma, attachment and dissociation.

Springer, New York
Hensley BJ (2021) An EMDR therapy primer: from practicum to practice, 3rd edn. Springer, New York van den Hout MA, Engelhard IM (2012) How does EMDR work? J Exp Psychopathol 3(5):724–738. https://doi.org/10.5127/jep.028212
International Society of Traumatic Stress Studies (2019) Posttraumatic stress disorder: prevention and treatment guidelines. http://www.istss.org/treating-trauma/new-istss-prevention-and-treatment-guidelines.aspx
van der Kolk B (2005) Developmental trauma disorder: towards a rational diagnosis for children with complex trauma histories. Psychiatr Ann 35(5):401–408
van der Kolk B, Spinazzola J, Blaustein M, Hopper J, Hopper E, Korn D, Simpson W (2007) A randomized clinical trial of EMDR, fluoxetine and pill placebo in the treatment of PTSD: treatment effects and long-term maintenance. J Clin Psychiatry 68:37–46
Kuiken D, Bears M, Miall D, Smith L (2001) Eye movement desensitization reprocessing facilitates attentional orienting. *Imagin Cogn Pers* 21(1):3–20. https://doi.org/10.2190/L8JX-PGLC-B72R-KD7X
Laliotis D (2020) Letting the steam out of the pressure cooker: the EMDR life stress protocol. J EMDR Pract Res 14(3):150–161. https://doi.org/10.1891/EMDR-D-20-0032
Lee CW, Cuijpers P (2013) A meta-analysis of the contribution of eye movements in processing emotional memories. J Behav Ther Exp Psychiatry 44:231–239. https://doi.org/10.1016/j.jbtep.2012.11.001
Lewis C, Roberts NP, Andrew M, Starling E, Bisson JI (2020) Psychological therapies for post-traumatic stress disorder in adults: systematic review and meta-analysis. Eur J Psychotraumatol 11:1729633. https://doi.org/10.1080/20008198.2020.1729633
Marcus S, Marquis P, Sakai C (2004) Three- and 6-month follow-up of EMDR treatment of PTSD in an HMO setting. Int J Stress Manage 11:195–208
Matthijssen SJ, Lee CW, de Roos C, Barron IG, Jarero I, Shapiro E, Hurley EC, Schubert SJ, Baptist J, Amann BL, Moreno-Alcazar A, Tesarz J, de Jongh A (2020) The current status of EMDR therapy, specific target areas, and goals for the future. J EMDR Pract Res 14(4):241–256. https://doi.org/10.1891/EMDR-D-20-00039
Mavranezouli I, Megnin-Viggars O, Daly C, Dias S, Welton NJ, Stockton S, Bhutani G, Grey N, Leach J, Greenberg N, Katona C, El-Leithy S, Pilling S (2020a) Psychological treatments for post-traumatic stress disorder in adults: a network meta-analysis. Psychol Med 50:542–555. https://doi.org/10.1017/S0033291720000070
Mavranezouli I, Megnin-Viggars O, Grey N, Bhutani G, Leach J, Daly C, Dias S, Welton NJ, Katona C, El-Leithy S, Greenberg N, Stockton S, Greenberg N (2020b) Cost-effectiveness of psychological treatments for post-traumatic stress disorder in adults. PLoS One 15(4):e0232245. https://doi.org/10.1371/journal.pone.0232245
Maxfield L (2019) A Clinician's Guide to the Efficacy of EMDR Therapy. J EMDR Pract Res 13(4):239-246. https://doi.org/10.1891/1933-3196.13.4.239
Meentken MG, Van der Mheen M, Beynum IM, Aendekerk EW, Legerstee JS, Van der Ende J, Del Canho R, Lindauer RJL, Hillegers MHJ, Moll HA, Helbing WA, Utens EM (2020) EMDR for children with medically related subthreshold PTSD: short-term effects on PTSD, blood-injection-injury phobia, depression and sleep. Eur J Psychotraumatol 11:1. https://doi.org/10.1080/20008198.2019.1705598
Mol SSL, Arntz A, Metsemakers JFM, Dinant G, Vilters-Van Montfort PAP, Knottnerus A (2005) Symptoms of post-traumatic stress disorder after non- traumatic events: evidence from an open population study. Br J Psychiatry 186:494–499
Moreno-Alcazar A, Treen D, Valiente-Gomez A, Sio-Eroles A, Perez V, Amann BL, Radua J (2017) Efficacy of eye movement desensitization and reprocessing in children and adolescent with post-traumatic stress disorder: a meta-analysis of randomized controlled trials. Front Psychol 8:1750. https://doi.org/10.3389/fpsyg.2017.01750
Nash et al (2013) Psychometric evaluation of the moral injury events scale. Mil Med 178:646–652
National Institute for Health and Care Excellence (2018) Post-traumatic stress disorder. NG116. Management of PTSD in children, young people and adults (1.6.13). https://www.nice.org.uk/guidance/ng116/chapter/Recommendations#management-of-ptsd-in-children-young-people-and-adults
Roberts NP, Kitchiner NJ, Kenardy J, Lewis CE, Bisson JI (2019) Early psychological intervention following recent trauma: a systematic review and meta-analysis. Eur J Psychotraumatol 10(1):1695486. https://doi.org/10.1080/20008198.2019.1695486
Russell MC, Figley CR (2012) Treating traumatic stress injuries in military personnel: an EMDR practitioner's guide. Routledge, New York
Sack M, Zehl S, Otti A, Lahmann C, Henningsen P, Kruse J, Stingl M (2016) A comparison of dual attention, eye movements, and exposure only during Eye Movement Desensitization and Reprocessing for posttraumatic stress disorder: results from a randomized clinical trial. Psychother Psychosom 85:357–365. https://doi.org/10.1159/000447671
Schubert SJ, Lee CW, Drummond PD (2016) Eye movements matter, but why? Psychophysiological correlates of EMDR therapy to treat trauma in Timor-Leste. J EMDR Pract Res 10(2):70–81. https://doi.org/10.1891/1933-3196.10.2.70
Sepehry AA, Lam K, Sheppard M, Guirguis-Younger M, Maglio A (2021) EMDR for depression. A meta-analysis and systematic review. J EMDR Pract Res 15(1):1–16. https://doi.org/10.1891/EMDR-D-20-00038
Shapiro F (1995) Eye movement desensitization and reprocessing: basic principles, protocols, and procedures. Guilford Press, New York
Shapiro F (2001) Eye movement desensitization and reprocessing: basic principles, protocols, and procedures, 2nd edn. Guil-

ford Press, New York
Shapiro F (2012) Getting past your past. Rodale, New York
Shapiro F (2014) The role of eye movement desensitization & reprocessing (EMDR) therapy in medicine: addressing the psychological and physical symptoms stemming from adverse life experiences. Perm J 18:71–77
Shapiro F (2018) Eye movement desensitization and reprocessing therapy: basic principles, protocols, and procedures, 3rd edn. Guilford, New York
Shapiro F, Kaslow F, Maxfield L (eds) (2007) Handbook of EMDR and family therapy processes. Wiley, Hoboken
Solomon RM, Shapiro F (2008) EMDR and the adaptive information processing model: potential mechanisms of change. J EMDR Pract Res 2:315–325
Sprang G (2001) The use of eye movement desensitization and reprocessing (EMDR) in the treatment of traumatic stress and complicated mourning: psychological and behavioral outcomes. Res Soc Work Pract 11:300–320
Stickgold R (2002) EMDR: a putative neurobiological mechanism of action. J Clin Psychol 58:61–75
Stickgold R (2008) Sleep-dependent memory processing and EMDR action. J EMDR Pract Res 2(4):289–299. https://doi.org/10.1891/1933-3196.2.4.289
Suzuki A, Josselyn SA, Frankland PW, Masushige S, Silva AJ, Kida S (2004) Memory reconsolidation and extinction have distinct temporal and biochemical signatures. J Neurosci 24:4787–4795
Tesarz J, Wicking M, Bernardy K, Seidler G (2019) EMDR therapy's efficacy in the treatment of pain. J EMDR Pract Res 13(4):337–344
Valiente-Gomez A, Moreno-Alcazar A, Treen D, Cedron C, Colom F, Perez V, Amann BL (2017) EMDR beyond PTSD: A Systematic Literature Review. Front Psychol 810.3389/fpsyg.2017.01668
Wesselmann D, Davidson M, Armstrong S, Schweitzer C, Bruckner D, Potter AE (2012) EMDR as a treatment for improving attachment status in adults and children. Eur Rev Appl Psychol 62:223–230
Wilson SA, Becker LA, Tinker RH (1995) Eye movement desensitization and reprocessing (EMDR) treatment for psychologically traumatized individuals. J Consult Clin Psychol 63(6):928-937. https://doi.org/10.1037/0022-006X.63.6.928
Wilson S, Becker LA, Tinker RH (1997) Fifteen-month follow-up of eye movement desensitization and reprocessing (EMDR) treatment of post-traumatic stress disorder and psychological trauma. J Consult Clin Psychol 65:1047–1056
World Health Organization (2013) Guidelines for the management of conditions that are specifically related to stress. WHO, Geneva

내러티브 노출치료 : 트라우마 스트레스, 공포와 폭력에 대한 기억의 재구성

12

Thomas Elbert, Maggie Schauer와 Frank Neuner

이것은 저의 이야기입니다

12.1 이론적 근거: 트라우마 관련 질환은 연관 기억의 장애이다.

"우리는 누구이며 어떻게 지금의 우리가 되었는가?"라는 질문은 인류의 가장 오래된 질문 중 하나입니다. 이 질문은, 무엇이 개인으로서의 우리를 형성하고, 우리의 문화적 기억은 무엇인가? 라는 조금 다른 방식으로 물을 수 있습니다. 우리는 진화를 통해 기억을 다양한 형태로 간직할 수 있게 되었지만, 그것은 과거가 아닌 미래를 다루기 위한 것입니다. 미래의 시나리오를 상상하기 위해, 우리의 마음은 과거와 미래의 시나리오를 재생하고 다시 재생하면서 경험의 기억 흔적을 재편성할 수 있습니다. 따라서 기억은 과거의 경험을 바탕으로, 예측되는 미래에 적응하기 위하여 몸과 마음을 재구성하는 것을 의미합니다. 그러나 적응 능력이 아무리 뛰어나도 어려움이 발생할 수 있습니다. 예를 들어 가족과 휴가 중이던 군인이 불꽃놀이를 보고 아프가니스탄에서의 전투 기억이 당시의 감정과 인지와 함께 떠올라 저녁 내내 트럭 밑에 숨는 것과, 그때 몸 속에 저장되어 있던 탄수화물이 혈당으로 바뀌는 반응이 일어나는 것은 적응적이지 않을 수 있습니다. PTSD의 초기 심리학적 모델에서는 이러한 증상을 주로 학습된 불안의 문제로 간주하였으나, 이후 세기가 바뀌면서 트라우마 관련 증상들을 기억의 장애로 이해하기 시작했습니다(Ehlers와 Clark 2000; Brewin과 Holmes 2003). 기억은 강한 긍정 또는 부정적인 감정가valence를 불러일으키는 경험으로부터 만들어지며, 이러한 경험은 접근이나 회피 반응을 활성화시킵니다. 그리고 이 경험들은 그 원 경험 자체만이 아니라 그 기억에 의한 그들 고유의 내재적 역동을 만들어 냅니다. 이는 인지, 감정, 행동을 재구성하여 임상 증상을 유발할 수 있습니다. 일회성 위협부터 사회적 배제, 부정적인 환경에서의 지속적인 소모적 상황에 이르기까지, 스트레스 요인은 일련의 반응을 유발할 뿐 아니라 신체의 방어 체계를 바꿉니다. 즉 우리는 현재의 감각을 과거 사건과 연관된 기억과 적절히 분리할 수 없는 것이 PTSD의 핵심이라고 봅니다. 따라서 치료적 개입은 공포의 인식을 그것이 본래 속해 있는, 즉 과거의 다른 시간대와 장소에 되돌려야 합니다. 그래야만 현재의 상황에서 그 단서들이 두려움과 절망을 유발하지 않게 됩니다.

따라서 이 장에서는 트라우마 기억의 구체적인 구조를 먼저 살펴본 다음 NET의 타당성을 제시하고 그 뒤에 절차를 자세히 다룹니다. 마지막에는 예시가 될 사례를 제시하겠습니다.

12.1.1 트라우마 기억의 구조

외상성 스트레스 요인(예: 성폭력, 심각한 부상 또는 사회적 배제)은 생존 및/또는 생물학적 적응 능력에 대한 위협이 됩니다. 외상성 사건 중 접하게 되는 총소리, 피 냄새와 같은 감각 정보는 우리가 인식하지 않더라도 기억에 저장됩니다. 몸과 마음은 극도로 각성되고(빠른 심장박동, 땀, 떨림) 숨거나 싸우거나 도망치는 등의 행동에 대비하게 됩니다. 감각적인 요소는 관련된 인지, 정서, 생리적 반응들과 함께 트라우마 경험에 연관된 연상 기억을 만듭니다. 이렇게 저장된 정보를 **핫 메모리**hot memory(Metcalfe와 Jacobs 1996; Elbert와 Schauer 2002), 또는 상황적으로 접근 가능한 기억 또는 감각 지각 표상이라고 합니다(Brewin 등. 2010; Schauer 등. 2011; Neuner 등. 2008a). 새로운 유형의 경험이라면, 이 핫 메모리는 상황 정보인 **콜드 메모리**cold memory(언어로 접근 가능한 기억 또는 상황 표상)와 연결되어 개인이 의식적으로 사건을 기억할 수 있게 되고 그 사건이 발생한 장소와 시간 등을 맥락에 맞게 둘 수 있습니다. 하지만 위험에 처했다는 신호라면 이 신호가 언제, 어디서 학습되었는지 기억하는 것은 중요하지 않습니다. 오히려 생존을 위해서라면 빠른 반응이 중요합니다. 따라서 진화는 기억 조직을 정해진 방식으로 구성하여, 감각, 감정적인 경험과 같은 기억은 맥락적 정보와 관련된 것과 분리된 별도의 회로에 저장되게 하였습니다. 연상 학습의 원리에 따라 중요한 경험은 상호 연결된 신경망에 저장되고, 이러한 역경이 반복되면 '트라우마 네트워크'가 만들어질 수 있습니다(그림 12.1). 이 트라우마 네트워크는 감각, 인지 및 생리적 표상을 아우르며 경험과 관련된 정서적 반응(핫 메모리)이 여기에 포함됩니다. PTSD에서 핫 메모리는 맥락성 콜드메모리 시스템과의 연결을 잃게 됩니다(그림 12.1). 냄새나 소음 같은 환경적인 자극과 생각과 같은 내적 신호는 여전히 트라우마 구조를 활성화할 수 있지만, 이 기억이 형성된 다양한 시간과 장소들을 기억하지 못합니다. 생존자는 이를 침습적 기억이나 '플래시백'으로 경험하는데, 이는 총 소리나 타는 냄새, 공포감, 방어적인 반응 상황이나 생각만으로도 트라우마 상황으로 돌아간 것으로 지각하는 것입니다(그림 12.1).

트라우마 네트워크의 활성화는 무섭고 고통스러운 기억을 되살리는 역할이기 때문에, 많은 PTSD 환자는 외상 사건을 연상시키는 단서들을 회피하는 행동을 습득하게 됩니다. 그들은 트라우마 네트워크의 표상 중 어떤 부분도 생각하거나 말하지 않으려 하고, 무서운 사건을 연상시키는 사람이나 장소로부터 멀리 떨어져 있으려고 합니다. '뜨거운' 트라우마 기억이 두드러지는 것과 대조적으로, PTSD를 겪는 생존자들은 '차가운' 자서전적인 맥락에 어려움을 겪습니다. 즉 그들은 사건과 관련된 두려움을 시간과 장소에 적절하게 연결지어 배치하거나 사건을 시간 순서대로 명확하게 구조

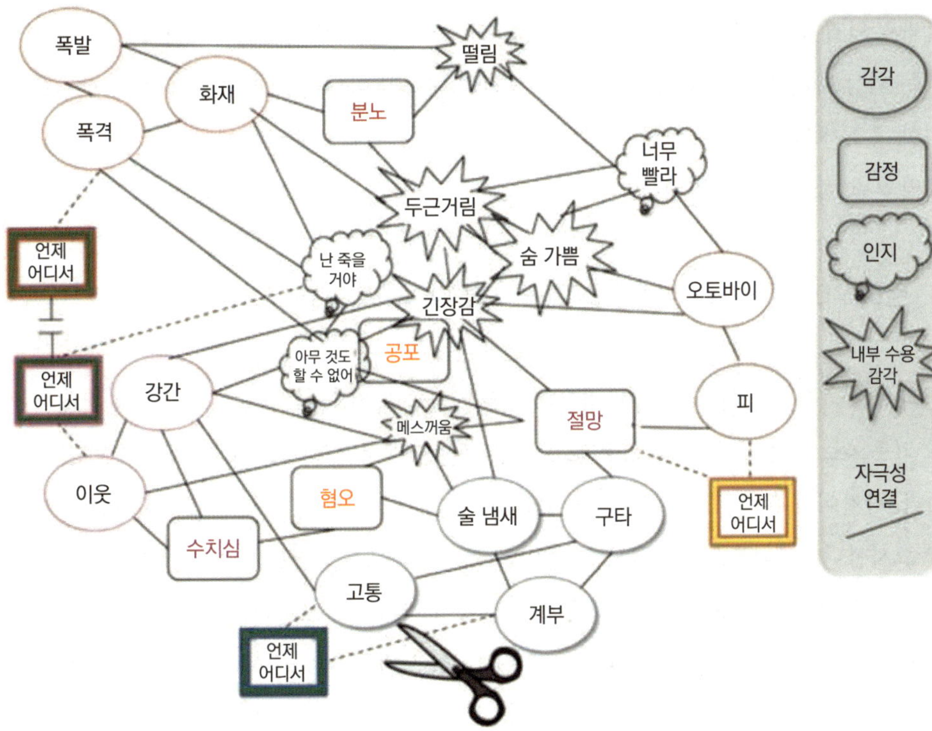

그림 12.1 공포/트라우마 네트워크는 상호적으로 자극하는 연결로 구성되어 있습니다. 이는 다수의 공포 경험에 의한 결과입니다. 한 사건에 대한 표상은 특정 맥락, 그 사건이 발생한 '시기(언제)'와 '장소(어디서)'와 잘 연결될 수 있습니다. 그러나 추가적인 스트레스 경험이 이미 존재하던 트라우마의 핫 메모리 네트워크에 신호를 주면, 감각, 인지, 감정, 생리적 표상이 점점 더 상호 자극성인 힘으로 연결되는 동안 콜드 메모리는 일반화되어 결국 사라지게 됩니다. 뇌 구조 면에서 각각 다른 두 장소(해마의 '장소세포place cells')가 동시에 활성화될 수 없으므로, '장소'와 '시기'의 처리를 담당하는 맥락 기억인 콜드 메모리는 더 이상 활성화되지 않습니다(Elbert 등. 2006). 따라서 공포/트라우마 네트워크는 시간과 장소로부터 단절(가위 표시)되고, 공포가 일반화되면서 임박한 위협으로 느끼게 됩니다. 내러티브 노출치료는 서로 다른 사건의 기억 흔적을 구분하여 핫과 콜드 메모리를 다시 연결함으로써 이 과정을 되돌리는 것으로 생각됩니다. (수정된 그림, Schauer와 Elbert 2010)

화하는 데 어려움을 겪습니다(Schauer 등. 2011). 이러한 어려움은 트라우마 구조의 활성화를 회피하려는 경향과 맞물려, PTSD 환자들이 트라우마 경험을 이야기하기 어렵게 만듭니다(Neuner 등. 2008a). 이러한 트라우마 기억의 기전은 PTSD에만 국한되지 않을 가능성이 높습니다. 다른 불안 장애, 우울증, 또는 섭식장애를 가진 사람들도 종종 매우 고통스러운 내용이 가득 담겨 있지만 콜드 메모리의 맥락 요소가 결여된, 반복적이고 생생하며 침습적인 기억을 보고합니다(Brewin 등. 2010).

네트워크는 반응 성향(=감정)에 연결되는데, 이는 투쟁과 도피와 같은 알람 반응이거나 해리 반응(실신에 이를 정도, 즉 죽은 척하기의 범위까지)일 수 있습니다(Schauer와 Elbert 2010). 따라서 해리성 기억상실 또는 '셧다운(차단)'이 발생할 수 있으며, 이로 인해 침습과 과각성이 해리와 수동적인 회피로 대체될 수 있습니다. 이 두 반응 유형은 모두 진화적으로 미리 준비되어 있던 것으로, 환자는 관련 기억을 활성화하는 단서에 따라 그중 하나의 반응을 보일 수 있습니다. 내러티브 노출치료는 상황 맥락과의 연결을 강화하여 이 유해한 상태를 되돌릴 수 있는 것으로 여겨집니다.

우리는 외상 사건에 반복적으로 노출되면 사건의 내용뿐 아니라 기억 저장과 회상 모두의 전반적인 조직과 구조가 왜곡된다는 결론을 내렸습니다. 위협적이거나 해로운 경험의 횟수가 많을수록 기억 체계의 혼란 정도가 더 커집니다.

12.1.2 트라우마 관련 정신질환에서 외상 부하의 누적 효과Building Block Effect

고난과 스트레스 요인이 쌓이면, 트라우마 네트워크가 점점 확대되어 결국 다양한 형태의 트라우마 관련 고통으로 이어지게 됩니다(**그림 12.1**). 생존자는 단서들을 맥락화할 수 없으므로, 과거가 현재가 됩니다. 작가이자 홀로코스트 생존자인 Primo Levi는 저서 '**휴전**The Truce'에서 이러한 경험을 다음과 같이 묘사합니다. "나는... 평화롭고 편안한 환경에 앉아 있다. 겉보기에는 긴장이나 고통이 없는 듯하지만, 깊고 미묘한 비통함과 임박한 위협을 분명한 감각으로 느낀다. 그리고 실제로... 천천히 그리고 잔혹하게... 모든 것이 붕괴되고 내 주변, 풍경, 벽, 사람들 모두가 해체되며 그와 동시에 비통함은 더욱 강렬하고 정확해진다. 나는 잿빛의 탁한 공허 속 한가운데 홀로 있고 이것이 무엇을 의미하는지 알고 있으며, 또한 내가 항상 알고 있었다는 것도 알고 있다: *나는 라거*[1]*에 있고..., 라거 밖의 그 어떤 것도 진실이 아니다. 나머지는 모두 잠깐의 멈춤, 감각의 속임수, 꿈일 뿐이다.*"

PTSD와 우울증의 모든 증상들이 외상성 스트레스의 누적 노출 정도 및 심각성과 상관관계가 있다는 것은 여러 차례 입증된 바 있습니다(Neuner 등. 2004a; Kolassa와 Elbert 2007; Kolassa 등.

1) 역자 주: Larger. 나치 독일의 죽음의 수용소

2015, 4장). 최근에는 어린 시절의 부정적 경험이 트라우마 관련 정신질환을 예측하는 주요한 측면 중 하나라는 것이 명확해지고 있습니다(Catani 등. 2009b, c, 2010; Neuner 등. 2006; Nandi 등. 2014). 이처럼, 스트레스 요인과 부정적 경험은 정신질환을 구성하는 요소block로 작용합니다.

12.2 NET의 근거와 타당성

트라우마 기억 표상의 구조를 감안할 때, 병인학적인 관점에서 트라우마 치료의 목표는 트라우마 네트워크를 해체하여 핫 메모리 요소를 각각의 콜드 메모리에 맞게 재배치하는 것입니다. 따라서 NET에서 환자는 치료자의 도움으로 가장 고통스러운 트라우마 경험에 초점을 맞추고, 자신의 삶의 이야기를 연대기적인 서술로 구성합니다. 미리 정한 회기 수(일반적으로 약 4-12회, 각 90분 회기) 내에서, 분절된 트라우마 이야기들이 일관된 내러티브로 바뀌게 됩니다. 공감적 이해, 적극적 경청, 진정성, 무조건적인 긍정적 존중은 치료자의 행동과 태도의 핵심 요소입니다. 치료자는 외상성 스트레스 경험 속 감각 정보를 탐색하고, 그로 인한 인지, 정서와 생리적 반응을 구체적으로 탐색하고 각 관찰에 대해 자세히 질문합니다. 환자는 과거의 경험을 이야기하면서 다시 떠올리고, 동시에 '지금 여기here and now'와의 연결을 놓치지 말고 유지하도록 격려받습니다. 치료자는 지각, 감정, 생각과 생리적 반응이 **기억**(핫 메모리)의 활성화로부터 비롯된다는 점을 지속적으로 상기시키며, 이러한 기억 표상을 삽화적인 사실, 즉 시간과 장소(콜드 메모리)와 연결합니다. 과거의 트라우마에 대한 상상노출은 관련된 감정, 특히 환자가 드러내는 공포가 눈에 띄게 줄어들 때까지 중단하지 않습니다. 이러한 방식으로, 치료자는 트라우마의 암묵적인 정보를 완전히 회복하기 위해 내러티브를 이끌어내는 과정에서 지지적이면서도 동시에 지시적인 역할을 합니다. 가정폭력이나 조직 폭력 생존자의 경우에는 증언을 녹음하여 기록물의 목적으로 사용할 수 있습니다.

내러티브 노출치료NET는 아동기의 부정적 경험 및 전 생애 동안 겪은 삶의 위협 모두에 대한 체크리스트로 시작합니다. 그리고 개인의 정신건강 상태를 평가합니다. 다음으로 생존자에게 당사자의 불편함과 증상에 대해 초점을 맞춘 **심리교육적 소개**psychoeducational introduction를 진행하는데 이때 적절한 경우 인권의 보편성에 대한 이야기를 합니다. 이어서 생존자의 인지능력(연령, 정규 교육 등)에 맞춰 치료의 이론적 근거를 설명합니다. 임상 증상이 지속되고 있는 환자에게 내러티브 노출 치료가 권고됩니다.

이어서 NET은 전 생애를 전기적으로 개괄합니다. **그림 12.2**는 치료자가 목표로 하는 생애 각성이 가장 높았던 지점을 파악할 수 있게 도식적으로 나타낸 것입니다. 생존자의 전체 인생기간과 중요

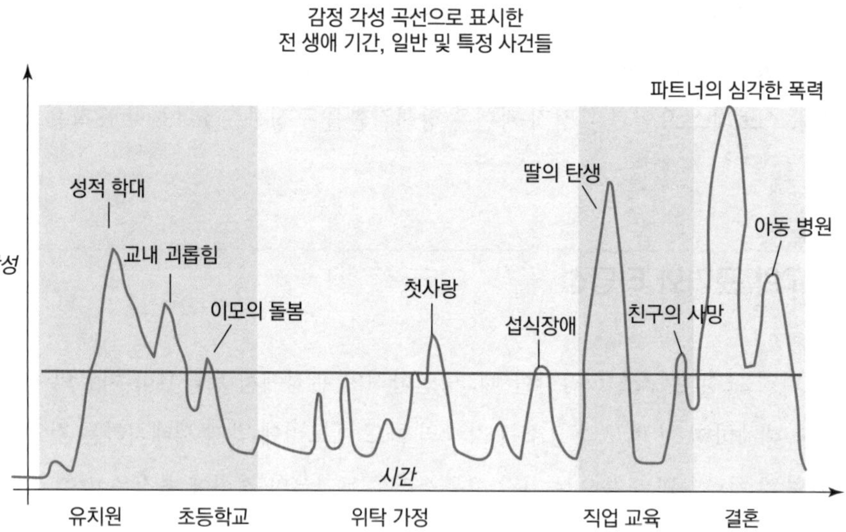

그림 12.2 감정적 각성은 생애 전반에 걸쳐 큰 변화를 보입니다. 인생선 연습은 임계치 이상으로 각성이 높아지는 지점을 기호로 표시하고, 부정적 가치negative valence는 돌로, 긍정적 가치positive valence는 꽃으로 표시한 다음, 그것들을 장소(예: '고향')와 시간, 가능하다면 특정 사건(예: '12번째 생일 전날 밤') 또는 최소한 일반적인 사건('삼촌이 왔던 때')와 연결짓습니다. 삶의 특정 시기(학창시절, 대학 시기; 뉴욕에서 일할 때 등)에 연결할 수도 있습니다. 체크리스트를 통해 치료자는 주요 각성 사건을 알 수 있으므로, 환자가 임계치를 설정할 수 있게, 즉 가장 각성이 심한 사건을 선에 배치하도록 안내합니다(더 구체적인 내용은 Schauer 등. 2011, Schauer와 Ruf-Leuschner 2014 참조).

한 전기적 사건들은 **인생선**lifeline이라는 의식적 절차로 상징화됩니다. **인생선** 작업은 삶에서 각각 꽃과 돌로 상징되는 긍정 및 부정적 사건들을 '줄'(예: 끈) 위에 시간순으로 배치하는 것입니다. 치료자의 지도에 따라, 환자는 해당하는 상징을 간단한 단어나 한 문장 정도로 간략하게 이름 붙이고 선 가까이에 배치합니다. **인생선**의 목적은, 주관적으로 중요한 삶의 사건들을 시간 순서대로 재구성하는 것입니다. 이는 개인의 삶 전반적인 맥락 내에서 사건이 벌어진 시간과 장소를 간략히 조망하는 초기 단계로, 치료 과정의 논리를 소개하는 역할을 합니다. 치료자는 사건이 '언제', '어디서' 일어났는지에 대해 질문하며, 콜드 메모리에 초점을 맞추고 핫 메모리의 내용이 강하게 활성화되기 전에 다음으로 넘어갑니다. 치료자는 환자의 신체 언어에 주의를 기울입니다. 환자가 정서적 각성 신호를 보이거나 이미지나 다른 감각을 회상하기 시작하면, 치료자는 환자에게 사건에 대한 상세한 처리와 이야기는 나중에 구성할 것이며, 다음 회기에서부터 시작할 것이라고 상기시킵니다. 인생선 작업은 한 회기 내에 완료해야 합니다. 그러지 않을 경우 환자와 치료자 사이에 회피적 공모 현상이 일어나 본질적인 치유 요소, 즉 트라우마 경험의 상상노출이 지연될 수 있습니다.

다음 회기에서 내러티브는 중요한 배경 정보에서부터 시작하여, 이후 생애에서 가장 먼저 각성을 유발했던 사건을 시작으로 시간에 따라 순차적으로 이어갑니다. 트라우마 발생 전 기간은 치료적 핵심 과정의 기초를 마련하고 치료자와 환자 사이의 좋은 신뢰 관계를 형성하는 시간으로 활용할 수 있습니다. 예를 들어, 이 단계에서는 환자의 어린 시절에 있었던 감정적이고 따뜻하거나 신났던 순간들을 이야기하는 것이 환자와 치료자 간의 감정 처리 및 소통을 향상시키는 훈련의 장이 될 수 있습니다.

내러티브를 진행하는 동안, 생존자는 자신의 삶의 이야기를 시간 순으로 이어서 이야기합니다. '돌(외상성 사건)'이 놓일 때마다 외상 장면의 감각, 인지, 정서 및 신체적인 세부 사항을 순간순간 재처리하며 다시 경험하고, 핫과 콜드 메모리 요소들을 서로 엮어내고, 의미를 부여하여 통합시킵니다. 사건을 이야기하는 동안 치료자는 주제를 구조화하고, 모호한 설명이 명확해지게 돕습니다. 치료자의 역할은 공감하고 수용하는 역할입니다. 환자의 보고에서 일치하지 않는 부분을 부드럽게 지적하며, 반복적으로 나타나는 신체감각이나 생각에 대해서는 더 깊이 있는 인식을 강화해주어 종종 해결합니다. 환자는 외상 사건의 감각적인 세부 사항을 묘사하고, 당시 경험했던 지각, 인지, 감정을 드러내도록 격려받습니다. 회기 중이나 이후에 치료자는 환자의 서술을 적거나, 스케치나 사진으로 남긴 **인생선** 옆에 간단한 메모를 작성합니다.

다음 회기에서는 자서전적 이야기를 간단히 반복하되, 사건의 콜드 메모리에 중점을 둡니다. 환자는 빠트렸었거나 스스로 중요하다고 느끼는 세부 사항을 추가할 수 있습니다. 그 뒤에 다음 감정의 각성 지점(다음 돌과 꽃), 즉 이후의 트라우마 경험이 이야기에 추가됩니다. 이어지는 회기 동안 환자의 생애 전체와 주요 전기적 사건들이 담긴 최종적인 버전이 완성될 때까지 이 과정이 반복됩니다.

종결 회기에는 몇 가지 선택 사항이 있습니다. **인생선**을 완성하여 환자의 삶을 돌아보는 데 사용할 수 있습니다. 이야기가 모두 녹음되고 글로 온전히 기록된 경우, 환자에게 기록을 소리내어 읽어줄 수 있습니다. 환자, (동행하는 경우) 통역사, 치료자가 인생선과/또는 내러티브를 기록한 문서에 서명합니다. 서명한 문서의 사본은 환자에게 전달합니다. 환자의 동의나 요청에 따라 다른 사본을 변호사나 (익명화하여) 인권 단체에 사건 문서로 전달할 수 있습니다. 또한 의식을 통해 애도와 슬픔을 완화할 수 있습니다. 마지막으로 환자가 어떻게 삶을 살아갈지와 잠재적으로 향후에 일어날 가능성이 있는 미래에 초점을 맞춘(예: 난민으로서의 새 역할에 적응하기 또는 파트너 폭력 피해자의 경우 관계에 대처하기 등) 회기를 제공할 수 있습니다.

12.3 NET의 단계별 접근

다음 절차는 Schauer와 동료들(2011)의 치료 매뉴얼을 따릅니다.

12.3.1 회기 1: 진단 및 심리교육

트라우마 관련 질환의 진단 평가를 하기에 앞서, 인생 전반에 걸쳐 가정폭력과 그 외의 외상성 스트레스 요인을 살피기 위해 광범위한 체크리스트를 작성하도록 권고합니다. 아동기 역경은 MACE-Maltreatment and Abuse Chronology of Exposure, 조직적인 폭력의 경우는 vivo 체크리스트(Schauer 등. 2011; 독일어 버전은 Isele 등. 2014, 노르웨이 버전은 Fosse 등. 2020 참조), 전반적인 트라우마 스트레스 요인 평가는 *Threats to Human Life and Fitness*(저자 제공)을 권고합니다. 이 체크리스트는 환자의 외상 병력과 어떤 사건이 **인생선**에 나타날 수 있고 나타나야 하는지를 치료자에게 제시해줍니다.

트라우마 생존자에게는 자신의 상태를 개념화하고 이해하는 방법을 배우는 것이 매우 중요합니다. 여기에 더해, 그들에게는 치료자의 동기와 극단적인 이야기를 감당할 수 있는 역량을 지녔다는 설명이 필요합니다("저는 전쟁(강간, 강제 이주, 고문, 학살, 자연재해)처럼, 극도로 스트레스를 받게 되는 상황을 경험한 사람들을 돕고, 일어난 인권의 침해를 기록하기 위해 이 자리에 있습니다. .... 당신으로부터 배운 것을 바탕으로, 극단적인 스트레스를 겪은 생존자들이 더 나은 지원과 존중을 받을 수 있도록 개선하고자 합니다...").

환자가 트라우마 관련 질환의 증상으로 고통받고 있는 상황이라면, 진단 직후 바로 심리교육을 진행하는 것이 바람직합니다. 경고 반응 및/또는 해리 반응은 모든 사람에게 있는 방어 기제의 일부이며, 극단적이고 해로운 사건이 반복적으로 일어난 결과로 트라우마 증상들이 나타나는 것이라는 점을 환자에게 설명하는 것이 중요합니다. 그리고 트라우마 기억은 침습적인 것이어서, 하나의 감각 단서나 몸과 마음의 내적 상태만으로도 촉발될 수 있다고 알려줍니다. 이 침습은 현재의 위협으로 인식되어, 트라우마가 해결되지 않는 한 경계 상태를 유지시킨다는 정보도 전달합니다. 침습적인 이미지, 소리, 냄새와 함께 이들이 유발하는 감정들은, 의식적인 처리를 거쳐야만 비로소 과거의 것으로 분류될 수 있습니다. 이것이 치료 과정을 통해 일어납니다. 치료 절차의 개요를 제안의 형식으로 환자에게 설명합니다. 때때로 일부 환자들은 자신이 '신에 의해 불운한 운명을 받은 창조물'이거나 '저주'받은 존재이며 치료받을 가치가 없다고 생각합니다. 인권 침해를 문서화하는 것만으로도 치료에 공동으로 참여할 이유가 된다는 논리가 이런 경우에 종종 도움이 됩니다. 어떤 사람들은 폭력에 가담하며 즐거움을 느꼈거나, 갱단이나 무장 단체의 팀 정신을 자랑스러워했습니다. 생존자가 수치심이나 죄책감을 느끼거나 자신의 삶의 특정 세부 사항을 듣는 것을 치료자가 좋아하지 않을 것이라고 믿는 이유는 다양합니다. 그들에게 우리가 치료자로써 개인의 증언을 지원할 수 있는 전문성을 지녔고, 세부적인 내용이나 논란의 여지와 무관하게 그들을 돕는 것이 치료자의 주요 역할이라는 점을 확신시키는 것이 중요합니다.

그림 12.3 전 소년병이 만든 인생선. 꽃은 긍정적인 사건, 돌은 부정적인 사건(충격, 스트레스 또는 슬픔을 유발한 슬픈 경험), 막대기는 전투나 자신이 한 폭력적인 행동을 상징합니다.

12.3.2 회기 2: 인생선 작업

NET의 **인생선**은 개인의 삶에서 감정적으로 중요한 사건들을 의식적이고 상징적인 방식으로 표시합니다. 따라서 생존자는 전기적으로 시간의 연속적인 흐름을 상징하는 끈이나 줄에 주요 사건을 상징하는 물건을 배치합니다(그림 12.3). 꽃은 행복한 주요 사건과 좋은 시간을 상징하는데, 예를 들어 긍정적이고 힘이 되어주었던 사건, 성취의 순간, 중요한 관계들, 행복과 수용의 경험들이 해당됩니다. 이런 식으로 꽃들은 자원이 될 수 있습니다. 돌은 공포를 준 시련을 의미하는데, 특히 생명을 위협하는 사건이나 학대, 강간, 폭행, 상처나 손상, 납치, 자연 재해, 사고 등, 경보나 해리 반응을 유발하는 모든 외상성 경험을 상징합니다. 생존자들은 보통 이혼, 해고, 질병처럼 삶의 힘든 시기에도 돌을 놓습니다. 단 두 종류의 상징(꽃과 돌)을 사용하는 것은 명확한 메세지를 전달하고 각성 경험들의 시간순서를 구조화할 수 있게 해줍니다. 그러나 특별한 경우에는 추가적인 상징이 필요할 수 있습니다. 사랑하는 사람의 죽음처럼, 지속적인 애도가 유발되는 매우 슬픈 경험의 경우에는 초를 놓고 촛불을 켤 수 있습니다. 학살에서의 승리와 같이 내러티브를 만드는 사람이 행한 폭력 행위가 꼭 부정적인 의미valence와 연결되지 않을 수 있는데, 이러한 경우 돌이 적절한 상징이 아닐 수 있습니다. 마찬가지로 탈주자 수색작전에 대해서는 꽃이 적합하지 않을 것입니다. 따라서 이러한 경우에는 보다 중립적인 상징물이 필요한데, 우리는 전투를 포함한 모든 형태의 공격이나 폭력에 가담한 것을 상징할 때 작은 막대기를 사용합니다(Elbert 등. 2012; Hermenau 등. 2013; Crombach와 Elbert 2014; Robjant 등. 2019). 다양한 크기, 색상, 모양의 돌과 꽃을 준비하여 사건을 표상하는 데 선택의 폭을 넓히는 것이 좋습니다.

밧줄/줄을 바닥에 놓은 후, 치료자는 환자가 줄 위에 상징물을 올려놓도록 격려하며 시간 순으로 인생의 주요 사건과 전환점에 이름을 붙이고 표시할 수 있게 안내합니다. 각 각성 사건마다 치료자가 '언제?', '어디서?', '무엇을?'의 질문을 하고 환자는 이에 몇 마디로만 간단히 답하도록 하며, 세부 내용은 언급하지 않습니다(예: "고향에서 중학교를 다닐 때, 이웃에게 성폭력을 당했다", "몇 달 전, 이 마을에 살고 있을 때 교통사고가 났다", "첫 아이 '조니'를 낳을 때", "병원에서 강제로 제왕절개 수술을 받았다" 등). 치료자는 각 상징에 이름을 붙이고 장소와 시기를 기록합니다. 상징에 대해 명확하고 간결하게 명명하고 적절한 제목을 붙이는 것은 핫 메모리에 접근할 수 있도록 자신감을 키우는 데 중요합니다. 그러나 인생선 작업은 사건의 내용을 직면하는 시간이 아니므로, 이 시점에서는 더 깊이 파고들지 않는 것이 중요합니다. 인생선 절차의 이 단계에서, 치료자는 대상자가 **콜드 메모리** 쪽에 머물게 안내합니다(감정, 감각, 생리 반응 등보다 사실, 이름, 날짜 등에 초점을 맞추어 질문). 인생선 작업은 삶의 주요 사건의 **개요**, 즉 '로드맵'일 뿐입니다. 따라서 각 상징, 특히 돌을 놓은 후에는 다음 사건을 배치하기 전에 안정을 취하면서 진정하는 것이 도움이 됩니다. 인생의 시기를 이름 지을 때, '무엇을?'보다 '언제'와 '어디서?'에 초점을 둡니다. 그렇지 않으면 인생선을 끝부분으로 갈수록 감정들이 '누적되고' 뒤섞여 혼란스러워집니다. 이러한 방식으로 **내러티브 노출치료의 인생선** 도구는 트라우마 자료들을 다루는 데 유용한 첫 걸음이 됩니다(Schauer와 Ruf-Leuschner 2014; Schauer 등. 2014).

인생선은 아동의 트라우마 치료로 처음 KIDNET(Schauer 등. 2004; Onyut 등. 2005)에서 도입되었으며, 현재까지도 그러한 방식으로 활용되고 있습니다(Schaal 등. 2009; Catani 등. 2009a; Ruf 등. 2010; Ertl 등. 2012; Hermenau 등. 2012; Crombach와 Elbert 2014). 이후 전통적인 **인생선** 치료법이 여러 복합 트라우마의 성인 생존자 집단별로 NET에서 도입되었으며(Bichescu 등. 2007; Neuner 등. 2008b, 2010; Schaal 등. 2009; Halvorsen과 Stenmark 2010; Hensel-Dittmann 등. 2011; Pabst 등. 2012, 2014; Steuwe 등. 2016; Stenmark 등. 2013), 어떤 경우에는 종이와 연필 형태로 환자가 종이에 시간순으로 전기적인 주요 사건들을 표시하기도 합니다(Dōmen 등. 2012; Ejiri 등. 2012; Zang 등.

2013). 치료 계획에 **인생선**이 포함된 NET의 효과성은 명확한 근거가 있습니다. 그러나 인생선 모듈이 없는 NET(Neuner 등. 2004b; Schauer 등. 2006; Hijazi 2012)와 대안적으로 치료 종료 시에 인생선 모듈을 포함한 경우에도 치료는 성공하였습니다(Zang 등. 2014). 반대로 트라우마를 겪은 개인의 치료에 인생선만을 단독으로 진행한 경우의 임상적 효능은 입증되지 않았으며, 이 장의 시작 부분에 제시한 이론적 전제에 비추어 보아도 치료 효과를 기대할 수 없습니다.

12.3.3 회기 3: 내러티브 서술하기

내러티브의 서술은 세 번째 회기부터 시작하며 생의 가장 초기 시점부터 진행합니다. 내러티브 서술의 시간 순서에 따른 구성에서 환자에게 가장 각성을 유발하는 사건을 꼭 다루어야 합니다. 환자가 어떻게 성장했는지, 부모와의 관계는 어떠했는지, 발달 초기 단계에서 어떤 애착 인물과의 유대가 중요한 역할을 했는지 등 가족 배경을 소홀히 해서는 안됩니다("당신은 언제 어디서 태어났나요? 누가 당신을 키웠나요? 어떤 사람들이 당신의 가족이었나요? 당신이 기억할 수 없는 아주 어린 시절에 대하여 그들이 당신에게 해준 이야기가 있나요? 사진이나 기록이 있나요?"). 가능한 회기 수 등 자원 상황에 따라, 이후 좀더 어려운 내용을 다루는 것을 회피하지 않도록 트라우마 이전 시기에 대한 논의는 제한적으로 합니다. 일반적으로 내러티브가 시작되는 연속 회기[2](90-120분)에 첫 번째 트라우마 경험을 다루는 시간이 할애됩니다. 이때 상상노출을 하는 동안 환자가 두려움과 방어적인 반응을 충분히 표현하는 것이 바람직한데, 이를 통해 이후 가장 위협적인 '핫스팟' 시기를 서술하는 동안 각성이 감소하는 것을 경험할 수 있습니다.

먼저 상황 정보를 명확하게 회상해야 하며, 그 다음에 사건을 자세하게 보고하고, 최종적으로 현재의 관점에서 과거를 탐색합니다:

- **언제? 시간 및 환경:** 사건이 발생한 **시간**을 확정합니다. 평생? 어느 계절? 하루 중 어느 시간?
- **어디에서? 위치 및 활동:** 사건이 발생한 **장소**를 최대한 정확하게 파악합니다. 당시 그 사람은 어디에 있었나요? 풍경, 집, 도로 등에 대한 감각적 세부 사항을 질문합니다.
- **무엇이? 각성되기 시작하면 서술을 시작합니다.** 그 순간부터 치료자는 **느린 재생 속도**slow motion로 전환합니다. 환자와 치료자 모두, 의도적으로 속도를 늦추고 무슨 일이 일어났었는지를 자세히 회상

2) 역자 주: 연속 회기(double sessions)란 일반적으로 한 번의 치료 회기를 일반적인 시간(예: 45-60분)보다 연장하여 90-120분간 진행하는 것을 말합니다. 이렇게 긴 시간을 설정하는 이유는 트라우마 경험을 깊이 다루고, 내담자가 충분히 이야기할 수 있게 하기 위해서입니다.

하려면 용기가 필요할 수 있습니다. 치료자는 이 과정에서 감정적 반응이 일어나는 것을 허용하여 자료들이 처리되는 것을 돕습니다. **핫 메모리**(공포/트라우마 구조에 관련된 요소)는 다음의 연속적인 순서로 활성화됩니다: **감각**(무엇을 보고, 듣고, 냄새를 맡았나요? 몸의 위치는...), **인지**(무엇을 생각했나요?), **감정**(무슨 기분이 들었나요? 이때 치료자가 당시 환자의 생각을 알 수 없다면, 환자의 감정도 이해할 수 없다는 것을 염두에 둡니다), **생리적 반응**(심장 박동, 땀, 차가운 손 등), **의미** 내용(그림 12.1). 치료자는 핫 메모리를 언어로 표현하고 자서전적 흐름, 즉 내러티브에 맞게 연결하도록 돕습니다. 기본적으로 치료자는 환자가 경험할 때까지, 특히 감정이 말로 표현되고 안도감을 느끼기 시작할 때까지 계속 나아갑니다. 그 지점에 이르기 전에 중단하는 것은 해롭습니다. 환자의 설명으로 좋은 영화가 만들어지면 치료자의 목표에 도달한 것입니다. 치료자가 생존자와 어깨를 나란히 하고 장면들을 함께 지나가는 것처럼 느껴야 가능한 것인데, 작은 영화처럼 장면들을 마음 속으로 재생해 보는 것이 좋은 방법입니다.

- **지금!** 환자에게 현재의 신체 감각과 함께, 과거와 현재의 감정을 대조해 보게 합니다: 환자: "재난 당시에는 공포를 느꼈는데, 지금 되돌아보니 슬퍼집니다.", 치료자: "한숨을 쉬시는군요.", "당신의 눈가에 눈물이 고여 있네요." "지금 두려움이 느껴지나요? 몸의 어디에서 그것이 느껴지나요?" 이러한 방식은 환자가 감각을 더 잘 인식할 수 있게 합니다. 환자의 정서적 반응에 이름을 붙일 때 주저할 필요는 없습니다. 이름을 잘못 붙였다면 환자가 치료자에게 바로 알려줄 것입니다. 일단 공포를 말로 표현하면, 환자는 위험이 현재 존재하지 않으며 각성의 원인이 즉각적인 위협 그 자체가 아니라 위협에 대한 기억이라는 점을 깨닫게 되고, 결과적으로 각성이 감소하게 됩니다.

각성이 눈에 띄게 감소한 다음에는, 해당 회기에서 내러티브를 마무리해야 합니다. 회기 시간이 얼마 남지 않았어도, 지금까지 다룬 외상 사건에 대해 명확한 결말을 짓는 것이 가장 중요합니다. 끝맺는 방법은 사건 발생 직후의 시간으로 전환하는 것입니다. 이를 위해 치료자는 사건 직후에 일어난 일을 환자가 최소한 몇 문장의 말로 표현하게 합니다. 상상노출로 유발된 감정에서 벗어나기 어려워할 때 도움이 되는 질문은, 생존자가 사건 이후 (몇 시간, 며칠, 몇 주, 몇 달 동안) 그 여파를 어떻게 견뎠는지를 묻는 것입니다. 이 전략은 환자에게 이미 익숙한 NET 인생선의 방향성에 맞추어, 핫 메모리에 의한 스트레스와 불편감으로부터 회기의 종결로 전환하는 데 도움이 됩니다. 환자가 그 사건을 더 큰 삶의 이야기에 통합할 수 있도록, 사건 이후의 시간대를 명확히 하는 것이 중요합니다. '노출' 중에는 각성과 부정적인 감정이 고조됩니다. '종결' 동안 각성이 줄어들고 치료자는 이 진정 과정을 지원합니다. 언제나 나아가고자 하는 방향을 명확히 합니다.

- **유대감을 만드세요!** 치료자는 사회적 고통의 치유에 관심을 기울입니다. 사건 기억을 처리하는 동안, 치료자의 따뜻하고 공감하며 비판적이지 않은 태도는 애착의 상처를 치유할 수 있습니다. 이 작업으로 치료적 관계의 존재와 지지하에서 과거의 사회적 고통 상황을 다시 경험함으로써 교정적 관계 경험을 할 수 있습니다.

이와 같이 회기 내 긴장의 흐름은 트라우마 이전의 이야기부터 시작하여, 트라우마 자체를 구성하는 세부 사항들을 거쳐 사건 종결 직후의 시간대로 이어집니다. 환자는 이를 통해 트라우마를 맥락에 맞게 배치하고 시간과 공간의 방향을 잡아 사건의 감정적, 의미적 맥락을 반영할 수 있게 됩니다. 치료자는 회기를 마치기 전에 관찰과 질문을 통해 환자의 각성 수준이 진정되었는지, 그가 다시 현재의 현실을 인식하는지 확인합니다.

12.3.4 회기 4 및 후속 회기: 내러티브 완성하기

후속 회기에서는 전 시간에 자세히 다룬 내러티브를 요약하고, 이후 이어진 삶과 외상 사건에 대한 서술이 계속됩니다. 필요한 회기 수(보통 10-12회)는 상황과 PTSD의 중증도에 따라 달라집니다. 경계성 성격장애 환자처럼 복합적인 사례에서는 더 많은 회기가 필요할 수 있습니다(제시 사례 참조). 그러나 최악의 사건 내러티브에 대한 회피나 지연을 방지하기 위해, 초기에 노출 회기 수를 제한해 두어야 합니다.

12.3.5 인지 재구성과 회기 이후

회기를 마칠 시점이 되면 환자는 종종 의미 있는 내용을 되돌아보기 시작합니다. 보다 공식적인 **인지 재구성** 과정을 위해 다음의 사항을 명확하게 짚어주는 것이 도움이 될 수 있습니다:

- 삶의 측면에서 **사건의 의미에 대한 새로운 통찰**. 환자는 일상에서의 감정과 건강하지 못했던 행동 패턴(예: 전반적인 불안, 불신, 화, 분노 폭발)이 트라우마 경험에서 비롯된 것이라고 깨달을 수 있습니다.
- 상세한 내러티브는 사건 당시 당사자의 행동을 **보다 철저하게 이해**할 수 있게 합니다. 이것이 죄책감과 수치심을 변화시키는 데 도움이 될 수 있습니다.
- 생활 패턴과 사건의 상호 연관성을 인식하여 이들을 통합할 수 있게 합니다.

일어났던 일에 대한 인식을 높여주는 유익한 과정의 대부분은 회기들 사이에 일어납니다. 다음 회기에 다시 만날 때, 치료자는 환자가 지난 회기 이후 갖게 된 어떤 생각이나 성찰도 긍정적으로 수용해야 합니다.

12.3.6 NET 모듈의 종결 회기

마지막 회기에서는 개인의 삶을 구성하는 사건들을 맥락에 맞게 통합된 내러티브으로 검토합니다. 환자는 슬프지만 실제 이야기라는 정도의 거리감으로 내러티브를 바라보거나, 작성된 문건을 평화를 구축하거나 인식 제고를 위한 교육적 목적의 도구로 볼 수도 있습니다. NET 치료를 마무리하며, 이번에는 전에 접근할 수 없었던 기억들을 모두 포함한 완전한 **인생선**을 만드는 것은 환자가 했던 전기적 작업을 개괄하여 바라보게 하고, 삶의 과정 속 '게슈탈트[3)]'를 인식할 수 있게 합니다. NET 치료를 종결한 후, 환자는 과거에 대한 집착을 덜고 어떻게 삶을 되찾아 살아가기에 좋은 생산적인 미래를 구축할지에 대해 집중할 수 있게 됩니다.

12.3.7 추적 관찰 기간

이상적인 평가 시기는 치료 후 4-6개월과 1년 후 시점입니다. 시간이 지남에 따라 증상이 완화되어 PTSD 진단 기준에 더 이상 해당하지 않을 수 있습니다. NET는 치유 과정이 시작되게 하며, 이 과정이 완전히 이루어지까지는 수개월, 혹은 그 이상이 걸릴 수 있습니다(아래의 사례 및 **그림 12.4** 참조).

12.3.8 NET 치료 요소의 개요

치료자가 염두에 두고 있어야 할, NET의 효과에 기여하는 것으로 확인된 몇 가지 요소를 다음과 같이 요약했습니다(Schauer 등. 2011).

1. 자서전/삽화성 기억의 능동적인 시간순서에 따른 재구성
2. 사건에 대한 상세한 내러티브와 상상을 통해 '핫스팟hot spots'의 확장된 노출과 공포 기억의 완전

3) 역자 주: 개체가 자신의 욕구나 감정들을 하나의 의미 있는 행동 동기로 조직화하여 전체로써 인식한다는 관점

그림 12.4 추적관찰 기간 동안 생존자 수지의 증상 점수 변화(%, 기준선 =100%)
(HSCL 홉킨스 증상 체크 리스트Hopkins Symptom Checklist, BSL 경계성 증상 목록Borderline Symptom List, PSSI 외상후 진단 척도Posttraumatic Diagnostic Scale-PDS-in interview form, DES 해리 경험 척도Dissociative Experiences Scale)

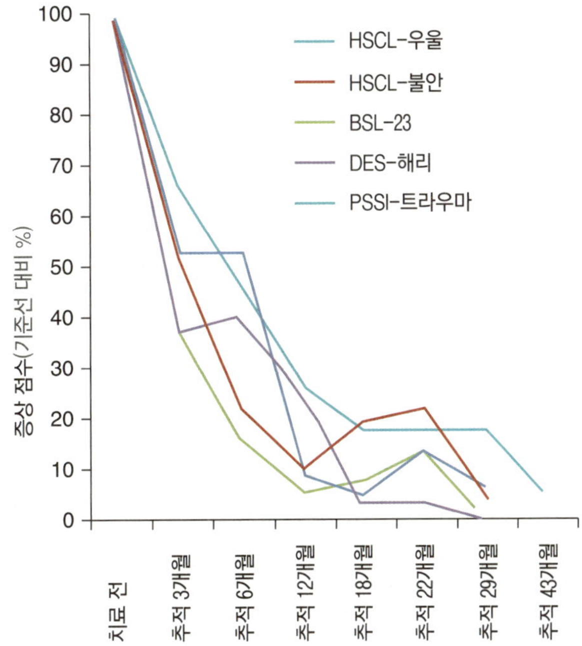

한 활성화로 감정 네트워크를 수정하는 것(즉, 트라우마 기억을 조건화된 감정 반응과 분리하는 법을 배우고, 촉발요인을 일시적으로 연관될 뿐인 단서로 이해하기)

3. 생리, 감각, 인지 및 정서적 반응을 시간, 공간, 삶의 맥락에서 의미 있게 연결하고 통합하는 것(예: 습득된 원래의 맥락과 이후 조건화된 반응의 재출현을 이해하기)
4. 행동과 반응 양식(예: 인지 왜곡, 자동적 사고, 믿음, 반응)에 대한 인지적 재평가와 부정적이고 두려운 외상 사건의 재처리함으로써 의미 내용을 재해석하는 과정 – 완성 및 종결
5. (정신적인) 지원과 기본적인 가정을 수정하기 위해 긍정적인 삶의 경험을 재탐색하기
6. '증언'이라는 명시적인 인권 지향을 통해 인정 욕구를 충족함으로써 개인의 존엄성을 회복하는 것

사례

이 사례는 우울증이나 경계성 성격장애처럼 심각한 공존 질환이 자주 동반되는 복합 PTSD 환자에게도 내러티브 노출치료NET가 도움이 된다는 것을 보여줍니다(Pabst 등. 2012, 2014; Steuwe 등. 2016). 자연재해 생존자처럼 외상성 스트레스 요인에 제한적으로 노출된 사례라면 몇 번의 회기로도 충분할 수 있지만, 복합적인 트라우마 관련 질환이 있는, 즉 여러 번 또는 지속적으로 외상성 스트레스 요인을 경험한 사람에게는 상당히 많은 회기가 필요할 수 있습니다.

내원 시점 수지(Sue S)의 나이는 33세였습니다. 그녀는 PTSD, 재발성 주요우울장애, 경계성 성격장애로 의뢰되었습니다. 그녀의 증상은 SSRI와 벤조디아제핀이 포함된 약물치료로 관리되고 있었는데 처방은 3개월 이상 안정적으로 유지되고 있었습니다. 수지는 몇 년간 실직 상태로, 사회복지 지원을 받고 있었습니다. 그녀는 1년에도 수차례 급성 입원을 할 정도로 자주 입원했으며, 경계성 성격장애 치료 전문가로부터 입원 중, 그리고 외래에서 (주로 DBT 기반이지만 인지적 개입이 포함된) 치료를 반복적으로 받았습니다. 심각한 기능 저하로 인해 수지는 생활 지원 시설에 입소 후 주정부로부터 후견인과 사회복지사를 배정된 상태였습니다.

수지는 자신의 트라우마 경험을 자세히 다루고 싶다고 했을 때, 이전의 치료자는 그녀가 아직 그렇게 할 수 있을 정도로 안정된 상태가 아니라고 했습니다. 정신건강의학과 의사는 트라우마 중심 치료에 앞서 추가적인 안정화를 권고했습니다. 이전에 그녀에게 노출치료를 고려하지 않았던 이유로 면도날로 손목 긋기, 신경성 식욕부진, 자발적인 굶기, 제거 행동[4)]을 동반하는 폭식, 자살 시도 등의 자해 행동이 언급되었습니다. 게다가 수지는 심각한 해리 증상이 있어서 집단치료 중에 반복해서 실신을 하기도 했습니다(Schauer와 Elbert 2010).

진행 절차

수지는 Schauer와 동료들(2011)이 제시한 트라우마 사건 체크리스트와 아동기 역경Maltreatment and Abuse Chronology of Exposure, MACE을 포함한 상세한 진단 과정을 거친 후, NET를 준비하기 위해 심리교육을 받았습니다. 사전 동의 후 독립된 평가자로부터의 치료 전 평가를 시행하여 경계성 성격장애, DSM-IV 기준상 PTSD, 관리가 가능한 수준의 자살 생각을 확인했습니다. 현재의 약물 남용은 없었지만, 치료 시작 당시 수지는 이미 3주 전부터 정신건강의학과 병동에 입원해 있는 상태였습니다. 가장 마지막으로 기록된 심각한 수준의 자살 시도는 약 1년 반 전이었는데, 면담 결과 수지는 여전히 만성적으로 자살 생각을 하고 있는 상태였습니다. 내러티브 노출치료를 시작할 때에도 수지는 여전히 자해(특히 날카로운 물건으로 팔과 다리를 긋고 신경성 식욕부진의 식사 패턴)를 하고 있었습니다. 수지는 실신 삽화를 보이는 심각한 해리 증상이 있었습니다. 수지는 6번째 회기 후 퇴원하여 외래에서 치료를 마쳤습니다.

치료

치료는 5개월 동안, 매주 회당 90분 진행되는 15회의 개인 회기로 진행되었습니다. 2회기는 전적으로 앞서 기술한 **인생선** 작업에 할애되었습니다. **인생선** 작업은 수지에게 새로운 경험이었는데, 그

---

4) 역자 주: 주로 구토나 설사제의 사용

녀는 흥미와 불안감을 동시에 느꼈습니니다. 한번 과정에 익숙해지자 그녀는 완전히 몰입하였지만, 전기적 사건을 시간순으로 회상하고 이름 붙이는 것을 매우 어려워했습니다. 치료자는 각 생애 시기를 강조하며, 첫 번째 단계에서는 가장 자주 침습하는 혐오스러운 기억(돌로 상징)을 해당 시기에 배치하는 것만으로도 충분하다고 알려주었습니다. 또한 치료자는 환자에게 기억나는 긍정적 사건(꽃)을 포함하도록 권유하였고, 상실과 슬픔의 상징은 양초를 이용하자고 제안하였습니다.

3회기에서 본격적으로 내러티브가 시작되었고, 이후 15번의 연속 회기 동안 사건의 시간 순서대로 진행되었습니다. 수지는 긍정적이든 부정적이든 그녀에게 가장 강렬한 감정이 실린 경험들을 가장 어린 시절의 기억부터 차례로 털어놓았습니다. 아동기와 청소년기에 대한 작업을 진행하면서 내러티브 노출이 촉진되었습니다(여러 차례의 아동 성학대, 아동 포르노물에 판매된 것, 심각한 폭력과 사회적 대인 관계 피해 경험). 현실로부터 해리성 분리나 **긴장성** 혹은 **이완성 부동**tonic or flaccid immobility[5]의 초기 징후가 보일 때마다, 치료자는 '지금, 여기'의 감각 및 지각적 대조(이중 인식)뿐 아니라 반대의 움직임을 이용하는 대응 운동 기법motoric counter-maneuvers으로 수지를 착지ground[6]시켰습니다. 능동적으로 근육에 긴장을 주는 것은 반사성 실신reflex syncope이 일어날 때 최우선적으로 쓰이는 치료법으로, 해리성 셧다운 반응을 피할 수 있도록 혈압을 상당히 올려줍니다. 운동 활성화(예: 근육 긴장시키기, 다리 꼬기, 하지에 외부 압력 가하기 등)는 순환 기능이 충분히 작동하게 하여 트라우마 자료를 다루는 동안 그녀가 의식을 유지하는 데 도움이 되었습니다. 치료자는 이러한 방식으로 실신 직전에 맥락상 대조적인 착지 활동을 시킴으로써 실신의 전구 증상을 다루었습니다. 상상 속의 트라우마적 현실과 치료실의 현실 사이를 지속적으로 명확하게 대비시키는 것은 해리 대응 전략으로, 이는 노출 회기 동안 현실을 재인식하고 감각적인 자극을 통해 현재 상황과 노출된 장면 사이로 지속적으로 주의를 전환하는 과정을 통해 촉진됩니다. 이러한 예에는 촉각의 자극, 레몬 등 긍정적인 향기 배치, 페퍼민트 오일이나 매콤한 껌 맛보기, 밝은 빛 켜기, 신체 위치 인식시키기, 방을 묘사하게 하거나 질감을 만져 느끼게 하기, 얼음 팩의 차가움을 느끼기, 다른 청각 자극으로 주의 두기 등이 있습니다(해리에 대한 대응 전략의 실제적인 예시는 Schauer와 Elbert 2010, 121쪽).

치료자는 매 회기마다 생존자의 자서전을 검토하며, 전체 증언을 작성하여 생존자에게 읽어줍니다. 이 과정은 해리 없이 완전한 재처리 과정을 제공하고, 외상 장면과 그 장면들에 내포된 의미에 보

---

5) 역자 주: 긴장성 부동과 이완성 부동은 둘 다 극도의 공포나 트라우마 상황에서 나타나는 생리적 반응 현상이지만 표현되는 증상이 다름. 예를 들어 긴장성 부동은 일시적인 근육 경직, 움직일 수 없는 상태로 심장 박동과 호흡이 느려지며 마비된 상태처럼 나타나나, 이완성 부동은 극단적인 근육의 이완으로 탈력(무기력) 상태로 힘이 빠져 쓰러지거나 혈압이 급격히 낮아지는 상태로 나타남

6) 역자 주: 착지법grounding이란 공학 분야의 용어 '접지'라는 의미의 차용으로, 현실 감각과 분리되어 각성이 저하된 우리의 몸을 다시 세상과 접속시켜 각성 수준을 정상으로 돌리는 기법들을 뜻함

다 많은 세부 사항을 추가해 줍니다. 이는 무엇보다도, 사건들과 정서적 맥락이 어떻게 얽혀 있는지를 검토함으로써 통합할 수 있게 합니다. 내러티브 노출치료는 모든 유형의 외상 사건을 대상으로 하므로, 사건을 한 번 서술하고 기록을 다시 읽고 보완하며 재경험하는 과정에 적극적으로 몰입하여 참여하는 것만으로도 종종 충분합니다. 그러나 수지가 성매매 도중 겪은 성폭력의 일부는 너무 끔찍해서, 해당 장면에 습관화가 일어나게 하고 통합적인 내러티브를 완성하기 위해 두 번째의, 느린 속도로 재생하는 광범위한 상상노출이 필요했습니다. 그 후 치료 과정은 인생선을 따라 다음 상징으로 향하며 시간순으로 진행되었습니다.

환자가 일정 기간의 기억이 완전히 없는 것처럼 보일 때마다, 치료자는 수지가 다양한 상황과 공간적인 환경, 즉 위치, 방, 전형적인 장면들을 탐색할 수 있도록 조심스럽게 도왔습니다(예: "14살에 어느 거리에 살았나요? 아파트/학교/운동부는 어떻게 생겼었나요? 방을 살펴봅시다. 무엇이 보이나요? 문을 열어봅시다. 어떤 가구가 있나요? 냄새는 어떤가요? 그곳에서 어떤 기분이 드나요?..."). 이렇게 과거의 세계를 현실감 있게 탐색하면 연상 네트워크의 요소들(트라우마/공포 구조)을 활성화할 수 있습니다. 이어서 생리적인 각성이 일어나며, 수지의 머릿속에 인상과 이미지들이 나타났습니다. 수지에게 이렇게 새로 떠오른 이미지들과 관련된 생각, 감정, 인식을 묘사하라고 하면, 일반적으로 전체 트라우마 자료들이 분리되어 있던 스냅샷들의 형태에서 유동적으로 움직이는 장면들로 발전했습니다. NET 치료자는 환자와 함께 경험을 단계별로 회상하고, 사건에 동반된 감정들을 말로 상세히 표현할 수 있게 돕습니다. 이러한 자서전적인 맥락에서 수지는 과거에 일어났던 충격적이고 가학적인 학대 장면에 대한 기억을 다시 떠올렸고 이를 대면할 수 있었습니다. 수지는 사건을 재처리했을 뿐 아니라 다른 생애 기간의 '꽃'들(긍정적인 순간, 성공, 사랑하는 관계, 자원 등)도 돌아볼 수 있었습니다. 인생선의 '양초'에 도달했을 때, 수지는 어린 시절 사랑하는 할머니와 애완동물을 잃은 경험이 당시 어떠했었는지, 그것이 어떤 의미였는지에 대해 이야기했습니다. 이 모든 경험이 그녀의 삶에 대한 자서전적인 증언에 포함되었습니다.

마지막 회기에서, 수지는 자신의 **인생선**을 다시 한 번 명확히 설명하는 데 능숙해졌다고 느꼈습니다. 이번에는 훨씬 더 빠른 속도로 작업이 진행되었고, 돌과 꽃들에 빠르게 이름을 붙이고 각 상징 옆에 작은 메모로 표시하였으며 주요 생애 시기의 구분선도 함께 표시되었습니다. 여기에 더해 수지는 자신의 일탈 행동들에 대한 상징으로 막대기를 추가했습니다. 치료자는 최종 **인생선**의 사진과 전기 기록을 매우 자랑스러운 생존자에게 전달하는 작은 의식을 진행하였습니다. 수지는 용기 있게 트라우마를 이야기한 그녀의 성취를 꽃으로 기념하며, 미래에 대한 희망의 상징으로 그것을 집에 가져갔습니다.

도구와 평가

다른 기관의 독립된 평가자가 수행한 전체적인 사전/사후 진단 외에도, 증상의 경과를 추적하기 위해 여러 임상가 평가 척도들이 사용되었습니다(**그림 12.4 참조**). 평가는 치료 전과 이후 3개월 간격으로 실시되었습니다(**그림 12.4**). 환자는 연구 참여에 대한 금전적 보상을 받지 않았습니다.

결과 및 토론

치료 전후, 그리고 장기 추적 관찰 기간 동안 증상 점수의 변화는 **그림 12.4**에서 확인할 수 있습니다. 모든 측정 항목이 치료에 대한 반응으로 현저하게 감소하였습니다. 치료 후 3개월 시점에 자해 행동은 완전히 중단되었고 식사도 정상화되었습니다. 6개월 후에는 해리 증상을 포함한 PTSD 증상이 대부분 가라앉았고, 경계성 성격장애 척도 점수도 상당히 감소하였습니다. 미래를 계획하기 시작하면서, 수지의 삶의 질이 향상되기 시작했습니다. 수지는 자신의 목표를 실현하기위해 사회적 지원을 활용하여 아파트와 직장을 구했습니다. 3년이 지나자 독립된 평가자의 평가상 수지는 더이상 경계성 성격장애나 PTSD를 포함하여 어떤 정신질환의 진단기준에도 해당하지 않았습니다. 수지는 치료자에게 다음과 같은 편지를 썼습니다. “저는 드디어 제 집에 살게 되었고 많은 일들이 잘 풀렸어요. 저는 상당히 잘 지내고 있고 직업도 마음에 들어요. 이제는 쇼핑을 하거나 친구들과 커피를 마시러 나갈 수 있어요. 더 이상 사람에게 그렇게 집착하며 매달리지 않습니다. 제일 좋은 부분은, 당신에게 작별인사를 한 후 한번도 기절하거나 자해를 하지 않았다는 점이에요. 더 이상 정신과 병동에 입원할 일이 없어서 정말 기뻐요. 네, 저는 자율적으로 사는 삶을 정말 즐기고 있어요. 가끔은 수 년간 저를 많이 도와주었던 모든 사람들이 그립기도 합니다. 하지만 그건 그들의 직업상 해야 하는 일이었겠죠. 이제는 있는 그대로의 저를 좋아해 줄, 진정한 친구들을 찾았어요!”

12.4 근거기반 치료로서의 NET

체계적 문헌고찰 및 메타분석에서 Siehl과 동료들(2020)은 30개국의 56개 연구를 분석하여 NET를 받은 1,370명의 참가자와 1,055명의 대조군을 비교했습니다. 저자들은 NET 군에서 PTSD 증상 감소에 있어 대조군에 비해 큰 집단 간 효과 크기를 보였다고 보고하였습니다. 더욱 중요한 점은, 적극적인 대조군과 비교한 무작위 통제 연구에서 장기적으로도 큰 효과 크기를 발견한 것입니다. 특히 NET는 대인관계 또는 조직적 폭력에 의한 고통을 줄였습니다. 이러한 가장 심각한 부정적인 영향은 종종 아동기 학대와 방임이 성인기의 스트레스 요인과 결합되어 일어납니다. NET에서는 이 두 문제 영역을 모두 직접 다룹니다. NET는 본질적으로 전 생애에 걸쳐 일어난 다수의 복합적인 외상성 스트레스 경험의 영향에 대처하도록 구성되어 있습니다. NET는 복합 트라우마 생존자(Pabst 등. 2012, 2014; Steuwe 등. 2016)와 반복 고문 생존자들에게 큰 효과 크기로 입증된 치료법입니다(Hensel-Dittmann 등. 2011; Neuner 등. 2010). 가장 두드러진 개선 효과는 추적 관찰 시기에 확인되었는데(Siehl 등. 2020), 이는 정신병리적 증상, 신체 건강, 기능 및 삶의 질 면에서 지속적인 변화가 일어난다는 점을 시사합니다. NET는 전쟁 지역처럼 지속적으로 트라우마가 발생하는 환경(Neuer 등. 2004b, 2008a, b; Köbach 등. 2017; Robjant 등. 2019)이나 친밀한 파트너에 의한 폭력(Orang 등. 2018)과 같이, 불안정하고 안전하지 못한 상황에서도 효과적으로 적용되었습니다. 이는 견뎌온 참상을 증언하는 과정을 포함하며, 아이들(Ruf 등. 2010)을 포함한 사람들의 PTSD 증상을 효과적으로 감소시켰습니다. 최근 Stevens와 동료들(2020)은 임신 중에도 성공적으로 NET를 적용할 수 있음을 입증했습니다. 매뉴얼(Schauer 등. 2011)을 기반으로 많은 연구들이 독립적으로 NET의 효과를 보고하였고(Zang 등. 2013, 2014; Hijazi 2012, 2012; Gwozdziewycz와 Mehl-Madrona 2013; Ejiri 등. 2012; Dōmen 등. 2012; Hijazi 등. 2014), 이에 따라 많은 국가에서 NET 절차가 도입되었습니다(예: Zech and Vandenbussche 2010; Jongedijk 2012, 2014). 매뉴얼은 아랍어, 네덜란드어, 영어, 페르시아어, 프랑스어, 이탈리아어, 일본어, 한국어, 포르투갈어, 슬로바키아어로 출간되었습니다.

증상 변화와 신경생리학 및 분자생물학 표지자와 연관되어 있다는 것이 NET의 효과에 상당한 근거를 제공해 주었습니다. 성공적인 심리치료 개입은 기억을 재구성하고, 이를 통해 뇌의 구조를 수정합니다. 이러한 변화는 심지어 거시적인 수준에서도 영상을 통해 확인할 수 있는데, 통제 연구에서 트라우마를 겪은 망명 신청자에게 일반 치료와 NET를 비교한 결과(Schauer 등. 2006), 증상 점수뿐 아니라 뇌 자기 활성 지표에서도 치료적 효과가 입증되었습니다. 6개월의 추적 관찰 기간 동안, NET 집단은 대조군과 달리 진동성 신경 활동oscillatory neural activity[7)]이 건강한 집단과 더 유사해졌습니다. 또한, Adenauer와 동료들(2011)은 뇌의 자기 영상에서 NET가 혐오 영상에 대한 주의의 피질 상향식 조절cortical top-down regulation[8)] 관련 활동을 증가시킨다는 점을 관찰하였습니다. 잠재적인 위협 단서에 주의 집중이 확연히 증가하면, 치료를 받은 환자가 현 상황의 실제 위험 수준을 재평가할 수 있게 되어 그 결과 PTSD 증상이 감소하게 됩니다.

PTSD는 만성 통증(19장), 암, 심혈관, 호흡기, 위장 및 자가면역 질환 등 다양한 신체 질환의 위

7) 역자 주: 뇌의 신경 세포들이 주기적으로 전기적 신호를 발생시키는 현상으로, 인지 기능, 감정 처리, 기억 형성 등 뇌의 여러 기능과 관련됨

8) 역자 주: 뇌의 피질이 하부 뇌 구조 및 신경 활동을 통제하고 조절하는 과정. 상위 수준의 인지기능(예: 주의력, 의사 결정, 문제 해결 등)이 하위 수준의 신경 활동(예: 감각 처리, 운동 반응 등)에 영향을 미치는 것을 의미함

험 요인으로 잘 알려져 있습니다(Boscarino 2004; Kolassa 등. 2015). PTSD 환자에게서 발견되는 신체 건강 저하는 면역 기능과 염증 반응의 변화에 의해 조절되는 것으로 보입니다(Pace와 Heim 2011, 4장). Neuner와 동료들의 연구 결과(2008b), NET는 기침, 설사 및 발열의 빈도를 줄였습니다. Park과 동료들의 연구(2020)에서는 불면증의 개선이 확인되었습니다. Morath와 동료들은 1년간의 추적관찰 연구(2014a)를 통해 NET 집단에서는 감소되었던 조절 T 세포의 비율이 증가하면서 증상이 개선된다고 보았습니다. 이 세포는 면역 체계의 균형을 유지하고, 면역 반응을 조절하여 자가 면역 질환을 예방하는 데 매우 중요한 역할을 합니다. 추가적으로, NET는 PTSD 환자의 손상된 DNA의 증가 수치를 정상 수준으로 되돌렸습니다(Morath 등. 2014b). 이는 신체 건강, 특히 암을 유발하는 과정에 중요한 영향을 미칠 수 있습니다. 심리치료로 PTSD 환자의 병태생리학적 과정이 가역적일 수 있다는 사실은, PTSD라는 질병의 심리적 부담을 되돌릴 수 있을 뿐 아니라 이 질환의 장기적이고도 잠재적으로도 치명적인 신체적 영향을 줄일 수 있는 치료적 기회therapeutic window가 있음을 의미합니다. 그러나 다른 비정상적인 면역 지표(예: 미활성 T 림프구 비율)는 변하지 않았기 때문에, 성공적으로 치료를 마친 후에도 환자가 장기간 질병에 취약할 수 있다는 점에 유의해야 합니다.

NET의 두 가지 결정적인 강점은, 매우 낮은 중도 탈락률과 저소득 국가, 전쟁 및 위기 지역의 상담가에 이르기까지 높은 적용 가능성입니다(Catani 등. 2009a; Neuner 등. 2008b; Ertl 등. 2012; Jacob 등. 2014; Schauer와 Schauer 2010). Stenmark와 동료들(2013)은 노르웨이 중부 지역에서, 일반 정신건강 관리 체계 내에서 난민 및 망명 신청자의 PTSD와 우울증을 NET로 성공적으로 치료하였다고 보고하였습니다.

12.5 특정 상황과 어려움들

아동학대, 지속적인 트라우마 또는 성격장애를 겪은 일부 생존자는 자신의 과거에 대해 신뢰할 수 있는 기억을 전혀 찾아내지 못합니다. 이는 보통 자전적 기억을 회상하고자 할 때 일어나는 심각한 해리 반응에서 비롯됩니다(Schauer와 Elbert 2010). 따라서 NET 작업을 시작하며 **인생선**을 배치할 때 완전성이 요구되지 않습니다. 치료 초기에는 자발적으로 핫 메모리를 회상하는 것이 심각하게 어려운 경우라 해도, 자서전적으로 구조화하는 노력에 그 가치가 있습니다. **인생선**의 배치는 완성도와 관계없이 최대 120분의 한 회기 내에서 마무리되어야 하고, 다음 회기에 반드시 내러티브 서술을 시작해야 합니다. 그 이유는, 노출을 지연시키면 회피가 강화될 수 있어, 결국 최악의 순간에 대해 이야기할 준비가 되었던 환자가 다시 이를 거부하게 될 수 있기 때문입니다. 대안으로 내러티브 서술을 바로 시작하고 **인생선** 활동을 치료의 마지막 단계에서 수행하는 방식도 가능합니다(Zang 등. 2014).

다른 상상노출 과정과 마찬가지로, 환자나 치료자, 또는 둘 모두에게 회피와 해리 현상에 대한 주의가 필요합니다. 또 수치심, 사회적 고통의 경험이나 죄책감과 같은 사회적(스스로 의식하는) 감정도 내러티브 작업을 어렵게 만들 수 있습니다. 특히 수치심은 마음의 혼란을 야기해 시선을 내리깔고 고개를 숙이게 만들며, 무엇보다도 침묵과 말문이 막히는 현상을 유발하여 내러티브 작업에 큰 어려움을 초래할 수 있습니다. 병적인 수치심의 경향은 마음 깊은 곳에서는 집단의 (도덕적) 요구 사항을 충족시킬 수 없다고 느끼고, 궁극적으로는 사회적으로 배제되거나 거부당할 가능성에 대한 두려움이 그 원인입니다. 따라서 환자는 이를 드러내면 다른 사람들이 자신을 싫어하고 거부할 것이라 생각하고 모든 것을 마음 깊숙이 숨깁니다. 이럴 경우 NET는 환자가 진정한 내면의 일부를 드러내면 거부당할 것이라는 예상에 대한 행동 실험과 같습니다. 치료자는 이와 반대로 반응하여 진실하고 솔직한 연민, 즉 포용적인 사회적 신호를 보냅니다. 때로 사회적인 트라우마(예: 강간)를 겪은 환자는 매우 민감하여 치료자의 진정성을 의심할 수 있습니다. 따라서 사회적 위협에 의한 수치심은 노출치료나 연민만으로는 치료될 수 없으며 이 둘이 함께할 때에만 치료가 가능합니다. 이 경우 자기 연민으로 수치심을 치료하려는 시도는 소용이 없는데, 수치심을 느끼는 개인은 스스로에 의해 위안을 얻는 것이 아니라 타인에게서 포용받는 느낌을 필요로 하기 때문입니다. 당연히, 환자가 수치심으로부터 벗어나려면 치료자가 문화적 가치에 대한 지식이 있어야 합니다.

환자가 급성 약물 중독 상태거나, 약물을 남용하고 있거나, 현재 심각한 섭식 장애를 앓고 있다면 내러티브 노출을 촉진하는 것은 불가능하며, 권장되지 않습니다. 해독 치료 중에는 NET가 유망하다는 연구 결과가 있습니다(예: Hinsberger 등. 2020).

이상적으로는 환자가 치료 회기 전에 규칙적으로 식사하고, 회기 중에는 물이 제공되는 것이 좋습니다. 치료자가 영양 상태에 대해 정기적으로 질문할 수 있습니다.

불확실한 난민 지위나 지속적인 외상성 스트레스 상황이 일어나는 분쟁 지역에 거주하는 등, 심각하게 복잡한 상황이 반드시 긍정적인 치료 결과를 방해하는 것은 아닙니다. 안전하지 않은 상황에서도 생존자들은 증상 완화와 기능 향상에 의해 내러티브 노출치료의 혜택을 받을 수 있습니다. 이에 상응하는 행동 변화가 추가적인 외상성 스트레스 요인에 노출되는 것을 줄일 수도 있습니다(Orang 등. 2018). 그러나 새롭게 나타나는 외상성 스트레스 요인들은 장기적인 면에서 치료 결과에 부정적인 영향을 미칠 수 있습니다.

치료자에게 특히 어려운 도전이 되는 것은, 환자의 공격적인 행동을 야기한 감정을 무조건적으로 수용하는 것입니다. 공격성은 욕구적인 경향이 있으므로, 이러한 내재된 즐거움이 폭력을 유발했을 수 있습니다(Elbert 등. 2010, 2018). 욕구적인 공격성appetitive aggression은 폭력적인 컴퓨터 게임이나 큰 동물의 사냥, 살인이나 학살의 형태로도 나타납니다. 후자의 경우 단순히 적을 물리치는 것만으로 욕구가 충족되지 않고 적이 피를 흘리고 비명을 질러야 만족감을 얻는 상황이 발생할 수 있습니다(Weierstall과 Elbert 2011). 돌과 꽃 모두, 폭력적인 충돌을 지배하는 즐거움과 두려움이 혼합된 상태를 충분히 상징할 수 없습니다. 환자가 폭력 행위의 가해에 연루되었다면 인생선에 막대기를 그 상징으로 추가할 수 있습니다. 가해자에게는 과거의 사건을 재처리하는 것에 더해, 새롭고도 희망컨대 평화로운 환경에서 그들의 욕구적인 공격 잠재성을 제어하는 것이 중요합니다. 이를 위해 FOR-NET(Elbert 등. 2012)에서는 (가능하다면 집단 형태로 하는) 주 1회로 진행되는 일련의 추가적인 회기를 도입했습니다. 이 회기들의 목표는 환자가 지역사회 내에서 폭력에 가담하는 것을 피할 수 있게 기술과 동기를 개발하는 것입니다. 첫 회기에서는 갱단이나 무장 단체의 일원에서 민간인으로 역할이 바뀌면서 생길 수 있는 생각과 감정들을 다룹니다(Hermenau 등. 2013). Robjant(2019) 및 Köbach(2021)의 연구진은 이후 회기에 분노 인식, 감정 조절, 폭력을 피하기 위한 행동 변화에 대한 심리교육과 기본기술을 포함하였습니다. 2회기에서는 좌절감에 대처하고 갈등 해결에 비폭력적인 방법을 찾도록 환자들이 서로 짝을 이루어 독려하는 시스템인 '짝 체계buddy system'를 소개합니다. 3회기부터 6회기는 지난 주에 겪은 폭력 및 폭력의 회피 경험을 해체하여 분석하는 데 초점을 둡니다. 집단 구성원들은 폭력을 피하기 위한 서로의 시도를 지지해 주고, 갈등 해결을 위해 대안적인 방법을 제안하고 현실적인 어려움을 해결하는 데 도움을 줍니다.

12.6 결론

NET로 일어나는 치유의 범위는 PTSD 주요 증상을 완화하는 수준을 훨씬 넘어섭니다. 공감적 경청은 생존자가 자신들이 목격한 인권 침해에 대해 증언하고 이를 견뎌낼 수 있는 독특하고도 안전한 장을 창조하고, 그들의 개인적인 서사를 통해 집단 기억에 기여하고, 자서전적인 스토리텔링의 혜택을 얻고 확인할 수 있게 해줍니다. 이렇게 축적된 추가적인 자산이 쌓여, 생존자의 경험에 명예로운 경의를 표할 뿐 아니라 그들의 존엄성을 회복하는 길을 닦습니다.

개인의 차원에서, 성공적인 NET 치료는 당사자의 삶에 상당한 실질적인 변화와 성장을 이끌어낼 수 있습니다. 이러한 변화를 과학적으로 정확하게 문서화하는 것은 여전히 쉽지 않은 과제이지만 비공식적인 근거는 풍부합니다. 과거 트라우마로 입원이 필요했던 많은 환자들이 직업 훈련을 성공적으로 마치고, 붐비는 쇼핑몰에서 공황 발작이나 실신 없이 쇼핑을 하고, 십여 년 이상 타인의 시선을 끌지 않기 위해 부피가 큰 옷으로 몸을 숨기다가 치마와 귀걸이를 착용하기 시작합니다. 수년간의 고립에서 벗어나 카페에서 친구를 만나고, 연인 관계를 시작하거나 또는 몸에 로션을 바르는 단순한 행동을 드디어 혐오감 없이 할 수 있게 됩니다. 생존자들은 갑작스러운 기쁨의 순간을 다시 경험할 수 있고, 자연 속에서 여유롭게 산책합니다. 한 생존자는 자신의 언어로 다음과 같이 표현했습니다. *"...무섭고 불쾌한 감정이 아마도 현재의 순간 및 인식과 무관할 수도 있다고 스스로에게 말하는 것만으로도 도움이 됩니다. 사건이 일어났던 날짜와 시간을 확인하는 것만으로도 저는 지지받는 느낌을 얻고 -결국은- 정체성을 느끼게 돼요! 심지어 나쁜 경험이더라도 그것을 적절하게 둘 수 있는 한 이건* ***'내 이야기이고, 이게 나야'****라는 느낌을 줄 수 있어요. 그게 없다면, 하루하루가 시련이 되고 더 나빠지는 날에는 이에 대항해서 버틸 것이* ***아무 것도 없게 되는*** *거예요. 만약 당신에게 과거가 있다면, 그것은 고통을 누그러뜨려 주고 큰 안도감을 줄 거예요. 또, 종종 그 일들을 묘사하는 것만으로도 부정적인 감정이 상당히 줄어듭니다… 그리고 저는 제 이야기로 작업을 계속해가고 있어요..."*

감사의 말 이 장의 초기 버전을 편집하고 의견을 제시해 준 Danie Meyer-Parlapanis 박사와 이 책의 편집자들에게 깊이 감사드립니다.

References

Adenauer H, Catani C, Gola H, Keil J, Ruf M, Schauer M, Neuner F (2011) Narrative exposure therapy for PTSD increases top-down processing of aversive stimuli – evidence from a randomized controlled treatment trial. BMC Neurosci 12(1):127. https://doi.org/10.1186/1471-2202-12-127

Bichescu D, Neuner F, Schauer M, Elbert T (2007) Narrative exposure therapy for political imprisonment-related chronic posttraumatic stress disorder and depression. Behav Res Ther 45:2212–2220

Boscarino J (2004) Posttraumatic stress disorder and physical illness: results from clinical and epidemiologic studies. Ann N Y Acad Sci 1032:141–153

Brewin CR, Holmes EA (2003) Psychological theories of posttraumatic stress disorder. Clin Psychol Rev 23(3):339–376

Brewin CR, Gregory JD, Lipton M, Burgess N (2010) Intrusive images in psychological disorders: characteristics, neural mechanisms, and treatment implications. Psychol Rev 117(1):210–232. https://doi.org/10.1037/a0018113

Catani C, Kohiladevy M, Ruf M, Schauer E, Elbert T, Neuner F (2009a) Treating children traumatized by war and tsunami: a comparison between exposure therapy and meditation-relaxation in north-east Sri Lanka. BMC Psychiatry 9:22. https://doi.org/10.1186/1471-244X-9-22

Catani C, Schauer E, Elbert T, Missmahl I, Bette JP, Neuner F (2009b) War trauma, child labor, and family violence: life adversities and PTSD in a sample of school children in Kabul. J Trauma Stress 22(3):163–171. https://doi.org/10.1002/jts.20415

Catani C, Adenauer H, Keil J, Aichinger H, Neuner F (2009c) Pattern of cortical activation during processing of aversive stimuli in traumatized survivors of war and torture. Eur Arch Psychiatry Clin Neurosci 259(6):340–351. https://doi.org/10.1007/s00406-009-0006-4

Catani C, Gewirtz AH, Wieling E, Schauer E, Elbert T, Neuner F (2010) Tsunami, war, and cumulative risk in the lives of Sri Lankan schoolchildren. Child Dev 81(4):1176–1191. https://doi.org/10.1111/j.1467-8624.2010.01461.x

Crombach A, Elbert T (2014) Controlling offensive behavior using narrative exposure therapy: a RCT of former street children. Clin Psychol Sci. https://doi.org/10.1177/2167702614534239

Dōmen I, Ejiri M, Mori S (2012) Narrative exposure therapy for the treatment of complex PTSD: an examination of the effect and adaptation. Jpn J Psychother 13(1):67–74

Ehlers A, Clark DM (2000) A cognitive model of posttraumatic stress disorder. Behav Res Ther 38(4):319–345

Ejiri M, Dōmen I, Mori S (2012) A trial study for introducing narrative exposure therapy into psychiatric practice: an examination of the effect and adaption. Jpn J Psychother 13(1):59–65

Elbert T, Schauer M (2002) Burnt into memory. Nature 419(6910):883. https://doi.org/10.1038/419883a

Elbert T, Rockstroh B, Kolassa I-T, Schauer M, Neuner F (2006) The influence of organized violence and terror on brain and mind: a co-constructive perspective. In: Baltes PB, Reuter-Lorenz PA, Rosler F (eds) Lifespan development and the brain. Cambridge University Press, Cambridge, pp 326–349

Elbert T, Weierstall R, Schauer M (2010) Fascination violence – on mind and brain of man hunters. Eur Arch Psychiatry Clin Neurosci 260:S100–S105

Elbert T, Hermenau K, Hecker T, Weierstall R, Schauer M (2012) FORNET: Behandlung von traumatisierten und nicht-traumaisierten Gewalttatern mittels Narrativer Expositionstherapie. In: Endrass J, Rossegger A, Borchard B (eds) Interventionen bei Gewalt- und Sexualstraftatern. Risk-Management, Methoden und Konzepte der forensischen Therapie. MWV Medizinisch-Wissenschaftliche Verlagsgesellschaft, Berlin, pp 255–276

Elbert T, Schauer M, Moran JK (2018) Two pedals drive the bi-cycle of violence: reactive and appetitive aggression. Curr Opin Psychol 19:135–138

Ertl V, Pfeiffer A, Schauer E, Elbert T, Neuner F (2012) Community-implemented trauma therapy for former child soldiers in Northern Uganda: a randomized controlled trial. JAMA 306(5):503–512

Fosse R, Skjelstad DV, Schalinski I, Thekkumthala D, Elbert T, Aanondsen CM, Greger HK, Joszefiak T (2020) Measuring childhood maltreatment: psychometric properties of the Norwegian version of the Maltreatment and Abuse Chronology of Exposure (MACE) scale. PLoS One 15(2):e0229661

Gwozdziewycz N, Mehl-Madrona L (2013) Meta-analysis of the use of narrative exposure therapy for the effects of trauma among refugee populations. Perm J 17(1):70

Halvorsen JO, Stenmark H (2010) Narrative exposure therapy for posttraumatic stress disorder in tortured refugees: a preliminary uncontrolled trial. Scand J Psychol 51:495–502

Hensel-Dittmann D, Schauer M, Ruf M, Catani C, Odenwald M, Elbert T, Neuner F (2011) Treatment of victims of war and torture: a randomized controlled comparison of narrative exposure therapy and stress inoculation training. Psychother Psychosom 80:345–352

Hermenau K, Hecker T, Ruf M, Schauer E, Elbert T, Schauer M (2012) Childhood adversity, mental ill-health and aggressive behavior in an African orphanage: changes in response to trauma-focused therapy and the implementation of a new instructional system. Child Adolesc Psychiatry Ment Health 5:29

Hermenau K, Hecker T, Schaal S, Madl A, Elbert T (2013) Narrative exposure therapy for forensic offender rehabilitation – a randomized controlled trial with ex-combatants in the eastern DRC. J Aggress Maltreat Trauma 22(8):916–934

Hijazi AM (2012) Narrative exposure therapy to treat traumatic stress in middle eastern refugees: a clinical trial. Wayne State University. http://digitalcommons.wayne.edu/oa_dissertations/543

Hijazi AM, Lumley MA, Ziadni MS, Haddad L, Rapport LJ, Arnetz BB (2014) Brief narrative exposure therapy for posttraumatic stress in Iraqi refugees: a preliminary randomized clinical trial. J Trauma Stress 27:314–322

Hinsberger M, Holtzhausen L, Sommer J, Kaminer D, Elbert T, Seedat S, Augsburger M, Schauer M, Weierstall R (2020) Long-term effects of psychotherapy in a context of continuous community and gang violence: changes in aggressive attitude in high-risk South African adolescents. Behav Cogn Psychother 48(1):1–13

Isele D, Teicher M, Ruf-Leuschner M, Elbert T, Kolassa IT, Schury K, Schauer M (2014) KERF – ein Instrument zur umfassenden Ermittlung belastender Kindheitserfahrungen. Z Klin Psychol 43(2):1–10

Jacob N, Neuner F, Madl A, Schaal S, Elbert T (2014) Dissemination of psychotherapy for trauma-spectrum disorders in resource-poor countries: a randomized controlled trial in Rwanda. Psychother Psychosom 83(6):354–363

Jongedijk RA (2012) Hoofdstuk (chapter) 34. Narratieve Exposure Therapie. In: Vermetten E, Kleber RJ, van der Hart O (eds) Handboek Posttraumatische stress stoornissen. De Tijdstroom, Utrecht, pp 551–564

Jongedijk RA (2014) Levensverhalen en psychotrauma. Narratieve Exposure Therapie in theorie en praktijk [Life stories and psychotrauma. Narrative exposure therapy in theory and practice]. Uitgeverij Boom (Boom Publishers), Amsterdam

Kobach A, Schaal S, Hecker T, Elbert T (2017) Psychotherapeutic intervention in the demobilization process: addressing combat-related mental injuries with narrative exposure in a first and second dissemination stage. Clin Psychol Psychother 24(4):807–825. https://doi.org/10.1002/cpp.1986

Kobach A, Carleial S, Elbert T, Schmitt S, Robjant K (2021) Treating trauma and aggression with Narrative Exposure Therapy in former child and adult soldiers: a randomised controlled trial in Eastern DR Congo. J Clin Consult Psychol 89(3):143–155

Kolassa I-T, Elbert T (2007) Structural and functional neuroplasticity in relation to traumatic stress. Curr Dir Psychol Sci 16(6):321–325. https://doi.org/10.1111/j.1467-8721.2007.00529.x

Kolassa I-T, Illek S, Wilker S, Karabatsiakis A, Elbert T (2015) Neurobiological findings in post-traumatic stress disorder. In: Schnyder U, Cloitre M (eds) Evidence based treatments for trauma-related psychological disorders, chap 4. Springer, Cham

Metcalfe J, Jacobs W (1996) A "hot-system/cool-system" view of memory under stress. PTSD Res Q 1996(7):1–3

Morath J, Moreno-Villanueva M, Hamumi G, Kolassa S, Ruf M, Schauer M, Burkle A, Elbert T, Kolassa IT (2014a) Effects of psychotherapy on DNA strand break accumulation originating from traumatic stress. Psychother Psychosom 83(5):289–297

Morath J, Gola H, Sommershof A, Hamuni G, Kolassa S, Catani C, Adenauer H, Ruf-Leuschner M, Schauer M, Elbert T, Groettrup M, Kolassa I-T (2014b) The effect of trauma-focused therapy on the altered T cell distribution in individuals with PTSD. Evidence from a randomized controlled trial. J Psychiatr Res 54:1–10. https://doi.org/10.1016/j.jpsychires.2014.03.016

Nandi C, Crombach A, Bambonye M, Elbert T, Weierstall R (2014) Predictors of post-traumatic stress and appetitive aggression in active soldiers and former combatants. (submitted for publication)

Neuner F, Schauer M, Karunakara U, Klaschik C, Robert C, Elbert T (2004a) Psychological trauma and evidence for enhanced vulnerability for PTSD through previous trauma in West Nile refugees. BMC Psychiatry 4(1):34

Neuner F, Schauer M, Klaschik C, Karunakara U, Elbert T (2004b) A comparison of narrative exposure therapy, supportive counseling, and psychoeducation for treating posttraumatic stress disorder in an African refugee settlement. J Consult Clin Psychol 72(4):579–587

Neuner F, Schauer E, Catani C, Ruf M, Elbert T (2006) Post-Tsunami stress: a study of posttraumatic stress disorder in children living in three severely affected regions in Sri Lanka. J Trauma Stress 19:339–347

Neuner F, Catani C, Ruf M, Schauer E, Schauer M, Elbert T (2008a) Narrative exposure therapy for the treatment of traumatized children and adolescents (KidNET): from neurocognitive theory to field intervention. Child Adolesc Psychiatr Clin N Am 17(3):641–664

Neuner F, Onyut PL, Ertl V, Odenwald M, Schauer E, Elbert T (2008b) Treatment of posttraumatic stress disorder by trained lay counselors in an African refugee settlement: a randomized controlled trial. J Consult Psychol 76:686–694

Neuner F, Kurreck S, Ruf M, Odenwald M, Elbert T, Schauer M (2010) Can asylum-seekers with posttraumatic stress disorder be successfully treated? A randomized controlled pilot study. Cogn Behav Ther 39(2):81–91

Onyut LP, Neuner F, Schauer E, Ertl V, Odenwald M, Schauer M, Elbert T (2005) Narrative Exposure Therapy as a treatment for child war survivors with posttraumatic stress disorder: two case reports and a pilot study in an African refugee settlement. BMC Psychiatry 5:7

Orang T, Ayoughi S, Moran JK, Ghaffari H, Mostafavi S, Rasoulian M, Elbert T (2018) The efficacy of Narrative Exposure Therapy (NET) in a sample of Iranian women exposed to ongoing intimate partner violence (IPV) -a randomized controlled trial. Clin Psychol Psychother 25:827–841. https://doi.org/10.1002/cpp.2318

Pabst A, Schauer M, Bernhardt K, Ruf M, Goder R, Rosentraeger R, Elbert T, Aldenhoff J, Seeck-Hirschner M (2012) Treatment of patients with borderline personality disorder (BPD) and comorbid posttraumatic stress disorder (PTSD) using narrative exposure therapy (NET): a feasibility study. Psychother Psychosom 81:61–63

Pabst A, Schauer M, Bernhardt K, Ruf M, Goder R, Elbert T, Rosentraeger R, Robjant K, Aldenhoff J, Seeck-Hirschner M (2014) Evaluation of narrative exposure therapy (NET) for borderline personality disorder with comorbid posttraumatic stress disorder. Clin Neuropsychiatry 11(4):108–117

Pace TWW, Heim CM (2011) A short review on the psychoneuroimmunology of posttraumatic stress disorder: from risk factors to medical comorbidities. Brain Behav Immun 25:6–13

Park J, Park J, Elbert T, Kim SJ (2020) Effects of Narrative Exposure Therapy on PTSD, depression and insomnia in traumatized North Korean refugee youth. J Traum Stress 33:353–359. https://doi.org/10.1002/jts.22492

Robjant K, Kobach A, Schmitt S, Chibashimba A, Carleial S, Elbert T (2019) The treatment of posttraumatic stress symptoms and aggression in female former child soldiers using adapted Narrative Exposure therapy – a RCT in eastern democratic republic of Congo. Behav Res Ther 123:103482. https://doi.org/10.1016/j.brat.2019.103482

Ruf M, Schauer M, Neuner F, Catani C, Schauer E, Elbert T (2010) Narrative exposure therapy for 7- to 16-year-olds: a randomized controlled trial with traumatized refugee children. J Trauma Stress 23(4):437–445

Schaal S, Elbert T, Neuner F (2009) Narrative exposure therapy versus interpersonal psychotherapy: a pilot randomized controlled trial with Rwandan genocide orphans. Psychother Psychosom 78(5):298–306

Schauer M, Elbert T (2010) Dissociation following traumatic stress: etiology and treatment. J Psychol 218(2):109–127

Schauer M, Ruf-Leuschner M (2014) Die Lifeline – Zugang zur Narrativen Exposition (NET) in der Traumatherapie. Psychotherapeut 59:226–238

Schauer M, Schauer E (2010) Trauma-focused public mental-health interventions: a paradigm shift in humanitarian assistance and aid work. In: Matz E (ed) Trauma rehabilitation after war and conflict. Springer, New York, pp 361–430

Schauer E, Neuner F, Elbert T, Ertl V, Onyut PL, Odenwald M, Schauer M (2004) Narrative exposure therapy in children – a case study in a Somali refugee. Intervention 2(1):18–32

Schauer M, Elbert T, Gotthardt S, Rockstroh B, Odenwald M, Neuner F (2006) Wiedererfahrung durch Psychotherapie modifiziert Geist und Gehirn. Verhaltenstherapie 16:96–103

Schauer M, Neuner F, Elbert T (2011) Narrative exposure therapy: a short-term treatment for traumatic stress disorders. Hogrefe-Verlag, Cambridge, MA

Schauer M, Ruf-Leuschner M, Landolt M (2014) Dem Leben Gestalt geben: Die Lifeline in der Traumatherapie von Kindern und Jugendlichen. In: Priebe K, Dyer A (eds) Metaphern und Symbole in der Traumatherapie. Hogrefe, Gottingen

Siehl S, Robjant K, Crombach A (2020) Systematic review and meta-analyses of the long-term efficacy of narrative exposure therapy for adults, children and perpetrators. Psychother Res 31:695–710. https://doi.org/10.1080/10503307.2020.1847345

Stenmark H, Catani C, Neuner F, Elbert T, Holen A (2013) Treating PTSD in refugees and asylum seekers within the general health care system. A randomized controlled multicenter study. Behav Res Ther 51:641–647

Steuwe C, Rullkotter N, Ertl V et al (2016) Effectiveness and feasibility of Narrative Exposure Therapy (NET) in patients with borderline personality disorder and posttraumatic stress disorder – a pilot study. BMC Psychiatry 16:254. https://doi.org/10.1186/s12888-016-0969-4

Stevens NR, Miller ML, Soibatian C et al (2020) Exposure therapy for PTSD during pregnancy: a feasibility, acceptability, and case series study of Narrative Exposure Therapy (NET). BMC Psychol 8:130. https://doi.org/10.1186/s40359-020-00503-4

Weierstall R, Elbert T (2011) The Appetitive Aggression Scale. Eur J Psychotraumatol 2:8430. https://doi.org/10.3402/ejpt.v2i0.8430

Zang Y, Hunt N, Cox T (2013) A randomized controlled pilot study: the effectiveness of narrative exposure therapy with adult survivors of the Sichuan earthquake. BMC Psychiatry 13:41

Zang Y, Hunt N, Cox T (2014) Adapting Narrative Exposure Therapy for Chinese earthquake survivors: a pilot randomised controlled feasibility study. BMC Psychiatry 14:262

Zech E, Vandenbussche F (2010) La therapie par exposition a la narration de Schauer, Neuner et Elbert: Manuel de traitement de l'etat de stress post-traumatique apres la guerre, la torture et la terreur. Presses universitaires de Louvain

PTSD에 대한 단기 절충 심리치료 13

Mirjam J. Nijdam, Marie-Louise Meewisse, Geert E. Smid과
Berthold P. R. Gersons

13.1 소개

1980년대에 개발된 PTSD에 대한 단기 절충 심리치료Brief eclectic psychotherapy for PTSD, 이하 BEPP는 다른 트라우마 중심 치료와 유사한 효과를 보이며 PTSD 치료에 효과적인 것으로 입증되었습니다(Gersons 등. 2000; Lindauer 등. 2005; Schnyder 등. 2011; Nijdam 등. 2012). BEPP가 특별한 이유는 다양한 심리치료 학파의 효과적인 요소들을 논리적인 순서로 통합하여, PTSD를 위해 특별히 개발된 종합적인 치료법이라는 점입니다. 다른 트라우마 중심 치료와 달리 BEPP는 외상 사건에서 비롯된 슬픔과 분노와 같은 강한 감정의 표현에 초점을 맞추며, 해당 사건이 개인의 삶을 변화시킨 방식을 배우는 데 중점을 둡니다. 일부 트라우마 중심 치료는 트라우마로 인한 상실이 지속적인 변화를 가져온다는 점을 무시하고 환자가 트라우마 이전으로 돌아갈 수 있다는 메시지를 주는 것처럼 보이지만, BEPP는 '더 슬프고 현명해지며' 주변 세계와 새로운 균형을 찾게 된다는 메시지를 전달합니다. BEPP는 16개의 회기로 구성되어 있습니다.[1)]

이 장에서는 BEPP의 이론적 토대를 살펴보는 것으로 시작하여 사례와 함께 프로토콜을 설명한

1) BEPP 프로토콜은 저자와 BEPP 웹사이트(www.traumatreatment.eu)를 통해 요청할 수 있습니다. 이 프로토콜은 네덜란드어, 영어, 독일어, 리투아니아어, 그루지야어로 제공되며 루마니아어, 이탈리아어, 폴란드어로도 번역될 예정입니다.

뒤, 특정 집단에서 특히 어려운 점과 이들을 위한 조정으로 이어집니다. 이어서 BEPP의 과학적 근거를 설명하고 결론과 실용적인 제안으로 맺습니다.

13.2 BEPP의 이론적 토대

감정을 받아들이고, 감정의 의미를 이해하고, 그리고 종종 끔찍한 외상 사건과 그로 인한 결과의 현실을 직면하는 것이 BEPP의 세 가지 중심 주제입니다.

13.2.1 감정의 수용

PTSD 환자는 트라우마와 그 여파에 의한 강한 감정으로 여전히 어려움을 겪습니다. BEPP로 PTSD를 치료할 때에는 트라우마로 인해 강하게 회피했던 감정을 감내하고 받아들이는 데 집중하는 것이 중요합니다. 환자가 자신이 겪은 일을 직면할 때 새로운 정보와 자기 연민으로 이어질 것입니다.

43세의 한 남성이 10살 때 겪은 끔찍한 사건에 대해 이야기합니다. 그의 세 살 난 여동생이 착유기에 떨어져 조각난 채로 사망한 사건이었습니다. 그는 동생보다 나이가 많았기에 여동생의 죽음을 막았어야 했다고 생각하며 평생 죄책감을 느꼈습니다. 심상 노출을 하는 동안 그는 여동생의 작은 빨간 드레스를 무릎 위에 올려놓았고 모든 슬픔과 비탄을 풀어놓을 수 있었으며, 그로 인해 안도감을 느꼈습니다.

원래 BEPP는 Mardi Horowitz(1986)의 신분석학적 연구the neoanalytic work에 기반을 두고 있습니다. Horowitz(1976)와 Davanloo(1987)와 같은 정신분석학자들은, 부정적인 삶의 사건으로 인해 발생하는 특정 단기적 병리 상태에 적용하기 위해 정신분석 치료를 단축하고자 하였습니다(Erikson 1968). 이 병리 상태는 당사자에게 자신에 대한 불안감을 초래하며 이는 불안 및/또는 부정적인 기분 반응으로 이어집니다. 이후 당사자의 환경이 그에 대한 이해나 보살핌이 부족하여 불안감이 강화될 경우, 병리 상태는 더욱 만성적 상태로 악화될 수 있습니다. 따라서 상태의 악화를 막고 회복할 수 있는 방법을 찾기 위한 개입을 개발할 필요가 생겼습니다. 이러한 개입으로 **위기 개입**과 **단기 역동 정신치료**와 같은 개입들이 개발되었습니다.

어느 시점에 개입이 필요한지 알기 위해서는 부정적인 삶의 사건에 대한 건강한 처리가 병리적

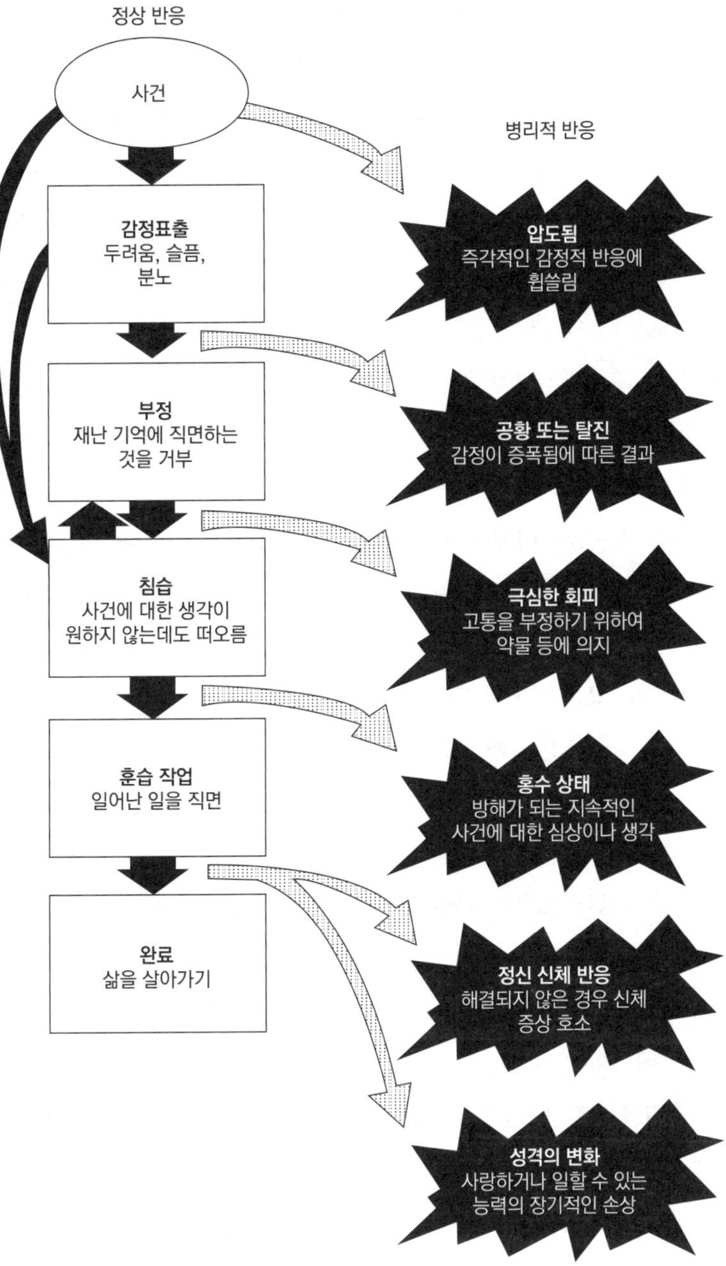

그림 13.1 스트레스 후 반응의 정상 및 병리 단계(Horowitz 1986)

처리와 어떻게 다른지 이해할 필요가 있었습니다. Mardi Horowitz는 외상성 스트레스 연구의 선구자였습니다. 그의 저서인 **스트레스 반응 증후군**stress response syndromes(Horowitz 1976)에서 그는 건강한 처리와 병리적 처리의 단계적 모형을 제시했습니다(**그림 13.1 참조**).

Lindemann(1944)의 연구와 같이, 사랑하는 사람을 잃고 애도하는 것은 외상 사건을 처리하는 것과 유사하다고 여겨졌습니다. 정상적인 과정은 두려움, 슬픔, 분노와 같은 감정의 **표출**로 시작됩니다. 그 다음에는 재난에 대한 기억을 직면하기를 거부하는 **부정**이 이어지며, 이는 이후 **침습**으로 이어집니다. Horowitz는 침습과 회피가 역동적으로 교차한다고 가정하였습니다(Gersons 1989). 다음 단계는 **훈습작업**working through을 통하여 일어난 일의 현실을 직시하여 **완료**로 끝을 맺고, 삶을 계속해 나가는 것입니다. 원칙적으로 사람은 전문적인 정신건강 관리의 개입 없이 사랑하는 사람을 잃은 슬픔을 처리할 수 있습니다.

그림의 오른쪽에는 병리학적인 반응이 위계에 따라 요약되어 있습니다. Horowitz가 사용한 표현을 주의 깊게 살펴보면 흥미롭습니다. 첫 번째로 사건 직후는 **압도**당하는 것으로 시작합니다. 그런 다음 그는 **공황 또는 탈진**을 '격화된 감정 반응의 결과'라고 설명했습니다. 극단적인 감정을 견디는 능력은 트라우마를 건강하게 처리하기 위한 Horowitz의 중심 가설입니다. 감정이 억압되면 일상 생활을 방해하는 공황과 탈진이 초래됩니다. 이는 부정적인 사건에 대처하기 위해서는 감정을 느끼고 수용하는 것이 필수적이라는 정신 분석 이론의 주장과 일치합니다. 이것이 BEPP의 중심 가설입니다. 학습 이론의 중심 가설은 PTSD가 과거의 외상 사건이 반복될 것이라는 비이성적인 공포로 인해 형성된 조건화된 반응이라는 것입니다. 그러나 BEPP에서는 외상 사건이 반복될 것이라는 비이성적인 공포는 사실은 억압된 강렬한 감정에 대한 무의식적 불안이라고 가정합니다. 이는 공황과 탈진이 감정 반응의 고조에 의한 것이라고 설명하는 Horowitz의 모형과 일치합니다. 초기에 Erich Lindemann(1944)은 보스턴의 나이트클럽 대형 화재로 500명이 사망한 사건 이후 다양한 애도 반응을 기술했습니다. Lindemann은 상담실 안에 국한하지 않고 그 자신도 보스턴 지역 사회의 일원으로서, 해당 지역에서 애도 중인 가족, 친구, 동료들의 이야기를 직접 듣고 관찰했습니다. 그는 건강한 애도 과정 외에도 병적인 애도의 경로에 대해서도 설명했습니다. Horowitz와 마찬가지로 그 역시 감정을 부정하고 억압하는 것이 비정상적인 반응 패턴의 원동력이라고 보았습니다.

13.2.2 감정의 의미 이해하기

극단적인 감정을 인내하고 수용하는 것은 부정적인 인생 사건 이후 건강한 결과를 얻기 위해 필요한 핵심 요소입니다. 더 이상 억압과 회피에 에너지를 소모하지 않으면, 역기능적으로 높아진 각성은 줄어들고 이완할 수 있게 됩니다. 높은 각성 수준에서 비롯된 불필요한 위험 탐색 행동도 그에 따라 멈추게 됩니다. 슬픔이나 분노와 같은 강한 감정을 수용하는 과정은 외상 경험이 자신의 삶에 미치는 영향을 이해하는 데 도움이 되며, 종종 삶 자체의 의미에 대해 새로운 관점을 제공해 줍니다.

강한 감정을 감내하는 것은 자신이 겪은 일에 대한 자기 연민을 느끼고, 생존하여 삶을 계속 살아가고자 하는 사람으로서 스스로를 받아들이는 데에도 도움이 됩니다. 외상 사건을 기억하고 무력감을 느끼는 것만으로는 개선이 이루어지지 않습니다. 그러나 끔찍한 경험으로 발생한 건강한 분노라는 기저의 감정을 접하면 환자가 자신의 개인적인 영역을 통제할 수 있다고 느끼게 됩니다. 분노를 느끼는 것 역시, 악에 대한 자신의 반응을 수용하는 데 도움이 되기 때문에 매우 중요합니다. 분노를 절제된 방식으로 표현하면 자신이 무력하다는 생각이 사라지고 따라서 공격적인 행동을 예방하는 데 도움이 됩니다. 결과적으로 다른 사람을 더 이상 밀어내지 않게 됩니다. 일반적으로 이는 환자가 근본적인 슬픔의 감정과 접촉하도록 돕고, 타인과의 유대감을 형성하게 촉진합니다.

외상 후 감정을 회피하는 것이 부정적인 결과를 초래할 수 있음에도 불구하고 PTSD 환자에게는 그렇게 할 만한 나름의 이유가 있습니다. 사람들이 감정적으로 극도로 동요하게 되면 다른 사람의 심리적 지지가 필요합니다. 그러나 그들 내부의 격렬한 감정이 중요한 타인과 거리를 만들거나 외면받게 할 때 위험 요소가 될 수 있습니다. 연구 결과에 따르면 트라우마 관련 정신병리에서 과거와 현재의 애착 관계가 중요한 역할을 합니다. 예를 들어 부모의 방임은 성인기 외상 사건 이후 정신병리를 지속시키는 위험 요인이며(Meewisse 등. 2011), PTSD의 가장 중요한 예측 인자는 외상 후 인지된 사회적 지원의 부족입니다(Ozer 등. 2003, Brewin 등. 2000 종설 참조). 생명을 위협하는 사건을 경험했을 때, 그 끔찍한 위협적인 경험을 공유할 사람이 없다면 위험은 계속되고 극심한 외로움을 느낄 것입니다.

> 환자: "저는 아들의 사고 때문에 괴롭습니다. 저는 아내와 사이가 좋지만, 사고의 일정 부분은 제 잘못이었기 때문에, 저를 괴롭히는 일을 자세히 털어놓으면 아내가 제가 괴물이라는 것을 알고 떠날까 봐 두렵습니다."
>
> 환자: "무의미하고 고통스러워서 무슨 일이 있었는지 생각하는 것조차 용납할 수 없습니다. 아버지가 저지른 성적 행위에 대해 털어놓으면 사람들이 저에게 혐오감을 느끼고 가족도 무너질 것이기에 모든 것을 잊는 것이 낫습니다."

강렬한 감정은 자신과 타인과의 관계에 대한 위협으로 인식될 때 압도당하는 상태에 이르게 됩니다.

13.2.3 트라우마의 끔찍한 현실에 직면하기

외상 이후 삶을 재건한다는 것은, 거절당하거나 버려질 위험이 있더라도 현실을 직시하고 현재 상황을 부정하지 않는 것을 의미합니다. 위기 이후 사람들은 종종 다른 사람들과의 관계를 재평가합니다. 예상치 못한 도움으로 인해 이전보다 훨씬 더 소중하게 여겨지는 사람이 있는가 하면, 실망스러웠던 사람들과는 거리를 두게 됩니다.

Lindemann(1944)도 사랑하는 사람을 잃은 맥락에 주목했습니다. 이는 개인적인 감정 과정일 뿐만 아니라 가족이나 지역 사회 구성원과 같은 다른 사람들의 반응을 함께 다루어야 하는 과정이기도 합니다. 예를 들어, 누군가의 자녀는 사망한 형제자매를 그리워하거나 다른 부모의 상실에 반응할 것입니다. 사랑하는 사람이 사망하면 일상과 일과가 바뀌게 됩니다. 가족 구성원의 역할과 책임이 바뀌고 소득 상실로 인해 예상치 못한 재정 문제가 발생할 수 있습니다. 위기 개입 방법은 Lindemann의 논문(1944)을 기반으로 합니다. 위기 개입은 감정을 처리하고 문제 해결 전략을 병행하여 새로운 균형을 찾고 확립하는 것을 돕습니다.

BEPP에서 치료의 첫 번째 단계는 PTSD 증상을 완화하는 데 도움이 되는 감정 표현에 할애됩니다. '의미 찾기'라고 불리는 두 번째 단계는 일상 생활의 근본적인 변화를 인식하고 깨닫는 데 중점을 둡니다.

상상노출 후 환자들은 종종 "마치 잠에서 깨어 세상을 다시 보는 것 같은데, 이전과는 다르게 보인다"와 같은 말을 합니다. Ulman과 Brothers(1988)와 Wilson 등(2001)은 외상 사건 이후 세상에 관한 신뢰의 상실과 자신에 대한 관점의 변화가 중요하다고 지적했습니다. 심각한 외상 사건이 없을 때, 사람은 주변 세계가 지속적으로 안전하다고 느끼며 일반적으로 타인, 정부, 고용주, 의사, 경찰을 신뢰합니다. 그러나 홍수, 지진, 교통사고, 특히 살인, 강간, 폭행 등의 대인 관계 사건과 같은 충격적인 경험은 타인과 세상에 대한 신뢰를 무너뜨립니다. 그 결과, 사람은 자신이 그러한 비극을 겪었다는 것과 그 끔찍한 일을 미리 막지 못할 만큼 준비가 부족했다는 점에 대해 스스로를 탓하게 됩니다. EMDR 및 CBT와 같은 트라우마 중심 치료에서는 인지적 재구성을 통해 이러한 자기비난이 비합리적이라는 것을 깨닫게 하는 데 목표를 둡니다. BEPP에서는 이러한 감정들을 있는 그대로 수용하게 하는 것이 일반적이며, 동시에 그 기원을 탐색합니다. 어린 시절 비슷한 감정을 느낀 기억이 떠오르면, 환자가 왜 그런 해석에 집착하는지 이해하는 데 도움이 될 수 있습니다. 어린 시절로 돌아가는 것이 BEPP의 필수 전제 조건은 아니지만, 타인, 세상, 자신에 대한 기대가 어린 시절의 중요한 경험에서 비롯된다는 사실을 이해하는 것이 도움이 되는 경우가 많습니다. Ulman과 Brothers(1988)는 외상 사건이 어떻게 자신이 상처받지 않을 것이라는 느낌과 환상을 파괴하고, 그로 인해 자아의 붕괴로 이어질 수 있는지 설명합니다. 자기비난은 자주 일어나는 감정으로, 종종 자신에 대한 실패와 기만으로 인한 분노를 가리는 방패 역할을 합니다. BEPP의 두 번째 단계에서 이러한 환상의 상실로 인한 고통을 느끼고 이해하게 되면, 자신을 취약하면서도 회복력이 있는 존재로 재정의할 수 있습니다.

또한 세상에 대해 완전히 안전하지도, 완전히 위험하지도 않은 현실적인 관점을 갖게 됩니다. 이는 앞으로의 삶에서 겪을 수 있는 부정적인 삶의 경험을 인식하는 데 도움이 되고, 삶이 주는 선물을 더 깊이 누릴 수 있도록 동기를 부여합니다. BEPP에서는 외상 후 성장은 트라우마로부터 배우고 슬픔을 극복할 수 있는 매우 소중한 기회로 여겨집니다.

위기 이론에 따르면 몰랐었거나 예상치 못한 사건이나 상황 뒤에는 불확실성의 시기가 이어집니다. 이는 스트레스를 유발하고 통제력을 상실하게 만듭니다. PTSD를 겪는 사람들은 위험이 다시 닥칠 것이라고 예상하기 때문에 주변의 모든 것을 과도하게 통제하려고 노력합니다. 따라서 BEPP에서는 치료의 시작 단계에서 통제감을 회복하기 위한 심리교육을 시행합니다. PTSD의 증상이 외상 경험에서 비롯된다고 설명함으로써 사람들은 자신이 '미친' 것이 아니며, 이러한 증상들이 실제 위험 상황에 대한 반응으로 기능한다는 사실을 이해하기 시작합니다.

BEPP를 개발하면서, 외상 사건과 그 경험으로 인한 감정에 대해 이야기하는 것만으로도 환자에게 일어난 일을 더 잘 이해하는 데 도움이 된다는 사실을 발견했습니다. 하지만 이것이 PTSD 증상의 감소로 이어지는 것은 아닙니다.

환자: "제가 어떻게 강도를 당했는지 백 번도 넘게 말했지만 도움이 되지 않았습니다."

자발적으로 떠오르거나 촉발 요인에 의해 유발되는, 자신의 의지와 무관한 생생한 재경험 증상은 보다 구체적인 개입이 필요합니다. 기억 표상에 관한 이론(Brewin 2014)은 이러한 특별한 기억을 일부분 설명합니다. PTSD 환자는 장보기와 같은 일상적인 일은 쉽게 잊어버리는 반면, 폭행의 구체적인 세부 사항은 생생하게 기억합니다. 외상을 겪은 사람은 위험에 대한 정보가 생존에 매우 중요하기 때문에 외상 사건의 세부 사항을 잊지 못하는 것으로 보입니다.

BEPP에서는 상상노출imaginal exposure을 통해 트라우마 기억을 다루어, 그 기억이 현재에 지나치게 중요한 기억이 아니라, 과거 사건에 대한 기억으로 변화되도록 돕습니다. 이를 위해 간단한 이완 연습 후 상상노출을 시작합니다. 치료자는 환자가 눈을 감고 외상 사건으로 돌아가 상세하고 생생한 기억을 떠올리도록 돕습니다. 이는 긴장과 두려움을 느끼게 합니다. 단순히 그 끔찍한 기억을 되살리는 것만으로는 도움이 되지 않습니다. 따라서 BEPP에서는 일어난 일에 대한 슬픔이라는 감정에 초점을 맞춥니다. 일반적으로 환자는 격렬하게 울거나 '침묵'의 애도를 보이기 시작합니다. 노출 후 눈을 뜨면 슬프고 피곤하지만 고통을 느끼고 이를 받아들였다는 점에서 안도하며, 이는 자기 연민self-compassion으로 이어집니다. 우리는 감정을 해소하기 위해서는 이처럼 생생한 세부 사항으로 돌아가야 한다는 것을 발견했습니다. 4-6회의 노출 회기에서, 우리는 정서적 부하가 있는 모든 순간을 다룰 때까지 사건의 시간적 흐름을 매우 상세하게 따라갑니다. 그 결과 환자들은 여전히 일어난 일에 대해 슬픔을 느낄 수 있지만 더 이상 그렇게 압도되지 않습니다. 이러한 결과는 외상 초점 인지행동치료[TF-CBT] 및 EMDR과 같은, 다른 트라우마 중심 치료와 유사합니다. 그러나 이 세 가지 PTSD 치료 방식은 노출 방법이 서로 다릅니다. 세 가지 모두에서 환자는 사건의 최악의 이미지로 돌아가야 합니다. TF-CBT에서 노출의 결과는 트라우마 기억과의 반복적인 대면을 통한 두려움의 소거로 설명됩니다. EMDR에서도 반복적인 직면이 활용되며 그 직후에 주의를 분산시키는 과제로 이어집니다. 치료자들은 이러한 형태의 노출이 종종 울음이나 슬픔을 동반한다고 하지만, BEPP이 가정하는 것처럼 필수적인 요소로 간주되지는 않습니다.

13.3 BEPP 프로토콜

BEPP 프로토콜은 매주 45분씩 총 16회의 회기로 구성됩니다. 회기는 다음과 같은 순서로 구성됩니다(Gersons과 Olff 2005):

1. 심리교육 – 환자 및 중요한 보호자

↓

2–6. 상상노출

↓

3–6. 편지쓰기 및 기념물

↓

7–16. 의미 찾기와 통합

↓

13–16. 고별 의식

회기의 숫자가 겹치는 것은 하나의 회기에서 둘 이상의 요소가 함께 다루어질 수 있음을 의미합니다. 실제로 각 모듈에 필요한 회기 수는 사례의 복잡성과 치료자의 숙련도에 따라 달라질 수 있습니다.

13.3.1 첫 번째 회기: 심리교육

심리교육은 환자가 외상 사건과 PTSD 증상 사이의 관계를 이해하는 데 도움이 되는 강력한 도구입니다. PTSD의 증상은 위험이 다가올 때는 기능적이지만, 더 이상 위협이 없을 때는 역기능적이고 소진을 초래하는 심리적, 생리적 상태로 설명됩니다. 예를 들어, 아프가니스탄에서 지면 아래의 지뢰를 피하기 위해 풀밭 위를 걷지 않는 것은, 대부분의 다른 나라에서는 기능적이지 않습니다. 대부분의 증상은 환자가 통제할 수 없으며, 과거의 트라우마 경험과 관련된 의식적, 무의식적 연상에 의해 유발됩니다. 그는 위험이 다가오고 있다고 느끼기에 긴장을 풀지 못하고, 안전하다고 느끼기 못하기 때문에 지나치게 각성되고 초조해하며 쉽게 놀라고 수면과 일상 생활에 집중하는 데 어려움을 겪습니다. PTSD 증상이 외상 경험에서 비롯된 결과임을 설명하면, 사람들은 자신이 미친 것이 아니라 실제 위험 당시에는 이 증상들이 그 역할을 했다는 것을 이해하게 됩니다. 트라우마의 연상물들을 회피하는 것은 일시적으로 감정을 억제하는 데 도움이 되지만 장기적으로는 역효과를 낳습니다. 외상을 겪은 사람이 트라우마를 처리하려면 강한 감정을 느끼고, 받아들이고, 이해하는 것이 필수적이고 매우 유익합니다. 외상 사건에 대한 기억에 압도당하고 이런 일이 다시 일어날 것 같은 감정에 사로잡히면, 무력감과 절박한 통제욕구를 느끼게 됩니다. 심리교육은 이러한 통제감을 어느 정도 회복하는 데 도움이 됩니다. 다음 단계는 첫 번째, 혹은 때로는 두 번째 회기에서 BEPP 치료의 원리를 설명합니다. 상상노출, 편지 쓰기, 기념물의 사용은 끔찍했던 경험으로 생생하게 돌아가 강렬한 감정을 느끼고 이를 받아들이며 그것을 트라우마와 연결시키기 위한 도구로 안내됩니다. 이 단계에서는 슬픔, 애도, 분노, 증오, 수치심, 혐오감, 공포와 같은 감정들이 다루어집니다. 이처럼 정서적으로 무거운 단계가 지나면 의미 만들기 단계를 시작합니다. 환자는 세상이 우리가 바라는 만큼 안전하지 않으며 우리는 무적의 존재가 아니라는 사실을 배웁니다. 다른 사람을 다시 신뢰하기에는 시간과 노력이 필요합니다. 마지막으로, 고별 의식은 두려운 외상 기억과 경험으로 인한 고통을 마무리하기 위해 마지막으로 직면하는 과정으로 설명되고, 이어서 일상으로의 복귀를 축하하는 시간이 이어집니다. 사실, 이 의식은 치료의 마무리이자 전환 의례로, 이 시점부터는 치료자 없이 스스로 삶을 이어나가는 전환의 의식이기도 합니다. 치료의 각 단계에서 경험할 수 있는 어려운 과정을 미리 예측할 수 있게 하는 것은 환자로 하여금 힘든 작업의 필요성을 알게 해주며, 특히 상상노출 단계에서 열심히 참여할 수 있게 동기를 부여해 줍니다. 중도 탈락은 트라우마 치료에서 심각한 문제이므로(Bisson 등. 2013; Schnyder 2005; Bradley 등. 2005), 치료자는 회피를 심각한 함정으로 간주하여, 이에 대해 명확히 주의를 기울입니다. 가까운 사람들도 일반적으로 환자의 지속적인 동기 유지를 돕는 지원 역할을 하기 때문에, 심리교육의 첫 번째 회기에 참석하게 합니다. 환자가 치료 도중 매우 힘들어하고 치료를 중단하려 할 때 어떻게 대처할 것인지에 대해 환자와 협력하여 합의합니다.

13.3.2 2-6회기: 상상노출

다음 다섯 회기는 트라우마를 처리하기 위해 감정을 수용하고 표현하는 것을 목표로 하여 상상노출, 트라우마 기념물, 편지 쓰기 등의 여러 개입을 활용합니다. 상상노출에서는 환자가 눈을 감은 상태에서 일인칭의 현재 시제로 자신의 외상 경험을 다시 이야기합니다. 주의와 집중력을 향상시키기 위해 짧은 근육 및 호흡 이완을 먼저 진행합니다. 매 회기마다 트라우마 내러티브의 일부를 시간 순서대로 자세히 이야기합니다. 치료자는 감각 정보에 집중하여 환자가 감정을 경험하고 감정에 이름을 붙이도록 도와줍니다. 무슨 일이 일어나고 있으며 환자는 무엇을 보고, 듣고, 느끼고, 생각할까요? 상상노출 과정에서는 특히 감정적 부하가 높은 순간들을 집중적으로 탐구합니다. 환자의 목소리 억양의 변화, 신체 언어, 이야기 전개 속도가 빨라져 세부적인 내용이 부족해지는 것, 주제의 전환 또는 갑자기 눈을 뜨는 것 등이 핫스팟hot-spot의 신호입니다. 치료자의 역할은 핫스팟을 포착하고 환자의 감정을 반영하며, 필요한 경우 그러한 순간을 만났을 때 노출의 진행 속도를 늦추는 것입니다.

노출 중에는 환자가 트라우마를 감정적으로 처리하고 자신의 반응을 이해할 수 있도록, 각성이 최적의 수준 내에 있어야 합니다. 예를 들어, 해리 상태처럼 각성이 너무 낮으면 감정의 부족으로 정보 처리가 이루어지지 않습니다. 이러한 경우에 치료자는 환자의 감각 정보를 탐색하여 환자가 자신의 감정에 연결될 수 있게 돕습니다. 이러한 탐색에 이어, 감정에 의한 신체 반응에 주의를 기울이게 하여 감정에 연결하는 다리를 만들어 줍니다.

환자: (차분한 목소리로) "그가 그냥 제 가방을 들고 갑니다."

치료자: "잠시 멈춰서 조금 뒤로 되감아 보세요. 그를 보세요. 그가 당신의 가방을 잡을 때 그의 얼굴을 보세요. 뭐가 보이나요?"

환자: "그의 얼굴에는 아무런 감정이 없어요. 눈에 생기가 없어요."

치료자: "당신이 떨고 있는 것 같네요. 지금 어떤 느낌이 드세요?"

환자: "너무 무서워요."

치료자: "그의 외모에서 어떤 점이 그렇게 무섭게 느껴지나요?"

환자: "제가 그에게 아무것도 아닌 것 같아요. 한 번만 잘못 움직여도 저를 쏠 거예요."

각성이 너무 높으면 논리적인 사고를 방해하여 정보 처리도 중단됩니다. 이 경우 치료자는 환자가 현재 느끼는 감정에 이름을 붙이도록 하여 각성을 낮추도록 도와줍니다. 환자의 감정을 반영한 후, 치료자는 환자가 감정을 통제된 방식으로 드러낼 수 있도록 새로운 관점을 이끌어냅니다. 슬픔을

억압하는 경우에는 회기 중에 다음과 같은 방식으로 작업할 수 있습니다:

환자: "심장이 뛰어요. 그가 저를 질식시키려 하는데 전 힘이 없어요. 죽는 것이 두려워요." (조용히 흐느낌)
치료자: "거의 죽을 뻔했지요? 정말 무서웠겠어요. 당신이 겪었던 일을 생각하는 것은 정말 고통스러워요, 그렇죠?"

공격성을 억누르는 경우에는 다음과 같이 할 수 있습니다:

환자: "저는 12살이고 이 남자에게 붙잡혀 있어요. 움직일 수가 없어요. 그가 원하는 대로 하게 내버려 둘 수밖에 없어요." (몸을 떤다)
치료자: "그는 당신보다 훨씬 더 강해요. 그가 당신에게 하는 행동으로 인해 떨고 있군요. 당신은 그를 경멸하네요, 그렇죠?" (잠시 멈춤)

BEPP의 일반적인 과정은 실제 사건 당시 경험했던 공포에서 현재의 슬픔으로 관점을 전환하는 것입니다. 이 작업은 현재에서 과거의 그 사건이 얼마나 끔찍했는지 되돌아보는 방식으로 이루어집니다. 그 결과 트라우마는 과거에 일어난 사건으로 경험되는데, 이는 맥락이 부족하고 마치 사건이 지금 여기에서 일어나는 것처럼 느껴지는 플래시백과는 큰 차이가 있습니다. 노출을 통하여 환자는 대개 잊고 있던 트라우마의 세부 사항을 기억해내고 그 사건을 새로운 관점으로 보게 됩니다.

BEPP에서는 트라우마가 자기 인식과 타인에 대한 관점에 영향을 미친 의미에 초점을 맞춥니다. 이 치료에서는 공포의 습관화나 각성 감소를 목표로 하지 않기 때문에 노출을 길게 지속하지 않습니다. 회기의 전반부는 상상노출에, 회기의 후반부는 노출 중 환자가 자각하게 된 문제를 상세히 다루는 데 할애합니다.

상상노출 후, 환자는 슬픔과 피로감을 느끼지만 자신의 고통을 이해하기 시작하면서 안도감도 역시 느낍니다. 외상 사건 당시 자신이 얼마나 무력했는지 기억하는 것은 끔찍한 일이지만, 동시에 당시에는 자신이 그렇게 행동할 수밖에 없었다는 사실을 깨닫는 것은 큰 도움이 됩니다. 이는 죄책감과 자기비난에 대한 관점을 수정하는 데 반드시 필요합니다. 환자는 소중한 신념, 특히 안전이라는 허상과 자신의 경험을 스스로 통제할 수 있다는 자아감의 상실을 경험하며 슬픔을 느끼게 됩니다.

개인의 트라우마 내러티브를 회상하는 것은 각성 수준을 높이고 그에 따라 애착에 대한 요구도가 커지게 하므로, 그로 인해 치료자와의 관계에서 거부감과 거리감을 느끼게 될 경우 재외상화로 이어질 수 있습니다. 치료 과정에서 환자는 종종 끔찍한 경험의 세세한 부분을 이야기하기 시작합니다.

환자들은 대부분 치료자가 이야기를 듣고 어떻게 반응하는지를 주의 깊게 관찰합니다. 치료자의 반응에 대한 환자 나름의 해석은 그가 가진 트라우마의 의미를 확신하게 할 수 있습니다. 예를 들어, 성적 트라우마를 이야기할 때 치료자의 혐오스러운 표정을 보고, 환자는 자신이 혐오스러운 사람이라는 생각을 더욱 확신하게 될 수 있습니다. 반대로 치료자가 그 사건에 대해 끔찍하다고 단호하게 반응하면 그 트라우마가 다른 사람들에게 너무 잔인하고 두려운 것이라는 신호로 환자가 받아들일 수 있으며, 이는 결국 환자를 다시금 외롭게 느끼게 하는 결과를 초래할 수 있습니다. BEPP에서 치료자는 자신의 감정을 환자의 내적 상태를 이해하는 하나의 지침으로 사용합니다. 치료자의 감정은 다음 예시처럼 환자의 두려움을 정상화하여 환자를 격려하는 데에도 사용됩니다:

치료자: "당신의 이야기를 들으니 지금 소름이 돋네요. 깊은 감동을 받았습니다. 그렇게 끔찍한 일이었는데도 제게 말씀해 주시다니, 당신은 정말 용기 있는 분이십니다."

치료자가 일어난 일에 대해 연민을 보이면 환자는 흔히 울음을 터뜨립니다. 이 순간이 전환점이 될 수 있기 때문에, 그 자리에 머무르며 도움을 줄 수 있는 상태에 있는 것이 치료자의 역할입니다. 누군가 자신을 아껴주는 사람이 있을 때 울음은 안도감으로 이어집니다. 이것은 거절과 버림받음의 경험에서 연민과 친밀감에 대한 의지로 전환되는, 타인과의 애착에 대해 새로운 시각을 열어줍니다. 가장 절실히 위로와 지지를 필요로 했던 당시에는 그 누구도 환자의 곁에 있어주지 못했지만, 처음으로 누군가가 통제하지 않으면서도 내 곁에 기꺼이 있어주는 경험을 환자가 하게 됩니다. 그 결과 트라우마의 강도가 줄어듭니다.

13.3.3 기념물 및 편지 쓰기

트라우마를 처리하기 위해 감정을 수용하고 표현하기 위한 또 다른 방법은 기념물과 편지 쓰기를 활용하는 것입니다. 생존자들은 경찰 보고서, 신문 기사, 사진, 사건 당시 입었던 옷 등 트라우마의 맥락에서 특정한 의미를 지닌 기념물을 보통 눈에 잘 띄지 않는 곳에 수년 동안 보관하는 경우가 많습니다. 이러한 물건을 치료실에 가져오는 것은 트라우마와 그로 인한 여파를 구체적으로 바라볼 수 있는 관점을 열어주며, 그 경험을 재체험하는 데 도움이 됩니다. 환자가 기념물을 가까이에서 바라보거나 잡고 있는 동안 그 물건의 의미를 자세히 이야기해보도록 권합니다.

환자: "그 폭행 이후에, 공포를 극복하고 싶어서 한동안 이 가방을 들고 다녔어요. 하지만 이 작은 핏자국

들이 너무 부끄러워서 그만두게 되었어요. 아마 다른 사람에게는 보이지도 않겠지만, 이런 일이 저에게 일어났다는 사실이 너무 수치스럽게 느껴졌어요. 마치 제가 사냥감에 불과하고 하찮은 존재인 것처럼요. 지금도 그런 기분이 들어요, 그래서 누군가 저를 당연하게 여길 때마다 화가 나요."

상상노출이나 기념물에 대한 이야기를 통해 강렬한 감정이 올라오면 그 감정의 의미를 더 탐색하는 것이 좋습니다. 따라서 치료자는 환자에게 편지를 쓰도록 권유합니다. 이 편지는 특정 사람이나 기관을 대상으로 하여 작성되며, 환자는 여기에 억압되어 있던 분노나 슬픔을 표현합니다. 이 과제는 절대로 발송되지 않으며, 검열되지 않는 편지 형식으로 진행됩니다. 트라우마의 의미를 글로 표현하는 것은 감정의 수용을 촉진하고 트라우마의 실제와 그 결과를 직면하게 합니다. 이처럼 편지쓰기는 자기 연민을 불러일으키고 환자가 자신을 위해 행동하고 일어설 수 있게 해줍니다. 환자가 자신을 더 잘 표현할 수 있다면 글쓰기에 대한 대안으로 스케치나 그림도 좋은 선택지가 될 수 있습니다.

억압된 분노의 경우에는 가해자 등 사건에 책임이 있는 사람을 대상으로 편지를 씁니다. 그러나 PTSD 환자가 가족, 친구, 동료, 고용주, 경찰, 정부 또는 방관자 등, 도움을 기대했던 사람들이 자신을 대하는 태도에 가장 큰 충격을 받는 경우가 많다는 점에 주목할 필요가 있습니다. 따라서 편지는 보통 환자가 겪은 일에 무관심했던 사람들을 대상으로 합니다.

억압된 애도의 경우에는 외상 사건으로 사망한 사람에게 편지를 씁니다.

환자의 편지: "존에게, 식탁에 있는 당신의 빈 의자를 볼 때마다 가슴이 아파요. 나는 여전히 당신을 위해 식탁을 정리하고 당신이 여기 나와 함께 있다고 상상합니다. 당신 없이 삶을 계속 살아가야 한다는 것에 죄책감을 느껴요. 마치 당신이 떠난 것이 나에게 아무 의미도 없는 것처럼 느껴져서요...."

13.3.4 7-15회기: 의미 찾기와 통합

강렬한 감정을 정화하고 수용하는 작업을 진행하는 치료의 첫 단계는 PTSD 증상이 크게 감소하는 효과를 불러옵니다. 그에 따라 환자는 점차 마음의 안정을 찾고 에너지를 회복하여 '의미 찾기'라는 중요한 두 번째 단계를 작업할 수 있게 됩니다. 외상 사건은 공포나 끔찍한 감정을 불러일으킬 뿐만 아니라 타인, 자신, 기관, 때로는 사회 전체에 대한 신뢰를 흔들어놓습니다. 그 결과 사람들은 자신과 타인, 사회에 정의를 다시 내려야 합니다. 세상, 정직함, 높은 도덕성에 대한 순진한 신뢰가 더 이상 설 자리를 잃곤 합니다. 상실의 경험으로 인하여 삶에 대한 이러한 관점은 종종 이전보다 훨씬 더 근본적이고 중요해집니다. 이것을 우리는 외상 경험으로부터 배운다고 표현하며, 외상 경험의 결과를 살펴보고 자신과 세상에 대한 변화된 관점을 통합함으로써 외상 경험에 의미를 부여하는 것입니다. 이를 다른 말로 흔히 외상 후 성장이라고 합니다(Tedeschi와 Calhoun 1996). 환자는 자신의 외상 경험을 종종 어린 시절의 중요한 사건, 즉 트라우마의 측면에서 유사한 경험이나 당시 공포에 어떻게 대처했는지를 연관짓습니다. 또한 이 단계는 일상 생활의 변화를 자각하는 데에도 중점을 둡니다. 사회적 기능, 직업 및 타인과의 관계 방식과 관련된 현실적인 문제들을 다룹니다. 또한 환자들은 자신들의 핵심 가치와 관련된 근본적인 문제들을 탐구하도록 격려받습니다.

13.3.5 16회기: 고별

마지막 회기에서는 치료 효과를 공고히 하고 재발을 예방하기 위한 계획을 세우기 위해 치료 과정을 평가합니다. 치료 종료와 함께 환자 삶에서 힘들었던 시기를 상징적으로 마무리하기 위한 고별 의식을 권장합니다. 이 의식을 통해 환자와 그에게 중요한 사람들이 함께 외상 사건과 그 여파를 다시 한 번 구체적으로 돌아봅니다. 환자는 상실을 애도하고 그로부터 배운 것을 공유합니다. 의식은 트라우마의 의미를 충분히 반영할 수 있는 방식으로 진행합니다. 이제 치료자가 환자의 삶에서 물러나고 다른 사람이 참여해야 할 시기가 되었으므로, 환자와 동반자가 함께 계획을 세우도록 격려합니다. 의식이 진행되는 동안, 환자들은 종종 치료 중 간직하고 있던 기념물이나 편지를 태웁니다. 그리고 일반적으로 특별한 식사자리에서 사랑하는 사람들에게 낭독하기 위한 연설문을 작성합니다. 이 의식은 또한 치료와 치료적 관계의 종결을 의미하며, 동시에 자신이 호전되었고, 더 이상 과거에 얽매여 있지 않다는 것을 중요한 지인들에게 보여주는 전환점이기도 합니다. 그들은 미래를 맞이할 준비가 된 것입니다.

사례 설명

B씨는 45세의 경찰관이자 재향군인입니다. 그는 결혼하여 다섯 명의 자녀를 두고 있으며 주변으로부터 신뢰받고 있습니다. 그는 업무 중 중대한 사건을 많이 경험했지만 잘 대처해왔습니다. 그러나 5년 전 불법 체류자 체포를 위한 책임자로 급습 작전을 수행한 이후 그에게 침습기억과 악몽이 시작되었습니다. 그는 정서 불안정, 초조, 지속적인 경계심으로 인해 사회생활과 업무에 지장을 받았습니다. 평가 결과 그는 PTSD 진단을 받고 PTSD에 대한 BEPP를 받도록 권고받았습니다.

심리교육

B씨와 아내는 첫 번째 회기 심리교육에 함께 참석했습니다. B씨는 실제 위험은 끝났지만 여전히

끊임없이 경계해야 한다고 느끼고 있다는 것을 알고 있었습니다. 그는 트라우마에 사로잡혀 있다고 느꼈으며, 그로 인해 다섯 자녀에게 집중하기 어렵다고 했습니다. 그는 또한 기력이 없어 부하 직원들을 실망시킨 것에 대해 죄책감을 느꼈습니다. B씨가 외상 사건에 대해 언급하지 않는 이유 중 하나는 다른 사람들이 자신을 걱정하거나 자신이 짐이 되는 것을 원하지 않기 때문이라고 말했습니다. 그의 아내 역시 안전하지 않은 환경에서 어린 시절을 보냈고, 자신의 PTSD 증상을 인지하고 있었습니다. 그녀는 과거의 문제들로 고통받고 있었고, 여러 번 치료를 받았으나 효과가 없었습니다. 아내는 B씨를 지지해 주었고, 이 치료가 자신이 받았던 구조화되지 않은 치료와 달리 구체적인 목표와 사전에 정해진 단계가 있다는 점에 대해 기대감과 놀라움을 보였습니다. B씨는 치료자로부터 치료가 감정적인 영향을 미칠 것이라는 설명을 들었음에도 불구하고 치료를 기대하고 있다고 했습니다. 그는 가능한 빨리 자신의 문제를 극복하여 가족과 동료들을 더 도울 수 있는 사람이 되길 원했습니다.

상상노출

다음 회기에서는 짧은 이완과 호흡 훈련 후 상상노출을 실시했습니다. B씨는 치료 시간에 맞추기 위해 퇴근을 서둘러야 했기 때문에, 이 연습은 출퇴근 시간의 혼잡함으로부터 벗어나 현재의 순간에 집중하는 데 도움이 되었습니다. 상상노출을 하는 동안 B씨는 불법 난민들을 단속하기 위해 집을 급습하는 것을 얼마나 꺼려했는지 기억했습니다. 그는 자신의 역할을 하며 팀원들과 협력하여 수사 대상의 아파트에 들어갔습니다. 집에 들어가자마자 한 남자가 베란다로 도망쳤습니다. B씨는 밖으로 나갔고 이 남성이 6층 높이의 난간을 붙잡고 있는 것을 보았습니다.

B씨: 유리창 하나를 사이에 두고 그 남자를 보고 있습니다. 그가 거기 매달려 있는 것이 보이는데 손이 미끄러져 떨어질까 봐 걱정됩니다. 그를 놀라게 하고 싶지는 않지만 상황이 급박해서 제가 뭔가 행동해야 해요.

치료자: 그 남자의 얼굴을 보세요, 무엇이 보이나요?

B씨: 그가 제 눈을 똑바로 쳐다봐요. 그의 얼굴은 겁에 질려 있는데, 아래를 내려다보는 눈빛에는 어떤 결심이 느껴져요. 그가 의도적으로 손을 펴서 그대로 떨어지는 것이 보입니다.

치료자: 그가 손을 놓은 것에 대하여 지금 어떤 기분이 드나요?

B씨: 제 에너지가 다 빠져나가는 것 같습니다. 땅에 발이 붙은 듯 꼼짝할 수가 없어요. 그가 아래 발코니들에 마치 헝겊 인형처럼 부딪히고 있어요. 저는 완전히 무력합니다.

치료자: 지금 이 이야기를 해주시면서 당신의 감정이 많이 동요되는 것 같이 보이네요.

B씨: 그가 살아남지 못할 거라는 걸 알아요(얼굴을 손에 쥐고 울면서). 정말 그럴 필요가 없는 일이었어요.

상상 속 노출 후 B씨는 슬픔을 느꼈습니다. 하지만 동시에 그 남자가 자발적으로 손을 놓았다는 사실을 자각하게 되면서 안도감을 느꼈습니다. B씨는 그 남자가 미끄러진 것이 아니라는 것을 기억해내자 책임감을 덜 느끼게 되었습니다. 다음 회기에서는 지난번에 멈춘 시점부터 상상노출이 계속되었습니다. B씨는 희망이 없다는 것을 알면서도 계단을 뛰어내려갔습니다. 그의 불길한 예감은 추락 속도로 생긴 구덩이에 뼈를 담은 자루처럼 누워있는 남성을 보고 확실해졌습니다. 응급처치가 도움이 될 상황이 아니었습니다. 이 남성은 곧 죽을 것입니다. 그의 마지막 임무는 주변 시민들이 현장을 보지 못하도록 보호하는 것이었습니다. 이웃 주민들이 모여들어 그와 그의 동료들을 향해 분노를 쏟았습니다. 상상노출 이후, B씨는 이미 죄책감과 수치심을 느낀 상황에서 군중의 분노가 자신에게 큰 타격을 주었다고 말했습니다. 또한 B씨는 자신의 직업에서 범죄자도 아닌 난민들을 쫓아다녀야 하는 부분이 너무 싫다고 표현했습니다. 마치 자신이 사람들을 사냥하는 것 같았고, 그들 중 일부는 고국에서 겪은 전쟁 경험으로 인해 실제로 두려움에 떨고 있는 이들이었습니다. 그는 작전을 책임지고 있었습니다. 그러나 새로운 정부 정책으로 인해 경찰은 점점 더 강경하게 대처해야 했고, 난민들은 경찰을 매우 두려워하게 되었습니다.

기념물 및 편지 쓰기

치료자의 요청으로 그는 다음 회기에 기념물을 가져왔습니다. 그것은 해당 사건에 대한 신문 기사였는데, 인종차별주의자인 경찰이 그 남자의 사망원인이라고 적혀 있었습니다. 그 묘사가 너무 불공정하다고 느껴졌고 그는 자신이 인종 차별주의자로 취급되는 것에 분노했습니다. 그는 유색인종 여성과 행복한 결혼 생활을 하고 있는 사람이었습니다. 게다가 사건 이후, 지역 주민들은 경찰이 쓰레기라는 내용의 현수막을 그 자리에 걸었습니다. B씨는 이 사건에서 가장 괴로운 점은 상관들이 자신을 전혀 보호해주지 않는다고 느꼈던 것이라고 했습니다. 그들은 언론 보도를 바로잡지 않았고, 그 장소가 추모 공간이 되었다는 이유로 현수막을 철거하지도 않았습니다. 그 후로 그는 경찰 제복을 입고 있을 때마다 시민들의 분노를 느꼈고 거리에서도 불안감을 느꼈습니다. B씨는 과제로 이 상황에 대해 책임이 있다고 생각하는 상사에게 분노를 담은 편지를 썼습니다. 이 상황은 그에게 구 유고슬라비아에서의 군복무 시절을 떠올리게 했는데, 당시 그는 자신의 안전과 권리를 지킬 수 없어 무력감을 느꼈었습니다. B씨와 치료자는 이 중요한 주제를 치료의 후반 단계인 의미 찾기에서 다루기 위해 미루기로 함께 결정했습니다. 또한 그는 난민 관련 정책을 책임지고 있는 장관에게 편지를 썼습니다. 이 편지는 그가 분노를 표현하는 데 도움이 되었습니다. 그는 사망한 남성의 어머니에게 세 번째 편지를 썼습니다. 그는 애도와 유감을 표했습니다. 이런 일이 일어난 것은 그의 의도가 전혀 아니었습니다. 이 세 통의 편지는 그의 생각을 명확하게 표현하는 데 도움이 되었습니다. 그는 도움이 필요한 사람들 곁에 서서 모두를 위해 더 안전한 세상을 만드는 데 기여하고자 군에 입대했었는데, 상황이 이렇게 달라진 것에 대해 애도했습니다. B씨는 조금씩 자신을 괴롭히던 문제들로부터 벗어나는 것을 느꼈습니다.

중간 평가

7번째 회기 시간의 간단한 평가에서 B씨는 잠을 훨씬 더 잘 자기 시작했고 마음도 한결 편안해졌다고 했습니다. 그는 사건에 대해 덜 집착하게 되었고, 이제 그의 삶에서 트라우마를 통합하고 의미를 찾아가는 치료의 다음 단계로 나아갈 때가 되었습니다.

의미 찾기와 통합

이후의 몇 회기는 거의 삶에서 매우 의미 있는 시기였던, 구 유고슬라비아 전쟁 당시 평화 유지 임무를 다루는 데 할애되었습니다. 당시 그는 여러 상황에서 무력감을 느꼈고, 상관에게 의존하지 않는 것이 낫다는 것을 배웠습니다. 이는 안전을 보장한다고 주장하면서도 정작 부하 직원들의 안위에는 무관심하고 배려하지 않는 책임자들에 대한 그의 관점을 바꾸어 놓았습니다. 그의 부대는 도로를 점거한 사람들에게 반복적으로 약탈을 당하면서도 대응이 허용되지 않았고, 책임질 필요 없이 무시와 모욕을 받는 군대였습니다. 이런 상황은 그에게 열심히 일하여 책임을 맡을 수 있는 위치에 오르고 싶다는 동기를 부여했습니다. 당시 그는 자신이 통제할 수 없고 다른 사람에게 복종해야 하는 작전에 다시는 참여하지 않기로 결심했기 때문에, 현재 직장에서 비슷한 상황에 처하게 되어 씁쓸함을 느꼈습니다.

10번째 회기에는 바로 한 시간 전 회기가 취소되었습니다. 그의 아내는 B씨가 연속 근무를 해서 자고 있다고 연락을 했습니다. B씨가 다른 사람을 도와야 한다는 의무감으로 인해 회기를 취소한 것이 이번이 두 번째였기 때문에, 치료자는 이를 다음 회기의 주제로 다루었습니다.

B씨는 자신이 유능하고 책임감 있게 도울 수 있기 때문에 항상 자신을 가장 필요로 하는 곳을 생각한다고 말했습니다. 그의 우선 순위는 이런 식으로 정해졌습니다. 하지만 관리 책임자이자 다섯 자녀의 아버지로서, 이는 그에게 휴식 시간이 거의 없다는 것을 의미했습니다. 반면 이러한 그의 생각은 자신의 상태가 좋지 않을 때에도 다른 사람들에게 집중할 수 있게 해주었습니다. 그는 지난 5년을 되돌아보면서, 다른 사람들의 행복을 위해 점점 더 바빠졌지만 동시에 자신이 의미 있는 일을 한다는 느낌은 점점 줄어들었다는 점을 자각했습니다. 그는 자신이 무능한 사람이라는 왜곡된 자아상에 대한 방어기제로 보이는 이 행동 양식을 바꾸고자 했습니다. 그는 이제 자신이 다른 사람을 돕고 감사 인사를 받는 것이 자신의 자아상을 상쇄하고 대신 유능하다고 느끼기 위한 방법이었다는 것을 깨달았습니다. 그러나 다른 사람을 대신하여 모든 것을 해결하려는 행동 양식이 그를 좌절시켰고, 결국

지난 5년간 그를 소진 상태로 몰아넣었습니다. 그 후 몇 주 동안, B씨는 다른 사람의 책임을 대신 떠맡는 행동을 중단했습니다. 그의 긍정적인 부수적 효과로, 그는 다른 사람의 말을 더 잘 경청할 수 있게 되었고, 모든 것을 통제해야 한다는 부담에서 벗어나 더 이상 초조해하지 않게 되었습니다. 다른 사람들도 책임을 질 수 있다는 것을 배우게 되면서, 누군가 문제를 언급하자마자 바로 개입하려 하던 충동도 사라졌습니다. 그리고 수년 동안 그가 하던 집안일들을 자녀들이 일부 맡아서 하기 시작하는 것을 보면서, 자녀를 무력한 존재에서 믿음직한 대상으로 바라보게 되는 관점의 변화가 일어났습니다. 이제 그는 다른 사람들도 스스로 업무를 잘 할 수 있다고 믿기 시작했고, 더이상 모든 사람들을 도와주지 않아도 된다는 점에서 죄책감을 느끼지 않게 되었습니다.

고별 의식

치료를 마무리하며, 고별 의식으로 B씨와 그의 아내는 사건 현장을 방문했습니다. 그들은 5년 전 난민이 떨어지는 것을 목격했던 아파트 층으로 올라갔습니다. 그날 있었던 일을 아내에게 정확하게 이야기하는 동안 심장이 두근거렸지만, B씨는 그의 인생을 바꾼 이 사건을 아내와 공유할 수 있어서 기뻤습니다. 그 후 이어진 부부만을 위한 저녁 식사 자리에서 그는 아내에게 강력 범죄자들의 삶을 재건하는 데 기여할 수 있는 부서의 직무에 지원할 계획을 이야기했습니다.

6개월 추적 관찰

반 년 후 추적 관찰 회기에서 B씨는 현재 상태가 좋다고 보고했습니다. PTSD 증상도 없었습니다. 생활은 여전히 바쁘고 힘들었지만 마음에 여유가 있었습니다. 그는 직장을 옮겼고 아내도 심리치료를 받기로 결정했습니다. 남편에게 나타난 긍정적인 변화를 본 그녀는, 앞으로 자신의 미래에도 희망을 갖게 되었습니다.

13.4 특정 상황과 어려움들

치료자들은 BEPP에서 특별한 도전과제를 흔히 마주하게 되는데, 그중 몇 가지를 설명하겠습니다.

13.4.1 상상노출을 위한 트라우마의 선택

환자는 종종 다수의 트라우마를 보고합니다. 모든 트라우마를 상상노출로 다루는 것은 불필요하고 합리적이지도 않습니다. 재경험하는 증상과 관련된 내용이나 주제, 그리고 현재 가장 괴롭게 느껴지는 기억을 우선적으로 고려하여 외상 경험을 적절히 선정합니다. 환자 스스로 가장 고통스럽다고 느낀 경험과 지속적으로 두려움을 유발한 요소를 판단하여 선택하는 것이 종종 도움이 됩니다. 노출 과정에서 보통 한 가지, 때로는 두 가지의 외상 경험에 초점을 맞추면 비합리적인 공포가 사라집니다. 다른 다양한 외상 사건의 영향과 의미는 의미 찾기 및 통합 단계에서 광범위하게 다루어질 것입니다.

13.4.2 근거 이해의 중요성

PTSD 환자는 집중하는 데 어려움을 겪으며, 치료 전 언어적인 기억력이 낮았던 환자의 경우 치료 효과가 떨어집니다(Nijdam 등. 2015a). 따라서 PTSD에 대한 심리교육과 치료의 근거를 구두, 문서, 시각적 수단 등 다양한 방식으로 반복하여 제공하는 것이 필요할 것입니다. 상상노출을 하는 동안 환자가 외상 경험을 재체험하는 목적을 반드시 이해해야 합니다. 치료자는 환자가 트라우마와 관련된 강렬한 감정을 감내하고 수용해야 하는 이유를 이해했는지 확인합니다. 환자가 상상노출 중에 강한 감정을 계속 회피하는 경우에는 강렬한 감정을 억압하는 것이 현재 두려움의 핵심 기제라는 것을 다시 설명해 주어야 합니다. 치료자는 대화를 통해 환자가 계속해서 회피하는 이유를 탐색합니다. 최악의 경우, 환자의 삶에서 이 시기가 치료에 적절한 때가 아니라고 판단되면 환자와 치료자가 상호 합의하여 치료를 중단합니다.

13.4.3 편지쓰기의 회피

환자들이 트라우마에 책임이 있는 사람이나 사건 이후 자신을 실망시킨 사람에게 분노의 편지를 작성하는 과제를 회피할 수 있습니다. 이 경우에는 회피의 이유를 찾고 이해할 필요가 있습니다. 환자들이 글쓰기를 피하는 이유 중 하나는 분노에 압도되어 완전히 무책임한 행동을 하게 될까 봐 두렵기 때문입니다. 이러한 두려움을 인식하는 것은 환자가 글쓰기를 시작하게 도울 수 있습니다. 환자가 분노를 표출하면 자신이나 타인에게 해를 끼칠 것이라고 생각하는 경우, 회기 중에 글을 쓰게 하면 안전감을 느끼면서 분노를 표현하는 행위가 긴장을 완화시킨다는 것을 경험하게 할 수 있습니다. 글쓰기를 피하는 또 다른 이유는 타인에 대한 분노보다 죄책감과 자기비난을 더 강하게 느끼기 때문일 수 있습니다. 이러한 감정 역시 치료 과정에서 마주하고 논의하는 것이 중요합니다. 자신을 옹호하는 대변인 입장에서 분노의 편지를 작성할 수도 있습니다. 자신을 비판하고 초라하게 만들어 위축되게 만드는 자아의 부분을 대상으로 편지를 쓰는 것입니다.

> 환자 편지: "내 안의 비난자에게, 나를 비난하는 말을 멈춰. 나는 사라가 곤경에 처했을 때 내가 도망쳤다는 걸 알아. 시간을 되돌릴 수 있다면, 그리고 지금 내가 알고 있는 정보를 그 때에도 갖고 있었다면 다르게 행동했을 거야. 그 당시에는 밖으로 나가서 도움을 구하는 것이 최선인 것 같았어. 사라가 떠난 것이 너무 괴로워. 매일 그녀가 그리워. 그런데도 네가 계속 나를 비난하며 손가락질하는 것은 정말 마음이 아프고 날 우울하게 해. 날 이기적이라고 하는 것은 불공평해. 그런 말들이 나를 짓누르고, 마치 내가 모든 사람에게 위험한 존재처럼 느껴지게 해서 다른 사람들에게 다가가는 걸 두렵게 만들어. 하지만 나는 다른 사람을 배려하고 항상 그렇게 살아왔어. 너의 비난은 나와 내가 사랑하는 모든 사람에게 영향을 미치니 더 이상 나를 괴롭히지 말아줘."

때때로 환자들은 사랑했지만 세상을 떠난 사람들에 대한 슬픔을 표현하는 편지를 먼저 쓰는 것을 선호합니다. 편지쓰기는 또한 모든 세부 사항들과 함께 사건을 시간순서에 맞추어 기록하는 데에도 도움이 됩니다.

13.4.4 치료자의 기술

BEPP 치료는 심리치료자에게 특정한 기술을 요구합니다. 치료를 시작할 때 치료자의 태도는 교사와 같고, 이후에는 환자가 겪은 사건을 상상하여 공감하는 경청자의 자세를 취합니다. 또한 환자에게 공포를 극복할 수 있으며 치료를 신뢰해도 된다는 희망과 단호한 의지를 제공하는 것도 매우 중요합니다. 이는 특히 치료의 강도가 높고 환자에게 어려운 경우 필수적입니다. BEPP 치료에서 트라우마의 끔찍한 세부 사항과 직면하는 것은 매우 강도 높게 이루어지며, 환자의 무력감과 절망감이 치료자에게 전이될 수도 있습니다. 의미 찾기 단계에서 치료자는 환자와 함께 이해하고, 설명하고, 해석하는 공동 작업자가 됩니다. 치료자와 환자는 성찰을 통하여 새로운 통찰과 해결책을 찾을 것입니다. 마지막 단계에서 치료자는 환자에 대한 신뢰를 보여주고 치료를 종료해야 합니다. 보통 환자들은 치료적 관계에 대해 매우 긍정적이기 때문에, 치료자는 이 만족스러운 관계를 잃는 것이 어려울 수 있습니다. PTSD를 겪었던 사람은 명시적으로 더 이상 환자가 아니며, 앞으로 더 많은 경험과 신뢰, 그리고 미래의 어려움에 대처할 수 있는 역량을 가지고 삶을 살아갈 것입니다. BEPP 치료의 이러한 과정의 풍부함은 외상 사건을 깊이 있고 맥락에 맞게 처리하는 것을 중요시하는 사람들에게 가치 있는 치료법입니다. 더 나아가, BEPP의 다양한 단계에서 배우자를 치료 과정에 참여시킴으로써, 외상 처리에 있어 대인 관계적인 과정과 사회적 맥락이 구체적으로 다루어집니다.

13.5 다양한 집단에서의 BEPP

BEPP는 경찰관(Smid 등. 2018) 및 다른 응급 구조대원의 PTSD 치료에 광범위하게 사용됩니다. 그 외에도 난민, 참전 군인, 복합 PTSD 환자, 외상성 애도를 경험한 환자(즉, 폭력적인 상황에서 사랑하는 사람을 잃은 후 동반된 PTSD 및 지속애도 장애) 등 다양한 환자 군에 BEPP가 적용됩니다. BEPP는 남성과 여성은 물론 다양한 국적과 연령대의 사람들에게 적용되었지만, 다양한 집단을 비교하는 체계적인 분석은 수행되지 않았습니다. BEPP는 전 세계 여러 국가의 임상 현장(예: 입원실, 주간 치료실, 외래 및 이동 진료, 개인 진료소)에서 여러 트라우마에 노출된 다양한 인구 집단에 적용되었습니다.

BEPP의 틀은 애도 중심의 노출 기법과 통합이 가능하여, 외상성 애도에 대한 BEP 치료법brief eclectic psychotherapy for traumatic grief, 이하 BEP-TG이 개발되었습니다(Smid 등. 2015). BEP-TG 프로토콜에는 위에서 설명한 BEP 구성 요소에 통합할 수 있는 다양한 모듈이 포함되어 있습니다. 도덕적 손상을 경험한 PTSD 환자의 요구에 맞게 BEPP 프로토콜을 수정한, 도덕적 트라우마를 위한 BEPbrief eclectic psychotherapy for moral trauma, 이하 BEP-MT 프로토콜이 최근 이를 난민에게 성공적으로 적용한 사례와 함께 보고되었습니다(De la Rie 등. 2021). 이 두 가지의 수정된 BEP 프로토콜은 아래에서 더 자세히 설명합니다. BEP-TG 및 BEP-MT 치료를 가상으로 시행한 사례를 각각의 예시로 소개할 것입니다.

13.5.1 외상성 애도에 대한 BEPBEP-TG

사랑하는 사람을 잃으면 고인에 대한 갈망과 그리움, 고인이나 사망 상황에 대한 집착, 정서적 고통, 죄책감, 분노 등 이별로 인한 고통이 뒤따를 수 있습니다. 즉, 사랑하는 사람을 잃게 되면 PTSD 외에도 다른 정신병리가 생길 수 있습니다. 지속애도 장애는 **정신장애 진단 및 통계 편람 5판**(*DSM-5*, 미국 정신의학회 2013)의 개정판에 포함되었습니다. 또한 지속애도 장애는 국제질병분류 11차 개정판(ICD-11, 세계보건기구 2018)에도 포함되었습니다. DSM-5에서는, 폭력이나 사고가 원인이 아닌 애착 대상의 죽음은 PTSD를 유발할 수 있는 외상 사건으로 간주하지 않습니다. 이는 치료자가 지속애도 장애에 해당하는 애도 증상에 대한 진단적 평가에 중점을 두고, 이러한 진단이 있는 경우 애도와 관련된 정신병리를 구체적인 치료 목표로 삼는 것을 고려해야 할 필요성을 강조합니다. 환자가 PTSD(의 증상)와 더불어 지속애도 장애를 동반하는 경우 BEP-TG를 적용할 수 있습니다. BEP-TG의 심리교육에서는 외상 후 스트레스와 더불어 애도 반응에 대한 심리교육을 시행합니다.

> 에티오피아에서 온 29세의 미혼 여성 에스더(Esthe)는 수년간 전쟁의 폭력을 경험했습니다. 그녀가 10대 때 고국을 탈출하여 네덜란드로 피하기 전까지, 반군은 그녀의 가족 여러 명을 살해했습니다. 그녀는 아버지를 마지막으로 본 순간을 반복적으로 재경험하며 극심한 애도, 슬픔, 죄책감, 그리고 돌아가신 아버지를 정기적으로 '보는' 증상으로 인해 내원했습니다. 그녀에게는 PTSD와 주요 우울 장애 그리고 지속애도 장애가 진단되었고 BEP-TG를 시행에 대한 동의가 이루어졌습니다. 치료자는 그녀에게 PTSD와 외상성 애도 증상이 과거의 외상으로부터 어떻게 비롯되었는지 설명했습니다. 상실의 현실에 대해 깊이 생각하거나 이로 인한 애도의 감정을 인정하는 것은 감당하기 어려울 수 있고, 사람들은 이를 감당하지 못하거나 '미쳐버리거나' 통제력을 잃게 될까 봐 두려워할 수 있습니다. 이는 종종 이러한 감정을 억누르게 만들며, 그 결과 탈진되게 합니다. 그녀는 이를 인지하고 이러한 감정을 더 잘 다루는 방법을 배우고 싶어했습니다.

애도 대상의 사망 주변에서 일어난 일들에 대한 상상노출은 한 인간으로서의 고인에 대해 초점을 맞춰 일반적인 애도 중심 노출과 함께 진행됩니다. BEP-TG에서, 애도와 관련된 회피로 인하여 감정처리가 차단되고 있는 경우에는 무덤이나 고인이 사망한 장소 방문과 같은 상황 노출이 포함될 수 있습니다. 반대로, 지나친 애도 행동을 보이면서 상징적으로 고인이 살아 있는 것처럼 여기며 상실의 현실을 직면하고 받아들이는 것을 회피하는 경우, 상실에 대한 정서적 처리를 촉진하기 위해 이러한 행동을 줄여야 할 수 있습니다.

> 에스더가 아버지를 잃은 이야기를 할 수 있게 돕고, 애도의 감정을 경험하며 상실을 받아들일 수 있도록 돕기 위해 애도 노출 기법이 사용되었습니다. 반군이 아버지를 살해한 밤이 구체적으로 다루어졌습니다. 노출 과정에서 그녀는 아버지에게 작별 인사를 하지 못했다는 사실을 깨닫고 매우 슬퍼했습니다. 반군의 침입과 아버지의 고문에 대한 기억은 공포뿐 아니라 강한 분노감을 불러 일으켰습니다. 반군이 아버지를 어떻게 고문했는지 말할 때 그녀는 복수할 생각이라고 말했습니다. 치료자가 이를 정상적인 반응이라고 받아들인 것이 그녀가 분노를 표현하는 데 도움이 되었습니다.

편지 쓰기 과제는 환자가 상실의 의미를 평가하고, 유족이 자신의 속도에 맞춰 상실의 고통스러운 측면을 마주할 수 있게 돕는 유용한 도구입니다. 이어지는 작별 편지는 고인에게 보내는 편지로,

환자가 항상 하고 싶었던 말과 그리워하는 감정을 표현할 수 있습니다.

> 에스더는 아버지에게 하고 싶은 말을 모두 적었습니다. 그녀는 반군들에게 분노의 편지를 쓰기로 결심했고, 이는 그녀에게 큰 해방감을 주었습니다. 그녀는 이 사건의 책임을 반군에게 돌릴 수 있었고, 이는 그녀의 죄책감과 수치심을 덜어주었습니다.

의미 찾기에서는 가치, 우선순위, 목표, 활동뿐만 아니라 중요한 타인들에 대해서도 초점을 둡니다. 치료자는 환자가 어떤 종류의 활동을 하는지, 그리고 이러한 활동이 환자에게 어느 정도 만족을 주는지 다음과 같은 질문을 통해 탐색합니다. 외상 사건 이후 어떤 변화가 있었나요? 의미 찾기 단계에서는 편지 쓰기 외에도 고인과의 다른 상징적인 상호작용이 이루어질 수 있습니다. 상상 대화는 내담자가 상징적인 수단을 통해 문화적으로 공유되는 상호주관적 현실을 재구성할 수 있게 해줍니다(Smid와 Boelen 2021). 고인과의 관계에 영향을 주는 다양한 사회적 의미 체계는 문화적 영향을 강하게 받을 수 있습니다. 따라서 상상 대화는 문화적으로 민감한 방식으로 의미를 찾는 데 도움이 될 수 있습니다(Smid와 Boelen 2021). 치료자는 환자가 고인과 대화하고 대답하는 상상의 대화를 하도록 이끌어낼 수 있습니다. 치료자의 역할은 유족이 고인에 대한 의미 있는 질문, 생각, 감정을 표현하도록 격려하고, 대화 중에 발생할 수 있는 감정을 인정하고 수용해 주는 것입니다. 상상 대화는 죄책감을 줄이고 고인에게 아직 표현하지 못한 것('미완의 과업')을 드러내도록 촉진하는 경험적 기법입니다.

> 에스더는 아버지를 땅에 묻지 못한 것에 대해 계속 죄책감을 느꼈고 아버지에게 용서를 구하고 싶었습니다. 치료자는 에스더의 아버지와의 상상 대화를 안내했습니다. 아버지는 그녀를 용서하고 에스더가 행복하게 살기를 바란다고 표현했습니다.

사별 후 애도 상황에서 의미 찾기는, 유족이 느끼는 사랑하는 사람의 상실과 그 상실이 미래에 미치는 영향에 대한 평가를 포함하며, 개인적, 문화적 맥락에서 상실과 함께 살아갈 수 있는 개인의 능력을 강화하는 것을 목표로 하는 인지적, 정서적, 영적 과정입니다. 치료자는 환자에게 미래를 바라볼 수 있게 돕고, 가까운 미래에 중요한 사회적, 여가 활동, 그리고 필요하다면 직업 관련 목표를 생각해보도록 격려합니다.

> 회기가 진행되면서, 에스더는 아버지를 잃은 극심한 고통을 점점 더 느꼈지만, 이를 더 잘 견디는 법을 배

웠으며 아버지에 대한 긍정적인 기억이 다시 떠올랐습니다. 그녀는 미래를 바라볼 여유가 생기기 시작했고 자원봉사 활동을 시작했습니다.

의식은 유족이 한 사회적 지위에서 다른 지위(예: 배우자에서 미망인으로)로 전환되는 과정을 중개하고, 사회 공동체의 연속성과 사회적인 결속을 제공하는 수단으로서 유족에게 강력하고 긍정적인 경험이 됩니다. 트라우마 상황에서 사랑하는 사람을 잃을 경우, 이는 문화적으로 적절한 의식을 수행하는 것이 종종 불가능한 상황과 맞물립니다. BEP-TG에서 고별 의식은 고인과의 수정된 애착 관계를 상징합니다. 의식은 환자의 문화나 영성으로 연결해주는 다리의 역할을 할 수 있습니다. 의식은 연속성과 전환을 모두 상징하며, 화해와 인정을 동시에 전달할 수 있습니다. 내담자 스스로 적절하다고 생각되는 고별 의식을 계획합니다. 고별 의식의 예로는 특별한 장소의 방문, 추모 상징물 만들기, 문화적으로 적절한 의식 수행, 사망의 외상적 상황과 관련된 것들을 단념하는 것 등이 있습니다. 치료자는 이 의식에 참석하지 않으며, 이 의식은 치료의 종결을 의미하기도 합니다.

에스더는 교회에서 아버지에 대한 이야기를 나누고 작별 인사를 하는 의식을 진행했습니다. 그녀는 안도감을 느꼈고 이후 아버지를 '보는' 일이 줄어들었다고 했습니다.

여러 차례의 극심한 상실을 경험한 환자들(주로 난민)에게서 나타나는 극심한 PTSD와 지속애도장애 환자를 위한 1년 치료 프로그램의 일환으로 BEP-TG의 적용 가능성과 잠재적 효과가 광범위하게 입증된 바 있습니다(De Heus 등. 2017; Djelantik 등. 2020).

13.5.2 도덕적 트라우마에 대한 BEP[BEP-MT]

도덕적 트라우마는 비도덕적 행위를 저지르거나, 예방하지 못했거나, 목격하는 것과 관련된 잠재적 외상 사건에 노출되어 PTSD 진단에 부합하는 증상이 나타나는 경우를 말하며, 불안 다음으로 후회, 죄책감, 수치심이 두드러지게 나타납니다. BEP-MT는 도덕적 트라우마의 특정 측면에 초점을 맞출 수 있게 해줍니다.

35세의 기혼 남성인 아미르(Amir)는 이라크에서 태어났습니다. 그는 17세부터 군 복무를 해야 했고, 몇 년 동안 최전선에서 전투를 치른 후 네덜란드로 탈출했습니다. 그는 직장을 잃은 후 PTSD를 겪었습니다. 입원 당시 아미르는 PTSD와 주요 우울 장애 진단을 받았으며, 초기 치료는 내러티브 노출치료로 이루어졌습니다. 아미르는 극심한 수치심과 죄책감을 경험했고, 이로 인해 전쟁 중 목격했던 일과 관련된 트라우마의 특정 부분을 공유하는 것을 계속 회피했습니다. 자신감을 되찾으면서, 그는 BEP-MT로 치료를 이어가기로 동의했습니다. 그에게 안내한 치료의 목표는 사건에 대해 말하는 법을 배우고, 관련된 감정에 직면하고, 외상 후 스트레스 및 도덕적 트라우마와 관련된 증상을 완화하는 것이었습니다.

상상노출 동안, 천천히 진행되는 속도는 치료적 관계 내에서 교정적 경험을 촉진하여 수치심을 완화하는 데 도움이 됩니다.

아미르의 도적적 트라우마는 이후 회기들에서 자세히 다루어졌습니다. 그는 전쟁 중 민간인에 대한 고문과 처형을 목격한 것을 이야기했습니다. 그는 잔학 행위를 막지 못해 부끄러움과 죄책감을 느꼈고, 동시에 무방비 상태로 사망한 사람들에 대한 애도의 슬픔을 느꼈습니다. 그는 자신의 감정을 표현한 후 안도감을 느꼈습니다.

BEP-MT에서 도덕적 트라우마의 다양한 정서적 측면을 다루는 다른 도구로는 기념물의 활용, 글쓰기 과제, 의식, 도덕적 권위자/피해자와의 상상 대화와 같은 경험적 기법이 있습니다(De la Rie 등. 2021). 사건에 대한 해석을 탐색하고 다양한 관점을 논의하는 것은 사건에 대해 “전적으로 좋다, 전적으로 나쁘다”가 아닌, 다층적인 의미를 부여할 수 있습니다. 비판적이지 않은 치료적 관계와 (자기) 자비와 같은 긍정적인 도덕적 감정을 촉진하는 것이 죄책감과 수치심을 완화하는 데 도움이 될 수 있습니다. 치료자는 환자가 선택한 도덕적 권위자로 간주하는 사람(예: 초월적 존재, 법정 또는 판사, 지역 사회의 지도자)과 상상 대화를 활용할 수 있습니다(Litz 등. 2017).

아미르는 편지를 쓰기 시작했습니다. 첫 번째 편지는 지휘관에게 보낸 분노의 편지였습니다. 두 번째 편지는 피해자들에게 용서를 구하는 내용이었습니다. 그는 이 편지를 쓰는 동안 슬픔, 두려움, 죄책감, 수치심을 경험했습니다. 회기에서 그는 치료자에게 편지를 낭독했습니다. 이후 회기에서 아미르는 더 높은 권위자와 상상 대화를 나누었습니다. 그는 자신의 상황에 대해 거주 허가를 도와준 네덜란드 판사와의 상상 대화도 떠올렸습니다. 또한 무고한 민간인 희생자의 유족과 대화하는 상상도 했습니다. 그는 판사와 유족의 입장을 상상하며 그들의 관점을 받아들였고, 이는 그에게 매우 고통스럽지만 깊은 통찰을 주었습니다.

강한 죄책감은 경험적 및 인지적 기법을 사용하여 다룰 수 있으며, 이 기법은 실제 죄책감과 지각되거나 과장된 죄책감을 구별하는 데 도움을 줄 수 있습니다. ‘진짜’ 죄책감의 경우, 실제 또는 상징적 보상 등의 선택지에 대해 논의할 수 있습니다. 보상 행위는 고별 의식의 일부가 될 수 있습니다. 노출과 의미 찾기 단계 이후에는 활동의 저하에 대하여 다룰 수 있습니다. 치료자는 환자가 과거에 좋아했던 활동과 다시 시작하고 싶은 활동을 탐색합니다. 치료자는 환자가 새로운 목표를 생각하도록 격려합니다.

아미르는 밤잠을 이루지 못하게 하는 이유를 아내에게 말하기로 결심했습니다. 아내의 이해심 어린 반응은 일어났던 일에 대해 느끼던 그의 수치심을 덜어주었습니다. 그는 평범한 일상 생활을 시작할 수 있었으며 과거에서 현재와 미래로 초점을 옮길 수 있었습니다. 마지막 치료 회기에서 그는 희생자들에게 보상하고 그들을 추모할 방법을 생각했습니다. 그는 국제앰네스티에서 자원봉사를 하기로 마음먹었습니다.

치료의 마지막 회기에서 환자는 자신의 상황에 맞는 적절한 고별 의식을 시행합니다. 고별 의식의 예로는 도덕적 트라우마가 발생한 장소에 가는 것, 사건을 기리는 추모 공간에 방문하는 것, 관련 자선단체에 기부하는 것 또는 지역 사회를 돕는 일을 하거나 자원봉사 활동을 하는 것, 그리고 도덕적 트라우마 상황과 관련된 물건을 버리는 것 등이 있습니다.

13.6 BEPP 연구

13.6.1 경찰 집단의 BEPP

BEPP는 원래 경찰관을 대상으로 개발되어 이에 대한 효과 연구가 먼저 이루어졌습니다. 무작위 통제 연구에서는 치료 후 PTSD의 임상가 평가상 BEPP를 받은 경우는 대기군에 비해 유의한 차이가 있었습니다(Gersons 등. 2000). PTSD 증상은 3개월의 추적 관찰 기간 동안 더욱 감소했습니다. BEPP는 PTSD에 큰 효과크기(Cohen's *d* 1.30)를 보였으며 직장 복귀, 임상가가 평가한 광장공포증, 여러 자가보고 증상 지표에 상당한 영향을 미쳤으며 치료 중도 탈락 사례는 없었습니다.

효과성이 입증된 후, BEPP는 네덜란드의 국립 경찰관 트라우마 관련 정신건강 문제 센터인 정신외상진단센터Police Outpatient Clinic of the Psychotrauma Diagnosis Center의 외래 클리닉에 PTSD로 의뢰된 경찰관들을 위한 1차 치료법으로 채택되었습니다. 이 센터가 설립된 이후 16년 동안 수집된 치료기록을 분석한 결과, BEPP를 받은 남녀 경찰관의 96%가 PTSD 진단에서 벗어났으며, 증상 감소 면에서 매우 큰 효과 크기를 보였습니다(Smit 등. 2013; Smid 등. 2018). 따라서 이 연구는 BEPP가 경찰에게 매우 효과적인 치료법임을 입증했습니다. 경찰관의 60%는 치료 후에도 일부 잔여 증상이 있었습니다. 가장 흔하게 보고된 잔여 증상은 집중력 저하로, 치료 후 17.7%의 경찰관에서 나타났습니다. 사랑하는 사람이나 동료의 상실을 더 많이 보고한 경찰관들은 치료 중 PTSD 증상의 감소폭이 더 적었고, 치료 후에도 집중력 문제가 더 오래 지속되었는데(Smid 등. 2018), 이는 BEPP에서 특정 애도 중심 개입(13.5.1절 참조)이 이 집단에 특히 유용할 수 있음을 시사합니다.

13.6.2 일반 외래 환자의 BEPP

BEPP가 다양한 외상 사건으로 PTSD가 발생한 일반 환자 집단에서도 점점 더 많이 적용됨에 따라, 일반 외래 환경에서 두 번째 무작위 통제 연구를 진행하였습니다. Lindauer 등(2005)은 임상가가 평가하는 PTSD 진단 및 증상에 있어 BEPP와 대기 집단 사이에 유의한 차이가 있으며, BEPP의 치료 효과가 크다고 보고하였습니다(Cohen's *d* 1.62). 다섯 명의 환자가 치료 전 또는 치료 도중에 중도 탈락했습니다. BEPP는 PTSD 증상 감소 외에도 자가보고상 전반적인 불안 증상 역시 크게 개선했습니다. 자가보고하는 우울 증상, 병가 또는 관계 문제에서는 BEPP와 대기 집단 사이에 차이를 보이지 않았습니다.

스위스 취리히의 다른 연구팀은 PTSD 외래 환자를 대상으로 BEPP와 최소 주의 개입을 비교하는 무작위 통제 연구를 진행하였습니다. 이 연구에서는 PTSD의 임상가 평가 면에서 BEPP의 효과를 재현했을 뿐만 아니라, 6개월의 추적 관찰 후에도 치료 효과가 안정적이라고 보고하였습니다(Schnyder 등. 2011). 효과 크기는 컸습니다(Cohen's *d* 1.5). 이 연구에서 자가보고하는 우울증 및 전반적인 불안 증상과 외상 후 성장 면에서 두 집단 간에 유의미한 차이가 있었습니다. 해당 연구의 저자들은 이 외상 후 성장의 증가에 대해, BEPP 치료가 두 번째 단계에서 의미 찾기와 통합에 중점을 두기 때문이라고 분석했습니다.

현재까지 가장 큰 규모로 진행된 무작위 통제 연구는, 외래 PTSD 환자를 대상으로 BEPP와 또 다른 트라우마 중심 심리치료인 EMDR을 비교한 연구입니다. BEPP와 EMDR은 PTSD 증상의 심각도를 줄이는 데 똑같이 효과적이었지만, 두 치료법에서 변화의 속도는 달랐습니다(Nijdam 등. 2012). EMDR은 BEPP보다 자가보고하는 PTSD 증상을 훨씬 더 빠르게 감소시켰는데, 이는 분석에서 회기 시간의 차이를 보정했을 때에도 마찬가지였습니다. 중도 탈락률은 두 치료법 모두 비슷했습니다(약 30%). 상당수의 BEPP 치료가 정신건강의학과 의사의 수련 과정에서 수행되었는데, 이는 치료 경험이 거의 없거나 트라우마에 대한 전문 지식이 없는 치료자가 진행하여도 BEPP가 효과적이라는 점을 입증합니다. 두 치료법 모두 자가보고 상의 PTSD(BEPP의 경우 Cohen's *d* 1.55)와 임상가가 평가한 PTSD(BEPP 치료군은 Cohen's *d* 1.95) 모두에서 큰 효과를 보였으며, 이는 대부분의 환자가 이 치료법을 통해 효과를 얻었다는 것을 시사합니다. BEPP 치료군 중 14%에서 치료 후에도 PTSD 진단이 유지되었습니다. 치료에 의한 자가보고상의 우울 및 전반적인 불안 증상 개선 면에서 큰 효과 크기가 관찰되었으며, 이 치료는 PTSD와 외상 후 성장 외에 동반된 주요 우울 장애와 불안 장애에도 긍정적인 영향을 미쳤습니다(Nijdam 등. 2018a). 치료 전 언어 기억 수행 능력이 낮은 환자들은 BEPP와 EMDR 치료의 PTSD 증상 감소 효과가 낮았습니다(Nijdam 등. 2015a). BEPP와 EMDR의 치료과정을 통해 기억력 및 실행 기능의 평가에서 유의한 개선을 보였습니다(Nijdam 등. 2018b).

한 소규모의 예비 연구에서 핫스팟에 주의를 기울이는 것이 BEPP 치료 결과에 영향을 미치는지를 살펴보았습니다. 이 예비 연구에서는 상상노출 회기의 핫스팟을 매뉴얼에 따라 코딩하여 성공한 BEPP 치료 10건과 실패한 치료 10건을 비교하였습니다. 성공한 BEPP 치료와 실패한 치료 간에 핫스팟의 수는 차이가 없었지만, 실패한 치료에 비해 성공한 치료에서 치료자가 핫스팟을 더 자주 다룬 것으로 확인되었습니다(Nijdam 등. 2013). 게다가, 성공한 치료에서는 감정 변화가 청각적으로도 느껴지는 등, 핫스팟의 특성들이 더 많이 나타났습니다. 이 연구에서 인과관계를 단정할 수는 없지만, 성공적인 BEPP 치료를 위해서는 트라우마 기억의 가장 어려운 순간들을 신중하고 반복적으로 다루고, 상상노출을 하는 동안 핫스팟의 특징을 세심하게 관찰하는 것이 중요하다는 결론을 내렸습니다. 이는 BEPP뿐만 아니라 다른 트라우마 중심 심리치료에서도 중요할 수 있습니다.

13.6.3 신경생물학적 연구

Lindauer와 동료들은 무작위 연구(2005)와 관련된 연구의 일환으로 BEPP 치료 전후에 다양한 신경생물학적 지표를 평가했습니다. PTSD가 있는 민간인 환자, PTSD가 있는 경찰관, 트라우마에 노출된 건강한 대조군 참가자에게 중립적이거나 스트레스를 유발하는, 또는 트라우마와 관련된 개인 맞춤형 대본을 듣도록 했습니다. Lindauer과 연구진(2004, 2006)은 대본을 듣는 동안 참가자들의 심박수, 혈압, 주관적 불안 수준을 측정했습니다. PTSD가 있는 민간인과 경찰관 모두, 건강한 대조군에 비해 트라우마 대본을 들을 때 심박수 반응이 현저히 높았습니다. BEPP 치료를 받은 PTSD 민간인 환자들에게서는 트라우마 대본에 대해 심박수 정상화 반응이 나타났지만, 대기자 명단에 있는 환자들은 차이를 보이지 않았습니다. 민간인 환자들은 또한 뇌의 기능적 변화를 조사하기 위해 BEPP 전후에 트라우마 대본을 기반으로 PET 촬영을 받았습니다. Lindauer 등(2008)은 이들에게서 BEPP 시행 이후 PTSD와 관련된 여러 전두엽 및 측두엽 뇌 영역에서의 유의미한 변화를 발견했습니다. 이 결과의 의미는 치료의 영향으로 상황에 대한 의식적인 생각과 신중한 판단을 담당하는 대뇌 피질 영역이 위험한 상황에서 신속한 반응을 담당하는 것으로 열려진 변연계에 대한 통제력을 회복하는 것으로 보입니다. 민간인 PTSD 환자를 대상으로 한 또 다른 공개 연구에서는 BEPP 치료 전후 혈장에서 다양한 신경 내분비 지표를 평가했습니다. 해당 연구에서는 BEPP 치료가 성공한 경우, 항스트레스 호르몬인 코르티솔 수치가 증가했습니다(Olff 등. 2007). 코티솔은 음성 되먹임 회로를 통해 뇌에 작용하여 스트레스 반응을 억제하는 기능을 합니다. 또한 신체 기능을 조절하는 기능을 하므로 장기간에 걸쳐 스트레스를 효과적으로 조절하는 데 매우 중요합니다. 신경내분비 스트레스 체계가 민감할수록 BEPP 및 EMDR에서 더 나은 반응을 보였습니다(Nijdam 등. 2015b).

13.7 결론

BEPP는 신뢰할 수 있는, 효과적인 치료 프로토콜입니다. PE/TF-CBT, EMDR, BEPP의 효과 크기는 동일하므로, 환자에게 어떤 특정 치료를 제공할지 결정할 때에는 다른 요소들이 중요합니다. 정신건강 분야의 단계적 치료 원칙이 도움이 될 수 있습니다. 안정된 삶을 살던 사람이 단일 사건으로 PTSD를 겪는 경우, 트라우마 중심 단기 치료 중 하나를 제공해야 합니다. 외상 사건의 영향이 더 심각하고 복잡하며, 환자가 그 경험으로부터 배우기를 원하거나 배울 필요가 있는 경우, BEPP는 다른 트라우마 중심 치료보다 더 많은 것을 제공합니다. 임상 양상이 더 심각하고 동반 질환이 더 많은 경우에는 치료 빈도를 늘리거나 집단치료와 병행할 수 있는 낮병원day clinic도 고려할 수 있습니다. BEPP 프로토콜을 조정하면 외상성 애도와 도덕적 손상을 입은 환자의 필요를 충족시킬 수 있으며, 난민을 포함한 다양한 집단에서 성공적으로 적용되고 있습니다.

References

American Psychiatric Association (2013) Diagnostic and statistical manual of mental disorders, fifth edition (DSM-5). American Psychiatric Association, Washington, DC

Bisson J, Roberts NP, Andrew M, Cooper R, Lewis C (2013) Psychological therapies for chronic post-traumatic stress disorder (PTSD) in adults. Cochrane Database Syst Rev 12:CD003388

Bradley R, Greene J, Russ E, Westen D (2005) A multidimensional meta-analysis of psychotherapy for PTSD. Am J Psychiatry 162(2):214–227

Brewin CR (2014) Episodic memory, perceptual memory, and their interaction: foundations for a theory of Posttraumatic Stress Disorder. Psychol Bull 140(1):69–97

Brewin CR, Andrews B, Valentine JD (2000) Meta-analysis of risk factors for posttraumatic stress disorder in trauma-exposed adults. J Consult Clin Psychol 68:748–766

Davanloo H (1987) Short-term dynamic psychotherapy: basic principles and techniques. Spectrum Publications, New York, NY; London

De Heus A, Hengst SMC, de la Rie SM, Djelantik AAAM, Boelen PA, Smid GE (2017) Day patient treatment for traumatic grief: preliminary evaluation of a one-year treatment programme for patients with multiple and traumatic losses. Eur J Psychotraumatol 8:1375335. https://doi.org/10.1080/20008198.2017.1375335

De la Rie SM, van Sint Fiet A, Bos JBA, Mooren N, Smid G, Gersons BPR (2021) Brief Eclectic Psychotherapy for Moral Trauma (BEP-MT): treatment protocol description and a case study. Eur J Psychotraumatol 12:1929026. https://doi.org/10.1080/20008198.2021.1929026

Djelantik AAAMJ, de Heus A, Kuiper D, Kleber RJ, Boelen PA, Smid GE (2020) Post-migration stressors and their association with symptom reduction and non-completion during treatment for traumatic grief in refugees. Front Psychiatry 11:407. https://doi.org/10.3389/fpsyt.2020.00407

Erikson EH (1968) Identity: youth and crisis. Norton, New York, NY Gersons BPR (1989) Patterns of posttraumatic stress disorder among police officers following shooting incidents; The two-dimensional model and some treatment implications. J Trauma Stress 2(3):247–257

Gersons BPR, Olff M (2005) Behandelingsstrategieen bij posttraumatische stress stoornissen. Bohn Stafleu van Loghum, Houten Gersons BPR, Carlier IVE, Lamberts RD, van der Kolk B (2000) A randomized clinical trial of brief eclectic psychotherapy in police officers with posttraumatic stress disorder. J Trauma Stress 13(2):333–347

Horowitz MJ (1976) Stress response syndromes. Jason Aronson, Northvale, NJ

Horowitz MJ (1986) Stress response syndromes, 2nd edn. Jason Aronson, Northvale, NJ. Revised edition

Lindauer RJL, Booij J, Habraken JB, Uylings HB, Olff M, Carlier IV, den Heeten GJ, van Eck-Smit BL, Gersons BPR (2004) Cerebral blood flow changes during script-driven imagery in police officers with posttraumatic stress disorder. Biol Psychiatry 56(5):356–363

Lindauer RJL, Gersons BPR, van Meijel EPM, Blom K, Carlier IVE, Vrijlandt I, Olff M (2005) Effects of Brief Eclectic Psychotherapy in patients with posttraumatic stress disorder: randomized clinical trial. J Trauma Stress 18:205–212

Lindauer RT, van Meijel EP, Jalink M, Olff M, Carlier IV, Gersons BP (2006) Heart rate responsivity to script-driven imagery in posttraumatic stress disorder: specificity of response and effects of psychotherapy. Psychosom Med 68(1):33–40

Lindauer RJ, Booij J, Habraken JB, van Meijel EP, Uylings HB, Olff M, Carlier IV, den Heeten GJ, van Eck-Smit BL, Gersons BP (2008) Effects of psychotherapy on regional cerebral blood flow during trauma imagery in patients with post-traumatic stress disorder: a randomized clinical trial. Psychol Med 38(4):543–554

Lindemann E (1944) Symptomatology and management of acute grief. Am J Psychiatr 101:141–148

Litz BT, Lebowitz L, Gray MJ, Nash WP (2017) Adaptive disclosure: a new treatment for military trauma, loss and moral injury. Guilford Press, New York, NY

Meewisse ML, Olff M, Kleber R, Kitchiner NJ, Gersons BPR (2011) The course of mental health disorders after a disaster: predictors and comorbidity. J Trauma Stress 24(4):405–413

Nijdam MJ, Gersons BPR, Reitsma JB, de Jongh A, Olff M (2012) Brief eclectic psychotherapy versus eye movement desensitization and reprocessing therapy in the treatment of posttraumatic stress disorder: randomized controlled trial. Br J Psychiatry 200:224–231

Nijdam MJ, Baas MA, Olff M, Gersons BP (2013) Hotspots in trauma memories and their relationship to successful trauma-focused psychotherapy: a pilot study. J Trauma Stress 26(1):38–44

Nijdam MJ, de Vries GJ, Gersons BPR, Olff M (2015a) Response to psychotherapy for posttraumatic stress disorder: the role of pre-treatment verbal memory performance. J Clin Psychiatry 76:e1023–e1028

Nijdam MJ, van Amsterdam JGC, Gersons BPR, Olff M (2015b) Dexamethasone-suppressed cortisol awakening response predicts treatment outcome in posttraumatic stress disorder. J Affect Disord 184:205–208

Nijdam MJ, van der Meer CAI, van Zuiden M, Dashtgard P, Medema D, Qing Y, Zhutovsky P, Bakker A, Olff M (2018a) Turning wounds into wisdom: posttraumatic growth over the course of two types of trauma-focused psychotherapy in patients with PTSD. J Affect Disord 227:424–431

Nijdam MJ, Martens IJM, Reitsma JB, Gersons BPR, Olff M (2018b) Neurocognitive functioning over the course of trauma-focused psychotherapy for PTSD: changes in verbal memory and executive functioning. Br J Clin Psychol 57(4):436–452

Olff M, de Vries GJ, Guzelcan Y, Assies J, Gersons BP (2007) Changes in cortisol and DHEA plasma levels after psychotherapy for PTSD. Psychoneuroendocrinology 32(6):619–626

Ozer EJ, Best SR, Lipsey TL, Weiss DS (2003) Predictors of posttraumatic stress disorder and symptoms in adults: a meta-analysis. Psychol Bull 129(1):52–73

Schnyder U (2005) Why new psychotherapies for posttraumatic stress disorder? Psychother Psychosom 74:199–201

Schnyder U, Muller J, Maercker J, Wittmann L (2011) Brief eclectic psychotherapy for PTSD: a randomized controlled trial. J Clin Psychiatry 72(4):564–566

Smid GE, Boelen PA (2021) Culturally sensitive approaches to finding meaning in traumatic bereavement. In: Neimeyer RA (ed) New techniques of grief therapy: bereavement and beyond. Series in death, dying, and bereavement. Routledge, New York, NY

Smid GE, Kleber RJ, de la Rie SM, Bos JBA, Gersons BPR, Boelen PA (2015) Brief Eclectic Psychotherapy for Traumatic Grief (BEP-TG): toward integrated treatment of symptoms related to traumatic loss. Eur J Psychotraumatol 6:27324. https://doi.org/10.3402/ejpt.v6.27324

Smid GE, van der Meer CAI, Olff M, Nijdam MJ (2018) Predictors of outcome and residual symptoms following trauma-focused psychotherapy in police officers with PTSD. J Trauma Stress 31:764–774. https://doi.org/10.1002/jts.22328

Smit AS, Gersons BPR, van Buschbach S, den Dekker M, Mouthaan J, Olff M (2013) PTSS bij de politie – een beter beeld; 16 jaar politiepoli, 1000 gebruikers [PTSD in the police – A better view; 16 years police outpatient department, 1000 clients]. Politieacademie, Hague. (in Dutch) Tedeschi RG, Calhoun LG (1996) The posttraumatic growth inventory: measuring the positive legacy of trauma. J Trauma Stress 9:455–471

Ulman RB, Brothers D (1988) The shattered self: a psychoanalytic study of trauma. The Analytic Press, Hillsdale, MI

Wilson JP, Friedman MJ, Lindy JD (2001) A holistic, organismic approach to healing trauma and PTSD. In: Wilson JP, Friedman MJ, Lindy JD (eds) Treating psychological trauma and PTSD. Guilford Press, New York, NY; London, pp 28–58

World Health Organization (2018) International classification of diseases, 11th revision (ICD-11). World Health Organization, Geneva

STAIR 내러티브 치료 14

Marylène Cloitre와 Janet A. Schmidt

14.1 소개

정서 및 대인 관계 조절 기술 훈련Skills Training in Affective and Interpersonal Regulation, 이하 STAIR 내러티브 치료는 트라우마 노출 후 PTSD 및 우울증, 해리와 같이 관련 증상으로 어려움을 겪는 이들을 위한 근거기반 치료법입니다. STAIR 내러티브 치료는 두 가지 모듈로 구성되어 있습니다. 첫 번째 모듈은 정서 조절 및 관계/사회적 기능STAIR 기술 훈련에 초점을 맞추어 8-12번의 회기로 구성됩니다. 두 번째 모듈은 기술 훈련 연습을 계속하지만, 8-12회기 동안 노출 및 인지적 재평가 기법을 결합하여 트라우마 기억을 처리하는 데 중점을 둡니다. 이 프로그램에서 트라우마 기억 처리에 기술 훈련을 추가하는 주된 목표는 일상 기능을 개선하기 위한 것입니다. 다른 많은 정신질환의 경우와 마찬가지로, PTSD 진단에서 벗어난 환자들은 여전히 상당한 기능 장애와 삶의 질 저하로 어려움을 겪습니다(Westphal 등. 2011). PTSD 치료에 대한 연구 중 결과로 기능 상태를 평가한 논문은 제한적인데, 최근의 메타분석에 따르면 트라우마 중심 치료가 손상된 기능을 어느 정도 개선시키긴 하지만, 그 개선의 정도가 PTSD 증상의 개선 효과에 비하여 상당히 미미하였습니다(Coventry 등. 2020). 기능 손상은 중요한 지지체계를 약화시키고, 경제적인 어려움을 초래하며(예: 실직, 또는 보수를 받는 직업의 구직 실패 등, Blanchard 등. 1996), 재발 및 재치료의 위험성을 높입니다(Fontana와 Rosenheck 2010; Vittengl 등. 2009). 따라서 기능을 개선하는 것이 목표인 개입법들을 통합하는 것은 트라우마 중점 치료를 보완하는 데 있어 중요한 치료적 의미를 지닙니다. 특히 트라우마 중심 작업 이후가 아니라 그 전에 기술 훈련 요소를 추가하는 두 번째 이유는, 치료적 관계를 구축하고 감정 조절 기술을 개발하여 트라우마 처리 작업을 보다 효과적으로 할 수 있기 때문입니다. 실제로 이러한 접근법의 이점을 뒷받침하는 근거가 있습니다(Cloitre 등. 2002, 2004).

다음 단락에서는 STAIR 내러티브 치료의 이론적 근거, 프로토콜 개요, 절차 안내 및 사례를 제시한 뒤 치료의 전달에 있어 특정 어려운 상황들을 파악하고 이에 대한 권고 사항을 살펴봅니다. 마지막에 STAIR 내러티브 치료와 그 변형 버전인 STAIR 단독 치료에 대한 연구 결과들을 요약하여 봅니다.

14.2 이론적 토대: 자원 손실 모델과 트라우마의 회복

지난 20여 년간 트라우마 치료의 지배적인 이론적 모형은 인지 행동 원리에 기반을 두고 있습니다. 노출치료는 가장 많이 검증된 PTSD 치료법 중 하나로, PTSD를 본질적으로 조건화된 공포 반응으로 보고 안전한 환경에서 두려움을 느끼는 자극에 반복적으로 상상 혹은 실제 노출이 일어나면 증상이 해결될 수 있다고 가정합니다. 또 다른 효과적인 PTSD 치료법인 인지치료에서는 PTSD를 근본적으로 트라우마가 만든 부적응적인 인지장애로 간주하고, 트라우마 회복에는 결국 그것이 만든 믿음을 보다 적응적이고 현실적인 평가를 통해 재해석하고 조정하는 과정이 포함된다고 봅니다. STAIR 개발의 근거는 Hobfoll(1989)이 처음 만든 스트레스의 자원 손실 모형resource loss model of stress에 따라 구성되었습니다. 외상성 스트레스에 적용된 이 모형은(Hobfoll 1991) 외상성 스트레스 요인이 삶에 가장 필수적인 자원의 손실을 초래하며, 그중에서도 가장 중요한 것으로 사회적 자원(예: 관계 및 사회적 지지), 정서적 자원(예: 부정적인 감정을 관리하거나 긍정적인 감정을 경험할 수 있는 능력), 자기 인식sense of self(예: 자기 효능감)의 감소 또는 상실을 포함한다고 폭넓게 제안하였습니다. 트라우마 관련 자원들의 손실은 기능 저하에 큰 영향을 미칩니다(예: Chipman 등. 2011). 외상성 스트레스 요인에 반복적으로 노출되면, 자원이 지속적으로 손실되어 향후 역경에 잘 대처하지 못할 가능성과 PTSD 증상이 발생하거나 악화될 위험이 증가하는데 이를 '손실의 나선spiral of loss' 현상이라고 합니다(Hobfoll 등. 2011).

STAIR는 대인간 폭력을 경험한 트라우마 생존자에 초점을 맞춘 자원 개발 및 재활 프로그램으로 개발되었습니다. 감정 조절과 대인 관계 기술에 초점을 맞춘 것은, 환자들의 요구도와 전반적인 기능에 미치는 영향에 대한 관찰 결과에 따른 것입니다(Cloitre 등. 2008; Stevens 등. 2013). 어린 시절의 학대를 겪은 여성 환자들이 치료를 찾는 '주 증상'을 조사한 초기 연구에 따르면, 이들이 가장 흔하게 보고하는 어려움은 대인 관계 문제와 감정 관리의 어려움이었고, PTSD 증상은 3번째에 해당하였습니다(Levitt와 Cloitre 2005). 특히 감정 조절과 대인 관계의 문제는 기능 장애의 주요 원인이었습니다. PTSD 증상은 기능 장애의 밝혀진 요인 중 약 50%에 기여하며 중요한 요인이었지만, 감정 조절과 대인 관계의 문제의 존재는 PTSD의 영향 이상으로 기능 장애에 추가적이고 동등한 영향을 미쳤습니다(Cloitre 등. 2005). 이러한 문제는 감정을 명명하고 표현하는 것의 어려움, 자기 주장과 사교성 및 힘의 역학 문제 등으로, PTSD에서 기술되는 증상과는 구별됩니다.

이후의 연구를 통해 감정 조절과 대인 관계의 어려움이 초기의 대인 관계 트라우마를 넘어 다양한 인구집단의 기능 장애에 상당한 영향을 미친다는 것이 드러났습니다. 여기에는 아동기 트라우마를 통제한 뒤에도 뉴욕 9/11 테러에 노출된 사람들(Malta 등. 2009), 트라우마를 겪은 대학생(Silverstein 등. 2019), 참전군인(Klemanski 등. 2012) 등이 있습니다. 기능의 정의는 직장/학교 성취도, 가정/가사 관리, 관계 만족도, 사회적 지지체계의 존재 등, 다양한 삶의 영역을 포괄하지만, STAIR는 대인 관계 및 사회적 적응과 이 적응을 지원하기 위한 감정 조절 기술에 특히 초점을 맞춰 개발되었습니다.

대인 관계기술은 사회적 지지체계뿐 아니라 그 관계를 만들고 유지해나가는 사회적 적응에 기여합니다(Cohen 등. 1986). 최근의 전향적 연구에서 대인 관계 기술은 감정 조절 기술의 발달을 통해 향상되는 것으로 나타났습니다(예: Aldao와 Nolen-Hoeksema 2012; Bonanno 등. 2004; Bonanno와 Burton 2013; Lopes 등. 2005). STAIR의 감정 조절 기술 훈련에는 지나치게 고양된 감정(예: 불안, 분노)의 하향 조절뿐 아니라, 낮은 정서 상태(예: 우울, 무감각)의 상향 조절을 촉진하는 기술이 포함되어 있으며, 이는 개인이 순간에 집중하고 참여하여 타인과 효과적으로 상호작용하고, 목표를 달성할 수 있도록 최적의 평정심 상태를 만들기 위한 것입니다. 감정 조절 기술은 사회적/대인 관계 양상의 변화를 돕는 데 사용됩니다. STAIR에서 주목하는 대인 관계 역학에는 효과적인 자기주장 능력의 향상, 힘의 역학 다루기, 친밀감과 가까운 관계 경험에 도전하기, 자신과 타인에 대한 존중의 성장 등이 있습니다.

대인 관계와 지지적인 사회적 네트워크 개선 기술의 개발이나 재활을 강조하는 데에는 목적이 있습니다. 트라우마 관련 연구 문헌에서 사회적 지지는 일관되게 PTSD의 예방 요인으로 지목되어 왔습니다. 사회적 지지의 부재는 PTSD 발병 및 유지의 위험요인이며, 특히 부정적인 사회적 지지(예; 비판, 외상 피해자들을 향한 비난)은 강력한 위험요인으로 작용합니다(Brewin 등. 2000; Charuvastra와 Cloitre 2008). 일반적인 건강 및 복지와 안녕을 다룬 문헌에서도 비슷한 연관성이 보고됩니다. 사회적 지지, 소속감, 애착 등, 무엇이라 불리든 간에 사회적 유대의 중요성은 삶의 질, 이환율, 사망률에 일관되게 중요한 기여 요인이었습니다(Bowlby 1980; Cacioppo와 Cacioppo 2012; Cohen과

Syme 1985). 실제로, 지각된 외로움은 흡연, 운동 부족, 과도한 음주와 동등하거나 그 이상으로 사망의 주요 위험 요인입니다(Polt-Lunstad 등. 2010; Holt- Lunstad 등. 2015; Luo 등. 2012). 개인이 사회적, 대인 관계적 환경의 안정성과 건강에 대한 영향력이나 조절력을 잃는 것은, 외상성 스트레스에서 필수적이고 피할 수 없는 부분입니다(예: 환경 재난, 전쟁, 아동기 성학대). 그러나 대인 관계와 사회적 네트워크의 재건에 기여할 역량을 개발하거나 강화하는 것은 트라우마 생존자에게 가능한 선택이며, 회복의 일부이기도 합니다.

14.3 프로토콜

STAIR 내러티브 치료는 16회기의 치료입니다. 프로그램의 전반부인 STAIR(1-8회기)는 감정 조절과 사회적/대인 관계 기술 개발에 중점을 두고, 후반부의 내러티브 치료(9-16회기)는 트라우마 경험의 내러티브 작업을 진행합니다. 개입 순서는 STAIR에서 습득한 기술과 통찰력을 내러티브 작업에 적용할 수 있도록 구성되어 있습니다. 감정 조절 기술은 STAIR 동안 배워 일상 활동에 적용하고 내러티브 단계에서도 지속적으로 적용됩니다. STAIR에서 확인된 대인 관계 문제는 트라우마 기억 작업 중에 추가적으로 다루며, 종종 외상 경험이 그 근원입니다. 현재의 대인 관계적인 어려움과 과거의 대인간 트라우마 사이의 연결은 보다 일관된 자기 인식을 형성하게 도와주고, 환자 자신에게조차 이해되지 않거나 부적응적으로 보이던 현재의 행동에 대해 설명해주거나 이를 '검증'할 수 있게 해줍니다. 트라우마로 만들어진 대인 관계 양상은 스키마 또는 '관계 작동 모형working models of relating'으로 요약되어 트라우마 유발 맥락에서 효과적인 적응 지침으로 해석되지만, 이 양상들은 시간이 지나며 그 목적을 상실한 상태로 남습니다. 예를 들어 신체적 학대를 겪은 아이는 "내가 누군가에게 가까이 다가가면 다치게 될 거야"라는 작동 모형을 만들 수 있습니다. 이 모형이 학대가 일어나는 어린 시기에는 사람들과 거리를 두게 하여 그를 보호해주는 기능을 했을 수 있지만, 어른이 된 현재의 그에게는 외로움을 유발합니다. 군인은 전투 중 "내가 감정적이 되면 임무를 제대로 수행할 수 없고 사람들이 다칠 수 있다"는 믿음으로 작전을 수행하였지만, 그 믿음이 지금은 가족과 친구들과 감정을 공유하기 어렵게 만듭니다. 이 프로그램에서는 트라우마 상황에서 만들어진 믿음이 당시 어떤 적응적인 기능을 했는지, 특히 개인과 주변사람들을 보호하는 면에서 어떻게 작용했는지를 강조합니다. 그러나 트라우마가 없는, 새로운 환경에서 적응할 때에는 이러한 믿음이 더 이상 최적의 효과를 발휘하지 못할 가능성이 높습니다. STAIR는 보다 적응적인 대안 모형을 고려하고 경험적으로 탐색합니다. 이 대안 모형의 성공은 종종 감정 조절 기술의 개선과 대안적 모형을 통해 경험하는 감정의 변화에 달려 있습니다.

두 번째 모듈의 내러티브 작업은 노출치료와 인지적 재평가의 조합을 기반으로 합니다. 트라우마 내러티브의 생성은 내담자가 자신이 겪은 외상 사건을 시작, 중간, 끝으로 구성하여 내러티브 또는 이야기로 체계화하는 지속노출PE을 바탕으로 합니다. 전 생애에 걸친 트라우마 기억을 확인하고, 그 기억들이 유발하는 고통의 정도에 따라 위계순위를 구성합니다. 가장 먼저 선택하는 기억은 다룰 수 있는 범위 내에서 가장 최대의 고통을 유발하는 것입니다. 여기에 추가적으로 환자의 증상 및 현재의 문제와의 관련성에 따라 기억을 선택합니다. 이러한 방식으로 치료자와 환자가 협력하여 기억들을 추가합니다. 다루는 기억의 수는 일반적으로 3에서 6개로, 환자는 기억과 관련된 정서적 고통이 충분히 줄어들 때까지 하나의 기억을 1-3회기에 걸쳐 작업합니다.

표 14.1 회기별 개요

***모듈* 1**
회기 1: 치료 소개. 치료 개요 및 목표; 집중 호흡 소개; 치료적 동맹 구축
회기 2: 감정 인식. 아동 학대가 감정 조절에 미치는 영향에 대한 심리교육 및 확인; 감정 인식의 중요성; 감정 확인에 대한 탐색 및 안내; 자기 관찰 연습
회기 3: 감정 조절. 감정, 생각, 행동 사이의 연결에 집중하기; 감정조절 면에서 강점과 약점 파악하기; 감정 대처 기술 다듬기 및 연습; 즐거운 활동 파악하기
회기 4: 감정적으로 참여하는 삶. 감정의 수용/고통 견디기; 고통 견디기의 장단점 평가; 목표 확인을 위한 지침으로써 긍정적인 감정을 인식하기
회기 5: 관계 양식의 이해. 대인 관계 모형, 감정과 대인 관계적 목표 간의 관계 소개, 대인 관계 스키마 워크시트Interpersonal Schemas Worksheet 사용 안내
회기 6: 관계 패턴의 변화. 관련된 대인 관계 상황을 대안 행동으로 연습하기 위한 역할극 소개; 대안 모형 만들기
회기 7: 관계에서의 주체성. 자기 주장에 대한 심리교육; 대안 모형 및 행동 반응 다루기; 자기 주장이 필요한 역할극; 대안 모형을 검토하고 확대하기
회기 8: 관계에서의 유연성. 힘의 역학에 중점을 둔 대인 관계의 유연성과 힘의 균형과 관계없이 나와 타인에 대한 존중을 키워나가는 과정에 집중하기; 내담자의 역량을 이용하여 유연성이 필요한 대인 관계 상황 역할극 이어가기; 치료 I단계에서 II단계로의 전환에 대해 논의하기
모듈 2
회기 9: 기억 작업의 동기 부여 및 계획 수립. 내러티브 작업의 근거와 트라우마 기억의 위계 순위 만들기
회기 10: 노출 소개. 내러티브 작업의 근거 검토; 중립 기억으로 연습하기; 첫 번째 내러티브 진행 및 녹음; 치료자와 내담자가 함께 듣고, 내러티브에 드러난 나와 타인에 대한 감정과 믿음 탐색하기; 환자의 학습과 행동 변화 강화하기
회기 11: 기억의 심층 탐구 및 현재와의 대조. 감정 상태의 파악check in; 최종 기억의 검토 분석; (동일 또는 새로운 기억의) 내러티브 작업; 내러티브 기반 대인 관계 모형 검토 및 수정; 새로운 모델과 관련된 역할극 연습; 현재 삶의 맥락에서 트라우마 검토하기
회기 12–15: 다른 정서적 주제의 탐색. 기억 선택 지속하기; 수치심, 애도, 상실 등, 두려움 외의 정서 주제 탐색; 수치심과 상실과 관련된 모델 확인 및 수정
회기 16: 종결. 환자가 습득한 기술 및 자신/타인 모형의 변화 요약하기; 미래의 목표 및 도전과제와 재발 위험 다루기

각 내러티브가 완료되면, 치료자와 내담자는 내러티브에 내재된 자신과 타인에 대해 일반화된 믿음을 확인합니다. 대인 관계의 주제가 종종 다양한 기억에 걸쳐 나타납니다. 확인된 관계 모형은 과거 상황에서의 적응적인 기능을 살펴봅니다. STAIR 모듈에서도 때로 어떤 모형이나 그 유사 형태가 확인되지만, 내러티브 작업에서 확인된 모형이 그 이전의 형태보다 더 정확하고 '감정적으로 실제'적인 경향이 있습니다. 이후에 이 트라우마 모형을 STAIR 모듈에서 제안되고 검증된 새로운 대안적 관계 모형과 대조합니다.

과거와 새 모형의 비교는 트라우마로 만들어진 과거의 모형을 존중하되, 새로운 사회적 맥락에서 대안적인 대인 관계에 대한 기대가 발달할 여지를 주며, 과거와 새로운 모형의 기대 모두를 검증하는 방식으로 진행됩니다. 다중 관계 모형의 개념은 Bowlby(1988)가 제안한 다중 '관계 작동 모형'을 기반으로 하는데, 이는 각각의 사회적 상황과 관계들이 저마다 다른 기대, 감정 및 행동과 연관된다고 보는 개념입니다. 더 큰 목표는 내담자가 생각, 감정과 행동의 유연성을 개발하여 보다 적응적으로 기능할 수 있게 하는 것입니다.

표 14.1은 STAIR 내러티브 치료 회기의 16가지 핵심 내용에 대한 주제를 요약한 것입니다. 각 모듈의 회기 수는 유연하게 적용하는 것이 치료자와 환자 모두에게 효과적이었습니다. 기술 습득에 필요한 회기 수는 환자마다 다르며, 환자가 성취감과 숙달감을 경험하는 것이 중요합니다. 때때로 회기 3(감정 조절)에서는 회기를 세 가지 감정 경로channel(인지, 신체, 행동)에 대해 각각 하나씩, 총 3개의 회기로 나누어 연장됩니다. 추가적으로 내담자가 새 대인 관계 모형에 적합한 기술들을 연습하고 좋은 기초 기술을 쌓을 시간을 충분히 가질 수 있게, 특정 대인 관계 어려움(예: 자기주장, 유연성)에 전념하는 회기들을 두어야 할 수 있습니다. 마지막으로, 내러티브 작업에서 핵심 기억들을 일관된 이야기로 정리하는 데 걸리는 시간, 주요 사건의 의미 평가를 어려워하는 정도 및 다루어야 할 중요한 기억의 수 등은 내담자마다 다릅니다. 전체적으로 STAIR와 내러티브 구성 요소를 모두 완료하는 데 일반적으로 최대 24회기가 소요됩니다(STAIR 내러티브 치료의 자세한 요약은 Cloitre 등. 2020 참조).

14.4 사례

버지니아(Virginia)의 사례를 통해 STAIR 내러티브 치료를 임상적 맥락에서 적용하고 치료 과정의 구체적인 핵심 사항들을 살펴보겠습니다.

버지니아는 50세 아프리카계 미국인 여성으로 현재 이혼한 상태이며, 병원에서 유지보수 관리자로 일하고 있습니다. 그녀는 수년간 신뢰 관계를 유지해 온 주치의의 추천으로 치료를 시작했습니다. 정기적인 HIV 검사에서 양성 반응이 나왔기 때문입니다. 버지니아는 이 소식에 충격을 받았고, 주치의에게 자신이 1년 전 강간을 당했지만 아무에게도 말하지 않고 "그 사건을 완전히 묻어두었다"고 털어놓았습니다. 또한 어렸을 때 계부로부터 반복적으로 성학대를 당했지만 이 또한 누구에게도 말하지 않았다고 했습니다. 그녀는 과거를 공유하고 안도감을 느꼈지만, HIV 진단 이후 학대, 강간, 질식할 정도로 깊고 어두운 더러운 구덩이에 빨려 들어가는 악몽을 꾸기 시작했습니다. 버지니아는 HIV 양성 판정이 과거처럼 '사형 선고'의 의미가 아니라 건강을 유지하기 위해 철저한 약물치료를 받아야 하는 상태를 의미한다는 것을 알고 있었습니다. 하지만 그녀는 약 복용을 자주 놓치곤 했습니다. 악몽이 점점 심해지면서 버지니아는 스스로에게 화가 났고 동료들과도 다투기 시작했습니다. 그녀는 누구에게도 자신의 HIV 양성 사실을 알리지 않았습니다. 의사의 권고에 따라, 그녀는 자신의 기분을 더 잘 다루고 HIV 진단에 대처하며 직장에서 잘 기능할 수 있도록 치료자를 만나기로 결정했습니다.

치료자와 평가를 마치고, 버지니아는 자신이 PTSD를 앓고 있다는 사실에 놀랐습니다. 강간과 HIV 진단 모두 그녀에게 트라우마를 안긴 사건이었습니다. 실제로 그녀는 강간과 HIV 양성 판정을 받던 순간에 대한 악몽을 꿨습니다. 가장 중요한 점으로는 병원에 가고 약을 복용하는 행위가 그녀에게 HIV 상태뿐 아니라 이런 상황을 유발한 폭력의 트라우마 연상물로 작용한다는 것이 명백해졌다는 것입니다. 그녀의 회피는 이해할 수 있는 것이지만 동시에 생명을 위협했습니다. 이렇게 이해할 수 없는 행동으로 보였던 자신의 회피 행동에 대한 설명을 듣고, 버지니아는 치료자가 자신을 지지해 주고 이해하고 있다는 느낌을 받았으며 치료에 동의했습니다.

14.4.1 과거력 및 증상/치료에 대한 약속(1회기)

첫 번째 회기에서 치료자는 버지니아의 대인 관계와 어린 시절에 대해 더 자세히 살펴보는 시간을 가졌습니다. STAIR 내러티브 치료에 의뢰된 환자들이 일반적으로 그렇듯이, 버지니아는 두 명의 주 양육자 모두로부터 배신을 당했습니다. 계부는 그녀 어머니의 묵인 아래, 버지니아가 5세일 때부터 11세 때까지 그녀를 학대했습니다. 이후 그녀는 과거에 결혼 이력이 있고 두 명의 십대 자녀를 둔 15살 연상의 남성과 19세에 결혼하였습니다. 그녀는 결혼생활을 십 년 넘게 유지하였지만, 남편의 반복되는 외도와 음주, 경제적인 어려움 때문에 결국 이혼하였습니다. 치료자와 버지니아는 그녀에게 속마음을 털어놓거나 신뢰할 만한 사람이 거의 없었다는 점에 대해 의견을 같이 했습니다. 이러한 경험들을 볼 때, 버지니아에게는 어려운 진실을 털어놓고 상대로부터 지지나 관심을 기대할 수 있다고 믿을 이유가 거의 없었습니다. 치료자는 의사가 버지니아의 HIV 상태를 치료자에게 알려주었다는 사실을 직접적으로 말하였고, 자신이 그녀를 지지하고 있고 치료제 복용의 회피를 줄이는 것을 돕겠다는 의지를 전달하였습니다. 그리고 치료자는 그녀에게 자신이 이전에도 HIV 양성인 사람들과 함께 일한 적이 있어 치료제와 그 기전을 잘 알고 있다고도 언급했습니다. 또한 치료자가 잘 모르는 새로운 치료제라면 필요할 때 주치의와 상의할 것이라는 점도 알려주었습니다. 두 사람은 치료의 현실적인 목표 중 하나가 HIV 진단으로 인한 감정적인 반응을 관리하고, PTSD와 우울증을 치료하고, 치료제 복용을 막는 방해물들을 파악하게 돕는 것이라는 데 합의하였습니다.

14.4.2 감정 표현의 과거력(2회기)

버지니아의 첫 번째 과제는, 자신의 감정에 집중하여 고통의 원인을 더 잘 알아차리고 이를 더 잘 다룰 수 있는 대처 전략을 적용하는 것이었습니다. 치료자는 감정, 유발 요인, 생각, 행동을 파악하기 위한 간단한 관찰 양식을 소개했습니다. 하지만 이를 작성하기 전에, 버지니아가 어렸을 때 가족들이 감정을 어떻게 다루었는지 떠올려보라고 했습니다.

버지니아의 집은 감정이 자리잡을 수 없는, 아이들은 존재하지만 소리를 내서는 안 되는 곳이었습니다. 그녀의 어머니에게 있어 감정은 행복 외에는 감춰야 하는 것이었습니다. 버지니아는 어머니가 자신을 내심 좋아하지 않거나, 그녀에게 진정한 관심이 없다고 느꼈습니다. 이 회기에서 버지니아는 그녀가 겪었던 학대의 일부를 자발적으로 털어놓았는데, 이는 그녀에게 이례적인 행동이었습니다. 계부는 밤에 버지니아의 침실로 들어와 그녀의 입을 손으로 막고, 조용히 있으면서 아무에게도 말하지 않으면 모든 것이 다 괜찮을 것이라고 말했습니다. 치료자는 사건의 세부 사항에 매달리기보다, 연민의 자세로 공개된 사실을 명확히 인정하는 것에 집중했으며 ("당신에게 그런 일이 일어났었다니 너무 안타깝습니다"), 세부적인 내용에 깊이 파고들거나 너무 빠르게 화제를 돌리려 하지 않았습니다. 치료자는 이러한 경험들이 그녀의 감정 표현에 미친 영향을 탐색하고 다음과 같이 말했습니다: "당신은 어릴 때 어머니로부터 감정은 무시해야 한다고 배웠습니다. 계부는 당신이 실제로는 숨이 막히고 있는 상황인데도 '모든 게 다 괜찮을 것'이라고 말했고요. 당신이 감정을 무시하는 경향이 있는 것은 당연합니다. 그래야 당신과 가족이 안전할 수 있다고 배웠으니까요. 이 치료는 정반대의 관점을 취할 것입니다. 즉, 자신의 감정을 인식하는 것이 건강한 삶을 위한 중요한 자원이라는 것입니다. 이 치료에서는 자신의 감정과 그 의미를 확인하는 법과 감정을 관리하고 다른 사람들과 공유하는 기술을 배울 거예요. 이러한 능력은 몸과 마음도 더 건강하게 이끌어줄 뿐 아니라 더 나아가 보다 나은 대인 관계와 사회적 관계로 이어질 것입니다."

14.4.3 감정 조절 및 대처 기술 다듬기(3-4회기)

치료자는 버지니아에게 약을 복용할 때 느끼는 감정과 생각을 관찰해 보도록 했습니다. 이 관찰 양식은 그녀에게 평화와 기쁨을 주는 상황을 파악하는 데에도 사용되었으며 기분을 전환하거나 다가오는 우울한 기분으로부터 자신을 보호하는 데 이를 의도적이고 계획적으로 활용할 수 있도록 돕기 위한 목적이었습니다.

버지니아는 하루 중 첫 번째 약을 복용할 때 드는 느낌과 생각을 적었습니다. 그녀는 두려움(나는 HIV에 걸렸으니 병들어 아프고 죽어갈 것이다), 메스꺼움(나는 내 몸에 독을 넣고 있다), 혐오감(나는 나쁜 사람이다), 수치심(나는 이런 일을 당할 만하다)을 기록했습니다. 치료자는 이러한 반응을 세 경험 경로(느낌, 생각, 행동)로 분류하고, 각각의 부정적인 경험에 대해 '해독제'로 활용하기에 적절한 대처 전략을 찾아보았습니다.

14.4.3.1 감정 조절 개입 순서의 유연성

관찰 양식을 검토하면서, 약물치료가 버지니아에게 HIV 감염 사실을 상기시키는 연상물로써 공포와 회피를 유발하는 트라우마 자극이 되었다는 것이 분명해졌습니다. 버지니아는 스스로를 '허튼소리 하지 않는' 사람으로 보았고, 감정은 해로운 것이며 적절하고 효과적인 기능수행에 방해가 된다는 관점으로 살아왔습니다. 그녀는 자신이 합리적이고 지적인 사람이라는 자부심 역시 갖고 있었습니다. 감정적이지 않고 감정을 최소화하는 것이 그녀의 긍정적 자아상의 핵심이라는 점을 감안하여, 치료자는 환자의 사고 과정에서의 강점과 자신감을 활용하는 사고 경로에 초점을 맞추어 개입 작업을 시작했습니다. 상대적으로 보다 낯설고 혼란과 불편함을 유발할 가능성이 있는 감정의 탐색은 두 번째 순서로 두어 인지 변화가 먼저 틀을 잡고, 감정의 탐색을 도울 수 있게 하였습니다. 그런 다음 행동 개입을 소개하였습니다.

14.4.3.2 인지 경로를 통한 감정의 조절

버지니아는 약이 그녀가 건강을 유지하도록 돕기 위해 존재하는 것이며, 실제로도 복용하면 건강을 유지할 수 있다는 점에 동의했습니다. 또한 투약이 만성 질환을 앓고 있다는 사실을 상기시키기 때문에 약을 복용하지 않았었다는 점에도 동의했습니다. 치료자는 버지니아에게 약에 대해 달리 생각해봄으로써 그녀의 부정적인 반응을 일부 수정할 수 있다고 제안하였으며, 특히 약의 이점에 대해 구체적이고 명확하면서도 수용 가능한 생각을 발전시키는 것이 중요하다고 강조하였습니다.

치료자: 좋아요, 약에 대한 두려움부터 시작해 보죠. 하나 꺼내봅시다. 이 파란색과 흰 색이 섞인 약을 볼까요?

버지니아: 여기 있어요.

치료자: 지금 당신이 HIV에 감염되었다는 것은 사실이지만, 이 약이 당신을 건강하게 해주고 유지시켜줄 수 있다는 것 역시 사실입니다. 이 약은 우리 몸에 중요한 건강 세포인 백혈구 수를 증가시켜줄 것입니다. 이 약을 보면서, 약에 대해 말해 보시겠어요?

버지니아: 알겠어요. 알약에게 말한다는 게 좀 이상하지만, 한 번 해볼게요: "알약아, 내가 너를 먹을 때마다 나는 건강을 향해 한 걸음씩 나아가고 있어."

치료자: 훌륭해요! 다시 한 번 그 말을 반복하면서 약을 자세히 보세요. HIV를 관리하면서 바라는 점이나 자신의 긍정적인 미래에 대해 떠오르는 건 무엇이라도 추가해보세요.

버지니아: "알약아, 내가 너를 먹을 때마다 나는 건강을 향해 한 걸음씩 나아가고 있어. 네가 내 몸 속에서 길을 밝히고 적들과 싸우는 것을 상상하고 있어."

치료자: 메스꺼움은 어떤가요? 맛있는 음식과 함께 약을 복용할 수 있을까요? 당신이 좋아하는 편안한 차를 떠올려 보세요. 함께 삼켜 봅시다...

버지니아는 이 연습을 효과적으로 사용했습니다. 위의 대화는 믿음을 바꾸는 데 초점을 맞추었지만, 약물 복용과 관련된 특정 시각 및 미각적 연상 작용도 함께 다루었습니다. 치료자는 또한 약을 다른 감각적 방식과 연결하여 긍정적인 연상을 탐색했습니다(예: 알약의 파란색과 흰색이 날씨가 좋을 때의 푸른 하늘과 구름 같다).

14.4.3.3 신체 경로를 통한 감정의 조절

감정의 이름 짓기에 집중하기

인지, 감정/감각, 행동(치료제 복용) 수정 연습은 버지니아로 하여금 감각들을 감정의 이름과 연결 짓는 데 호기심을 갖게 했으며, 감정이 무시하거나 피해야 할 것이기보다 도움이 될 수도 있다는 생각이 들게 했습니다. 치료자는 버지니아가 더 많은 감정을 인식하고 이름을 붙이는 법을 배울 수 있도록 STAIR '감정의 바퀴'를 소개했습니다. 버지니아는 처음에는 바퀴에 표시된 감정의 수에 놀랐는데, 이들을 활용하여 모든 상황에 대해 최소 3개 이상의 감정 단어를 써서 감정 모니터링 양식을 작성했습니다. 버지니아가 실행 가능하고 받아들일 수 있는, 각 경로를 목표로 하는 새로운 대처 전략이 만들어졌습니다.

감정을 경험하는 데 집중하기

버지니아가 자신의 감정에 주의를 기울이는 데 더 관심을 가지게 되자, 치료자는 버지니아에게 감정을 단지 생각하는 것뿐 아니라 신체를 통해서도 경험할 수 있다는 것을 알려주었습니다. 버지니아는 청소년기에 공포와 두려움에 대처(회피)하는 방법으로 자신의 몸이 '완전히 멈춰'버리곤 했다고 말했습니다. 치료자는 버지니아가 긍정적인 감각을 느끼며 자신의 몸과 더 많이 소통하고 신체적 경험에 주의를 기울일 수 있도록 위협적이지 않은 긍정적인 감각 운동을 소개했습니다. 그리고 그녀가 안정적이고 규칙적으로 호흡하는 법을 배우고 심장 박동에 주의를 기울일 수 있게 도왔습니다. 이러한 방식은 버지니아가 건강과 자신의 신체적 힘에 대한 감각을 키우고, 자신의 몸에 편안함을 느끼는 데 도움이 되었습니다. 치료자는 버지니아가 기존에 하고 있던 활동 중 그녀에게 위안을 주고 심리적으로 도움을 주는 활동들을 파악하고 그런 활동들을 더 자주하도록 격려했습니다. 이 활동 중에는 버지니아가 매우 즐겁게 받아들였던 의붓 손주들을 위한 뜨개질이 있었는데, 이로 인하여 그녀가 좋은 관계를 유지하고 있던 의붓 손주들과 더 많이 어울릴 수 있게 되었습니다. 그녀는 손주들이 자신을 바라보고, 자신의 무릎에 안기러 기어오거나 껴안을 때 아이들의 눈에서 행복을 볼 수 있었다고 말했습니다. 그녀는 이러한 경험을 감정 모니터링 양식에 기록하면서, 손주들의 애정을 인지하는 기쁨(감정의 자각)을 느꼈습니다.

14.4.3.4 행동 경로를 통한 감정의 조절

감정 조절의 마지막 과정은, 긍정적이고 정서적인 지지가 되는 사회 활동에 참여하는 것입니다. 치료자는 다른 병원의 HIV 자조 모임을 권유했지만, 버지니아는 지역 사회에서 누군가가 알아볼 위험을 감수하고 싶지 않다며 거절하였습니다. 대신 그녀는 적어도 매주 한 번은 손주들에게 전화, 이메일을 하거나 만나기로 약속했습니다. 처음에는 딸이 거절하거나 무시할까 두려워 연락하는 데 다소 스트레스를 느꼈지만, 딸은 그녀의 엄마와 아이들이 더 많은 시간을 함께 보내는 것을 반겼으며, 그로 인해 딸과의 관계도 개선되었습니다. 가족들과의 관계가 좋아지면서 버지니아는 그녀의 직장 내 관계도 더 나아질 수 있다는 점을 깨달았습니다.

14.4.4 대인 관계 모델(5-8회기)

5-8회기의 목표 중 하나는 대인 관계 양식과 관계에 대해 갖는 기대의 기저에 존재하는 '작동 모형'을 파악하는 것입니다.

치료자와 관계 양식 워크시트relationship patterns worksheet를 보면서, 버지니아는 최근의 스트레스였던 특정 대인 관계의 상호작용을 살펴보았습니다. 그녀는 남성 동료와 재고 점검 방법 건으로 언쟁을 벌였습니다. 치료자는 그녀와 무슨 일이 일어났었는지("제가 폭발해서 그에게 소리를 지르고 자리를 떴어요"), 그녀가 어떻게 느꼈는지("난 통제 불능이야. 소리를 지르지 말았어야 했는데. 정말이지 내 말은 아무도 들으려 하질 않아. 내 자신이 부끄럽다"), 동료가 어떻게 행동하기를 기대했는지("그는 내 25년의 경력을 존중했어야 했는데 그러지 않았다")에 대해 함께 생각해 보았습니다. 치료자는 상호작용이 어떻게 끝났는지 물었습니다. 그녀는 긴장감이 고조되면서 더 스트레스를 받았고 자신의 행동에 대해 부끄럽다고 느꼈다는 점을 인정했습니다. 그녀와 치료자는 어린 시절의 학대 경험에 비추어 상황을 점검해 보았습니다. 그녀는 "아무도 내 말을 듣지 않는다"고 믿도록 배웠기 때문에, 목표를 달성하기 위해 자신의 생각과 감정을 억누르다가 결국 폭발했습니다. 그로 인한 결과는 사실 그녀가 두려워하고 막으려 했던 것이었습니다. 그녀는 소리를 지르는 것으로 직장에서 업무 효율성과 동료들로부터의 존중을 깎아내리고 있었습니다. 치료자는 그녀에게 자신에 대한 핵심 믿음과 다른 사람들이 자신을 어떻게 생각하기를 원하는지에 대한 기대를 바꿀 첫 단계로 무언가 다르게 할 수 있는 것이 있을지 생각해보게 했습니다.

14.4.5 역할극(5-8회기)

STAIR 내러티브 치료에서 중요한 치료자의 기술은 역할극에 환자를 참여시키는 능력으로, 이의 주된 목표는 트라우마로 형성된 오래된 작동 모형의 대안을 만들어 시험하는 것입니다. 역할극은 주로 대면하는 관계의 역동(자기주장, 힘, 친밀감)에 대해 안전한 환경에서 새로운 행동을 연습하고, 그것이 어떻게 느껴지는지 탐색하며, 필요에 따라 수정할 수 있는 기회를 만들어 줍니다. 치료자는 환자의 감정을 조절하는 역할을 하여 상황에 맞는 감정을 끌어내고, 환자에게 필요한 만큼 감정의 강도를 유지하거나 줄일 수 있게 하고, 협력적으로 탐색하면서 환자가 대안적인 감정들(예: 죄책감이나 수치심 대신 기쁨이나 슬픔)을 찾을 수 있게 돕습니다.

다음 회기에서 치료자는 버지니아에게 동료와의 문제와 재고 처리 과정이 어떻게 되어가고 있는지를 물었습니다. 그녀는 동료가 일주일째 자기를 피하고 있어서 혼자서 재고를 처리하고 있다고 답했습니다. 그녀는 화가 났지만 도움을 요청할 수 없다고 느꼈습니다. 치료자는 안전한 환경에서 몇몇 대안을 연습해 볼 상황 역할극을 제안했습니다. 역할극을 시작하기에 앞서, 치료자는 진단으로 인한 스트레스와 그로 인해 발생된 다양한 감정들을 고려할 때, 그녀의 분노를 자연스러운 반응으로 정상화하였습니다. 또한 이런 상황 속의 자신에게 조금 더 연민을 갖도록 조언했습니다. 그녀의 행동은 무례했고 효과적이지도 않았지만, 그렇다고 그녀가 자신의 행동에 수치심을 느낄 필요 역시 없었습니다. 그녀는 자신의 행동이 스스로가 나쁜 사람이어서 일어난 결과가 아니라, 좋은 사람이 일부 나쁜 행동을 한 상황이라는 관점을 받아들이기 어려워하였습니다. 그녀는 자신이 사과해야 한다는 점에는 동의했지만, 그것이 자신의 본질적인 '나쁜 결점'을 드러내는 것이라고 믿었기 때문에, 굴욕감이나 비굴함을 느끼지 않고 사과할 방법을 찾지 못했습니다. 치료자는 사과를 하는 사람과 받는 사람 모두를 상호 존중하는 어조의 사과문을 예시로 보여준 뒤 그녀에게 "한번 시도해 보자"고 했습니다. 버지니아가 그 사과의 문장을 연습해 본 뒤, 치료자는 여기에 약간의 유머를 더하여 그녀와 대화를 주고받았습니다.

치료자: 먼저 당신이 자기 자신을 연기하고 저는 동료인 짐을 할게요. 제 역할은 쉽네요, 아무 말도 할 필요 없고, 당신에게 정말 화가 나 있으니 그저 옆을 지나쳐 가기만 하면 되니까요! 제 귀에서 김이 뿜어져 나오고 정말 심술궂은 표정을 하고 있다고 상상해주세요.

버지니아(역할극 시작): 짐, 잠깐 시간 좀 내줄 수 있어요? 재고목록에 대해 이야기하고 싶어요.

치료자: 됐어요, 그냥 이메일로 보내주세요. 또 그렇게 혼나고 싶진 않네요.

버지니아: 그래요, 제가 그날 일진이 안 좋아서 그 감정을 당신에게 퍼부었다는 걸 알아요. 재고 관리 건 때문에 정말 신경이 곤두서 있거든요. 당신이 힘을 보태 준다면 모두에게 다행이겠지만 특히 저에게 도움이 될 거예요.

치료자: 일진이 나쁜 날은 많잖아요, 당신이 좀 더 느긋해지면 여기 있는 사람들이 더 많이 도와줄 거예요. 하지만 물론…

치료자는 역할극이 '실제'가 아니라는 점을 강조하고자 약간의 유머("저는 그냥 옆을 지나가기만 하면 되네요")를 사용했습니다. 치료자의 정서적 접근과 반응, 그중에서도 특히 호기심과 유머를 표현하는 방식은 이러한 경험이 환자에게 주는 의미를 형성하는 데 영향을 미칩니다. 장난기와 유머는 두려움의 감정과 공존할 수 없으며, 역할극 같은 기술 연습 시간에 이를 활용하면 환자가 느끼는 기분과 태도에 대해 탐색하거나 "(될 지 모르지만) 시험 삼아 해볼 수 있다"는 가능성을 전달합니다. 이러한 접근은 결국 환자가 자신이 전달하고자 하는 메시지를 숙련된 방식으로 표현할 수 있는 기회를 제공합니다. 또한 장난스러움은 역할극에 연기와 실제적인 측면이 모두 있다는 것을 인식하게 합니다. 연기 측면에서의 감정적 경험은 맥락상 이것이 유발되는 상황이 아니므로 그렇게 강렬하지 않은 반면(예: "나는 단지 당신에게 화가 난 척을 하는 것뿐이에요, 당신은 진짜 짐이 아니니까요"), 실제적인 면에서는 보다 진정한 감정을 이끌어냅니다(예: "당신이 진짜 내 직장동료라고 상상해 본다면, 당신의 사무실에 앉아 이렇게 큰 분노를 경험하는 것이 무섭게 느껴져요."). 이러한 유머의 사용이 모든 환자에게 효과적인 것은 아니지만, 그 목적은 치료자가 제공하는 안전과 수용의 맥락에서 환자가 긍정적인 자기 효능감을 느낄 수 있는 진정한 감정적인 경험을 제공하는 것입니다.

14.4.6 핵심 관계 모델의 변화

대인 관계 양식을 파악하는 작업을 시작하면서, 버지니아는 다른 사람과의 상호작용에서 자신이 지닌 핵심 믿음이 "내 감정과 믿음을 드러내면 무시당하거나 비웃음을 당할 것이다."라는 점을 알게 되었습니다. 이 믿음은 어머니와 계부와의 지속적인 경험에 기반을 두고 있었습니다. 치료자의 도움으로 버지니아는 "내가 나의 감정과 믿음을 표현한다면, 누군가는 관심을 갖고 들으려 할 수 있다."라는 대안적 관점을 제시할 수 있었습니다. 이 새로운 믿음은 상대적으로 안전한 환경에서 테스트를 거쳐 경험적으로 뒷받침이 되었습니다. 새롭게 제안된 이 대인관계상의 대안적 모형은 치료 과정에서 '지향점'으로 간주되는데, 이는 이 모형에 맞게 생활하는 데 성공하려면 시간과 연습이 필요하다는 것을 의미합니다. 치료는 환자에게 감정 조절과 대인 관계 기술뿐 아니라, 이 목표를 달성하는 데 시간이 지남에 따라 도움이 될 인지적인 틀을 제공합니다.

14.4.7 내러티브 치료(9-16회기)

첫 번째 치료 모듈은 삶의 질과 기능적인 능력 향상에 초점을 맞추고 감정 조절을 강조합니다. 또한 치료자와 역할극을 하며 감정을 측정하고, 감정적으로 부담이 되는 일상 문제들을 함께 논의하는 경험을 하면서 업무 관계에서도 자신감을 강화할 수 있습니다. 이러한 성과를 바탕으로 두번째 치료 모듈(9-16회기)에서는 과거의 트라우마를 탐색하고 해소하는 데 중점을 둡니다.

트라우마와 관련된 감정의 정서적 인식과 몰입은 기억과 관련된 느낌들의 명확한 언어화와 묘사를 통해 이끌어낼 수 있습니다. 이 느낌과 기억을 말로 표현하는 것은 시작, 중간과 끝이 있는 내러티브 구조 내에서 구성됩니다. 자전적인 내러티브 작업과 그 고유한 구조를 사용하면 중요한 자기 조절 활동을 지원, 강화 및 통합하는 데 도움이 됩니다. 내러티브를 말하며 환자는 (1) 이야기의 화자로서 감정의 흐름을 조절하는 법을 배우고, (2) 명확하게 정의된 내러티브 구조의 존재를 통해 지향적이고 제한된, 목표에 맞는 감정 표현을 경험하며, (3) 환자가 이야기 속 대상인 동시에 화자로서 이야기로부터 거리를 두게 되어 메타인지 기능과 자기 인식을 강화할 수 있습니다.

모든 내러티브는 녹음됩니다. 첫 번째 녹음이 끝나면 환자와 치료자는 함께 녹음을 들으며 당시 경험한 사건의 의미를 분석하고, 치료 과정에서 얻은 새로운 정보를 통합하여 그 의미를 수정합니다.

이러한 재평가 작업에는 종종 현재 느끼고 있는 만성적인 두려움이 더 이상 해를 끼칠 수 없는 과거의 사건에 속한 것이고, 그 사건으로 느끼는 만성적인 수치심이나 죄책감은 부적절한 것이며, 경험에 내재된 상실(사람, 가치감, 타인과 관계를 맺을 수 있는 능력)이 의도적으로 재작업되어 현재에 의미 있는 목표로 전환될 수 있다는 인식이 포함됩니다. 두 번째와 이후의 녹음에서는 내러티브와 의미 분석이 함께 포함됩니다. 환자는 녹음된 이야기를 집에서, 이상적으로는 매일 듣습니다. 이 '과제'의 목적은 기억과 관련된 두려움이나 기타 부정적인 감정들의 소거를 촉진하고, 사건에 대한 대안적이고 보다 적응적인 해석을 포함하여 트라우마 기억의 의미 수정 작업을 강화하는 것입니다.

이 작업 단계에서 치료자는 코치 및 교사의 위치에서 청취자, 증인, 때로는 트라우마의 새로운 의미에 대한 공동 창조자 역할로 이동합니다. 아래의 삽화는 버지니아와 치료자가 어떻게 과거의 트라우마를 통합된 삶의 이야기로 재구성하였는지를 보여줍니다.

이 시점에서 버지니아와 치료자는 버지니아가 억압/폭발성 분노를 다루는 데 진전이 있다고 느꼈습니다. 또 버지니아는 약을 규칙적으로 잘 복용하여 바이러스 수치가 감소하며 백혈구 수도 호전되고 있었습니다. 그녀는 자신의 병을 관리하는 데 있어 자기 효능감을 느끼기 시작했습니다. 그러나 그녀는 여전히 악몽과 강간의 플래시백 현상으로 고통을 겪고 있었습니다. 버지니아는 치료자를 좋아하고 믿었기 때문에, 불안감을 느끼면서도 친족 성폭력의 기억을 파악하는 과정을 시작하기로 했습니다. 버지니아는 계부가 자신을 만졌다고 엄마에게 말했다가 뺨을 맞고 모욕을 당했던 11세 때의 기억을 다루기로 선택했습니다. 회기를 녹음하면서, 치료자는 버지니아에게 그 상황에 현재 일어나고 있다고 상상하도록 했습니다. 그 때 그 아이는 무엇을 감지하고, 느끼고, 생각했나요?

치료자: 방금 어머니가 당신을 믿어주지 않는다고 말했는데... 어머니가 무슨 말을 하고 어떻게 행동했는지 기억나나요? 지금 당신이 보고 있는 것과 기분을 묘사해 보세요.

버지니아: 그녀는 "이 거짓말쟁이... 네가 다 꾸며낸 거잖아! 어떻게 그런 더러운 말을 할 수 있어? 닥쳐, 닥쳐, 닥치라고!"라고 소리치고 방에서 나가 문을 닫았어요.

치료자: 꺼내기 어려운 이야기라는 것을 알아요. 정말 잘 하고 있어요... 그 다음에 당신은 무엇을 했나요?

버지니아: 저는 도망쳐서 옷장 안에 숨었어요. 그곳이 안전하고 어둡고 따뜻하게 느껴졌어요. 다시는 엄마나 아빠를 보고 싶지 않았어요. 그리고 다시는 그것에 대해 말하지 않기로 결심했어요.

이렇게 감정적인 경험을 한 후, 치료자와 버지니아는 이 경험의 의미를 탐색했습니다. 두 사람 모두에게 수치심, 무가치감, 분노의 모형이 명백히 보였습니다. 내러티브에서 떠오른 핵심 대인 관계 모형은 "내게 일어난 나쁜 일에 대해 말하면, 다른 사람들로부터 비난받고 거부당할 것이다."였습니다. 이 모형은 학대에 대해 그녀가 어머니로부터 받은 반응에서 비롯되었으며, 어머니뿐만 아니라 다른 모든 인간관계에서의 상호작용으로 이어졌습니다. 이 모형에 의한 행동(정보 숨기기)은 어머니와의 관계에서 그녀를 안전하게 지켜주었습니다. 하지만 이 모형을 다른 인간관계에도 과잉일반화하여 적용한 것은 그녀에게 불필요하거나 도움이 되지 않았습니다.

버지니아는 다른 사람들이 자신의 HIV 상태를 어떻게 받아들일지에 대한 강한 느낌이 이 모형에 기반하여 만들어진 것이라고 말했습니다. 치료자는 모듈 1을 통해 만든 대안 모형인 "나에게 일어난 나쁜 일에 대해 이야기하면, 나는 도움을 받고 받아들여질 것이다"를 전달했습니다. 치료를 받는 동안, 그녀는 치료자와의 긍정적인 경험을 통해 이 대안 모형을 뒷받침할 증거들을 얻었습니다. 또 치료자는 그녀의 주치의가 그녀가 겪은 '나쁜 일'들을 상당 부분 알고 있음에도 그녀에게 긍정적인 존중과 깊은 관심을 갖고 있음을 언급하며, 대안적인 대인 관계 모형을 더욱 뒷받침하는 증거로 제시했습니다.

여기에 더해, 치료자와 주치의의 협력을 통해 그녀는 HIV 여성 감염인으로부터 멘토링을 받는, 비밀이 보장되는 동료 프로그램에 참여하기 시작하였습니다. 동료는 버지니아가 약물치료를 더 잘 관리할 수 있는 실용적인 방법을 찾게 도와주었고, HIV 검진 때에도 병원에 동행해주었습니다. 병원 방문은 그녀에게 종종 고통스러운 경험이었고, 그녀는 때로 투약 요약지를 잃어버리곤 했습니다. 동료는 관련된 모든 의학 정보들을 정리해주고 정서적으로 지지해주며, 대기실에서 긍정적인 자기진술과 집중 호흡을 포함하여 STAIR 기술의 연습을 도와주었습니다. 동료 멘토링을 통해 버지니아는 HIV 양성인 다른 사람들, 그리고 HIV 감염 여부와 상관없이 그녀를 좋아하고 존중해주는 다른 사람들, '좋은' 사람들을 만날 수 있었습니다.

그녀가 화를 덜 내고 자기 주장 기술을 발달시키면서 자신감이 높아지자, 직장 관계가 부분적으로 개선되었습니다. 그녀는 교회 성가대에 들어가 노래하기 시작하였고, 그로 인해 외출이 늘어나고 새로운 친구들을 사귀게 되었습니다. 치료자는 감정 조절 및 대인 관계 기술, 그리고 새롭고 보다 정확한 대인 관계 모델의 개발로 일어난 긍정적인 변화를 요약해 주었습니다. 치료자는 그녀와 향후의 목표와 앞으로도 장애물이 될 가능성이 있는 것들에 대해 논의했습니다. 치료를 받는 동안 그녀는 모든 치료 워크시트가 담긴 노트를 만들었습니다. 그녀는 재발할 경우를 대비하여 치료 마지막 날에 긍정적인 행동, 생각, 활동들의 '탑 10' 목록을 만들어 스마트폰에 저장했습니다. 버지니아와 치료자는 지금 천천히 늘어나고 있는 사회적 지지 네트워크를 이용할 수 없을 때, 혼자서도 할 수 있는 활동들에 주목하면서 이 목록을 검토했습니다. 여전히 감정적으로 모호한 상황에 직면했을 때의 첫 반응이 수치심과 분노일 것이라는 걱정이 남아있었지만, 버지니아는 한 발 물러나 대안을 고려할 수 있게 도와주는 몇몇 새로운 기술을 갖고 있다고 느꼈습니다. 마지막으로, 그녀는 필요한 경우 치료자에게 연락하기로 동의했습니다.

14.5 STAIR 내러티브 치료 적용에서의 어려운 과제

서론 부분에서 언급했듯이, STAIR 내러티브 치료는 원래 복합 트라우마로 고통받는 PTSD 환자를 위해 개발되었습니다. 이들의 경험의 다양성과 심각도 면에서, 이 내담자 집단을 치료할 때에는 특정한 어려운 도전 과제들이 있을 수 있습니다. 이 어려움들의 공통점은, 내담자의 **두려움의 정도와 범위(정서적 요소)** 및 강력한 **회피 선호(행동적인 반응)**입니다. 치료 목표인 감정의 조절을 달성하기 위해 치료자는 환자의 두려움을 다룰 준비가 되어 있어야 합니다. 숙련된 치료자들의 경험을 통해 STAIR 내러티브 치료 과정에서 진행을 방해할 수 있는 것으로 확인된 특정한 다섯 가지의 두려움은 다음과 같습니다(Jackson 등. 2009).

첫 번째는 감정에 대한 두려움입니다. 일부 환자는 감정이 고통과 갈등만을 유발하기 때문에, 감정을 없애고 싶다는 이유로 치료를 찾을 수 있습니다. 그들은 감정을 가지는 것이 약점이고, 그것을 전혀 느끼지 않는 것만이 성공할 수 있는 유일한 길이라는 믿고 있을 수 있습니다. 두 번째는 삶과 진료실에서 **다른 사람의 감정에 노출되는 것에 대한 두려움**입니다. 환자는 타인의 감정 표현에 적절하게 반응할 기술이 부족할 수 있으며, 이는 자신이 부족하다는 그들의 느낌을 더욱 강화할 수 있습니다. 세 번째는 **어떤 감정이라도 인식하면 그 감정의 과도한 표출로 이어질 것이라는 두려움(통제불능 상태가 되는 것)**입니다. '모 아니면 도'라는 감정에 대한 관점과 일관되게, 많은 STAIR 내러티브 치료 대상 환자들은 자신의 감정을 한번 인식하게 되거나 다른 사람의 감정에 노출되면 그에 대해 자신이 폭발적으로 반응할 것 같아 두려워합니다. 네 번째는 **긍정적인 감정을 경험하는 것에 대한 두려움**입니다. 복합 트라우마를 겪은 환자들은, 긍정적인 감정을 느끼거나 행복해하는 것이 트라우마를 부정하거나 없는 일처럼 만든다고 믿기도 합니다. 트라우마의 생존자들은 종종 자신과 자신의 능력 및 인간으로서의 가치에 대해 극도로 부정적인 관점을 갖게 되는데, 이는 자신이 기쁨과 즐거움을 경험할 권리가 없다는 방향으로 영향을 미치게 됩니다. 다섯 번째이자 마지막 두려움은 **변화된, 또는 변화하는 정체성에 대한 두려움**입니다.

감정, 감정 표현 및 타인의 감정에 대한 두려움 이 첫 세 가지 두려움에 대해, STAIR 내러티브 치료는 감정에 대한 노출이 점진적으로 이루어지도록 명확하게 구성되어 있으며, 감정 관리 기술을 제공하여 이를 뒷받침합니다. 일상의 맥락에서 감정에 노출되는 것은 일반적으로 외상 사건에 관련된

감정에 노출되는 것보다 덜 무섭고 위협적입니다. 게다가 일상적인 교류 상황에서 기분 관리에 성공하면 유능감과 자기 효능감이 생기게 됩니다. 실제 기술과 자기 효능감 모두 감정적으로 더 어려운 내러티브 작업에 활용될 수 있습니다.

긍정적인 감정이나 즐거운 경험에 대한 두려움 역시 점진적 노출을 통해 유사하게 다룰 수 있으며, 긍정적인 감정을 겪으면 나쁜 일이 일어날 것이라는 믿음에 반대하는 '증거'로 제시할 수 있습니다. 자신이 '나쁜' 사람이라는 정체성과 일치하지 않다는 이유로 긍정적인 경험을 거부하는 경우는 좀 더 다루기 어려운데, 이는 자신이 그런 경험을 할 자격이 없다는 생각과 관계가 있는 것으로 이해해 볼 수 있습니다. 이것은 마지막 두려움인 변화하는, 그리고 알 수 없는 자신에 대한 두려움과 관련이 있습니다. '상처받은 자기traumatized self'라는 오래된 정체성을 붙들고 있는 사람들은 때때로 이러한 '자기sel'가 오히려 편안함을 느끼게 해준다고 말합니다. 변화하는 자기라는 개념은 "차라리 내가 아는 악마가 모르는 악마보다는 낫다"는 느낌을 불러일으킬 수 있습니다.

변화하는 정체성에 대한 두려움 자신이 달라지거나 바뀌어 가고 있다는 감각은, 트라우마를 겪고 그것을 자신의 정체성으로 인식해오던 환자trauma-identified patient에게는 위협적일 수 있습니다. 대안적인 적응 모형에 의한 단계적인 성공의 경험은 이러한 전환을 지지해줄 수 있습니다. 여기에 더해, '과거의 자기'를 인정하고 그 기원이 과거의 트라우마에 있다는 점을 존중하는 것은 '관계 작동 모형' 개념을 통해 유지될 수 있습니다. 이를 '자서전'을 만드는 것으로 비유하는 것은 변화해 가는 자기 인식 속에서도 일관성을 느끼는 데 도움이 되며, 이는 변화를 경험할 때 그 과정을 정리하기 위해 치료에서도 자주 반복적으로 사용됩니다. 환자가 되돌아본 기억들은 그의 삶에서 각각 다른 장들을 나타내며, 이들 중 일부가 주제 면에서 '상처받은 자기'의 이야기와 연관될 수 있습니다. 치료자는 환자가 과거 외상 사건의 의미와 일관성을 성공적으로 부여했으며, 이제 자신의 진행 중인 삶과 아직 쓰이지 않은 미래 계획에 대한 장들의 저자가 되어 유사한 방식으로 창작할 수 있다는 점을 알려주어야 합니다.

마지막으로, 통찰이 행동의 변화보다 더 쉽게 얻어지기 때문에, 치료자는 환자에게 변화의 필요성과 그 이점에 대한 통찰이 실제 변화 그 자체보다 좀 더 빨리 일어날 수 있다는 점을 전달해야 합니다. 환자가 겪는 어려움에 대해 공감하며 지지해주고, 트라우마로부터의 회복이 평생의 여정이라는 점을 인정함으로써 보다 현실적인 기대를 설정하게 합니다. 단기 치료의 특성상, 치료가 끝난 후에도 회복 과정이 이어질 것이라는 점을 인식해야 합니다. 종결 작업의 일환으로 습득한 기술을 지속적으로 활용하기 위한 지침 등의 실용적인 계획을 세우고, 필요시 재방문이나 '보강' 회기를 가질 수 있다는 제안을 할 수 있습니다.

14.6 관련 연구

14.6.1 STAIR 내러티브 치료의 무작위 통제 연구

STAIR 내러티브 치료는 세 건의 무작위 통제 연구에서 검증되었습니다(Cloitre 등. 2002, 2010; Oprel 등. 2021). 첫 번째 연구에서는 STAIR 내러티브 치료와 대기자 명단 대조군을 비교하였는데(Cloitre 등. 2002), 대조군보다 STAIR 내러티브 치료 집단에서 PTSD 증상, 정서 조절, 대인 관계 문제, 지각된 사회적 지지자원, 그리고 가족, 직장, 사회적 영역에서의 전반적인 기능 영역이 상당히 개선되었습니다. 이러한 개선 효과는 3개월과 9개월의 추적 관찰 기간에도 유지되었습니다. 게다가 STAIR 단계에서 형성된 치료적 신뢰 관계의 강도 및 부정적인 기분 조절 능력의 향상이, 내러티브 작업 중 PTSD 증상이 얼마나 감소하는지를 통해 측정한 연구 참여자들의 내러티브 치료 반응을 예측했습니다(Cloitre 등. 2004). 따라서 치료적 관계와 기술 작업이 내러티브 작업의 효과적인 활용에 기여하는 것으로 보입니다.

두 번째 무작위 통제 연구(Cloitre 등. 2010)는 아동기 신체 혹은 성 학대로 PTSD 진단을 받은 여성 집단에서 치료의 표준 순서 조합과 비교하여 STIAR 및 내러티브 치료 모듈의 상대적 기여도를 평가한 구성 요소 연구였습니다. 연구는 세 가지의 치료 조건을 다루었습니다. 첫 번째는 표준 순서(즉 STAIR 내러티브 치료), 다른 두 가지 조건은 모듈 중 하나를 제거하고 비특이적인 적극적 치료 또는 지지적 상담supportive counseling, SC으로 대체한 형태로 구성되었습니다(즉 STAIR/SC와 SC/내러티브 치료). 세 조건 간의 회기 수, 치료 기간, 치료자와의 접촉을 통제하는 연구 설계를 하였습니다. 그 결과, STAIR 내러티브 치료를 받은 참여자들 다른 두 대조 조건에 비해 PTSD의 지속적이고 완전한 관해에 도달할 가능성이 더 높았습니다. 더구나 STAIR 내러티브 치료군은 다른 두 대조군보다 감정 조절, 사회적 지지자원 인지, 대인 관계 문제의 감소에서 더 큰 개선 효과를 보였습니다. 여기에서 주목할 것은, STAIR 내러티브 치료의 이점이 주로 3개월 및 6개월 추적평가에서 나타났다는 점입니다. 이렇게 치료 종결 이후에도 지속적으로 개선을 보인 것은, 환자가 시간이 지남에 따라 더 강화된 기술과 자신감으로, 과거였다면 재경험 증상들을 '촉발'했을 상황들을 포함하여 일상적인 스트레스 요인들을 효과적으로 다루는 데 기술을 사용한 결과일 수 있습니다. 스트레스 상황들을 성공적으로 다룸으로써, 트라우마가 되었던 과거가 실제로 과거에 속해 있다는 노출 작업의 메시지가 강화되었을 수 있습니다.

세 번째 연구(Oprel 등. 2021)는 아동기나 성인기의 대인 간 폭력과 관련되어 PTSD를 진단받은 여성들에게 16주 동안 매주 회기로 진행한 STAIR 내러티브치료와 16회기의 지속노출치료PE 및 4주 간의 집중적인 16회기 지속노출치료를 비교 평가하였습니다. 세 조건 모두에서 PTSD 결과지표는 큰 효과 크기(Cohen's *d* = 1.6)로 1년의 추적 관찰 동안 동일하게 나타났습니다. 감정 조절과 대인 관계 기능을 포함한 다른 평가지표들에서도 결과는 유사하였습니다. 이전 연구(Cloitre 등. 2010)처럼 STAIR 내러티브 치료가 PE보다 나은 결과를 보일 것이라는 예상과 다른 결과가 도출된 것은, 통상적인 9-16회기보다 더 지속적으로 PE를 확대하면서 연장된 노출 작업의 영향이 더 나은 결과에 기여했기 때문일 수 있습니다. 게다가 이 연구에서는 STAIR 내러티브 치료가 다소 제한적으로 변형되어 적용되었는데, 원래 STAIR 내러티브 치료의 표준 접근법에 해당하는 PE 구성요소의 각 노출 회기 후의 인지적 재평가와 STAIR 기술의 지속적 연습이 포함되지 않았기 때문입니다. 그럼에도 불구하고 이 새로운 자료는 환자들이 위에 제시된 세 치료법 중 어느 것을 선택하더라도 좋은 결과를 기대할 수 있다는 점에서 치료 선택에 개인의 선호도를 활용할 수 있음을 시사합니다. 이러한 결과는 환자가 동등한 효과를 보이는 다양한 치료 유형 중에서 선택을 할 수 있게 해주므로, 트라우마 중심 치료에 대한 환자의 참여도를 높여줄 수 있을 것입니다.

14.6.2 9/11 생존자의 STAIR 내러티브 치료 공개 임상 연구

한 공개 연구에서는 9/11 세계무역센터 테러의 생존자에 대한 치료로 STAIR 내러티브 치료의 유연한 적용을 평가했습니다(Levitt 등. 2007). 치료자는 환자의 증상 표현과의 관련성을 기반으로 회기를 건너뛰거나 반복할 수 있었고, 충분히 개선되었다면 전체 프로토콜의 완료 전에 치료를 종결하였습니다. 또한 현재의 생활 스트레스 요인이나 임상적 주의가 필요한 위기를 다루기 위해 프로토콜 외의 회기를 추가할 수도 있었습니다. 치료 기간은 12-25회기로 다양했고, 치료자의 경험도 인지행동치료 개입에 대한 사전 훈련이 전혀 없는 경우부터 광범위하게 받은 경우까지 다양했습니다. 이 임상 연구의 결과는 2002년의 무작위 통제 연구 결과와 비교되었습니다. 그 결과, 프로토콜을 유연하게 적용한 경우에서 PTSD, 우울 및 대인 관계 문제가 상당히 개선되었고, 효과 크기는 2002년 연구 결과와 동등하였습니다. 게다가 대처 전략을 평가한 결과에서도 상당한 변화가 확인되어 대처 수단으로서의 술과 약물의 사용은 상당히 감소한 반면, 사회적 지지 자원의 활용이 유의미하게 증가했습니다. 이를 통해 STAIR 내러티브 치료는 유연한 방식으로 적용하는 것이 정서적 고통을 줄이는 데 더 효과적이라는 점이 입증되었고, 다양한 트라우마 경험군과 임상 환경에 적용할 수 있는 맞춤형 치료로서의 가능성이 시사되었습니다.

14.6.3 STAIR 단독: 무작위 통제 연구, 대조 및 공개 임상 연구

STAIR는 기술 훈련에만 집중하고자 하는 대상자를 위한 독립적인 치료법으로 사용되어 왔습니다. 미국 보훈병원의 일차진료 환경에서 5회기의 STAIR 치료군과 치료 대기군을 비교한 무작위 통제 연구(Jain등. 2020)에서는 치료군에서 PTSD, 감정 조절, 대인 관계 문제 및 사회적 적응에 상당한 개선이 관찰되었습니다. 이때 치료군에서 중요한 점은, 치료자와 환자가 해당 환자의 파악된 기술과 선호도에 따라 개입이나 대처 기술을 선택했다는 것입니다. 이 연구에서 효과 크기가 크게 나타난 것은 환자가 이미 갖고 있고 즐겨 사용하는 기술을 치료에 선택하여 PTSD 증상 해소와 대인 관계 및 사회적 상호작용의 개선에 적용했기 때문일 수 있습니다. 군대 내 성폭력 피해를 입은 외곽 지역의 여성 참전군인에게 비대면 정신건강서비스로 유사한 형식의 STAIR 단독치료를 한 최근의 공개 임상 연구(Weiss 등. 2018)에서도 사회적 지지와 참여감에 대한 이점을 포함하여 비슷한 결과가 보고되었는데, 이는 사회적 고립을 겪고 있는 사람들에게 중요한 결과지표입니다.

STAIR 모듈을 집단치료로 적용한 것으로, 성인 대상의 연구 3건(대조 연구 1건 및 공개 임상 연구 2건), 청소년 대상의 연구 2건(대조 연구 1건 및 공개 임상 연구 1건)에서 긍정적인 결과가 보고되었습니다. 성인 대상의 대조 연구(Trappler와 Newville 2007)에서는 PTSD 및 조현 정동장애의 공존질환을 진단받은 입원 환자들에게 STAIR 치료와 일반 치료TAU를 비교했습니다. 그 결과, STAIR 치료 집단에서는 PTSD 및 정신 증상 측정에서 상당한 개선이 일어났을 뿐 아니라 정서 및 감정 표현과 관리 면에서도 개선이 보고된 반면, 일반 치료 집단에서는 거의 변화가 없었습니다. 한 공개 임상 효과성-실행 연구에서는 성폭력 위기 클리닉 프로그램에 STAIR를 통합한 결과(MacIntosh 등. 2018), PTSD, 해리, 감정 조절 및 대인 관계 문제가 크게 줄어들었습니다. 게다가 연구에 참여한 클리닉의 종사자들 역시 STAIR의 통합을 강하게 지지하며, 이 모형이 기존의 공백을 메우고 매우 현실적인 일상에서의 문제들을 해결하는 데 중요한 자원을 제공한다고 보았습니다(5쪽). 집단 STAIR에 대한 두 번째 공개 임상 연구(Jackson 등. 2019)는 참전군인 PTSD 클리닉에서 진행되었는데, 연구 결과 PTSD와 전반적인 고통이 모두 감소하였습니다. 이 연구의 대상 집단은 참전군인 PTSD 클리닉에서는 이례적으로 남녀 혼성으로 구성되었는데, PTSD에 대한 결과는 성별 간에 차이를 보이지 않아 참전군인 PTSD에 혼성 집단 개입이 적절할 수 있음을 시사합니다.

청소년 대상의 연구 2건 중 하나는 학교 기반 환경에서 여자 청소년들을 대상으로 한 집단 STAIR 대조 연구(Gudiño 등. 2017)이고 다른 하나는 입원 환경 청소년을 대상으로 한 공개 임상 연구

(Gudiño 등. 2014)입니다. 두 연구 모두에서 대부분의 참여자가 여러 트라우마와 학대 경험이 있는 도시 출신이었는데, 개입 결과 이들의 대처 기술이 상당히 개선되고 증상이 크게 감소하였습니다. 이러한 연구들은 청소년을 위한 집단 STAIR의 잠재적 이점을 시사하지만, 아동청소년을 위한 다른 근거기반 치료들과의 비교 연구를 포함하여 추가적인 연구가 필요합니다(20장 참조).

14.6.4 요약

STAIR 내러티브 치료는 PTSD뿐 아니라 트라우마와 관련된 사회, 정서적 기능의 문제에도 효과적인 치료법입니다. STAIR 단독 치료가 일차진료 환경과 집단치료 형태로도 효과적일 수 있음을 보고하는 일부 연구 자료가 있으나, 이에 대해서는 더 많은 연구가 필요합니다. 전반적으로 STAIR 내러티브 치료는 남녀 모두에게, 그리고 단일 사건 트라우마뿐 아니라 장기적이고 만성화된 트라우마의 피해자에게도 효과적인 것으로 보입니다. 또한 이 치료는 유연하게 적용할 때에도 효과적이므로, 치료자들에게 매력적인 치료법으로 평가받고 있습니다.

References

Aldao A, Nolen-Hoeksema S (2012) The influence of context on the implementation of adaptive emotion regulation strategies. Behav Res Ther 50(7–8):493–501

Blanchard EB, Hickling EJ, Barton KA, Taylor AE, Loos WR, Jones-Alexander J (1996) One-year prospective follow-up of motor vehicle accident victims. Behav Res Ther 34:775–786

Bonanno GA, Burton CL (2013) Regulatory flexibility: an individual differences perspective on coping and emotion regulation. Perspect Psychol Sci 8(6):591–612

Bonanno GA, Papa A, Lalande K, Westphal M, Coifman K (2004) The importance of being flexible: the ability to both enhance and suppress emotional expression predicts long-term adjustment. Psychol Sci 15(7):482–487

Bowlby J (1980) Attachment and Loss. Basic Books, New York, NY

Bowlby J (1988) A secure base. Basic Books, New York, NY

Brewin CR, Andrews B, Valentine JD (2000) Meta-analysis of risk factors for posttraumatic stress disorder in trauma-exposed adults. J Consult Clin Psychol 68(5):748

Cacioppo S, Cacioppo JT (2012) Decoding the invisible forces of social connections. Front Integr Neurosci 6:51

Charuvastra A, Cloitre M (2008) Social bonds and posttraumatic stress disorder. Annu Rev Psychol 59:301

Chipman KJ, Palmieri PA, Canetti D, Johnson RJ, Hobfoll SE (2011) Predictors of posttraumatic stress-related impairment in victims of terrorism and ongoing conflict in Israel. Anxiety Stress Coping 24(3):255–271

Cloitre M, Koenen KC, Cohen LR, Han H (2002) Skills training in affective and interpersonal regulation followed by exposure: a phase-based treatment for PTSD related to childhood abuse. J Consult Clin Psychol 70(5):1067–1074

Cloitre M, Chase Stovall-McClough K, Miranda R, Chemtob CM (2004) Therapeutic alliance, negative mood regulation, and treatment outcome in child abuse-related posttraumatic stress disorder. J Consult Clin Psychol 72(3):411

Cloitre M, Miranda R, Stovall-McClough KC, Han H (2005) Beyond PTSD: emotion regulation and interpersonal problems as predictors of functional impairment in survivors of childhood abuse. Behav Ther 36(2):119–124

Cloitre M, Stovall-McClough KC, Zorbas P, Charuvastra A (2008) Adult attachment, emotion regulation and expectations of support among treatment seeking adults with childhood maltreatment. J Trauma Stress 21:282–289

Cloitre M, Stovall-McClough KC, Nooner K, Zorbas P, Cherry S, Jackson CL, Petkova E (2010) Treatment for PTSD related to childhood abuse: a randomized controlled trial. Am J Psychiatry 167(8):915–924. https://doi.org/10.1176/appi.ajp.2010.09081247

Cloitre M, Cohen LR, Ortigo KM, Jackosn C (2020) Treating survivors of childhood abuse and interpersonal trauma: STAIR narrative therapy, 2nd edn. Guilford Press, New York, NY
Cohen SE, Syme SL (1985) Social support and Health. Academic Press, London Cohen S, Sherrod DR, Clark MS (1986) Social skills and the stress-protective role of social support. J Pers Soc Psychol 50(5):963
Coventry PA, Meader N, Melton H, Temple M, Dale H, Wright K, Cloitre M, Karatzias T, Bisson J, Roberts NP, Brown JVE, Barbui C, Churchill R, Lovell K, McMillan D, Gilbody S (2020) Psychological and pharmacological interventions for post-traumatic stress disorder and comorbid mental health problems following complex traumatic events: systematic review and component network meta-analysis. PLoS Med 17(8):e1003262
Fontana A, Rosenheck R (2010) War zone veterans returning to treatment: effects of social functioning and psychopathology. J Nerv Ment Dis 198:699–707
Gudino OG, Wies R, Havens JG, Biggs EA, Diamond UN, Marr M, Jackson CJ, Cloitre M (2014) Group trauma-informed treatment for adolescent psychiatry inpatients: a preliminary uncontrolled trial. J Trauma Stress 27(4):496–500
Gudino OG, Leonard S, Stiles AA, Havens JF, Cloitre M (2017) STAIR narrative therapy for adolescents. In: Evidence-based treatments for trauma related disorders in children and adolescents. Springer, Cham, pp 251–271
Hobfoll SE (1989) Conservation of resources: a new attempt at conceptualizing stress. Am Psychol 44(3):513
Hobfoll SE (1991) Traumatic stress: a theory based on rapid loss of resources. Anxiety Res 4(3):187–197
Hobfoll SE, Mancini AD, Hall BJ, Canetti D, Bonanno GA (2011) The limits of resilience: distress following chronic political violence among Palestinians. Soc Sci Med 72(8):1400–1408
Holt-Lunstad J, Smith TB, Baker M, Harris T, Stephenson D (2015) Loneliness and social isolation as risk factors for mortality: a meta-analytic review. Perspect Psychol Sci 10(2):227–237
Jackson CL, Nissenson K, Cloitre M (2009) Treatment of complex PTSD. In: Leahy R, Sookman D (eds) New approaches to treatment-resistant anxiety disorders. Jason-Aronson, New York, NY, pp 75–103
Jackson C, Weiss BJ, Cloitre M (2019) STAIR group treatment for veterans with PTSD: efficacy and impact of gender on outcome. Mil Med 184(1–2):e143–e147
Jain S, Ortigo K, Gimeno J, Baldor DA, Weiss BJ, Cloitre M (2020) A randomized controlled trial of brief Skills Training in Affective and Interpersonal Regulation (STAIR) for veterans in primary care. J Trauma Stress 33(4):401–409
Klemanski DH, Mennin DS, Borelli JL, Morrissey PM, Aikins DE (2012) Emotion-related regulatory difficulties contribute to negative psychological outcomes in active-duty Iraq war soldiers with and without posttraumatic stress disorder. Depress Anxiety 29(7):621–628
Levitt JT, Cloitre M (2005) A clinician's guide to STAIR/MPE: treatment for PTSD related to childhood abuse. Cogn Behav Pract 12(1):40–52
Levitt JT, Malta LS, Martin A, Davis L, Cloitre M (2007) The flexible application of a manualized treatment for PTSD symptoms and functional impairment related to the 9/11 World Trade Center attack. Behav Res Ther 45(7):1419–1433
Lopes PN, Salovey P, Cote S, Beers M, Petty RE (2005) Emotion regulation abilities and the quality of social interaction. Emotion 5(1):113–118. https://doi.org/10.1037/1528-3542.5.1.113
Luo Y, Hawkley LC, Waite LJ, Cacioppo JT (2012) Loneliness, health, and mortality in old age: a national longitudinal study. Soc Sci Med 74(6):907–914
MacIntosh HB, Cloitre M, Kortis K, Peck A, Weiss BJ (2018) Implementation and evaluation of the skills training in affective and interpersonal regulation (STAIR) in a community setting in the context of childhood sexual abuse. Res Soc Work Pract 28(5):595–602
Malta LS, Levitt JT, Martin A, Davis L, Cloitre M (2009) Correlates of functional impairment in treatment-seeking survivors of mass terrorism. Behav Ther 40(1):39–49
Oprel DA, Hoeboer CM, Schoorl M, Kleine RAD, Cloitre M, Wigard IG, van Minnen A, van der Does W (2021) Effect of prolonged exposure, intensified prolonged exposure and STAIR+prolonged exposure in patients with PTSD related to childhood abuse: a randomized controlled trial. Eur J Psychotraumatol 12(1):1851511
Polt-Lunstad J, Smith TB, Layton JB (2010) Social relationships and mortality risk: a meta-analytic review. PLoS Med 7(7):e1000316
Silverstein MW, Lee DJ, Seligowski AV, Worley C (2019) Functional impairment: the role of posttraumatic stress disorder symptoms, negative mood regulation, and interpersonal problems. Traumatology 25(1):51
Stevens NR, Gerhart J, Goldsmith RE, Heath NM, Chesney SA, Hobfoll SE (2013) Emotion regulation difficulties, low social support, and interpersonal violence mediate the link between childhood abuse and posttraumatic stress symptoms. Behav Ther 44(1):152–161
Trappler B, Newville H (2007) Trauma healing via cognitive behavior therapy in chronically hospitalized patients. Psychiatry Q 78(4):317–325
Vittengl JR, Clark LA, Jarrett RB (2009) Deterioration in psychosocial functioning predicts relapse/recurrence after cognitive therapy for depression. J Affect Disord 112(1–3):135–143
Weiss BJ, Azevedo K, Webb K, Gimeno J, Cloitre M (2018) Telemental health delivery of Skills Training in Affective and Interpersonal Regulation (STAIR) for rural women veterans who have experienced military sexual trauma. J Trauma Stress 31(4):620–625

Westphal M, Olfson M, Gameroff MJ et al (2011) Functional impairment in adults with past posttraumatic stress disorder: findings from primary care. Depress Anxiety 28(8):686–695

지속 애도장애 15

M. Katherine Shear, Natalia Skritskaya와 Colleen Bloom

지속애도장애prolonged grief disorder, 이하 PGD는 현재 ICD-11과 DSM 5-TR 양쪽 모두에서 공식으로 등재된 진단입니다. 이 질환은 고인에 대한 지속적이고 광범위한 갈망, 그리움 및/또는 집착이 최소 6개월(ICD-11) 또는 12개월(DSM 5-TR) 이상, 그리고 해당 사회, 문화 또는 종교 집단에서 예상하는 기간보다 더 오래 지속되는 것을 특징으로 합니다(Prigerson 등. 2021). 중요한 것은, 이 질환에 대해 이미 효과가 입증된 치료가 존재합니다. 이 장에서는 PGD 치료법 중 가장 많은 연구가 이루어진 PGD 치료prolonged grief disorder therapy, 이하 PGDT(과거 복합 애도 치료로 불림)을 다룹니다. 이 장에서는 상실에 대한 적응을 촉진하고 적응을 방해하는 것으로 여겨지는 애도 관련 요소들을 다루는 데 중점을 둔 PGD 치료의 단계별 접근법을 개괄합니다.

PGD의 위험 요인에는 기존의 정신질환과 같은 개인 관련 변수, 사망 당시와 급성 애도 기간 동안의 사회-환경적 지지와 같은 맥락 관련 변수 및 고인의 나이와 사망 방식과 같은 사망 관련 변수가 포함됩니다. 2020-2021년 COVID-19 팬데믹으로 전 세계적으로 사망자의 수가 현저히 증가하였고, 맥락 및 사망 관련 요인 모두에서 PGD의 위험이 증가하였습니다. PGDT에는 치료자가 팬데믹과 관련된 애도를 다루는 데 도움이 되는 치료 절차가 포함되어 있습니다.

전 세계적으로 매년 6천만 명이 사망하고, 사랑하는 사람을 떠나보낸 사람들은 적응에 어려움을 겪습니다. COVID-19 팬데믹으로 인해 2020년에만 최소 200만 명이 추가로 사망했으며, 이는 매우 어려운 상황에서 발생한 일입니다. 사랑하는 사람이 사망하면 그 상실은 우리가 예상하는 것보다 더 큰 혼란을 가져옵니다. 친밀한 관계는 우리를 지탱하고, 삶을 풍요롭게 하며, 가장 큰 기쁨과 깊은 만족감을 줍니다. 그들이 세상을 떠나면 감정이 조절되지 않고 일상이 무너질 수 있으며, 이러한 감정은 낯설고 당혹스럽습니다. 이럴 때 사람들은 과연 새로운 현실에 적응할 수 있을지 종종 의문을 품게 됩니다. 흥미롭게도, 대부분의 사람들은 예상보다 더 빨리 적응합니다(Boerner 등. 2005; Wilson 2002). 가까운 사람을 잃은 슬픔은 영구적이지만, 시간이 지남에 따라 상실의 현실을 받아들이고 안정을 회복할 수 있는 방법을 찾으면서 증상의 빈도와 강도가 감소하는 것이 일반적입니다.

15.1 이론적 토대

PGDT의 이론적 토대를 설명하기 위해서는 우리가 이 장에서 사용하는 용어부터 명확히 정의해야 합니다. 사별bereavement은 가까운 사람을 잃은 상황입니다(Stroebe 등. 2003). 따라서 사별은 죽음을 직면한다는 면에서 트라우마의 정의에 부합하지만, 모든 사별이 DSM-5에서 트라우마로 간주되지는 않습니다. 사별의 영향은 사망한 사람의 중요도뿐만 아니라 사망의 상황 및 결과와도 관련이 있습니다.

애도grief는 상실에 대한 반응으로, 일반적으로 다양한 생각, 감정, 행동, 생리적 변화를 포함합니다. 애도 증상의 양상, 빈도, 강도는 시간이 지남에 따라 다양하게 변화를 보입니다. 가까운 사람의 상실은 인생에서 가장 큰 스트레스 요인 중 하나입니다. 사랑하는 사람을 잃는다는 것은 종종 세상이 뒤집어진 것 같은 충격을 가져옵니다. 따라서 애도는 스트레스 반응이자 변화를 이끄는 요인이며 사랑의 한 형태라고 볼 수 있습니다. 애도는 그것을 존재하게 한 사랑과 마찬가지로, 사람마다, 그리고 관계마다 고유한 특성을 지닙니다. 그럼에도 불구하고, 그리움과 슬픔, 고인에 대한 빈번한 생각과 기억, 삶이 계속되고 있다는 것에 대한 믿을 수 없음과 소외감 등의 보편적인 특징이 있습니다. 상실에 대한 일반적인 반응은 초기의 매우 고통스럽고 일상 기능을 방해하는 급성 애도 시기를 포함하며, 이는 시간이 지나며 점차 덜 강렬하며 더 이상 마음이 지배당하지 않게 되는, 영구적으로 통합된 애도 상태로 전환됩니다(Shear와 Shair 2005). 대부분의 사람들은 급성 애도 기간 동안 정서적 고통뿐 아니라 긍정적 감정 또한 함께 경험하며, 이러한 애도에 수반되는 감정을 조절할 수 있습니다(Moskowitz 등. 2003). 애도를 수용하고 관련된 감정을 조절하는 것은, 사망과 관련한 정보를 받아들이고 급성 애도기에서 통합 애도로 전환되는 데 중요한 역할을 합니다.

PGDT는 애착 이론(Bowlby 1980; Mikulincer와 Shaver 2003), 자기결정 이론(Ryan과 Deci 2000), 자기 자비 개념(Neff와 Vonk 2009), 기억에 관한 신경생물학적 연구(Reber 2013; Hassin 등. 2009), 보상 체계 기능(Burkett와 Young 2012), 감정 조절 이론(Min 등. 2013)을 참조하였습니다. 이

접근법은 CBT에서 수정된 전략과 절차를 따르며, 여기에는 PTSD에 대한 PE(Foa 등. 2005), 동기면담motivational interviewing, MI(Miller와 Rollnick 2013), 대인 관계 치료(Weissman 등. 2000), 역동정신치료 등이 포함됩니다. 치료의 두 가지 목표는 애도과정에서 발생한 문제들을 다루고 상실에 대한 적응을 촉진하는 것입니다.

애착 이론은 20세기 중반에 John Bowlby에 의해 처음 제안되었습니다. 그 이후로 이 이론의 전제를 강력하게 뒷받침하는 연구들이 다수 발표되었습니다. 인간은 다른 종과 마찬가지로 소수의 다른 사람들과 친밀한 관계를 추구하고, 형성하며, 유지하려는 생물학적인 동기를 가지고 있습니다. 이러한 유대감 중 가장 가까운 것은 일반적으로 부모와 자녀 사이, 그리고 성인에서의 연인 사이에 형성됩니다. 그러나 사실 모든 관계는 애착 관계의 특징, 즉 중요한 타인과 가까워지면 만족감을 느끼고 이별에 저항하며, 애착 대상은 안전한 피난처와 안정적인 기반을 제공한다는 특성을 충족시킬 수 있습니다. 애착 안전성은 심리적, 생리적 조절 기능에 기여하며, 안정한 애착 관계의 붕괴는 일반적으로 심각한 정서적, 생리적 조절 장애로 이어집니다.

Bowlby의 유명한 3부작 저서 중 세 번째 책에서는 애착 상실의 결과에 대해 자세히 설명합니다. Bowlby는 적응에 대해 "사랑하는 사람의 상실로 인해 촉발된 상당히 광범위한 심리적 과정으로 그 결과와는 관계없이 나타나는 것"으로 정의합니다(Bowlby 1980, 17쪽). 성공적인 적응은 상실의 현실을 받아들이고 긍정적인 미래에 대한 목표와 계획을 회복하는 과정입니다. 일반적으로 애도자는 고통스러운 현실에 대한 직면과 회피 사이를 오가며, 이러한 움직임은 상실의 최종성과 그 결과를 작업 중인 애착 작동 모형에 동화시키는 데 도움이 됩니다. PGDT 모델에 따르면 PGD는 이러한 동화가 적응을 가로막는 생각, 감정 또는 행동으로 인해 방해받을 때 발생하는 상태입니다.

Bowlby(1980)는 고인에 대한 내면의 작동 모형을 수정하는 것이 중요하다고 강조하였습니다. 이 작동 모형은 본질적으로 일종의 작업 기억의 형태로, 사랑하는 사람의 정신적 표상을 사용하여 목표와 계획을 수립하는 것입니다. Bowlby는 이러한 수정이 매우 느리게, 그리고 저항을 동반하며 이루어진다고 보았습니다. 이는 일반적으로 애도 중인 사람이 현실에 집중하는 것과 방어적 회피 사이를 오가며 상실의 최종성과 결과를 온전히 이해해보려 애쓰는 과정입니다. 이러한 갈등은 강렬한 감정 활동의 폭발과 감정적 휴식기가 번갈아 나타나게 합니다. 적응 과정이 성공적으로 진행되면 유족은 상실을 받아들이고 자신의 삶에서 관계성, 자율성, 유능감을 회복하게 됩니다. 죽음의 최종성과 결과는 장기 기억에 동화되고 자기에 대한 인식이 회복되며 미래 행복을 기대할 가능성을 품습니다.

자기결정 이론은 사랑하는 사람을 잃은 상실을 이해하는 또 다른 틀이 됩니다. 사별은 인간이 인생에서 일반적으로 경험할 수 있는 가장 큰 스트레스 사건에 해당합니다. 그 이유 중 하나는 친밀한 애착의 상실이 Ryan과 Deci(2000)가 인간의 기본 욕구로 제시한 관계성, 자율성, 유능성을 저해하기 때문입니다. 애착 관계는 소속감과 타인에게 중요한 존재라는 인식을 포함하는 관계성에 대한 감각의 중요한 원천입니다. 애착 관계는 자율성과 유능성을 촉진하는 안식처이자 안전 기지를 제공하며, 애착 관계의 상실은 이러한 기본 욕구에도 위협이 될 수 있습니다. 이러한 관점에서, 기본적인 욕구를 충족할 수 있는 경로를 재정립하는 것이 상실에 대한 적응을 촉진합니다.

PGD는 이러한 적응적인 결과가 이루어지지 않은 지속적이고 강렬한 애도의 한 형태입니다. 그러나 문제는 애도 그 자체가 아니며, 애도는 상실에 대한 자연스러운 반응으로서 우리가 특정 순간에 상실을 경험하는 방식을 반영하는 것입니다. 사랑하는 사람이 세상을 떠난 후 애도의 슬픔은 영구적으로 남지만, 일반적으로 시간이 지남에 따라 그 형태가 변화합니다. 그러나 PGD에서는 애도 증상이 강하게 남아 유족이 자신의 삶을 회복하는 것을 방해합니다. 이는 무언가가 이러한 적응 과정을 방해하고 애도의 자연적인 진행 경로를 벗어나게 할 때 발생합니다. 종종 이러한 방해 요인은 개인이 상실에 반응하는 일반적인 방식 중 하나입니다.

애도 과정을 방해하는 요인은 애도의 자연스러운 진행을 막는 생각, 감정 또는 행동의 형태로 나타납니다. 이는 주로 상실 후 초기에 나타나는 반응의 표현일 수 있지만, 재평가가 필요합니다. PGDT는 애도를 수용하기, 방해 요인의 해결, 상실에 대한 적응 촉진을 목표로 합니다.

자기 자비는 자신에 대한 친절함, 보편적인 인간성의 느낌, 부정적인 감정을 과도하게 동일시하지 않고 받아들이는 마음 챙김의 균형을 의미하며(Neff와 Vonk 2009), 이는 모든 종류의 어려운 경험에 대처하는 데 중요합니다. 자기 자비를 장려하는 것은 PGDT 전반에 걸쳐 적용되는 핵심 원칙입니다.

15.2 PGDT 시행 방법

PGDT는 치료 전 평가를 통해 PGD 진단과 환자의 주요 문제를 확인한 후 매주 시행되는 총 16회기 치료입니다. 이 치료는 '시작', '핵심 재현', '과정 중간 검토', '종결'이라는 네 단계의 구조화된 순서에 따라 핵심 절차들을 진행합니다. 회기는 주제를 설정하고 애도 관찰 일기를 점검하며 시작됩니다. 그런 다음 각 회기에서 상실을 받아들이는 목표를 다룬 뒤, 이어서 현재 진행 중인 삶에서 행복의 가능성을 회복하는 데 중점을 둡니다. 회기를 마칠 때에는 치료자가 회기를 요약하고 환자로부터 피드백을 받은 다음, 다음 회기까지의 기간(보통 1주일)에 대한 계획을 논의하며 마무리합니다.

15.2.1 치료 전 평가

PGDT는 초기 평가를 통해 현재 PGD가 존재하며 이것이 치료의 가장 적절한 목표라는 것을 확인한 뒤에 사용하도록 구성되었습니다. 현재 이 질환의 공식 진단 기준은 정신질환 진단 및 통계 편람, 제5판, 개정판DSM 5-TR을 따릅니다(Moran 2020). 이는 최소 12개월 이전에 가까운 사람이 사망하고, 고인에 대한 지속적이고 전반적인 갈망, 그리움 또는 집착이 동반되는 경우 해당합니다. 또한, 관련 증상군 중 적어도 세 가지 이상이 임상적으로 유의한 정도로 거의 매일, 적어도 지난 한 달 동안 지속되어야 합니다. 이러한 증상에는 지속적인 정체성 혼란, 지속적이고 극심한 정서적 고통, 죽음을 상기시키는 것에 대한 현저한 회피 등, 상실에 적응하는 데 지속적인 어려움을 나타내는 증상이 해당됩니다. 이러한 상태는 개인, 가족, 사회, 교육, 직업 또는 기타 중요한 기능 영역에서 임상적으로 심각한 고통이나 장애를 유발해야 하며, 개인의 사회적, 문화적 또는 종교적 맥락에서 통상적인 범주를 명백히 초과하는 기간 동안 지속되어야 합니다.

치료 전 평가에는 환자의 중요한 대인 관계 및 독립적인 기능 수준 등, 기본적인 과거력이 포함됩니다. 치료 과정에서 관련된 문제가 해결되거나 진전되고 있는지를 확인하기 위해, 종합적인 정신과 및 의학적 평가를 실시하는 것도 좋은 방법입니다. 또한 치료 전 평가 과정에서 환자에게 치료와 그 목표를 전반적으로 설명해 줍니다. 치료에는 감정을 자극하는 요소가 있으며, 치료의 성공은 이러한 요소에 적극적으로 참여하려는 환자의 의지에 달려 있다고 알려줍니다. 치료자는 또한 치료를 환자의 삶에 적용시키는 것이 중요하다는 점을 설명합니다.

15.2.2 회기 1-3: 시작하기

PGDT의 첫 단계는 환자의 과거력 검토, 심리교육 제공, 애도 관찰 일기 시작, 도달하고 싶은 목표 설정, 그리고 지지 체계를 쌓는 것에 중점을 둡니다. 치료자는 이 회기들을 통해 동반자적 협력 관계를 형성합니다. 치료자는 따뜻함과 수용적인 태도를 전달하며 애도가 보편적인 경험이라는 인식을 전달합니다. 동시에 환자의 애도 여정을 함께하는 안내자로서의 전문성과 의지도 명확히 드러냅니다.

멀시(Marcy)에 대하여

멀시는 깔끔한 차림의 58세 여성입니다. 그녀는 대기실에 앉아 서류를 작성하며 눈물을 흘립니다. 그녀는 치료자 사무실에 들어와 감정을 추스르려 애쓰며 지금 너무 감정적인 상태라서 미안하다고 말합니

다. 자신은 원래 이런 사람이 아닌데, 사랑하는 남편 다니엘(Daniel)이 5년 전에 세상을 떠난 뒤로는 완전히 무너진 상태라, 치료자를 무시할 마음은 없지만 누가 어떻게 자신을 도와줄 수 있을지 모르겠다고 합니다.

치료자는 고통스러운 상실을 겪은 후 감정적인 상태가 되는 것에 대해 사과할 필요가 없다고 말합니다. 그 말을 듣고 멀시는 조금 긴장이 풀린 것 같았고 치료자에게 고맙다고 합니다. 그녀는 다른 사람들이 자신을 자기중심적이고 한심하며 애도에 빠져 나아지려 하지 않는 사람으로 바라본다고 느낍니다. 그녀는 그것이 사실일지도 모른다고 의심하며, 이전에 겪었던 그 어떤 일과도 다른 상황에 처해있어서 너무도 혼란스럽고 어떻게 해야 할지 모르겠다고 느낍니다.

멀시의 과거력

멀시는 현재 살고 있는 곳과 가까운 지역의 이웃 간의 유대감이 강한 동네에서 두 자녀 중 막내로 태어났습니다. 그녀는 자신의 어린 시절이 힘들고 외로웠다고 회상합니다. 부모님 모두 그녀에게 큰 관심을 보이지 않았고, 그녀는 종종 자신이 그들의 삶에 추가된 또 하나의 짜증스러운 존재일뿐이라고 느꼈습니다. 그녀는 자신이 부모를 힘들게 하는 원인이라고 생각했으며 이러한 생각이 그녀를 두렵고 슬프게 만들었다고 기억합니다. 멀시는 오빠인 존(John)과 친했고 그들에게는 서로 공유하는 친구들이 있었습니다. 어린 시절 멀시와 존은 많은 시간을 함께 보냈습니다. 그러나 존이 고등학교에 진학하고 마약을 사용하면서 둘 사이는 멀어졌고 다시는 가까워지지 않았습니다. 이제 그녀는 오빠가 어디에 있는지 모르며, 10여 년 전 아버지가 돌아가신 뒤로 그와 이야기를 한 적이 없습니다. 그녀는 대학에서 다니엘을 만났고 항상 그가 오빠인 존을 떠올리게 한다고 생각했습니다. 그들은 몇 년 후 결혼했습니다. 멀시와 다니엘은 35년 동안 결혼 생활을 했고 세 자녀를 두었습니다. 두 사람은 유난히 가까웠습니다. 두 사람의 관계는 친구들의 부러움을 샀습니다.

멀시의 PGD 증상

멀시는 다니엘의 물건을 하나도 옮기지 않았습니다. 그의 칫솔은 여전히 욕실에 있습니다. 그녀는 다른 사람이 그의 책상에 앉는 것을 참을 수 없습니다. 그녀가 운전할 수 없는 차인데도 그의 화물트럭을 팔 엄두를 내지 못합니다. 다른 사람들과 함께 있을 때면 왠지 모르게 불완전한 기분과 슬픔과 수치심이라는 고통스러운 감정을 느끼게 되어 사회적 모임을 피합니다. 그가 너무 그리워질 것 같은 상황들, 즉 함께 즐겼던 활동, 함께 어울렸던 사람, 시간을 보냈던 장소들도 피합니다. 그가 세상을 떠난 이후 그녀는 그가 사망한 병원 근처에도 가지 않습니다. 그녀는 차가운 땅에 누워 있는 다니엘을 생각하는 것이 견딜 수 없어 묘지에 잘 가지 않습니다. 멀시는 자신도 그와 함께 죽었다면 좋았을 것이라고 생각합니다.

그녀의 유일한 위안은 다니엘과 함께 있는 모습을 상상하며 그가 살아있을 때의 아름다웠던 삶을 떠올리는 공상뿐입니다. 공상에 잠겨 있지 않을 때에는 분노와 비통함을 느끼며 그의 죽음에 대해 되새기곤

합니다. 그녀는 왜 그들이 더 늦기 전에 수술을 하지 않았는지 의문을 갖습니다. 그녀는 여전히 이 악몽이 실제로 일어났다는 사실을 믿을 수 없습니다.

멀시는 건강에 나쁘다는 것을 알면서도 때때로 식사를 거르거나 고지혈증 약 복용을 잊어버리곤 합니다. 비록 신앙을 잃었지만, 그녀가 받아온 종교적인 교육이 자살 시도를 막는 유일한 이유입니다. 그녀는 다니엘과 함께 정기적으로 교회에 다녔지만, 그가 죽은 후 신에 대한 믿음을 잃었습니다. 이런 결과를 얻는 것뿐이라면 교회에 다니는 것이 무슨 소용이 있을까? 나쁜 사람들도 다 살고 있는데, 대체 어떤 신이 다니엘을 죽게 내버려 둘 수 있다는 말일까? 그녀는 중견 회계법인의 사무장으로 계속 일하고 있지만 집중하는 것이 어렵습니다. 그녀는 더 이상 자녀들과 친밀감을 느끼지 못하고 자신을 '그저 삶 속을 방황하는 사람'이라고 묘사하며, "왜 그가 죽어야만 했을까? 내가 그를 더 자세히 지켜봤더라면, 내가 그를 좀 더 일찍 병원에 가게 설득했더라면, 의사들이 좀 더 잘 치료해줬더라면... 왜 의사들이 그를 돕지 못했을까?"라는 생각을 반복합니다.

애도 관찰grief monitoring은 1회기의 마지막에 소개됩니다. 환자는 치료 기간 동안 애도 수준을 기록하고, 애도의 강도를 1부터 10까지의 척도로 평가합니다(1은 가장 낮고 10은 지금까지 경험한 애도 중 가장 높은 수준). 매일 하루를 마무리할 때 그날 경험한 최고의 애도 수준과 그 애도가 발생한 상황, 최저 수준과 그 상황, 그리고 하루 동안의 평균 애도 수준을 기록합니다. 치료자는 또한 지지 체계 구축의 개념을 소개하고, 환자에게 3회기 때 누군가를 초대하도록 권장합니다. 이 공동 회기의 목적은, 환자의 상황에 대해 다른 관점을 얻는 동시에, 가까운 친구나 가족친척이 환자를 도울 방안을 모색할 수 있게 돕는 것입니다.

회복의 초점은 2회기에 제시됩니다. 긍정적 감정의 역할을 자율성, 역량, 관계성에 대한 자기 자비 및 자기 결정 욕구와 함께 설명합니다. 치료자는 보람 있는 활동, 도달하고 싶은 목표 설정, 친밀한 관계 회복에 대한 개념을 소개합니다. 회복과 관련된 구성 요소는, 환자가 핵심 가치와 관심사에 접근하고 이를 활용해 계획과 목표를 세울 수 있게 돕습니다. 또한 환자는 즐거움, 흥미 또는 만족감을 불러일으키는 간단한 활동을 시작하게 됩니다.

멀시가 원하는 목표

두 번째 회기가 끝날 무렵 치료자는 "만일 내가 마술 지팡이를 흔들어 당신의 애도가 감당할 수 있는 수준이 되게 만든다면, 당신은 자신을 위해 무엇을 원하시겠습니까?"라고 물었습니다. 그녀는 놀란 표정으로 치료자를 쳐다보며, 자신이 원하는 것은 다니엘이 살아있었을 때처럼 느끼는 것뿐이라고 말했습니다. 치료자는 이를 수용해주며 그를 되살릴 수는 없지만, 우리가 함께 하고 있는 이 작업은 그녀가 이 현실

에서 안정을 찾고 새로운 방식으로 살아갈 방법을 찾도록 돕는 것임을 부드럽게 상기시켰습니다. "만약 어떻게든 고통스러운 현실을 감당할 수 있다는 느낌이 들게 하는 데 성공한다면, 자신을 위해 진심으로 바라는 것이 무엇인가요?" 그녀는 몇 분간 생각한 후 "알겠어요, 노력해볼게요. 저는 항상 비올라를 연주하고 싶었어요. 어렸을 때 어머니가 자신의 사촌에게서 받은 바이올린이 있었기 때문에 저에게 바이올린을 시키셨어요. 저는 그게 항상 싫었는데, 학교에 다른 여학생이 갖고 있는 비올라 소리가 훨씬 더 좋게 들렸거든요." 그리고는 왠지 모르게 최근에 이 생각을 하고 있었다고 말했습니다. 다니엘은 그녀에게 항상 비올라 레슨을 받아보라고 권했지만 시간을 낼 수가 없었다고 했습니다. 그는 그녀가 현악 사중주단에서 연주하기를 바랬습니다. 그녀는 "다니엘이 살아있을 때 그렇게 하지 못한 것이 너무 슬퍼요. 이걸 시도하면 어떤 기분이 들지 모르겠어요."라고 했습니다. 치료자는 그녀에게 비올라를 배우는 것에 대해 계속 생각해 보라고 격려했습니다.

3회기는 보통 중요한 지인과 함께합니다. 이 회기의 목적은 환자와 가까운 친구 또는 가족 간의 의사소통을 재개하고 환자를 지지할 수 있게 격려하는 것입니다. 복합성 애도를 겪는 경우, 돕고자 하는 친구가 있음에도 다른 사람들과 동떨어진 느낌을 느끼는 경우가 많습니다. 그렇게 되면 결국 친구들은 무력감이 들고 좌절하게 됩니다. 이 회기는 지인이 환자에 대한 애정을 표현하고, 그동안 느꼈던 좌절감을 털어놓고, 치료 과정에 참여하여 지지할 기회를 제공합니다. 치료자는 사망 전 지인과 환자와의 관계, 그리고 그 이후의 관계가 어떤지 파악합니다. 환자들은 지인이 자신을 얼마나 많이 신경 쓰고 있는지 알고 놀라기도 합니다.

3회기에 딸 제시카(Jessica)를 데리고 온 멀시

제시카는 멀시의 딸로 현재 33세이며 이 회기에 기꺼이 오겠다고 했는데, 이는 멀시에게 놀라운 일이었습니다. 그녀는 딸이 이 초대에 대해 스트레스를 받을 거라고 짐작했었습니다. 그녀는 자신이 딸에게 부담이 되는 것처럼 느껴지는 것을 몹시 싫어했습니다. 제시카는 엄마가 자기연민에서 벗어나지 못해 좌절감을 느끼고 있고, 그것이 모두의 삶을 망가뜨리고 있다고 털어놓았습니다. 제시카는 더 이상 시도해 볼 방법이 남지 않아 거의 포기한 상태였다고 말했습니다. 그녀는 아버지와 함께 어머니마저 잃었다고 생각하고 이제 부모 모두에 대해 애도하고 있었습니다. 그녀는 어머니가 예전의 모습으로 돌아오기를 간절히 바랬지만 그다지 희망이 없었습니다. 그녀는 자신과 어머니와의 관계가 항상 매우 가까웠다고 눈물을 글썽이며 말했습니다. 멀시는 가족 내에서 문제가 생기면 언제나 가장 먼저 찾아가는 사람이었으며 친구들에게도 같은 존재였습니다. 하지만 제시카는 아버지가 돌아가셨을 때, 그녀가 알던 엄마도 함께 사라졌다고 했습니다. 마치 예전의 엄마에게서 껍데기만 남은 것 같았습니다. 제시카는 이렇게까지 될 일이 아

니라고 생각했고, 엄마가 왜 노력하지 않는지 이해할 수 없었습니다. 딸의 말을 들으며 멀시가 눈물을 흘렸습니다. 멀시는 자신의 행동이 너무 싫지만 다니엘의 죽음에 어떻게 대처해야 할지 몰라 너무나 혼란스러웠다고 했습니다. 그들은 지속애도에 대한 제시카의 질문과 치료 계획에 대해 상의하고, 제시카가 치료 과정에서 엄마를 도울 수 있는 몇 가지 방법을 이야기했습니다. 회기가 끝나고 제시카는 멀시를 안으며 "아빠가 돌아가신 후 그 어느 때보다 안심이 되고 희망이 생겼어요."라고 했습니다.

15.2.3 핵심 재현 단계

4-9회기는 치료의 중심이 담겨 있는 핵심 재현revisiting 회기들입니다. 이 회기들은 성공적인 애도 과정을 되살리기 위하여 사망 당시 시점을 다시 방문하는 데 집중합니다. 여기에는 상황 재현과 기억 작업이 포함됩니다. 이 과정에서는 치료자는 환자가 애도를 방해하는 요인을 해결하고 상실이라는 현실을 받아들이는 데 집중하도록 돕습니다. 또한 각 회기에는 회복과 연관된 세 가지 구성 요소인 즐거움을 주는 활동, 달성하고자 하는 목표, 지지 체계를 쌓는 것에 대한 작업도 포함합니다.

4회기에서는 첫 번째 상상 재현 작업을 하고, 이어서 즐거움을 주는 활동과 달성하기 원하는 목표를 상의합니다. 이어서 회기의 요약과 환자의 피드백을 듣고, 다음 주 계획을 의논하며 마무리됩니다. 이 계획에는 재현 작업을 녹음한 것을 매일 듣는 것이 포함됩니다. 치료자는 환자가 처음 녹음을 들은 후에 그와 전화를 통해 이야기를 할 계획을 세웁니다.

재현 작업의 목적은 환자가 죽음의 현실을 직시하게 하는 것입니다. 환자에게 눈을 감고 사망 소식을 접한 순간을 시각화하도록 합니다. 환자들은 그 순간 이후 일어난 일에 대해 치료자에게 10분 동안 소리내어 이야기합니다. 치료자는 환자가 이야기를 하는 동안, 그리고 그의 감정이 격해지는 것처럼 보일 때마다 일정한 간격으로 그의 고통 수준을 확인합니다. 약 10분이 지나면 환자는 눈을 뜨고 고통의 정도를 보고하고, 다음 10분간 방금 한 작업을 되돌아보는 시간을 가집니다.

상상 재현 작업은 다음 3-5회기 동안 반복됩니다. 매번 새로운 녹음을 만들고, 환자는 일주일 동안 이를 듣습니다. 반복을 통해 일반적으로 이야기는 더욱 자세해지고 고통은 감소합니다. 환자들은 보통 이 이야기를 몇 번 반복해서 말하거나 들은 뒤엔 사랑하는 사람이 "정말로 떠났다"고 믿게 되었다고 보고합니다. 이 과정 이전의 환자들은 사실을 알고 있었지만 왜인지 그것을 믿을 수 없었습니다. 마음이 가벼워지고 현재와 더 연결되어 있다는 느낌도 흔히 나타납니다.

멀시의 상상 재현 작업

멀시는 처음 재현 작업을 할 때 매우 감정적으로 동요했습니다. 그러나 반복해서 듣고 재현 작업을 수

행하면서 다니엘의 죽음에 대한 기억의 고통과 강도가 점차 줄어들었고, 그녀는 자신도 그 고통을 견딜 수 있다는 것을 깨닫게 되었습니다. 녹음을 들으면서 그녀는 사망이라는 현실이 "정말 가슴에 와 닿았다-내 자신이 그 이야기를 직접 말하는 것을 듣는 데에서 오는 무언가가 있었다"고 말했습니다. 그녀는 더 이상 통제력을 잃을까 봐 두려워하지 않게 되었습니다. 그녀는 그의 죽음을 막을 수 있었다고 생각하는 것이 타당한지 다시 돌아보기 시작했고, 결국 모든 사람이 최선을 다했다고 믿게 되었습니다. 어쩌면 그저 그가 떠날 때가 된 것이었을지도 모릅니다. 그녀는 또한 그가 자신이 그를 얼마나 사랑했는지 모른 채 죽었을 거라는 생각에 힘들어하고 있었다는 것을 알게 되었습니다. 그것이 사실이 아닐 거라고 생각하면서도, 그 생각은 계속해서 그녀를 괴롭혔습니다. 그녀는 이야기를 하고 또 들으면서 남편과의 관계에 대해 더 자유롭게 생각할 수 있게 되었고, 두 사람 모두 서로의 사랑에 의문을 품은 적이 한 번도 없었다는 것이 분명히 알 수 있었습니다. 또한 다니엘이 마지막에 무언가를 걱정했다면, 그것은 그녀 자신이었을 거라는 점을 깨달았습니다. 그녀는 지금 자신을 행복하게 함으로써 어떻게 그를 위로하고 기릴 수 있을지에 대해 생각하기 시작했습니다. 멀시는 그의 죽음이 부당하다는 생각을 멈추고, 다니엘의 예기치 않은 죽음이 그가 없는 삶에서 그녀가 행복을 느끼는 것이 잘못이라는 의미가 아님을 깨닫기 시작했습니다. 이러한 생각의 변화는 재현 작업과 성찰하는 시간을 통해 일어났으며, 이 과정에서 치료자의 개입은 거의 없었습니다.

5회기에는 상황 재현에 들어갑니다. 환자에게 상실에 대한 고통스러운 기억이 떠올라 회피하는 상황(사람, 장소 또는 사물)을 파악하도록 요청합니다. 환자는 이 상황 중 직면할 활동을 선택합니다. 치료자는 환자에게 다음 일주일 동안 매일 이 활동을 하고, 활동을 하기 전, 하는 동안, 하는 후의 고통 수준을 기록하게 합니다. 일반적으로 고통의 수준은 일주일이 지나면서 낮아지고 환자가 상황에 대해 느끼는 편안함이 눈에 띄게 증가합니다. 그런 다음 치료자는 고통의 위계상 더 상위 단계의 다른 현장으로 넘어갈 것을 권합니다. 이렇게 상황에 직면하는 활동을 계획하고 실행하는 과정을 반복하며, 보통 이 과정은 치료가 끝날 때까지 계속됩니다.

멀시의 상황 회피

멀시는 자신이 가장 좋아하는 다니엘의 사진을 가져와서 상황 재현을 시작했습니다. 봉투에서 사진을 꺼낼 때 그녀는 치료자에게 자신의 손을 잡아달라고 했고 치료자도 거기에 응했습니다. 예상대로 그녀의 고통은 100까지 치솟았지만, 사진을 본 지 몇 분 만에 그녀는 눈물이 고인 채로 미소를 지었습니다. 그녀는 이 사진을 찍었던 날과 관련된 이야기를 하기 시작했고, 얼마 지나지 않아 그의 익살스러운 행동을 떠올리며 웃음을 터뜨렸습니다. 상황 재현은 집에서 더 많은 사진을 보는 것으로 발전되었고, 그 후에는 자녀 및 손주들과 함께 시간을 보내는 것으로 이어졌습니다. 그녀는 손주들에게 할아버지에 대한 이야기를 들려주

고 싶었고, 그들과 함께 있을 때 그렇게 할 수 있다는 것을 깨달았습니다. 방문 빈도가 늘어나면서 이 시간은 점차 그녀와 아이들에게 더욱 즐거운 시간이 되어갔습니다. 그녀는 점점 더 자신감을 가지고 위계 목록에 있는 다른 상황들을 다루기 시작했고, 그때마다 상황은 빠르게 편안해졌습니다. 가장 어려웠던 것은 그가 사망한 병원을 방문하는 것이었지만, 치료가 끝날 무렵에 그녀는 이 문제 역시 다루기 시작했습니다.

기억과 사진에 대한 작업은 6회기부터 시작하여 5회기 동안 계속됩니다. 치료자는 환자에게 일련의 기억 설문지 중 첫 번째 설문지를 작성하게 합니다. 이 첫 번째 설문지는 사망한 사람의 가장 호감 가는 특징, 그와 함께했던 가장 즐거운 시간, 그가 환자의 삶에 더해 준 것, 환자가 그에 대해 가장 사랑했던 점 등 긍정적인 기억에 초점을 맞춥니다. 환자에게는 7, 8회기 이후에도 긍정적인 기억에 대해 계속 쓰고, 9회기 이후에는 그 사람과의 관계에서 '그다지 긍정적이지 않은' 것에 대해 생각해 보도록 합니다. 10회기 이후에는 사망한 사람에 대한 긍정적인 기억과 그렇지 않은 기억에 대한 설문지를 작성합니다.

15.2.4 과정의 중간 검토 및 종결 단계

10회기에서는 지금까지의 치료를 검토하고 남은 회기에 대한 계획을 세웁니다. 치료자는 PGD 모형을 검토하고 환자와 이에 대해 논의하여, 변화된 것과 여전히 작업이 필요한 것을 확인합니다. 상황 재현, 지지 체계 다시 쌓기, 달성하고자 하는 목표 작업을 통해 진행된 상황을 논의합니다. 치료자와 환자가 협력하여 치료의 마지막 단계를 계획합니다.

PGDT의 마지막 6회기에서는 치료 효과를 완성하고 통합하며, 치료 종결에 대한 생각과 감정을 다룹니다. 상실 요소는 환자가 상실의 최종성과 슬픔의 영속성을 받아들이고, 상실이 환자에게 어떤 의미인지를 이해하고, 고인과의 변화된 관계를 받아들이도록 돕는 데 초점을 둡니다. 회복 요소는 환자가 목적과 의미가 있는 삶의 가능성을 회복하고, 유능감을 되찾고, 자신이 세상에 소속되어 있으며 중요한 존재라고 느끼는 데 도움이 되는 관계를 재건하도록 돕습니다.

종결 단계에서 상실에 집중하는 주요 작업은 고인과의 상상 속 대화입니다. 이 작업은 일반적으로 11회기에서 이루어지지만, 환자가 상상 재현 순서를 완료하는 시점에 따라 그 시기를 유연하게 조정할 수 있습니다. 상상 속 대화의 절차는 환자에게 눈을 감으라고 한 후 사망 직후 고인과 함께 있는 자신의 모습을 상상하도록 하는 것입니다. 환자는 사랑하는 사람에게 소리를 내어 대화를 시도하고, 이어서 사망한 사람의 역할을 맡아 역시 소리 내어 대답합니다. 환자에게는 실제로는 불가능하지만 고인이 듣고 응답할 수 있다고 상상하게 합니다. 환자는 자신이 원하는 어떤 것이든 사랑하는 고인에게 묻거나 이야기하도록, 그리고 이어서 상대방의 역할을 맡아 응답하도록 격려받습니다. 대부분의 사람들은 이 작업을 하는 것에 대해 약간의 두려움을 느끼지만, 일단 실행하고 나면 매우 강력한 효과가 있는 작업이라는 것을 알게 됩니다.

멀시의 상상 속 대화

멀시도 처음에는 망설였지만 마침내 이 작업을 하는 데 동의했습니다. 그녀는 눈을 감고 다니엘에게 그가 그렇게 아파하며 죽어가는 것을 지켜보는 것이 너무 힘들었다고 말했습니다. 그녀는 무슨 일이 일어나고 있는지 이해할 수 없었고, 자신의 상태에 너무 집중한 나머지 남편을 제대로 지지해주지 못했다고 했습니다. "중요한 건 내가 아니었어요. 당신이 훨씬 더 힘들었을 거예요." 그녀는 그를 매우 사랑하며 그가 이제는 편안하기를 바란다고 말했습니다. 그녀는 그가 없는 삶을 상상하는 데 어려움을 겪고 있습니다. 자신이 그를 얼마나 사랑하는지 그가 정말로 알고 있었는지 확신하지 못했습니다. 치료자의 제안에 따라, 멀시는 스스로 다니엘의 역할을 맡아 대답했습니다. 그녀는 목소리를 바꾸어 다음과 같이 말했습니다. "걱정하지 마, 멀시. 나는 항상 당신이 나를 사랑한다는 것을 알고 있었어. 떠나게 되어 안타깝지만 질병의 경과를 바꿀 방법이 없었어. 당신이 얼마나 힘들었을지 알기 때문에 마지막 순간에 당신이 곁에 없어서 다행이었어. 나는 여전히 당신이 행복하기를 무엇보다도 원해. 그게 내가 항상 원하던 거라는 걸 알잖아. ... 나는 죽고 싶지 않았지만, 그건 신의 뜻이었고 나는 지금은 신과 함께하며 평안을 찾았어."

회복 요소의 주요 목표는 일상 생활에서 보람 있는 활동을 장려하고, 자신의 진정성이 반영된, 실제 자신의 의지로 선택하는 목표를 설정하고, 지지 체계를 재구축하는 데 집중하는 것입니다. 이러한 활동은 매 회기의 마지막 단계에서 계속 다루어집니다.

각 회기의 마무리 단계에서는 치료의 종결을 다룹니다. 치료자와 환자는 자기 개념의 재구조화, 새로운 목표와 계획 수립, 행복의 가능성이 있는 미래를 구상하면서 함께 치료를 되돌아봅니다. 치료자는 환자가 미래에 대한 계획을 세울 때 자신의 기존 강점을 파악하고 취약성이 있을 수 있는 지점을 파악할 수 있게 돕습니다. 그리고 치료 종결에 대한 환자의 생각과 감정을 이끌어냅니다. 종결 논의에 할애하는 시간은 11회기부터 15회기까지 점차 늘어납니다. 종결에 대한 논의는 16회기에서 PGDT 모형을 검토하고, 논의된 내용을 개인에 맞춰 적용하고, 치료 중에 발생한 변화를 강조하는 것으로 마무리됩니다.

멀시의 마지막 회기

치료가 끝날 무렵 멀시의 증상은 현저히 감소되었습니다. 그녀는 여전히 다니엘에 대해 이야기하거나

그를 생각할 때 슬픔을 느꼈습니다. 친구들과 어울릴 때에도 여전히 그를 몹시 그리워하는 순간적인 아픔이 느껴지곤 했습니다. 하지만 그녀는 친구들과 정기적으로 외출을 하고 있었고, 오랜 친구인 부부들과 성공적인 저녁식사 시간을 여러 차례 가졌습니다. 그들 중 한 명은 자신이 아는 사별남과 그녀를 연결해주고 싶어했지만, 그녀는 아직 다른 사람을 만날 준비가 되었는지 모르겠다고 말했습니다. 그녀는 치료자에게도 자신에게 데이트는 아마도 먼 미래의 일일 것 같다고 했습니다. 그리고 지금은 비올라를 배우는 것과 지난 5년 동안 회사의 수용과 이해에 보답하기 위해 열심히 일하는 데 집중하고 싶다고 했습니다. 그녀는 회사에 많은 빚을 졌다고 했습니다. 그녀는 치료자와 작별 인사를 위해 악수를 나누며 미소를 지었습니다. "정말 감사해요." 그녀는 이렇게 말했습니다. "당신은 제 삶을 되찾아 주셨고, 그 이상을 주셨어요. 제가 그 어느 때보다 강해진 기분이 들어요. 어떻게 된 건지는 잘 모르겠지만 정말 기분이 좋아요."

15.3 PGDT 적용에서의 어려운 과제들

PGDT를 실행하는 데 있어 치료자가 죽음과 상실을 얼마나 편하게 다룰 수 있는지에 따라 어려움을 겪을 수 있습니다. 죽음에 대한 생각에 직면하는 것은 뿌리 깊은 두려움을 활성화시키고 '공포 관리terror management'라는 반응을 불러옵니다(Pyszczynski 등. 1999).

암묵적인 공포 관리 반응은 우리가 죽음의 현저한 존재에 대한 인식을 억누를 때 발생하며, 이로 인해 생각이 더욱 경직되고, 자신이 옳다는 것에 더 집착하게 되며 자존감을 높이려는 욕구가 커집니다(Florian와Mikulincer 1998, Mikulincer 등. 2003). 이는 사고의 경직과 옳아야 한다는 강박관념으로 이어져, 새로운 개념을 배우고 환자들과 작업하는 것을 어렵게 합니다. 치료자는 자신의 반응을 점검하고 죽음과 상실에 대한 감정적 반응을 조절할 수 있는 효과적인 방법을 찾아야 합니다.

자살 위험성 평가는 PGD 평가에 있어 치료 전과 치료 중 모두에서 중요한 요소입니다. PGD 내담자가 자살 생각을 보고하는 비율이 높으므로, 임상 평가 시 항상 자살 충동과 행동에 대해 질문해야 합니다. 자살 생각이 있다고 인정하는 경우 적극적인 자살 생각, 의도 및 계획을 포함하여 자살 위험을 평가해야 합니다. 위험하다고 판단되는 사람들은 일반적인 임상 진료 지침에 따라 관리해야 합니다. 또한, PGD 내담자에게는 처방된 약물을 복용하지 않거나 기타 필요한 치료를 받지 않는 것, 과도한 위험을 감수하는 등의 간접적인 자살 행동에 대해 질문해야 합니다. 이러한 행동이 확인되면 이 또한 치료 대상으로 삼아야 합니다.

수면 장애는 PGD에서 흔히 발생하므로, 치료자는 PGD 치료 전 평가의 일부로 수면에 대해 질문해야 합니다. 수면 장애는 PGDT의 적절한 치료 목표가 될 수 있으며, PGD의 감별 진단으로 고려되어야할 뿐 아니라 공존 질환의 가능성을 염두에 두어야 합니다.

PGDT 회기는 집중적이고 비교적 짧기 때문에 치료 효과의 대부분은 환자가 회기 사이에 하는 것에 따라 크게 달라집니다. 치료의 또 다른 어려움은 치료자가 회피성 환자 및/또는 생존자 죄책감이 있는 환자에게 계획한 활동을 하도록 설득해야 한다는 것입니다. 계획에 있는 회기 간 작업을 할 의지가 없거나 할 수 없는 사람들을 위해 창의적인 대안을 고안해야 할 수도 있습니다. 예를 들어, 환자가 애도 관찰을 거부하는 경우, 치료자는 환자에게 평균 애도 수준, 또는 최고나 최저 수준만 관찰하도록 하거나, 숫자를 적게 사용하거나 수치 대신 높음, 중간, 낮음의 수준으로 평가하는 것부터 시작할 수 있습니다. 일주일 중 2-3일만 관찰하거나 오전에만 관찰하게 할 수도 있습니다.

또 다른 흔한 어려움은 재현 작업에 대한 환자의 두려움과 저항입니다. 환자는 지나치게 말을 많이 하거나 관련 없는 문제를 제기하여 재현 작업을 미루려고 할 수 있으며, 이 경우 치료자는 환자의 주의를 부드럽게 본래의 방향으로 돌려야 합니다. 때때로 환자는 눈을 감기를 원하지 않을 수 있습니다. 치료자는 환자를 부드럽게 격려하거나, 치료자의 반응을 보지 않도록 눈을 뜬 채 아래를 바라보면서 작업하도록 하게 할 수 있습니다. 환자가 이야기를 매우 축약해서 할 수도 있습니다. 이럴 때 치료자는 이를 그대로 두고, 평소처럼 작업을 녹음한 후 환자가 녹음본을 집으로 가져가게 합니다. 환자가 정기적으로 이를 들으면, 다음 회기에서 더 자세히 이야기하는 경우가 종종 있습니다. 때때로 환자가 작업을 거부하기도 합니다. 이런 경우 치료자는 환자에게 이야기를 보다 서사적인 방식으로 말하거나 글로 써보도록 유도함으로써 그 경험에 가까이 가도록 도울 수 있습니다. 상상 재현 작업은 치료의 중요한 구성 요소이므로, 가능한 한 프로토콜에 가깝게 진행되도록 다각도의 노력을 기울여야 합니다.

15.4 우리의 연구 결과

이전에 복합 애도 치료complicated grief therapy, CGT로 알려진 PGDT는, 1990년대 후반 16주 프로토콜 연구로 처음 예비연구가 시행되었습니다(Shear 등. 2001). 참여 대상자는 사별 후 최소 3개월이 지났고 19개 항목으로 구성된 복합 애도 설문지the 19-item Inventory of Complicated Grief, 이후 ICG에서 25점 이상을 받은 경우였습니다. 또한 참여자들은 우울증 및 불안 평가를 시행했습니다. 치료 후 ICG 점수는 기준 점수의 절반 이하로 감소했습니다. 우울증과 불안 점수도 치료 기간 동안 임상적으로나 통계적으로 기준선보다 유의하게 낮은 수준으로 감소했습니다. PGD 증상의 큰 감소는 이전에 애도 관련 우울증을 대상으로 한 대인 관계 치료IPT 연구에서 관찰했던 것보다 약 2배 더 큰 수치입니다.

그 후 미국 국립정신건강연구소의 지원으로 약 16회기의 IPT와 PGDT를 비교하는 무작위 통제 연구를 실시했습니다(Shear 등. 2005). 그 결과 두 치료법 간에 통계적, 임상적으로 유의미한 차이가 있었습니다. 두 치료법 모두 완료율이 높았으나, PGDT 완료자의 반응률은 IPT 완료자의 두 배였습니다. 아프리카계 미국인 연구 참여자의 임상적 특성과 결과는 백인과 차이가 없었습니다(Cruz 등. 2007).

NIMH이 지원한 또 다른 무작위 통제 연구에서는 노인을 대상으로 PGDT와 IPT를 비교한 결과, PGDT의 반응률이 70%로 IPT보다 두 배 이상 높았습니다(Shear 등. 2014). 이 두 번째 연구는 다른 연구실의 치료자에 의해 첫 번째 연구보다 평균 10년 이상 나이가 많은 인구를 대상으로 시행되었습니다.

이 연구의 참여자는 해당 약물 복용 시 안정적인 상태를 유지하는 기준을 충족하는 경우 향정신성 약물을 복용할 수 있었습니다. 동반된 기분 장애 또는 불안 장애가 있는 사람은 공존 질환이 없는 사람에 비해 항우울제를 복용할 가능성이 약 2배 높았습니다. 이차 분석에 따르면, 항우울제 사용은 PGDT의 높은 치료 완료율과 연관이 있었습니다. 이러한 약물 효과는 항우울제 복용군과 비복용군의 치료 완료율이 동일한 IPT 집단에서는 나타나지 않았습니다(Simon 등. 2008). 항우울제 투약은 PGDT와 IPT 모두에서 반응률을 약 20% 증가시켰습니다. 우리는 항우울제가 PGDT의 유익한 효과를 증강시킬 수 있다는 결론을 내리고 이를 조사하기 위해 연구비를 신청했습니다.

그 후, NIMH의 지원으로 시행한 연구에서 PGDT의 시행 유무와 항우울제의 효과를 평가하여 PDGT의 효능을 다시 한 번 입증했지만, PGD 치료에서 약물의 이점은 나타나지 않았습니다(Shear 등. 2016). 우울 증상과 PGD가 공존하는 대상자에게서만 PGDT에 항우울제를 추가했을 때 우울 증상이 유의하게 감소했습니다.

물질사용장애의 진단 기준을 충족하는 16명(알코올 7명, 대마초 4명, 코카인 3명, 메타돈 3명)을 대상으로 한 예비 연구에서는, 동기 부여 면담과 감정 대처 및 의사소통 기술이 포함되어 확장된 24회기 형태의 PGDT를 사용했습니다(Zuckoff 등. 2006). 결과 분석상 치료 완료 집단과 치료 의향 집단 모두에서 ICG 점수가 임상적으로 유의미하게 큰 폭으로 감소했으며, 사전 및 사후 효과 크기가 컸습니다. 두 집단 모두에서 금단 유지 일수는 유의하게 증가하였고 치료 전후 비교의 효과 크기도 중간에서 큰 정도였습니다.

무작위 연구의 이차 분석에서는 공존 질환(Simon 등. 2007), 전형적인 신념(Skritskaya 등. 2017, 2020), 회피(Baker 등. 2016), 치료 기대 및 동맹(Glickman 등. 2018; Goetter 등. 2018), 일상 생활 활동(Monk 등. 2006), 수면 및 꿈(Germain 등. 2005, 2006, 2013; Szuhany 등. 2020), 인지 기능(Hall 등. 2014), 의학적 증상(Robinaugh 등. 2016), 위험한 수준의 해리(Bui 등. 2013), 애도 관련 공황 발

작(Bui 등. 2015), 갈망(Robinaugh 등. 2016), 자살 가능성(Szanto 등. 2006), 자살 사별(Tal 등. 2017; Zisook 등. 2018) 등을 다룬 결과를 분석하였습니다. 각 연구 참여 대상자의 대부분은 현재 DSM-IV 축 I의 기분 및/또는 불안 장애 기준을 충족하는 경우였습니다. 예를 들어, 첫 번째 대규모 연구에서 대상자들은 공존 질환이 없는 그룹, 공존 질환이 1개, 2개, 그리고 3개 이상인 그룹으로 거의 균등하게 분류되었습니다. 주요 우울 장애와 PTSD가 가장 흔한 공존 질환으로, 각각 연구 참여자의 약 절반을 차지하였습니다.

치료자는 PGD와 관련된 자살 충동을 인지해야 합니다. PGD 환자의 대다수는 사랑하는 사람의 사망 이후 죽고 싶다는 생각을 하는 것으로 나타났습니다. 이는 사랑하는 사람의 사망 전에 이러한 생각의 보고 비율의 약 두 배입니다. 이들 중 소수(10% 미만)만이 실제로 자살을 시도했습니다. 그러나 거의 3분의 1은 살고 죽는 것에 관심이 없어져 자신의 건강이나 안전을 고의적으로 무시했고, 4분의 1이 조금 넘는 응답자는 부주의하거나 무모한 행동으로 자신의 생사를 우연에 맡기고 싶다고 생각했습니다. 자살 사고는 우울증을 통제한 후에도 PGD/CG와 관련이 있었습니다.

수면 장애는 PGD의 진단 기준에 언급되어 있지 않지만, 이 질환으로 인해 수면이 방해받는 경우가 많습니다. 연구에 참여한 PGD 대상자들은 피츠버그 수면의 질 지수the Pittsburgh Sleep Quality Index, 이하 PSQI는 임상적으로 유의미한 수준의 수면 장애 기준치보다 훨씬 높은 점수를 받았습니다. 또 다른 연구에서는 IPT와 달리, PGDT의 치료 반응이 PSQI 점수의 현저한 개선과 관련이 있었습니다(Germain 등. 2006). 마지막으로, 연구 참여자의 꿈을 조사한 결과, 이전에 발표된 표준적인 꿈 자료와의 차이를 발견했습니다. 특히, PGD 참여자들의 경우, 꿈에 친숙한 사람들이 과도하게 많이 등장했지만 긍정적 및 부정적 꿈 요소가 모두 부족했습니다. 흥미롭게도, 이러한 경향은 이전에 주요 우울 장애(Barrett와 Loeffler 1992)와 PTSD(Esposito 등. 1999)에서 보고된 꿈의 경향과도 달랐습니다.

본 연구 참여자들의 일상생활 양식은 이전에 모니터링된 건강한 대조군과 눈에 띄는 차이를 보였습니다. PGD를 앓고 있는 참여자는 대조군에 비해 오후에 낮잠을 자거나 저녁에 간식이나 음료를 마실 가능성이 훨씬 더 높았습니다. 이와 연관되어 식사를 거르고 하루 종일 집 안에 있을 가능성이 더 높았습니다. 이들은 업무나 집안일, 또는 운동을 할 가능성이 낮았습니다(Monk 등. 2006). 이러한 변화는 회피 관련 행동의 증가와 사회적 상호 작용의 감소를 시사하며, 이는 PGD 증상의 유지 및/또는 심각성에 영향을 줄 수 있습니다.

종합해 보면, PGD와 그 치료에 대한 우리의 연구는PGD 기준을 충족하고 연구 참여에 동의한 도움을 구하는 개인들이 보이는 PGD의 임상적인 증후군 양상에 대해 포괄적인 그림을 보여줍니다. 특히, 이 참여자들은 공존 질환율이 높고 기능 손상의 정도가 상당히 심각했습니다. 우리와 다른 연구자들은 이들의 높은 자살 사고 및 행동 비율뿐 아니라 현저한 수면 장애 및 일상 활동 문제를 보고

했습니다. 연구 참여자 대부분은 이전에 애도 상담사나 기타 정신건강 전문가에게 치료를 받았지만 증상이 완화되지 않았습니다. 우리는 이렇게 심각하게 고통과 장해를 겪는 이들이 이 장에서 설명한 단기 목표 지향성 개입에 매우 잘 반응한다는 것을 확인했습니다. 연구 참여자들은 종종 "당신 덕분에 제 삶과 그 이상을 되찾았어요"와 같은 말을 전하며 넘치는 감사를 표현했습니다. 이와는 매우 대조적으로, 이러한 개인들은 우울증에 대한 강력한 효능이 입증된 비교 치료에서는 최소한의 반응만 보였습니다. 우리들의 연구 결과는 치료자들에게 PGD의 임상 양상을 명확하게 보여주고 이들을 치료하기 위한 간단하고 효과적인 접근 방식을 제공합니다.

References

Baker AW et al (2016) The role of avoidance in complicated grief: a detailed examination of the Grief-Related Avoidance Questionnaire (GRAQ) in a large sample of individuals with complicated grief. J Loss Trauma 21(6):533–547

Barrett D, Loeffler M (1992) Comparison of dream content of depressed vs nondepressed dreamers. Psychol Rep 70(2):403–406

Boerner K, Wortman CB, Bonanno GA (2005) Resilient or at risk? A 4-year study of older adults who initially showed high or low distress following conjugal loss. J Gerontol B Psychol Sci Soc Sci 60(2):P67–P73

Bowlby J (1980) Loss sadness and depression. Attachment and loss, vol 3. Basic Books, New York, NY, p 472

Bui E et al (2013) Periloss dissociation, symptom severity, and treatment response in complicated grief. Depress Anxiety 30(2):123–128

Bui E et al (2015) Grief-related panic symptoms in complicated grief. J Affect Disord 170:213–216

Burkett JP, Young LJ (2012) The behavioral, anatomical and pharmacological parallels between social attachment, love and addiction. Psychopharmacology 224(1):1–26

Cruz M et al (2007) Clinical presentation and treatment outcome of African Americans with complicated grief. Psychiatr Serv 58(5):700–702

Esposito K et al (1999) Evaluation of dream content in combat-related PTSD. J Trauma Stress 12(4):681–687

Florian V, Mikulincer M (1998) Symbolic immortality and the management of the terror of death: the moderating role of attachment style. J Pers Soc Psychol 74(3):725–734

Foa EB et al (2005) Randomized trial of prolonged exposure for posttraumatic stress disorder with and without cognitive restructuring: outcome at academic and community clinics. J Consult Clin Psychol 73(5):953–964

Germain A et al (2005) Sleep quality in complicated grief. J Trauma Stress 18(4):343–346

Germain A et al (2006) Treating complicated grief: effects on sleep quality. Behav Sleep Med 4(3):152–163

Germain A et al (2013) Dream content in complicated grief: a window into loss-related cognitive schemas. Death Stud 37(3):269–284

Glickman K, Shear MK, Wall MM (2018) Therapeutic alliance and outcome in complicated grief treatment. Int J Cogn Ther 11(2):222–233

Goetter EM et al (2018) Treatment expectancy and working alliance in pharmacotherapy as predictors of outcomes in complicated grief. J Consult Clin Psychol 86(4):367

Hall CA et al (2014) Cognitive functioning in complicated grief. J Psychiatr Res 58:20–25

Hassin RR et al (2009) Implicit working memory. Conscious Cogn 18(3):665–678

Mikulincer M, Shaver PR (2003) The attachment behavioral system in adulthood: activation, psychodynamics, and interpersonal processes. Adv Exp Soc Psychol 35:53–152

Mikulincer M, Florian V, Hirschberger G (2003) The existential function of close relationships: introducing death into the science of love. Personal Soc Psychol Rev 7(1):20–40

Miller WR, Rollnick S (2013) Motivational interviewing: helping people change. Applications of motivational interviewing, 3rd edn. Guilford Press, New York, NY, p xii, 482 p

Min JA et al (2013) Cognitive emotion regulation strategies contributing to resilience in patients with depression and/or anxiety disorders. Compr Psychiatry 54(8):1190–1197

Monk TH, Houck PR, Shear MK (2006) The daily life of complicated grief patients – what gets missed, what gets added? Death Stud 30(1):77–85

Moran M (2020) Board approves new prolonged grief disorder for DSM. Psychiatric News 55:14. https://doi.org/10.1176/appi.

pn.2020.11a12
Moskowitz JT, Folkman S, Acree M (2003) Do positive psychological states shed light on recovery from bereavement? Findings from a 3-year longitudinal study. Death Stud 27(6):471–500
Neff KD, Vonk R (2009) Self-compassion versus global self-esteem: two different ways of relating to oneself. J Pers 77(1):23–50
Prigerson HG, Boelen PA, Xu J, Smith KV, Maciejewski PK (2021) Validation of the new DSM-5-TR criteria for prolonged grief disorder and the PG-13-revised (PG-13-R) scale. World Psychiatry. 20(1):96-106
Pyszczynski T, Greenberg J, Solomon S (1999) A dual-process model of defense against conscious and unconscious death-related thoughts: an extension of terror management theory. Psychol Rev 106(4):835–845
Reber PJ (2013) The neural basis of implicit learning and memory: a review of neuropsychological and neuroimaging research. Neuropsychologia 51(10):2026–2042
Robinaugh DJ et al (2016) Yearning and its measurement in complicated grief. J Loss Trauma 21(5):410–420
Ryan RM, Deci EL (2000) Self-determination theory and the facilitation of intrinsic motivation, social development, and well-being. Am Psychol 55(1):68–78
Shear K, Shair H (2005) Attachment, loss, and complicated grief. Dev Psychobiol 47(3):253–267
Shear MK et al (2001) Traumatic grief treatment: a pilot study. Am J Psychiatry 158(9):1506–1508
Shear K et al (2005) Treatment of complicated grief: a randomized controlled trial. J Am Med Assoc 293(21):2601–2608
Shear MK et al (2014) Treatment of complicated grief in elderly persons: a randomized clinical trial. JAMA Psychiatry 71(11):1287–1295
Shear MK et al (2016) Optimizing treatment of complicated grief: a randomized clinical trial. JAMA Psychiatry 73(7):685–694
Simon NM et al (2007) The prevalence and correlates of psychiatric comorbidity in individuals with complicated grief. Compr Psychiatry 48(5):395–399
Simon NM et al (2008) Impact of concurrent naturalistic pharmacotherapy on psychotherapy of complicated grief. Psychiatry Res 159(1–2):31–36
Skritskaya NA et al (2017) Measuring maladaptive cognitions in complicated grief: introducing the typical beliefs questionnaire. Am J Geriatr Psychiatry 25(5):541–550
Skritskaya NA et al (2020) Changes in typical beliefs in response to complicated grief treatment. Depress Anxiety 37(1):81–89
Stroebe M, Stroebe W, Schut H (2003) Bereavement research: methodological issues and ethical concerns. Palliat Med 17(3):235–240
Szanto K et al (2006) Indirect self-destructive behavior and overt suicidality in patients with complicated grief. J Clin Psychiatry 67(2):233–239
Szuhany KL et al (2020) Impact of sleep on complicated grief severity and outcomes. Depress Anxiety 37(1):73–80
Tal I et al (2017) Complicated grief after suicide bereavement and other causes of death. Death Stud 41(5):267–275
Weissman MM, Markowitz JC, Klerman GL (2000) Comprehensive guide to interpersonal psychotherapy. Basic behavioral science. Basic Books, New York, NY, p xii. 465 p
Wilson TD (2002) Strangers to ourselves: discovering the adaptive unconscious. Harvard University Press, Cambridge, MA
Zisook S et al (2018) Treatment of complicated grief in survivors of suicide loss: a HEAL report. J Clin Psychiatry 79(2):17m11592
Zuckoff A et al (2006) Treating complicated grief and substance use disorders: a pilot study. J Subst Abus Treat 30(3):205–211

세계의 정신건강을 개선하기 위한 혁신적 개입

16

Richard A. Bryant

16.1 소개

외상 후 정신건강, 특히 PTSD에 대한 연구의 대부분이 서구 국가에서 이루어지고 있지만, 트라우마와 부정적인 환경에 노출된 전 세계 인구의 대부분은 비서구 국가에 거주하고 있습니다. 저소득 및 중간 소득 국가low- and middle-income countries, LMIC에 거주하는 사람들은 다양한 부정적인 생활 사건들에 더 많이 노출되어 있으며, 이에 따라 정신질환의 발병률도 더 높습니다. 이 장에서는 저소득 및 중간 소득 국가의 정신건강, 특히 외상 후 정신건강에 대한 최신 지식을 다룹니다. 우선 저소득 및 중간 소득 국가의 질환 유병률을 살펴보고, 질환의 주요 위험 요인들을 개략적으로 확인한 뒤 치료 방안에 대한 최신 근거들을 검토합니다. 또한 이 장에서는 저소득 및 중간 소득 국가의 정신건강 문제를 해결해야 할 필요성과 이를 다룰 프로그램에 할당 가능한 자원이 제한적이라는 현실 사이의 균형을 맞추는 데 있어 정신건강 분야가 직면한 주요 과제에 초점을 둘 것입니다.

16.2 세계의 정신건강 문제

외상 후 정신건강 연구에서 자주 간과되는 문제 중 하나는 저소득 및 중간 소득 국가 사람들에게 트라우마와 역경이 미치는 영향입니다. 저소득 및 중간 소득 국가에 거주하며 해당 국가에서 흔히 존재하는 인도주의적 위기에 노출된 사람들은 전쟁, 구금, 충격적인 사별, 가족과의 분리 및 기타 잠재적인 트라우마 사건 등의 외상 상황에 노출될 가능성이 더 높습니다. 이러한 사건의 영향은 빈곤, 인구 과밀 및 전반적으로 열악한 건강으로 인해 더 악화될 수 있습니다. 이 문제를 잘 드러내는 예가 바로 전 세계적으로 강제이주자 대부분이 저소득 및 중간 소득 국가에 수용되고 있다는 점입니다. 난민의 정의는 "인종, 종교, 국적, 특정 사회 집단의 구성원으로서의 신분이나 정치적 의견을 이유로 박해받을 우려가 있어 국적 국가의 밖에 있는 사람"입니다(유엔난민기구United Nations High Commissioner for Refugees[1] 1951). 난민 외에도, 전쟁과 박해로 인해 자국 내에서 강제 이주된 사람들은 더욱 많습니다. 전 세계적으로 전쟁과 분쟁으로 인해 강제 이주된 사람들이 약 8천만 명으로, 이 중 2천 6백만 명 이상이 공식적으로 난민으로 등록되어 있지만 등록되지 않은 사람들이 더 많은 상태입니다(유엔난민기구 2020).

저소득 및 중간 소득 국가의 사람들에게서 불안, 우울, PTSD를 포함하는 정신질환의 위험성이 더 높다는 근거가 다수 있는데, 이는 그들이 잠재적인 트라우마 사건과 역경에 더 많이 노출되기 때문일 것으로 추정됩니다(Charlson 등. 2019). 유사한 경향이 체계적 문헌고찰에서도 보이는데, 난민들이 주류 사회 집단보다 더 높은 비율로 정신질환을 경험한다는 결론을 제시하였습니다(Turrini 등. 2017). 난민들이 비난민 이주민(Beiser와 Hou 2017; Browne 등. 2017)과 원주민 집단(Fazel 등. 2005)에 비교하여 PTSD의 발병률이 더 높았습니다. 난민 집단에서의 PTSD 비율은 연구마다 크게 다르게 나타나므로 정확히 파악하기 어렵습니다. 한 메타분석에서는 전쟁 피해 인구의 PTSD 유병률이 0%에서 99%까지 다양했고, 연구 전체의 가중 평균 유병률은 31%(Steel 등. 2009)로, 더 최근의 메타분석(Blackmore 등. 2020)과 유사한 비율이었습니다. 다른 체계적 고찰 연구에서도 유병률이 4.4%에서 86%로 매우 다양하였습니다(Bogic 등. 2015). 단일 난민 집단 중 가장 규모가 크고 현재 진행 중인 전쟁으로 상당한 트라우마에 노출된 시리아 난민(유엔난민기구 2019)의 경우, 한 메타분석에 의하면 다른 국가에 정착한 시리아 난민의 PTSD 유병률은 43%에 달했습니다(Peconga와 Hogh Thogersen 2020).

요약하자면, 난민과 저소득 및 중간 소득 국가 거주군이 정신질환에 더 취약한 것으로 보이나 방법론적인 문제로 인해 상대적인 위험의 정도는 정확히 알기 어렵습니다. 비무작위 표본, 작은 표본 크기, 그리고 자가보고형 설문 평가의 경우, PTSD 유병률이 증가하는 경향이 있고(Bogic 등. 2015; Steel 등. 2009), 방법론적인 요소가 PTSD 유병률의 차이에 미치는 영향이 12.9%에 해당한다고 보고되었습니다(Steel 등. 2009).

1) 역자주: 정식 명칭은 '유엔난민고등판무관실'이지만, 일반적으로 유엔난민기구라 칭함

16.3 아동의 정신건강

전 세계 정신건강의 핵심 난제는 아이들의 정신적 안녕입니다. 이 문제의 심각성을 잘 보여주는 사실은 오늘날 전 세계 난민의 절반 이상이 아동청소년으로, 적어도 전 세계 난민의 절반 이상이 18세 미만이라는 것입니다(유엔난민기구 2020). 많은 연구에서 젊은 난민들이 높은 비율로 정서적 고통을 겪는 것으로 보고되었습니다(Bronstein과 Montgomery 2011; Reed 등. 2012; Tol 등. 2013). 관찰 연구들을 통해 종종 보고되는 성인의 유병률보다는 낮았지만(Porter와 Haslam 2005) 체계적 문헌고찰에서 난민 아동들의 PTSD 유병률은 높게(11%) 보고되었습니다(Fazel 등. 2005). 예상할 수 있듯이, 난민 아동들의 정신질환 유병률은 환경에 따라 다릅니다. 한 연구에서는 다르푸르의 이주 청소년 중 75%가 PTSD였고, 38%는 우울증을 앓고 있었습니다(Morgos 등. 2007). 보호자가 없는 청소년 난민의 경우 약 50%에서 정신적 고통을 호소하였습니다(Bean 등. 2007). 시리아 아동들의 우울과 PTSD 증상의 보고율은 44%와 45% 사이로(Rogers-Sirin과 Sirin 2015), 약 50%에서 임상적으로 유의한 수준의 불안을 갖고 있었습니다(Cartwright 등. 2015). 또 다른 인구 기반 연구에서는 이와 대조적으로 난민의 (대부분 직접 외상에 노출되지 않은) 자녀들의 정신건강이 지역사회 아동들의 정신건강보다 더 좋은 것으로 보고되기도 합니다(Lau 등. 2018).

난민 상태의 많은 아이들이 부모나 보호자만큼 트라우마에 직접적인 영향을 받지는 않지만, 그럼에도 불구하고 그들의 정신건강은 부모의 정신건강 상태에 영향을 받을 수 있습니다(Ajdukovic과 Ajdukovic 1993; Montgomery와 Foldspang 2006; Rousseau 등. 1998). 이러한 연관성은 부분적으로는 난민의 정신건강이 그들의 양육 행동에 영향을 미치고, 이것이 다시 자녀의 심리적 안녕감에 영향을 주기 때문일 것으로 보입니다(Bryant 등. 2018, 2020; Hinton 등. 2009; Thabet 등. 2009). 한 인구집단 기반 연구에 따르면 난민들의 PTSD가 심할수록 자녀를 가혹하게 양육하고, 이는 다시 자녀의 심리적 문제의 악화로 이어졌습니다(Bryant 등. 2018). 같은 인구집단을 대상으로 한 또 다른 보고서에서는, 이들의 장기간 지연된 애도의 정도가 양육에 영향을 미치고 이것이 자녀의 정서적 기능 저하와 관련되었습니다(Bryant 등. 2020). 여러 근거들을 종합해 볼 때, 난민의 정신건강이 자녀의 심리적 안녕에 중요한 요소라는 점이 명백하며, 이는 양육 방식에 미치는 영향 때문일 것으로 추정됩니다. 이러한 관찰을 통해 부모나 보호자의 정신질환을 다루는 것이 저소득 및 중간 소득 국가 청소년들의 정신건강을 향상시킬 수 있다는 가능성이 제기되었습니다(Miller 등. 2020; Panter-Brick 등. 2014). 우울한 어머니에 대한 심리치료가 자녀의 정신건강에 긍정적인 영향을 미친다는 메타분석 근거가 이를 뒷받침합니다(Cuijpers 등. 2015).

16.4 인도주의적 위기 상황에서 외상 후 정신건강의 본질

저소득 및 중간 소득 국가에서 외상과 역경을 겪은 이들에게서 가장 널리 연구된 정신과적 질환은 PTSD이지만, 이것이 또 다른 정신건강 문제로 이어질 수 있다는 점에 주의를 기울이는 것이 중요합니다. 예를 들어, 난민들에게서 우울증의 비율이 높다는 근거들이 있는데(Blackmore 등. 2020; Bogic 등. 2015; Steel 등. 2009), 한 메타분석에서는 양질의 여러 관찰 연구를 통해 주류 인구집단보다 이들의 우울증 유병률이 14배 많게 나타났습니다(Bogic 등. 2015). 세계 정신건강 조사World Mental Health Survey에서도 난민의 우울증 비율은 31.5%로, 일반 인구의 12%보다 훨씬 높았습니다(Kessler 등. 2009). 그 외의 질환은 이보다 덜 연구되었지만, 한 메타분석 연구에 따르면 난민의 불안장애 평생 유병률 역시 11%로 지역사회 유병률보다 높았습니다(Blackmore 등. 2020).

요즘 들어 주목받고 있는 질환 중 하나인 지속성 애도 장애는 ICD-11에서 새로운 진단 구성으로 등재되었고 최근 DSM-5-TR에서도 승인되었습니다. 이 질환은 고인에 대한 지속적인 그리움, 이와 연관된 정서적 고통, 죽음을 받아들이기 어려움, 무의미함의 느낌, 죽음에 대한 비통함, 새로운 활동 참여에 어려움을 보이는 질환으로 기술됩니다(WHO 2018). 지속성 애도 장애는 정신, 사회, 신체에 뚜렷한 장해를 유발한다는 근거가 상당하고(Prigerson 등. 2021; Shear 2015), 유족의 약 7%에서 보고되었다는 점에서(Maciejewski 등. 2016) ICD-11에 등재되었습니다. 이 질환은 난민과 인도주의적 위기에 처한 사람과 관련이 있는데, 이들이 사별, 특히 외상성 사별(Tay 등. 2016)을 자주 경험하기 때문입니다. 난민 집단에서 보고된 지속성 애도 장애 비율은 8%에서 54%까지 다양한데(Craig 등. 2008; Schaal 등. 2010), 이들 연구 중 대다수는 소규모이거나 대표성이 없는 연구였습니다. 호주 정착 난민군의 한 인구 기반 연구에 따르면, 사별을 겪은 난민들의 지속성 애도 장애 경험률은 일반 유족 집단(Lundorff 등. 2017)의 두 배인 15%로 나타났습니다(Bryant 등. 2019). 시리아 난민 캠프에서 연속적 표본 추출로 연구한 자료에서도 유족 난민의 15%가 지속성 애도 장애의 진단기준을 충족하였습니다(Bryant 등. 2021).

최근 몇 년 사이에 난민들에게서 보고되고 있는 또 다른 질환은 복합 PTSD입니다. 이 진단은 PTSD 증상 외에도 '자기 조직화self-organization'와 관련된 정서 조절, 사회적 관계 및 자아 개념의 장해가 수반된 복합적인 PTSD 반응을 말합니다(WHO 2018). 이 질환은 처음에는 장기간 지속된 아동기 트라우마의 여파에서 가장 흔히 나타나는 상태로 설명되었으나(Brewin 등. 2017), 연구자들은 난민 집단에서도 이러한 증상 양상을 보고했습니다. 여러 난민 연구(Hyland 등. 2018; Nickerson 등. 2016; Palic 등. 2016)에서 PTSD와 복합 PTSD 사이에 뚜렷이 구분되는 요인 구조를 확인하였는데, 이를 난민들이 겪은 고문과 지속적인 대인 간 트라우마가 누적된 영향에 의한 것으로 설명하였습니다.

16.5 위험 요인

인도주의적 위기, 전쟁 및 난민 경험의 영향을 받은 사람들에게서 정신건강 문제를 유발하는 요인들에 대해 상당히 많은 연구가 진행되었습니다. 이 연구 결과들을 종합하면, 이러한 상황에서 심리적 문제의 주요 예측 요인은 전쟁, 대인 간의 폭력, 성폭력, 고문 및 외상성 사별 등의 외상 사건에 대한 노출이 누적되는 것이었습니다(Lerner 등. 2016; Steel 등. 2009). 이는 많은 저소득 및 중간 소득 국가가 정신질환의 유병률을 높이는 요소인 인도주의적인 위기와 내전에 취약하다는 점에서 예상되었던 결과입니다(Charlson 등. 2019). 이 결론은 전쟁 트라우마가 난민의 정신건강 문제에서 가장 강력한 독립적 예측 요인 중 하나라는 메타분석 근거에 의해 더욱 뒷받침되었습니다(Bogic 등. 2015). 아동의 경우에서도 이러한 양상이 유사하게 관찰되어, 외상 사건 노출이 정신질환의 발병률 증가로 이어졌습니다(Ahmad 등. 2000; Morgos 등. 2007).

난민을 포함하여 인도주의적 위기에 처한 많은 사람들이 겪게 되는 독특한 경험으로, 감옥이나 기타 보안 시설과 유사하게 운영되는 캠프에 구금되는 것입니다. 이 구금에는 폭력, 제한된 이동의 자유, 사회적 교류 및 가족이나 시설 밖 사람들과의 의사소통 제한, 과밀 수용, 제한된 의료 접근성 등 다양한 부정적 경험이 동반될 수 있습니다(Farhat 등. 2018; Roberts와 Browne 2011; Wells 등. 2016). 캠프에서 제공되는 보호와 서비스의 수준은 다양하며, 이는 기본적인 안전이 보장되지 않는다는 주관적 인식이 심각한 심리적 고통과 연관되어 있다는 점에서 매우 중요하게 고려해야 할 사항입니다(Rasmussen 등. 2010).

또한 전 세계적인 정신건강의 관점에서 볼 때, 사람들의 정신건강에 영향을 미치는 요인들은 현저한 위협이 있는 환경에서 벗어난 이후에도 영향을 미칠 수 있다는 점을 염두에 두어야 합니다. 예를 들어, 난민들이 이주 국가에서 경험하는 스트레스 요인들이 그들의 정신건강에 영향을 줄 수 있다는 많은 근거가 존재합니다. 난민들은 빈곤, 실업, 부적절한 주거환경, 차별, 의료 접근성의 제한, 언어 장벽, 그리고 안전하지 못한 본국으로의 송환 가능성 등의 다양한 고난을 겪습니다(Catani 2018). 많은 난민들이 이주 국가에서 장기간 난민촌에 구금된 상태로 지내며, 이러한 환경이 상당한 심리적 스트레스를 유발할 수 있습니다(Keller 등. 2003; Steel 등. 2006; von Werthern 등. 2018). 지역사회에 정착한 사람들이 오히려 공식 난민촌에서는 제공되는 기본적인 보호와 권리를 받지 못하기도 합니다(Stark 등. 2015). 이들 중 상당수는 정부나 민간의 의료 서비스를 이용할 수 없어 신체 또는 정신적 건강 문제에 대해 치료받지 못할 수 있습니다(Rizkalla 등. 2020). 많은 정착 난민들이 빈곤과 열악한 주거환경에서 살게 되는 상황 역시 대인 간 폭력 등 트라우마 노출의 위험성을 높입니다(Logie 등. 2019). 또한 많은 난민들이 영구적 난민 지위를 받지 못하고 임시 비자를 받는데, 이로 인해 박해

받을 가능성이 있는 본국으로 추방될 수 있다는 공포를 계속 느끼게 되며 이는 당연히 정신건강의 악화로 이어집니다(Knipscheer 등. 2015, Morgan 등. 2017, Nickerson 등. 2011).

16.6 세계 정신건강의 기전

16.6.1 해석Appraisals의 역할

PTSD의 기전에 대한 연구가 서구 인구집단에서는 많이 수행되었지만, 저소득 및 중간 소득 국가 사람들의 PTSD 기저 기전에 대해서는 알려진 바가 훨씬 적습니다. 예를 들어, PTSD에 관하여 우세한 학설 중 하나는 인지모델을 기반으로 하고 있으며, 여기에서는 PTSD의 발달이 외상 및 관련 사건에 대한 부적응적 해석과 개인이 그 외상 경험을 자서전적 기억으로 처리하는 방식에 크게 의존한다는 점에 주목합니다(Ehlers와 Clark 2000). 외상 경험의 부적응적 해석이 PTSD와 관련이 있고 (Dunmore 등. 1997), 외상 노출 직후에 이러한 해석이 이후의 PTSD를 매우 높은 확률로 예측한다는 연구결과(Ehlers 등. 1998) 등, 이 모형을 지지하는 근거들은 압도적으로 많습니다.

난민들의 해석을 다룬 일부 연구에서는, 부적응적 해석이 더 심한 PTSD 증상과 연관성을 보였습니다(Basoglu 등. 2007, 2005; Hinton 등. 2002, 2006). 난민들에게서 흔히 발견되는 해석은 자신이 환경을 통제할 수 없다고 인식하는 경향과 미래를 설계하는 데 있어 현저히 낮은 자기효능감을 가진다는 것입니다. 여러 연구에 의하면 과거 외상 경험과 현재 상황에 대한 통제력 인식 모두가 난민의 정신건강에 영향을 미칩니다(Basoglu 등. 2007; Holtz 1998; Le 등. 2018; Silove 등. 2002; Sulaiman-Hill과 Thompson 2013). 난민의 적응에 있어 자기효능감의 역할은, 난민에게 긍정적 자기효능감을 유도하는 경우 유도하지 않은 대조군보다 심리적 고통과 부정적 영향이 감소하고 대처 능력이 향상되었으며 좌절 과제에도 더 잘 인내한다는 실험적 연구결과에 의해 더욱 뒷받침되었습니다(Morina 등. 2018). 또 난민을 대상으로 자기효능감 중심의 개입 효과를 검증한 연구에서도 이 개입이 전반적인 자기효능감을 향상시키고 심리적 증상을 감소시켰습니다(van Heemstra 등. 2019).

16.6.2 도덕적 손상Moral Injury

인도주의적 위기라는 맥락에서 주목이 필요한 해석 중 한 형태는 도덕적 손상의 개념입니다. 이 도덕적 손상은 "깊숙이 간직한 도덕적 신념과 기대에 어긋나는 행위를 저지르거나 막지 못했거나 목격했을 때, 지속적으로 남게 되는 심리적, 생물학적, 영적, 행동적 및 사회적 영향"으로 정의됩니다(Litz 등. 2009, 697쪽). 이 개념은 최근 전쟁에서 일어나는 사건들의 특성상 많은 군인들이 남을 죽이거나 여성과 아이들이 살해당하거나 다치는 것을 보거나, 타인을 보호하지 못하고, 의도치 않게 무고한 사람을 다치게 하는 등, 잠재적으로 도덕적 손상이 되는 사건에 연루되었다고 보고하면서 최근 몇 년간 군 정신의학에서 많은 관심을 받아왔습니다(Hoge 등. 2004). 이 도덕적 손상은 다양한 정신질환과 연관이 있고(Griffin 등. 2019) 자살 위험을 높여(Wisco 등. 2017) 정신건강에 심각한 영향을 미칠 수 있습니다. 연구에서는 이 도덕적 손상에 대한 해석과 평가에 대해, 자신이 도덕 규범을 어긴 경우와 타인에 의해 어긋나게 된 경우로 구분하였습니다(Currier 등. 2018; Jordan 등. 2017; Nash와 Litz 2013).

도덕적 손상의 문제는 많은 난민들이 그들의 도덕적 관점에서 받아들이기 어려운 상황에 노출된다는 점에서 난민 연구 분야의 주목을 받게 되었습니다. 난민 중 일부는 사랑하는 사람이 살해당하는 것을 목격하거나, 성폭력을 당하거나 종교적 규범을 위반해야 되거나(Mollica 등. 1992), 고문을 당해 정보를 누설하게 되거나(Silove 등. 1991) 위험으로부터 사랑하는 사람을 보호하지 못하는 등(Kuong 1998), 도덕적 위반 상황에 처합니다. 난민의 도덕적 손상에 대한 한 연구에 따르면, 자신과 타인의 도덕적 손상에 대한 해석은 트라우마 노출의 정도 및 이주 후 생활고 모두와 연관이 있었습니다(Hoffman 등. 2018, 2019; Nickerson 등. 2015, 2018). 흥미롭게도 타인의 행위와 관련된 도덕적 손상은 더 심각한 PTSD 증상(특히 공포 기반 증상)과 우울증, 분노 모두와 상관관계를 보인 반면(Hoffman 등. 2018), 자신의 행동과 관련된 도덕적 손상의 경우, 더 심한 우울 및 분노와 관련되었지만 회피, 인지 및 기분의 부정적 변화나 과각성과는 관련이 없었습니다. 난민의 도덕적 손상에 대한 우리의 지식은 현 시점에서 아직 제한적이지만, 초기 연구들의 근거는 서로 다른 유형의 도덕적 손상이 다양한 심리적 문제와 관련이 있을 가능성을 시사합니다.

16.6.3 정보 처리

PTSD 인지 모델의 핵심은, 사람들이 외상 경험을 어떻게 처리하고 그것이 자서전적 기억에 어떻게 입력encode되는가에 있습니다(Ehlers와 Clark 2000). 더구나 사람들이 외상 후 시기에 이후의 정보들을 입력하는 방식은, 외상에 적응하고 지속되는 스트레스 요인을 관리하는 면에서 중추적인 역할을 합니다. 이는 종종 간과되는 주제이기는 하나, 문화적 배경이 다른 사람들은 정보를 다르게 처리할 수 있다는 연구결과들이 누적되고 있기 때문에 전 세계의 정신건강 면에서 매우 중요한 문제입니다. 저소득 및 중간 소득 국가의 많은 사람들은 집단주의적 세계관을 갖고 있는데, 이는 많은 선진국 국민들이 갖고 있는 개인주의적 관점과 대조적입니다. 개인이 자신의 자아상과 자신의 세계를 인식하는 방식은 독립(개인주의)적인 것에서부터 상호의존(집단주의)적인 스펙트럼에 따라 다양할 수 있습니다(Oyserman 2011; Oyserman 등. 2002). 개인주의적 자아 인식은 독립, 개인의 성취, 자율성을 우선시하고 분석적 사고를 선호하며, (항상 그런 것은 아니지만) 대개 미국 등 서구 기반 문화의 특징입니다(Han 등. 2013). 이와 대조적으로 집단주의 문화에서는 사회적 조화와 상호의존성을 중시하며, 종종 전체론적인 사고 방식을 적용합니다(Han 등. 2013; Masuda와 Nisbett 2001).

연구가 시사하는 바에 따르면 이러한 자기구성self-construal의 차이는 지각, 주의 및 기억 체계에 영향을 미칩니다(Han 등. 2013; Kitayama와 Uskul 2011). 예를 들어, 정보를 입력할 때 개인주의적인 사람들은 대상에 편향되는 반면, 집단주의적인 사람들은 배경 정보에 더 영향을 받습니다(Masuda와 Nisbett 2001; Rayner 등. 2007). 이러한 경향은 세계의 정신건강 면에서 매우 중요한데, 집단주의적인 사람들이 맥락에 더 주의를 기울이는 것이 정보, 감정 및 기억을 관리하는 방식에 영향을 미치는데 바로 이것이 PTSD 모델의 핵심이기 때문입니다(Chua 등. 2005; Kafetsios와 Hess 2015; Masuda 등. 2008). 이 문제를 부각시키는 근거는 사람들의 세계관이 PTSD의 외상 기억을 떠올리는 데 영향을 미친다는 점을 보여주는 연구로, 연구결과 자기 또는 타인 중심적 회상 경향성이 이후 침습기억의 양에 영향을 미쳤습니다(Jobson과 Dalgleish 2014). 서로 다른 문화권의 사람들이 정보를 다르게 처리한다는 강력한 근거에도 불구하고 이러한 차이가 트라우마 반응에 어떻게 작용하는지에 대한 연구는 매우 부족합니다. 이는 분명 앞으로의 연구가 다뤄야 할 중요한 과제입니다.

16.7 저소득 및 중간 소득 국가의 정신건강 문제 해결

이 장에서는 인도주의적 위기 상황에서 생활하는 것이 외상 사건에 대한 노출 위험을 높이고 이와 관련된 정신건강 문제의 발생 가능성도 함께 증가시키며, 이러한 문제들은 해당 환경을 떠난 후에도 그 영향이 지속된다는 점에 주목하였습니다. 이렇게 정신건강 서비스의 필요성이 명백히 더 높은 상황에도 불구하고, 이 국가들 중 대다수는 이러한 요구를 충족할 수 있는 적절한 서비스가 상대적으로 부족합니다. 이러한 경향은 전쟁, 자연재해 및 인도주의적 위기의 영향을 받기 쉬운 저소득 및 중간 소득 국가의 국민들이 정신건강을 지원하는 의료 서비스에 대한 접근성이 더 낮다는 여러 연구들을 통해 확인되었습니다(Barbui와 Tansella 2013). 2018년 세계 정신건강과 지속가능한 발전을 위한 Lancet 위원회2018 Lancet Commission on Global Mental Health and Sustainable Development는 이 문제를 강조하며 저소득 및 중간 소득 국가의 정신질환을 줄이기 위해 해당 국가의 정신건강에 대해 보다 포괄적인 접근을 촉구했습니다(Patel 등. 2018).

실제로 외상 후 정신건강 상태에 대해 일선 현장의 치료가 이러한 환경에서 효과적이라는 근거가 상당수 존재합니다. 예를 들어, 한 메타분석에서 난민과 망명 신청자의 PTSD, 우울 및 불안 증상의 완화에 중간 수준의 근거를 확인했습니다(Turrini 등. 2019). 이는 난민 치료에 대한 다른 메타분석들에서도 대체적으로 지지된 결론입니다(Morina 등. 2017a; Nose 등. 2017; Thompson 등. 2018; Tribe 등. 2019). 흥미롭게도 일부 연구에서는 저소득 및 중간 소득 국가에서 '서구' 환경에 비해 다양한 형태의 심리치료가 적용 가능할 수 있다고 제안했습니다. 한 문헌고찰 연구에서는 외상 초점 인지행동치료보다 EMDR에 대한 지지가 더 적게 보고되었습니다만(Turrini 등. 2019), 이는 난민 및 인도주의적 위기 집단을 대상으로 EMDR을 검증한 견고한 연구가 부족해서 나타난 결과일 수 있습니다. 주로 서구 주류 집단을 대상으로 연구된 일선의 근거기반 심리치료가 인도주의적 위기 상황에서도 강력한 잠재력을 지닌다는 점은, 심리적 개입으로 한 명의 난민이 효과를 얻기 위해 치료해야 할 난민의 수가 트라우마 노출 집단 대다수의 효과성 비교 결과와 유사한 2명에서 3명 사이라는 메타분석 근거에 의해 강조됩니다(Turrini 등. 2019).

성인에 비해 미성년자를 위한 심리적 개입의 효과성을 연구한 근거는 훨씬 더 적습니다. 메타분석 결과, 주류 사회 청소년 집단의 PTSD에는 외상 초점 인지행동치료가 효과적이었는데(Cohen 등. 2009) 이 전략이 난민과 분쟁 지역 청소년에게도 효과적이었습니다(Brown 등. 2017; Morina 등. 2017b; Nose 등. 2017). 저소득 및 중간 소득 국가 청소년의 심리치료에 대한 한 메타분석에서 심리치료는 불안, 우울 및 PTSD에 중간 정도의 효과 크기($g = 0.62$)를 보였습니다(Uppendahl 등. 2020). 인도주의적 위기 상황에서 외상 사건에 노출된 3,000명 이상의 청소년에 대한 개별 자료를 분석한 또 다른 주요 문헌고찰 연구에서는, 이러한 맥락에서 트라우마 중심 심리치료가 해당 환경의 청소년에게 상당한 이점을 제공한다고 결론내렸습니다(Purgato 등. 2018).

저소득 및 중간 소득 국가에서는 정신건강 요구도를 다루는 데 있어 학교 기반 프로그램을 강조하는데, 이는 학교라는 환경이 대부분의 미성년자가 접근 가능한 장소이자 지역 기관들이 미성년자의 정신건강 요구도를 체계적으로 모니터링할 수 있는 역량을 제공할 수 있는 곳이기 때문입니다(Masia-Warner 등. 2006). 미성년자가 새 국가에 재정착할 때에도 학교는 새로운 국가의 문화 적응 면에서 가장 중요한 맥락 중 하나이므로, 정신건강 프로그램은 이 과정을 더 강화할 수 있습니다(Birman 등. 2007). 학교 기반 개입의 효과에는 상당한 편차가 있지만, 체계적 문헌고찰 결과 이러한 프로그램이 아동청소년의 정신건강 문제를 줄여주는 것으로 나타났습니다(Tyrer와 Fazel 2014). 주목할 만한 점은, 이 자료에서 학교 기반 프로그램의 효과성은 부정적인 경험의 트라우마 기억을 어떤 형태로든 언어적으로 처리할 때 가장 강력하다는 것을 발견했다는 것입니다.

전 세계의 정신건강이라는 맥락에서 심리치료를 논의할 때, 난민들에게 적용되어 온 외상 초점 인지행동치료의 한 변형 치료법인 내러티브 노출치료narrative exposure therapy, 이하 NET를 언급할 가치가 있습니다. NET는 난민의 필요를 반영하여 지속노출치료법에서 발전된 치료로, 전쟁과 트라우마 생존자의 경험을 문서화하고 이를 타인과 적절한 방법으로 공유하기 위한 증언 심리치료적 접근법을 기반으로 합니다(Bichescu 등. 2007). NET는 트라우마 기억의 정서적 처리를 촉진하는 동시에 부정과 긍정 경험 모두의 맥락에서 자신의 삶의 이야기에 대한 이해를 증진시키고자 합니다(Schauer 등. 2005). 이 치료법은 난민과 인도주의적 위기에 처한 사람들에게 적합한데, 그들이 겪은 트라우마 기억들을 자신의 삶의 내러티브 중 일부로 되살려 경험하게 함으로써 이 기억을 다른 긍정적 사건들과 맥락화할 수 있게 해주고, 이를 통해 이들이 겪은 수많은 외상 사건을 수용할 수 있게 해주기 때문입니다. NET에 대한 다수의 긍정적인 연구 결과들(Ertl 등. 2011; Neuner 등. 2008b, 2004; Schaal 등. 2009)을 바탕으로, 여러 문헌고찰에서 NET가 난민의 PTSD에 효과적인 치료법이라고 결론지었습니다(Crumlish와 O'Rourke 2010; Lambert와 Alhassoon 2015; Nose 등. 2017). 아동청소년 PTSD의 치료 면에서 NET는 KIDNET의 형태로 조정되었는데(Neuner 등. 2008a), 이것이 저소득 및 중간 소득 국가 청소년들의 PTSD를 감소시키는 데 효과적이라는 충분한 근거가 있습니다(Neuner 등. 2008a; Robjant와 Fazel 2010; Ruf 등. 2010).

16.8 과제-전환 패러다임의 개발

저소득 및 중간 소득 국가에서는 PTSD를 일선 현장에서 치료하는 것이 효과적이지만, 실제로 치료가 그렇게 적용되는 경우는 드뭅니다. 문헌에서는 이러한 프로그램들이 PTSD, 불안 및 우울을 감소시킬 수 있다는 점을 입증한, 충분한 자금이 지원된 통제된 임상 연구들이 다수 존재한다는 점을 보여줍니다. 그러나 이렇게 제한된 임상 연구들이 연구가 수행된 실제 환경에서 정신건강 서비스 전달 방식의 변화로 이어지는 것은 드문 일입니다. 인도주의적 위기 상황에서 이러한 프로그램이 보다 광범위하게 시행되는 것을 방해하는 장애물들은 다양합니다. 첫째, 대부분의 확립된 일선 치료법은 서비스 제공자가 정신건강 전문가라고 가정합니다. 고소득 국가에서는 일반적으로 이러한 개입을 제공하기 전에 상당한 자격을 갖추고 훈련을 받았다는 전제 조건이 있습니다. 하지만 대다수 저소득 및 중간 소득 국가에서는 기존의 프로그램을 전달할 수 있을 만큼 적절히 교육받은 정신건강 전문가의 수가 상당히 부족합니다(Tol 등. 2012). 둘째, 대부분의 근거기반 치료 프로그램은 PTSD 같은 단일 진단만을 목표로 하고, 불안, 우울증, 물질 사용과 같은 다른 주요 문제를 간과하는 경향이 있습니다(Neuner 등. 2008b). 즉, 정신건강 전문가가 매우 적은 상황에서 여러 프로토콜을 적용한다는 것은 서비스 제공자가 진단 감별을 위한 교육을 받아야 한다는 의미이며, 이는 한정된 보건 자원에 추가 비용을 발생시키기 때문에 저소득 및 중간 소득 국가에서 심각한 장애물이 됩니다. 셋째, 대부분의 개입은 보통 10회기 이상으로 구성된, 자원 집약적인 형태입니다(Bolton 등. 2007). 이는 자원이 제한된 보건 서비스 상황에서 많은 비용이 소요되게 만들기 때문에 문제가 될 수 있습니다. 이는 또한 개입을 받는 사람들에게도 부담이 됩니다. 많은 저소득 및 중간 소득 국가들에서는 경쟁적으로 일자리를 찾아야 하는 상황 또는 치료 장소까지의 이동에 따르는 어려움으로 인해 장기간의 치료 프로그램은 치료 참여율의 저하로 이어질 수 있습니다.

저소득 및 중간 소득 국가의 치료 격차로 인해, 정신건강 프로그램을 적용할 수 있는 인력의 역량을 확대하기 위해 간단한 정신건강 프로그램을 제공할 수 있게 비전문가를 훈련시키는 '과제-전환 task-shifting' 프로그램으로의 움직임이 있습니다(Hoeft 등. 2018). 이 접근 방식은 통상적으로 현지 국가의 비전문가에게 정신건강 프로그램에 관한 간략한 교육(보통 일주일 미만)을 시행하고, 이들이 프로그램 실행 기술을 향상시켜 나갈 때 관리 감독을 제공할 수 있는 형태입니다. 저소득 및 중간 소득 국가에서 이 접근법은 해당 환경에서 흔히 발생하는 우울과 불안을 다루며 널리 사용되어 왔습니다(Dias 등. 2008; Patel 등. 2017). 과제-전환 프로그램에 대한 최근의 메타분석 결과, 심리적 고통을 중간 정도의 효과 크기로 감소시켰습니다(Singla 등. 2017). 이러한 과제-전환식 접근 방법은 PTSD를 치료하기 위해 NET를 사용한 다수의 임상 연구에서도 성공적으로 적용되었습니다(Catani 등. 2009; Ertl 등. 2011).

16.9 범진단적 치료 Transdiagnostic Treatments

저소득 및 중간 소득 국가 국민들이 겪는 다양한 심리적 상태를 다뤄야 한다는 전 세계 정신건강에 대한 도전 과제가 범진단적 개입의 채택을 불러왔습니다. 이러한 움직임에 따라 범진단적 개입의 장점을 인지한 주류 정신건강 서비스 분야도 유사한 흐름을 보이고 있습니다. 질환들 전반에 공통적인 요소가 있고, 이 질환들에 걸쳐 나타나는 공통 문제를 집중적으로 다루는 치료 프로그램을 통해 성공적으로 접근할 수 있다는 인식이 늘어나고 있습니다. 이러한 접근방식의 한 예인 정서 장애의 범진단적 치료를 위한 통합 프로토콜 Unified Protocol for Transdiagnostic Treatment of Emotional Disorders, UP(Farchione 등. 2012)에서는 보통 정신질환에서 정서적 반응성이 증가하고, 이러한 정서적 경험을 혐오스럽게 해석하여 정서 반응을 회피하거나 통제하려는 습관적인 경향이 있다는 근거를 강조합니다(Brown 등. 1998). 중요한 점은, 이 접근법이 다양한 불안 및 우울 장애의 치료에 효과적이라는 근거가 증가하고 있다는 것입니다(Barlow 등. 2017).

전 세계의 정신건강이라는 측면에서 이 범진단적 접근법에 가장 근접한 치료 접근법은 아마도 공통 요소 치료 접근법Common Elements Treatment Approach, 이하 CETA일 것입니다. 이 프로그램은 비전문가가 비교적 짧은 교육을 받고 진행하는, 유연하고 모듈화된 체계를 사용합니다(Murray 등. 2014). CETA는 인도주의적 위기로 부정적인 영향을 받은 많은 사람들이 종종 심리적인 공존 문제들로 인해 특정 질환 중심의 치료에서 충분한 도움을 받지 못할 수 있다는 점을 인지하고 있습니다. 이 프로그램은 보통 1시간 회기로 8-12회 진행되며, 심리교육, 불안 관리, 행동 활성화, 인지 재구성, 트라우마 기억의 상상노출, 실제 노출, 위험군을 위한 안전 계획 수립 및 알코올 사용 관리로 구성되어 있습니다. CETA의 핵심 요소 중 하나는 개인에게 가장 도움이 될 구성 요소를 결정하기 위해 그 사람의 요구도를 먼저 평가한다는 점입니다. 이 평가에서는 문화에 맞게 조정된 평가에 대한 대상자의 응답, 행동 관찰 및 해당 개인의 요구도에 대한 현시 감독자와의 논의를 통해 정보를 수집합니다. CETA 교육은 평가 및 상담 방법에 대한 역할극과 실제 실습이 포함된 2주간의 구조화된 교육과 지도 감독으로 구성됩니다(Murray 등. 2011). CETA는 전쟁, 분쟁, 인도주의적 위기의 영향을 받은 사람들을 대상으로 여러 연구에서 검증되었으며, 저소득 및 중간 소득 국가에서 PTSD, 우울 및 불안을 줄이는 데 효과를 보였습니다(Bass 등. 2013; Bolton 등. 2014).

CETA 프로그램의 한 가지 제한점은 프로그램이 길기 때문에 자원이 부족한 환경에서 실행과 전달이 가능한 간단한 개입의 필요성을 충분히 해결할 수 없다는 점입니다. 세계보건기구(WHO)는 고난과 트라우마의 영향을 받는 이들의 정신건강 문제 해결을 위한 정신건강 격차 행동 프로그램Mental Health Gap Action Programme의 일환으로 일련의 단기 프로그램을 개발하여 이 문제를 해결했습니다. 이 움직임의 중심에는 자원 부족 환경에서 저렴하게 제공할 수 있는 효과적인 프로그램 개발에 우선순위를 두었고, 이러한 접근 접근 방식에 따라 훈련된 비전문가가 제공할 수 있게 개발되었습니다.

WHO에서 개발한 첫 번째 프로그램은 문제관리 플러스Problem Management Plus, 이하 PM+ (WHO 2016)로, 행동 원칙을 기반으로 한 단기 프로그램입니다. 이 프로그램은 일반적인 정신질환을 줄이기 위해 범진단적 접근 방식을 적용하는 5회기 프로그램으로, 이를 위해 각성 줄이기, 문제 해결, 행동 활성화, 사회적 지지 자원 접근 기술을 교육합니다(Dawson 등. 2015). 이 프로그램은 인지적 접근보다는 문제 관리와 행동 전략을 강조하는데, 이는 비교적 쉽게 훈련될 수 있고, 낮은 강도의 개입 방식으로도 적용 가능하기 때문입니다(Barlow 등. 2004; Bennett-Levy와 Farrand 2010). 이 전략은 다음의 이유로 저소득 및 중간 소득 국가에서 역경을 겪은 사람들을 돕기 위한 핵심 전략으로 채택되었습니다. 스트레스 관리는 PTSD와 우울증의 치료에 (외상 초점 CBT 같은 고강도의 개입보다는 부족하지만) 효과적인 전략입니다(Bisson과 Andrew 2007; Dua 등. 2011). 문제 관리의 목적은 개인이 자신의 어려움에 대한 통제감을 높이고, 문제를 관리하는 우선순위를 정하는 기본적인 전략을 배울 수 있게 하는 것으로, 이러한 접근 방식은 고소득 환경에서 효과성이 검증되었습니다(Cuijpers 등. 2007a). 행동 활성화는 긍정적인 경험에 대한 노출을 증가시키는 것을 목표로 하는데, 이는 우울증에서 흔히 나타나는 무기력과 무쾌감증을 줄이는 데 도움이 됩니다(Cuijpers 등. 2007b). 사회적 지지 자원에 접근하는 기술을 촉진하는 것은, 스트레스가 많은 사건에 대해 사회적 지원이 완충 역할을 한다는 근거(Zalta 등. 2021)로 인해 포함되었습니다.

지금까지 PM+는 트라우마에 노출된 인구에서 일련의 대조군 연구들을 통해 검증되었습니다. 한 연구는 내전과 자연재해의 영향을 크게 받은 파키스탄 지역에서 시행되었습니다. 비전문가인 제공자가 전달한 PM+와 기존 치료법을 비교한 결과, 프로그램 종결 3개월 후, PM+를 받은 사람들의 불안, 우울, PTSD 및 장해가 더 많이 감소하였습니다(Rahman 등. 2016). 다음 연구는 젠더 기반 폭력에 노출된 케냐 여성들을 대상으로 하였는데, 이 연구에서도 3개월 시점에서 PM+가 일반 치료보다 심리적 고통을 더 많이 감소시켰습니다(Bryant 등. 2017). 이 두 임상 연구는 개별적으로 PM+를 적용했지만, 이 프로그램을 집단 단위로 제공할 수 있다면 저소득 및 중간 소득 국가에서의 구현 역량이 더 커질 수 있습니다. 이를 위해 파키스탄에서 8-10명으로 구성된 소규모 집단으로 PM+를 실시한 연구 결과, 우울, 불안 및 PTSD 중증도를 효과적으로 호전시켰습니다(Rahman 등. 2019). 이러한 여러 임상 연구들의 결과로, PM+는 현재 WHO에 의해 널리 보급되고 있으며, 전 세계의 난민 및 기타 인도주의적 위기 상황에 처한 집단에서 추가 연구가 진행 중입니다(Akhtar 등. 2020; de Graaff 등. 2020).

소규모 집단 PM+보다 더 확장시킬 수 있는 개입법을 모색하는 과정에서, WHO는 오디오북과 삽화로 구성된 자조 매뉴얼을 활용하여 20-30명 단위의 대규모 집단에 적용할 수 있는 프로그램을 개발했습니다. **자기돌봄 플러스**Self-Help Plus, 이하 SH+라고 불리는 이 프로그램 역시 비전문가 제공자가 실행할 수 있는 개입법으로, 마음챙김 전략에 기반한 일련의 활동을 통해 심리적 유연성을 촉진하고자 개발되었습니다(Epping-Jordan 등. 2016). 이의 이론적 토대는 수용전념치료Acceptance and Commitment Therapy, ACT에서 찾을 수 있으며, 이는 마음챙김의 실천과 개인의 가치를 강조함으로써 심리적 유연성의 증진을 돕는 개입법입니다(Hayes 등. 2011). 이 프로그램은 우간다의 남수단 난민을 대상으로 한 대규모 연구에서 검증된 바 있는데, 그 결과 일반 치료에 비해 SH+가 심리적 고통을 줄이는 데 작은 효과 크기를 보였었습니다(Tol 등. 2020). 이 연구에서 SH+의 효과는 결과 측정상 0.2에서 0.6 범위로 크지 않게 나타났지만, 대규모 집단 형식으로 인해 최소한의 비용으로 많은 사람들에게 프로그램을 제공할 수 있다는 공중보건상의 이점을 고려하여 균형 있게 주목할 가치가 있습니다.

저소득 및 중간 소득 국가의 아이들에게 이러한 범진단적 접근 방식을 적용하는 것에 대한 연구는 상대적으로 더 적습니다. WHO는 최근 초기 청소년의 감정 조절 기술을 증진시키기 위한 프로그램Early Adolescent Skills in Emotions; EASE을 개발하여 내재화 문제에 초점을 맞추었습니다(Dawson 등. 2019). 이 프로그램은 현재 트라우마와 고난에 노출된 어린 청소년들을 대상으로 여러 국가에서 대조군 연구들을 통해 평가되고 있습니다(Brown 등. 2019). 체계적 문헌고찰에 따르면, 저소득 및 중간 소득 국가에서 트라우마에 노출된 청소년들의 정신건강 요구도를 가장 잘 충족시키는 방법에 대해 전반적으로 우리가 현재까지 알아낸 것은 성인의 경우에 비해 매우 적습니다(Uppendahl 등. 2020). 개별 참가자 자료에 대한 한 메타분석 결과, 일부 결과 면에서 정신사회적 개입이 효과성을 보였지만 이 효과의 강도가 어린 연령대에서는 줄어들었습니다(Purgato 등. 2018). 저소득 및 중간 소득 국가에서 많은 아이들이 트라우마의 영향을 받는다는 것을 감안할 때, 이 분야는 향후 연구에서 명확한 우선순위임이 분명합니다.

16.10 전 세계 정신건강의 과제

16.10.1 문화적 중요성의 인식

저소득 및 중간 소득 국가에서 외상 후 정신건강 문제를 다루는 데 있어 끊임없이 직면하게 되는 과제 중 하나는, 이해 방식, 평가 도구 및 개입 방법을 해당 지역 사람들의 문화적 가치와 양립할 수 있게 하는 것입니다. 저소득 및 중간 소득 국가에서 정신건강 프로그램을 도입할 때, 서구적 환경에서 개발된 프로그램을 그대로 채택하고 이것이 다른 문화적 맥락에도 적절할 것이라고 섣불리 가정하는 경우가 너무도 많습니다. 이러한 접근 방식은 문화적 다양성을 간과한다는 점에서 정당한 비판을 받아왔습니다(McFarlane과 Kaplan 2012; Nicholl과 Thompson 2004). 그래서 어떤 정신건강 개입을 다른 문화적 환경에 도입할 때에는 현지의 가치, 이해 및 스트레스에 대응하는 방식에 맞게 개입이 되어야 한다는 요구가 대두되었습니다(Bernal 등. 2009). 문화적으로 적응하기 위한 시도는 대부분 다음의 영역에 초점을 둡니다: (a) 언어, (b) 치료적 관계, (c) 은유, (d) 개입 내용, (e) 질병의 개념, (f) 치료 목표, (g) 전달 방법, (h) 맥락(Bernal과 Saez-Santiago 2006; Domenech Rodríguez와 Bernal 2012). 이러한 접근 방식의 가치는 문화적으로 고려된 심리적 개입이, 그렇지 않은 개입보다 더 효과적일 수 있다는 근거에 의해 강조됩니다(예: Harper Shehadeh 등. 2016). 한 메타분석에서 동일한 개입법의 문화적으로 적응된 버전과 기존 버전을 직접 비교한 결과, 중간 효과 크기(Hedge

의 $g = 0.52$)의 차이를 발견하였습니다(Hall 등. 2016).

문화적 적응의 근본은 특정 문화의 정신건강에 대한 개념을 이해하는 것입니다(Summerfield 1999). 자료 기반 접근 방식을 사용한 한 종설 논문에서는 문화에 맞게 각색을 시도한 대다수의 연구들이 지엽적인 부분(예: 언어)만 수정하고, 현지 문화가 어떻게 정신건강을 이해하는지에 대한 핵심 영역은 다루지 않는다는 점을 발견했습니다(Chu와 Leino 2017). 정신건강에 대한 현지의 이해를 수용하려는 노력의 중요성은, 이들의 정신적 고통에 대한 문화적인 (영적 또는 생리적 의미를 포함할 수 있는) 개념이 서구의 정신과적 진단과 매우 구별된다는 점을 밝힌 체계적 문헌고찰 결과에서도 강조된 바 있습니다(Kohrt 등. 2014; Shala 등. 2020).

16.10.2 치료 무반응

외상 초점 CBT 프로그램이 PTSD 치료에서 가장 우선시되는 치료법이지만, 환자 중 1/3에서 절반은 치료 무반응 상태로 지속적인 증상을 경험한다는 일관된 근거가 있습니다(Bradley 등. 2005; Loerinc 등. 2015). 저소득 및 중간 소득 국가에서 시도된 확장 가능한 개입법들에서도 유사한 양상이 관찰되었습니다. 외상 피해자를 대상으로 수행된 대부분의 개입법 연구들을 추적해본 결과, 개입을 받은 사람들 중 상당수가 프로그램 종결 후에도 지속적인 문제를 겪었습니다. 예를 들어 우간다 지역의 연구에서는 **자기돌봄 플러스** 프로그램을 받은 참가자의 39%가 치료에 반응을 보이지 않았습니다(Tol 등. 2020). 이는 집중적이고 자원이 많이 필요한 치료를 받을 수 없는 제한된 보건 자원 상황에서, 정부와 기관들이 단기 개입으로 종종 해결되지 않는 심각한 정신건강 문제들을 다룰 방법을 고려해야 한다는 점에서 전 세계 정신건강의 중대한 도전 과제를 보여줍니다.

이 지속적인 문제를 해결할 수 있는 기회는, 어떤 단계의 심리적 고통을 겪는 사람들에게도 최소한의 비용으로 대규모 대상자에게 비전문가 제공자가 단기적인 범진단적 심리 개입을 제공할 수 있는, 자기돌봄 플러스SH+나 문제관리 플러스PM+와 같은 단계적 치료 모형입니다. 이러한 개입에 무반응을 보이는 사람은 더 많은 경험과 자격을 갖춘 의료 제공자에 의해 관리되는 보다 집중적인 프로그램을 받을 수 있습니다. 이 방식은 제한된 전문적인 정신건강 자원을 보다 심각한 외상 후 정신건강 문제를 겪는 사람들을 위해 확보할 수 있게 합니다. 단계적 치료를 구현하는 또 다른 방법은, 대상자의 요구도를 파악한 뒤 중증도 분류triage를 시행하여 중등도의 심리적 고통을 보이는 사람들에게는 단기 범진단적 프로그램을 제공하고, 보다 심각한 질환군은 전문적인 서비스에 배정하는 것입니다. 저소득 및 중간 소득 국가에서 보다 심각한 심리 상태의 사람들에게 전문가 치료가 더 할당될 수 있게 하고자 단계적 치료 체계가 적용되었지만(Araya 등. 2003; Patel 등. 2010), 이 접근 방식의 효과성과 비용 효율성을 단일 프로그램과 비교하여 적절하게 평가한 자료는 아직 없습니다.

16.10.3 경제적 편익의 필요성

앞서 언급했듯이 저소득 및 중간 소득 국가에서 대조군 연구로 효과가 입증된 PTSD의 일선 치료법 중, 실제로 연구 지역에서 확대 적용되거나 구현된 경우는 매우 드뭅니다. 그 주된 이유는 임상 연구들이 이러한 개입의 경제적 이점을 지역 보건 당국에게 충분히 입증하지 못했기 때문입니다. WHO의 2014 세계 정신건강 조사World Mental Health Atlas 2014에 따르면, 고소득 국가는 정신질환 관리에 1인당 평균 50달러 이상을 지출하는 반면, 저소득 및 중간 소득 국가는 1인당 평균 2달러 미만을 지출하는 것으로 나타났습니다(WHO 2015). 36개국의 정신건강 요구도 충족에 대한 비용-편익 연구에서는, 정 정신건강 개입에 의한 잠재적 이득이 4,300만 년의 건강 수명 연장과 3,100억 달러의 경제적 이익으로 이어질 수 있다고 분석하였습니다(Chisholm 등. 2016). 또한 이 분석에서 경제적 이득을 고려할 때 전 세계적 편익 대비 비용의 비율은 2.3-3.0대 1이었는데, 건강 수익의 가치를 추가로 고려하면 이 비율이 3.3-5.7대 1로 증가했습니다. 우울증에 대한 치료 확대의 연간 비용은 저소득 국가(1인당 0.08달러 추정)와 중간 소득 국가(1인당 0.34달러 추정) 모두 낮으며, 불안장애의 경우에는 이보다 훨씬 더 낮았습니다. 저소득 및 중간 소득 국가의 정부에게 외상 후 정신건강과 관련된 이러한 요인들을 고려해야 하며, 정신건강 사업에 착수하는 것이 경제적으로도 이롭다는 점을 설득할 필요가 있습니다.

16.11 결론

결론적으로, 저소득 및 중간 소득 국가에 사는 사람들이 외상 사건에 노출될 가능성이 높고, 그로 인해 외상 후 정신건강 문제를 겪을 위험도 더 크다는 점은 이러한 문제를 어떻게 관리할 것인가에 대한 관심이 절실히 요구됨을 보여줍니다. 저소득 및 중간 소득 국가의 정부와 기관이 직면한 가장 큰 난제는, 한정된 자원, 충분히 훈련된 정신건강 전문가의 부족, 그리고 종종 정신건강을 우선순위에 두지 않는 보건체계하에서 어떻게 효과적인 정신건강 프로그램을 제공할 것인가 하는 점입니다. 이 국가들에서 경제적이고 지속 가능한 방식으로 보다 효과적인 정신건강 프로그램을 전달하는 의제를 발전시키기 위해서는, 외상 이후 적응을 촉진할 수 있는 핵심 기전을 규명하는 것이 중요합니다. 이는 정신건강 문제의 기저를 이루는 핵심 과정들을 단순하고 확장 가능한 형식으로 다루는 개입 프로그램을 제공할 기회를 열어줄 것입니다. 이 과정에서 지역의 문화적 가치가 중심적인 역할을 한다는 점을 인식하고, 이를 핵심 기전과 통합하는 것이 절대적으로 중요합니다. 마지막으로 강조되어야 할 점은, 어떠한 정신건강 프로그램이든 저소득 및 중간 소득 국가에서 성공을 거두려면 한정된 자원을 가진 정부에게 경제적으로 매력적인 선택이 될 수 있도록 보다 견고한 비용-효과성 연구가 반드시 필요하다는 것입니다.

References

Ahmad A, Sofi MA, Sundelin-Wahlsten V, von Knorring AL (2000) Posttraumatic stress disorder in children after the military operation "Anfal" in Iraqi Kurdistan. Eur Child Adolesc Psychiatry 9(4):235–243

Ajdukovic M, Ajdukovic D (1993) Psychological well-being of refugee children. Child Abuse Negl 17(6):843–854

Akhtar A, Giardinelli L, Bawaneh A, Awwad M, Naser H, Whitney C et al (2020) Group problem management plus (gPM+) in the treatment of common mental disorders in Syrian refugees in a Jordanian camp: study protocol for a randomized controlled trial. BMC Public Health 20(1):390

Araya R, Rojas G, Fritsch R, Gaete J, Rojas M, Simon G, Peters TJ (2003) Treating depression in primary care in low-income women in Santiago, Chile: a randomised controlled trial. Lancet 361(9362):995–1000

Barbui C, Tansella M (2013) Mental disorders and conditions specifically related to stress. Epidemiol Psychiatr Sci 22(3):195–196

Barlow DH, Allen LB, Choate ML (2004) Toward a unified treatment for emotional disorders. Behav Ther 35(2):205–230

Barlow DH, Farchione TJ, Bullis JR, Gallagher MW, Murray-Latin H, Sauer-Zavala S et al (2017) The unified protocol for transdiagnostic treatment of emotional disorders compared with diagnosis-specific protocols for anxiety disorders: a randomized clinical trial. JAMA Psychiatry 74(9):875–884

Basoglu M, Livanou M, Crnobaric C, Franciskovic T, Suljic E, Duric D, Vranesic M (2005) Psychiatric and cognitive effects of war in former Yugoslavia: association of lack of redress for trauma and posttraumatic stress reactions. J Am Med Assoc 294(5):580–590

Basoglu M, Livanou M, Crnobaric C (2007) Torture vs other cruel, inhuman, and degrading treatment: is the distinction real or apparent? Arch Gen Psychiatry 64(3):277–285

Bass JK, Annan J, McIvor Murray S, Kaysen D, Griffiths S, Cetinoglu T et al (2013) Controlled trial of psychotherapy for Congolese survivors of sexual violence. N Engl J Med 368(23):2182–2191

Bean TM, Eurelings-Bontekoe E, Spinhoven P (2007) Course and predictors of mental health of unaccompanied refugee minors in the Netherlands: one year follow-up. Soc Sci Med 64(6):1204–1215

Beiser M, Hou F (2017) Predictors of positive mental health among refugees: results from Canada's General Social Survey. Transcult Psychiatry 54:675

Bennett-Levy JR, Farrand P (2010) Oxford guide to low intensity CBT interventions. Oxford University Press, Oxford

Bernal G, Saez-Santiago E (2006) Culturally centered psychological interventions. J Commun Psychol 34:121–132

Bernal G, Jimenez-Chafey MI, Domenech Rodriguez MM (2009) Cultural adaptation of treatments: a resource for considering culture in evidence-based practice. Prof Psychol Res Pract 40(4):361–368

Bichescu D, Neuner F, Schauer M, Elbert T (2007) Narrative exposure therapy for political imprisonment-related chronic posttraumatic stress disorder and depression. Behav Res Ther 45(9):2212–2220

Birman D, Weinstein T, Chan W, Beehler S (2007) Immigrant youth in U.S. schools: opportunities for prevention. Prev Res 14:14–17

Bisson J, Andrew M (2007) Psychological treatment of post-traumatic stress disorder (PTSD). Cochrane Database Syst Rev (3):CD003388

Blackmore R, Boyle JA, Fazel M, Ranasinha S, Gray KM, Fitzgerald G et al (2020) The prevalence of mental illness in refugees and asylum seekers: a systematic review and meta-analysis. PLoS Med 17(9):e1003337

Bogic M, Njoku A, Priebe S (2015) Long-term mental health of war-refugees: a systematic literature review. BMC Int Health Hum Rights 15:29

Bolton P, Bass J, Betancourt T, Speelman L, Onyango G, Clougherty KF et al (2007) Interventions for depression symptoms among adolescent survivors of war and displacement in northern Uganda: a randomized controlled trial. JAMA 298(5):519–527

Bolton P, Lee C, Haroz EE, Murray L, Dorsey S, Robinson C et al (2014) A transdiagnostic community-based mental health treatment for comorbid disorders: development and outcomes of a randomized controlled trial among Burmese refugees in

Thailand. PLoS Med 11(11):e1001757
Bradley R, Greene J, Russ E, Dutra L, Westen D (2005) A multidimensional meta-analysis of psychotherapy for PTSD. Am J Psychiatr 162(2):214–227
Brewin CR, Cloitre M, Hyland P, Shevlin M, Maercker A, Bryant RA et al (2017) A review of current evidence regarding the ICD-11 proposals for diagnosing PTSD and complex PTSD. Clin Psychol Rev 58:1–15
Bronstein I, Montgomery P (2011) Psychological distress in refugee children: a systematic review. Clin Child Fam Psychol Rev 14(1):44–56
Brown TA, Chorpita BF, Barlow DH (1998) Structural relationships among dimensions of the DSM-IV anxiety and mood disorders and dimensions of negative affect, positive affect, and autonomic arousal. J Abnorm Psychol 107(2):179
Brown RC, Witt A, Fegert JM, Keller F, Rassenhofer M, Plener PL (2017) Psychosocial interventions for children and adolescents after man-made and natural disasters: a meta-analysis and systematic review. Psychol Med 47(11):1893–1905
Brown FL, Steen F, Taha K, Aoun M, Bryant RA, Jordans MJD et al (2019) Early Adolescent Skills for Emotions (EASE) intervention for the treatment of psychological distress in adolescents: study protocol for randomised controlled trials in Lebanon and Jordan. Trials 20(1):545
Browne DT, Kumar A, Puente-Duran S, Georgiades K, Leckie G, Jenkins J (2017) Emotional problems among recent immigrants and parenting status: findings from a national longitudinal study of immigrants in Canada. PLoS One 12(4):e0175023
Bryant RA, Schafer A, Dawson KS, Anjuri D, Mulili C, Ndogoni L et al (2017) Effectiveness of a brief behavioural intervention on psychological distress among women with a history of gender-based violence in urban Kenya: a randomised clinical trial. PLoS Med 14(8):e1002371
Bryant R, Edwards B, Creamer MC, O'Donnell ML, Forbes D, Felmingham K et al (2018) A population-based study of the impact of posttraumatic stress disorder on refugees' parenting and their children's mental health. Lancet Public Health 3:e249–e258
Bryant RA, Edwards B, Creamer M, O'Donnell M, Forbes D, Felmingham KL et al (2019) A population study of prolonged grief in refugees. Epidemiol Psychiatr Sci 29:1–7
Bryant RA, Edwards B, Creamer M, O'Donnell M, Forbes D, Felmingham KL et al (2020) Prolonged grief in refugees, parenting behavior, and children's mental health. Aust N Z J Psychiatry 55:863
Bryant RA, Bawaneh A, Giardinelli L, Awwad M, Al-Hayek H, Akhtar A (2021) A prevalence assessment of prolonged grief disorder in Syrian refugees. World Psychiatry 20:302
Cartwright K, El-Khani A, Subryan A, Calam R (2015) Establishing the feasibility of assessing the mental health of children displaced by the Syrian conflict. Global Mental Health 2:e8
Catani C (2018) Mental health of children living in war zones: a risk and protection perspective. World Psychiatry 17(1):104–105
Catani C, Kohiladevy M, Ruf M, Schauer E, Elbert T, Neuner F (2009) Treating children traumatized by war and Tsunami: a comparison between exposure therapy and meditation-relaxation in North-East Sri Lanka. BMC Psychiatry 9:22
Charlson F, van Ommeren M, Flaxman A, Cornett J, Whiteford H, Saxena S (2019) New WHO prevalence estimates of mental disorders in conflict settings: a systematic review and meta-analysis. Lancet 394(10194):240–248
Chisholm D, Sweeny K, Sheehan P, Rasmussen B, Smit F, Cuijpers P, Saxena S (2016) Scaling-up treatment of depression and anxiety: a global return on investment analysis. Lancet Psychiatry 3(5):415–424
Chu J, Leino A (2017) Advancement in the maturing science of cultural adaptations of evidence-based interventions. J Consult Clin Psychol 85(1):45–57. https://doi.org/10.1037/ccp0000145
Chua HF, Boland JE, Nisbett RE (2005) Cultural variation in eye movements during scene perception. Proc Natl Acad Sci 102(35):12629–12633
Cohen JA, Mannarino AP, Deblinger E, Berliner L (2009) Cognitive-behavioral therapy for children and adolescents. In: Foa EB, Keane TM, Friedman MJ, Cohen JA (eds) Effective treatments for PTSD: practice guidelines from the International Society for Traumatic Stress Studies. Guilford, New York, NY, pp 223–244
Craig CD, Sossou M-A, Schnak M, Essex H (2008) Complicated grief and its relationship to mental health and well-being among Bosnian refugees after resettlement in the United States: implications for practice, policy, and research. Traumatology 14(4):103–115
Crumlish N, O'Rourke K (2010) A systematic review of treatments for post-traumatic stress disorder among refugees and asylum-seekers. J Nerv Mental Dis 198(4):237–251
Cuijpers P, van Straten A, Warmerdam L (2007a) Problem solving therapies for depression: a meta-analysis. Eur Psychiatry 22(1):9–15
Cuijpers P, van Straten A, Warmerdam L (2007b) Behavioral activation treatments of depression: a meta-analysis. Clin Psychol Rev 27(3):318–326
Cuijpers P, Weitz E, Karyotaki E, Garber J, Andersson G (2015) The effects of psychological treatment of maternal depression on children and parental functioning: a meta-analysis. Eur Child Adolesc Psychiatry 24(2):237–245
Currier JM, Farnsworth JK, Drescher KD, McDermott RC, Sims BM, Albright DL (2018) Development and evaluation of the expressions of moral injury scale-military version. Clin Psychol Psychother 25(3):474–488
Dawson KS, Bryant RA, Harper M, Kuowei Tay A, Rahman A, Schafer A, van Ommeren M (2015) Problem Management Plus (PM+): a WHO transdiagnostic psychological intervention for common mental health problems. World Psychiatry

14(3):354–357
Dawson KS, Watts S, Carswell K, Shehadeh MH, Jordans MJD, Bryant RA et al (2019) Improving access to evidence-based interventions for young adolescents: Early Adolescent Skills for Emotions (EASE). World Psychiatry 18(1):105–107
Dias A, Dewey ME, D'Souza J, Dhume R, Motghare DD, Shaji KS et al (2008) The effectiveness of a home care program for supporting caregivers of persons with dementia in developing countries: a randomised controlled trial from Goa, India. PLoS One 3(6):e2333
Domenech Rodriguez MM, Bernal G (2012) Frameworks, models, and guidelines for cultural adaptation. In: Bernal G, Domenech Rodriguez MM (eds) Cultural adaptations: tools for evidence-based practice with diverse populations. American Psychological Association, Washington, DC, pp 23–44
Dua T, Barbui C, Clark N, Fleischmann A, Poznyak V, van Ommeren M et al (2011) Evidence-based guidelines for mental, neurological, and substance use disorders in low- and middle-income countries: summary of WHO recommendations. PLoS Med 8(11):e1001122
Dunmore E, Clark DM, Ehlers A (1997) Cognitive factors in persistent versus recovered post-traumatic stress disorder after physical or sexual assault: a pilot study. Behav Cogn Psychother 25(2):147–159
Ehlers A, Clark DM (2000) A cognitive model of posttraumatic stress disorder. Behav Res Ther 38(4):319–345
Ehlers A, Mayou RA, Bryant B (1998) Psychological predictors of chronic posttraumatic stress disorder after motor vehicle accidents. J Abnorm Psychol 107(3):508–519
Epping-Jordan JE, Harris R, Brown FL, Carswell K, Foley C, Garcia-Moreno C et al (2016) Self-Help Plus (SH+): a new WHO stress management package. World Psychiatry 15(3):295–296
Ertl V, Pfeiffer A, Schauer E, Elbert T, Neuner F (2011) Community-implemented trauma therapy for former child soldiers in Northern Uganda: a randomized controlled trial. JAMA 306(5):503–512
Farchione TJ, Fairholme CP, Ellard KK, Boisseau CL, Thompson-Hollands J, Carl JR et al (2012) Unified protocol for transdiagnostic treatment of emotional disorders: a randomized controlled trial. Behav Ther 43(3):666–678
Farhat JB, Blanchet K, Bjertrup PJ, Veizis A, Perrin C, Coulborn RM et al (2018) Syrian refugees in Greece: experience with violence, mental health status, and access to information during the journey and while in Greece. BMC Med 16(1):40
Fazel M, Wheeler J, Danesh J (2005) Prevalence of serious mental disorder in 7000 refugees resettled in western countries: a systematic review. Lancet 365(9467):1309–1314
de Graaff AM, Cuijpers P, Acarturk C, Bryant R, Burchert S, Fuhr DC et al (2020) Effectiveness of a peer-refugee delivered psychological intervention to reduce psychological distress among adult Syrian refugees in the Netherlands: study protocol. Eur J Psychotraumatol 11(1):1694347
Griffin BJ, Purcell N, Burkman K, Litz BT, Bryan CJ, Schmitz M et al (2019) Moral injury: an integrative review. J Trauma Stress 32(3):350–362
Hall GC, Ibaraki AY, Huang ER, Marti CN, Stice E (2016) A meta-analysis of cultural adaptations of psychological interventions. Behav Ther 47(6):993–1014
Han S, Northoff G, Vogeley K, Wexler BE, Kitayama S, Varnum ME (2013) A cultural neuroscience approach to the biosocial nature of the human brain. Annu Rev Psychol 64:335–359
Harper Shehadeh M, Heim E, Chowdhary N, Maercker A, Albanese E (2016) Cultural adaptation of minimally guided interventions for common mental disorders: a systematic review and meta-analysis. JMIR Mental Health 3(3):e44
Hayes SC, Villatte M, Levin M, Hildebrandt M (2011) Open, aware, and active: contextual approaches as an emerging trend in the behavioral and cognitive therapies. Annu Rev Clin Psychol 7:141–168
van Heemstra HE, Scholte WF, Haagen JFG, Boelen PA (2019) 7ROSES, a transdiagnostic intervention for promoting self-efficacy in traumatized refugees: a first quantitative evaluation. Eur J Psychotraumatol 10(1):1673062
Hinton D, Hinton S, Um K, Chea A, Sak S (2002) The Khmer 'Weak Heart' syndrome: fear of death from palpitations. Transcult Psychiatry 39(3):323–344
Hinton DE, Hinton L, Tran M, Nguyen L, Hsia C, Pollack MH (2006) Orthostatically induced panic attacks among Vietnamese refugees: associated psychopathology, flashbacks, and catastrophic cognitions. Depress Anxiety 23(2):113–115
Hinton DE, Rasmussen A, Nou L, Pollack MH, Good MJ (2009) Anger, PTSD, and the nuclear family: a study of Cambodian refugees. Soc Sci Med 69(9):1387–1394
Hoeft TJ, Fortney JC, Patel V, Unutzer J (2018) Task-sharing approaches to improve mental health care in rural and other low-resource settings: a systematic review. J Rural Health 34(1):48–62
Hoffman J, Liddell B, Bryant RA, Nickerson A (2018) The relationship between moral injury appraisals, trauma exposure, and mental health in refugees. Depress Anxiety 35:1030–1033
Hoffman J, Liddell B, Bryant RA, Nickerson A (2019) A latent profile analysis of moral injury appraisals in refugees. Eur J Psychotraumatol 10(1):1686805
Hoge CW, Castro CA, Messer SC, McGurk D, Cotting DI, Koffman RL (2004) Combat duty in Iraq and Afghanistan, mental health problems, and barriers to care. N Engl J Med 351(1):13–22
Holtz TH (1998) Refugee trauma versus torture trauma: a retrospective controlled cohort study of Tibetan refugees. J Nerv Ment Dis 186(1):24–34
Hyland P, Ceannt R, Daccache F, Abou Daher R, Sleiman J, Gilmore B et al (2018) Are posttraumatic stress disorder (PTSD)

and complex-PTSD distinguishable within a treatment-seeking sample of Syrian refugees living in Lebanon? Global Mental Health 5:e14
Jobson L, Dalgleish T (2014) Cultural differences in the relationship between intrusions and trauma narratives Using the trauma film paradigm. PLoS One 9(9):e106759
Jordan AH, Eisen E, Bolton E, Nash WP, Litz BT (2017) Distinguishing war-related PTSD resulting from perpetration and betrayal-based morally injurious events. Psychol Trauma 9:627–634
Kafetsios K, Hess U (2015) Are you looking at me? The influence of facial orientation and cultural focus salience on the perception of emotion expressions. Cogent Psychol 2(1):1005493
Keller AS, Rosenfeld B, Trinh-Shevrin C, Meserve C, Sachs E, Leviss JA et al (2003) Mental health of detained asylum seekers. Lancet 362(9397):1721–1723
Kessler RC, Aguilar-Gaxiola S, Alonso J, Chatterji S, Lee S, Ormel J et al (2009) The global burden of mental disorders: an update from the WHO World Mental Health (WMH) surveys. Epidemiol Psychiatr Sci 18(1):23–33
Kitayama S, Uskul AK (2011) Culture, mind, and the brain: current evidence and future directions. Annu Rev Psychol 62:419–449
Knipscheer JW, Sleijpen M, Mooren T, ter Heide FJJ, van der Aa N (2015) Trauma exposure and refugee status as predictors of mental health outcomes in treatment-seeking refugees British Journal of Psychiatry. Bulletin 39:178–182
Kohrt BA, Rasmussen A, Kaiser BN, Haroz EE, Maharjan SM, Mutamba BB et al (2014) Cultural concepts of distress and psychiatric disorders: literature review and research recommendations for global mental health epidemiology. Int J Epidemiol 43(2):365–406
Kuong DT (1988) Victims of violence in the South China Sea. In: Miserez D (ed) Refugees - the trauma of exile: the humanitarian role of Red Cross and Red Crescent. Martinus Nijhoff, Leiden, pp 18–38
Lambert JE, Alhassoon OM (2015) Trauma-focused therapy for refugees: meta-analytic findings. J Couns Psychol 62(1):28–37
Lau W, Silove D, Edwards B, Forbes D, Bryant R, McFarlane A et al (2018) Adjustment of refugee children and adolescents in Australia: outcomes from wave three of the Building a New Life in Australia study. BMC Med 16:157
Le L, Morina N, Schnyder U, Schick M, Bryant RA, Nickerson A (2018) The effects of perceived torture controllability on symptom severity of posttraumatic stress, depression and anger in refugees and asylum seekers: a path analysis. Psychiatry Res 264:143–150
Lerner E, Bonanno GA, Keatley E, Joscelyne A, Keller AS (2016) Predictors of suicidal ideation in treatment-seeking survivors of torture. Psychol Trauma 8(1):17
Litz BT, Stein N, Delaney E, Lebowitz L, Nash WP, Silva C, Maguen S (2009) Moral injury and moral repair in war veterans: a preliminary model and intervention strategy. Clin Psychol Rev 29(8):695–706
Loerinc AG, Meuret AE, Twohig MP, Rosenfield D, Bluett EJ, Craske MG (2015) Response rates for CBT for anxiety disorders: need for standardized criteria. Clin Psychol Rev 42:72–82
Logie CH, Okumu M, Mwima S, Hakiza R, Irungi KP, Kyambadde P et al (2019) Social ecological factors associated with experiencing violence among urban refugee and displaced adolescent girls and young women in informal settlements in Kampala, Uganda: a cross-sectional study. Confl Heal 13(1):60
Lundorff M, Holmgren H, Zachariae R, Farver-Vestergaard I, O'Connor M (2017) Prevalence of prolonged grief disorder in adult bereavement: a systematic review and meta-analysis. J Affect Disord 212:138–149
Maciejewski PK, Maercker A, Boelen PA, Prigerson HG (2016) "Prolonged grief disorder" and "persistent complex bereavement disorder", but not "complicated grief", are one and the same diagnostic entity: an analysis of data from the Yale Bereavement Study. World Psychiatry 15(3):266–275
Masia-Warner C, Nangle DW, Hansen DJ (2006) Bringing evidence-based child mental health services to the schools: general issues and specific populations. Educ Treat Child 29:165–117
Masuda T, Nisbett RE (2001) Attending holistically versus analytically: comparing the context sensitivity of Japanese and Americans. J Pers Soc Psychol 81(5):922–934
Masuda T, Ellsworth PC, Mesquita B, Leu J, Tanida S, Van de Veerdonk E (2008) Placing the face in context: cultural differences in the perception of facial emotion. J Pers Soc Psychol 94(3):365–381
McFarlane CA, Kaplan I (2012) Evidence-based psychological interventions for adult survivors of torture and trauma: a 30-year review. Transcult Psychiatry 49(3–4):539–567
Miller KE, Koppenol-Gonzalez GV, Arnous M, Tossyeh F, Chen A, Nahas N, Jordans MJD (2020) Supporting Syrian families displaced by armed conflict: a pilot randomized controlled trial of the Caregiver Support Intervention. Child Abuse Negl 106:104512
Mollica RF, Caspi-Yavin Y, Bollini P, Truong T, Tor S, Lavelle J (1992) The Harvard Trauma Questionnaire. Validating a cross-cultural instrument for measuring torture, trauma, and posttraumatic stress disorder in Indochinese refugees. J Nerv Ment Dis 180(2):111–116
Montgomery E, Foldspang A (2006) Validity of PTSD in a sample of refugee children: can a separate diagnostic entity be justified? Int J Methods Psychiatr Res 15(2):64–74
Morgan G, Melluish S, Welham A (2017) Exploring the relationship between postmigratory stressors and mental health for asy-

lum seekers and refused asylum seekers in the UK. Transcult Psychiatry 54(5–6):653–674

Morgos D, Worden JW, Gupta L (2007) Psychosocial effects of war experiences among displaced children in Southern Darfur. Omega J Death Dying 56(3):229–253

Morina N, Malek M, Nickerson A, Bryant RA (2017a) Meta-analysis of interventions for posttraumatic stress disorder and depression in adult survivors of mass violence in low- and middle-income countries. Depress Anxiety 34(8):679–691

Morina N, Malek M, Nickerson A, Bryant RA (2017b) Psychological interventions for post-traumatic stress disorder and depression in young survivors of mass violence in low- and middle-income countries: meta-analysis. Br J Psychiatry 210(4):247–254

Morina N, Bryant RA, Doolan EL, Martin-Solch C, Plichta MM, Pfaltz MC et al (2018) The impact of enhancing perceived self-efficacy in torture survivors. Depress Anxiety 35(1):58–64

Murray LK, Dorsey S, Bolton P, Jordans MJ, Rahman A, Bass J, Verdeli H (2011) Building capacity in mental health interventions in low resource countries: an apprenticeship model for training local providers. Int J Ment Heal Syst 5(1):30

Murray LK, Dorsey S, Haroz E, Lee C, Alsiary MM, Haydary A et al (2014) A common elements treatment approach for adult mental health problems in low- and middle-income countries. Cogn Behav Pract 21(2):111–123

Nash WP, Litz BT (2013) Moral injury: a mechanism for war-related psychological trauma in military family members. Clin Child Fam Psychol Rev 16(4):365–375

Neuner F, Schauer M, Klaschik C, Karunakara U, Elbert T (2004) A comparison of Narrative Exposure Therapy, supportive counseling, and psychoeducation for treating posttraumatic stress disorder in an African refugee settlement. J Consult Clin Psychol 72(4):579–587

Neuner F, Catani C, Ruf M, Schauer E, Schauer M, Elbert T (2008a) Narrative exposure therapy for the treatment of traumatized children and adolescents (KidNET): from neurocognitive theory to field intervention. Child Adolesc Psychiatr Clin N Am 17(3):641–664

Neuner F, Onyut PL, Ertl V, Odenwald M, Schauer E, Elbert T (2008b) Treatment of posttraumatic stress disorder by trained lay counselors in an African refugee settlement: a randomized controlled trial. J Consult Clin Psychol 76(4):686–694

Nicholl C, Thompson A (2004) The psychological treatment of Post Traumatic Stress Disorder (PTSD) in adult refugees: a review of the current state of psychological therapies. J Ment Health 13(4):351–362

Nickerson A, Steel Z, Bryant R, Brooks R, Silove D (2011) Change in visa status amongst Mandaean refugees: relationship to psychological symptoms and living difficulties. Psychiatry Res 187:267–274

Nickerson A, Schnyder U, Bryant RA, Schick M, Mueller J, Morina N (2015) Moral injury in traumatized refugees. Psychother Psychosom 84:122–123

Nickerson A, Cloitre M, Bryant RA, Schnyder U, Morina N, Schick M (2016) The factor structure of complex posttraumatic stress disorder in traumatized refugees. Eur J Psychotraumatol 7:33253

Nickerson A, Hoffman J, Schick M, Schnyder U, Bryant RA, Morina N (2018) A longitudinal investigation of moral injury appraisals amongst treatment-seeking refugees. Front Psychiatry 9:667

Nose M, Ballette F, Bighelli I, Turrini G, Purgato M, Tol W et al (2017) Psychosocial interventions for post-traumatic stress disorder in refugees and asylum seekers resettled in high-income countries: systematic review and meta-analysis. PLoS One 12(2):e0171030

Oyserman D (2011) Culture as situated cognition: cultural mindsets, cultural fluency, and meaning making. Eur Rev Soc Psychol 22(1):164–214

Oyserman D, Coon HM, Kemmelmeier M (2002) Rethinking individualism and collectivism: evaluation of theoretical assumptions and meta-analyses. Psychol Bull 128(1):3–72

Palic S, Zerach G, Shevlin M, Zeligman Z, Elklit A, Solomon Z (2016) Evidence of complex posttraumatic stress disorder (CPTSD) across populations with prolonged trauma of varying interpersonal intensity and ages of exposure. Psychiatry Res 246:692–699

Panter-Brick C, Grimon MP, Eggerman M (2014) Caregiver-child mental health: a prospective study in conflict and refugee settings. J Child Psychol Psychiatry 55(4):313–327

Patel V, Weiss HA, Chowdhary N, Naik S, Pednekar S, Chatterjee S et al (2010) Effectiveness of an intervention led by lay health counsellors for depressive and anxiety disorders in primary care in Goa, India (MANAS): a cluster randomised controlled trial. Lancet 376(9758):2086–2095

Patel V, Weobong B, Weiss HA, Anand A, Bhat B, Katti B et al (2017) The Healthy Activity Program (HAP), a lay counsellor-delivered brief psychological treatment for severe depression, in primary care in India: a randomised controlled trial. Lancet 389(10065):176–185

Patel V, Saxena S, Lund C, Thornicroft G, Baingana F, Bolton P et al (2018) The Lancet Commission on global mental health and sustainable development. Lancet 392(10157):1553–1598

Peconga EK, Hogh Thogersen M (2020) Post-traumatic stress disorder, depression, and anxiety in adult Syrian refugees: what do we know? Scand J Public Health 48:677

Porter M, Haslam N (2005) Predisplacement and postdisplacement factors associated with mental health of refugees and internally displaced persons: a meta-analysis. J Am Med Assoc 294(5):602–612

Prigerson HG, Boelen PA, Xu J, Smith KV, Maciejewski PK (2021) Validation of the new DSM-5-TR criteria for prolonged grief

disorder and the PG-13-Revised (PG-13-R) scale. World Psychiatry 20(1):96–106
Purgato M, Gross AL, Betancourt T, Bolton P, Bonetto C, Gastaldon C et al (2018) Focused psychosocial interventions for children in low-resource humanitarian settings: a systematic review and individual participant data meta-analysis. Lancet Glob Health 6(4):e390–e400
Rahman A, Hamdani SU, Awan NR, Bryant RA, Dawson KS, Khan MF et al (2016) Effect of a multicomponent behavioral Intervention in adults impaired by psychological distress in a conflict-affected area of Pakistan: a randomized clinical trial. JAMA 316(24):2609–2617. https://doi.org/10.1001/jama.2016.17165
Rahman A, Khan MN, Hamdani SU, Chiumento A, Akhtar P, Nazir H, Nisar A, Masood A, Din IU, Khan NA, Bryant RA, Dawson KS, Sijbrandij M, Wang D, van Ommeren M (2019) Effectiveness of a brief group psychological intervention for women in a post-conflict setting in Pakistan: a cluster randomized controlled trial. Lancet 393:1733–1744
Rasmussen A, Nguyen L, Wilkinson J, Vundla S, Raghavan S, Miller KE, Keller AS (2010) Rates and impact of trauma and current stressors among Darfuri refugees in Eastern Chad. Am J Orthopsychiatry 80:227–236
Rayner K, Li X, Williams CC, Cave KR, Well AD (2007) Eye movements during information processing tasks: individual differences and cultural effects. Vis Res 47(21):2714–2726
Reed RV, Fazel M, Jones L, Panter-Brick C, Stein A (2012) Mental health of displaced and refugee children resettled in low-income and middle-income countries: risk and protective factors. Lancet 379(9812):250–265
Rizkalla N, Arafa R, Mallat N, Soudi L, Adi S, Segal S (2020) Women in refuge: Syrian women voicing health sequelae due to war traumatic experiences and displacement challenges. J Psychosom Res 129:109909
Roberts B, Browne J (2011) A systematic review of factors influencing the psychological health of conflict-affected populations in low-and middle-income countries. Global Public Health 6(8):814–829
Robjant K, Fazel M (2010) The emerging evidence for narrative exposure therapy: a review. Clin Psychol Rev 30(8):1030–1039
Rogers-Sirin L, Sirin SR (2015) The educational and mental health needs of Syrian refugee children. Migration Policy Institute, Washington, DC
Rousseau C, Drapeau A, Corin E (1998) Risk and protective factors in Central American and South East Asian refugee children. J Refug Stud 11:20–37
Ruf M, Schauer M, Neuner F, Catani C, Schauer E, Elbert T (2010) Narrative exposure therapy for 7- to 16-year-olds: a randomized controlled trial with traumatized refugee children. J Trauma Stress 23(4):437–445
Schaal S, Elbert T, Neuner F (2009) Narrative exposure therapy versus interpersonal psychotherapy. A pilot randomized controlled trial with Rwandan genocide orphans. Psychother Psychosom 78(5):298–306
Schaal S, Jacob N, Dusingizemungu JP, Elbert T (2010) Rates and risks for prolonged grief disorder in a sample of orphaned and widowed genocide survivors. BMC Psychiatry 10:55
Schauer M, Neuner F, Elbert T (2005) Narrative exposure therapy: a short-term intervention for traumatic stress disorders after war, terror or torture. Hogrefe & Huber, Cambridge, MA
Shala M, Morina N, Salis Gross C, Maercker A, Heim E (2020) A point in the heart: concepts of emotional distress among Albanian-speaking immigrants in Switzerland. Cult Med Psychiatry 44(1):1. https://doi.org/10.1007/s11013-019-09638-5
Shear MK (2015) Complicated grief. N Engl J Med 372(2):153–160
Silove D, Tarn R, Bowles R, Reid J (1991) Psychosocial needs of torture survivors. Aust N Z J Psychiatry 25(4):481–490
Silove D, Steel Z, McGorry P, Miles V, Drobny J (2002) The impact of torture on post-traumatic stress symptoms in war-affected Tamil refugees and immigrants. Compr Psychiatry 43(1):49–55
Singla DR, Kohrt B, Murray LK, Anand A, Chorpita BF, Patel V (2017) Psychological treatments for the world: lessons from low- and middle-income countries. Annu Rev Clin Psychol 13(1):149–181
Stark L, Plosky WD, Horn R, Canavera M (2015) 'He always thinks he is nothing': the psychosocial impact of discrimination on adolescent refugees in urban Uganda. Soc Sci Med 146:173–181
Steel Z, Silove D, Brooks R, Momartin S, Alzuhairi B, Susljik I (2006) Impact of immigration detention and temporary protection on the mental health of refugees. Br J Psychiatry 188:58–64
Steel Z, Chey T, Silove D, Marnane C, Bryant RA, van Ommeren M (2009) Association of torture and other potentially traumatic events with mental health outcomes among populations
exposed to mass conflict and displacement: a systematic review and meta-analysis. J Am Med Assoc 302(5):537–549
Sulaiman-Hill CMR, Thompson SC (2013) Learning to fit in: an exploratory study of general perceived self efficacy in selected refugee groups. J Immigr Minor Health 15(1):125–131
Summerfield D (1999) A critique of seven assumptions behind psychological trauma programmes in war-affected areas. Soc Sci Med 48(10):1449–1462
Tay AK, Rees S, Chen J, Kareth M, Silove D (2016) Factorial structure of complicated grief: associations with loss-related traumatic events and psychosocial impacts of mass conflict amongst West Papuan refugees. Soc Psychiatry Psychiatr Epidemiol 51(3):395–406
Thabet AA, Ibraheem AN, Shivram R, Winter EA, Vostanis P (2009) Parenting support and PTSD
in children of a war zone. Int J Soc Psychiatry 55(3):226–237
Thompson CT, Vidgen A, Roberts NP (2018) Psychological interventions for post-traumatic stress disorder in refugees and asylum seekers: a systematic review and meta-analysis. Clin Psychol Rev 63:66–79

Tol WA, Patel V, Tomlinson M, Baingana F, Galappatti A, Silove D et al (2012) Relevance or excellence? Setting research priorities for mental health and psychosocial support in humanitarian settings. Harv Rev Psychiatry 20(1):25–36

Tol WA, Song S, Jordans MJ (2013) Annual research review: resilience and mental health in children and adolescents living in areas of armed conflict--a systematic review of findings in lowand middle-income countries. J Child Psychol Psychiatry 54(4):445–460

Tol W, Leku MR, Lakin DP, Carswell K, Augustinavicius J, Adaku A et al (2020) Guided self-help to reduce psychological distress in South Sudanese female refugees in Uganda: a cluster randomized trial. Lancet Glob Health 8:e253–e254

Tribe RH, Sendt KV, Tracy DK (2019) A systematic review of psychosocial interventions for adult refugees and asylum seekers. J Ment Health 28(6):662–676

Turrini G, Purgato M, Ballette F, Nose M, Ostuzzi G, Barbui C (2017) Common mental disorders in asylum seekers and refugees: umbrella review of prevalence and intervention studies. Int J Ment Heal Syst 11:51

Turrini G, Purgato M, Acarturk C, Anttila M, Au T, Ballette F et al (2019) Efficacy and acceptability of psychosocial interventions in asylum seekers and refugees: systematic review and meta-analysis. Epidemiol Psychiatr Sci 28(4):376–388

Tyrer RA, Fazel M (2014) School and community-based interventions for refugee and asylum seeking children: a systematic review. PLoS One 9(2):e89359

United Nations High Commissioner for Refugees (1951) Convention and protocol relating to the status of refugees. UNHCR, Geneva. https://www.unhcr.org/en-au/1951-refugee-convention.Html

United Nations High Commissioner for Refugees (2019) Global trends: forced displacement in 2018. UNHCR, Geneva. https://www.unhcr.org/5d08d7ee7.pdf

United Nations High Commissioner for Refugees (2020) Global trends: forced displacement in 2019. UNHCR, Geneva. https://www.unhcr.org/globaltrends2019/

Uppendahl JR, Alozkan-Sever C, Cuijpers P, de Vries R, Sijbrandij M (2020) Psychological and psychosocial interventions for PTSD, depression and anxiety among children and adolescents in low- and middle-income countries: a meta-analysis. Front Psychiatry 10:933. https://doi.org/10.3389/fpsyt.2019.00933

Wells R, Steel Z, Abo-Hilal M, Hassan AH, Lawsin C (2016) Psychosocial concerns reported by Syrian refugees living in Jordan: systematic review of unpublished needs assessments. Br J Psychiatry 209(2):99–106

von Werthern M, Robjant K, Chui Z, Schon R, Ottisova L, Mason C, Katona C (2018) The impact of immigration detention on mental health: a systematic review. BMC Psychiatry 18(1):382

Wisco BE, Marx BP, May CL, Martini B, Krystal JH, Southwick SM, Pietrzak RH (2017) Moral injury in U.S. combat veterans: results from the national health and resilience in veterans study. Depress Anxiety 34(4):340–347

World Health Organization (2015) Mental health ATLAS 2014. WHO, Geneva

World Health Organization (2016) Individual psychological help for adults impaired by distress in communities exposed to adversity. Generic field-trial version 1.0. WHO, Geneva. http://www.who.int/mental_health/emergencies/problem_management_plus/en

World Health Organization (2018) ICD-11: International Classification of Diseases, 11th edn. WHO, Geneva. Revised edition. http://www.who.int/classifications/icd/revision/en/

Zalta AK, Tirone V, Orlowska D, Blais RK, Lofgreen A, Klassen B et al (2021) Examining moderators of the relationship between social support and self-reported PTSD symptoms: a meta-analysis. Psychol Bull 147(1):33–54

4 부

공존 질환의 치료

트라우마와 중독: 치료자를 위한 치료 지침 17

Lisa M. Najavits

이 장에서는 트라우마와 중독의 연관성에 주목하여, 단순히 각각을 치료하는 것이 아니라 서로가 어떻게 영향을 미치는지를 이해하고, 어떻게 상대편을 악화시키지 않으면서 효과적인 치료 전략을 실행할지를 다룹니다. 이 장에서는 현재(진단 충족 또는 역치 이하) PTSD와 가장 많이 연구되어 온 중독 유형인 현재 물질사용장애substance use disorder, 이하 SUD가 공존하는 대상군에 대한 최소 한 건 이상의 무작위 통제 연구randomised controlled trials, 이하 RCT가 보고된 모든 행동 치료 모형들을 소개합니다. 치료 권고사항 및 사례 연구도 제시됩니다.

17.1 서론

지난 10년 동안 트라우마와 중독은 치료 분야는 물론, 더 넓게는 문화 전반에 걸쳐 중요한 주제로 부상하였습니다. 트라우마와 중독은 뉴스에 매일 언급되고 있으며 수 없이 많은 사람에게 영향을 미칩니다. 더욱이, 트라우마와 중독 간의 관련성에 대한 이해도 이전 시대보다 훨씬 더 폭이 넓어졌습니다.

이 장에서는 트라우마와 가장 연관성이 높은 정신과적 장애인 PTSD와 도박 장애와 같은 다른 중독 질환과 달리 가장 많이 연구된 중독인 SUD를 주로 다룹니다.

공존질환이 있다는 것은, 두 장애 중 하나만 단독으로 있는 경우보다 회복 과정이 더 어렵고 기능 손상의 문제가 더 크다는 것을 의미합니다(Najavits 등. 2017; Ouimette와 Read 2013). 또한 SUD의 존재는 PTSD를 어떻게 치료할지 결정하는 데에 영향을 미칩니다. 전체는 부분의 합이 아닙니다. 즉 PTSD/SUD를 다루는 것은 단순히 각각에 대한 치료법을 적용하는 것만이 아니라, 각 장애가 서로에게 어떤 영향을 미치는지, 그리고 다른 한쪽을 악화시키지 않으면서 각 장애를 다루기 위한 성공적인 전략을 어떻게 적용할 것인지에 대한 개념화가 필요합니다. 이는 마치 한쪽으로 너무 기울어지지 않도록 조심스럽게 균형을 잡아야 하는 시소와 같습니다.

실제 진료 현장에서는 SUD나 PTSD 중 하나를 제대로 다루지 않는 경우가 여전히 흔합니다. 환자들은 여전히 과거 시대의 메시지를 자주 듣곤 합니다:

- "중독부터 먼저 조절한 뒤에 PTSD를 다룰 수 있습니다."
- "익명의 알코올 중독자(AA) 모임에 반드시 가야 합니다."
- "트라우마가 근본적인 원인입니다. 트라우마만 해결하면 물질 사용도 줄어들 것입니다."
- "물질 사용을 중단하지 않으면 치료하지 않겠습니다."
- "물질을 사용한다는 것은 PTSD를 회피하고 있다는 의미입니다."
- "(중독에서 벗어나려면) 완전히 바닥까지 가봐야 합니다."

이 장에서 살펴보겠지만, 이러한 오래된 메시지는 일반적으로 PTSD/SUD 환자에게 도움이 되지 않으며 회복을 방해할 수 있습니다. PTSD와 SUD 치료가 서로 다르다는 것은 잘 알려져 있지만, 대부분의 치료자는 두 치료 모두에 대해 공식적인 교육을 받은 적이 없습니다. 환자들은 종종, 우리 전문가들이 아직 통합하지 못한 것을 스스로 통합하려고 노력해야 하는 처지에 놓이곤 합니다. PTSD와 SUD는 별개로 볼 수도 있지만, 환자의 일상 경험 속에서 이 둘은 서로 밀접하게 얽혀 있습니다.

이 장에서는 PTSD/SUD에 대한 모형의 개요, 주요 연구 결과, 치료 원칙, 향후 방향을 소개합니다.

17.2 다양한 모형

PTSD/SUD 환자 집단을 위해 특별히 개발되었거나 연구된 다양한 치료 모형들이 있습니다. 이러한 모형들은 공존 상태에 특별히 임상적 관심이 필요한 고유한 어려움이 있다는 중요한 인식을 반영하고 있습니다.

아래 목록은 현재 진단을 충족하거나 역치 이하의 PTSD 및 현재 SUD를 가진 대상자들에 대한 최소 1건 이상의 RCT가 존재하는 모든 행동 치료 모형을 정리한 것입니다. 지면 관계상 각각의 모형을 설명하거나 이와 관련된 모든 참고문헌을 여기에 나열할 수는 없지만, 이는 이 목록의 출처인 Najavits 등(2020)의 논문에 설명되어 있습니다. 일부 모형은 통합 모형(동일한 치료자가 PTSD와 SUD를 동시에 다룸, 별표(*)로 표시)이고, 다른 모형은 질환 중 하나만을 위해 설계된 것입니다.

치료 매뉴얼이 출판된 모형

해당 모형의 매뉴얼 발행일 순서대로 정리:

- **재발 방지**(Marlatt과 Gordon 1985)
- **안구 운동 민감소실 및 재처리 치료**EMDR(Shapiro 1995)
- **지속노출**(Foa와 Rothbaum 1998)
- **BRENDA**(Volpicelli 등. 2001): 생물심리사회적 평가, 평가 결과를 환자에게 알리기, 환자의 상황에 대한 공감적 이해, 환자와 치료 제공자가 협력하여 파악한 필요사항, 이러한 필요를 충족할 방법에 대한 직접적인 조언, 조언에 대한 환자의 반응 평가 및 최선의 돌봄을 위한 조정(Biopsychosocial evaluation, Report to the patient on assessment, Empathic understanding of the patient's situation, Needs collaboratively identifed by the patient and treatment provider, Direct advice to the patient on how to meet those needs, Assess reaction of the patient to advice and adjust as necessary for best care)의 약자
- ***안전기반치료**Seeking Safety(Najavits 2002)
- ***지속노출을 이용한 PTSD 및 SUD의 동시 치료**Concurrent Treatment of PTSD and Substance Use Disorders using Prolonged Exposure, 이하COPE(Back 등. 2015)
- ***변화 만들기**Creating Change(Najavits, 출간예정)[1)]

치료 매뉴얼이 출판되지 않은 모형

공개된 치료 매뉴얼이 없는 모형(해당 모형의 첫 RCT 인용 순서대로 나열):

1) 역자 주: 이 책의 출간 이후 해당 모형은 책으로 출간되었음(Najavits, L. M. (2024). Creating Change. Guilford Publications)

- ***통합 인지행동치료**Integrated Cognitive Behavioral Therapy(McGovern 등. 2011)
- **개인 중독 상담**Individual Addiction Counseling (McGovern 등. 2011)
- **PTSD를 위한 구조화된 글쓰기 치료**Structured Writing Therapy for PTSD(van Dam 등. 2013)
- ***통합 치료**Integrated Treatment(Sannibale 등. 2013)
- **알코올 지원**Alcohol Support(Sannibale 등. 2013)
- **수정된 지속노출**Modified Prolonged Exposure(Coffey 등. 2016)

PTSD/SUD를 위해 개발된 다른 모형들은 위에 명시된 기준을 충족하지 못했습니다. 예를 들어, 물질 의존 PTSD 치료Substance Dependence PTSD Therapy(Triffleman 2000)는 모형 자체에 대한 치료결과가 보고되지 않아 제외되었는데, RCT에서 다른 모형인 12단계 촉진과 결합된 결과만 제시되었습니다. 일부 모형들은 PTSD/SUD와 관련된 RCT가 있지만 연구 표본에 현재 두 질환의 공존상태가 포함되지 않았습니다.

17.3 주요 결과

현 시점에서 전반적인 문헌을 종합하여 볼 때 몇 가지 공통된 결과들이 관찰되며, 그중에는 다소 예상 밖의 내용도 있습니다. PTSD/SUD 치료를 전문으로 하지 않는 치료자라도 이 분야의 현재 발전 상태를 이해하는 것은 중요합니다. 모든 치료자는 자신이 인지하든 아니든 PTSD/SUD 환자를 진료하고 있습니다. 연구 결과에 대한 상세한 내용은 Najavits(2017, 2020)에 기술되어 있습니다.

PTSD/SUD 연구들은 일관되게 긍정적인 치료효과를 보고합니다

지금까지 수행된 치료효과 연구들에서 일관되게 긍정적인 효과가 관찰되었습니다. PTSD, SUD 증상의 개선뿐 아니라, 자기 연민, 인지, 대처 기술, 정신병리, 기능 등의 영역에서도 개선이 확인되었습니다. 이 연구들에서 치료 만족도 역시 높게 나타났습니다. SUD의 치료 중에 PTSD를 다루면 환자의 상태가 악화될 수 있다는 초기의 우려는 실증적으로 입증되지 않았습니다. 그러나 여기서 중요한 것은, 모든 연구에서 PTSD/SUD를 위해 특별히 고안된 새로운 모형을 적용하거나 SUD 환자군이 견딜 수 있고 수행 가능하도록 기존 PTSD 치료법을 크게 수정했다는 점을 감안해야 한다는 것입니다(Najavits 등. 2020).

현 시점에서 가장 근거에 기반한 모형은 안전기반치료Seeking Safety, 이하 SS입니다

SS는 PTSD/SUD 치료 프로그램뿐만 아니라 SUD 단독 및 역치 미만 SUD 환자를 위한 치료 프로그램에서도 매우 광범위하게 시행되어 왔습니다. 이는 다수의 예비, 대조군 연구 및 RCT를 포함하여 대부분의 PTSD/SUD 연구에서 주요 대상으로 다루어졌습니다. 또한 독립 연구자들에 의해 가장 많은 수의 연구가 진행된 모형이기도 하여, 긍정적 편향의 영향을 덜 받았습니다(Chambless와 Hollon 1998). SS는 일관되게 긍정적인 치료효과를 보였으며 가장 취약한 PTSD/SUD 내담자들을 대상으로 연구되었습니다(요약은 Najavits 등. 2020; Hien 등. 2019; Najavits와 Hien 2013 참조; 메타분석은 Lenz 등. 2016 참조). 독립적인 미국 정부의 평가(Washington State Institute for Public Policy 2018)에서 가장 비용 효과적인 SUD 모형 중 하나로 선정되었으며, 다년간의 평가에서 지속적으로 높은 도입률과 만족도를 보여주었습니다(Rodriguez 등. 2018; Hien 등. 2020).

트라우마 처리Trauma Processing, 이하 TP 접근법을 사용한 연구들은 일반적으로 이를 SUD 대처 기술Coping Skills, 이하 CS 접근법과 결합하였습니다.

현재 이 분야에서 주요 논의 사항은 PTSD 치료에 있어 TP와 CS 접근법의 상대적 장점에 대한 것입니다. 광범위하게 말하여 트라우마 기억에 대한 노출 기반 또는 정서적으로 강렬한 트라우마 기억의 탐색에 중점을 두는 모형을 **TP**라고 합니다. 반면, CS 모형은 대처 기술과 교육에 중점을 두지만 트라우마 기억을 자세히 탐색하지 않습니다(Najavits 2013). 문헌에 따라 **과거-중심과 현재-중심**이라는 용어로 대체되어 사용되기도 합니다. 그러나 TP를 지칭할 때 **트라우마 중심**이라는 명칭으로 부르는 것은 흔히 잘못 쓰이는 용어라는 점에 주목해야 합니다. 다른 모든 CS PTSD 모형들도 트라우마에 직접적으로 초점을 맞추기 때문입니다. 차이점은 접근 방식에 있습니다. TP 모형들은 주로 강렬하고 상세한 트라우마 내러티브와 기억에 초점을 맞춥니다. CS PTSD 모형들은 상세한 트라우마 내러티브 탐색을 명시적으로 생략하고, 대신 환자가 현재 PTSD에 대처할 수 있도록 돕는 교육 및 대처 기술을 제공합니다(예: 트라우마 증상 식별 및 관리 방법 배우기, 기능 향상하기, 현재 활동, 사고 및 행동의 안전성 증진하기, 전반적인 안정화 촉진하기). 더욱이, 현재 중심적인 PTSD 모형을 **비-트라우마 중심 치료**라고 부르는 것은, 여성을 '비남성'이라고 하거나 아이를 '비성인'으로 지칭하는 것과 비슷한 문제점을 보입니다. 따라서 여기에서는 **트라우마 처리** 및 **CS** 모형이라는 용어를 사용합니다.

지금까지 대부분의 PTSD/SUD 연구는 TP 접근 방식보다 CS 접근 방식을 사용했습니다.

최근 몇 년 동안, TP 접근법이 PTSD/SUD 집단에 안전하게 사용될 수 있는지를 평가하려는 건설적인 움직임이 있었습니다. 중요한 것은 TP PTSD 접근법을 사용한 거의 모든 연구에서 CS SUD 모형을 결합했다는 사실입니다. 지속노출을 이용한 PTSD 및 SUD 동시 치료Concurrent Treatment of PTSD and Substance Use Disorders Using Prolonged Exposure, COPE(Mills 등. 2012)는 PTSD 노출 요법(Foa와 Rothbaum 1998)과 두 가지 CBT SUD 모형(Baker 등. 2003; Carroll 1998)을 결합한 것입니다. Foa와 동료들(2013)의 연구에서는 PE(Foa 등. 2007)를 SUD 모형(Volpicelli 등. 2001)인 BRENDA와 결합하였습니다.

통합 치료 연구Integrated Treatment Study(Sannibale 등. 2013)는 PTSD 치료법(노출 및 PTSD 인지 재구성)을 MATCHMatching Alcoholism Treatments To Client Heterogeneity 프로젝트(Kadden 등. 1995) 및 COMBINE 프로젝트Project COMBINE(Miller 2004)의 SUD 치료 매뉴얼에 결합했습니다. van Dam과 동료들(2013)의 연구는 PTSD를 위한 구조적 글쓰기 치료Structured Writing Therapy for PTSD, SWT(van Emmerik 등. 2008)와 SUD 집단 CBT(Emmelkamp와 Vedel 2006)를 결합했습니다. 변화 만들기Creating Change는 PTSD/SUD를 위한 순수 TP 모형이지만, 치료 준비, 준비도 평가, 강력한 안전 점검, 주제 기반 회기 등 SUD를 고려한 구성 요소가 있습니다(Najavits 등. 2018; Najavits 2013). 요약하자면, 어떤 연구자도 TP PTSD 접근법을 SUD 집단에 그대로 사용한 적이 없습니다.

또한 TP 구성 요소를 포함한 대부분의 연구가 집단 형태보다 개인 형태로 진행되었으며, PTSD만을 다룬 문헌과 마찬가지로 일반적으로 CS 연구들보다 덜 복잡한 표본으로 제한하여 진행했다는 점이 주목할 만합니다. 여기서 '덜 복잡하다'는 것은 환자가 (알코올 단독이 아닌) SUD, 현재 가정 폭력, 노숙 상태, 자살 경향성, 폭력성, 인지 장애, 심각한 정신질환 및/또는 형사 사법 관련 문제가 있는 경우 일반적으로 연구에서 제외되었음을 의미합니다. 이와 대조적으로 CS 모형은 주로 집단치료 형태였으며 훨씬 더 광범위한 환자에게 적용되었습니다(Najavits와 Hien 2013). (이 점에 대해서는 아래에서 더 자세히 다룹니다)

많은 사람들은 TP 모형이 현재 중심 모형보다 더 강력하다고 생각하는데, 이는 아마도 TP모형에서 감정을 더 강렬하게 경험하기 때문일 것입니다. 그러나 TP PTSD 치료가 포함된 RCT에서는 CS만 포함된 대조 조건과 비교했을 때 치료 종료 시점에서 PTSD나 SUD 모두 유의한 차이가 없는 것으로 나타났습니다(Mills 등. 2012; Foa 등. 2013; Sannibale 등. 2013; van Dam 등. 2013; Najavits 등. 2018). 현재까지 유일하게 다른 결과를 보인 연구는 Norman과 동료들(2019)의 연구이지만, 이 연구는 허용 가능한 수준의 충실도 및 표준 훈련을 사용하지 않아 해석에 한계가 있습니다(Najavits 2019a). 치료 종료 시점이 강조되는 이유는 이 때가 대조군과 비교하여 모형의 영향을 평가하는 데 가장 엄격한 시점이기 때문입니다. 과거-중심 모형과 CS 모형 모두 효과가 있었지만, '정서적 강도' 가설이 성립한다면 우월할 것으로 예상되었던 PTSD에서도 TP가 CS보다 우월하지 않았습니다. 이러한 결과에 대한 한 가지 설명은 TP 방법과 CS를 결합하는 것이 TP 효과를 희석시켰을 수 있다는 것입니다(Foa 등. 2013). 다른 설명은 TP 모형이 SUD로 고통을 겪고 있는 환자에게는 너무 강렬할 수 있다는 것인데, 이는 기존의 TP PTSD 치료에서 발견되는 높은 중도 탈락률과 일치합니다(Lewis 등. 2020; Najavits 2015; Hoge 등. 2014). 또한 Gerger와 동료들(2013)의 최근 메타분석에 따르면, 이들이 검토한 PTSD 치료 모형들(주로 TP)은 지지 요법이나 이완 훈련과 같은 비특이적 요법과 비교할 때, 더 복잡한 사례들보다는 단순한 사례들에게 더 효과적이었습니다. 연구 표본은 다음 네 가지 임상 기준 중 최소 두 가지를 80% 이상 충족할 경우 복잡한 것으로 분류되었습니다: (a) 증상 지속 기간이 6개월 이상, (b) 복합적 문제(예: 정신질환의 공존, 지속적인 폭력적 관계, 난민 신분)의 존재, (c) 복합 트라우마 경험, 즉 아동기, 반복적 또는 의도적 외상의 존재, (d) DSM 기준 상 공식적인 PTSD 진단의 존재.

전반적으로, PTSD/SUD 환자의 경우 회기의 감정 강도가 높다고 해서 더 좋은 결과로 이어지는 것은 아닙니다. 환자와 치료자의 준비 상태, 숙련도, 환경 및 기타 상황적 요인에 따라 현재-중심 모형과 TP 모형 모두 환자에게 도움이 될 수 있습니다. 중요한 것은 치료자가 어떤 모형을 사용할지에 대해 폭넓은 선택을 할 수 있다는 것입니다.

일부 연구에서는 복합적인 PTSD/SUD 집단을 다루었습니다

고무적인 것은, 일부 PTSD/SUD 연구에서 단순한 물질 남용이 아닌 물질 의존이 있는 환자, 알코올 외의 물질사용장애 환자뿐 아니라 노숙 상태, 가정 폭력, 자살 경향성, 폭력, 심각하고 지속적인 정신질환, 형사 사법 관련 문제, 실업, 다수의 이전 치료 경험, 낮은 학력 등의 문제를 가진 환자 등 광범위한 환자들을 종종 연구 대상에 포함하였다는 것입니다. 이러한 환자들은 기존의 PTSD 단독 연구(즉, TP 모형)에서 일관되게 제외되어 왔습니다. PTSD/SUD 연구들 중에서도 TP 모형을 사용한 연구들의 제외 기준이 가장 많았습니다(자세한 내용은 Najavits 등. 2020 참조). TP 모형에서는 예외적으로 Mills와 동료들(2012), Najavits와 Johnson(2014), Najavits와 동료들(2005, 2018)이 보다 넓은 범위의 환자들을 연구 대상에 포함하였습니다.

PTSD가 SUD보다 변화시키기 더 용이한 것으로 보입니다.

지금까지의 문헌에 따르면, 치료 조건 간 차이가 있을 때, 이 차이는 SUD보다 PTSD나 기타 정신건강 변수에서 더 자주 나타났습니다(Najavits 등. 2020). 이는 PTSD/SUD 환자들에서 PTSD 및 정신건강 문제의 치료가 SUD의 치료보다 더 수월할 수 있음을 시사합니다. 이러한 경향은 PTSD는 일정 기간 내에 치료가 가능한 것으로 보는 반면, SUD(특히 중증 SUD)는 지속적인 치료가 필요한 만성 재발성 장애로 개념화하는 현재의 관점에도 부합합니다(Arria 와McLellan 2012).

17.4 치료를 위한 권고 사항

환자에게 PTSD와 SUD가 모두 있는 경우, 두 문제 모두를 다뤄야 합니다

이는 단순해 보일 수 있지만 실제 임상에서는 자주 간과됩니다. 여기에는 전문적인 학위 과정에서 PTSD나 SUD에 대한 충분한 교육이 부족한 것을 포함하여 여러 가지 요인이 있습니다. 또한 이 두 질환은 치료자에게 강한 감정 반응을 일으키는 것으로 알려져 있으며, 특히 SUD의 경우 낙인과 부정적인 태도를 유발합니다(Imhof 1991; Pearlman과 Saakvitne 1995). 치료자들은 이러한 문제들을 다루는 데 소극적이거나, 치료할 능력이 부족하다고 느끼거나, 혹은 이를 인식조차 못하기도 합니다. 그러나 암과 당뇨를 모두 앓고 있는 환자가 두 질환 모두에 대해 도움이 필요한 것처럼, PTSD와 SUD가 함께 있는 환자도 두 질환 모두에 대한 도움이 필요합니다. 치료 계획은 여러 요인에 따라 달라질 수 있습니다. 어떤 치료자는 두 질환 모두의 주 치료자가 될 수 있고, 어떤 치료자는 한 가지만 치료하거나 두 질환 모두를 외부에 의뢰할 수 있습니다. 그러나 "어떠한 문을 통해 가도 틀리지 않다 no wrong door[2)]"의 원칙은 여전히 적용되므로, 두 가지 문제가 있다면 어떤 방식으로든 모두를 다루어야 합니다.

철저하고 정확하게 평가합니다

PTSD와 SUD는 물론, 이와 동반될 수 있는 다른 진단이나 문제를 정확하게 파악해야 합니다. 개인이 만든 도구나 임의적인 질문보다 타당도가 검증된 도구를 사용하십시오. 현재 선별 도구, 진단 면접, 문제 영역에 대한 자가보고 설문지 등, 쉽게 구할 수 있는 평가 도구들이 다양하게 있습니다(Najavits 2004, 2019b; Ouimette와 Read 2013 참조).

환자와 협력하여 치료 선택지를 탐색합니다

상호협력은 매우 중요합니다. 최후통첩식의 접근은 종종 환자를 멀어지게 하고 전문가에 대한 불신을 강화시킵니다. "내 방식대로 하든가 아니면 떠나라"는 식의 접근 방식은 때때로 SUD 환자

2) 역자 주: no wrong door 원칙이란 어떤 경로로 서비스에 접근하던 필요한 욕구에 대하여 가장 적절한 개입을 받을 수 있도록 하는 것임

에 대한 좌절감이나 SUD의 부정denial을 극복하려면 "바닥까지 가 봐야 변화한다"는 잘못된 견해에서 비롯됩니다. 그러나 연구에 따르면 PTSD를 다룰 때뿐 아니라 SUD(Miller 등 1993; Miller와 Rollnick 1991)에 대해서도 지지적인 태도가 가장 효과적입니다. 환자에게 가능한 한 많은 치료 선택지를 주고, 환자가 자신에게 가장 적합한 치료법을 선택하기 전에 가능한 한 많은 치료법을 시도해볼 수 있도록 권한을 주십시오. 유용한 전략은 환자에게 다양한 치료법의 회기에 최대 3회까지 참석해보도록 격려하는 것입니다. 연구에 따르면 치료적 관계는 보통 3회기 사이에 형성됩니다(Garfield와 Bergin 1994). 그 시점까지 협력 관계가 미약하다면 환자에게 다른 접근법을 시도하게 합니다. 환자가 원하지 않는 치료를 계속 받도록 강요하는 것은 역효과를 불러오며 아예 치료를 포기하게 만들 수 있습니다. PTSD와 우울증에 대한 치료 자료에 대해 알아보려면 온라인에서 PTSD/SUD를 다루는 매뉴얼을 검색해 보십시오.

연민을 가지십시오

귀 기울여 경청하고 공감을 전달하십시오. PTSD/SUD 환자들은 대개 극도의 고통 속에서 살아왔습니다. 그들은 종종 매우 민감하고 극심한 자기혐오를 느낍니다. 가족, 지역사회, 그리고 안타깝게도 때로는 치료자들로부터 오해를 받는 것에 익숙합니다. 만약 그들이 당신을 냉담하거나 비판적이라고 느낀다면 마음을 열지 않을 가능성이 큽니다. 치료를 중단할 수도 있습니다. 배려하는 전문가적 자세는 좋은 치료의 기본입니다. 그러나 진정한 연민은 기준을 포기하거나, 변명을 해주거나, 용납할 수 없는 행동을 허용하거나, 또는 다른 방식으로 환자의 문제 행동을 '방조'하는 것을 의미하지 않는다는 점을 기억해야 합니다. 진정한 연민은 치료 기대와 경계를 지키는 과정에서도 친절하고 배려하는 태도를 보이는 것입니다.

PTSD/SUD 환자 사이의 차이점을 인식합니다

이들은 동반되는 성격 장애, 신체 건강 문제, 재정적 문제, 법적 문제의 유무 등 여러 가지 면에서 차이가 있습니다. 또한 대인 관계 능력이나 지능 수준과 같은 강점의 측면에서도 서로 다릅니다. 각 환자의 만화경 같은 복합적인 특징이 치료에 영향을 미칩니다. PTSD/SUD 환자는 동질적인 집단이 아닙니다.

PTSD 및 SUD의 발병 순서보다 심각도에 주의합니다

일부 치료자들은 PTSD가 먼저 발병한 (실제로 대부분의) 경우, PTSD를 우선적으로 치료해야 한다고 잘못 생각합니다. 그러나 PTSD와 SUD의 발병 순서보다는 각 질환의 **중증도**가 치료 계획을 결정하는 데 있어 가장 중요한 요소입니다. 환자가 두 질환 모두를 가지고 치료를 찾아왔을 때, 어느 것이 먼저 발생했는지보다 앞으로 발생할 일이 훨씬 더 중요합니다. 두 질환 모두에 주의를 기울여야 합니다. 그리고 심각한 질환에 즉각적이고 강력한 도움이 필요합니다. 심각도는 증상의 정도뿐만 아니라 어떤 장애가 가장 큰 문제를 일으키고, 가장 큰 해를 끼치는지와 같은 부정적인 결과를 모두 포함합니다. 어떤 환자는 두 질환 모두 동등하게 심각하고 다른 환자는 한 질환이 더 심각합니다. 치료 계획을 결정하기 위해 각 질환의 심각도를 평가하는 데에는 검증된 도구를 사용합니다.

물질 사용을 직접 모니터링합니다

효과적인 SUD의 치료를 위해서는 치료자가 매 면담 시 적극적으로 물질 사용에 대해 질문해야 합니다. 이상적으로는 소변 검사, 음주 측정기 또는 기타 생물학적인 방법으로 확인합니다. 개인 진료 환경에서 이러한 방법이 불가능한 경우라도, 타당성이 검증된 자가보고 도구를 사용하고 물질 사용에 대한 명확한 계약서를 문서로 작성하는 것이 중요합니다. 계약서에는 '하루에 양주 잔 기준 1잔 이하로 제한하기', '모든 물질 사용 금지' 또는 기타 설정 목표 등 물질 별로 목표를 명시합니다. 환자가 직접 말하지 않는 경우가 많으므로, 매 회기마다 사용량과 빈도를 포함하여 물질 사용에 대해 질문하십시오. PTSD 증상도 지속적으로 평가해야 합니다.

트라우마 처리(TP)를 강요하지 않습니다

환자들은 때때로 "이걸 안 하면 회피하는 거예요.", "이것이 진정한 회복을 위한 유일한 방법입니다", "이 작업을 하면 문제의 뿌리를 해결할 수 있어요. 그러면 더 이상 물질이 필요 없어질 것입니다."와 같은 표현에 의해 TP를 지나치게 강요받습니다(Najavits 등. 2017). 비록 좋은 의도라 할지라도 이러한 발언들은 대부분의 PTSD/SUD 환자, 특히 중증 SUD 환자에게는 맞지 않는 말입니다. 앞서 검토한 바와 같이, 현재까지의 과학적 증거는 과거 중심 접근법과 CS 접근법이 PTSD/SUD 환자에게 동등하게 효과적임을 시사합니다. 환자에게 근거기반에 대해 직접적으로 설명하고, 부담 없이 그들이 자신에게 맞는 것을 선택할 수 있도록 하십시오. 일부 환자는 TP 작업을 할 준비가 되어 있고, 이를 원하며, 효과를 얻을 수 있습니다.

그러나 그렇지 않은 사람도 있습니다.

SUD뿐 아니라 행위 중독에도 주의를 기울입니다.

과도한 도박, 일, 운동, 인터넷, 음란물, 성생활 등과 같은 행위 중독에 대한 관심이 높아지고 있습니다(Najavits 2014; Freimuth 2005). 이들 중 대부분은 DSM-5에 등재되지 않았지만 그럼에도 주의를 필요로 하는 영역입니다. 환자에게 이러한 문제들에 대해 명확하게 물어보고 필요에 따라 도움을 받을 수 있는 선택지를 제공합니다.

최신의 정보를 제공합니다

최신 정보를 유지하도록 노력해야 합니다. 아무리 의도가 좋더라도 부정확한 메시지는 득보다 실이 많을 수 있습니다. 이러한 메시지의 예시는 이 장의 서두를 참조하십시오. PTSD/SUD에 관한 최신 서적을 읽으십시오. PTSD 또는 SUD를 각각 단독으로 다루는 자료도 도움이 될 수 있지만, PTSD/SUD 공존에 의한 복합적인 문제에 대해서는 충분하지 않습니다. 폭넓은 이해를 갖추고 필요할 경우 교육을 받으십시오.

문화적 요소를 고려합니다

PTSD와 SUD는 발병과 회복 과정 모두에서 문화적 요인의 영향을 받습니다. 두 질환 모두 낙인과 침묵의 대상이 될 수 있으며, 이는 깊이 내면화될 수 있습니다. 내담자가 경험한 문화가 PTSD와 SUD에 어떤 영향을 미쳤는지 살펴볼 수 있도록 도와주어야 합니다. 여기에는 민족, 인종, 성별, 연령에 기반한 문화적 측면뿐 아니라 직업(응급 구조대원, 군인), 트라우마 유형(성폭행 대 교통사고), 지역(지방 대 도시), 정치적 성향 등 다양한 측면이 포함됩니다. 문화에 따른 PTSD/SUD 치료의 적응에 대한 자세한 예시는 Marsh와 동료들의 자료(2016)를 참고하십시오.

현실적인 요인에 기반한 PTSD/SUD 모형을 선택합니다

치료자와 환자 모두 자신에게 맞는 모형이 필요합니다. 개인치료와 집단치료에 대한 선호도, 과거 치료 경험, 다양한 치료법에 대한 흥미도, 보험 적용 범위 및 기타 요인들이 영향을 미칠 수 있습니다. 다음의 고려 사항을 포함하여, Najavits와 동료들(2020)이 치료 모형 선택에 대한 추가적인 지침을 제시하였습니다:

- 해당 모형이 광범위한 SUD에 걸쳐 검증되었는지 여부
- 해당 모형이 집중적인 SUD 치료법으로만 검증되었는지 여부
- 연구 대상에 복잡한 SUD 사례가 포함되었는지 여부
- 집단치료로 제공 가능한 모형인지 여부
- 인력 요구 사항
- 치료 비용

17.5 향후 발전 과제

종합하여 볼 때, PTSD와 SUD를 함께 겪는 환자들의 광범위한 고통을 치료하기 위해 다양한 치료 모델들이 개발되어 왔습니다. 이러한 모형들은 긍정적인 효과를 입증했으며 임상 현장에 새로운 접근과 영감을 가져올 수 있습니다. 앞으로 수십 년 동안, 이러한 환자를 가장 효과적으로 도울 수 있는 방법에 대한 이해를 확장하기 위해 경험적 노력이 지속적으로 필요합니다.

더 넓은 관점에서 볼 때, 어떤 치료 모형도 그 자체만으로 이러한 환자들의 수십 년간 겪어온 학대, 방치, 폭력, 물질 사용 및 노숙, 형사 사법적 개입, 직업 문제, 빈곤, 차별, 신체 건강 문제처럼 관련되어 있는 문제를 신속하게 해결할 가능성이 낮다는 점을 인식하는 것이 중요합니다. 이들 중 상당수는 다중적인 부담을 지고 있고 PTSD와 우울증에 만성적으로 시달리고 있으며, 여러 세대에 걸쳐 이러한 문제로 어려움을 겪은 가족 배경을 갖고 있습니다(Brown 등. 1995). 이들은 치료를 받을 수 있는 자원이 부족하여 제대로 훈련되지 않은 치료자로부터 치료를 받는 경우가 많습니다. 결국 공공의료체계에 의존하게 되는 경우가 흔합니다. 따라서 개별 치료 모형 자체를 넘어 모형의 영향력을 잠재적으로 높일 수 있는 다양한 선택지를 함께 고려해 볼 가치가 있습니다.

PTSD/SUD 환자는 한시적인 도움보다 지속적인 지원이 필요할 수 있습니다

일부 중증도가 낮은 환자는 단기 치료로도 잘 회복될 수 있습니다. 하지만 임상 현장에서는 많은 환자들이 치료의 회전문을 반복해서 돌고 있습니다. 특히 SUD는 단기 치료 모형보다는 장기적인 관리가 필요하다는 점에서 당뇨병과 유사한 질환으로 개념화되어 왔습니다(Arria와 McLellan 2012). 이는 물질 사용 중단을 유지하기 위해 지속적인 지원을 무료로 제공하고, 중독자들 스스로 풀뿌리 모형으로 성장한 12단계 접근법의 지혜에 반영되어 있습니다. PTSD의 경우, 아직까지 이러한 유형의 광범위한 지원 자원이 없습니다. 12단계 집단을 넘어 만성 환자를 위한 자원을 창의적으로 개발하는 것이 중요한 공중보건상의 목표가 될 수 있습니다. 이 글에서 소개된 모형 중 일부는 이러한 방식으로 활용될 수 있을 것입니다.

이러한 환자를 치료하는 인력에게도 지원이 필요합니다

많은 치료자는 자신만의 트라우마와 중독의 경험을 가지고 있습니다. 이들은 종종 충분한 지원이나 훈련 없이 과중한 수의 복잡한 사례들을 담당하게 됩니다. 이들을 선발하고 유지하는 최선의 방법과 이들의 업무를 가장 효과적으로 지원하는 방법에 대한 연구는 거의 없습니다. PTSD/SUD 치료 모형은 중요한 자원이지만, 치료자들이 필요로 하는 전문적인 요구는 모형을 넘어서는 차원의 것입니다. PTSD/SUD를 치료하는 치료자들은 업무에서 상당한 보람을 느끼는 동시에 중대한 스트레스 요인 역시 보고하고 있습니다(Najavits 등. 2010).

치료 모형 간 '경쟁'을 넘어 비용, 매력, 실행 용이성, 지속 가능성에 집중합니다

수십 년에 걸친 연구 결과에 따르면, PTSD 및 SUD에 대해 잘 구성된 치료 모형들은 긍정적인 효과를 보이지만 그 결과 면에서는 큰 차이가 없습니다(Imel 등. 2008; Benish 등. 2007; Powers 등. 2010; Najavits 등. 2018). 그러나 비용, 실행의 용이성, 지속 가능성과 같은 다른 중요한 측면에서는 차이가 있을 수 있습니다. 치료 효과가 약간 낮더라도, 이러한 요소들에서 더 큰 강점을 가진 모형이 탁월한 선택일 수 있습니다. PTSD/SUD 분야에서는 치료 모형과 관련하여 이러한 요소들이 아직 대부분 연구되지 않았습니다.

17.6 사례 예시

이 장에서 다룬 주제들을 강조하기 위해, '안전기반치료Seeking Safety, 이하 SS'를 치료법으로 사용한 다음 사례를 소개합니다.

안전기반치료(SS) 실행

SS는 물질을 남용하는 내담자에게 안전하고 효과적으로 사용할 수 있는 트라우마 개입법의 필요성에 따라 개발되었습니다. 이러한 내담자들의 대부분은 중대한 트라우마 경험을 가지고 있지만, 정서적으로 강렬한 TP PTSD 치료를 견디지 못할 수 있습니다. SS는 트라우마 회복을 위한 단계별 접근법(Herman 1992; van der Hart와 Brown 1992)과 일치하며, 이 접근법은 회복의 첫 번째 단계인 안전을 CS, 즉 현재-중심(안정화 및 대처)로 구성합니다. SS는 이 단계에만 초점을 맞춥니다. 이후 작업에서는 필요에 따라 TP가 포함될 수 있습니다. Herman의 치료 모형이 발표된 이후 몇 년이 지난 지금, 다양한 유형의 작업이 반드시 순차적일 필요는 없으며, 일부 환자들은 한 가지 유형만 선택하거나 환자의 선호도와 필요에 따라 순서를 유연하게 할 수 있다고 이해되고 있습니다(Cloitre 등. 2015).

SS는 트라우마 생존자를 위한 교육과 대처 기술을 강조합니다. SS는 낙관적으로 이상적 가치, 인본주의적 언어, 영감을 주는 인용문, 구체적인 전략을 통해 희망을 구축하는 접근법입니다. 원래는 트라우마와 물질 남용이 공존하는 사례를 위해 개발되었지만, 현재는 둘 중 하나 또는 둘 다 있는 경우 모두에 사용되고 있습니다. SS는 매우 유연하여 남성, 여성, 모든 유형의 트라우마, 성인, 청소년, 집단, 개인, 그리고 모든 치료자, 환경, 기간에 적용될 수 있습니다. 이 접근법은 노숙자, HIV 감염인, 수감자, 자살 위험이나 인지 장애가 있는 사람 등 다양한 취약 계층에게 성공적으로 시행되었습니다. 각 SS 주제는 도움 요청하기Asking for Help, 정직함Honesty, 촉발 요인에 대처하기Coping with Triggers, 자기 돌봄Self-Nurturning, 분노로부터 치유되기Healing from Anger 등 회복탄력성을 키우기 위한 대처 기술을 제공합니다.

사례

조울린(Jolene)은 20년 전 군에 복무했던 45세의 아프리카계 미국인 여성 재향군인입니다. 그녀는 군 지휘관에게 잔인하게 성폭행을 당한 후 경미한 외상성 뇌 손상과 심각한 PTSD를 겪었습니다. 뇌 손상은 결국 호전되었지만, PTSD가 너무 심각해서 20년 동안 사실상 집안에서만 생활하며 복지 혜택으로 생계를 유지했고, 일을 할 수 없었으며, 형제자매(부모는 몇 년 전 사망)와만 연락을 유지했습니다. 그녀는 심각한 알코올사용장애를 앓고 있었고, 알코올성 간 질환을 진단한 주치의의 권고에 따라 치료를 받으러 오게 되었습니다. SS 치료를 받기 전까지 그녀는 성폭행에 대해 아무에게도 말한 적이 없었습니다. SS에서 환자는 트라우마의 성격을 공유할 수 있지만, 이에 대한 자세한 이야기는 나누지 않습니다. '세부 사항이 아닌 제목만'이 기본 원칙입니다. 조울린은 고통스러운 트라우마 이야기를 다시 떠올리지 않고도 SS에서는 PTSD를 다룰 수 있다는 사실에 안도하였습니다. 그녀는 "내가 더 나은 군인이었다면 스스로를 방어할 수 있었을 것"이라며 트라우마와 관련하여 끊임없이 자신을 비난했습니다. 폭행을 당하기 전까지 그녀는 군 생활에서 뛰어난 성취를 보였지만, 그 후에는 기능을 할 수 없어 제대하게 되었습니다. "마치 내가 두 명의 다른 사람이 된 것 같아요. 사고 전의 나와 이후의 나."

치료

조울린은 치료받기를 망설였고 처음 몇 번의 예약을 취소했습니다. 저는 그녀에게 한 회기만 치료를 시도해보라고 권유했습니다. 저는 치료를 계속할지 여부는 전적으로 그녀의 선택에 달려 있다고 알려주었고, 첫 전화 연락에서부터 그녀가 자신에게 가장 적합한 것을 선택할 수 있도록 힘을 실어주려고 노력했습니다. 권한 부여는 SS의 핵심 요소입니다. 이 모형은 안전하게 대처할 수 있는 방법은 다양하며, 환자는 다른 사람들의 선택과 다르더라도 자신에게 맞는 방법을 선택할 수 있다는 메시지를 전달합니다. SS에서 '안전'은 관계, 사고 및 행동에서 안전을 포함하는 풍부한 개념으로, 자신과 타인에게 해를 끼치지 않는 것을 의미합니다.

조울린은 결국 6개월 동안 매주 회기에 참여하여 SS의 전 과정을 마쳤습니다. 그녀는 매우 지적이고 성실한 사람으로, 군인다운 책임감 있는 태도를 지녀 정시에 도착하고 유인물을 미리 읽어오고 대부분의 치료 약속commitments(과제를 뜻하는 SS 용어)을 성실히 수행했습니다. 하지만 감정적으로는 매우 불안정하여 자주 눈물을 흘리고, 집중하지 못하고, 사소한 일에 집착했으며, 건강을 돌보지 않았고(나쁜 식습관, 운동 부족), 매일 음주를 멈추지 못했습니다.

우리는 치료에서 세 가지 주요 우선순위를 두었습니다. 첫째, 대처에 집중하여 그녀가 매주 어떤 방식으로든 삶을 나아가게 할 수 있는 방법을 찾는 데 초점을 맞추었습니다. 예를 들어, '자신을 잘 돌보기Taking Good Care of Yourself'라는 주제를 통해 그녀는 고립되어 지내는 것이 자신의 건강에 해롭다는 것을 깨달았습니다. 그 주에 그녀는 온라인 알코올 중독자 자조모임AA에 참석하기로 했습니다(대면 모임은 시도하기 어려웠습니다). 또 다른 주에는 관계에서 경계 설정하기Setting Boundaries in Relationships에 초점을 맞추었고, 그녀는 과거에 너무 자주 들어주었던 자매의 금전 요청을 거절할 수 있게 되었습니다. 각 회기마다, 우리는 SS 대처 기술을 의미 있으면서도 실용적인 방식으로 현재의 어려움과 연관시켰습니다. 작은 성공도 그녀에게는 큰 의미가 있었으며, 더 이상 과거의 반복 속에 갇혀 있지 않고 새로운 선택을 할 수 있으며 그로부터 배워나갈 수 있다는 것을 보여주었습니다. SS는 본질적으로 학습의 과정으로, 새로운 전략을 시도하고 필요에 따라 조정, 개선, 변경하여 계속 발전해 나가는 것입니다. 이러한 학습은 각 개인에게 고유하면서도 동시에 보편적인 여정입니다.

두 번째 주요 초점은 알코올 사용을 줄이는 것이었습니다. 장기간 매일 술을 마셨던 점을 고려하여 주치의는 갑작스러운 알코올 중단으로 발생할 수 있는 발작을 예방하기 위해 신체건강에 대하여 함께 작업했습니다. SS에서 저는 회기 중 알코올 문제를 SS 주제의 일부로서 자연스럽게 언급하며, 알코올이 삶에 미치는 영향을 그녀가 더 명확하게 바라볼 수 있도록 이를 여기저기에 엮어 질문하고, 조금씩 독려하며 안내하고, 술에 대한 갈망이 있을 때 할 수 있는 대안 행동을 탐색하게 했습니다. 저는 "격일로만 마시기를 시도해 볼 생각이 있나요?"와 같은 질문을 던지고, 그녀와 함께 그 질문을 탐구하며, 다시 SS 대처 기술이 그 목표를 달성하는 데 어떻게 그녀를 도울 수 있는지에 대한 것으로 돌아왔습니다. 트라우마와 알코올 사용 사이의 연관성을 인식할 수 있도록 돕는 것도 반복되는 주제였습니다. 그녀는 "이제 그 연관성을 훨씬 더 명확하게 볼 수 있어요. 20년 전에 이것을 알았더라면 좋았을 텐데 하는 아쉬움이 남네요."라고 말했습니다. 이 말에는 깊은 슬픔이 담겨 있었고, 그녀의 알코올 사용에는 기복이 있었지만, 치료의 후반부 3분의 1 무렵에는 음주량을 절반으로 줄이고 금주를 향해 나아가고 있었습니다.

우리의 세 번째 주요 초점은 트라우마에 대한 자기 혐오에 대해 연민의 태도로 접근하는 것이었습니다. 그녀는 가해자에게 맞서 싸우지 못한 자신을 비난하고 판단하는 데 수십 년을 보냈습니다.

우리는 **자비, 의미 만들기, 분열된 자기를 통합하기**Compassion, Creating Meaning, and Integrating the Split Self와 같은 SS 주제를 다루며 내면의 비판적인 목소리가 들릴 때 스스로에게 더 친절하게 반응할 수 있도록 도왔습니다. 그녀는 포기하지 않고 매일의 어려움을 스스로 헤쳐나가는 법을 배우면서, 기능이 개선된 상태로 하루를 더 잘 보낼 수 있게 되었습니다. 또한 그녀는 자신이 아무리 훌륭하고 강한 군인이었다 하더라도 트라우마를 예방할 수 있는 방법이 정말로 없었으며, 이제 그녀의 임무는 과거에 대해 '자신을 비난하는 것'에 갇혀 있는 것이 아니라 자신을 위해 더 나은 미래를 만들어 나가는 것이라는 것을 인식하게 되었습니다.

SS의 사례 관리 요소도 함께 활용되어, 그녀가 받아들일 수 있는 추가적인 치료 자원으로 연계를 의뢰할 수 있는 기관들을 알아보았습니다. 그녀는 사회적 접촉이 거의 없어서 어떤 주에는 한 주 내내 아무도 만나지 않았지만, 여성 치료 모임과 온라인 AA에 참여할 수 있었습니다. 또한 그녀의 열악한 식습관을 개선하기 위해 영양상담을 의뢰했습니다.

아직 회복해야 할 일이 남아있었지만, 그녀는 너 큰 희망을 품고 SS 치료를 마쳤습니다. "더 많이 살아갈 수 있게 되었다는 느낌-제 세계가 확장되고, 앞으로 나아가고 있다는 것이 정말 치유되고 있다는 것을 느끼게 해주었어요."

17.7 마무리

PTSD/SUD 공존 환자들에 대한 1세대 연구는, PTSD에 대한 대부분의 이전 연구에서 지속적으로 배제되었던 환자들을 대상으로 했다는 점에서 큰 의미가 있습니다. 이들에 대한 새로운 모형의 개발은 해당 분야를 발전시켰으며 치료자에게 다양한 선택지를 제공해 주었습니다. 현재 가장 많이 연구되고 널리 사용되는 모형은 SS입니다. 그러나 차세대의 연구를 발전시키고 모형을 지속적으로 개선하기 위해서는 아직 해야 할 일이 많이 남아 있습니다. PTSD/SUD가 공존하는 환자는 두 질환을 각각 단독으로 앓는 환자보다 기능 장애가 심하고 예후도 더 나쁩니다. 이들은 매우 취약한 집단으로, 효과가 강력하면서도 접근 가능한 치료법과 공감 능력과 전문성을 갖춘 치료자의 도움이 필요합니다.

References

Arria AM, McLellan AT (2012) Evolution of concept, but not action, in addiction treatment. Subst Use Misuse 47(8–9):1041–1048

Back SE, Foa EB, Killeen TK, Mills KL, Teesson M, Dansky Cotton B et al (2015) Concurrent treatment of PTSD and substance use disorders using prolonged exposure (COPE): therapist guide. Oxford University Press, New York, NY

Baker A, Kay-Lambkin F, Lee NK, Claire M, Jenner L (2003) A brief cognitive behavioural intervention for regular amphetamine users. Australian Government Department of Health and Ageing, Canberra, ACT

Benish S, Imel Z, Wampold B (2007) The relative efficacy of bona fide psychotherapies for treating post-traumatic stress disorder: a meta-analysis of direct comparisons. Clin Psychol Rev 28:746–758

Brown VB, Huba G, Melchior L (1995) Level of burden: women with more than one co-occurring disorder. J Psychoactive Drugs 27:339–346

Carroll K (1998) A cognitive-behavioral approach: treating cocaine addiction. NIH publication 98-4308. National Institute on Drug Abuse, Rockville, MD

Chambless D, Hollon S (1998) Defining empirically supported therapies. J Consult Clin Psychol 66:7–18

Cloitre M (2015) The "one size fits all" approach to trauma treatment: Should we be satisfied?. Eur J Psychotraumatol 6(1):27344

Coffey SF, Schumacher JA, Nosen E, Littlefield AK, Henslee AM, Lappen A et al (2016) Trauma focused exposure therapy for chronic posttraumatic stress disorder in alcohol and drug dependent patients: a randomized controlled trial. Psychol Addict Behav 30(7):778–790

van Dam D, Ehring T, Vedel E, Emmelkamp PM (2013) Trauma-focused treatment for posttraumatic stress disorder combined with CBT for severe substance use disorder: a randomized controlled trial. BMC Psychiatry 13(1):172

Emmelkamp PMG, Vedel E (2006) Evidence-based treatments for alcohol and drug abuse: a practitioner's guide to theory, methods, and practice. Routledge, New York, NY

van Emmerik AAP, Kamphuis JH, Emmelkamp PMG (2008) Treating acute stress disorder and posttraumatic stress disorder with cognitive behavioral therapy or structured writing therapy: a randomized controlled trial. Psychother Psychosom 77(2):93–100

Foa EB, Rothbaum BO (1998) Treating the trauma of rape: cognitive-behavioral therapy for PTSD. Guilford, New York, NY

Foa EB, Hembree EA, Rothbaum BO (2007) Prolonged exposure therapy for PTSD: emotional processing of traumatic experiences. Oxford University Press, New York, NY

Foa EB, Yusko DA, McLean CP, Suvak MK, Bux DA Jr, Oslin D, O'Brien CP, Imms P, Riggs DS, Volpicelli J (2013) Concurrent naltrexone and prolonged exposure therapy for patients with comorbid alcohol dependence and PTSD: a randomized clinical trial. JAMA 310(5):488–495

Freimuth M (2005) Hidden addictions: assessment practices for psychotherapists, counselors, and health care providers. Jason Aronson, Northvale, NJ

Garfield S, Bergin A (1994) Handbook of psychotherapy and behavior change. John Wiley & Sons, Inc, New York, NY

Gerger H, Munder T, Barth J (2013) Specific and nonspecific psychological interventions for PTSD symptoms: a meta-analysis with problem complexity as a moderator. J Clin Psychol 70:601–615

Herman JL (1992) Trauma and recovery. Basic Books, New York, NY Hien D, Litt L, Cohen LR (2019) Seeking safety: a present-focused integrated treatment for PTSD and substance use disorders. In: Vujanovic AA, Back SE (eds) Posttraumatic stress and substance use disorders: a comprehensive clinical handbook. Routledge, London

Hien D, Kropp F, Wells EA, Campbell A, Hatch-Maillette M, Hodgkins C, Killeen T et al (2020) The 'Women and Trauma' study and its national impact on advancing trauma specific approaches in community substance use treatment and research. J Subst Abus Treat 112:12–17. https://doi.org/10.1016/j.jsat.2020.02.003

Hoge CW, Grossman SH, Auchterlonie JL, Riviere LA, Milliken CS, Wilk JE (2014) PTSD Treatment for soldiers after combat deployment: low utilization of mental health care and reasons for dropout. Psychiatr Serv 65:997

Imel Z, Wampold B, Miller S, Fleming R (2008) Distinctions without a difference: direct comparisons of psychotherapies for alcohol use disorders. Psychol Addict Behav 22:533–543

Imhof J (1991) Countertransference issues in alcoholism and drug addiction. Psychiatr Ann 21:292–306

Kadden R, Carroll K, Donovan D, Cooney N, Monti P, Abrams D, Litt M, Hester R (1995) Cognitive-behavioral coping skills therapy manual: a clinical research guide for therapists treating individuals with alcohol abuse and dependence, vol 3. U. S. Department of Health and Human Services, Rockville, MD

Lenz AS, Henesy R, Callender K (2016) Effectiveness of seeking safety for co-occurring posttraumatic stress disorder and substance use. J Couns Dev 94(1):51–61. https://doi.org/10.1002/jcad.12061

Lewis C, Roberts NP, Gibson S, Bisson JI (2020) Dropout from psychological therapies for Post-Traumatic Stress Disorder (PTSD) in adults: systematic review and meta-analysis. Eur J Psychotraumatol 11(1):1709709. https://doi.org/10.1080/20008198.2019.1709709

Marlatt GA, Gordon JR (1985) Relapse prevention: maintenance strategies in the treatment of addictive behaviors. The Guilford Clinical Psychology and Psychotherapy Series. Guilford, New York, NY

Marsh T, Young N, Cote-Meek S, Najavits L, Toulouse P (2016) Impact of indigenous healing and Seeking Safety on intergenerational trauma and substance use in an aboriginal sample. J Addict Res Therapy 7(3):284. https://doi.org/10.4172/2155-6105.1000284

McGovern MP, Lambert-Harris C, Alterman AI, Meier A (2011) A randomized controlled trial comparing integrated cognitive

behavioral therapy versus individual addiction counseling for co-occurring substance use and posttraumatic stress disorders. J Dual Diagn 7(4):207–227
Miller WR (ed) (2004) Combined behavioral intervention manual: a clinical research guide for therapists treating people with alcohol abuse and dependence (vol. 1, COMBINE mono- graph series): DHHS Publication No. (NIH) 04–5288. NIAAA, Bethesda, MD
Miller WR, Rollnick S (1991) Motivational interviewing: preparing people to change addictive behavior. The Guilford Press, New York, NY
Miller WR, Benefield RG, Tonigan JS (1993) Enhancing motivation for change in problem drinking: a controlled comparison of two therapist styles. J Consult Clin Psychol 61:455–461
Mills KL, Teesson M, Back SE, Brady KT, Baker AL, Hopwood S, Sannibale C, Barrett EL, Merz S, Rosenfeld J, Ewer PL (2012) Integrated exposure-based therapy for co-occurring posttraumatic stress disorder and substance dependence: a randomized con- trolled trial. JAMA 308(7):690–699
Najavits LM (2002) Seeking safety: a treatment manual for PTSD and substance abuse. The Guilford Press, New York, NY
Najavits LM (2004) Assessment of trauma, PTSD, and substance use disorder: a practical guide. In: Wilson JP, Keane TM (eds) Assessment of psychological trauma and PTSD. Guilford, New York, NY, pp 466–491
Najavits L (2013) Creating change: a new past-focused model for PTSD and substance abuse. In: Ouimette P, Read JP (eds) Handbook of trauma, PTSD and substance use disorder comorbidity. American Psychological Association Press, Washington, DC
Najavits LM (2014) Creating change: a past-focused model for PTSD and substance abuse. The Guilford Press, New York, NY
Najavits LM (2015) The problem of dropout from "gold standard" PTSD therapies. F1000Prime Rep 7:43. https://doi.org/10.12703/P12707-12743
Najavits LM (2019a) Comment on Norman et al. Concerns about potential bias in a randomized clinical trial of integrated prolonged exposure therapy vs Seeking Safety integrated coping skills therapy – reply. JAMA Psychiatry 76:1316. https://doi.org/10.1001/jamapsychiatry.2019.2229
Najavits LM (2019b) Finding your best self: recovery from addiction, trauma, or both. The Guilford Press, New York, NY. Revised edition
Najavits LM, Hien DA (2013) Helping vulnerable populations: a comprehensive review of the treatment outcome literature on substance use disorder and PTSD. J Clin Psychol 69:433–480
Najavits LM, Johnson KM (2014) Pilot study of creating change, a new past-focused model for PTSD and substance abuse. Am J Addict 23:415. https://doi.org/10.1111/j.1521-0391.2014.12127
Najavits LM, Schmitz M, Gotthardt S, Weiss RD (2005) Seeking safety plus exposure therapy: an outcome study on dual diagnosis men. J Psychoactive Drugs 37:425–435
Najavits LM, Norman SB, Kivlahan D, Kosten TR (2010) Improving PTSD/substance abuse treatment in the VA: a survey of providers. Am J Addict 19(3):257–263
Najavits LM, Lung J, Froias A, Bailey GL, Paull N (2014) A study of multiple behavioral addictions in a substance abuse sample. Subst Use Misuse 49:479–484
Najavits LM, Hyman SM, Ruglass LM, Hien DA, Read JP (2017) Substance use disorder and trauma. In: Gold S, Cook J, Dalenberg C (eds) Handbook of trauma psychology. American Psychological Association, Washington, DC, pp 195–214
Najavits LM, Krinsley K, Waring ME, Gallagher MW, Skidmore W (2018) A randomized controlled trial for veterans with PTSD and substance use disorder: creating change versus seeking safety. Subst Use Misuse 53:1788. https://doi.org/10.1080/10826084.2018.1432653
Najavits LM, Clark HW, DiClemente CC, Potenza MN, Shaffer HJ, Sorensen JL, Tull MT, Zweben A, Zweben JE (2020) PTSD/substance use disorder comorbidity: treatment options and public health needs. Curr Treat Opt Psychiatry 7:1–15
Norman SB, Trim R, Haller M, Davis BC, Myers US, Colvonen PJ, Blanes E, Lyons R, Siegel EY, Angkaw AC, Norman GJ (2019) Efficacy of integrated exposure therapy vs integrated coping skills therapy for comorbid posttraumatic stress disorder and alcohol use disorder: a randomized clinical trial. JAMA Psychiatry 76(8):791–799
Ouimette P, Read JP (eds) (2013) Handbook of trauma, PTSD and substance use disorder comorbidity. American Psychological Association Press, Washington, DC
Pearlman LA, Saakvitne KW (1995) Trauma and the therapist: countertransference and vicarious traumatization in psychotherapy with incest survivors. WW Norton, New York, NY
Powers MB, Halpern JM, Ferenschak MP, Gillihan SJ, Foa EB (2010) A meta- analytic review of prolonged exposure for posttraumatic stress disorder. Clin Psychol Rev 30(6):635–641
Rodriguez A, Lau AS, Wright B, Regan J, Brookman-Frazee L (2018) Mixed-method analysis of program leader perspectives on the sustainment of multiple child evidence-based practices in a system-driven implementation. Implement Sci 13(1):44. https://doi.org/10.1186/s13012-018-0737-6
Sannibale C, Teesson M, Creamer M, Sitharthan T, Bryant RA, Sutherland K et al (2013) Randomized controlled trial of cognitive behaviour therapy for comorbid posttraumatic stress disorder and alcohol use disorders. Addiction 108:1397–1410
Shapiro F (1995) Eye movement desensitization and reprocessing: basic principles, protocols, and procedures. Guilford, New York, NY

Triffleman E (2000) Gender differences in a controlled pilot study of psychosocial treatments in substance dependent patients with post-traumatic stress disorder: design considerations and outcomes. Alcohol Treat Q 18(3):113–126

Van der Hart O, Brown P (1992) Abreaction re-evaluated. Dissoc Progr Dissociat Disord 5(3):127–140

Volpicelli J, Pettinati H, McLellan A, O'Brien C (2001) Combining medication and psychosocial treatments for addictions: the BRENDA approach. Guilford, New York, NY

Washington State Institute for Public Policy (2018) Benefit-cost results: substance use disorders— seeking safety. Washington State Institute for Public Policy, Washington, DC. www.wsipp. wa.gov/BenefitCost/Program/307. Accessed 28 Apr 2018

PTSD와 경계성 성격장애의 치료 18

Melanie S. Harned와 Colleen A. Sloan

경계성 성격장애borderline personality disorder, 이하 BPD는 광범위한 감정 조절의 어려움, 불안정한 대인 관계와 자아상, 충동적인 행동, 반복적인 자살적 및 비자살적 자해non-suicidal self-injury, 이하 NSSI 행동을 특징으로 하는 심각하고 복합적인 정신질환입니다. PTSD는 BPD 환자에게 흔히 동반되는 질환으로, 공존율이 지역사회 표본에서의 약 30%(Grant 등. 2008; Pagura 등. 2010)부터 임상군에서는 최대 75%(Barnicot와 Crawford 2018; Harned 등. 2010a; Zanarini 등. 1998)로 보고됩니다. 두 질환의 높은 공존율은 두 질환에서 공통된 원인이 작용하는 것으로 설명할 수 있는데, 트라우마 노출, 그중에서도 특히 아동학대가 이 두 질환의 발병에 영향을 미치는 것으로 보고됩니다(Scheiderer 등. 2015). 또한 연구 결과, 각 질환이 다른 질환을 유지시키는 역할을 하는 상호적인 관계가 시사됩니다. 예를 들어 PTSD는 감정 조절의 어려움, 자살시도 및 비자살적 자해와 같은 BPD 증상을 악화시키고(Harned 등. 2010a; Marshall-Berenz 등. 2011), 자연적인 경과 관찰 연구에서 6년 및 10년 동안 BPD의 관해 가능성을 감소시키는 것으로 나타났습니다(Zanarini 등. 2004, 2006). 반대로 BPD는 높은 수준의 감정 조절 문제와, 경험의 회피 및 수치심과 관련이 있으며, 이러한 요인들이 치료과정에서 PTSD의 회복 속도를 저하시키는 것으로 보고되었습니다(Harned 등. 2020). 따라서 공존 질환이 있는 개인이 최적의 결과를 얻으려면, 두 질환 모두의 성공적인 치료가 필요할 것입니다. 이 장에서는 PTSD와 BPD를 동시에 가진 환자의 치료적 접근에 대한 연구를 검토하고, 이들에게 트라우마 중심 치료를 할 때 흔히 발생하는 어려움들을 확인하여 이를 설명하는 사례를 예시로 제시합니다.

18.1 공존하는 PTSD와 BPD의 치료적 접근

BPD 환자에 대한 PTSD 치료로, (1) 단일 진단 치료, (2) 병행 치료, (3) 단계별 치료, (4) 통합 치료의 네 가지 주요한 접근 방식이 평가되었습니다. 단일 진단 치료는 PTSD 치료에 집중하며, 공존하는 문제의 개선은 PTSD 치료의 부수적인 효과로 나타납니다. 병행치료는 공존하는 문제들을 목표로 하는 각각의 개별 치료를 동시에 진행하는 방식입니다. 단계별 치료는 공존 문제를 목표로 하는 초기 치료 단계와 트라우마 중심 치료의 두 번째 단계로 구성됩니다. 일부 단계별 치료에서는 전반적으로 정신사회적 기능을 다루는 세 번째 단계가 추가되기도 합니다. 마지막으로, 통합 치료는 BPD 및 PTSD 환자가 보이는 넓은 범위의 어려움, 즉 두 질환뿐 아니라 이들 간의 관계를 설명하는 요인을 포함하되, 이에 국한되지 않는 다양한 문제들을 포괄하도록 구성되었습니다. 메타분석 연구에 따르면, 이렇게 다양한 형태의 PTSD 심리치료 전반에서 BPD 환자들의 PTSD 증상이 매우 크게 호전되었으며(g = 1.04) 최소한 치료 후 3개월까지 그 효과가 지속되있을 뿐 아니리(g = 0.98), 우울(g = 0.73), BPD 증상(g = 0.52) 및 불안(g = 0.48)에서도 중등도의 개선 효과가 있었습니다(Slotema 등. 2020). 앞으로 살펴볼 내용은 PTSD와 BPD가 공존하는 환자를 대상으로 무작위 통제 연구를 통해 효과가 검증된 치료법에 초점을 맞춥니다.

18.1.1 단일 진단 치료

18.1.1.1 인지처리 치료Cognitive Processing Therapy, CPT

CPT는 PTSD의 단기 외래 치료법으로, 일반적으로 12번의 개별 회기를 매주 1-2회 진행합니다(Resick 등. 2017, 본 책 10장 참조). 이 치료법은 트라우마와 관련된 신념을 확인하여 그에 도전하는 인지치료 형태가 포함되며, 이는 단독으로 시행되거나CPT 외상 사건의 기록을 쓰고 읽는 것이 결합된 형태CPT+A로 시행합니다. 지금까지 두 건의 무작위 통제 연구에서 BPD나 경계성 성격 특성borderline personality characteristics, 이하 BPC을 가진 사람들을 대상으로 CPT+A를 평가하였습니다. 첫 번째 연구에서는 PTSD가 있는 성폭력 생존자 여성 131명을 대상으로 CPT+A와 지속노출치료prolonged exposure, 이하 PE를 비교했는데, 참여자 중 39명(25.2%)이 자가보고에서 임상 기준 이상의 BPC 점수에 해당했습니다(Clarke 등. 2008). 심각한 자살 의도, 최근의 자살/자해 행동, 현재의 학대 관계, 물질 의존 상태, 양극성 장애 또는 정신증이 있는 여성은 연구 참여에서 제외되었습니다. 그 결과, BPC의 중증도는 치료 중단과 관련이 없었고, BPC가 PTSD 및 기타 트라우마 관련 증상(예: 해리, 우울, 성적인 문제)의 변화에 부정적인 영향을 미친다는 근거는 관찰되지 않았습니다. 치료 형태(CPT+A 또는

PE)와 BPC 점수 사이의 상호작용도 모든 결과에서 유의하지 않아서, 두 치료법 모두 BPC 가 있는 환자에게 유사한 효과를 보였습니다. 해당 연구의 참여자들에 대한 후속연구에서는 PTSD 증상이 더 많이 개선될수록, 치료 5-10년 후 BPC의 더 큰 개선을 예측하였습니다(Bovin 등. 2017). 두 번째 연구는 군대 내 성폭력military sexual trauma, 이하 MST과 관련된 PTSD를 가진 여성 재향군인 27명을 대상으로 CPT+A의 효과를 평가했는데, 이 중 7명(25.9%)이 의무기록상 BPD로도 진단받은 상태였습니다(Holder 등. 2017). 이 연구는 MST 관련 PTSD를 가진 남녀 참전군인 128명을 대상으로 CPT+A와 현재 중심 치료present centered therapy를 비교한 대규모 무작위 통제 연구의 자료를 활용했는데(Surís 등. 2013), 이 연구에서는 자살, 타살 위험성이 두드러지거나 현재의 물질 의존, 정신증 또는 불안정한 양극성 장애, 현재 인지적 손상이나 학대 관계에 있는 사람을 제외하였습니다. 이 하위 집단 분석에서 치료 종결 비율, 회기 참석 수 및 PTSD의 개선에 있어 BPD 집단과 비 BPD 집단 사이에 유의미한 차이는 없었습니다(Holder 등. 2017).

18.1.1.2 지속노출치료Prolonged Exposure, PE

PE는 일반적으로 매주 또는 격주 간격으로 10-15회의 개인 회기를 진행하는 단기 외래 PTSD 치료입니다(Foa 등, 2019; 본 책 8장 참조). PE 치료의 주요 구성 요소에는 트라우마 기억에 대한 상상 노출과 두려움을 유발하지만 실제로는 위험하지 않은 상황에 대한 실제 노출이 포함됩니다. 위에서 살펴본 PE와 CPT 연구(Clarke 등. 2008) 외에 두 번째 연구는 PE, 스트레스 면역 훈련stress inoculation training, 이하 SIT 및 PE/SIT 병용 치료를 비교한 무작위 통제 연구로서, BPD 진단 기준을 충족하거나 일부 기준을 충족하는 대상자들에서 이 요인이 치료 결과에 미치는 영향을 살펴보았습니다(Feeny 등. 2002). 치료는 격주로 진행되는 9회의 개인 회기로 진행되었습니다. 연구 대상자는 PTSD로 진단된 폭행 생존 여성들이며, 급성 자살 의도 및 최근의 자살 또는 자해 행동, 현재의 학대 관계, 물질 의존, 양극성 장애 또는 정신병적 질환이 있는 경우 연구대상에서 제외되었습니다. 이 연구의 치료 완결군(n=58) 자료를 분석한 결과, 9명(15.5%)이 BPD의 진단 기준을 완전히 또는 부분적으로 충족하였습니다. 해당 연구에서는 BPD 진단에 해당하는 대상자의 수가 적어 치료 유형별로 별도 분석이 이루어지지 않았습니다. 세 가지 치료를 통합하여 분석했을 때, BPC는 모든 치료 결과에서 변화율과 유의한 관련성은 없었습니다. 그러나 BPD 진단 기준을 완전히 또는 부분적으로 충족하는 여성의 경우, 그렇지 않은 여성보다 PTSD, 우울 및 불안이 임상적 절단점 이하에 해당하는 좋은 최종 기능 상태good end-state functioning에 도달하는 비율이 상당히 낮았습니다(11% vs. 51%).

18.1.2 병행 치료

18.1.2.1 PTSD 및 중증 정신질환의 인지행동치료CBT for PTSD

이 CBT 프로그램은 PTSD와 심각한 기능 저하를 유발하는 중증 정신질환인 조현병, 조현정동장애, 주요 우울증 또는 양극성 장애가 함께 있는 사람들을 위한 12-16 회기 치료 요법입니다(Mueser 등. 2009). 이 치료에서는 심리교육, 호흡 재훈련, 인지 재구성이 포함된 인지행동치료를 중증 정신질환의 일반적 치료(예: 사례 관리, 개인 및 집단치료, 직업 재활, 약물치료)와 병행하여 시행합니다. 두 건의 무작위 통제 연구 자료의 2차 분석을 통해 BPD 하위 집단에서 이 치료 요법의 효과를 검토하였습니다(Kredlow 등. 2017). 첫 번째 무작위 통제 연구(n = 108, BPD 환자 25.0%)에서는 이 프로그램과 통상적인 치료treatment as usual, TAU를 비교했고(Mueser 등, 2008), 두 번째 무작위 통제 연구(n = 201, BPD 환자 27.4%)에서는 지난 3개월 동안 자살 시도, 정신건강의학과 입원 과거력이 없으며 현재 물질 의존 상태가 아닌 PTSD 및 중승 정신실환 성인들을 대상으로 이 프로그램과 간단한 심리교육을 비교했습니다(Mueser 등, 2015). 이 연구들에 참여한 BPD 환자들 중 CBT for PTSD 집단의 중도 탈락률(14-26%)과 PTSD 증상 악화율(9-12%)은 낮았지만, 치료가 완료된 후에도 대부분의 BPD 환자(75-77%)가 PTSD의 진단 기준을 충족하였습니다(Kredlow 등. 2017). 또한 BPD 환자의 PTSD 및 우울증의 감소 면에서 CBT for PTSD가 통상적 치료보다는 우수했지만, 단기 심리교육보다 우수한 것은 아니었습니다(Kredlow 등. 2017).

18.1.3 단계별 치료

18.1.3.1 PTSD의 변증법적 행동치료Dialectical Behavior Therapy for PTSD, DBT-PTSD

DBT-PTSD는 BPD의 특징이 포함된 복합적인 증상을 보이는, 아동학대 관련 PTSD 환자들을 위한 치료 요법입니다. 이 요법은 변증법적 행동치료DBT의 원리, 방식 및 기능에 기반하며, 수용전념치료acceptance and commitment therapy, 자비 중심 치료compassion-focused therapy, 트라우마 중심 치료의 요소들을 통합하였습니다. DBT-PTSD는 다음의 세 치료 단계로 진행됩니다: (1) 1단계: 치료 참여 약속, 심리교육 및 DBT 기술 교육, (2) 2단계: 트라우마 중심 인지 및 노출 기반 개입, (3) 3단계: 전적인 수용 및 삶의 회복. 한 무작위 통제 연구에서는 입원환자들을 대상으로 12주간 DBT-PTSD 프로그램군과 통상적 치료-대기자 대조군treatment as usual-waitlist control, 이하 TAU-WL을 비교하였는데, 그중 BPD 환자군에 대한 구체적인 결과가 보고내용에 포함되었습니다(Bohus 등. 2013). 이 연구에는 아동기 성학대와 관련된 PTSD를 가진 여성들 중 섭식장애, 주요 우울증, 물질 남용, 또는 BPD 진단 기준 중 4

가지 이상을 충족하는 상태에 해당되는 74명의 환자들이 포함되었습니다. 연구 참여자 중 약 절반(n = 33, 44.6%)이 BPD의 진단 기준을 완전히 충족했습니다. 적극적으로 NSSI를 보이는 환자들도 연구에 포함되었으나, 지난 4개월 사이 생명을 위협하는 행동을 했거나 현재의 물질 의존, 조현병 진단 과거력, 또는 체질량 지수가 16.5 미만인 경우는 제외되었습니다. 연구 결과, DBT-PTSD는 PTSD, 우울증 및 전반적인 기능의 개선에서 TAU-WL보다 우수한 결과를 보였으나, 전반적인 증상의 중증도, 해리 및 BPD 증상의 개선에서는 대조군과 차이가 없었습니다. 이러한 결과는 각 치료 조건의 BPD 하위 집단에서도 유사하게 나타났고, BPD의 중증도와 치료 효과는 전반적으로 관련성이 없었습니다. DBT-PTSD를 받은 BPD 여성(n = 17) 중 41.2%는 PTSD 관해 상태에 도달했고 29.4%는 치료 반응(PTSD 척도상 30점 이상 감소)을 보였습니다. DBT-PTSD 치료로 PTSD, NSSI 및 자살 충동이 악화되지는 않았습니다.

18.1.4 통합 치료

18.1.4.1 변증법적 행동치료Dialectical Behavior Therapy, DBT

DBT는 행동 치료에 기반을 두고 변증법적 철학, 서양의 명상 및 동양의 선(禪) 수행 요소를 통합한 것으로, BPD 환자를 위한 포괄적인 단계별 치료법입니다(Linehan 1993, 2015). 표준 DBT는 일반적으로 1년 동안 진행되는 외래 치료로, 주간 단위로 개인 치료, 집단 기술 훈련, 치료자 자문팀 및 (필요할 경우) 전화 상담의 네 가지 치료 모드를 포함합니다. 통합 치료로서 DBT는 여러 문제를 동시에 다루도록 설계되어 있으며, 치료 목표의 우선순위에 따라 다음과 같은 순서로 접근합니다: (1) 생명을 위협하는 행동, (2) 치료를 방해하는 행동, (3) 삶의 질을 떨어뜨리는 행동. 이 치료 목표 위계에서 PTSD는 삶의 질 문제로 분류되어, 생명을 위협하거나 치료를 방해하는 행동이 충분히 조절된 후인 두 번째 치료 단계에서 개입대상이 됩니다. DBT 매뉴얼에서는 PTSD 치료에 노출 요법의 사용을 권장하지만, 정확한 노출 시기나 방법이 명시되어 있지 않습니다. PTSD 치료용 특정 프로토콜이 없더라도, 최근 및 반복적으로 자살과 자해를 시도한 BPD 여성의 33-35%에서 DBT 치료를 받는 1년 동안, 그리고 이후 최대 1년의 추적관찰 기간 동안 PTSD 관해에 도달했다는 연구 보고가 있습니다(Harned 등. 2008, 2014). 또한 치료 전 PTSD의 중증도가 심하고 DBT 중 PTSD가 개선되지 않았을 경우, 치료 후 자해, 급성 자살 위험 및 BPD 중증도의 개선 정도가 상대적으로 적을 가능성이 높았습니다(Barnicot와 Crawford 2018; Barnicot와 Priebe 2013; Harned 등. 2010b).

18.1.4.2 DBT 지속노출 프로토콜 통합 DBT DBT+DBT PE

DBT PE 프로토콜은 특히 자살과 자해 행동을 보이는 BPD가 공존하는 경우 DBT의 PTSD 치료 효과를 개선하기 위해 개발되었습니다(Harned 등. 2012). DBT PE 프로토콜은 PE를 기반으로 수정, 적용한 것으로, 주요 치료 구성 요소에는 실제 노출, 상상노출 및 노출 경험에 대한 처리가 포함됩니다. DBT 전략이 PE에 통합되어 있으며, 대상 환자군에서 흔히 보이는 복잡성(예; 다수의 외상 경험, 외상성 비인정traumatic invalidation[1], 극도의 수치심처럼 전통적인 트라우마의 정의에 부합하지 않는 경우)을 다루기 위해 구조화된 절차로 구성되었습니다. DBT+DBT PE는 일반적으로 1년간 외래에서 다음의 세 단계로 진행됩니다: (1) 1단계에서는 생명을 위협하는 행동과 기타 우선순위가 높은 목표의 안정화에 초점을 맞춘 표준 DBT가 시행되고, (2) 2단계에서는 진행 중인 DBT에 DBT PE 프로토콜이 추가되며, (3) 3단계에서는 표준 DBT 기법을 통해 환자의 잔여 목표를 다루는데, 여기에는 주로 정신사회적 기능의 개선이 포함됩니다. 한 무작위 통제 연구에서는 BPD, PTSD 및 최근 반복적인 자살시도나 NSSI를 보이는 여성 26명을 대상으로 DBT 단독 치료와 DBT PE이 포함된 치료의 효과를 비교 평가하였습니다. 이 연구에서 양극성 장애나 정신병적 장애가 있는 경우는 대상에서 제외되었습니다. 두 집단 간 중도 탈락률은 차이가 없었고(41-43%), DBT+DBT PE 배정 집단에서 DBT를 조기 중단하지 않은 대상자 중 80%가 DBT PE 프로토콜을 시작했으며, 그중 75%가 이를 완료했습니다. 치료를 완료한 환자들 중, DBT+DBT PE에 배정된 환자들은 DBT 단독 치료보다 PTSD 개선 정도가 유의미하게 더 높았습니다. 치료 종료 시점에 DBT+DBT PE 완료군의 80%가 PTSD 관해를 보인 반면, DBT 단독 치료 완료군의 관해율은 40%에 그쳤습니다. 또한 DBT PE를 완료한 환자들은 DBT 단독 치료를 완료한 환자들보다 자살 시도(17% vs. 40%)와 자해(67% vs. 100%) 시도 가능성이 낮았고, 해리, 우울, 불안, 죄책감, 수치심 및 전반적 기능 역시 더 많이 개선되었습니다.

18.1.5 요약

결론적으로, 무작위 통제 연구를 통해 BPD가 공존하는 PTSD 환자에서 PTSD와 관련 문제들을 감소시키는 효과가 입증된 치료 요법은 여섯 가지입니다. 이 요법들은 일반적인 접근 방식(단일 진단, 병행, 단계별, 통합)뿐 아니라 사용하는 트라우마 중심 개입 유형(노출, 인지치료), 개발 대상 트

1) 역자 주: '외상성 무효화'라고도 하며, 개인의 외상 경험에 관련된 감정, 또는 존재 자체가 타인에 의해 부정되거나 폄하되었을 때 발생하는 심리적 상처를 의미함

라우마의 유형(성인기 폭력, 아동기 성학대, 다중 트라우마) 및 기간(9-52회기)이 각각 다양합니다. 여기에서 주목해야 할 것은, 각 치료법에 대해 BPD/BPC 환자를 대상으로 평가했지만, 대부분의 연구에서 중증 BPD 환자들에게서 흔하게 나타나는 문제인 급성 자살 충동(Bovin 등. 2017; Clarke 등. 2008; Feeny 등. 2002; Holder 등. 2017), 최근의 생명 위협 행동(Bohus 등. 2013), 최근의 자살 시도(Bovin 등. 2017; Clarke 등. 2008; Feeny 등. 2002; Kredlow 등. 2017)와 NSSI(Bovin 등. 2017; Clarke 등. 2008; Feeny 등. 2002), 지속적인 학대 관계(Bovin 등. 2017; Clarke 등. 2008; Feeny 등. 2002; Holder 등. 2017) 및 물질 의존(Bohus 등. 2013; Bovin 등. 2017; Clarke 등. 2008; Feeny 등. 2002; Holder 등. 2017; Kredlow 등. 2017) 사례를 제외했다는 점입니다. 따라서 이러한 동반 문제가 있는 BPD 환자에게 연구 결과를 일반화할 수 있을지는 알 수 없습니다. 현재까지 BPD와 PTSD가 동시 진단된 환자를 위해 개발된 치료법으로, 이러한 심각한 문제들을 보이는 경우까지 포함한 것은 단 하나뿐입니다(Harned 등. 2014). 그러나 BPD와 PTSD가 공존하는 사례에 대한 치료법을 다룬 연구는 일반적으로 제한적이기 때문에, 이러한 복잡한 공존질환을 가진 집단에 대해 더 크고 대표성 있는 표본으로 시행한 연구를 통해 이 결과들이 재현되고 확장될 수 있도록 추가 연구가 필요합니다.

18.2 특정 상황과 어려움들

PTSD와 BPD를 모두 앓고 있는 환자의 치료는 다양한 요인으로 인해 복잡해지는 경우가 많습니다. 앞으로 다룰 요인들은 모든 효과적인 치료에 방해가 될 수 있지만, 특히 트라우마 중심 치료를 시행하려는 치료자에게 어려움을 유발할 수 있어 주의가 필요합니다.

18.2.1 자살 및 자해

자살 행동과 NSSI는 흔히 BPD의 '전형적인' 특징으로 간주되는데, 환자 중 60-70%는 여러 번의 자살 및 NSSI 시도 경험을 보고하며(Zanarini 등. 2008), 8-10%는 자살로 사망합니다(Pompili 등. 2005). BPD 환자들은 이러한 행동이 종종 PTSD 증상으로 인해 촉발되고(Harned 등. 2010a) 대부분 불쾌한 감정으로부터 벗어나는 데 도움이 된다고 보고합니다(Brown 등. 2002). 트라우마 중심 치료는 종종 강렬한 감정을 유발하고, 호전이 가시화되기 전인 초기에는 PTSD 증상이 증가할 수 있기 때문에(Nishith 등. 2002), 치료자와 BPD 환자가 PTSD 치료 중 이러한 행동의 재발 가능성을 우려하는 것은 이해할 수 있는 현상입니다. 또한 강렬한 감정에 대한 두려움으로 인해 치료자와 환자 모두 트라우마 관련 감정을 충분히 경험하지 못할 가능성이 있으며, 이는 잠재적으로 치료 효과를 감소시킬 위험성이 있습니다. 더욱이 자살 및 자해 행동이 트라우마 관련 감정으로부터의 도피 수단으로 작용한다면, 이러한 고통스러운 감정들을 도피 없이 견딜 수 있다는 것을 배울 기회를 놓치게 될 가능성이 큽니다. 이러한 요인을 다루기 위해, 앞서 검토한 모든 치료법은 트라우마 중심 치료를 시작하기 전 2-4개월간 심각한 자살 행동을 하지 않도록 요구하며, 대부분의 경우 NSSI도 중단하도록 요구합니다. 추가적으로, 일부 치료 요법에서는 트라우마 중심 개입을 시작하기 전에 환자가 이러한 행동을 조절하는 데 필요한 기술을 습득할 수 있도록 초기 안정화 단계를 포함하고 있습니다.

18.2.2 감정 조절의 이상

감정 조절은 감정적 체계의 여러 구성 요소(예: 인지적 해석, 생리 감각, 행동 표현)가 관여하는 복잡한 과정입니다. 조절의 문제는 이 체계의 어느 지점에서든 발생할 수 있습니다. DBT에서 제안된 BPD의 생물사회적 이론에서는, 정서적으로 취약한 생물학적 특성과 (아동 학대 및 기타 트라우마를 포함하는) 비수용적인 부정적 환경이 만나 BPD의 핵심인 감정 조절 체계의 전반적 붕괴로 이어진다고 봅니다(Linehan 1993). 이 이론에서 정서적 취약성은 감정을 강하게 자극하는 단서에 대한 역치가 낮고, 감정적 반응성이 높으며, 감정의 기준선으로 회복되는 것이 느린 상태로 정의됩니다. BPD 환자에게서 보이는 감정 조절 이상은 PTSD의 존재로 인해 더욱 심화되며(Harned 등. 2010a, 2020; Marshall-Berenz 등. 2011), 다양한 방식으로 PTSD의 치료를 어렵게 만들 수 있습니다. 감정이 조절되지 않으면 트라우마 중심 치료 중 과도한 몰입과/또는 감정 위축 및 감정적 경험의 억압으로 이어질 수 있습니다. 이러한 양극단의 상태 모두 최적의 감정적 몰입에서 벗어나게 하여 치료를 방해할 가능성이 높습니다. BPD 환자의 감정 조절 이상은 일반적으로 감정 전반에 걸쳐 나타나므로, 극심한 공포뿐 아니라 슬픔, 분노, 수치심, 혐오 등 다른 감정들 역시 치료를 방해할 수 있습니다. 이를 다루기 위해, 앞서 검토한 여러 치료 요법에서는 트라우마 중심 치료를 시작하기 전 환자에게 행동 기술(예: 감정 조절, 고통 감내력)을 교육하고, 트라우마 중심 치료 과정 중 필요에 따라 이러한 기술들을 활용하여 감정 강도를 높이거나 낮추도록 지도합니다.

18.2.3 해리

PTSD와 BPD를 앓고 있는 많은 환자들은 인지 과정 전반에 걸쳐 조절의 어려움을 겪습니다. 해리는 강렬한 감정이나 트라우마 관련 자극에 대한 특정 반응으로, 주의 집중이나 정보처리 과정을 방해하여 고통을 감소시키는 기능을 하는 것으로 보입니다. 다른 부적응적 행동과 마찬가지로, 해리 반응은 환자가 인식하지 못하는 상태에서 또는 의도와 상관없이 생깁니다. 해리는 최적의 정서적 몰입을 방해하고 새로운 학습 기회를 감소시킴으로써, 트라우마 중심 치료의 성공에 큰 방해 요인이 될 수 있습니다. 일례로, DBT-PTSD에 관한 연구에서는 치료 회기 중 더 높은 수준의 해리를 보고한 환자일수록 PTSD 증상 개선 정도가 낮았습니다(Kleindienst 등. 2016). BPD 환자의 3분의 2 이상이 중등도에서 심각한 수준의 해리를 보고한다는 점(Zanarini 등. 2000)을 고려할 때, 이러한 현상을 맞닥뜨리게 되는 치료자들에게 이는 사소한 문제가 아닙니다. 트라우마 중심 치료 중 발생하는 해리 현상은 환자가 현재 순간에 대한 인식을 높이는 기술(예: 마음챙김, 강한 신체 감각으로 주의 분산시키기)을 사용할 수 있도록 안내하는 방식으로 주로 대처합니다.

18.3 사례

PTSD와 BPD가 공존하는 환자의 치료와 흔히 발생하는 문제들을 다루기 위한 전략을 살펴보고자 DBT + DBT PE를 받은 환자의 사례를 소개합니다.

18.3.1 개인 정보 및 과거 병력

'에밀리아(Emilia)'는 군대에서 퇴역한 53세 라틴계 동성애자 여성으로, 법적 보호자이자 주 양육자로서 손자들과 함께 살고 있습니다. 그녀는 한 여성과 거의 20년 동안 파트너 관계를 유지하고 있었지만 거주는 따로 하고 있었습니다. 그녀는 어린 시절 카리브해 지역에서 부모님과 오빠와 함께 살았습니다. 그녀는 아버지가 항상 곁에 없었던 '알코올 중독자'였고 어머니는 어린 시절 내내 자신에게 '심술궂고 비판적'인 사람이었다고 하였습니다. 그녀는 자신이 가족으로부터 만성적으로 무시를 받았는데, 특히 여성이라는 이유로 오빠보다 '덜 중요한' 존재로 취급받았고, 자신의 감정적이고 '극적'인 성향 때문에 가족 내에서 '단절되고 소외된' 기분을 느꼈다고 했습니다.

그녀가 일곱 살 때, 부모님이 이혼하였고 아버지는 미국으로 이주했습니다. 그녀는 14세에 오빠와 함께 아버지의 집에서 살게 되었습니다. 아버지는 재혼한 상태였고 새어머니는 그녀를 신체적으로 학대했는데, 이로 인해 그녀의 자살 충동이 시작되었습니다. 결국 그녀는 16세 때 가출하여 오빠와 함께 살다 18세에 미군에 입대했습니다. 24세 때 에밀리아는 군대에서 성폭력을 당하고 임신을 했습니다. 그녀는 가족이 그녀의 성적 지향을 받아들이지 않았고, '혼외 임신'을 했다는 이유로 어머니로부터 모욕적인 말을 들어 수치심을 느꼈습니다. 어머니는 '가문에 수치가 되지 않게' 가족의 지인인 남자와 결혼하라고 그녀를 설득했고, 그녀는 그 말에 동의했습니다. 그녀는 성폭력으로 인한 심각한 PTSD 증상을 경험하기 시작했고, 이에 대처하고자 알코올과 코카인을 사용하기 시작했습니다. 딸을 출산한 이후 PTSD 증상이 악화되었고, 이혼을 했으며, 이후 약 5년간 심각한 알코올과 코카인 사용장애를 겪으며 결국 그녀는 아이의 양육권을 잃었습니다. 물질 사용에 대한 상담을 받은 뒤 그녀는 알코올과 코카인을 끊고 양육권을 되찾았습니다. 그 후 4년간 직장에 다녔지만 '부당 해고'로 직장을 잃었습니다. 그녀는 해고 이후 자신의 기능이 지속적으로 감퇴했다고 언급했습니다. 그녀는 딸을 키우는 데 어려움을 겪었고, 결국 딸은 십대에 임신을 했습니다. 그녀의 딸이 자신의 자녀들을 돌볼 수 없게 되자, 에밀리아가 아이들의 법적 보호자가 되었습니다. 딸이 (자신이 성폭력을 당했던 나이인) 24세가 되었을 때, 에밀리아는 군 성폭력과 관련된 PTSD 증상이 현저히 악화되며 다시 코카인과 알코올을 사용하기 시작했고, 과다복용을 계획할 정도로 급성 자살 충동을 경험했습니다. 정신건강의학과 병원에 입원 후, 그녀는 트라우마 회복 클리닉의 외래 치료를 받도록 의뢰되었습니다.

의뢰 당시 에밀리아는 갓 퇴원한 상태였습니다. 그녀는 사회적 지지 자원이 거의 없는 상태로 손자손녀와 병든 어머니를 돌보는 것에 대해 심각한 스트레스를 호소했습니다. 그녀는 어떠한 자해 행동도 한 적이 없다고 했습니다. 깨어나지 않기를 바라는 소극적인 자살 생각은 자주 하지만, 퇴원 이후 적극적인 자살 사고는 부인했습니다. 그녀는 BPD, PTSD, 주요우울장애, 조기 관해 상태의 알코올 사용장애 및 관해 상태의 코카인 사용장애의 진단기준을 충족했습니다. 그녀는 매일 술을 마시고 싶은 충동을 호소했습니다.

18.3.2 치료 과정

18.3.2.1 DBT

DBT의 초기 회기에서는 치료 전 작업으로 에밀리아의 치료 목표 확인과 DBT에 대한 소개, 그리고 생명을 유지하고 치료에 적극적으로 참여하겠다는 그녀의 약속을 확고히 하는 것을 다루었습니다. 그녀의 주 치료 목표는 자살 생각의 감소, 알코올과 코카인 사용 중단의 유지, 자존감 개선 및 우울의 완화였습니다. 그녀는 PTSD가 '만성 질환'이라고 들었다며, 자신이 PTSD 증상에서 '자유'로워질 수 있을지에 대해 의구심을 표현했습니다. 그녀는 또한 성폭력 경험에 대해 한 번도 말해본 적이 없고, 치료자를 포함해서 어느 누구에게도 '이것에 대해 이야기'할 수 있을지 모르겠다고 했습니다. 또한 그녀는 과거에 우울증으로 인해 '치료를 계속할 의욕이 없어지는' 경험을 많이 했다면서, 효과를 얻기에 충분한 기간 동안 자신이 치료를 지속할 수 있을지에 대해 걱정했습니다. 에밀리아는 행동의 안정성을 높이고자 노력할 의지가 있었고, 치료가 진행됨에 따라 PTSD 치료에 대한 논의를 재개할 준비가 되었습니다.

치료의 첫 번째 단계에서는 주로 자살 생각, 우울, 물질 사용 및 과도한 지출을 주요 목표로 두었습니다. 아울러 관계 갈등이 종종 절망감과 자살 생각으로 이어진다는 점에서 그녀의 '복잡한' 가족 역학 관계도 다루었습니다. 개별 치료 회기에서는 이러한 목표에 집중하여 행동 연쇄 분석을 활용해 문제들에 기여하는 요인들을 평가한 후, 그녀가 DBT 기술 훈련 집단에서 배운 기술들을 통해 이러한 행동을 다루고 대체할 방법을 도출했습니다. 그녀는 처음에는 회기 사이의 전화 코칭을 잘 활용하지 않았으며, 자신이 치료자에게 '과도한 부담'을 주고 있다고 믿었습니다. 이 행동을 목표로 삼은 후, 그녀는 음주와 소비의 충동대로 행동하지 않기 위해 전화 코칭을 더 자주 활용하기 시작하였습니다. 그녀는 감정을 '견뎌낼 수 없다'는 믿음을 자주 드러냈고, 이러한 믿음은 종종 자살 생각의 증가, 충동적인 소비, 음주 행동으로 이어졌습니다. 시간이 지나면서 그녀는 이러한 생각에 효과적으로 도전하고, 문제 행동 없이 고통스러운 상황을 극복하기 위해 고통 감내 기술을 사용할 수 있게 되었습니다.

에밀리아가 주요 목표 행동을 더 효과적으로 통제할 수 있게 되면서, PTSD 증상이 이러한 행동을 유발하는 요인이며 동시에 전반적인 정서적 고통을 지속시키는 기전이라는 점을 인식하게 되었습니다. 이에 그녀와 치료자는 트라우마 중심 치료, 특히 PTSD에 대한 DBT PE 프로토콜을 시작하기로 합의하였습니다. 그녀는 이 치료가 도움이 되기보다 오히려 자신의 상태를 악화시킬 것 있다고 계속 걱정하면서도, 치료자에 대한 신뢰를 거듭 강조하며 PTSD 치료에 참여하려는 의지를 드러냈습니다. 30주간의 DBT를 마친 뒤, 그녀가 급성 자살 위험과 자해 행동 없이 치료에 효과적으로 참여했고, 감정을 회피하지 않고 경험하는 의지와 능력이 점차 향상되었다는 점을 고려하여 그녀와 치료자는 DBT PE를 시작할 준비가 되었다고 판단했습니다. 에밀리아와 치료자는 DBT 기술 훈련 집단 시간과 전화 상담을 유지하면서, 매주 한번씩 90분 동안 DBT PE 회기를 가졌습니다. 첫 회기 전에 그녀는 DSM-5 기준의 PTSD 체크리스트(PCL-5; Weathers 등. 2013)를 작성했고 총 80점 중 68점에 해당했습니다.

18.3.2.2 DBT PE 프로토콜

1회기에서 치료자는 치료의 근거를 설명하고 트라우마 면담을 통해 에밀리아가 가장 고통스럽게 느끼는 기억들을 함께 탐색했습니다. 그녀는 자신에게 가장 고통스러우며 PTSD 증상과 관련된 두 가지 사건이 군 복무 중 경험한 성폭력과 가족으로부터의 심각한 무시의 경험이라는 점을 알 수 있었습니다. 후자의 사건은 그녀가 여섯 살일 때 있었던 일로, 오빠가 그녀가 진짜 가족이 아니고 바다 위 보트에서 배설물과 파리로 뒤덮인 채 '발견'된 아이라고 말하자 어머니가 이를 부인하지 않고 웃기만

했던 경험이었습니다. 그녀와 치료자는 상호 합의하에 군대에서의 성폭력 사건을 먼저 다루기로 했는데, 이는 이 기억이 에밀리아에게 유발하는 주관적인 고통의 수준과 일상 생활에 미치는 영향 때문이었습니다. 일례로, 그녀는 성폭력이 일어난 장소 주변에 쥐가 있었던 것 때문에 쥐와의 접촉을 극도로 회피하고 공포스러워하게 되었다고 했습니다. 치료자는 자살 시도, 음주 또는 치료 중단 충동에 따라 행동하지 않도록 그녀의 의지를 강화하기 위해 DBT 전념전략commitment strategies을 사용했습니다. 마지막으로, 그녀와 치료자는 노출 후 발생할 수 있는 강렬한 감정과 충동을 다루기 위해 다양한 DBT 기술들이 포함된 노출 후 기술 계획을 함께 만들었습니다. 또한 에밀리아는 자신의 파트너가 치료에 대해 배우고 자신을 지지해 줄 방법을 익힐 수 있도록 해당 회기에 파트너도 참석하게 해달라고 요청했습니다. 이 요구에 따라 그녀와 치료자는 2회기를 2a와 2b로 나누어 진행하기로 했습니다.

에밀리아는 2a회기에 불참하였고, 다음 회기에서 이 치료 방해 행동을 다루었습니다. 그녀는 이를 회피 행동으로 인정하고 치료에 전념하겠다는 의지를 재확인했습니다. 치료자는 DBT PE를 이어가면서 트라우마에 대한 일반적인 변증법적 반응과 실제 노출의 근거에 대한 심리교육을 시행하였습니다. 다음으로 그녀와 치료자는 실제 노출의 위계 순위를 만들기 위한 노력을 하였습니다. 그녀는 구체적인 과제를 파악하기 어려워했고, 종종 "그건 절대 안 할 거예요"라고 반응했습니다. 치료자는 치료에 전념하기로 했던 의지와 노출의 근거를 그녀에게 부드럽게 상기시켜주었고, 둘은 다음 회기 때 위계 순위를 만드는 것을 계속하기로 하였습니다. 2b회기에서 치료자와 그녀는 우선 파트너에게 치료의 개요를 소개하며, PTSD에 대한 심리교육과 노출치료의 근거를 설명했습니다. 파트너가 자리를 뜬 후, 에밀리아는 남은 시간 동안 실제 노출 위계순위를 완성하였습니다. 이 순위에는 남성과의 상호작용, 쥐와 관련된 콘텐츠에 대한 접근(장난감 쥐, TV 화면 속 쥐, 살아있는 쥐 등), 그리고 예전에는 그녀가 좋아했지만 더 이상 하지 않는 것들의 행동 활성화behavioral activation 과제들이 포함되었습니다.

2b회기와 3회기 사이에, 에밀리아는 치료자에게 전화를 걸어 술과 코카인을 사용했다고 털어놓았습니다. 그녀는 치료를 '견디지 못할 것'이라는 믿음에 다시 휩싸였으며, 치료를 중단하고 싶다는 강한 충동을 표현했습니다. 이에 따라 다음 회기는 표준 DBT 회기로 진행되었으며, 그녀와 치료자는 약물 사용에 대한 행동 연쇄 분석을 통해 PTSD 증상이 고통에서 벗어나기 위한 도피처로서 약물 사용으로 이어지는 연쇄의 연결 고리임을 확인했습니다. 그녀는 자신의 진전이 '길을 잃었다'는 믿음을 재구성하고 최근의 약물 사용을 '실수'[2]로 규정한 뒤, 물질을 끊고 충동 관리를 위한 기술 활용

2) 역자 주: 중독 치료에서 완전한 재발(relapse)와 구분하기 위해 사용되는 중요한 개념. 회복 과정 중에 일시적으로 중독 행동을 다시 하게 되는 상황을 의미함

에 다시 전념하기로 결심할 수 있었습니다. 이러한 과정을 바탕으로 그녀와 치료자는 PTSD가 여전히 가장 우선적으로 다뤄야 할 치료 목표임에 합의하고, 다음 회기부터 DBT PE를 재개하기로 결정했습니다. 그러나 에밀리아는 다음 DBT 기술 훈련 집단 시간에 불참하고, 개인 DBT PE 회기도 취소하겠다고 전화했습니다. 그녀와 치료자는 다음 단계를 논의하기 위해 전화 코칭 시간을 가졌으며, 이 과정에서 다시 DBT PE를 이어가겠다고 약속했습니다. 에밀리아의 치료 지속 동기를 강화하기 위해 치료자는 다음 회기에서 쥐에 대한 상상노출 대신 실제 노출부터 시작하기로 합의했습니다. 에밀리아는 회기 중 실제 노출을 성공적으로 완료한 후 자신감이 증가했다고 보고하며, 다음 회기에 상상노출을 시도하겠다는 의지를 표현했습니다. 이에 따라 5회기에 그들은 상상노출을 시작했습니다. 상상노출 직전과 직후에 에밀리아는 두려워하는 결과들의 발생 확률과 그에 따르는 대가(예; 고통을 견딜 수 없음; 0-100), 자살, 물질 사용 및 치료 중단에 대한 충동(0-5), 주관적 고통의 단위Subjective Units of Distress, 이하 SUDs(0–100), 주요 감정(슬픔, 두려움, 죄책감, 수치심, 분노, 혐오 및 기쁨: 0-100)에 대해 점수를 매겼습니다. 그녀의 SUDs는 상상노출을 시작할 때 100이었고 종료 시점에 90이었습니다. 그녀는 두려움이 100에서 70으로 감소했으나, 죄책감, 수치심, 슬픔과 분노는 여전히 90 이상으로 강렬하게 남아있다고 보고했습니다. 치료는 두려움으로 비롯된 믿음에도 불구하고 심리적 고통을 견디는 에밀리아의 능력에 초점을 맞추었으며, 성폭력에 관련된 부당한 죄책감과 자기비난을 치료 목표로 설정하여 다루기 시작했습니다. 그녀는 과제로 매일 상상노출의 녹음 내용을 듣고, 실제 노출을 하면서, 노출 후 기술 계획을 사용하기로 했습니다.

6회기는 트라우마 기억 전체에 대한 상상노출로 이어졌습니다. 에밀리아의 초기 SUDs는 100이었고, 특히 고통스러운 특정 세부 기억이 더 많이 떠오른다며 치료를 중단하고 싶은 충동이 지속적으로 일어난다고 했습니다. 치료자는 이러한 반응을 정상화하고, 노출치료의 근거에 대해 다시 간단히 안내한 후 계획대로 상상노출을 이어갔습니다. 그녀의 공포는 100에서 30으로 현저히 감소했지만, 수치심, 죄책감, 슬픔과 분노는 여전히 80 이상의 높은 수준으로 지속되었습니다. 치료 과정은 성폭력을 막을 수 있어야 했다는 그녀의 믿음과 자기비난에 초점을 두었습니다. 이에 대해 논의하던 중, 그녀는 기억 중 가장 고통을 유발하는 두 개의 특정 순간('핫스팟')에 주목하였고, 이후 회기에서는 이 핫스팟들에 집중하기로 하였습니다. 7회기에서 그녀는 첫 번째 핫스팟에 대한 상상노출을 완료하고 상당한 습관화habituation를 보였습니다(사후 SUDs= 10). 그녀는 또한 더 이상 성폭력에 대해 자신을 비난하지 않게 되면서 죄책감(50)과 수치심(40)이 줄어들었고, 사건이 이미 시작된 이상 자신이 그것을 신체적으로 막아낼 수 없었다는 사실을 더 수용하게 되었다고 말했습니다. 이 회기에서 그녀는 마음이 전보다 '가벼워졌다'고 했습니다. 8회기에서는 두 번째 핫스팟을 다루었습니다. 그녀는 회기 내에서 습관화(사후 SUDs= 30)를 보였으며, 해당 기억이 '편안'하게 느껴진다며 자기 비난이나 연관된 수치심/죄책감이 들지 않는다고 했습니다(모두 10으로 평가). 이 회기에서 성폭력에 대한 PCL-5 평가는 21점이어서, 그녀와 치료자는 다음 회기부터 외상성 무시 경험을 대상으로 상상노출을 진행하기로 함께 결정했습니다.

9회기에서 에밀리아는 어린 시절 가족으로부터 받은 외상성 무시의 경험들을 PCL-5상 48점으로 평가했습니다. 그녀의 사전 SUDs 평가는 80, 최종 SUDs는 40이었습니다. 이 기억에서 그녀는 과도한 자기비난으로 고통받고 있다는 점은 부인하였으나, 오히려 자신에게 본질적인 '결함'이 있다는 믿음과 함께 이 사건 및 가족 내에서 경험한 광범위한 무시에 대해 심각한 슬픔(90)과 수치심(80)을 드러냈습니다. 이에 따라, 처리 과정은 그녀가 슬픔을 받아들이고 이 사건과 과거 및 현재의 확장된 가족 관계 역학을 더 잘 수용할 수 있도록 하는 데 초점을 맞춰 진행되었습니다. 10회기와 11회기에서는 오빠가 주었던 외상성 무시 경험에 대한 상상노출을 이어갔습니다. 그녀는 이 기억에 대한 노출과 처리에서 큰 진전을 보여, 결과적으로 SUDs를 30으로 보고하고, 모든 감정 역시 40 미만으로 평가했습니다. 12회기를 시작할 때 그녀는 '정말 놀라운' 기분이라고 말했습니다. 그녀가 작성한 외상성 무시에 대한 PCL-5 점수는 PTSD 기준 이하였습니다(17점). 이를 고려하여 그녀와 치료자는 이 기억에 대한 최종 상상노출을 진행하였고, 그녀의 SUDs는 25, 모든 감정도 30 미만으로 평가되었습니다. 이후의 DBT-PE 두 회기는 재발 예방을 집중적으로 다루었습니다. 그녀와 치료자는 실제 노출, 특히 살아있는 생쥐에 대한 노출 작업을 지속하는 것이 도움이 될 것이라는 데 동의했고, 그녀는 자발적으로 이 작업을 하겠다고 했습니다. 추가적으로 치료자와 그녀는 PTSD의 재발 가능성을 줄이기 위한 노출 중심의 생활 방식의 개념을 검토하며 경고 신호를 찾고, PTSD 증상이 악화될 경우 이를 다룰 전략에 대해 논의했습니다.

18.3.2.3 DBT PE 프로토콜 이후의 DBT

이후(11-13개월 차)의 치료는 기술의 일반화와 가족 및 파트너와의 관계 개선에 중점을 둔 개인 DBT 회기로 구성되었습니다. 에밀리아는 자신을 인정하는 능력을 키우고, 파트너와 다른 가족들과의 관계에서 대인 관계 효과성 기술을 사용하여 필요한 것을 요청하고, 자존감을 저하시키고 무력감을 느끼게 하는 요구를 효과적으로 거절하는 능력을 계속해서 향상시켜 나갔습니다. 그녀와 치료자는 그녀의 과거 진단인 PTSD가 연인 관계 역동에 미친 영향과 시간이 지나며 그 영향이 어떻게 변화했는지에 대해 논의했습니다. 구체적으로, 에밀리아의 유능감이 높아지면서 결정을 내릴 때 파트너에게 덜 의존하게 되었습니다. 또한 그녀는 다른 사람들과 사회적으로 연결되고 싶은 마음이 다시 생기기 시작했다며 평소 어울리던 친구들과 휴가를 계획했습니다. 치료가 끝날 시점에 그녀는 PTSD와 주요 우울 장애의 관해 상태를 유지했고, 가족으로 인한 스트레스를 보다 효과적으로 다루고 연인 관계의 경계를 확립했으며 자존감을 높여주는 활동에 참여했습니다.

18.4 미래의 방향

지난 10년 동안, PTSD와 BPD가 공존하는 환자들을 위한 근거기반 치료에서 유망한 새로운 발전들이 이루어졌습니다. BPD 환자에게 트라우마 중심 치료가 금기라는 흔한 임상적 통념에도 불구하고, 이제 PTSD가 이 환자군에서도 안전하고 효과적으로 치료될 수 있다는 것이 분명해졌습니다. 이 분야의 연구가 계속 진행됨에 따라, BPD를 가진 개인에게 어떠한 치료법이 가장 적합하고 효과적일지 판단하는 것이 중요한 과제가 될 것입니다. 기존 연구에 따르면, 주 진단이 PTSD일 때 (예: 자살, 자해 행동이나 기타 심각한 공존질환이 없는) 가벼운 수준의 BPD 환자에게는 PTSD에만 집중하는 단기(9-12 회기) 단일 진단 치료법이 적절할 수 있습니다(Bovin 등. 2017; Clarke 등. 2008; Feeny 등. 2002; Holder 등. 2017). 중등도 수준, 즉 급성 자살 충동이 없는 NSSI, 하나 또는 그 이상 상당 수준의 공존질환이 있는 BPD 환자의 경우, 장기 치료(12-16주)와/또는 공존질환의 병행 치료를 포함한 집중 치료(Kredlow 등. 2017)를 하거나, PTSD를 목표로 치료하기 전에 BPD 치료 전략(기술 훈련 등)을 포함하는 단계별 접근법을 사용하는 것이 도움이 될 수 있습니다(Bohus 등. 2013). 최근 자살 및/또는 자해, 여러 심각한 공존질환이 있는 경우처럼 심각한 수준의 BPD 환자에게는 BPD, PTSD 및 기타 공존 문제들을 통합하여 다루는 더 장기간의 치료(예: 1년)가 필요할 수 있습니다(Harned 등. 2014). 또한, PTSD와 BPD가 공존하는 경우에 효과적인 치료 요법이 확립됨에 따라 현재 이러한 요법들을 제공할 치료자들을 교육하는 방법(예: Harned 등. 2021a)과 일상적인 진료 환경에서의 효과성 연구(예: Harned 외. 2021b)가 진행되고 있습니다. 필요한 환자들에게 이러한 치료 요법이 더 널리 제공될 수 있는 최선의 방법을 찾기 위해서는 실제 적용 가능성과 효과성을 평가하는 추가적인 연구가 필요합니다.

References

Barnicot K, Crawford M (2018) Posttraumatic stress disorder in patients with borderline personality disorder: treatment outcomes and mediators. J Trauma Stress 31:899–908

Barnicot K, Priebe S (2013) Post-traumatic stress disorder and the outcome of dialectical behaviour therapy for borderline personality disorder. Personal Ment Health 7(3):181–190

Bohus M, Dyer AS, Priebe K, Kruger A, Kleindienst N, Schmahl C et al (2013) Dialectical behaviour therapy for post-traumatic stress disorder after childhood sexual abuse in patients with and without borderline personality disorder: a randomised controlled trial. Psychother Psychosom 82(4):221–233

Bovin MJ, Wolf EJ, Resick PA (2017) Longitudinal associations between posttraumatic stress disorder severity and personality

disorder features among female rape survivors. Front Psych 8:1–11
Brown M, Comtois KA, Linehan MM (2002) Reasons for suicide attempts and nonsuicidal self-injury in women with borderline personality disorder. J Abnorm Psychol 111(1):198–202
Clarke SB, Rizvi S, Resick PA (2008) Borderline personality characteristics and treatment outcome in cognitive-behavioral treatments for PTSD in female rape victims. Behav Ther 39:72–78
Feeny NC, Zoellner LA, Foa EB (2002) Treatment outcome for chronic PTSD among female assault victims with borderline personality characteristics: a preliminary examination. J Personal Disord 16(1):30–40
Foa EB, Hembree EA, Rothbaum BO, Rauch SAM (2019) Prolonged exposure therapy for PTSD: emotional processing of traumatic experiences, 2nd edn. Oxford University Press, New York
Grant BF, Chou SP, Goldstein RB, Huang B, Stinson FS, Saha TD et al (2008) Prevalence, correlates, disability, and comorbidity of DSM-IV borderline personality disorder: results from the wave 2 national epidemiologic survey on alcohol and related conditions. J Clin Psychiatry 69(4):533–545
Harned MS, Chapman AL, Dexter-Mazza ET, Murray A, Comtois KA, Linehan MM (2008) Treating co-occurring Axis I disorders in recurrently suicidal women with borderline personality disorder: a 2-year randomized trial of dialectical behavior therapy versus community treatment by experts. J Consult Clin Psychol 76(6):1068–1075
Harned MS, Rizvi SL, Linehan MM (2010a) The impact of co-occurring posttraumatic stress disorder on suicidal women with borderline personality disorder. Am J Psychiatry 167(10):1210–1217
Harned MS, Jackson SC, Comtois KA, Linehan MM (2010b) Dialectical behavior therapy as a precursor to PTSD treatment for suicidal and/or self-injuring women with borderline personality disorder. J Trauma Stress 23(4):421–429
Harned MS, Korslund KE, Foa EB, Linehan MM (2012) Treating PTSD in suicidal and self-injuring women with borderline personality disorder: development and preliminary evaluation of a dialectical behavior therapy prolonged exposure protocol. Behav Res Ther 50(6):381–386
Harned MS, Korslund KE, Linehan MM (2014) A pilot randomized controlled trial of dialectical behavior therapy with and without the dialectical behavior therapy prolonged exposure protocol for suicidal and self-injuring women with borderline personality disorder and PTSD. Behav Res Ther 55:7–17
Harned MS, Fitzpatrick S, Schmidt SC (2020) Identifying change targets for posttraumatic stress disorder among suicidal and self-injuring women with borderline personality disorder. J Trauma Stress 33:610–616
Harned MS, Ritschel LA, Schmidt SC (2021a) Effects of workshop training in the dialectical behavior therapy prolonged exposure protocol on clinician beliefs, adoption, and perceived clinical outcomes. J Trauma Stress 34:427–439
Harned MS, Schmidt SC, Korslund KE, Gallop RJ (2021b) Does adding the dialectical behavior therapy prolonged exposure (DBT PE) protocol for PTSD to DBT improve outcomes in public mental health settings? A pilot nonrandomized effectiveness trial with benchmarking. Behav Ther 52:639–655
Holder N, Holliday R, Pai A, Suris A (2017) Role of borderline personality disorder in the treatment of military sexual trauma-related posttraumatic stress disorder with cognitive processing therapy. Behav Med 43:184–190
Kleindienst N, Priebe K, Gorg N, Dyer A, Steil R, Lyssenko L, Bohus M (2016) State dissociation moderates response to dialectical behavior therapy for posttraumatic stress disorder in women with and without borderline personality disorder. Eur J Psychotraumatol 7:30375
Kredlow MA, Szuhany KL, Lo S, Xie H, Gottlieb JD, Rosenberg SD, Mueser KT (2017) Cognitive behavioral therapy for posttraumatic stress disorder in individuals with severe mental illness and borderline personality disorder. Psychiatry Res 249:86–93
Linehan MM (1993) Cognitive-behavioral treatment of borderline personality disorder. Guilford Press, New York
Linehan MM (2015) DBT Skills training manual, 2nd edn. Guilford Press, New York
Marshall-Berenz EC, Morrison JA, Schumacher JA, Coffey SF (2011) Affect intensity and lability: the role of posttraumatic stress disorder symptoms in borderline personality disorder. Depress Anxiety 28(5):393–399
Mueser KT, Rosenberg SD, Xie H, Jankowski MK, Bolton EE, Lu W et al (2008) A randomized controlled trial of cognitive-behavioral treatment for posttraumatic stress disorder in severe mental illness. J Consult Clin Psychol 76(2):259–271
Mueser KT, Rosenberg SD, Rosenberg HJ (2009) Treatment of posttraumatic stress disorder in special populations: a cognitive restructuring program. American Psychological Association, Washington, DC
Mueser KT, Gottlieb JD, Xie H, Lu W, Yanos PT, Rosenberg SD, McHugo GJ (2015) Evaluation of cognitive restructuring for post-traumatic stress disorder in people with severe mental illness. Br J Psychiatry 206:501–508
Nishith P, Resick PA, Griffin MG (2002) Pattern of change in prolonged exposure and cognitive processing therapy for female rape victims with posttraumatic stress disorder. J Consult Clin Psychol 70:880–886
Pagura J, Stein MB, Bolton JM, Cox BJ, Grant B, Sareen J (2010) Comorbidity of borderline personality disorder and posttraumatic stress disorder in the U.S. population. J Psychiatr Res 44(16):1190–1198
Pompili M, Girardi P, Ruberto A, Tatarelli R (2005) Suicide in borderline personality disorder: a meta-analysis. Nord J Psychiatry 59(5):319–324
Resick PA, Monson CM, Chard KM (2017) Cognitive processing therapy for PTSD. Guilford Press, New York
Scheiderer EM, Wood PK, Trull TJ (2015) The comorbidity of borderline personality disorder and posttraumatic stress disorder: revisiting the prevalence and associations in a general population sample. Borderline Personal Disord Emot Dysregul 2:11

Slotema CW, Wilhelmus B, Arends LR, Franken IHA (2020) Psychotherapy for posttraumatic stress disorder in patients with borderline personality disorder: a systematic review and meta-analysis of its efficacy and safety. Eur J Psychotraumatol 11:1796188

Suris A, Link-Malcolm J, Chard K, Ahn C, North C (2013) A randomized clinical trial of cognitive processing therapy for veterans with PTSD related to military sexual trauma. J Trauma Stress 26:28–37

Weathers, F. W., Litz, B. T., Keane, T. M., Palmieri, P. A., Marx, B. P., & Schnurr, P. P. (2013). The ptsd checklist for dsm-5 (PCL-5). Scale available from the National Center for PTSD. www.ptsd.va.gov

Zanarini MC, Frankenburg FR, Dubo ED, Sickel AE, Trikha A, Levin A et al (1998) Axis I comorbidity of borderline personality disorder. Am J Psychiatry 155(12):1733–1739

Zanarini MC, Ruser T, Frankenburg FR, Hennen J (2000) The dissociative experiences of borderline patients. Compr Psychiatry 41:223–227

Zanarini MC, Frankenburg FR, Hennen J, Reich DB, Silk KR (2004) Axis I comorbidity in patients with borderline personality disorder: 6-year follow-up and prediction of time to remission. Am J Psychiatry 161(11):2108–2114

Zanarini MC, Frankenburg FR, Hennen J, Reich DB, Silk KR (2006) Prediction of the 10-year course of borderline personality disorder. Am J Psychiatry 163(5):827–832

Zanarini MC, Frankenburg FR, Reich DB, Fitzmaurice G, Weinberg I, Gunderson JG (2008) The 10-year course of physically self-destructive acts reported by borderline patients and axis II comparison subjects. Acta Psychiatr Scand 117(3):177–184

외상 경험자들이 겪는 만성 통증의 복잡성 : 진단과 치료적 과제

19

Naser Morina와 Niklaus Egloff

19.1 만성 통증 및 외상

외상 후 스트레스는 침습, 회피, 인지 및 기분의 부정적인 변화, 과각성 증상만의 문제가 아닙니다. 심각한 외상 사건에는 흔히 신체 증상이 동반됩니다. 신제 증상, 특히 통증은 PTSD 환자에서 가장 빈번하게 보고되는 증상입니다(McFarlane 등. 1994).

통증은 특히 참전군인 집단(Fishbain 등. 2017; Otis 등. 2003; Shipherd 등. 2007)에서 자주 관찰되며, 고문 피해자들이 가장 흔하게 호소하는 증상입니다(de Williams와 Hughes 2020; Olsen 등. 2006). 통증은 외상 사건 이후의 과정에도 중요한 역할을 하는 것으로 보이며, 실제로 통증이 외상후 스트레스 증상 발생을 예측하는 인자로 확인되었습니다(Norman 등. 2008).

외상의 원인에 따라 동반되는 통증의 빈도와 유형이 다릅니다. 반대로, 만성 통증의 유형과 위치에 따라 동반되는 외상의 빈도와 유형 역시 달라집니다(Beck와 Clapp 2011).

그러나 스칸디나비아에서 실시된 세 건의 임상 연구에 따르면, 통증클리닉에 내원한 만성 통증 환자의 약 4-5명 중 1명(20-29%)이 PTSD 진단 기준을 충족하였습니다(Linnemørken 등. 2020). 특히 만성적으로 광범위한 부위의 통증/섬유근육통을 호소하는 환자들에게서 PTSD의 동반 비율이 높았습니다(Miró 등. 2020; Siqveland 등. 2017).

통증은 다차원적이고 복잡적이며 주관적인 지각 경험입니다. 통증은 흔히 직업적 부상, 교통사고, 군사 전투/전쟁 상황, 고문과 같은 사건과 관련된 부상으로부터 발생합니다. 국제통증학회International Association for the Study of Pain, IASP(Kennedy와 Abd-Elsayed 2019)에 따르면, 통증은 실제 또는 잠재적 조직 손상과 관련되거나 그러한 손상의 관점에서 설명되는 불쾌한 감각 및 정서적 경험으로 정의되며(Merskey와 Bogduk 1994), 환자가 의료적인 도움을 구하는 가장 흔한 원인/증상 중 하나입니다(Dahlhamer 등. 2018). 신체 부상이 동반된 외상 사건 이후, 통증은 부상의 직접적인 결과일 수도 있지만, 시간이 지남에 따라 여러 단계와 경로를 거쳐 만성화될 수 있으며, 이 과정에서 심리적 요인이 통증 유지에 점차 중요한 역할을 하게 됩니다(Young Casey 등. 2008). IASP에서 만성 통증은 부상이 회복된 후에도 3개월 이상 지속되는 통증으로 정의됩니다. 만성 지속성 통증은 흔히 기능 장애, 정서적 고통, 삶의 질 저하, 높은 의료 서비스 이용률과 관련됩니다. 또한 결근과 업무 수행 능력의 저하를 초래하며, 빈번한 소송과 고비용 보험 청구의 주요 원인이 됩니다.

ICD-11에서 처음으로 만성 통증이 공식 진단 체계에 포함되었으며, '만성 원발성 통증'(만성 통증 자체가 질병인 경우)과 '만성 이차성 통증'(통증이 기저 질환의 증상으로 나타나는 경우)으로 구분합니다(Treede 등. 2019).

19.2 만성 통증과 PTSD의 관계

만성 통증으로 고통받는 사람들은 PTSD 환자에서 흔히 동반되는 증상이나 PTSD 증상과 겹치는 양상을 겪는 경우가 많습니다. 예를 들어, 이들은 불안과 우울 증상을 자주 경험합니다. 또한 짜증을 잘 내고, 무관심해지거나, 위축되어 있으며, 화를 내거나 불행하다고 느끼고, 악몽과 불면증에 시달리는 경우가 많습니다.

만성 통증과 PTSD 사이의 강한 연관성을 고려하여, 일부 연구자들은 PTSD와 만성 통증을 PTSD의 구성 요소가 통증을 유지 및 악화시키고, 그 반대의 관계도 성립되는 "상호 유지mutually maintaining"성 질환으로 설명하기도 합니다(Sharp와 Harvey 2001). 예를 들어, PTSD 증상은 각성 수준을 증가시켜 근육의 긴장과 근육통을 유발합니다. 이러한 근육통은 외상 경험을 상기시키는 단서로 작용하여 PTSD의 재경험 반응을 유발할 수 있습니다(Carty 등. 2011). 외상을 겪은 난민들을 대상으로 한 연구에서는 다양한 신체 증상 양상이 PTSD 증상의 서로 다른 군집과 연관되어 있었습니다(Morina 등. 2017).

또 다른 이론적 모형은 PTSD와 만성 통증 사이에 공통적인 취약성이 있을 가능성입니다. 이 모형에 따르면, 특정한 개인 요인이 있는 사람들이 사건에 노출되었을 때 만성 통증과 PTSD 둘 다 발병될 가능성이 더 높다는 것입니다(Asmundson 등. 2002).

일부 연구자들은 PTBS[1]에서의 통증 지속, 스트레스 지속, 불안의 지속이라는 현상에 대해 공통된 신경생리학적 기제가 각인과 과민증의 기전에 있다고 강조합니다(Egloff 등. 2013). 잠재적인 트라우마 사건은 정서적 경험뿐만 아니라 신체 감각적 또는 통각적 경험을 고착화시킬 수 있습니다. 각인은 경험을 보존하는 매우 오래 지속되고 강력한 방식입니다. 위험이 유발한 과민성threat-induced hypersensitivity은 스트레스, 불안, 통증과 같은 내부 또는 외부 신호에 대한 과도한 반응입니다. 각인과 과민성은 일상의 많은 경미한 위협 상황에서 우리를 보호해주는 생존 기전으로 잘 알려져 있습니다. PTSD 환자의 많은 증상들은 이러한 공통 기전을 기반으로 합니다.

19.3 외상을 경험한 사람들의 만성 통증의 신경생물학

신경생물학적 기전은 만성 통증의 발생과 유지에 중요한 역할을 합니다. 아래에서 **민감화, 각인, 불안에 의한 통증 강화 및 통증 마비**의 신경생물학적 기전 각각을 구분하여 설명하겠습니다.

19.3.1 신경성 통증 민감화 기전

외상 경험이 있는 사람의 통증 장애는 흔히 신체 구조의 손상만으로 완전히 설명되지 않는다는 공통점이 있습니다. 이러한 점으로 인해 관찰자는 환자가 말하는 통증을 일종의 '가상'에 의한 것이라고 성급하게 결론 내릴 수 있습니다. 이 유형의 통증 장애를 이해하려면 통증을 유발하는 신체적 손상과 통증을 인지하는 신경 지각 과정을 구분해야 합니다. 신체적인 외상을 입으면 이 두 가지 모두 영향을 받습니다. 많은 외상 경험자들은 초기에는 국소적인 신체 외상을 겪고, 이후 PTSD의 여파로 통증 자극을 처리하는 신경 구조에 심각한 교란을 경험합니다. 지속적인 혹은 심각한 국소 손상은 통증 전달 구조의 신경기능을 강화시킬 수 있습니다(McLean 등. 2005; Sandkuhler 1996). 중추신경계의 척수 수준에서 신경연접부위synaptic 통증 전달의 강화에 의한 만성화 기전을 일반적으로'중추성 민감화(또는 감작)central sensitization'라고 합니다. 둘째, 특정 국소 손상 자체가 지속적인 신경성 통증을 직접 유발할 수 있다는 점도 강조될 필요가 있습니다. 신경성 통증의 대표적인 예는 팔랑가falanga라는 발바닥 채찍 고문 후 발생하는 발바닥의 타는 듯한 감각입니다(사례 참조)(Prip과 Persson 2008). 셋째, 동물 실험 결과, 반복적인 고강도 스트레스 자체가 통증 자극에 대한 말초적 강화로 이

1) 역자 주: Posttraumatische Belastungsstörung의 독일어 약자. 영어로 PTSD

어질 수 있습니다. 스트레스 호르몬(코르티솔 및 에피네프린)의 영향으로 통각 신경 섬유(통각 수용체)의 세포 내 신호 경로가 변화되어 통증 신호의 강화 및 지속으로 이어집니다(Khasar 등. 2009).

말초 및 척추성 민감화 외에도, 통증에 대한 민감성 증가는 대뇌가 기원일 수도 있습니다. 지속적이고 강렬한 스트레스 경험은 여러 신경기능적인 기전을 통해 뇌 수준에서 통증 민감도를 증가시킵니다. 민감화는 통증 자극에 대한 과도한 반응(통각 과민)이나 심지어 중성 자극에 대해서도 증가된 반응(예: 이질통allodynia, Yunus 2008)을 유발합니다. 신경전달물질 수준에서 외상은 편도체에 의해 대량으로 유도된 글루타메이트 방출과 관련됩니다(Nair와 Singh Ajit 2008). 글루타메이트는 대표적인 신경 자극 증강물질로, 일반적으로 신경연접 신호의 민감화 및 장기 강화(만성화) 과정에 관여합니다(Blair 등. 2001).

또한, 동물 모형에서 공포와 통증 자극은 변연계 내에서 서로 영향을 미친다는 것이 밝혀졌습니다. 전대상피질anteriaor cingulate cortex, ACC은 체성감각 통증 지각과 그에 대해 정서적으로 함축된 의미가 만나고 중첩되는 신경지각적 인터페이스로 이해될 수 있습니다(Shackman 등. 2011). 동물 실험 결과, 통증과 공포의 민감화는 서로 밀접하게 연관되어 있습니다(Koga 등. 2015; Li 등. 2010). 연구자들은 지속적인 통증과 지속적인 공포 모두 ACC의 신경연접에서 장기 강화를 초래하여 영구적인 활성에 기여한다는 것을 입증하였습니다. 그 결과, 통증과 공포에 대한 역치가 낮아집니다(Kang 등. 2015; Tang 등. 2005). '역으로', ACC에서 이러한 신경연접의 장기 강화 기전을 화학적으로 차단하면 공포와 통증에 대한 민감성의 감소로 이어지며, 이는 변연계에서 이러한 공통된 신체-정서 인터페이스의 중요성을 다시 한 번 뒷받침합니다(Kang 등. 2015).

19.3.2 통증 만성화 요인으로서의 각인

각인은 기억 네트워크에 경험을 매우 오랫동안 저장하는 형태입니다. 1980년대 후반에 이미 과도한 신경내분비 스트레스 반응이 트라우마에 대한 기억을 과도하게 공고화할 수 있다는 가설이 제기되었습니다(Pitman 1989). 더욱이, 각인은 이후 기억 재활성화의 기초가 됩니다. 트라우마를 경험한 사람의 통증 경험은 일반적으로 그 경험과 연관된 자극에 의해 재활성화됩니다. 이 연상의 연쇄반응은 양방향으로 작용하여, 트라우마 연상이 통증 경험을 불러일으킬 수 있고, 통증 경험이 트라우마 연상을 촉발할 수 있습니다.

임상적으로 기억과 관련된 통증은 두 가지 유형으로 구분됩니다. 첫째는 '통증 침습', 즉 초기 외상 사건의 통증 특성을 보이는 일시적인 신체 감각성 플래시백이며, 둘째, '만성 기억 통증'은 지속되는 특징을 보이는 통증입니다. 이 통증은 처음 통증을 야기한 사건과 직접적인 해부학적 연관성이 있는 경우가 많습니다(Williams 등. 2010). 두 가지 유형의 통증 모두, 중추 신경계가 과잉기억hypermnesia 기전을 통해 최초 통증 인상의 감각을 비가역적으로 고정시킨 결과에 의한 현상으로 보입니다(Egloff 등. 2013).

19.3.3 통증 체계와 불안 체계 사이의 상승 작용

불안은 외상화 위험과 관련되어 가장 결정적인 위험 요인 중 하나입니다. 위에서 살펴보았듯이, 통증과 불안은 생리적으로 밀접하게 연관되어 있습니다. 불안은 개인의 완전성에 대한 상황적 위협을 알리는 정신생리적 경고 기능을 하고, 통증은 신체적 위협을 알리는 정신생리적 경고 기능을 합니다. 동물실험에 따르면, 두 경보 체계가 모두 활성화될 경우 신경 지각 측면에서 상승 효과가 나타났습니다(Koga 등. 2015).

폭행, 사고, 또는 자연 재해에서의 폭력은 일반적으로 통증과 불안 체계를 모두 활성화시킵니다. 폭력을 경험한 후 공포 민감성(과도한 불안)이 지속되는 것은 직관적으로 이해할 수 있습니다. 위에서 살펴보았듯이, 임상적으로 스트레스와 통증에 대한 민감성 역시 그 결과로 나타나는 경우가 많습니다. 한 연구에서는 전쟁을 직접 경험한 생애 스트레스 요인이 있는 경우 통증 민감성이 유의하게 증가한다는 것을 통계적으로 입증하였습니다(Studer 등. 2017).

19.3.4 통증마비Numbing 기전

앞서 언급한 외상과 관련된 통증의 강화 기전 외에도, 심각한 위협 상황에서는 내인성-반응에 의한 통증-마비가 일어나는 여러 가지 기전이 존재합니다. 주관적으로 감내할 수 있는 한계를 초과하는 외상 상황에서는 해리 반응이 발생하는데, 이러한 해리는 엔돌핀의 영향에 의한 의식의 혼미(내인성 마취) 또는 정서적, 신체적 마비(자가 마취)로 이어질 수 있습니다(Pitman 등. 1990). 이러한 신경 기능의 상실은 견딜 수 없는 절망적 상황을 '생존 가능한' 상황으로 전환하려는 시도를 반영합니다.

또한, 외상을 입은 사람들의 만성 통증은 종종 피부 감각의 마비와도 관련되어 있습니다. 이들의 촉각과 온도에 대한 민감도가 감소된 부위는 일반적으로 말초 신경의 해부학적 분포와 일치하지 않습니다. 이렇게 신경분포와 불일치하는 피부의 체성감각 결손은 중추신경에서 기인합니다(Egloff 등. 2009; Mailis-Gagnon과 Nicholson 2011). PTSD에서 통증 민감도가 감소한다는 연구 결과는 이러한 통증 마비 기전으로 설명될 수 있습니다(Moeller-Bertram 등. 2012). 여기서 중요한 점은, 강한 통증이 해리성 통증-마비 과정을 촉발하는 전제 조건이 되는 경우가 많다는 점에서 외상으로 유발된 통각 과민과 통증 마비의 기전이 서로 배타적이지 않다는 것입니다. 일반적으로 만성 통증과 피부의 민감도 저하는 동시에 나타납니다(Mailis-Gagnon과 Nicholson 2011). 이러한 '역설적' 상황은 임상 현장에서도 관찰됩니다. 즉, 환자는 해당 팔다리의 촉각과 온도에 대한 피부의 민감도가 저하되어 있음에도 불구하고 통증의 증가를 호소합니다(Egloff 등. 2009; Mailis-Gagnon과 Nicholson 2011).

19.4 PTSD에서의 통증 진단 및 감별 진단

앞서 설명한 바와 같이, 임상적으로 중요한 만성 통증은 생물학적, 심리적, 사회적 측면을 지닌 복합적인 현상이며, 진단할 때 이러한 요소들에 주의를 기울여야 합니다. PTSD 환자를 치료하는 치료자는 만성 통증 환자의 사례 개념화를 위해 표준 진료 절차에 통증에 대한 체계적인 평가를 해야 합니다. 외상 환자의 통증 증후군을 성공적으로 치료하려면 항상 신중한 병력 청취와 함께 통증의 신경학적, 정형외과적, 정신과적 측면을 포함한 상세한 신체 평가가 필요합니다.

통증의 평가는 다음과 같은 핵심 요소에 초점을 맞춥니다: (a) 통증의 강도 및 변화 양상, (b) 통증 부위, (c) 통증과 관련된 태도, (d) 통증 관련 신념, (e) 통증과 관련된 정서적 고통, (f) 통증 관련 대처 양식, (g) 통증과 관련된 기능 수행 능력. 임상적으로 중요한 통증의 특성을 평가하기 용이하도록, "어디가 아프십니까?"와 같은 개방형 선별 질문을 활용할 수 있습니다. "어디가 아프십니까?", "통증의 정도를 '0 = 전혀 없다'에서 '10 = 상상할 수 있는 최악의 통증'까지의 척도로 평가한다면, 지금은 통증이 어느 정도인가요?", "통증이 항상 있나요?", "무엇이 통증을 더 악화시키나요?", "무엇이 통증을 완화시키나요?", "통증이 어떤 일상/직무 활동을 방해하나요?" 이러한 핵심 질문 이후에 자가보고 도구를 사용하여 통증 증상을 좀 더 평가할 수 있습니다.

PTSD와 관련하여, 모든 의료진이 외상 후 스트레스 증상을 보이는 사람들의 평가에 대해 인식하거나 훈련되어 있는 것은 아닙니다. 진단되지 않은 PTSD는 합병증, 통증 악화, 불충분한 치료로 이어질 수 있습니다. 그 반대의 경우도 마찬가지입니다. 트라우마 환자를 대하는 치료자는 다양한 통증의 원인이 광범위하다는 점을 염두에 두어야 합니다.

외상을 경험한 사람들의 통증에 대한 임상적 감별 진단에는 다음과 같은 가능성 있는 통증의 원인들이 포함되어야 합니다:

a. 급성 통각성 통증(예: 구체적인 신체 손상과 관련된 통증, 교통사고로 인한 부상)

b. 지속성 만성 통각성 통증(초기 또는 지속되고 있는 신체 손상에 의해 장기간 지속되는 통증으로, 종종 이차적인 통증 강화 효과, 우울증, 불충분한 약물치료 효과로 이어짐)
c. 신경병증성 통증(신경의 구조적 병변, 예: 고문 후 신경병증성 통증)
d. 복합부위통증증후군complex regional pain syndromes, CRPS I형 또는 II형(말초 및 중추성 통증 기전을 포함하며, 추가적인 신경염증 및 신경혈관 증상이 동반된 반응성 지속성 국소 통증 증후군)
e. 스트레스 관련 근막통증 증후군(만성 근육통 증후군, 예: 스트레스로 인한 긴장성 두통)
f. 통증 민감도 증가로 인한 통증(예: 섬유근육통 유사 장애의 전신성 통각 과민증, 광범위한 통증 증후군)
g. 만성 기억 통증(지속적인 국소 병변이 없음에도 이전의 신체적 외상 발생 부위의 해부학적 위치에서 장기간 지속되는 국소 통증 증후군)
h. 통증 플래시백(예: 연상에 의해 촉발되는 일시적인 기억 기반 신체 감각 통증 경험)
i. 약물 관련 통증 증후군(예: 진통제로 유발되는 두통 또는 마약성 제제로 인한 통각 과민증)
j. (a)-(i)의 조합

19.5 PTSD와 공존하는 만성 통증 공존의 치료

만성 통증에 대처하는 것은 생리적, 심리적 측면을 돌보는 데 중점을 두고 삶 전반을 관리하는 접근법이 필요한 어려운 과제입니다. 통증의 원인이 (심리적) 트라우마를 포함할 경우 그 어려움은 더욱 커질 수 있습니다. 트라우마를 겪은 사람들 사이에서 만성 통증과 PTSD의 발병률이 높다는 것과 이들이 삶에 미칠 수 있는 부정적인 영향을 고려할 때, 이러한 질환들을 효과적으로 치료하는 치료법이 중요합니다. 통증과 PTSD가 공존하는 환자는 PTSD가 없는 통증 환자나 통증 증상이 없는 PTSD 환자보다 더 심한 통증, 더 큰 정서적 고통, 더 높은 수준의 일상 생활 문제 및 더 큰 장애를 경험합니다. 두 질환 각각에 대해서는 효과적인 근거기반 치료법이 있습니다(Forbes 등. 2020; Hoffman 등. 2007).

이 책의 다른 부분에서 설명한 바와 같이, 인지행동치료는 PTSD에 가장 효과적인 치료법입니다. 모든 PTSD 치료 접근법과 마찬가지로, 심리교육은 PTSD 및 만성 통증 치료에서 필수적입니다. 치료 과정에서 환자와 치료자는 환자에게 현재 문제가 되는 주요 증상과 가능한 회복 방법에 대한 개인 맞춤 모형을 만들기 위해 협력합니다. 많은 인지행동치료 도구들이 만성 통증 관리에도 적용될 수 있습니다. 이러한 도구들은 예를 들어, 외상에 대한 두려움과 회피가 어떻게 증상을 유지하고 기능을

표 19.1 만성 통증 및 PTSD 환자의 다단계 통증 평가 및 복합 통증 치료

개입 수준	주요 고려 사항 및 개입 방법
1단계: 말초 통각 감각	많은 트라우마 관련 통증 장애에서 통증성 근육 긴장과 같은 형태로 부분적인 통각성 통증 문제가 지속됩니다. 치료 목표는 근육 이완 바이오피드백, 국소 온열 요법, 온열 패드, 온열 연고, 온수 목욕과 같은 개입을 통해 이러한 말초 통각의 감각입력을 줄이는 것입니다.
	때때로 통상적인 진통제를 사용합니다. 지지적인 장기 치료가 종종 고려되지만, 비스테로이드성 소염제(NSAID) 및 아편 유사제와 같은 약물의 부작용에 대한 우려로 인해 사용이 제한됩니다. 모든 진통제는 처방할 때 효과와 부작용을 면밀히 검토해야 합니다.
	행동 수준에서 중요한 구성 요소는 규칙적인 휴식, 물리치료적 자세 교정 훈련, 운동 활성화 요법 등 개인의 신체 능력에 맞는 적절한 처방입니다.
2단계: 자율신경계 불균형	스트레스는 통증 처리 장애를 유발하고, 통증을 급격히 증폭시킵니다. 반대로, 통증은 자율신경계 및 정서적 스트레스를 유발합니다.
	개입에는 이완 연습(제이콥스Jacobson의 점진적 근육 이완, 요가, 명상, 자율훈련autogenic training, 바이오피드백) 및 규칙적인 운동을 통해 부교감신경계를 강화하여 교감-미주신경sympathovagal imbalance 불균형을 교정하는 것이 포함됩니다.
	개인의 생애에서 스트레스 경향 분석 및 개인 맞춤형 스트레스 해소 방안 만들기
	수면 위생
3단계: 통증의 지각적 처리	세로토닌 재흡수 억제제 또는 삼환계 항우울제와 같은 중추성 통증 조절 약물 사용
	신체 인식 요법: 통증에 집중하기보다 주의를 돌리는 훈련하기, 즐거움과 기쁨 훈련, 마음챙김 연습, 자기 암시
	주의 분산 전략: 음악, 매체, 작업 치료, 여행, 만남, 의미 있는 일상 과제
	개별화된 재택 프로그램 계획
4단계: 감정적 고통 증폭	불안 관리 및 질환별 인지행동치료, 항우울제 약물치료
	갈등 해결 요법으로 생애사적, 일상적 스트레스 요인을 완화시키기 통증을 유발하는 고통과 통증을 유지시키는 정서적 스트레스 요인을 구분하는 것이 중요함
	감정 처리에 대한 인식 및 정서적 자기 효능감 훈련
	연극, 음악, 유머 등의 요소가 있는 즐거운 집단치료 참여
	개인 일기, 의식
5단계: 정신적 고통 증폭	역기능적 인지의 재구성("나는 원인을 알 수 없는 통증이 있다", "미쳐가고 있다", "결국 휠체어 신세를 지게 될 것이다", "나는 움직이면 안 된다", "병은 벌을 받는 것이다" 등)
	통증 집단치료; 목표: 자기 역량과 자기 효능감 배우기, "통증 피해자"에서 "통증 관리자"가 되기
	역기능적 행동의 재구성(예: 자존감 결핍으로 인한 과도한 활동, 공포-회피 행동)
	강의, 안내문, 동영상을 활용한 통증 정보 교육(=환자 교육)에 참여하기
6단계: 사회적 결과	만성 통증과 트라우마는 항상 배우자, 가족, 친구에게 영향을 미칩니다: 배우자 및 가능하다면 자녀를 참여시키고 정보를 제공하기 모두에게 실행 가능한 완화 방안 모색하기. 질병이 관계를 조절하는 영향력을 갖고 있는지 여부에 대해 주의를 기울이기
	건강/사회 보험 문제: 많은 경우, 통증 장애 환자는 보험과 관련하여 좌절한 경험이 있습니다. 전문적인 자문위원을 참여시키십시오.
	전반: 사회적 영향은 독립적으로 질병을 지속시키는 스트레스 요인이 될 수 있습니다. 질병의 이러한 이차적인 사회적 영향을 통합하는 것이 다중양식 통증 치료에서 중요합니다.

외상을 겪은 사람들의 통증 장애에는 일반적으로 다양한 원인이 있습니다. 따라서 치료도 다양한 수준에서 다루게 됩니다. 어떤 이는 이를 개별화된 다중양식 치료라고 부릅니다.

저하시키는지 구체적으로 다룰 뿐만 아니라, 통증이 어떻게 외상 기억을 떠올리게 하고 각성, 불안, 회피를 증가시키는지 논의하는 데에도 사용될 수 있습니다. 대처 및 관리 기술을 점진적으로 향상시키고, 이를 통해 활동 수준을 높임으로써, 환자들이 통증에 덜 집중하고 삶에 더 관심을 기울이게 할 수 있습니다. 만성 통증 및 PTSD 환자를 치료할 때 매우 중요한 문제는 통제 불능과 무력감을 인식하는 것입니다. 환자가 자신의 삶에 대한 통제력을 되찾으려 노력한다는 점을 치료진이 이해하는 것이 매우 중요합니다.

통증 관련 고통을 완화하기 위한 또 다른 근거기반 치료 접근법은 바이오피드백 중심 개입입니다. 바이오피드백은 환자가 자신의 신체로부터 나오는 신호를 이용하여 건강을 개선하기 위해 정신생리학적 매개변수를 조절하는 방법을 배우는 치료 방법입니다. 바이오피드백이 외상 후 스트레스 증상에 미치는 효과를 입증하는 근거가 있습니다(Tatrow 등. 2003). 그러나 바이오피드백은 PTSD 및 만성 통증에 대한 최신 치료법과 함께 보조적인 치료 도구로만 사용되어야 합니다.

과학 문헌에서는 통증 전문가들이 통증 관리에 대해 다중양식의 접근multimodal approach이 필요하다는 것을 점점 더 인식하고 있습니다(Forstenpointner 등. 2018; Otis 등. 2009). 따라서 다학제적interdisciplinary 다중양식 통증 치료를 개인에 맞게 계획하기 위한 치료 지침이 도움이 됩니다(Grolimund 등. 2019). 표 19.1은 이러한 다단계 치료 절차의 예시를 보여줍니다.

19.6 사례

54세 여성이 만성 통증 장애로 3차 병원의 통증 클리닉에 내원했습니다. 환자는 전신 통증, 특히 허리와 허벅지 부위의 통증을 호소했습니다. 그녀의 지속적인 통증은 스트레스와 불안뿐만 아니라 일정 시간 서 있거나 걷거나 눕는 등의 신체 활동으로도 악화되었습니다. 또한 발바닥 부위의 작열감과 함께 몸 오른쪽의 감각 저하 증상이 있었습니다. 통증은 입면 장애 및 악몽과 '어둡고 나쁜 생각'에 대한 두려움이 동반된 지속적인 불면증과 함께 나타났습니다. 그녀는 쉽게 놀라고 특정 소음을 들으면 즉시 '마비'되는 느낌이 들었습니다.

자세한 심리사회적 면담 결과, 다음과 같은 병력이 밝혀졌습니다: 환자는 역사학 교수로, 고국인 중동에서 인권 운동가로 활동했습니다. 그녀는 정치운동으로 인해 경찰에 기소되어 투옥되었습니다. 환자를 탈진시키고 자백을 강요하기 위해 경찰은 여러 고문 방법을 사용했습니다. 환자는 등과 허벅지 부위 통증의 원인을 수일간 타이어에 강제로 고정되어 있었던 경험에 의한 것으로 보았습니다(그림 19.1).

그림 19.1 정치적 박해를 받은 54세 여성이 받은 고문 장면. 이 삽화는 환자의 설명과 초안을 바탕으로 작성됨

진단적으로 환자는 PTSD의 모든 기준을 충족했습니다. 임상 검사 결과 그녀의 천추와 요추 부위에 신체적 고문 흔적이 18개의 자상 흉터로 명확히 관찰되었습니다.

신경학적 검사 결과 몸통 우측의 표재성 감각 과민증이 추가로 확인되었습니다. 신경분포와 일치하지 않는 이러한 피부의 체성감각 결손nondermatomal somatosensory deficits, NDSD은 일반적으로 몸의 한쪽에 국한되는 형태로 나타나며, 삶에서 고강도의 부정적 사건과 신체 통증을 일으키는 사건을 동시에 경험한 사람들에게서 흔히 나타납니다(Egloff 등. 2012). 발바닥이 타는 듯한 통증은 채찍질 고문(팔랑가falanga)의 결과였습니다. 이 고문법은 보통 작열감과 신경병증 유사 통증을 남기며, 이는 종종 겨울철에 악화되는 경향이 있습니다(Prip과 Persson 2008). 허리와 골반의 엑스레이와 MRI 검사 결과, 통증에 대한 구조적 문제(예: 골절, 디스크 병변)는 발견되지 않았습니다. 비록 눈에 띄는 자국과 흉터는 거의 남아 있지 않았지만, 고문을 받은 신체 부위는 그녀의 통증 인식 체계에 되돌릴 수 없을 정도로 각인되어 있었습니다(**그림 19.1**).

환자는 여러 단계의 치료를 거쳤습니다. 초기부터 환자에게 중요했던 것은 치료자가 트라우마로 인한 신체적 통증과 외상화의 심리적 후유증에 대해 잘 알고 있다는 점이었습니다. 통증 면담과 검사는 스트레스나 해리의 신호에 세심한 주의를 기울이며 매우 신중하게 진행되었습니다. 질문은 환자가 과거 트라우마에 대해 자신이 원하는 것을 원하는 만큼 밝힐 수 있도록 구성되었습니다. 그럼에도 불구하고, 얼마 지나지 않아 일관된 이야기가 전개되기 시작했습니다.

치료를 시작할 때 치료자는 많은 형태의 통증이 MRI나 엑스레이로 시각화되지 않는 것이 일반적이라고 설명하며, 특히 엑스레이는 통증 자체가 아닌 신체적 손상의 흔적만 보여준다고 덧붙였습니다. 이 환자의 경우 MRI와 엑스레이 촬영에서 영구적인 구조적 병변이 보이지 않았다는 사실이 그녀에게 안도감을 주었습니다. 환자는 자신의 신체 통증이 스트레스 상황에서 악화되는 유형이라는 것을 관찰을 통해 알게 되었고, 이는 그녀의 통증 모형이 변하는 계기가 되었습니다. 그녀는 자신의

신체가 통증을 포함한 모든 형태의 위협과 스트레스에 과민하게 반응하는 '경보 기전'를 발달시켰다는 것을 이해하게 되었습니다. 또한 이러한 기억은 그녀의 몸에서 경험되고 표현되었습니다(과잉기억). 트라우마를 입은 유기체는 고통을 잊을 수 없습니다. 그녀는 통각 과민증과 과잉기억이 자신의 신체를 '보호'하기 위한 필수 기전으로 발달했다는 것을 깨달았습니다.

통증에 대한 설명을 충분히 받은 후, 그녀는 자원 강화, 트라우마 치료, 스트레스 감소에 초점을 맞춘 심리치료 회기에 참여할 준비가 되었습니다. 다행히도 그녀는 매우 강하고 온전한 자존감을 자원으로 가지고 있었으며, 이는 그녀의 회복에 중요하고 의미 있는 것으로 입증되었습니다. 인권에 대한 그녀의 신념과 개인적인 감정과 생각을 표현할 수 있는 능력이 심리치료 과정을 촉진해 주었습니다. 자기존중감의 강화와 증상의 정신신체적 특성에 대한 이해의 증진은 치료뿐만 아니라 개인의 발전과 일상 생활 관리에도 중요한 안정화 역할을 했습니다. 플래시백 유발 요인을 줄이는 데 중점을 둔 추가적인 행동치료를 통하여 환자는 다른 트라우마 관련 스트레스 증상을 점점 더 잘 통제할 수 있게 되었고 기존의 '공포-회피 행동'을 단계적으로 극복했습니다. 또한, 신체 통증 증상에 대한 치료로 신중하게 맞춤 설계된 (가정) 프로그램인 신체 재활 훈련과 음악을 활용한 운동 치료가 포함되었습니다. 환자는 파라세타몰 같은 약물을 간헐적으로 사용하는 것 외에 더 이상의 의학적 치료를 필요로 하지 않았습니다.

19.7 결론

위에서 살펴본 바와 같이, 만성 통증과 트라우마 관련 질환의 공존에 관한 상당한 임상 및 경험적 증거가 존재합니다. PTSD 환자들은 임상적으로 유의미한 여러 만성 통증 질환의 유병률이 높습니다. 마찬가지로, 만성 통증 환자 역시 PTSD 진단을 받는 경우가 많습니다. 따라서 만성 통증과 PTSD가 공존하는 환자들은 한 가지 또는 다른 유형의 질환만 있는 환자보다 더 큰 고통과 장애를 겪습니다. 이러한 상태들 간의 상호 작용으로 인해, 이들의 치료는 더 복잡하고 어려울 수 있으며, 특히 남은 생애 동안 '통증과 함께 살아가야' 하고 '관리'해야 할 가능성이 높다는 것을 환자에게 전달해야 할 경우에는 더욱 그렇습니다. 외상을 입은 환자의 만성 통증을 평가하려면 광범위한 원인 요소들을 고려해야 합니다. 함께 '통증 모형'을 만들어 적절한 이해와 행동 관점을 갖게 하는 것이 중요합니다.

심리치료사와 의사를 포함하여 치료자, 특히 통증의 진단과 치료에 경험이 있는 심리치료사와 의사들은 임상적으로 유의미한 통증과 외상 후 스트레스 증상을 모두 다룰 수 있는, 다중양식의 통합적인 맞춤형 개입을 선호합니다. 이를 실현하기 위해 가장 좋은 방법은 입원, 외래 또는 낮병원 환경에서 다학제 팀으로 협력하는 것입니다.

References

Asmundson GJG, Coons MJ, Taylor S, Katz J (2002) PTSD and the experience of pain: research and clinical implications of shared vulnerability and mutual maintenance models. Can J Psychiatr 47(10):930–937

Beck JG, Clapp JD (2011) A different kind of co-morbidity: understanding posttraumatic stress disorder and chronic pain. Psychol Trauma 3(2):101–108. https://doi.org/10.1037/a0021263

Blair HT, Schafe GE, Bauer EP, Rodrigues SM, LeDoux JE (2001) Synaptic plasticity in the lateral amygdala: a cellular hypothesis of fear conditioning. Learn Mem 8(5):229–242. https://doi.org/10.1101/lm.30901

Carty J, O'Donnell M, Evans L, Kazantzis N, Creamer M (2011) Predicting posttraumatic stress disorder symptoms and pain intensity following severe injury: the role of catastrophizing. Eur J Psychotraumatol 2:5652. https://doi.org/10.3402/ejpt.v2i0.5652

Dahlhamer J, Lucas J, Zelaya C, Nahin R, Mackey S, DeBar L, Helmick C (2018) Prevalence of chronic pain and high-impact chronic pain among adults - United States, 2016. MMWR Morb Mortal Wkly Rep 67(36):1001–1006. https://doi.org/10.15585/mmwr.mm6736a2

de Williams AC, Hughes J (2020) Improving the assessment and treatment of pain in torture survivors. BJA Educ 20(4):133–138. https://doi.org/10.1016/j.bjae.2019.12.003

Egloff N, Sabbioni ME, Salathe C, Wiest R, Juengling FD (2009) Nondermatomal somatosensory deficits in patients with chronic pain disorder: clinical findings and hypometabolic pattern in FDG-PET. Pain 145(1-2):252–258. https://doi.org/10.1016/j.pain.2009.04.016

Egloff N, Maecker F, Stauber S, Sabbioni ME, Tunklova L, von Kanel R (2012) Nondermatomal somatosensory deficits in chronic pain patients: are they really hysterical? Pain 153(9):1847–1851. https://doi.org/10.1016/j.pain.2012.05.006

Egloff N, Hirschi A, von Kanel R (2013) Traumatization and chronic pain: a further model of interaction. J Pain Res 6:765–770. https://doi.org/10.2147/JPR.S52264

Fishbain DA, Pulikal A, Lewis JE, Gao J (2017) Chronic pain types differ in their reported prevalence of post -traumatic stress disorder (PTSD) and there is consistent evidence that chronic pain is associated with PTSD: an evidence-based structured systematic review. Pain Med 18(4):711–735. https://doi.org/10.1093/pm/pnw065

Forbes D, Bisson JI, Monson CM, Berliner L (2020) Effective treatments for PTSD. Practice guidelines form the international society for traumatic stress studies, 3rd edn. The Guildford Press, New York

Forstenpointner J, Otto J, Baron R (2018) Individualized neuropathic pain therapy based on phenotyping: are we there yet? Pain 159(3):569–575. https://doi.org/10.1097/j.pain.0000000000001088

Grolimund J, Grolimund S, Grosse Holtforth M, Egloff N (2019) Guideline for the planning of personalized, interdisciplinary multimodal pain treatment. Schmerz 33(6):514–522. https://doi.org/10.1007/s00482-019-0395-x

Hoffman BM, Papas RK, Chatkoff DK, Kerns RD (2007) Meta-analysis of psychological interventions for chronic low back pain. Health Psychol 26(1):1–9. https://doi.org/10.1037/0278-6133.26.1.1

Kang SJ, Kwak C, Lee J, Sim SE, Shim J, Choi T, Kaang BK (2015) Bidirectional modulation of hyperalgesia via the specific control of excitatory and inhibitory neuronal activity in the ACC. Mol Brain 8(1):81. https://doi.org/10.1186/s13041-015-0170-6

Kennedy R, Abd-Elsayed A (2019) The international association for the study of pain (IASP) classification of chronic pain syndromes. In: Abd-Elsayed A (ed) Pain: a review guide. Springer, Cham, pp 1101–1103

Khasar SG, Dina OA, Green PG, Levine JD (2009) Sound stress-induced long-term enhancement of mechanical hyperalgesia in rats is maintained by sympathoadrenal catecholamines. J Pain 10(10):1073–1077. https://doi.org/10.1016/j.jpain.2009.04.005

Koga K, Descalzi G, Chen T, Ko HG, Lu J, Li S, Zhuo M (2015) Coexistence of two forms of LTP in ACC provides a synaptic mechanism for the interactions between anxiety and chronic pain. Neuron 85(2):377–389. https://doi.org/10.1016/j.neuron.2014.12.021

Li XY, Ko HG, Chen T, Descalzi G, Koga K, Wang H, Zhuo M (2010) Alleviating neuropathic pain hypersensitivity by inhibiting PKMzeta in the anterior cingulate cortex. Science 330(6009):1400–1404. https://doi.org/10.1126/science.1191792

Linnemørken LTB, Granan LP, Reme SE (2020) Prevalence of posttraumatic stress symptoms and associated characteristics among patients with chronic pain conditions in a Norwegian University Hospital outpatient pain clinic. Front Psychol 11:749. https://doi.org/10.3389/fpsyg.2020.00749

Mailis-Gagnon A, Nicholson K (2011) On the nature of nondermatomal somatosensory deficits. Clin J Pain 27(1):76–84. https://doi.org/10.1097/AJP.0b013e3181e8d9cc

McFarlane AC, Atchison M, Rafalowicz E, Papay P (1994) Physical symptoms in post-traumatic stress disorder. J Psychosom

Res 38(7):715–726
McLean SA, Clauw DJ, Abelson JL, Liberzon I (2005) The development of persistent pain and psychological morbidity after motor vehicle collision: integrating the potential role of stress response systems into a biopsychosocial model. Psychosom Med 67(5):783–790. https://doi.org/10.1097/01.psy.0000181276.49204.bb
Merskey H, Bogduk N (eds) (1994) Classification of chronic pain. IASP task force on taxonomy, 2nd edn. IASP Press, Seattle
Miro E, Martinez MP, Sanchez AI, Caliz R (2020) Clinical manifestations of trauma exposure in fibromyalgia: the role of anxiety in the association between posttraumatic stress symptoms and fibromyalgia status. J Trauma Stress 33(6):1082–1092. https://doi.org/10.1002/jts.22550
Moeller-Bertram T, Keltner J, Strigo IA (2012) Pain and post traumatic stress disorder – review of clinical and experimental evidence. Neuropharmacology 62(2):586–597. https://doi.org/10.1016/j.neuropharm.2011.04.028
Morina N, Kuenburg A, Schnyder U, Bryant RA, Nickerson A, Schick M (2017) The association of post-traumatic and postmigration stress with pain and other somatic symptoms: an explorative analysis in traumatized refugees and asylum seekers. Pain Med 2017:5. https://doi.org/10.1093/pm/pnw357
Nair J, Singh Ajit S (2008) The role of the glutamatergic system in posttraumatic stress disorder. CNS Spectr 13(7):585–591
Norman SB, Stein MB, Dimsdale JE, Hoyt DB (2008) Pain in the aftermath of trauma is a risk factor for post-traumatic stress disorder. Psychol Med 38(4):533–542. https://doi.org/10.1017/S0033291707001389
Olsen DR, Montgomery E, Bøjholm S, Foldspang A (2006) Prevalent musculoskeletal pain as a correlate of previous exposure to torture. Scand J Public Health 34(5):496–503. https://doi.org/10.1080/14034940600554677
Otis JD, Keane TM, Kerns RD (2003) An examination of the relationship between chronic pain and post-traumatic stress disorder. J Rehabil Res Dev 40(5):397–405
Otis JD, Keane TM, Kerns RD, Monson C, Scioli E (2009) The development of an integrated treatment for veterans with comorbid chronic pain and posttraumatic stress disorder. Pain Med 10(7):1300–1311. https://doi.org/10.1111/j.1526-4637.2009.00715.x
Pitman RK (1989) Post-traumatic stress disorder, hormones, and memory. Biol Psychiatry 26(3):221–223
Pitman RK, van der Kolk BA, Orr SP, Greenberg MS (1990) Naloxone-reversible analgesic response to combat-related stimuli in posttraumatic stress disorder. A pilot study. Arch Gen Psychiatry 47(6):541–544
Prip K, Persson AL (2008) Clinical findings in men with chronic pain after falanga torture. Clin J Pain 24(2):135–141. https://doi.org/10.1097/AJP.0b013e31815aac36
Sandkuhler J (1996) Neurobiology of spinal nociception: new concepts. Prog Brain Res 110:207–224
Shackman AJ, Salomons TV, Slagter HA, Fox AS, Winter JJ, Davidson RJ (2011) The integration of negative affect, pain and cognitive control in the cingulate cortex. Nat Rev Neurosci 12(3):154–167. https://doi.org/10.1038/nrn2994
Sharp TJ, Harvey AG (2001) Chronic pain and posttraumatic stress disorder: mutual maintenance? Clin Psychol Rev 21(6):857–877
Shipherd JC, Keyes M, Jovanovic T, Ready DJ, Baltzell D, Worley V, Duncan E (2007) Veterans seeking treatment for posttraumatic stress disorder: What about comorbid chronic pain? J Rehabil Res Dev 44(2):153–166
Siqveland J, Hussain A, Lindstrøm JC, Ruud T, Hauff E (2017) Prevalence of posttraumatic stress disorder in persons with chronic pain: a meta-analysis. Front Psych 8:164. https://doi.org/10.3389/fpsyt.2017.00164
Studer M, Stewart J, Egloff N, Zurcher E, von Kanel R, Brodbeck J, Grosse Holtforth M (2017) Psychosocial stressors and pain sensitivity in chronic pain disorder with somatic and psychological factors (F45.41). Schmerz 31(1):40–46. https://doi.org/10.1007/s00482-016-0159-9
Tang J, Ko S, Ding HK, Qiu CS, Calejesan AA, Zhuo M (2005) Pavlovian fear memory induced by activation in the anterior cingulate cortex. Mol Pain 1:6. https://doi.org/10.1186/1744-8069-1-6
Tatrow K, Blanchard EB, Silverman DJ (2003) Posttraumatic headache: an exploratory treatment study. Appl Psychophysiol Biofeedback 28(4):267–278
Treede RD, Rief W, Barke A, Aziz Q, Bennett MI, Benoliel R, Wang SJ (2019) Chronic pain as a symptom or a disease: the IASP classification of chronic pain for the international classification of diseases (ICD-11). Pain 160(1):19–27. https://doi.org/10.1097/j.pain.0000000000001384
Williams AC, Pena CR, Rice AS (2010) Persistent pain in survivors of torture: a cohort study. J Pain Symptom Manag 40(5):715–722. https://doi.org/10.1016/j.jpainsymman.2010.02.018
Young Casey C, Greenberg MA, Nicassio PM, Harpin RE, Hubbard D (2008) Transition from acute to chronic pain and disability: a model including cognitive, affective, and trauma factors. Pain 134(1-2):69–79. https://doi.org/10.1016/j.pain.2007.03.032
Yunus MB (2008) Central sensitivity syndromes: a new paradigm and group nosology for fibromyalgia and overlapping conditions, and the related issue of disease versus illness. Semin Arthritis Rheum 37(6):339–352. https://doi.org/10.1016/j.semarthrit.2007.09.003

5부

특수한 대상군의 치료

아동청소년을 위한 근거기반 치료 20

Markus A. Landolt와 Justin A. Kenardy

20.1 소개 및 배경

20.1.1 아동청소년의 트라우마 및 트라우마 관련 질환의 역학

트라우마는 모든 연령대에 영향을 미칠 수 있습니다. 성인처럼 아동청소년도 잠재적으로 트라우마가 될 수 있는 다양한 범위의 사건을 겪고, 트라우마 관련 정신질환이 발생할 수 있습니다. 실제로, 아동기의 외상 노출은 상당히 흔한 현상으로 보입니다. 역학 연구에 따르면, 잠재적인 트라우마 사건에 노출되는 아동청소년의 수는 놀라울 정도로 많아 평생 유병률이 50-90%에 달합니다(Copeland 등. 2007; Elklit 2002; Kilpatrick 등. 2003; Landolt 등. 2013; Lewis 등. 2019). 한 예로, 스위스 청소년 약 7,000명을 대상으로 한 인구 기반 연구에서는 여학생의 56.6%와 남학생의 55.7%가 평생 한 번 이상 외상 사건을 경험했다고 답했습니다(Landolt 등. 2013). 신체 및 성 학대, 기타 유형의 폭력, 전쟁, 자연재해, 심각한 질병, 사고, 정서 및 신체의 방임은 청소년에게 가장 빈번하게 트라우마를 유발하는 사건에 해당합니다. 많은 역학 연구에서 아동기와 청소년기에 잠재적인 트라우마 사건을 겪는 것이 매우 흔하다는 사실이 확인되었지만, PTSD의 평생 유병률은 0.5%에서 9% 사이로 다양합니다. 그러나 외상 사건을 겪은 뒤 발생할 수 있는 심리적 질환은 PTSD만이 아닙니다. 흔히 동반되는 질환으로 불안, 우울 및 품행장애 등이 있습니다(Copeland 등. 2007; Lewis 등. 2019). 미취학 아동의 경우, 적대적 반항장애와 분리불안장애가 가장 흔하게 동반되는 질환입니다(Scheeringa와 Zeanah 2008). 그러나 이러한 질환들은 외상 경험 후 아이가 PTSD의 진단기준을 충족시키지 않는 상황에서도 나타날 수 있는데(De Young 등. 2012), 이럴 경우 현재 드러난 문제의 사례 개념화와 치료가 더욱 어려워질 수 있습니다. 게다가 트라우마를 겪은 아동청소년은 건강과 관련된 삶의 질이 현저히 떨어지는 경향을 보이는데, 이는 트라우마가 아동청소년의 전반적인 기능과 안녕감에 부정적인 영향을 미친다는 것을 보여줍니다(Alisic 등. 2008; Landolt 등. 2009).

20.1.2 아동의 트라우마 평가 및 진단 기준의 타당도

사례

어느 일요일 점심, 일곱 살 피터(Peter)와 두 살 메리(Mary) 남매는 부모와 함께 집에서 식사하던 중에 휘발유 통을 가득 실은 트럭이 집 바로 앞에서 충돌하는 사고를 겪었습니다. 첫 충돌 후, 휘발유 통 몇 개가 폭발하면서 몇 초 만에 집에 불이 붙었습니다. 부모는 즉시 아이들을 데리고 뒷문을 통해 집 밖으로 대피했습니다. 다행히 아무도 다치지 않았지만, 집은 완전히 전소되어 파괴되었습니다.

사건 직후 가족 모두 급성 스트레스 증상을 보였습니다. 피터는 반복되는 악몽 때문에 수면에 문제가 있었고, 다양한 과각성 증상을 보였습니다. 메리는 어머니 곁을 떠나려 하지 않았고 자주 울었으며, 어머니가 어린이집에 데려다줄 때면 매우 괴로워했고, 부모님의 침대에서 자겠다고 매달렸습니다. 부모 모두 수면 문제, 침습 사고 증상과 함께 과도한 경계심을 보였습니다.

약 4개월 후, 피터의 아버지는 증상이 호전되어 직장에 복귀했고 기능 문제를 보이지 않았습니다. 하지만 두 아이는 여전히 많은 증상을 겪고 있었습니다. 피터의 증상은 DSM-5의 모든 PTSD 기준을 충족하였습니다. 그는 사건 관련 단서로 촉발되는 악몽과 플래시백 증상이 있었고(기준 B), 사고에 대해 이야기하지 않으려 했으며, 불이 난 집 근처에 가는 것을 지속적으로 피하고, 벽난로가 켜져 있는 방에는 들어가지 않고 TV 화면 속 불이 나오는 장면에 매우 괴로워했습니다(기준 C). 화재 이후 피터의 생각과 기분은 사건 전과 달리 부정적이고 비관적이 되었으며 친구들과 노는 데 흥미를 잃었고(기준 D), 지나치게 경계하며 학교에서 집중하지 못하고 과도하게 깜짝 놀라곤 했습니다(기준 E).

두 살인 메리 역시 여전히 증상을 보였으며, 일상 기능에도 상당한 어려움을 겪고 있었습니다. 아이는 심각한 분리불안 증상으로 인해 어린이집에 가는 것을 거부했습니다. 메리는 종종 매우 예민해져서 부모 모두에게 공격적인 행동을 보이곤 했습니다. 또한 여전히 혼자 잠을 자지 못하고 다른 아이들과 친척들을 멀리하며 퇴행 행동(손가락 빨기)을 보였습니다. 메리에게 침습 증상의 명백한 징후는 없었습니다. 학령기인 오빠와 달리, 어린 메리는 일반적인 트라우마 관련 진단 기준 중 어느 것도 충족시키지 않았고 증상도 덜 구체적이었습니다. 그럼에도 불구하고 아이에게는 분명히 증상이 있었고 기능도 손상되어 있었습니다.

아이들의 어머니도 치료가 필요한 수준의 PTSD를 겪게 되었습니다. PTSD 환자에게 자녀가 있을 경우, 양육 능력에 부정적인 영향을 받는 것은 매우 흔한 일이며, 이는 결과적으로 자녀에게 해로운 영향을 미칠 수 있습니다. 피터의 아버지는 사건 전의 양육 방식을 유지하려고 노력했지만, 아내가 아이들을 과보호하고 행동 관리 면에서 관대하며 일관성이 없어져서 자주 좌절되곤 했습니다. 이런 상황이 아이들에게 회피, 공격성, 정서적 고통 같은 문제 행동이 발달하는 데 영향을 주었습니다. 게다가 부모 중 한 명이 증상을 보이고 다른 부모는 그렇지 않을 경우, 서로 다른 양육 전략으로 인해 종종 갈등이 발생하게 됩니다.

이 사례는 외상 사건이 연령에 따라 아이들에게 미치는 영향이 다르다는 것을 잘 보여주고, 아이의 증상을 이해하는 데 있어 가족 체계가 얼마나 중요한지를 보여줍니다.

20.1.2.1 진단의 문제

외상 사건에 대한 아동의 반응은 앞의 사례에서 보이는 것처럼 청소년이나 성인과 다소 다르다는 것이 연구를 통해서도 확인되었습니다. 특히 미취학 아동의 외상 후 스트레스 증상은 그보다 나이가 많은 아동이나 청소년보다 덜 구체적으로 나타나는 경우가 많기 때문에, 이 연령대에서는 진단 기준의 타당도가 낮을 수 있습니다(Scheeringa 2011). DSM-III-R 이후, PTSD의 진단기준에는 놀이의 반복 등 아동청소년의 발달학적 고려 사항들이 포함되었습니다. 하지만 6세 미만 미취학 아동에 대한 별도의 PTSD 하위 유형은 DSM-5[미국 정신의학회(APA) 2013]에서 처음 정의되었고, 그럼에

표 20.1 아동청소년을 대상으로 표준화된 PTSD 평가도구

평가도구	개발자	내용
아동청소년 트라우마 선별도구Child and Adolescent Trauma Screen, CATS	Sachser 등. (2017)	자가보고 척도; 미취학 및 학령기 아동과 부모용(대리 평가). DSM-5 기준 PTSD 증상 평가
임상가용 아동청소년 PTSD 척도Clinician-Administered PTSD Scale for Children and Adolescents, CAPS-CA-5	Pynoos 등. (2015)	8-18세 대상의 구조화된 임상 면담; DSM-5 기준 PTSD 평가
DSM-5 UCLA PTSD 지수UCLA PTSD Reaction Index for DSM-5	Pynoos와 Steinberg (2013)	자가보고 척도; 미취학 및 학령기 아동과 부모용(대리 평가). DSM-5 기준 PTSD 증상 평가
DSM-5 아동 PTSD 증상 척도Child PTSD Symptom Scale for DSM-5, CPSS-5	Foa 등. (2017)	8-16세용 자가보고 척도; DSM-IV 기준 PTSD 평가
아동 외상 증상 체크리스트Trauma Symptom Checklist for Children, TSCC	Briere (1996)	8-16세용 자가보고 척도; 광범위한 외상 후 증상(불안, 우울, PTSD, 해리 등) 평가, 규준 제공
영유아 외상 증상 체크리스트Trauma Symptom Checklist for Young Children, TSCYC	Briere (2005)	보호자 보고; 광범위한 외상 후 증상 평가, 규준 제공
영유아 및 미취학 진단 평가(DIPA)의 PTSD 모듈PTSD module of the Diagnostic Infant and Preschool Assessment	Scheeringa (2020)	보호자와의 구조화된 면담; 1-6세 아동; DSM-5의 PTSD 미취학 기준으로 PTSD 평가

도 2세 미만의 매우 어린 아이들에 대한 트라우마 관련 질환의 개념화는 아직도 명확하지 않습니다(De Young과 Landolt 2018).

아이들에게 진단적 평가를 할 때에는, 발달에 맞는 평가 도구를 이용해야 합니다. 평가에는 보호자, 그리고 아동이 7세 이상인 경우 당사자와의 포괄적인 진단 면담이 포함되어야 합니다. 다행히 잘 검증된 몇몇 표준화된 평가 도구들이 있습니다(표 20.1).

20.2 조기 개입: 급성 스트레스의 치료 및 PTSD의 예방

20.2.1 근거

잠재적인 트라우마 사건에 노출된 아이들 중 다수는 지속적인 영향을 거의 받지 않을 가능성이 높지만, 상당수는 임상적인 수준의 어려움을 지속적으로 겪습니다(예: Le Brocque 등. 2010). 그리고 이를 치료하지 않을 경우 증상이 만성화되어 지속적인 경과를 보일 수 있습니다. 아동기부터 치료 없이 PTSD를 겪는다면, 그 영향은 개인의 삶을 바꾸고 평생 지속될 수 있습니다. 장기적인 영향에는 사회, 정서적 발달 문제, 학업의 어려움, 정신질환, 알콜 남용 및 약물 사용 문제, 위험 추구 행동, 법적 문제와 신체 건강의 저하 등이 포함됩니다(Mersky 등. 2013). 그리고 트라우마가 발생할 때마다 아이의 발달 궤적은 부정적인 영향을 받을 가능성이 높으며, 이에 따라 발달이 지연되거나 퇴행이 일어날 수 있습니다. 이러한 지연은 자연적으로, 또는 치료적 개입으로 회복되지 않을 경우, 그 영향이 지속될 수 있다는 점에 유의해야 합니다.

아동기 PTSD의 영향은 평생 지속될 가능성이 있기 때문에 성인의 PTSD보다 지역사회에 미치는 영향과 비용이 더 클 수 있습니다. 이러한 이유로 조기 개입은 특히 고위험군의 아이들을 파악하여 개입 대상으로 할 때 우선시되어야 합니다. 이렇게 할 때 조기 개입의 비용-효과성이 최적화됩니다.

20.2.2 개입 프로그램과 구성 요소

최근 외상 사건을 겪은 아이들에게 시행할 수 있는 조기 개입으로 다양한 프로토콜과 매뉴얼이 있습니다. 외상 직후에 활용 가능한 프로그램에는 미국에서 개발된 **심리적 응급처치**Psychological First Aid, PFA(Ruzek 등. 2007)와 학생 대상으로 특정된 형태인 **듣고 보호하고 연결하기**Listen Protect Connect(Ramirez 등. 2013)가 있습니다. 이 프로그램은 학교에서 아이들에게 적용할 수 있게 각색된 특정 요소들로 구성되어 있으며, 모든 형태의 외상 사건 노출 이후 정신건강 전문가가 아닌 사람들이 할 수 있는 즉각적인 돌봄 모형으로 활용할 수 있습니다. 그러나 전문 치료로 연계 가능한 체계 내에서 진행되는 것이 중요합니다.

많은 조기 개입 프로토콜과 매뉴얼은 인지행동치료 기반의 구성 요소(예: 트라우마 내러티브, 일종의 노출, 대처 기술 훈련)를 포함하고 있으며, 대부분 아이들의 보호자가 개입에 참여합니다. 아동의 조기 개입에서 거의 보편적으로 사용되는 구성 요소는 정보 제공(심리교육)입니다. 이에 따라 내용은 사건과 연령대에 맞춰 구성되어야 합니다. 외상 후 제공되는 정보는 다음과 같습니다:

- 예상 가능한 결과들, 특히 긍정적인 면이 강조된 결과
- 효과적인 대처 전략의 사용
- 필요한 경우 추가로 받을 수 있는 개입
- 추가 개입이 필요한지 여부를 알 수 있는 방법

정보에는 외상이나 아동의 증상에 영향을 받을 수 있는 보호자, 형제자매, 교사를 위한 정보도 포함할 수 있습니다. Le Broque와 동료들(2017)의 연구에서는 잠재적인 트라우마 사건 이후, 특히 교사가 아이들을 지원하는 데 도움이 되는 정보가 교사들로부터 높은 평가를 받았습니다. 이상적으로 이 정보는 선별 및 지속적인 평가와 함께 적절한 수준의 개입을 포함하는 전반적인 단계별 접근 방식의 일부로서 제공되어야 하는데, 특히 선별 평가 결과 PTSD 고위험군인 아이들에게 중요합니다(Kazak 등. 2006; March 등. 2015).

외상을 겪은 아이들을 위한, 검증된 선별 도구로 **PTSD 조기 예측을 위한 선별 도구**Screening Tool for Early Predictors of PTSD, STEPP(Winston등. 2003)와 이의 호주 버전인 STEPP-AUS(Nixon 등. 2010), 학령기 아동용 CTSQ(Kenardy 등. 2006), 미취학 아동용 **소아 정서적 고통 척도-조기 선별 도구**Pediatric Emotional Distress Scale-Early Screener, PEDS-ES(Kramer 등. 2013) 등이 있습니다.

20.2.3 근거 수준

아동에게 조기 개입을 하는 근거의 기반은 작지만 점점 늘어나고 있습니다(Kenardy 등. 2020). 전반적으로 이러한 연구들이 조기 개입의 이점을 어느 정도 시사하고 있으나, 더 큰 표본과 탄탄한 설계로 진행된 더 많은 연구가 시급히 필요합니다. Berkowitz와 동료들(2011)은 무작위 통제 연구를 통해 외상 후 스트레스 증상이 있는 아이들의 아동-보호자 관계 및 대처 행동을 목표로, **아동과 가족의**

외상 스트레스 개입 Child and Family Traumatic Stress Intervention의 효과를 검토했습니다. 결과 평가에서 맹검 처리 부족을 포함하여 연구 방법론상 질적인 부분에 일부 우려점이 있으나, 이 연구에서 개입군은 대조군에 비해 PTSD 증상이 유의미하게 감소하였습니다.

또다른 무작위 통제 예비 연구에서는 급성 의료 사건에 노출된 학령기 아동에게 인지행동적 원리와 기법을 독립형 온라인 게임 형태로 구현한 조기 개입을 제공하였습니다(Kassam-Adams 등. 2016). 12주 동안의 개입 결과, 대기자 대조군보다 조기 개입군에서 외상 후 스트레스 증상의 감소에 중간 정도의 효과를 확인했습니다. 이 연구는 외상 후 스트레스 증상이 있는 아동을 특정하여 대상으로 모집한 것은 아니었지만, 사후 분석 결과 위험군(외상 후 스트레스 증상이 있는 아동)에서 개입 효과가 가장 크게 나타났습니다.

특히 주목할 만한 연구로, 최근 국제 다기관 무작위 통제 연구에서 위험군인 미취학 아동(평균 연령 2세)을 대상으로 2회기의 인지행동 조기 개입과 통상적인 치료를 비교했습니다. 그 결과 CBT 개입군이 대조군에 비해 PTSD 및 기능 손상의 발생률에 유의미한 차이를 보였고, 외상후 스트레스 증상에 대해서도 통계적으로 유의미한 경향성을 나타내어($p = 0.055$) 유망한 결과를 보여주었습니다(Haag 등. 2020).

20.2.4 현재의 권고 사항

영유아와 미취학 아동부터 청소년에 이르기까지, 모든 연령대의 아동이 외상 사건에 노출되어 영향을 받는 일은 흔하게 발생합니다. 성 학대와 우발적인 사고로 인한 부상의 경우, 그 노출률이 성인보다 높을 수도 있습니다. 따라서 치료자와 의료진은 심리적인 영향을 정기적으로 평가하고, 필요한 치료를 제공할 수 있어야 하며, 치료가 불가능할 경우 전문가에게 의뢰해야 합니다. 선별 평가, 단계별 치료 접근, 적절한 개입과 필요에 맞는 전문 기관 의뢰를 함께 활용하는 것이 권장되지만, 이러한 접근법을 뒷받침할 만한 근거가 여전히 더 필요한 상황입니다. 특히 외상 후 스트레스 증상이 있는 아동의 경우에서 외상 후 조기 개입의 잠재적인 가치에 대해 고무적인 근거들이 확인되고 있습니다.

20.3 PTSD 및 기타 트라우마 관련 질환의 치료

20.3.1 치료의 기본 원칙

트라우마를 입은 아동청소년에게는 다양한 치료 접근법과 기법들이 사용됩니다. 아동 개인의 구체적인 요구도를 충족하고, PTSD 증상의 심각성과 손상의 정도를 감안하여 치료자들은 이 다양한 치료 접근법과 기법들을 종종 결합하여 사용합니다(다중양식 치료 접근법multimodal treatment approach). 접근법들 간에는 상당한 차이점이 있음에도 불구하고, 특정 접근법과 무관하게 다음과 같은 기본적인 측면들이 중요하게 간주됩니다(예: Landolt 등. 2017):

- 현재, 모든 연령대의 아동에게 외상 경험을 직접 다루는 트라우마 특정 치료 접근 방식이 PTSD의 증상 감소에 비특이적인 치료법보다 우수하다는 매우 설득력 있는 근거가 있습니다.
- 보호자 참여: 아동, 특히 어린 아동은 보호자에게 크게 의존하기 때문에, 가능하다면 그들의 보호자를 치료에 참여시켜야 합니다. 연구 결과 부모를 치료에 참여시키는 것이 증상을 더 많이 감소시키는 것으로 나타났습니다.
- PTSD가 있는 아이들은 우울증, ADHD나 불안 장애 같은 공존질환이 있는 경우가 많기 때문에, 이러한 질환에 대한 치료 역시 통합적으로 시행해야 합니다.
- 치료의 접근 방식은 증상에만 집중하는 것이 아니라 일상의 기능, 발달 및 회복력의 향상에도 중점을 두어야 합니다.
- 치료의 연령 특이성: 트라우마 치료는 발달적인 측면을 고려해야 합니다.
- 아동과 가족의 문화 및 사회적 배경을 고려합니다.
- 트라우마 치료는 보통 단계별 모델을 기초로 합니다. 대부분의 치료적 접근법은 암묵적 또는 명시적으로 (1) 안전 및 안정화(신체, 심리, 사회), (2) 트라우마 기억 처리(노출, 트라우마 내러티브), (3) 재통합 및 재연결(피해자에서 생존자로의 전환)의 세 단계가 포함된 트라우마 치료 단계별 모델 방식을 기반으로 합니다.

20.3.2 인지행동치료

20.3.2.1 배경

인지행동치료cognitive-behavioural therapy, 이하 CBT는 불안 및 스트레스 관련 질환의 치료에 매우 효과적인 것으로 입증된 두 종류의 심리치료법인 행동치료와 인지치료를 결합한 것입니다. CBT 모델은 학습 이론(예: 고전적/도구적 학습)과 인지 이론(예: 외상 사건과 자신에 대한 역기능적 사고, 신념 및 가정)의 원리를 기반으로 트라우마 증상의 발달을 설명합니다. CBT는 특정 치료 요소를 통해 트라우마를 겪은 아동청소년의 행동, 생각, 감정을 변화시키는 것을 목표로 합니다.

20.3.2.2 절차와 구성 요소

트라우마에 특화된 CBT에는 다양하게 변형된 형태가 있지만, 대부분 다음의 구성 요소를 공유하며 아동과 부모 각각의 개별 회기에 부모-자녀 공동 회기가 결합된 형태입니다:

- 트라우마 관련 증상과 CBT 접근법에 대한 심리교육
- 생리/정서적 고통을 다루기 위한 정서 조절 기술(노출 기반 치료 단계 전 준비 과정에 사용)
- 인지처리 및 역기능적 인지의 재구성
- 트라우마 내러티브 만들기
- 트라우마 연상물의 실제 노출(트라우마 관련 자극에 대한 점진적 노출)

트라우마를 입은 아이들을 위한 CBT의 모든 모델에 이러한 구성 요소가 모두 포함되는 것은 아닙니다(예: 트라우마 내러티브나 인지 재구성이 빠질 수 있음). 다른 모델에서는 부모 기술 훈련이나 학교와 같은 주요 체계를 표준화하여 포함하는 구성요소를 추가하기도 합니다. Dorsey와 동료들(2011)이 강조하였듯이, CBT 치료 접근 방식에는 모델링과 회기 중, 회기 사이 새 기술에 대한 코칭 연습과 같은 일반적인 구조적 구성 요소들이 포함됩니다.

아동청소년의 PTSD 치료에 가장 널리 사용되고 있으며 충분한 연구가 쌓인 CBT 기법은 외상초점 인지행동치료trauma-focused CBT, 이하 TF-CBT 프로토콜(Cohen 등. 2017)로, 이는 원래 성 학대 피해를 입은 학령기 아동과 그들의 비가해 부모를 치료하기 위해 개발되었습니다. 지난 10년 동안 이 기법은 다양한 종류의 외상을 겪은 많은 아이들에게 성공적으로 적용되었습니다. 또한 Scheeringa와 동료들은 일부를 수정한 TF-CBT가 미취학 아동에게도 효과적이라는 것을 확인하였습니다(Scheeringa 등. 2011; Scheeringa 2016). TF-CBT는 다양한 문화적 배경과 아동기의 외상성 애도에 맞게 수정되어 적용되어 왔습니다. TF-CBT 외에도 아동 PTSD에 현재 몇몇 CBT 프로토콜 매뉴얼이 사용되고 있으며 이에 대한 연구가 진행 중인데, 여기에는 인지치료(Perrin 등. 2017), 아동청소년의 내러티브 노출치료Narrative Exposure Therapy for Kids, KIDNET(Ruf 등. 2010), PTSD 아동청소년의 지속노출치료childhood and adolescent version of Prolonged Exposure Therapy(Aderka 등. 2011; Capaldi 등. 2017), 청소년을 위한 STAIR-ASkills Training in Affect and Interpersonal Regulation for Adolescents, STAIR-A(Gudiño 등. 2017), 안전기반치료seeking safety therapy(Najavits 2002) 등이 있습니다. 아동 트라우마 스트레스 네트워크Child Traumatic Stress Network의 홈페이지에 이들 치료 프로토콜 중 다수가 소개되어 있습니다(www.nctsnet.org).

20.3.2.3 근거

다수의 무작위 통제 연구에서 CBT, 특히 TF-CBT가 개인 또는 집단 환경에서 다양한 유형의 단일 또는 다중(복합) 외상 후 아동청소년의 PTSD, 우울증 및 행동 문제 증상을 줄이는 데 매우 효과적이었습니다(개요는 Gutermann 등. 2016과 Morina 등. 2016 참조). 트라우마에 특화된 CBT는 아동 중심의 지지적 치료나 대기자 대조군보다 우수하다는 것이 입증되었습니다. 아동 PTSD의 최근 치료 지침인 국제 트라우마 스트레스 학회International Society of Traumatic Stress Studies(ISTSS 2019)와 영국의 NICE(2018) 모두, CBT가 아동 PTSD 치료에 가장 높은 수준의 근거를 가지고 있다고 결론지었습니다. 따라서 아동청소년 PTSD의 치료에는 CBT의 활용이 적극 권고됩니다. 그러나 미취학 아동, 특정 소수 민족 및 특수 유형의 트라우마(예: 의료 트라우마)에 대한 근거는 아직 제한적이므로 더 많은 연구가 필요합니다.

20.3.3 안구운동 민감소실 및 재처리Eye Movement Desensitisation and Reprocessing, EMDR

20.3.3.1 배경

1980년대에 Francine Shapiro가 개발한 안구운동 민감소실 및 재처리 기법EMDR은, 외상 사건 이후의 적응적 정보 처리 과정이 감정과 해리 현상에 의해 부정적인 영향을 받아 기억 속 경험을 불완전하게 처리한다는 전제에 기반합니다. 이중 주의 과제dual-attention task를 활용하여 손가락의 움직임이나 이에 상응하는 시각적 자극에 집중하면서 생각, 이미지 및 감각을 동시에 떠올리는 작업이 EMDR의 핵심 기법입니다(Shapiro 등. 2017). 제안된 변화의 기전은, 이중 주의가 트라우마 기억의 보다 완전한 정보 처리를 촉진한다는 것입니다.

20.3.3.2 절차와 구성 요소

EMDR은 일반적으로 병력 조사 및 치료 계획, 준비, 평가, 민감소실, 주입, 신체 스캔, 종결 및 재평가의 8단계로 진행됩니다. 개입의 핵심은 외상 경험이 처리될 때까지 평가부터 신체 스캔 단계까지의 과정을 반복하는 것입니다.

EMDR은 트라우마를 겪은 학령기 아동에게도 적용되었습니다. 기법은 연령에 맞게 조정되었으며(Tinker와 Wilson 1999), 개입은 부모의 공식적인 참여 없이 아동에게 직접 진행되고 부모에게는 지지와 심리교육이 제공됩니다.

20.3.3.3 근거

EMDR을 성인 대상 근거기반 개입으로 강력하게 뒷받침하는 근거는 충분하며(Olff 등. 2020), 여러 무작위 통제 연구와 메타분석을 통해 도출되었습니다. 하지만 아동에 대한 EMDR 적용을 지지하는 근거는 상대적으로 부족합니다. 메타분석(Rodenburg 등. 2009)에서는 EMDR을 대기자 대조군, 통상적인 치료 및 CBT와 비교하는 새로운 연구들이 점차 증가하고 있다는 것을 확인하였습니다. 이후에도 여러 임상 연구들이 진행되었습니다(예: Farkas 등. 2010; Kemp 등. 2010; de Roos 등. 2017). 이 중 de Roos와 동료들(2017)의 무작위 통제 연구가 가장 양질의 연구입니다. 저자들은 3군 설계three-armed design로 EMDR을 대기자 명단 대조군 및 TF-CBT와 비교했습니다. 치료가 필요한 학령기 아이들을 대상으로 한 이 연구에서 EMDR의 효과를 지지하는 결과가 나왔는데, EMDR 치료군에서 대기 대조군에 비해 PTSD 진단이 유의미하게 감소했고 TF-CBT군과는 유의한 차이를 보이지 않았습니다. EMDR과 CBT를 직접 비교한 이전의 두 연구(Jaberghaderi 등. 2004; Diehle 등. 2015)에서도 EMDR과 TF-CBT의 동등성이 확인되었지만, 이 연구들에서는 de Roos와 동료들의 연구(2017)보다 치료 회기가 더 많았습니다. 전반적으로 EMDR에 대한 양질의 연구가 더 필요하지만, EMDR은 학령기 아동에게서 경험적으로 지지받고 있는 치료법입니다. 반면 EMDR이 미취학 아동에게 효과적이라는 근거는 아직 없습니다.

20.3.4 정신역동 치료

20.3.4.1 배경

정신역동 치료 모형은 트라우마 경험으로 유발된 정서적 갈등, 특히 개인의 초기 생애 경험과 관련된 것에 초점이 있습니다. 이 치료는 증상만이 아니라 외상 사건이 개별 아동과 그 발달에 미치는 의미와 영향에 초점을 맞춥니다. 중요한 것은 트라우마와 그 영향이 개인마다 다르고, 적절한 치료를 제공하기 위해 개별 아동을 이해해야 한다는 점입니다. 따라서 현대의 정신역동 치료는 대화 치료, 트라우마 중심 놀이치료, 부모 상담과 학교 개입 등 다양한 방식을 포함할 수 있습니다. 더 어린 아이들에게는 애착 이론을 기반으로 개입의 초점을 어머니(부모)-자녀 관계에 둡니다. 또한 정신역동 치료자는 전이와 역전이의 문제를 개념화하고 치료 계획에 이를 고려합니다(Terr 2013).

20.3.4.2 절차와 구성 요소

트라우마를 겪은 청소년을 위한 정신역동 치료의 절차와 구성 요소는 특정 프로토콜이나 매뉴얼에 따라 크게 다르기 때문에 전형적인 절차를 설명할 수 없습니다. 그러나 일반적으로 정신역동 치료는 다른 기법에 비해 치료 기간이 길고, 아동의 증상에만 초점을 맞추지 않습니다.

예를 들어, 아동-부모 심리치료Child-Parent Psychotherapy, 이하 CPP(Lieberman 등. 2015)는 부모와 자녀(7세 미만)가 함께 짝을 이루어 50회 이상의 회기를 매주 진행합니다. 치료 회기 동안 아동과 부모의 상호작용을 관찰하고 수정하여 아동이 건강하게 발달할 수 있도록 아동-부모 관계를 강화하는 것이 CPP의 목표입니다. 부모는 자녀의 행동과 감정을 더 잘 해석하고 연령에 적합한 정서적인 지원을 할 수 있도록 도움을 받습니다. CPP는 일반적으로 가정 폭력의 맥락에서 제공되므로, 아동과 부모의 공동 트라우마 내러티브가 만들어집니다.

Trowell과 동료들(2002)은 성 학대 피해 학령기 여아들을 위해 상당히 다른 치료 프로토콜을 개발하였습니다. 이 정신역동 치료는 치료 참여, 트라우마를 입은 아동의 관련 문제에 집중, 종결의 세 단계로 진행되는 30개의 회기로 구성됩니다.

아동 정신외상학의 선구자이자 강한 정신역동학적 배경을 가진 Lenore Terr는 트라우마 상태의 아동을 치료할 때 치유의 세 가지 원칙을 다음과 같이 설명하였습니다(Terr 2013): 제반응abreaction(감정 표현), 맥락(인지적 이해), 교정(행동 또는 상상의 변화). 무엇보다도 애착은 트라우마를 입은 아동에게 핵심적인 영역으로 간주됩니다.

20.3.4.3 근거

정신역동 기법의 효과는 여러 무작위 통제 연구와 수많은 임상 사례 연구를 통해 뒷받침됩니다(Foa 2009). 대부분의 통제 연구는 가정 폭력의 영향을 받은 아동과 보호자에서 장기적인 관계 기반 개입의 효과를 살펴보았습니다. 현재 가장 많이 연구된 기법은 아동-부모 심리치료CPP입니다(Lieberman 등. 2015). 요약하자면, 기존 연구들은 CPP가 아동과 부모의 증상을 효과적으로 감소시키고 부모-자녀 간 애착의 질을 향상시킨다는 것을 보여주었습니다. 그럼에도 불구하고 현재 모든 치료 지침에서 정신역동 치료는 아동청소년 PTSD의 일차 치료법으로 권고되지 않습니다.

20.3.5 학교 기반 개입

20.3.5.1 배경

학교는 외상성 스트레스를 겪는 아이들을 지원하는 데 중요한 역할을 할 수 있습니다. 지역사회의 재난이나 학대, 폭력과 같은 대인 관계 트라우마로 인한 외상성 스트레스에 노출된 아동의 삶에서 학교는 종종 일관성과 안전을 제공하는 안식처가 됩니다. 학교의 일상적이고 예측 가능한 환경과 교사의 장기적인 학생 감독 및 돌봄이 함께하면, 기존의 대처능력과 회복력을 강화하고 지원해줄 탁월한 기회를 제공할 뿐 아니라 학교의 역량이나 가능한 능력을 넘어서는 추가적인 돌봄이 필요한 아이들을 파악할 수 있게 됩니다. 학교는 지역사회의 트라우마를 직면한 아이들과 그 가족이 참여할 기회와 정보 및 필요한 자원을 제공할 수 있는 자연스러운 기회를 갖습니다. 또한 학교는 적절한 수준의 치료를 제공하는 통로 역할도 할 수 있습니다. 그러나 이 과정이 효과적이려면 학교와 의료 전문가가 긴밀히 연계되어 있어야 합니다.

학교는 또한 사건에 노출된 아동의 외상성 스트레스를 줄이기 위해 직접 개입하는 환경으로 활용되기도 합니다. 여기에는 치료자가 교내에서 바로 심리적인 돌봄을 제공하는 것이 포함됩니다. 다른 일상적인 환경이 아닌 학교에서 개입이 전달되는 것이 중요한 이유는 무엇일까요? Jaycox와 동료들(2010)은 지역사회 트라우마 후 교내에서 제공한 개입이 표준 임상 환경 개입만큼 효과적일 뿐 아니라, 더 중요하게는 임상 환경에서의 개입보다 학교 기반 개입의 참여율이 유의하게 높았다고 보고하였습니다. 학교 기반 개입의 개요는 Idsoe와 동료들의 연구(2017)에서 확인할 수 있습니다.

20.3.5.2 절차와 구성 요소

외상 후 스트레스에 대한 교내 개입 중 근거가 가장 많이 누적된 것은 외상 초점 인지행동치료입니다. 그러나 CBT 및 기타 구성 요소들을 활용한 다른 개입들도 성공적으로 적용된 바 있습니다. 보통 이러한 개입들은 주로 학생을 대상으로 하지만 교사들도 포함될 수 있으며, 이 경우에는 학급 관리 및 외상 후 스트레스를 겪는 학생들의 지원에 초점이 맞춰집니다. Jaycox와 동료들(2009)은 교사가 교내 개입을 시행하는 것이 효과적일 수 있음을 보여주었으나 주 진행자가 치료자인 경우보다 개입 효과의 크기가 상당히 낮게 나타났습니다(Rolfnes와 Idsoe 2011). 학교 기반 외상 인지행동 개입Cognitive-Behavioural Intervention for Trauma in Schools, 이하 C-BITS(Jaycox 등. 2009)은 주로 집단 형식으로 진행되며, 부모의 참여가 없고 기간이 좀더 짧다는 점(10회기 + 1-3회의 개별 회기)에서 표준 외상 초점 CBT와 다릅니다. 외상 초점 CBT와 마찬가지로, C-BITS에는 심리교육, 이완, 트라우마 내러티브 만들기와 연상물 노출, 불안과 스트레스 관리 기술이 포함됩니다.

20.3.5.3 근거

학교 기반 개입은 여러 우수한 무작위 통제 연구와 몇몇 비대조 연구를 통해 검증되었습니다(Rolfnes와 Idsoe 2011). 가장 강력한 근거자료는 외상 후 스트레스 증상에 대해 C-BITS와 그 변형 프로그램에서 중간에서 큰 효과 크기를 확인한 Jaycox와 동료들의 연구(2009)입니다. 주목할 만한 연구 중 하나는 Jordans와 동료들이 시행한 대규모 무작위 통제 연구(2010)입니다. 이 연구에서는 무력 분쟁에 노출된 네팔 아이들에게 학교에서 CBT 기반 개입을 제공하여, PTSD 증상에 대해 중간 정도의 효과를 확인했습니다.

20.3.6 약물치료

20.3.6.1 배경

PTSD와 기타 트라우마 관련 질환은 카테콜아민 분비와 시상하부-뇌하수체-부신hypothalamic-pituitary-adrenal, HPA 축 조절장애 등 다양한 신경생물학적 변화와 관련이 있습니다. 또한 트라우마를 겪은 개인에게서 중추신경계(예: 전전두엽 피질, 편도체, 해마, 뇌량)의 구조적, 기능적인 변화가 발견되었습니다. 아동 대상의 이러한 연구는 아직 초기 단계이지만, 이러한 변화가 아이들에게서도 나타나며 발달에 매우 해로운 영향을 미칠 수 있다는 점은 널리 받아들여지고 있습니다. 약물치료의 목적은 아드레날린 반응성과 도파민 활동을 감소시키고 세로토닌의 가용성을 증가시킴으로써 이러한 생리적 조절 이상 중 일부에 영향을 미치는 것입니다(Huemer 등. 2017). 주된 목표 증상은 과각성, 자극과민성, 심각한 수면 이상, 악몽 및 집중력의 문제 등입니다. 또한 약물치료에 반응하는 것으로 알려진 동반질환이 있는 아동에게는 해당 약물의 사용을 고려할 수 있습니다. 트라우마 피해 아동에게 약물치료의 목적은 정상 발달을 방해하는 특정 증상을 치료하고, 아이가 심리치료를 감당할 수 있게 돕는 것입니다. 소아 PTSD 치료에 가장 많이 쓰이는 약물은 2세대 항정신병 치료제, 기분안정제, 선택적 세로토닌 재흡수 억제제, 항아드레날린성 약물입니다(Huemer 등. 2017).

아동청소년 PTSD에서 약물치료의 효과에 대한 근거가 매우 제한적이고 현재 미국 식품의약국FDA에서 치료제로 승인한 약물은 없으나, 미성년의 PTSD 증상 치료에 약물은 널리 사용되고 있습니다. 즉 약물이 사용되고 있는 방식과 그 효과에 대한 근거 사이에 상당한 간극이 존재합니다. 중요한 것은, **국제트라우마스트레스 학회**International Society for Traumatic Stress Studiee(ISTSS 2019)의 현재 치료 지침에서는 근거 부족을 이유로 아동 PTSD의 1차 치료로 약물 사용을 권고하지 않는다는 것입니다. 그러나 약물치료에 반응하는 공존 정신질환(주요 우울장애, 강박장애, ADHD, 범불안장애)이 있거나 아동의 외상 후 스트레스 증상이 너무 심해 심리치료에 참여하기 어려운 경우, 혹은 심리치료를 받을 수 없는 경우에는 약물치료를 고려할 수 있습니다.

20.3.6.2 절차

약물치료를 고려할 경우, 첫 번째 단계는 아동과 보호자에게 특정 약제와 그의 잠재적인 장, 단기적 부작용을 교육하는 것입니다. 약물은 개별 증상과 공존 질환에 따라 선택합니다. 충분한 설명에 따라 동의가 있고 특별한 공존 질환이 없다면, 성인 PTSD에 사용이 승인된 선택적 세로토닌 재흡수 억제제SSRI를 우선적인 선택지로 고려합니다. 다양한 외상성 스트레스 증상이 세로토닌의 조절 이상과 연관되어 있기 때문입니다. PTSD를 진단받은 성인 대상 연구와 아동청소년 대상 공개 임상시험에서 도출된 일부 근거에서는, SSRI 외의 약물(α 및 β 아드레날린 차단제, 삼환계 항우울제, 세로토닌-노르에피네프린 재흡수 억제제, 아편 제제, 비정형 항정신병 약물)도 도움이 될 수 있을 것으로 제안하였습니다. 또한 소아 PTSD의 이차 예방을 위한 약리적 개입에 대한 흥미로운 예비 자료가 있는데, 이는 특정 약물이 외상 사건 직후에 투약된다면 PTSD 예방에 도움이 될 수 있음을 시사합니다 (Maccani 등. 2012).

20.3.6.3 근거

아동기 PTSD에서 정신 약물의 치료 효과에 대한 최신 체계적 문헌 고찰은 Huemer와 동료들(2010), Strawn과 동료들(2010), Stamatokos와 Campo(2010)의 연구에서 확인할 수 있습니다. 이들의 결론을 요약하자면, 저자들과 모든 현행 지침은 지금까지의 연구 자료가 매우 제한적이며 아동청소년 PTSD의 일차 치료로 어떤 약물의 사용도 권고하지 않습니다. 즉 현재까지의 연구들은 아동기 PTSD의 치료에 약물의 단독 사용을 지지하지 않습니다(Huemer 등. 2017).

20.3.7 어린 아동

6세 미만의 어린 아이들도 재경험(예: 악몽, 외상 후 놀이), 사건을 연상시키는 것의 회피, 생리적 과각성(예: 과민, 수면 이상, 과장된 놀람 반응)과 같은 PTSD 증상을 보입니다(Scheeringa 등. 2003). 그러나, DSM-IV의 PTSD 기준은 영유아와 미취학 아동의 증상을 적절하게 기술하지 못했습니다. 그에 따라 어린 아이들의 PTSD 유병률은 지금까지 대체로 과소평가되어 왔으며(Scheeringa 등. 1995), 이로 인해 DSM-5에서 PTSD 진단에 미취학 하위 유형이 추가되었습니다(미국 정신의학회 2013).

또한, 이전 연구를 바탕으로 5세 이하 아동의 PTSD 진단을 위한 세부 기준(DC:0-5)이 Zero to Three 문서(2016)의 일부로 기술되었습니다. 최근 개정판이 발표된 국제질병분류 ICD-11에서 주목할 것은, DSM-5와 달리 PTSD 진단에 어린 아이들의 하위 유형이 없다는 점입니다. Vasileva와 동료들(2018)은 6세 미만 아동의 PTSD 진단에 대해 DSM-5, DC:0-5와 ICD-11를 비교하여 ICD-11 진단이 다른 진단 체계에 비해 아동의 PTSD 진단율이 낮다는 것을 발견하였습니다. 그보다 나이가 많은 아이의 경우에는 진단 체계 간 비교 진단 민감도 결과가 엇갈립니다. 두 연구(Danzi와 La Greca 2016; Elliott 등. 2021)에서는 ICD-11 PTSD와 DSM-IV/DSM-5 비율이 동등했고, 한 연구(Eilers

등. 2020)에서는 DSM-IV보다 ICD-11의 진단율이 낮게 나타났습니다. 결론적으로, 특히 아주 어린 아이들과 학령기 아이들에게 최적의 진단 기준을 결정하는 데에는 더 많은 연구가 필요합니다.

신체 또는 성 학대에 노출된 어린 아동에서 발달적으로 민감한 방법을 사용하여 평가한 PTSD의 유병률은 26%에서 60% 사이입니다(De Young 등. 2011). De Young의 연구팀(2012)에 따르면, 어린 아동도 외상 사건 후 우울증, 분리불안장애, 적대적 반항장애 및 특정 공포증을 겪습니다. 이러한 질환은 PTSD와 공존하는 경우가 많으며, 이 공존 질환의 근본적인 원인이 외상 후 스트레스일 경우에는 개입의 초점이 될 수 있습니다(De Young과 Landolt 2018).

어린 아이들을 위한 개입에 대한 연구는 아직 발전 중입니다. 한 예로, 현재 외상 이후 예방적 심리 개입의 효과를 조사하여 출판된 연구는 매우 적습니다. Kramer와 Landolt(2014)는 위험에 처한 미취학 아동을 대상으로 한 단기 조기 개입에서 이점을 찾지 못했으나, 앞서 살펴본 Haag와 동료들(2020)은 예방 효과를 확인한 바 있습니다. 외상 후 스트레스를 겪는 어린 아이들에 대한 개입에 초점을 맞춘 몇몇 무작위 통제 연구가 있습니다. 이 연구들은 모두 학대 피해 아이들을 포함하거나 대상으로 하여 진행되었는데, 이 중 두 연구에서는 학대를 겪은 어린 아이들에게만 치료를 제공했습니다(Cohen과 Mannarino 1996; Deblinger 등. 2001). Cohen과 Mannarino(1996)는 3-6세 아동 39명에게 TF-CBT와 지지 요법을 비교하여 TF-CBT가 CBCL의 내면화 문제 감소와 연관됨을 확인했지만, PTSD와의 연관성은 확인하지 못했습니다. 반면 Deblinger와 동료들(2001)은 2-8세 아동 44명을 대상으로 한 연구에서 지지 요법과 비교하여 TF-CBT의 효과가 없다고 보고했습니다. 그러나 Scheeringa의 연구팀(2011)은 3-6세 PTSD 아동 64명 대상의 연구에서 대기자 대조군보다 12회기 TF-CBT에서 특정한 효과가 있음을 확인했습니다.

어린 아이를 위한 개입에서 핵심은 부모입니다. 많은 부모가 해당 트라우마에 직접 노출되거나, 외상 상황 및 자녀의 반응과 관련된 이차적인 스트레스로 인해 자녀의 사건 이후 스트레스 증상을 경험합니다. 어린 자녀의 외상 사건 후 약 25%의 부모가 임상적인 수준의 심리적 고통을 겪습니다(Landolt 등. 2012). 부모의 외상성 스트레스는 이후 어린 자녀의 외상성 스트레스를 예측하는 지표이며 방향성을 가진 관계성을 시사합니다(De Young 등. 2014). 학대나 방임의 경우라면 부모 또는 가까운 친척이 가해자로서 직접 관련되거나 학대에 연루되어 있을 수 있습니다. 이러한 경우, 회복 과정에 부모의 역할을 고려하는 것은 복잡하지만 필수적입니다.

양육과 애착 역시 어린 아이들이 외상 사건 이후 적응하는 데에 매우 중요한 영향 요인일 가능성이 높습니다. 부모-자녀 관계는 아이가 자신의 고통을 조절할 수 있게 돕고, 일반적으로 아이를 스트레스의 영향으로부터 보호하는 완충 역할을 합니다(Lieberman 2004). 또한 부모는 스트레스와 그 요인에 대처하는 데 있어 가장 중요한 모델입니다. 부모가 자녀의 트라우마 상황으로 인해 정서적으로 영향을 받을 경우, 부모의 대처기술이 부족하다면 자녀가 이를 답습하게 됩니다(Nugent 등. 2007). 이는 부모의 고통에 대한 개입이 아동 개입보다 먼저 또는 동시에 진행되어야 한다는 점을 시사합니다(예: Cobham 등. 1998).

Melnyk와 동료들(2004)은 외상 사건에 노출된 어린 자녀의 부모를 위한 조기 개입의 효과를 조사하고자 소아 중환자실 입원 아동(2~7세)의 부모에게 대처 기반 지원 및 심리교육을 실시했습니다. 연구 결과 개입을 받은 부모들의 스트레스, 우울, PTSD 증상이 현저히 낮았습니다.

아주 어린 아이들에게 적용할 수 있는 몇몇 애착 기반 개입이 개발되었습니다. 이 개입들은 PTSD를 목표로 개발된 것은 아니지만, 학대 피해 아이들에게서 보이는 문제성 애착을 다룹니다. 이 중 하나는 안전의 원circle of security, COS 모형(Hoffman 등 2006)으로, 이에 대한 일부 경험적인 지지 의견이 존재합니다. 이 모형에 대한 연구 열 건의 메타분석 결과, 애착 문제를 다루는 데 있어 이 접근법의 효과에 대한 고무적인 근거가 보고되었습니다(Yaholkoski 등. 2016).

20.4 요약 및 결론

성인의 트라우마 치료에 대한 근거는 상당히 많지만, 아동의 경우에는 양질의 치료 연구가 적어 근거가 부족합니다. 이에 대한 근거를 확립하려면 표준화된 치료 프로토콜과 무작위 통제 연구가 필요합니다.

현재 아동 트라우마 치료의 효과에 대한 자료로 다양한 지침(예: NICE 지침, ISTSS 지침 등), 문헌 고찰 및 메타분석(예: Gutermann 등. 2016; Morina 등. 2016)이 있지만, 이러한 자료들의 권고 사항은 다소 일관되지 않은 면이 있습니다. 이는 주로 근거 수준에 대한 정의와 연구의 포함 및 제외 기준이 다르기 때문입니다.

그럼에도 불구하고 심리치료가 가장 우선적인 치료 선택지라는 근거는 분명합니다. 심리치료를 받을 수 없거나 심각한 동반 질환이 있는 아이에게는 약물치료를 차선책으로 고려할 수 있습니다. 모든 지침에서 권장하고, 모든 메타분석에서 효과가 입증된 심리치료는 CBT, 특히 외상 초점 인지행동치료trauma-focused CBT, TF-CBT이며, 그 외에 어린 아이들을 위한 정신역동치료적 접근법인 아동-부모 심리치료child-parent psychotherapy도 어느 정도 효과적인 것으로 보고된 바 있습니다(Lieberman 등. 2015). EMDR에 대해서는 가이드라인마다 달라서, ISTSS는 아동청소년 대상 치료법으로 강력히 권고하는 반면 NICE와 다른 가이드라인에서는 일차 치료로 권고하지 않습니다. 아동청소년을 대상으로 놀이치료, 가족 치료 및 약물치료의 효과성을 판단하기에는 아직 근거가 부족합니다.

현재까지 효과가 입증된 모든 치료법은 행동과 정서 조절, 인지처리 및 대처 전략과 같은 방법을 사용하고, 외상 경험을 직접 (대부분 노출 및 내러티브 만들기를 통해) 다루고 보호자를 참여시킨다는 점에 주목할 필요가 있습니다. 특정 유형의 트라우마를 겪은 아동청소년이 다른 유형보다 심리치료에 더, 또는 덜 반응한다고 단정할 근거는 아직 없습니다(Landolt 등. 2017). 복합 트라우마 피해 아동을 대상으로 하는 특정 치료에 대한 근거 역시 여전히 부족합니다. 이 아이들을 효과적으로 치료할 방법을 명확히 밝히기 위한 연구가 필요합니다. 또 미취학 아동, 특히 4세 미만의 아이들에 대한 연구가 더 필요합니다. 마지막으로, Carrion과 Kletter(2012)가 강조했듯이 앞으로의 치료 프로토콜은 트라우마의 신경생물학적 기제에 대한 최신 연구 결과와 심리치료를 더 잘 통합해야 합니다. 이는 특히 외상 후 조기 개입 면에서 유망한 가능성을 보여줍니다.

References

Aderka IM, Appelbaum-Namdar E, Shafran N, Gilboa-Schechtman E (2011) Sudden gains in prolonged exposure for children and adolescents with posttraumatic stress disorder. J Consult Clin Psychol 79:441–446

Alisic E, van der Schoot TA, van Ginkel JR, Kleber RJ (2008) Looking beyond posttraumatic stress disorder in children: posttraumatic stress reactions, posttraumatic growth, and quality of life in a general population sample. J Clin Psychiatry 69:1455–1461

American Psychiatric Association (2013) Diagnostic and statistical manual of mental disorders, 5th edn. American Psychiatric Association, Arlington

Berkowitz S, Smith Stover C, Marans SR (2011) The child and family traumatic stress intervention: secondary prevention for youth at risk of developing PTSD. J Child Psychol Psychiatry 52:676–685

Briere J (1996) Trauma symptom checklist for children (TSCC), professional manual. Psychological Assessment Resources, Odessa

Briere J (2005) Trauma symptom checklist for young children (TSCYC): professional manual. Psychological Assessment Resources, Lutz

Capaldi S, Zandberg LJ, Foa EB (2017) Prolonged exposure therapy for adolescents with PTSD: emotional processing of traumatic experiences. In: Landolt MA, Cloitre M, Schnyder U (eds)

Evidence-based treatments for trauma related disorders in children and adolescents. Springer, New York, pp 209–226

Carrion VG, Kletter H (2012) Posttraumatic stress disorder: shifting toward a developmental framework. [review]. Child Adolesc Psychiatr Clin N Am 21:573–591

Cobham VE, Dadds MR, Spence SH (1998) The role of parental anxiety in the treatment of childhood anxiety. J Consult Clin Psychol 66:893–905

Cohen JA, Mannarino AP (1996) A treatment outcome study for sexually abused preschool children: initial findings. J Am Acad Child Adolesc Psychiatry 35:42–50

Cohen JA, Mannarino AP, Deblinger E (2017) Treating trauma and traumatic grief in children and adolescents. Guilford Press, New York

Copeland WE, Keller G, Angold A, Costello EJ (2007) Traumatic events and posttraumatic stress in childhood. Arch Gen Psychiatry 64:577–584

Danzi BA, La Greca AM (2016) DSM-IV, DSM-5, and ICD-11: identifying children with posttraumatic stress disorder after disasters. J Child Psychol Psychiatry 57(12):1444–1452

de Roos C, van der Oord S, Zijlstra B, Lucassen S, Perrin S, Emmelkamp P, de Jongh A (2017) Comparison of eye movement desensitization and reprocessing therapy, cognitive behavioral writing therapy, and wait-list in pediatric posttraumatic stress disorder following single-incident trauma: a multicenter randomized clinical trial. J Child Psychol Psychiatry 58(11):1219–1228

De Young AC, Landolt MA (2018) PTSD in children below the age of 6 years. Curr Psychiatry Rep 20(11):97. https://doi.org/10.1007/s11920-018-0966-z

De Young AC, Kenardy JA, Cobham VE (2011) Trauma in early childhood: a neglected population. Clin Child Fam Psychol

Rev 14:231–250
De Young AC, Kenardy JA, Cobham VE, Kimble R (2012) Prevalence, comorbidity and course of trauma reactions in young burn injured children. J Child Psychol Psychiatry 53:56–63
De Young AC, Hendrikz J, Kenardy JA, Cobham VE, Kimble RM (2014) Prospective evaluation of parent distress following paediatric burns and identification of risk factors for young child and parent PTSD. J Child Adolesc Psychopharmacol 24:9–17
Deblinger E, Stauffer LB, Steer RA (2001) Comparative efficacies of supportive and cognitive behavioral group therapies for young children who have been sexually abused and their nonoffending mothers. Child Maltreat 6:332–343
Diehle J, Opmeer BC, Boer F et al (2015) Trauma-focused cognitive behavioral therapy or eye movement desensitization and reprocessing: what works in children with posttraumatic stress symptoms? A randomized controlled trial. Eur Child Adolesc Psychiatry 24:227–236
Dorsey S, Briggs EC, Woods BA (2011) Cognitive-behavioral treatment for posttraumatic stress disorder in children and adolescents. Child Adolesc Psychiatr Clin N Am 20:255–269. https://doi.org/10.1016/j.chc.2011.01.006
Eilers R, Rimane E, Vogel A, Renneberg B, Steil R, Rosner R (2020) The impact of the new ICD-11 criteria on abused young people: 30% less PTSD and CPTSD diagnoses compared to DSM-IV. Psychother Psychosom 89(1):59–62
Elklit A (2002) Victimization and PTSD in a Danish national youth probability sample. J Am Acad Child Adolesc Psychiatry 41:174–181
Elliott R, McKinnon A, Dixon C, Boyle A, Murphy F, Dahm T, Hitchcock C et al (2021) Prevalence and predictive value of ICD-11 post-traumatic stress disorder and complex PTSD diagnoses in children and adolescents exposed to a single-event trauma. J Child Psychol Psychiatry 62(3):270–276
Farkas L, Cyr M, Lebeau TM, Lemay J (2010) Effectiveness of MASTR/EMDR therapy for traumatized adolescents. J Child Adolesc Trauma 3:125–142
Foa EB (ed) (2009) Effective treatments for PTSD. Guilford Press, New York
Foa EB, Asnaani A, Zang Y, Capaldi S (2017) Psychometrics of the child PTSD symptom scale for DSM-5 for trauma-exposed children and adolescents. J Clin Child Adolesc Psychol 47:38–46
Gudino OG, Leonard S, Stiles AA, Havens JF, Cloitre M (2017) STAIR narrative therapy for adolescents. In: Landolt MA, Cloitre M, Schnyder U (eds) Evidence-based treatments for trauma related disorders in children and adolescents. Springer, New York, pp 251–271
Gutermann J, Schreiber F, Matulis S, Schwartzkopff L, Deppe J, Steil R (2016) Psychological treatments for symptoms of posttraumatic stress disorder in children, adolescents, and young adults: a meta-analysis. Clin Child Fam Psychol Rev 19(2):77–93. https://doi.org/10.1007/s10567-016-0202-5
Haag A-C, Landolt M, Kenardy JA, Schiestl CM, Kimble RM, De Young AC (2020) Preventive intervention for trauma reactions in young injured children: results of a multi-site randomized controlled trial. J Child Psychol Psychiatry 61:988–997
Hoffman KT, Marvin RS, Cooper G, Powell B (2006) Changing toddlers' and preschoolers' attachment classifications: the circle of security intervention. J Consult Clin Psychol 74:1017–1026
Huemer J, Erhart F, Steiner H (2010) Posttraumatic stress disorder in children and adolescents: a review of psychopharmacological treatment. Child Psychiatry Hum Dev 41:624–640
Huemer J, Greenberg M, Steiner H (2017) Pharmacological treatment for children and adolescents with trauma-related disorders. In: Landolt MA, Cloitre M, Schnyder U (eds) Evidence-based treatments for trauma related disorders in children and adolescents. Springer, New York, pp 385–401
Idsoe T, Dyregrov A, Dyregrov K (2017) School-based interventions. In: Landolt MA, Cloitre M, Schnyder U (eds) Evidence-based treatments for trauma related disorders in children and adolescents. Springer, New York, pp 465–482
International Society for Traumatic Stress Studies (ISTSS) (2019) Posttraumatic stress disorder prevention and treatment guidelines: methodology and recommendations. ISTSS, Oakbrook Terrace, IL
Jaberghaderi N, Greenwald R, Rubin A, Zand SO, Dolatabadi S (2004) A comparison of CBT and EMDR for sexually-abused Iranian girls. Clin Psychol Psychother 11:358–368
Jaycox LH, Langley A, Stein B, Wong M, Sharma P, Scott M, Schonlau M (2009) Support for students exposed to trauma: a pilot study. Sch Ment Health 1:49–60
Jaycox LH, Cohen JA, Mannarino AP, Walker DW, Langley AK, Gegenheimer KL, Scott M, Schonlau M (2010) Children's mental health care following hurricane Katrina: a field trial of trauma-focused psychotherapies. J Trauma Stress 23:223–231
Jordans MJD, Komproe IH, Tol WA, Kohrt BA, Luitel NP, Macy RD, de Jong JTVM (2010) Evaluation of a classroom-based psychosocial intervention in conflict-affected Nepal: a cluster randomized controlled trial. J Child Psychol Psychiatry 51:818–826
Kassam-Adams N, Marsac ML, Kohser KL, Kenardy J, March S, Winston FK (2016) Pilot randomized controlled trial of a novel web-based intervention to prevent posttraumatic stress in children following medical events. J Pediatr Psychol 41(1):138–148
Kazak AE, Kassam-Adams N, Schneider S, Zelikovsky N, Alderfer MA, Rourke M (2006) An integrative model of pediatric medical traumatic stress. J Pediatr Psychol 31(4):343–355
Kemp M, Drummond P, McDermott B (2010) A wait-list controlled pilot study of eye movement desensitization and reprocessing (EMDR) for children with post-traumatic stress disorder (PTSD) symptoms from motor vehicle accidents. Clin Child

Psychol Psychiatry 15:5–25
Kenardy JA, Spence SH, Macleod AC (2006) Screening for posttraumatic stress disorder in children after accidental injury. Pediatrics 118:1002–1009
Kenardy J, Kassam-Adams N, Dyb G (2020) Preventative and early interventions. In: Forbes D, Bisson JI, Monson CM, Berliner L (eds) Effective treatments for PTSD, 3rd edn. Guilford, New York
Kilpatrick DG, Rugierro KJ, Acierno R, Saunders BE, Resnick HS, Best CL (2003) Violence and risk of PTSD, major depression, substance abuse/dependence, and comorbidity: results from the National Survey of Adolescents. J Consult Clin Psychol 71:692–700
Kramer DN, Landolt MA (2014) Early psychological intervention in accidentally injured children ages 2–16: a randomized controlled trial. Eur J Psychotraumatol 5(1):24402
Kramer DN, Hertli MB, Landolt MA (2013) Evaluation of an early risk screener for PTSD in preschool children after accidental injury. Pediatrics 132(4):e945–e951
Landolt MA, Buehlmann C, Maag T, Schiestl C (2009) Quality of life is impaired in pediatric burn survivors with posttraumatic stress disorder. J Pediatr Psychol 34:14–21
Landolt MA, Ystrom E, Sennhauser FH, Gnehm HE, Vollrath ME (2012) The mutual prospective influence of child and parental posttraumatic stress symptoms in pediatric patients. J Child Psychol Psychiatry 53:767–774
Landolt MA, Schnyder U, Maier T, Schoenbucher V, Mohler-Kuo M (2013) Trauma exposure and posttraumatic stress disorder in adolescents: a national survey in Switzerland. J Trauma Stress 26:209–216
Landolt MA, Cloitre M, Schnyder U (2017) How to treat children and adolescents with trauma-related disorders. In: Landolt MA, Cloitre M, Schnyder U (eds) Evidence-based treatments for trauma related disorders in children and adolescents. Springer, New York, pp 507–517
Le Brocque R, Hendrikz J, Kenardy J (2010) The course of post traumatic stress in children: examination of recovery trajectories following traumatic injury. J Pediatr Psychol 35:637–645
Le Brocque R, De Young A, Montague G, Pocock S, March S, Kenardy J (2017) Schools and natural disaster recovery: the unique and vital role that teachers and education professionals
play in ensuring the mental health of students following natural disasters. J Psychol Couns Sch 27:1–23
Lewis, S., Aseneault, L., Caspi, A., Fisher, H. L., Matthews, T., Moffitt, T. E., .Danese, A. (2019). The epidemiology of trauma and post-traumatic stress disorder in a representative cohort of young people in England and Wales. Lancet Psychiatry, 6, 247–256. doi:https://doi.org/10.1016/S2215-0366(19)30031-8
Lieberman AF (2004) Traumatic stress and quality of attachment: reality and internalization in disorders of infant mental health. Infant Ment Health J 25:336–351
Lieberman AF, Gosh Ippen C, Van Horn P (2015) "Don't hit my mommy!" a manual for child–parent psychotherapy for young witnesses of family violence, 2nd edn. Zero to Three Press, Washington, DC
Maccani MA, Delahanty DL, Nugent NR, Berkowitz SJ (2012) Pharmacological secondary prevention of PTSD in youth: challenges and opportunities for advancement. J Trauma Stress 25:543–550
March S, Kenardy J, Cobham VE, Nixon RDV, McDermott B, De Young A (2015) Feasibility of a screening program for at-risk children following accidental injury. J Trauma Stress 28:34–40
Melnyk BM, Corbo-Richert B, Alpert-Gillis L, Feinstein NF, Crean HF, Johnson J, Fairbanks
E, Small L, Rubenstein J, Slota M (2004) Creating opportunities for parent empowerment: program effects on the mental health/coping outcomes of critically ill young children and their mothers. Pediatrics 113:e597–e607
Mersky JP, Topitzes J, Reynolds AJ (2013) Impacts of adverse childhood experiences on health, mental health, and substance use in early adulthood: a cohort study of an urban, minority sample in the U.S. Child Abuse Negl 37:917–925
Morina N, Koerssen R, Pollet TV (2016) Interventions for children and adolescents with posttraumatic stress disorder: a meta-analysis of comparative outcome studies. Clin Psychol Rev 47:41–54. https://doi.org/10.1016/j.cpr.2016.05.006
Najavits LM (2002) Seeking safety: a treatment manual for PTSD and substance abuse. Guilford Press, New York
National Institute for Health and Care Excellence (NICE) (2018) Post-traumatic stress disorder: evidence reviews for psychological, psychosocial and other non-pharmacological interventions for the treatment of PTSD in children and young people (Nice guideline NG116). NICE, London
Nixon R, Ellis AA, Nehmy TJ, Ball SA (2010) Screening and predicting posttraumatic stress and depression in children following single-incident trauma. J Clin Child Adolesc Psychol 39:588–596
Nugent NR, Ostrowski S, Christopher NC, Delahanty DL (2007) Parental posttraumatic stress symptoms as a moderator of child's acute biological response and subsequent posttraumatic stress symptoms in pediatric injury patients. J Pediatr Psychol 32:309–318
Olff M, Monson CM, Riggs DS, Lee C, Ehlers A, Forbes D (2020) Psychological treatments. In: Forbes D, Bisson JI, Monson CM, Berliner L (eds) Effective treatments for PTSD, 3rd edn. Guilford, New York, pp 205–228
Perrin S, Leigh E, Smith P, Yule W, Ehlers A, Clark DM (2017) Cognitive therapy for PTSD in children and adolescents. In: Landolt MA, Cloitre M, Schnyder U (eds) Evidence-based treatments for trauma related disorders in children and adolescents. Springer, New York, pp 187–207
Pynoos RS, Steinberg AM (2013) UCLA PTSD reaction index for children/adolescents—DSM-5. National Center for Child

Traumatic Stress, Los Angeles

Pynoos RS, Weathers FW, Steinberg AM, Marx BP, Layne CM, Kaloupek DG, Schnurr PP, Keane TM, Blake DD, Newman E, Nader KO, Kriegler JA (2015) Clinician-administered PTSD scale for DSM-5—child/adolescent version. Scale available from the National Center for PTSD at www.ptsd.va.gov

Ramirez M, Harland K, Frederick M, Shepherd R, Wong M, Cavanaugh JE (2013) Listen protect connect for traumatized schoolchildren: a pilot study of psychological first aid. BMC Psychol 1(1):26

Rodenburg R, Benjamin A, de Roos C, Meijer AM, Stams GJ (2009) Efficacy of EMDR in children: a meta-analysis. Clin Psychol Rev 29:599–606

Rolfnes ES, Idsoe T (2011) School-based intervention programs for PTSD symptoms: a review and meta-analysis. J Trauma Stress 24:155–165

Ruf M, Schauer M, Neuner F, Catani C, Schauer E, Elbert T (2010) Narrative exposure therapy for 7- to 16-year-olds: a randomized controlled trial with traumatized refugee children. J Trauma Stress 23:437–445

Ruzek JI, Brymer MJ, Jacobs AK, Layne CM, Vernberg EM, Watson PJ (2007) Psychological first aid. J Ment Health Couns 29(1):17–49

Sachser C, Berliner L, Holt T, Jensen TK, Jungbluth N, Risch E, Rosner R, Goldbeck L (2017) International development and psychometric properties of the child and adolescent trauma screen (CATS). J Affect Disord 210:189–195. https://doi.org/10.1016/j.jad.2016.12.040

Scheeringa MS (2011) PTSD in children younger than the age of 13: toward developmentally sensitive assessment and management. J Child Adolesc Trauma 4:181–197

Scheeringa MS (2016) Preschool PTSD treatment (PPT): a clinical handbook. Guilford, New York

Scheeringa MS (2020) The Diagnostic Infant Preschool Assessment-Likert Version: preparation, concurrent construct validation, and test–retest reliability. J Child Adolesc Psychopharmacol 30(5):326–334. https://doi.org/10.1089/cap.2019.0168

Scheeringa MS, Zeanah C (2008) Reconsideration of harm's way: onsets and comorbidity patterns of disorders in preschool children and their caregivers following hurricane Katrina. J Clin Child Adolesc Psychol 37:508–518

Scheeringa MS, Zeanah CH, Drell MJ, Larrieu JA (1995) Two approaches to the diagnosis of posttraumatic stress disorder in infancy and early childhood. J Am Acad Child Adolesc Psychiatry 34:191–200

Scheeringa MS, Zeanah CH, Myers L, Putnam FW (2003) New findings on alternative criteria for PTSD in preschool children. J Am Acad Child Adolesc Psychiatry 42:561–570

Scheeringa MS, Weems CF, Cohen JA, Amaya-Jackson L, Guthrie D (2011) Trauma-focused cognitive-behavioral therapy for posttraumatic stress disorder in three through six year-old children: a randomized clinical trial. J Child Psychol Psychiatry 52:853–860

Shapiro F, Wesselmann D, Mevissen L (2017) Eye movement desensitization and reprocessing therapy (EMDR). In: Landolt MA, Cloitre M, Schnyder U (eds) Evidence-based treatments for trauma related disorders in children and adolescents. Springer, New York, pp 273–297

Stamatokos M, Campo JV (2010) Psychopharmacologic treatment of traumatized youth. Curr Opin Pediatr 22:599–604

Strawn JR, Keeshin BR, DelBello MP, Geracioti TD, Putnam FW (2010) Psychopharmacologic treatment of posttraumatic stress disorder in children and adolescents: a review. J Clin Psychiatry 71:932–941

Terr LC (2013) Treating childhood trauma. Child Adolesc Psychiatr Clin N Am 22:51–66 Tinker RH, Wilson SA (1999) Through the eyes of a child: EMDR with children. Norton, New York

Trowell J, Kolvin I, Weeramanthri T, Sadowski H, Berelowitz M, Glasser D, Leitch I (2002) Psychotherapy for sexually abused girls: psychopathological outcome findings and patterns of change. Br J Psychiatry 180:234–247

Vasileva M, Haag AC, Landolt MA, Petermann F (2018) Posttraumatic stress disorder in very young children: diagnostic agreement between ICD-11 and DSM-5. J Trauma Stress 31(4):529–539

Winston FK, Kassam-Adams N, Garcia-Espana F, Ittenbach R, Cnaan A (2003) Screening for risk of persistent posttraumatic stress in injured children and their parents. JAMA 290:643–649

Yaholkoski A, Hurl K, Theule J (2016) Efficacy of the circle of security intervention: a meta-analysis. J Infant Child Adolesc Psychother 15(2):95–103

Zero To Three (2016) DC:0-5TM diagnostic classification of mental health and developmental disorders of infancy and early childhood. Zero To Three, Washington, DC

노년기 PTSD 증상의 치료

21

Maja O'Connor와 Ask Elklit

21.1 노년기 집단의 PTSD

외상 사건은 서구 성인 인구에서 흔하게 발생하며, 이들의 PTSD의 유병률은 비교적 잘 확립되어 있습니다(Kessler 등. 2017). 서구 성인의 약 70%가 평생 한 번 이상의 외상 사건을 경험하며, 평균적으로 1인당 약 3번의 외상 경험이 있습니다(Kessler 등. 2017). 성인 인구에서, 임상 면접을 통해 확인된 PTSD 유병률은 평생 PTSD의 경우 약 7-8%, 최근 12개월 동안은 약 3-4%로 나타납니다(Gadermann 등. 2012; Kessler 등. 2012). 젊은 성인에 비해 노년층은 최근의 외상 사건 경험이 적지만, 평생 겪은 외상 사건의 빈도는 더 높습니다(Cook와 Simiola 2017). PTSD 유병률은 불안, 기분, 물질 관련 장애와 유사하게 중년기(8-9%)에 가장 높고, 젊은 성인(6%)에서 다소 낮으며, 노년층에서는 전체 인구의 7%의 절반 수준인 약 3%로 나타납니다(Ditlevsen과 Elklit 2010; Kessler와 Wang 2008). 유럽에서 노년층 인구를 대상으로 수행된 두 건의 연구에서는 PTSD의 DSM-IV 진단 분류와 높은 일치도를 보이는 자가보고 설문지를 통해 외상 후 스트레스 반응을 살펴보았습니다(Glaesmer 등. 2012; Maercker 등. 2008). 이 연구들에서는 노년층 참가자의 4-5%에서 자가 보고상 임상적으로 유의미한 PTSD 증상이 확인되었습니다(Glaesmer 등. 2012; Maercker 등. 2008). 유사한 연구 방법을 사용한 다른 연구에서도 젊은 층과 노년층 모두에서 PTSD 증상의 수준이 유사하게 나타났습니다(Spitzer 등. 2008). 비록 젊은 성인층만큼 흔하지는 않을 수 있으나(Creamer와 Parslow 2008), 일반 노년층 인구에서도 유의미한 소수에서 PTSD 증상이 존재한다는 결론을 내릴 수 있습니다.

노년층의 PTSD 증상에 대한 연구는 일반적으로 최근의 외상 경험에 대한 급성 반응에 초점을 맞춘 연구와 과거의 외상 경험에 대한 지속적인 반응에 기반한 만성 PTSD 증상을 설명하는 연구의 두 가지 형태로 나뉩니다. 일부 환자들에서는 이러한 증상이 평생 지속되며 정신, 신체, 사회적 기능에 심각한 영향을 미치기도 합니다(Lohr 등. 2015). 최근의 트라우마 반응은 주로 홍수나 지진과 같은 자연재해, 사고 또는 신체 손상을 경험한 노년층 집단에서 연구되었습니다(Averill과 Beck 2000; Chung 등. 2006; Elklit과 O'Connor 2005; O'Connor 2010b, Ruskin과 Talbott 1996; Yang 등. 2003). 노년층은 일반적으로 젊은 세대에 비해 사고, 폭행, 전투에 적게 노출되지만, 신체 기능 상실, 가까운 친척, 형제자매 및/또는 배우자의 사망, 만성 또는 생명을 위협하는 질병 등 해당 연령대와 관련된 다양한 잠재적인 트라우마 유발 사건들을 직면합니다(Carr 2004; O'Connor 2010b; Silverman 등. 2000). 위의 연구들은 노년층이 급성 트라우마에 대해 젊은 성인들과 유사한 정도와 양상의 PTSD 증상 반응을 보인다는 점을 시사합니다(Carr 2004; O'Connor 2010a; Silverman 등. 2000). 크고 작은 외상 사건 모두 노년층에게 잠재적으로 PTSD 증상을 유발할 수 있으며(Lapp 등. 2011; Ruskin과 Talbott 1996), 아래 앨리스의 사례에서 볼 수 있듯이 노년층에게서는 여러 오래된 상실과 최근의 상실이 복합적으로 나타나는 경우가 흔합니다.

82세의 앨리스(Alice)는 외래 진료에서 우울증에 대한 마음챙김 기반 인지치료mindfulness-based cognitive therapy, MBCT를 받기 위해 의뢰되었습니다. 3년 전, 그녀의 남편 헨리(Henry)는 다발성 경화증으로 오랜 투병 끝에 세상을 떠났습니다. 그녀는 남편의 사망 이후 깊은 애도와 신체적 탈진을 경험했습니다. 하지만 몇 달 후 그녀는 다시 교회에 나가고, 막내딸 수(Sue)와 함께 해외 여행을 하고, 요가 수업을 다니며 삶의 즐거움을 조금씩 되찾기 시작했습니다. 그러던 중 그녀에게 뇌출혈이 생겼습니다. 2개월 동안 재활치료를 받고 마침내 집으로 돌아왔지만, 그녀의 오른쪽 몸은 계속 떨리는 상태였고 어떤 것에도 오래 집중하기 어려웠습니다. 이전의 신체 기능은 거의 회복되었지만, 기분이 점차 악화되어 결국 그녀는 의사에게 이에 대한 진료를 요청했습니다. 의사는 그녀를 중등도 우울증으로 진단하고 저희들에게 의뢰했습니다. 첫 회기를 위해 도착했을 때, 그녀는 눈빛이 흐릿하고 말을 거의 하지 않았습니다. 8주의 치료 과정이 진행되며, 회기 중 그녀의 말수가 조금씩 늘어났습니다. 그녀는 심리치료사와 MBCT 강사에게 매일 하는 연습이 전에 하던 요가 수련을 떠올리게 하고, 부정적인 생각이 들 때 큰 도움이 되며 회기에 오는 것이 즐겁다고 이야기하였습니다. 그녀는 집단에게 자신이 점점 더 인내심을 갖게 되었고 스스로에게 너그러워지기 시작했으며, 전반적으로 덜 우울해 보이는 것 같다고 했습니다. 또한, 앨리스는 설명할 수 없는 심한 허리 통증으로 고통을 겪고 있는 막내딸 수에 대한 걱정도 털어놓았습니다. MBCT를 받은 지 6주 차쯤, 막내딸이 공격적인 골암의 말기 진단을 받았습니다. 앨리스는 이 소식에 충격을 받았습니다. 전화가 울릴 때마다, 그녀는 가슴이 답답해지고 메스꺼움과 공포가 밀려오는 것을 느꼈습니다. 앨리스는 막내딸이 그 소식을 전하는 악몽에 반복적으로 시달리며 잠을 이루지 못했습니다. 곧이어 앨리스는 불안과 긴장이 영원히 지속될 거라 느끼며, 늙고 지쳐 이제 더는 삶이 다시 괜찮아질 수 있을 것이라 믿을 수 없다고 생각했습니다. 앨리스는 암 협회의 소식지를 받으면 수의 병이 연상되어 기분이 불편해져서, 평생 보던 소식지의 구독을 해지했습니다. 그녀는 밤이면 무슨 일이 일어날지 걱정되어 잠드는 데 어려움을 겪었고, 낮에는 일상에 집중하기 어려웠습니다.

불과 몇 년 사이에 앨리스는 잠재적으로 트라우마가 될 수 있는 여러 사건을 겪었습니다. 첫 번째 사건으로 남편의 죽음이 있었고, 이에 대해 앨리스는 정상적이고 적응적인 애도 반응(Stroebe 등. 2013)을 거친 것으로 보입니다. 지난 수십 년 동안, 병리적으로 간주될 수준의 지속성 복합 애도 반응에 대해 일련의 진단 기준을 개발하기 위해 상당한 연구가 이루어졌습니다(Bryant 2014; Maercker 등. 2013, Shear 등. 2011; O'Connor 등. 2019). DSM-5에서 지속적 복합 애도 장애는 추가 연구를 위한 상태에 포함되었으며(APA 2013, 자세한 내용은 6장 참조[1)]), 2018년에 개정되어 2022년부터 전 세계적으로 적용되기 시작한 ICD-11에는 지속애도장애가 등재되었습니다. 지속애도장애는 PTSD와 일부 증상을 공유하지만, 지속애도장애에서의 침습은 흔히 상실된 관계의 긍정적인 측면을 포함하는 등 상실의 다양한 측면과 관련이 있는 반면, PTSD의 침습은 흔히 일관되게 부정적이며 특정 외상 사건과 관련됩니다. 또한, PTSD는 일반적으로 외상 관련 자극에 대한 지속적인 회피가 특징인 반면, 지속성 애도에서의 회피 증상은 고인에 대한 지속적인 그리움과 상실의 현실을 받아들이기 어려운 증상과 함께 나타납니다(APA, 2013).

남편을 잃은 후 앨리스는 또 다른 잠재적 트라우마 사건인 뇌출혈을 겪고, 이는 임상적인 우울증으로 이어졌으나 MBCT로 성공적으로 치료되었던 것으로 보입니다. 그러나 이후 막내딸이 공격적인 암의 말기 진단을 받았습니다. 앨리스는 이제 DSM-5(APA 2013)에 정의된 여러 가지 PTSD 증상을 보이게 됩니다. 그녀는 막내딸의 전화에 대해 반복적이고 비자발적인 생각과 악몽을 경험하며(침습 증상), 이 외상 사건과의 대면에 지속적인 신체적, 정서적 고통으로 반응합니다. 암 소식지를 받으면 불편한 기분이 들어 구독을 해지하고(회피), 삶이 다시는 괜찮아지지 않을 것이라고 믿으며(인지의 부정적 변화/불쾌감), 집중력과 수면에 문제가 생기고 끊임없이 경계 상태에 있는 느낌(각성 증상)이 듭니다. 앨리스의 사례는 노년기에 누적되는 스트레스 요인들이 흔히 존재하며, 많은 경우 노년층이 이러한 스트레스에 성공적으로 대처해낼 수 있다는 점을 보여줍니다.

노년층의 PTSD 증상은 크게 두 가지 유형으로 나눌 수 있습니다:

1. 만성 PTSD 증상

외상 후 증상은 트라우마를 유발하는 외상 사건 이후 다양한 정도로 나타나며, 개인이 오랜 기간 이 상태로 살아온 결과, 만성화된 PTSD 증상이 개인의 성격, 신체 건강 및 삶의 질에 영향을 미치는 경우가 많습니다. PTSD 증상은 새로운 스트레스 요인에 노출되면 증상이 악화되는 등 종종 경과의 기복을 보입니다.

1) 역자 주: DSM-5-TR부터 트라우마 관련 질환에 prolonged grief disorder로 등재되었음

2. 최근의 PTSD 증상

이 PTSD 증상은 현재 또는 가까운 과거에 있었던 하나 이상의 트라우마 경험에 대한 반응으로 나타납니다. 여기에는 배우자의 사망, 본인 또는 가까운 친척의 중증 질환, 자연재해 또는 인재, 대인 관계 폭력 등 PTSD의 A1 기준(A1 및 기타 PTSD 기준에 대한 자세한 내용은 6장 참조)에 해당하는 모든 사건이 포함됩니다.

PTSD 증상이 있는 노년층은 심각한 신체적, 정신적 건강 문제로 인해 일상적인 기능에 광범위한 장애를 겪는 경우가 많으며, 이러한 증상이 없는 노년층에 비해 삶의 만족도가 낮습니다(Yaffe 등. 2010). 또한 노년기의 PTSD 증상은 의료 서비스 비용 증가(Van Zelst 등. 2006), 우울증 또는 불안의 공존 위험성 증가(Spitzer 등. 2008), 기억력 및 주의력 기능 손상(Yaffe 등. 2010), 노년기 남성의 관상동맥 심장 질환 위험 증가(Kubzansky 등. 2007)와 관련이 있습니다. 일부 연구자들은 노년기 PTSD 증상이 노화 과정을 가속화할 수 있다고 주장합니다(Yaffe 등. 2010). 예를 들어, 노년기 PTSD 증상은 노화로 인한 변화로 예상되는 정도보다 더 현저한 기억력 및 전반적인 학습 능력의 감소와 관련이 있습니다(Lapp 등. 2011). 메타분석에 따르면, 노년기의 PTSD 증상은 심지어 텔로미어telomere 길이 단축 및 염증성 표지 증가와 같은 생물학적 표지자, 심혈관 질환, 당뇨, 치매 등의 질병 이환율의 증가, 그리고 더 높은 사망률과 같은 조기 노화와 관련이 있습니다(Lohr 등. 2015). 최근의 연구에서는 노년기에 PTSD 증상이 있는 경우, 자신의 나이가 늙었다고 느끼는 주관적 인식과 덜 성공적인 노화를 예측하는 반면, 주관적으로 본인을 젊다고 생각하는 것이 PTSD 증상 발달을 예방하는 보호 요인으로 나타났습니다(Palgi 등. 2019).

종합하면, 상당수의 노년층이 PTSD로 고통받고 있으며, 이 질환은 다양한 신체적, 정신적 건강 문제와도 관련이 있습니다. 따라서 노년층의 PTSD를 식별하고 치료하는 것은 트라우마를 겪은 사람들을 돌보는 전문가들에게 중요한 과제입니다.

21.2 노화의 신체적, 정신적, 사회적 측면: 대상 인구에 대한 설명

대부분의 서구 국가에서는 노인을 65세 이상으로 정의합니다. 고령 인구는 전 세계적으로 빠르게 증가하고 있으며, 향후 2045년에는 65세 이상 인구가 세 배 이상 증가하여 20억 명을 넘어설 것으로 예상됩니다(Laidlaw 등. 2003). 밀레니엄에 접어들 무렵, 65세 이상 인구는 전체 인구의 13%를 차지했지만, 2030년에는 전 세계 인구의 20%에 이를 것으로 예상됩니다(Laidlaw 등. 2003). 결과적으로 우리는 일상 생활에서 더 많은 노년층을 만날 것이며, 따라서 심리치료 현장에서도 더 많은 노년층을 대하며 효과적으로 치료할 준비를 해야 합니다.

예상할 수 있는 노화와 관련된 변화는 여러 가지입니다. 70세 전까지는 연령에 따라 지각 속도, 시각 및 청각, (뇌 인지의) 예비 능력이 감퇴하고 피로가 점점 더 빨리 느껴지지만, 이러한 변화는 제한적이며 보통 안경, 보청기, 배경 소음의 조절, 더 많은 시간의 확보와 같은 외부적인 보조 수단을 통해 보완할 수 있습니다(Schaie 2005). 그러나 70세 이후부터는 노화와 관련된 변화가 더 광범위해져서 결국 외부 보조만으로는 더 이상 완전히 보완할 수 없는 질적인 특성의 변화로 이어집니다. 지각 및 인지 변화는 자유로운 장기 기억 회상 능력의 저하로 이어지며, 이에 따라 추상적 문제 해결이 어려워지는 반면, 자유 회상이 필요하지 않은 보다 구체적인 문제 해결 능력은 노년기까지 동일한 수준이 유지됩니다(Birren 1996). 나이가 듦에 따라 작업 기억과 실행 기능과 같은 더 복잡한 정신 기능은 일반적으로 감소합니다(James 2010).

25세에서 30세 사이에 근력, 반응 시간 및 지각 속도가 감소하기 시작합니다(Schaie 1994). 60세가 되면 일반적으로 남성과 여성 모두 근력이 20~40% 감소합니다(Spirduso와 MacRae 1990). 75세부터는 혈류량과 폐 및 신장 기능의 감소와 함께 노화와 관련된 생리적인 저하가 관찰될 수 있습니다. 심혈관 질환, 암, 호흡기 질환, 관절염 및 근육 질환과 같은 신체 질환의 빈도는 젊은 인구보다 몇 배 더 높으며(Morrison 2008), 이는 노년층이 젊은 사람보다 신체 기능이 낮은 상태에서 외상 사건에 대처하게 된다는 것을 의미합니다. 걷기, 요리하기, 계단 오르기, 개인 위생과 같은 일상 생활 활동을 수행하는 능력은 일반적으로 85세 전에는 크게 저하되지 않습니다(Ruskin과 Talbott 1996).

이러한 것들이 암울하게 들릴 수도 있지만, 특정 영역에서 노화에 의해 기능이 상당히 저하되더라도, 대다수의 노년층은 일상생활을 잘 관리하고 삶에 대한 만족도가 높습니다(Mehlsen 2005). 이는 70세 이상의 사람들이 처리해야 하는 대부분의 것들이 일상 생활과 밀접하게 관련되어 있고, 빠른 반응 속도나 추상적인 문제 해결 기술에 의존해야 하는 것이 아니기 때문일 수 있습니다. 따라서 노년기에 다루어야 할 문제들이 개인의 능력을 크게 넘어서지 않는 한, 대부분의 노년층은 기능 수준이 다소 감소했더라도 일상생활을 성공적으로 관리합니다(Baltes와 Baltes 1990).

치매(Oliver 등. 2008)를 제외한 대부분의 정신질환은 젊은 연령대보다 노년층에서 유병률이 낮습니다(Coleman과 O'Hanlon 2008; Kessler와 Wang 2008). 이는 대부분의 사람들이 65세까지 적어도 하나 이상의 만성 질환을 가지고 있으며, 연령이 증가함에 따라 만성 질환의 수가 증가하는 신체 건강 문제의 일반적인 연령 관련 궤적과는 대조적입니다(Laidlaw 등. 2003). 예를 들어, 대부분의 노년층은 하나 이상의 의약품을 처방 받고 있으며, 80세 이상에서 50% 이상은 여섯 가지 이상의 처방약을 복용하고 있습니다(Hajjar 등. 2007). 따라서 노년층의 평가에는 약물 간 상호작용, 부작용, 삶의 질 저하, 이동성 감소, 의학적 상태 또는 처방과 관련된 인지 저하와 같은 다약제 복용

polypharmacy(환자가 여러 약물을 사용하는 것)의 부정적 영향의 가능성에 대한 인지와 인식이 필요합니다(Hajjar 등. 2007). 노년층은 일반적으로 만성적인 질환을 예상되는 삶의 일부로 받아들이며, 자신의 건강과 전반적인 삶에 대한 만족도가 젊은 성인보다 일반적으로 높습니다(Laidlaw 등. 2003; Mehlsen 2005).

노년층에서 일반적인 연령 관련 특성을 파악할 수 있기는 하나, 상당한 개인차가 있으며, 노인 심리학에서는 노년층의 신체적, 인지적, 성격 관련 특성에 대해 개인 간 및 개인 내적 변동성에 대한 민감성을 강조합니다. 실제로 개인차는 젊은 인구보다 노년 인구에서 훨씬 더 두드러집니다(Fromholt와 Bruhn 1998; Johansson 2008). 예를 들어, 어떤 사람은 사망할 때까지 인생 전반에 거쳐 인지 기능이 안정적으로 유지되는 반면, 다른 사람은 노년 초기에도 상당한 인지 기능 저하를 경험합니다. 반대로, 다른 노년층은 신체 기능은 좋지만 인지 기능이 낮을 수 있습니다(Lupien 등. 2005). 또한 성격, 대처 및 정신 병리적 측면도 나이가 들수록 개인차가 더욱 두드러집니다. 따라서 젊은 환자와 달리, 노년층을 대하는 치료자는 연령만으로 개별 내담자의 필요를 예측하는 것이 상대적으로 더 어렵습니다. 단순하게 표현하자면, 노년층은 젊은 사람보다 더 큰 다양성을 보입니다. 따라서 노년층에 대해 나이만으로 기능 저하나 신체적 질병, 또는 특정 개인의 노화 경로에 대해 전형적인 쇠퇴 양상을 가정하지 않도록 특히 주의해야 합니다.

21.3 노년기의 심리치료

인지행동치료CBT, 정신역동적 접근법, 체계적 접근법 등 다양한 유형의 심리적 개입은 젊은 내담자와 마찬가지로 노년층에게도 비슷한 효과를 보입니다(Davenhill 2008; Dinnen 등. 2015; Laidlaw 2008; Roper-Hall 2008). 노년층 대상 심리치료 효과성 연구들의 대부분은 우울증과 불안 장애에 대한 CBT를 평가했으며, CBT는 이들에게 가장 잘 검증된 심리치료입니다(Aspnes와 Lynch 2007; James 2010; Laidlaw 등. 2003). 이러한 정보와 고령 내담자의 여러 신체 질환 및 다약제 복용으로 인한 부작용 위험의 증가를 고려할 때, 정신건강 문제가 있는 노년층에게는 향정신성 약물 처방보다 근거기반 심리치료적 개입을 우선시 할 것을 시사합니다. 1차 진료에서 정신과적 문제가 확인되고 심리치료에 대한 동기가 있는 사람들에게 적절한 대안은 약물치료와 병행하여 심리치료를 제공하는 것입니다.

CBT는 구조가 명확하고, 구체적이고 개별적인 문제를 다루는 데 특정 기술에 집중하기 때문에 신체적, 인지적 기능의 연령 관련 감소 현상을 겪는 노년층 내담자들에게 특히 유익할 수 있습니다

(Laidlaw 2008). 또한, CBT는 지금-여기here-and-now의 문제에 초점을 맞추고, 자동적이고 고착화된 생각에 도전하며, 개인 맞춤형 심리교육을 포함합니다. 이러한 모든 치료 전략은 자연적인 노화에 따른 인지 저하를 감안할 때 적절하고 효과적입니다(Laidlaw 2008).

그러나, 한 연구에 따르면 전문적인 치료가 필요한 정신건강 문제가 있는 노년층의 10%만이 실제로 필요한 치료를 받습니다(Aspnes와 Lynch 2007). 이는 의료 및 정신건강 전문가뿐 아니라, 심지어 노년층 스스로도 노년층 내담자가 심리치료로부터 혜택을 얻기 어렵다는 부정적인 태도와 믿음이 이 연령대에서 CBT나 다른 유형의 심리치료 활용을 제한하고 있을 가능성을 시사합니다(Laidlaw 등. 2003). 이렇게 잘못된 오해 중 하나는 노년기 우울증이 노화의 부정적인 측면에 대한 정상적이고 당연한 반응이라고 보는 것입니다(Laidlaw 등. 2003). 그러나 실제로는, 젊은 사람들에 비해 노년층은 우울증 발병이 적고, 더구나 노년기에도 기분 및 불안 장애와 같은 정신질환은 적절한 치료로 회복이 가능합니다(Aspnes와 Lynch 2007; Kessler와 Wang 2008). 또다른 오해로는 "정신질환이 있는 노년층은 심리치료의 효과를 보지 못할 뿐 아니라 당사자 역시 치료를 원하지 않는다" 또는 "늙은 개에게 새로운 재주를 가르칠 수 없다"는 식의 인식입니다(Laidlaw 등. 2003). 그러나 PTSD 치료(Dinnen et al. 2015)를 포함하여, 노년기 심리치료에 대한 많은 효과성 연구(예: Kessler와 Wang 2008) 결과는 이러한 통념이 사실이 아님을 보여줍니다. 일부 연구에 따르면 정신적 문제로 어려움을 겪을 때 노년층은 일반적으로 의학적 치료보다 심리치료를 선호합니다(Aspnes와 Lynch 2007).

노년층의 정신건강 문제를 다루는 정신건강 전문가에게 방해물로 작용할 수 있는 또 다른 오해는 '나이가 든다는 것은 끔찍한 일'이며, 따라서 안녕감의 증진과 긍정적 조망에 초점을 맞춘 치료는 거의 효과가 없을 것이라는 생각입니다(Laidlaw 등. 2003). 실제로 노년층은 일반적으로 자신의 삶과 건강에 만족하며, 젊은 사람들보다 오히려 더 만족하는 경우도 많습니다(Laidlaw 2008; Mehlsen 2005). 마지막 오해는 일부 치료사, 의사 및 노년층의 "기대 여명이 짧은 내담자에게 투자하는 것은 높은 개인적 또는 사회경제적 비용에 비해 얻는 것이 너무 적다"는 생각입니다(Laidlaw 등. 2003). 이러한 오해는 치료되지 않은 우울증, 불안 또는 지속성 애도가 노년층에게도 큰 개인적, 사회경제적 비용을 초래하는 반면, 성공적인 치료는 이러한 비용을 감소시킨다는 사실에 근거하여 반박될 수 있습니다(Laidlaw 2008).

노년층은 PTSD를 포함한 정신질환에서 심리적 증상보다는 정신신체적 불편감이나 증상을 호소하는 경향이 있습니다(Kuwert 등. 2012; Nordhus 2008). 정신건강 문제가 있는 노년층은 우울한 기분, 불안, 자살 충동과 같은 심리적 증상보다 통증, 수면 장애, 체중 감소와 같은 신체 증상을 호소하는 경우가 많으며, 이는 노년층 환자가 가장 먼저 찾는 전문가가 지역의 주치의인 이유이기도 합니다(Nordhus 2008). 이러한 증상의 원인이 신체 질환이 아닌 정신건강의 문제일 수 있으므로 구조화된 임상 면담을 통한 면밀한 평가가 강력히 권고됩니다(Nordhus 2008).

노년층의 정신건강의 문제로 인한 신체 증상(심인성 증상)과 실제 신체 질환으로 인한 신체 증상이 잠재적으로 혼재되어 나타날 수 있다는 점에서, 지역 주치의는 증상의 원인이 정신적인 것인지 신체적인 것인지 감별하고 원인 질환을 정확하게 진단할 수 있는 높은 수준의 역량을 갖추어야 합니다. 이러한 진단상의 어려움으로 인해, 해당 문제에 대한 적합한 유형의 도움을 줄 책임을 주치의 한 사람에게만 지워서는 안됩니다. 노년기의 정신건강 문제는 수면 장애, 설명할 수 없는 통증, 심지어 변비 같은 신체 증상으로도 나타나는 경향이 있다는 점을 내담자 자신과 가까운 가족들이 염두에 두고 있어야 합니다(Nordhus 2008). 만약 문제 증상이 명확한 신체적 원인 없이 갑자기 발생하고, 특히 배우자와의 사별이나 기타 주요한 부정적 생활 사건의 여파로 나타난 경우, 그 증상에 대한 잠재적인 심리적 원인을 고려하며 더 자세히 살펴보아야 합니다.

21.4 노년기 심리치료의 지침

노년층을 대상으로 임상적인 작업을 할 때 고려해 볼 수 있는 특정 조정 사항들이 있습니다. 기본적으로 고려해야 할 사항은 청각, 시각, 신체적 인내력 등 내담자의 감각 능력과 인지 능력의 저하에 대비하여 진료실의 물리적 환경을 설계하고 구성하는 것입니다. 조명 개선, 배경 소음 관리, 펜과 종이를 쓰는 양식을 사용하거나 컴퓨터 기반 평가에서 전경과 배경 간의 대비를 높이는 것이 도움이 될 수 있습니다(Aspnes와 Lynch 2007). 마찬가지로 심리치료의 구조, 과제 및 절차에서 특정 노년층 내담자에게서 나타날 수 있는 잠재적인 (인지적) 예비 능력 감소, 정신적 인내심의 저하, 추상적 문제 해결 능력의 제한과 같은 요소들을 고려해야 합니다. 노년층 내담자의 빠른 피로감과 제한된 인지 예비 능력을 보완하기 위해 회기와 집에서의 과제 시간을 줄이고 휴식을 더 자주 포함시키는 방식으로 보완할 수 있습니다. 또한 젊은 내담자를 대할 때보다 더 천천히 명확하게 말하고 전반적으로 더 인내심을 갖는 것이 도움이 될 수 있습니다.

치료자는 치료 중 추상적인 문제 해결 방법을 덜 활용함으로써 심리치료의 효과를 높일 수 있습니다(James 2010). 일부 연구에 따르면, 노년층은 지지적인 상담보다 구체적인 문제 해결에 초점을 맞춘 심리치료에서 더 많은 혜택을 얻었습니다(Alexopoulos 등. 2011). 이 연구의 결과는 현재 노년층 내담자의 삶에 존재하며 내담자가 파악하고 정의한 구체적인 어려움이나 문제를 직접 다루는 것의 이점을 강조합니다. 예를 들어, 사진, 실제 물건, 일기 등 내담자의 일상 생활에서 가져 온, 의미 있는 구체적 또는 감각적 단서들을 치료 회기에 사용할 수 있습니다. 유사한 전략을 실제 노출에도 적용할 수 있는데, 내담자의 일상 생활과 직접적으로 관련된 특정 트라우마 관련 단서를 통합함으로써, 노년층 내담자가 필요한 정보/지식을 기억 속에서 찾아 불러오는 데 도움이 될 수 있습니다(Alexopoulos 등. 2011). 치료 전부 또는 일부를 집에서 진행하는 방식은 치료 과정에서 기억 회상을 촉진시키기 위해 내담자와 치료자 모두가 의지할 수 있는 다양한 단서에 접근할 수 있게 해주는 또 다른 방법입니다(Kiosses 등. 2011). 이 전략은 알츠하이머병의 초기 단계나 다른 유형의 치매에서와 같이 인지 기능이 현저히 저하된 경우에 특히 적합합니다(Kiosses 등. 2011).

노년층 내담자와 작업할 때, 치료자는 일반적으로 젊은 내담자를 대할 때보다 조금 더 적극적이고 체계적이며 솔직해야 합니다. 노년층 내담자는 젊은 성인 내담자보다 치료에서 개선 속도가 느린 경우가 많습니다(Gallagher-Thompson과 Thompson 1996).

노화와 관련되어 잘 알려져 있는 변화들은 노년 내담자와 작업할 때 흔히 고려해야 할 특별한 사항에 대한 단서를 제공할 수 있지만, 노년층 집단 내의 광범위한 개인차는 검증된 치료법을 이들에게 적용하는 데 있어 추가적인 어려움을 야기합니다. 게다가 각 세대의 사회문화적 특성으로 인해 서로 다른 연령 집단이 만날 때 발생하는 세대 차이도 영향을 미칩니다. 세대 차이로 인하여 내담자와 치료자 사이에 근본적이고도 보이지 않는 문화적 규범의 차이가 있을 수 있으므로, 치료자는 이를 파악하여 치료 전략과 개입에서 환자의 태도와 가치에 민감하게 반응할 수 있도록 해야 합니다. 세대차이는 매우 크며, 심지어 젊은이와 노인 사이에서 나타나는 연령에 따른 인지 차이에 버금간다고까지 여겨집니다(James 2010).

21.5 노년기의 PTSD 증상 치료하기

최근의 체계적 문헌고찰에 따르면 노년층의 PTSD 치료는 효과적이며, 젊은 내담자에게 사용하는 것과 동일한 치료 방법을 적용할 수 있습니다(Dinnen 등. 2015). 노출 기법 등의 치료법은 적절한 것으로 보이지만, 이러한 형태의 치료에 어려움을 미칠 수 있는 잠재적인 의학적 상태에 대해 항상 주의를 기울여야 합니다. 안타깝게도 노년의 PTSD 환자를 대상으로 한 무작위 통제 연구는 매우 드물기 때문에 이 분야에서 더 많은 연구가 필요합니다(Dinnen 등. 2015).

불안과 우울증이 있는 노년층을 대상으로 한 CBT의 효과는 잘 확립되어 있으며(James 2010; Laidlaw 등. 2003; Laidlaw 2008), 이 연구에서 얻은 교훈은 PTSD가 있는 노년층의 내담자에게 유용할 수 있습니다. 인지치료를 노년층에게 적용할 때에는 치료의 첫 회기에서 상세한 배경 병력과 철저한 인지 및 증상 평가가 필요합니다. 이 작업을 완료하는 데 상당한 시간과 세심한 주의가 필요할 수

그림 21.1 제임스가 제시한 내담자의 전반적인 건강 상태에 따른 체계적 틀 (James 2010)

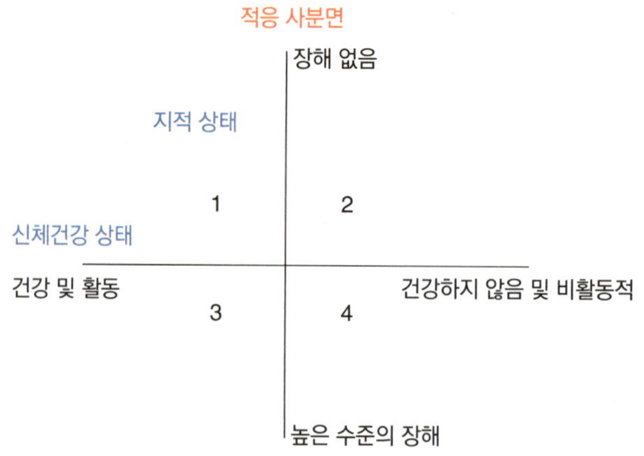

있습니다. 이는 내담자가 오랜 세월 동안, 종종 복잡한 삶을 살아왔으며 그 길고 복잡한 생애사를 추적하고 치료 과정에서 의미 있게 활용하는 것은 치료자와 내담자 모두에게 쉽지 않을 수 있기 때문입니다. 더욱이, 노년층의 대화는 치료 목표 또는 문제 개념화와 충분히 관련되지 않은 '표류drift'하는 경향이 있습니다. 이러한 대화의 표류는 실행 기능 저하와 복잡한 인생 여정이 결합된 결과일 수 있습니다(Laidlaw 등. 2003). 노년층 내담자와의 작업에서 치료의 주요 목표와 매우 긴 인생사에서 나온 관련 정보를 모두 추적하는 것은 특별한 어려움을 유발합니다. 게다가 노년 세대는 치료자를 기쁘게 하기 위해 치료자가 하는 제안에 순응할 수도 있습니다.

James(2010)는 치료자가 치료에 유용한 연령 관련 조정 요소들을 파악할 수 있도록 도와주는 틀을 마련하였습니다. 이 모형은 내담자의 전반적인 건강 상태를 두 가지 차원, 즉 높은 지적 기능 대 낮은 지적 기능, 그리고 높은 신체 건강 상태 대 낮은 신체 건강 상태로 분류하여 구조화합니다(**그림 21.1 참조**).

신체 기능과 지적 기능이 모두 높은 내담자(**그림 21.1, 사분면 1**)의 경우, 내담자와 치료자 모두에게 잘 맞는 근거기반 개입 전략이라면 어떤 것이든 일반적으로 성공적으로 적용될 수 있습니다. 지적 기능은 높지만 신체 기능이 낮은 내담자(사분면 2)의 경우, 동일한 원칙이 적용되지만, 치료자는 내담자의 특정 질환에 대해 잘 파악할 의무가 있습니다. 이러한 신체 질환이 해당 상황에서 어떤 치료 전략이 가장 적합할 지에 대해 영향을 미칠 수 있기 때문입니다. 질병에 대한 정보는 내담자와 담당 의사, 그리고 과학적 자료 모두를 통해 얻어야 합니다. 지적 기능은 낮지만 신체 기능은 높은 내담자(3사분면)에게는 단서 기반 접근 방식과 결합된 행동 기법이 권고됩니다. 신체 기능과 지적 기능이 모두 낮은 내담자(4사분면)에게도 동일한 방법이 권장되지만, 이 경우 가정 방문 치료가 도움이 되거나 심지어 필수적인 다음 단계일 수 있습니다(James 2010).

노년층을 대상으로 CBT를 계획하고 시행할 때, James(2010)는 처음 몇 회기 동안 관련된 신경심리 검사 및 생애사 정보를 활용하여 내담자의 기능 수준을 철저하게 확인하고 평가할 것을 권장합니다. 이러한 정보는 내담자의 적극적인 참여와 함께 흥미롭고 효과적인 치료 계획을 세우는 데 기여합니다(James 2010). 노년층 내담자와 작업할 때에는 내담자의 참여와 역량 강화empowerment가 특히 중요합니다. 이는 내담자가 관련 없는 주제로 '표류'하거나 치료자를 기쁘게 하기 위해 한 주제에 머무르는 함정에 빠지지 않도록 돕습니다(James 2010).

정신질환의 유형이나 치료 모형에 상관없이, 노년층 내담자와의 치료 작업에 지침이 될 수 있는 흥미로운 이론으로 Baltes와 Baltes(1990)의 **선택적 보상 최적화**selective optimazation with compensation, 이하 SOC 이론이 있습니다. 이 이론적 틀의 목표는 노년기의 내담자가 개인 능력의 한계에 도달하거나 이를 초과했을 때, 개인에게 가장 중요한 영역에서 만족스러운 수준의 기능을 유지할 수 있도록 돕는 것입니다. SOC 모형은 기능 상실 또는 기타 후천적 장애가 있는 노년층이 개인의 정체성, 의미 형성, 즐거운 경험의 면에서 개인에게 가장 중요한 영역이나 기능을 선택하도록 합니다. 이 **선택**에는 노화와 관련된 기능적 손실의 결과로서, 그리고 예상되는 손실에 대처하기 위한 사전 조치로서 개인 목표에 대한 평가 또는 재평가가 포함됩니다. **최적화**는 선택된 영역을 향상시키고 도달할 수 없는 욕구에 대해 보상하려는 노력입니다. 예를 들어, 개인의 소망을 줄이거나 선택된 영역의 의미를 유지하는 선에서 과제를 가능한 한 단순화하는 것이 이에 해당합니다. 보상은 목표에 도달하기 위한 대체 수단을 사용하는 것으로, 잠재적 손실을 줄이거나 예방하기 위해 대응 조치를 취하는 것이 포함됩니다(Baltes와 Baltes 1990). 이 장의 서두에서 소개한 앨리스의 경우에 SOC 모델을 적용한 예시는 아래와 같습니다.

앨리스의 딸 수는 MBCT 과정이 끝나고 약 2개월 후에 사망했습니다. 이는 앨리스에게는 견디기 힘든, 거의 감당할 수 없는 충격을 주었습니다. 하지만 수를 마음에서 떠나보낸 적이 적이 거의 없음에도, 앨리스는 여전히 삶을 이어가며 기쁨을 찾을 수 있습니다. 앨리스는 원래 여행을 좋아했으며, 주로 수와 함께 호주, 카리브해, 그린란드 등 이국적인 곳들을 여행하곤 했습니다. 그녀는 스스로를 '세계 여행가'스럽다고 여기고 여행을 계속하기로 결심했지만, 더 쉽게 갈 수 있는 가까운 목적지를 선택했습니다('선택'의 예). 앨리스는 혼자 여행하는 것이 더 이상 자신에게 적절하지 않다는 것을 알고, 오랜 친구와 함께 여행을 하기로 했습니다. 그들은 예상치 못한 상황의 위험성을 최대한 줄이기 위해 신중하게 여행을 계획했습니다. 이제 그녀의 여행지는 주로 버스로 갈 수 있는 곳이기 때문에 국제 공항의 번거로움과 어려움을 피할 수 있습니다('최적화'의 예). 예전에는 현지 레스토랑에서 고급스러운 외국 음식을 즐기는 것이 여행의 필수 요소였습니다. 하지만 좋은 현지 레스토랑을 찾는 데에는 많은 노력이 필요하고, 단체 일정 외에 독립적으로 여행하는 것이 앨리스에게 너무 큰 스트레스가 되었습니다. 대신 그녀와 친구는 다른 여행자들과 함께 계획되어 있는 식사를 하고, 음식이 아니더라도 사람들과의 교류와 세상의 일부를 경험하는 것 자체를 즐기기로 합니다('보상'의 예).

SOC 모형은 노년 내담자에게 맞는 치료 목표를 설정하고 이에 도달하기 위한 전략을 개발하는 데 유용할 수 있습니다.

21.5.1 마음챙김 기반 인지치료

마음챙김 기반 인지치료mindfulness-based cognitive therapy, 이하 MBCT 및 기타 체계적인 마음챙김 훈련 프로그램은 젊은 성인(Hofmann 등. 2010)과 노년층(Smith 등. 2007; Splevins 등. 2009; Young과 Baime 2010) 모두에게서 우울증과 불안과 같은 심리적 고통을 감소시킵니다. MBCT는 원래 우울증 재발을 예방하기 위해 사용되던 집단 기반 임상 개입으로, 인지행동치료(Beck 1976)의 요소와 집단 회기 및 재택 연습을 체계적이고 광범위한 마음챙김 명상 훈련으로 통합한 것입니다(Kabat-Zinn 2005). MBCT의 목표는 참가자가 자신의 생각, 감정 및 신체 감각을 더 잘 인식하고 이들과 다른 방식으로 관계를 맺도록 가르치는 것입니다(Segal 등. 2013). 참가자들은 마음챙김 훈련을 통해 격렬한 정서적 고통과 신체 감각을 무비판적인 방식으로 바라보고 수용하는 법을 배웁니다. 구체적으로, 참가자들은 자동적인 반응과 생각이 떠오를 때 이를 발견하고, 이러한 반응의 내용으로부터 주의를 분리하고, 호흡이나 신체 감각과 같은 현재 순간의 경험으로 주의를 되돌리게 조절하는 방법을 배웁니다(Segal 등. 2013).

사별의 고통을 겪는 노년층(평균 연령 77세)을 대상으로 MBCT 기반 집단치료를 진행한 우리의

만성 통증이 있는 여성들(평균 연령 57세, Johannsen 등, 2017)을 대상으로 한 이 MBCT의 두 번째 회기에서 참가자들은 유발 요인, 생각, 감정 사이의 연결에 대한 인지 ABC 모델을 공부하였고, 긍정적 및 부정적인 감정 경험의 유발 요인과 기분이 상황을 경험하는 데 어떤 영향을 미칠 수 있는지 파악하는 시간을 가졌습니다(Segal 등, 2013). 79세의 카렌(Karen)과 75세의 노라(Nora)는 이 연습과 수업 전반에서 많은 것을 배웠다고 느꼈습니다. MBCT 6주차에 참가자들은 우울증이나 부정적인 기분이 재발하는 초기 징후를 파악하도록 요청받았습니다. 즉, 참가자들에게 일반적으로 부정적인 기분을 유발할 수 있는 사건의 유형, 기분이 가라앉을 때 머릿속을 스치는 생각, 발생하는 감정과 신체 감각을 살펴보도록 합니다. 참가자들은 이러한 질문에 대해 토론하기 위해 짝을 지었고, 대부분의 젊은 참가자들은 활발하게 이야기하며 워크시트를 작성하기 시작했습니다. 카렌과 노라는 무릎에 손을 얹고 서로를 바라보며 가만히 앉아 있습니다. 강사가 다가가 질문이 있는지 묻자, 그들은 "우리가 뭘 해야 하는지 모르겠어요."라고 대답했습니다. 강사가 다음과 같이 설명합니다: "노라, 지난주 명상 시간에 어려운 경험을 떠올리는 연습을 했던 거 기억나시죠? 그때 수업에서, 당신이 배 속이 가라앉는 느낌을 느꼈고, 당신 삶에서 힘들었던 여러 시기에도 그 느낌을 받았었다고 이야기하셨잖아요?" "네," 노라가 답했습니다. "오늘은 우리가 기분이 가라앉을 때 자주 느끼는 신체 감각, 감정, 생각을 찾아서 적어보려고 해요. 마치 당신이 힘든 시기에 자주 느꼈던 배 속이 가라앉는 듯한 그 느낌처럼 말이죠. 이런 부정적인 기분의 징후를 잘 알아차릴 수 있게 되면, 앞으로 기분이 완전히 나빠지기 전에 무언가 대처하기가 더 쉬워질 거예요. 지금 바로 그걸 해보시면 됩니다." 노라는 고개를 끄덕이고 카렌에게 몸을 돌려 이야기를 시작했습니다.

임상 경험에 따르면(O'Connor 등. 2014), 고령 인구에 맞춰 치료의 물리적 환경을 조정하는 것이 개입 효과를 높이는 데 도움이 됩니다. 예를 들어, 이 연구에서 우리는 (참가자들이 아침 식사 후 도착할 수 있을 만큼 너무 이르지 않으면서도, 오후 휴식 시간과 겹치지 않을 정도로 늦지 않은) 최적의 시간대에, 배경 소음이 적은 장소에 비교적 적은 인원(10~12명)이 모여, 회기 도중 짧은 휴식을 포함하여 치료를 진행하였습니다. 치료자는 큰 소리로 천천히 회기 시간표와 과제에 대해 명확하게 설명하였습니다. 치료적 측면에서는, 심리적 '교실'을 명확하게 관리하여 개입의 효과를 높이고자 했습니다. 예를 들어, 한 번에 한 사람만 발언하는 문화를 적극적으로 조성하고, 회기 초반에 집에서 할 과제를 제시하고, 모든 사람이 과제를 이해했는지 여러 번 확인했습니다. 또한 전통적인 MBCT보다 더 개인적인 단서를 도입했습니다. 예를 들어, 치료자는 집단 구성원의 경험을 기존보다 더 자세히 탐색하고, 그 내용이 다른 참가자의 재택 과제에서 논의된 유사한 사건이나 다른 집단 구성원이 제시한 유사한 경험과 명시적으로 연결 지었습니다. 그러나 아래의 사례에서 볼 수 있듯이, 집단을 지도할 때 모든 사람의 요구를 충족시키는 것은 종종 어려운 일입니다.

21.6 PTSD 증상이 있는 노년층을 대하는 치료자를 위한 조언

현재까지 노년층에 맞게 특화된 PTSD 증상 치료의 근거기반 프로토콜은 아직 존재하지 않습니다. 그러나 임상 문헌에 따르면, 노년기의 특수한 요구에 대한 인식을 기반으로 현재의 프로토콜을 약간만 수정하면 효과적인 치료가 가능할 것으로 보입니다. 치료자는 다른 성인 인구의 PTSD 증상 치료에서 얻은 자신의 임상 경험과 근거를 활용해야 합니다. 이 책의 3부에서는 젊은 세대뿐 아니라 노년기의 내담자에게도 적용될 수 있는 트라우마 관련 질환에 대한 여러 근거기반 심리치료법이 간략히 소개됩니다. 이는 치료자가 자신의 경험과 선호도, 내담자의 선호도와 동기에 맞는 치료 방법을 선택할 수 있는 여지를 제공합니다. 치료자가 노년층에게 효과적인 심리치료를 제공하려 할 때 참고할 수 있는 몇 가지 관찰 결과 및 권장 사항은 아래와 같습니다.

첫째, 노년층의 우울증에 대한 근거기반 심리치료 프로토콜이 존재합니다. 이 작업에서 얻은 지식을 연구하고 성인 PTSD 증상 치료를 위해 선택한 프로토콜 또는 모형에 통합함으로써 많은 이득을 얻을 수 있습니다. 이후 치료 과정에 대한 치료적 전략을 선택하기 전에 이를 적용할 방법에 대한 제안사항을 James(2010)의 연구에서 찾아볼 수 있습니다.

둘째, 노년층의 치료에 있어 핵심적인 측면은 내담자의 역량 강화empowerment로, 이는 다양한 근거기반 치료 방법 전반에 걸쳐 관련성이 있고 적용 가능한 경험을 의미합니다. SOC 모형은 역량강화를 지지하고 치료자가 개별 노년층 내담자에게 가장 중요한 기능 영역에 집중하고 조율하는 것을 도울 수 있습니다.

셋째, 노년층 내담자 치료 경험이 없는 치료자에게는 해당 연령층에 대한 치료 경험이 있는 치료자로부터의 지도와 교육을 강력히 권합니다(James 2010). 이는 특히 치료의 진행과 개선 속도가 느리고 종종 주제에서 벗어나 '표류'하는 경향이 뚜렷한 노년층 내담자를 치료할 때 치료자 자신의 조바심과 성급함을 다루는 면에서 특히 중요할 수 있습니다.

마지막으로, 다음의 내용은 고령의 내담자, 특히 PTSD 증상이 있는 노년층 내담자를 치료할 때 마주치게 되는 특수한 도전 과제에 대응하기 위한 전략들을 요약한 것입니다.

PTSD는 기억력 문제와 관련이 있을 수 있지만, 특히 노년층의 경우 이러한 기억력 감퇴는 치매의 초기 징후일 수도 있습니다. 따라서 치료를 시작하기 전에 지적 기능을 평가해야 하며, 치료 과정에서 인지 기능의 변화가 발견되면 그 원인을 파악하기 위해 재평가를 해야 합니다. 치료 시작 시 경미한 수준의 치매(예: 알츠하이머병)가 있는 경우, 추가적인 인지 기능의 저하가 종종 예상되므로 치료 과정에서도 그에 따라 치료를 조정해야 합니다. 노년기에는 새로운 상실을 흔하게 경험하며, 치료자와 내담자는 어떤 문제가 가장 중요하고 우선적으로 다루어져야 할지 판단하는 것이 어려울 수 있습니다. 치료자와 내담자는 치료 과정 전반에 걸쳐 반복적으로 명확하게 목표와 과정에 대해 협력하고 합의해야 합니다. 고령의 내담자는 신체 증상을 호소할 수 있으며, 그 원인을 파악하기 어려울 수 있습니다. 신체 건강 병력의 검토 및 의료진과의 면담을 포함하여 신체 증상에 대한 신중한 평가가 필요한 경우가 많습니다. 노년층은 일반적으로 여러 신체 질환을 가지고 있으며 새로운 질환이 계속 발생하기 때문에, 이를 간과할 경우 내담자에게 해가 될 수 있으므로 특히 중요한 문제입니다. 마지막으로, 내담자와 치료자 사이의 세대 차이도 도전 과제로 고려해야 합니다. 우리는 세대 효과 등 자신의 문화적 유산에 대해 다소 맹목적인 경향이 있으며, 이 세대 효과로 인해 내담자와 치료자 사이에 잠재적으로 치료에 파괴적인 간극이 만들어지고 있는 것을 알아차리기 어려울 수 있습니다. 치료자가 노화에 대해 가정하는 것 중 일부는 실제 연령에 의한 차이라기보다 문화적 영향일 수 있습니다. 따라서 노년기의 내담자에게 심리치료를 할 때는 세대 효과에 주의를 기울이고 열린 자세를 유지하는 것이 중요합니다.

References

Alexopoulos GS, Raue PJ, Kiosses DN, Mackin RS, Kanellopoulos D, McCulloch C, Arean PA (2011) Problem-solving therapy and supportive therapy in older adults with major depression and executive dysfunction. Arch Gen Psychiatry 68(1):33–41

American Psychiatric Association (2013) Diagnostic and statistical manual of mental disorders: DSM-5TM, 5th edn. American Psychiatric Publishing, Arlington

Aspnes AK, Lynch TR (2007) Individual and group psychotherapy. In: Essentials of geriatric psychiatry. American Psychiatric Publishing, Arlington, pp 337–356

Averill PM, Beck JG (2000) Posttraumatic stress disorder in older adults: a conceptual review. J Anxiety Disord 14:133–156
Baltes PB, Baltes MM (1990) Psychological perspectives on successful aging: the model of selective optimization with compensation. In: Successful aging: perspectives from the behavioral sciences. Cambridge University Press, New York, pp 1–34
Beck AT (1976) Cognitive therapy and the emotional disorders. International Universities Press, Oxford
Birren JE (1996) Encyclopedia of gerontology: age, aging, and the aged, vol 1 and 2. Academic Press, San Diego
Bryant RA (2014) Prolonged grief: where to after diagnostic and statistical manual of mental disorders, 5th edition? Curr Opin Psychiatry 27(1):21–26
Carr D (2004) Gender, preloss marital dependence, and older adults' adjustment to widowhood. J Marriage Fam 66:220–235
Chung MC, Preveza E, Papandreou K, Prevezas N (2006) Spinal cord injury, posttraumatic stress, and locus of control among the elderly: a comparison with young and middle-aged patients. Psychiatry Interpers Biol Process 69(1):69–80
Coleman PG, O'Hanlon A (2008) Ageing and adaptation. Wiley, New York Cook JM, Simiola V (2017) Trauma and PTSD in older adults: prevalence, course, concomitants and clinical considerations. Curr Opin Psychol 14:1–4
Creamer M, Parslow R (2008) Trauma exposure and posttraumatic stress disorder in the elderly: a community prevalence study. Am J Geriatr Psychiatry 16(10):853–856
Davenhill R (2008) Psychoanalysis and old age. Wiley, New York Dinnen S, Simiola V, Cook J, M.C. (2015) Post-traumatic stress disorder in older adults: a systematic review of the psychotherapy treatment literature. Aging Ment Health 19(2):144–150. https://doi.org/10.1080/13607863.2014.920299
Ditlevsen DN, Elklit A (2010) The combined effect of gender and age on post traumatic stress disorder: do men and women show differences in the lifespan distribution of the disorder? Ann General Psychiatry 9:32
Elklit A, O'Connor M (2005) Post-traumatic stress disorder in a Danish population of elderly bereaved. Scand J Psychol 46(5):439–445
Fromholt P, Bruhn P (1998) Cognitive dysfunction and dementia. In: Clinical geropsychology. American Psychological Association, Washington, DC, pp 183–188
Gadermann AM, Alonso J, Vilagut G, Zaslavsky AM, Kessler RC (2012) Comorbidity and disease burden in the national comorbidity survey replication (NCS-R). Depress Anxiety 29(9):797–806
Gallagher-Thompson D, Thompson LW (1996) Applying cognitive-behavioral therapy to the psychological problems of later life. In: A guide to psychotherapy and aging: effective clinical interventions in a life-stage context. American Psychological Association, Washington, DC, pp 61–82
Glaesmer H, Kaiser M, Braehler E, Freyberger H, Kuwert P (2012) Posttraumatic stress disorder and its comorbidity with depression and somatisation in the elderly—a German community-based study. Aging Ment Health 16(4):403–412
Hajjar ER, Cafiero AC, Hanlon JT (2007) Polypharmacy in elderly patients. Am J Geriatr Pharmacother 5(4):345–351
Hofmann SG, Sawyer AT, Witt AA, Oh D (2010) The effect of mindfulness-based therapy on anxiety and depression: a meta-analytic review. J Consult Clin Psychol 78(2):169–183
James IA (2010) Cognitive behavioural therapy with older people. Interventions for those with and without dementia, 1st edn. Jessica Kingsley, London
Johannsen M, O'Toole MS, O'Connor M, Jensen AB, Zachariae R (2017) Clinical and psychological moderators of the effect of mindfulness-based cognitive therapy on persistent pain in women treated for primary breast cancer—explorative analyses from a randomized controlled trial. Acta Oncol 56:321–328. https://doi.org/10.1080/0284186X.2016.1268713
Johansson B (2008) Memory and cognition in ageing. Wiley, New York Kabat-Zinn J (2005) Full catastrophe living: using the wisdom of your body and mind to face stress, pain, and illness, 15th edn. Delta Trade Paperback/Bantam Dell, New York
Kessler RC, Wang PS (2008) The descriptive epidemiology of commonly occurring mental disorders in the United States. Annu Rev Public Health 29:115–129
Kessler RC, Petukhova M, Sampson NA, Zaslavsky AM, Wittchen H (2012) Twelve-month and lifetime prevalence and lifetime morbid risk of anxiety and mood disorders in the United States. Int J Methods Psychiatr Res 21(3):169–184
Kessler RC, Aguilar-Gaxiola S, Alonso J, Benjet C, Bromet EJ, Cardoso G, Degenhardt L, de Girolamo G, Dinolova RV, Ferry F, Florescu S, Gureje O, Haro JM, Huang Y, Karam EG, Kawakami N, Lee S, Lepine J, Levinson D, Navarro-Mateu F, Pennell B, Piazza M, Posada-Villa J, Scott KM, Stein DJ, Have MT, Torres Y, Viana MC, Petukhova MV, Sampson NA, Zaslavsky AM, Koenen KC (2017) Trauma and PTSD in the WHO world mental health surveys. Eur J Psychotraumatol 8(5):1–16. https://doi.org/10.1080/20008198.2017.1353383
Kiosses DN, Teri L, Velligan DI, Alexopoulos GS (2011) A home-delivered intervention for depressed, cognitively impaired, disabled elders. Int J Geriatr Psychiatry 26(3):256–262
Kubzansky LD, Koenen KC, Spiro A III, Vokonas PS, Sparrow D (2007) Perspective study of posttraumatic stress disorder symptoms and coronary heart disease in the normative aging study. Arch Gen Psychiatry 64(1):109–116
Kuwert P, Braehler E, Freyberger HJ, Glaesmer H (2012) More than 60 years later: the mediating role of trauma and posttraumatic stress disorder for the association of forced displacement in world war II with somatization in old age. J Nerv Ment Dis 200(10):911–914
Laidlaw K (2008) Cognitive behaviour therapy with older people. Wiley, New York Laidlaw K, Thompson LW, Dick-Siskin L, Gallagher-Thompson D (2003) Cognitive behaviour therapy with older people. Wiley, New York
Lapp LK, Agbokou C, Ferreri F (2011) PTSD in the elderly: the interaction between trauma and aging. Int Psychogeriatr

23(6):858–868

Lohr JB, Palmer BW, Eidt CA, Aailaboyina S, Mausbach BT, Wolkowitz OM, Thorp SR, Jeste DV (2015) Is post-traumatic stress disorder associated with premature senescence? A review of the literature. Am J Geriatr Psychiatry 23(7):709–725. https://doi.org/10.1016/j.jagp.2015.04.001

Lupien SJ, Wan N, Huppert FA, Baylis N, Keverne B (2005) Successful ageing: from cell to self. In: The science of well-being. Oxford University Press, New York, pp 75–103

Maercker A, Forstmeier S, Enzler A, Krusi G, Horler E, Maier C, Ehlert U (2008) Adjustment disorders, posttraumatic stress disorder, and depressive disorders in old age: findings from a community survey. Compr Psychiatry 49(2):113–120

Maercker A, Brewin CR, Bryant RA, Cloitre M, Reed GM, van Ommeren M, Humayun A, Jones LM, Kagee A, Llosa AE, Rousseau C, Somasundaram DJ, Souza R, Suzuki Y, Weissbecker I, Wessely SC, First MB, Saxena S (2013) Proposals for mental disorders specifically associated with stress in the international classification of diseases-11. Lancet 381(9878):1683–1685

Mehlsen MY (2005) Den paradoksale livstilfredshed i alderdommen. Psyke Logos 26(2):609–628 Morrison V (2008) Ageing and physical health. Wiley, New York

Nordhus IH (2008) Manifestations of depression and anxiety in older adults. Wiley, New York O'Connor M (2010a) "A longitudinal study of PTSD in the elderly bereaved: prevalence and predictors" : erratum. Aging Ment Health 14(5):3

O'Connor M (2010b) PTSD in older bereaved people. Aging Ment Health 14(6):670–678 O'Connor M, Piet J, Hougaard E (2014) The effects of mindfulness-based cognitive therapy on depressive symptoms in elderly bereaved people with loss-related distress: a controlled pilot study. Mindfulness 5:400–409. https://doi.org/10.1007/s12671-013-0194-x

O'Connor M, Lasgaard M, Larsen L, Johannsen M, Lundorff M, Farver-Vestergaard I, Boelen PA (2019) Comparison of proposed diagnostic criteria for pathological grief using a sample of elderly bereaved spouses in Denmark: perspectives on future bereavement research. J Affect Disord 251:52–59

Oliver C, Adams D, Kalsy S (2008) Ageing, dementia and people with intellectual disability. Wiley, New York

Palgi Y, Avidor SS, Hoffman Y, Bodner E, Ben-Ezrad M (2019) Understanding the long-term connections between posttraumatic stress, subjective age, and successful aging among midlife and older adults. Eur J Psychotraumatol 10:1–9. https://doi.org/10.1080/20008198.2019.1583523

Roper-Hall A (2008) Systemic interventions and older people. Wiley, New York Ruskin PE, Talbott JA (1996) Aging and posttraumatic stress disorder, 1st edn. American Psychiatric Association, Washington, DC

Schaie KW (1994) The course of adult intellectual development. Am Psychol 49(4):304–313. https://doi.org/10.1037/0003-066X.49.4.304

Schaie KW (2005) Developmental influences on adult intelligence: the Seattle longitudinal study. Oxford University Press, New York

Segal ZV, Williams JMG, Teasdale JD (2013) Mindfulness-based cognitive therapy for depression, 2nd edn. Guilford Press, New York

Shear MK, Simon N, Wall M, Zisook S, Neimeyer R, Duan N, Reynolds C, Lebowitz B, Sung S, Ghesquiere A, Gorscak B, Clayton P, Ito M, Nakajima S, Konishi T, Melhem N, Meert K, Schiff M, O'Connor MF, First M, Sareen J, Bolton J, Skritskaya N, Mancini AD, Keshaviah A (2011) Complicated grief and related bereavement issues for DSM-5. Depress Anxiety 28(2):103–117

Silverman GK, Jacobs SC, Kasl SV, Shear MK, Maciejewski PK, Noaghiul FS, Prigerson HG (2000) Quality of life impairments associated with diagnostic criteria for traumatic grief. Psychol Med 30:857–862

Smith A, Graham L, Senthinathan S (2007) Mindfulness-based cognitive therapy for recurring depression in older people: a qualitative study. Aging Ment Health 11(3):346–357

Spirduso WW, MacRae PG (1990) Motor performance and aging. Academic Press, San Diego

Spitzer C, Barnow S, Volzke H, John U, Freyberger HJ, Grabe HJ (2008) Trauma and posttraumatic stress disorder in the elderly: findings from a German community study. J Clin Psychiatry 69(5):693–700

Splevins K, Smith A, Simpson J (2009) Do improvements in emotional distress correlate with becoming more mindful? A study of older adults. Aging Ment Health 13(3):328–335

Stroebe M, Schut H, van den Bout J (2013) Complicated grief: assessment of scientific knowledge and implications for research and practice. Routledge/Taylor & Francis Group, New York, pp 295–311

Van Zelst WH, De Beurs E, Beekman ATF, Van Dyck R, Deeg DDH (2006) Well-being, physical functioning, and use of health services in the elderly with PTSD and subthreshold PTSD. Int J Geriatr Psychiatry 21(2):180–188

Yaffe K, Vittinghoff E, Lindquist K, Barnes D, Covinsky KE, Neylan T, Kluse M, Marmar C (2010) Posttraumatic stress disorder and risk of dementia among US veterans. Arch Gen Psychiatry 67(6):608–613

Yang YK, Yeh TL, Chen CC, Lee CK, Lee IH, Lee L, Jeffries KJ (2003) Psychiatric morbidity and posttraumatic symptoms among earthquake victims in primary care clinics. Gen Hosp Psychiatry 25(4):253–261

Young LA, Baime MJ (2010) Mindfulness-based stress reduction: effect on emotional distress in older adults. Complement Health Pract Rev 15(2):59–64

난민과 이민자의 트라우마 치료 22

Thomas Maier

22.1 서론

인류가 낙원에서 추방된 이래, 살인, 폭력과 전쟁은 언제나 우리를 따라다니는 어두운 동반자였습니다. 인간 본성의 어두운 면은 역사 속에서 우리를 따라다니며 경쟁, 혐오, 시기, 분노, 화와 폭력 등 다양한 형태의 악을 만들어냅니다. 종교, 민주주의, 보편적인 인권과 같은 문명의 위대한 인본주의적 성취마저도 우리 내면의 이러한 악을 효과적이고 영구적으로 억제하지는 못하는 것처럼 보입니다. 오늘날 세계의 특정 지역을 바라보면, 인류가 초창기 역사 이래 조금의 진보라도 이룬 게 있을지 의심스럽습니다. 하지만 인간의 공격성이 초래한 피해에 대한 자각과 인식은 분명히 변화하였습니다. 실제로 대인 폭력, 특히 가장 잔혹한 형태의 신체적 폭력은 피해자에게 심각한 심리적 후유증을 초래하여 다양한 범위에서 해로운 영향을 미치며, 이는 피해자 개인뿐 아니라 주변의 사회적 환경과 사회 전반에 영향을 끼칩니다. 폭력은 종종 가해자에게도 결국에는 파괴적인 결과를 초래합니다. 반면, 인간의 공격성이 미치는 영향에 대한 연구는 대부분의 인간이 이에 상응하는 수준의 깊은 연민을 느낄 수 있으며, 악이 파괴한 것을 복구하고 회복하려는 강한 의지를 갖고 있다는 사실을 분명하게 보여줍니다(Volkan 2004).

이주migration는 의도적이지만 종종 자발적이지 않은 장소로의 이동을 뜻하며, 인류 역사에서 변함없이 존재해 온 현상입니다(Silove 2004). 역사의 시작부터 사람들은 더 나은 삶을 찾아 끊임없이 이동하고 이주했습니다. 이주의 동기는 사람들의 다양성만큼이나 많지만, 정든 고향과 고국을 포기하는 가장 중요한 이유 중 하나는 언제나 빈곤, 기아, 전쟁 및 박해로부터의 탈출이었습니다. 지금 이 순간에도 수백만 명의 사람들이 피난길 위에 있으며, 그보다 훨씬 많은 사람들이 망명 생활을 하고 있습니다. 유엔은 오늘날 전 세계 인구의 약 3.5%, 즉 2억 7천만 명 이상이 국제 이주민migrant이라고 추산하였습니다(UN 2019). 그리고 그중 약 3분의 1인 7,950만 명이 강제 이주된 상태입니다(UNHCR 2020). 그러나 이들 중 절반 이상은 소위 국내 실향민이라고 불리는 자국 국경 내 이주민들입니다. 국내 실향민의 상당수는 의미상 진정한 난민이지만, 1951년 유엔 난민 협약에서의 '난민refugee' 정의에 자국 내 이주민들은 해당되지 않습니다.

이주민들 중 일부는 정착지에서 새롭고 풍요로운 보금자리를 찾지만, 많은 사람들은 그러한 운이 따르지 않아 절망과 소외 속에 살아갑니다. 수십만 명의 가난하고 절박한 망명자들이 끊임없이 약속의 땅, 즉 북반구의 부유한 국가로 가는 길을 찾고 있으며, 그 결과 해당 국가들은 이민법을 강화하고 이민을 저지하려 노력합니다. 교육 수준이 높고 건강한 이들은 환영받는 반면, 가난하고 오갈 곳 없는 망명자들은 배제됩니다.

사례

다음 사례는 이후 제시될 개념들을 독자에게 실제적으로 설명하기 위한 예시입니다. 이 보고서는 학계 출간물에서 이례적일 수 있는 치료자 일인칭 시점으로 작성되었는데, 치료자의 진정성 있는 개별적 특성이 치료 과정에 미치는 중대한 영향을 보다 정확하게 전달하기 위해 이러한 형식을 채택하였습니다. 트라우마를 경험한 이민자를 치료할 때에는 진정성, 개인적인 헌신 및 존중이 매우 중요하므로, 이 비전형적인 서술 방식을 독자들이 양해해 주시기를 바랍니다.

시리아 출신의 32세 기혼 여성인 실란(Ceylan)은 일차 진료 의사의 의뢰로 외래 클리닉에 내원하였다. 그녀는 남편과 두 딸(2세, 6세)과 함께 스위스 이민 당국의 결정에 따라 배정된 스위스의 한 지방 마을에 거주하고 있었다. 그녀는 2년 전 스위스에 도착했지만 그녀와 가족들은 여전히 이민 당국의 결정을 기다리고 있는 상태였다. 남편인 아와르(Awar)는 아내와 두 딸을 튀르키예 국경 인근의 외딴 작은 마을에 있는 아내의 부모님 집에 남겨둔 채 약 2년 전 시리아의 쿠르드 지역을 탈출했다. 이후 아와르는 아내와 두 딸이 시리아에서 스위스로 이동할 수 있도록 도왔지만, 그 과정에서 실란은 중개자로부터 위험하고 혼란스러운 경험을 겪었다.

의뢰 당시 실란은 독일어를 몇 단어 정도만 이해할 수 있는 상태였다. 그녀와 직접 소통하는 것은 거의 불가능했으며, 독일어를 조금 더 구사할 수 있는 남편을 통해 아내의 어려움에 대한 정보를 일부 얻을 수 있었다. 일차 진료 의사가 의뢰서에 기재한 바와 같이, 실란은 지속적으로 슬프고 탈진되어 있었으며, 의사소통이 어려운 데다 멍한 상태로 자주 기억을 잃고 혼란스러워 보였다. 불분명한 상황 속에서도 매우 분명하게 표현된 그녀의 동의에 따라, 나는 두 번째 상담 시간에 여성 쿠르드어 통역사를 참석시켰다. (내가 보기에는) 두 번째 상담 시간에도 남편이 동석하는 것이 그 부부 모두에게 당연한 일처럼 보였다.

두 번째 회기와 이후 회기들에서 나는 이 가족의 이야기 중 일부를 탐색했다. 부부 모두 튀르키예 국경 근방의 시리아 쿠르드족 마을 출신으로, 산악 지역에서 가족 소유의 땅을 경작하고 소와 양을 키우며 소박한 전원 생활을 했다. 둘은 서로 친척 관계였기 때문에 어릴 때부터 알고 지냈지만, 자신들의 의지로 결혼을 결정했으며 이 결정을 자랑스럽게 여겼다. 대부분의 마을 주민과 마찬가지로 아와르는 시리아 경찰과 군대를 반대하는 쿠르드족 정당을 지지했다. 아마도, 거의 확실하게 그는 비밀리에 활동하는 주요 당원이었을 것이다. 그는 여러 번 체포되어 정부 관리들로부터 구타와 학대를 당했고, 임박한 것으로 예상된 추가적인 구금과 더 심각한 폭력을 피하고자 먼 친척이 살고 있는 스위스로 이주를 결심했다. 모종의 이유로 그의 친구들은 그에게 입국할 때 진짜 신분을 숨기고 가명으로 등록하라고 조언했다. 이 결정은 2년 후 가족이 스위스에 입국했을 때 그와 가족의 재결합을 정부가 처음에는 거부하게 되는 근거가 되었기 때문에, 결과적으로 중대한 오판이었음이 밝혀졌다. 그의 실제 신분이 확인된 뒤에야 가족이 배정받은 주거지에 함께 살 수 있게 되었지만, 초기의 신분 위조로 인해 아와르는 이민 당국의 의심을 받아 망명 허가 절차가 지연되었다. 결국 입국 후 4년이 지난 후에야 결정이 내려졌고 아와르는 법적인 난민으로 인정받지 못했다.

아와르는 아내가 이주 후 불과 몇 달 뒤부터 기분과 행동이 변하기 시작했다고 말했다. 그의 말에 의하면, 처음 만났을 때 아내는 남편을 만나 행복해하며 기뻐했고, 딸들과 함께 즐거워했다. 하지만 시간이 지날수록 그녀의 상태는 점점 이상해졌는데, 집안일에 손을 놓고 아이들에게도 변덕스럽게 대하며, 과민하고 언짢은 상태로 우울감을 보이며 울곤 했다. 그녀는 남편에게 자신의 행동 변화에 대한 이유를 설명할 수 없거나 설명하지 않으려 했지만, 분명한 것은 그녀가 고통스러워하고 있으며 도움을 필요로 하고 있다는 것이었다.

실란은 창백한 안색과 풍만한 체형을 가진 여성으로, 서구식 옷을 단정히 입었으며 다소 수줍어했지만 의사소통이 불가능한 수준은 아니었다. 처음에 그녀는 적절하다고 생각되는 질문에만 간단히 답하고, 자발적으로는 말을 잘 하지 않았다. 하지만 그녀는 점차 마음을 열었고, 내가 느끼기에는 우리가 나누는 대화가 편안하게 느껴지기 시작한 것 같았다. 치료를 막 시작했을 때 나는 그녀가 겪었을 일들과 경험에 대해 짐작할 수 있었지만, 특정 주제를 강요하지 않고 회기에서 이야기할 주제의 선택을 전적으로 그녀에게 맡겼다. 나는 심리적으로나 문화적으로는 무엇이 그녀와 대화하기에 적절한 것일지 알 수 없었고, 스위스 국적의 남성 의사와 쿠르드족 농부 여성이 한 방에서 50분간 대화를 나누는 상황 자체가 그녀에게는 전적으로 낯선 경험이라는 점도 깨달았다. 다행히 우리에게는 여성 통역자가 있었고, 그것이 분위기를 누그러뜨려 주었다.

치료 첫 해 동안 우리는 격주로 회기를 진행했는데, 실란은 주로 자신이 어머니로서 부족하다고 느끼는 감정에 대해 말했다. 특히 이제 일곱 살이 된 큰 딸과의 관계를 힘들어했는데, (내가 즉시 의심했던 대로, 그리고 실란이 들려준 이야기를 통해 훨씬 나중에서야 확인할 수 있었던 심각한 트라우마 피해를 입은) 딸이 그녀의 말을 잘 듣지 않고, 학교에서도 심각한 학습 부진을 겪었기 때문이었다. 실란은 딸의 문제에 책임감을 느끼고 있었고, 나에게 그에 대한 조언을 구했다. 나는 일차 진료 의사, 사회복지사와 협력하여 그녀의 딸이 아동 심리학자의 도움을 받고 두 자녀 모두 일주일에 3일씩 이웃 스위스 가정에서 점심 식사를 할 수 있게 하였다. 실란은 이 조치들이 그녀의 부담을 다소 덜어줄 것이라고 생각하여 받아들였고, 이후 아이들이 밝아지기 시작했다는 것을 깨달았다. 그럼에도 불구하고 치료 첫 해 동안 실란의 상태는 상당히 불안정했다. 어느 날은 너무 우울하고 절망하다가도, 때로는 자신감 넘치고 활기찬 모습을 보였다. 실란은 종종 회기의 마지막 5분 또는 10분간 남편(때로는 아이들도)을 동석하게 하자고 제안했다.

치료를 시작한 지 약 6개월 후, 가족의 망명 신청이 거부되었다. 당연히 이 결정으로 실란의 상태는 심각하게 악화되었다. 법원에 항소하고 판결을 기다리는 데 다시 1년이 걸렸고, 그동안 법원은 실란의 악화된 정신건강을 이유로 가족에게 임시 비자를 발급했다. 법원은 현재 실란의 정신 상태를 고려할 때, 그녀가 적절한 의학적 치료를 받을 수 없는 고국으로 송환되는 것이 합당하지 않다고 보았다. 법원의 결정은 주로 내가 전문가 보고서를 통해 정부 당국에 전달한 실란의 건강 상태에 대한 기술을 바탕으로 내려졌다. 그래서 실란은 내가 '정당한' 글을 써서 자신의 가족을 구했다고 생각했지만, 사실은 의도치 않게 질병으로 인해 가족을 추방으로부터 막아낸 것은 바로 그녀 자신이었다. 다행히 그녀는 정부의 결정이 내포하고 있는 역설적 의미를 온전히 깨닫지 못했지만, 나는 이 상황이 곧 마주하게 될 막다른 길을 깨달았다. 즉, 내가 실란의 완치를 선언하는 순간, 이민 관리 부서에서 온 가족을 본국으로 돌려보낼 것이었다.

비록 임시 비자에 불과했지만, 정규 비자를 발급받은 것은 가족에게 놀라운 영향을 미쳤다. 아와르는 이제 합법적으로 일하고 운전면허증을 취득할 수 있게 되었고, 실란은 눈에 띄게 안도감을 느꼈다. 얼마 지나지 않아 아와르는 인근의 스파 리조트에서 잡역부로 일자리를 구했고, 실란도 이제 주부로서 훨씬 더 독립적으로 지낼 수 있게 되었다. 그러나 치료를 시작한 지 2년이 지나도 여전히 그녀는 집에서 상담실까지인 약 50km의 거리를 혼자 다니기 어려워했다. 버스를 타고 기차로 갈아탄 뒤, 마지막으로 다섯 블록을 걷는 길이었다. 그녀는 혼자 다니기 어려운 것에 대해 여러 이유를 들었지만, 나는 그녀가 망설이는 데에는 특히 하나의 이유, 즉 문맹 때문이라는 것을 알고 있었다. 그녀는 딸들이 학교에 다니게 된 후에야 로마 알파벳을 접했고, 독일어로 읽고 쓰는 법을 천천히 배우기 시작했다. 남편이 이제는 그녀의 치료 시간에 일을 가야 했기 때문에, 그녀는 말 그대로 차가운 물에 뛰어들듯이 혼자 진료실에 와야만 했다. 그 사이 그녀는 (고국에서는 배울 기회가 전혀 없었던) 자전거 타는 것을 배우고, 동네의 여성 체조 동호회에 가입하고, 심지어 우리 치료 센터에서 운영되는 (혼성!) 수영 강습을 들었다. 그 무렵, 그녀는 앞으로 통역사 없이 치료를 진행하고 싶다고 하였다. 사실 그녀는 이제 독일어를 상당히 잘 구사했고, 의사소통이 충분히 가능했다. 당연히 이후의 대화는 여러 면에서 달라졌다. 더욱 개인적인 내용이 주제가 되었고, 그녀는 이전에는 언급하지 않았던 다양한 주제들을 다루었다. 실란은 스위스에서의 삶에 대해 이야기하고 싶어했고, 현지의 전통, 가족 가치관, 종교적 관습에 대해 물었고, 심지어 피임, 십대들의 데이트와 성생활, 결혼 관습과 같은 민감한 문제에 대해서도 알고 싶어했다. 나는 그녀가 이 모든 주제에 대해 이야기하면서 실제로는 나를 탐색하고 있다고 느꼈고, 나는 앞으로 일어날 무언가에 대비했다.

치료를 지속한 지 3년이 넘어가자, 마침내 그녀는 고국을 떠나기 전 겪었던 충격적이고도 잊을 수 없는 경험에 대해 이야기를 꺼냈다. 남편이 스위스로 탈출한 뒤, 실란은 당시 갓난 아기와 네 살이었던 어린 딸들과 부모님과 함께 가족 농장에서 살고 있었다. 어느 날 친정 부모가 밭일을 나간 사이, 정체 불명의 헌병대 소속 남자 공무원 셋이 집에 들이닥쳤다. 그들은 다짜고짜 집 안에 들어오더니 무례한 태도로 그녀의 남편에 대해 물어보았다. 그녀는 남편이 외국에 있으며 한동안 보지 못했다고 대답했다. 그들은 그녀를 비웃더니 때리고 몸을 더듬기 시작했다. 아이들이 방에 있었지만, 그들은 그녀에게 옷을 벗도록 강요하고 잔혹하게 강간했다. 그들은 그녀에게 굴욕감과 상처를 남겼을 뿐 아니라, 앞으로 가족이 전적으로 협조하지 않을 경우 더 큰 위험을 겪을 것이라고 위협한 뒤 자리를 떴다. 실란은 방금 겪은 일뿐 아니라 앞으로 당장 닥쳐올 위험으로 인해 깊은 공포와 두려움에 휩싸였다. 그녀가 겪은 일을 아버지나 남편이 알게 되면 그녀는 집에서 쫓겨나 추방당할 수도 있었기 때문이었다. 실란은 어머니에게만 모든 것을 털어놓았고, 모녀는 다른 가족에게 그 범죄를 숨겼다. 실란은 몇 주 동안 앓았지만, 강간에 의한 부인과적 상처를 집에서 치료해야만 했다. 다행히 그녀는 간신히 회복하였고, 아이들과 함께 스위스로의 모험적인 탈출을 견뎌낼 수 있었다.

실란이 이 충격적인 경험에 대해 이야기하기 시작했을 때, 그녀는 모든 것을 말하기로 결심한 것처럼 보였다. 내가 그녀를 설득하거나 재촉할 필요가 없었다. 나는 증인이었고, 그녀는 행위자였다. 그녀는 이후 세 회기 동안 자신의 트라우마를 회상하며 깊은 고통, 수치심, 혐오감을 느꼈고, 회기 사이에 플래시백과 악화된 악몽에 시달렸다. 하지만 그녀는 이 모든 것을 극복할 수 있었고 자제력을 되찾아 결국 안도감을 느꼈다. 이후 우리는 남편과의 성적인 문제나 남성 공무원에 대한 일반적인 불안감 등 몇 가지 관련된 문제를 다루었다. 그녀는 여전히 남편에게 자신의 트라우마를 말하고 싶어하지 않았다. 내가 보기에 그는 이미 모든 것을 알고 있지만 아내를 당황하게 하고 싶지 않은 것 같았고, 결국 부부 모두 비밀에 대해 침묵하길 선택했다.

그 사이 이민법이 개정되어 이 가족은 해당 국가에 5년 이상 거주하고 1년 이상 복지 혜택을 받지 않고 자립했기 때문에 영주권을 신청할 수 있게 되었다. 실란은 자랑스럽게 새 고향에서 수십 명의 이웃, 지원자들 및 친구들로부터 받은 추천서와 응원의 편지들로 가득 찬 서류 뭉치를 보여주었다. 이 가족이 살고 있는 지역이 상당히 보수적이고 폐쇄적이라고 알려진 곳이었기 때문에, 이는 더욱 놀라운 성과였다. 아와르는 근면하고 성실한 사람으로 평판이 좋았고, 실란은 지역 체조 동호회를 통해 마을 여성들과 친분을 쌓았다. 거의 5년간의 치료 끝에 실란의 가족은 영주권을 취득했다. 그녀의 정신건강은 거의 완전히 정상화되었다. 나는 치료를 종결 짓고, 후속 관리를 위해 일 년에 한두 번 그녀를 만나고 있다.

22.2 임상에서의 장애물들

앞서 살펴본 사례에서는 트라우마를 겪은 이민자들의 치료와 관련된 다양하고도 구체적인 문제들이 제시되었습니다. 이민 수용 국가의 보건 전문가들은 피해자의 상태를 효과적으로 개선하기 위해 이러한 문제들을 파악하고 해결해야 합니다.

22.2.1 트라우마의 심각성, 산산조각난 신념, 자아 동질성의 상실

전쟁과 고문 피해자들이 겪은 트라우마의 심각성은 흔히 치료자들이 다른 일반 환자들을 치료하며 익숙해진 외상의 수준을 훨씬 넘어서곤 합니다. 트라우마 상황의 지속 기간, 외상의 수, 경험한 사건의 잔혹성, 대인 관계 폭력의 불안정한 특성 및 상실의 규모는 종종 상상을 초월합니다. 결과적으로 이러한 환자들은 '일반적이고 전형적인' 외상 후 스트레스 증상뿐 아니라, 한 인간으로서의 자아 동질성 또는 정체성에 깊고 근본적인 타격을 입게 됩니다(Bettelheim 1943; Mollica 등. 2001; Wilson 2004). 심각한 우울, 정체성 혼란, 의미의 상실, 깊은 수치심은 트라우마를 입은 난민을 치료하는 치료자들에게 큰 도전 과제입니다. WHO의 과거 ICD-10의 **재난적 경험 후의 성격 변화**enduring personality change after catastrophic experience와 ICD-11의 **복합 외상 후 스트레스 장애**complex PTSD 진단기준에서 이러한 심각하고 종종 지속적인 정신병리 중 일부를 다루고 있습니다(6장). 치료자는 심각한 트라우마를 입은 환자들을 볼 때 해당 환자들에 대해 다음의 내용을 인식하는 것이 중요합니다. 이들은:

- 침습적 기억과 관련 증상(즉, 과각성, 회피, 해리)만으로 고통받는 것이 아닙니다. PTSD의 이 '전형적으로' 특징적인 증상은 흔히 특정(그리고 확실한 효과가 입증된) 트라우마 중심 치료법으로 호전되지만(Başoğlu 1998; Lustig 등. 2004; Neuner 등. 2008; Nicholl과 Thompson 2004; Nickerson 등. 2011; Schauer 등. 2005; van Dijk 등. 2003; Varvin 1998), 일부 환자들은 지속적인 고통과 절망을 계속 경험합니다. 심각한 트라우마 상태의 많은 이민자들이 상실로 인해 깊은 우울감에 빠져 있으며, 무력한 분노에 대처하거나 마비를 유발할 정도의 수치심에서 벗어날 방법을 찾지 못합니다(Haagen 등. 2017 참조).
- 이 세상의 신뢰성에 대한 근본적인 가정이 철저히 무너지는 경험을 했습니다(Janoff-Bulman 1992). 다른 사람들과 함께 하는 공동체 속 평범한 인간적인 삶은 의미를 잃고, 신뢰, 존중 및 연민과 같은 기본적인 사회적 가치는 이들에게 공허한 말로 들릴 수 있습니다. 많은 이들이 공정성과 윤리적 가치에 대한 믿음을 버리고, 그 결과 어떠한 종교적인 관습도 따르지 않으려 하기도 합니다. 이러한 경향은 특히 과거에 신앙심이 깊던 사람에게서 더 두드러집니다. 심리치료에서 신앙은 잘 다루지 않는 영역이지만, 트라우마 피해 이민자들의 치료에서는 신앙, 종교 및 영성의 차원을 탐색할 필요가 있습니다(Boehnlein 2006). 경우에 따라 종교 지도자의 조언이 치료자에게 도움이 될 수도 있습니다.
- 자신의 경험을 누구와도 공유할 수 없기 때문에 세상으로부터 깊이 고립되어 있습니다. 가족과 같이 살고 있어도 근본적인 소외감을 느낍니다. "고문에 굴복했던 사람은, 더 이상 이 세상을 자신의 집처럼 느낄 수 없다(Améry 1980)."

22.2.2 신체적 장애와 불편함

대부분의 환자들은 심리적 트라우마와 함께 심각한 신체적인 부상을 경험합니다. 일반적으로 신체 부상은 시간이 지나며 치유되지만, 만성 통증이나 다른 잔여 후유 증상들은 종종 환자들을 괴롭히고, 이러한 문제들은 환자의 변화된 심리 상태와 밀접하게 연관되어 있습니다(Amris와 Prip 2000a; Buhmann 2014; Otis 등. 2003; Thomsen 등. 1997)(19장). 신체적 불편과 증상들은 흔히 침습의 촉발 인자가 되며, 때로는 트라우마 경험의 신체적 플래시백으로 **나타나기도** 합니다(Salomons 등. 2004). 전쟁과 고문의 피해자를 치료할 때 경험 많은 의사의 지원이 매우 유용합니다. 이상적인 치료 환경에서는 심리치료자와 의사가 긴밀히 협력하고, 환자는 이 두 전문가가 서로 긴밀히 협업하고 있음을 알고 있습니다. 물리치료사 또한 종종 긍정적인 예후에 기여할 수 있는데(Amris와 Prip 2000b), 이들은 환자의 신체를 직접 다루기 때문에 정확한 외상 병력을 알고 고문 환자의 특정 취약성을 이해하고 있어야 합니다. 신체 접촉이나 때로는 특정 자세를 취하거나 특정 운동 동작을 하는 것만으로도 침습과 플래시백이 유발될 수 있습니다(De Winter와 Drožđek 2004). 그러나 신체 작업은 고문 생존자에게 회복의 단서가 될 수 있습니다(Karcher 2004). 따라서 경험이 풍부한 물리치료사나 신체치료사는 전쟁과 고문 피해자의 재활에 환영받는 인력입니다.

고문 생존자들은 상상할 수 없는 학대 속에서도 살아남을 만큼 육체적으로 강하며 강인함이 증명되었다고 볼 수 있으나, 이들은 외상 후 상황에서 종종 특히 민감하고 취약하다고 느낍니다. 많은 환자들이 신체 질환에 대해 비이성적인 공포를 느끼며 때로는 건강염려증의 수준에 이릅니다. 고문 생존자들은 매우 양가적인 방식으로 자신의 신체에 집중합니다. 그들의 몸은 고문 가해자들이 그들의 정신을 파괴하는 통로였고, 약한 고리이자 통증과 괴로움의 근원이었습니다. 동시에 신체는 생존 수단이자 위험과 절망 속에서 그들을 이끌어낸, 떨어질 수 없는 동반자였습니다. 따라서 고문 피해자들은 자신의 몸에 대해 수치심과 혐오감을 느끼면서도, 동시에 자부심과 감사의 감정을 느낍니다. 심리치료는 이러한 양가감정의 화해를 목표로 두고 환자가 자신의 신체를 받아들일 수 있도록 도와야 합니다(Karcher 2004).

22.2.3 불안정한 거주 허가 상태

안타깝게도 트라우마를 겪은 이민자의 경우, 거주와 관련된 법적 문제가 치료 개입을 방해하는 상황이 많습니다. 많은 이민자들이 난민 신청자로서 결정을 기다리거나 심지어 미등록 체류 상태로 만성적인 불안 속에 살고 있습니다. 일부 국가에서는 이들을 열악한 시설에 집단 수용하거나 구금하며, 또 어떤 국가에서는 사실상 사회적 '무법 지대'에 방치합니다(Silove 등. 2001). 미등록 이주민들, 즉 취약계층 중에서도 가장 극빈한 이들은 우리 사회의 질서 속에서 익명으로 떠돌아다니는, 사실상 보이지 않는 희생자 집단이라 할 수 있습니다. 그들은 인신매매범, 성매매 알선업자, 무관심한 공무원과 그 외의 의심스러운 이들의 손아귀에 무방비로 노출되어 있습니다. 이들 중 극소수만이 우리의 체계에 일시적으로라도 포착되고, 또 그중에서도 극히 일부만이 우리에게 자신의 이야기를 들려줄 것입니다. 게다가 법적으로 정식 지위를 획득한 난민 신청자들조차도 사회적, 법적, 의료적 지원이 최소한으로 제한된 상태에서 살고 있는 경우가 많습니다. 더구나 이주 초기 단계에 치료의 필요성이 더 시급한 경우가 많음에도 불구하고, 많은 국가에서 공식적으로 난민 지위를 인정받은 사람들만 전문적인 치료를 받을 수 있습니다. 난민 신청자, 특히 그중에서도 미등록 이주민의 경우, 일상에서 겪는 전반적인 스트레스는 그들의 정신건강 상태에 심각한 영향을 미치며, 이는 극심한 스트레스를 유발하는 사건에 필적할 만한 수준에 해당합니다(Hauff와 Vaglum 1994; Heeren 등. 2012; Laban 등.

2004; Steel 등. 2002, 2004). 대부분의 난민 신청자에게 거주와 관련된 법적 문제가 최우선적인 관심사라는 점을 치료자가 인식하는 것이 중요합니다. 오랜 기간 난민 신청자로서의 불안정한 상황을 견뎌낸 후 공식적으로 난민 지위를 인정받은 사람조차도 여전히 갑작스러운 추방, 인정의 철회, 야간 구금이나 기타 유사한 행정 조치들에 대한 두려움에 사로잡혀 있는 경우가 많습니다. 모든 트라우마 중심 치료의 가장 기본적인 전제조건인 '안전'이 많은 트라우마를 경험한 이주민들에게는 보장되어 있지 않습니다. 난민 지위를 인정받은 이들도 심리치료를 시작할 만큼 안전하다고는 느끼지 못하는 경우가 많습니다. 이러한 망설임은 심리치료의 가능성을 제한하므로, 의료 전문가들은 무엇보다 먼저 환자의 법적 지위가 안정되도록 지원하는 데 집중해야 합니다. 이민 정책의 법적 틀을 만드는 정부 당국, 공무원 및 정치 지도자들에게는 부인할 수 없는 책임이 있습니다.

22.2.4 문화 및 사회적인 뿌리의 상실

외상 후 스트레스 증상을 겪는 이민자들은 보통 문화적, 사회적으로 뿌리가 뽑힌 상태입니다. 많은 이들이 사회적 지지 기반이 부족하고 가족, 문화적 배경 및 전통적인 대처 방식에서 괴리되어 있습니다. 극심한 스트레스 경험에 대처하는 과정은 항상 문화적 관점 속에 자리 잡고 있기 때문에, 이러한 고립은 트라우마 상태의 개인에게 특히 고통스러운 일입니다(Aroche와 Coello 2004; Charuvastra와 Cloitre 2008). 민족의 문화적 신념, 종교적 관습, 사회적 행동은 개인이 자신의 트라우마 경험을 삶에 통합하는 방식과 더 높은 수준의 기능으로 회복하는 과정에 밀접하게 연결되어 있습니다. 전쟁과 고문의 피해자를 치료할 때, 치료자는 환자의 문화적, 역사적 현실을 받아들이고 개인이 겪은 트라우마의 집단공동체적인 측면을 평가하려고 노력해야 합니다(Eisenbruch 등. 2004). 최근 연구에서는 외상 후 증상의 사회적 생태학이 점점 더 강조되고 있습니다(Kohrt 2013). PTSD 증상은 가족과 사회적 관계에 어려움을 초래하지만 그 반대의 경우도 마찬가지입니다. 즉 사회적 지원이 부족하면 PTSD 증상이 더욱 악화됩니다. 가족의 수용, 낙인, 교육, 경제적 관점, 가해자의 처벌, 정치의 발전 상태 같은 요인들이 PTSD 증상의 경과와 밀접한 관련이 있습니다. 그러나 이러한 사회적, 공동체적 요소의 중요성에도 불구하고, 트라우마 피해자를 대상으로 하는 대부분의 근거기반 치료법들은 개인에게만 초점을 맞춥니다.

다양한 문화적 관점에서는, 트라우마의 사회적, 관계적 측면이 오히려 PTSD의 개별 증상보다 더 고통스러울 수 있다. 사회적 고통과 외상 후 정신신체적 증상들 사이에는 종종 연관성이 있어서, 개인의 치료보다 공동체적 과정을 통해 해결되곤 한다(Kohrt 2013).

트라우마를 겪는 이주민을 치료할 때에는 항상 환자의 사회적 환경을 주의 깊게 살펴봐야 합니다. 환자의 문화적 배경에 대한 지식은 치료에서 맥락을 평가하는 데 매우 유용합니다. 환자가 치료 과정에 가족이나 친구들의 개입을 꺼려하더라도, 치료를 시작하기에 앞서 이들이 환자의 회복에 미치는 중요성을 명확히 해두어야 합니다. 환자가 외상 후 스트레스 증상으로 인해 공동체로부터 버림받거나 가족으로부터 무시당한다고 느끼고 있다면 치료를 시작하는 것조차 어려울 것입니다. 경우에 따라 환자와 치료자 간의 대화를 촉진할 문화적 중재자의 참여가 도움이 될 수 있습니다.

추가적으로, 언어 장벽은 트라우마를 겪은 난민 치료에 있어 특히 복잡한 문제가 되곤 합니다. 충분한 의사소통을 보장하고 치료 순응도를 높이기 위해 다양한 의료 환경에서 전문 통역사의 활용이 적극 권장됩니다(Karliner 등. 2007). 그러나 제3자인 통역사의 존재는, 특히 트라우마 경험을 이야기할 때 치료자와 환자 모두에게 불편함을 유발하는 요소가 됩니다. 통역사가 환자의 지역 구성원일 수 있을 뿐 아니라, 연령/성별의 불일치, 문화, 종교, 민족, 부족 및 성격의 차이로 인해 치료적 관계 형성에 상당한 방해 요소가 될 수 있습니다. 따라서 치료자는 훈련된 통역사와만 협력하고, 이들과 전문적인 관계를 정립하는 것이 중요합니다(Crosby 2013). 이를 위해 의료 통역사의 전문적, 윤리적인 기준(예: International Medical Interpreters Association 2007)과 난민의 트라우마 심리치료시 통역사 활용에 대한 권고사항(예: Tribe와 Raval 2002; Miller 등. 2005)을 참고할 수 있습니다.

22.2.5 생존자의 죄책감, 가해자의 죄책감, 도덕적 손상

트라우마를 겪은 이주민들은 두려움, 무력감, 공포 외에 수치심, 죄책감, 증오, 분노의 감정 역시 감당해야 합니다. 이렇게 다양한 감정이 뒤섞인 상태는 때때로 분리해내기 어려우며, 환자뿐 아니라 치료자도 동요하게 만듭니다. 전쟁과 고문의 생존자들은 종종 자신이 살아남을 수 있었던 이유가 단지 죽은 누군가의 뒤에 자신이 숨을 수 있었기 때문이라고 믿습니다. 실제로도 생존이란 때로는 순전히 우연의 결과이고, 때로는 생존자의 기민한 행동의 결과입니다. 믿을 수 있는 규칙과 도덕적 가치가 무력해진 상황에서 살아남는다는 것은 필연적으로 윤리적 딜레마를 동반합니다. 즉, 생존의 의지가 단순히 생물학적 본능이 되는 상황에서, 개인은 어떻게 공정함과 정직함을 지킬 수 있을지에 대한 도전에 직면하게 됩니다. 특히 전쟁과 고문의 상황에서 어떤 경험은 필연적으로 깊이 간직하고 있던 도덕적 신념을 위반하게 됩니다. 개인의 핵심적인 윤리, 도덕 신념과 충돌하여 심각한 내적 갈등을 초래하는 위반을 **도덕적 손상**moral injury이라고 합니다(Litz 등. 2009; Nickerson 등. 2014). 진료실의 안락한 의자에 앉아 도덕적인 판단을 내리고 옳고 그름을 논쟁하기는 쉽습니다. 그러나 전쟁과 고문의 생존자들은 종종 자신이 한 행동과 하지 않은 행동에 대해서도 도덕적 잣대를 엄격하게 적용하여 자책과 비난으로 스스로를 괴롭힙니다. 이들의 죄책감과 지속적인 자기비난의 감정, 심지어 자해로 나타나는 감정과 행동은 물론 주요 우울증의 증상이지만, 동시에 고문의 재현으로 이해해야 할 수도 있습니다. 실제로 고문 가해자들은 의도적으로 피해자들을 도덕적 딜레마에 빠트려 죄책감을 심어줍니다(Modvig과 Jaranson 2004). 전쟁과 고문의 피해자를 치료하는 것은, 환자가 겪었던 공포를 역전이 과정으로 재경험하게 되기 때문에 치료자 역시 언제나 혼란, 괴로움, 고통을 경험할 수 있습니다. 실제로 환자들의 경험에는 잔혹 행위나 심지어 범죄 행위가 포함되어 있을 수 있습니다. 심각한 트라우마를 겪고 절박하게 도움을 구하는 환자들 중 일부는 사실 동시에 가해자였던 이들도 있습니다. 그러나 환자가 스스로 가해자로서의 자신을 밝히고 자신이 저지른 폭력 행위에 초점을 맞춰 치료받기를 원하는 경우는 드뭅니다. 그러나 소년병이나 참전용사의 사례들에서 알 수 있듯이, 폭력을 행사한 경험 역시 잠재적으로 트라우마를 남길 수 있으며, 가해자에게도 해로운 영향을 미칩니다. 이들의 치료에서 핵심적인 부분은 종종 실제적인 죄책감과 도덕적 손상을 어떻게 다루느냐인데, 이는 명백히 심리치료의 범주를 넘어서는 주제입니다. 치료자는 윤리적인 면에서뿐 아니라 법적으로도 스스로에게 죄가 있다고 믿는 환자에게 어떤 조언을 해야 할지에 대해 심사숙고해야 합니다. 치료적 관점에서 사회적, 종교적, 또는 사법 당국의 개입이 궁극적인 회복으로의 길을 열어줄 수도 있습니다. 이 분야에서 일할 때, 치료자는 진실, 확실성, 명확성을 파악하기 쉽지 않은, 환자의 가장 복잡한 현실에 다가갈 준비가 되어 있어야 합니다. 또한 도덕적 비난이나 비판적인 태도에 빠지지 않으면서 도덕성, 죄책감, 책임감 및 보상의 문제를 다룰 수 있는 방법을 찾아야 합니다.

22.2.6 동료 기반 접근

우수한 의료 체계가 갖춰진 경우라도, 트라우마를 겪은 이주자들을 치료할 때에는 언어적 장벽, 서로의 문화에 대한 편견, 불신, 제한된 경제적 자금, 피해자 파악의 부족, 서비스 제공자의 부족 등, 다양한 장애물을 만나게 됩니다. 이러한 어려움 속에서 동료 기반 접근 방식이 점점 더 많이 적용되기 시작하면서 트라우마를 겪은 난민의 지원에 새로운 관점이 추가되고 있는 것으로 보입니다. 자원이 부족한 곳에서 현지에서 모집한 상담가와 임시로 훈련을 받은 비전문 치료사를 난민의 트라우마 치료에 배치하는 것은 널리 퍼져 있는 현상이지만, 고소득 국가에서는 이러한 유형의 지원이 상대적으로 매우 드뭅니다. 물론 세계보건기구는 주로 보건의료 자원이 충분하지 않은 국가의 경우에 학계 전문가의 업무를 훈련된 비전문 보건 종사자가 맡도록 권고하지만(Jordans와 Tol 2012), 이는 고소득 국가에서도 유용한 보완책이 될 수 있습니다. 동료 지원 형태의 접근 방식은 문제 해결(Sijbrandij 등. 2017), 정신사회적 지원(Ayoughi 등. 2012) 또는 멘토링(Paloma 등. 2020) 같은 기본적인 개입에 국한되는 경우가 많지만, 내러티브 노출치료NET 같은 특정 개입은 의학이나 심리학적 배경이 없는 비전문 치료자가 훈련을 통해 성공적으로 적용한 바 있습니다(Neuner 등. 2008). 그러나 고소득 국가에서 비전문가인 치료사의 활용은 법적 규제와 전문 단체의 개입으로 인해 어려울 수 있습니다. 그럼에도 불구하고 동료 지원자들이 활동할 수 있는 영역은 여전히 넓으며, 주로 피해자와 그 가족에 대한 치료 전 단계에서의 지원분야가 이에 해당됩니다(6장).

22.2.7 요약 및 권고 사항

의료 전문가들에게 트라우마 상태의 난민과 이주자의 치료는 큰 도전 과제입니다. 트라우마에 영향을 받는 사람들의 수가 점점 늘어나고 있는 상황에서, 치료진은 이들에게 효과적인 치료를 제공하기 위해 더욱 노력을 기울여야 합니다. 최근 여러 연구에서 입증되었듯이, 난민과 이주자에게도 트라우마 중심 심리치료를 적용할 수 있으며 치료 효과가 있습니다(예: Adenauer 등. 2011; Crumlish와 O'Rourke 2010; Haagen 등. 2017; Hinton 등. 2005; McFarlane과 Kaplan 2012; Neuner 등. 2004, 2008; Nickerson 등. 2011; Paunovic과 Ost 2001). 그러나 법적, 언어적 장벽으로 인해 영향을 받은 많은 사람들이 적절한 치료에 접근하지 못하고 치료받지 못한 채 남아 있습니다. 치료는 법적 지위, 민족 및 문화적 배경, 경제적 상황과 관계없이 도움이 필요한 모든 사람에게 접근 가능해야 합니다. 정신건강 서비스 제공에 있어 전문 통역사를 활용하는 것은 표준 절차의 일환이 되어야 합니다. 또한 트라우마를 겪은 난민 지원에 훈련된 동료 지원자를 활용하는 것은 표준 의학적 치료에 더해 추가적인 도움을 줄 수 있으며, 반드시 도입되어야 합니다.

References

Adenauer H, Catani C, Gola H, Keil J, Ruf M, Schauer M, Neuner F (2011) Narrative exposure therapy for PTSD increases top-down processing of aversive stimuli—evidence from a randomized controlled treatment trial. BMC Neurosci 12:127. https://doi.org/10.1186/1471-2202-12-127

Amery J (1980) At the mind's limits: contemplations by a survivor of Auschwitz and its realities (trans: Sidney and Rosenfeld SP). Indiana University Press, Bloomington

Amris K, Prip K (2000a) Physiotherapy for torture victims (I): chronic pain in torture victims: possible mechanisms for the pain. Torture 10(3):73–76

Amris K, Prip K (2000b) Physiotherapy for torture victims (II): treatment of chronic pain. Torture 10(4):112–116

Aroche J, Coello MJ (2004) Ethnocultural considerations in the treatment of refugees and asylum seekers. In: Wilson JP, Drožđek B (eds) Broken spirits. The treatment of traumatized asylum seekers, refugees, war and torture victims. Brunner-Routledge, New York, Hove

Ayoughi S, Missmahl I, Weierstall R, Elbert T (2012) Provision of mental health services in resource-poor settings: a randomized trial comparing counselling with routine medical treatment in North Afghanistan (Mazar-e-Sharif). BMC Psychiatry 12:14. https://doi.org/10.1186/1471-244X-12-14

Başoğlu M (1998) Behavioral and cognitive treatment of survivors of torture. In: Jaranson JM, Popkin MK (eds) Caring for victims of torture. American Psychiatric Press, Washington, DC

Bettelheim B (1943) Individual and mass behavior in extreme situations. J Abnorm Soc Psychol 38:417–452

Boehnlein J (2006) Religion and spirituality in psychiatric care: looking back, looking ahead. Transcult Psychiatry 43(4):634–651. https://doi.org/10.1177/1363461506070788

Buhmann CB (2014) Traumatized refugees: morbidity, treatment and predictors of outcome. Dan Med J 61(8):B4871

Charuvastra A, Cloitre M (2008) Social bonds and posttraumatic stress disorder. Annu Rev Psychol 59:301–328

Crosby SS (2013) Primary care management of non–english-speaking refugees who have experienced trauma. A clinical review. JAMA 310(5):519–528

Crumlish N, O'Rourke K (2010) A systematic review of treatments for post-traumatic stress disorder among refugees and asylum-seekers. J Nerv Ment Dis 198(4):237–251

De Winter B, Drožđek B (2004) Psychomotor therapy: healing by action. In: Wilson JP, Drožđek B (eds) Broken spirits. The treatment of traumatized asylum seekers, refugees, war and torture victims. Brunner-Routledge, New York, Hove

Drožđek B, Wilson JP (2004) Uncovering: trauma-focused treatment techniques with asylum seekers. In: Wilson JP, Drožđek B (eds) Broken spirits. The treatment of traumatized asylum seekers, refugees, war and torture victims. Brunner-Routledge, New York, Hove

Eisenbruch M, de Jong JT, van de Put W (2004) Bringing order out of chaos: a culturally competent approach to managing the problems of refugees and victims of organized violence. J Trauma Stress 17(2):123–131

Haagen JF, Ter Heide FJ, Mooren TM, Knipscheer JW, Kleber RJ (2017) Predicting post-traumatic stress disorder treatment response in refugees: multilevel analysis. Br J Clin Psychol 56(1):69–83. https://doi.org/10.1111/bjc.12121

Hauff E, Vaglum P (1994) Chronic posttraumatic stress disorder in Vietnamese refugees. A prospective community study of prevalence, course, psychopathology, and stressors. J Nerv Ment Dis 182(2):85–90

Heeren M, Mueller J, Ehlert U, Schnyder U, Copiery N, Maier T (2012) Mental health of asylum seekers in the first two years of asylum: a cross-sectional study of psychiatric disorders. BMC Psychiatry 12:114

Hinton DE, Chhean D, Pich V, Safren SA, Hofmann SG, Pollack MH (2005) A randomized controlled trial of cognitive-behavior therapy for Cambodian refugees with treatment-resistant PTSD and panic attacks: a cross-over design. J Trauma Stress 18(6):617–629

International Medical Interpreters Association (2007) Medical interpreting standards of practice. https://www.imiaweb.org/standards/standards.asp. Accessed 12 Oct 2020

Janoff-Bulman R (1992) Shattered assumptions: towards a new psychology of trauma. Free Press, New York

Jordans MJ, Tol WA (2012) Mental health in humanitarian settings: shifting focus to care systems. Int Health 5(1):9–10

Karcher S (2004) Body psychotherapy with survivors of torture. In: Wilson JP, Drožđek B (eds) Broken spirits. The treatment of traumatized asylum seekers, refugees, war and torture victims. Brunner-Routledge, New York, Hove

Karliner LS, Jacobs EA, Chen AH, Mutha S (2007) Do professional interpreters improve clinical care for patients with limited English proficiency? A systematic review of the literature. Health Serv Res 42(2):727–754

Kohrt B (2013) Social ecology interventions for post-traumatic stress disorder: what can we learn from child soldiers? Br J Psychiatry 203:165–167

Laban CJ, Gernaat HB, Komproe IH, Schreuders BA, De Jong JT (2004) Impact of long asylum procedure on the prevalence of psychiatric disorders in Iraqi asylum seekers in the Netherlands. J Nerv Ment Dis 192(12):843–851

Litz BT, Stein N, Delaney E, Lebowitz L, Nash WP, Silva C, Maguen S (2009) Moral injury and moral repair in war veterans: a preliminary model and intervention strategy. Clin Psychol Rev 29(8):695–706

Lustig SL, Weine SM, Saxe GN, Beardslee WR (2004) Testimonial psychotherapy for adolescent refugees: a case series. Transcult Psychiatry 41(1):31–45

McFarlane CA, Kaplan I (2012) Evidence-based psychological interventions for adult survivors of torture and trauma: a 30-year review. Transcult Psychiatry 49(3–4):539–567

Miller KE, Martell ZL, Patzdirek L, Caruth M, Lopez D (2005) The role of interpreters in psychotherapy with refugees. An exploratory study. Am J Orthopsychiatry 75(1):27–39

Modvig J, Jaranson JM (2004) A global perspective of torture, political violence and health. In: Wilson JP, Drožđek B (eds) Broken spirits. The treatment of traumatized asylum seekers, refugees, war and torture victims. Brunner-Routledge, New York, Hove

Mollica RF, Sarajlic N, Chernoff C, Lavelle J, Vukovic IS, Massagli MP (2001) Longitudinal study of psychiatric symptoms, disability, mortality and emigration among Bosnian refugees. JAMA 286:546–554

Neuner F, Schauer M, Klaschik C et al (2004) A comparison of narrative exposure therapy, supportive counseling, and psychoeducation for treating posttraumatic stress disorder in an African refugee settlement. J Consult Clin Psychol 72:579–587

Neuner F, Onyut PL, Ertl V, Odenwald M, Schauer E, Elbert T (2008) Treatment of posttraumatic stress disorder by trained lay counselors in an African refugee settlement: a randomized controlled trial. J Consult Clin Psychol 76:686–694

Nicholl C, Thompson AR (2004) The psychological treatment of PTSD in adult refugees: a review of the current state of psychological therapies. J Ment Health 13:351–362

Nickerson A, Bryant RA, Silove D, Steel Z (2011) A critical review of psychological treatments of posttraumatic stress disorder in refugees. Clin Psychol Rev 31(3):399–417. https://doi.org/10.1016/j.cpr.2010.10.004

Nickerson A, Bryant RA, Rosebrock L, Litz BT (2014) The mechanisms of psychosocial injury following human rights viola-

tions, mass trauma and torture. Clin Psychol Sci Pract 21(2):172–191
Otis JD, Keane TM, Kerns RD (2003) An examination of the relationship between chronic pain and post-traumatic stress disorder. J Rehabil Res Dev 40(5):397–405
Paloma V, de la Morena I, Sladkova J, Lopez-Torres C (2020) A peer support and peer mentoring approach to enhancing resilience and empowerment among refugees settled in southern Spain. J Community Psychol 48(5):1438–1451. https://doi.org/10.1002/jcop.22338
Paunovic N, Ost LG (2001) Cognitive-behaviour therapy vs exposure therapy in the treatment of PTSD in refugees. Behav Res Ther 39:1183–1197
Salomons TV, Osterman JE, Gagliese L, Katz J (2004) Pain flashbacks in posttraumatic stress disorder. Clin J Pain 20(2):83–87
Schauer M, Neuner F, Elbert T (2005) Narrative exposure therapy. A short-term intervention for traumatic stress disorders after war, terror, or torture. Hogrefe & Huber, Gottingen
Sijbrandij M, Acarturk C, Bird M, Bryant RA, Burchert S, Carswell K et al (2017) Strengthening mental health care systems for Syrian refugees in Europe and the Middle East: integrating scalable psychological interventions in eight countries. Eur J Psychotraumatol 8(sup2):1388102. https://doi.org/10.1080/20008198.2017.1388102
Silove D (2004) The global challenge of asylum. In: Wilson JP, Drožđek B (eds) Broken spirits. The treatment of traumatized asylum seekers, refugees, war and torture victims. Brunner-Routledge, New York, Hove
Silove D, Steel Z, Mollica RF (2001) Detention of asylum seekers: assault on health, human rights and social development. Lancet 357:1436–1437
Steel Z, Silove D, Phan T, Bauman A (2002) Long-term effect of psychological trauma on the mental health of Vietnamese refugees resettled in Australia: a population-based study. Lancet 360(9339):1056–1062
Steel Z, Frommer N, Silove D (2004) Part I—The mental health impacts of migration: the law and its effects failing to understand: refugee determination and the traumatized applicant. Int J Law Psychiatry 27(6):511–528
Steel Z, Chey T, Silove D, Marnane C, Bryant RA, van Ommeren M (2009) Association of torture and other potentially traumatic events with mental health outcomes among populations exposed to mass conflict and displacement: a systematic review and meta-analysis. JAMA 302(5):537–549. https://doi.org/10.1001/jama.2009.1132
Thomsen A, Madsen J, Smidt-Nielsen K, Eriksen J (1997) Chronic pain in torture survivors. Torture 7:118–120
Tribe R, Raval H (2002) Working with interpreters in mental health. Routledge, New York
UNHCR (United Nations High Commissioner on Refugees) (2020) Figures at a glance. Online. https://www.unhcr.org/figures-at-a-glance.html. Accessed 10 Oct 2020
United Nations, Department of Economic and Social Affairs, Population Division (2019) Online. https://www.un.org/en/development/desa/population/migration/data/index.asp. Accessed 4 Oct 2020
van Dijk JA, Schoutrop MJA, Spinhoven P (2003) Testimony therapy: treatment method for traumatized victims of organized violence. Am J Psychother 57(3):361–373
Varvin S (1998) Psychoanalytic psychotherapy with traumatized refugees: integration, symbolization, and mourning. Am J Psychother 52(1):64–71
Volkan VD (2004) From hope for a better life to broken spirits: an introduction. In: Wilson JP, Drožđek B (eds) Broken spirits. The treatment of traumatized asylum seekers, refugees, war and torture victims. Brunner-Routledge, New York, Hove
Wilson JP (2004) The broken spirit: posttraumatic damage to the self. In: Wilson JP, Drožđek B (eds) Broken spirits. The treatment of traumatized asylum seekers, refugees, war and torture victims. Brunner-Routledge, New York, Hove

재향군인의 PTSD 치료 23

Shannon E.McCaslin, Jessica A.Turchik과 Jennifer J.Hatzfeld

23.1 소개

> 군인은 곧 군대다. 어떤 군대도 그 군인보다 나을 수 없다. 군인은 또한 시민이다. 사실, 시민으로서의 가장 큰 의무이자 특권은 조국을 위해 무기를 드는 것이다. -George S. Patton Jr.[1)]

군 복무는 조국에 대한 헌신을 요구하는데, 그 동기는 가장 애국적인 마음에서부터 가장 실용적인 이유에 이르기까지 매우 다양할 수 있습니다. 군 복무를 선택한 이유가 무엇이든, 이러한 헌신에는 특별한 스트레스와 트라우마에 노출될 수 있는 상황에 기꺼이 몸을 내맡기겠다는 각오를 요구합니다. 따라서 군인, 특히 전투에 참여한 군인은 잠재적인 트라우마 사건을 경험할 위험이 더 높습니다. 군 복무 중 겪을 수 있는 트라우마 사건에는 전투 및 생명을 위협하는 상황뿐 아니라 고강도 훈련 중 발생하는 사건이나 대인 간 폭력 등도 포함됩니다. 트라우마에 더 많이 노출될수록 PTSD, 우울증, 알코올 남용 등 스트레스와 관련된 정신건강 문제가 발생할 위험이 더 커집니다. 국가 단위 표본을 대상으로 한 연구에서의 PTSD 유병률 추정치는 베트남 전쟁에 참전한 남성의 15.2%, 여성의 8.1%(Kulka 등. 1990), 걸프전에 참전한 남성의 10.1%(Kang 등. 2003)로 보고되었습니다. 베트남

1) 역자 주: 세계 제2차 대전에 활약한 장군으로, 미국 역사상 가장 유명하고 강한 리더십으로 명성이 높은 군 지휘관

전 참전 쌍둥이 표본을 대상으로 PTSD의 평생 유병률을 조사한 연구에 따르면, 전투에 참전한 재향군인의 경우 60세 이상에서 16.9%, 60세 미만에서 22.0%의 유병률을 보인 반면, 비전투 지역에 복무했던 재향군인은 각각 5.5%, 15.7%에 그쳤습니다(Goldberg 등. 2016). 9/11 테러 이후 이라크 자유 작전Operations Iraqi Freedom, OIF 및 항구적 자유 작전Enduring Freedom, OEF 기간에 복무한 재향군인들의 PTSD 유병률 추정치는 13.8%(OEF; Tanielian과 Jaycox 2008)에서 23%(Fulton 등. 2015) 사이로 보고되었습니다. 1,484명의 재향군인으로 구성된 전국 대표 표본에서 PTSD의 가중치 평생 유병률은 8.1%였습니다(Wisco 등. 2016). PTSD 유병률 추정치는 연구 표본, 연구 설계, 측정 시점 및 유형(예: 진단 면담 vs. 자가보고 측정)에 따라 연구마다 크게 달라질 수 있습니다. PTSD가 있는 재향군인은 대인 관계에서의 어려움이 더 심하고(예: Koenen 등. 2008), 직업적 기능이 더 낮으며(예: Davis 등. 2018), 삶의 질이 더 낮습니다(예: Schnurr 등. 2006, 2009; McCaslin 등. 2016).

PTSD 및 기타 트라우마 관련 질환을 앓고 있는 재향군인에게 양질의 치료를 제공하기 위해서는, 근거기반 치료에 대한 이해뿐 아니라 이러한 문제들이 발생하는 군 관련 스트레스 요인과 그 기저에 깔린 군대의 문화적 맥락에 대한 인식이 필요합니다. 이 장에서는 치료자가 군 관련 스트레스 요인을 더 깊이 이해하고 군 문화에 대한 통찰력을 높일 수 있게 돕는 것을 목표로 합니다. 여기에서 제시하는 대부분의 검토 및 권장 사항은 미국 군 복무자와 재향군인의 치료 경험에 근거하고 있다는 점을 참고하시기 바랍니다.

23.2 군대의 문화와 맥락

군대는 고유한 가치, 신념, 문화적 규칙으로 구성된 독자적인 문화라고 주장할 수 있습니다(Koenig 등. 2014; McCormick 등. 2019; McCaslin 등. 2021). 핵심 가치에는 공동체와 국가에 대한 봉사, 용기, 진실성, 충성심이 포함됩니다. 군 복무자들 사이에는 공동의 목적 의식과 강한 유대감이 형성됩니다. 전역 이후에도 재향군인이 군 문화를 지속적으로 자기 정체성의 일부로 받아들이는 정도가 정신건강 증상의 경험과 보고 방식에 영향을 미칠 수 있습니다. Hoge(2011)는 이러한 점을 인식하고, 치료자가 문화적 측면에서 재향군인을 문자 그대로이자 비유적으로 그들이 있는 그대로의 자리에서 만나야 한다고 제안하였습니다.

군에서 제대하고 민간인 생활로 돌아가는 것은 군 복무 중 겪었던 스트레스나 트라우마 경험과 별개로도 어려울 수 있습니다. 개인이 군 복무 이전이나 이후에 민간 부문에서 근무한 경험이 있는지, 지금 전역하는 상황인지, 은퇴하는 것인지, 또는 예비역 신분으로 계속 군과 연결되어 있는지, 군 제대가 계획된 것이었는지 아니면 비자발적인 것이었는지, 그리고 군에서 수행한 업무가 민간의 일자리로 얼마나 잘 연결되는지 등의 요소들이 모두 민간 사회로의 전환이 얼마나 수월할지에 영향을 미칠 수 있습니다. 더구나 군 복무와 관련된 성취, 경험, 표창 등, 즉 훈장이나 리본으로 군 복위에 쉽게 드러나던 것들이 민간 사회에서는 '보이지 않게' 됩니다. 군대에서는 명확하게 식별되고 표현되었던 계급과 조직적 위계가 민간 직장에서는 제대군인에게 잘 드러나지 않는 경우가 많으며, 민간 사회 특유의 단서와 사회적 규범을 이해하지 못하면 이를 파악하고 적응하는 데 어려움을 겪을 수 있습니다. 이와 관련하여, 자신의 역할과 목적 의식을 포함한 '군인 자아'의 상실과 그에 따른 애도의 감정이 전환 스트레스에 있어 중요한 측면으로 제시되었습니다(Mobbs와 Bonanno 2018). 전역 이후 동료 군인들로부터 받던 사회적 지지를 상실하는 것은 특히 큰 스트레스 요인이 될 수 있습니다. 군 복무자들 간의 사회적 유대는 매우 강할 수 있으며, 이러한 동지애와 밀접한 관계의 상실은 당연히 받아들이기 어려운 일일 수 있습니다. 실제로 Smith 등(2017)의 연구에 따르면, 파병에서 복귀한 후 사회적 지지가 낮고 사회 재통합의 어려움이 높을수록, 파병 경험과 PTSD 증상 간의 관계를 매개하는 것으로 밝혀졌습니다. 또한 사회적 관계, 소속감, 삶의 목적과 의미와 관련된 재통합 스트레스는 자살 사고의 증가와 관련이 있었습니다(Haller 등. 2016).

군 문화에 대한 이해도가 높아지면 재향군인 내담자의 치료 참여도와 치료적 관계 형성도 향상될 수 있습니다. 일부 국가(예: 영국, 미국, 호주)는 자원자로 군대를 유지하고 있지만, 다른 국가(예: 스웨덴, 이스라엘, 스위스)는 어떤 형태로든 의무 복무제를 시행하고 있습니다. 전원 자원입대제를 시행하는 국가에서는 군 복무자가 전체 인구의 소수에 불과합니다. 따라서 민간 의료진은 군대 문화와 맥락을 접할 기회가 제한적일 수 있습니다. 한 설문조사에 따르면, 지역사회에서 재향군인에게 서비스를 제공하는 치료자 중 소수(19%)만이 높은 군 문화적 역량을 보여주었고, 약 절반만이 통상적으로 내담자에게 이전의 군 복무 경험에 대해 질문하였습니다(Tanielian 등. 2014). 대부분의 민간인이 군 복무를 해야 하는 국가에서는 재향군인의 군 복무 경험에 대해 더 깊은 유대감이 있을 수 있습니다. 또한 재향군인들은 자신의 군 복무에 대한 인식과 군 문화에 대한 정체성의 동일시 면에서 매우 다양한 차이를 보입니다. 이 장의 마지막 부분에 이들을 담당하는 치료자가 군 문화의 핵심 가치와 신념, 그리고 군의 실무적, 조직적 측면을 보다 잘 이해할 수 있도록 돕기 위한 자료들의 링크가 있습니다.

23.3 전투 복무

"우리 소수인, 행복한 소수인, 한 형제들이여. 오늘 나와 함께 피를 흘리는 자는 나의 형제가 될 것이다. 그가 아무리 미천하더라도, 오늘은 그의 신분을 고귀하게 할 것이다. 지금 영국에서 잠자리에 들은 귀족들은, 오늘 자신이 이 자리에 없었던 것을 후일 저주로 여기게 되리라. 성 크리스핀 축일에 우리와 함께 싸웠던 이들의 이야기를 들을 때마다 자신들의 남성성을 수치로 여기게 되리라."

— 윌리엄 셰익스피어, 『헨리 5세』 4막 3장

군인이 경험할 수 있는 스트레스 요인은 다양하며, 여기에는 강도 높은 훈련과 파병 경험이 포함됩니다. 파병은 전투 작전을 직접 지원하는 임무에만 국한되지 않으며, 전투 지역 밖에서의 지원 역할과 인도주의적 임무 및 행동도 포함될 수 있습니다. 그러나 전투 복무가 일으키는 강렬하고도 종종 심오한 심리적 영향을 고려하여, 여기에서는 전투 노출에 초점을 맞추어 살펴보겠습니다. 전투 스트레스 요인에는 생명을 위협하는 상황, 신체적 부상, 타인의 사망 및 임종 장면의 목격, 부대원의 부상과 상실의 경험, 타인의 부상 또는 사망을 초래하는 행동에 참여하는 것 등이 포함됩니다. 이러한 스트레스는 강도 높은 전투 활동과 긴 근무 시간이 간헐적 휴식 시간과 뒤섞여 반복되는 상황, 기존의 대처 기제나 지지 체계로부터의 단절, 그리고 통제력 상실과 같은 추가적인 요인으로 인해 더욱 악화될 수 있습니다.

전투 노출은 PTSD, 우울증, 알코올 남용의 발병률 증가와 관련이 있습니다(Hoge 등. 2004; Kulka 등. 1990; Kang 등. 2003; Banducci 등. 2019). 파병 기간이 길고 전투 노출 수준이 높을수록(Schell과 Marshall 2008), 그리고 파병 간격이 짧을수록(Morissette 등. 2018) PTSD의 위험이 증가합니다. 전투 환경에서 경험할 수 있는 수많은 스트레스 요인 중에서도, 전우를 잃거나 깊이 내면화된 자신의 신념 및 가치관과 상충하는 상황에 직면하는 것은 특히 감당하기 힘들 수 있습니다.

23.3.1 애도와 상실

전투에 참전했던 많은 재향군인들은 동료 부대원의 갑작스러운 사망이나 부상을 경험하고, 수년이 지난 후에도 강렬한 애도의 증상들을 지속적으로 겪습니다. 이라크와 아프가니스탄에 파병되었던 재향군인을 대상으로 한 연구에 따르면, 조사 대상자의 47-80%가 중상을 입거나 사망한 사람을 알고 있으며, 20-25%는 동료가 총에 맞거나 근처에서 피격되는 경험을 한 것으로 나타났습니다(Simon 등. 2018;omas 등. 2010; Hoge 등. 2004; Toblin 등. 2012).

훈련과 전투 중에 형성된 사회적 유대감과 동료 부대원의 안녕에 대한 책임감은 전투에서 살아남은 재향군인에게 깊은 영향을 미치는 상실로 이어질 수 있습니다(Papa 등. 2008). 전우를 잃은 경험이 있는 군인 중 약 20%가 애도 증상에 대처하는 데 어려움을 겪는다고 보고했습니다(Toblin 등.

2012). 9/11 테러 이후 상실을 경험한 재향군인 204명을 대상으로 한 또 다른 연구에서는 이들의 41%가 복합 애도를 경험하고 있는 것으로 나타났습니다(Simon 등. 2018). 베트남전 참전용사들 사이에서도 높은 수준의 애도 증상이 보고되었습니다(Pivar와 Field 2004). 이 연구에서는 놀랍게도, 참전용사들이 보고한 애도 증상의 수준이 지난 3-6개월 이내에 배우자의 사망을 경험한 사람들의 보고 수준과 유사했습니다. 또한, 이 애도 증상은 PTSD 및 우울증 증상과 뚜렷이 구별되었으며, 대부분 상실 경험 그 자체에 의해 가장 잘 예측되었습니다. 이러한 상실에 대처하는 데 어려움을 겪는 것은 신체 건강 저하, 직업 기능 저하, 수면 장애, 피로 및 통증 악화와 관련이 있습니다(Toblin 등. 2012). 상실 자체에 대한 애도는, 다른 사람들이 살아남지 못한 상황에서 살아남았다는 죄책감이나, 해당 죽음을 예방할 수 있었다는 믿음과 관련된 자기비난으로 인해 더욱 복잡해질 수 있습니다(Currier와 Holland 2012).

요약하자면, 애도의 증상은 해결되지 않은 채로 수십 년 동안 지속될 수 있으며(Pivar와 Field 2004), 기능에 독특한 영향을 미칠 수 있습니다(Toblin등. 2012). 지속성 애도는 더 심각한 PTSD 및 트라우마 관련 죄책감, 낮은 PTSD 치료 반응과 관련이 있습니다(Simon 등. 2018; 2020). 애도의 증상이 PTSD와 함께 나타날 수 있지만, 이전의 연구는 이러한 증상들이 별개의 것임을 시사합니다. 외상성 또는 지속성 애도의 평가 및 치료에 대한 자세한 내용은 Shear와 동료들이 집필한 15장을 참조하십시오.

23.3.2 도덕적 손상

도덕적 손상이란 자신과 인류에 대해 깊이 내면화된 가치관이나 도덕적 신념에 위배되는 사건에 참여하거나, 이를 목격하거나 또는 그에 대해 알게 됨으로써 발생하는 고통을 의미합니다(Currier 등. 2015; Litz 등. 2009). 도덕적 손상을 초래할 수 있는 경험의 유형은 매우 광범위하며, 여기에는 상사 또는 동료의 배신, 자신의 가치관을 배반하는 행위, 타인에 대한 가해 행위를 막지 못한 것, 적 전투원 또는 민간인을 다치게 하거나 죽인 경험, 잔학 행위(예: 비인도적 행위)의 목격 또는 경험, 윤리적 딜레마에 직면하는 것 등이 포함됩니다(Currier 등. 2015; Stein 등. 2012).

이라크와 아프가니스탄에서 복무한 미군과 해병대원 중 23-32%는 자신이 적 전투원의 죽음에 책임이 있고, 48-60%는 도울 수 없는 상황에서 아프거나 다친 여성이나 어린이를 목격했으며, 50% 이상이 적에게 총을 쏘았거나 사격을 지시했고, 5-9.7% 이상이 비전투원의 죽음에 책임이 있다고 답했습니다(Thomas 등. 2010; Hoge 등. 2004). 이라크 및/또는 아프가니스탄에서 복무했던 재향군인 표본을 대상으로 한 연구에서 가장 빈번하게 보고된 경험은 군 지도부에 대한 배신감과 개인적 가치관에 대한 혼란, 민간인에 대한 과도한 가혹 행위, 전투에서 살아남은 것에 대한 죄책감이었습니다(Currier 등. 2015).

전투 복무 중 다른 사람을 다치게 하거나 사망하게 한 재향군인은, 다른 전투 노출 및 스트레스 요인을 고려한 후에도 더 심각한 PTSD 증상을 보고하였습니다(Currier 등. 2015; Maguen 등. 2010, 2013; Litz 등. 2009). 두 질환이 서로 겹치는 부분이 있기는 하지만, 도덕적 손상과 관련된 증상은 PTSD의 증상과 구별됩니다(Bryan 등. 2018; Griffin 등. 2019; Koenig 등. 2020). 도덕적으로 손상을 주는 경험과 관련된 다른 심리적 결과로는, 죄책감이나 수치심과 같은 정서적 반응과 영적 또는 실존적 고민이 있습니다(Currier 등. 2015).

도덕적 손상을 입은 사건과 관련된 심리적 반응은 사건 발생 중보다는 사건 이후에 더 많이 발생하는 것으로 보이며, 사건을 반추하고 처리할 시간을 가진 뒤에 일부 감정적 반응이 발전할 수 있다는 주장이 제기된 바 있습니다(Stein 등. 2012). Litz 등(2009)이 제시한 도덕적 손상의 원인과 발달을 이해하기 위한 체계적 틀의 핵심 구성 요소는 사건을 인지적으로 처리하는 방식입니다. 이 틀의 핵심은 개인이 자신이나 타인의 행동을 맥락화하거나 정당화할 수 없고, 이러한 경험을 기존의 도덕적 도식schema에 성공적으로 수용하지 못할 때 발생한다는 주장을 기반으로 합니다. 이러한 갈등은 죄책감이나 수치심과 같은 정서적 반응으로 이어집니다. 도덕적 손상 증상의 발달에 대한 추가적인 이론적 모델(예: Farnsworth's Prescriptive-Cognition Model, Farnsworth 2019와 e Stress Injury Model, Nash 2019)이 제안되었으며, 이를 고려하는 것이 도움이 될 수 있습니다.

도덕적, 윤리적 함의를 지닌 사건의 경우, 치료자와 재향군인 양측의 요인으로 인해 정신건강 치료 과정에서 충분한 주목을 받지 못할 수 있습니다(Litz 등. 2009). 치료자가 복잡한 실존적, 영적 질문을 다룰 준비가 되어 있지 않거나, 재향군인이 겪은 경험의 다른 영역(예: 생명을 위협하는 사건)에 집중하고 있을 수 있습니다. 재향군인은 죄책감이나 수치심과 관련된 자신 또는 타인의 행동에 대해 논의하는 것을 주저할 수 있으며, 치료자의 잠재적 반응(예: 거부, 오해 등)에 대해 우려할 수 있습니다(Litz 등. 2009). 또한 일부 재향군인들은 자신이나 타인에게 법적 문제가 생길까 봐 두려워할 수 있습니다. Currier 등(2015)은 이러한 두려움으로 인해 교전 규칙 위반, 잔학 행위 가담 또는 기타 유사한 유형의 경험에 대한 질문의 경우 치료자에게 응답하는 정보가 제한될 수 있으므로, 더 광범위하게 평가하면서 이 부분을 살펴보는 것이 좋다고 권고하였습니다.

이러한 사건에 대한 평가를 복잡하게 만드는 것은 이 사건들이 잠재적으로 생명을 위협할 수 있는 사건과 같은 다른 전투 관련 경험과 동시에 발생했거나 추가로 경험되었을 가능성이 있다는 점(Griffin 등. 2019). 평가는 도덕적 손상 사건 척도Moral Injury Events Scale(Nash 등. 2013), 도덕적 손상 설문지-군 복무자용Moral Injury Questionnaire-Military Version(Currier 등. 2015), 도덕적 손상 증상 척도-군 복무자용Moral Injury Symptom Scale-Military Version(Koenig 등. 2018) 등의 평가 도구를 사용할 수 있습니다. 치료자는 항상 재향군인이 외상 경험을 공유할 수 있도록 공간과 격려를 제공해야 하지만, 재향군인들이 초기에는 정보의 일부만 이야기하고자 할 수 있습니다. 치료자는 재향군인이 불편하게 느낄 가능성에 민감해야 하며, 어떤 내용을 밝히든 그 속도를 그들이 결정할 수 있도록 해야 합니다.

도덕적 손상에 초점을 맞춘 치료법은 계속 개발되고 있습니다. 가장 초기에 제안된 치료법으로는 8단계 개입이 있습니다(Litz 등. 2009). 이 치료법은 이러한 경험을 처리하기 위한 핵심 구성 요소를 다루며, 여기에는 치료 동맹 강화, 교육 제공, 자기 용서 및 사회적 연결과 같은 중요한 관심사 다루기, 미래 목표 설정에 중점을 둔 구성 요소들이 포함됩니다. 적응적 공개adaptive disclosure는 도덕적 손상에 초점을 맞춘 단기 개입으로, PTSD 증상 감소에 대한 예비적 증거를 보여주었습니다(Griffin 등. 2019; Litz 등. 2017). Maguen 등(2017)은 전투 중 발생한 살인 또는 사망에 대한 책임감을 다루기 위한 6회기 인지 행동 개입Impact of Killing, IOK의 예비 연구에 참여한 재향군인들의 PTSD 증상 감소와 기능 향상을 보고했습니다. 이 영역에 초점을 맞춘 치료법에 대한 자세한 설명은 Griffin 등(2019)의 종설을 참조하십시오. 적절한 경우, 그러한 경험과 관련된 영적 또는 실존적 문제로 어려움을 겪고 있는 재향군인들을 군목이나 영적 지도자와 같은 다른 서비스에 의뢰하는 것이 도움이 될 수 있습니다. PTSD가 있는 재향군인에게 종교적/영적 기반 개입을 활용한 연구들의 체계적인 검토에 따르면, 증상 결과가 상당히 개선되었다는 예비적 근거가 있습니다(Smothers와 Koenig 2018).

23.3.3 치료 시 고려 사항

- 군 복무 경험이 있는 내담자를 치료한 경험이 부족한 치료자는, 자신이 재향군인과 연결될 수 있을지 또는 그들에게 받아들여질 수 있을지에 대해 의문이 들 수 있습니다. 반대로, 재향군인과 강력한 치료 관계를 형성할 수 있었으며, 치료를 통해 그들을 도울 기회를 갖게 되어 매우 보람을 느낀다는 치료자들의 이야기도 종종 듣습니다.
- 군 문화와 군 관련 스트레스 요인에 대한 관심을 표현하고 이해하려는 자세는 존중을 보여주고, 치료 관계를 강화하며 치료 계획 수립을 개선할 수 있습니다. 이와 관련하여 재향군인 집단 내에서도 다양성이 존재하기 때문에 재향군인이라는 것 또는 전투에 참전했다는 것의 의미에 대한 고정관념과 가정을 내려놓는 것이 필수적입니다.
- 치료자는 자신의 신념과 잠재적 한계에 대해 스스로 점검해볼 필요가 있습니다. 예를 들어, 전쟁과 정치에 대한 자신의 신념과 판단을 제쳐둘 수 있는지, 참전용사를 치료할 때 발생할 수 있는 냉소적인 유머나 도덕성 모호성과 같은 주제에 어떻게 반응할 것인지, 또는 어느 정도까지 용인할

수 있을지 등을 고려해야 합니다.

- 군 복무 경험은 다양하고 복잡하기 때문에, 언제든 가능할 때 광범위하고도 포괄적인 초기 평가를 실시해야 합니다. 전투 작전, 복무 기간, 복무 부서, 직무, 복무 중 계급과 같은 복무 특성은 모두 재향군인 내담자의 경험과 임상 양상에 영향을 미칠 수 있으며, 치료 방향을 결정하는 데 중요한 정보를 제공할 수 있습니다. 전사한 전우에 대한 애도나 도덕적으로 모호한 상황 같은 민감한 경험은 공유하기 더 어려울 수 있으므로, 견고하고 신뢰할 수 있는 치료 관계를 발전시킬 수 있도록 충분한 시간을 할애해야 합니다.
- 다학제적 치료가 필요할 수 있습니다. 재향군인은 정신건강 및 신체건강의 동반 질환 여부에 대해 선별 검사를 받고 그에 따라 적절히 의뢰되어야 합니다. 예를 들어, 군 복무로 인한 신체적 부담은 만성 통증을 유발할 수 있습니다. 2010-2014년 국민건강면접조사 자료에 따르면 재향군인 응답자의 65.5%가 지난 3개월 사이 통증을 경험했다고 답했으며, 9.1%는 통증이 심각하다고 답했습니다. 18-39세 재향군인 중 7.8%는 심한 통증을 호소했는데, 이는 비슷한 연령대의 민간인의 3.2%보다 유의하게 높은 수치입니다(Nahin 2017). PTSD와 만성 통증은 모두 재향군인의 대처 자원에 부담을 주며, 이는 두 질환 모두를 악화시키고 기능 및 삶의 질에 부정적인 영향을 미칠 수 있습니다(예: Clapp 등. 2010). 외상성 뇌 손상과 같은 다른 신체적 부상도 회복에 막대한 영향을 미칠 수 있습니다(예: Holster 등. 2017).
- 치료자는 전투 지역에서 복무했던 여성 재향군인의 경우, 전통적인 의미에서 전투와 관련되었거나 비관련 스트레스 요인들을 경험했을 수 있으므로 이들의 PTSD 존재 가능성을 민감하게 살펴봐야 합니다. 예를 들어, 이라크와 아프가니스탄에서 작전 중에 여성들은 보급품을 운반하는 호송대의 일원으로 운전을 하거나 의료후송 임무에서 의무병으로 근무하면서 교전을 경험했을 수 있습니다.

사례: 루이스(Luis), 남성, 항구적 자유 작전 Operation Enduring Freedom, OEF **전투 참전용사**

루이스는 18세에 군에 입대했습니다. 그는 아프가니스탄에 두 차례 파병되어 총격전을 치렀으며, 적의 총격을 받기도 하고 적에게 총을 쏘기도 했습니다. 아프가니스탄에서의 두 번째 파병 중, 그는 사제폭발물improvised explosive device, IED로 인한 폭발로 동료 한 명이 사망하는 사고를 겪었습니다.

전역 후 루이스는 군 복무를 통해 받은 교육 혜택으로 대학에 진학하였습니다. 그러나 캠퍼스에 들어섰을 때 예상치 못한 불안감을 느꼈습니다. 특정 수업 자료와 전쟁에 대한 교사나 다른 학생들의 발언이 아프가니스탄에서의 기억을 생생히 떠오르게 했고, 하루 종일 집중할 수 없었습니다. 그는 민간인 학생들과 소통할 수 없다고 느꼈습니다. 루이스는 자신의 감정을 다룰 수 있어야 한다고 생각했지만, 아무리 노력해도 그 생각과 이미지가 계속 떠올랐습니다.

루이스는 1차 진료를 받던 중 PTSD 선별 검사에서 양성 판정을 받았습니다. 의사는 교육 자료를 제공하고 정신건강 서비스 의뢰를 제안했습니다. 루이스는 생각해 보겠다고 말했습니다. 그날 밤 루이스는 집에 돌아가 온라인에서 PTSD에 대해 검색해보았고, 증상과 치료법에 대해 읽으며 다른 참전용사들이 비슷한 경험을 공유하는 것을 발견했습니다. 양가감정이 들었지만 그는 정신건강 전문가와의 예약을 잡기로 결심했습니다.

루이스는 병원으로 차를 몰고 가면서, "이 모든 것을 파헤칠 가치가 있을까?" "어차피 민간인이 이 일에 대해 뭘 알겠어?" "내가 스스로 처리할 수 있어야 하는데."와 같은 생각으로 머릿속이 복잡해졌습니다. 학기가 절반 정도 남은 상황에서, 그는 정신을 '망가뜨릴' 수도 있는 약을 복용하면서 성적을 유지할 수 있을지 확신할 수 없었습니다. 그래도 그는 약속을 '어기고' 싶지 않았기 때문에 외래에 접수하였습니다.

케알(Keahl) 박사는 루이스를 따뜻하게 맞이했습니다. 박사는 도움을 요청하는 것이 어려울 수 있다는 것을 인정하며 루이스가 내원하는 것에 대해 어떻게 생각하는지 물었고, 자신의 경력과 전문 분야를 소개하면서 군 복무를 하지는 않았지만 루이스의 복무에 대해 깊이 감사하며 함께 치료를 시작하게 되어 기대가 된다고 언급했습니다. 그런 다음 회기에서 다룰 것을 안내했습니다. 그의 배경, 현재 생활 상황, 군 경력, 그리고 현재 증상에 대해 일반적인 질문을 할 것이며, 어떤 질문에 대해서도 대답을 거부할 수 있다고 설명했습니다. 그녀는 루이스가 언제, 어디서, 어떤 역할로 복무했는지 묻고, 루이스에게 이야기를 공유하고 질문할 시간을 주었습니다. 박사는 군 제대 후 민간 사회로의 전환 과정에서 겪는 어려움을 정상화했습니다. 또한 수면이 부족하거나 불규칙한 일정으로 기능하는 능력, 그리고 항상 경계 상태로 준비된 상태(과잉경계)와 같은 특정 행동이 전투 중에는 적응적일 수 있지만 민간 생활에서는 그렇지 않을 수 있다고 말했습니다. 평가 과정에서 그녀는 루이스가 목격했던 몇 가지 일로 인해 그가 자신의 복무의 의미에 대해 고뇌하면서도 동시에 군 복무에 대해 깊은 유대감과 자부심을 느끼고 있다는 사실을 알게 되었습니다. 박사는 루이스에게 도덕적 손상에 대한 정보를 제공하고, 치료 과정에서 이러한 문제를 계속 논의하도록 격려했습니다. 박사는 신체적 부상에 대해 질문하였고, 루이스가 IED 폭발 후 뇌진탕을 앓았다는 사실을 알게 되었습니다. 박사는 루이스의 동의를 얻어 인지 재활 전문가에게 그에 대한 평가를 의뢰했습니다.

루이스는 회기가 정해진 지속노출치료PE를 받기로 결정했습니다. 치료 후에도 그는 수면 장애 잔여 증상을 지속적으로 보고하였고, 불면증에 대한 인지행동치료 과정을 받기 위해 수면 전문가에게 의뢰되었습니다. 박사는 또한 루이스가 집중력 저하와 불안 증상으로 인해 교실에서 겪는 어려움에 대해 편의를 제공받을 수 있도록 교내 장애 학생 지원 서비스에 연결해 주었습니다. 루이스는 학업에 자신감을 갖게 되었고, 사회 활동에 다시 참여하며 미래에 대한 희망을 품기 시작했습니다.

23.4 군대 내 성희롱 및 폭행

전투 노출과 관련된 위험뿐 아니라, 성희롱과 성폭행도 군 복무 중 발생할 수 있는 경험입니다. 성희롱sexual harassment은 일반적으로 직장에서 발생하는 원치 않는 성적 경험으로 정의되며, 불쾌한 성적 발언, 음란물 전시, 성적 호의 제공과 관련된 처벌 또는 보상 약속, 성폭행 등 다양한 행위가 여기에 포함될 수 있습니다. 성폭행sexual assault은 일반적으로 원치 않는 성적인 단순 접촉부터 합의되지 않은 질, 항문 또는 구강 삽입(강간)에 이르는 다양한 행동을 포함하는, 원치 않는 신체적 성적 접촉으로 정의됩니다. 미국 재향군인부 내에서 군대 내 성 트라우마Military Sexual Trauma, 이하 MST는 구체적으로 "재향군인부 내에서 군대 내 성 트라우마Military Sexual Trauma, 이하 MST는 구체적으로 "재향군인부의 정신건강 전문가의 판단상, 재향군인이 현역 복무 중이거나 훈련 중에 발생한 성적인 의도의 신체적 폭행과 구타 또는 성희롱으로 인해 발생한 심리적 트라우마"로 정의됩니다(미국 연방법 38편 120D항).

군대 내 성희롱과 성폭행의 복잡성에는 이에 기여하는 몇 가지 독특한 요인이 있습니다(Turchik과 Wilson 2010). 이 중 핵심적인 요인은 힘과 통제를 중시하는 군대 문화의 강한 남성적 지향성입니다. 또한, (남성이든 여성이든) 피해자는 조직 내 다른 군인들로부터 - 사건에 기여했거나 사건을 막지 못했다는 이유로 - 약자로 보일 수 있기 때문에 폭력의 신고를 꺼릴 수 있습니다. 또 다른 중요한 요인은 군대의 계급 구조와 부대 결속의 중요성입니다. 이러한 특성은 특정 임무를 완수하는 데에는 귀중한 가치가 있지만, 동시에 하위 직급 군인의 취약성을 높이고 같은 부대 내에서 사건이 발생할 경우 사건을 신고할 결정을 내리기 더욱 어렵게 만듭니다.

23.4.1 유병률

군대 내 성희롱 및 성폭행의 실제 유병률과 발생률을 파악하는 것은 여러 요인(예: 연구 간 정의의 불일치, 과소 보고 등)으로 인해 어렵지만, 연구에 따르면 이러한 사례는 드물지 않게 발생하고 있습니다. 2018년 미국 국방부에서 시행한 현역 군인 대상 직장 및 성별 관계 설문조사(Breslin 등. 2019)에 따르면 지난 12개월 동안 성폭행 피해율은 여성 6.2%, 남성 0.7%, 성희롱 피해율은 여성 24.2%, 남성 6.3%였습니다. 현역과 퇴역 군인을 모두 포함한 연구들에 대한 메타분석에서는 성희롱과 성폭행을 모두 포함하여 측정한 결과 남성의 3.9%, 여성의 38.4%가 MST를 보고했습니다(Wilson 2018). 성폭행만 평가한 경우에는 남성의 1.9%, 여성의 23.6%가 MST를 경험했다고 답했습니다. 군 복무 중 성폭행 및 성희롱을 경험한 비율은 남성보다 여성에게서 더 높지만, 군대 내 남성 비율이 더 높다는 점을 고려하면 군대 내 성폭행/성희롱을 경험한 여성과 남성의 실제 비율은 더 비슷할 것이라는 점에 유의할 필요가 있습니다. 또한 남성의 경우 군대 내 성폭력이 과소 보고되었을 가능성도 있습니다. 다양한 집단, 특히 취약성이 높을 수 있는 집단에 대한 추가 연구의 필요성을 반영하여, 트랜스젠더 퇴역군인 221명을 대상으로 한 연구에 따르면 트랜스젠더 여성의 15.2%, 트랜스젠더 남성의 30%가 과거 군 복무 중 성폭행 경험을 보고했습니다(Beckman 등. 2018).

23.4.2 정신건강에 미치는 영향

연구에 따르면 군 복무 중 성 트라우마를 경험한 재향군인들은 여러 신체 건강 문제(Frayne 등. 1999; Kimerling 등. 2007; Turchik 등. 2012), 정신건강 문제(Kimerling 등. 2007, 2010), 기능 장애(Skinner 등. 2000)의 위험이 더 높은 것으로 나타났습니다. 발생률의 증가가 보고된 정신건강 문제에는 PTSD, 우울증, 불안, 물질사용장애, 성기능 장애, 섭식 장애, 자살 충동 등이 있습니다(예: Kimerling 등. 2007; Turchik 등. 2012; Blais 등. 2017; Blais와 Monteith 2018; Monteith 등. 2016; Forkus 등. 2020). 그중에서도 군대 내 성 트라우마와 가장 높은 연관성을 보이는 질환은 PTSD입니다(예: Kimerling 등. 2007). 이는 퇴역군인과 비퇴역군인 표본 모두에서 강간이 전투를 포함한 다른 어떤 외상보다 PTSD의 위험을 더 높인다는 다른 연구 결과와도 일치합니다(Kang 등. 2005; Kessler 등. 1995; Yaeger 등. 2006).

23.4.3 치료 시 고려 사항

- 인지처리 요법(CPT; Resick과 Schnicke 1993) 및 지속노출(PE; Foa 등. 2007)을 포함하여 경험적으로 뒷받침되는 많은 PTSD 치료법이 초기에는 성폭행 생존자를 대상으로 개발 및 검증되었으며, 이러한 치료법들은 성 트라우마와 관련된 PTSD 환자에게 도움이 되었습니다. 그러나 이 치료법들이 주로 여성 성폭행 생존자들을 대상으로 검증되었다는 점에 유의해야 합니다. 후향적 자료 분석(예: Voelkel 등. 2015; Hahn 등. 2020) 결과, 남성과 여성 재향군인 모두에서 CPT와 PE가 효과를 보였지만, CPT를 받은 사람들의 증상 변화 정도는 성별에 따라 차이가 있었으며, 이는 남성 성폭행 생존자에 대한 추가 연구의 필요성을 시사합니다. 다른 PTSD 치료법(예: 정서 및 대

인 관계 조절 기술 훈련 내러티브 치료, STAIR; Cloitre 등. 2020, 수용전념치료, ACT; Walser 등. 2013)도 성 트라우마를 경험한 재향군인에게 사용되고 있습니다.

- 성폭력이 군대 내에서 발생했다는 점을 고려할 때, 이러한 상황은 피해자에게 추가적인 우려를 야기할 수 있습니다. 치료자는 비밀 보장 문제, 낙인, 직무에 미치는 영향에 대한 우려, 가해자의 보복, 부대 결속력 등과 같은 요소들에 대해 주의를 기울여야 하며, 이는 민간인이 성 트라우마를 경험한 경우와 질적으로 다를 수 있습니다.
- 성 트라우마의 성별 특성을 고려할 때, 성인지 감수성이 반영된 방식으로 선별검사와 치료를 제공하는 것이 중요합니다. MST를 경험한 재향군인은 치료 접근성에 대한 부정적인 믿음(예: 낙인, 치료에 대한 인식)을 가질 수 있으며, 이는 성별에 따라 다를 수 있습니다(Hahn 등. 2020). 또한, 질적 연구에 따르면 재향군인들은 종종 MST와 관련된 치료를 받을 때 치료자의 성별에 대해 선호도를 보였습니다(Turchik 등. 2013, 2014). 성별 불일치(내담자가 선호하지 않는 성별의 치료자로부터 치료받는 것)는 치료자에 대한 불편감 및 치료적 장벽의 인식과 관련이 있습니다(McBain 등. 2020). 이러한 연구 결과는 성폭력 생존자에게 치료자로 선호하는 성별이 있는지 묻고 가능한 그 선호를 존중하는 것이 중요하다는 것을 강조합니다.
- 성 트라우마를 경험하는 것이 정신건강 문제의 위험성을 높이지만, 이것이 그 자체로 진단인 것은 아니며 성 트라우마를 경험한 모든 남성과 여성이 치료를 받기를 원하거나 필요로 하는 것도 아닙니다. 또한 PTSD는 성 트라우마와 관련된 가장 흔한 진단 중 하나이지만, 치료자는 성 피해와 관련된 다양한 정신적, 신체적 건강 문제가 있다는 점을 염두에 두어야 합니다.

사례: 재닌(Janine), 여성, 군대 내 성폭행 생존자

재닌은 25세 여성으로, 4년 전 신병 훈련소 입소 후 첫 배치지에서 소속 부대 장교에게 성폭행을 당했습니다. 성폭행 이후에도 장교는 계속해서 외설적인 말과 행동을 하고, 부적절한 신체 접촉을 했으며, 밤에 그녀의 침상에 가겠다고 위협했습니다. 재닌이 몇몇 동료들에게 자신의 경험을 설명할 때, 그녀는 "그냥 넘어가라"는 말을 들었습니다. 재닌은 군 경력이 위태로워지고 가해자와 친한 친구들을 잃을까 봐 두려워 신고하는 것을 망설였습니다. 복무 중 재닌은 당시의 경험을 떠올리지 않기 위해 업무에 집중하고 스스로에게 '과민반응'을 하는 것이라고 말하며 노력을 기울였습니다. 하지만 제대 후 재닌의 불면증과 과잉경계 등의 증상은 더욱 악화되었습니다. 그녀는 잠을 잘 때 베개 밑에 총을 두기를 고집했고, "더 이상 남자를 믿을 수 없다"며 친구들과의 만남도 피했고 남자 친구들이 원치 않는 성적 접근을 시도할까 봐 두려워했습니다.

재닌은 수면 문제로 인해 직장을 유지할 수 없었고 다시는 일을 할 수 없을지도 모른다는 두려움을 느꼈습니다. 일반 의약품 수면제에 내성이 생긴 후, 재닌은 더 강력한 수면제를 처방받기 위해 일차 진료 의사를 찾았습니다. 진료실에서 뒤부아(DuBois) 박사는 군대 내 성 트라우마 신별검사를 시행했습니다. 재닌은 의사에게 군대 내 성 트라우마를 경험했으며 가해자와 관련된 악몽을 꾸고 있다고 털어놓았습니다. 재닌의 고통을 알아챈 박사는 그녀에게 가능한 치료적 선택들에 대해 알려주고 PTSD 치료 경험이 있는 심리학자와 상담 일정을 잡을 수 있는 연락처를 주었습니다.

재닌은 치료가 도움이 될 수 있다는 것을 알면서도 한 번도 치료를 받으려 하지 않았었다는 사실이 부끄러웠습니다. 여러 직무 배치와 스스로 정한 바쁜 일정 때문에, 그녀는 정신건강 진료소의 전화번호를 찾아볼 시간을 갖지 못했습니다. 또한 그녀는 사건이 발생했을 때 조용히 넘어가는 대신 용기를 내어 신고했더라면 좋았을 거라고 생각했습니다. 하지만 그녀는 자신이 너무 자세한 내용을 밝힐 경우, 치료자가 헌병대에 공식적으로 신고할 것인지에 대해 확신이 서지 않았습니다. 이처럼 상반된 생각과 소용돌이치는 감정 속에서도 재닌은 결국 상담을 예약했습니다. 그녀는 실직 상태인 지금, 이 문제를 다룰 시간이 있다고 생각했습니다.

초기 평가 후 재닌과 치료자는 인지처리치료CPT를 하기로 결정했습니다. 재닌은 성폭행과 관련하여 많은 자책감을 느끼고 있었고, 자신이 '그를 오해하게 만들었거나' 성폭행을 당할 만한 행동을 했다고 생각한다는 것이 분명했습니다. 재닌은 자신이 다시는 정상으로 돌아갈 수 없을 것이며 영구적으로 손상되었다는 두려움에 대해 설명했습니다. 치료자는 재닌의 회복에 영향을 미치는 신념과 생각을 검토하고 그에 도전하는 데 집중했습니다. 치료자는 수면 위생에 대한 심리교육과 수면 전문가 의뢰를 통해 재닌의 불면증을 해결했습니다. 치료 과정에서 트라우마에 대한 기록을 작성하고 이를 처리하면서, 재닌은 회피해왔던 사건을 이해하고 그 사건과 관련된 감정을 느낄 수 있었습니다. 8주간의 치료가 끝날 무렵, 재닌은 수면 시간과 수면의 질이 크게 개선되고 악몽이 감소했으며 남녀가 함께 하는 사회 활동에 참여하려는 의지가 높아졌습니다. 또한 PTSD 증상이 현저히 감소하여 더 이상 문의 잠금 상태를 확인하거나 계속해서 뒤를 돌아볼 필요성을 느끼지 않았습니다. 또한 자기 효능감이 높아졌고, 구직 활동을 시작했으며, 향후 연애를 시작할 가능성에 대해 열린 마음을 갖게 되었습니다. 그럼에도 여전히 무언가 '막막함'을 느낄 때면, 재닌은 치료 자료를 다시 읽고 치료 워크시트를 작성하기를 계속하고 있습니다.

23.5 성소수자의 정체성 및 소수자 스트레스

인종 및 소수 민족 그룹의 구성원 또는 레즈비언, 게이, 양성애자, 트랜스젠더, 퀴어LGBTQ+로 자신을 식별하는 재향군인은 기준 A 외상성 스트레스 요인 외에도 소수자 스트레스, 정체성에 기반한 차별, 미세한 차별microaggression을 경험할 수 있다는 인식이 확산되고 있습니다(Sibrava 등. 2019; Livingston 등. 2020). 특히, LGBTQ+인 재향군인은 성폭력 및 대인 관계 폭력을 포함하는 트라우마 노출과 PTSD의 위험이 높은 것으로 나타났습니다(Shipherd 등. 2018, 2019; Livingston 등. 2019). 트랜스젠더 및 다양한 성소수자의 경우, 연구 보고에 따르면 기준 A 외상 사건에 평생 노출될 확률이 90%에서 100%에 달했습니다(Shipherd 등. 2019). LGBTQ+ 퇴역군인에서 트라우마 및 PTSD 발생률이 증가하는 것은, 성정체성에 기반한 차별과 트라우마 경험의 생애 경험률이 더 높기 때문일 수 있습니다(Shipherd 등. 2018).

소수자 집단에 속하는 재향군인은 군 복무 중 소속 군 부대에서 다양한 수준의 배제와 고립을 경험했을 수 있으며, 이는 집단 역학, 상사의 리더십, 부대 내 차별 및 괴롭힘의 존재 여부, 기타 요인에 따라 달라질 수 있습니다(Alford 와 Lee. 2016; Dardis 등. 2018; Foynes 등. 2015; Gurung 등. 2018; Livingston 등. 2019). 대인 관계 및 제도적 차별, 기타 소수자 스트레스 요인, 치료 접근성에 대한 장벽 증가는 모두 LGBTQ+ 재향군인들에게 트라우마 및 군 관련 스트레스 요인이 미치는 영향을 더 복합적으로 가중시킬 수 있습니다(Livingston 등. 2019).

외상성 스트레스 요인, 소수자 스트레스 요인, 차별, 미세한 차별의 조합은 성소수자 재향군인의 임상적 고통과 기능 손상을 악화시킬 수 있습니다(Livingston 등. 2019). 치료자는 재향군인의 경험에 있어 이러한 측면들의 교차적 특성을 인식해야 합니다. 임상적으로 치료자는 재향군인의 경험, 증상 및 치료 과정을 보다 포괄적이고 정확하게 파악하기 위해 기준 A 외상성 경험 및 PTSD 외에도 소수자 스트레스 및 차별 경험을 평가하는 것을 고려해야 합니다(Livingston 등. 2019; Shipherd 등. 2019; Onoye 등. 2017). 또한, 근거기반 PTSD 치료법이 재향군인에게 효과적이라는 것이 입증되었지만, 이 치료법들이 PTSD의 증상과 회복에 영향을 미칠 수 있는 정체성 관련 차별, 소수자 스트레스, 미세한 차별의 부정적 여파까지 충분히 다루는 것은 아닙니다(Livingston 등. 2019; Shipherd 등. 2019). 정신건강 치료의 효과를 높이기 위해 트라우마 중심 치료(예: CPT 또는 PE) 외에 소수자 스트레스 요인 및 차별 관련 경험을 목표로 하는 추가 치료 모듈 또는 보조적인 개입(예: 대처 기술 개입)을 활용하는 것이 필요할 수 있습니다(Shipherd 등, 2019). 향후 연구 방향에서는 트라우마, 소수자 스트레스 요인, 차별, 미세한 차별의 복잡한 상호 작용을 해결하기 위해 현재 치료 모형을 개념화하고 수정할 최선의 방법을 고려해야 합니다(Shipherd 등. 2019; Sibrava 등. 2019).

23.6 요약 및 일반적인 치료 시 고려 사항

임상 현장에서 발생할 수 있는 다양한 임상 증상과 우려 사항을 모두 다루는 것은 이 장의 범위를 벗어납니다. 재향군인 집단은 세대, 인종, 성별에 걸쳐 매우 다양합니다. 많은 재향군인들이 전쟁 중에 복무했고, 다른 많은 재향군인들은 평화 시기에 복무했으며, 또 다른 재향군인들은 전 세계의 인도주의적 임무를 수행했습니다. 따라서 각 재향군인이 가진 고유한 이야기에 귀를 기울이는 것이 중요하다는 점을 강조하며, 이 장에서는 재향군인의 PTSD를 치료할 때 일반적인 지침으로 몇 가지 권장 사항을 제시합니다.

23.6.1 정신건강 치료 접근에 장애가 되는 요인들

PTSD로 인해 정신건강 관리가 필요한 재향 군인 중 상당수가 치료를 받지 않습니다(Shiner 2011). 전투에 참전한 미군과 해병대를 대상으로 2003년에 실시한 설문조사에 따르면 최대 17.1%가 정신질환이 있음을 인정했지만, 이들 중 실제로 정신건강 치료를 받은 비율은 23-40%에 불과했습니다(Hoge 등. 2004). 연구에 따르면, 정신건강 치료에 대한 염려와 준비 부족(Stecker 등. 2013), 사회적 낙인 및 치료를 받는 것이 향후 군 경력에 미칠 수 있는 잠재적 영향, 자기-낙인(예: 치료받는 것을 약함의 징후로 인식하는 것) 및 개인정보 보호 문제(Hoge 등. 2004; Stecker 등. 2007, 2013; Crawford 등. 2015), 그리고 일정 조정의 어려움, 의료 기관과의 거리, 다양한 역할(예: 직원, 학생, 부모) 사이에서의 균형(Hoge 등. 2004; Stecker 등. 2013)으로 인한 현실적인 장벽 등, 치료를 시작하는 데에는 다수의 장벽들이 존재합니다. 이 중 치료에 대한 우려감은 치료를 가로막는 가장 큰 장벽 중 하나로, 여기에는 치료 선택권의 제한(예: 약물이 처방될 것이라는 예상과 걱정, 개인 또는 집단 치료에 대한 선호도), 정신건강 치료자가 자신의 상황을 이해하지 못할 것이라는 우려(예: 전쟁에 파병된 사람들만이 이해할 수 있다는 생각), 자신에게 치료가 필요하지 않거나 치료할 준비가 되지 않았다는 인식 등이 포함됩니다(Stecker 등, 2013). PTSD의 가능성이 있지만 정신건강 치료를 받지 않은 재향군인들에게서 자신의 문제는 스스로 해결해야 한다는 믿음이 더 자주 드러났습니다(Elbogen 등. 2013).

23.6.2 평가 및 치료

치료를 시작하기 전에 종합적인 평가가 완료되어야 합니다. 평가에는 군 경력 및 경험, PTSD 관련 상태 및 기능, 동반된 심리적/신체적 상태에 대한 정보가 포함되어야 합니다. 이라크와 아프가니스탄 전쟁 중, 적군의 사제폭발물(IED) 사용과 더 나은 보호 장비 및 의료 서비스로 인해 중상을 입은 재향군인의 생존율이 높아지면서 특정 동반 질환의 증가로 이어졌습니다. 이러한 유형의 사건으로 인해 발생하는 PTSD, 통증 및 외상성 뇌 손상은 전투의 '대표적 상처signature wound'로 간주되어 왔습니다. 이러한 질환에 대해 평가하는 것은 재향군인이 적절한 전문 치료를 받도록 의뢰할 수 있게 해줍니다.

연구에 따르면 CPT(Resick과 Schnicke 1993) 및 PE(Foa 등. 2007)와 같은 트라우마 중심 치료가 재향군인에게 효과적입니다(미국 재향군인부와 국방부 2010). 이러한 치료법은 현역 및 퇴역군인의 증상을 완화하는 데 효과적이지만, 비퇴역군인에 비해 퇴역군인의 경우 그 효과 크기가 더 작았습니다(Steenkamp 등. 2020; Schnurr 등. 2020). 경험한 것들과 동반 질환의 잠재적 복잡성을 고려할 때, 재향군인에 대한 효과를 극대화하기 위해 기존 치료법을 어떻게 발전시키고 보완할 수 있을지 더 잘 이해하기 위해서는 추가적인 연구가 필요합니다. 다른 치료법들도 재향군인을 대상으로 연구되었습니다. 재향군인을 대상으로 한 연구에서, 짧은(5회기) 노출 기반 개입인 쓰기 노출치료Written Exposure Therapy, WET(Sloan과 Marx 2019)는 CPT보다 효과가 열등하지 않았습니다(Sloan 등. 2018; Thompson-Hollands 등. 2018). 수용전념치료ACT도 재향군인의 우울증과 불안 증상을 감소시켰습니다(예: Walser 등. 2013; Lang 등. 2017). 복합적인 증상(예: 복합 외상, 정서 조절의 어려움)이 있는 재향군인의 경우 STAIR와 트라우마 중심 치료를 결합한 다중 요소 치료법(Cloitre 등. 2020)이나 변증법적 행동 치료dialectical behavior therapy, DBT(Linehan 1993)와 같은 접근법을 고려할 수 있습니다(Landes 등. 2013). 재향군인이 트라우마 중심 치료에 참여하는 데 장애가 되는 요인으로는 치료가 증상을 악화시킬 것이라는 우려, 치료 근거에 대한 '믿음'의 부족, 치료에 대한 교육 및 예상되는 낙인에 대한 신념, 재향군인부의 체계와 관련된 장벽, 그리고 현실적인 장벽(예: 교통) 등이 있습니다(Hundt 등. 2015, 2018; Possemato 등. 2018). 참여를 촉진하는 요인에는 치료자의 특성(친숙함, 연대, 일관성), 다른 재향군인의 격려, 그리고 이전의 치료가 포함됩니다. 비대면 진료로 치료를 제공하면 일부 장벽을 해결할 수 있습니다. 재향군인들이 선호하는 방식(예: 재택 기반 비대면 진료, 사무실 기반 비대면 진료, 재택 대면 진료)은 다양하며(Morland 등. 2019), 이는 지방과 도시 지역의 재향군인 간에도 차이가 있을 수 있습니다(Possemato 등. 2018).

가족은 사랑하는 사람의 정신질환으로 인해 깊은 영향을 받을 수 있으며, 회복 과정에 중요한 역할을 하기도 합니다. PTSD를 겪는 재향군인들이 보고한 구체적인 대인관계적인 어려움에는 가족 및 부부 관계의 악화(Koenen 등. 2008; Malaktaris 등. 2019), 친밀감 및 의사소통의 어려움, 높은 별거 및 이혼율(Riggs 등. 1998; Cook 등. 2004) 등이 있습니다. 미국의 육군 방위군 병사들에 대한 연구에서 가족 상담은 설문조사 대상자 대다수에게 매력적인 선택지였습니다(Khaylis 등. 2011). 가족과 사랑하는 사람을 치료에 참여시키면 PTSD가 있는 재향군인의 치료 개선에 도움이 될 수 있습니다(예: Laws 등. 2018; Kugler 등. 2019). 마찬가지로 재향군인들 사이에 흔히 존재하는 독특한 유대감을 고려할 때, 동료 지원 개입을 고려할 수 있습니다. 동료 아웃리치 및 지원은 PTSD를 가진 개인들의 치료 접근성과 참여도가 향상되는 데 있어 기대할 만하며(Jain 등. 2013; Possemato 등. 2019), 일부 재향군인들은 이러한 방식을 더 선호하기도 하였습니다(Possemato 등. 2018).

23.6.3 온라인 자료

군 문화에 대한 심층적인 이해를 돕고 정신건강 치료를 지원하기 위해 치료자를 위한 다양한 자료가 개발되었습니다. 파병 심리학 센터The Center for Deployment Psychology는 군 복무자들과 일하는 치료자를 위한 정보 및 교육을 제공합니다(https://deploymentpsych.org/). 국가 PTSD 센터 웹사이트는 재향군인을 위한 PTSD 평가 및 치료에 관한 광범위한 교육을 제공합니다(https://www.ptsd.va.gov/). Make the Connection 및 About Face의 웹사이트(www.maketheconnection.net, https://www.ptsd.va.gov/ apps/AboutFace/)에서는 재향군인들이 심리적 증상과 치료 경험에 대한 경험을 공유하는 동영상을 제공하며, 이는 치료자와 재향군인 모두에게 유용한 자료가 될 수 있습니다.

References

Alford B, Lee SJ (2016) Toward complete inclusion: lesbian, gay, bisexual, and transgender military service members after repeal of Don't Ask, Don't Tell. Soc Work 61(3):257–265

Banducci AN, McCaughey VK, Gradus JL, Street AE (2019) The associations between deployment experiences, PTSD, and alcohol use among male and female veterans. Addict Behav 98:106032

Beckman K, Shipherd J, Simpson T, Lehavot K (2018) Military sexual assault in transgender veterans: results from a nationwide survey. J Trauma Stress 31:181–190

Blais RK, Monteith LL (2018) Suicidal ideation in female survivors of military sexual trauma: the trauma source matters. Suicide Life Threat Behav 49:643–652

Blais RK, Brignone E, Maguen S, Carter ME, Fargo JD, Gundlapalli AV (2017) Military sexual trauma is associated with post-deployment eating disorders among Afghanistan and Iraq veterans. Int J Eat Disord 50:808–816

Breslin R, Davis L, Hylton K, Hill A, Klauberg W, Petusky M, Klahr A (2019) 2018 workplace and gender relations survey of active duty members. Office of People Analytics. https://www.sapr.mil/sites/default/files/Annex_1_2018_WGRA_Overview_Report_0.pdf

Bryan CJ, Bryan AO, Roberge E, Leifker FR, Rozek DC (2018) Moral injury, posttraumatic stress disorder, and suicidal behavior among National Guard personnel. Psychol Trauma Theory Res Pract Policy 10:36–45

Clapp JD, Masci J, Bennett SA, Beck JG (2010) Physical and psychosocial functioning following motor vehicle trauma: relationships with chronic pain, posttraumatic stress, and medication use. Eur J Pain 14:418–425

Cloitre M, Cohen LR, Ortigo KM, Jackson C, Koenen KC (2020) Treating survivors of childhood abuse and interpersonal trauma: STAIR narrative therapy. Guilford, New York

Cook JM, Riggs DS, Thompson R, Coyne JC, Sheikh JI (2004) Posttraumatic stress disorder and current relationship functioning among world war II ex-prisoners of war. J Fam Psychol 18:36–45

Crawford EF, Elbogen EB, Wagner HR, Kudler H, Calhoun PS, Brancu M, Straits-Troster KA (2015) Surveying treatment pref-

erences in U.S. Iraq–Afghanistan veterans With PTSD symptoms: A step toward veteran-centered care. J Trauma Stress 28:118–126
Currier JM, Holland JM (2012) Examining the role of combat loss among Vietnam war veterans. J Trauma Stress 25:102–105
Currier JM, Holland JM, Drescher K, Foy D (2015) Initial psychometric evaluation of the moral injury questionnaire-military version. Clin Psychol Psychother 22(1):54–63
Dardis CM, Reinhardt KM, Foynes MM, Medoff NE, Street AE (2018) "Who are you going to tell? Who's going to believe you?": women's experiences disclosing military sexual trauma. Psychol Women Q 42(4):414–429
Davis LL, Kyriakides TC, Suris AM, Ottomanelli LA, Mueller L, Parker PE, Resnick SG, Toscano R, Scrymgeour AA, Drake RE (2018) Effect of evidence-based supported employment vs transitional work on achieving steady work among veterans with posttraumatic stress disorder: a randomized clinical trial. JAMA Psychiat 75:316–324
Department of Veterans Affairs & Department of Defense (2010) VA/DoD clinical practice guideline for management of post-traumatic stress. http://www.healthquality.va.gov/ptsd/cpg_PTSD-FULL-201011612.pdf
Elbogen EB, Wagner HR, Johnson SC, Kinneer P, Kang H, Vasterling JJ, Timko C, Beckham JC (2013) Are Iraq and Afghanistan veterans using mental health services? New data from a national random-sample survey. Psychiatr Serv 64:134–141
Farnsworth JK (2019) Is and ought: descriptive and prescriptive cognitions in military-related moral injury. J Trauma Stress 32:373–381
Foa E, Hembree E, Rothbaum B (2007) Prolonged exposure therapy for PTSD: emotional processing of traumatic experiences. Oxford University Press, Oxford
Forkus SR, Weiss NH, Goncharenko S, Mammay J, Church M, Contractor AA (2020) Military sexual trauma and risky behaviors: a systematic review. Trauma Violence Abuse 22:976–993
Foynes MM, Smith BN, Shipherd JC (2015) Associations between race-based and sex-based discrimination, health, and functioning: a longitudinal study of marines. Med Care 53:S128–S135
Frayne SM, Skinner KM, Sullivan LM, Tripp TJ, Hankin CS, Kressin N, Miller D (1999) Medical profile of women veterans administration outpatients who report a history of sexual assault occurring while in the military. J Womens Health Gend Based Med 8(6):835–845
Fulton JJ, Calhoun PS, Wagner HR, Schry AR, Hair LP, Feeling N, Elbogen E, Beckham JC (2015) The prevalence of posttraumatic stress disorder in operation enduring freedom/operation Iraqi freedom (OEF/OIF) veterans: a meta-analysis. J Anxiety Disord 31:98–107
Griffin BJ, Purcell N, Burkman K, Litz BT, Bryan CJ, Schmitz M, Villierme C, Walsh J, Maguen S (2019) Moral injury: an integrative review. J Trauma Stress 32:350–362
Goldberg J, Magruder KM, Forsberg CW, Friedman MJ, Litz BT, Vaccarino V, Heagerty PJ, Gleason TC, Huang GD, Smith NL (2016) Prevalence of post-traumatic stress disorder in aging Vietnam-era veterans: veterans administration cooperative study 569: course and consequences of post-traumatic stress disorder in Vietnam-era veteran twins. Am J Geriatr Psychiatry 24:181–191
Gurung S, Ventuneac A, Rendina HJ, Savarese E, Grov C, Parsons JT (2018) Prevalence of military sexual trauma and sexual orientation discrimination among lesbian, gay, bisexual, and transgender military personnel: a descriptive study. Sex Res Social Policy 15(1):74–82
Hahn CK, Turchik J, Kimerling R (2020) A latent class analysis of mental health beliefs related to military sexual trauma. J Trauma Stress 34:394–404
Haller M, Angkaw AC, Hendricks BA, Norman SB (2016) Does reintegration stress contribute to suicidal ideation among returning veterans seeking PTSD treatment? Suicide Life Threat Behav 46(2):160–171
Hoge CW (2011) Interventions for war-related posttraumatic stress disorder: meeting veterans where they are. JAMA 306:549–551
Hoge CW, Castro CA, Messer SC, McGurk D, Cotting DI, Koffman RL (2004) Combat duty in Iraq and Afghanistan, mental health problems, and barriers to care. N Engl J Med 351:13–22
Holster JL, Bryan CJ, Heron EA, Seegmiller RA (2017) Traumatic brain injury, sleep, and mental health: a longitudinal study of air force personnel pre- and postdeployment to Iraq. J Head Trauma Rehabil 32:25–33
Hundt NE, Mott JM, Miles SR, Arney J, Cully JA, Stanley MA (2015) Veterans' perspectives on initiating evidence-based psychotherapy for posttraumatic stress disorder. Psychol Trauma Theory Res Pract Policy 7(6):539–546
Hundt NE, Helm A, Smith TL, Lamkin J, Cully JA, Stanley MA (2018) Failure to engage: a qualitative study of veterans who decline evidence-based psychotherapies for PTSD. Psychol Serv 15(4):536–542
Jain S, McLean C, Adler EP, Lindley SE, Ruzek JI, Rosen CS (2013) Does the integration of peers into the treatment of adults with posttraumatic stress disorder improve access to mental health care? A literature review and conceptual model. J Trauma Stress Disord Treat 2:1–9
Kang HK, Natelson BH, Mahan CM, Lee KY, Murphy FM (2003) Posttraumatic stress disorder and chronic fatigue syndrome-like illness among gulf war veterans: a population-based survey of 30,000 veterans. Am J Epidemiol 157:141–148
Kang H, Dalager N, Mahan C, Ishii E (2005) The role of sexual assault on the risk of PTSD among gulf war veterans. Ann Epidemiol 15(3):191–195
Kessler RC, Sonnega A, Bromet E, Hughes M, Nelson CB (1995) Posttraumatic stress disorder in the national comorbidity sur-

vey. Arch Gen Psychiatry 52(12):1048–1060
Khaylis A, Polusny MA, Erbes CR, Gewirtz A, Rath M (2011) Posttraumatic stress, family adjustment, and treatment preferences among national guard soldiers deployed to OEF/OIF. Mil Med 176:126–131
Kimerling R, Gima K, Smith MW, Street A, Frayne S (2007) The veterans health administration and military sexual trauma. Am J Public Health 97:2160–2166
Kimerling R, Street A, Pavao J, Smith M, Cronkite R, Holmes T, Frayne S (2010) Military-related sexual trauma among veterans health administration patients returning from Afghanistan and Iraq. Am J Public Health 100:1409–1412
Koenen KC, Stellman SD, Sommer JF, Stellman JM (2008) Persisting posttraumatic stress disorder symptoms and their relationship to functioning in Vietnam veterans: a 14-year follow-up. J Trauma Stress 21:49–57
Koenig CJ, Maguen S, Monroy JD, Mayott L, Seal KH (2014) Facilitating culture-centered communication between health care providers and veterans transitioning from military deployment to civilian life. Patient Educ Couns 95:414–420
Koenig HG, Ames D, Youssef NA, Oliver JP, Volk F, Teng EJ, Haynes K, Erickson ZD, Arnold I, O'Garo K, Pearce M (2018) The moral injury symptom scale-military version. J Relig Health 57:249–265
Koenig HG, Youssef NA, Ames D, Teng EJ, Hill TD (2020) Examining the overlap between moral injury and PTSD in US veterans and active duty military. J Nerv Ment Dis 208(1):7–12
Kugler J, Andresen FJ, Bean RC, Blais RK (2019) Couple-based interventions for PTSD among military veterans: an empirical review. J Clin Psychol 75:1737–1755
Kulka RA, Schlenger WE, Fairbank JA, Hough RL, Jordan BK, Marmar CR et al (1990) Trauma and the Vietnam war generation: report of findings from the National Vietnam Veterans Readjustment Study. Brunner/Mazel, New York
Landes SJ, Garovoy ND, Burkman KM (2013) Treating complex trauma among veterans: three stage-based treatment models. J Clin Psychol 69:523–533
Lang AJ, Schnurr PP, Jain S, He F, Walser RD, Bolton E, Benedek DM, Norman SB, Sylvers P, Flashman L, Strauss J, Raman R, Chard KM (2017) Randomized controlled trial of acceptance and commitment therapy for distress and impairment in OEF/OIF/OND veterans. Psychol Trauma Theory Res Pract Policy 9:74–84
Laws HB, Glynn SM, McCutcheon SJ, Schmitz TM, Hoff R (2018) Posttraumatic stress symptom change after family involvement in veterans' mental health care. Psychol Serv 15(4):520–528
Linehan MM (1993) Cognitive-behavioral treatment of borderline personality disorder. The Guilford Press, New York
Litz BT, Stein N, Delaney E, Lebowitz L, Nash WP, Silva C, Maguen S (2009) Moral injury and moral repair in war veterans: a preliminary model and intervention strategy. Clin Psychol Rev 29:695–706
Litz BT, Lebowitz L, Gray MJ, Nash WP (2017) Adaptive disclosure: a new treatment for military trauma, loss, and moral injury. Guilford Press, New York
Livingston NA, Berke DS, Ruben MA, Matza AR, Shipherd JC (2019) Experiences of trauma, discrimination, microaggressions, and minority stress among trauma-exposed LGBT veterans: unexpected findings and unresolved service gaps. Psychol Trauma Theory Res Pract Policy 11(7):695–703
Livingston NA, Berke D, Scholl J, Ruben M, Shipherd JC (2020) Addressing diversity in PTSD treatment: clinical considerations and guidance for the treatment of PTSD in LGBTQ populations. Curr Treat Option Psychiatry 7:53–69
Maguen S, Lucenko BA, Reger MA, Gahm GA, Litz BT, Seal KH, Marmar CR (2010) The impact of reported direct and indirect killing on mental health symptoms in Iraq war veterans. J Trauma Stress 23:86–90
Maguen S, Madden E, Bosch J, Galatzer-Levy I, Knight SJ, Litz BT, McCaslin SE (2013) Killing and latent classes of PTSD symptoms in Iraq and Afghanistan veterans. J Affect Disord 145:344–348
Maguen S, Burkman K, Madden E, Dinh J, Bosch J, Keyser J, Schmitz M, Neylan TC (2017) Impact of killing in war: a randomized, controlled pilot trial. J Clin Psychol 73(9):997–1012
Malaktaris AL, Buzzella BA, Siegel ME, Meyers US, Browne KC, Norman SB, Angkaw AC (2019) OEF/OIF/OND veterans seeking PTSD treatment: perceptions of partner involvement in trauma-focused treatment. Mil Med 184:e263–e270
McBain SA, Garneau-Fournier J, Turchik JA (2020) The relationship between provider gender preferences and perceptions of providers among veterans who experienced military sexual trauma. J Interpers Violence 37:NP2868–NP2890
McCaslin SE, Maguen S, Metzler T, Bosch J, Neylan TC, Marmar CR (2016) Assessing posttraumatic stress related impairment and well-being: the posttraumatic stress related functioning inventory (PRFI). J Psychiatr Res 72:104–111
McCaslin SE, Becket-Davenport C, Dinh JV, Lasher B, Kim M, Choucroun G, Herbst E (2021) Military acculturation and readjustment to the civilian setting. Psychol Trauma Theory Res Pract Policy 13(6):611–620. Advanced Online Publication
McCormick WH, Currier JM, Isaak SL, Sims BM, Slagel BA, Carroll TD, Hamner K, Albright DL (2019) Military culture and post-military transitioning among veterans: a qualitative analysis. J Veterans Stud 4(2):287–298
Mobbs MC, Bonanno GA (2018) Beyond war and PTSD: the crucial role of transition stress in the lives of military veterans. Clin Psychol Rev 59:137–144
Monteith LL, Bahraini NH, Matarazzo BB, Gerber HR, Soberay KA, Forster JE (2016) The influence of gender on suicidal ideation following military sexual trauma among veterans in the veterans health administration. Psychiatry Res 244:257–265
Morissette SB, DeBeer BB, Kimbrel NA, Meyer EC, Gulliver SB (2018) Deployment characteristics and long-term PTSD symptoms. J Clin Psychol 74:637–648
Morland LA, Wells SY, Glassman LH, Grubbs KM, Mackintosh MA, Golshan S, Sohn MJ, Thorp SR, Savage UC, Acierno RE

(2019) What do veterans want? Understanding Veterans' preferences for PTSD treatment delivery. Mil Med 184:686–692

Nahin RL (2017) Severe pain in veterans: the effect of age and sex, and comparisons with the general population. J Pain 18(3):247–254

Nash WP (2019) Commentary on the special issue on moral injury: unpacking two models for understanding moral injury. J Trauma Stress 32:465–470

Nash WP, Marino Carper TL, Mills MA, Au T, Goldsmith A, Litz BT (2013) Psychometric evaluation of the moral injury events scale. Mil Med 178:646–652

Onoye JM, Spoont M, Whealin JM, Pole N, Mackintosh MA, Spira JL, Morland LA (2017) Improving assessment of race, ethnicity, and culture to further veteran PTSD research. Psychol Trauma Theory Res Pract Policy 9(2):222–229

Papa A, Neria Y, Litz B (2008) Traumatic bereavement in war veterans. Psychiatr Ann 38:686–691 Pivar IL, Field NP (2004) Unresolved grief in combat veterans with PTSD. J Anxiety Disord 18:745–755

Possemato K, Wray LO, Johnson E, Webster B, Beehler GP (2018) Facilitators and barriers to seeking mental health care among primary care veterans with posttraumatic stress disorder. J Trauma Stress 31:742–752

Possemato K, Johnson EM, Emery JB, Wade M, Acosta MC, Marsch LA, Rosenblum A, Maisto SA (2019) A pilot study comparing peer supported web-based CBT to self-managed web CBT for primary care veterans with PTSD and hazardous alcohol use. Psychiatr Rehabil J 42(3):305–313

Resick PA, Schnicke MK (1993) Cognitive processing therapy for rape victims: a treatment manual. Sage, Newbury Park

Riggs DS, Byrne CA, Weathers FW, Litz BT (1998) The quality of the intimate relationships of male Vietnam veterans: problems associated with posttraumatic stress disorder. J Trauma Stress 11:87–101

Schell TL, Marshall GN (2008) Survey of individuals previously deployed for OEF/OIF. In: Tanielian T, Jaycox LH (eds) Invisible wounds of war: psychological and cognitive injuries, their consequences, and services to assist recovery. RAND Corporation, Santa Monica, pp 87–113

Schnurr PP, Hayes AF, Lunney CA, McFall M, Uddo M (2006) Longitudinal analysis of the relationship between symptoms and quality of life in veterans treated for posttraumatic stress disorder. J Consult Clin Psychol 74:707–713

Schnurr PP, Lunney CA, Bovin MJ, Marx BP (2009) Posttraumatic stress disorder and quality of life: extension of findings to veterans of the wars in Iraq and Afghanistan. Clin Psychol Rev 29:727–735

Schnurr PP, Norman SB, Hamblen JL (2020) PTSD treatments for veterans. JAMA 324(3):301 Shiner B (2011) Health services use in the Department of Veterans Affairs among returning Iraq war and Afghan war veterans with PTSD. PTSD Res Q 22:1–10

Shipherd JC, Ruben MA, Livingston NA, Curreri A, Skolnik AA (2018) Treatment experiences among LGBT veterans with discrimination-based trauma exposure: a pilot study. J Trauma Dissociation 19(4):461–475

Shipherd JC, Berke D, Livingston NA (2019) Trauma recovery in the transgender and gender diverse community: extensions of the minority stress model for treatment planning. Cogn Behav Pract 26(4):629–646

Sibrava NJ, Bjornsson AS, Perez Beneitez ACI, Moitra E, Weisberg RB, Keller MB (2019) Posttraumatic stress disorder in African American and Latino adults: clinical course and the role of racial and ethnic discrimination. Am Psychol 74(1):101–116

Simon NM, O'Day EB, Hellberg SN, Hoeppner SS, Charney ME, Robinaugh DJ, Bui E, Goetter EM, Baker AW, Rogers AH, Nadal-Vicens M, Venners MR, Kim HM, Rauch SAM (2018) The loss of a fellow service member: complicated grief in post-9/11 service members and veterans with combat-related posttraumatic stress disorder. J Neurosci Res 96:5–15

Simon NM, Hoeppner SS, Rebecca E, Lubin Donald J, Robinaugh Matteo, Malgaroli Sonya B, Norman Ron, Acierno Elizabeth M, Goetter Samantha N, Hellberg Meredith E, Charney Eric, Bui Amanda W, Baker Erin, Smith H. Myra, Kim Sheila A M, Rauch (2020) Understanding the impact of complicated grief on combat related posttraumatic stress disorder guilt suicide and functional impairment in a clinical trial of post-9/11 service members and veterans. Depression and Anxiety 37(1):63–72. https://doi.org/10.1002/da.22911

Skinner KM, Kressin N, Frayne S, Tripp TJ, Hankin CS, Miller DR, Sullivan LM (2000) The prevalence of military sexual assault among female veterans' administration outpatients. J Interpers Violence 15(3):291–310

Sloan DM, Marx BP, Lee DJ, Resick PA (2018) A brief exposure-based treatment vs cognitive processing therapy for posttraumatic stress disorder: a randomized noninferiority clinical trial. JAMA Psychiat 75(3):233–239

Sloan DM, Marx BP (2019). Written Exposure Therapy for PTSD: A brief treatment approach for mental health professionals. American Psychological Press. https://doi.org/10.1037/0000139-001

Smith BN, Wang JM, Vaughn-Coaxum RA, Di Leone BAL, Vogt D (2017) The role of postdeployment social factors in linking deployment experiences and current posttraumatic stress disorder symptomatology among male and female veterans. Anxiety Stress Coping 30(1):39–51

Smothers ZPW, Koenig HG (2018) Spiritual interventions in veterans with PTSD: a systematic review. J Relig Health 57:2033–2048

Stecker T, Fortney JC, Hamilton F, Ajzen I (2007) An assessment of beliefs about mental health care among veterans who served in Iraq. Psychiatr Serv 58:1358–1361

Stecker T, Shiner B, Watts BV, Jones M, Conner KR (2013) Treatment-seeking barriers for veterans of the Iraq and Afghanistan conflicts who screen positive for PTSD. Psychiatr Serv 64:280–283

Steenkamp MM, Litz BT, Marmar CR (2020) First-line psychotherapies for military-related PTSD. JAMA 323(7):656–657

Stein NR, Mills MA, Arditte K, Mendoza C, Borah AM, Resick PA, Litz BT (2012) STRONG STAR consortium. A scheme for categorizing traumatic military events. Behav Modif 36:787–807

Tanielian T, Jaycox L (eds) (2008) Invisible wounds of war: psychological and cognitive injuries, their consequences, and services to assist recovery. RAND Corporation, Santa Monica

Tanielian T, Farris C, Epley C, Farmer CM, Robinson E, Engel CC, Robbins MW, Jaycox LH (2014) Community-based provider capacity to deliver culturally competent, quality mental health care to veterans and their families. RAND Corporation, Santa Monica, CA

Thomas JL, Wilk JE, Riviere LA, McGurk D, Castro CA, Hoge CW (2010) Prevalence of mental health problems and functional impairment among active component and National Guard soldiers 3 and 12 months following combat in Iraq. Arch Gen Psychiatry 67:614–623

Thompson-Hollands J, Marx BP, Lee DJ, Resick PA, Sloan DM (2018) Long-term treatment gains of a brief exposure-based treatment for PTSD. Depress Anxiety 35:985

Toblin RL, Riviere LA, Thomas JL, Adler AB, Kok BC, Hoge CW (2012) Grief and physical health outcomes in U.S. soldiers returning from combat. J Affect Disord 136:469–475

Turchik JA, Wilson SM (2010) Sexual assault in the U.S. military: a review of the literature and recommendations for the future. Aggress Violent Behav 15:267–277

Turchik JA, Pavao J, Nazarian D, Iqbal S, McLean C, Kimerling R (2012) Sexually transmitted infections and sexual dysfunctions among newly returned veterans with and without military sexual trauma. Int J Sex Health 24:45–59

Turchik JA, McLean C, Rafie S, Hoyt T, Rosen CS, Kimerling R (2013) Perceived barriers to care and provider gender preferences among veteran men who have experienced military sexual trauma: a qualitative analysis. Psychol Serv 10:213–222

Turchik JA, Bucossi MM, Kimerling R (2014) Perceived barriers to care and gender preferences among veteran women who experienced military sexual trauma: a qualitative analysis. Mil Behav Health 2:180–188

Voelkel E, Pukay-Martin ND, Walter KH, Chard KM (2015) Effectiveness of cognitive processing therapy for male and female U.S. veterans with and without military sexual trauma. J Trauma Stress 28:174–182

Walser RD, Karlin BE, Trockel M, Mazina B, Taylor C (2013) Training in and implementation of acceptance and commitment therapy for depression in the veterans health administration: therapist and patient outcomes. Behav Res Ther 51:555–563

Wilson LC (2018) The prevalence of military sexual trauma: a meta-analysis. Trauma Violence Abuse 19(5):584–597

Wisco BE, Marx BP, Miller MW, Wolf EJ, Mota NP, Krystal JH, Southwick SM, Pietrzak RH (2016) Posttraumatic stress disorder in the US veteran population: results from the National Health and resilience in veterans study. J Clin Psychiatry 77:1503–1510

Yaeger D, Himmelfarb N, Cammack A, Mintz J (2006) DSM-IV diagnosed posttraumatic stress disorder in women veterans with and without military sexual trauma. J Gen Intern Med 21(Suppl 3):S65–S69

6부

특별한 치료 방식

트라우마 관련 정신질환의 집단치료 24

Scott D. Litwack, J. Gayle Beck과 Denise M. Sloan

트라우마 관련 문제에 대한 집단치료에 대한 첫 기록은 제2차 세계 대전 이후로 보이며, 당시 많은 참전 군인들이 '전투 피로증battle fatigue'을 겪고 있었으나 지원과 치료 자원이 부족한 상태였습니다(Grotjahn 1947). 이 집단치료는 1960년대 참전 군인들을 위한 '토론 집단rap groups'의 개념이 소개되면서 보다 대중화되었습니다(Foy 등. 2000). 이 시기 이후, 경험적으로 지지되던 몇몇 치료들의 개발과 검증을 포함하여, 트라우마 관련 질환에 대한 개인 정신사회치료적 접근 방식에서는 실질적인 발전이 있었습니다(Beck과 Sloan 2021). 그러나 안타깝게도 집단치료 영역은 연구상 본질적인 방법론적 문제들로 인해 상대적으로 뒤처졌습니다(Beck과 Sloan 2021 참조). 임상 현장에서는 집단적 접근법이 자주 활용된다는 점에서, 효과적 집단치료에 대한 우리의 지식에 간극이 존재한다는 것은 문제입니다(예: Rosen 등. 2004).

이 장에서는 트라우마 관련 정신질환의 집단치료에 대해 알려진 내용들을 간략히 검토하고, 개인치료와 비교하여 집단치료의 상대적인 장점을 살펴봅니다. 또한, 집단 환경에서 트라우마 관련 증상의 치료와 관련되어 임상적으로 경험적 지식의 다양한 측면을 포함하여, 트라우마 생존자를 위한 집단치료의 임상적인 측면을 논의합니다. 마지막으로, 트라우마 관련 질환에 대한 집단치료의 임상적 적용을 위한 주요 방향과 향후 연구가 필요한 분야를 요약하겠습니다.

24.1 트라우마 생존자 집단치료 연구의 역사

트라우마 생존자 집단치료에 대한 초기 연구는 70년대 후반과 80년대에 진행되었으며, 아동 성학대 및 성폭력의 여성 생존자를 위한 집단치료의 효과를 검증하였습니다(예: Carver 등. 1989; Cryer와 Beutler 1980). 이 초기 연구들은 종종 대조군이나 대기군 없이, 지지적인 환경에서 단일 여성 집단으로 구성되었습니다. 80년대 중후반부터는 보다 적극적인 집단치료 형태로 급격히 전환되어 연구에서 대조 조건이 도입되기 시작했습니다(예: Alexander 등. 1989; Resick 등. 1988; Roth 등. 1988). 그러나 이들 연구는 여전히 아동 성학대와 성폭력 피해의 여성 생존자만 포함하였습니다. 90년대 후반과 2000년대 초반, 연구자들은 전투 트라우마(예: Shnurr 등. 2003), 교통사고(Beck 등. 2009) 등 다른 유형의 트라우마 생존자를 대상으로 하는 적극적 집단치료의 효과성 연구로 범위를 확대하기 시작했습니다. 트라우마 관련 증상의 집단치료에 대한 연구들은 지난 20년 동안 상당히 증가하였습니다.

24.2 트라우마에서 비롯된 심리적 증상에 대한 집단치료의 효과

트라우마 관련 증상에 대한 집단치료의 효과를 검증하는 연구가 늘어나면서, PTSD 증상의 집단치료에 대해 여러 문헌 고찰이 최근 시행되었습니다. 문헌상 다른 치료적 접근법(예: 영적 통합치료, 대인 관계치료, 현재중심치료)들도 상당수 있었지만 인지행동적인 개입이 우세하였습니다. 전반적으로 이 무작위 통제 연구들에서 집단치료의 집단 간 효과크기는 작거나 중간 정도로, Sloan과 동료들(2013)의 메타분석에서는 평균 효과 크기가 $d = 0.24$였습니다. 여기에서 주목할 부분은, 이들의 효과가 최소 $d = 1.0$의 큰 효과 크기를 보이는 개인 PTSD 근거기반 치료들의 효과보다 작다는 점입니다(예: Forbes 등. 2018). 실제로 최근 여러 연구에서 PTSD 대상 집단치료와 개인치료 효과를 직접 비교한 결과, 두 가지 형태 모두에서 유의한 긍정적인 효과를 보였지만, 개인치료에서 표준 PTSD 척도상 일관되게 더 큰 향상을 보였습니다(Ehring 등. 2014; Lamp 등. 2019; Resick 등. 2017). 과거 PTSD 집단치료에 대한 연구는 비치료군이나 치료 대기자를 비교 조건으로 했지만, 최근 몇 년 동안 이 치료를 다른 치료를 받는 군과 대조하는 연구들의 수가 증가하는 긍정적인 발전을 보였습니다. 아래에서 이들을 검토하겠지만, 이러한 노력들은 아직 초기 단계에 있습니다. 이의 대표적인 예시는 2018년에 발표된, 가장 최근의 ISTSS PTSD 치료 지침에서 다른 집단치료법들보다 트라우마 중심 집단 인지행동치료를 '표준 권고'로 제시하였으나, 많은 집단치료법들을 '새롭게 나타난 근거'나 '불충분한 근거' 수준으로 표기한 것에서 잘 드러납니다. PTSD에 대한 여러 임상 진료지침(예: Forbes 등. 2018; 미국 재향군인부 및 국방부 2017)에서도 치료를 하지 않는 것보다는 매뉴얼화된 집단치료를 권고하지만, 특정 집단치료를 다른 치료보다 효과적이라고 권고하기에는 '충분한 근거가 없다'고 언급하였습니다.

현재까지 발표된 연구들에서 또 하나 중요하게 보아야 할 부분은, 대부분의 인지행동 집단치료 접근법들이 개입의 핵심 구성 요소로 트라우마 중심 기법들을 포함한다는 점입니다. 트라우마 중심 기법이 PTSD의 효과적인 치료에 필수 요소라는 근거들을 고려할 때 이는 당연한 결과일 것입니다(NICE 2018; 미국 재향군인부 및 국방부 2017). 그러나 이러한 트라우마 중심 집단치료들의 세부 내용은 상당히 다양할 수 있습니다.

24.2.1 트라우마 중심 집단치료

트라우마 생존자를 위한 집단치료는 여러 변형된 형태가 개발되었으며, 그 형식에 상당한 다양성이 존재합니다. 개발된 다수의 노출 기반 집단치료는 노출의 형식(예: 상상, 실제), 노출 진행 방법(예: 서면 또는 구두oral 상상노출), 전체 치료 시간 중 노출에 할애하는 비율에 따라 다양합니다. Porter와 동료들(2018)은 실제 노출에 특히 초점을 맞춘 12회기 집단치료에서 PTSD 및 우울 증상의 긍정적인 변화를 보고했습니다. Smith의 연구팀(2015)의 연구결과에서는 실제 노출에 초점을 맞추는 집단 12회기와 상상노출에 집중하는 개인 5회기로 구성된, 집단–개인 혼합형 지속노출 집단 프로토콜을 검토하여 PTSD와 우울 증상이 유의하게 감소되었습니다. 노출 기법을 기반으로 하는 여러 집단치료들에는 인지재구성, 재발방지 및 적응적인 대처기술 등 광범위한 치료 요소가 포함됩니다. 그 예로, Beck과 동료들(2009)은 교통사고 생존자 44명을 대상으로 총 14회(각 120분 회기)의 치료를 시행하여, 최소한의 주의 대조군the minimal attention comparison condition에 비해 집단 개입을 받은 경우 유의미하게 더 좋은 치료 결과를 보고하였습니다.

주로 인지에 초점을 두는 집단치료 역시 상당한 주목을 받고 있습니다. 인지처리치료cognitive processing therapy, 이하 CPT는 원래 집단치료 형태로 개발되었지만(Resick과 Schnicke 1992), 이후 대다수 개인치료 형태로 시행되고 연구되었습니다. 중요한 것은, 지난 몇 년간 여러 연구에서 집단 CPT를 검증하였는데, PTSD 증상이 유의미하게 줄어드는 결과가 일관되게 관찰되었습니다(Lamp 등. 2019; Resick 등. 2015, 2017). 특히 Resick의 연구팀(2017)은 집단 CPT와 개인 CPT를 직접 비교했는데, 치료 종결 시점에 개인치료군에서의 PTSD 증상에 대한 자가보고 결과가 보다 긍정적이긴 하였으나 개인과 집단치료군 모두 상당히 호전되었고, 종결 후 6개월 시점에 추적관찰했을 때에는 전반적으로 유의미한 개선이 유지되고 있었으며 두 치료 간 차이가 더 이상 관찰되지 않았습니다.

트라우마 중심 집단치료에 대해 중요하게 살펴보아야 할 측면은, 관련 연구 중 일부(예: Hollifield 등. 2007)는 다양한 외상 사건 경험자를 연구 대상자로 포함했지만, 대다수 연구가 동일 유형의 트라우마 노출 경험자를 대상으로 수행되었다는 것입니다(예: 자동차 사고, Beck 등. 2009; 아동 성폭력, Classen 등. 2011; 참전 군인, Schnurr 등. 2003). 또한 중요한 점은, 이 치료법들에 대해 몇몇 유망한 결과들이 관찰되었으나, Chambless와 Hollon(1998)가 제시한 '잘 확립된', 또는 '효과적일 것으로 추정되는 치료'의 기준을 충족하는 트라우마 생존자를 위한 특정한 집단치료법이 아직 없다는 것입니다. 게다가 트라우마 개입은 모두 외상 경험(들)에 대한 행동적 혹은 인지적 측면을 통합한다는 공통점을 가지고 있지만, 이들 사이에는 상당한 방법론적인 차이가 있어 직접적인 비교가 어렵습니다.

24.2.2 비-트라우마 중심 집단치료Non-trauma-Focused Group Treatment Approaches

지난 10여 년간, 트라우마 생존자를 위한 트라우마 중심이 아닌 집단치료적 접근의 효과에 대한 관심이 점차 높아졌습니다. 한 예로, Ford와 동료들(2013)은 PTSD를 위한 비-트라우마 치료법인 트라우마 정서 조절: 교육과 치료 가이드Trauma Affect Regulation: Guide for Education and Therapy, 이하 TARGET를 개발했습니다. 이 치료는 회기당 75분씩 총 12회기로 구성되며, 인지행동기법을 사용하여 정서 조절 기술을 향상시킵니다. 연구진에 따르면 PTSD와 진단기준 미만의 PTSD 증상을 보이는 여성 수감자들에게 TARGET을 적용하였을 때, 비록 지지 집단 대조군과 효과 수준이 유사한 정도이긴 했으나 PTSD 증상이 유의미하게 감소했습니다(Ford 등. 2011, 2012).

Cloitre 역시 트라우마 상태의 대상자에게 적용할 수 있는 정서 조절 기능의 향상과 대인 관계 기능의 향상에 중점을 둔 치료법을 개발하였습니다. 이 정서 및 대인 관계 조절 기술 훈련Skills Training in Affective and Interpersonal Regulation, 이하 STAIR은 지난 10여 년간 상당한 주목을 받았으나 주로 개인치료 형식으로 적용되어 왔습니다. 최근 Jackson과 동료들(2019)은 심각한 트라우마 상태의 청소년을 대상으로 한 예비 연구에서 시범적으로 적용된 Group STAIR-A 결과(Gudiño 등. 2016)를 바탕으로, PTSD를 진단받은 혼합 성별의 참전 군인에게서 집단 STAIR의 자가보고 PTSD 증상의 감소를 확인했습니다.

Zlotnick과 동료들(1997)은 아동기에 성학대를 겪은 성인 여성 생존자들을 대상으로 정서 관리 집단치료 효과를 치료 대기 대조군과 비교하였습니다. 정서 관리 집단은 부정적 정서 관리 기술(예: 고통 감내, 자가 진정self-soothing)을 강조하는, 회기당 2시간의 치료를 15회 받았습니다. 부정적인 정서 관리의 어려움은 PTSD 증상을 가진 사람들의 핵심적인 문제이므로, 효과적인 정서 관리 기술을 개발하는 접근 방식이라는 점에서 이 치료법은 관심을 받았으나, 연구 결과 정서 관리 치료 집단과 치료 대기 명단에 무작위 배정된 대조군 사이에 유의미한 차이가 관찰되지 않았습니다(집단 간 효과 크기 d = 0.04).

Kruptick의 연구진(2008)은 대인 관계 트라우마로 만성 PTSD 진단을 받은 여성들을 대상으로 집단 대인 관계 정신치료interpersonal psychotherapy, 이하 IPT의 효과를 연구했습니다. IPT는 각 2시간씩, 16회기로 진행되며 참가자들이 트라우마 과거력이 대인 관계에 부정적인 영향을 미치는 방식을 이해하게 하고 이들의 대인 관계 기술과 기능을 향상시키는 데 초점을 둡니다. PTSD 진단을 받은 사람들이 대인 관계에 상당한 어려움을 겪는다는 점에서 대인 관계 기술 향상이라는 목표는 중요합니다(American Psychiatric Association 2013). Kruptick 연구팀의 연구 결과, IPT를 받은 대상자는 치료대기 대조군보다 PTSD 증상이 더욱 큰 폭으로 감소하였습니다(두 집단 간 큰 효과 크기 d = 0.91).

Harris와 동료들(2011)은 군 복무 중 트라우마를 겪은 생존자를 대상으로, 각 2시간, 8회기로 구성된 영적 통합 집단치료spiritually integrated group treatment가 치료대기 대조군에 비해 PTSD 증상 감소에 효과적인지 조사하였습니다. 이 치료법에서는 트라우마 경험과 상충되는 영적 믿음을 양립시키는 것이 치료의 한 요소로, 이와 함께 긍정적인 기능을 돕는 영적 기능 영역을 강화하는 것이 포함됩니다. 이 치료적 접근법은 상당한 흥미를 유발하는데, 트라우마의 생존자들은 외상 사건의 발생을 그들의 영적 신념과 조화시키는 것이 어려울 수 있기 때문입니다(Litz 등. 2009). 이 연구에서는 영적 집단치료군의 경우 대조군에 비해 PTSD 증상이 유의미하게 감소하였습니다(집단 간 효과 크기 d = 0.58).

또 다른 비-트라우마 중심 집단치료 유형은 분노 관리입니다. 분노 조절의 어려움은 외상 생존자, 특히 참전군인에게서 두드러지게 나타나는 문제입니다(예: Lloyd 등. 2014; Morland 등. 2012). 트라우마 치료를 받기 꺼려하는 환자들도, 분노 문제에 대해서는 종종 치료 동기를 보입니다(Morland 등. 2012). Moland의 연구팀은 분노 조절 집단치료를 각각 대면과 화상 형태로 진행하여 비교했습니다. 참가자들은 PTSD 진단을 받은 참전 군인들이었습니다. 예상대로 두 분노 조절 집단치료군 모두에서 전체 PTSD 증상의 유의미한 변화는 없었지만, 분노 증상이 의미있게 감소하였습니다. 이 연구의 결과는 화상 기술을 사용한 집단치료도 효과적일 수 있음을 보여준다는 점에서 주목할 만하며, 트라우마 치료 전문가가 부족한 지역이나 지방, 또는 COVID-19 같은 전 세계적 팬데믹 상황에서 트라우마 생존자에게 치료를 제공하는 데 중요한 시사점을 가집니다.

마음챙김 기반 명상Mindfulness Based Stress Reduction, 이하 MBSR도 최근 PTSD의 집단치료법으로 검토되고 있습니다. 이 치료법은 개인이 현재 순간에 경험하는 감각, 인지 및 감정에 대해 비판단적으로 인식하는 능력을 향상시키는 데 집중합니다. MBSR은 집단 형태에서 효과적인 것으로 나타났으며, 지금까지의 연구는 PTSD를 진단받은 참전 군인에게서 진행되었습니다(Polusny 등. 2015, Bremner 등. 2017, Davis 등. 2018). 그중 David의 동료들의 연구(2018)에서는 200명 이상의 대규모 참전 군인 표본을 대상으로 MBSR과 현재중심치료present-centered therapy, 이하 PCT 집단치료군을 비교한 결과, MBSR 참여 집단에서 치료자 평가 및 자가보고 PTSD 증상에서 유의미한 개선을 보였습니다.

여기서 하나 더 추가로 살펴볼 비-트라우마 중심 집단치료는 집단 PCT입니다. 집단 PCT는 PTSD 증상에 대한 심리교육을 포함하며, 문제 해결을 통해 환자가 현재의 증상을 다룰 수 있게 돕는 데 중점을 둡니다. 집단 PCT는 다수의 집단 PTSD 치료 연구(예: Classen 등. 2011; Resick 등. 2015; Schnurr 등. 2003; Sloan 등. 2018)에서 다루어졌습니다. PCT는 주로 비특이적 치료 효과(예: 치료자와의 접촉, 공감)를 통제하기 위한 비교 조건으로 포함되었음에도 불구하고, 점점 더 많은 연구 결과에서 PCT가 효과적인 집단 접근 방식임을 시사하고 있습니다. 예를 들어, Sloan과 동료들(2018)은 PTSD 진단을 받은 남성 참전 군인들을 대상으로 집단 PCT와 집단 인지행동치료를 비교하였습니다. 해당 연구에서 두 치료군 모두에서 PTSD의 중증도가 크게 감소하고 이 효과가 약 12개월 이상 유지되었으며, 모든 평가 기간에 걸쳐 집단 간 효과 크기는 작았습니다. Classen의 연구팀(2011)도 아동기 성학대의 여성 생존자들에게서 집단 외상 초점 인지행동치료와 집단 PCT를 비교하였습니다(집단 간 효과 크기 $d = 0.14$). 이 연구에서 중요하게 보아야 할 것은 치료 대기 대조군을 비교 조건으로 포함하여 평가하였고 PCT 집단과 CBT 집단 모두 치료 후 PTSD 증상의 심각도가 대조군에 비해 유의미하게 개선되었다는 점입니다. 이는 PCT와 CBT의 적용으로 관찰된 PTSD 증상의 유의미한 감소가 치료 외적인 요소(예: 시간의 경과)가 아닌, 치료 자체의 결과임을 의미합니다. 게다가 PCT는 다양한 비교 집단 개입법들과 비교하여 치료의 중도 탈락율이 일관되게 상당히 낮았습니다. 가장 널리 인정받는 PTSD의 근거기반치료법들에 대한 가장 강력한 비판 요소가 높은 중도 탈락율이라는 점을 고려할 때(Steenkamp 등. 2020), 이러한 결과는 주목할 만합니다.

이 연구들은 치료자들이 고려할 수 있는 비-트라우마 중심 집단치료적 접근법에 대한 정보를 제공합니다. 이러한 집단치료적 접근 방식은 트라우마 중심 치료에 참여하기를 원하지 않는 환자들에게 특히 유용할 수 있습니다. 어떤 집단치료 방법을 적용할지에 대한 결정은 내담자의 요구와 치료자의 전문성에 따라 달라집니다. 이러한 비- 트라우마 중심 집단치료 중 다수(예: IPT, 영적 통합 집단치료)가 치료 대기 대조군 조건보다 더 효과적인 것으로 밝혀졌지만, 이들 중 많은 치료법은 비특이적인 집단치료 효과를 통제한 조건(즉 지지적인 상담 집단)에 비교할 때 유의미한 효과를 아직 입증하지 못했습니다. MBSR과 TARGET이 지지적 조건만큼 효과적이라는 일부 예비 근거가 있습니다. 집단 PCT가 다수의 적극적인 특정 트라우마 집단치료와 비교하여 효과가 부족하지 않으면서도 일관되게 중도 탈락률이 낮다는 점에서 특별한 예외로 간주되기는 하나, 이 개입법이 실제로 트라우마 중심 집단 요법보다 열등하지 않음을 검증하기 위해 집단 PCT에 초점을 맞추어 수행된 연구는 아직 없습니다.

24.3 다양한 트라우마 집단과 환경에 대한 고려 사항

다양한 외상 사건의 생존자를 위한 집단적 접근 방식의 효과에 대한 정보는 제한적이지만, 특정 외상 생존자의 특정 요인이 집단치료에 영향을 미칠 수 있다는 자료가 있습니다. 한 예로, Drožđek과 동료들(2014)은 네덜란드에 거주 중인 이란과 아프가니스탄 출신의 남성 망명 신청자와 난민들의 법적 지위가 집단치료 결과에 영향을 미친다는 것을 발견했습니다. 예상할 수 있듯이, 치료 중 난민 지위를 획득한 사람들이 더 큰 치료 효과를 얻었습니다. 유사한 연구를 수행한 Brave Heart와 동료들(2020) 역시 집단치료가 문화적으로 감수성을 갖추는 것이 중요하다고 강조하였습니다. 이 연구진은 외상의 과거력이 있는 미국 원주민들에게서 역사적 외상과 미해결 애도의 개입Historical Trauma and Unresolved Grief Intervention, 이하 HTUG을 병행한 IPT 집단치료의 경우, 단독 IPT 집단치료보다 참여율이 더 높다는 점을 발견하였습니다. HTUG는 우울과 애도를 미국 원주민들이 겪은 집단적 차별과 관련된, 지속적인 트라우마와 상실에 대한 반응으로 맥락화함으로써 IPT를 보완해 줍니다. HTUG를 근거기반치료적 접근 방식과 통합할 경우, 다른 소외된 소수 인종 집단의 치료 결과 역시 극대화될 가능성이 있습니다.

정신건강 전문가가 부족한 환경에서 트라우마 생존자들을 위해 집단치료를 실시하는 것은 새롭게 부상하고 있는 주요 연구 분야입니다. 이처럼 자원이 부족한 지역의 연구는 난민, 망명 신청자 및 지역 폭력 생존자들의 정신건강 요구도에 초점을 맞추고 있습니다. 이 생존자들은 여러 외상 경험으로부터 회복하면서 동시에 주거 불안, 법적 문제, 경제적 불안정, 제한된 의료 접근성 등 지속적인 스트레스 요인들을 다루어야 하므로(Smith 2012), 이들의 정신건강 요구도는 복합적입니다. 집단치료는 트라우마 및 관련 증상을 관리하고 생존자 간의 사회적 지지와 공동체 의식을 증진하는 데 있어 비용 대비 효과적인 전략일 수 있습니다. 주목할 점은, 연구 중 일부에서는 이러한 환경에서의 자원 부족 문제를 다루는 데 있어 핵심적인 부분으로 준전문가를 훈련시키는 과정을 포함하고 있다는 것입니다(Kazdin 2018).

지금까지 연구된 치료법들 중에는 감정 조절 개선에 집중하고 신체 증상에 대한 집중을 줄이는 것(Shaw 등. 2019)과 인지행동 전략을 사용하는 범진단적 개입(Bonilla-Escobar 등. 2018; Khan 등.

2017)이 있습니다. Bass의 연구진(2013)은 콩고민주공화국의 성폭력 생존자들을 위해 수정된 CPT 집단치료를 검토했습니다. 여기에서 주목할 점은, 심리사회적 보조인력이 훈련을 받고 개입을 제공하였으며, 그 결과 집단 CPT 개입군에서 대조군에 비해 유의미하게 우울과 불안 증상이 개선되었다는 것입니다. 이 연구는 근거기반 집단치료의 접근법을 특정 환경의 외상 생존자들의 필요에 맞게 조정하는 것이 중요하다는 점을 강조하였습니다. 전반적으로, 규모가 작지만 점차 확대되고 있는 이 분야의 문헌들은 가장 치료 수요가 많은 곳에서 집단 트라우마 치료를 적용할 수 있다는 가능성을 보여줍니다. 현재까지 연구된 집단 개입들은 가능성을 보여주었으나, 우선 순위가 높은 지역에서의 추가 연구가 필요합니다.

집단치료가 실시되는 임상 환경 역시 집단의 특성과 초점에 영향을 미칠 수 있는 중요한 요소입니다. Ready와 동료들(2008)은 16-18주 동안 주 2회, 각 3시간씩 진행하는, 집중적인 외래 집단치료를 개발, 적용하였는데, 치료 전 평가에 비해 추적 관찰 평가 시점에 PTSD 증상이 상당히 감소했음을 보고하였습니다. 이 자료에서 흥미로운 것은 참전 군인 중 3%만이 치료를 도중에 중단한 것으로, 이는 집중적인 외래 집단치료 방식으로 형성된 강력한 사회적 유대감에 의한 것일 가능성이 높습니다. 지금까지의 근거들을 감안하여 볼 때, 치료 제공 방식을 일부 수정하거나 개인 회기 및 집단 회기를 병행하는 것을 고려해야 할 수 있겠으나, PTSD에 대한 근거기반 치료적 접근법을 집단 형식으로 시행하는 것이 가능해 보입니다.

24.4 집단치료 연구의 방법론적 고려 사항

트라우마 관련 문제들의 집단치료에 대한 연구가 늘어나고 있으나, 아직 더 발전이 필요한 상태입니다. 집단치료의 무작위 통제 연구에 필요한 여러 방법론적인 고려사항들이 이 분야 연구의 성장에 영향을 미쳤습니다. 첫째, 치료 결과를 검토할 때 집단 동료 구성원들이 미친 영향을 고려해야 합니다. 집단 구성원들은 서로 영향을 미치기 때문에, 집단 코호트 효과를 분석하여 다루어야 합니다(Baldwin 등. 2005). 통계적으로 집단치료 연구의 자유도는 코호트의 수이며, 집단 간 효과를 도출하기 위해 개별 치료 연구에 필요한 것보다 표본 크기가 훨씬 더 커야 합니다. 이러한 통계적 요건이 연구 비용, 시간 및 복잡성을 증가시킵니다.

또 다른 방법론적 고려 사항은 무작위 배정입니다. 참가자는 집단에 무작위로 배정되므로 두 개 이상의 집단에 무작위 배정을 적용하려면 상대적으로 많은 수의 참가자를 모집해야 합니다. 이 요건은 또한 치료 시작 전 대기 기간이 길지 않게 하기 위해 참가자를 짧은 시간 내에 모집해야 한다는 것을 의미합니다. 추가적으로, 연구 등록과 치료 시작 사이의 예상되는 지연을 고려하여 참가자에 대한 임상적 관리가 필요합니다. 같은 이유로 많은 참가자가 동시에 무작위 배정되어 치료를 시작하고, 추적 관찰 평가 역시 같은 시기에 이루어져야 하므로 연구 인력 역시 더 많이 필요합니다. 따라서 집단치료 연구의 인력 배치 요구 사항이 개인치료 연구보다 더욱 까다롭고 복잡한 경향이 있습니다.

집단치료 연구와 관련된 또 다른 방법론적인 고려 사항은, 다양한 유형의 외상을 대상으로 할지 아니면 특정 유형의 외상(예: 아동 성학대, 전투) 경험자로 대상자를 제한할지 여부입니다. 다양한 유형의 외상 경험이 혼합된 트라우마 집단의 장점은 일반화 및 실제 적용 가능성을 높일 수 있다는 것이지만, 반대로 임상적인 어려움이 늘어나고 집단 구성원들 간의 서로 공감하고 연결되어 있다고 느끼는 정도가 약화될 수 있습니다.

이러한 문헌을 고려할 때 주목할 점은, 가장 많이 연구되어 온 개인치료(지속노출과 인지처리 치료, 8장 및 10장)가 무작위 통제 연구 설계를 적용하여 집단 형식으로 검토되기 시작했다는 것입니다. 24.2.1에서 언급했듯이, 이러한 치료법을 집단 형식으로 전달하면 개별 형식일 때보다 상대적으로 효과가 감소했습니다. 게다가 연구된 집단 인지 행동 개입 요법 중 일부는 '종합package' 개입으로서, 노출의 일부 형식과 인지치료, 재발 방지 및 우울증의 표적 치료 요소들이 혼합된 형태였습니다.

PTSD에 대한 근거기반치료법의 집단 형식 개발과 연구 속도가 더딘 이유 중 하나는, 집단 상황에서 노출을 임상적으로 관리하는 것과 관련이 있습니다. 예를 들어 상상노출은 지속노출치료에서 일반적으로 회기 중에 수행되는 핵심 구성 요소입니다. 하지만 집단 환경에서는 한 구성원의 트라우마 이야기가 다른 구성원을 자극할 수 있기 때문에 상상노출을 시도하기 어렵습니다. 또한 어떤 구성원은 이러한 경험을 혐오스러운 것으로 느낄 수 있습니다. 이의 대안은 집단 구성원이 트라우마 기억을 말로 진술하는 대신 글로 쓰는 것으로, 이러한 서면 트라우마 내러티브 접근법이 PTSD 치료 형식에서 성공적으로 활용된 바 있습니다(예: Beck 등. 2009).

집단치료 내 노출 관리에 대한 또 다른 접근법은 혼합hybrid 치료 형식을 사용하는 것입니다. 이를 적용한 연구의 예로, Chard(2005)는 CPT를 수정하여 환자가 트라우마 경험과 그 영향에 대한 서술을 소리 내어 읽는 데 집중하는 치료 회기는 치료자와 개별로 진행하고, 다른 회기들은 집단 환경에서 진행하였습니다. Smith의 연구진(2015)도 지속노출치료에 대해 유사한 시도를 했습니다. 개인과 집단 회기를 결합하면, 사회적 지지와 증상의 정상화 같은 집단 환경 상의 이점을 얻으면서도 개인 형태에서 가장 잘 수행될 수 있는 치료 구성요소들을 제공할 수 있습니다. 차트 검토를 통해 도출한 예비 자료 결과, 집단-개인치료 혼합 형태가 중도탈락률을 낮출 수 있을 것으로 시사되었습니다(Jeffreys 등. 2014). 특히 혼합 형식으로 CPT를 받는 참전 군인들이 단독 집단이나 개인 형태로 진행한 경우보다 조기에 치료를 중단할 가능성이 현저히 낮았습니다. Biedel과 동료들(2011)은 다소 다른 형태로, 개인 노출 회기로 치료를 시작한 뒤 사회적 기술에 중점을 두는 집단 회기로 이어지게 하는 혼합형 접근법을 적용했습니다. PTSD 치료의 노출 기반 구성요소를 집단 환경에서 시행하는 것이 어려울 수 있지만 Ready와 동료들(2008)은 집단치료에서 외상 사건을 말로 상세히 회상하는 상상노출의 성공을 보고하였습니다. 이 시도를 통해 참전 군인 집단에게 PTSD 치료를 집중 외래 프로그램으로 제공할 수 있었지만 시간이 많이 소요되는 단점이 있었습니다.

24.5 공존 질환 및 개인의 특성

공존 물질사용장애 Substance Use Disorder, 이하 SUD PTSD의 집단치료를 고려할 때, 공존 PTSD와 추가적인 다른 정신과적 질환이 있는 환자들을 명시적으로 대상으로 하는 몇몇 접근법이 개발되어 있다는 점은 주목할 만합니다(4부의 17, 18, 19장 참조). PTSD에 흔히 동반되는 질환 중 하나는 SUD입니다. 이 분야에서 가장 잘 알려진 치료법 중 하나는, 공존 SUD를 위해 개발된 안전추구seeking safety(Najavits 등. 1998) 치료일 것입니다. 그러나 집단 형식의 안전추구 치료에 대한 무작위 통제 연구 결과, PTSD 및 물질 사용 예후에 대한 심리교육(Hien 등. 2009; Zlotnick 등. 2009)이나 재발 예방 집단(Schäfer 등. 2019)과 비교했을 때 유의미한 차이가 없었습니다.

van Dam과 동료들(2013)은 PTSD와 공존하는 SUD에 대한 통합치료 접근법의 효과성을 연구했습니다. 구체적으로, 해당 연구는 트라우마 생존자를 위한 구조화된 글쓰기 치료structured writing therapy, SWT(Lange 등. 2001)와 SUD 집단치료를 결합했습니다. 연구 결과 통합치료군에서 물질 사용과 PTSD 증상이 감소했지만 단독 SUD 집단치료군과 차이가 없었습니다. 연구의 표본 크기가 작았다는 점에서 이 결과는 예비적인 것으로 보아야 합니다. 현재까지의 연구에서는 공존 SUD에 효과적인 집단치료적 접근법을 밝혀내지 못했지만, PTSD에 본질적으로 동반되는 이러한 공존질환에 대한 치료법의 개발과 연구가 시급히 필요합니다(Henslee와 Coffey 2010). 특히 물질 남용에 대한 개입은 다른 정신건강 치료적 서비스와 구별되는 경향이 있으므로, SUD의 일반적인 돌봄 모형에 PTSD 치료를 어떻게 가장 잘 통합할 수 있을지 고려하는 것이 필요합니다.

공존 성격장애 공존하는 성격장애는 PTSD와 흔히 동시에 발생하고, 추가적인 치료 요소를 필요로 할 수 있습니다. Dorrepaal과 동료들(2013)은 PTSD와 성격장애가 공존하는 여성들에게 20주 동안 매주 2시간씩, 심리교육, 감정 조절 기술 및 인지 재구성이 포함된 집단 인지행동치료를 진행했습니다. 그 결과, 치료를 완결한 경우에서만 PTSD 증상의 유의미한 감소가 관찰되었습니다. 특히 치료 반응성과 지속률에 주의를 기울인, 공존하는 성격장애와 PTSD를 함께 다루는 추가적인 집단 임상 연구가 필요합니다.

공존 신체질환 만성 통증이나 외상성 뇌손상traumatic brain injury, TBI 같은 신체적 질환의 공존은 PTSD의 집단치료를 더욱 복잡하게 만들 수 있습니다. 최근 개인 PTSD 치료에서 공존하는 신체질환을 고려하는 것에 대한 관심이 높아지고 있으나(5장 참조), 공존하는 의학적 문제가 있는 PTSD 환자들의 집단치료에 대한 연구나 임상 지침은 부족합니다. PTSD 환자에게 효과가 있는 개인치료(예: 지속노출치료)가 공존질환으로 만성 통증(예: Blanchard 등. 2003)이나 외상성 뇌손상(예: Sripada 등. 2013)이 있는 경우에도 효과적이라는 일부 근거가 있습니다. 미국 재향군인부와 국방부의 PTSD 치료 지침에서는 TBI 증상을 치료하는 동안 PTSD 치료를 보류할 근거가 없다고 명시했습니다(미국 재향군인부 및 국방부 2017). 그러나 집단치료에서는 만성적인 신체 질환자에게서 보일 수 있는 증상의 범위와 심각성이 매우 다양하다는 점을 고려해야 합니다. 집단의 모집 단계에서 의학적 문제의 심각성에 주의를 기울이고, 집단의 초점과 내용 면에서 상당히 많은 유연성을 발휘해야 할 수 있습니다.

외상성 뇌손상 및/또는 만성 통증 환자를 치료할 때에는 협력적인 치료팀을 구성하는 것을 종종 권장합니다(Walker 등. 2010). 이러한 점에서 PTSD와 공존 상태의 집단치료는 치료자와 환자 모두에게 치료의 조정 과정을 단순화시켜주는, 보다 광범위하고 공식화된 통합 관리 프로그램(예: 다학제 외상 팀) 내에서 제공되는 것이 가장 효과적일 수 있습니다. 여기서 중요한 것은, PTSD-TBI 및 PTSD-만성 통증 공존질환의 집단치료가 증상의 정상화, 사회성 향상 등 다양한 이유로 환자에게 특히 유익할 수 있다는 점입니다.

성별, 트라우마 유형 및 증상의 만성화 지금까지 수행된 트라우마 관련 증상에 대한 대부분의 집단치료 연구에는 아동기 성학대 및/또는 대인 간 폭력의 성인 생존자만이 포함되었습니다. 더욱이 이러한 연구의 대다수가 여성만을 대상으로 하였습니다. Sloan과 동료들(2013)은 성별이 PTSD 증상 중증도에 대한 집단 내 치료 효과를 중재한다는 것을 발견했는데, 남성만 포함한 연구에서는 여성이나 혼성 표본의 연구에 비해 효과 크기가 유의미하게 더 작았습니다. 그러나 이 중재 효과는 트라우마의 유형 면에서도 관찰되었는데, 전투 참전용사 대상자의 경우 다른 트라우마 유형군보다 집단 내 치료 효과가 작게 나타났습니다. 남성 대상자만 포함한 연구가 이 전투 참전용사 연구였기 때문에, 관찰된 성별 중재 효과 역시 트라우마 유형에 의한 결과일 가능성이 높습니다. 중재에 대한 이러한 발견은 전투와 관련된 PTSD의 경우 다른 유형의 트라우마에 비해 집단 형태로 치료하는 것이 더 어려울 수 있음을 시사합니다. 반면에 전투 관련 트라우마 대상자들이 상당히 만성적인 표본의 대표일 수 있는데, 이러한 질환의 만성화가 치료 효과를 감소시키는 요인일 수도 있습니다. 최근 몇 년간 재향군인(Castillo 등. 2016; Polusny 등. 2015; Sloan 등. 2018)과 군 복무자(Resick 등. 2015, 2017)의 집단 치료에 대한 연구들이 늘어나고 있습니다. 이 연구들의 결과는 재향군인과 군 복무자들의 치료가 어렵다는 점을 강조합니다. 재향군인들과 군인들도 종종 상당한 치료적 성과를 얻지만, 이 성과의 수준이 민간인 집단치료에서 관찰되는 이득만큼 현저하지는 않았습니다(Steenkamp 등. 2015). 전체적으로, 트라우마 생존자 대상 집단치료 연구의 결과를 혼성 및/또는 혼합 트라우마 유형 집단이 대부분인 임상 환경에 적용하기에는 한계가 있습니다. 다양한 환자군으로 구성된 집단이 있는 임상 현장을 반영할 수 있는 연구가 진행되는 것이 바람직할 것입니다.

집단치료의 참여나 결과에 영향을 미칠 수 있는 문화적 요소에 주의를 기울이는 것도 중요하지만, 외상 사건의 생존자들은 공통된 외상 후 스트레스 증상들을 공유합니다. 따라서 이러한 증상을 목표로 하는 집단치료는 특정 트라우마 유형에 상관없이 동등하게 효과적이어야 합니다. 앞서 언급했듯이, PTSD 증상의 만성 경과가 중요한 고려 요소일 수 있으며, 보다 만성적인 (그리고 심각한) 트라우마 관련 증상은 대다수 문헌에서의 집단치료 회기(예: 12-16 회기)보다 더 광범위한 치료가 필요할 수 있습니다. 또한 트라우마 관련 증상에 대한 집단치료를 다룬 대부분의 연구들이 대상자의 PTSD 진단 기준 충족도가 아니라 PTSD 증상에 따라 시행되었다는 것에 주목할 필요가 있습니다. 따라서 그간 연구된 집단치료들은 PTSD 진단 기준의 충족 여부와 관계없이 PTSD 증상이 있는 개인에게 적합할 것입니다.

24.6 집단치료의 이점

PTSD에 효과적인 집단치료에 대해서는 알려진 것이 상대적으로 적지만, 집단치료는 개인치료에 비해 몇 가지 장점을 갖고 있습니다. 트라우마 관련 정신질환을 가진 사람들은 종종 사회적으로 고립되어 있으며 타인을 신뢰하는 데 어려움을 겪습니다(Brewin 등. 2000). 이때 집단 환경은 환자들이 사회적 관계를 발전시키고 안전한 환경에서 타인을 신뢰할 수 있는 기회를 제공합니다. 실제로 일부 연구자들은 집단치료의 사회적 측면이 바로 변화가 일어나는 핵심 기전이라고 주장합니다(예: Yalom 1995). 집단치료의 또 다른 이점은, 환자들이 다른 트라우마 생존자들도 비슷한 증상을 경험하고 있다는 사실을 알게 될 기회를 준다는 점입니다. 트라우마 증상들이 정상화되면, 환자는 자신의 증상을 덜 괴롭게 받아들일 수 있고 고통 속의 고립감을 덜 느낄 수 있습니다. 또한 집단 구성원들은 트라우마 생존자라는 공통된 상태로 인해, 치료자가 할 수 없는 방식으로 서로에게 자극을 주고 직면하게 할 수 있습니다. 집단치료의 또 다른 잠재적 이득은, 인적 자원이 제한적인 환경에서 더 비용-효과적일 수 있다는 것입니다. 그러나 PTSD의 개인치료와 집단치료의 비용-효과성을 비교해볼 수 있는 자료는 없습니다.

24.7 집단치료에서 고려해야 할 사항

집단치료는 많은 환자들에게 좋은 선택지이지만, 일부 환자는 다른 치료 방식을 선호할 수 있습니다. 환자의 선호도는 심리치료 전반, 특히 집단 심리치료에서 중요하지만 아직 충분히 연구되지 않은 영역입니다. 실제로 어떤 환자들은 집단 심리치료에 대해 명확한 선호도를 갖고 있으며, 이 경우 환자의 선호도를 고려하는 것이 치료 유지율을 높일 수 있습니다(Ryan 등. 2005). 그럼에도 불구하고, 설령 환자가 집단치료를 선호하는 경우라 하더라도 집단치료적 접근 방식에 부정적 지표가 되는 요인들이 몇 가지 있습니다. 예를 들어 현재 정신병적 증상을 보이는 환자는 집단 내 혼란을 야기하고, 다른 구성원들과의 신뢰와 관계 형성을 방해할 수 있습니다. 또한 현재의 물질 남용도 환자가 술에 취한 상태로 참석할 경우 집단의 과정에 부정적인 영향을 미칠 수 있습니다. 자기애나 반사회성 성향 같은 일부 성격 특성도 집단 환경에 문제가 될 수 있습니다. 여기에 더해 심각한 감정조절 문제를 보이는 환자 역시 집단치료에 적합하지 않을 수 있습니다(Cloitre와 Koenen 2001).

그 외에도 집단치료 시행 시 고려해야 할 몇 가지 중요한 환자 특성이 있습니다. 첫째, 수년간 만성적인 PTSD를 앓아 온 환자들과 최근 및/또는 단일 외상 사건에 의해 PTSD나 기타 트라우마 관련 질환을 앓게 된 환자들을 같은 집단에서 치료하는 것에 대한 우려가 있을 수 있습니다. 그러나 우리의 경험에 따르면, 서로 다른 전쟁 시기(예: 베트남, 이라크, 아프가니스탄)의 재향군인들을 같은 집단에 둘 수 있을 뿐 아니라, 오히려 그렇게 함으로써 얻을 수 있는 이점도 있으며, 서로 다른 전쟁 시기의 전투 경험 재향군인들 사이에는 차이점보다 공통점이 더 많았습니다.

다양한 연령과 배경의 환자들을 한 집단으로 구성하는 것에는 장점이 있지만, 남성과 여성을 같은 집단에 포함시킬 때에는 주의가 필요합니다. 성폭력 생존자인 여성은 가해자가 남성이었을 경우, 남성이 포함된 집단을 불편하게 느낄 수 있습니다. 성폭력과 관련된 트라우마 관련 질환을 가진 남성도 혼성 집단에 대해 유사한 불편감이 있을 수 있습니다. 재향군인 치료 시설에서 정신건강 지원을 받는 참전군인의 대다수가 남성이기 때문에(미국 정부 책임처United States Government Accountability Office 2011), 치료 집단이 남성 단독 또는 대부분 남성으로 구성될 수 있습니다. 다양한 인종적 배경을 가진 환자들로 집단이 구성될 때에도 주의가 필요한데, 집단치료자(들)과 구성원들의 인종 및 성별의 일치 여부도 함께 고려해야 합니다(Brave Heart 등. 2020).

집단치료에서는 각 치료 회기마다 많은 관계(예: 6명의 환자와 2명의 치료자로 구성된 집단의 경우 40쌍의 관계)를 다뤄야 한다는 점이 상당한 도전이 됩니다. 집단치료가 사회적 연결성, 신뢰 및 자존감을 높여주는 이상적인 환경이 될 수 있지만, 한 구성원이 다른 구성원을 비판적이거나 안전하지 않은 상대로 느껴 회피가 강화될 가능성도 있습니다. 집단치료를 하는 데 있어 또 다른 어려움은, 집단 회기 시간 외에 집단 구성원을 지원하는 데 필요한 시간과 노력의 정도입니다. 무작위 통제 연구에서는 이러한 추가적 지원을 상당 부분 제공할 수 있는 담당 코디네이터가 있는 경우가 많지만, '실제' 임상 환경에서는 이러한 보조 인력이 일반적으로 존재하지 않습니다. 실제 임상 환경에서 PTSD 집단치료의 효과를 검증하는 효과성 연구가 필요합니다.

24.8 요약

PTSD 집단치료는 임상에서 자주 사용되고 환자들도 이러한 접근 방식에 높은 만족도를 보고하지만, 아직 PTSD에 대해 근거기반 집단치료로 검증된 것은 없습니다. 현재까지의 근거에 따르면 집단치료가 치료를 하지 않는 것보다 효과적으로 보이나, 지지적인 상담 집단치료와 유의한 차이가 없을 수 있습니다. 그러나 문헌을 해석하는 데 있어 방법론적 제한점을 고려해야 합니다.

집단의 사회적 측면, 그리고 집단 구성원들이 치료 목표를 향해 서로 동기를 북돋을 수 있다는 것 등, 집단치료에는 분명히 여러 이점이 존재합니다. 환자에게 집단치료가 이득이 될지 여부를 결정할 때 고려해야 할 또다른 중요 요소들이 있습니다. 이러한 요소에는 성격 특성, 공존 질환, 정서 조절 능력, 그리고 집단의 성별 구성 등이 포함됩니다. 우리의 집합적 경험을 종합해 볼 때, 트라우마 관련 질환의 집단치료는 연령과 외상적 배경이 다양한 구성원들에게 성공적으로 적용되었습니다. 어떤 형태의 집단치료가 가장 최선일지 결정하기에는 기존의 연구 문헌 상의 정보가 충분하지 않습니다. 하지만 지난 10년 동안 PTSD의 집단치료에 대한 관심이 높아지면서 방법론적으로 더욱 엄격한 연구들이 진행되고 있습니다. 앞으로도 집단치료 분야에서의 발전이 계속되어 실제 임상 현장에서 집단치료를 활용하는 데 도움이 될 정보가 제공되기를 기대합니다.

감사의 글 본 글은 부분적으로 멤피스 대학교의 Lillian and Morrie Moss 석좌 기금의 지원을 받아 작성되었습니다(J. G. Beck).

References

Alexander PC, Neimeyer RA, Follette VM, Moore MK, Harter S (1989) A comparison of group treatments of women sexually abused as children. J Consult Clin Psychol 57:479–483. https://doi.org/10.1037/0022-006X.57.4.479

American Psychiatric Association (2013) Diagnostic and statistical manual of mental disorders, 5th edn. American Psychiatric Association, Washington, DC. https://doi.org/10.1176/appi.books.9780890425596

Baldwin SA, Murray DM, Shadish WR (2005) Empirically supported treatments or type I errors? Problems with the analysis of data from group-administered treatments. J Consult Clin Psychol 73:924–935. https://doi.org/10.1037/0022-006X.73.5.924

Bass JK, Annan J, Murray SM, Kaysen D, Griffiths S, Cetinoglu T, Wachter K, Murray LK, Bolton PA (2013) Controlled trial of psychotherapy for Congolese survivors of sexual violence. N Engl J Med 368(23):2182–2191. https://doi.org/10.1056/NEJMx140025

Beck JG, Sloan DM (2021) Group treatments for PTSD. In: Friedman MJ, Keane TM, Schnurr P (eds) Handbook of PTSD: science & practice, 3rd edn. Guilford Press, New York

Beck JG, Coffey SF, Foy DW, Keane TM, Blanchard EB (2009) Group cognitive behavior therapy for chronic posttraumatic stress disorder: an initial randomized pilot study. Behav Ther 40:82–92. https://doi.org/10.1016/j.beth.2008.01.003

Beidel DC, Frueh BC, Uhde TW, Wong N, Mentrikoski JM (2011) Multicomponent behavioral treatment for chronic combat-related posttraumatic stress disorder: a randomized controlled trial. J Anxiety Disord 25:224–231. https://doi.org/10.1016/j.janxdis.2010.09.006

Blanchard EB, Hickling EJ, Devineni T, Veazey CH, Galovski TE, Mundy E, Malta LS, Buckley TC (2003) A controlled evaluation of cognitive behavioral therapy for posttraumatic stress in motor vehicle accident survivors. Behav Res Ther 41:79–96. https://doi.org/10.1016/S0005-7967(01)00131-0

Bonilla-Escobar FJ, Fandino-Losada A, Martinez-Buitrago DM, Santaella-Tenorio J, Tobon-Garcia D, Munoz-Morales EJ, Escobar-Roldan ID, Babcock L, Duarte-Davidson E, Bass JK, Murray LK, Dorsey S, Gutierrez-Martinez MI, Bolton PA (2018) A randomized controlled trial of a transdiagnostic cognitive-behavioral intervention for afro-descendants' survivors of systemic violence in Colombia. PLoS One 13(12):e0208483. https://doi.org/10.1371/journal.pone.0208483

Brave Heart MYH, Chase J, Myers O, Elkins J, Skipper B, Schmitt C, Mootz J, Waldorf VA (2020) Iwankapiya American Indian pilot clinical trial: historical trauma and group interpersonal psychotherapy. Psychotherapy 57(2):184–196. https://doi.org/10.1037/pst0000267

Bremner JD, Mishra S, Campanella C, Shah M, Kasher N, Evans S, Fani N, Shah AJ, Reiff C, Davis LL, Vaccarino V, Carmody J (2017) A pilot study of the effects of mindfulness-based stress reduction on post-traumatic stress disorder symptoms and brain response to traumatic reminders of combat in operation enduring freedom/operation Iraqi freedom combat veterans with post-traumatic stress disorder. Front Psych 8:157. https://doi.org/10.3389/fpsyt.2017.00157

Brewin CR, Andrews B, Valentine JD (2000) Meta-analysis of risk factors for posttraumatic stress disorder in trauma-exposed adults. J Consult Clin Psychol 68:748–766. https://doi.org/10.1037/0022-006X.68.5.748

Carver CM, Stalker CA, Stewart E, Abraham B (1989) The impact of group therapy for adult survivors of childhood sexual abuse. Can J Psychiatry 34:753–758

Castillo DT, Chee CL, Nason E, Keller J, Baca JC, Qualls C, Fallon SK, Haaland KY, Miller MW, Keane TM (2016) Group-delivered cognitive/exposure therapy for PTSD in women veterans: a randomized controlled trial. Psychol Trauma Theory Res Pract Policy 8(3):404–412. https://doi.org/10.1037/tra0000111

Chambless DL, Hollon S (1998) Defining empirically supported therapies. J Consult Clin Psychol 66:7–18. https://doi.org/10.1037/0022-006X.66.1.7

Chard KM (2005) An evaluation of cognitive processing therapy for the treatment of posttraumatic stress disorder related to childhood sexual abuse. J Consult Clin Psychol 73:965–971. https://doi.org/10.1037/0022-006X.73.5.965

Classen CC, Palesh OG, Cavanaugh CE, Koopman CE, Kaupp JW, Kraemer HC, Aggarwal R, Spiegel D (2011) A comparison of trauma-focused and present-focused group therapy for survivors of childhood sexual abuse: a randomized controlled trial. Psychol Trauma Theory Res Pract Policy 3:84–93. https://doi.org/10.1037/a0020096002/jts.20214

Cloitre M, Koenen KC (2001) The impact of borderline personality disorder on process group outcome among women with posttraumatic stress disorder related to childhood abuse. Int J Group Psychother 51:379–398. https://doi.org/10.1521/ijgp.51.3.379.49886

Cryer L, Beutler LE (1980) Group therapy: an alternative treatment approach for rape victims. J Sex Marital Ther 6:40–46. https://doi.org/10.1080/00926238008404244

Davis LL, Whetsell C, Hamner MB, Carmody J, Rothbaum BO, Allen RS, Bremner JD et al (2018) A multisite randomized controlled trial of mindfulness-based stress reduction in the treatment of posttraumatic stress disorder. Psychiatr Res Clin Pract 1:39–48. https://doi.org/10.1176/appi.prcp.20180002

Department of Veterans Affairs and Department of Defense (2017) VA/DoD clinical practice guidelines for the management of posttraumatic stress. U.S. Government Printing Office, Washington, DC

Dorrepall E, Thomaes K, Smit JH, Veltman DJ, Hoogendoorn AW, van Balkom AJLM, Draijer N (2013) Treatment compliance and effectiveness in complex PTSD patients with co-morbid personality disorder undergoing stabilizing cognitive behavioral group treatment: a preliminary study. Eur J Psychotraumatol 4:2171. https://doi.org/10.3402/ejpt.v4i0.21171

Drožđek B, Kamperman AM, Tol WA, Knipscheer JW, Kleber RJ (2014) Seven-year follow-up study of symptoms in asylum seekers and refugees with PTSD treated with trauma-focused groups. J Clin Psychol 70(4):376–387. https://doi.org/10.1002/jclp.22035

Ehring T, Welboren R, Morina N, Wicherts JM, Freitag J, Emmelkamp PM (2014) Meta-analysis of psychological treatments for posttraumatic stress disorder in adult survivors of childhood abuse. Clin Psychol Rev 34(8):645–657. https://doi.org/10.1016/j.cpr.2014.10.004

Forbes D, Bisson JI, Monson CM, Berliner L (2018) Effective treatments for PTSD. Practice guidelines from the International Society for Traumatic Stress Studies, 3rd edn. Guildford Press, New York

Ford JD, Steinberg K, Zhang W (2011) A randomized clinical trial comparing affect regulation and social problem-solving psychotherapies for mothers with victimization-related PTSD. Behav Ther 42:561–578. https://doi.org/10.1016/j.beth.2010.12.005

Ford JD, Steinberg K, Hawke J, Levine J, Zhang W (2012) Randomized trial comparison of emotion regulation and relational psychotherapies for PTSD with girls involved in delinquency. J Clin Child Adolesc Psychol 41:27–37. https://doi.org/10.1080/15374416.2012.632343

Ford JD, Chang R, Levine J, Zhang W (2013) Randomized clinical trial comparing affect regulation and supportive group therapies for victimization-related PTSD with incarcerated women. Behav Ther 44:262–276. https://doi.org/10.1016/j.beth.2012.10.003

Foy DW, Glynn SM, Schnurr PP, Jankowski MK, Wattenberg MS, Weiss DS, Gusman FD et al (2000) Group therapy. In: Foa EB, Keane TM, Friedman MJ (eds) Effective treatments for PTSD: practice guidelines from the International Society for Traumatic Stress Studies. Guilford Press, New York, pp 155–175

Grotjahn M (1947) Experience with group psychotherapy as a method of treatment for veterans. Am J Psychiatry 103:637–643. https://doi.org/10.1176/ajp.103.5.637

Gudino OG, Leonard S, Cloitre M (2016) STAIR-A for girls: a pilot study of a skills-based group for traumatized youth in an urban school setting. J Child Adolesc Trauma 9:67–79. https://doi.org/10.1007/s40653-015-0061-0

Harris JI, Erbes CR, Engdahl BE, Thuras P, Murray-Swank N, Grace D, Ogden H, Olson RH, Winskowski AM, Bacon R, Malec C, Campion K, Le T (2011) The effectiveness of a trauma focused spiritually integrated intervention for veterans exposed to trauma. J Clin Psychol 67:425–438. https://doi.org/10.1002/jclp.20777

Henslee AM, Coffey SF (2010) Exposure therapy for posttraumatic stress disorder in a residential substance use treatment facility. Prof Psychol Res Pract 41:34–40. https://doi.org/10.1037/a0018235

Hien DA, Wells EA, Jiang H, Suarez-Morales L, Campbell AN, Cohen LR, Miele GM, Killeen T, Brigham GS, Zhang Y, Hansen C, Hodgkins C, Hatch-Maillette M, Brown C, Kulaga A, Kristman-Valente A, Chu M, Sage R, Robinson JA, Liu D, Nunes EV (2009) Multisite randomized trial of behavioral interventions for women with co-occurring PTSD and substance use disorders. J Consult Clin Psychol 77:607–619. https://doi.org/10.1037/a0016227

Hollifield M, Sinclair-Lian N, Warner T, Hammerschlag R (2007) Acupuncture for posttraumatic stress disorder: a randomized controlled pilot trial. J Nerv Ment Dis 195:504–513. https://doi.org/10.1097/NMD.0b013e31803044f8

Jackson C, Weiss BJ, Cloitre M (2019) STAIR group treatment for veterans with PTSD: efficacy and impact of gender on outcome. Mil Med 184(1–2):e143–e147. https://doi.org/10.1093/milmed/usy164

Jeffreys MD, Reinfeld C, Nair PV, Garcia HA, Mata-Galan E, Rentz TO (2014) Evaluating treatment of posttraumatic stress disorder with cognitive processing therapy and prolonged exposure therapy in a VHA specialty clinic. J Anxiety Disord 28:108–114. https://doi.org/10.1016/j.janxdis.2013.04.010

Kazdin AE (2018) Innovations in psychosocial interventions and their delivery: leveraging cutting-edge science to improve the world's mental health. Oxford University Press, Oxford. https://doi.org/10.1093/med-psych/9780190463281.001.0001

Khan M, Hamdani S, Chiumento A, Dawson K, Bryant R, Sijbrandij M, Nazir H, Akhtar P, Masood A, Wang D, Wang E, Uddin I, van Ommeren M, Rahman A (2017) Evaluating feasibility and acceptability of a group WHO trans-diagnostic intervention for women with common mental disorders in rural Pakistan: a cluster randomized controlled feasibility trial. Epidemiol Psychiatr Sci 63:724–735. https://doi.org/10.1017/S2045796017000804

Krupnick JL, Green BL, Stockton P, Miranda J, Krause E, Mete M (2008) Group interpersonal psychotherapy for low-income women with posttraumatic stress disorder. Psychother Res 18:497–507. https://doi.org/10.1080/10503300802183678

Lamp KE, Avallone KM, Maieritsch KP, Bucholz KR (2019) Individual and group cognitive processing therapy: effectiveness across two veterans affairs posttraumatic stress disorder treatment clinics. Psychol Trauma Theory Res Pract Policy 11:197–206. https://doi.org/10.1037/tra0000370

Lange A, Van de Ven JP, Schrieken B, Emmelkamp PMG (2001) Interapy: treatment of posttraumatic stress through the internet: a controlled trial. J Behav Ther Exp Psychiatry 32:73–90. https://doi.org/10.1016/S0005-7916(01)00023-4

Litz BT, Stein N, Delaney E, Lebowitz L, Nash WP, Silva C, Maguen S (2009) Moral injury and moral repair in war veterans: a preliminary model and intervention strategy. Clin Psychol Rev 29:695–706. https://doi.org/10.1016/j.cpr.2009.07.003

Lloyd D, Nixon RDV, Varker T, Elliott P, Perry D, Bryant RA, Creamer M, Forbes D (2014) Comorbidity in the prediction of cognitive processing therapy treatment outcomes for combat-related posttraumatic stress disorder. J Anxiety Disord 28:237–240. https://doi.org/10.1016/j.janxdis.2013.12.002

Morland LA, Greene CJ, Rosen CS, Foy D, Reilly P, Shore J, He Q, Frueh BC (2010) Telemedicine for anger management therapy in a rural population of combat veterans with posttraumatic stress disorder: a randomized noninferiority trial. J Clin Psychiatry 71:855–863. https://doi.org/10.4088/JCP.09m05604blu

Morland LA, Love AR, Mackintosh M-A, Greene CJ, Rosen CS (2012) Treating anger and aggression in military populations: research updates and clinical implications. Clin Psychol Sci Pract 19:305–322. https://doi.org/10.1111/cpsp.12007

Najavits LM, Weiss RD, Shaw SR, Muenz LR (1998) 'Seeking safety': outcome of a new cognitive-behavioral psychotherapy for women with posttraumatic stress disorder and substance dependence. J Trauma Stress 11:437–456. https://doi.org/10.1023/A:1024496427434

National Institute for Health and Care Excellence (NICE) (2018) Guideline for post-traumatic stress disorder. National Institute for Health and Clinical Practice, London. https://www.nice.org.uk/guidance/ng116

Polusny MA, Erbes CR, Thuras P, Moran A, Lamberty GJ, Collins RC, Rodman JL, Lim KO (2015) Mindfulness-based stress reduction for posttraumatic stress disorder among veterans: a randomized clinical trial. J Am Med Assoc 314(5):456–465. https://doi.org/10.1001/jama.2015.8361

Porter E, Romero EG, Barone MD (2018) Description and preliminary outcomes of an in vivo exposure group treatment for posttraumatic stress disorder. J Trauma Stress 31:410–418. https://doi.org/10.1002/jts.22285

Ready DJ, Thomas KR, Worley V, Backscheider AG, Harvey LA, Baltzell D, Rothbaum BO (2008) A field test of group based exposure therapy with 102 veterans with war-related posttraumatic stress disorder. J Trauma Stress 21:150–157. https://doi.org/10.1002/jts.20326

Resick P, Schnicke M (1992) Cognitive processing therapy for rape victims: a treatment manual. Sage, Thousand Oaks, CA

Resick PA, Jordan CG, Girelli SA, Hutter CK, Marhoefer-Dvorak S (1988) A comparative outcome study of behavioral group therapy for sexual assault victims. Behav Ther 19:385–401. https://doi.org/10.1016/S0005-7894(88)80011-X

Resick PA, Wachen JS, Mintz J, Young-McCaughan S, Roache JD, Borah AM, Borah EV, Dondanville KA, Hembree EA, Litz BT, Peterson AL (2015) A randomized clinical trial of group cognitive processing therapy compared with group present-centered therapy for PTSD among active duty military personnel. J Consult Clin Psychol 83:1058–1068. https://doi.org/10.1037/ccp0000016

Resick PA, Wachen JS, Dondanville KA, Pruiksma KE, Yarvis JS, Peterson AL, Mintz J (2017) Effect of group vs individual cognitive processing therapy in active-duty military seeking treatment for posttraumatic stress disorder. JAMA Psychiat 74(1):28–36. https://doi.org/10.1001/jamapsychiatry.2016.2729

Rosen CS, Chow HC, Finney JF, Greenbaum MA, Moos RH, Sheikh JI, Yesavage JA (2004) VA practice patterns and practice guidelines for treating posttraumatic stress disorder. J Trauma Stress 17:213–222. https://doi.org/10.1023/B:JOTS.0000029264.23878.53

Roth SH, Dye E, Lebowitz L (1988) Group therapy for sexual assault victims. Psychotherapy 25:82–93. https://doi.org/10.1037/h0085326

Ryan M, Nitsun M, Gilbert L, Mason H (2005) A prospective study of the effectiveness of group and individual psychotherapy for women CSA survivors. Psychol Psychother Theory Res Pract 78:465–479. https://doi.org/10.1348/147608305X42226

Schäfer I, Lotzin A, Hiller P, Sehner S, Driessen M, Hillemacher T, Schäfer M, Scherbaum N, Schneider B, Grundmann J (2019) A multisite randomized controlled trial of seeking safety vs. relapse prevention training for women with co-occurring posttraumatic stress disorder and substance use disorders. Eur J Psychotraumatol 10(1):1577092. https://doi.org/10.1080/20008198.2019.1577092

Schnurr PP, Friedman MJ, Foy DW, Shea MT, Hsieh FY, Lavori PW, Glynn SM, Wattenberg M, Bernardy NC (2003) Randomized trial of trauma-focused group therapy for posttraumatic stress disorder: results from a Department of Veterans Affairs cooperative study. Arch Gen Psychiatry 60:481–489. https://doi.org/10.1001/archpsyc.60.5.481

Shaw SA et al (2019) A group mental health randomized controlled trial for female refugees in Malaysia. Am J Orthopsychiatry 89(6):665. https://doi.org/10.1037/ort0000346

Sloan DM, Feinstein BA, Gallagher MW, Beck JG, Keane TM (2013) Efficacy of group treatment for posttraumatic stress disorder symptoms: a meta-analysis. Psychol Trauma Theory Res Pract Policy 5:176–183. https://doi.org/10.1037/a0026291

Sloan DM, Unger W, Lee DJ, Beck JG (2018) A randomized controlled trial of group cognitive behavioral treatment for veterans diagnosed with chronic posttraumatic stress disorder. J Trauma Stress 31:886–898. https://doi.org/10.1002/jts.22338

Smith A (2012) In search of survival and sanctuary in the city: refugees from Myanmar/Burma in Kuala Lumpur. International Rescue Committee, Malaysia. http://m.rescue.org/sites/default/files/resource-file/In%20Search%20of%20Survival%20and%20Sanctuary%20in%20the%20City.pdf

Smith ER, Porter KE, Messina MG, Beyer JA, Defever ME, Foa EB, Rauch SAM (2015) Prolonged exposure for PTSD in a veteran group: a pilot effectiveness study. J Anxiety Disord 30:23–27. https://doi.org/10.1016/j.janxdis.2014.12.008

Sripada RK, Rauch SAM, Tuerk PW, Smith E, Defever AM, Mayer RA, Messina M, Venners M (2013) Mild traumatic brain injury and treatment response in prolonged exposure for PTSD. J Trauma Stress 26:369–375. https://doi.org/10.1002/jts.21813

Steenkamp MM, Litz BT, Hoge CW, Marmar CR (2015) Psychotherapy for military-related PTSD: a review of randomized clinical trials. JAMA 314(5):489–500. https://doi.org/10.1001/jama.2015.8370

Steenkamp MM, Litz BT, Marmar CR (2020) First-line psychotherapies for military-related PTSD. JAMA 323(7):656–657. https://doi.org/10.1001/jama.2019.20825

United States Government Accountability Office (2011) VA mental health: number of veterans receiving care, barriers faced, and efforts to increase access. Government Accountability Office, Washington, DC

van Dam D, Ehring T, Vedel E, Emmelkamp PMG (2013) Trauma-focused treatment for posttraumatic stress disorder combined with CBT for severe substance use disorder: a randomized controlled trial. BMC Psychiatry 13:172. https://doi.org/10.1186/1471-244X-13-172

Walker RL, Clark ME, Sanders SH (2010) The "Postdeployment multi-symptom disorder": an emerging syndrome in need of a new treatment paradigm. Psychol Serv 7:136–147. https://doi.org/10.1037/a0019684

Yalom ID (1995) The theory and practice of group psychotherapy, 4th edn. Basic Books, New York

Zlotnick C, Shea TM, Rosen K, Simpson E, Mulrenin K, Begin A, Pearlstein T (1997) An affect-management group for women with posttraumatic stress disorder and histories of childhood sexual abuse. J Trauma Stress 10:425–436. https://doi.org/10.1002/jts.2490100308

Zlotnick C, Johnson J, Najavits LM (2009) Randomized controlled pilot study of cognitive-behavioral therapy in a sample of incarcerated women with substance use disorder. Behav Ther 40:325–336. https://doi.org/10.1016/j.beth.2008.09.004

PTSD의 부부 치료

25

Candice M. Monson, Anne C.Wagner, Alexandra Macdonald와 Amy Brown-Bowers

PTSD는 당사자뿐만 아니라 주변 사람들에게도 영향을 미칩니다. PTSD는 관계의 어려움과 가장 밀접하게 연관된 정신건강 문제 중 하나이며(Whisman 등. 2000), 배우자 및 자녀의 정신건강 문제를 포함한 다양한 가족 문제와도 밀접한 관련이 있습니다(Lambert 등. 2014; Monson 등. 2019; Taft 등. 2011 종설 참조). PTSD 환자를 돕고자 하는 친구와 가족이 선의의 도움을 주려고 할 때 이는 트라우마를 상기시키는 단서를 회피하도록 돕는 것처럼 오히려 PTSD 증상을 지속시키는 결과를 낳을 수 있습니다. 이러한 반응은 시간이 지남에 따라 관계를 약화시키고 가족 구성원에게 부담을 가중시켜 정신건강에 부정적인 결과를 초래할 수 있습니다(예: Caska와 Renshaw 2011; Fredman 등. 2014). 또한 이러한 적응 행동은 PTSD와 관련된 회피를 강화할 수 있습니다(Allen 등. 2020). 트라우마 이후 부정적인 사회적 상호작용이 PTSD의 가장 강력한 위험 요인 중 하나라는 연구 결과(예: Wagner 등. 2016a, 종설 참조)와 같은 맥락으로, 가족 간의 상호작용이 부정적인 경우 개인의 인지행동치료 효과가 더 낮았습니다(Monson 등. 2005a; Tarrier 등. 1999). 더불어, PTSD에 대한 근거기반 개인치료법들은 관계적 기능을 일관되게 개선하지는 못했습니다(예: Galovski 등. 2005; Lord 등. 2020; Monson 등. 2012c). 그 결과, 관계적 기능과 PTSD를 개선하고, 경우에 따라 배우자의 건강과 안녕감을 개선시키기 위한 커플dyadic 치료법을 개발하고 검증하려는 노력이 있어왔습니다. 이 장에서는 PTSD에서 부부 치료를 개념화하는 다양한 방법 및 여러 개입의 효능을 살펴봅니다.

25.1 배우자의 치료 참여에 대한 개념화

배우자loved one를 PTSD 치료에 참여시키기로 결정할 때에는 치료 목표를 설정하는 것이 필수적입니다. 보다 구체적으로, 치료의 기대효과가 PTSD 증상의 감소인지, 관계 기능과 만족도의 개선인지, 아니면 둘 다인지를 명확히 하는 것이 중요합니다. PTSD 및/또는 관계 개선이라는 의도된 목표에 따라, 다양한 유형의 PTSD 부부 치료법을 설명하고 분류하기 위한 개념적 기준틀heuristic이 개발되었습니다(Monson 등. 2012b). 이 기준틀은 커플과 가족 치료 분야의 연구를 기반으로 하여, 부부라는 범주를 다른 사랑하는 사람들까지 포함하도록 확장하고, 이들이 치료에 참여하고 서비스를 받을 수 있도록 촉진하기 위한 다양한 방법을 포함합니다(Baucom 등. 1998, 2020).

PTSD에 대한 커플 개입은 일반적으로 다음의 네 가지 유형으로 분류할 수 있습니다:

1. 질환-특정 부부 치료Disorder-specific couple therapy
2. 배우자 보조 개입Partner-assisted interventions
3. 일반적인 부부 치료Generic couple therapy
4. 교육 및 가족-촉진 참여Education and family-facilitated engagement

첫째, 질환-특정 부부 치료는 명확하게 PTSD 증상과 관계 기능 및 만족도 모두를 목표로 설계된 개입입니다. 이 치료에는 배우자가 참여하여 이 두 가지 목표를 동시에 달성합니다. 개입은 일반적으로 두 치료 목표에 모두 기여하는 기전을 대상으로 하여 개발됩니다.

둘째, 배우자 보조 개입은 배우자가 PTSD 환자의 '코치' 역할을 맡아 치료에 참여하며, 치료 목표는 PTSD 증상의 감소입니다. 배우자는 PTSD 환자의 치료를 강화하는 데 기여하며, 치료는 보통 개인치료 형태로 시행됩니다. 관계의 기능 정도나 만족도는 이 개입의 목표가 아닙니다. 대신, 이 개입은 배우자에게 PTSD를 겪는 개인이 트라우마에 초점을 맞춘 개입을 성공적으로 마무리할 수 있도록 돕는 방법을 교육합니다.

셋째, 일반적인 부부 치료는 관계 기능의 개선을 목표로 하는 개입을 의미합니다. 이 개입은 PTSD 증상을 명시적으로 목표로 하지는 않지만, 대인 관계를 개선함으로써 PTSD 증상과 배우자의 심리적 건강 및 안녕감을 개선할 수 있습니다. 그러나 이러한 치료들은 PTSD 증상이 유지되는 기전을 특정하여 표적으로 삼지는 않습니다.

넷째, 일부 개입은 배우자를 통해 PTSD가 있는 개인이 치료에 참여하도록 유도하거나 PTSD 및 근거기반 치료에 대한 심리교육을 제공할 수 있습니다. 이 개입의 목표는 PTSD 증상 완화가 아니라 치료 참여 또는 교육 제공입니다.

25.2 PTSD의 부부 치료를 뒷받침하는 근거

아래에서는 앞서 설명한 기준 틀에 따라 분류된 PTSD에 대한 각 유형의 개입 근거를 검토합니다(개요는 표 25.1 참조). 검토는 가장 강력한 근거와 이중 치료 목표를 가진 개입부터 시작합니다.

표 25.1 개입에 대한 소개 및 주요 결과

개입	설명	주요결과
질환-특정 부부 치료		
인지-행동 결합 PTSD 치료Cognitive- Behavioral Conjoint Therapy for PTSD, CBCT for PTSD	관계 만족도와 PTSD 증상을 목표로 하는 부부 관계 개입으로, 원래의 형태는 (1) 심리교육 및 안전 구축, (2) 의사소통 및 실제 단계적 노출을 포함한 짝 관계dyadic 기술 구축, (3) 트라우마 중심 인지 개입의 세 단계에 걸친 15회기로 구성됨	6건의 비통제 연구와 4건의 통제 연구에서 원래 형태와 수정된 형태를 검증한 결과, PTSD 증상이 유의미하게 개선되고 관계 만족도가 증가함. (Davis 등. 2021; Fredman 등. 2020; Monson 등. 2004, 2011, 2012a, 2017, 2020; Morland 등. 2020; Pukay-Martin 등. 2015; Schumm 등. 2013)
구조적 접근 요법Structured Approach Therapy, SAT	(1) 심리교육, (2) 정서 활성화 및 기술 훈련, (3) 배우자가 보조하는 노출 및 배우자가 지지하는 트라우마 공개의 세 단계로 구성된 12회기 부부 치료	두 건의 비통제 예비 연구(Sautter 등. 2009, 2014)에서 PTSD 증상이 유의미하게 개선됨. 한 통제 연구에서는 PTSD 증상이 유의미하게 개선되고 관계 적응도가 향상됨(Sautter 등. 2015)
정서 중심 부부 PTSD 치료Emotionally Focused Couple Therapy for PTSD, EFCT for PTSD	트라우마와 관련된 감정, 정서 조절, 안전한 애착 형성을 인지하고 이해하는 데 중점을 둔 12-36회기의 부부 치료. (1) 부정적인 상호작용 파악, (2) 수용과 의사소통을 포함한 부부 기술 구축, (3) 상호 작용 및 대처 전략의 세 단계로 구성됨	10쌍의 부부를 대상으로 한 두 건의 사례 연구와 한 건의 사례 재현 연구에서 PTSD 증상과 관계 만족도 개선이 확인됨(Greenman과 Johnson 2012; Johnson 2002; MacIntosh와 Johnson 2008). 그러나 이미 학대가 존재하던 커플에서는 정서적 학대가 증가한 사례가 여러 건 발견됨(MacIntosh와 Johnson 2008). 비통제 예비 연구에서는 PTSD 증상과 관계 만족도가 다양한 수준으로 개선됨(Weissman 등. 2018). 통제 연구 결과에서는 전반적인 관계 적응이 유의미하게 개선되었지만 트라우마 관련 증상은 의미 있는 개선을 보이지 않음(Dalton 등. 2013)
중독 및 PTSD에 대한 부부치료Couple Treatment for Addiction and PTSD, CTAP	PTSD에 대한 CBCT(Monson 등. 2012a)와 물질사용장애에 대한 행동적 부부 치료(O-Farrell과 Fals-Stewart 2006)를 통합한 15회기 프로토콜	PTSD가 있는 남성 재향군인 9명과 그들의 여성 배우자/파트너를 대상으로 한 비통제 예비 연구에서 PTSD의 중증도와 과음 일수가 유의미하게 개선됨. 관계 적응도는 의미 있는 개선을 보이지 않음(Schumm 등. 2015)
배우자 보조개입		
생활방식 관리 과정Lifestyle Management Course	호주의 재향군인과 배우자에게 시행된 5일간의 주거 프로그램. 심리교육, 자기 관리, 문제해결, 스트레스 관리 등의 광범위한 주제를 포함	개입 후 재향군인들의 PTSD 증상 개선은 6개월 추적 조사에서 유지되지 않음. 우울증, 불안 및 스트레스의 감소는 지속적으로 유지됨. 관계 만족도는 개선되지 않음(Devilly 2002).
일반적인 부부치료		
행동적 부부/가족치료Behavioral Couple/Family Thrapy, BC/FT	의사소통 기술과 문제 해결 기술을 향상하기 위한 행동적 개입	개별 노출 요법만 시행한 경우와 개별 노출 요법 후 BFT를 시행한 경우를 비교한 무작위 통제 연구에서, BFT를 시행한 경우에 문제 해결 능력이 더 크게 개선됨. BFT 시행으로 PTSD 증상이 추가적으로 개선되지는 않음(Glynn 등. 1999). 마찬가지로, 비통제 연구에서 관계 기능은 어느 정도 개선되었지만 PTSD 증상은 개선되지 않음(Cahoon 1984; Sweany 1987)
코아치 프로그램K'oach Program	PTSD가 있는 이스라엘 참전용사를 위한 한 달간의 집중 치료 프로그램. 부분적인 배우자 참여. 프로그램에는 심리교육, 의사소통 기술 및 문제 해결이 포함됨	관계 만족도가 개선되었다고 보고됨. PTSD 증상(Rabin과 Nardi 1991; Solomon 등. 1992)은 변화 없음

(계속)

개입	설명	주요결과
교육 및 가족-촉진 참여		
지원 및 가족 교육 프로그램 Support and Family Education Program, SAFE	정신건강에 어려움을 겪는 재향군인의 가족을 위한 14회기 교육 프로그램. 워크샵 회기에는 심리교육, 기술 훈련, 문제 해결, 스트레스 감소 등의 주제가 포함됨	프로그램 평가상, 참여자 만족도가 매우 높고 참여를 통해 정신건강 어려움에 대한 이해도, 자원에 대한 인식, 자기 관리가 향상됨(Sherman 2003). 5년 추적 조사에서 참여는 자기 관리 활동의 실천, 재향군인부 자원의 인식, 정신질환에 대한 이해도와 긍정적인 연관성을 보였고 보호자의 스트레스와 부정적인 연관성을 보임(Sherman 2006)
교육 및 돌봄 지원, 건강한 가족 프로그램Reaching Out to Educate and Assist Caring, Healthy Families program, REACH	재향군인 및 가족을 위한 16회기 심리교육 프로그램. 목표 설정과 관계 형성, 심리교육 및 성과 유지를 포함한 3단계로 구성됨	높은 프로그램 유지율과 참여자 만족도(Sherman 등. 2011). 재향군인이 보고한 PTSD 지식, PTSD 대처, 역량 강화, 사회적 지원, 우울증 및 삶의 질이 유의미하게 개선됨. 가족 문제 해결, 의사소통, 관계 만족도에는 유의미한 변화가 없었음(Sherman 등. 2009b). 가족 구성원들도 재향군인과 유사한 결과를 보고함(Fischer등. 2013)
돌봄 프로그램 코칭Coaching into Care Program	미국 재향군인의 가족에게 제공되는 전화 상담 개입으로, 재향군인들의 정신건강 서비스 이용을 장려하는 지침을 제공함	초기 보고서에 따르면 가족 구성원이 프로그램을 사용한 후 재향군인의 의료 서비스 이용이 증가함(Sayers 등. 2011). 프로그램 평가 자료 결과 재향군인의 정신건강 관리 이용률이 증가함(Sayers 등. 2021)
PTSD 가족 교육PTSD Family Education, PFE	SAFE 및 BFT의 가족 교육 자료를 바탕으로 각색한 60분, 12회기로 구성됨. 임상연구의 대조 조건으로 개발되었으며, 기술 훈련이나 기타 치료적 개입은 포함되지 않음	PTSD 증상은 유의미하게 개선되었지만 관계 영역이나 동반 질환의 결과는 개선되지 않음(Sautter등. 2015)

25.2.1 질환-특정 부부 치료

지금까지 문헌을 통해 PTSD에 대한 세 가지 유형의 질환-특정 부부 치료가 검토되었습니다.

25.2.1.1 PTSD에 대한 인지-행동 결합 치료

PTSD에 대한 인지-행동 결합 치료Cognitive-Behavioral Conjoint Therapy for PTSD, 이하 CBCT는 PTSD 증상의 감소와 관계 만족도의 향상을 위해 개발된 15회기 공동 치료입니다. 원래의 형태는 다음 세 단계로 구성됩니다. (1) PTSD와 안전감 형성에 대한 심리교육; (2) 짝 관계dyadic 기술 구축, 특히 회피를 줄이고 상호 만족스러운 활동을 증가시키기 위한 의사소통 기술과 점진적인 실제 노출 과제에 초점을 맞춤; (3) 트라우마 특화 인지 개입, PTSD 및 관계 문제를 지속시키는 트라우마에 대한 잘못된 해석 및 신념을 다룸. CBCT의 전체 프로그램은 베트남 참전용사, 이라크/아프가니스탄 참전용사 및 지역사회 구성원을 대상으로 한 세 건의 비통제 연구에서 검증되었습니다(Monson 등. 2004, 2011; Schumm 등. 2013). 비통제 연구에서는 MDMA 약제(Monson 등. 2020)를 사용한 촉진, 현재의 인지 및 행동에 초점을 맞춘 현재 중심 형태(Pukay-Martin 등. 2015), 주말 동안 시행되는 단축 및 집약형 형태(Fredman 등. 2020) 등이 포함됩니다. 대조군 연구에서는 대기자 명단(Monson 등. 2012a)

및 지속노출(Monson 등. 2017) 개인치료, 마음챙김 개입 및 캠프 제공(Davis 등. in press), 비대면 진료로 제공되는 단축 형태(Morland 등. 2020) 등이 있습니다.

모든 연구에서 PTSD 증상이 유의미하게 개선되고 관계에서의 만족도가 증가하였으며, 이러한 효과는 치료 전 관계적 어려움이 없었던 부부에게서도 나타났습니다(Shnaider 등. 2015). 또한 배우자의 안녕감, 양육, 외상 후 성장, 죄책감, 분노, 심리사회적 기능에 대한 광범위한 치료 효과도 입증되었습니다(Landy 등. 2015; Macdonald 등. 2016; Monson 등. 2005b; Shnaider 등. 2014; Wagner 등. 2016b). 특히 초기 파트너의 수용 행동 수준이 높고(Fredman 등. 2016) 사회적 지지 자원이 많은 부부(Shnaider 등. 2017)에서 CBCT의 효과가 큽니다.

25.2.1.2 구조적 접근 치료

구조적 접근 치료Structured Approach Therapy, 이하 SAT는 총 12회기로 구성된 행동적 부부 치료로, 스트레스 면역 훈련stress inoculation training의 원칙에 기반하여 관계의 질을 개선하고 전반적인 PTSD 증상의 심각도를 줄이기 위해, PTSD의 회피 및 마비 증상을 목표로 합니다. 이 치료는 (1) PTSD와 친밀한 관계에 대한 심리교육(특히 회피 및 마비 증상에 집중), (2) 감정 활성화 및 기술 훈련, (3) 배우자가 보조하는 실제 노출과 트라우마 내용의 공개 및 토론의 세 단계로 구성됩니다. PTSD가 있는 남성 베트남 참전용사와 여성 배우자를 대상으로 한 첫 번째 비통제 예비 연구(Sautter 등. 2009)에서 초기 형태의 SAT는 전반적인 PTSD 증상의 유의미한 개선과 관련이 있었지만, 관계적 적응에서의 변화는 보고되지 않았습니다. 남성 이라크 참전 용사와 여성 배우자를 대상으로 한 두 번째 비통제 예비 연구에서 Sautter 등(2014)은 SAT를 통해 PTSD 증상이 유의미하게 감소하였으나 관계에서는 유의한 개선이 없었다고 보고하였습니다. 무작위 통제 연구(Sautter 등. 2015)에서는 PTSD가 있는 참전용사와 그 배우자가 SAT 또는 PTSD 가족 교육PTSD Family Education, PFE(아래 참조)을 받았습니다. 3개월 추적 관찰 결과, SAT를 받은 집단이 PFE를 받은 집단에 비해 PTSD 증상 감소와 관계 적응면에서 유의미하게 더 많이 개선되었습니다.

25.2.1.3 트라우마에 대한 정서 중심 부부 치료

트라우마에 대한 정서 중심 부부 치료Emotionally Focused Couple Therapy, 이하 EFCT는 트라우마와 관련된 감정을 파악하고 이해하며, 정서를 조절하고, 안정적인 애착을 키우는 데 초점을 맞춘 경험적 부부 치료입니다. 이 치료의 목표는 트라우마와 관련된 감정이 관계, 애착, 의사소통에 어떤 영향을 미치는지 파악하는 것입니다. 이 개입은 세 가지 구성 요소로 이루어집니다: (1) 부정적인 관계적 상호작용의 파악, (2) 수용과 의사소통을 통한 짝 관계의 기술 구축, (3) 긍정적인 상호작용 습관과 대처 전략의 개발 및 통합입니다. 치료 기간은 연구에 따라 12-36회로 다양합니다. 단일 사례 및 사례 재현 연구에서 다음과 같은 치료 결과가 보고되었습니다(Greenman과 Johnson 2012; Johnson 2002; MacIntosh와 Johnson 2008). 10쌍의 부부를 대상으로 한 사례 재현 연구에서 참가자의 절반이 치료 후 관계 만족도 개선을 보고하였고, 모든 PTSD 참가자에서 임상적으로 유의하게 PTSD 증상이 감소하였습니다. 그러나 세 쌍의 부부는 치료 과정에서 정서적 학대가 증가하고 관계 만족도가 감소하였습니다. 연구자들은 정서적 학대가 지속되는 부부에게는 트라우마에 대한 EFCT가 적합하지 않을 수 있다고 경고합니다(MacIntosh와 Johnson 2008). 15명의 남성 재향군인과 그들의 여성 배우자를 대상으로 한 비통제 연구에 따르면, 재향군인의 자가보고 PTSD 증상과 배우자와의 관계 만족도가 유의미하게 개선되었지만 치료자가 평가한 PTSD 증상이나 관계 만족도에는 유의미한 개선이 없었습니다(Weissman 등. 2018). 여성 배우자가 모두 아동 학대의 과거력이 있는 24쌍의 부부를 대상으로 한 대조 연구에서는 전반적인 관계의 개선과 여성의 관계 적응도가 유의미하게 개선되었지만 트라우마 관련 증상은 유의하게 개선되지 않았습니다(Dalton등. 2013).

25.2.1.4 중독 및 PTSD에 대한 부부 치료

중독 및 PTSD 부부 치료Couple Treatment for Addiction and PTSD, CTAP는 PTSD에 대한 CBCT(Monson 등. 2012a)와 물질사용장애에 대한 행동적 부부 치료(O'Farrell과 Fals-Stewart 2006)를 통합한 15회기 프로그램입니다. 비통제 연구에서 PTSD가 있는 미국 재향군인 9명 중 8명이 PTSD 심각도에서 임상적으로 유의한 개선을 보였습니다. 치료자 평가, 재향군인 평가, 배우자 평가 모두에서 PTSD 심각도가 유의하게 감소하였습니다. 또한, 재향군인의 과음 일수도 유의미하게 개선되었는데, 참가자 중 6명의 재향군인에게서 임상적으로 신뢰할 수 있는 수준의 감소를 보였습니다. 재향군인과 배우자의 우울증도 유의하게 개선되었습니다. 관계에 대한 결과는 복합적으로 나타나 개선과 악화가 비슷하게 관찰되었으며, 집단 수준에서는 유의미한 결과가 나타나지 않았습니다(Schumm 등. 2015).

25.2.2 배우자 보조 개입

25.2.2.1 생활방식 관리 과정Lifestyle Management Course

호주에서 재향군인과 그 배우자의 삶의 질과 심리적 증상을 해결하기 위해 5일간의 기숙형 생활방식 관리 과정이 개발되었습니다(Devilly 2002). 이 과정은 집단 형식으로 진행되며 식단과 영양, 휴식, 의사소통, PTSD 심리교육, 자기 관리, 스트레스 관리, 약물치료, 알코올 사용, 분노 관리, 자존감, 문제 해결, 목표 설정 등 다양한 주제를 일주일 내내 다룹니다. 프로그램 후 PTSD 증상이 감소했지만 6개월 추적 관찰 결과 그 효과는 미미했습니다. 재향군인들의 우울증, 불안, 스트레스의 감소는 6개월 추적 조사에서도 유지되었습니다. 재향군인의 배우자는 분노를 제외한 모든 측정 항목에서 더 큰 개선을 보였습니다. 관계 만족도는 개선되지 않았습니다.

25.2.3 일반적인 부부 치료

25.2.3.1 행동적 부부/가족 치료

행동적 부부/가족 치료Behavioral Couple/Family Therapy, 이하 BC/FT는 일반적으로 가족 구성원 또는 배우자 간의 상호작용을 개선하고 의사소통을 강화하는 것을 포함합니다. 한 무작위 통제 연구에서는 재향군인들에게 PTSD에 대한 개별 노출치료를 한 후 BFT를 시행했습니다(Glynn 등. 1999). 개별 노출치료 후 BFT를 받은 사람들은 그렇지 않은 사람들에 비해 대인 관계 문제 해결 능력이 더 크게 향상되었습니다. BFT를 통해 PTSD 증상에 추가적인 개선은 나타나지 않았습니다. PTSD가 있는 재향군인과 그 여성 배우자를 대상으로 한 집단 BCT에 대한 여러 비통제 연구에서, 관계 기능은 개선되었지만 PTSD 증상은 개선되지 않았습니다(예: Cahoon 1984; Sweany 1987).

25.2.3.2 코아치 프로그램

코아치 프로그램K'oach program은 PTSD가 있는 이스라엘 참전용사를 위한 한 달간의 집중 치료 프로그램입니다(Rabin과 Nardi 1991; Solomon 등. 1992). 이 프로그램은 PTSD 심리교육, 의사소통 및 문제 해결 기술을 제공합니다. 이 프로그램은 치료 과정에서 배우자를 여러 차례 참여시켜 인지, 의사 소통 및 행동 강화 기술을 학습하게 합니다. 코아치 프로그램의 효과에 대한 실증적 연구는 매우 제한적이지만, 참가자들은 관계 만족도가 향상되었다고 보고했습니다. PTSD 증상에는 변화가 없었습니다(Solomon 등. 1992).

25.2.4 교육 및 가족-촉진 참여

25.2.4.1 지원 및 가족 교육 프로그램

지원 및 가족 교육Support and Family Education Program, 이하 SAFE 프로그램은 정신질환을 앓고 있는 재향군인의 가족을 위한 14회기 교육 프로그램입니다(Sherman 2003). 이 프로그램은 월별 워크숍 형식으로 진행되며, 다양한 정신건강 문제(예: PTSD, 조현병, 우울증)를 다루고 가족 구성원 누구나 참석할 수 있도록 설계되었습니다. 이 프로그램에는 정신건강의 어려움에 대한 심리교육과 함께 기술 훈련, 문제 해결 및 스트레스 감소를 위한 네 번의 회기가 포함됩니다. SAFE 프로그램이 PTSD 증상 및/또는 관계 기능에 미치는 영향을 평가한 연구는 없지만, 3년 및 5년 프로그램 평가 결과, 참가자의 만족도가 매우 높았습니다(Sherman 2003, 2006). 연구 결과에 따르면 프로그램 참여는 정신건강 문제에 대한 이해, 자원에 대한 인식, 자기 관리 활동 실천 능력의 향상으로 이어졌습니다. 프로그램에 참여한 보호자의 고통은 감소하였습니다. 회기 참석 횟수가 적을수록 배우자의 고통 수준이 높았습니다(Sherman 2003).

25.2.4.2 교육과 돌봄 지원, 건강한 가족 프로그램

교육 및 돌봄 지원, 건강한 가족 프로그램Reaching Out to Educate and Assist Caring, Healthy Families, REACH 프로그램은 정신건강에 어려움을 겪는 재향군인과 그 가족을 위한 16회기 심리교육 프로그램입니다(Sherman 등. 2009b). 이 프로그램은 세 단계로 구성됩니다. 첫 번째 단계는 재향군인 및 그 가족과 함께 진행되는 4회기로 구성됩니다. 이 단계에서는 목표 설정과 관계 형성에 중점을 둡니다. 두 번째 단계는 4-6명의 재향군인과 그 가족으로 구성된 집단을 대상으로 매주 진행되는 진단별 심리교육 6회기로 구성됩니다. 세 번째 단계는 지속적인 교육을 지원하고 이득을 유지하기 위해 매달 총 6회 시행되는 집단 회기입니다. 재향군인들을 REACH 프로그램에 참여시키기 위해, 프로그램 전 동기 부여 면담 전략을 사용하였습니다(Sherman 등. 2009a). 참가자들은 프로그램에 대해 높은 만족도를 보였습니다(Sherman 등. 2011). 미국 재향군인 100명(이 중 99명이 남성)을 대상으로 한 표본 조사에서, 참가자들은 치료 전후로 자가 보고한 PTSD 지식과 대처 능력, 권한 부여, 사회적 지지, 우울증 및 삶의 질이 유의미하게 개선되었습니다. 가족 문제 해결, 의사소통, 관계 만족도에서는 유의미한 개선이 발견되지 않았습니다. 가족 구성원들도 재향군인과 유사한 결과를 보고했습니다(Fischer 등. 2013).

25.2.4.3 돌봄 프로그램 코칭Coaching into Care Program

PTSD 및 기타 트라우마 관련 증상이 의심되는 재향군인의 가족이 전화 지원 서비스를 통해 배우자의 치료 참여를 촉진하는 방법을 안내받을 수 있는 프로그램이 개발되었습니다. 이 프로그램은 이용 가능한 치료 선택지에 대한 정보를 제공하여, 배우자가 강압적이지 않은 방식으로 재향군인이 치료에 접근할 수 있게 도울 수 있도록 합니다. 초기 프로그램 평가에 따르면 프로그램 사용 후 재향군인의 정신건강 서비스 참여가 증가하였습니다(Sayers 등. 2011, 2021).

25.2.4.4 PTSD 가족 교육

위에서 언급한 바와 같이, PTSD 가족 교육PTSD Family Education, 이하 PFE은 질환-특정 부부 개입의 효과성을 시험하는 임상 연구의 대조 조건으로 사용되었습니다(Morland 등. 2020; Sautter 등. 2015). PFE에서는 치료자가 기술 훈련이나 치료적 개입에 참여하지 않습니다. 여기에서는 SAFE와 BFT에서 채택한 교육에 중점을 둡니다. Sautter 등(2015)의 연구에서 PFE는 PTSD 증상을 유의미하게 개선하였지만, 추적 관찰 종료 시점에 참가자의 93%가 PTSD 진단 상태를 유지했습니다. 참가자 또는 배우자의 불안, 우울, 관계 조정 또는 친밀한 관계 내 애착 문제에서는 개선이 보고되지 않았습니다.

25.3 논의

정신건강 치료 분야는 트라우마와 PTSD가 대인 관계에 미치는 광범위한 영향과 PTSD를 가진 사람들의 삶과 안녕을 개선하는 데 있어 이러한 관계의 역할을 인식하며 확장되었습니다. 질환-특정 부부 치료, 배우자 보조 개입, 일반적인 부부 치료, 교육 및 가족-촉진 참여 등, 배우자를 치료에 통합할 수 있는 다양한 방법이 있습니다. PTSD에 대한 질환-특정 부부 치료는 여러 결과(예: PTSD 감소, 관계 기능 개선, 배우자의 심리적 기능 개선)를 달성한다는 측면에서 가장 강력한 경험적 지지를 받고 있습니다. PTSD는 배우자와의 관계에 있어 전반적 체계 수준의 영향을 미치기 때문에, PTSD가 있는 개인과 배우자 모두를 치료 대상으로 하는 것이 증상과 관계 영역 모두에서 더 큰 효과를 가져오는 것으로 보입니다. 내담자와 배우자 모두 PTSD에 대한 부부 개입에 참여할 의향이 있는 경우, 이러한 개입이 관계 만족도가 다양한 부부들을 대상으로 검증되었으므로 관계의 어려움 수준에 관계없이 질환-특정 부부치료가 권장됩니다. 그러나 부부 사이에 지속적인 정서적 학대가 있는 경우라면 감정과 애착 형태에 구체적으로 초점을 맞춘 개입에 주의가 필요합니다. 인지-행동 부부 기반 개입에 대한 임상 연구에는 일반적으로 이러한 부부와 낮은 수준의 신체적 폭력 수준이 있는 부부들이 포함되었습니다. 공격성 수준이 더 심각한 부부라면 개인 또는 경우에 따라 부부 형태로 가정 폭력 해결에 중점을 둔 개입을 받는 것이 좋습니다.

그러나 원하는 치료의 초점과 내담자의 선호도에 따라 앞서 언급한 개념적 기준틀에 설명된 다른 유형의 치료가 가장 적합할 수 있습니다. 예를 들어, 내담자가 개인 PTSD 치료를 받고 있거나 배우자가 함께 PTSD 치료에 참여하는 것을 원하지 않지만 관계에 어려움을 겪고 있는 경우라면 일반적인 부부 치료도 도움이 될 수 있습니다. 사회적 관계에서 스트레스를 줄이면 내담자가 개별 치료에 더 충실히 참여할 수 있으며 치료 결과를 개선하는 데 도움이 될 수 있습니다(예: Price 등. 2013).

PTSD에 대한 근거기반 개인, 부부 및 집단 개입은 PTSD가 있는 개인이 참여할 때에만 의미가 있습니다. 따라서 배우자나 가까운 지인들을 활용하여 평가 및 치료를 촉진하는 것은 외상성 스트레스 분야에서 중요한 혁신으로 간주됩니다. 또한, PTSD를 개선하는 것으로 입증된 개별 개입을 실행하는 데 추가적인 도움이 필요한 경우에도 배우자 보조 개입이 도움이 될 수 있습니다. 그러나 배우자 보조 개입은 신중하게 선택하고 실행할 것을 권장하며, 광장공포증이 있는 내담자를 위한 배우자 보조 개입의 선행 연구결과를 볼 때, 부부가 심각한 고통을 겪고 있는 경우 금기일 수 있습니다 (Barlow 등. 1981).

PTSD 및 기타 외상성 스트레스 관련 질환의 발병에 있어 사회적 변수의 중요성을 고려할 때, 우리는 급성 스트레스 질환 및 PTSD 예방을 위한 조기 개입 전략에 중요한 타인을 포함시켜야 한다고 주장합니다. 이러한 개입에 중요한 타인을 포함시키려는 노력이 일부 있었지만(Billette 등. 2008; Guay 등. 2004), 현재까지 완전한 프로토콜이 개발되지 않았고 무작위 통제 연구가 수행되지 않았습니다. 몇몇 연구자들은 외상 후 초기에 정신건강 문제를 줄이는 데 사용할 수 있는 대인 관계 개입 유형을 제안하였습니다(예: Guay 등. 2006, 2011; Litz 등. 2002; Wagner 등. 2016a).

PTSD에 대한 부부/가족 개입 분야에서 많은 혁신이 이루어지고 있습니다. 예를 들어, 우리는 치료 효과를 강화하기 위한 MDMA-촉진 부부 치료의 무작위 통제 연구 결과에 대해 관심을 갖고 지켜보고 있습니다. 또한, 단축형, 다량의 치료 회기 및 비대면 개입에 대한 연구 결과는 희망적으로, 경험적으로 뒷받침되는 개입을 소비자가 더 수용 가능하고 접근하기 쉽게 만드는 중요한 단계를 보여줍니다. 이러한 맥락에서, 일반적인 관계 문제(Doss 등. 2016, www.ourrelationship.com) 및 PTSD(Monson 등. 2021, www.couplehopes.com)의 개선에 초점을 맞춘 안내형 부부 개입 자조모형의 개발과 시험에 있어 흥미로운 진전이 있었습니다.

트라우마 관련 질환에 대한 부부/가족 개입이 발전하고 있지만, 지금까지 대부분의 연구가 재향군인 집단 내에서 이루어졌기 때문에 이러한 개입의 장기적인 효과를 더욱 확립하고 지역사회 표본으로 연구 결과를 확장하기 위한 추가적인 연구가 필요합니다. PTSD에 대한 부부 중심의 개입은 PTSD의 체계적인 특성을 다루며, 내담자의 PTSD 증상 개선뿐만 아니라 배우자의 기능 개선과 관계 만족도 증진의 가능성을 보여줍니다.

References

Allen E, Renshaw K, Fredman SJ, Le Y, Rhoades G, Markman H, Litz B (2020) Associations between service members' PTSD symptoms and partner accommodation over time. J Trauma Stress 34(3):596–606. Advance online publication

Barlow DH, Mavissakalian M, Hay LR (1981) Couples treatment of agoraphobia: changes in marital satisfaction. Behav Res Ther 19:245–255. https://doi.org/10.1016/005-7967(81)90008-5

Baucom DH, Shoham V, Mueser KT, Daiuto AD, Stickle TR (1998) Empirically supported couple and family interventions for marital distress and adult mental health problems. J Consult Clin Psychol 66:53–88. https://doi.org/10.1037/0022-006X.66.1.53

Baucom DH, Fischer MS, Corrie S, Worrell M, Boeding SE (2020) Treating relationship distress and psychopathology in couples: a cognitive-behavioural approach. Routledge, London

Billette V, Guay S, Marchand A (2008) Posttraumatic stress disorder and social support in female victims of sexual assault: the impact of spousal involvement on the efficacy of cognitive-behavioral therapy. Behav Modif 32:876–896. https://doi.org/10.1177/0145445508319280

Cahoon EP (1984) An examination of relationships between posttraumatic stress disorder, marital distress, and response to therapy by Vietnam veterans (unpublished doctoral dissertation). University of Connecticut, Storrs

Caska CM, Renshaw KD (2011) Perceived burden in spouses of National Guard/reserve service members deployed during operations enduring and Iraqi freedom. J Anxiety Disord 25:346–351. https://doi.org/10.1016/j.janxdis.2010.10.008

Dalton EJ, Greenman PS, Classen CC, Johnson SM (2013) Nurturing connections in the aftermath of childhood trauma: a randomized controlled trial of emotionally focused couple therapy for female survivors of childhood abuse. Couple Fam Psychol Res Pract 2:209–221. https://doi.org/10.1037/a0032772

Davis LW, Luedtke BL, Monson CM, Siegel A, Daggy JK, Yang Z, Bair MJ, Brustuen B, Ertle M (2021) Testing adaptations of cognitive-behavioral conjoint therapy for PTSD: a randomized controlled pilot study with veterans. Couple Fam Psychol Res Pract 10(2):71–86

Devilly GJ (2002) The psychological effects of a lifestyle management course on war veterans and their spouses. J Clin Psychol 58:1119–1134. https://doi.org/10.1002/jclp.10041

Doss BD, Cicila LN, Georgia EJ, Roddy MK, Nowlan KM, Benson LA, Christensen A (2016) A randomized controlled trial of the web-based OurRelationship program: effects on relationship and individual functioning. J Consult Clin Psychol 84:285–296. https://doi.org/10.1037/ccp0000063

Fischer EP, Sherman MD, Owen R, Han X (2013) Outcomes of participation in the REACH multifamily group program for veterans with PTSD and their families. Prof Psychol Res Pract 44:127–134. https://doi.org/10.1037/a0032024

Fredman SJ, Vorstenbosch V, Wagner AC, Macdonald A, Monson CM (2014) Partner accommodation in posttraumatic stress disorder: initial testing of the significant others' responses to trauma scale (SORTS). J Anxiety Disord 28(4):372–381. https://doi.org/10.1016/j.janxdis.2014.04.001

Fredman SJ, Pukay-Martin ND, Macdonald A, Wagner AC, Vorstenbosch V, Monson CM (2016) Partner accommodation moderates treatment outcomes for couple therapy for posttraumatic stress disorder. J Consult Clin Psychol 84:79–87. https://doi.org/10.1037/ccp0000061

Fredman SJ, Macdonald A, Monson CM, Dondanville KA, Blount TH, Hall-Clark BN, Fina BA, Mintz J, Litz BT, Young-McCaughan S, Hancock AK, Rhoades GK, Yarvis JS, Resick PA, Roache JD, Le Y, Wachen JS, Niles BL, McGeary CA, Keane TM, Peterson AL, for the Consortium to Alleviate PTSD (2020) Intensive multi-couple group therapy for PTSD: a non-randomized pilot study with military and veteran dyads. Behav Ther 51:700–714. https://doi.org/10.1016/j.beth.2019.10.003

Galovski T, Sobel AA, Phipps KA, Resick PA (2005) Trauma recovery: beyond posttraumatic stress disorder and other axis I symptom severity. In: Corales TA (ed) Trends in posttraumatic stress disorder research. Nova Science, Hauppague, pp 207–227

Glynn SM, Eth S, Randolph ET, Foy DW, Urbaitis M, Boxer L, Paz GG, Leong GB, Firman G, Salk JD, Katzman JW, Crothers J (1999) A test of behavioral family therapy to augment exposure for combat-related posttraumatic stress disorder. J Consult Clin Psychol 67:243–251. https://doi.org/10.1037/0022-006X.67.2.243

Greenman PS, Johnson SM (2012) United we stand: emotionally focused therapy for couples in the treatment of posttraumatic stress disorder. J Clin Psychol 68:561–569. https://doi.org/10.1002/jclp.21853

Guay S, Billette V, St-Jean Trudel E, Marchand A, Mainguy N (2004) Therapie de couple et trouble de stress post-traumatique. Revue Francophone du Stress et du Trauma 4:81–88

Guay S, Billette V, Marchand A (2006) Exploring the links between post-traumatic stress disorder and social support: processes and potential research avenues. J Trauma Stress 19:327–338. https://doi.org/10.1002/jts.20124

Guay S, Beaulieu-Prevost D, Beaudoin C, St-Jean Trudel E, Nachar N, Marchand A (2011) How do social interactions with a significant other affect PTSD symptoms? An empirical investigation with a clinical sample. J Aggress Maltreat Trauma 20:280–303. https://doi.org/10.1080/10926771.2011.562478

Johnson SM (2002) Emotionally focused couple therapy with trauma survivors: strengthening attachment bonds. Guilford, New York

Lambert JE, Holzer J, Hasbun A (2014) Association between parents' PTSD severity and children's psychological distress: a meta-analysis: parent PTSD & child distress. J Trauma Stress 27(1):9–17. https://doi.org/10.1002/jts.21891

Landy MSH, Pukay-Martin ND, Vorstenbosch V, Torbit L, Monson CM (2015) A pilot study of the effects of cognitive-behavioral conjoint therapy for posttraumatic stress disorder on parenting. J Aggress Maltreat Trauma 24:454–465. https://doi.org/10.1080/10926771.201.022678

Litz BT, Gray MJ, Bryant RA, Adler AB (2002) Early intervention for trauma: current status and future directions. Clin Psychol

Sci Pract 9:112–134. https://doi.org/10.1093/clipsy/9.2.112
Lord KA, Suvak MK, Holmes S, Shields N, Lane J, Sijercic I, Wagner AC, Stirman SW, Monson CM (2020) Bidirectional relationships between posttraumatic stress disorder and social functioning during cognitive processing therapy. Behav Ther 51(3):447–460. https://doi.org/10.1016/j.beth.2019.08.002
Macdonald A, Pukay-Martin ND, Wagner A, Fredman SJ, Monson CM (2016) Cognitive-behavioral conjoint therapy for PTSD improves various PTSD symptoms and trauma-related cognitions: results from a randomized controlled trial. J Fam Psychol 30:157–162. https://doi.org/10.1037/fam0000177
MacIntosh HB, Johnson SM (2008) Emotionally focused therapy for couples and childhood sexual abuse survivors. J Marital Fam Ther 34:298–315. https://doi.org/10.1111/j.1752-0606.2008.00074.x
Monson CM, Schnurr PP, Stevens SP, Guthrie KA (2004) Cognitive-behavioral couple's treatment for posttraumatic stress disorder: initial findings. J Trauma Stress 17:341–344. https://doi.org/10.1023/B:JOTS.0000038483.69570.5b
Monson CM, Rodriguez BF, Warner RA (2005a) Cognitive-behavioral therapy for PTSD in the real world: do interpersonal relationships make a real difference? J Clin Psychol 61:751–761. https://doi.org/10.1002/jclp.20096
Monson CM, Stevens SP, Schnurr PP (2005b) Cognitive-behavioral couple's treatment for posttraumatic stress disorder. In: Corales TA (ed) Focus on posttraumatic stress disorder research. Nova Science, Hauppauge, NY, pp 245–274
Monson CM, Fredman SJ, Adair KC, Stevens SP, Resick PA, Schnurr PP, MacDonald HZ, Macdonald A (2011) Cognitive-behavioral conjoint therapy for PTSD: pilot results from a community sample. J Trauma Stress 24:97–101. https://doi.org/10.1002/jts.20604
Monson CM, Fredman SJ, Macdonald A, Pukay-Martin ND, Resick PA, Schnurr PP (2012a) Effect of cognitive-behavioral couple therapy for PTSD: a randomized controlled trial. JAMA 308:700–709. https://doi.org/10.1001/jama.2012.9307
Monson CM, Macdonald A, Brown-Bowers A (2012b) Couple/family therapy for posttraumatic stress disorder: review to facilitate interpretation of VA/DoD Clinical Practice Guideline. J Rehabil Res Dev 49:717–728. https://doi.org/10.1682/JRRD.2011.09.0166
Monson CM, Macdonald A, Vorstenbosch V, Shnaider P, Goldstein ESR, Ferrier-Auerbach AG, Mocciola KE (2012c) Changes in social adjustment with cognitive processing therapy: effects of treatment and association with PTSD symptom change. J Trauma Stress 25:519–526. https://doi.org/10.1002/jts.21735
Monson CM, Wagner AC, Pukay-Martin N, Blount T, Riggs DR, The Strong Star Consortium (2017) A randomized controlled trial of cognitive-behavioral conjoint therapy versus prolonged exposure for PTSD in active duty service members, veterans, and their intimate partners: understanding dropout. In: [Paper presentation]. San Antonio Combat PTSD Annual Conference, San Antonio, TX
Monson CM, Wagner AC, Mithoefer AT, Liebman RE, Feduccia AA, Jerome L, Yazar-Klosinksi B, Emerson A, Doblin R, Mithoefer MC (2020) MDMA-facilitated cognitive-behavioural conjoint therapy for posttraumatic stress disorder: an uncontrolled trial. Eur J Psychotraumatol 11(1):1840123. https://doi.org/10.1080/20008198.2020.1840123
Monson CM, Fitzpatrick S, Wagner AC, Valela R, Whitfield KM, Varma S, Landy MSH, Di Bartolomeo A, Crenshaw AO, Fulham L, Morland L, Knopp K, Proctor DW, Toller A, Webster K, Doss BD (2021) The development of couple HOPES: a guided online intervention for PTSD and relationship enhancement. Eur J Psychotraumatol 12(1):1917879
Monson CM, Fredman SJ, Dekel R, Ennis N, Macdonald AM (in press) Family models of posttraumatic stress disorder. In: Beck JG, Sloan DM (eds) Oxford handbook of traumatic stress disorders, 2nd edn. Oxford University Press, Oxford
Morland LM, Knopp K, Macdonald A, Khalifian C, Grubbs K, Mackintosh MA, Monson CM, Glassman LH, Becker-Cretu J, Sautter F, Wrape E, Glynn S (2020) RCT of brief telehealth and in-person couples' treatment for PTSD. In: Tech for two: utilizing technology to improve access to effective couples' interventions. [Symposium presentation]. Association for Behavioral and Cognitive Therapies Annual Meeting. https://www.abct.org/conv2020/docs/Program_Book.pdf
O'Farrell TJ, Fals-Stewart W (2006) Behavioral couples therapy for alcoholism and drug abuse. Guilford, New York
Price M, Gros DF, Strachan M, Ruggiero KJ, Acierno R (2013) The role of social support in exposure therapy for Operation Iraqi Freedom/Operation Enduring Freedom veterans: a preliminary investigation. Psychol Trauma Theory Res Pract Policy 5:93–100. https://doi.org/10.1037/a0026244
Pukay-Martin ND, Torbit L, Landy MS, Wanklyn SG, Shnaider P, Lane JE et al (2015) An uncontrolled trial of a present-focused cognitive-behavioral conjoint therapy for posttraumatic stress disorder. J Clin Psychol 71:302–312. https://doi.org/10.1002/jclp.22166
Rabin C, Nardi C (1991) Treating post traumatic stress disorder couples: a psychoeducational program. Community Ment Health J 27:209–224. https://doi.org/10.1007/BF00752422
Sautter FJ, Glynn SM, Thompson KE, Franklin L, Han X (2009) A couple-based approach to the reduction of PTSD avoidance symptoms: preliminary findings. J Marital Fam Ther 35:343–349. https://doi.org/10.1111/j.1752-0606.2009.00125.x
Sautter FJ, Glynn SM, Arseneau JR, Cretu JB, Yufik T (2014) Structured approach therapy for PTSD in returning veterans and their partners: pilot findings. Psychol Trauma Theory Res Pract Policy 6(S1):S66. https://doi.org/10.1037/a0036762
Sautter FJ, Glynn SM, Cretu JB, Senturk D, Vaught AS (2015) Efficacy of structured approach therapy in reducing PTSD in returning veterans: a randomized clinical trial. Psychol Serv 12:199–212. https://doi.org/10.1037/ser0000032
Sayers SL, Whitted P, Straits-Troster K, Hess T, Fairbank J (2011) Families at ease: a National Veterans Health Administration service for family members of veterans to increase veteran engagement in care. In: [Paper presentation]. Association of Behav-

ioral and Cognitive Therapies Annual Meeting, Toronto. https://www.abct.org/conv2011/docs/GeneralSessionsToronto.pdf
Sayers SL, Hess TH, Whitted P, Straits-Troster KA, Glynn SM (2021) Coaching into care: veterans affairs telephone-based service for concerned family members of military veterans. Psychiatr Serv 72(1):107–109. https://doi.org/10.1176/appi.ps.201900113
Schumm JA, Fredman SJ, Monson CM, Chard KM (2013) Cognitive-behavioral conjoint therapy for PTSD: initial findings for Operations Enduring and Iraqi Freedom male combat veterans and their partners. Am J Fam Ther 41:277–287. https://doi.org/10.1080/01926187.2012.701592
Schumm JA, Monson CM, O'Farrell TJ, Gustin N, Chard KM (2015) Couple treatment for alcohol use disorder and posttraumatic stress disorder: pilot results from military veterans and their partners. J Trauma Stress 28:247–252
Sherman MD (2003) Rehab rounds: the Support and Family Education (SAFE) program: mental health facts for families. Psychiatr Serv 54:35–37. https://doi.org/10.1176/appi.ps.54.1.35
Sherman MD (2006) Updates and five-year evaluation of the S.A.F.E. program: a family psychoeducational program for serious mental illness. Community Ment Health J 42:213–219. https://doi.org/10.1007/s10597-005-9018-3
Sherman MD, Fischer E, Bowling UB, Dixon L, Ridener L, Harrison D (2009a) A new engagement strategy in a VA-based family psychoeducation program. Psychiatr Serv 60:254–257. https://doi.org/10.1176/appi.ps.60.2.254
Sherman MD, Fischer EP, Sorocco K, McFarlane WR (2009b) Adapting the multifamily group model to the Veterans Affairs system: the REACH program. Prof Psychol Res Pract 40:593–600. https://doi.org/10.1037/a0016333
Sherman MD, Fischer EP, Sorocco K, McFarlane WR (2011) Adapting the multifamily group model to the Veterans Affairs system: the REACH program. Couple Fam Psychol Res Pract 1:74–84. https://doi.org/10.1037/2160-4096.1.S.74
Shnaider P, Pukay-Martin ND, Fredman SJ, Macdonald A, Monson CM (2014) Effects of cognitive-behavioral conjoint therapy for PTSD on partners' psychological functioning. J Trauma Stress 27:129–136. https://doi.org/10.1002/jts.21893
Shnaider P, Pukay-Martin ND, Sharma S, Jenzer T, Fredman SJ, Macdonald A et al (2015) A preliminary examination of the effects of pre-treatment relationship satisfaction on treatment outcomes in cognitive-behavioral conjoint therapy for PTSD. Couple Fam Psychol Res Pract 4:229–238. https://doi.org/10.1037/cfp0000050
Shnaider P, Sijercic I, Wanklyn SG, Suvak MK, Monson CM (2017) The role of social support in cognitive-behavioral conjoint therapy for posttraumatic stress disorder. Behav Ther 48:285–294. https://doi.org/10.1016/j.beth.2016.05.003
Solomon Z, Bleich A, Shoham S, Nardi C, Kotler M (1992) The "K'oach" project for treatment of combat-related PTSD: rationale, aims, and methodology. J Trauma Stress 5:175–193
Sweany SL (1987) Marital and life adjustment of Vietnam combat veterans: a treatment outcome study (Unpublished doctoral dissertation). University of Washington, Seattle
Taft CT, Watkins LE, Stafford J, Street AE, Monson CM (2011) Posttraumatic stress disorder and intimate relationship problems: a meta-analysis. J Consult Clin Psychol 79:22–33. https://doi.org/10.1037/a0022196
Tarrier N, Sommerfield C, Pilgrim H (1999) Relatives' expressed emotion (EE) and PTSD treatment outcome. Psychol Med 29:801–811. https://doi.org/10.1017/S0033291799008569
Wagner AC, Monson CM, Hart TL (2016a) Understanding social factors in the context of trauma: implications for measurement and intervention. J Aggress Maltreat Trauma 25:831–853. https://doi.org/10.1080/10926771.2016.1152341
Wagner AC, Torbit L, Jenzer T, Landy MSH, Pukay-Martin ND, Macdonald A, Fredman SJ, Monson CM (2016b) The role of posttraumatic growth in a randomized controlled trial of cognitive-behavioral conjoint therapy for PTSD. J Trauma Stress 29(4):379–383. https://doi.org/10.1002/jts.22122
Weissman N, Batten SV, Rheem KD, Wiebe SA, Pasillas RM, Potts W, Barone M, Brown CH, Dixon LB (2018) The effectiveness of emotionally focused couples therapy with veterans with PTSD: a pilot study. J Couple Relat Ther 17:25–41. https://doi.org/10.1080/15332691.2017.1285261
Whisman MA, Sheldon CT, Goering P (2000) Psychiatric disorders and dissatisfaction with social relationships: does type of relationship matter? J Abnorm Psychol 109:803–808. https://doi.org/10.1037/0021-843X.109.4.803

트라우마 생존자를 위한 비대면 정신건강 지원

26

Eric Kuhn, Julia E. Hoffman, Josef I. Ruzek과 Jason E. Owen

26.1 서론

지난 수십 년 동안 혁신적인 전자 제품들이 거의 보편화되면서 기술의 발전과 서비스의 폭발적인 성장이 눈 앞에 펼쳐지고 있습니다. 실제로 오늘날 전 세계 인구의 50% 이상이 인터넷에 접속하며 휴대전화 가입자의 수는 전 세계 인구 수보다 많습니다(국제전기통신연합(ITU) 2020). 거의 하룻밤 사이에 우리는 정보검색, 쇼핑, 은행 업무, 친구와 가족과의 연락 등, 일상의 많은 부분을 이 기술에 의존하게 되었습니다. 소통 방식 역시 무료 웹 기반 영상 통화, 가정에서나 이동 중에도 즉각 보낼 수 있는 메시지, 그리고 자기 성찰을 연결하는 비동기화 마이크로 블로깅[1] 도구와 같은 선택지가 다양해졌습니다. 스마트폰이라고 불리는 최신 세대의 휴대폰은 불과 몇 년 전만 해도 상상할 수 없었거나, 오직 고정형 컴퓨터에서만 가능했던 기능과 성능을 제공합니다. 이러한 기술들이 우리의 일상 생활을 끊임없이 변화시킴에 따라, 그동안 충족되지 못했던 트라우마 생존자들의 방대한 정신건강 관리에서의 공백을 해결할 수 있는 잠재력 역시 혁신적인 비대면 정신건강 지원telemental health, TMH 접근방식을 통해 실현되기 시작했습니다.

이 장에서는 TMH를 정의하고 트라우마 생존자를 위한 정신건강 관리 면에서 TMH의 잠재력과

1) 역자 주: asynchronous microblogging. 실시간이 아닌 방식으로 짧은 글이나 메시지를 올리고, 다른 사람들이 그에 대해 나중에 읽고 반응할 수 있는 새로운 형태의 소통 형태(예: 트위터)

도전 과제를 다룹니다. 트라우마 관련 정신건강 문제가 있는 개인의 치료에 적용된 바 있는 세 종류의 TMH 접근 방식인 임상 화상 회의clinical video-teleconferencing, 이하 CVT, 웹 기반 개입, 휴대폰 기반 개입을 살펴볼 것입니다. 마지막으로, 트라우마를 입은 사람들을 돕기 위한 TMH의 향후 방향에 대한 논의로 마무리하겠습니다.

26.2 비대면 정신건강 지원Telemental Health, TMH

비대면 진료telehealth 또는 비대면 의료telemedicine는 의료 정보와 서비스의 전달을 위해 통신 기술을 사용하는 것으로 광범위하게 정의되어 왔습니다(Perednia와 Allen 1995). TMH는 정신건강을 위한 정보와 서비스를 전달하는 데 이 기술을 사용한다는 점에서 이 범주에 포함됩니다. TMH 전달 방식에는 일반 전화 서비스, 화상 회의, 웹 및 모바일 기반 개입 등이 있습니다.

TMH는 개입의 접근성을 확대하고 효율성을 향상시켜, 트라우마 생존자의 충족되지 못했던 정신건강 요구의 해결을 도울 막대한 잠재력을 갖고 있습니다. 예를 들어, TMH 접근법은 정신건강 치료자가 부족한 외곽 지역까지 치료의 지리적 범위를 확장할 수 있습니다(예: Morland 등. 2010). 마찬가지로 비동기화 TMH 접근 방식(예: 웹 기반 개입)은 확장성이 뛰어나 사용자가 많아져도 쉽게 수용 가능하며 기존 제공자의 역량 강화에 도움이 될 수 있습니다(Marks 등. 2004). TMH 접근 방식을 활용하면 서비스 품질을 타협할 필요 없이 치료 제공자는 환자당 소요 시간을 줄이면서(예: 집단치료, 더 짧은 회기 수, 간단한 코칭 통화) 더 많은 환자를 볼 수 있어 효율성을 높일 수 있습니다. PTSD의 근거기반 치료를 적용한 TMH 접근 방식(Forbes 등. 2020)은 고도의 훈련을 받지 않은 치료자가 양질의 개입(예: 과제 및 기술 전환)을 전달할 수 있게 하여, 서비스 접근성을 확대하는 동시에 비용을 절감해 줍니다.

TMH 접근 방식은 전통적인 개입의 효과도 향상시킬 수 있습니다. 예를 들어, 대면 심리치료 회기에서 배운 기술을 환자의 일상 환경에서 필요에 따라 연습하고 사용할 수 있게 더 잘 일반화해 주어서(예: 스마트폰 개입을 통해 촉진하기) 치료 결과가 더 좋아질 수 있습니다. 심리치료는 일반적으로 환자에게 회기 중에 배운 것을 회기 밖의 적절할 맥락(즉 특정 시간, 장소 및 상황)에 맞게 적용하도록 기억해야 하는 막중한 책임을 부여합니다. 모바일 TMH 접근 방식은 필요할 때 보조적인 연습 자료들과 함께 적절한 기술을 사용하도록 단서를 제공하여 이 부담을 줄여줄 수 있습니다. 게다가 회기 사이의 의사소통이 보통은 매우 제한되지만, TMH는 이메일이나 문자 메시지로 소통과 지원을 받을 수 있는 기회를 늘려주어 개입 결과를 더욱 개선할 수 있습니다.

TMH는 치료자가 관리할 수 있는 문제의 범위를 확장하는 등, 다른 이점도 제공합니다. 예를 들어, 치료자는 웹이나 모바일 기반 자가 관리 프로그램을 활용하여 이차적이거나 공존하고 있는 문제를 다룰 수 있습니다. 또 이러한 방법들은 치료 종결 후에도 재발 방지를 강화하고, 다시 치료를 필요로 하는 상태로의 복귀를 예방 또는 지연하거나, 심지어 치료 종결 이후에도 효과를 향상하는 데 활용될 수 있습니다. 마지막으로, TMH 접근 방식은 표준 자료에 쉽게 접근할 수 있게 해주고, 고도로 구조화된 프로그램을 통해 프로토콜을 준수하도록 하여 치료자와 환자 모두의 근거기반 치료 프로토콜의 충실도를 높이고 치료 결과를 향상할 수 있습니다.

TMH 접근법은 개입 효과를 개선시킬 수 있는 가능성 외에도 서비스에 대한 접근성 역시 높여줍니다. 치료자와 서비스 기관은 필요한 경우에 전통적인 개입에 참여할 동기나 기능이 부족한 개인을 보다 집중적인 개입으로 이끌기 위한 초기 단계로서 TMH 접근 방식을 사용할 수 있습니다. 정신건강 전문가와의 대면 접촉이 거의, 또는 전혀 필요하지 않은 개입의 경우, 도움을 구하는 과정 중 발생할 수 있는 낙인으로 인한 장애물들과 개인정보에 대한 우려를 줄일 수 있습니다.

이렇게 TMH가 큰 잠재력을 가지고 있다는 것은 분명하나, 이용하기 전에 여러 가지 사항을 고려해야 합니다. 그중 가장 중요한 것은 비대면으로 개입할 때 환자의 안전을 확보하는 것입니다. 제공자는 환자에게 TMH를 적용하기 전에, 지역의 응급 자원들을 파악하고 필요시의 대비 계획이 마련되어 있는지 확인해야 합니다. 이 계획에는 가능하다면 배우자나 부모 등, 환자에게 지지적이고 중요한 타인이 참여하는 것도 포함되어야 합니다.

비교적 무해한 개인정보의 침해부터 환자를 심각한 위험에 빠트릴 수 있는 상황(예: 정치적으로 불안정한 지역이나 폐쇄적인 사회에서의 개입)까지, 다양한 범위의 정보 보안 문제의 예방을 포함하여 다른 전문적, 윤리적 문제에도 주의를 기울여야 합니다. 따라서 데이터는 강력한 암호화 같은 방법으로 전송 시 보안되어야 하고, 저장할 때에도 방화벽 등으로 보호되어야 합니다. 자원이 부족한 계층에게 접근성을 확대하는 것이 목표이므로, 필요한 기기와 데이터 이용의 비용 역시 고려해야 합니다.

빠르게 변화하는 기술의 속도를 고려할 때, TMH를 도입하고 이용하는 치료자와 의료체계는 TMH의 윤리적, 법적 이용에 대한 지침과 역량을 개발하고 유지하기 위한 교육이 필요합니다. 미국심리학회American Psychological Association(2013)는 TMH의 성공적이고 합법적인 구현을 위해, 환자의 정보 보안부터 사전 동의 및 임상적 경계(예: 전문 면허 관할 밖에서의 치료)에 이르기까지 모든 측면을 포괄하는 지침을 만들었습니다. 많은 국가에서도 비대면 진료 지원에 대해 보다 일반적인 지침을 만들었습니다(Bhaskar 등. 2020). 그러나 COVID-19의 세계적 대유행으로 이러한 정책의 부재와 불일치를 드러냈으며, 향후 이러한 위기에 최대한 대응할 수 있는 공유 비대면 진료 프레임워크의 개발과 구현을 위한 국제적 지침이 시급하다는 것이 부각되었습니다.

26.3 TMH와 트라우마

TMH는 다양한 맥락에서 트라우마 치료 서비스의 공백을 채우는 데 도움이 될 수 있습니다. 여기에는 외상 사건이 최근에 발생했거나 아직 진행 중인 상태여서, 치료자가 직접 진료하기에 안전하지 않은 장소에서 정신건강 지원에 대한 요구에 대응하는 것이 포함됩니다. 이러한 장소의 예시로는 현재 전쟁 중인 지역, 정치적으로 불안정한 국가나 지역, 자연재해나 인재로 심각한 피해를 받아 식수, 거처, 식량 등의 기본적인 생필품이 부족한 곳, 그리고 COVID-19 팬데믹에서 경험했듯이 전염병 발생 지역 등이 있습니다. 이렇게 치료자와 환자가 직접 만나기에 너무 위험할 수 있는 지역 외에도, 정신건강 서비스에 충분히 접근하기 어려운 지역들과 트라우마에 노출된 인구 집단은 많습니다. 안정적인 개발도상국들 중 상당수는 정신건강 지원 체계가 제대로 갖춰져 있지 않습니다. 선진국에서도 외곽 지역이나 소외된 소수 민족 지역과 같은 곳은 지원 체계가 부족할 수 있습니다. 마찬가지로 노약자나 장애가 있는 트라우마 생존자들 역시 필요한 지원을 받는 것이 쉽지 않을 수 있습니다. PTSD 및 기타 정신질환 유병률이 높은 구치소나 교도소에서도 전문적인 트라우마 서비스를 지원받기 어렵습니다(Goff 등. 2007).

TMH 접근 방식은 재난 피해 인구의 모니터링에도 활용될 수 있는데, 가장 심각한 영향을 받은 사람들을 파악하고 중증도를 분류하여 제한된 자원이 가장 효율적으로 배분되게 할 수 있습니다. 추가로 교통 기반 시설이 손상되어 환자의 이동이 제한되거나 전면 금지된 재해 지역이나 정신건강 지원에 대한 수요가 공급을 초과하는 재난 및 대규모 트라우마가 발생한 상황에서 지원이 전달되게 도울 수 있습니다. 또한 TMH는 다양한 외상 후 문제와 기타 현실적인 어려움(예: 외상에 의한 신체 부상으로 이동이 어려운 경우 등)에 직면한 생존자들에게 보다 편리하게 지원에 대한 접근성을 제공할 수 있는 잠재력이 있습니다.

피해 사실과 관련된 사회적 낙인을 우려하거나(예: 강간) 사건을 공개하여 발생할 수 있는 불미스러운 영향을 두려워하는 경우(예: 군 복무자) 등, 일부 트라우마 생존자에게 TMH는 전통적인 대면 치료보다 좀 더 받아들이기 용이하거나 위험 부담이 적은 개입 방식일 수 있습니다. 마찬가지로, 많은 사람들이 외상 후 정신건강 문제를 갖고 있거나 이를 공개하고 치료를 찾는 것에 대해 사회적 낙인을 느낍니다(Vogt 2011). 특정 인종 집단(예: 아시아계 미국인)은 치료를 찾는 것이 당혹감과 수치심을 유발할 것이라는 두려움을 갖고 있을 수 있습니다(Jimenez 등. 2013).

웹이나 모바일 기반의 일부 TMH 접근 방식은 다른 선택지가 없거나 접근성이 떨어지는 상황에서 도움이 될 수 있습니다. 예를 들어, 의료보험상 보장이 제한되거나 없고, 전통적인 정신건강 치료를 감당하기 어려운 사회경제적 취약 계층의 경우, TMH를 통해 혜택을 볼 수 있습니다. 마찬가지로 근무 조건이나 육아 등으로 인해 시간이 부족하여 전통적 치료에 참여할 여력이 없는 사람들도 TMH 접근 방식의 혜택을 받을 수 있습니다.

트라우마 상태의 사람에게 TMH 접근 방식 활용을 고려할 때, 치료자와 기타 지원 제공자들은 잠재적인 단점을 고려해야 합니다. 그 예시로, 대부분의 PTSD 근거기반 치료는 트라우마에 집중하기 때문에 환자는 부적응적인 회피 대처 전략을 포기하고 괴로운 외상 기억 및 이와 관련된 고통 유발 상황에 대해 적극적으로 이야기하거나 반복적으로 직면하여 노출에 참여해야 합니다. 어떤 트라우마 생존자에게는 정신건강 전문가를 대면하기 위해 나서는 것이 회피를 극복하기 위한 초기의 치료적 단계가 될 수 있는데, TMH 접근 방식을 사용하며 집에서만 있는 것은 오히려 회피를 더욱 강화할 수 있습니다.

웹/모바일 기반 프로그램과 같은 TMH 접근 방식은 처음 접속하는 데에는 동기가 거의 필요하지 않습니다. 그러나 시간이 지나도 적극적으로 참여하며 의미 있게 활용하려면, 특히 어느 정도의 정기적인 지원(예: 통화 코칭)도 없는 경우라면 상당한 동기 부여가 필요합니다. 따라서 자가 관리 차원에서 TMH를 이용하다가 시도가 중단되거나 실패할 경우, 치료 전반 또는 특히 자신에게는 치료가 효과 없을 것이라는 낙담과 잘못된 믿음으로 이어질 수 있습니다.

26.4 트라우마 인구에 적용되는 TMH 접근 방식의 예시

26.4.1 임상 화상 회의Clinical Video-Teleconferencing, CVT

CVT는 카메라와 모니터가 포함된 영상 장비(예: 텔레비전, 컴퓨터, 또는 태블릿이나 스마트폰 등의 모바일 기기)를 사용하여 초고속 인터넷망 같은 통신을 기반으로 하여 원격으로 정신건강 서비스를 제공하는 것을 말합니다. CVT는 환자와 의료진이 실시간으로 서로를 보고 들을 수 있게 해주므로 전통적인 대면 진료 형태와 거의 유사한 환경을 제공합니다. 그러나 기존 진료 형태와 비교할 때 CVT의 주요 장점은 이동의 필요성을 줄이거나 완전히 없애(예: 가정 내 CVT 기기 활용) 편의성을 높일 수 있다는 것입니다. COVID-19 팬데믹 이전의 CVT는 일반적으로 의료진은 한 의료 기관(예: 거점 병원)에, 환자는 원거리의 의료 시설(예: 시골 진료소)에 배치하는 '허브 앤 스포크hub and spoke' 모델[2)]로 구현되었습니다. 다행히 최근 화상 회의 기술의 발전, 보급 및 가용성의 확대(예: 내장

2) 역자 주: "hub and spoke" model. 일반적으로 물류, 또는 항공 노선을 구성하는 한 형태로, 각각의 출발지Spoke

형 컴퓨터 및 스마트폰 카메라, 확장된 초고속 인터넷망 접속)로 환자의 집에서 CVT를 하는 것이 가능해졌고, 이는 팬데믹 기간 동안 재택 기반 CVT로의 신속한 전환을 촉진했습니다. 재택 기반 CVT는 감염 전파 가능성을 줄이는 명백한 이점 외에도, 이동의 필요성을 완전히 없애고 치료와 관련된 불편함을 더욱 줄여줍니다. 또한 정신건강 시설로 가야 한다는 낙인에서 벗어날 수 있게 해주어 더 많은 환자가 참여할 수 있게 유도하고 진료 누락을 줄이며 치료의 조기 중단을 예방할 수 있습니다.

CVT는 선별 및 진단 평가(예: Nelson 등. 2004), 투약 및 사례 관리(예: Shore와 Manson 2005), 개인(예: Tuerk 등. 2010) 및 집단 (예: Morland 등. 2011b) 심리치료 등, 다양한 트라우마 관련 정신건강 서비스를 제공할 수 있는 개입 방식입니다. 이러한 광범위한 적용 가능성에도 불구하고 일부 치료자는 환자가 CVT 사용을 원하지 않거나, 치료적 관계가 손상되거나 기타 중요한 측면에서 진료의 제공에 부정적인 영향을 미칠 수 있다는 우려로 인해 그 활용을 꺼릴 수 있습니다. 그러나 실제로 CVT는 PTSD 환자들이 수용 가능한 형태의 치료 전달 방식으로, 일부 환자는 대면 치료보다 이 방식을 더 선호하였습니다(Thorp 등. 2012). 마찬가지로, 연구에 따르면 강력한 치료적 관계를 만들고 유지할 수 있지만(Germain 등. 2010), 집단치료에서 사용할 경우에는 치료적 유대가 다소 약화될 수 있다는 보고가 있습니다(Greene 등. 2010). 게다가 치료자도 CVT를 사용하여 PTSD 환자에게 치료 프로토콜의 준수 및 역량 면에서 동일한 수준의 치료를 제공할 수 있습니다(Frueh 등. 2007; Morland 등. 2011a).

CPT와 PE 같은 근거기반 치료법을 제공하는 방식으로서 PTSD 치료에 있어 CVT의 효능을 입증하는 상당한 자료가 축적되었는데, 해당 연구 결과 CVT를 통한 치료는 일반적으로 대면 치료와 유사하거나 열등하지 않습니다(Kuhn과 Owen 2020). 특히, 병원 간 CVT(Liu 등. 2020; Maieritsch 등. 2016; Morland 등. 2014, 2015; Ziemba 등. 2014)와 최근에는 병원과 환자 가정 간 CVT(Acierno 등. 2016; Acierno 등. 2017; Morland 등. 2020)를 포함하여 다수의 무작위 통제 연구가 수행되었습니다. 연구 결과는 개인과 집단치료 모두에서 일관되게 긍정적으로 나타나며, 대면 치료와 마찬가지로 CVT로 제공되는 트라우마 치료 역시 동반된 우울 증상의 개선에 효과를 보였습니다.

CVT를 사용할 때에는 몇 가지 유의해야 할 문제가 있습니다. 그중 가장 중요한 것은 장비와 기술적 고려입니다. 초기의 CVT에는 고가의 모니터와 카메라 시스템이 필요했지만, 이제는 노트북 컴퓨터와 모바일 장치에 카메라가 기본적으로 내장되어 있으며 적절한 암호화 기능을 갖춘 저렴한 웹 기반 화상 회의 플랫폼도 널리 보급되어 있습니다. 필요한 장비가 갖춰진 후에는, 치료자는 회기의

에서 발생하는 물량을 중심 거점Hub로 모으고, 거점에서 물류를 분류한 뒤 다시 각각의 도착지Spoke로 배송하는 형태가 마치 자전거 바퀴처럼 바퀴의 중심축Hub과 바퀴살Spoke 모습을 연상하게 한다고 하여 붙은 명칭

흐름을 방해할 수 있는 불안정하거나 느린 인터넷 서비스로 인한 연결의 끊김이나 통신지연과 같은 기술적 문제에 대비해야 합니다. 전화 통화로 전환하는 것과 같은 대안 계획을 마련해 놓으면 이러한 불가피한 방해의 영향을 줄일 수 있습니다. 원거리의 진료소에서 CVT를 활용할 때에는 환경도 관리해야 합니다. 예를 들어, 환자에게는 화상회의 장비가 있는 독립된 공간이 필요하고, 원거리 진료실의 직원은 환자를 위한 공간을 준비하고 임상적이거나 기술적인 문제가 발생할 경우를 위해 대기하고 있어야 합니다. 마지막으로, 치료자는 CVT를 사용할 때 다른 물류적인 문제들도 해결해야 합니다. 예를 들어 PE나 CPT 같은 PTSD의 근거기반 치료에서는 자가 보고 증상 척도와 과제 양식을 통상적으로 사용합니다. 이러한 자료를 환자에게 전달하고, 환자가 작성한 자료를 제때 치료에 활용할 수 있게 회수하려면 스캐너나 팩스와 같은 추가적인 기술과 기기가 필요합니다. 환자가 가정에서 CVT에 참여하는 경우에는 앞서 언급한 부분들 외에 여러 상황에 대해 신중하게 사전에 고려하고 대비책을 마련해야 합니다. 사적인 공간이 부족하거나 가정 내 주의를 방해하는 요인이 많은 경우, 또는 어린 자녀를 돌봐야 하는 환자들을 위한 대안적 해결책이 필요할 수 있습니다.

트라우마 환자에게 CVT를 사용할 때 특정 임상적 문제가 발생할 수도 있습니다. CVT로도 비언어적 징후를 평가할 수는 있지만, 트라우마 치료에서 통상적으로 발생하는 미묘한 감정적인 징후(예: 숨죽인 울음, 안절부절 못하는 모습 등)를 감지하거나 구분하는데 필요한 민감도가 부족할 수 있습니다. 이와 마찬가지로, 최근의 알코올이나 마리화나 사용, 열악한 개인 위생(Thorp 등. 2012) 등, 트라우마 치료 중 볼 수 있는 다른 임상적인 관련 요소들을 감지하는 것 역시 어려울 수 있습니다. 비디오 프레임에 담을 수 있는 범위에 따라, 치료자가 환자의 전체 모습을 보지 못할 수도 있습니다. 이의 극명한 예로, Thor의 연구팀(2012)은 화면에 보이지 않아서 환자가 휠체어를 사용하고 있다는 사실을 치료자가 알지 못했던 사례를 기술한 바 있습니다.

26.4.2 웹 기반 개입

웹 기반 개입은 대규모 인구 집단에게 전달될 수 있는 플랫폼을 제공합니다. 인터넷에 접속할 수 있는 사람이라면 누구나 이를 활용할 수 있으며, 일단 구축해 놓으면 추가 비용 없이 많은 사람들이 사용할 수 있습니다. 따라서 수백, 수천 명에게 영향을 미치는 대규모 트라우마 사건의 여파에 특히 적합한 방식입니다.

웹 기반 개입은 이러한 접근 범위의 장점 외에도 특히 효과적일 수 있는 특성을 갖고 있습니다. 근거기반 치료는 일반적으로 그 효과성에 기여할 가능성이 높은 공통적인 치료 요소들을 포함하고 있습니다. 여기에는 정보 및 교육, 시연/모델링을 통한 기술 훈련, 개별 평가, 목표 설정, 행동 과제의 할당, 자가 모니터링 및 개인에게 맞는 피드백 등이 포함됩니다. 웹 기반 개입은 이러한 기능을 통합하기에 적합하며, 기존의 많은 웹 프로그램이 이러한 요소들을 성공적으로 포함해왔습니다(Amstadter 등. 2009). 이러한 의미에서 PTSD를 위한 다수의 근거기반 치료가 인터넷을 통한 번역과 보급에 적합하다고 볼 수도 있습니다. 자동화된 대화형 프로그램은 효과성이 검증된 대면 개입의 여러 요소를 본질적으로 재현하려 합니다.

웹 기반 프로그램은 예방과 치료적 개입 외에도, 트라우마 관련 정신건강 문제의 스크리닝과 평가를 제공할 수 있습니다. 개인은 자신의 집에서 사생활을 유지하며 스스로 문제를 파악하고, 개인 맞춤형 피드백을 받을 수 있습니다. 증상을 개선하기 위한 시도로, 스스로 진전 상황을 추적 관찰할 수 있습니다. 그들의 평가 정보는 특정 정보, 기술, 또는 자료로 안내하는 데 활용되어 개입을 당사자에게 맞춤화해줄 수 있습니다. 이러한 평가 역량은 웹 기반 개입이 사용량과 자가 입력 정보 및 자동적으로 수집되는 사이트 사용 데이터 모두를 수집할 수 있다는 것을 의미합니다. 잠재적으로 개입 전후 및 도중에 모인 자료들은 치료자가 치료의 진행 상황과 결과를 보다 효과적으로 모니터링하고, 보다 전반적으로는 근거기반 의사 결정 방향으로 나아가는 데 도움이 될 수 있습니다. 정신건강 상태를 정기적으로 평가하는 데 있어 기본적인 장애물은 정보 제공 수단으로 종이와 연필을 이용하는 설문지가 주로 사용된다는 것으로, 이러한 방식은 전자 의료 기록에 통합하거나 시간 및 회기에 따라 정보를 조회하는 것이 쉽지 않습니다. 웹 기반 프로그램은 잠재적으로 대상자가 지속적으로 자료를 입력할 수 있고, 이를 시각적 대시보드(부분 화면) 형태로 요약해주기 때문에 치료자와 대상자가 치료 경과를 살펴보고 의사결정을 내리는 데 정보를 제공해줄 수 있습니다.

추가적으로, 잘 설계된 웹 기반 개입은 잠재적 사용자들에게 동기를 부여할 수 있습니다. 프로그램에 대한 무제한 접속과 24시간 가용성은 사용자들이 인터넷에 접속할 수만 있다면, 집과 같은 사적 공간을 포함하여 언제든 원하는 만큼의 개입을 사용자의 속도에 맞춰 경험할 수 있게 합니다. 게다가 웹 기반 개입은 익명으로 이용할 수 있으므로, 도움을 요청할 때 느낄 수 있는 낙인이나 당혹감의 인식이 치료의 중대한 방해물이 될 가능성을 줄여줍니다. 또한 많은 개입이 무료거나 저렴하게 제공되기 때문에 비용의 문턱도 줄어들거나 없어집니다.

웹 기반 개입은 인적 서비스 제공자의 참여 정도에 따라 다양하게 설계될 수 있습니다. 참여도 측면에서 연속선의 한쪽 끝에는 증상 평가 및 모니터링, 심리교육, 그리고 사용자가 스스로 관리할 수 있는 다양한 개입 도구(예: 자기 조절 기술)에 대한 안내를 제공하는, 완전히 독립적인 자조self-help 개입 설계 형태가 있습니다. 그리고 반대편 끝에서는 인적 개입으로 치료 제공 과정에서 웹 프로그램을 치료 증강 도구로 보조적으로 활용하는 방식으로 운영될 수 있습니다. 웹 기반 개입을 전통적인 치료에 통합하면, 각 환자 당 치료 소요 시간을 단축하여 치료자가 더 많은 환자를 볼 수 있게 되므로 일종의 증폭기force multiplier 역할을 할 수 있을 것으로 보입니다(Marks 등. 2004).

이 양 극단 사이에 개인이 자신의 문제나 증상을 스스로 관리하되 대면정신건강 치료보다 덜 집중적인 인적 지원을 받는 보조적 자조assisted self-help 방식이 있습니다. 이의 예를 들자면, 프로그램 사용을 강화하고 지속하도록 격려하며 개입 구성 요소를 수행할 때 발생하는 문제를 해결하기 위해 세심한 지지와 코칭을 제공하는 짧은 통화가 포함되는 형태입니다. 이러한 소통은 일관되고 의미 있는 참여를 유지하게 하여 책임감을 높이는 데에도 기여할 수 있습니다. 정신건강 전문가 외에 다양한 조력자(예: 동료 전문가, 성직자) 역시 지원 인력의 역할을 할 수 있습니다.

최근 여러 문헌 고찰에서 웹 기반 PTSD 개입이 수동적 대조군(대기자 명단)보다 유의미하게 효과적이며, 중간에서 큰 효과 크기를 보이는 것으로 확인되었습니다(Kuester 등. 2016; Sijbrandij 등. 2016; Simblett 등. 2017; Lewis 등. 2018). 그러나 아직 적극적 대조군(심리교육, 쓰기 등)보다는 통계적으로 유의하게 더 나은 결과를 보이지 못했는데, 이는 대조군과 비교한 연구가 거의 없기 때문일 수 있습니다. Sijbrandij와 동료들(2016)은 웹 기반 개입의 효과가 치료자의 지원으로 진행될 때 가장 강력하고, 자기 주도하에서는 중간 정도의 효과 크기를 보인다고 결론지었습니다. PTSD에 대해 가장 많이 연구된 웹 기반 개입은 치료자 지원 내러티브 글쓰기 개입인 '인테라피Interapy'입니다(Lange 등. 2000). 일곱 건의 무작위 통제 연구(Kersting 등. 2013; Knaevelsrud 등. 2015)에서 인테라피는 PTSD 증상에 대해 큰 효과 크기를 보였습니다. Ruwaard의 연구팀(2012)은 임상적으로 유의미한 PTSD 증상을 보이는 환자 478명을 대상으로 정기적인 임상 진료 때 인테라피를 시행하였습니다. 검토 결과, 40%의 환자는 회복(즉, 사전 평가 점수가 절단점 이상이었으나 치료 후 절단점 이하로 낮아져 신뢰할 만한 개선을 보인 경우), 20%는 개선, 40%는 변화없음으로 분류되었고 증상이 악화된 경우는 0%였습니다. 전반적으로 이 분야의 연구는 아직 초기 단계로, 웹 기반 개입과 적극적 개입 간의 비교, 변화 기전의 탐색, 다양한 단계의 인적 지원에 대한 유용성의 결정, 비용 효율성 탐색, 부작용 평가, 그리고 효과와 참여의 예측인자 파악을 위해 더 많은 연구가 필요합니다(Lewis 등. 2018).

환자들이 이러한 형태의 TMH를 받아들이지 못할 수 있다는 점, 그리고 이것이 치료에 미치는 영향에 대한 치료자의 우려가 이의 활용에 영향을 미칠 수 있습니다. CVT와 마찬가지로, 지금까지 누적된 상당수의 연구에서 환자들이 일반적으로 웹 기반 개입을 잘 받아들이고 만족하였으며(Marks 등. 2007), 트라우마 생존자 치료에 웹 기반 활동을 통합하는 것이 치료자와의 좋은 치료적 관계 구축을 저해하지 않는 것으로 밝혀졌습니다(Klein 등. 2009; Knaevelsrud와 Maercker 2007; Wagner 등. 2012). 안타깝게도 Vets Prevail(www.vetsprevail.org/; Hobfoll 등. 2016) 외에는 연구된 프로그램 중 상당수가 대중에게 완전히 공개되지 않았거나 특정 집단에게만 제공됩니다(예: 네덜란드어로만 제공되는 Interapy(www.interapy.nl/), 호주에서만 제공되는 PTSD Course(https://mindspot.org.au/ptsd- course). 다행히 연구 플랫폼에서 흔히 사용되는 근거기반 개입 구성요소를 반영하여 설계된, 여러 우수한 무료 웹 기반 프로그램들이 공개적으로 접속 가능한 형태로 널리 제공되고 있습니다. 여기에는 일반 대중을 대상으로 설계된 미국 재향군인부 산하 국립 PTSD 센터의 PTSD 코치 온라인(www.ptsd.va.gov/apps/PTSDCoachOnline), PTSD와 문제성 음주를 겪는 재향군인을 위한 VetChange(www.vetchange.org)가 있으며, 불면증(Path to Better Sleep for insomnia, www.veterantraining.va.gov/insomnia/), 분노(AIMS, https://www.veterantraining.va.gov/aims/), 스트레스 및 우울증 관리(Moving Forward, https://www.veterantraining.va.gov/movingforward/) 등 특정 PTSD 증상과 흔한 공존 문제를 대상으로 한 미국 재향군인부의 웹 기반 개입 프로그램들도 제공되고 있습니다.

PTSD 환자에게 웹 기반 개입을 고려하는 치료자가 주의를 기울여야 할 사항이 몇 가지 있습니다. 가장 분명한 것은 환자가 사적인, 또는 그에 준하는 환경에서 접속할 수 있어야 한다는 것입니다. 또 환자의 선호도, 특성(예: 동기, 자기효능감), 제약(예: 시간), 문제의 중증도에 맞는 적절한 프로그램을 선택하는 것도 중요합니다. 그리고 환자에게 필요하고, 환자가 원하는 최적의 지원과 보조 수준을 고려해야 합니다. 예를 들어, 치료 동기가 강하고 독립적이며 사회적인 지지층이 좋은 환자는 이러한 부분들이 결핍된 환자에 비해 지원이 덜 필요할 수 있습니다. 이메일 같은 비동기화 의사소통을 사용하는 경우에는, 이를 통해 전달될 정보와 전달되지 않아야 할 정보의 유형, 그리고 응답 예상 시간에 대해 사전에 명확한 기대치를 협의해야 합니다.

26.4.3 모바일 건강지원mHealth

모바일 건강지원 또는 m헬스는 스마트폰 같은 전자 모바일 기기를 사용하여 건강 평가와 개입을 제공하는 비대면 건강 지원의 한 형태를 말합니다. 이 비대면 건강 지원 형태의 하위 분류는 자료 자체의 형식보다 그 자료가 접속되는 기기(예: 휴대폰, 태블릿, 스마트워치, 기타 '웨어러블' 기기)에 의해 정의되며, 여기에는 모바일에 최적화된 웹사이트, 모바일 애플리케이션, 문자, 단문 메시지 서비스SMS가 포함됩니다. 이러한 애플리케이션과 서비스는 웹 기반 서비스와 마찬가지로 자가 관리 지원이나 회기 중이나 회기 사이의 대면 치료 효과를 강화하는 데 활용될 수 있습니다. 필요한 기기나 데이터 요금을 제외하면, 이러한 서비스들은 대부분 무료이거나 매우 저렴하게 제공됩니다. 웹 기반 TMH의 이점은 대체로 모바일 건강지원 제품에도 적용됩니다. 그러나 이러한 유사성 외에도, 모바일 플랫폼은 일반 웹 기반 도구와 비교하여 주목할 만한 몇 가지 주요 장점이 있습니다.

첫째, 모바일 기기는 컴퓨터보다 더 보편화되고 개인화되어 있습니다. 국제전기통신연합의 통계

(ITU 2020)에 따르면, 인구 100명당 이동통신 가입자 수는 선진국의 경우 133명, 개발도상국에서는 99명에 도달했습니다. 스마트폰 보급률 또한 빠르게 증가하여 전 세계적으로 40% 이상으로 추산되며(Statista 2020), 선진국은 보급률이 더욱 높아서 미국의 경우 성인의 85%가 스마트폰을 보유하고 있습니다(Pew Research Center 2021). 개인용 컴퓨터와 달리, 모바일 기기는 개인 간에 쉽게 공유되지 않기 때문에 개인 자료를 안전하게 공유하고 고도로 개인화된 도구로 유지할 수 있습니다.

둘째, 모바일 기기, 그중에서도 특히 휴대폰은 대부분 손이 닿는 거리에 있고 전원이 켜져 있어 사용자를 참여하게 유도하거나 치료에 부합하는 행동(예: 급성 스트레스 상황에 효과적으로 대처하기, 과제 활동하기)을 적시에 지원할 기회를 거의 끊임없이 제공합니다. 이메일과 달리 즉각적으로 인지할 수 있는 알림 기능을 통해 사용자에게 필요한 과제를 알려줄 수 있고, 사용자가 스트레스를 경험하는 순간이나 하루 중 여러 시점에서 평가도구를 활용할 수 있어 미세한 변화 추이를 포착하고 정서적 어려움과 그 과정에 대한 통찰을 줄 수 있습니다. 이러한 생태학적 순간 평가ecological momentary assessment, EMA 자료를 수집하면 전반적이거나 요약형 자가 보고 설문의 결과보다 생태학적으로 더 유효한 환자 데이터를 얻을 수 있으며, 이는 사용자가 치료자와 함께 더 나은 임상적 결정을 내리는 데 필요한 자료로 활용될 수 있습니다.

셋째, 모바일 건강지원은 근거기반 치료 중 특히 이동성이 필요한 부분을 지원할 수 있습니다. 예를 들어, 다양한 지역사회 상황에서 PE의 실제 노출 과제를 수행하고 기록하는 데 활용할 수 있습니다. 넷째, 흔히 모바일 기기에는 웹에서는 가능하지 않은, 개입에 활용할 수 있는 압축된 개인 자료와 미디어(예: 사회적 지원을 파악할 수 있는 연락처 목록, 관점의 변화를 유도해줄 수 있는 선호 음악이나 사진)가 포함되어 있습니다.

모바일 접근 방식은 사용자가 PTSD 근거기반 치료를 받고 있는지 여부와 관계없이, 트라우마와 관련된 스트레스에 이상적으로 적합한 여러 장점들을 제공합니다. 첫 번째로, PTSD 및 관련 질환들은 최소한 부분적으로는 개인이 내적 또는 외적 트라우마 단서에 의해 촉발되어 경험하는 급성 악화로 정의됩니다. 따라서 모바일 개입의 즉각성은 특히 고통스러운 순간에 사용할 수 있는 대처 전략을 제공한다는 점에서 중요합니다. 대면 치료를 받고 있는 환자라면, 대면 회기에서 목표로 한 주제와 감정 처리를 탐색하고, 회기 사이에는 그에 필요한 지원을 모바일로 제공받을 수 있습니다. 일부 환자의 경우, PTSD에 효과적인 치료가 일시적으로 고통을 증가시킬 수 있다는 것은 잘 알려져 있는 사실인데, 모바일 지원은 이러한 어려움을 어느 정도 완화시켜 고통과 치료에서의 이탈을 줄일 수 있습니다. 이러한 애플리케이션 중 하나인 PTSD 코치는 미국 재향군인부 국립 PTSD 센터와 국방부 국립 원격의료 및 기술 국립센터에서 개발한 것으로(Hoffman 등. 2011), 심리교육과 검증된 척도로 구성된 자기 평가 도구PTSD checklist(Weathers 등. 1993)와 바로 적용할 수 있는 자가 관리 도구를 제공합니다.

PTSD의 두 번째 특성인 회피는 다양한 방식으로 나타날 수 있는데, 이 중 일부를 모바일 지원 도구를 사용하여 감소시킬 수 있습니다. 낙인이나 트라우마 내용을 직접 다루는 것에 대한 두려움으로 인해 치료를 아예 피하려고 할 수 있는데, 모바일 옵션을 제공하면 사용자가 편안하게 느끼는 수준에서 참여할 수 있게 도울 수 있습니다. 사용자의 스마트폰에 개입 프로그램을 설치하면, 사회적 관계를 맺을 수 있는 더 편리한 기회들(문자 메시지, 전화, 소셜 미디어 플랫폼 접속)이 제공되므로 타인을 회피하는 경향이 줄어들 수 있습니다. 사회적 지지의 증가는 외상 후 경과 측면에서 잘 알려져 있는 긍정적 예후 지표입니다(Ozer 등. 2003). 치료와 관련된 작업(예: 과제)의 회피 역시 감소시킬 수 있는데, 기한에 맞게 자료를 활용할 수 있도록 알람이 시간 맞춰 제공되고, 회피에 의한 다소 경미한 수준의 걱정은 사전에 생성된 메시지가 이를 극복하게 도우며(예; "당신이 이전에 이미 해본 것입니다. 이번에도 할 수 있습니다"), 회기 사이에 과제를 해야 할 때나 회기 중 이를 검토할 시점에 모바일 기기가 없거나 분실했을 가능성이 낮기 때문입니다. 다만 회피 측면에서 모바일 건강관리 옵션이 실제 노출과 같은 치료 목표로부터 주의를 부적절하게 분산시키는 등, 일부 역치료적 효과를 유발할 수 있다는 점을 염두에 두어야 합니다(Clough와 Casey 2011). 좀 더 추정해보자면, 불안 장애 환자가 항불안제를 소지하고 있을 때에만 두려운 상황에 접근하려 하듯이, 일부 사용자는 앱을 안전 신호로 간주하고 이는 회피해 오던 자극에 대한 노출을 방해할 수 있습니다.

많은 PTSD의 치료적 개입에는 회기내 작업과 회기 사이 과제로 인해 상당한 부담이 동반되는데, 이 중 일부는 모바일 기술을 사용함으로써 덜어낼 수 있습니다. 그 예시로, PE에서는 회기를 녹음하고 회기 사이에 녹음된 내용을 다시 들어야 하는데, 과거에는 이를 위해 특수 녹음 장치를 구입하여 이용해야 했습니다. 이제는 대부분의 스마트폰과 기타 모바일 기기에 기본적으로 녹음 기능이 있다는 점에서, PE 코치와 같은 애플리케이션이 환자의 부담을 덜어줄 수 있습니다(Reger 등. 2013). 방문 시기, 과제 및 처방된 대처 도구에 대한 알람 모두 환자가 충분히 참여하도록 도움으로써 기존의 개입을 향상시킬 수 있습니다. 치료자에게 자료를 회송하는 모바일 건강지원 도구는 이 새로운 피드백 기전을 통해 관리의 방향을 안내할 수 있습니다. 근거기반 치료의 성공과 실패 가능성을 예측하는 지표를 확인한 문헌(Lambert 2011) 내용에서 알 수 있듯이, 모바일 기기를 통해 수집된 치료 참여도를 기록한 자료는 사전에 실패 가능성이 높은 사례를 식별하는 데 기여할 뿐 아니라, 집계된 자료를 통해 임상 결과와 관련된 변수들을 보다 잘 이해하게 도울 수 있습니다.

트라우마와 관련된 어려움을 겪는 사람을 위한 모바일 건강지원 개입의 효과에 대한 근거가 점차 축적되기 시작하고 있습니다. 지금까지 모바일 앱을 단독 또는 안내형 자조 개입(즉 치료자의 제한적인 지원) 유형으로 활용한 경우에 대해 여러 무작위 통제 연구가 진행되었습니다. 이중 PTSD

코치는 세 건의 무작위 통제 연구에서 다루어져, 연구 측면에서 가장 큰 관심을 받았습니다. 한 예비 무작위 통제 연구에서는 PTSD의 진단기준 미만이거나 의증 수준의 지역사회 생존자를 대상으로, PTSD 코치군을 치료 대기 대조군과 비교했습니다(Miner 등. 2016). 한 달 후 시점의 평가에서 집단 간의 효과 크기는 작아서 유의미한 수준에 이르지 못했지만, PTSD 코치 참여군에서는 PTSD 증상이 유의미하게 감소하였고 대조군은 증상이 감소하지 않았습니다. 이후 PTSD 의증 수준의 지역사회 트라우마 생존자를 대상으로 한 대규모의 후속 무작위 통제 연구에서는 12주간 PTSD 코치와 치료 대기 대조군을 비교하였습니다(Kuhn 등. 2017). 치료 후 PTSD 코치 참여군은 대조군에 비해 PTSD와 우울증 증상, 정신사회적 기능의 측면에서 더 많이 개선되었고 이 개선 효과는 3개월 후 추적 관찰 시점에서도 유지되었습니다. 마지막으로, 한 예비 무작위 통제 연구에서 PTSD를 진단받은 재향군인을 대상으로 자기 주도형과 치료자 지원 PTSD 코치(정신건강 치료자와 총 4회, 각 30분 회기)의 효과를 비교했습니다(Possemato 등. 2016). 그 결과 집단 간 차이 없이 두 조건 모두에서 PTSD 증상이 개선되었는데, 통계적으로 유의미한 수준은 아니었지만 치료자 지원 형태의 효과 크기가 더 크고 임상적으로 유의미한 PTSD 증상 변화를 보인 환자의 비율이 높았습니다.

앞서 살펴본 다른 TMH 기술과 마찬가지로, 치료자는 새로운 기기를 임상 치료에 도입할 때 따르는 현실과 제약이 아직 다 완전히 파악된 것이 아니라는 점을 알고 있어야 합니다. 가장 먼저 필요한 것은 환자와 치료자가 기존의 의료 서비스 제공 방식을 개선하기 위해 이러한 기술에 대해 의지와 관심이 있는지 여부를 파악하는 것입니다. 사람들이 모바일 기술을 의료 지원 도구로 받아들이며 이것이 도움이 된다고 인식하고 있다는 근거들이 늘어나고 있습니다. 예를 들어, PTSD를 앓고 있는 재향 군인들은 PTSD 코치에 대한 만족도가 높았고, 급성 스트레스, PTSD 증상 관리 및 수면 관리 면에서 이 프로그램이 '중간'에서 '매우 도움'이 되는 수준이며(Kuhn 등. 2014a, b), PTSD에 대해 배우고 이를 가족과 친구에게 설명하는 데 도움이 된다고 답했습니다. 또한 치료자들도 개입 과정 중 애플리케이션 사용의 잠재력을 인지하고 있으며, 근거기반 치료를 하는데 이미 사용하고 있거나 활용할 생각을 갖고 있다는 자료들도 보고되었습니다(Kuhn 등. 2014a, 2015). 한 예로, 숙련된 PE 치료자들은 설문조사에서 PE 코치 애플리케이션이 개입을 크게 개선해 주고, 통합하기에 그다지 복잡하지 않으며, 치료적 관계에도 부정적인 영향을 미치지 않는다고 답했습니다(Kuhn 등. 2015).

다른 형태의 TMH와 마찬가지로, 기술 접근성은 기본적인 요건입니다. 스마트폰과 기타 스마트 모바일 기기는 현재 보급률이 높으며 지속적으로 증가 중이지만 아직 전 세계적으로는 소수에 해당하며(글로벌 리서치 전문기관 Statista 2020), 보유자 중 선진국의 사람들이 대다수이고, 아직도 접속의 기회가 없는 사람들이 많습니다. 게다가 다양한 유형의 컴퓨터에서 접속과 이용이 가능한 웹 기반 개입과 달리, 모바일 앱은 특정 플랫폼(예: Apple 또는 Android)용으로 개발되는 경우가 많아 가용성이 제한될 수 있습니다. 또한 애플리케이션을 독립적으로 사용하는 것은, 사용자에게 필요한 도구의 유형을 정확히 파악하고 복잡하고 탐색하기 어려운 공개된 온라인 시장에서 적절하고 과학적으로도 타당한 것을 선택하는 통찰력에 따라 제한적일 수 있습니다. 웹에서 생성되는 데이터와 마찬가지로, 모바일 건강관리 데이터 역시 민감 자료로써 안전한 전송 및/또는 저장을 위해 일정 수준의 정교함이 필요합니다.

트라우마와 관련된 괴로움의 자가 관리 또는 PTSD의 임상 치료에 사용할 적절한 근거기반 모바일 앱에 대한 접근성 또한 필수입니다. 미국 재향군인부에서는 대중이 이용가능한 무료 앱으로써 PTSD 관련 증상을 자가 관리할 수 있는 PTSD 코치, Insomnia 코치 등을, 그리고 PTSD 및 관련 질환으로 근거기반치료를 받는 환자를 위한 앱으로 PE 코치, CPT 코치, STAIR 코치, CBT-I 코치 등을 개발했습니다(Owen 등. 2018). 추가적으로, PTSD 코치는 호주, 캐나다, 네덜란드, 스웨덴, 덴마크, 독일(Kuhn 등. 2018)과 암 생존자(Smith 등. 2018) 등, 다른 인구집단을 위한 수정판도 개발되었습니다. Psyberguide (https://onemindpsyberguide.org/), 미국정신의학회 홈페이지(www.psychiatry.org/psychiatrists/practice/mental-health-apps) 등에서도 트라우마 생존자와 치료자를 위한 다른 유용한 앱과 자료들을 제공받을 수 있습니다.

모바일 건강관리 앱과 대면 진료를 통합할 때, 추가적인 문제들이 발생할 수 있습니다. 치료자를 대상으로 이러한 도구나 특정 앱의 사용법을 알려주는 교육이 상대적으로 부족합니다. 환자는 모바일 도구를 찾아 구매하는 데 익숙하고 기존 치료를 디지털 방식으로 개선하려는 의지가 강할 수 있는 반면, 치료자들은 하나, 또는 그 이상의 플랫폼에 익숙하지 않아 작업을 통합하는 것이 어려울 수 있습니다. 기꺼이 참여할 의지가 있는 치료자여도 시도하는 것이 쉽지 않을 수 있는데, 해당 앱의 내용을 알 수 있는 명확한 문서를 확보하여 임상적 사용에 적합한지 확인하는 것이 어려울 수 있습니다. 마지막으로, 현재 PTSD 환자용으로 개발된 앱들은 일반적으로는 연결이 가능하지 않아서, 치료자가 접속하는 기존 자료들(예: 전자 의무 기록)과 데이터를 주고받을 수 없습니다. 이러한 점이 해당 도구를 신중하게 치료에 통합하려는 치료자들에게 걸림돌이 될 수 있습니다.

26.5 결론 및 향후의 방향

많은 환자들이 우리와 마찬가지로 기술이 우리 삶에 제공해주는 다양한 편의성과 효율성을 기대하고 의지하게 되었습니다. 은행 업무, 쇼핑 같은 다양한 산업이 이미 변혁을 겪었으며, 정신건강 관리 분야도 이에 못지않은 변화를 기대할 수 있습니다. 기술의 보편성이 지속적으로 확대되면서, 트라우마 피해 인구를 위한 치료에 새로운 것들이 활용될 가능성 또한 함께 커지고 있습니다. 이 장에서는 치료자의 지원이 동반되거나 동반되지 않는 형태로 트라우마의 생존자가 현재 사용할 수 있는 플랫폼과 그들의 잠재적 장단점을 살펴보았습니다. 기술 자체와 마찬가지로, TMH의 잠재력은 사실상 무한해 보입니다. 과학자와 치료자 모두의 의무는, 이 새로운 선택지에 대해 신중한 소비자로 행동하며 동시에 환자에게 가능한 최선의 선택지를 제공하면서도 이러한 기술이 효과적이고 사용 가능하며 심리치료의 근본적인 요소를 훼손하지 않는지를 비판적인 시각으로 확인해야 한다는 것입니다.

환자와 치료자 모두의 요구에 가장 적합한 기술 플랫폼과 개입을 선택하는 것은, 트라우마 중심 치료에 기술을 통합하는 데 있어 매우 중요한 첫 번째 단계입니다. PTSD 치료에 새로운 기술을 통합할 때, 환자의 기대와 경계가 훼손되지 않도록 특히 주의해야 합니다. 불과 한 세대 전만 해도 환자와 전자적 기기를 이용하는 소통은 절대 용납될 수 없는 것처럼 보였지만 이제는 거의 당연시되고 있습니다. 이에 따라 의사소통은 안전하고 보안이 유지되어야 하며, 치료자나 의료 체계에 불필요한 책임이나 부담을 늘리지 않는 것이 중요합니다.

기술은 계속 발전하며 환자와 치료자에게 기회와 도전 과제를 동시에 창출할 것입니다. 통화 빈도와 시간부터 하루 동안 이동한 지리적 거리까지 실시간의 데이터 수집과 모니터링 기술background sensing이 조만간 TMH 애플리케이션에 통합될 것으로 보입니다. GPS는 이미 위치 기반 대처 도구 활성화에 사용되고 있으며(Gustavson 등. 2011), 부착형 및 웨어러블 센서는 순간적인 생물학적 신호를 더 잘 이해할 수 있는 신체활동actigraphy 자료를 제공합니다(Morris와 Aguilera 2012). 모바일 및 기타 기술이 제공하는 추가적인 역량은 정신과학과 임상에 큰 이점을 줄 수 있을 것으로 보입니다. 신체 건강에 대해 각 신체 부위의 여러 체계를 평가하듯이, 정신건강도 심리, 환경, 행동 및 사회적 체계를 포함하여 여러 시스템으로 평가하는 유사한 접근 방식을 택해야 합니다. 이용 가능한 정보의 풍부함은 놀라울 정도이지만, 양심적인 치료자라면 TMH로 모니터링할 수 있는 방대한 자료와 잠재적인 사생활의 침해 가능성을 환자에게 투명하게 공개하여 실제적이거나 가상의 치료적 관계 훼손을 방지하기 위해 당연히 노력해야 합니다.

TMH는 치료 전달 과정을 크게 개선할 수 있을 것으로 보입니다. 앞서 언급했듯이, 정규적으로 결과를 수집하고 데이터를 사용할 수 있다는 것은 이 정보를 치료자의 의사 결정에 활용할 수 있음을 의미합니다. 검증된 평가도구에서 도출된 자료를 기반으로 치료를 결정하는 경우가 현재는 드물기 때문에, TMH는 데이터 기반 치료의 잠재력을 향상시킬 가능성이 있습니다. 또한 TMH는 개입의 빈도와 강도를 대상자의 필요, 문제의 심각성 및 선호도(속도 포함)에 따라 맞춰 조절할 수 있는 단계적 치료 제공 시스템을 발전시킬 잠재력이 있습니다. 이러한 역량이 갖춰지면, 치료자는 질적인 저하 없이 더 많은 환자군을 효율적으로 관리할 수 있습니다.

이 장의 주제인 트라우마 피해 인구 대상의 TMH 서비스 제공과 직접 관련된 것은 아니지만, TMH는 PTSD의 근거기반 치료에 대해 치료자의 접근성을 높이고 교육을 개선시키는 데에도 활용될 수 있습니다. 근거기반 치료의 온라인 교육은 빠르게 증가하고 있으며, 현재 CPT (https://cpt.musc.edu/), PE (http://pe.musc.edu/), STAIR (http://www.ptsd.va.gov/professional/continuing_ed/index.asp) 등, 여러 포괄적인 PTSD 근거기반 치료 웹 기반 교육 과정이 있습니다.

마지막으로, 전 세계적으로 트라우마에 의한 부담의 대부분은 정신건강 관리 인프라가 결핍된 지역에 거주하고 있는 개인들에게 지워진다는 점을 강조하는 것이 중요합니다. 이러한 지역에는 훈련된 정신건강 전문가가 드물기 때문에, 전통적인 방식의 정신건강 서비스 제공은 실패할 수밖에 없습니다(Kazdin과 Blase 2011). 시간이 지나 전 세계 인구의 더 많은 사람들이 혁신 기술에 접속할 수 있게 된다면, TMH 서비스는 수백만 명의 트라우마 생존자에게 상당한 지원을 제공할 수 있는 막대한 가능성을 갖고 있습니다.

References

Acierno R, Gros DF, Ruggiero KJ, Hernandez-Tejada BM, Knapp RG, Lejuez CW, Muzzy W, Frueh CB, Egede LE, Tuerk PW (2016) Behavioral activation and therapeutic exposure for posttraumatic stress disorder: a noninferiority trial of treatment delivered in person versus home-based telehealth. Depress Anxiety 33:415–423. https://doi.org/10.1002/da.22476

Acierno R, Knapp R, Tuerk P, Gilmore AK, Lejuez C, Ruggiero K, Muzzy W, Egede L, Hernandez-Tejada MA, Foa EB (2017) A non-inferiority trial of prolonged exposure for posttraumatic stress disorder: in person versus home-based telehealth. Behav Res Ther 89:57–65. https://doi.org/10.1016/j.brat.2016.11.009

American Psychological Association (2013) Guidelines for the practice of telepsychology. American Psychological Association, Washington, DC

Amstadter AB, Broman-Fulks JJ, Zinzow H, Ruggiero KJ, Cercone J (2009) Internet-based interventions for traumatic stress-related mental health problems: a review and suggestion for future research. Clin Psychol Rev 29:410–420

Bhaskar S, Bradley S, Chattu VK, Adisesh A, Nurtazina A, Kyrykbayeva S, Sakhamuri S, Yaya S, Sunil T, Thomas P, Mucci V, Moguilner S, Israel-Korn S, Alacapa J, Mishra A, Pandya S, Schroeder S, Atreja A, Banach M, Ray D (2020) Telemedicine across the globe-position paper from the COVID-19 Pandemic Health System Resilience PROGRAM (REPROGRAM) International Consortium (Part 1). Front Public Health 8:556720. https://doi.org/10.3389/fpubh.2020.556720

Clough BA, Casey LM (2011) Technological adjuncts to increase adherence to therapy: a review. Clin Psychol Rev 31:697–710. https://doi.org/10.1016/j.cpr.2011.03.006

Forbes D, Bisson JI, Monson CM, Berliner L (2020) Effective treatments for PTSD: practice guidelines from the International Society for Traumatic Stress Studies, 3rd edn. Guilford, New York

Frueh BC, Monnier J, Grubaugh AL, Elhai JD, Yim E, Knapp R (2007) Therapist adherence and competence with manualized cognitive-behavioral therapy for PTSD delivered via videoconferencing technology. Behav Modif 31:856–866. https://doi.org/10.1177/0145445507302125

Germain V, Marchand A, Bouchard S, Guay S, Drouin M (2010) Assessment of the therapeutic alliance in face-to-face or videoconferencing treatment for posttraumatic stress disorder. Cyberpsychol Behav Soc Netw 13:29–35

Goff A, Rose E, Rose S, Purves D (2007) Does PTSD occur in sentenced prison populations? A systematic literature review. Crim Behav Ment Health 17(3):152–162

Greene CJ, Morland LA, Macdonald A, Frueh BC, Grubbs KM, Rosen CS (2010) How does tele-mental health affect group therapy process? Secondary analysis of a noninferiority trial. J Consult Clin Psychol 78:746–750

Gustavson DH, Shaw BR, Isham A, Baker T, Boyle MG, Levy M (2011) Explicating an evidence-based, theoretically informed, mobile technology-based system to improve outcomes for people in recovery for alcohol dependence. Subst Use Misuse 46(1):96–111. https://doi.org/10.3109/10826084.2011.521413

Hobfoll SE, Blais RK, Stevens NR, Walt L, Gengler R (2016) Vets prevail online intervention reduces PTSD and depression in

veterans with mild-to-moderate symptoms. J Consult Clin Psychol 84(1):31–42. https://doi.org/10.1037/ccp0000041
Hoffman JE, Wald LJ, Kuhn E, Greene C, Ruzek JI, Weingardt K (2011) PTSD Coach (version 1.0). (Mobile application software). App Store. http://itunes.apple.com
International Telecommunications Union (2020) Key 2005–2020 ICT indicators for developed and developing countries and the world (totals and penetration rates) (Data file). http://www.itu.int/en/ITU-D/Statistics/Pages/stat/default.aspx
Jimenez DE, Bartels SJ, Cardenas V, Alegria M (2013) Stigmatizing attitudes toward mental illness among racial/ethnic older adults in primary care. Int J Geriatr Psychiatry 28:1061–1068. https://doi.org/10.1002/gps.3928
Kazdin AE, Blase SL (2011) Rebooting psychotherapy research and practice to reduce the burden of mental illness. Perspect Psychol Sci 6:21–37. https://doi.org/10.1177/1745691610393527
Kersting A, Dolemeyer R, Steinig J, Walter F, Kroker K, Baust K, Wagner B (2013) Brief internet-based intervention reduces posttraumatic stress and prolonged grief in parents after the loss of a child during pregnancy: a randomized controlled trial. Psychother Psychosom 82:372–381. https://doi.org/10.1159/000348713
Klein B, Mitchell J, Gilson K, Shandley K, Austin D, Kiropoulos L, Abbott J, Cannard G (2009) A therapist-assisted internet-based CBT intervention for posttraumatic stress disorder: preliminary results. Cogn Behav Ther 38:121–131
Knaevelsrud C, Maercker A (2007) Internet-based treatment for PTSD reduces distress and facilitates the development of a strong therapeutic alliance: a randomized controlled clinical trial. BMC Psychiatry 7(1):13
Knaevelsrud C, Brand J, Lange A, Ruwaard J, Wagner B (2015) Web-based psychotherapy for posttraumatic stress disorder in war-traumatized Arab patients: randomized controlled trial. J Med Internet Res 17:e71. https://doi.org/10.2196/jmir.3582
Kuester A, Niemeyer H, Knaevelsrud C (2016) Internet-based interventions for posttraumatic stress: a meta-analysis of randomized controlled trials. Clin Psychol Rev 43:1–16
Kuhn E, Owen JE (2020) Advances in PTSD treatment delivery: the role of digital technology in PTSD treatment. Current Treat Options Psychiatry 7(2):88–102. https://doi.org/10.1007/s40501-020-00207-x
Kuhn E, Eftekhari A, Hoffman JE, Crowley JJ, Ramsey KM, Reger GM, Ruzek JI (2014a) Clinician perceptions of using a smartphone app with prolonged exposure therapy. Adm Policy Ment Health 41(6):800–807. https://doi.org/10.1007/s10488-013-0532-2. Advance online publication
Kuhn E, Greene C, Hoffman J, Nguyen T, Wald L, Schmidt J, Ramsey KM, Ruzek J (2014b) A preliminary evaluation of PTSD Coach, a smartphone app for posttraumatic stress symptoms. Mil Med 179:12–18
Kuhn E, Crowley JJ, Hoffman JE, Eftekhari A, Ramsey KM, Owen JE, Reger GM, Ruzek JI (2015) Clinician characteristics and perceptions related to use of the PE (prolonged exposure) coach mobile app. Prof Psychol Res Pract 46:437–443. https://doi.org/10.1037/pro0000051
Kuhn E, Kanuri N, Hoffman JE, Garvert DW, Ruzek JI, Taylor CB (2017) A randomized controlled trial of the PTSD Coach app with community trauma survivors. J Consult Clin Psychol 85:267–273. https://doi.org/10.1037/ccp0000163
Kuhn E, van der Meer C, Owen JE, Hoffman JE, Cash R, Carrese P, Olff M, Bakker A, Schellong J, Lorenz P, Schopp M, Rau H, Weidner K, Arnberg FK, Cernvall M, Iversen T (2018) PTSD Coach around the world. mHealth 4:15. https://doi.org/10.21037/mhealth.2018.05.01
Lambert MJ (2011) What have we learned about treatment failure in empirically supported treatments? Some suggestions for practice. Cogn Behav Pract 18:413–420
Lange A, Schrieken B, Van de Ven J, Bredeweg B, Emmelkamp PM, van der Kolk J, Lydsdottir L, Massaro M, Reuvers A (2000) "Interapy": the effects of short protocolled treatment of posttraumatic stress and pathological grief through the internet. Behav Cogn Psychother 28:175–192
Lewis C, Roberts NP, Bethell A, Robertson L, Bisson JI (2018) Internet-based cognitive and behavioural therapies for post-traumatic stress disorder (PTSD) in adults. Cochrane Database Syst Rev 12:CD011710
Liu L, Thorp SR, Moreno L, Wells SY, Glassman LH, Busch AC, Zamora T, Rodgers CS, Allard CB, Morland LA, Agha Z (2020) Videoconferencing psychotherapy for veterans with PTSD: results from a randomized controlled non-inferiority trial. J Telemed Telecare 26(9):509–519. https://doi.org/10.1177/1357633X19853947
Maieritsch KP, Smith TL, Hessinger JD, Ahearn EP, Eickhoff JC, Zhao Q (2016) Randomized controlled equivalence trial comparing videoconference and in person delivery of cognitive processing therapy for PTSD. J Telemed Telecare 22(4):238–243. https://doi.org/10.1177/1357633X15596109
Marks IM, Kenwright M, McDonough M, Whittaker M, Mataix-Cols D (2004) Saving clinicians' time by delegating routine aspects of therapy to a computer: a randomized controlled trial in phobia/panic disorder. Psychol Med 34:9–18
Marks IM, Cavanagh K, Gega L (2007) Hands-on help: computer-aided psychotherapy. Taylor & Francis, Florence
Miner A, Kuhn E, Hoffman JE, Owen JE, Ruzek JI, Taylor CB (2016) Feasibility, acceptability, and potential efficacy of the PTSD Coach app: a pilot randomized controlled trial with community trauma survivors. Psychol Trauma Theory Res Pract Policy 8:384–392. https://doi.org/10.1037/tra0000092
Morland LA, Greene CJ, Rosen CS, Foy D, Reilly P, Shore J, He Q, Frueh BC (2010) Telemedicine for anger management therapy in a rural population of combat veterans with posttraumatic stress disorder: a randomized noninferiority trial. J Clin Psychiatry 71:855–863. https://doi.org/10.1002/jts.20661
Morland LA, Greene CJ, Grubbs KM, Kloezeman K, Mackintosh M, Rosen C, Frueh BC (2011a) Therapist adherence to manualized cognitive-behavioral therapy for anger management delivered to veterans with PTSD via videoteleconferencing. J

Clin Psychol 67:629–638. https://doi.org/10.1002/jclp.20779
Morland LA, Hynes AK, Mackintosh M, Resick PA, Chard K (2011b) Group cognitive processing therapy for PTSD delivered to rural combat veterans via telemental health: lessons learned from a pilot cohort. J Trauma Stress 24:465–469. https://doi.org/10.1002/jts.20661
Morland LA, Mackintosh MA, Greene CJ, Rosen CS, Chard KM, Resick P, Frueh BC (2014) Cognitive processing therapy for posttraumatic stress disorder delivered to rural veterans via telemental health: a randomized noninferiority clinical trial. J Clin Psychiatry 75(5):470–476. https://doi.org/10.4088/JCP.13m08842
Morland LA, Mackintosh M, Rosen CS, Willis E, Resick P, Chard K, Frueh BC (2015) Telemedicine vs. in-person delivery of cognitive processing therapy for women with posttraumatic stress disorder: a randomized non-inferiority trial. Depress Anxiety 32:811–820. https://doi.org/10.1002/da.22397
Morland LA, Mackintosh M-A, Glassman LH, Wells SY, Thorp SR, Rauch SAM, Cunningham PB, Tuerk PW, Grubbs KM, Golshan S, Sohn MJ, Acierno R (2020) Home-based delivery of variable length prolonged exposure therapy: a comparison of clinical efficacy between service modalities. Depress Anxiety 37:346–355. https://doi.org/10.1002/da.22979
Morris ME, Aguilera A (2012) Mobile, social, and wearable computing and the evolution of psychological practice. Prof Psychol Res Pract 43:622
Nelson E, Zaylor C, Cook D (2004) A comparison of psychiatrist evaluation and patient symptom report in a jail telepsychiatry clinic. Telemed J E Health 10(Supplement 2):54–59
Owen JE, Kuhn E, Jaworski B, McGee-Vincent P, Juhasz K, Hoffman JE, Rosen C (2018) VA mobile apps for PTSD and related problems: public health resources for veterans and those who care for them. mHealth 4:28
Ozer EJ, Best SR, Lipsey TL, Weiss DS (2003) Predictors of posttraumatic stress disorder and symptoms in adults: a meta-analysis. Psychol Bull 129:52–73
Perednia DA, Allen A (1995) Telemedicine technology and clinical applications. JAMA 273:483–488
Pew Research Center (2021) Mobile fact sheet, April 7. https://www.pewresearch.org/internet/fact-sheet/mobile/
Possemato K, Kuhn E, Johnson E, Hoffman JE, Owen JE, Kanuri N, De Stefano L, Brooks E (2016) Using PTSD Coach in primary care with and without clinician support: a pilot randomized controlled trial. Gen Hosp Psychiatry 38:94–98
Reger GM, Hoffman J, Riggs D, Rothbaum BO, Ruzek J, Holloway KM, Kuhn ER (2013) The "PE coach" smartphone application: an innovative approach to improving implementation, fidelity, and homework adherence during prolonged exposure. Psychol Serv 10:342–349
Ruwaard J, Lange A, Schrieken B, Dolan CV, Emmelkamp P (2012) The effectiveness of online cognitive behavioral treatment in routine clinical practice. PLoS One 7:e40089
Shore JH, Manson SM (2005) A developmental model for rural telepsychiatry. Psychiatr Serv 56:976–980. https://doi.org/10.1176/appi.ps.56.8.976
Sijbrandij M, Kunovski I, Cuijpers P (2016) Effectiveness of internet-delivered cognitive behavioral therapy for posttraumatic stress disorder: a systematic review and meta-analysis. Depress Anxiety 33(9):783–791. https://doi.org/10.1002/da.22533
Simblett S, Birch J, Matcham F, Yaguez L, Morris R (2017) A systematic review and meta-analysis of e-mental health interventions to treat symptoms of posttraumatic stress. JMIR Ment Health 4(2):e14. https://doi.org/10.2196/mental.5558
Smith SK, Kuhn E, O'Donnell J, Koontz BF, Nelson N, Molloy K, Chang J, Hoffman JE (2018) Cancer Distress Coach: pilot study of a mobile app for managing posttraumatic stress. Psychooncology 27:350–353. https://doi.org/10.1002/pon.4363
Statista (2020) Number of smartphone users worldwide from 2016 to 2021. https://www.statista. com/statistics/330695/number-of-smartphone-users-worldwide/
Thorp SR, Fidler J, Moreno L, Floto E, Agha Z (2012) Lessons learned from studies of psychotherapy for posttraumatic stress disorder via video teleconferencing. Psychol Serv 9:197–199. https://doi.org/10.1037/a0027057
Tuerk PW, Yoder M, Ruggiero KJ, Gros DF, Acierno R (2010) A pilot study of prolonged exposure therapy for posttraumatic stress disorder delivered via telehealth technology. J Trauma Stress 23:116–123. https://doi.org/10.1002/jts.20494
Vogt D (2011) Mental health-related beliefs as a barrier to service use for military personnel and veterans: a review. Psychiatr Serv 62:135–142. https://doi.org/10.1176/appi.ps.62.2.135
Wagner B, Brand J, Schulz W, Knaevelsrud C (2012) Online working alliance predicts treatment outcome for posttraumatic stress symptoms in Arab war-traumatized patients. Depress Anxiety 29:646–651
Weathers, F., Litz, B., Herman, D., Huska, J., & Keane, T. (1993) The PTSD checklist (PCL): reliability, validity, and diagnostic utility. Presentation at the annual meeting of the International Society for Traumatic Stress Studies, San Antonio, October
Ziemba SJ, Bradley NS, Landry L-AP, Roth CH, Porter LS, Cuyler RN (2014) Posttraumatic stress disorder treatment for operation enduring freedom/operation Iraqi freedom combat veterans through a civilian community-based telemedicine network. Telemed J E Health 20(5):446–450. https://doi.org/10.1089/tmj.2013.0312

7부

약물치료

트라우마 관련 정신질환의 약물치료 27

Jonathan I. Bisson

27.1 서론

약물치료는 PTSD와 같은 트라우마 관련 정신질환에 오래 전부터 사용되어 왔습니다. 주요 PTSD 치료 지침 중 어느 것에서도 약물치료를 트라우마 중심 심리치료만큼 강력히 권고하지 않음에도 불구하고(APA 2017, ISTSS 2018, NICE 2018, Phoenix Australia 2020a, 미국 재향군인부/국방부이하 VA/DoD 2017), PTSD 증상에 약물은 널리 처방되고 복용되고 있습니다.

PTSD의 신경생물학적 기전은 약리학적인 접근이 도움이 될 수 있음을 시사합니다. PTSD에 대한 지속적인 신경생물학적 가설은 시상하부-뇌하수체-부신 축의 기능 이상으로 인해 아드레날린 과활성이 발생한다는 것입니다(Yehuda 등. 1991). 논리적으로, 아드레날린/노르-아드레날린 수치를 낮추거나 코르티솔 수치를 높이는 방식으로 이를 조절하는 것이 PTSD의 예방과 치료 모두에 효과적인 접근 방식일 수 있습니다. 안타깝게도 잠재적 가능성을 보여주는 신호에도 불구하고, 이를 입증하기 위하여 프로프라놀롤propranolol과 하이드로코르티손hydrocortisone과 같은 약물을 사용한 임상시험에서는 실망스러운 결과를 보여주었습니다(Astill Wright 등. 2019). 그러나 4장에서 살펴본 바와 같이, PTSD의 신경생물학은 복잡하며, 현재 사용 가능한 약물이 PTSD의 모든 증상과 징후를 성공적으로 치료할 수 있을 만큼 충분히 정밀한 작용을 할 가능성은 낮아 보입니다.

약물은 PTSD 치료에 앞으로도 사용될 것이며, 일부 약물의 경우 증상을 완화할 수 있다는 강력한 증거가 있는 만큼 그 사용이 정당할 수 있습니다(예: Hodkins 등. 2021). 더 많은 연구를 통해 약리학적인 치료 선택지가 확장되기를 기다리는 동안, 현재 이용 가능한 근거들을 검토하고 이를 적절히 활용하여 임상에서의 처방에 반영하는 것이 중요합니다. 심리치료와 마찬가지로, 트라우마 관련 질환에 대한 근거는 PTSD에 대해 가장 많이 존재하고, 다른 트라우마 관련 질환, 특히 복합 PTSD에 대해서는 훨씬 더 제한적이거나 존재하지 않습니다(Coventry 등. 2020).

27.2 근거

최근 몇 년 동안 PTSD의 약물치료에 대한 무작위 통제 연구들을 대상으로 다수의 체계적 문헌고찰이 엄격하게 수행되었으며, 특히 치료 지침서 개발을 위한 연구들이 수행되었습니다(예: Hoskins 등. 2021). 이러한 연구들의 결과에는 공통점이 많지만, 근거가 빠르게 발전하고 있다는 점을 감안할 때 당연하게도 완전히 동일하지는 않습니다. 이에 따라 호주(Phoenix Australia 2020a)에서는 5-10년마다 지침을 개정하는 대신, 관련된 새로운 연구가 나올 때마다 개정하는 '살아있는 지침living guidelines'으로 최신 지침을 만들었습니다. 이렇게 PTSD에 대한 주요 국제 치료 지침 중 하나가 발표 후 2년 이내에 개정되는 것은 최초의 시도입니다. 이는 새로운 시대를 알리는 것으로, 오래된 지침서에 대해 제기될 수 있는 신뢰성에 대한 우려를 줄일 수 있다는 점에서 환영할 만한 일입니다.

27.2.1 메타분석 결과

Hoskins 등(2021)은 PTSD의 약물치료법에 대한 체계적인 검토 및 메타분석을 시행하였으며, 이는 국제 트라우마스트레스학회the International Society for Traumatic Stress Studies(ISTSS 2018) 및 호주(Phoenix Australia 2020a)의 PTSD 지침서 개발에 사용되었습니다. 이 분석에는 49건의 단일 요법 연구가 포함되었으며, 이 중 39건(참가자 4,951명)의 자료가 메타분석에 사용되었습니다. 참가자의 평균 연령은 40대 초반이었고, DSM A 기준을 충족하는 다양한 사건에 노출된 경험이 있었으며 그중에서 전투 트라우마가 가장 흔한 외상 유형이었습니다. 그 다음으로 많이 보고된 외상 경험은 성 및 신체적 폭력이었습니다.

연구의 추적 관찰 기간은 평균 3개월 전후로 비교적 짧았습니다. 연구는 표준 위약 대조 무작위 통제 연구randomised controlled trials, 이하 RCT 방법론을 따랐으며, 대부분의 연구에서 일정 수준의 편향 위험이 확인되었으나 PTSD에 대한 심리적 치료의 RCT에서 발견되는 것과 비슷한 정도였습니다. 최소 두 건 이상의 RCT가 있는 약제 중 플루옥세틴fluoxetine, 파록세틴paroxetine, 서트랄린sertraline, 벤라팍신venlafaxine만이 위약보다 우수한 것으로 밝혀졌습니다. 그 외 5가지 약물(아미트립틸린amitriptyline, 미르타자핀mirtazapine, 뉴로키닌-1 길항제neurokinin-1 antagonist, 페넬진phenelzine, 쿠에티아핀quetiapine)은 단일 연구에서 위약보다 우수하였습니다. 이 중 쿠에티아핀 연구는 20명 이상이 각 군에 무작위로 배정된 유일한 연구였습니다. 그 결과 쿠에티아핀은 ISTSS 지침서(ISTSS 2018)에서 어떤 형태로든 긍정적으로 권고하는 유일한 약물입니다.

Hoskins 등(2021)에서는 약리학적인 강화요법augmentaiton(즉, 첫 번째 약물이 효과가 불충분하여 다른 약물을 추가하는 것)에 대해서도 살펴보았습니다. 34건의 강화요법 연구가 확인되었으며, 이 중 30건(1,566명 참여)의 데이터가 메타분석에 포함되었습니다. 프라조신prazosin은 가장 많이 평가된 약물(10건 연구)로, 위약을 사용한 강화요법과 비교했을 때 리스페리돈risperidone과 함께 약간의 긍정적인 효과가 있었습니다. 두 개 이상의 RCT에서 강화요법 효과를 평가한 유일한 다른 약물은 토피라메이트topiramate였으나, 이 약물은 위약보다 우수하지 않았습니다.

Hoskins와 동료들(2021)이 수행한 메타분석과 유사한 메타분석들이 다른 주요 지침서의 개발을 위해 수행되었으며, 이들의 결과에서도 대체로 비슷한 결과가 나왔지만, 몇 가지 주요 차이점이 있습니다. 그의 한 예시로, VA/DoD(2017)에서는 프라조신에 대해 설득력 있는 효과를 찾지 못했습니다(유사점과 차이점은 아래 지침서 권고사항 부분에서 자세히 살펴봅니다).

RCT를 통계적으로 취합하는 데 있어 비교적 최근에 발전한 것이 네트워크 메타분석입니다. 네트워크 메타분석은 RCT의 직접적 증거와 간접적 증거를 모두 비교할 수 있으므로 RCT 수가 적은 일부 약물의 효과를 보다 자세히 살펴볼 수 있습니다(Rouse 등. 2017). Hoskins와 동료들의 논문(2021)을 포함하여 PTSD 약물치료에 대한 대부분의 메타분석에서는 네트워크 메타분석을 사용하지 않았지만, Cipriani와 동료들(2018)은 이 방법을 사용했습니다. 네트워크 메타분석은 일반 메타분석에 비해 더 많은 가정을 포함하므로 결과 오류의 위험이 더 크지만, Cipriani와 동료들(2018)의 연구는 더 살펴볼 가치가 있습니다.

Cipriani와 동료들(2018)은 PTSD에 대한 약물치료의 단독 요법 및 강화요법에 관한 RCT 자료를 사용하여 37가지 약물을 포함한 네트워크를 구성했으며, 51건의 RCT에서 8주 추적 관찰 자료를 사용했습니다. 이 중 통계적으로 유의한 효과는 (효과 크기 순서에 따라) 페넬진, 데시프라민desipramine, 파록세틴, 벤라팍신, 플루옥세틴, 리스페리돈, 설트랄린에서 보였습니다. 페넬진은 위약 대비 효과 크기가 0.97(95% CI = 1.68-0.27)로 나타났지만, 이는 페넬진을 직접 연구한 단 한 건의 RCT에 근거한 결과입니다.

Cipriani와 동료들(2018)은 그들의 연구가 같은 계열의 약물이 동일한 효능을 갖지 않는다는 증거를 제공한다고 주장했으며, 이는 Hoskins와 동료들의 다른 논문(2021) 및 기타 종설의 결과에서도 뒷받침됩니다. 이것이 중요한 것은, 약물 종류(예: 선택적 세로토닌 재흡수 억제제)가 아닌, 개별 약물 수준에서 사용을 권고해야 한다는 점을 보여주기 때문입니다. 여기에 트라우마 중심 인지행동치료와의 흥미로운 유사점이 있는데, 최근의 지침에서는 이들 중 특정 형태의 치료를 다른 치료법보다 더 강하게 권고하고 있습니다(예: APA 2017, ISTSS 2018).

약물에 대한 RCT의 근거에 따르면, 평가된 약물들에서 중대한 이상반응이 보고되지 않았고, 위약군에 비하여 약물 투여군의 중도탈락이 높지 않았던 점에서 이 약물들은 전반적으로 참가자들에게 내약성이 우수하였습니다(Cipriani 등. 2018).

27.2.2 해석의 핵심 사항

고려된 메타분석에서 효과적인 약물들의 효과 크기는 모두 0.5 미만으로 낮았습니다(페넬진과 데시프라민은 예외이지만, 이 결과는 95% 신뢰 구간이 넓고 직접적인 증거가 제한적인 네트워크 메타분석에서 나온 것이므로, 표준 메타분석 결과보다 더 신중하게 해석해야 합니다). 약물 연구에서 제시된 효과 크기는 심리치료 RCT의 표준 비교 대상인 대기자 명단이나 평상시의 치료가 아닌 위약에 대한 상대적 효과라는 점을 기억하는 것이 중요합니다. 이는 PTSD 치료제에 대한 RCT에서 위약이 일관되게 매우 강력한 위약 효과를 보이며, 그 효과가 종종 50%에 달한다는 점을 고려할 때 특히 중요합니다(Davidson 등. 2006a, b). 결과적으로, PTSD 치료제의 RCT에서 발견되는 낮은 효과 크기도 개별 참가자에게는 상당한 치료효과와 관련될 수 있습니다. PTSD에 대한 약물치료의 RCT에 참여한 많은 참가자들이 연구 기간 동안 PTSD 증상이 50% 이상 감소하는 경험을 했을 것입니다.

PTSD에 대한 약물 연구의 또 다른 주요 문제는 대부분의 연구들이 해당 약물의 특허를 보유한 제약회사의 자금을 지원받았다는 점으로, 긍정적인 근거가 생성되면 수익 창출로 이어지게 될 가능성이 높다는 것입니다. 효과에 대한 근거가 제한적인 약물 중 상당수는 특허가 오래전에 만료되어, 제약회사들이 추가 개발에 대규모 자금을 투입할 동기가 거의 또는 전혀 없습니다. 효과성 연구가 제한적인 모든 개입과 마찬가지로, '증거의 부재가 효과 부재의 증거는 아니다'는 격언을 기억하는 것이 중요합니다. 예를 들어, 아미트립틸린, 미르타자핀, 뉴로키닌-1 길항제, 페넬진 각 약물의 경우 단일 RCT에서 효과가 확인되었지만, 이에 대해 추가적인 연구가 필요하고, 특히 네트워크 메타분석 결과를 고려할 때 페넬진에 대한 근거 보완이 요구됩니다. 다른 여러 약물들도 효과가 없다는 근거가 단 하나의 소규모 중립적 연구에서만 나온 경우가 많아, 추가 연구가 필요합니다.

27.3 PTSD 치료 지침

개발 시기와 개발 위원회가 서로 다르지만, 현재 잘 알려져 있고 존중받는 PTSD 치료 지침들은 주요 약물치료 권고에 있어 거의 완벽할 만큼 일관된 내용을 담고 있습니다(**표 27.1 참조**). 이러한 일관성은 주요 심리치료에 대한 권고 사항보다 훨씬 높습니다. 모든 지침에서 약물치료를 권고하고는 있지만, 어느 지침에서도 이를 최고 수준으로 권고하지 않으며, 이 최고 수준의 권고는 (모두는 아닌) 일부 트라우마 중심 심리치료에만 적용됩니다.

플루옥세틴, 파록세틴, 서트랄린, 벤라팍신은 모든 지침에서 가장 높은 평가를 받는 약물군에 속하지만, NICE에서는 '벤라팍신 또는 서트랄린과 같은 선택적 세로토닌 재흡수 억제제'를 권장하고 있습니다. 플루옥세틴과 파록세틴은 모두 선택적 세로토닌 재흡수 억제제SSRI이지만 현재 시탈로프람cipalopram 및 에스시탈로프람escitalopram과 같이 흔히 처방되는 다른 SSRI는 근거가 충분하지 않기 때문에 NICE의 권고에는 다소 우려스러운 부분이 있습니다.

2차 수준의 약리학적 권고사항은 지침마다 상당한 차이가 있습니다. 이는 사용 가능한 근거가 매우 제한적이고 지침마다 범위가 다르기 때문일 수 있습니다. 예를 들어, 약리학적인 강화요법은 ISTSS 지침 범위에 포함되지 않습니다(Bisson 등. 2019). NICE는 특정 상황에서 '리스페리돈과 같은 항정신병약물'을 사용할 것을 권장하며, ISTSS는 쿠에티아핀을 효과에 대해 새롭게 근거가 제시된 약물로 제시합니다. 다른 지침에서는 항정신병 약물을 권장하지 않으며, 실제로 미국 재향군인부/국방부VA/DoD는 일부 항정신병 약물을 단독 요법으로 사용하지 않도록 권고합니다. Cipriani과 동

표 27.1 PTSD 치료 지침의 약물치료 권고사항

지침	APA	VA/DoD	ISTSS	NICE	호주
발행 연도	2017	2017	2018	2018	2020
최고 권고 수준의 약물	없음	없음	없음	없음	없음
낮은 수준의 약리학적 권고사항	플루옥세틴 파록세틴 서트랄린 벤라팍신	플루옥세틴 파록세틴 서트랄린 벤라팍신	플루옥세틴 파록세틴 서트랄린 벤라팍신	벤라팍신 선택적 세로토닌 재흡수 억제제(예: 서트랄린)	플루옥세틴 파록세틴 서트랄린 벤라팍신
더 낮은 수준의 약리학적 권고사항		네파조돈 이미프라민 페넬진	쿠에티아핀	기능 저하를 초래하는 증상이나 행동 혹은 다른 치료에 반응하지 않는 경우 리스페리돈과 같은 항정신병 약물	

료들(2018)의 네트워크 메타분석 결과에도 불구하고, 페넬진[1] 사용을 권고하는 지침은 VA/DoD가 유일하며 여기에서도 다른 권장 약물보다 낮은 수준으로 권고합니다. 프라조신과 리스페리돈에 대해 긍정적인 결과를 보고한 Hoskins과 동료들(2021)의 메타분석 연구가 있지만, NICE에서는 암묵적으로 '리스페리돈과 같은 항정신병약물'을 제외하고는 어떤 약물도 강화요법으로 권고하지 않습니다. VA/DoD에서는 어떤 약물도 강화요법을 권고할 만한 근거가 충분하지 않다고 보았고, APA는 리스페리돈을 권고할 근거가 충분하지 않다고 밝혔습니다.

검토된 PTSD 지침은 어떤 약물이 PTSD 환자에게 가장 도움이 될 가능성이 높은지를 명확하게 제시한다는 점에서 매우 유용합니다. 그러나 임상의가 어떤 약물을 다음 단계에서 처방해야 할지에 대한 지침으로 사용하기에는 부족하며, 정확한 처방 방법과 가장 효과적일 것으로 예상되는 용량에 대한 구체적인 설명은 제공하지 않습니다.

27.4 임상 현장에서 PTSD에 대한 약물 처방

PTSD에 권장되는 대부분의 심리치료는 비교적 체계적인 매뉴얼에 따라 진행됩니다. 그러나 약물치료의 경우에는 권장 용량 범위와 같은 표준 처방 정보 외에는 그렇게 구조화된 지침이 없습니다. 이로 인해 비효율적인 처방 방식의 차이가 초래될 수 있으며, 이는 근거와 개인의 임상 증상을 고려하여 논리적이고 표준화된 방식으로 약물을 처방함으로써 해결할 수 있습니다. 이를 달성하기 위한 첫 번째 단계로 개발된 것이 Cardiff PTSD 처방 알고리즘입니다(Bisson 등. 2020a). 이 알고리즘은 주로 ISTSS 지침의 권고 사항을 기반으로 하여, 여기에 다른 관련 근거들을 반영하였습니다. 이 알고리즘은 관련 근거가 부재한 상황에서 임상의들이 완전한 근거기반의 접근법을 취하기보다 기존의 연구 근거와 임상 경험을 바탕으로 치료적 결정을 내려야 하는 현실을 인식하고 있습니다.

그림 27.1은 알고리즘의 요약본으로, 전체 내용은 영국 정신의학 저널British Journal of Psychiatry 웹사이트에서 Bisson 등(2020a) 논문의 보충 자료로 다운로드할 수 있으며, 또한 호주 지침(Phoenix Australia 2020b)에는 부록으로 'PTSD 약물 처방에 활용할 수 있는 근거기반 임상 도구의 예'로 수록되어 있습니다.

1) 역자 주: 현재 페넬진(Phenelzine)은 한국에서 판매가 허가되지 않은 항우울제임

27.4.1 알고리즘 사용

약물은 반드시 필요한 지식과 기술을 갖춘 의료진에 의해서만 처방되어야 합니다. 약물을 처방하

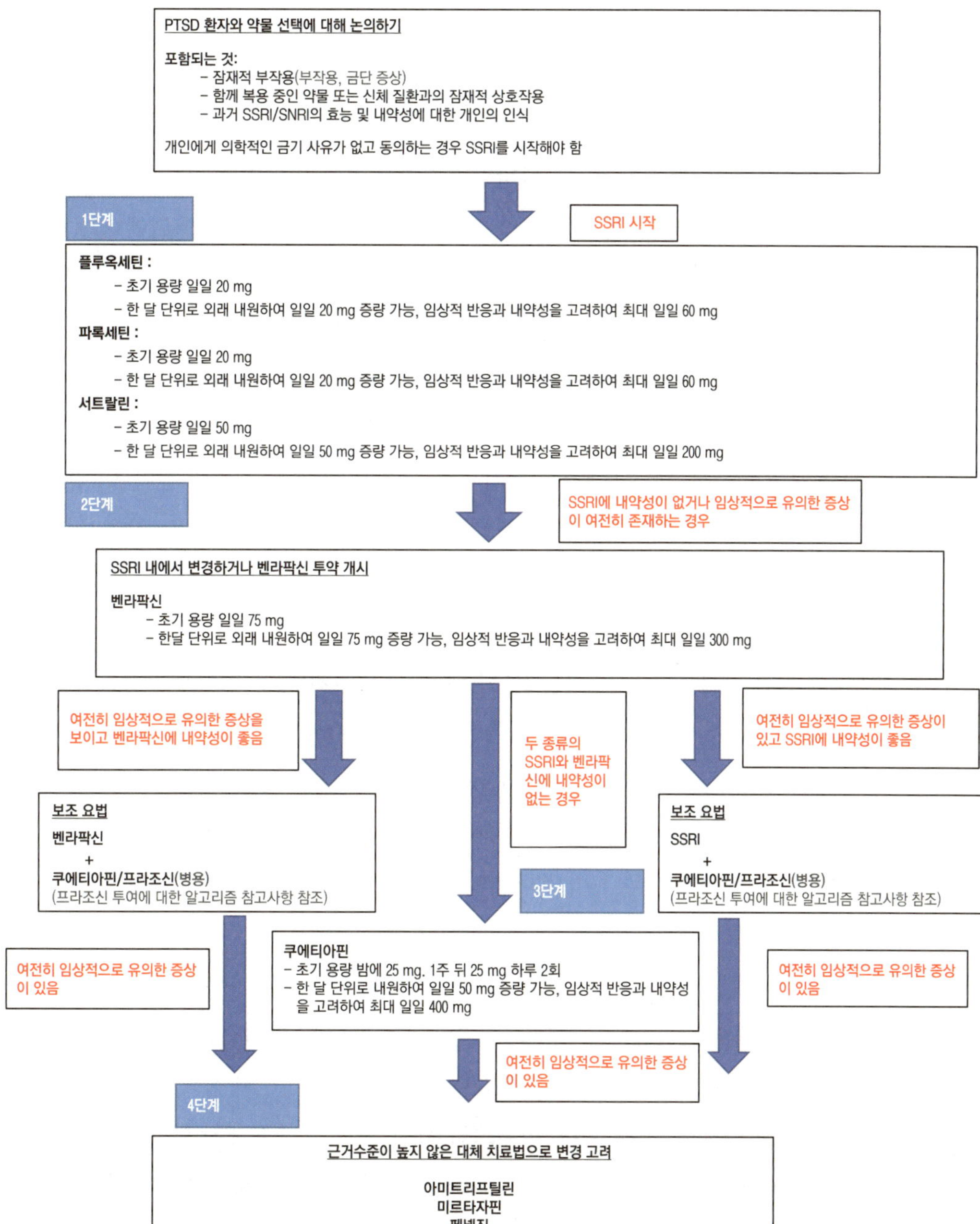

그림 27.1 PTSD 약물 처방 알고리즘

기 전에 PTSD 환자를 충분히 평가하고, 처방의 목표와 필요성을 완전히 파악하며, 가능한 모든 치료 선택지를 환자에게 안내하고 의료진과 함께 적절한 치료 계획을 공동으로 수립합니다. 특히 약물치료의 경우, PTSD 환자가 충분한 정보를 바탕으로 치료에 대한 결정을 내릴 수 있도록 치료의 잠재적 이점, 가능한 부작용, 모니터링의 요건 및 치료 예상 기간을 포함하여 제공되는 내용을 이해하게 하는 것이 필수적입니다.

이 알고리즘은 권장되는 약물의 일반적인 부작용 및 약물 상호 작용을 명확하게 제시합니다. 특히 프라조신의 경우, 처음 처방할 때 발생할 수 있는 초기의 심각한 저혈압 위험을 고려해 투약 시작에 대해 보다 구체적인 지침을 제공합니다. 모니터링의 요건도 포함되어 있습니다. 예를 들어, 플루옥세틴, 파록세틴, 서트랄린, 벤라팍신은 치료 시작 전에 자살 충동이 있는 경우, 초기에 이에 대하여 매주 모니터링해야 합니다. 쿠에티아핀 또는 리스페리돈을 처방하는 경우, 혈액 검사로 요소 및 전해질, 전혈구 수, (가능하다면 공복) 지질, (가능하면 공복) 당 및 프로락틴을 수치를 확인해야 합니다.

초조 및 불면증상이 흔히 관찰된다는 점과 1차 권고 약물이 이러한 증상에 즉각적인 효과가 없을 수 있으므로 (현저한 초조 증상이 있는 경우) 쿠에티아핀 및 (불면증이 있는 경우) 트라조돈trazodone 또는 미르타자핀의 보조적인 투약을 고려할 수 있습니다. **그림 27.1**에 설명된 바와 같이, 이 알고리즘의 핵심적인 특징은 임상 반응과 내약성에 따라 월 단위로 용량을 증량하는 것으로, 최대 내약 용량에서도 임상적으로 유의한 증상이 지속되는 경우 약물을 변경하거나 다른 약물을 추가로 강화하는 다음 단계를 따라야 됩니다.

반응과 내약성에 따른 용량 증량의 근거는 PTSD에 대한 약물치료의 RCT에서 사용된 약물의 일일 평균 용량이 높다는 근거에 기반합니다(예: 플루옥세틴 41.4 mg, 파록세틴 35.1 mg, 서트랄린 136.7 mg, 벤라팍신 223.1 mg, 쿠에티아핀 258.0 mg)(Bisson 등. 2020b). 이는 초기 용량만으로는 대부분의 PTSD 환자에게 최적의 치료 반응을 제공하기 어려울 가능성을 강하게 시사합니다. 이 근거는 우울증에 대한 처방에 측정/결과 기반 접근법이 도움이 된다는 연구 결과에 기반한 것이기도 합니다(Guo 등. 2015).

알고리즘의 마지막 단계는 근거기반은 약하지만 기존에 제안된 약물과 다른 방식으로 작용하는 대체 약물로의 변경을 고려하는 것입니다. 아미트립틸린, 미르타자핀, 페넬진은 모두 제한적이나마 PTSD 증상에 효과적일 수 있다는 일부 근거가 있습니다. 이 약물들은 현재 특허가 만료되어, 효능을 입증할 추가 연구가 진행되지 않았습니다. 아미트립틸린과 페넬진은 오래된 항우울제로, 아미트립틸린은 삼환계 항우울제 계열에 속하며 페넬진은 모노아민 산화효소 억제제입니다. 두 약물 모두 1961년 미국 식품의약국FDA의 승인을 받았으며, 부작용 및 상호 작용의 위험이 있으므로 매우 신중하게 처방해야 합니다.

27.4.1.1 알고리즘 설명서

1. PTSD 환자가 이미 향정신성 약물을 복용 중인 경우, 대체 약물을 시작하기 전에 BNF[2] 지침에 따라 약물을 감량하고 중단해야 합니다.
2. 치료 시작 시점부터 SSRI와 아래 약물의 **병용** 투여를 고려하세요:
   - *쿠에티아핀*- 현저한 초조 증상이 있는 *경우*
   - *트라조돈 50-100 mg 취침 시/미르타자핀 15 mg 취침 시*-불면증이 있는 *경우*
3. 부작용 양상은 모든 SSRI가 비슷하지만, SSRI를 선택할 때 고려해야 할 중요한 사항이 있습니다:
   - *서트랄린*: 일반적으로 부작용이 적습니다.
   - *플루옥세틴*: 각성 효과가 강해 처방 시작 시점에 초조 증상이 있는 PTSD 환자의 경우 적합하지 않을 수 있습니다.
   - *파록세틴*: 복용 중단 시 금단 증상이 발생할 위험이 더 높습니다.
4. SSRI/SNRI는 비정신과적인 일반적인 질병 관리에 사용되는 일반 의약품과도 많은 약물 상호작용을 일으킵니다. 따라서 치료를 시작하기 전에 PTSD 환자가 복용 중인 모든 병용 약물을 완전히 파악하는 것이 중요합니다.

   아래에 SSRI/SNRI의 흔한 약물 상호작용과 병용 처방 시 발생할 수 있는 결과를 간략히 요약하였습니다:
   - 다른 세로토닌성 약물 = 세로토닌 증후군 위험 증가
   - 혈액 응고에 영향을 미치는 약물(예: 아스피린 및 NSAID) = 출혈 위험 증가(특히 상부 위장관)
   - 저나트륨혈증 유발 약물(예: 이뇨제) = 저나트륨혈증 발생 위험 증가
   - CYP2D6에 의해 대사되는 기타 약물

   SSRI/SNRI 및 알고리즘에 명시된 기타 약물과의 약물 상호작용에 대한 전체적이고 자세한 내용은 https://bnf.nice.org.uk에서 확인할 수 있습니다.
5. *프라조신* 치료 시작:

   첫 번째 복용 시 심각한 저혈압이 발생할 위험이 있으므로, 첫 번째와 두 번째 복용은 침대에 앉은 상태에서 복용하고 복용 후 바로 눕도록 해야 합니다. 프라조신을 복용하는 동안 수분을 충분히 섭취하고 천천히 일어나는 것이 중요한데, 처음에는 침대에 앉았다가 천천히 일어납니다. 첫 이틀간 밤에 소변을 볼 때에는 서서 보는 대신 변기에 앉아 소변을 보는 것이 중요합니다.

2) 역자 주: British National Formulary, 영국 약물 처방 지침서

시간	아침(mg)	취침 시(mg)
1-2일차	-	1
3-7일차	-	2
2주차	1	4
3주차	2	6
4주차	2	10

6. *리스페리돈*도 프라조신 또는 쿠에티아핀 대신 보조요법으로 사용할 수 있다는 근거가 있습니다.
7. *쿠에티아핀*은 *PTSD* 연구에서 최대 *800 mg/일* 용량으로 사용되었습니다. 그러나 해당 연구에서 PTSD 환자에게 사용된 쿠에티아핀의 평균 용량은 하루 258 mg이었으므로, 일부 환자에게는 더 높은 용량이 유익할 수 있지만 이 알고리즘에서는 이보다 낮은 최대 용량을 권장하고 있습니다. 따라서 경우에 따라 더 높은 용량을 사용하는 것이 적절할 수 있으며, 이는 임상의의 판단에 따라 결정되어야 합니다.

27.4.1.2 일반적인 부작용[3)]

약물	진정	기립성 저혈압	심장 전도 문제	항콜린성 효과	메스꺼움/구토	성기능 장애
서트랄린	-	-	-	-	++	+++
파록세틴	+	-	-	+	++	+++
플루옥세틴	-	-	-	-	++	+++
벤라팍신	-	-*	+	-	+++	+++
아미트리프틸린	+++	+++	+++	+++	+	+++
미르타자핀	+++	+	-	+	+	-
페넬진	+	+	+	+	+	+

약물	진정	체중 증가	정좌불능	파킨슨증상	항콜린성 효과	저혈압	프로락틴 상승
쿠에티아핀	++	++	-	-	+	++	-
리스페리돈	+	++	+	+	+	++	+++

해당 약물의 전체 부작용 프로파일 및 자세한 정보는 https://bnf.nice.org.uk 참조

- 매우 낮음/없음
+ = 낮음
++ = 보통
+++ = 높은 발생률/심각도
* = 고혈압 보고됨

3) 저자 주: Taylor D, Barnes TRE, Young AH. The Maudsley Prescribing Guideline in Psychiatry. Newark: John Wiley & Sons, Incorporated; 2018.

관찰 사항

모든 SSRI 및 SNRI	치료 시작 전 자살 충동이 있는 경우 초기에는 **주 단위**로 **모니터링**합니다.
벤라팍신	**시작** 시, **복용량을 변경할** 때마다, 그리고 **1년 간격**으로 혈압을 측정합니다.
쿠에티아핀	**모든** PTSD 환자에서 약물치료 시작 전 심전도 검사
모든 항정신병 약물	혈액 검사 항목: 요소 및 전해질 전체 혈구 수 지질(가능하면 공복상태) 당(가능하면 공복상태) 프로락틴

저작권 Bisson 등(2019). 허가를 받아 재편집함

사례

아래의 네 사례는 약물치료로 증상이 개선된 PTSD/복합성 PTSD 환자 네 명의 사례를 간략하게 요약한 것입니다. 약물치료 순응도가 우수하더라도 모든 사람이 약물치료의 효과를 보는 것은 아닙니다. 이러한 경우, 처방 알고리즘의 모든 권고 및/또는 원하는 단계를 시도한 후에는 효과가 없는 약물을 줄이거나 중단하게 돕는 것이 중요합니다. 모든 약물에는 부작용의 위험이 있으며, 유익하지 않은 약을 복용하는 것은 누구에게도 바람직하지 않습니다. 실제로, 어느 정도 도움이 되는 약이더라도 부작용의 정도가 이익의 정도보다 더 클 경우 복용하지 않는 것이 나을 수 있습니다. 약물 복용에 대한 비용-위험 편익 분석을 하는 것은 약물 복용을 지속하는 것이 적절한지 판단하는 데 매우 유용한 방법이 될 수 있습니다.

*브론윈*Bronwyn

40세의 간호사 브론윈은 COVID-19 팬데믹 기간 중 자신이 돌보던 환자의 예기치 않은 죽음을 목격했고 PTSD가 발병했습니다. 브론윈은 자신의 PTSD를 진단한 일반의와 상담했고, 일반의는 트라우마 중심 심리치료 등 가능한 치료 선택지를 안내해 주었습니다. 여러 선택지를 고려한 끝에 브론윈은 강력하게 권고되는 심리치료 대신 약물치료를 먼저 시도하기로 결정했습니다. 그녀는 다른 약을 복용하고 있지 않았으며 매일 아침 식후에 서트랄린 50 mg을 복용하기로 했습니다. 한 달 후 그녀는 의사를 다시 방문했습니다. 그녀는 서트랄린을 복용한 첫 2주 동안 약간의 메스꺼움을 경험했지만 이후 안정되었으며, PTSD 증상이 어느 정도 감소된 것을 만족했습니다. 그러나 그녀는 여전히 남아있는 PTSD 증상이 있다고 설명했습니다. 그녀와 의사는 서트랄린의 용량을 100 mg으로 늘리기로 했습니다. 한 달 후, 그녀는 서트랄린을 계속 잘 복용하고 있었으며 경미한 수준의 PTSD 증상만 남았을 뿐 기분이 훨씬 나아졌다고 설명했습니다. 의사는 서트랄린에 대한 내약성이 계속 유지된

다는 전제하에 1년 동안 복용을 유지하고, 증상이 호전되면 점차적으로 복용량을 줄여서 중단하도록 권고했습니다.

*제프*Jeff

제프는 60세의 퇴역군인으로, 1980년대에 군 복무를 하던 중 여러 외상 사건을 겪고 PTSD가 발병했습니다. 그는 수년 동안 매일 파록세틴 40 mg을 복용해 왔으며, 최근 외상 초점 인지행동치료 과정을 통해 어느 정도 효과를 얻었습니다. 그와 그의 치료자는 심리치료로는 더 이상 큰 효과를 기대하기 어렵다고 판단했고, 그는 PTSD 증상을 더욱 완화하기 위한 대체 약물치료법을 찾고자 했습니다. 그는 정신과 의사를 만나 치료 선택지를 논의했습니다. 그는 이전에 고용량의 파록세틴을 시도한 적이 있었지만 내약성이 좋지 않아 다른 약물을 사용해보고 싶어 했습니다. 이에 따라 그의 혈압을 확인한 후 파록세틴을 서서히 감량하며 벤라팍신으로 점진적으로 교차 감량 및 증량하기로 합의하였습니다.

두 달 후, 제프는 파록세틴을 성공적으로 중단하고 벤라팍신 150 mg을 매일 복용하고 있었고 내약성도 양호하였습니다. 그러나 안타깝게도 그의 PTSD 증상에는 실질적인 변화가 없었습니다. 실제로 그는 약을 바꾸는 동안 증상이 조금 악화되는 느낌을 받았습니다. 이에 따라 벤라팍신을 225 mg으로 증량하기로 한 뒤, 한 달 후 그의 증상이 약간 호전되어 벤라팍신을 300 mg으로 증량하기로 했지만, 증량 이후 메스꺼움과 성기능 장애가 심해져서 한 달 후 다시 진료를 왔을 때에는 자의로 225 mg으로 감량한 상태였습니다. 추가 논의 끝에 프라조신 강화요법을 시도하기로 합의했습니다. 알고리즘에 따라 그는 프라조신을 아침 2 mg, 밤에는 6 mg까지 증량하여 어느 정도 효과를 보았고 추가적인 증량을 원하지 않았습니다. 그의 증상은 이후 약간 더 감소되었고 현재의 조절 수준에 만족했습니다. 그는 더 이상의 변경 없이 현재의 약물 병용 요법을 유지하기를 원했고, 지속적인 관찰과 처방은 이후 일반의가 진료를 이어가기로 했습니다.

*피터*Peter

45세 남성인 피터는 10세부터 15세까지 다녔던 소년단의 간부로부터 반복적인 성적 학대를 당했었고, 정신과 의사로부터 복합 PTSD 진단을 받았습니다. 그는 수년간 다양한 심리치료 및 고용량의 선택적 세로토닌 재흡수 억제제와 벤라팍신, 올란자핀 등, 항정신병 약물을 포함한 약물치료를 받았습니다. 일부 기술 훈련은 감정을 더 잘 조절하고 대인 관계를 더 편안하게 느끼는 데 도움이 되었지만, 그는 어떤 약물도 도움이 되지 않고 복용했던 약들의 부작용도 불편하다고 느꼈습니다. 그는 약 6개월 전에 처방받은 모든 약물을 중단했으며 어떠한 향정신성 약제도 사용하지 않고 있었습니다.

그는 자신의 증상에 대해 다른 약물치료를 시도해 보고 싶어했습니다.

그는 의료진과 함께 다른 치료적 대안들을 상의했고, 상당한 논의 끝에 페넬진을 시도하기로 결정했습니다. 정신과 의사는 그에게 페넬진에 대한 자세한 정보를 제공했으며, 특히 페넬진이 특정 식품 및 알코올 음료와 상호작용하여 치명적일 수 있는 혈압 상승과 기립성 저혈압과 같은 부작용을 유발할 수 있다는 점을 설명했습니다. 피터는 여전히 페넬진을 복용하고 싶어했으며, 복용하는 동안 식이 제한 사항을 준수하겠다는 의사를 분명히 밝혔습니다. 페넬진은 하루 세 번 15 mg씩 복용으로 시작되었습니다.

피터는 페넬진 복용을 시작한 지 2주 만에 증상이 일부분 감소하는 것을 경험했고, 이러한 개선은 이후로도 유지되었습니다. 피터는 복합 PTSD 증상을 계속 경험하고 있지만 페넬진이 증상의 '날카로움을 완화'시켜 관리하기 쉽게 해주었다고 설명했습니다. 그는 이전에 복용했던 다른 약물보다 페넬진을 더 잘 견딜 수 있었고 문제가 될 만한 부작용도 없다고 했습니다. 그는 정신과 의사와 함께 정신 및 신체 건강을 정기적으로 모니터링 하면서 당분간 페넬진을 계속 복용하기로 했습니다.

*세리스*Cerys

30세 여성인 세리스는 2년 전 끔찍한 강간 사건을 겪은 후 PTSD가 생겼습니다. 그녀는 자신에게 일어난 일에 대해 조금도 말하지 못했고, 외상 중심 심리치료를 받을 수도 없었습니다. 전에 한 번 시도해 보았다가 너무 압도되는 바람에 치료를 이어가지 못했습니다. 그러나 세리스는 치료자와 돈독한 치료적 관계를 발전시켰고, 일부 비-트라우마 중심 작업에 참여했습니다. 그녀는 호흡 조절 기술과 깊은 근육을 이완하는 것이 도움이 된다는 것을 알게 되었습니다. 그녀와 치료자는 계속되는 PTSD 증상이 그녀에게 미치는 영향에 대해 매우 우려했고, 처음에는 약물치료를 시도하고 싶지 않았던 세리스도 이제 약물을 고려해보기로 결정했습니다.

세리스는 치료자로부터 정신과 의사를 소개받았고, 논의 끝에 처방 알고리즘에 따라 약물치료를 시도하기로 동의했습니다. 처음에는 플루옥세틴과 서트랄린을 시도했지만, 두 약물 모두 자살 충동이 나타나 복용을 시작한 지 몇 주 만에 둘 다 중단했습니다. 정신과 의사와 추가 논의 후, 파록세틴이나 벤라팍신은 유사한 부작용 프로파일을 보이므로 시도하는 것이 적절하지 않다는 데 의견이 모아졌습니다. 세리스는 쿠에티아핀을 시도하는 것을 원하지 않는 대신 미르타자핀에 관심을 보였습니다. 미르타자핀을 취침 전 15 mg씩 복용하기 시작했고, 세리스는 즉시 수면이 다소 개선되었다고 보고했지만 1개월 후 정신과 의사의 재진 시점에도 여전히 심각한 PTSD 증상이 지속되고 있었습니다. 그들은 취침 전 복용량을 30 mg으로 늘리기로 동의했고, 한 달 후 세리스는 PTSD 증상이 감소했으며, 여전히 증상이 있긴 하지만 관리하기 쉬워졌다고 느꼈습니다.

세리스는 치료자와 계속 연락을 유지했고, 미르타자핀 복용을 시작한 지 3개월 후 트라우마 중심 심리치료에 참여할 수 있게 되었습니다. 4개월 후 심리치료를 마친 뒤, 그녀는 가벼운 PTSD의 잔존 증상이 남아있지만 훨씬 호전되었다고 느꼈으며 취침 전 미르타자핀 30 mg을 계속 복용하기를 원하였습니다.

27.5 요약

일부 약물치료가 트라우마 관련 정신질환의 증상을 완화하는 데 효과적이며 관리에 도움이 된다는 강한 근거가 있습니다. 추가 연구가 필요하지만, 근거기반 처방에 대한 정보를 뒷받침하기에 충분한 지식이 존재하며, 이를 통해 PTSD 및 기타 트라우마 관련 정신질환에 대한 약물치료의 긍정적인 잠재력을 활용할 수 있을 것으로 보입니다.

References

American Psychological Association (2017) Clinical practice guideline for the treatment of PTSD. https://www.apa.org/ptsd-guideline/ptsd.pdf. Accessed 3 Feb 2021

Astill Wright L, Sijbrandij M, Sinnerton R, Lewis C, Roberts NP, Bisson JI (2019) Pharmacological prevention and early treatment of post-traumatic stress disorder and acute stress disorder: a systematic review and meta-analysis. Transl Psychiatry 9:334

Bisson JI, Berliner L, Cloitre M, Forbes D, Jensen TK, Lewis C et al (2019) The International Society for Traumatic Stress Studies new guidelines for the prevention and treatment of PTSD:methodology and development process. J Trauma Stress 32:475–483

Bisson JI, Baker A, Dekker W, Hoskins M (2020a) Evidence-based prescribing for post-traumatic stress disorder. Br J Psychiatry 216:125–126

Bisson JI, Hoskins MD, Stein DJ (2020b) Pharmacological and other biological treatments of PTSD in adults. In: Forbes D, Bisson JI, Monson CM, Berliner L (eds) Effective treatments for PTSD, 3rd edn. Guilford, New York

Cipriani A, Williams T, Nikolakopoulou A, Salanti G, Chaimani A, Ipser J et al (2018) Comparative efficacy and acceptability of pharmacological treatments for post-traumatic stress disorder in adults: a network meta-analysis. Psychol Med 48:1975–1984

Coventry PA, Meader N, Melton H, Temple M, Dale H, Wright K et al (2020) Psychological and pharmacological interventions for posttraumatic stress disorder and comorbid mental health problems following complex traumatic events: Systematic review and component network meta-analysis. PLoS Med 17:e1003262

Davidson J, Rothbaum BO, Tucker P (2006a) Venlafaxine extended release in posttraumatic stress disorder: a sertraline and placebo controlled study. J Clin Psychopharmacol 26:259–267

Davidson J, Baldwin D, Stein DJ, Kuper E, Benattia I, Ahmed S (2006b) Treatment of posttraumatic stress disorder with venlafaxine extended release: a 6 month randomized controlled trial. Arch Gen Psychiatry 63:1158–1165

Department of Veterans Affairs and Department of Defense (VA/DoD) (2017) VA/DoD clinical practice guideline for the management of posttraumatic stress disorder and acute stress disorder. https://www.healthquality.va.gov/guidelines/MH/ptsd/VADoDPTSDCPGFinal012418. pdf. Accessed 3 Feb 2021

Guo T, Xiang Y, Xiao L, Hu C, Chiu HFK, Ungvari GS et al (2015) Measurement-based care versus standard care for major depression: a randomized controlled trial with blind raters. Am J Psychiatry 172:1004–1013

Hoskins MD, Bridges J, Sinnerton R, Nakamura A, Underwood JFG, Slater A et al (2021) Pharmacological therapy for post-traumatic stress disorder: a systematic review and meta-analysis of monotherapy, augmentation and head-to-head approach-

es. Eur J Psychotraumatol 12(1):1802920
International Society for Traumatic Stress Studies (ISTSS) (2018) ISTSS PTSD prevention and treatment guidelines: methodology and recommendations. https://istss.org/getattachment/Treating-Trauma/New-ISTSS-Prevention-and-Treatment-Guidelines/ISTSS_PreventionTreatmentGuidelines_FNL-March-19-2019.pdf.aspx. Accessed 3 Feb 2021
National Institute for Health and Care Excellence (2018) Post-traumatic stress disorder NICE guideline [NG116]. https://www.nice.org.uk/guidance/ng116. Accessed 3 Feb 2021
Phoenix Australia (2020a). Australian guidelines for the prevention and treatment of acute stress disorder, posttraumatic stress disorder and complex PTSD. https://www.phoenixaustralia.org/australian-guidelines-for-ptsd.Accessed 3 Feb 2021
Phoenix Australia (2020b) Medication prescribing algorithm for the treatment of PTSD. https://www.phoenixaustralia.org/wp-content/uploads/2020/07/Chapter-6.-Appendix-Medication-prescribing-algorithm.pdf. Accessed 3 Feb 2021
Rouse B, Chaimani A, Li T (2017) Network meta-analysis: an introduction for clinicians. Intern Emereg Med 12:103–111
Yehuda R, Giller EL, Southwick SM, Lowy MT, Mason JW (1991) Hypothalamic-pituitary-adrenal dysfunction in posttraumatic stress disorder. Biol Psychiatry 30:1031–1048

8부

결론

다음 단계: 치료 결과의 개선을 위한 과학 28

Marylène Cloitre, Richard A. Bryant와 Ulrich Schnyder

28.1 개요

PTSD에 효과적인 치료법은 실질적으로 많은 개발과 발전을 이루어 왔으며, 이 치료법들은 효과적이지만 여전히 개선의 여지가 있습니다. PTSD 치료에 현재 가장 효과적인 것으로 알려져 있는 인지치료와 노출 동반 인지행동치료(Jonas 등. 2013)의 치료 직후 PTSD 진단이 소실되는 비율은 44-66%입니다(Forbes 등. 2020). 전 세계적으로 정신건강 문제에 의한 부담을 줄이려면 PTSD 치료반응률을 높이는 것이 매우 중요합니다.

이 장에서는 먼저 이 책에서 여러 차례 제시한 내용을 통해 확인할 수 있는 바와 같이, 환자 특성, 치료 상황 및 전달 체계를 고려한 치료법들의 개발로 치료 반응 향상이라는 목표를 향해 그동안 이루어진 발전을 살펴봅니다. 이어서 효과적인 환자-치료 매칭에 활용될 수 있는 개인화 이익 지수personalized advantage index, PAI처럼, 치료 결과를 예측하는 환자 특성을 찾는 데 성공한 혁신적인 전략들을 소개합니다. 다음으로, 치료적 동맹과 같은 핵심적인 공통 요인들과 함께 성별, 인종/민족 및 성적 지향에 따른 치료자-환자 매칭의 중요성을 간략히 살펴봅니다. 이후 치료의 효율성과 효과성을 개선하기 위해 치료 구성 요소들의 유연한 전달과 순차적 진행을 강조하는 접근법을 설명합니다. 이 장은 특히 기능적 상태처럼, 보다 폭넓은 치료 결과에 주목할 것을 촉구하며 마무리합니다. 기능 상태functional status는 특별한 관심을 받고 있는 치료 결과 요소로, 지금까지의 연구에 따르면 증상 측정과 중간 정도의 상관관계만을 보이는데, 이는 기능 상태의 향상에 기여하는 치료법이나 치료 구성 요소를 개발하거나 식별하는 것이 잠재적으로 유익할 수 있음을 시사합니다.

28.2 치료 개발의 진전

이 책의 각 장들은 최적의 치료를 위해 다루어져야 할 외상성 스트레스의 폭넓고 복합적인 양상을 담고 있습니다. 여기에는 사건 직후에 심각한 반응(ICD-11의 급성 스트레스 반응, DSM-5의 급성 스트레스 장애), 지속적인 반응(PTSD), 보다 복잡하거나 변형된 트라우마 반응(복합 PTSD, 지속성 애도 장애)에 대한 개입이 포함됩니다. 강조하고 싶은 것은, 해당 장들이 경계성 성격 장애 및 만성 통증의 공존 질환을 다루는 치료법을 포함함으로써 트라우마 관련 진단에 국한하지 않고 치료가 필요한 상황들을 반영하고 있다는 점입니다.

환자의 필요는 생애 주기에 따라 다르다는 것을 고려해야 합니다. 치료적 개입들은 아이의 인지, 정서 및 사회적 발달 요구를 고려하여 설계되었고, 생애 첫 십년 동안의 급격한 변화와 성장 궤적에 민감하게 대응합니다. 노년기 건강, 기억 및 인지 기능의 점진적 저하 또한 다루며, 여기에는 친구와 가족의 불가피한 죽음, 그리고 그에 따른 외로움과 의미 및 정체성의 상실 등, 연령에 따라 삶에서 일어나는 사건에 대한 인식들도 포함합니다.

이 책은 각 장에서 사회적 상황을 고려해야 할 필요성을 언급하며, 파트너와 가족의 역할을 인식한 구체적인 개입법들을 파악할 뿐 아니라 약물치료와 행동과 뇌 활동을 연결하는 최신 과학 지식의 확인을 통해 신경생물학적 측면까지 다룹니다. 또한, 대면 치료를 받을 수 없거나 이를 원하지 않는 환자를 지원하기 위해 기술을 활용하는 방법을 논의하는 장을 추가하였습니다.

28.3 치료 반응 예측 인자의 비일관적인 결과

치료 결과의 예측 인자로 기저의 환자 특성을 살펴본 기존의 연구 결과는 일관적이지 않았습니다. 예를 들어 한 연구에서는 우울증이 부정적인 치료 반응을 예측하는 인자로 보고되었으나(Markowitz 등. 2015), 다른 연구에서는 그렇지 않았습니다(van Minnen 등. 2002). 여러 연구에서 해리 정도가 심할수록 증상이 개선되는 변화가 적다고 보고했으나(Bae 등. 2016; Murphy와 Busuttil 2015; Price 등. 2014), 다른 연구들에서는 이러한 결과가 관찰되지 않았습니다(Hagenaars 등. 2010; Halvorsen 등. 2014). 아동기 트라우마의 역할에 대해서는 광범위한 논쟁이 있었는데, 일부 연구에서는 아동기 학대와 누적된 아동기 트라우마가 치료 효과를 감소시키는 예측 인자로 지목된 반면(Bosch 등. 2020; Hembree 등. 2004; van der Kolk 등. 2001), 다른 연구에서는 치료 효과를 감소시키지 않았습니다(Ehlers 등. 2013: Resick 등. 2014). 연령 및 교육 수준 같은 인구통계학적 특성, PTSD 중증도 그리고 분노, 불안, 경계성 성격 특성 및 성격장애 등의 동반 증상들뿐 아니라 지능, 자존감, 자신과 세상에 대한 신념 등을 포함하는 많은 개인의 특성에 대해서도 연구결과는 일관되지 않았습니다.

이러한 불일치의 이유는 표본 수가 적어 실제 차이를 탐지할 수 있는 통계적 검정력에 제한이 있을 뿐 아니라 연구 대상(예: 입원 환자와 외래 환자) 및 개입 유형들 간의 차이가 크기 때문입니다. 또한, 예측 인자를 파악하기 위한 통계적, 개념적 접근 방식에 오류가 있었을 수 있습니다. 기존 연구들의 전통적인 접근 방식은 만능 해결책을 찾기 위해 개별 요인들을 치료 결과의 예측인자로 평가했습니다. 하지만 잘 알려져 있듯이 PTSD 환자들의 증상은 매우 이질적이며(Galatzer-Levy와 Bryant 2013), 이는 가능한 예측 인자들이 다양하다는 것을 의미하며 단일한 해법을 찾으려는 전략으로는 임상 현장을 모두 담아내기 어렵다는 점을 시사합니다.

통계적 분석 결과에서는 일반적으로 다양한 매개 변수들이 존재했지만 각각의 변수는 예측력이 약했고 압도적인 영향력을 보이는 단일 예측 인자는 발견되지 않았습니다. 잠재 프로파일 분석latent profile analyses처럼 점점 더 많이 사용되는 대안적인 통계 기법들을 통해 보다 강력하게 예측할 수 있는 특성들의 **조합**(즉 프로파일)을 경험적으로 도출할 수 있습니다. 이 방법 및 유사한 접근법을 사용한 연구들을 아래에 예시로 설명하였습니다.

28.3.1 환자 프로파일: 여러 치료법을 전반적으로 포괄하는 치료 반응 예측 인자

치료법의 유형과 상관없이 확인되거나 하나의 치료법에만 연관되는 환자 프로파일은 "예후성prognostic" 인자로 불리며, 일반적인 방식으로 결과에 대한 예측을 제공합니다. 이는 특정 프로파일이 치료법에 따라 다른 치료 결과와 연관되어 환자에게 적정한 치료(환자-치료 매칭)에 대한 지침을 제공하는 "처방성prescriptive" 예측인자와는 다릅니다. 여러 연구에서 예후성 증상 프로파일을 확인하였습니다. 이러한 접근의 한 예시로, 서트랄린 처방과 PE를 비교하여 PTSD 증상과 함께 우울증의 유형 및 심각도에 따라 환자 프로파일을 구분한 연구가 있습니다(Burton 등. 2021).

이 연구의 분석 결과, 우울과 PTSD 증상이 높은 집단(높은 고통군), 우울은 중등도이나 PTSD 증상은 낮은 집단(우울군), 우울과 PTSD 증상은 낮으나 회피 증상이 높은 집단(회피군)의 세 가지 하위 집단을 확인하였습니다. 연구 결과, PTSD 진단이 유지되는 비율이 우울군 및 회피군(각각 11%, 8%)에 비해 높은 고통군(31%)에서 유의하게 높았습니다. 그러나 여기서 주목할 점은, 이러한 결과가 PE와 서트랄린 치료 군 사이에서는 이러한 차이를 보이지 않았다는 것입니다.

이와 유사한 방식으로, Wolf와 동료들(2016)은 무작위 통제 연구에서 미국의 퇴역 및 현역군인을 PE 또는 현재중심치료Present-centered therapy, 이하 PTC에 무작위로 배정한 후, (잠재 프로파일 분석을 통해 경험적으로 정의된) PTSD 해리 아형이 부정적인 예후의 예측인자인지를 평가하였습니다. 그 결과 두 치료법 모두에서 PTSD 증상이 현저히 감소하였는데, 해리 아형이 아닌 군보다 해리 아형군이 치료에 잘 반응하지 않았고 이러한 경향은 PE나 PCT 두 치료법 모두에서 동일하게 나타났습니다.

아동 학대 및 방임의 경험은 치료 효과 정도가 다른, 뚜렷이 구분되는 프로파일 양상을 보입니다. Schilling과 동료들(2015)의 거주 치료 프로그램 환자들을 대상으로 한 연구에서는 연구 시작 시점에 수집한 학대 및 방임 양상의 정보로 정서, 신체, 성학대 경험이 없는 집단, 정서학대만 경험한 집단, 그리고 신체 및 성학대뿐 아니라 정서적 학대 및 방임 모두를 경험한 집단으로 학대와 방임의 각각 다른 세 가지 유형의 양상을 확인했습니다. 이 연구의 결과에 따르면, 우울과 전반적인 정서적 고통 수준으로 평가한 치료 반응은 트라우마 경험의 중증도와 복합성이 클수록 나빠졌으며, 첫 번째 집단(비경험 집단)은 중간 수준의 개선을 보였고 세 번째 집단의 치료 효과는 미미하거나 전혀 없었습니다.

관련된 대안적인 전략으로 치료 궤적에 따라 서로 다른 환자들의 하위 유형을 식별한 뒤, 각 치료 궤적과 연관된 예측인자를 탐색하는 방법이 있습니다(Elliott 등. 2005). 이의 예시로, Currier와 동료들(2014)은 퇴역군인의 거주 치료 프로그램에서 세 가지 유형의 치료 궤적을 확인했습니다. 이 중 한 집단(대상자의 48%)에서는 PTSD 증상이 크게 감소되었고, 다른 집단은 호전되지 않았으며(41%), 세 번째 집단(11%)은 PTSD 증상이 낮은 상태에서 치료를 시작했지만 시간이 지나도 안정적인 상태로 지속되었습니다. 예측 인자 분석 결과, 호전 궤적을 보인 집단의 참여자들은 상대적으로 전투 경험이 적고 신체 및 정신건강이 우수했으나, 호전을 보이지 않은 집단의 경우 나이가 더 젊고 문제점과 물질 남용이 더 많았습니다. 이 결과는 중간 수준의 어려움을 가진 집단이 거주 치료에서 가장 큰 도움을 받았음을 시사합니다.

지금까지, 증상 유형이 아닌 환자 유형으로 치료 결과의 예측 인자를 구하는 자료 분석 접근법의 예시를 살펴보았습니다. 이 접근 방식은 환자에 대해 비교적 포괄적인 설명을 제공하고 회복을 저해하는 다양한 특성에 대한 통찰을 줍니다. 이러한 정보는 환자의 치료 효과를 높이기 위하여 치료법을 수정하거나 조정하는 데 활용될 수 있습니다.

28.3.2 환자 프로파일: 각 치료별 결과의 예측인자

처방적 예측 인자와 관련된 몇몇 연구에서는, 초기의 환자 특성을 활용해 특정 특성이 한 치료법보다 다른 치료법에서 더 나은 치료적 결과를 얻는 것과 관련이 있는지를 평가했습니다. 예를 들어, 아동기 학대와 관련되어 PTSD 진단을 받은 여성에 대한 무작위 통제 연구 자료를 분석한 결과, 환자의 강점(감정 조절능력)을 기준으로 총 증상 부담(PTSD 중증도, 우울, 해리, 대인 관계의 어려움)이 세 가지 치료법(트라우마 중심 치료, 기술 중심 치료, 두 치료 요소를 모두 포함하는 병합치료)에 따라 각각 다른 결과를 예측하였습니다(Cloitre 등, 2016). PTSD 증상의 감소를 기준으로 평가할 때, 감정 조절 능력보다 총 증상 부담 점수가 높은 환자들은 트라우마 중심 치료보다 기술 중심 치료에서 더 좋은 결과를 보인 반면, 병합치료에서는 모든 환자들이 동일하게 잘 반응하였고, 두 가지 치료를 각각 단독으로 시행한 경우보다 결과가 더 좋았습니다. 이러한 결과는 병합치료가 가장 선호되는 치료법이지만, 감정 조절이 어렵고 증상 부담이 높은 환자에게는 기술 중심 치료법이 트라우마 중심 개입보다 더 적절할 수 있음을 시사합니다.

또 다른 접근법인 개인화 이점 지수personalized advantage index, 이하 PAI는 특정 개인에게 한 치료법이 다른 치료법들에 비해 상대적으로 더 유익한지를 파악하는 것입니다(DeRubeis 등. 2014). 이 치료법의 개인화는 두 가지 이상의 치료법이 동등한 결과를 보이는 것으로 알려져 있을 때 특히 유용합니다. PAI는 각 치료법에서 치료 효과와 관련된 환자 특성을 찾아냅니다. 주목할 점은, 이러한 특성들 중 상당수가 치료법에 따라 다르다는 것입니다. 이러한 특성들은 알고리즘으로 구조화되어 환자가 해당 특성을 충족하는 정도에 따라 각 치료의 예상 결과가 점수로 환산되고, 이 점수의 차이에 따라 환자별 선호되는 치료, 또는 다른 치료법보다 "이점advantage"이 있는 치료를 확인합니다.

아동기 학대와 관련되어 PTSD를 진단받은 여성들에 대한 최근의 무작위 통제 연구에서, Hoeboer와 동료들(2021)은 두 가지 형태로 확장된 16회기의 PE와 STAIR 8회기에 PE 8회기를 결합한 16회기 치료(STAIR+PE)를 대조군으로 비교하여 PAI를 산출하였는데, 여기서 세 치료 형태는 모두 동등하게 유의한 효과가 있었습니다. 이 연구에서 PAI를 분석한 결과 우울 증상이 심할수록, 사회적 지지가 적을수록, 1축 진단이 많을수록, 아동기 성학대가 심각했을수록 PE 치료에서 더 나쁜 결과를 예측하는 인자였습니다. STAIR+PE 치료의 경우에는 치료 전 PTSD 증상이 심각할수록, 정서 조절의 어려움이 클수록, 전반적인 건강 상태가 안 좋을수록 나쁜 치료 결과를 예측하는 인자에 해당하였습니다. 노출치료의 나쁜 예후와 관련된 특성들은 이전 연구들의 결과, 즉 아동기 학대(Hembree 등. 2004; van der Kolk 등. 2007), 사회적 지지 자원 부족(Fletcher 등. 2021), 증상의 복잡성(Ford와 Kidd 1998)과 일치하였는데, 반면 STAIR+PE에서 PTSD 증상이 심각하고 정서 조절이 더 어려운 것이 나쁜 예후와 관련되어 전반적인 증상의 심각성이 나쁜 예후의 예측 인자일 수 있음을 반영합니다. 따라서 노출치료의 효과 저하는 병합치료에 배정된 환자의 특성에 비해 더 다양한 환자 특성과 관련된 것으로 보입니다. 후속 분석에서 이러한 예측 인자들을 기반으로 선호되거나 최적의 치료에 무작위 배정된 환자들이, 선호되지 않는 치료에 배정된 환자들보다 치료자 평가와 자가보고 PTSD 증상 모두에서 더 큰 개선을 보였고(Cohen's *d* = 각각 0.55 및 0.47), 이는 두 치료법을 비교할 때 PAI를 활용한 개인화 접근 방식의 타당성을 지지합니다.

Stirman과 동료들(2021)은 현역 군인 일부와 대부분 퇴역군인으로 구성된, 군 복무 경험이 있는 여성들을 트라우마 중심 치료인 PE 또는 비트라우마 치료인 현재중심치료present-centered therapy, 이하 PCT로 무작위 배정하여 예후 인자를 확인했습니다. PE가 PCT보다 더 강력한 치료법이므로, 분석은 "누구에게 어떤 치료가 더 효과적인가"가 아니라 어떤 환자가 PE에서 최적, 또는 그 이하나 불량한 예후를 보이는지에 초점을 맞추었습니다. 분석 결과 치료 전 PTSD 증상이 심각할수록, 그리고 군대 내 성적 트라우마의 경험, 신체와 정신적 기능의 저하, 치료에 대한 낮은 지지도가 불량한 예후와 연관되었으며, 이러한 경향은 두 치료 모두에서 나타났습니다. PE 치료군 중 좋은 예후를 보인 환자들은 PCT 치료군의 좋은 예후 집단보다 더 큰 호전을 보인 반면, 예후가 나쁜 환자군은 PCT에 비해 PE의 이점이 거의 또는 전혀 없었습니다. 이 결과는 PE가 특히 유익할 것으로 기대되는 환자군을 파악해 주었으나, 예후가 불량한 환자군을 어떻게 잘 치료할 수 있을지에 대해서는 여전히 풀리지 않는 과제로 남겨두었습니다.

처방적 예측 인자를 조사한 연구들은 환자와 치료자가 특정 환자에게 최적의 결과를 보일 치료법을 결정하는 데 도움이 될 수 있는 정보를 성공적으로 제공해 주었습니다. 또한 예후에 대한 연구와 마찬가지로, 처방 자료는 특정 치료에서 상대적으로 예후가 좋지 않을 것으로 예상되는 환자군의 치료 결과를 개선하기 위해 치료법을 적용 및 개정하는 데 실증적 근거를 제공해 줍니다.

28.4 공통인자: 치료적 동맹

치료적 동맹은 다양한 치료법과 환자 유형과 무관하게, 심리치료 결과의 예측에 가장 일관성 있는 지표로 알려져 있습니다(Horvath와 Symonds 1991; Martin 등. 2000). 일반적으로 치료적 동맹은 치료자로부터 이해받고 있다는 환자의 느낌, 치료자가 자신에게 호감을 갖고 있다는 감각, 치료 목표 및 그 목표 달성을 위한 과제와 수단에 대한 합의 등, 다양한 차원으로 구성되는 것으로 정의됩니다. 트라우마 중심 치료에서 치료적 동맹이 약해질 수 있다는 우려를 뒷받침하는 근거는 없습니다. 최근의 연구에 따르면, 치료적 동맹은 트라우마 중심 치료와 비-트라우마 중심 치료 모두에서 동일한 수준으로 강력하며(Chen 등. 2020), 노출치료의 순응도와 치료 결과에 기여했습니다(Buchholz와 Abramowitz 2020). 미국 현역군인 수천 명의 행동 건강 기록에 대한 최근의 연구에서는 치료적 동맹만이 PTSD, 우울 및 불안 증상 감소와 관련된 변수였으며, 이는 각 진단 내에서뿐 아니라 진단 간에도 일관되게 나타났으며, 이 결과는 치료 유형 및 기타 위험 요인을 통제해도 마찬가지였습니다(Hepner 등. 2021). 또한 치료적 동맹은 증상 감소, 치료 반응 및 진단의 관해에 기여하는 요인이었습니다. 이 연구는 “실제” 치료 환경에서 “실제” 치료자가 치료한 대규모의 다양한 표본을 대상으로 치료적 동맹의 효과를 입증한 최근의 예로, 다양한 방식으로 측정된 여러 증상 유형의 감소에 치료적 동맹이 영향을 미친다는 것을 보여줍니다.

28.4.1 환자-치료자 매칭

치료 동맹에 영향을 미치는 한 가지 요인은, 환자와 치료자가 정체성 및 삶의 경험 같은 다양한 측면에서 얼마나 일치하는지 여부입니다. 여러 연구의 결과에 따르면, 문화, 인종, 성별, 성적 지향성 및 성 정체성을 일치시키는 것이 치료 참여도를 개선할 수 있었지만, 치료 결과에 미치는 영향은 일관되지 않았습니다. 메타분석들은 특히 소수 집단에서 동일한 민족적 배경의 치료자에 대한 환자들의 강한 선호도와 긍정적 인식을 일관되게 보고합니다(Cabral과 Smith 2011; Jones 등. 2003). 그러나 환자-치료자 간 매칭이 치료 결과에 미치는 효과 크기가 거의 0에 가깝다고 보고한 메타분석 결과에서 알 수 있듯이(ES = 0.09), 치료 결과에 이러한 일치가 미치는 긍정적인 영향은 변동성이 매우 큽니다(Cabral과 Smith 2011).

이러한 매칭의 이점은 공통의 가치관이 없다면 사라질 수 있으며, 오히려 적대감과 경계심만 높아질 수도 있습니다. 긍정적인 이점은 치료 전 증상의 심각성과 관심 있는 결과 지표에 따라서도 달라질 수 있습니다. 한 예로, PTSD와 물질사용장애가 공존하는 환자들을 대상으로 한 연구에서 치료 전 PTSD 증상이 더 심한 환자들에서 치료자와 인종/문화적 일치는 PTSD 치료 결과를 더 개선했지만, 물질 사용의 결과에는 거의 영향을 미치지 않았습니다(Ruglass 등. 2014). 환자의 대인 관계 기술, 결단력과 치료적 관계를 관리하고 좋은 결과를 위해 노력하는 전반적인 회복력이 추가적인 요인일 수 있습니다. 이러한 예시로, 미국 국적의 흑인은 같은 국적의 백인보다 치료자 매칭의 영향을 덜 받는다는 연구 결과가 있는데, 이는 그들이 이미 백인보다 자신의 인종/문화권 밖에서 교류하는 것에 상당히 적응되어 있기 때문이라고 해석된 바 있습니다(Ruglass 등. 2014).

요약하자면, 민족/문화적 매칭은 치료 참여를 촉진하고 치료적 동맹의 초기 단계에서 이점으로 작용합니다. 그러나 치료 결과 면에서 매칭의 이점은 공통된 가치관의 유무, 문제의 심각성과 특성, 특정 민족/문화 집단 간 관계에 얽혀있는 역사와 같은 맥락적 요인의 영향을 받습니다. 따라서 치료자는 다문화적인 역량(예: 다양한 세계관의 이해)을 키우는 동시에, 개인이 자신의 민족이나 문화에 대한 신념을 반드시 공유할 것이라고 섣불리 가정해서는 안됩니다(Schnyder 등. 2016). 또한 치료자는 지역의 문화/민족적 맥락 및 인종 및 민족적 갈등과 차이가 역동적이며 시간의 흐름과 지리적 영역에 따라 변화한다는 사실을 인식해야 합니다.

28.5 치료 구성 요소의 유연한 전달과 순서 배열

치료에 대해 "획일적인" 접근법이 각 환자에게 최적의 결과를 제공하는 환자 중심 치료를 제공할 가능성은 낮습니다(Cloitre 2015). 치료 결과를 최대화하기 위해 중요한 목표는 환자의 치료 목표에 가장 부합하는 개입을 제공하고, 회기 진행 중 증상 변화를 정기적으로 신속하게 평가하여 그에 따라 치료 기간을 조정하는 프로그램을 개발하는 것입니다. 이러한 접근법은 정신건강 개입에서 증가하고 있는 경향을 반영한 것으로, 때로는 특정 임상적 필요에 맞춰 개입을 조정하는 과정 치료적 관점으로 설명됩니다(Hofmann과 Hayes 2019). 이 전략은 단순히 트라우마 관련 진단의 맥락에서 트라우마 생존자를 찾아내는 것이 아니라, 핵심 증상이나 문제를 파악하고 이를 목표로 두는 근거기반 전략입니다. 예를 들어, 재경험 증상을 보이는 생존자에게는 정서처리 전략(예; 상상노출)을, 회피 증상에는 실제 노출을, 우울 증상에는 행동 활성화를, 반추 증상에는 마음 챙김을, 과잉일반화 기억에는 기억 특이성 훈련, 무감동증에는 긍정적 정서 훈련을 제공하는 것입니다.

몇몇 연구 결과, 특정 회기 수를 준수할 때에 비해 회기 수를 유연하게 조정할 때(Galovski 등. 2012; Levitt 등. 2007)와 특정 유형의 개입과 관련된 회기 수를 조정할 때(Levitt 등. 2007)에 치료 결과가 동등하거나 더 나았습니다. 치료 구성 요소나 모듈 순서를 조정할 때의 장점에 대한 예로 Pigeon과 동료들(2021)의 최근 연구를 들 수 있는데, 이 연구는 인지처리요법(CPT)을 하기 전 불면증을 먼저 다루는 것이 수면의 질과 PTSD 증상 모두에서 더 나은 결과를 가져온다는 것을 보여주었습니다.

이 PTSD 연구는 치료 결과를 최적화하는 데 있어 유연성이 미치는 역할과, 확인된 문제에 맞춰 여러 개입법들을 하나의 치료에 통합하는 것의 잠재적 가치를 강조합니다. 개입의 순차적 진행이라는 것은 반드시 여러 프로토콜을 활용해야 한다는, 매우 비효율적이고 부담스러울 수 있는 작업을 의미하는 것이 아닙니다. 개입 모듈은 비교적 구체적이고 간략하게 구성될 수 있으며, 기간은 주간의 증상 변화와 언제 다음 단계로 넘어갈 것인지에 대한 환자와 치료자 간의 협력적 의사 결정에 따라 결정됩니다. 아동청소년 대상 정신건강 프로그램에서의 개입 순서에 대한 여러 연구에서도 환자별 문제에 따라 유연한 순서로 진행하는 것이 표준화된 순서로 개입하는 것보다 증상 감소와 전체 진단 개수의 감소 면에서 우수하다는 결과를 보고했습니다(예: Weisz 등. 2012). Chorpita와 Daleiden(2014)은 표준화된 평가법을 통해 세 가지 주증상 또는 문제 영역을 확인한 후 환자의 우선순위에 따라 순위를 매기는 상당히 간단한 전략을 제시했습니다. 가장 심각한 것으로 확인된 문제를 해당 문제 영역에 부합하는 개입이나 모듈로 먼저 치료하고, 개입/모듈의 기간은 매주 증상 평가와 환자의 피드백에 따라 결정됩니다.

트라우마 분야에서 이와 유사한 연구의 축적은 아직 부족하지만, 이러한 치료적 접근 방식은 PTSD 치료에서 활용 가능한 다양한 개입(예: 통증 관리와 외상에 대한 인지적 재평가의 통합)을 고려할 때 실행 가능하며, 여기에는 치료 목표의 우선 순위 결정과 평가 기반 순차적 진행의 유연한 적용이 포함될 것입니다.

28.6 다양한 치료 결과에 대한 관심의 확대: 기능 장애

치료 효과는 단일 기준, 즉 증상 감소(일반적으로 PTSD 증상의 감소)를 기준으로 평가되는 경향이 있습니다. 초기의 연구 단계에서는 단일 결과 지표에 의존하는 것이 합리적인 기준일 수 있습니다. 이는 구성의 특이성(즉, 이 치료가 정확히 무엇에 효과적인가?)을 최대화해 주기 때문입니다. 그러나 동등한 수준의 효과를 보이는 여러 치료법들이 등장함에 따라, 증상 감소라는 기준만으로는 치료자가 치료 프로그램을 선택할 때 필요한 구별을 내리기에 충분한 정보를 제공하지 못 할 수 있습니다.

이러한 면을 다루기 위한 한 가지 접근법은 다양한 결과 지표, 그 중에서도 특히 기능적 개선을 포함하는 지표들을 기준으로 하여 치료 성과를 평가하는 것입니다. 지금까지의 연구된 결과들을 검토해볼 때, 대부분의 PTSD 치료법은 여전히 기능상의 문제를 효과적으로 해결하지 못하고 있습니다. 증상의 심각성과 기능적 손상이 양의 상관관계를 보일 수도 있지만, 이 둘은 충분히 구별되는 개념이므로 각각을 별도로 고려해야 합니다(Becker 등. 2011). 실제로 치료를 종결한 PTSD 환자의 약 3분의 1은 여전히 상당한 기능 손상이 있는 상태로 남습니다(Bradley 등. 2005). 더욱이, 환자의 관점에서는 증상의 심각성보다 실제 일상 기능이 더 중요한 것일 수 있습니다. 증상과의 관계는 개인의 특성(회복력, 사회적 지지자원)과 경험하는 증상의 숫자에 따라 달라질 수 있습니다. McCaslin과 동료들(2019)에 따르면, 9/11 테러를 겪은 퇴역군인 중 PTSD 증상이 심각한 이들은 그들의 기능적 역량에 따라 유의미하게 차이를 보였습니다. 증상이 심하지만 기능 수준이 높은 이들은, 기능 수준이 낮은 이들에 비해 알코올 사용과 수면 문제가 현저히 적었고, 전역 후 사회적 지지, 외상 후 성장과 낙관주의가 더 높게 나타났습니다. 이러한 관찰을 통해 볼 때, PTSD 증상은 기능 상태에 영향을 미치는 여러 요인 중 하나에 불과하며, 다른 특성들이 기능을 향상시키거나 저하시킬 수 있다는 점을 시사합니다. 치료를 개선하는 데 이러한 다른 요인들을 명확히 제시하는 것은, 사회적 지지 향상, 수면 개선, 외상을 통한 성장 또는 낙관주의를 증진시키는 전략들을 통합함으로써 PTSD 증상 감소에 중점을 두는 전략들과 별개로 환자의 기능 향상에 기여할 수 있음을 시사합니다.

28.7 머신 러닝의 잠재력

특정 환자의 요구에 맞는 맞춤형 치료의 확장 측면에서 유망한 연구법 중 하나는 머신 러닝입니다. 이 데이터 기반 접근 방식은 계산 기술을 사용하여 복잡한 변수의 배열을 분석함으로써 가장 관련성이 높은 변수들의 상대적인 예측력을 평가하고, 이를 통해 보다 정교하고 덜 편향된 방식으로 치료 반응 예측 요인을 평가할 수 있게 합니다(Schultebrauckss와 Galatzer-Levy 2019). PTSD에 대한 대부분의 머신 러닝 연구는 PTSD의 위험 요인을 파악하는 데 초점을 맞추었지만(Schultebraucks 등. 2020), 일부 연구는 치료 반응을 다루었습니다(Herzog 등. 2021; Stuke 등. 2021).

아직 초기 단계이지만, 머신 러닝은 다양한 후보 예측 요인들을 통합함으로써 서로 다른 표현형 증상 양상에 따라 그에 맞는 치료 방식을 매칭할 수 있는 가능성을 보여주고 있으며, 이는 치료 결과의 단일 예측 인자를 찾는 기존의 시도들을 확장할 수 있는 잠재력을 지닙니다. 향후 연구를 통해 이러한 접근 방식이 PTSD 치료에 있어 정밀 정신의학의 목표를 어느 정도까지 달성할 수 있을지, 그리고 환자에게 최적의 치료를 매칭할 수 있을지 밝혀질 것입니다.

28.8 요약

본 장에서는 환자의 치료 반응을 개선하기 위해 고려해야 할 다양한 요소들을 살펴보았습니다. 치료 결과를 예측할 수 있는 인자로서 환자 특성을 파악하는 혁신적인 방법들은, 환자와 치료 간의 효과적인 매칭을 가능하게 하는 새로운 가능성을 제시합니다. 치료자가 환자의 가치관과 문화에 대해 이해하고, 협력적인 치료 과정에서 환자를 존중하며 그로부터 배우는 것이 매우 중요합니다. 치료 개입과 모듈 순서의 유연성이 주는 장점, 치료 개입의 순서를 배열하는 방법, 한 개입에서 다른 치료적 개입 기법으로 전환하는 시점에 대한 연구가 필요합니다. PTSD 증상이라는 단일한 특정 결과에서 환자의 관심사와 관련된 다른 치료적 결과들로 주의를 전환하는 것은 치료 결과를 개선하기 위한 특정 개입법을 선택하는 데 도움이 되는 방향을 제시해줄 수 있습니다. 마지막으로, 치료 혁신에 대한 관심과 연구 자금 지원의 중요성을 언급할 필요가 있습니다. 이는 이 분야가 정체되지 않고, 새롭고 더 강력한 기법의 발전을 통해 지속적으로 발전할 수 있는 가능성을 열어줄 것입니다.

References

Bae H, Kim D, Park YC (2016) Dissociation predicts treatment response in eye-movement desensitization and reprocessing for posttraumatic stress disorder. J Trauma Dissociation 17:112–130

Becker KD, Chorpita BF, Daleiden EL (2011) Improvement in symptoms versus functioning: how do our best treatments measure up? Adm Policy Ment Health 38:440–458

Bosch J, Mackintosh MA, Wells SY, Wickramasinghe I, Glassman LH, Morland LA (2020) PTSD treatment response and quality of life in women with childhood trauma histories. Psychol Trauma Theory Res Pract Policy 12:55

Bradley R, Greene J, Russ E, Dutra L, Westen DA (2005) A multidimensional meta-analysis of psychotherapy for PTSD. Am J Psychiatry 162:214–227

Buchholz JL, Abramowitz JS (2020) The therapeutic alliance in exposure therapy for anxiety-related disorders: a critical review. J Anxiety Disord 70:102194

Burton MS, Cooper AA, Mello PG, Feeny NC, Zoellner LA (2021) Latent profiles of comorbid depression as predictors of PTSD treatment outcome. Behav Ther 52:970–981

Cabral RR, Smith TB (2011) Racial/ethnic matching of clients and therapists in mental health services: a meta-analytic review of preferences, perceptions and outcomes. J Couns Psychol 4:537–554

Chen JA, Fortney JC, Bergman HE, Browne KC, Grubbs KM, Hudson TJ, Raue PJ (2020) Therapeutic alliance across trauma-focused and non-trauma-focused psychotherapies among veterans with PTSD. Psychol Serv 17:452–460

Chorpita BF, Daleiden EL (2014) Structuring the collaboration of science and service in pursuit of a shared vision. J Clin Child Adolesc Psychol 43:323–338

Cloitre M (2015) The "one size fits all" approach to trauma treatment: should we be satisfied? Eur J Psychotraumatol 6:27344

Cloitre M, Petkova E, Su Z, Weiss BJ (2016) Patient characteristics as a moderator of posttraumatic stress disorder treatment outcome: combining symptom burden and strengths. BJPsych Open 2:101–106

Currier JM, Holland JM, Drescher KD (2014) Residential treatment for combat-related posttraumatic stress disorder: identifying trajectories of change and predictors of treatment response. PLoS One 9(7):e101741

DeRubeis RJ, Cohen ZD, Forand NR, Fournier JC, Gelfand LA, Lorenzo-Luaces L (2014) The Personalized Advantage Index: translating research on prediction into individualized treatment recommendations. A demonstration. PLoS One 9(1):e83875

Ehlers A, Grey N, Wild J, Stott R, Liness S, Deale A, Handley R, Albert I, Cullen D, Hackmann A, Manley J (2013) Implementation of cognitive therapy for PTSD in routine clinical care: effectiveness and moderators of outcome in a consecutive sample. Behav Res Ther 51(11):742-752

Elliott P, Biddle D, Hawthorne G, Forbes D, Creamer M (2005) Patterns of treatment response in chronic posttraumatic stress disorder: an application of latent growth mixture modeling. J Trauma Stress 18:303–311

Fletcher S, Elklit A, Shevlin M, Armour C (2021) Predictors of PTSD treatment response trajectories in a sample of childhood sexual abuse survivors: the roles of social support, coping, and PTSD symptom clusters. J Interpers Violence 36:1283–1307

Forbes D, Bisson JI, Monson CM, Berliner L (eds) (2020) Effective treatments for PTSD. Guilford, New York

Ford JD, Kidd P (1998) Early childhood trauma and disorders of extreme stress as predictors of treatment outcome with chronic posttraumatic stress disorder. J Trauma Stress 11:743–761

Galatzer-Levy I, Bryant RA (2013) 636,120 ways to have posttraumatic stress disorder: the relative merits of categorical and dimensional approaches to posttraumatic stress. Perspect Psychol Sci 8:651–662

Galovski TE, Blain LM, Mott JM, Elwood L, Houle T (2012) Manualized therapy for PTSD: flexing the structure of cognitive processing therapy. J Consult Clin Psychol 80:968–981

Hagenaars MA, van Minnen A, Hoogduin KA (2010) The impact of dissociation and depression on the efficacy of prolonged exposure treatment for PTSD. Behav Res Ther 48:19–27

Halvorsen JØ, Stenmark H, Neuner F, Nordahl HM (2014) Does dissociation moderate treatment outcomes of narrative exposure therapy for PTSD? A secondary analysis from a randomized controlled clinical trial. Behav Res Ther 57:21–28

Hembree EA, Street GP, Riggs DS, Foa EB (2004) Do assault-related variables predict response to cognitive behavioral treatment for PTSD? J Consult Clin Psychol 72:531–534

Hepner KA, Roth CP, Pedersen ER, Park S, Setodji CM (2021) Improving behavioral health care for US Army personnel: identifying predictors of treatment outcomes. Rand Health Q 9:2

Herzog P, Voderholzer U, Gartner T, Osen B, Svitak M, Doerr R, Rolvering-Dijkstra M, Feldmann M, Rief W, Brakemeier EL (2021) Predictors of outcome during inpatient psychotherapy for posttraumatic stress disorder: a single-treatment, multi-site, practice-based study. Psychother Res 31:468–482

Hoeboer CM, Oprel DA, De Kleine RA, Schwartz B, Deisenhofer AK, Schoorl M, WAJ VDD, van Minnen A, Lutz W (2021) Personalization of treatment for patients with childhood-abuse-related posttraumatic stress disorder. J Clin Med 10:4522

Hofmann SG, Hayes SC (2019) The future of intervention science: process-based therapy. Clin Psychol Sci 7(1):37–50

Horvath AO, Symonds DB (1991) Relation between working alliance and outcome in psychotherapy: a meta-analysis. J Couns Psychol 38:139–149

Jonas DE, Cusack K, Forneris CA, Wilkins TM, Sonis J, Middleton JC, Feltner C, Meredith D, Cavanaugh J, Brownley KA, Olmsted KR, Greenblatt A, Weil A, Gaynes BN (2013) Psychological and pharmacological treatments for adults with posttraumatic stress disorder (PTSD). In: AHRQ Publication No. 13-EHC011-EF. Agency for Healthcare Research and Quality, Rockville

Jones MA, Botsko M, Gorman BS (2003) Predictors of psychotherapeutic benefit of lesbian, gay, and bisexual clients: the effects of sexual orientation matching and other factors. Psychother Theory Res Pract Train 40(4):289–301

van der Kolk BA, Spinazzola J, Blaustein ME, Hopper JW, Hopper EK, Korn DL, Simpson WB (2007) A randomized clinical trial of eye movement desensitization and reprocessing (EMDR), fluoxetine, and pill placebo in the treatment of posttraumatic stress disorder: treatment effects and long-term maintenance. J Clin Psychiatry 68:37–46

Levitt JT, Malta LS, Martin A, Davis L, Cloitre M (2007) The flexible application of a manualized treatment for PTSD symptoms and functional impairment related to the 9/11 World Trade Center attack. Behav Res Ther 45:1419–1433

Markowitz JC, Petkova E, Neria Y, Van Meter PE, Zhao Y, Hembree E, Lovell K, Biyanova T, Marshall RD (2015) Is exposure necessary? A randomized clinical trial of interpersonal psychotherapy for PTSD. Am J Psychiatry 172:430–440

Martin DJ, Garske JP, Davis MK (2000) Relation of the therapeutic alliance with outcome and other variables: a meta-analytic review. J Consult Clin Psychol 68:438–450

McCaslin SE, Cloitre M, Neylan TC, Garvert DW, Herbst E, Marmar C (2019) Factors associated with high functioning despite distress in post-9/11 veterans. Rehabil Psychol 64:377–382

van Minnen A, Arntz A, Keijsers GPJ (2002) Prolonged exposure in patients with chronic PTSD: predictors of treatment outcome and dropout. Behav Res Ther 40:439–457

Murphy D, Busuttil W (2015) Exploring outcome predictors in UK veterans treated for PTSD. Psychol Res 5:441–451

Pigeon WR, Crean HF, Cerulli C, Gallegos AM, Bishop TM, Heffner KL (2021) A randomized clinical trial of cognitive-behavioral therapy for insomnia to augment posttraumatic stress disorder treatment in survivors of interpersonal violence. Psychother Psychosom 91(1):50–62. https://doi.org/10.1159/000517862

Price M, Kearns M, Houry D, Rothbaum BO (2014) Emergency department predictors of posttraumatic
stress reduction for trauma-exposed individuals with and without an early intervention. J Consult Clin Psychol 82:336

Resick PA, Suvak MK, Wells SY (2014) The impact of childhood abuse among women with assault-related PTSD receiving short-term cognitive–behavioral therapy. J Trauma Stress 27:558–567

Ruglass LM, Hien DA, Hu M-C, Campbell ANC, Caldeira NA, Miele GM, Chang DF (2014) Racial/ethnic match and treatment outcomes for women with PTSD and substance use disorders receiving community-based treatment. Community Ment Health J 50:811–822

Schilling C, Weidner K, Schellong J, Joraschky P, Pöhlmann K (2015) Patterns of childhood abuse and neglect as predictors of treatment outcome in inpatient psychotherapy: a typological approach. Psychopathology 48:91–100

Schnyder U, Bryant RA, Ehlers A, Foa EB, Hasan A, Mwiti G, Kristensen CH, Neuner F, Oe M, Yule W (2016) Culture-sensitive psychotraumatology. Eur J Psychotraumatol 7:31179

Schultebraucks K, Galatzer-Levy IR (2019) Machine learning for prediction of posttraumatic stress and resilience following trauma: an overview of basic concepts and recent advances. J Trauma Stress 32:215–225

Schultebraucks K, Shalev AY, Michopoulos V, Grudzen CR, Shin SM, Stevens JS, Maples-Keller JL, Jovanovic T, Bonanno GA, Rothbaum BO, Marmar CR, Nemeroff CB, Ressler KJ, Galatzer-Levy IR (2020) A validated predictive algorithm of post-traumatic stress course following emergency department admission after a traumatic stressor. Nat Med 26:1084–1088

Stirman SW, Cohen ZD, Lunney CA, DeRubeis RJ, Wiley JF, Schnurr PP (2021) A personalized index to inform selection of a trauma-focused or non-trauma-focused treatment for PTSD. Behav Res Ther 142:103872

Stuke H, Schoofs N, Johanssen H, Bermpohl F, Ulsmann D, Schulte-Herbruggen O, Priebe K (2021) Predicting outcome of daycare cognitive behavioural therapy in a naturalistic sample of patients with PTSD: a machine learning approach. Eur J Psychotraumatol 12(1):1958471

Weisz JR, Chorpita BF, Palinkas LA, Schoenwald SK, Miranda J, Bearman SK, Mayberg S (2012) Testing standard and modular designs for psychotherapy treating depression, anxiety, and conduct problems in youth: a randomized effectiveness trial. Arch Gen Psychiatry 69:274–282

Wolf EJ, Lunney CA, Schnurr PP (2016) The influence of the dissociative subtype of posttraumatic stress disorder on treatment efficacy in female veterans and active duty service members. J Consult Clin Psychol 84:95–100